2013

SHANGHAI INFORMATIZATION

上海信息化年鉴

上海文化出版社

China
unicom中国联通

《2013 上海信息化年鉴》编纂委员会

2012 年 10 月 23 日，上海市养老服务电子地图正式开通运行。上海市民只需登录市民政局官方网站(www.shmzj.gov.cn)，通过选择区县、街镇和所需养老设施，或者直接输入自己居住地址，即可查找就近的养老机构、日托机构、老年人助餐点、居家养老服务社、为老服务中心、老年活动室、老年人维权机构、老年学校等。

2012 年 5 月 11 日，宝山区人民政府与中国电信上海公司签署推进“智慧宝山”建设 2012 年度战略合作协议。

远程会诊
沃·商务
精彩在沃
智慧城市
健康的呵护 不只在医院
无论身在何处，您的健康都与权威医生相联：
从体检、咨询，到健康预警、预约治疗……
不仅让您随时得到专业建议，
更让您的健康，联网全城之智——这就是中国联通为之努力的智慧城市！
智慧城市 未来在沃
www.10010.com
10010

天翼
分享无限
天翼
卓越3G
3G
i music

中国电信 3G
天翼
卓越3G
3G
3G
www.189.cn
客户服务热线
Customer Hotline
10000
中国电信
CHINA TELECOM
世界触手可及

2012 年 10 月 23 日，上海市养老服务电子地图正式开通运行。上海市民只需登录市民政局官方网站(www.shmzj.gov.cn)，通过选择区县、街镇和所需养老设施，或者直接输入自己居住地址，即可查找就近的养老机构、日托机构、老年人助餐点、居家养老服务社、为老服务中心、老年活动室、老年人维权机构、老年学校等。

2012 年 5 月 11 日，宝山区人民政府与中国电信上海公司签署推进“智慧宝山”建设 2012 年度战略合作协议。

2012 年 12 月 4 日，第十一届"上海 IT 青年十大新锐"评选结果揭晓，上海万丰文化传播有限公司总裁杨明秋、中国移动上海公司电子商务中心总经理张坚卿等十人当选为第十一届"上海 IT 青年十大新锐"。

2012 年 10 月 31 日，2012 年度上海市优秀 CIO(信息主管)、信息技术优秀应用成果颁奖大会在上海举行。评选经单位推荐、专家评审和网上公示，最终产生 2012 年度上海市优秀 CIO10 名，优秀 CIO 新秀 1 名，信息技术优秀应用成果 10 项。

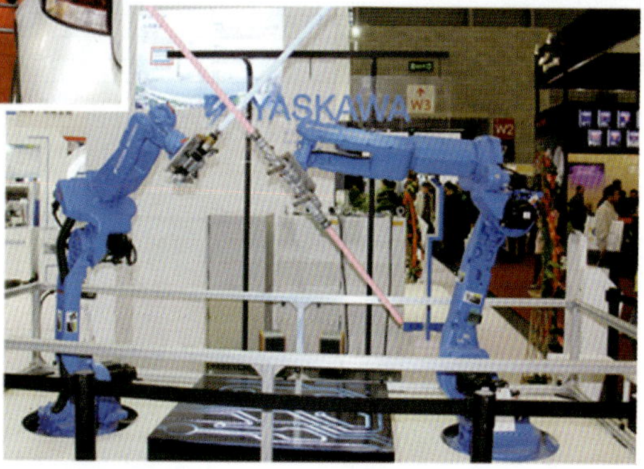

2012 年 11 月 5 日，第十四届中国国际工业博览会在上海开幕。在本届中国工博会的七大展区中，工业自动化展凭借高端、专业、国际、市场、联动的特点，成为媒体最为关注的焦点之一。图为 MK84300 超重型精密数控轧辊磨床（上）、NACHI 自动装配机器人（下左）和 YASKAWA 6 轴多关节机器人（下右）。

2012 年 6 月 29 日，信息化与工业化融合成果展览会暨高层研讨会在北京召开。展览会以省(自治区、直辖市)为基本展示单元，上海馆展示了在推进“两化”融合方面所取得的主要成绩。

2012 年 7 月，上海的“城市新印象(2007—2012)”主题活动揭晓，由中国电信上海公司申报的“智慧城市、我行我‘速’——上海建成国内‘光网’第一城”入选五年来上海的“十大重要进展”。

首批上海市智慧城市体验中心面向市民开放，图为中国电信上海公司信息生活体验馆（上）、东方有线 NGB 业务体验中心（下左）和云计算创新展示中心（下右）。

2012年12月4日，由上海市经济和信息化委员会、新华通讯社上海分社联合举办的2012上海市智慧城市宣传周开幕。开幕式当天，新华通讯社新媒体中心以独立第三方的身份发布《智慧城市上海发展报告(2012)》。

《2013 上海信息化年鉴》编辑部

主　　任：邱士龙

执行主编：胡炎生

助理编辑：庄晓璐　李丹文

承办单位：《上海信息化》杂志社

《2013上海信息化年鉴》编纂委员会

图为"12316"上海三农服务热线的专家们下乡指导。

图为农业物联网的应用。

2012 年 6 月 20—22 日，亚洲移动通信博览会在上海举行，本届博览会的主题是“引领新移动时代”，逾 200 家移动通信技术公司参展。

目　录

Contents

特　载

要　论

总　述

第一编　信息基础设施

综　述

第一章　专业规划与重点工作

第二章 公共信息基础设施

第三章 信息网络设施

第二编 信息产业

综 述

第一章 信息产品制造业

第二章 信息服务业

第三编 政务领域信息化

综 述

第一章 政务信息资源与基础支撑系统

第二章　重点业务系统建设和机关信息化

第四编 经济领域信息化

综 述

第一章 信息化与工业化融合

第二章　重点业务系统建设和机关信息化

第二章　农业信息化

第三章　金融信息化

第四章　电子商务应用推广

第五章　旅游信息化

第五编　社会事业与公共服务领域信息化

综　述

第一章　市政府实事项目

第二章　社会事业领域信息化

第六编 信息安全

综 述

第一章 信息安全管理

第二章 信息安全服务

第三章　信息安全技术研发及产业化

第七编　信息化环境

综　述

第一章　信息化政策法规

第二章 信息化人才工作

第三章 信息化研究与咨询

第四章 信息化宣传

第五章 信息化社团

第六章　信息化合作交流及重要会展

第八编　区县信息化

综　述

第一章　浦东新区信息化建设

第二章　徐汇区信息化建设

第三章　长宁区信息化建设

第七章　杨浦区信息化建设

第八章　黄浦区信息化建设

第九章　静安区信息化建设

第十章　宝山区信息化建设

第十一章 闵行区信息化建设

第十二章 嘉定区信息化建设

第十三章 松江区信息化建设

第十四章　金山区信息化建设

第十五章　奉贤区信息化建设

第十六章　青浦区信息化建设

第十七章　崇明县信息化建设

第九编　社会诚信体系

综　述

第一章　社会信用制度建设

第二章　信用服务行业发展与规范

第三章　社会诚信创建活动

附　录

2012 年上海信息化建设大事记

评优表彰

统计报表

软件企业认定和产品登记名单

特别鸣谢

特　载

要论

推进“两化”深度融合　加快经济转型升级

——在工信部信息化与工业化融合高层研讨会上的专题演讲

一、“两化融合”是上海加快经济转型升级的必然选择

上海市委、市政府高度重视“两化融合”工作，自2010年以来连续三年将“两化融合”列为全市重点工作，不断深化“两化融合”实践，这既是全面落实党中央、国务院作出的重大战略部署，也是上海“创新驱动、转型发展”的迫切需要。

国际金融危机以来，回归实体经济、实现“再工业化”正在成为国际上应对金融危机、保持竞争力的共识和长期战略。欧美国家正积极推进物联网、云计算等新兴技术的研制应用，运用新一代信息技术改造传统产业，力图实现工业创新崛起，抢占新一轮产业发展主导权。中央要求上海当好科学发展的先行者，积极参与国际产业竞争。经过近30年的快速持续发展，上海钢铁产能达到2 200万吨，炼油产能达到2 800万吨，乙烯产量达到200吨，上海环境容量承载能力和工业用地扩展空间极为有限，同时又面临节能减排刚性指标等约束。受国际金融危机的冲击、资源环境承载的约束以及世界产业发展格局调整的影响，上海工业外延式增长面临瓶颈，工业规模稳定增长的传统驱动力量减弱，需要率先转变经济增长方式，加快产业结构转型升级，实现工业内涵提升式发展。

20世纪90年代以来，上海抓住全球信息化发展机遇，始终把信息化作为覆盖现代化建设全局的战略举措切实加以推进。“九五”基础先行，着力推进信息基础设施建设；“十五”重点突破，促进信息产业和信息技术应用加快发展；“十一五”实施信息化领先发展战略，以“推进信息技术创新和深化信息技术应用”为主线全面推进信息化建设。经过三个五年规划的持续推进，使信息化与工业化具备在更大范围内、更深层次上相互促进融合的基础条件。

未来五年是上海推进“四个率先”，建设“四个中心”的关键五年，也是“创新驱动、转型发展”的攻坚阶段。上海必须抓住新一代信息技术革命带来的发展机遇，坚持信息化与工业化融合发展，深化信息技术在产业领域的集成应用，改造提升传统制造业，更大程度地降低对自然资源的消耗和污染物的排放，促进工业由“制造”向“智造”转变，由“生产型”制造向“服务型”制造转变，由粗放型向集约型转变，按照高端化、集约化、服务化的发展方向，推动三二一产业融合发展，加快构建以现代服务业为主体、战略性新兴产业为引领、先进制造业为支撑的新型产业体系。

二、上海推进两化深度融合的总体考虑

在科学发展观指导下，主动适应上海产业转型升级和信息化持续发展的要求，坚持政府引导、企业主体，产、学、研、用相结合，通过聚焦重点产业、骨干企业、关键技术、重点项目、产业基地，大力推进研发设计数字化、制造装备智能化、生产过程自动化、企业管理信息化和商务流通网络化，不断探索完善推进“两化融合”的基本思路和实践路径，加快构建战略性新兴产业引领、先进制造业

支撑、生产性服务业协同发展的现代工业体系。在推进步骤上，2009—2011年围绕规划布局、着力重点突破，着力落实“1010工程”（聚焦10个重点产业，实施10项重点工程），促进信息技术在制造业和服务业关键环节、重点领域、产业园区和骨干企业广泛应用，形成社会各方积极参与的工作格局；2012年到“十二五”期末在全面渗透、深度融合上下工夫，结合推进“双倍增一提升”计划（推进战略性新兴产业倍增、生产性服务业倍增和先进制造业提升），实现信息技术应用在产业各领域的全面渗透，基本确立以“两化融合”为主要特征的产业发展模式，争取成为全国率先转变工业发展方式的先行先试区、战略性新兴产业的创新引领区、高端生产性服务业的集聚辐射区，为建设成为全球高端智造中心之一奠定基础。在推进原则上，坚持统筹规划与分类推动并进，坚持政府引导与企业主导并举，坚持提升制造业与发展服务业并重。

三、上海推进“两化融合”促进产业优化升级的主要做法和成效

上海市委、市政府2010年来连续三年将“两化融合”列为全市重点工作，我们结合落实工业和信息化“十二五”规划以及智慧城市建设、制造业改造提升行动计划等，不断深化“两化融合”实践，取得了以下成效：

1. **围绕产业结构优化，推进传统产业信息化改造** 重点聚焦“1010”工程，通过加快嵌入式系统芯片、电子标签、协同设计制造、过程控制系统等信息技术在工业研发设计、生产制造和经营管理中的应用，提高生产自动化、装备智能化水平，提升产品附加值和企业国际竞争力。一是促进了技术改造和自主创新能力提升，通过信息技术促进自主研发制造，提高装备智能化水平，推动科技创新（如宝钢集团自主开发了闭环高炉智能专家系统，高炉炉热预报准确度达到95%，填补了国内该领域的技术空白）。二是提高了企业生产效率和经营管理水平，以信息化助推企业生产过程的自动化、经营管理的信息化，促进企业竞争力提升（如上汽集团开发建成国内首个集成且支持柔性生产的汽车制造执行系统，平均缩短45%的制造周期，带动了自主品牌汽车产业链发展）。三是推动了产业结构优化和转型发展，以信息技术应用推进电子、钢铁、石化等制造业加快产品升级、结构优化和能级提升，消费品产业向高端化、品牌化方向发展（如美特斯邦威公司将RFID芯片应用于服装吊牌和用户卡，提高了品牌效应和用户体验度）。

2. **围绕服务经济发展，推进服务业信息化升级** 围绕加快建设“四个中心”，以促进信息资源开发利用为主线，以发展生产性服务业为重点，深入推广信息技术在重点服务行业的应用。一是提升城市服务功能和整体服务环境，促进信息流与资金流、物流的整合互动，提高信息、资金、货物等配置效率（如1号店采用电子标签系统、自动分拣技术提高订单检货效率，从5万种约30万件商品中拣出16件产品只需127秒；上海目前共34家企业获得央行第三方支付牌照，占全国1/3左右）。二是推动了生产性服务业发展，鼓励有条件的生产型制造企业充分利用信息化手段，拓展优化总集成总承包服务模式（如上海电气下属电站集团、三菱电梯等企业围绕风电装备、电梯等关键产品，部署产品生命周期管理系统PLM，打通从研发设计到生产制造、销售管理等环节的信息通道，提高了总集成总承包水平）。三是助推了新技术、新业态、新模式的创新发展，全市信息服务业营业收入连续多年保持20%以上的年均增速，其中软件业所占比重达到60%；全市电子商务交易额超过5 500亿元，同比增长29.5%。

3. **围绕提高企业综合竞争力，推进企业“两化融合”实践** 充分发挥企业主体作用，提高企业信息化应用的积极性，提升企业核心竞争力。一是为中小企业营造了良好的信息化应用环境，结

合国家和本市促进中小企业发展的有关要求，培育一批面向中小企业提供信息化共性服务的平台，信息化支撑中小企业发展的作用逐步显现（如上海从2010年开始，实施推动电子商务企业创新发展、推动中小企业应用电子商务的“双推”工程，通过政府补贴、平台让利、企业自负各一点的方式，推动七千余家中小企业应用电子商务。实施“信息化助推中小企业成长工程”，上海电信商务领航面向中小企业提供高速上网、企业总机等增值服务，降低中小企业信息化成本，促进了专精特新中小企业发展）。二是提升了骨干企业和龙头企业的信息化水平和核心竞争力，以骨干企业信息化为典范，促进产业链上下游企业信息化应用，带动了产业整体竞争力的提升。

4. **围绕提高资源能源利用效率，推进节能降耗信息技术应用** 结合资源节约型、环境友好型社会建设，通过信息技术支撑传统产业节能减排，优化企业能源管理，减少能源消耗和污染排放，提高工业生产效益，促进产业绿色发展。通过推动节能减排信息技术应用，一是推动企业提升节能管理水平，利用上海能效中心平台推进节能项目建设，鼓励企业建立和改造能源管理中心，利用信息化手段加强能源分配和消耗管理，定期分析能源消费趋势和节能目标完成进度，增强企业持续发展能力。二是提高了能效监测效率，利用物联网、计算机仿真等技术，完善节能减排信息化监测系统，对本市高耗能高污染行业的能耗和污染排放进行实时监控，实现了对全市700家5 000吨标煤以上重点用能单位能效水平的监控和管理，建立完善信息化促进节能减排的平台和机制。三是促进了主要工业产品单耗显著下降，加强工业领域节能减排信息技术的研发应用，结合全市十大节能工程，重点推进冶金、化工、建材等高耗能行业生产设备数字化和智能化，促进工业生产流程的能源优化，推进能源综合利用和企业节能增效（目前上海的发电效率处于全国领先水平，精品钢材、乙烯、整车、大型锻件等产品单耗达到国内外行业先进水平）。

5. **围绕夯实“两化融合”基础支撑，推进信息基础设施建设和信息产业发展** “两化融合”离不开信息基础设施、信息安全等有力支撑；同时也需要通过云计算、物联网等新一代信息技术的研发与产业化，助推“两化”深度融合。一是完善信息基础设施综合保障能力。加快宽带城市建设，大力推进光纤到户建设，覆盖超过600万户，计划到明年做到城镇地区全覆盖；推动无线城市建设，构建多层次、广覆盖、多热点的无线宽带网络，无线热点超过12 000处，三种标准制式的3G网络不断优化，积极推进TDLTE规模技术试验。努力成为国内通信质量、网络带宽、综合服务最具竞争力的地区之一。二是推动新一代信息技术产业发展。推动实施“电子强市计划”、“软件振兴计划”、“云海计划”、“物联网三年行动方案”和“新兴产业扶持计划”。2011年年底，全市电子信息产业总规模突破1万亿元，形成信息产业与“两化融合”相互促进、相互带动的效应。三是构建产业信息化科学评估体系。结合上海产业发展特点和信息化现状，在全国率先建立了涵盖企业信息化与城市信息化评价指标的“两化融合”发展水平评估体系和指数。上海“两化融合”指数从2009年的69.4提高到2011年的75.2，2010年、2011年连续两年位列国家工信部开展的全国“两化融合”试验区评估首位。同时，加强对涉及国计民生的重要信息系统和重点企业的信息安全测评和等级保护，提升信息安全综合保障能力。近几年，上海未发生重大信息安全事故，信息安全处于总体可控状态，为“两化融合”提供了信息安全保障支撑。

四、上海推进“两化融合”工作的认识和主要体会

工信部高度重视推进“两化融合”工作，成立之初就提出要大力推进“两化融合”。上海被认定为国家级“两化融合”试验区以来，得到了工信部等国家相关部委的关心指导，2011年年底在全国

"两化融合"深度行上海站活动期间，工信部对上海"两化融合"试验区工作进行了总体验收，对上海在规划政策引导、支撑体系建设、促进产业调整升级等方面的经验和做法给予了肯定。通过三年多来的具体工作实践，我们对地方政府推进"两化融合"工作主要有四点认识和体会。

一是在指导思想上，始终坚持全局着眼、做好顶层设计。"两化融合"的根本目标在于促进工业转型升级。因此，上海将"两化融合"与国家产业发展战略部署相衔接，放在全市创新驱动、转型发展的战略大局中考虑，把握住"工业化需求为牵引，信息化技术为驱动"的原则，着力抓好顶层设计，通过制定实施"两化融合"实施意见、"十二五"规划、三年行动计划、年度工作计划和项目指南等方式，形成较完整的"两化融合"工作引导和推进体系，使"两化融合"成为促进经济发展方式转变、产业结构优化升级和政府职能转变的重要手段，成为构建"以战略性新兴产业引领、先进制造业为支撑、生产性服务业协同发展的现代工业体系"的重要支撑。

二是在推进策略上，始终坚持企业主体、聚焦重点。企业是"两化融合"的主体，激发企业应用信息化的积极性是"两化融合"的关键。为此，上海将"两化融合"的聚焦点放在企业信息化上，政府部门针对不同行业、不同规模、不同发展阶段的企业特点，分类指导和推动企业信息化实践。重点聚焦航空、汽车、生产性服务业等具有优势地位或战略意义的 10 个产业加以重点推进，树立了一批行业标杆企业和典型示范案例。近三年来，通过高新技术产业化、信息化发展、技术改造等专项资金，累计支持两百多个企业信息化重大项目建设，带动企业投资逾百亿元。

三是在机制建设上，始终坚持政府引导、凝聚合力。上海注重"两化融合"合力推进机制建设，最大限度调动社会资源参与"两化融合"实践。依托高等院校、骨干企业、研究中心和重点实验室，构建了产学研结合的技术创新机制；通过建立区县实践区，形成了市区两级政府联动机制；在工信部的支持指导下，建立了国家"两化融合"人才培训基地，创建联合培训机构和人才实训点，完善了"两化融合"人才培训支撑体系；通过制定园区信息化企业联合标准，推动了园区管理方、IT 技术提供商、基础设施运营商共同推动园区信息化的格局；加强"两化融合"宣传普及工作，提高社会各界关注度，营造良好环境。

四是在技术保障上，始终坚持培育新技术、发展新应用。"两化"深度融合离不开新一代信息技术应用和产业化的有力支撑。上海大力培育发展新一代信息技术产业，聚焦集成电路、通信制造、新型显示、工业软件、嵌入式软件等关键技术的研发与产业化，促进芯片设计、软件技术与整机制造联动。加快建设面向未来的智慧城市，提升信息网络服务能级，积极探索基于物联网、云计算、下一代网络等新兴信息技术的"两化融合"新应用、新模式和新业态。

（上海市政府常务副市长　杨　雄）

大力实施信息化领先发展和带动战略
充分发挥信息化在经济社会建设中的重要作用

——在2012中国信息化进程报告会上的讲话

中国信息化进程报告会已经成为展示中国信息化最新发展成就的年度盛会。今年第三届报告会放在上海举办，充分体现了国家对上海信息化发展的关心和重视。信息化是当今世界发展的大趋势，是推动经济社会变革的重要力量。在信息技术不断创新发展的基础上，通过物联化、智能化的方式，促进产业向绿色和低碳方向发展，促进城市和发展不断变革和创新。

自20世纪90年代以来，面对全球信息化浪潮和信息通信技术的日新月异，上海一直在思考，如何通过信息化建设实现跨越式发展。十多年来，上海牢牢抓住全球信息化创新发展的历史机遇，把信息化提升到覆盖现代化建设全局的高度，大力实施信息化领先发展和带动战略。当前，随着信息通信技术向智能、集成、服务等方向发展，下一代网络云计算、物联网等技术和应用，将引领新一轮全球信息化浪潮，世界各国纷纷部署实施新一轮信息技术发展战略。把智慧城市建设作为争夺科技制高点和发展主动权的战略举措。

按照国家要求，上海提出"十二五"期间要大力创建以数字化、网络化、智能化为主要特征，面向未来的智慧城市。经过研究论证，上海市委、市政府编制发布了《上海市推进智慧城市建设2011—2013年行动计划》，以提升网络宽带化和运用智能化水平为主线，着力构建科技水平的信息基础设施体系、便捷高效的信息感知和智能运用体系、创新活跃的新一代信息技术创新体系、可信可靠的信息安全保障体系，大力推进信息通信技术及产业的持续创新发展，推动城市建设管理，政府和社会公共服务等领域里面的信息化应用，为上海推进国际经济、金融、贸易、航运中心和现代化国际大都市建设，发挥着重要的基础作用和带动作用。

一是信息基础设施综合服务能力明显提升，为城市功能提升奠定了坚实的基础。截至2012年6月底，全市光纤到户完成改造累计260万户，实现使用光纤上网家庭用户超过180万户，互联网接入带宽10 M以上，累计建成WM接入点13 500个，约10万个AT点，全市IP机基架数达到17 000个，增加44%，全市互联网出口带宽已经达到430 G，城域出口带宽达到2 400 G。

二是充分发挥信息技术对"四个中心"建设的基础作用，加快推动经济转型发展。上海大力推动金融、航运、贸易等领域的信息化建设和应用，加快发展金融资讯、电子支付等服务业，以信息流促进物流等加快运转，推动城市和经济的转型发展。2011年，上海电子商务交易额达到5 507亿元，增长了29.5%。坚持信息化与工业化的融合发展，促进产业结构优化升级和转型发展，信息产业规模从2000年的不到1 000亿元到目前已经超过10 000亿元，年均增长20%。

三是充分发挥信息化技术的支撑服务作用，提高城市管理智能化和精细化水平。信息技术在城市建设等领域得到广泛的应用。城市网络化管理、交通综合信息管理等一批公共平台相继建成并运行，形成及时发现、快速处理和监督评价有效机制，同时我们在推进智能水网、智能电网建设，提高城市运营和管理效率，为城市安全提供重要保障。

四是充分发挥信息技术对提升公共服务效能的载体作用，不断缩小数字鸿沟。以便民、利民为导向，推进政务管理、公共服务领域的信息化应用，着力打造中国上海门户网站的一站式电子政务服务模式，根据网上身份认证系统和一证通用，促进信息资源的公开共享和政府部门的业务协同，加快完善覆盖城乡信息化服务体系，努力缩小城乡和人群间的数字差距，使包括残障人士在内的广大民众能掌握信息化应用基本技能，共享信息化的发展。

到“十二五”期末，上海将基本建成安全的城市信息基础设施，成果汇集全市的信息化应用发展格局，以及创新活跃的新一代信息技术产业体系，为上海建成全球高端的智慧城市之一奠定基础。

在此过程中，信息化和智慧城市建设将面临机遇与挑战并存的格局。尤其是要迎接第三次工业革命的浪潮，探索推进信息化与产业转型融合发展的新路径，提升城市管理效能和水平，推动新技术、新业态、新模式的发展，让市民切实感受到智慧城市的成效，这些问题都需要我们进行深入的研究、探讨。本届报告会汇集了来自政府、科研机构和企业的各领域资深专家和权威学者，成为促进沟通交流的良好平台。在此，我们特别感谢大会主办方和各界同仁朋友们长期以来对上海信息化发展的关心和指导。衷心希望与会各位代表通过深入的研讨和广泛的交流，为上海的信息化进程提出宝贵建议和意见。

（上海市委常委、副市长　艾宝俊）

在更高起点上做大做强上海软件产业

——在上海市软件产业工作会议上的讲话

一、要增强发展软件产业的责任感和紧迫感

软件产业是关系国民经济和社会发展全局的基础性、战略性、先导性产业，对上海经济社会和文化发展具有重要作用。首先，软件产业是推动上海“创新驱动、转型发展”的重要引擎。软件产业为培育发展高端装备制造、新能源、新材料、节能环保等战略性新兴产业提供了强有力的支撑，并且在各个领域渗透应用的同时也催生出了一批新业态。软件技术的广泛应用推动了传统产业不断实现技术创新和商业模式创新，加快传统产业的结构调整和提升发展。此外，软件产业对现代服务业加速发展具有积极助推作用，软件技术显著提升了商务、金融、物流、旅游等现代服务业的水平。其次，软件产业是上海建设社会主义现代化国际大都市的重要支撑。软件产业为“四个中心”建设提供专业技术支持，建成了一批具有行业影响的数字信息服务平台，并形成经济、金融、航运、贸易软件服务业，是“四个中心”建设的重要支撑。在城市管理和运行方面，通过加快软件技术应用建成了智能水网、智能电网、智能交通、数字教育工程、电子账单等一系列城市智能应用，改善了服务效率和市民体验。最后，软件产业是保持上海经济平衡发展的重要力量。近年来，上海软件产业规模快速增长，实现了从新技术产业到支柱产业的跨越式发展，经营收入保持年均20%的增长速度，增加值占全市国内生产总值的比重攀升至6%，是上海现代服务业中发展速度最快、技术创新最活跃、增值效益较大的产业门类，为上海经济保持平稳发展作出积极贡献。

二、把握发展态势和机遇，抓住产业发展主动权

当前，软件产业链不断完善，发展模式持续创新，进入新一轮发展期。我们要准确把握产业发展的新趋势和新机遇，有的放矢地促进上海软件产业发展。

1. **软件产业新一轮发展趋势日益显现** 一是网络化成为产业提升发展的新方向。软件即服务(SaaS)、平台即服务(PaaS)、基础设施即服务(IaaS)等网络化新模式，以及泛在网、物联网、云计算等网络化新业态不断涌现；软件技术重心逐步由计算机终端向互联网转移(例如谷歌公司，该公司积极布局网络化发展战略，形成了完整的网络化操作体系，力推网络化办公时代的到来)。二是平台化成为产业创新发展的新引擎。软件产业竞争正从单一产品竞争向平台间竞争过渡，各类基础软件、行业应用软件等相互渗透，逐步向一体化软件平台新体系演变；硬件与软件整合集成，更加契合用户灵活部署、协同工作和个性应用的需求(以苹果公司为例，近年来通过发布App Store、iOS 5、iCloud等平台产品，进一步拓展平台化战略)。三是服务化成为产业转型发展的新模式。软件应用模式正由传统产品模式向服务模式转变。以用户为中心，通过软件不断升级和提供其他个性化服务，满足用户不断变化的需求，给用户带来的软件服务体验正逐渐成为竞争的决定性因素。

2. **软件产业面临新的发展机遇** 一是对软件服务的需求持续扩大。企业为强化核心竞争力，将IT建设、运营服务等从主营业务中单列出来，外包给以技术和信息服务为主的软件企业。更多的企业开始通过软件技术进行组织结构和流程再造，以此降低运营成本，提升工作效率。同时，IT

用户对增值服务的需求也有较大提高。这是市场机遇。二是优惠政策进一步利好产业发展。继18号文后，2011年国家出台了4号文，继续加大支持软件产业发展的力度。为落实国家4号文，上海2012年出台了26号文，从投融资、企业培育、研发、人才、知识产权、进出口以及产业布局和管理等方面，提出了更加优惠的政策。这是政策机遇。三是创新拓展产业发展新空间。随着软件技术的创新进步，软件产业对传统产业的渗透更为广泛深入，孕育出一批新兴业态。商业模式创新成为产业发展中与技术创新同等重要的因素，持续吸引风投资本和证券市场对软件产业的青睐。这是创新机遇。四是民营企业成为产业持续发展的中坚动力。上海近60%的软件企业是民营企业。民营企业依靠灵活的市场调节和人才吸纳机制，在数量和规模上不断发展壮大，成为软件产业创新的源泉和发展的中坚力量。这是产业的基因机遇。

当然，尽管上海软件产业起步较早，产业发展取得了显著成绩，但是和国家要求以及兄弟省市的发展步伐相比，尚有一定差距。一是企业规模偏小，缺少具备国际竞争力的龙头企业；二是产业的融合渗透不够深入，产业和应用的互动效应有待进一步释放；三是政府的管理与产业的发展还不够契合，软件企业在资讯、金融、文化、娱乐等领域的业务发展与行业资质管理等存在诸多不适应。

三、在更高起点上做大做强上海软件产业

按照年初确定的稳增长目标，今年上海软件产业经营收入力争超过3 600亿元，比上年同期增加20%左右。到2015年，上海软件产业将力争实现“6363”的总体目标，即经营收入达到6 000亿元，年经营收入超亿元企业超过300家，从业人员达到60万人，产业基地30个。上述目标既是上海加快创建中国软件名城的具体要求，也是提升软件产业发展水平，增强软件产业核心竞争力，实现产业“创新驱动、转型发展”的重要体现。为此，大家要坚定目标，奋力而为，着重做好四个方面的工作：

1. **形成上海软件产业持续快速发展的合力** 要形成点面结合、市区联动的产业发展保障模式，有力支撑上海软件产业发展。一是要完善政策扶持体系。加快实施上海26号文以及软件设计人员、重点企业核心团队专项奖励办法。继续研究制定鼓励技术创新、企业发展等的配套实施细则。相关专项资金要向软件领域倾斜，优先支持关键核心技术、特色服务产品、公共服务平台、应用示范工程等重点项目的研发和产业化。二是要增强产业发展合力。充分发挥市软件和信息服务业联席会议的作用，形成协同配合的工作机制，对全市软件产业进行整体规划，制定相关政策措施，协调推进重大项目实施，对企业发展给予宽容支持。区县在产业发展中要发挥主推作用，紧密结合自身产业定位，出台有针对性的产业扶持政策，提高产业集聚度，及时关注和支持重点企业和新业态新模式发展。

2. **营造良好的软件产业发展环境** 吸引、整合和优化配置优势资源，不断完善上海软件产业发展环境。一是要进一步充实软件人才队伍。加快培养核心软件技术人才和产业领军人才。开展面向特定领域的专业化培训和认证服务。推动软件人才国际合作和人才互认，加大上海国际化软件人才引进力度。二是要不断完善公共服务体系。支持行业协会继续发挥行业自律和行业交流的积极作用。建设一批功能性机构，提供公共技术支撑。以发展潜力较大的领域为切入点，推动组建产业联盟，促进产业链对接合作。三是要加快构建多元化投融资体系。建立健全以政府投入为导向、企业投入为主体、社会投入和外资投入为重要渠道，与市场经济及国际惯例接轨的多元化投

融资体系。鼓励民间资本、社会资本和外资投入软件领域。

3. **促进产业、应用和市场的联动发展** 加快在产业、应用和市场之间,培育良性的联动发展关系,形成推动上海软件产业健康发展的不竭动力。一是结合智慧城市建设促进软件产业发展。提升信息基础设施服务水平和普遍服务能力,为软件产业发展提供坚实的基础支撑。着力增强新网络综合承载能力、设施资源综合利用能力和信息通信集聚辐射能力。鼓励本市软件企业租用本市运营商带宽、服务器,促进运营商实施优惠服务策略。二是结合扩大内需发挥软件产业带动效应。鼓励数据服务和行业应用类软件企业向本市中小企业提供数据存储、容灾备份、企业信息化、电子商务等服务。支持平台型软件企业提供面向商品、文化、娱乐等方面的平台服务,有效发挥软件产业对个人消费的提升带动作用。三是结合传统产业转型提升发展软件产业。支持软件企业提高专业软件服务水平,根据传统产业应用需求,开发行业特色鲜明的行业应用软件、解决方案、研发与服务平台,助力传统产业实现设计研发信息化、生产装备数字化、生产过程智能化和经营管理网络化。

4. **培育发展软件产业新业态、新模式** 软件产业不断孕育发展出全新的业态和商业模式,部分新兴领域的增速甚至已赶超传统软件产业的增速。一是要把扶大扶强与培育中小企业发展同时并举。着眼高端、新型、总部,培养一批具有影响力的名牌软件企业和软件品牌,引导产业增长模式从单纯依靠企业数量增长向依靠企业规模和人均产出增长转型。引导中小企业做专做精,向产业链高端发展,避免低水平同质竞争。二是要深入挖掘培育软件产业新业态、新模式。以结构调整有新进展、新兴产业有新态势、创新驱动有新亮点、体制机制有新突破为总体要求,重点加快推动新技术的产业化应用,积极培育新的商业模式,为上海软件产业创造新发展空间和新增长点。三是要加强国内外交流合作。加强与软件产业发达国家和地区的交流合作,支持本市软件企业开拓国内外市场,吸引龙头软件企业集聚上海。组织开展多形式的软件产业交流活动,打造具有行业影响力的产业活动品牌。四是要进一步拓展产业体量空间。完善现有产业基地在企业孵化、产业服务等方面的功能。积极争取国家资源聚焦,建设国家级产业基地和示范区。新建一批体量大、特色鲜明的专业产业基地,比如智慧岛数据产业园、临港软件园等。通过房租补贴等方式,减轻企业入驻成本,提高基地园区的产业集聚度。

(上海市委常委、副市长 艾宝俊)

创建面向未来的智慧城市

——在2012中国信息化进程报告会上的讲话

一、上海信息化建设的主要成效

20世纪90年代中期以来，上海抓住全球信息化发展机遇，持续推进信息化建设。“九五”期间强调基础先行，着力推进信息基础设施建设；“十五”期间着力重点突破，促进信息产业和信息技术应用加快发展；“十一五”期间大力实施信息化领先发展战略，推进信息技术创新和深化信息技术应用。经过三个五年规划的持续推进，上海信息化整体水平大幅提升，为创建面向未来的智慧城市奠定了良好基础。

1. **信息基础设施综合服务能力明显增强** 2009年，在全国率先启动以光纤宽带接入技术为标志的城市光纤宽带网建设，截至2012年6月，全市光纤到楼和到户覆盖用户超过620万户；第三代移动通信(3G)网络基本建成，网络基本覆盖全市域；累计建成6个系统10条海光缆，系统总容量超过4 Tbps；国际互联网出口带宽五年增长10倍，2011年达到430 G，城域网出口在国内率先达到TB级。

2. **信息技术应用的覆盖面、渗透率明显提高** 电子商务交易额从2006年的2 087亿元增至2011年的5 508亿元；电子口岸平台的交易、监管、物流、支付等功能深化拓展；推进信息化与工业化深度融合，大力发展研发设计数字化、制造装备智能化、生产过程自动化等；打造城市网格化管理、交通信息管理、应急联动处置等平台；2010年上海世博会集中展示应用新技术，以信息技术实现“城市让生活更美好”的愿景。

3. **信息技术创新能力和产业能级不断提升** 提升发展电子信息制造业、加快发展软件和信息服务业；积极推进云计算服务平台、物联网应用示范、三网融合等建设；推进关键技术研发应用和产业化，形成了涵盖系统、设备、终端、芯片、测试仪器的TD-LTE完整产业链。电子信息制造业总产值从2000年的820亿元增长到2011年的7 062亿元；2011年，软件和信息服务业实现经营收入3 075亿元，增长21.5%。

4. **信息安全保障能力不断提高** 坚持技术与管理并重，加强信息安全技术研发和基础建设。数字证书应用不断拓展，累计发放量从2006年的71.8万张增加到2011年的268.8万张，年均增长30%以上；推动互联网健康发展，不断净化互联网环境。上海信息安全产业销售额从2006年的26.3亿元增至2011年的39.89亿元。

二、上海推进智慧城市建设的总体考虑

近年来，以物联网、云计算、大数据分析为代表的新一代信息技术快速发展，信息化正在由数字化、网络化、信息化迈向可视化、泛在化、智能化的高级发展阶段。建设智慧城市将推动信息流、资金流、业务流、物流等集聚和优化配置。

根据上海信息化发展的进程以及科技、产业、经济社会发展的现状和未来趋势，结合国内外智慧城市建设的基本特点，2011年1月，《上海市国民经济和社会发展第十二个五年规划纲要》提出，

大力实施信息化领先发展和带动战略，建设以数字化、网络化、智能化为主要特征的智慧城市。9月7日，召开全市推进智慧城市建设动员大会，宣布成立上海市推进智慧城市建设领导小组，正式印发《上海市推进智慧城市建设2011—2013年行动计划》，着力构建四大体系：一是具有国际水平的信息基础设施体系，二是便捷高效的信息感知和智能应用体系，三是创新活跃的新一代信息技术产业体系，四是可信可靠可控的城市信息安全保障体系，大力推进24个专项和一大批重点项目，全面提高城市现代化水平，让市民共享智慧城市建设成果。

三、上海智慧城市建设的重点

1. 加快建设国际水平的信息基础设施 一是宽带城市建设。加快城市光纤宽带网和下一代广播电视网(NGB)建设，光纤到户能力覆盖家庭数从2010年年底的120万户增加到650万户以上，实现城镇化地区全覆盖，光纤到户的家庭接入带宽起步20 Mbps；完成490万有线电视用户NGB网络改造。建成全国规模最大的光纤宽带、NGB城市网络。二是无线城市建设。构建起多层次、广覆盖、多热点的全市无线宽带网络。全市WLAN总量超过2.2万处(约13万个AP)，主要公共场所通过政府购买服务的方式提供适度免费服务，覆盖密度和质量国内领先。优化完善三种制式的第三代移动通信(3G)网络，基本实现中心城区和郊区新城、中心镇3 Mbps以上覆盖。加快实施国家TD-LTE规模技术试验网建设，争取2013年开展试商用。三是创建亚太通信枢纽，到2013年，上海互联网国际和省际出口带宽分别达到1 Tbps和5 Tbps，继续保持城域网出口容量国内最大，已开通的海光缆通信总容量占全国50%以上。

2. 加快推进信息感知和智能应用 重点推进“五大行动”。一是“智能城管”行动，提升城市管理和交通服务能级。适应上海特大型城市数字化、智能化、精细化管理的需求，聚焦交通、规划土地、环境保护等领域，全面提升城市运行服务水平和应急处置能力。如深化城市网格化管理平台和智能交通综合平台。二是“数字惠民”行动，不断提高市民生活质量。围绕与市民生活密切相关领域，通过数字教育、数字健康、数字社区、文化信息化和涉农信息化等工程的建设，改善市民生活质量。如基于市民电子健康档案的卫生信息化工程，涵盖个人基本信息和主要卫生服务记录。从2002年起，市政府每年都安排一项信息化项目作为政府实事项目，今年的实事项目是推广电子账单公共服务平台，计划推广使用100万份电子账单。三是“电子政务”行动，提高政府行政效率和公共服务水平。深化政府信息公开和网上行政审批，加强信息有序开放利用，推进电子政务协同应用系统建设，促进政府行政效率和公共服务水平提升。逐步整合政府各部门对外服务热线，初步形成非紧急类事务“一号式”热线服务体系。四是“电子商务”行动，拓展经济发展新空间。适应电子商务全球化、融合化、移动化发展趋势，进一步拓展电子商务应用广度与深度，促进商流、物流、资金流、信息流的“四流合一”，推动网络经济与实体经济的深度融合，有效支撑本市“四个中心”建设及战略性新兴产业、高端服务业的发展。如电子商务双推工作，从2010年开始，通过政府补贴、平台让利、企业自负各一点的方式，推动7 000余家中小企业应用电子商务。五是“融合强业”行动，促进产业高端发展。从信息化技术驱动、工业化需求牵引两个角度，推动信息化与工业化深度融合，推进虚拟制造、敏捷制造和高端制造，促进传统产业转型升级。

3. 加快发展新一代信息技术产业 一是聚焦重点专项。重点实施大规模集成电路、云计算、物联网、下一代网络、智能电网等11个重点专项，为智慧城市建设奠定坚实的产业基础。二是聚焦重要园区和产业基地。上海新一代信息技术产业在空间布局上形成一批国家产业基地为引领的产业格局。最近，正在大力推进洋山云海数据中心建设，聚集金融服务、研发设计、咨询服务等高端数据中心，形成具有国际竞争优势的数据资源集聚区；建设崇明智慧岛数据产业园，发展高端数据服务业；以国家新型工业化产业示范基地为重点，建设一批高标准、高水平、高服务能力的“三高”数字园区。三是聚焦关键技术。推进智能化共性关键技术的研发，聚焦突破信息感知、网络融合、高带宽网络、智能分析决策等共性技术，加强传感器、海量数据处理、信息安全等的关键技术研发。四是聚焦政策突破。制定本市《进一步鼓励软件产业和集成电路产业发展的若干政策》，加快软件和集成电路产业发展；以营业税改征增值税政策试点为契机，鼓励和扶持以信息技术为重点的生产性服务从制造业内部剥离，促进新技术、新应用、新业态和新模式。

4. **完善信息安全保障环境** 确保城市信息安全保障与智慧城市建设同步规划、同步推进、同步落实，确保城市信息安全总体可控。一是优化信息安全监管机制，深入落实以信息安全等级保护为基础的管理制度，建立网络空间综合治理的互联网应用环境。二是完善城市信息安全基础设施，组建市网络与信息安全应急管理中心，完善统一的网络信任体系建设与应用，推动电子认证向电子商务、医疗卫生等领域拓展。三是大力发展信息安全产业，优化信息安全产业发展环境，加快信息安全技术研发和产业发展。

（上海市经济和信息化委员会主任　戴海波）

总　述

2012年上海市国民经济和社会信息化工作综述

2012年是智慧城市建设关键之年，全市围绕《上海市国民经济和社会信息化“十二五”规划》，认真贯彻执行《上海市推进智慧城市建设三年行动计划》。按照“创新驱动、转型发展”的总体要求，围绕上海加快推进“四个率先”、建设“四个中心”和社会主义现代化国际大都市的战略目标，坚定不移地推进经济结构战略性调整，坚持稳中求进，努力提高产业和信息化发展质量效益，深入实施信息化领先发展和带动战略，着力构建国际水平的信息基础设施体系、便捷高效的信息感知和智能应用体系、创新活跃的新一代信息技术产业体系、可信可靠的区域信息安全保障体系，全面推进以数字化、网络化、智能化为主要特征的面向未来的智慧城市建设，全面提高城市信息化水平。

一、信息基础设施建设水平稳步提高，服务能级持续提升

2012年，是上海推进智慧城市建设的关键年，本市信息基础设施建设按照“规划引导、集约建设、资源共享、规范管理、满足需求、适度超前”的原则，进一步完善信息基础设施规划、不断创新完善建设运营机制，继续深入推进光纤宽带网、无线城市、三网融合试点等重点工程建设，持续提升信息基础设施建设水平。

2012年，本市大力推进光纤到户建设改造，光纤到户覆盖总量已超过680万家庭，开通用户超过250万户。下一代广播电视网(NGB)覆盖410万家庭。完成1 000处移动通信宏基站站点和1 000处室内覆盖站点建设，第三代移动通信(3G)网络已基本实现全市域覆盖。WLAN累计接入19 508处，AP数达138 984个，接入场所数和AP规模在国内城市中名列前茅；在全市300个主要公共场所开通了i-Shanghai公益上网服务。历年累计敷设集约化信息管线7 003沟公里；累计接入商务楼宇、基站、小区4 680个；互联网国际出口带宽超过550 Gbps，互联网省际出口带宽增至3 000 Gbps。

2012年，本市信息网络和功能型服务设施服务能力继续提升。至年底，移动电话用户达3 043.08万户，其中3G用户数达2 023.40万户；互联网用户普及率达到73.5%；宽带接入用户达626.82万户，其中家庭宽带接入用户达476.74万户；有线电视用户达365.50万户；高性能计算机应用领域不断拓展，曙光5000A主机系统全年平均使用率达73.36%。上海互联网络交换中心全年总交换流量达6 000 TB，总交换互联带宽达到13.5 Gbps。

二、信息产业健康稳定发展，技术创新日趋活跃

继续贯彻落实国家发展战略性新兴产业的总体部署，坚持信息化领先发展和带动战略，努力推动电子信息制造业及软件和信息服务业稳定、健康、可持续发展。2012年，全年实现信息产业增加值2 030.24亿元，比上年增长12.4%，占全市生产总值的比值为10.1%。

2012年，本市电子信息制造业完成工业总产值6 791亿元。基本形成集成电路、新型显示、下

一代网络、物联网、汽车电子为重点领域的产业群，全年集成电路、新型显示、通信及网络设备等新一代信息技术制造业产值达 2 194.62 亿元。其中，集成电路产业实现销售收入 668 亿元(包括出口 48.73 亿元)，比 2011 年增长 6%，产业整体实现利润总额 42.8 亿元；电子元件的生产已走向现代化和规模化，销售总额从 2008 年的 7 988 亿元发展到 2012 年的 14 796 亿元，年均增长 17%；汽车电子产业规模达 840 亿元，同比增长为 14%，国内市场占有率为 30%，保持业内的排头兵。

2012 年，上海软件和信息服务业在全球经济增长明显放缓和国内经济面临下行压力的情况下，继续保持平稳运行态势。全年软件和信息服务业实现经营收入 3 628.79 亿元，比上年同期增长 18%；实现增加值 1 233.79 亿元，比上年同期增长 17.5%，占第三产业的比重达到 10.2%，占全市 GDP 的比重达到 6.1%。其中，软件产业和互联网信息服务业的比重不断上升，软件产业实现经营收入 2 085.76 亿元，比上年同期增长 18.1%，占软件和信息服务业的比重达到 57.48%；互联网信息服务业实现经营收入 642.85 亿元，比上年同期增长 30.1%，占软件和信息服务业的比重达到 17.72%。

2012 年，集成电路、新型显示、通信及网络设备等新一代信息技术产品开发和应用不断推进，TD－LTE 规模技术试验、RFID 产业链形成。软件产业技术创新成果显著，全年共登记软件产品 3 820 个，同比增长 5%；软件著作权登记数共达到 12 814 件，同比增长 25.86%。在物联网、云计算、移动互联网等新技术应用示范取得长足进步，应用范围涵盖交通、医疗、社区、物流、金融、农业和食品安全、节能减排、公共安全等领域。

三、信息技术应用向纵深发展，支撑城市建设作用明显

重点围绕社会和经济领域，推进新型信息技术应用，尤其是移动互联技术在教育、文化、医疗、旅游等行业的应用，继续深化信息共享，提升业务协同水平，全面推动智慧城市建设。

社会领域信息化。上海学习网正式上线运行，注册人数超过 120 万人；深化教育资源库建设，推进终身学习云服务公共服务平台建设；开通面向大众数字阅读的在线、移动网站，完成并发布“共享工程 HD”客户端 App，深化“上海图书馆移动服务平台”建设；健康信息网建成运行，完成市级平台、医联平台、市公卫平台和 17 个区县平台的建设和互联互通；城市网格化管理覆盖城市化核心区域的面积达 1 200 平方公里，进一步推动网格化管理与其他社会管理的联动工作；开通“12345”市民服务热线。

经济领域信息化。2012 年全市银行卡交易金额达到 16 608.12 亿元，银行卡持卡消费金额为 8 843.11 亿元；电子商务又快又好发展，全年电子商务交易总额 7 815 亿元；电子口岸信息化应用范围进一步扩大，2012 年完成电子支付交易 6 490 亿元；继续做好涉农补贴资金监管平台和农村集体“三资”监管平台建设工作，推进物联网技术在农业领域中的应用示范；“两化融合”发展水平指数达到 77.39。

电子政务建设。2012 年，电子政务应用得到进一步推广，法人基础信息共享平台、居民经济状况核对信息系统等重点应用向纵深发展，推动市人大代表换届选举信息化应用。各级政府网站继续完善信息公开、网上办事、便民服务和政民互动四大核心板块建设，加快推动政府网站无障碍改造进程，加强政府网站与政务微博联动，有效转变政府职能、提高行政效率和行政透明度。“中国上海”门户网站全年集中发布的市政府文件和部门公开信息 2 489 条，办事平台提供各种办事事项 1 747 项，其中提供在线受理 1 024 项。

社会信用体系建设。2012 年，颁布实施《关于进一步加强上海市社会信用体系建设的意见》及《上海市社会信用体系建设 2013—2015 年行动计划》，在此基础上食品安全、药品安全、工商管理等 12 个重点领域及本市部分区县均采取措施制定了相应的实施细则或工作计划，有效推动全市信息服务体系的建设和完善，全市备案的信用服务机构达到 80 家；召开"信用长三角"第三届高层研讨会，签署《长三角地区信用服务机构备案互认协议书》。

四、信息化环境持续优化，支撑保障能力进一步完善

进一步推进和完善信息化发展环境体系建设，不断优化信息安全保障体系，加强信息化政策法规环境建设，加大信息化人才培养体系建设，为建设智慧城市营造良好的环境氛围。

2012 年，本市信息安全保障环境进一步优化。上海市网络与信息安全应急管理实务中心正式挂牌成立，信息系统安全测评认证平台（三期）、统一网络信任体系建设和应用、政务外网信息安全保障项目等信息安全基础设施项目进一步深化；积极有效地打击互联网违法犯罪活动，落实重点领域网络与信息安全检查行动，加大对网络空间的信息安全综合治理；初步形成信息安全责任体系，重点强化公共信息系统和重要工业控制系统的信息安全管理，进一步提升信息安全管理与保护力度。

启动开展《上海市信息化条例》的立法调研，加强《上海市软件和集成电路企业设计人员专项奖励办法》等规范性文件的立法和发布审查程序，发布《上海市产业和信息化法治建设"十二五"规划》，积极开展行政执法指导工作，做好经济信息化系统法治宣传教育年度工作，继续推进行政审批制度改革、规范性文件有效期管理等各项工作。

继续贯彻落实《上海市工业和信息化人才继续教育行动纲要（2011—2013 年）》和《上海市工业和信息化人才继续教育行动计划（2011—2013 年）》，积极开展专业技术人才知识更新工程，深入推进工业和信息化人才教育培训体系逐步完善；继续开展信息安全技能大赛等信息化人才技能竞赛活动，积极推动上海经济和信息化领域领军人才选拔、高新技术产业化先进评比表彰、上海信息技术领域首席技师千人计划申报等工作。

上海产业发展和信息化建设2012年工作总结和2013年工作要点(摘要)

一、2012年工作总结

2012年,信息服务业营业收入3 628.79亿元,增长18%;国际出口带宽扩容至550 GB,国内出口带宽扩容至3 000 GB;累计完成光纤到户覆盖超过680万户,实际发展光纤上网用户总量突破250万户;WLAN热点总数达到17 000处(约13万个AP);在全市推广使用电子账单超过150万份。

1. **加快推进智慧城市建设** 继续推进光纤到户第三方专业维护工作;发布《关于加快推进本市公共场所无线局域网(WLAN)覆盖工作的实施意见》,全市300处主要公共场所开通免费无线上网服务;推进虹口区和本市首批21个产业园区信息基础设施优化建设;会同市发展改革委制定规范本市商务楼宇信息基础设施建设和运行的相关意见。做好工业和信息化部"两化融合"示范企业和重点项目推荐工作;完成法人网上统一身份认证系统一期开发,启动二期项目建设;建立国际航运中心综合信息平台;基本完成政务信息资源目录服务平台开发,建成上海市数据服务门户网站,推动工商、公安等首批九家单位开展政务信息资源对外开放试点;开通运行市民服务热线。开展重要信息系统、重要工控系统信息安全管理工作,落实重点领域网络与信息安全检查;完善网络信任体系;全年未发生一起重大信息安全事故,有力保障了党的"十八大"期间本市信息安全。同时,加大智慧城市建设宣传力度,组织开展智慧城市宣传周活动。

2. **加快信息服务业发展** 积极创建中国软件名城,制定实施《关于本市进一步鼓励软件产业和集成电路产业发展的若干政策》、《上海市软件和集成电路企业设计人员专项奖励办法》和《上海市软件和集成电路企业核心团队专项奖励办法》,认定第二批市级信息服务业产业基地,推进智慧岛数据产业园建设。

3. **推进社会信用体系建设** 发布《关于进一步加强本市社会信用体系建设的意见》、《上海市社会信用体系建设2013—2015年行动计划》。推动建设交通、食药监管、安全生产、环境保护、工商管理等12个重点领域制定信用体系建设推进方案及试点专项。完成上海市工程建设领域项目信息和信用信息公开共享平台预算追加申报,实现综合检索平台与国家平台的对接注册。

二、2013年工作要点

预计信息服务业营业收入增长18%;互联网用户普及率互联网用户普及率提高2个百分点;家庭光纤到户实际用户330万户;WLAN覆盖场所总数为2.2万处;企业信用报告出具500万份。

1. **培育发展战略性新兴产业** 大规模集成电路,推进高端通用芯片、移动通信芯片等集成电路设计业快速发展,加快提升12英寸生产线产能,实现45/40纳米工艺产业化;深化产业链互动,完善公共服务平台。云计算,突破云计算相关的软件、虚拟化、安全、硬件及服务的核心技术,支持大数据处理技术研发,鼓励电信运营商和第三方企业建设新型云计算基础设施,推进市民信息服务、居民健康、中小企业服务、电子政务、地理信息和食品安全等服务平台建设。物联网,在MEMS和智能传感器、高精度图像传感器等领域组织一批重点项目,突破关键技术并实现产业化;加大车联网、城市安全运行、智能交通、数字医疗等领域示范应用；支持物联网共性技术研发测试平台、应用产品和系统检测平台等建设。下一代网络（互联网、通信网、广电网），抓紧实施 TD－LTE 扩大规模试验任务，加快推进行业应用及产业化；加快 NGB 网络建设完成年内覆盖任务；研究开展核心光器件攻关；加快发展智能终端和网络视听等信息服务。新型显示，协调推进 AM－OLED 领域重点项目加快落地和开工建设；发展蓝宝石图形衬底、硅衬底等新型 LED 衬底技术，推进 MOCVD 产业化，提升 TFT－LCD 产品性能，提升光电子设备国产化水平。智能电网，重点支持钠硫电池、全钒液流电池、磷酸铁锂电池等电力储能技术，建设国内领先的百公里级二代高温超导带材生产线，推进带材制造装备、超导电缆、超导限流器、超导电机等走向产业化，以及新能源接入、智能变电站、智能用户端等产品。智能制造装备，聚焦机器人及关键零部件等重点领域和重点企业，促进一批关键技术和项目突破；支持发展五轴联动数控机床、11 米级以上大直径盾构、智能化重型履带式起重机等发展，发展自动化生产线及数字化车间；推进核心智能测控装置与部件发展。卫星导航，推进闵行卫星导航产业基地和北斗西虹桥基地等关键产业基础设施建设，建设卫星导航与位置服务产品检测检定中心，推进在海事航运、智能交通、城市安全、城市物流、社会服务、车联网等应用示范工程。同时，抓紧编制和发布新型功能性材料、高端软件、节能环保、海洋工程装备等专项工程实施方案。

2. **大力发展软件和信息服务业** 落实国家和本市软件产业政策，加快推进中国软件名城创建，支持基础软件、工业软件等高端软件发展。培育发展金融信息服务、网络视听、数字互动娱乐等信息服务业。推进移动支付、移动阅读、手机游戏、车载信息服务等移动互联网重点领域发展。加快建设崇明“智慧岛数据产业园”和临港软件园。

3. **加快智慧城市建设** 全面完成第一轮智慧城市三年行动计划，启动谋划智慧城市建设新一轮发展。以“提升知晓度、增强体验度、扩大参与度”为出发点，整合现有资源载体，继续组织开展智慧城市宣传周，加强宣传推广。

深化和拓展信息化应用。围绕市民生活需求，深入推进电子账单、信息无障碍等一批信息化应用重点项目，做好智慧社区试点示范工作，推动移动电子支付模式创新和应用拓展，提升市民对智慧城市建设的感受度。以政府信息资源规范化管理和社会化利用为抓手，进一步扩大政务信息资源向社会开放的试点规模；完成法人信息共享和应用系统（二期）等项目建设，推行法人数字证书“一证通”；促进电子政务服务渠道整合、信息共享、业务协同和系统集成。推进信息化与工业化深度融合，深化先进制造业和现代服务业各领域信息化应用，促进产业链上下游的信息链与业务链融合。面向社区开展移动互联网应用培训 2 万人次。

加强信息基础设施建设。继续推进宽带城市建设，开展已建住宅第三方专业维护试点。协调运营商推出光纤转网优惠措施，降低资费标准。继续开展公共场所 WLAN 覆盖建设，优化已开通场所网络质量。深入推进郊区新城、重要开发区、大型居住社区、高速公路周边等区域的网络质量优化工程。完善本市信息基础设施规划体系，促进有效纳入城市规划体系。加快协调和推进 TD－LTE 规模试验相关基站设施的布局和集约建设，为在国内率先实现 TD－LTE 试商用做好准备。积极做好三网融合推广工作。

加强信息安全保障。强化信息安全统筹协调和综合监管。扩大政府网站安全管理国家试点成果，建立健全网站及网络安全不良信息举报和查处机制。加强石化等行业和轨道交通等城市关键基础设施的工控系统安全管理。强化信息安全能力建设，完善城市信息安全应急管理体系，推进网络与信息安全应急管理事务中心、政务外网信息安全保障、信息安全测评认证（三期）等重点项目建设。

4. **加快信用信息服务平台建设** 完成公共信用信息服务平台的可行性研究和立项，研究制订公共信用信息服务平台运维机制。推进政府部门掌握的自然人、法人信用信息向市实有人口库、市法人库归集共享，挂牌成立公共信用信息服务中心。

第一编
信息基础设施

综 述

2012 年是上海推进智慧城市建设的关键年，本市信息基础设施建设水平持续提升，信息通信环境不断优化，主要体现为“五个率先”和“五个第一”。“五个率先”即在国内率先开展大规模光纤到户建设和改造、率先按统一服务要求推进公共场所无线局域网(Wireless Local Area Networks，简称 WLAN)覆盖、率先开展信息基础设施的集约化建设、率先开展信息基础设施专业规划编制、率先开展各类网络资源综合利用(即三网融合)试点。“五个第一”即光纤到户覆盖能力和用户规模国内城市第一、WLAN 覆盖密度和规模国内城市第一、城域网出口带宽国内第一、高清电视和高清 IPTV(交互式网络电视 Interactive Personality Television，简称 IPTV)用户全国第一、三网融合试点业务用户规模全国第一。

基础先行，扎实推进智慧城市信息基础设施建设。2012 年，大力推进光纤到户建设改造，光纤到户覆盖总量已超过 680 万户家庭，开通用户超过 250 万户。下一代广播电视网(Next Generation Broadcasting Network，简称 NGB)覆盖 410 万家庭。完成 1 000 处移动通信宏基站站点和 1 000 处室内覆盖站点建设，第三代移动通信(3rd-generation，简称 3G)网络已基本实现全市覆盖。WLAN 累计接入 18 000 处，AP 超过 14 万个，接入场所数和 AP 规模在国内城市中名列前茅。全市 300 个主要公共场所开通了 i-Shanghai 公益上网服务。历年累计敷设集约化信息管线 6 258 沟公里，累计接入商务楼宇、基站、小区 4 242 个，互联网国际出口带宽超过 550 Gbps，互联网省际出口带宽增至 3 000 Gbps。

规范管理，不断创新完善建设运营机制。组织完成闵行区马桥旗忠大型居住社区、外高桥保税区、松江南部站大型居住社区、松江叶榭大型居住社区(叶榭家园)、金山区亭林大型居住社区、上海桃浦科技智慧城、外滩金融集聚带、闵行区莘庄综合交通枢纽、上海漕河泾开发区浦江高新科技园区、上海市张江高新区青浦园(北区)等区域的信息基础设施专项规划的编制，并纳入区域控详规划。继续推进《上海市信息基础设施布局专项规划》编制，促进《既有住宅通信配套工程技术规范》、《关于规范本市商务楼宇信息基础设施建设和运营中相关行为的通知》出台。

强化服务，信息网络和功能型服务设施服务能力大幅提升。截至 2012 年年底，全市固定电话用户达 903.17 万户，比上年末减少 23.23 万户；移动电话用户达 3 043.08 万户，比上年末增加 422.48 万户，其中互联网用户达 2 023.4 万户；宽带接入用户达 626.82 万户，其中家庭宽带接入用户达 476.74 万户；有线电视用户达 620 万户。高性能计算机应用领域不断拓展，曙光 5000A 主机系统全年平均使用率达 97.86%。上海互联网络交换中心全年总交换流量达6 000 TB，总交换互联带宽达到 13.5 Gbps。

(吴南竹)

第一章 专业规划与重点工作

概 述

2012年,信息基础设施规划扎实推进,覆盖范围不断扩大。继续推进涵盖电信、广电网络等基础设施的《上海市信息基础设施布局专项规划(2010—2020)》编制工作。组织完成闵行区马桥旗忠大型居住社区、外高桥保税区、松江南部站大型居住社区、松江叶榭大型居住社区(叶榭家园)、金山区亭林大型居住社区、上海桃浦科技智慧城、外滩金融集聚带、闵行区莘庄综合交通枢纽、上海漕河泾开发区浦江高新科技园区、上海市张江高新区青浦园(北区)等区域的信息基础设施专项规划的编制,并纳入区域控详规划。

重大工程信息基础设施配套建设工作加快推进。一方面,推进市政重大工程配套建设,继续做好国际旅游度假区、虹桥商务区东片区、大型居住社区等的信息基础设施专业规划编制,启动迪斯尼信息基础设施建设工作。另一方面,推进区域信息基础设施优化工作。开展虹口区信息基础设施优化建设。基本完成徐汇、长宁、普陀、闸北、杨浦等中心城区14个产业园区的信息基础设施优化建设工作。继续推进浦东、宝山、松江、青浦等区县7个产业园区信息基础设施优化建设工作,在完成编制优化方案的基础上,按照"有步骤、分重点"的原则,启动优化建设工作。完成沪金高速公路沿线公用移动通信系统优化建设方案。启动本市其他16条高速公路沿线公用移动通信网络优化建设工作。

在宽带城市建设方面,截至2012年年底,全市光纤到户覆盖总量已超过680万户,基本覆盖全市城镇化地区。实际使用光纤上网的家庭用户数超过250万户。光纤上网家庭的平均互联网接入带宽超过16 M,全市家庭宽带用户的平均互联网接入带宽接近8 M。光纤网络覆盖能力和用户规模提前一年完成智慧城市三年行动计划目标,继续走在全国前列。第三方专业维护工作初见成效,已开展三林大型居住社区等1 300万平方米新建住宅通信配套设施的第三方专业维护。下一代广播电视网(NGB)覆盖410万家庭,基本实现中心城市和郊区主要城镇的覆盖,成为国内最大的NGB网络。

在无线城市建设方面,第三代移动通信(3G)网络已基本实现全市域覆盖。全市手机用户数超过3 300万,其中3G用户数接近750万。无线局域网(WLAN)累计接入18 000处,AP超过14万个,接入场所数和AP规模在国内城市中名列前茅。全市300个主要公共场所开通了i-Shanghai公益上网服务。

在三网融合试点方面,IPTV用户超过178万,手机电视本地月使用用户超过50万,有线电视互联网接入用户超过30万,继续保持这些业务用户规模国内城市最多。高清电视和高清IPTV用户总量超过100万户,开通高清电视频道22个,高清IPTV直播频道已达11路,点播片源超过3万小时,成为国内"高清第一城"。

(吴南竹)

一、信息基础设施专业规划

【《外高桥保税区信息基础设施专项规划(2012—2020)》】 2012年,为完善外高桥保税区信息基础设施布局,也为适应资源节约型、环境友好型城市建设需要和城市信息化快速发展需求,编制了《外高桥保税区信息基础设施专项规划(2012—2020)》,规划范围为保税区、保税物流园区和微电子园区三个区域,总面积10.97平方公里。其中,保税区规划范围为保税区内的封关范围,包括环东一大道以北、外环运河两侧区域,港九路以南、航津路以北区域,航津路以南、洲海路以北区域,洲海路以南、五洲大道以北区域四个部分,规划面积8.27平方公里。保税物流园区规划范围为东至高宁路,南至环东一大道,西至凌海路,北至高三港—高新河—申海路,规划面积1.03平方公里。微电子园区规划范围为东至外环运河,南至赵家沟—东靖路,西至金京路,北至五洲大道,规划面积约1.67平方公里。

规划中无线通信系统和宽带、数据业务的规划期限为2012—2020年，通信机房和固网语音业务的规划期限为2012—2030年。根据规划，区域范围内将新建综合信息机房1处，保留原有通信机房4处。新增室外宏基站站址8处，保留原有室外宏基站站址29处（其中集约化改造6处）。新建基础通信管线797.59孔公里，保留原有基础通信管线971.69孔公里。

【《上海市闵行区马桥旗忠大型居住社区信息基础设施专业规划》】 规划范围为北竹港、铁路河—华泾浜、昆阳路、俞塘的围合区域。规划用地面积4.04平方公里。其中，无线通信系统和宽带、数据业务的规划期限为2011—2021年，通信机房和固网语音业务的规划期限为2011—2031年。

根据规划，在区域范围内将新建综合信息机房1处、小区通信机房10处，新增室外宏基站站址6处，并配套新建相应的基础通信管道593.29孔公里。

【《松江南部站大型居住社区信息基础设施专业规划》】 规划范围为沪杭铁路—北松公路、毛竹港、申嘉湖高速公路(S32)、北泖泾的围合区域。规划用地面积13.62平方公里。无线通信系统和宽带、数据业务的规划期限为2012—2020年，通信机房和固网语音业务的规划期限为2012—2030年。

根据规划，区域范围内将新建综合信息机房2处、小区通信机房16处，拆除现状通信机房4处。新增室外宏基站19处，拆除现状室外宏基站10处，保留并集约化改造现状室外宏基站2处。配套新建相应的基础通信管线2 769孔公里，保留现状市政道路基础通信管线109.24孔公里。

（吴南竹）

二、宽带城市建设

城市光纤宽带网建设

【上海铁通】 中国铁通上海分公司（以下简称“上海铁通”）积极参与智慧城市建设，以实现市民对美好生活的期待为己任，坚持新技术、高起点，大力推进光网络改造步伐，2012年实现覆盖住户61万户，基本完成既有网络升级为光纤化的工作。客户在得到普遍提速的基础上，产品、内容不断丰富，极大地提高了用户的感知，为城市信息化建设作出了应有的贡献。

（周　旦）

【中国联通】 2012年年初启动了新一轮宽带提速计划，截至2012年11月底，中国联合网络通信有限公司上海分公司（以下简称“上海联通”）光纤已覆盖2 800多栋商务楼宇和大部分工业园区，覆盖小区220万户（FTTH为70万户），通过宽带网络改造已实现千兆到楼，其中90%以上的住宅小区具备了百兆到用户的能力。企业宽带用户数达到4万户，家庭宽带业务用户总数达到25万户。与此同时，在集团公司的统一部署下，2012年下半年扩容China 169国际出口带宽为180 G，国际总出口带宽达到了667 G。在与各电信企业互联后，2012年上海联通与上海电信互联带宽由4 G增加到了54 G，与中国移动通信集团上海有限公司（以下简称“上海移动”）互联带宽为30 G，与国家NAP点的互联带宽为2 G。

（应　燕）

信息基础设施第三方专业维护

截至2012年年底，上海建通工程建设有限公司（以下简称“上海建通”）已接收的住宅通信配套维护项目达到129个，建筑面积共计1 317万平方米。其中72个项目650万平方米为电信、联通、铁通三网共建共享模式，其余为单网模式。最终接入户数为11.7万户，2012年年底实装用户为3.2万户。

在1 300万平方米维护项目中，浦东三林110万平方米保障性住宅的通信配套维护遵照“谁维护谁验收”原则，是实施第三方专业维护的样板项目，最终用户可达1.7万户。2012年年底，此项目的实装用户已达3 011户，为各家运营商提供装、拆、移等配合服务已逾3 000次，实现了“充分满足电信企业的平等接入，保障用户自主选择运营商和通信业务”的第三方专业维护目标。

至2012年年底，上海建通以第三方身份，参与了26个住宅小区总计250万平方米的施工，最终接入用户可达2.5万。这26个小区分布在浦东、金山、嘉定、青浦、崇明、闵行等行政区域，已有17个项目通过了建通的验收。

（胡永龙）

下一代广播电视网(NGB)建设

【完善NGB网络平台】 根据广电总局下一代广播电视网(NGB)总体规划，按照科技部、广电总局和上海市示范合作协议要求，东方有线于2010年起正式启动市中心城区有线电视数字化整体转换及下一代广播电视网(NGB)上海示范网建设。2012年，东方有线继续扩大市中心城区NGB网络覆盖，同步推进郊区NGB建设和整体转换试点工作。在市文广局的支持下，2012年10月市政府正式批复本市郊区县NGB建设及整转项目，确定东方有线作为项目法人单位，在"十二五"期间完成郊区县覆盖350余万户NGB建设和320余万户整转工作，充分发挥NGB网络优势以及有线电视网络公益属性，加强便民、利民信息化服务的集成应用，打造成为本市智慧城市和公共服务信息化主平台。市中心城区NGB项目自2009年7月启动，累计已完成覆盖220万户NGB建设，已整转260万户。郊区县自2011年开始试点，累计已完成覆盖180万户NGB建设，已整转104万户。全市NGB覆盖规模已达400万户。

【推进增值业务推广】 东方有线构建的上海数字电视服务平台以"高宽带、强交互、可管控"为优势特征，能够提供视频、数据业务等三网融合业务。一是全面提供广播电视业务和数字电视互动业务，快速推进家庭文化娱乐平台、家庭金融服务平台、互动教育、游戏平台、远程医疗、电视票务、体感游戏、智能家庭等各类增值服务。二是在NGB区域大力推广以"高清和实时交互"为主要特征的各类应用服务。丰富高清频道，推出高清点播和3D点播业务等增值服务。市中心城区互动电视用户近80万，其中双向交互用户达75万户。三是提供互联网接入业务。东方有线作为上海家庭宽带服务的主要提供者之一，在市中心城区的260万户网络覆盖区域内已拥有近30万宽带用户。四是已完成国内IP电话业务的技术和运营准备。基于下一代广播电视网(NGB)的承载能力和三网融合总体方案要求，东方有线快速完成了国内IP电话业务的软交换系统等技术平台以及业务支撑系统等运营体系建设，已具备支持一定用户规模接入能力。

（王云美）

三、无线城市建设

【无线局域网(WLAN)建设】 截至2012年年底，中国电信股份有限公司上海分公司(以下简称"上海电信")WiFi热点为9 997个、AP 56 821个，WiFi月活跃用户达到76.92万户。CDMA网络规模平稳发展，截至2012年年底，上海CDMA网络规模为运营站点4 758个、网络容量DO载扇数达19 334个、1X载扇数达23 832个。年内成立"i-Shanghai"专项小组，综合推进谈点、建设及维护等工作。制定流程，满足个性需求，并安排第三方公司进行专项测试，及时优化改造，确保网络质量，提升用户感知度。

（王 勇）

四、三网融合试点

【开展基于NGB的三网融合业务试点】 依托NGB公司平台，东方有线加大技术创新和产业合作。积极研发和部署智能终端，推动DVB(数字视频广播 Digital Video Broadcasting，简称DVB)+OTT(越过运营商，发展基于开放互联网的各种视频及数据服务业务 Over the Top，简称OTT)产业联盟建设，大力发展与华数、百视通等内容平台的开放合作，加快建设智能电视门户(TV Portal)。通过政企合作、强强合作，积极推进闵行和长宁智慧社区建设，着力协助政府开展"智慧政务"、"智慧交通"等多项智慧信息化工程，共同建设"智慧城市"信息应用重要平台。深入研究和分析NGB、三网融合和数字化整转带来新的业务契机，制定和调整增值业务的发展规划。加快推动三屏融合等战略性储备业务开发，积极探索体感游戏、云计算、智能家居等辅助展示性应用项目。努力扩大企业数据业务市场份额。提高企业电视业务的市场份额和整体收入。完善酒店产品业务，推进"东方e星"酒店业务发展。

（王云美）

第二章 公共信息基础设施

概 述

2012年，全市公共信息基础设施综合服务能力迈上新台阶。年内新建集约化信息管线7 003沟公里；接入商务楼宇、基站、小区4 680个；截至2012年年底，在上海登陆的国际海光缆共计拥有6个系统，10条光缆。

（吴南竹）

一、信息通信管线

【概况】 2012年是上海“智慧城市”建设深入推进之年，公共信息基础建设全面推进。上海市信息管线有限公司（以下简称“信息管线”）在保证完成市级重要活动运营维护工作的同时，继续投入力量参与迪士尼、虹桥商务区、长兴岛项目、各郊区新城、各类工业园区及开发区、经济园区的信息基础设施优化建设，将信息基础设施建设与信息化应用推进更好地结合，为上海信息通信基础设施建设作出贡献。

【管线建设】 2012年，信息管线全年共开工新建管道742沟公里，其中中心城区和浦东新区为569沟公里，约占77%；郊区为173沟公里，约占23%。截至2012年年底，公司累计建设管道7 955沟公里，中心城区集约化信息管道平均覆盖率达到85%。

【楼宇接入】 截至2012年年底，信息管线累计接入商务楼宇、移动基站、企事业单位、居住小区等4 235栋（处），其中2012年完成楼宇接入481栋（处），满足运营商业务发展的需求，保持了高效的建设态势。

【维护保障】 全市已纳入信息管线维护的管道共计6 503沟公里，其中2012年新增875沟公里。

【城市公共光纤网建设】 信息管线公司根据智慧城市建设发展需要，积极推进上海城市公共光纤网络建设。公共光纤网络一、二期建设基本完成，上海外环内主城区和重点发展城镇已基本实现光纤网络覆盖，并在地铁、长江隧桥、外滩通道、黄浦江系列越江隧道等主要市政建筑设施内进行集约化光缆建设，累计建设光缆达到4 000公里。截至2012年年底，已为公安平安城市、交通监控管理、教育网络、公路信息管理、科研灾备等政府部门智慧城市相关专网提供光纤传输资源达5万芯公里。上海城市公共光纤网络是推动各类智慧城市信息化应用的公平、开放的网络平台，已成为上海智慧城市信息基础设施的重要组成部分。

（王云美）

【联通电信管线】 截至2012年年底，上海联通长途光缆线路937皮长公里，本地网光缆线路12 952皮长公里，接入网光缆线路35 230皮长公里。2012年，电信管线共计完成建设管道1 396孔公里，购买管道852孔公里。完成光缆建设9 340皮长公里。

（应 燕）

二、移动通信基站

【联通移动基站】 截至2012年年底，上海联通移动基站总数14 880个，室内分布系统6 805套，其中2G（第二代移动通信技术2nd-generation，简称2G）基站6 475个，3G基站8 405个。2012年2G新建220个基站，3G新建

968个基站。完成中环以内以及中环外重点区域的WCDMA HSPA+(演进式宽带码分多址高速上行链路分组接入技术 Wideband Code Division Multiple Access High Speed Uplink Packet Access Evolution，简称WCDMA HSPA+)升级，下载速率达到21 M。上海联通已建成WLAN热点覆盖2 300个，AP数达到8 379个。WLAN作为3G的有效补充，可以提供给用户特定区域的无线宽带产品。

（应　燕）

三、功能型服务设施

超级计算中心

【"魔方"主机】 2012年上海超级计算中心(以下简称"中心")主机"魔方"(曙光5000A)运行稳定，系统全年可用率平均为97.86%，主干网络系统全年平均可用率为99.7%，主机利用率显著上升，平均利用率达到73.36%(数据见图1-1)，全年并行规模在1 024核以上使用的机时占全年机时的21.1%，大大促进了高性能计算应用水平和质量的提升。

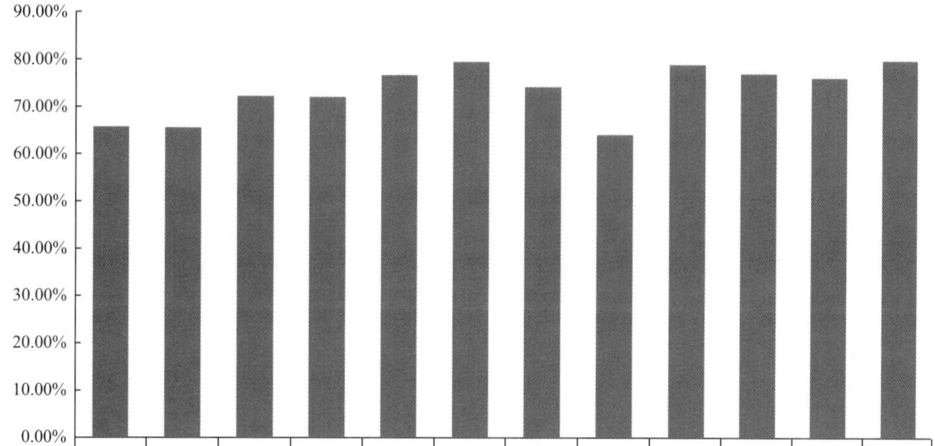

	一月	二月	三月	四月	五月	六月	七月	八月	九月	十月	十一月	十二月
■ 主机利用率	65.66%	65.37%	72.09%	72.12%	76.73%	79.32%	74.17%	63.87%	78.67%	76.84%	75.94%	79.56%

图1-1　上海超级计算中心主机"魔方"月利用率

【高性能计算应用环境建设和应用情况】 2012年中心新增63家用户，其中高校系统用户47家，中科院系统用户7家，企业及其他用户9家，用户数累计达到404个。主要应用在物理、地质与地球科学、计算化学、纳米科学、材料科学、生物、汽车、钢铁、船舶、航空航天、机械工程、市政工程、核电工程等领域，并且在动漫渲染、基因测序和集成电路等领域开拓新业务。2012年，中心用户应用成果引起国际性关注，印度主流报纸 The Telegraph 在其科学专栏 Knowhow 中以 Reach for the Stars 为题，专门介绍了上海超级计算中心"魔方"超级计算机帮助上海交通大学物理系盛政明教授的课题组在激光等离子体磁场湍流的研究中取得新进展，并给予了高度评价。3月，市科委科研计划项目"高性能计算综合服务平台建设方案"项目开题。9月，上海超算核电分中心签约和揭牌仪式顺利举办。10月，"863"计划重大项目课题"复杂电磁环境数值模拟"启动。

【其他】 2012年，中心开展了一系列国际国内高性能计算交流合作活动。1月，中心代表团访问美国英特尔研发中心及劳伦斯利福摩尔国家实验室。4月，中心参展中国化学学会第28届学术年会和第八届中国国际动漫节。6月，中心参展ISC'12(信息安全大会 Information Security Conference，简称ISC)大会。10月，中心参加HPCChina 2012(2012年中国高性能计算学术年会 High Performance Computer China)。11月，上海市力学学会计算力学委员会2012年学术会在中心成功召开；中心成功参展第十四届中国国际工业博览会和第十一届艾迪捷信息科技(上海)有限公司中国区用户年会。此外,中心2012年还开展了一系列的培训活动,主要包括“全国第四届电子输运理论纳米电子器件模拟技术讲习班暨ATK培训班”、OpenACC技术培训、高通量测序数据信息分析培训、“基于GL规范的风机传动链认证”培训、第二届大规模电磁精细仿真平台理论与实践研讨会、2012年度用户培训以及系统级噪声振动控制策略以及仿真设计研讨会等各类培训活动。

(张 怡)

第三章 信息网络设施

概 述

2012年,上海电信行业完成电信业务总量447.4亿元,同比增长9.2%;完成主营电信业务收入512.8亿元,同比增长8.3%;实现电信利润总额96.3亿元,同比下降0.7%;实现电信业增加值268.4亿元,同比增长2.4%。

截至2012年年底,上海市共有237 964个网站主办者开办了304 539个网站,较上一年实际增加51 361个网站。网站主办者中68.48%为单位主办者,31.52%为个人主办者。在上海各区县中,开办网站最多的区县是浦东新区,共开办网站27 054个,网站数超过1万个的还有闵行区、徐汇区、普陀区、黄浦区(包括原卢湾)、嘉定区;开办网站最少的是崇明县,为1 178个。

(通管局)

一、固定电话网

【固定电话网】 上海电信是中国电信行业国际通信最大的出入口局,建有国际海缆登陆站和国际卫星站,是TPE(跨太平洋高速)、APCN2(亚太二号)、CUCN(中美)、SMW3(欧亚3号)、FLAG(环球)等国际大容量海光缆系统的登陆点,也是欧亚、中俄、中越、中印等大容量国际陆地光缆系统的终端站。同时,上海电信拥有7个具有高可靠性的国际卫星传输系统,分别对应Intelsat和Jsat的5颗卫星。截至2012年年底,上海国际电路已通达236个国家和地区,同时与中国电信国际公司各海外分公司(美洲、欧洲等地区)开通了众多10 G或2.5 G高带宽互联电路,并为中国联通、中国移动等公司提供国际通道。作为亚太互联网中心,上海电信主要向各大运营商提供宽带接入、流量交换和逻辑上全透明的国际转接。同时负责汇接中国电信网络内华东、中南、西南各省的国际通信业务。上海电信建有7万多路端的国际程控/软交换机,具有SSP、ISDN等智能功能,还具备了完善的国际数据专线网,包括INTERNET(CHINANET和CN2)、ATM、FR、DDN、IP/VPN、MSTP等,可以为电信客户提供各种方便快捷高质量的国际通信业务。

二、数据通信网

【基础数据专线网】 上海本地基础数据专线网(以下简称"数据专线网")是一种以ATM交换为核心,以多种业务接入设备为接入层的数据传输网。上海电信已建成上海本地最大的数据网络,基本覆盖全市。数据专线网适用于信息量大、实时要求高、保密性强的客户,适合数据传输、图像传输和话音传输。可提供点对点、一点对多点的业务,便于金融证券公司、科研教育系统、政府部门租用数据专线组建自己的专用网。同时提供帧中继业务以及语音、G3传真、图像等通信。截至2012年年底,共有各类数据专线网节点1 200余个,端口能力近50 000个,客户电路11 000条,共提供ATM骨干带宽交换能力45 G。

【上海本地分组传送网】 上海本地分组传送网(以下简称"PTN网")是一种以T-MPLS/MPLS-TP技术为核心,为用户提供以太网接入的二层数据网络。PTN二层数据专线网适用于信息量大、实时要求高、保密性强的客户,适合数据、图像和语音等各类流量的传输。PTN网络可提供点对点、一点对多点的业务,能满足金融证券公司、科研教育系统、政府部门租用数据专线组建自己专用网络的需要。截至2012年年底,PTN网络共有节点104个,提供用户接口近2 016个,单台核心3900设备的交换能力为320 G。

【IP 网络】 上海电信的 IP 承载网是世界上最大的 IP 承载网网络之一，承载着庞大的 NGN 语音、宽带接入、IPTV 和 VPN 等业务，具备网络拥塞控制、流量控制和质量控制能力，具备 ADSL、光纤、FTTB+LAN 和 PON 等丰富的综合接入手段。上海 IP 城域网连接 CHINANET 骨干多个核心节点。截至 2012 年年底，CHINANET 上海节点的 INTERNET 国际出口带宽达 354.35 G。CHINANET 上海节点连接国内各省核心的国内数据通道以 POS10G 和 POS40G 技术为主，物理总带宽达到 2 560 G。上海本地城域网连接 CHINANET 骨干网各节点中继端口能力 2 140 G。2012 年，上海 IP 城域网 A 平面配合城市光网的建设，大幅提升城域网骨干的中继带宽，并实现了宽带 BRAS 10GE 上联。IP 城域网 B 平面拓展多业务承载能力，可满足 200 万户 IPTV 用户的接入以及 IMS 等新技术组网实施。截至 2012 年年底，上海城域网连接 CHINANET 的出口端口能力达到 2 140 G，连接 CN2 的出口物理带宽 120 G，汇聚上海本地 8 个区、局和 7 个郊区县，中继带宽达到 2 110 G。各 IDC 机房上联至城域网骨干节点总带宽达到 1 590 G。

三、有线电视网

【IPTV 平台】 IPTV 是以电信宽带网络为传输通道，以电视机为终端，集互联网、多媒体、通讯等多种技术于一体，向家庭用户提供多种交互式服务。截至 2012 年年底，IPTV 平台总容量 200 万户，总节点为 161 个，用户数超过 173 万，可同时支持 50 万用户在线点播。平台出口总带宽 A 平面流量 15 G，B 平面 108 G。自 IPTV 正式商用以来，业务数量稳步增长，并逐步提供互联网电视、智能电视等新业务。

（王　勇）

四、无线电管理

概况

2012 年，在频率指配方面，上海市无线电管理局（以下简称“无管局”）共受理频率资源使用行政许可 113 项，颁发行政许可 113 项，不予行政许可 2 项；完成正式频率审批 382 组（含复用），收回频率 5 组；完成频率临时指配 45 批次，涉及频率指配 1 124 组；完成国际卫星地球站协调 2 起。台站管理方面，新增台（站）1 855 个，报废台（站）957 个，核发和更换执照 2 366 个；受理无线电发射设备型号核准申请 116 套，设备进关审批 122 批次（含进关盖章），共涉及无线电设备 1 239 万余台，指配船舶呼号 77 个，指配业余无线电呼号 398 个。设备检测方面，完成 132 家单位 1 059 台（套）设备的抽查检测；完成重大活动期间设备检测 1 112 台。无线电监测及干扰查处方面，累计监测时间 19 845 站小时，出动监测车辆 98 车次，启动应急监测任务 20 次，共完成各类干扰查处 25 起。服务民生方面，妥善完成 200 起信访投诉事件的处置和意见反馈。

重点任务

【频率管理】 无管局加快实施频率资源利用的“模转数”工程。针对模拟通信技术应用较为普遍的对讲机领域，编制并发布《上海市 150 MHz、400 MHz 频段专用对讲机频率规划》，拟订完成本市对讲机“模转数”三年行动计划，推动构筑频率资源“数字红利”。强化频率资源服务城市安全运行的应急保障能力。为武警、公安、安全等领域提升处理突发事件能力调配频率，强化电磁环境保护；为气象、射电天文等提升预测能力、提高科学研究水平配置频率；为来沪 8 个批次国际要客提供全方位的频率保障。加强提升频率资源对“智慧城市”建设的支撑力度。组织做好 5.8 GHz 频段规划，助推上海公共场所 WiFi 覆盖的实事工程。积极做好频率占用费的征缴工作。累计完成年度频率占用费 630 余万元的收缴工作。

【台站管理】 贯彻实施《上海市公用移动通信基站站址布局专项规划（2010—2020）》，进一步做好规划实施，并在松江、青浦、崇明、宝山、金山、闵行、嘉定、奉贤等 8 个郊区县率先落地，成为指导区域信息化基础设施建设的重要指南。继续深化公用移动通信基站的共建共享实践。根据《上海市公用移动通信基站站址布局专项规划（2010—2020）》确定的基站站址总量和布局，加强年度计划、站址认定、执照核发等环节的衔接和控制。完成审批2G、3G网络室外宏基站年度设置计划5 876个,核发站址认定书2 416个,核准基站电台执照17 163个,全市范围内室外宏基站共建共享比例达到38.4%,与上年度相比继续有所提高;审批室内覆盖基站(室内分布合路系统)建设计划12批次共计220个项目,覆盖建筑面积约1 600万平方米,新建项目室内覆盖集约化建设比例实现100%。启动实施本市重点固定无线电台站保护规划编制。同时,聚焦公共安全和公共利益,启动编制重点台站保护规划并完成文本大纲、数据梳理,形成了覆盖民航、海事、铁路、轨交、气象、射电天文等7大领域、11类重点台站的基础数据库,基本形成一站一档。全力支撑本市重大项目配套建设。组织做好上海国际旅游度假区核心区无线通信子规划(2012—2020)规划编制和评审工作;参与《虹桥商务区机场东片区信息基础设施专业规划》的编制,指导制定了室内外基站的建设原则和建设要求。探索研究新形态基站的管理模式,聚焦小区站、街道站、光纤拉远等新型基站形态,组织开展前瞻研究,并按照《上海市公用移动通信基站管理办法》的要求,结合设置实际,拟定发布了相关管理试行意见。除此之外,切实贯彻实施台站数据月报制度,结合在用无线电设备检测做好数据更新。

【台站核查】 在国家统一部署下,累计完成台站数据校验158 276条,其中A库中台站数量110 306个,B库中台站数量47 970个。核查期间,累计查处违法设台180起,发送整改通知书44例;开展规模培训5次,培训覆盖813人次。填补了台站管理盲区。核查工作全面覆盖了上海智能交通175个ETC系统无线电台站及其发展规划,填补了长期以来的管理空白。确立了重点行业的长效管理机制。完成对包括民航、海事、铁路、气象、公安等重点行业的数据更新,明确了保护对象和范围;加大对运营商的行政执法力度,推动公用移动通信基站设置更趋规范。

【无线电安全保障】 按照工信部的总体部署,全力做好党的"十八大"、全国两会等重要节点和其他敏感节点期间的无线电安全保障工作。以防插播和防恶意干扰为工作主线,进一步完善工作预案,建立无线电管理综合值班备勤体系。在市委610办的领导下,切实防范和杜绝敌对势力的恶意插播和干扰。继续做好包括F1中国大奖赛、上海网球大师杯赛、勒芒汽车场地赛以及上海国际旅游节等在内的国际体育文化活动的频率资源配置和现场保障。深化年度重要行业的电磁环境保护。参与制定发布《上海市民用机场净空保护管理若干规定》,重点加强对浦东、虹桥两大机场、青浦管制中心及航线信标设施的保护;重点做好机场控制区内基站设置的限高控制和改造;组织实施两个机场地区的监测月报工作,强化电磁环境的常态保护;重点开展对上海海岸电台收发信台的保护协调,结合城乡规划开展建立长效保护的预研工作。完成年度防范和打击利用无线电设备进行考试作弊的任务,按照国务院各部委的要求,积极开展打击利用无线电设备进行考试作弊的行为,全年参与包括高考等国家教育统一考试、公务员、司法考试等国家职业能力考试及各类考试专项保障14次,累计保障考点492个,涉及考生60.56万人,出动保障力量322人次,出动监测车61车次,专项监测时间550站小时,实施阻断3起,现场查获作弊事件4起,没收设备15台,移交公安部门犯罪嫌疑人13名。

【技术能力建设】 2012年,基本建成网格化无线电监测网络试点项目。完成虹桥综合交通枢纽、徐家汇商圈51平方公里区域内40个网格化监测站点部署,基本完成系统联调,试点开展应用。完成宝钢区域、虹桥商务区区域的综合性固定监测站的建设,优化监测网络覆盖。巩固机动监测力量协同机制,强化与国家无线电监测中心上海站、广电、民航等驻地监测资源的对接,推动人员、车辆、站点等监测资源的跨部门统筹,有效弥补本市在打击考试作弊、查处非法插播、军事随行保障等多样化任务时的无线电管理力量不足。努力打造检测公共服务平台。加强检测实验室资质管理,完成检测实验室复评审和扩项评审;CNAS和CMA资质覆盖25个检测项目,型号核准能力覆盖15类产品;提升与国家无线电监测中心战略合作水平,增强区域产业服务能级;加强电波暗室及配套建设运行,全年完成148个型号核准测试;积极开展与本市产学研用等相关部门的合作,塑造面向产业链全过程的服务格局。完善无线电管理信息通信系统。全面启用协同办公平台,推动信息公开;基本完成包括网格化节点在内的光纤传输网络架构;信息安全保障机制得到健全,三级等保工作完成实施。

【总体规划与法制建设】 2012年,上海市无线电管理"十二五"规划正式发布实施。完成了规划任务分解,细化任务内容、明确成果目标和进度安排,实现责任到处室、责任到人;启动规划实施的总结和评估,在系统回顾前期"十二五"规划实施的基础上,做好规划中期评估,启动规划调整事项。编制完成《上海市无线电管理办法》实施细则及其他政策规范。年内拟定《上海市无线电管理办法》实施细则总计30条，重点对固定无线电台站的规划、频率指配、台站执照核发等事项进行了流程细化，经市政府法制办备案；完成《上海市无线电管理局行政执法手册》编制，按照对外信息公开，对内强化约束的要求，形成了包括行政许可事项、监督检查、信访投诉、信息公开、行政处罚、行政强制等在内的操作手册；拟定发布无线电设备定检工作规定，完成在用无线电设备检测规范化、制度化的顶层设计。扎实推进行政审批制度改革，组建无线电业务受理中心，基本完成人员招募、软硬件建设并试运行；做好政务信息共享，编制完成审批信息资源共享目录；聚焦行政审批的标准化，拟定行政许可决定书等规范化文本；探索推进告知承诺，按照"两高一低"的要求，研究对外受理中的告知承诺机制。巩固发展联合执法机制。继续开展与上海市地方海事局、长江上海通信管理局和长江航运公安局的水上无线电专项执法；继续巩固完善与市公安局专项联合执法机制；探索与工商、质监部门的市场专项整治模式。

【区域及行业协同管理】 全面贯彻2012年上海市无线电管理委员会全体会议精神。按照会议部署，全面完成2012年无线电管理各项重点任务，加快推动成员单位在重大活动保障、联合执法、产业和示范应用以及智慧城市建设等方面的协同。深入推进区县无线电管理试点工作。依托松江等8个区县的科信委、经信委，进一步推动公用移动通信基站设置精细化管理、科学电磁辐射观宣传、无线电科普进社区、进校园以及干扰排查应急响应等方面工作。试点区县辖区内基站共建共享征询比例100%，实际共建共享比例超过60%，远高于全市平均水平；试点区县基站投诉数量较之前明显下降；试点区县投诉响应时间从4小时提速至1小时。提升业余无线电管理水平。发挥市业余无线电协会的桥梁作用，确立业余无线电"一站式"受理模式；建成首个业余无线电监控管理平台，强化对会员的事后监管；组建成立本市首支业余无线电应急通信保障队伍，开展5次业余无线电应急通信演练。组建完成本市军地联合频管分队，完成代号为"东方2012"的全市性国防动员演练中的频谱管控和应急处置科目。

（蒋晨晖）

第二编
信息产业

综 述

2012 年，上海信息产业在工业和信息化部的指导下，在市委、市政府的正确领导下，认真落实各项决定和部署。

上海电子信息制造业积极应对复杂多变的外部环境，努力推进产业结构优化升级，全年完成工业总产值 6 791 亿元。重点领域优势明显，继续领跑全行业。2012 年上海集成电路产业持续增长，集成电路制造业完成工业总产值 358 亿元，比上年同期增长 3.2%，集成电路设计业完成销售收入 171 亿元，比上年同期增长 14.5%。

上海信息服务业在市委、市政府领导下，以国家和上海相关产业促进政策发布为契机，围绕"软件名城创建"工作，坚持"促进软件产业向高端发展，促进信息服务业能级提升"的发展主线，推动结构调整和产业创新发展。在欧债危机反复恶化、全球经济增长明显放缓和国内经济面临下行压力的情况下，继续保持平稳运行态势，各经济指标运行稳健。上海信息服务业实现经营收入 3 628.79 亿元，比上年同期增长 18%。实现增加值 1 233.79 亿元，比上年同期增长 17.5%，占第三产业比重达到 10.2%，占全市国内生产总值的比重达到 6.1%。截至 2012 年年底，上海有规模以上信息服务企业近 4 600 家，从业人员达到 40.8 万人，其中 2012 年经营收入超亿元的企业达到 326 家（不包括信息传输服务企业），有 45 家信息服务业企业在海内外上市。

第一章 信息产品制造业

概 述

2012 年，上海电子信息产业坚持“聚焦政策、聚焦项目、聚焦服务”，积极对接国家战略，协调推进重大项目，注重加强产业对接，努力促进企业提升创新能力，加快电子信息制造业转型发展。

2012 年，上海电子信息制造业积极应对复杂多变的外部环境，努力推进产业结构优化升级，全年完成工业总产值 6 791 亿元。

重点领域优势明显，继续领跑全行业。2012 年，上海集成电路产业持续增长，集成电路制造业完成工业总产值 358 亿元，比上年同期增长 3.2%；集成电路设计业完成销售收入 171 亿元，比上年同期增长 14.5%。“909”升级改造项目华力微电子 55 nm 工艺通过客户验证，开始量产投片；中颖电子股份有限公司(以下简称“中颖电子”)在深圳创业板上市；集成电路工艺技术达到 40 nm，设计能力进入 28 nm，保持国内领先。

转型发展实现新突破。2012 年，上海电子信息制造业积极调结构、促转型，电子计算机制造企业在向内地省市梯度转移的同时主动转型，加大高端产品生产，全行业在销售收入同比下降 2%的同时，利润增长 10%。

公共服务平台推进产业发展。国家数字电视工程中心、集成电路研发中心、硅知识产权交易中心、电信研究院华东分院、物联网中心等一批公共服务平台发挥了产业发展支撑作用，营造了良好的产业发展公共服务环境，推进了产业发展。

一、集成电路产业

概况

2012 年，上海集成电路产业虽然受到了世界经济增长乏力和全球半导体市场低迷的影响，但在上海市人民政府及各主管部门推动下，政策效应逐步显现，产业结构趋向合理，创新成果不断涌现，国内外市场持续扩大，整个产业保持了稳中有升的发展走势。

2012 年上海集成电路产业发展走势是“先低后高”，稳中有升。2012 年 1—12 月销售收入逐月递增，走势详见图 2－1。2006—2012 年上海集成电路产业销售收入及增长率详见图 2－2。

在产业规模方面，上海市集成电路行业协会统计网对全市 166 家集成电路主要企业的跟踪统计显示：2012 年上海集成电路产业实现销售收入 668 亿元(包括出口 48.73 亿元)，比 2011 年增长 6.0%。产业整体实现利润总额 42.8 亿元，与 2011 年持平。表 2－1 列出了 2011—2012 年全球、我国大陆和上海集成电路产业的销售额、增长率及上海占全球、我国大陆集成电路产业的份额。

表 2－1 2011—2012 年全球、我国大陆及上海集成电路产业销售规模的比较

地区 / 年份	全球		我国大陆		上海*	
	2011 年	2012 年	2011 年	2012 年	2011 年	2012 年
销售额	2 472 亿美元	2 459 亿美元	1 933.7 亿元	2 158.5 亿元	564.3 亿元	611.7 亿元
增长率	－0.2%	－0.5%	34.3%	11.6%	17.2%	8.4%
占全球份额	—	—	12.5%	14.0%	3.6%	4.0%
占我国大陆份额			—	—	29.2%	28.3%

资料来源：WSTS，CCID，SICA(上海市集成电路行业协会)

＊表中上海集成电路销售额仅包括设计业、芯片制造业及封装测试业销售额，不包括半导体设备材料业销售额。

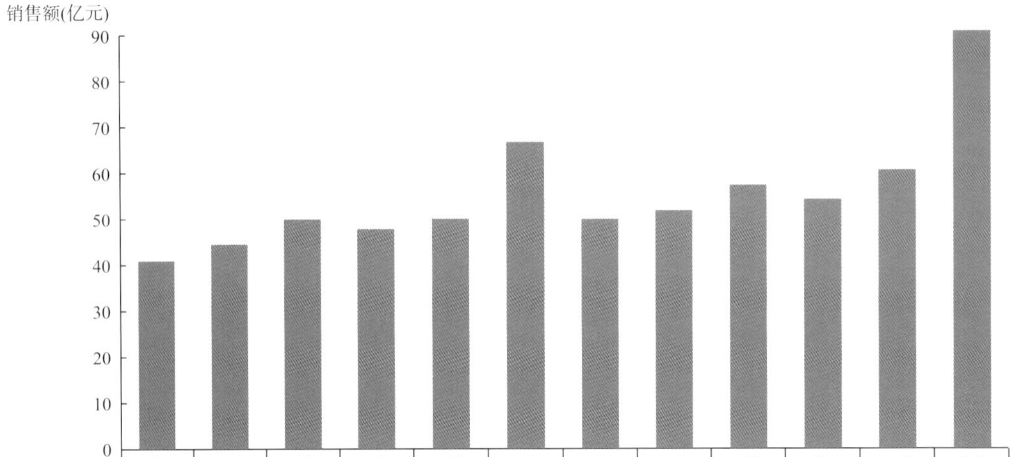

	1月	2月	3月	4月	5月	6月	7月	8月	9月	10月	11月	12月
同比增长率(%)	-6.20%	9.90%	0.40%	-0.80%	5.20%	4.00%	4.80%	6.10%	-1.00%	12.60%	23.80%	11.00%
环比增长率(%)	-50.20%	8.50%	11.90%	-4.00%	5.00%	33.80%	-25.40%	3.80%	10.60%	-5.40%	11.70%	50.40%
销售额(亿元)	41.1	44.6	49.9	47.9	50.3	67.3	50.2	52.1	57.6	54.5	60.9	91.6

资料来源：SICA统计网，2013.02

图 2-1　2012 年各月份上海集成电路产业销售收入的走势

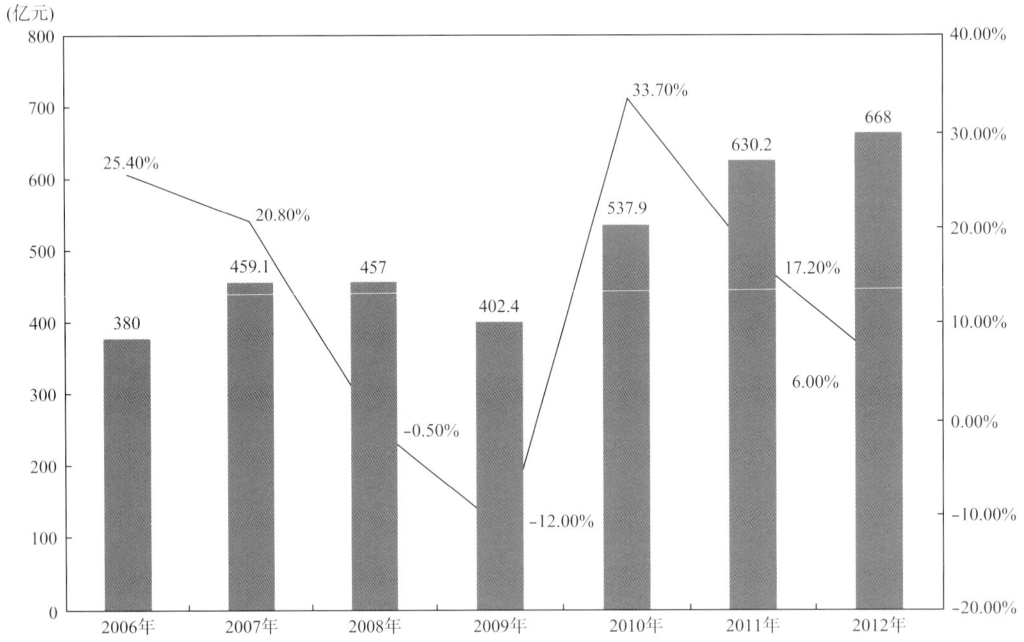

资料来源：SICA统计整理，2013.02

图 2-2　2006—2012 年上海集成电路产业销售收入及增长率

2011—2012 年上海集成电路各行业的销售收入、增长率及产业链的比重见表 2-2。近两年来，设计业保持了两位数的增长，是上海集成电路产业中增长最快的领域，占产业链的比重也不断上升。芯片制造业改变了 2011 年的负增长状态，2012 年实现 5.3%的正增长。2012 年封装测试业和设备材料业都稳中有升，有小幅度的增长。

表 2-2 2011—2012 年上海集成电路各行业的销售收入、增长率及占产业链比重

行业	2011 年			2012 年		
	销售额(亿元)	增长率	占产业链比重	销售额(亿元)	增长率	占产业链比重
设计业	149.5	32.1%	23.7%	171.2	14.5%	25.6%
芯片制造业	127.8	−4.2%	20.3%	134.6	5.3%	20.2%
封装测试业	287.6	14.8%	45.6%	293.9	2.4%	44.0%
设备材料业	65.9	59.6%	10.4%	68.3	3.6%	10.2%
合计	630.2	17.2%	100%	668.0	6.0%	100%

资料来源：SICA，2013.02

政策方面，会同上海市有关部门，积极贯彻落实国发〔2011〕4 号文精神，推动出台了《关于本市进一步鼓励软件和集成电路产业发展的若干政策》(沪府发〔2012〕26 号)，确定了人才奖励、产业链协同、企业做大做强等方面的扶持政策，优化了集成电路产业发展环境。组织 29 家企业、1 394 人申报设计人员奖励，12 家企业申报国家及本市规划布局内重点集成电路设计企业。

产业方面，产业结构处于明显调整期，设计业增速超过制造业约 10 个百分点。集成电路工艺技术达到 40 nm，设计能力进入 28 nm，保持国内领先。移动通信、数字电视、智能卡芯片等保持优势地位，应用处理器、汽车电子、IGBT 领域技术取得进展。中颖电子在深圳创业板上市。

项目方面，推进“909”升级改造项目，华力微电子 55 nm 工艺通过客户验证并量产投片，台积电扩产项目实现 8 万片产能，日月光金桥生产线项目完成一期厂房建设。

服务方面，支持集成电路研发中心“高端互连工艺”、上海硅知识产权交易中心“面向特定领域关键 IP 核库”等内容建设，提高公共服务能力。开展“进一步推动上海市集成电路产业发展研究”课题，为重大项目提供决策支持。

园区方面，浦东新区是上海国家级微电子产业基地中集成电路产业最集中的地区，近几年来张江高科技园区已建设成为国内集成电路企业最集中、产业规模最大、产业链最完整、综合技术水平最高的园区，2012 年上海浦东新区和张江高科技园区集成电路产业发展情况见表 2-3。

表 2-3 2012 年上海、浦东新区、张江园区集成电路产业情况

分类	上海		浦东			张江			
	营业收入(亿元)	同比增长率(%)	营业收入(亿元)	同比增长率(%)	占上海比重	营业收入(亿元)	同比增长率(%)	占上海比重	占浦东比重
制造	134.6	5.3	83.61	−1.91	62.1	83.61	−1.91	62.1	100
设计	171.2	14.5	125.25	17.23	73.2	113.02	17.27	66.0	90.2
封测	293.9	2.4	149.6	−0.79	50.9	104.68	−8.29	35.6	70.0
设备材料	68.3	3.6	34.42	15.99	50.4	27.62	17.67	40.4	80.2
合计	668.0	6.0	392.88	5.46	58.8	328.93	3.04	49.2	83.7

资料来源：SICA 统计网，2013.02

企业和从业人员状况方面，截至 2012 年年底，上海国家级微电子产业基地中从事集成电路研究开发、制造生产、方案应用和专业教育等企事业单位共 420 家，比 2011 年净增 2 家。从业人员总数为 112 908 人，比 2011 年净增 2 145 人。其中专业技术人员为 50 771 人，比 2011 年净增 1 582 人。专业技术人员占从业人员总数的比例为 45.0%。2012 年上海国家级微电子产业基地中企业及从业人员的详细数据见表 2-4。

表 2-4 2012 年上海集成电路产业企事业单位及从业人数

行业	企事业单位数量(家)	从业人员		
		从业人员总数(人)	其中：专业技术人员总数(人)	专业技术人员占从业人员的比例
产品设计	188	25 953	19 601	75.5%
设计服务	4	443	293	66.1%
晶圆制造	11	15 681	6 196	39.5%
封装测试	28	32 942	7 439	22.6%
设备材料	76	11 859	6 480	54.6%
智能卡	24	3 899	1 459	37.4%
配套服务	25	3 385	1 213	35.8%
其他	64	18 746	8 090	43.2%
合计	420	112 908	50 771	45.0%

资料来源：SICA 统计网，2013.02

产品及技术水平方面，2012 年上海国家级微电子产业基地中 IC 设计业开发成功的集成电路产品近 120 款，产品领域遍及移动智能终端 SoC(系统级芯片 System on Chip，简称 SoC)、数字音视频及多媒体芯片、计算机及周边电路芯片、北斗卫星导航芯片、高端多核 CPU(中央处理器 Central Processing Unit，简称 CPU)、移动处理器、网络芯片、智能 IC 卡、移动支付芯片、智能电表芯片、电源管理电路、接口电路、功率器件芯片及 MEMS(微机电系统 Micro-Electro-Mechanical Systems，简称 MEMS)等。其中，受国内外移动智能终端发展高潮的推动，移动通信基带芯片、多媒体芯片以及与移动网络相关的集成电路芯片是设计业的主要增长点。

在国家科技重大专项“极大规模集成电路制造装备和成套工艺专项”(以下简称“02 专项”)推动下，中芯国际(上海)和上海华力微电子有限公司的 65/55 nm 制程已经成熟，并进入代工生产；45/40 nm 制程开发成功，进入量产；32/28 nm 制程技术已经突破。上海华虹 NEC 电子有限公司和上海宏力半导体制造有限公司已成功开发 0.13 μm～0.11 μm 嵌入式闪存、0.25 μm～0.18 μm BCD、0.18 μm～0.13 μm SiGe BiCMOS 等特色工艺，上海先进半导体制造有限公司建立了汽车电子芯片工艺平台等。

在封装测试方面，国际先进封装形式如 BGA(球形列阵结构 Ball Grid Array，简称 BGA)、PGA(引脚网格阵列结构 Pin-Grid Array，简称 PGA)、CSP(芯片尺寸封装 Chip Scale Package，简称 CSP)和 WLP(圆片级封装 Wafer-Level Package，简称 WLP)等，逐步成为封装的主流形式，并积极开发 SiP(系统级封装 System In a Package，简称 SiP)。

上海半导体设备材料的研发成果不断涌现，中微半导体设备公司的介质刻蚀机和盛美半导体公司的兆声波清洗机等产品达到国际先进水平。上海微电子装备有限公司推出了先进封装光刻机，睿励科学仪器(上海)有限公司推出了全自动集成电路光学检测系统，安集微电子(上海)有限公司的 CMP(单芯片多处理器 Chip multiprocessors，简称 CMP)抛光液、上海新阳半导体材料股份有限公司的高纯铜互连电镀液和上海新傲科技股份有限公司的 8 英寸 SOI(绝缘衬底上的硅 Silicon-On-Insulator，简称 SOI)晶片也已上市。

IC 设计业

【概况】 2012 年上海 IC 设计业销售收入为 171.2 亿元，比 2011 年增长 14.5%。其中，产品设计收入为 130.6 亿元，设计服务收入为 40.6 亿元。2012 年上海 IC 设计业实现利润总额 17.25 亿元，占上海集成电路产业利润总额的 40.3%。近年来，上海 IC 设计业一直保持两位数增长。2006—2012 年平均年增长率为 43.5%，占上海集成电路产业链的比重由 2006 年的 6.5%增加至 2012 年的 25.2%，占我国大陆 IC 设计业的比重也由 2006 年的 13.2%提升至 2012 年的 27.2%。

【企业状况】 2012 年上海 IC 设计企业共有 192 家，比 2011 年减少 2 家。通过工信部认定及年审的上海设计企业 110 家。近年来，上海 IC 设计企业数量增加的势头有所减缓，但设计企业的规模在迅速扩大。上海市集成电路行业协会对85家重点设计企业的跟踪统计显示：销售额超亿元的设计企业增至30家，占设计企业总数的35%；1 000万元至1亿元的企业45家，占设计企业总数的53%；1 000万元以下的企业10家，仅占设计企业总数的12%。

2012年上海IC设计企业销售规模前十位排名见表2-5。2012年排名前十位的设计企业都呈现出不同程度的正增长。

表2-5 2012年上海集成电路设计业销售规模前十大设计企业排名表

排序	企业名称	2012年主营业务收入（万元）	2011年主营业务收入（万元）	2012/2011增长率
1	展讯通信（上海）有限公司	440 178	422 523	4.2%
2	格科微电子（上海）有限公司	118 473	116 825	1.4%
3	联芯科技有限公司	110 679	94 410	17.2%
4	上海华虹集成电路有限责任公司	68 138	61 043	11.6%
5	上海复旦微电子集团股份有限公司	66 197	57 353	15.4%
6	上海美满微电子有限公司	62 870	43 724	43.8%
7	超威半导体（上海）有限公司	50 896	39 889	27.6%
8	上海贝岭股份有限公司	44 894	43 981	2.1%
9	昂宝电子（上海）有限公司	40 700	31 000	31.3%
10	高通创锐讯企业管理（上海）有限公司	39 399	28 751	37.0%
合计		1 042 424	939 499	11.0%

数据来源：SICA，2013.02

【技术水平及产品】 2012年上海IC设计业成功开发集成电路产品近120款，产品领域遍及移动智能终端SoC、数字音视频及多媒体芯片、计算机及周边电路芯片、北斗卫星导航芯片、高端多核CPU、移动处理器、网络芯片、智能IC卡、移动支付芯片、智能电表芯片、电源管理电路、接口电路、功率器件芯片及MEMS（微机电系统）等。其中，受国内外移动智能终端发展高潮的推动，移动通信基带芯片、终端多媒体芯片以及相关集成电路产品已成为上海IC设计业的主要增长点。

2012年，上海大部分设计企业分别采用0.11 μm和0.18 μm设计技术，技术先进的设计企业进入90 nm和65 nm技术领域，少数技术领先的设计企业如展讯通信（上海）有限公司、灿芯半导体（上海）有限公司和联芯科技有限公司等已经采用40 nm技术成功设计芯片，并进一步研发28 nm技术芯片。此外，上海主要晶圆代工企业相继开发成功了多种特色工艺，为上海IC设计企业拓展了产品设计领域。

2012年，上海IC设计业的典型产品有展讯通信的40 nm TD-LTE（分时长期演进Time Division Long Term Evolution，简称TD-LTE）基带调制解调芯片SC9610，联芯科技有限公司的TD-HSPA/GGE基带芯片LC1712，上海华虹集成电路有限责任公司的NFC SD手机支持模块和双界面银行卡芯片，灿芯半导体（上海）有限公司的采用ARM Cortex系列内核的40 nm应用处理器芯片等。

芯片制造业

【概况】 2012年上海集成电路芯片制造业实现销售收入134.6亿元，比2011年增长5.3%，占上海集成电路产业链的比重为20.1%，占我国大陆芯片制造业的比重为22.8%。上海拥有12英寸晶圆生产线2条，8英寸晶圆生产线9条，6英寸晶圆生产线3条，5英寸晶圆生产线1条。具体分布见表2-6。

表 2-6 2012 年上海芯片制造业生产线分布、技术水平及计划产能

企业	生产线	晶圆尺寸（英寸）	工艺技术水平	计划产能(万片/月)
中芯国际（上海）	Fab1	8	0.35 μm～0.11 μm	12.0
	Fab2			
	Fab3B	8	0.13 μm～90 nm 铜制程(后工序)	3.0
	Fab8	12	90 nm～32 nm	1.0
	Fab9	8	CMOS 图像传感器(CIS)芯载彩色滤膜制作	1.0
华虹 NEC	Fab1	8	0.35 μm～0.12 μm	8.0
	Fab2	8	0.35 μm～0.12 μm	2.0
上海宏力		8	0.25 μm～0.11 μm	5.0
台积电(中国)		8	0.25 μm～0.13 μm	12.0
上海先进	Fab1	5	3.0 μm～1.0 μm	6.0
	Fab2	6	0.8 μm～0.6 μm	5.0
	Fab3	8	0.35 μm～0.25 μm	1.0
上海新进		6	3.0 μm～0.5 μm	4.0
上海华力		12	90 nm～65 nm～45 nm	2013 年实现月产 2 万片
上海新进芯		6	0.5 μm～0.35 μm	2013 年实现月产 2 万片

资料来源：SICA 整理，2012.01

【企业状况】 2012 年，中芯国际集成电路制造(上海)有限公司实现扭亏为盈，销售收入有较大幅度增长；台积电(中国)有限公司增长速度达 44.4%；上海华力微电子有限公司在建成 12 英寸晶圆生产线的基础上，积极开展 55/50 nm 及 45/40 nm 的先进制程研发；上海华虹 NEC 电子有限公司和上海宏力半导体制造有限公司合并以后，实现优势互补，成为国内 8 英寸特色工艺种类最多的晶圆代工企业。2012 年上海芯片制造企业的销售收入及增长率见表 2-7。

表 2-7 2012 年上海主要芯片制造企业的销售收入及增长率

排序	企业名称	2012 年销售收入（亿元）	2011 年销售收入（亿元）	2012/2011 增长率
1	中芯国际集成电路制造(上海)有限公司	44.21	42.50	4.0%
2	台积电(中国)有限公司	34.17	23.66	44.4%
3	上海华虹 NEC 电子有限公司	23.48	26.28	−10.7%
4	上海宏力半导体制造有限公司	14.47	14.90	−1.1%
5	上海先进半导体制造有限公司	8.56	9.52	−10.1%
6	上海新进半导体制造有限公司	8.30	8.14	2.0%
7	凸版中芯彩晶电子(上海)有限公司	1.18	1.56	−24.4%
8	上海华力微电子有限公司	2013 年投产		
9	上海新进芯电子有限公司	2013 年投产		
合　计		134.60	127.80	5.3%

资料来源：SICA 统计网，2013.02

【技术水平】 近年来，在国家科技重大专项02专项的推动下，上海芯片制造业的技术水平大幅度提升。中芯国际（上海）和华力微电子2012年65 nm/55 nm制程进入代工，45/40 nm制程进入量产，并正从事32/28 nm制程开发。华虹NEC和上海宏力成功开发多项特色工艺，如0.25 μm～0.18 μm通用BCD工艺（同一芯片上制作双极管Bipolar、CMOS和DMOS器件，简称BCD工艺）、0.18 μm～0.13 μm SiGe HBT工艺（功率硅锗异质结双极晶体管Silicon Germanium Heterojunction Bipolar Transistor，简称SiGe HBT工艺）、0.13 μm～0.09 μm嵌入式自对准分栅闪存工艺及0.13 μmSOI通用CMOS与高压工艺等。台积电（中国）有限公司的数字工艺和混合信号工艺也由0.18 μm提升至0.13 μm。上海先进半导体制造有限公司经过近年来的努力，建立了汽车电子芯片工艺平台。上海新进半导体制造有限公司的模拟电路工艺也从0.5 μm延伸至0.35 μm。

封装测试业

【概况】 2012年上海集成电路封装测试业的销售收入为293.9亿元，同比增长2.3%，占上海集成电路产业链的比重为43.2%，占我国大陆封装测试业的比重为31.1%。自2006年以来，封装测试业一直处于稳定增长状态，除2009年受国际半导体市场衰减影响外，其他年份均有较大幅度增长。

【企业状况】 上海封装测试企业共有28家，其中大部分是世界著名集成电路封装测试厂商在上海的子公司，这些企业生产规模都很大，主要承担母公司的生产业务。此外，上海还拥有多家中外合资封装测试企业，主要从事封装测试代工业务。针对国内IC卡业务的迅猛发展态势，上海有3家IC卡模块封装测试专业企业，上海华岭集成电路技术股份有限公司是上海唯一一家专业的集成电路测试企业，上海依然半导体测试有限公司专业从事集成电路芯片测试探针卡的设计和制造。2012年上海前十大封装测试企业的排名见表2-8。

表2-8 2012年上海前十大集成电路封装测试企业排名

排序	企业名称	2012年销售收入（亿元）	2011年销售收入（亿元）	2012/2011增长率
1	环旭电子股份有限公司	80.81	83.83	−3.6%
2	上海松下半导体有限公司	33.72	39.17	−13.9%
3	上海凯虹科技有限公司	28.94	28.53	1.4%
4	星科金朋（上海）有限公司	22.66	20.53	10.4%
5	晟碟半导体（上海）有限公司	22.50	9.50	136.8%
6	日月光封装测试（上海）有限公司	19.79	26.02	−23.1%
7	安靠封装测试（上海）有限公司	19.56	13.40	46.0%
8	上海雅斯拓智能卡技术有限公司	15.18	9.02	68.3%
9	上海凯虹电子有限公司	8.24	7.56	9.0%
10	上海新康电子有限公司	6.41	6.12	4.7%
合　计		257.81	244.36	5.5%

资料来源：SICA统计网，2013.02

【技术水平】 移动通信智能终端及便携式数字设备的快速发展，要求集成电路封装向着轻、小、薄、高密度、多功能的方向发展，并尽量采用无引线、细节距、多芯片和芯片级、圆片级、系统级封装。上海封装测试企业大量引进BGA、PGA、CSP、WLP和MCM（多芯片组件Multichip Module，简称MCM）等新型封装，并积极发展2.5D/3D系统级封装技术和TSV（硅通孔Through-Silicon-Via，简称TSV）等叠片组装技术。

设备材料业

【概况】 上海集成电路设备材料业（以下简称“设备材料业”）是上海集成电路产业中最为“年轻”的行业，近年来，在国家科技重大专项02专项及上海市相关重大工程项目推动下取得了长足发展。2012年设备材料业销售规模为68.3亿元，比2011年增长3.6%，占上海集成电路产业链的比重为10%。其中设备业销售额为22.33亿元，材料业销售额为45.97亿元。

【企业状况】 2012年上海集成电路设备材料企业共有76家，比2011年减少2家。由于集成电路设备材料种类繁多，因此设备材料企业经营内容和经营规模也各不相同。主要设备企业及其经营内容见表2-9，主要材料企业及其经营内容见表2-10。

表2-9 上海集成电路设备主要企业及其经营内容

企业类型	企业名称	主要经营及研发内容
自制设备企业	中微半导体设备(上海)有限公司	90 nm～65 nm/45 nm～32 nm 介质刻蚀机 MOVCVD、TSV 刻蚀机等
	上海微电子装备有限公司	研发先进封装光刻机、研发 90 nm 光刻机
	盛美半导体设备(上海)有限公司	12英寸单晶圆渍洗机研发铜互连抛光设备
	睿励科学仪器(上海)有限公司	集成电路光学检测系统
	上海柏斯高模具有限公司	集成电路制造用模具等
	上海凯世通半导体有限公司	研发离子注入机及其他设备
	上海技美电子科技有限公司	半导体生产设备及各部件制造
国际著名设备厂商在沪分支结构	应用材料(中国)有限公司	各种半导体制造设备(光刻机除外)
	东电电子(上海)有限公司	各种半导体制造设备(光刻机除外)
	迪斯科科技(中国)有限公司	半导体芯片切割机及其他设备
	诺发系统半导体设备(上海)有限公司	半导体薄膜沉积及铜制程设备
	泰瑞达(上海)有限公司	集成电路测试系统
	爱德万测试(中国)有限公司	集成电路测试系统
	国际商业机器采购(中国)有限公司	半导体设备零部件国内采购业务

资料来源：SICA整理，2013.02

表2-10 上海集成电路材料主要企业及其经营内容

企业类型	企业名称	主要经营内容
硅材料	上海新傲科技有限公司	8″SOI晶片及硅外延片
	上海晶盟硅材料有限公司	4″—6″硅抛光片及外延片
	上海合晶硅材料有限公司	4″—6″硅抛光片及研磨片
	上海申和热磁电子有限公司	3″—8″各种硅材料
掩模板	上海凸版光掩模有限公司	各种光刻掩膜板
	上海光刻电子科技有限公司	各种光刻掩膜板
超高纯电镀液	上海新阳半导体材料股份有限公司	超高纯锡、铜电镀液及设备
抛光液	安集微电子(上海)有限公司	CMP及硅材料抛光液
超净高纯化学试剂	上海华谊微电子材料有限公司	超净高纯有机、无机化学试剂
	上海化学试剂研究所	

续 表

企业类型	企业名称	主要经营内容
高纯气体及特种气体	液化空气(上海)有限公司	半导体生产用高纯大宗气体及特种气体
	普莱克斯(上海)半导体气体有限公司	
树脂产品	上海市合成树脂研究所	半导体生产用各种树脂产品
封装基板	日月光半导体(上海)股份有限公司	新型封装用各种基板及底座
封装框架	三井高科技(上海)有限公司	封装模具及各种框架
	上海柏斯高微电子工程有限公司	

资料来源：SICA 整理，2013.02

【技术水平】 上海设备材料企业在国家科技重大专项02专项和上海市相关重大项目的推动下，创造了多项国际先进水平及国内领先水平的设备和材料，其中最为突出的设备有中微半导体设备(上海)有限公司的等离子体介质刻蚀机、上海微电子装备有限公司的先进封装光刻机、盛美半导体设备(上海)有限公司的兆声波硅晶圆清洗机、睿励科学仪器(上海)有限公司的全自动集成电路在线光学检测系统等。最为突出的材料有安集微电子公司的超纯CMP抛光液、新阳半导体材料公司的超纯铜互连电镀液、上海新傲科技公司的8英寸SOI晶片和华谊微电子材料公司的超净高纯化学试剂等。

展讯通信(上海)有限公司

【概况】 展讯通信(上海)有限公司(以下简称"展讯")成立于2001年，是由海外华人专家回国创业兴办的专业从事高端移动通信芯片设计的公司，2007年6月在美国纳斯达克上市。截至2012年，员工总数超过1 600名，80%以上为芯片设计及系统解决方案的研发人员。2012年销售收入达44亿元，居我国大陆IC设计企业销售收入第二位。

【挑战世界移动通信技术高峰】 展讯从建立之日起，就瞄准了世界移动通信技术前沿。2003年推出了多媒体基带一体化的GSM/GPRS基带芯片；2004年推出了TD-SCDMA(时分同步码分多址 Time Division-Synchronous Code Division Multiple Access，简称TD-SCDMA)/GSM(全球移动通信系统 global system for mobile communications，简称GSM)/GPRS(通用分组无线服务技术 General Packet Radio Service，简称GPRS)基带芯片；2008年推出了HSDPA(高速下行分组接入 High Speed Downlink Packet Access，简称HSDPA)/TD-SCDMA/GSM单芯片射频收发器；2010年推出了TD-HSPDA(时分高速下行分组接入 Time Division-High Speed Downlink Packet Access，简称TD-HSPDA)/GSM/EDGE(增强型数据速率GSM演进技术 Enhanced Data Rate for GSM Evolution，简称EDGE)基带芯片；2011年1月，展讯在人民大会堂成功发布了具有世界领先技术水平的商用TD-HSPA/TD-SCDMA多模通信芯片SC8800G，达到全球领先水平，实现了从行业跟随者到引领者的跨越式发展。

2012年，展讯产品覆盖了手机核心基带芯片、手机多媒体芯片、手机射频收发器和Mocor软件平台。产品制式覆盖了WCDMA、GSM、TD和LTE。为了攀登世界移动通信芯片技术高峰，展讯的芯片设计采用了世界最先进的集成电路芯片设计和制造技术。2011年，采用40 nm技术设计制造了TD-HSPA/GSM/EDGE基带芯片。展讯的基带芯片在2006年和2012年两次荣获国家科技进步一等奖。

【市场销售业绩不断增长】 展讯不断拓展国内、海外两大手机市场，拥有国内GSM客户二百余家，TD客户五十余家，客户群涵盖了几乎所有的本土终端厂商，2012年国内TD市场占有率超过53%，国内GSM市场占有率达24%。在海外，展讯与三星电子、HTC等国际一线品牌厂商合作，产品远销至东南亚、南亚、非洲、欧洲、南美等多个国家和地区。2009年，展讯获得了三星供货商资质，第一次成为全球TOP5手机制造企业的供应商。2012年基带芯片出货量仅次于世界著名设计公司高通、联发科和英特尔，居全球第四位，全年销售额7.252亿美元，是全球第四大手机芯片供应商。

中芯国际集成电路制造(上海)有限公司

【概况】 中芯国际集成电路制造(上海)有限公司(以下简

称"中芯国际(上海)")于2000年在上海成立，是我国大陆最大的晶圆代工企业之一。2011年，中芯国际(上海)经过内部调整，处处呈现出日趋完善、稳步发展的态势。

【提升晶圆制造技术】 中芯国际(上海)拥有3条8英寸晶圆生产线(其中一条是铜互连芯片后工序加工线)。2007年12月10日，中芯国际(上海)新建的12英寸晶圆生产线建成并正式运营。2012年，合计晶圆产能为14万片/月(折合8英寸等效晶圆)。制程技术包括0.35 μm～40 nm CMOS，0.35 μm～0.11 μm eFlash、eEEPROM、HVCMOS以及0.18 μm～0.13 μm CIS(CMOS图像传感器CMOS Image Sensor，简称CIS)等芯片制程。产品包括逻辑电路、混合信号电路、RF CMOS电路、嵌入式CPU芯片、嵌入式NVM(非挥发存储器Nonvolatile memory，简称NVM)芯片和CMOS图像传感器等。此外，中芯国际(上海)还提供包括IP(互联网协议Internet Protocol，简称IP)服务在内的辅助设计服务、光掩模制造和芯片测试等服务。

2008年以来，在国家科技重大专项02专项"65－45－32 nm工艺研发及产业化"项目的大力推动下，中芯国际(上海)的先进制程开发及产业化出现了快速提升。2012年，65 nm制程技术十分成熟，成为销售收入增长最快的晶圆代工制程，45/40 nm制程进入代工量产，32 nm制程开发成功，28 nm制程开发在快速推进，保持了国内晶圆代工行业领先的地位。

【拓展国内外市场】 中芯国际(上海)是中芯国际的主要构成部分，此外，中芯国际还包括中芯国际(北京)、中芯国际(天津)以及中芯国际(深圳)8英寸生产线等。近年来，中芯国际除迅速提升芯片制程技术之外，紧紧跟随移动互联和智能终端的世界潮流，积极拓展国内外晶圆代工市场，取得了显著成效。在中芯国际代工市场的地区构成中，国内客户份额由2007年的11%提升至2012年的35%，美国客户和世界其他地区客户的份额分别占54%和11%。从代工市场的技术构成来看，90 nm及以下先进制程已接近市场份额的50%，其中65 nm制程占35%，45 nm制程占3%以上。从2012年第二季度起，中芯国际扭亏为盈，经济效益出现大幅度提升。2012年中芯国际全年销售收入106.8亿元，其中中芯国际(上海)销售收入44.2亿元，占中芯国际整体的42%。

(王龙兴)

上海硅知识产权交易中心

【概况】 上海硅知识产权交易中心(以下简称"SSIPEX")成立于2003年，是集成电路行业的公共服务机构。2012年，SSIPEX深入研究产业形势变化和业务发展趋势，在做精做深现有服务范围和服务水平的基础上，勇于创新，开拓新业务模式，形成了新业务布局。

【专项课题】 2012年，SSIPEX精心实施、保质保量地完成了国家科技重大专项课题、上海市高新技术产业化、中小企业技术改造等项目：国家科技重大专项中01、02、03专项已实施完成，进入验收阶段；高新技术产业化项目——集成电路关键IP核开发与产业化推进于2012年年底通过验收，该项目通过授权许可、自主开发、组织开发三种形式构建了高性能关键IP核库，建立了涵盖CPU、USB PHY(通用串行总线接口Universal Serial Bus Physical Layer，简称USB PHY)、Audio Codec(音频编解码器)、信道解调、ADC(模数转换器Analog-to-Digital Converter，简称ADC)、DAC(数模转换器Digital Audio Compress，简称DAC)嵌入式存储器以及NFC模拟模块等关键IP的IP核库，并为数字电视、智能卡、移动通信、NFC(近距离无线通讯技术NearFieldCommunication，简称NFC)等领域的13家设计公司、共计18个芯片产品提供了关键IP核复用；中小企业技术改造项目——集成电路SoC及关键技术开发测试平台等完成了基本项目内容建设，进入收尾阶段。

【知识产权业务】 2012年，SSIPEX的知识产权分析咨询、司法鉴定、专利运营等知识产权业务均有较大突破。知识产权咨询、分析评估工作在历年基础上继续深化为企业的服务，在业内获得了相当好的知名度和美誉度。截至2012年年底，上海硅知识产权司法鉴定所有司法鉴定人8人，微电子、软件等咨询专家团队逾50人，先后为国内相关司法机构、当事人出具了11份知识产权司法鉴定报告，单笔业务从数万元到二十余万元不等。

【IP业务】 在IP交易方面，SSIPEX2012年共收到19家公司的58个IP需求，其中50%来源于设计公司，其余来自科研院所和高校。通过VPN(虚拟专用网Virtual Private Networks，简称VPN)服务模式，EDA(电子设计自动化Electronic Design Automation，简称EDA)设计环境支撑业务，共服务客户29家。测试实验室于2012年2月通过了中国合格评定国家认可委员会(CNAS)认证，为3家客户提供了测试环境支撑服务。

【第五届SSIP峰会】 2012年9月25日，SSIPEX在上

海国际会议中心举办了第五届 SSIP 峰会，与会企业 78 家，参会人数 123 人，获得了广泛好评，扩大了影响力。

【新业务布局】 2012 年，SSIPEX 针对水质监测传感技术、室内定位服务技术、农业物联网技术、电子价牌技术等 4 个方向的物联网业务开展了深入调研和重点推广；确定各业务领域的国内供应商，与多个客户建立了合作伙伴关系，并形成了几个领域的物联网技术、产品与方案信息数据库。

上海集成电路研发中心

【概况】 2012 年，上海集成电路研发中心有限公司（以下简称“研发中心”）在提升集成电路产业的整体研发实力方面取得了诸多进展。

【“8－12”英寸工艺研发平台】 研发中心利用 IMEC 系统和应用材料的设备，完成用于 40 nm～28 nm 工艺的双重图形工艺、应力硅等关键技术研发；研发铜互连和超低 K 材料工艺，成果符合国际主流；开发完成 55 nm、40 nm 标准单元库和模型库，已被部分国内生产线采用；与大学、设计公司合作，初步建立了嵌入式处理器、存储器、射频、数模混合等 IP 模块库；开发单反相机全、半幅图像传感器，北斗导航芯片等产品的设计和特殊工艺；基本建成完整的“8－12”英寸工艺研发平台。

【“12＋8”设计服务平台】 研发中心开发了 65 nm～55 nm、45 nm～40 nm 工艺代的单元库、模型和 IP 核，开展了可制造性设计 DFM（面向制造的设计，Design for Manufacturability，简称 DFM）的研究，和国内部分单位联合开展了 65 nm 和 40 nm CPU 核的设计工作；可提供单元库、PDK（工艺设计包 Process Design Kit，简称 PDK）和基础 IP 核定制服务，芯片可制造性设计与成品率提升技术支持服务，特殊工艺开发和芯片制造流程以及 Turn Key 设计服务。

【特色工艺开发和技术转移服务】 研发中心与上海华虹 NEC 电子有限公司、上海宏力半导体制造有限公司合作，共同建立了高压、GeSi 工艺、BCD 工艺、嵌入式 FLASH 工艺等特色工艺平台，这些平台具备了承接 LCD（液晶显示器 Liquid Crystal Display，简称 LCD）/LED（发光二极管 Light Emitting Diode，简称 LED）驱动电路、微波和高频 RF 电路、IC 卡等产品的能力；与上海先进半导体公司共同建立了上海汽车电子芯片制造产业化平台，使其成为国内主要的汽车电子生产基地。

【设备材料优化和中试验证】 研发中心协助设备厂商如中微半导体设备（上海）有限公司刻蚀机、盛美半导体设备（上海）有限公司铜抛光、睿励科学仪器（上海）有限公司光学测试等设备的配套工艺优化和模块试验，对国产光刻机进行性能优化、工艺测试和配套工艺开发，完成了国产光刻胶的评估验证和使用；完成了国内材料如安集微电子（上海）有限公司的铜抛光液、上海新阳半导体材料股份有限公司的硫酸铜、上海新傲科技股份有限公司的 SOI（Silicon-On-Insulator，绝缘衬底上的硅）硅片等工艺试验、评估和使用。

【3D 集成和新型工艺研发】 研发中心正在研发 3D 集成技术，其以 TSV 及 TSV/硅片键合等技术为突破点，推进 2.5D/3D/3D－Si 集成在产品中的应用；此外，研发中心已启动面向 300 mm 工艺技术的石墨烯先导技术研究，研究石墨烯低温 CVD 成膜工艺、石墨烯在线监控/测试评估、石墨烯集成互连、石墨烯高速器件结构和工艺集成以及石墨烯高速器件和互连模型等技术。

（王　雷）

二、通信和网络设备制造业

概况

2012 年，受全球经济不景气影响，全行业发展放缓，并呈现出明显的调整特征。上海市通信网络设备企业一方面受国内运营商集采模式和全业务转型影响，一方面面临跨国公司战略调整、投资滞后效应等问题，企业效益明显下滑。随着战略性新兴产业“十二五”规划和专项政策的实施、TD－LTE 频谱规划的颁布、宽带中国战略的推进，行业企业积极寻求机遇、调整结构，谋求转型发展。

2012 年，上海市通信设备业完成工业总产值 827.42 亿元，比 2011 年同期下降 6.8%，完成销售收入 793.92 亿元，同比下降 11.7%，实现利润总额 12.92 亿元，比上年同期下降 56.89%，完成出口交货值 477 亿元，同比下降 25.46%。全年共生产手机 4 086.58 万部，移动通信基站 148.75 万信道。

第三代移动通信及长期演进技术(TD-LTE)

2012年,中国政府将2.6 GHz频段的2 500 Hz~2 690 Hz、全部190 MHz频率资源规划为TDD(时分双工 Time Division Duplexing,简称TDD)频谱,中移动在多个国家和地区启动了14个TD-LTE商用网络。

2012年,上海市4G网络处于扩大试验规模阶段,没有向个人用户开放。

下一代网络(NGN)

在"十二五"规划的引导下,移动互联网、物联网、"三网融合"、云计算等新一代信息技术产业加速发展,其产生的海量IP地址需求使我国互联网向IPv6(第六版互联网协议 Internet Protocol Version 6,简称IPv6)过渡变得更为紧迫。

国家大力支持基于IPv6的下一代互联网发展,在电信运营商方面,中国移动、中国联通、中国电信三大运营商均明确了IPv6演进规划,随着多个下一代互联网专项的启动以及运营商的大规模试点,基于IPv6的下一代互联网规模商业已经启动。

在IPv6网络小规模商用试点方面,截至2012年,我国有三百多所高校接入了教育网,超过200万用户、2 000个科研单位可以体验"下一代互联网"。在"下一代互联网"建设研究的部分领域,我国走在了世界前列。加快IPv6网过渡,为中国互联网的发展赢得了先机。

TD-LTE方面,2012年上半年顺利完成了TD-LTE规模技术试验,建成110个基站,上海贝尔、展讯、联芯科技、德明通讯等企业完成了TD-LTE技术测试。2012年8月启动了扩大规模试验工作,推动上海移动出台了实施方案。

产业方面,构建了涵盖设备、芯片、终端、测试仪器等的TD-LTE产业链;三星旗舰智能机采用展讯通信TD-SCDMA基带和射频芯片套片,获得了中移动50%以上的集采份额。

项目方面,完成了NGB(中国下一代广播电视网 Next Generation BroadcastingNetwork,简称NGB)网络郊区整转方案,全市NGB网络覆盖达到380万户,完成有线电视数字化整体转换290万户;东方有线网络公司申请了国家下一代互联网专项。

服务方面,工信部电信研究院华东分院完成了一期建设,2012年4月开始提供公共检测服务。召开通信与广电企业专题对接会,促进产业融合发展。组织15家企业组建TD-LTE专题馆,参加"第十四届中国国际高新技术成果交易会",获得了工信部领导好评。配合组织了GSMA移动通信大会。

下一代广电网(NGB)

下一代广电网将电信网、有线电视网、计算机通信网的功能融合在一张网上,走出了最便捷的"三网融合"之路,NGB网络承载能力达到T级骨干、千兆到楼、百兆到户。在"十二五"期间,随着"三网融合"推进及NGB全国网络建设,NGB接入网技术逐步在全国部分重点城市建立示范应用。

上海是全国最早的"三网融合"试点,东方有线一直在积极推进当地数字化平移改造。2012年,在科技部、国家广电总局和上海市政府的支持下,东方有线网络有限公司建成覆盖全市近400万户居民的NGB网络,为上海智慧城市的建设奠定了扎实的网络基础。

移动终端

2012年,我国手机产量达11.8亿部,同比增长4.3%,占全球出货量的比重超过了50%。2012年,国产品牌手机延续了2011年的良好发展态势,总体出货量爆发式增长,尤其在中国市场上,由于占据了本土优势,国产手机收获颇丰,占据了国内手机市场71.7%的市场份额。联想、酷派、华为、中兴等几家国产厂商跻身前六名,显示出了强劲实力。三星、诺基亚、苹果、HTC、摩托罗拉等国际品牌的市场份额被压缩到不足30%,创历史新低。

从发展趋势来看,随着芯片企业相继推出中低端智能手机套片和解决方案,智能手机价格逐渐逼近功能手机,千元及以下智能手机成为智能手机产业崛起的中坚力量。同时,3G技术的快速发展,使用户对数据业务的需求大增,手机功能多样化趋势显著,从客观上促进了移动智能终端的快速发展,产业发展模式向"硬件+软件+服务"的模式转型。

(孙逸瑾)

物联网

【概况】 产业方面,初步形成了完整的RFID(射频识别 Radio Frequency Identification,简称RFID)产业链,M2M(移动网络对机器 Mobile to Machine,简称M2M)模块、CMOS(互补金属氧化物半导体 Complementary Metal Oxide Semiconductor,简称CMOS)图像传感芯片出货量全国领先,上海华虹计通智能系统股份有限公司在深圳创业板成功上市。

应用方面,完成了虹桥交通枢纽楼宇节能、长宁社区流动人口管理二个市级物联网重点应用示范工程，形成了精准农业、医废监管等物联网应用示范工程方案，并予以推进。

宣传方面，组织了城市管理、民生、产业领域的四十多个物联网应用和产业项目，在《人民日报》、《解放日报》、《文汇报》等媒体和微博上进行集中宣传。

服务方面，完成了 MEMS（微机电系统 Micro-Electro-Mechanical Systems，简称 MEMS）传感器芯片等三个公共平台建设；组织了涉及短距离通信、工业传感网通信等关键技术标准和安全的研讨会；举办远程医疗终端、农业传感器、光纤传感器、化工物联网等领域的对接会，推动物联网中心与相关企业及 IMEC（Interuniversity Microelectronics Centre，微电子研究中心）对接合作。组织成立物联网行业协会，指导协会及移动支付联盟、电生理联盟开展移动支付、远程医疗等工作。开展先进传感器技术和产业化调研，并形成调研报告。

【工作推进】 2012 年，上海市物联网行业在智能交通、智慧医疗、智慧社区、工业物联网、农业物联网、节能减排、公共安全、移动支付、防伪溯源、智慧物流等物联网应用方面取得了长足发展，达到了“后世博时代”的物联网应用巅峰，同时带动了芯片、传感器、标签、无线通信、中间件、软件、实时数据库等一大批基础产业发展。

【上海市物联网应用示范工程典型案例】 2012 年，组织评选了上海市物联网应用示范工程的典型案例，包括上海宝信软件股份有限公司的“冶金企业能效管理系统”、上海华申智能卡应用系统有限公司的“危险化学品气瓶电子标签安全监管系统”、上海波汇通信科技有限公司的“基于光纤技术的智能电网监控系统”、上海众达信息有限公司的“上海石化 HSE 管控一体化物联网平台”、上海可鲁系统软件有限公司的“油气管线与设备远程运维系统”、上海中科赛思信息工程有限公司的“基于物联网技术的周界防入侵系统”、上海复旦网络信息工程有限公司的“消防远程监控管理信息服务平台”、上海万达全程健康服务有限公司的“居民健康管理信息服务平台”、中国银联股份有限公司的“基于 NFC 的移动支付技术应用”、上海富凯网络信息技术有限公司的“社区动态人口管理系统”、上海腾天节能技术有限公司的“公共建筑能效管理和长宁平台的数据运营”、上海安科瑞电气有限公司的“智能电网能效管理系统”、中国电子科技集团公司第五十研究所的“城市路灯照明智能监控与管理系统”、上海擎云物联网有限公司的“智慧能源管理与监控云平台”、上海建坤信息技术有限责任公司的“园区低碳智慧综合管控平台”、上海华平信息技术股份有限公司的“智慧城市市政监管系统”、上海电科智能系统股份有限公司的“上海市综合交通信息平台”、中国科学院上海微系统与信息技术研究所的“智能交通车辆检测系统”、上海科学院信息技术研究所的“节能型公交电子站牌”、中国电信股份有限公司上海分公司的“基于物联网车路动态信息交互与服务平台”、上海博泰悦臻电子设备制造有限公司的“iVoka 云智驾车载智能信息服务系统”、上海宝钢物流有限公司的“宝钢物流 RFID 智能仓储管理系统”、上海宝盒速递有限公司的“楼宇自助快递服务系统”、上海三瑞信息科技有限公司的“RFID 食品药品冷链物流系统”、上海天臣防伪技术股份有限公司的“国酒茅台防伪溯源管理系统”、上海农业信息有限公司的“崇明稻米产加销全程物联网综合应用示范工程”、上海生物电子标识有限公司的“能繁母猪保险电子身份溯源管理信息平台”等。

【智能交通领域】 经过持续投入和各方协同努力，上海交通信息中心建立起一套覆盖全市主要道路，具有实时、准确、高效、智能等特点，融交通诱导和管控、治安监控等功能于一体的综合性智能交通应用系统，为日常交通管理与公众出行信息服务发挥了重要作用，路网通行能力增加 5%，道路畅通时间增加 7%，减少了大量尾气排放，间接经济效益超过 60 亿元。2012 年，极具民生意义的公共交通智能化应用刚刚起步，主要面临初建和持续运营的投资、商业模式等问题，还需探索解决。另外，政府对交通信息资源的把控与广泛个性化社会需求之间的矛盾较为突出。

【农业和食品安全领域】 近年来，上海市企业在稻米、蔬菜、猪肉等主要农畜产品的生产、加工、销售管理及产品质量追溯的部分环节上实施了一批物联网应用示范工程。总体来看，打通产加销全产业链的完整应用还未成型，造成相关设施利用率低、监管效果受限，需要突破行业监管职权部门分割造成的管理和信息孤岛。

【智慧楼宇和园区节能减排领域】 上海市在区域安防、楼宇节能、环境监测、消防监控等专业系统领域建成了一批物联网应用示范工程。整合多个专业系统的综合性管控平台刚刚起步，主要面临管理条线分割、系统集成技术能力等方面的瓶颈，需加强协调、推进解决。

【工业物联网领域】 上海市在冶金、化工、能源等领域开展了一批卓有成效的物联网应用示范工程。需进一步扩展能源数据采集类型和规模、细化能效分析和管理力度，特别是针对各种典型工艺和生产线工序进行能耗分析和评价，并加快向其他流程性行业拓展应用。

【健康医疗领域】 上海第五人民医院、中山医院、瑞金医院以及万达信息股份有限公司(以下简称"万达")、上海四维医学科技有限公司等第三方公司都在开展基于物联网的医疗和健康服务试点，实现对居民健康体征指标的动态采集，异常健康指标监测，向居民、家属、全科医生自动预警通知等功能。2012 年，在黄浦区、金山区、浦东新区等多个社区进行试点运营，服务用户 1.5 万人。后续推广还需解决费用支付和盈利模式的问题，在服务专业性、提供服务的数量能力和服务安全性等方面，需医疗卫生管理制度及政策法规的支持。

【生活服务领域】 比较成气候的是车联网应用，上海市在产业链核心环节——车载信息服务运营平台上取得了重要突破。中国联通上海分公司的宝马车载信息服务项目可在三年内形成国内 16.4 万辆宝马汽车入网，实现销售收入 2.8 亿元，同时为国内其他中高端汽车提供可借鉴的技术、管理经验及可复制的商业模式。总体来看，国外主流汽车厂商在技术、标准、传统合作伙伴等方面的掌控力，形成了本土车载服务运营商较难突破的壁垒。另外，可持续运营的商业模式还有待探索。

【上海市物联网行业协会】 2012 年，上海市物联网行业协会成立。协会吸收了一百多家业内领先的物联网行业企事业单位，成立了上海移动支付产业技术创新战略联盟，吸收了二十多家联盟成员。

(王 雷)

中国电信上海理想信息产业(集团)有限公司

【概况】 中国电信上海理想信息产业(集团)有限公司(以下简称"理想集团")主要提供信息通信技术服务，涉及信息系统集成、应用软件开发、软硬件产品研制、增值业务运营和 IT 外包服务五大方面，产品和服务覆盖全国 31 个省、市、自治区，并延伸到中国香港、中国澳门及美洲、欧洲等海外地区。客户遍布电信、政府、金融、教育、烟草、制造和化工等多个行业，拥有全国性的营销渠道和运维服务体系。

理想集团致力于中国 IT 产业发展，借助中国电信集团公司(以下简称"中国电信")的精品网络资源，定位于电信与 IT 产业融合的 ICT(信息通信技术 Information Communication Technology，简称 ICT)服务商形象，为社会信息化、企业信息化和家庭信息化提供全方位、专业化的应用集成服务。

2012 年是中国电信超常规发展的一年，是中国电信股份有限公司上海分公司(以下简称"上海电信")把握上海智慧城市和 3G 增长空间、围绕业务收入完成并确保份额稳定的一年，理想集团贯彻上级工作思路，落实各项关键举措，各项重点业务内涵不断丰富，应用范围持续扩大，连续七年获得"上海市明星软件企业(经营型、成长型)"称号(2006—2012)，连续四年被评为上海软件收入二十强企业(2009—2012)，首次荣获上海市"诚信创建企业"称号，被评为"2012 年上海市创新型企业"(两年评选一次)，获得建筑业企业资质证书(智能化设计与施工一体化资质二级)，顺利通过了 ISO9001、TL9000、ISO20000、ISO27001 等多套质量管理规范体系年度审核及第三方认证。

【OA 及门户业内主导地位巩固】 业务覆盖电信、政府及中大型企业领域，市场占用率不断扩大。电信管理支撑系统的主导地位进一步巩固，承接了中国电信股份有限公司江苏分公司(以下简称"江苏电信")、中国电信股份有限公司江西分公司(以下简称"江西电信")、中国电信股份有限公司宁夏分公司(以下简称"宁夏电信")、上海电信及信元公众信息发展有限责任公司(以下简称"信元公众")、号百商旅电子商务有限公司(以下简称"号百商旅")、天翼电子商务有限公司(以下简称"翼支付")、中国卫星通信集团公司(以下简称"中国卫通")等专业公司的 OA(办公自动化 Office Automation，简称 OA)及门户升级项目。在政府和中大型企业领域也有突破，承接了民政局、卫生局、青浦区政府等机构项目；承接了上海市市委组织部党员管理系统，以及闵行、长宁、宝钢、老干部等多个组织部党员管理、统计等条线的项目，巩固了行业领先地位；承接了上海浦东发展银行(以下简称"浦发银行")总行的新一代门户项目，为进入金融领域积攒了行业经验及成功案例；借助政企渠道，以全业务移动融合解决方案为切入点，新增了工银瑞信基金管理有限公司(以下简称"工银瑞信")、浦发银行等客户。公司承建的清华大学 OA 系统在全校试用推广，融合了中国电信的 ECP(扩展并行口 Extended Capabilities Port，简称 ECP)产品，OA 整体实现了移动化，为用户提供了便捷灵活的通讯及办公解决方案。

【电子政务覆盖全国18省280个区县】 电子政务业务已覆盖全国18个省、超过280个区县以上政府，产品日常在线人数超过25万，在同类政府市场的占有率超过38%，成为我国政府OA及协同办公产品的知名品牌。理想集团的首个省级政务系统"广西政务云平台"被列为集团云应用示范项目，覆盖广西全区11个地市。通过接口，中国电信股份有限公司广西分公司（以下简称"广西电信"）可以在商务平台上直接管理政务系统上的用户，实现用户统一管理。贵州省办公厅协同办公系统自2012年7月正式运行，系统访问量累计达24.5万人次。移动政务应用产品线不断完善。与云南迪庆首次采用合作运营方式，实施移动政务应用，促进了中国电信股份有限公司迪庆分公司（以下简称"迪庆电信"）移动政务套餐营销，常在线用户数1 200个。

【数字医疗实现明显突破】 全国支撑重点项目117个，分布在19个省、市、自治区。在无线数字医疗方面，理想集团成功实施了内蒙古自治区人民医院项目，在上海、四川、吉林、内蒙古等四省区树立了样板医院；在基层医院信息系统方面，理想集团成功实施了鄂尔多斯"数字东胜"项目，并在吉林辽源、河南开封两地推广实施；在社区移动医生工作站领域，理想集团先后在上海金山区、杨浦区殷行社区、浦东社区卫生服务中心45家社区医院等地实施项目，在上海全面铺开；在远程健康管理服务方面，理想集团在长宁区北新泾、静安区石门二路敬老院、闸北区彭浦新村等多个社区及医疗机构推进试点。

【运营类业务用户数和收入迅速增长】 商务翼云平台、Netcare网管专家平台、领航平台等产品和业务体系进一步完善，多个产品用户数量保持快速增长。除NetCare业务外，电脑医生引入了"远程服务"系统，打造了"电话支持服务＋上门支持＋远程支持服务"的综合服务模式，累计用户数1.6万家，同比增幅22.2%；协同通信ECP累计用户数13.4万家，同比增幅16%；商务翼云平台累计用户数1万家，2012年实现销售额1 518万元，平台已具备在线订购、在线受理、在线使用等综合服务能力。手机版应用的上线为未来云服务模式奠定了基础。

【NetCare平台接入设备数突破10 000家】 2012年开展Netcare平台优化，为客户提供闭环的服务解决方案，累计用户数175家、监控点达到10 000个，用户数同比增幅63.6%。

【增值应用类业务拓展多个典型项目】 通信业务板块的典型项目有："12345"市民服务热线、市公积金呼叫中心、漕河泾开发区呼叫中心、天津外包呼叫中心、智能语音助手等。其中，天津外包呼叫中心为首个外省市外包呼叫中心案例，实施工作基本完成，待用户话房条件具备后即可投入使用。自主研发工具Blazer应用于多个呼叫中心项目，大大缩短了项目开发周期，获得了第24届上海市优秀发明选拔赛职工技术创新成果铜奖。完成了一批支付业务相关项目建设，包括翼支付IOS客户端、天翼客服系统、网关支付迁移项目、IVR（互动式语音应答Interactive Voice Response，简称IVR）支付一期及机房配套建设项目、集团支付网关重构项目等。其中浦发银行展业项目采用"移动终端＋电信3G＋行业应用软件"的套餐租赁运营模式，于2012年9月底成功上线，应用于五星电器卖场。

【助力上海市统一市民服务热线"12345"上线】 "12345"热线作为2012年市政重大信息工程，得到了市政府各级领导的重视，上海市市长韩正、副市长杨雄、政法委书记丁薛祥等领导先后前往视察。作为业务运营方，上海电信总经理张维华、副总经理吴冬立先后前往现场指导。理想公司作为平台建设的项目总集成商，保持了高昂的工作热情，平均日工作时间超过12小时，在现场环境简陋、高温天气空调无法工作的情况下坚守岗位。2012年10月8日，"12345"热线正式对外开放，12月初的统计数据显示，热线共接入电话12.7万个，转送工单4.5万个，为满足110项紧急业务需求，10月份系统紧急升级18次，为54家二级委办单位、101家三级委办单位使用系统提供了技术支撑，12月6日，知识库系统新版本顺利上线，内容优化、功能优化、流程优化，获得了诸多好评。

【信息化支撑保障电信发展】 作为上海电信信息化的重要支撑单位，理想公司在CRM（客户关系管理Customer Relationship Management，简称CRM）、计费、统一门户、电子渠道、移动业务、EDA（电子设计自动化Electronic Design Automation，简称EDA）等重要领域，为全业务IT建设提供重要支撑。2012年的典型项目有：中国电信集团CRM项目五期、统一门户项目、上海电信Siebel8.1升级、融合计费改造工程、2012年渠道终端社会化、百个天翼专营店改造等，并在内部信息化系统运维方面发挥了重要作用，承担了十多个系统的运维工作。

【助力电信iPhone手机对外销售】 实施中国电信集团

统一门户项目，支撑中国电信 C 版 iPhone4S 和 iPhone5 于 2012 年 3 月 8 日和 12 月 2 日先后对外销售。项目组克服诸多困难，连续加班加点，在临时搭建的项目现场通宵奋战。统一门户项目在中国电信 IT 建设领域实现了多个首次突破：首次建立了中国电信集团范围的电子商务模式；首次打通了集团至各省的业务产品受理、开通、数据同步、客户服务、支付和配送流程；首次实现了集团统一的产品配置管理和销售；为中国电信电子渠道的发展发挥了先锋作用。

【圆满完成各类重大通信保障任务】 承接了各类重要会议和活动的通信保障工作，包括"十八大"(A 级保障)、全国两会(B 级保障)、电信 iPhone4S 全球发布会、2012 北京国际通信展、2012 上海工业博览会、2012 上海酒店通信产品展等十多个项目，圆满完成了保障任务，获得了多方好评。为了支撑北京通信展，理想集团项目组驻扎于尘土飞扬的机房，克服诸多困难，保障展会效果，获得了中国电信集团的表扬。迪拜 ITU（国际电信联盟 International Telecommunications Union，简称 ITU）通信展上，受人数限制，仅派出 1 名技术人员赶赴当地，在短短一天时间独立完成了所有 9 个展项的安装调试。

【集成业务推进产品和服务标准化】 在智能化业务、信息网络业务板块，成功签订了一批重点项目。智能化业务典型项目包括：青浦道路积水实时监测项目、无线电管理局机房、奉贤南桥安居房智能化工程、徐汇区政府数据中心机房、中国人寿综合布线系统、上海电信 3G 营业厅改造、"12345"平台智能化工程、崇明县行政服务中心大楼弱电系统运维项目、南京市国家教育考试标准化考点建设项目等。

信息网络业务的典型项目包括：崇明政务外网三年维保、崇明政务网提升、徐汇区政府大楼网络建设、青浦政务网改造、宝山教育网升级、球体馆网络改造、集团支付公司三地办公网络建设、"12345"平台网络建设、麦当劳全国网络标准化 IT 外包服务等。信息安全业务的典型项目为锁定医疗卫生和教育行业形成信息安全解决方案。iDetective 信息安全网络侦测系统完成产品化，进入推广阶段，并实现了零的突破。

【两大项目入选中国电信创新孵化】 为了落实基地创新孵化工作的要求，培育中国电信在移动互联网领域新的业务增长点，培养互联网技术、经营、管理人才，集团公司面向各省公司及员工征集自主创业项目和团队，创新孵化项目聚焦在能与电信主营业务形成优势互补的移动互联网、云计算及电子商务等创新业务领域。根据上海电信的统一部署，理想公司积极申报三个创新项目，最终物流联盟云服务平台和远程健康服务两个项目申报成功进入一孵。2012 年，物流联盟云服务平台一孵时间再延续三个月，远程健康项目一孵毕业。

【推进智慧城市应用】 基于物联网和云计算技术，可以为电信用户提供智慧家庭、智慧政务、智慧民生、智慧物业、周边商圈服务。智慧社区的整体方案初步整合，产品线粗具雏形，平台和部分应用完成开发；参与了上海电信智慧社区试点建设，浦东金桥、静安江宁街道完成试点签约；签约并实施了"宝山友谊街道平安社区城市综合管理监控中心"、"金山来沪人员智慧社区平台"。

环境监控方面，签订并实施了"青浦道路积水监测平台"、"宝山绿化局定位调度及定点数据采集信息化建设项目"等。智能交通方面，签订并实施了"陆家嘴金融城智能停车引导平台"。智慧教育基础设施建设方面，签订并实施了"宝山教育网改造"、"宝山教育云数据中心"、"上海市教委云数据中心"。智慧政务基础设施建设方面，签订实施了"崇明政务网改造项目"、"徐汇区人民政府网络系统建设"、"青浦政务网络改造项目"、"上海市无线电管理局信息通讯系统工程项目"等。2012 年，理想公司成为中国信息化推进联盟"智慧城市专委会"的首批成员。

【推进研发形成"理想云"系列】 聚焦移动互联网和云计算，研发创新颇有成效。移动中间件产品不断完善，承担"基于 HTML5 技术的企业应用移动化平台"。云计算形成了一系列产品，可以为公有、私有、混合云的构建和运营提供完整支撑，先后承担了重要云计算工程的建设实施，有中国电信云计算管理平台、中国电信云主机/云存储上海节点集成工程、上海电信酒店云客房业务管理平台、上海电信行业应用云平台、上海电信 E 云存储、上海电信球体展示馆云计算展示等，拓展了集团云化全球眼现场试验(福建、上海)项目等成功案例。在理想集团内部，完成了"演示云"开发，初步开发出理想会议云平台，并在内部会议上实现了体验应用。"创新移动化开发模式，助推政企移动行业应用规模发展"获 2011 年度中国电信上海公司创新奖鼓励奖。

（理　想）

上海下一代广播电视网应用实验室有限公司

上海下一代广播电视网应用实验室有限公司(以下

简称“NGB实验室公司”)成立于2011年8月,是上海市信息投资股份有限公司联合国内领先的运营商、家电制造商、内容提供商和科研院所共同设立的国家级NGB应用实验室运营机构,主要承担国家NGB标准制订、技术研发和应用推广。NGB实验室公司在研的NGB应用关键项目有家庭智能网关及应用、智能电视融合门户系统及终端应用、3D视频质量评估技术审核系统、行业应用试验系统(酒店/金融/医疗级及智能家居)等。NGB实验室公司本着开拓进取、创新发展的经营理念,以“产、学、研、用”的创新合作方式为基础,联合优势资源,共同致力于NGB技术创新和产品研发,力争成为国内一流的NGB技术研发的实验基地,“三网融合”技术创新带动产业发展的示范企业,集网络技术、应用、科研为一体的开放平台。

(王云美)

上海贝尔股份有限公司

【概况】 上海贝尔股份有限公司(以下简称“上海贝尔”)成立于1984年,是国务院国资委直属116家中央企业之一,也是阿尔卡特朗讯全球旗舰企业之一。作为中国高科技领域的第一家中外股份制公司,上海贝尔拥有强大的本土实力和广泛的全球资源。公司拥有遍布全国31个省、市、自治区的分公司,海外设有近20个办事机构,产品出口至全球50多个国家和地区。公司员工超过15 000名,研发工程师超过7 000名,营销服务工程师近2 300名,90%的员工具有大学本科以上学历,平均年龄31岁。2012年,上海贝尔深入学习党的“十八大”精神,坚持科学发展,面对经营和转型的巨大压力,深入开展管理提升活动,积极应对内外挑战,全力推进各项工作。公司实现营业收入174亿元,研究与开发费用17.4亿元,技术投入比10%,面市新产品25个。公司资产总额290.8亿元,净资产106.1亿元,资产负债率为63.5%,期末净自有现金100.4亿元。

【改革发展重点工作情况】 危中寻机,实施新业务战略布局。在移动领域,抓住TD-LTE发展机遇,抢占市场领先地位;在宽带领域,抢抓“宽带中国”发展机遇,进一步巩固了在中国PON(无源光纤网络Passive Optical Network,简称PON)市场的主导地位;在行业信息化领域,深化开拓智慧城市和“两化融合”项目。出口领域,在老挝、蒙古、孟加拉、安哥拉、多哥、尼日利亚、刚果布、肯尼亚等市场取得了重要突破。

科技创新,重点新产品取得突破。公司保持了10%的技术投入比,主要投向集中在TD-LTE、xPON、OTN(光传送网Optical Transport Network,简称OTN)等领域,确保技术领先。2012年度,新申请国家重大专项课题6项(牵头3项,参与3项),完成课题验收5项,累计承担国家重大专项课题45项(牵头17项),申请专利194个,新增授权专利62个(全部为发明专利)。

海外开拓,国际并购项目实现成功运营。在国资委和阿尔卡特朗讯集团的支持下,上海贝尔成功收购了RFS无线射频业务。2012年度RFS业务全年订单同比增加25%,销售收入同比增加16%,实现了扭亏,并略有盈利。

降本增效,遏制盈利下滑。产品成本方面,公司狠抓研发、采购成本和销售费用。6条主要产品线的产品成本较年初实现了21.7%的平均降幅,其中LTE下降29.6%,EPON下降27.1%,OTN下降27.6%。销售、财务和管理费用同比减少了5.4%。效率和库存方面,强化精益生产和管理,全年按时交货率95%以上、生产周期7天、库存周转率7次、元器件采购周期4周以内的做到了75%。

风险管控,强化监测预警。公司大力建设专业化的国际风险管控体系并设有专门的风险评估团队。评估涵盖重大项目实施各阶段。对于海外项目,公司还进一步增加项目所在国的政治安全状况、当地的政策法规、客户的信用记录等评估内容。

参与社会公益,展现良好形象。公司设立了上海贝尔专项基金,开展环境保护、社会公益,扶持偏远及贫困地区的教育事业。继续做好长期对口援助单位——云南宁蒗贝尔希望中学的援助工作(国家扶贫办项目)。新开发了三个公益项目,扶持中西部地区弱势青少年教育及少数民族文化保护。累计在23个省市资助了79所乡村学校,全年有超过1 500名员工参加了各类志愿者活动,志愿服务时间超过10 000小时。获得荣誉表彰包括《南方周末》“世界500强在华贡献排行榜”第三、中国扶贫基金会“扶贫爱心奖”、第二届中国公益界“中国公益奖”、云南省“2011年度社会扶贫先进集体”称号。

(王鑑明)

上海大唐移动通信设备有限公司

【概况】 大唐移动通信设备有限公司(以下简称“大唐移动”)是国家大型高科技央企——大唐电信科技产业集团的核心企业,是我国拥有自主知识产权的第三代移动通信标准TD-SCDMA的提出者、核心技术的开发者、产业化的推动者。

大唐移动以打造"无限沟通引擎"为企业发展理念，倡导"创新、市场、诚信、责任"的企业价值观，始终致力于TDD无线通信技术（及后续技术）与应用的开发，专注于TDD无线通信解决方案与物联网、移动互联网多网协调发展的融合。大唐移动面向国内和国际市场，全力推动TD－SCDMA及其后续演进技术TD－LTE的产业化进程。

上海大唐移动通信设备有限公司（以下简称"上海大唐"）是"大唐移动"位于上海的分公司，也是大唐集团的骨干企业之一，是一家集研发、制造、销售和服务于一体的高科技公司。产品涉及LTE、TD－SCDMA、CDMA（码分多址Code Division Multiple Access，简称CDMA）、GSM（全球移动通信系统Global System for Mobile Communications，简称GSM）、WLAN等移动通信系统服务，并提供网络规划优化系统工具，同时积极拓展在物联网、"三网融合"及行业信息化等多方面的应用，推出了多个行业信息化应用解决方案和产品。2012年，上海大唐移动进行了一系列的网络产品研发产业化、网络覆盖、网络优化和培训服务产品的市场拓展，有以下重大产品项目。

【全制式自动路测产品】 全制式网络自动路测系统SPAN ADT，能够实现对多种网络制式的路测数据进行自动采集和存储，可以应用于无线网络的网络质量监测、优化效果评定、割接情况检查以及日常维护，为网络优化工程师提供了更强有力的路测工具。SPAN ADT革命性地改变了传统路测的理念，其无人值守、远程控制的方法将路测的人力成本降至最低；数据实时上传，终端统一管理，实时监控，真正做到了运筹帷幄，减少了大量的重复测试。

在中国移动3G自动路测终端中，大唐移动凭借其产品优势，占据了超过60％的市场份额。中国移动2012年完成全国所有网络的测试自动化，凡是有无线网络的地方都实现了测试数据采集分析自动化。

【TD－LTE网络规划优化产品】 随着六大城市试验网建设如火如荼地开展，3GPP（第三代合作伙伴计划3rd Generation Partnership Project，简称3GPP）标准快速制定并完善，上海大唐LTE产品规划演进也在稳步前进，规划并开发的LTE系列产品包括LTE网络规划仿真软件eNPS、LTE路测软件Outum。这两款软件几乎贯穿了网络建设、网络规划优化的整个生命周期。

规划仿真软件eNPS集网络仿真和网络规划两大功能于一体，并且在LTE NPS的基础上开发，完美向下兼容TD－SCDMA网络规划功能，能够提供包括网络预规划、网络仿真、网络无线参数规划等全套解决方案。

路测软件eOutum继承了TD－SCDMA路测软件的巨大优势，在此基础上不仅增加了LTE的各种特性，更优化了系统界面操作，提高了路测Log的导入导出效率，提升了路测工程师的操作体验，也为分析和定位问题提供了有力的保障。

【网络透视系统产品】 随着移动通信网业务的多样化，各种数据业务尤其是各种增值业务（如飞信、移动互联网等）的蓬勃发展，信令网的内涵也逐渐变得丰富。用户满意度已不仅停留于简单的语音业务上，他们对更高层次的服务提出要求，更多地根据服务质量决定对网络的选择。大唐移动网络透视系统Morpho顺应市场发展和网络质量需求，提升网络服务水平、抢占高端用户群体、对网络实施全面监控、助力网络智能优化。

网络透视分析系统Morpho通过海量数据透视全网覆盖、质量、干扰、掉话等指标，加强深入覆盖优化，调整现有网络结构，精确定位客户投诉问题，从被动应对投诉到主动消灭"潜在投诉"，分析用户端到端的感知，提高用户满意度，提升网络服务质量。大唐移动网络透视分析系统Morpho打造了智能化网络结构评估优化体系，持续推进整体网络质量提升。为运营商打造优秀的服务品牌，减少重复投资，提高产业投资的产出率，推动国内外网络优化技术的发展，使运营商长久立于不败之地。

【室内覆盖系统集成产品】 室内覆盖系统集成产品包括多系统接入合路单元POI（多系统合路平台Point of Interface，简称POI）、干放、合路器、天线、功分器、耦合器、电桥、衰减器、负载等系列，同时可支持现网所有频段。2010年入围中国移动通信集团室内覆盖产品采购厂家，2011年入围中国联通通信集团室内覆盖产品采购厂家。已开发的覆盖类产品涵盖了GSM、CDMA、WCDMA、TD－SCDMA、TETRA（陆上集群无线电Terrestrial Trunked Radio，简称TETRA）、PHS（个人手持式电话系统Personal Handy-phone System，简称PHS）等各系统相关有源、无源器件，同时积极参与各地LTE网络建设，提供各类支持LTE系统的无源、有源产品以及天线。

除了提供传统的网覆器件外，上海大唐2012年提供了更加便于部署的光分布系统。多业务数字分布式系统是集2G和3G两种制式，并具备宽带接入功能的系统。系统主要由多业务数字接入单元、多业务数字扩展单元和多业务数字远端单元组成。该系统中接入单元从基站端耦合2G和3G信号，采用数字传输方式，通过光纤传输到扩展单元，在扩展单元与宽带信号合路，然后通过千兆网口传输给多个远端，远端机对信号进行数字处理后，GSM、DCS（分布式控制系统 Distributed Control Systems，简称DCS）、TD-SCDMA、WCDMA等信号（可任意两种制式组合）通过天线实现覆盖，宽带信号通过百兆网口实现宽带网络覆盖。

产品支持星型组网，支持菊花链组网（对扩展单元）和星型组网（对远端）；2G上下行均采用载波选频，支持8个载波，3G（WCDMA两个载波或TD-SCDMA四个载波）；2G通道最大输出功率为23 dBm，3G通道最大输出功率为23 dBm；接入和扩展单元采用AC220V或DC-48V供电，远端单元采用外置适配器（DC6V）供电或POE供电；接入单元和扩展单元采用光纤连接，扩展单元和远端单元采用超五类线连接；2G上行具有低噪关断功能；各制式通道均具有输入功率读取功能；具备本地OMT监控功能与远程OMC网管功能。

【室内覆盖系统集成服务】 上海大唐移动拥有通信信息网络系统甲级集成资质及通信工程施工总承包资质，提供室内覆盖系统集成服务包括：网络覆盖产品的的物业协调、查勘、方案设计、工程物资仓储转运、施工、调测、开通、验收等全部工作内容。上海大唐移动作为最早进入直放站和室内分布的厂家，在上海、北京、河北、湖北、浙江、福建、山西、四川等二十多个省市的移动、联通、电信市场提供了多年优质集成服务，与各地运营商形成了良好的合作关系。

上海大唐移动从2000年开始，先后进入GSM、CDMA、PHS、WLAN、3G等无线网络覆盖市场，重点开展了移动通信网络室内外无缝化覆盖、网络维护及优化的产品研究与开发，并建立了完善的业务运营务模式。室内覆盖系统集成服务包括物业协调、查勘、方案设计、工程物资仓储转运、施工、调测、开通、验收等全部工作内容，率先提出了全业务运营商集成服务工作，包括室内覆盖建设、开通、优化和维护一条龙服务。2012年，上海大唐全国有27个运营商级客户，包括11个省市的移动客户、12个省市的联通客户、4个省市的电信客户。

【网络优化与维护服务】 上海大唐移动凭借优秀的网络服务技术、丰富的网络优化经验和创新能力，在业界推出了TD-SCDMA、GSM、CDMA、WLAN、LTE等专业网络优化服务方案。

TD-SCDMA网络优化服务：TD-SCDMA网络优化服务是上海大唐移动结合对客户需求的深入理解和覆盖全国的服务体打造的创新优化服务，TD-SCDMA网络优化服务主要包含日常优化、专项优化、室分优化、网格保障优化、设备维护等细分服务，上海大唐移动在2005—2012年为中移动提供了包括试验网和4期网络的优化服务，服务全国二十多个省份的移动TD-SCDMA网络，TD-SCDMA网络优化能力业界领先，网络指标处于领先地位。

GSM网络优化服务：上海大唐移动GSM优化服务主要包括GSM网络日常优化、GSM网络专项优化指标专项优化、数据核心网优化、端到端数据业务优化、无线接口信令优化、高铁CBD（组件开发技术 Component Based Development，简称CBD）等特殊场景优化、GSM网络自动路测优化、GSM网络室分优化、GSM网络重大活动通信保障服务。2011年，上海大唐移动在上海、四川、吉林、广西玉林、桂林、河南、江西鹰潭等地都开展了GSM优化服务项目，并获得客户的高度认可。

WLAN网络优化服务：WLAN网络优化服务包含建设规划、验收测试、日常维护优化、专题测试优化在内的全方位端到端优化服务，良好的优化服务使得客户的网络得到增值，提升了运营商WLAN网络的市场竞争力。上海大唐移动已经为中移动、中联通提供了多个包括WLAN校园网、WLAN公共热点的优化服务，WLAN网络优化能力业界领先，网络指标处于领先地位。

LTE网络优化服务：2012年，上海大唐移动凭借专业的LTE优化服务团队，在南京、杭州、宁波、福州等十多个城市开展LTE网络优化，重点工作包括规划研究、四网协同规划以及网络优化专题研究等，专业的LTE网络优化能力和稳定的设备性能，提升了网络指标和高速数据用户的感知。

CDMA网络优化服务：上海大唐移动凭借优秀的CDMA技术，获得了电信集团认证网络优化一级B证书。通过长期的技术积累，在CDMA领域多个专项问题（软切换、射频优化等）的网优服务中提出了新的解决方案，并在实施过程中获得了显著成效。公司致力于提供专业的CDMA1X系统语音、数据和EVDO系统的无线优化、系统优化、专题优化服务。

WCDMA网络优化服务：针对WCDMA网络优化，上海大唐移动主要提供测试评估、日常网优、专题网优、深度网优的多层次服务。在多年的WCDMA网络技术服务过程中，上海大唐移动在数据业务优化、室内外协同优化、2G与3G协同优化、资源利用率优化、干扰排查及用户感知优化上都积累了丰富的经验方法，并且在实施过程中取得了显著效果。凭借专业的优化服务，全面助力运营商提高网络质量和用户满意度。

综合网络维护服务：上海大唐移动在全国建立了九大业务区、二十多个服务中心，在各省均拥有专门的系统技术服务部和经验丰富的网络建设维护团队，可以提供移动通信系统的全方位维护、协维、代维等综合网络维护服务。上海大唐移动拥有完善成熟的项目管理体系、系统设备维护操作体系，对维护过程制定了详细的控制和管理流程，管理项目包括日常巡检、交维、故障处理、维护管理、通讯保障等。

【移动培训服务】 大唐移动通信学院细分了学员的不同层次培训需求，提供了包括专业技术能力培养（TD-SCDMA、GSM、CDMA、室内分布系统、TD-LTE、WLAN、物联网等多种系统技术）、综合能力培养、校企合作联合人才培养（专业共建、双师型教师培养、专业实验室建设、校外实习基地、学生实习就业、订单式培养等）等全方位人员能力发展服务体系。其中校企合作联合人才培养服务依托于大唐移动主导、众多通信行业企业参与成立的DCNE人力资源联盟，整合优势资源，致力于为学校提供从人才培养目标梳理、人才培养方案制订、人才培养体系开发、双师型教师队伍建设、企业工程师走入课堂、学生走进企业工作岗位实践、无缝就业解决方案等全方位人才培养解决方案，实现了学生、学校、企业、行业的多方共赢。

（蔡 赟）

联芯科技有限公司

【概况】 联芯科技有限公司（以下简称"联芯科技"）于2008年3月在上海成立。作为大唐电信科技产业集团下的核心企业，联芯科技秉承了大唐集团在TD-SCDMA领域的核心技术成果和产业优势，致力于成为全球领先的移动互联网芯片和解决方案提供商。

联芯科技从TD-SCDMA标准诞生之日，就坚持走自主创新之路，拥有TD-SCDMA国际技术标准的核心知识产权，截至2012年12月，累积申请发明专利498个，已授权108个，先后创造了多个TD领域的世界第一。公司的TD-SCDMA芯片及整体解决方案已涵盖功能手机、智能手机和融合终端产品，为全球四十余家终端制造商提供成熟稳定、全面细分的3G和4G终端解决方案，实现了从"无芯"到"有芯"的战略转型，成为国内领先的移动通信芯片及整机方案提供商。

2012年，联芯科技获批承担2013年度"极大规模集成电路制造装备及成套工艺"及"新一代宽带无线移动通信网"国家科技重大专项课题，顺利完成了公司承担的2008年度"新一代宽带无线移动通信网"国家科技重大专项课题验收工作，其余各在研项目执行情况良好，并推出了一系列重要产品。

【双核A9智能终端芯片LC1810】 智能终端芯片LC1810，该款芯片采用双核Cortex A9设计，主频达1.2 GHz，多媒体方面具备2 000万ISP照相能力，集成双核Mali400 3D处理单元。其优异指标配置全面满足了运营商对智能机的技术指标要求，更刷新了2012年下半年市场主流TD单芯片多媒体智能机的高端配置标准。

【LTE多模基带芯片LC1761系列】 LTE多模芯片LC1761系列，该款芯片支持2G、3G、4G多模自动切换，率先支持祖冲之算法，率先满足LTE预商用背景下工信部、中移动对于多模终端芯片的需求。

【基于LC1712的双芯片低成本功能手机平台】 面向功能手机市场推出了基于LC1712的双芯片低成本功能手机平台，LC1712将DBB、PMU、Codec传统三颗芯片实现的功能集成在一颗芯片上，与射频芯片搭配，实现双芯片方案，大幅提高了整机集成度，有效降低了终端制造成本。该平台可直接为G3超低端、入门型及低端双卡双待等各类FP手机市场提供Turnkey交付方案。

【TD Modem芯片LC1713】 TD Modem芯片LC1713的尺寸仅8×8 mm，不仅可与主流的AP厂商搭配，快速推出高性能的旗舰智能终端解决方案，也是数据卡、MiFi和无线网关等产品的首选。

【资质和荣誉】 联芯科技已取得集成电路设计企业、上海市高新技术企业、上海市创新型企业、上海市科技小巨人企业、上海市企业技术中心等资质，同时还是国家重点实验室"无线移动通信系统芯片（SoC）研究中心"及"新一代移动通信无线网络与芯片技术国家工程实验室"的主要承担单位。

2012年，联芯科技荣获上海市集成电路设计业销售前十名、最佳经济效益前十名、上海市软件收入20强企业;基于 TD-SCDMA 基带芯片 LC1809 及智能终端解决方案获第六届中国半导体创新产品与技术评选奖等荣誉。

（陈皓瑜）

希姆通信息技术(上海)有限公司

希姆通信息技术(上海)有限公司(以下简称“希姆通”)成立于 2002 年,由一批立志科技报国的中国工程师在上海创立,是国内一流、国际领先的无线通讯终端开发商,公司拥有一支掌握无线通信核心技术的研发队伍,研发人员近千人,研发实力全国领先。自成立以来,公司引进了各种手机研发平台,每年推出数百款新颖时尚、功能先进的移动手机。

希姆通以研发生产以手机为代表的移动智能终端为核心业务,积累了从 2G 到 3G 各种制式的多平台研发经验。公司定位于高端手机和终端产品的 ODM(原始设计制造商 Original Design Manufacturer,简称 ODM)提供商,不推自有品牌与客户竞争。公司始终站在无线通讯科技前沿,致力于成为全球无线通讯领域终端产品解决方案与服务的世界级企业。

2012 年,希姆通凭借杰出的研发队伍与雄厚的创新技术,为客户提供了优秀的手机终端解决方案,使客户在竞争激烈的市场中获得持续稳定的收益。希姆通秉持与客户双赢的经营理念,成功实现了海外业务扩张,服务网络覆盖了亚洲、欧洲、南北美洲及非洲等市场,主要合作客户包括 ACER、Philips、OPPO、DOOV 等知名企业。

希姆通推出的 LTE 智能手机可以实现语音通话、数据上网、信息服务、视频电话及手机电视等功能,硬件和软件采用模块化设计,有利于更新和升级。手机支持 Android4.0 智能系统、3G-324M 视频电话、MBBMS(手机电视系统 Mobile Broadcast Business Management System,简称 MBBMS)系统,采用 4.3 英寸原装夏普高清触控屏,分辨率为 QHD 级别 960×540 像素,支持 HDMI(高清晰度多媒体接口 High Definition Multimedia Interface,简称 HDMI)高清输出,裸眼 3D,CMMB(移动多媒体广播 China Mobile Multimedia Broadcasting,简称 CMMB)1 GHz 的处理器,配合 1G RAM+ 4GB ROM 内存,有效保障了 Android4.0 操作系统的流畅运行。

2012 年,希姆通公司荣获了上海市创新型企业称号、2011 年度上海市民营科技综合百强企业称号、2012 年中国中小企业创新百强/优秀创新成果、2012 年度国家重大科技项目等。

（李　强）

上海斐讯数据通信技术有限公司

上海斐讯数据通信技术有限公司(以下简称“斐讯”)是致力于网络通信设备研发、制造、销售的高新技术企业,成立于 2008 年年底,总部位于上海。

斐讯是以“自主创新”为基础的研发导向型公司,拥有员工三千多人,研发技术人员占比高达 55%,研发技术人员全部为大学本科以上学历,其中硕士覆盖率达到 30%,博士覆盖率达到 5%,并取得了良好的技术积累。截至 2012 年 12 月,公司累计专利申请受理 364 项,授权 51 项。专利申请达到每月 60 项以上,其中包括 PCT(《专利合作条约》Patent Cooperation Treaty,简称 PCT)专利申请。

斐讯销售服务网络覆盖了中国市场一、二线城市,并持续覆盖三、四线城市和海外市场,已覆盖以德国、法国为中心的欧洲市场,以新加坡、中国香港为中心的亚太市场,以土耳其、阿联酋为中心的中东北非市场,以肯尼亚为中心的南部非洲市场,以巴西为中心的南美洲市场,以美国为中心的北美洲市场。2012 年海外销售部品牌销售总额为 887 272.52 元,海外 ODM 全年总额为 9 500 000 元。

公司拥有个人移动终端产品线、家庭宽带终端产品线、企业网络终端产品线、战略级无线产品四大业务,分别占比为 40%、30%、20%、10%。以智能手机、平板电脑为核心的个人移动终端产品线;以无线网卡、无线路由器、DSL(数字用户环路 Digital Subscriber Line,简称 DSL)、EPON(以太网 Ethernet Passive Optical Network,简称 EPON)、GPON(吉比特无源光网络 Gigabit-Capable Passive Optical Network,简称 GPON)、Home Switch、EOC(以太数据通过同轴电缆传输 Ethernet over Coax,简称 EOC)、PLC(可编程逻辑控制器 Programmable Logic Controller,简称 PLC)、WiFi AP(无线网络接入点 WiFi Access Point,简称 WiFi AP)、Voice Gateway 为核心的家庭宽带终端产品线;以路由器、交换机、网络安全、网络存储器为核心的企业网络终端产品线。在三大产品线的基础上,斐讯在下一代网络 NGN、无线接入网、光接入网、云计算领域等不断投入,不断丰富完善公司的产品服务。2012 年推出了云计算平台和 40G 光传输系统产品,其中 40G 光传输系统是继华为之后国内少数几家掌握了技术和生产能力的企业之一。

为了平衡产能和市场需求,斐讯陆续建设了几个生产基地,其中位于松江区叶榭镇的生产基地已进入基建阶段。

斐讯是以“平台化”为组织管理快速发展型公司。公司建立了以 Oracle PLM(产品生命周期管理 Product Lifecycle Management,简称 PLM)系统为基础的产品平台和研发平台,以 SAP(企业管理解决方案软件 Systems Applications and Products in Data Processing,简称 SAP)、ERP(企业资源计划 Enterprise Resource Planning,简称 ERP)系统为基础的供应链平台和品控平台,以 CRM 系统为基础的营销平台,同时建立了以服务于上述五大业务平台的支撑平台,包括人力资源平台、财务平台、行政平台和信息平台。公司以九大平台组织构建起“快速响应、高性价比”的整体核心竞争力。2009—2011 年,斐讯第一个“三年计划”销售规模实现了 0.6 亿元、4.5 亿元、11.8 亿元的快速发展,也为 2012—2014 年第二个“三年计划”实现 20 亿元、35 亿元、50 亿元的销售目标提供了有力支撑。

斐讯承担了 2012 年度松江区战略性新兴产业(高新技术产业化)重点投资项目、2012 年度松江区信息化和工业化融合专项资金项目、2012 年高新技术成果转化项目等数十个上海市、松江区重大项目的研发及产业化工作,各项目执行情况良好。

(张璐璐)

上海未来宽带技术股份有限公司

上海未来宽带技术股份有限公司(以下简称“未来宽带”)成立于 2004 年 9 月,注册资本 5 395.35 万元,是上海市国资委控股的、专注于下一代网络与业务发展的高新技术企业,致力于国家“三网融合”战略和下一代广播电视网 NGB 产业的发展,通过了 ISO9000 质量认证体系,于 2008 年被科技部批准为“国家宽带网络与应用工程技术研究中心”,并获得高新技术企业称号。荣获国家科技进步奖二等奖,上海市科技进步奖一等奖、二等奖、三等奖。

未来宽带是国家高科技发展计划(“863”计划)重大专项“高性能宽带信息网 3TNet”项目的主要承担单位,3TNet 技术已成为 NGB 的核心支撑技术。2005 年,未来宽带完成了覆盖长三角 10 万用户规模的 3TNet 示范区。2007 年应用 3TNet 技术改造的上海嘉定有线电视网络成为首个国家下一代广播电视网 NGB 的成功案例。

未来宽带完成了国家“863”重大专项课题、国家科技支撑计划、国家工程技术研究中心、上海市科技重大专项等 15 项科研项目(课题)的实施及验收工作。

围绕市场竞争需求,未来宽带研发团队投入了 C-DOCSIS(有线电视网络上的资料接口国家标准 China-Data Over Cable Service Interface Specification,简称 C-DOCSIS)、机顶盒内置 EoC 终端模块、低成本 HS 设备等新品种新规格产品的开发。

未来宽带积极为广电运营商提供 NGB 整体解决方案,包括 NGB 网络规划与方案设计、NGB 接入网设备、NGB 综合网管系统、NGB 核心网络系统集成、互动电视综合业务运营平台、业务运营支撑系统等,网络通信设备 EPON+EoC 的销售收入超过 3 亿元,并持续不断刷新纪录。

未来宽带自主研发的 iPON(反向光纤网络 inverted Passive Electrical Network,简称 iPON)缆桥设备和互动电视业务支撑平台,已规模化商用于东方有线网络有限公司 NGB 网络建设和长三角等 18 个城市的有线电视网络改造,EPON+EoC 设备已经覆盖上海、广东、江苏、新疆、浙江、湖北、安徽、江苏、大连、吉林等地的四百多万用户。

未来宽带自主研发的 iPON 缆桥产品获得了国家工信部 EPON 产品入网证、国家 CCC 认证和上海市自主创产品认定,并通过广电总局 EOC 测试、电信 EPON CTC2.0 互通测试、高低温环境测试、野外设备防护等级测试、防雷击测试和振动冲击测试等测试。

(蒋 慧)

上海博达数据通信有限公司

上海博达数据通信有限公司(以下简称“博达”)是国内领先的整体网络解决方案供应商,专注于网络数据通信产品的研发、制造、销售和服务,产品主要有路由器、交换机、IP 语音、安全、网管、EPON(以太网无源光网络 Ethernet Passive Optical Network,简称 EPON)六大系列,为全国各大行业、企事业单位和政府部门网络建设提供完整的解决方案,用户遍及金融、电信、教育、军队、邮政、税务、公安、气象等各大行业,部分产品已打入欧洲、亚洲、美洲等地的海外市场。

博达始终专注于网络技术创新,所有产品均自主开发完成,拥有完整的自主知识产权,已掌握了路由器、交换机、EPON 等多种网络数据通信产品的核心技术,并凭借核心优势在工业级产品领域取得了较好的成绩,为我国下一代互联网、NGB、坚强智能电网等新一代网络建设提供了有竞争力的产品和解决方案。博达公司拥有发明专利 22 项,其中已授权发明专利 9 项,取得计算机软件著作权 42 项。

博达以发展民族网络科技产业为已任,力创专业品牌。2012 年，博达得到上海市科学技术委员会的认可，被评为上海市创新型企业，并再次荣获上海市明星软件企业（经营型）称号；公司多个系列产品获得了工信部颁发的《电信设备进网许可证》。

在运营商行业市场，博达通过与战略合作伙伴的紧密合作，为城市网络建设提供了高性能产品，提升了信息网络带宽和接入能力。在上海 NGB 项目中，博达公司的高端 OLT（光线路终端 optical line terminal，简称 OLT）设备被成功应用于试点城域骨干网络建设。多个省市的广电网络改造项目采用了博达公司的核心交换产品。博达的 POE（有源以太网 Power Over Ethernet，简称 POE）交换机已在各大运营商的 WLAN 建设项目中广泛应用，累计实现了数十万热点覆盖，充分满足了用户带宽增加及增值服务拓展所带来的网络扩容需求。

在电力行业市场，博达积极与各大电力行业用户开展业务合作，成功中标上海电力核心 EPON 设备的同时，与多个省会城市签约电力配网项目，大批量的博达工业交换机、EPON 产品在全国各地区智能电网试点中广泛应用，为电力行业提供了先进高效的通信产品。

金融、政府、教育等行业领域也是博达关注和服务的重点。博达承建了电子政务外网平台建设、公安局 110 指挥中心新大楼、自治区检察院三级网改造等政府项目，证明了公司在整体网络解决方案上的雄厚实力。此外，博达在校园网络建设中积累了一定基础，为实现校园信息与社会知识资源的高度融合作出了积极贡献。

2012 年，博达公司重点开发了南美、东南亚、欧洲等市场。通过参加国外大型展览，如 Cebit2012 德国汉诺威展、迪拜信息通信展（GITEX）、新加坡 Communic Asia 展会等通信展会，提高了公司的海外知名度，并成功签约了俄罗斯、墨西哥、印度政府等多个网络建设项目。

（潘黎丽）

展唐通讯科技（上海）有限公司

展唐通讯科技（上海）有限公司（以下简称“展唐”）成立于 2007 年 9 月，由归国博士曹刚创建，注册资金为 19 395 997 元人民币，注册地址在漕河泾开发区国家级海外高层次人才创新创业基地，2011 年分别在北京和深圳成立了分公司。公司专注于中国标准的 TD－SCDMA 终端及 LTE 终端的产品研发及产业化。专业从事无线通信及电子领域产品的研究、开发、生产与销售，为客户提供从产品概念设计到外观、结构、软件、硬件开发等整体解决方案，直至品质管控、最终量产导入。

2007 年年底，展唐成立三个月，主营业务收入过百万元；2008 年主营业务收入达到 2 000 万元；2009 年实现营业额 6 826 万元；2010 年实现营业额 12 130 万元；2011 年实现营业额 33 775 万元；2012 年营业额达到 6 亿元。

展唐与工信部相关实验室、中国移动研究院保持着良好的合作关系，产品方案被中兴通信、华为、宇龙酷派、联想移动、日本夏普、Philips 通讯，大唐电信、TCL、海尔、康佳、天迈等国内外知名企业采用，并获得一致好评。展唐是唯一一家同时为中国四大一线品牌“中兴通信、华为、宇龙酷派、联想移动”提供 TD－SCDMA 终端方案的合格供应商。通过与以上客户合作，展唐不断挑战行业技术巅峰，不断增强自身建设，令企业技术发展更加全面、更加稳定，综合实力方面更加具有竞争力。

展唐携手著名基带芯片供应商，主攻 3G TD－SCDMA 终端与 4G TD－LTE、FDD－LTE、TD－SCDMA 多模终端产品研发，开发并大批量生产了多款 TD－SCDMA 系列手机，TD－LTE、FDD－LTE（频分双工长期演进 Frequency Division Duplexing Long Term Evolution，简称 FDD－LTE）数据卡、Mifi 等产品。2012 年，展唐推出了 TD－LTE＋TD－SCDMA CPE、TD－LTE＋FDD－LTE＋TD－SCDMA 的多模数据卡、TD＋北斗通讯手机，同时参与制定了移动支付 NFC 标准并率先推出了相关产品。

（范琳颖）

中智上海经济技术合作公司

中智上海经济技术合作公司（以下简称“中智”）是中国人力资源服务领先企业，公司针对中小企业对人力资源管理的实际需求研发了国内第一款针对中小企业人力资源管理自助平台——HR 快线（www. hr-self. com）。

HR 快线融入了中智在人力资源服务领域的丰富经验，覆盖了企业 HR 日常工作的全范畴，帮助企业专业、轻松、有效地完成繁琐的 HR 事务，实现 HR 工作自动化、流程规范化、节约企业成本，同时帮助人事提高业务水平及办公效率。中智拥有先进的呼叫中心系统、专业的人员配备、严格的信息安全维护、缜密的服务流程、专业优质的客户服务。

（中　智）

上海创远仪器技术股份有限公司

上海创远仪器技术股份有限公司（以下简称“创远”）是国家高新技术企业，专注于无线通信、射频微波测量自主知识产权核心技术领域，承担了多项国家工信部重大专项及上海市政府项目的研发和产业化，完成了上海市科技小巨人培育企业建设，2012年获批建设上海无线通信测试仪器工程技术研究中心。

2012年，继创远主承担联合其他单位通过工信部"新一代宽带无线移动通信网国家科技重大专项"2012年课题"TD-LTE-Advanced TTCN终端协议仿真测试仪开发"项目立项审批实施之后，创远主承担的"TD-LTE-Advanced终端综合测试仪表开发"、"多天线无线信道模拟器研发"获得工信部2013年度课题立项批准。创远在北京、上海、南京、美国已经建成射频技术和通信技术研究中心，并在上海建成实验及产业化基地。

创远与上海移动、华为、中兴等终端认证机构，以及联芯、展讯等移动通信研发生产企业都建立了良好的合作关系。创远自主研发生产的手机终端综测仪、矢量网络分析仪、频谱仪等移动通信测试产品可与美国、日本等国际著名仪器企业同类产品直接竞争，且性价比更优，部分产品在通信测试仪表领域填补了国内空白。创远的产品研发生产已通过ISO9001质量体系认证，主要新研产品系列有终端综合测试仪系列等。

T6280通用无线通信测试仪是达到世界先进水平的高性能、宽带化、多用途的无线通用测试平台。可高效实现信令测试、非信令测试、快速校准等多场景多模式应用。广泛适用于芯片厂家、终端设计、研发、认证机构，生产制造、维修、教学等领域。支持GSM/GPRS/EGPRS、TD-SCDMA、WCDMA、TDD/FDD-LTE等终端综合测试。

创远陆续推出了TD-SCDMA扫频仪、GSM扫频仪、LTE扫频仪，以及可同时支持2G、3G、4G多模组合的高性能扫频仪。GSM和TD-SCDMA双模扫频仪在中国移动市场的占有率超过70%，被广泛应用于移动通信网络日常维护的基站开通、单站优化、整网结构评估调整。

终端综合测试仪系列产品是创远为射频微波系统、器件、组件的研发、设计、实验、生产、维护提供的理想测试解决方案，应用领域涵盖了无线通信、广播电视、军工、半导体和科研教育。测试频段覆盖了300 kHz～8 GHz，特有"一键测试"解决方案，动态范围大、迹线噪声低、测试速度快、测试曲线稳定。

为满足不断扩大的市场产品需求和企业现代化管理要求，创远于2012年上马用友ERP的U8系统，实现了各地分公司的企业信息化系统管理。产学研合作方面，2012年12月，创远与东南大学联合设立的"东大—创远电子测量技术联合研究中心"在东南大学揭牌。

2012年11月，深圳第十四届高新技术交易会上，创远产品获得了国家工信部颁发的优秀产品奖，工信部副部长尚冰、杨学山，工信部"新一代无线宽带通信重大专项"总设计师院士邬贺铨，深圳市委主要领导，国家发改委和上海市经济信息化委领导莅临创远展台参观，在给予高度评价的同时，也对创远在无线通讯测试仪表行业的发展提出了更高要求。

（奚　凌）

上海物联网中心

【概况】 2012年，上海物联网中心面向物联网国家发展战略和行业应用需求，按照上海物联网中心发展的总体目标和定位，积极整合多方面资源，完善内部治理，稳妥推进关键技术研发、行业示范应用、公共研发平台建设工作，取得了实质性工作进展，为中心自身发展和推动上海物联网产业发展奠定了基础。

【关键技术研发和示范应用】 标准化工作方面，在上海市经济信息化委、市发改委和市科委的指导下，以构建物联网传输系统标准化体系为目标，依托上海市物联网产学研联盟和传感网产业技术创新联盟，重点研究了传输共性关键技术标准，引领了国家物联网产业体系相关标准制定。

在应用系统和行业示范方面，自主研制出具有自主知识产权的水质监测传感器和智能消防监测终端模块，支撑了物联网技术应用示范的感知信息处理研究。通过集成感知模块、传输模块和行业相关设备，完成了多项具有产业化能力的物联网应用系统示范验证，已经在智能消防、环境监测、公共安全和智能照明等方面建设了初步的应用系统示范。

【公共研发平台建设】 在测试服务平台方面，重点建设了"基于规模应用的物联网关键技术测试平台"，研制并搭建了"算法可替换、网络拓扑可重配置、节点可扩展的物联网技术验证环境"，通过半实物测试的方式解决了物联网系统级测试及物联网组网关键算法的验证，为大规模物理网应用提供了可信的测试工具。

【其他工作】 基本完成了上海物联网中心研发大楼的建设工作，为加快公共研发平台建设、成果应用示范基地和科技成果孵化提供了保障。

推动产、学、研、用的有机结合，促进相关单位的学科建设，加强技术沟通和资源共享，成功举办了多次物联网技术研发和行业应用研讨会，与中国联通、中国电信、电信科学技术第一研究所（以下简称“电信一所”）、上海无线电管理委员会无线电检测实验室、上海交通信息中心、上海城市地理信息系统有限公司、罗克佳华（上海）科技有限公司、上海孙桥农业科技有限公司等签订了合作协议框架，共同开展车联网、智能消防、智能交通、环境监测、公共安全和农业物联网方面的技术研发和应用示范。

（王 雷）

三、新型元器件产业

概况

电子元器件属于基础类电子产品，是信息、电力电子、汽车、工业自动控制、航天航空及消费类电子产品的基础和支柱产业。电子元器件涵盖了各类无源元件、有源半导体分立元件、机电元件和混合集成电路等专业门类，广泛应用于家用电器、广播通讯、汽车电子、节能光源、计算机终端设备、电器设备、航天航空、电子系统等高科技领域。

我国电子元件生产已走向现代化、规模化，电子元件销售总额从 2008 年的 7 988 亿元发展到 2012 年的 14 796 亿元，年均增长 17%。

我国电子元件产量占全球市场的 30%以上，成为名副其实的电子元件产业大国，电子元件产量居世界前列。电阻器、电容器、微特电机、电声器件、石英晶体元器件和通信光电线缆等门类产品产量都居世界第一位。

研发方面，上海天马微电子有限公司（以下简称“上海天马”）4.5 代 AM - OLED（主动矩阵有机发光二极体面板 Active Matrix/Organic Light Emitting Diode，简称 AM - OLED）中试项目成功推出了 3 款产品，率先掌握了量产技术，形成了 5.5 代 AM - OLED 量产项目方案；内嵌式触摸屏技术国内领先，具备了量产能力。显恒光电高能电子束激发的激光光源研究取得了新进展。

项目方面，和辉光电 4.5 代 AM - OLED 项目奠基，投资 60 亿元，是 2012 年度投资最大的新开工项目。映瑞光电 LED 芯片平均光效超过 130 流明/瓦，月产能超过 400 KK。博恩世通高亮度 LED 芯片项目建成 5 条生产线。协调推进了康佳 LED 背光源、瑞丰 LED 封装项目的落地。

服务方面，推动 LED 照明企业与卫生、教育领域及对接。上海三思灯具成功中标上海 11 号地铁照明系统改造项目。推动激光显示、三维显示企业交流和产业对接，促进产、学、研、用合作攻关。围绕 AM - OLED 项目，开展了“进一步推动上海新型显示产业发展研究”课题。

行业经济运行情况

作为基础行业的电子元器件行业保持了平稳增长，电子器件行业生产增速位居行业平均水平之上。根据国家统计局数据，电子器件行业实现销售产值 14 006 亿元，同比增长 17.3%；出口交货值 8 975 亿元，同比增长 15%。电子元件行业实现销售产值 14 796 亿元，增长 8.2%；出口交货值 7 153 亿元，增长 8.3%。

上海地区情况

根据上海统计局数据：电子元件工业总产值为 6 464 018.2万元，同比下降 8.6%，销售产值 6 377 564.2 万元，同比下降 4.3%；电子器件工业总产值为 6 409 476.7亿元，同比增加 7.9%，销售产值 6 272 556.1 亿元，同比增加 2.58%。电子元器件工业总产值占电子信息产品制造业（6791.14 亿元，同比下降 3.2%）的 18.95%。电子元器件主要指标统计见表 2 - 11。

表 2 - 11 2012 年电子元器件行业协会部分主要指标统计

主要指标	上半年同比	全年增减	主要指标	上半年同比	全年增减
销售产值	−9%	−7%	出口交货值	−14%	−11%
电容器	−25%	−15%	电容器	−33%	−23%
电阻器	−3%	−9%	电阻器	−9%	−22%
电位器	−19%	−18%	电位器	−14%	−16%

续 表

主要指标	上半年同比	全年增减	主要指标	上半年同比	全年增减
连接器	9%	2%	连接器	3%	-1%
控制元件	-24%	-14%	控制元件	-9%	-7%

上海飞乐股份有限公司(以下简称“飞乐”)2012年销售收入同比增加52.3%,其中汽车继电器、汽车线束、传感器组件等电子元件的合计销售收入同比增加61.9%。

上海德尔福派克电气系统有限公司(汽车线束最大生产企业)2012年销售收入略有增长,利润同比增长11%。

上海京瓷电子有限公司(片式电容器)2012年销售产值前三季度累计同比下降接近20%,四季度回升,同比增长4%。

上海克拉电子有限公司(各类功率型线绕电阻器代表企业)的电子元件产品主要是为轨道交通配套,2012年销售收入同比增加13%。

上海雷迪埃电子有限公司主要生产各类高频同轴接插件、线缆组件、汽车接插件和各类微波无源器件等高端连接器,用于天宫一号、神舟系列飞船等尖端领域。2012年销售收入略有下降,但利润同比增长30%。

从表2-11和相关数据可以看到,元器件作为基础产业,国内市场巨大,2012年上海电子元器件工业生产与销售情况总体呈现了增速继续放缓、前低后高的走势,但发展趋势不一,主要特点表现为:大中型企业继续保持稳定增长,但增速继续放缓。工业企业利润继续低位运行,企业生产经营困难加大。规模以上工业实现利润总额相比下降;虽较2012年初下降幅度有所放缓,但继续保持低位运行,企业生产形势不容乐观。产品结构调整是创新驱动、转型发展的重要举措,一些骨干企业利润增幅高于企业销售收入增幅就是明证。

上海现代先进超精密制造中心有限公司

【概况】 上海现代先进超精密制造中心有限公司(以下简称“上海超精密”)是在上海市政府支持下,由上海市信息投资股份有限公司投资控股的企业,投资规模超亿元人民币,主要从事包括非球面和自由曲面在内的各类超精密光学器件的加工、检测、整合和产品开发,不仅面向航空、航天、科研等光电尖端领域,同时为LED(发光二极管 Light-Emitting Diode,简称LED)照明、激光超短焦显示、光电子设备、微机电系统(MEMS)、医疗设备、光纤通讯、光学仪器、红外成像等领域提供各类光学元器件的超精密加工及检测。

上海超精密拥有国内领先、国际先进齐全的超精密加工和测试设备,包括4位国家级教授、6位博士、20位硕士、55位工程技术人员的高素质人才团队。上海超精密团队获得了45项发明专利,8项著作权,18项各级科技进步奖,不仅具备雄厚的研发实力,还具备丰富的产业化和市场开拓的能力。

2012年,上海超精密致力于国家重大专项02专项攻关,在脆性材料制造技术支撑平台建设和上海市光学自由面检测专业技术服务平台能力提升与推广领域,均取得了重大进展。

【攻关国家科技重大专项02专项】 上海超精密作为国家科技重大专项02专项课题的主要承担单位,项目课题任务是IC装备超精密光学零部件制造技术研发与平台建设。在2012年7月的02项目中期专家组评估中,上海超精密完成了包括光刻设备掩模台系统、对准系统、调平调焦系统中12种光刻机制造装备关键零部件的制造工艺研发,并成功加工出相关部件交付给02专项重点应用单位投入使用,达到了光刻设备技术使用参数要求。特别是光刻设备对准系统中使用的BK7楔形板,加工面型精度达到了0.9个光圈,楔角角度误差在10秒以内,制造精度和效率甚至超过了国外水平,为高端光电器件制造国产化作出了贡献。

【打造脆性材料制造技术支撑平台】 上海超精密全力打造脆性材料制造技术支撑平台,旨在联合上下游企业共同发展脆性材料加工制造产业链,提高我国在脆性材料零件方面的制造工艺,检测保障和应用水平。包括特种材料如微晶、宝石、玻璃、半导体晶片、工业陶瓷、稀土磁性材料,此类具有硬、脆、异形等特征的脆性材料加工,是代表国家科技创新能力的重要标志。

2012年,脆性材料制造技术支撑平台建设取得了重要进展,硬件上完成了平台场地基础建设,引进了包括Zeeko七轴数控抛光机、QED大口径磁流变抛光机、DMG万能超声铣床等国际一流制造加工设备。技术上针对微晶、BK7玻璃、K9玻璃、氟化钙晶体等典型脆性材料开展了切削实验，形成了相关工艺报告三十余篇。脆性材料制造技术支撑平台建设有效地服务于极大规模集成电路的制造和包括大口径航空航天、军事、微电子、医学、新能源、新光源、精密仪器等其他高端装备制造业。

【提升光学自由面检测专业技术服务能力】 上海超精密所属的上海市光学自由面检测专业技术服务平台，在上海市科委及上海市信息投资股份有限公司的大力支持下成立，于2011年3月9日获市科委正式授牌"上海市专业技术服务平台"。对外提供的服务包括光学元件表面面型及粗糙度测量、纳米级超精密制造加工等。

自服务平台面向社会服务以来，上海超精密不断提升平台的检测技术水平和服务质量，为中国科学院系统、中国航天工业集团、高校系统及全球500强公司提供各类检测服务百余次，为客户产品生产和质量控制提供了有效的检测服务，极大提升了客户产品质量，获得了良好反馈和各级领导肯定。

（王云美）

上海飞乐股份有限公司

上海飞乐股份有限公司（以下简称"飞乐"）在2012年（第25届）中国电子元件百强企业中排名第22位。飞乐公司按产业转型升级战略规划确定了汽车电子、汽车线束、汽车仪表及传感器等未来重点研发领域和产品发展路径。飞乐总部所在地永和路飞乐大厦进行了第二期建设，其中包括投资3 000万元建立飞乐研发中心。重点研发车联网，传感器、接线盒、智能汽车仪表等汽车电子电器中高端产品。飞乐全力推进黄渡、崇明两个产业园区建设，拓展汽车电子三大产品配套延伸。公司及下属企业已申报立项各类政府项二十余项。飞乐与国外著名公司合作开展视觉、露点、霍尔传感器研发，与中科院微系统所、上海交通大学、上海大学进行了多项技术交流和合作。

上海雷迪埃电子有限公司

上海雷迪埃电子有限公司（以下简称RADIALL）是法国雷迪埃集团与上海飞乐股份有限公司在中国的合资企业，主要从事各类高频同轴接插件、电缆组件、汽车接插件和各类微波无源器件等产品的研发、生产、销售，是高科技创新型公司，上海市高新技术企业，产品广泛服务于电信、汽车、交通、工业、国防、航空航天及专业设备市场。RADIALL近年在板对板射频同轴互连解决方案、全新复合材料同轴连接器、微型连接器、射频功率开关连接器、防水室外光纤组件等产品方面加大了研发投入，并获得丰硕成果，研制产品达到了优异性能，拥有多项发明专利。公司秉承首席执行官Pierre Gattaz倡导的"追求卓越，合作共赢"理念，与主要客户成功合作，得到了市场的认可，并获得行业内顶尖企业包括摩托罗拉、波音、空中客车在内的众多大客户"最佳供应商"荣誉。RADIALL产品中超过50%出口到欧美、日本等发达国家。在国内，神舟飞船、卫星、军用雷达、导弹等尖端领域都有RADIALL的杰出产品。2012年，RADIALL进一步加强技术改造、新品研发与生产过程控制，产品毛利率提高了9%，企业经营业绩良好。

上海克拉电子有限公司

上海克拉电子有限公司（以下简称"克拉电子"）专业研制各类功率型线绕电阻器、汽车电子调速模块、冷凝风机电阻、车用冷凝风机电阻、抗干扰阻尼电阻等产品。2012年，克拉电子在国内汽车空调领域的新品开发和配套效率遥遥领先于同行企业，配套于电梯行业的大功率电阻和铝外壳电阻等产品持续增长，保持了公司创建12年来经营业绩持续增长的良好势头，销售收入和利润再创历史之最。

四、数字音视频产业

概况

2012年，国际IT巨头美国谷歌公司、美国苹果公司等先后涉水智能电视，与中外彩电企业展开激烈竞争，拉开了智能电视创新与推广的"跨界大赛"。智能电视从概念变为现实，分辨率达1080p全高清电视4倍的UHD（超高清电视Ultra High Definition Television，简称UHD）超高清电视，及更先进、实用性更强、前景更广阔的"云电视"悄然进入电视市场。我国TCL集体股份有限公司、中国长虹国际集团等彩电企业都加入了新一代电视的开发。另一方面，激光技术与产品研发也在积极进行，并取得了实质性进展。2012年，基本掌握了YVO4＋KTP方案固体绿光激光器的设计技术和量产工艺；氮化镓蓝光激光器进入试生产阶段；微型激光投影模块及其应用产品的生产线成功建立；激光电视与激光大屏幕显示产品的研发全面展开；视频监控的高清化和智能化受到重视，被提上议事日程，整个数字音视频产业进入了一个新发展时期。

2012 年 1—12 月，上海彩电产量 1 033 243 台，销量 1 031 619 台，产销率 99.84%。其中 LCD 液晶彩电产量 1 028 675 台，销量 1 027 391 台，产销率 99.88%；DLP 数字背投产量 4 568 台，销量 4 228 台，产销率达到 92.56%；数字摄录一体机产量 3 844 378 台，销量 3 915 773台(含库存)，产销率 101.86%；网络摄像机产量 238 958 台，销量 254 525 台(含库存)，产销率 106.51%；汽车音响产量 84 273 台，销量 91 273 台(含库存)，产销率达到 108.31%。

东方有线网络有限公司

【NGB 广播电视网覆盖 400 万户】 2012 年，东方有线网络有限公司(以下简称“东方有线”)在科技部、广电总局和上海市政府的支持下，下一代广播电视网(NGB)取得了重大进展，覆盖了全市近 400 万户家庭，并计划在三到五年内基本覆盖申城，为上海智慧城市建设奠定了扎实的网络基础。

NGB 采用了自主创新的国家“863”计划和国家科技支撑项目“高性能宽带信息网”核心技术，将有线网络骨干网速率提升到每秒 1 000 千兆，接入网用户端速率提升到每秒 100 兆，具有高带宽、强互动、可管控的优点，能够满足未来每个家庭“出门就上高速路”的信息服务需求。

NGB 将电信网、有线电视网、计算机通信网的功能融合在一张网上，走出了最便捷的“三网融合”之路，带领用户走进电视“新时代”。除了具有更多的高清频道，在观看方式上，也由传统的单向变成双向互动形式，用户可以随意点播各类高清、3D 片源。在电视的应用功能方面，电视银行、便民支付、电视证券、优化教育等服务已经面向市场，智能家居、家庭安防、电视医疗、3D 体感游戏等智能服务也在运营准备中。未来的智慧家庭管理系统，还能远程管理家中所有家电使用，为用户生活带来极大便利。

2012 年 10 月 16 日，东方有线南京西路营业厅暨下一代广播电视网业务体验中心在吴江路 31 号东方有线大厦一楼大厅正式落成启用。用户除了可以办理东方有线的各项业务，还能亲身体验基于 NGB 网络的“三网融合”新业务。

【助力“智慧高地”尝鲜智能化便民服务】 2012 年 8 月 29 日，长宁区政府在区政府会议厅召开长宁区科技创新大会，东方有线与长宁区政府共同签订了《共建“智慧高地”战略合作框架协议(2012—2015 年)》。框架协议包括智慧社区、智慧政务、智慧文娱、智慧交通、智慧医疗、智慧金融、智慧商贸七方面合作内容。东方有线通过与长宁区政府的积极合作，在长宁区信息化平台上开展数字生活服务应用示范，将平台建成为长宁区街道社区信息服务窗口，配合“两级政府、三级管理、四级网络”的城市管理体制建设。

随着“智慧闵行”应用服务的推进，闵行区 90%以上的用户能惠享相关服务。作为“智慧闵行”应用服务平台承建方，东方有线开发的一期项目涵盖了衣食住行各方面，包括社区信息、天气、物价、教育、便民付费、数字城市生活、预约挂号七项内容。通过电视终端，公共服务信息能直接送到用户家庭中。随着应用云技术的机顶盒推出，购物、游戏、KTV 及智能终端与电视的互动也逐渐融入其中。

【市郊区县 NGB 建设及模数整转项目全面启动】 按照国务院、广电总局总体规划及市委、市政府加快智慧城市建设的要求，“十二五”期间，上海市要基本完成下一代广播电视网建设及有线电视数字化整体转换。市发改委、市财政局会同市委宣传部、市经济信息化委、市科委、市文广局与东方有线共同研究，召集相关部门多次召开专题会议讨论形成了总体支持方案。2012 年 10 月 16 日，市政府主要领导原则同意该方案。上海市郊区县下一代广播电视网建设及有线电视数字化整体转换项目正式获得市政府批复同意，东方有线负责的有线电视网络数字化升级工作全面启动。

东方明珠广播电视研究发展有限公司

【公交候车亭多媒体平台监控系统】 2012 年，东方明珠广播电视研究发展有限公司(以下简称“东方明珠”)联合上海新兴媒体信息传播有限公司针对公交候车亭多媒体信息平台数量多、分布广、运维人员难以及时发现故障等问题，承接了《公交候车亭多媒体平台无线远程监控系统研制与应用》项目。项目重点对无线远程控制模块及后台核心处理软件进行研发，主要通过对“温度、信号、频率”等元素的采集，实现对公交候车亭多媒体接收终端、覆盖网络的全程监控，提高候车亭多媒体平台系统的运维效率，大幅降低设备的故障修复时间，既方便了乘客出行，也美化了城市公交面貌。2012 年，在上海 1 500 个公交候车亭多媒体接收点实现了系统监控，为公交候车亭多媒体信息平台的稳定运行提供了重要技术保障。该项目荣获上海市文化广播影视管理局2012年度科学技术进步二等奖，并于2012年获得实用新型专利——一种基于CDMA公共网络的无线远程监控设备（专利号：ZL 2011 20281548.X）。

【地面数字电视信号有线网络传输模式】 2012年，东方明珠针对用户在各种无线状态下收看电视的需求，提出了一种利用有线电视网络传输地面数字电视信号的处理实施方法，设计研制出微功率宽带无线转发器，以实现不同码率、多个频点的地面数字电视信号的室内有效覆盖，降低室内覆盖的建设成本，大大促进地面数字电视用户群的拓展。“地面数字电视信号有线网络传输”项目在长宁区临空机房搭建了示范小区演示系统，实现了家庭入户，运行稳定，效果良好。项目荣获上海市文化广播影视管理局2012年度科学技术进步二等奖，并于2012年获得实用新型专利——一种地面数字电视与有线电视转换传输系统（专利号：ZL 2011 20331312.2）。

上海高清数字科技产业有限公司

【拓展卫星广播覆盖领域】 2012年，上海高清数字科技产业有限公司（以下简称“上海高清”）将卫星广播户户通作为公司重点推进项目之一。2012年直播卫星新标准体系确立后，更着力加速全面发展。从上半年开始，国家“村村通”和甘肃、青海、内蒙古、云南、贵州、新疆、海南、广东、陕西九个省区分别实施了“户户通”项目招标，上海高清在招标中取得了良好的成绩，一举拿下了青海、云南、新疆、海南、陕西、广东等省区的“户户通”项目。2012年，上海高清在直播卫星芯片市场合计中标400万套，市场占有率超过30%，排名第一。在技术方面，上海高清不断加强对各个机顶盒厂家的导入力度和覆盖面，与TCL、长虹等厂商形成了良好的合作关系。

【推进芯片等多类新产品研发】 上海高清一直向着“建成中国数字电视高端芯片及全业务系统解决方案提供商”的目标努力奋斗，重点围绕国标核心芯片设计、传输系统优化和关键设备研发等方面进行了持续技术创新，在各个目标上取得了不错的进展。2012年，上海高清推出了研制多年、具有自主知识产权的首颗HD310X系列数字电视SoC芯片，并获得了DRA数字音频认证证书。为支持地面数字电视的测量，满足地面数字电视用户安装与维护，提高技术人员的工作效率及加快项目的建设周期，上海高清于2012年年底正式推出了基于国标（GB 20600—2006）的地面数字电视手持式测试仪PT—1000/T。另一方面，上海高清按计划完成了发改委、核高基、上海市重大专项、市经济信息化委等项目的相关验收，并拿到了权威部门的技术测试报告。2012年，上海高清荣获“上海市创新型企业”，及“2011—2012年度上海市知识产权优势企业”称号。

【电子标牌产品研发与市场拓展】 2012年，上海高清在电子标牌的产品研发、市场拓展方面成绩斐然，除了《人民日报》在上海的学校、政府机关、国家电信、国家电网、大型超市、永乐家电、街道社区、银行等地设立了2 230个点外，还开拓了新的报业市场。2012年，上海高清先后接洽了《徐州日报》、《福州日报》、《无锡日报》、《扬州日报》、《新民晚报》等地方媒体，并为报业市场新设计了包括双屏、单屏在内的三款终端。2012年，电子标牌业务在报业以外的垂直市场也进行了探索，针对纯广告运营的需求，开发了21英寸、42英寸、46英寸的新型终端和系统，并启动了市场推广工作。

上海数字电视国家工程研究中心

【未来广播电视研究向海外拓展】 为进一步探索未来电视广播发展，上海数字电视国家工程研究中心（以下简称“工程中心”）于2012年4月17日联合美、欧、日、韩等全球骨干的广播机构、科研机构、标准机构及制造企业共同成立了全球未来广播电视合作研究计划FOBTV（全球未来广播电视Future of Broadcast Television，简称FOBTV）组织，共同开展全球未来广播电视技术体系研究，参与全球未来广播电视标准研究及制定。

2012年4月19日，召开了发起人会议，正式宣布成立该计划的管理委员会和技术委员会。美国ATSC（美国高级电视业务顾问委员会Advanced Television Systems Committee，简称ATSC）委员会主席Mark Richer担任管理委员会主席，欧洲DVB（数字电视广播Digital Video Broadcasting，简称DVB）委员会主席Phil Lavin担任管理委员会副主席，工程中心首席科学家张文军教授担任技术委员会主席，日本NHK研究总监Toru Kuroda博士、韩国电子通讯研究院ETRI的主任Namho Hur博士和加拿大通信研究中心首席科学家吴亦彦博士担任技术委员会副主席。工程中心担任全球未来广播电视计划组织的全球秘书处，全程参与全球未来广播电视研究工作的组织运行与管理。

2012年，FOBTV已经发展成为覆盖全球二十多个国家、七十余家单位的全球性技术体系及标准研究组织，并形成了新一代广播电视网络的技术需求体系。

【多方合作寻求更好更快发展】 2012年6月6日，由工程中心牵头，联合上海文广、上海交通大学、北京数字电视国家工程实验室、深圳数字电视国家工程实验室以及工信部电子工业标准化研究院、中国科学院、北京大学、清华大学、中国电信、西安电子科技大学、中国传媒大学等15家单位共同启动了"十二五"国家高技术研究发展计划("863"计划)"新一代数字电视关键技术研究及验证"项目的"新一代数字电视体系架构设计"。

2012年9月1日，联合上海交通大学、北京大学、中央电视台、广电总局广科院、广电总局规划院、中国科学院计算所、上海广播电视台、华为、百度、AVS(音视频编码标准 Audio Video coding Standard，简称 AVS)产业技术创新战略联盟等单位共同进行了新型融合媒体网络设计。

【平台专利池建设】 2012年6月29日，工程中心研究设计的宽带超短波通信系统首次作为主通道通信系统，与相关单位共同完成了神舟九号飞船返回舱着陆场搜救指挥通信保障任务。宽带超短波通信系统将直升机和通信直升机上的摄像画面第一时间传到了北京飞控中心，成功保障了神舟九号返回舱着陆场搜救工作的正常进行。项目获得了总装信息化局、浦东新区、上海交通大学及国家相关主管部委的表彰及授奖。同年，工程中心创新能力平台全面启动建设，成功完成了新一代数字电视演进技术研究开发平台、超高清晰度内容采集及制作演示系统、无线数字广播电视移动测试平台等技术研究开发及产业服务平台建设，并完成了中国地面数字电视传输标准专利池组建，完成了地面数字电视国家标准必要专利入池。

上海全景数字技术有限公司

【进军视频监控市场】 2012年，上海全景数字技术有限公司(以下简称"上海全景")除一如既往地研发机顶盒新品，完成 DVT－3026EU、3028EU、3030EU 高清机顶盒及 DVT－5515、5516 标清机顶盒系列产品外，还瞄准了视频监控系统与设备的研发，提升了现有视频监控的能力与水准，"智能高清视频监控系统"正是其中一项。该系统可从根本上改变传统视频监控图像模糊、数据检索性差、互通互联性差、智能化程度低等缺陷，并将视频监控系统带进全新的高清智能新时代。它结合先进的云计算技术与分布式文件技术，为系统提供统一的数据存储接口与应用接口，实现对视频、语音、报警、视频会议等数据的无差异存储。系统的开发严格遵循了物联网标准体系架构，通过构建统一业务平台与数据接口标准，实现同一平台下六大功能(高清智能监控子系统、高清车牌识别子系统、高清视频远程广播子系统、高清视频联动报警子系统、高清视频应急指挥子系统、高清信息发布子系统)的覆盖和无缝连接、服务共享与多应用业务融合，使视频监控系统的应用功能完全覆盖"事前智能预警"、"事中联动处理"、"事后高清取证"，开创了视频监控行业的新高度。

【自主创新硕果累累】 2012年，上海全景新获授权专利8项，包括3项发明专利，4项实用新型专利和1项外观设计专利。新获软件著作权11个，软件产品登记3个。正在申请中的发明专利2项，软件著作权及产品登记9个。重要的是，这些专利已全面融入产品研发。其中发明专利《机顶盒智能卡的切换方法和装置》用于实现机顶盒一机双 CA(数字证书认证中心 Certificate Authority，简称 CA)功能(当插入外部智能卡时能自动由内置智能卡切换至外部智能卡 CA 加密)，现已广泛应用于上海市有线数字电视整转机顶盒及高清交互型机顶盒产品。发明专利《自适应的数字电视升级方法》用于头端服务器与一个或多个机顶盒之间进行数据和程序升级，系统能自动获取各机顶盒最大处理速率和预留带宽，以及网络误码率，根据预定关系式确定升级文件中各文件块重复次数，制作升级文件并传输给各机顶盒，提高升级效率，此技术已广泛应用于各类机顶盒的升级中。发明专利《快速测试机顶盒的方法和系统》提供了快速测试机顶盒的方法和系统，已应用于机顶盒的研发测试中。实用新型专利《机顶盒嵌入式程序升级系统》运用服务器内遗传算法执行器，根据机顶盒嵌入式程序联网升级失败反馈，调整多个扇区下载次序以提高成功率，已应用于上海数字电视系统和 DMS(数字媒体内容推送系统 Digital Media System，简称 DMS)中。

上海索广映像有限公司

【持续导入新产品】 2012年，上海索广映像有限公司(以下简称"索广映像")共导入平板电视机新产品17个，PSG 新产品59个。7月投产的 ITC 机种首次采用了 P－Mod(内嵌模块 Panel Module，简称 P－Mod)形式，将背光源与整机后盖组合成一个部件，减少了零部件，从而降低了成本。该机种产量占 FTV 总产量的50%以上。索广映像借助初次导入的 Tengo 技术，组合成彩色液晶显示屏，首批生产了 55 英寸和 65 英寸 2 个型号，面板像素达到 4 K，面向全球供货。2012 年，索广映像还导入了 BPJ 商业用投影机，该投影机具有超短焦距投射、手写笔功能、黑板模式、无线网络及多媒体网络功能，显著亮点是在老机种的基础上提升了亮度，部分产品甚至拥有 100 000 ∶ 1 的超高对比度。索广映像还开始了直流投影机的试生产，该产品辉度达到 15 000 lm，对比度达 5 000 ∶ 1，分辨率为 4 K/2 K，可用于高档数字影院。

【重视工艺设备装置开发】 索广映像除注重新品导入外，还十分重视生产线上不可或缺的工艺设备装置开发。2012 年，自主研发完成 OPT 自动点胶机用各机种的托盘夹具的设计和制作，完成了程序编写，使胶水残留与偏光板脱落不良率为 0；自主研发完成了 OPT 棱镜偏光板定位治具，此治具主要用于提高偏光板安装质量及作业效率，从而保证偏光板与棱镜支架完全黏合(其核心技术获得专利)；自主研发完成了基板功能调试治具，该治具主要用于 LCD TV 主基板电性能检查，保证了基板 99% 以上的合格率；自主研发完成了 LCD Panel 检查治具，主要用于对 LCD panel 部品无通电及通电检查，确保了部品 99%以上的合格率；自主研发完成了徽标图像识别系统，解决了产品输出全球过程中各类需黏贴标签繁多、文字相近、作业人员易出错等问题。该系统能对平面标签字符进行自动识别，识别率达到了 100%，杜绝了不良产品的流出。2012 年，索光映像申报专利两项，分别是《ELK 产线标签识别系统》和《棱镜偏光板定位治具》，申报软件著作权一项——《LCD 软件版本自动切换检查》。

上海文广互动电视有限公司

【资金启动多项目研发】 2012 年，上海文广互动电视有限公司(以下简称“文广互动”)各类项目启动获得了广泛资金支持，为项目研发与顺利进行奠定了基础。科技部款项资助的“面向 NGB 网络的智能电视系统研制与示范”和“开放网络环境下立体电视制播系统架构与门户的研究与应用示范”两个项目启动建设。上海市科委款项资助的“面向 NGB 的融合内容管理系统研制与跨屏点播应用开发”与“3D 内容互动应用关键技术及示范”两个项目启动建设。文广局“上海网络视听产业专项资金创新项目”款项资助的“智能电网互动电视播控平台建设”项目和文广局“上海网络视听专项资金视听节目制作类”款项资助的 3D 节目京剧—《群英会》进入规划阶段，前者重点在于平台研发与试点；后者以追求 3D 节目制作突破、丰富网络视听内容为目标，包括 3D 节目外拍录制、3D 节目后期制作、3D 知识培训与交流、开设互联网 3D 点播专区等。

【各项业务蓬勃开展】 2012 年 1 月 1 日，“中国 3D 电视试验频道”正式开播，上海广播电视台是 3D 频道六家联合开办台之一，文广互动代表上海广播电视台承担了 3D 频道每天一小时的供片任务。2012 年 3 月 22 日，全国政法系统考察团对文广互动法治天地频道进行了考察，考察当天，频道进行了 2 小时的、有关劳动争议案件的大型庭审直播，受到了各级领导及考察团的好评。

为了更好地拓展节目覆盖领域，该公司以投资形式孵化成立了上海游戏风云文化传媒有限公司，2012 年 8 月 14 日，游戏风云公司举行揭牌仪式，市委宣传部副部长宗明到会揭牌。2012 年 11 月 21 日，上海市委常委、市委政法委书记丁薛祥在上海广播电视台党委书记王建军、台长裘新、副台长张大钟的陪同下，视察了法治天地频道，并为法治天地频道通联站的成立揭牌。

因对频道、栏目、节目的精心管理、设计、制作，2012 年，文广互动荣获多项殊荣。2012 年 10 月，法治天地频道《禁毒视窗》栏目获得了“2012 年度十优栏目”奖项；2012 年 11 月，动漫秀场频道获得中国广播电视协会颁发的“2012 年度行业最受目标观众欢迎频道”奖项；游戏风云频道《G 联赛》节目获得了一等创优专题节目奖项；都市剧场频道《青春红色季》节目获得了一等创优系列节目奖项；法治天地频道《热点》栏目获得了一等创优优秀栏目奖项。

上海索广电子有限公司

【概况】 在多套措施的共同作用下，上海索广电子有限公司(以下简称“索广电子”)2012 年实现营业总收入 56.98 亿元，营业利润 1.6 亿元，经营业绩再创新高，主营业务收入和利润总额全面超过了 2011 年，为企业和社会创造了较高的经济效益。因多年的骄人业绩，索广电子于 2012 年 4 月荣获索尼公司优秀业绩奖特别奖。

【导入新品与改善工艺】 为增强企业活力，提高市场竞争力，索广电子每年都会导入全球最新的前沿产品。2012 年 5 月，公司引进生产了佩戴式高清数字摄录一体机 HDR－AS15 系列机型。该机型突破了传统拍摄方法的局限，袖珍的机身借助相应组件，可佩戴在身上或藏身于传统摄像设备难以企及的机位，无需手持亦可从多个视角轻松拍摄优质视频。HDR－AS15 搭载了先进的

Exmor R CMOS 影像传感器与卡尔·蔡司®Tessar®镜头，最大视角达到了 170°，可拍摄 1920×1080/30 P 的高清视频和照片。同时具备电子防抖和 WiFi 功能，通过安装了 PlayMemories Mobile 软件的智能手机即可对拍摄进行 WiFi 操控、传输、浏览。HDR－AS15 的诞生为广大户外运动和影像爱好者带来了无拘无束的视频新体验。

为了降低生产成本，应对劳动力成本增加、企业用工成本不断上升的不利因素，索广电子在 2012 年年底导入了新型摄录一体机自动化调整系统，投入生产线后削减调试人员 30%～40%，为增强企业竞争实力提供了保障。

【坚持管理与诚信建设】 索广电子自建立以来，一直坚持新品导入与经营管理并重的理念。2012 年 3 月开始，历时 10 个月，投资 1 500 万元，成功导入了 iMaps V2 生产经营管理系统。该系统主要涵盖了 BOM(制造物料清单 Bill of Materiral，简称 BOM)基本信息做成、生产计划做成、MRP(生产资源计划 Manufacturing Resource Planning，简称 MRP)运转、资材订购、出入库管理和工程管理等内容。iMaps V2 系统的全面应用，在强化供应链信息共享与降低生产成本上发挥了重要的作用，同时使公司应对系统风险、信息安全、市场变化的能力大大提高。从而使生产管理得到进一步优化，确保了生产高效化的实现。索广电子每百人拥有服务器 3 台，信息化终端 80 台。企业的信息主干网覆盖了主要的生产和管理区域。

索广电子一直重视企业诚信建设，建立并实践了企业服务信誉管理制度，牢固树立了“坚持不断地制造满足顾客要求的最高品质产品，并提供给市场”的经营理念。2012 年，索广电子被上海市企业诚信创建活动组委会评为“一星级诚信创建企业”(2012 年最高级别)和“2012 年度上海城市公众满意企业”，获得了良好的社会诚信形象。

上海力保科技有限公司

【人民日报电子阅报栏项目】 上海力保科技有限公司(以下简称“力保科技”)凭借生产、服务等多方面优势，在人民日报数字传媒公司对“人民日报电子阅报栏”项目招标中突出重围，成功获得 500 台 42 英寸人民日报电子阅报栏的销售合同，并在 2011 年年底完成了所有 500 台设备的生产检验。2012 年，力保科技在上海的人民日报对应宣传网点开始了大规模的设备安放调试，经过员工辛勤努力及各方积极配合，2012 年上半年成功配合人民日报社上海分部将 500 台电子阅报栏分配到各个合作单位，其中包括上海多个酒店、学校、政府机关等。在这些展示网点，人们可以通过相关设备了解到上海的发展、最新的动态。力保科技将继续组织人力进行维护保养，确保这些设备能够全年无休地正常运作。

【研制跨行新品，拓展应用领域】 为求得更有实效的发展、确保企业生命力，力保科技根据市场走势，随时调整产品研发门类，研发适销对路的产品。2012 年，公司将触角伸入了医疗行业，成功研制出医用热敏干式胶片打印机。力保科技联手乐凯黑白胶片厂与苏州虎丘影像器材厂开发的新型“医用热敏干式胶片打印机”具有多项竞争优势：结构简单，体积较小，故障率较低；打印出来的图像可 100%还原，保存时间更长；为降低视觉疲劳，胶片片基使用蓝底技术；打印机皆为标准配置，不存在选配问题；完全符合 DICOM3.0 标准，可实现点对点的直接连接或 DICOM 网络连接；胶片突破了传统暗房操作局限，可在正常环境光下使用；真正的绿色环保产品；打印机图像处理软件大大增强了图像调节处理能力。医用热敏干式胶片打印机促进了我国民族黑白胶片产业的发展，打破了舶来产品占据市场的产业格局。力保科技期望通过“医用热敏干式胶片打印机”产品打开医疗器械用品市场。

上海三鑫科技有限公司

【信息化战略促企业发展】 随着企业逐渐由中试转入产业化阶段，上海三鑫科技有限公司(以下简称“三鑫科技”)的研发及供应链体系管理成为亟待解决的问题。为进一步优化研发、供应链管理等环节流程，降低生产成本，提高企业利润，三鑫科技结合实际情况实施了信息化战略，使公司研发、管理、采购、销售、生产、仓库、财务等各部门资源达到了有效整合共享，实现了规范、专业、快速响应市场发展变化的目标，从而进一步提高了公司核心竞争力，使公司的社会效益和经济效益得到了整体提升。

三鑫科技信息化建设总投资为 94.51 万元，2012 年 8 月建成了适合公司应用的信息化管理系统。相关项目的实施使三鑫科技减少了库存资金占用；销售订单及时交货率上升到 95%；客户满意度提高至 98%；物料清单准确度达到 98%；采购平均周期缩短了 3—5 天；产品生产周期缩短了 5—10 天。

【激光技术产品研发全面出击】 三鑫科技应用全球领先的激光微显示技术开发了微型激光智能投影机 Laseno SMP-120，之后又接连开发了 STP-220、绿光激光器/蓝光激光器、超短距镜头以及激光 DLP 大屏幕拼接墙等诸多激光产品。其中，STP-220 是基于 LD(镭射光碟 Laserdisc，简称 LD)显示平台研发的创新型显示产品，2011 年 9 月出样机，实现了 0.7 cm 投射 40 英寸图像，2012 年达到了 50 cm 投射 40 英寸图像的优异性能。

在半导体激光器领域，制约激光显示产业化进程的瓶颈主要是绿光激光器。三鑫科技经过四年多的工艺积累，在绿光激光器封装方面具备了世界领先水平，基本掌握了 KTP 晶体方案固体绿光激光器的设计技术和量产工艺。PPLN 晶体可解决红外光到绿光的高效率，实现降低成本和提升性能的双重目的。三鑫科技密切关注 PPLN 晶体的产业化进程，与国内知名的 PPLN 晶体厂商建立了战略合作关系。2012 年，三鑫科技与上海光机所、福建福晶签署战略合作协议，拟联合技术攻关。

在蓝光激光器方面，三鑫科技与中科院苏州纳米所合作，攻克了氮化镓蓝光激光器的主要技术难点，实现了 450 nm+－10 nm 室温连续激射，输出功率大于 50 mW，寿命大于 100 小时，并向试制生产过渡。

超短距投影镜头方面，三鑫科技通过自主研发，使超短距技术达到了世界领先水平，并于 2012 年 12 月推出了 50 cm 投影 40 英寸图像的超短距样机，比市场上 140 cm 投影距离下实现 40 英寸投影图像的主流产品效果大幅提升，可广泛应用于应急联动中心、各行业监控室、军事指挥、平安城市、广告行业、舞台背景等领域。2012 年，三鑫科技还启动了基于激光显示研发平台的新一代显示终端——激光大屏幕拼接墙的开发工作。

上海敏达网络科技有限公司

【以标准实施带动智能安防系统相关产品开发应用】 在上海市信息家电行业协会的牵头下，由多家单位联合编制的《居住区信息系统网络互联技术规程》经市建交委与科委技术审核通过，自 2012 年 3 月 1 日颁布实施。该标准的实施既实现了居住区范围内由不同设备、异构网络组成的各类智能化应用子系统间的互联互通，也为物联网、全光网等技术的应用和居住区信息系统的更新换代提供了新的技术支撑。为了落实“十二五”建立智慧城市的重要发展目标，上海敏达网络科技有限公司(以下简称“敏达科技”)作为参与编制的主要单位，竭尽全力倾情投入基于该标准的相关产品的研发生产，精心组织力量就居民区智能安防系统相关产品——硬盘录像机、数字摄像机进行研发、生产、销售，相关产品在上海的四个小区投入使用。

上海显恒光电科技股份有限公司

【激光芯片中试生产线建设扎实推进】 作为一家开创新材料、新光源应用，承担尖端半导体化合物研发任务的公司，上海显恒光电科技股份有限公司(以下简称“显恒光电”)成立不久即接二连三传出佳绩。2011 年 3 月 17 日和 12 月 21 日，eLaser 红光(640 nm)和 eLaser 绿光(532 nm)相继在上海显恒实验室点亮，2012 年 2 月 27 日，eLaser 蓝光(460 nm)在上海显恒实验室点亮，标志着显恒光电对激光技术的掌握向前跨进了一大步，同时向产品化方向不断前进。

显恒光电拥有的前沿尖端技术及研发能力受到了上海市有关方面的高度重视。2012 月 4 月 1 日，中科院上海分院院长江绵恒视察显恒光电，提出加快 eLaser 芯片发展的建议，指出 eLaser 多量子阱芯片生长是 eLaser 项目的关键技术，作为核心技术，芯片的生长必须尽快国产化，尽早独立自主地完整拥有该技术。2012 年 6 月 14 日，上海市常务副市长杨雄率领市发改委、市经济信息化委、市科委领导视察了显恒光电，听取了显恒光电董事长郑安民对公司 eLaser 项目及准备建立核心技术激光芯片中试线计划的汇报。中试线建设项目包括 eLaser 蓝绿光芯片中试生长线、紫外芯片中试生长线和一条芯片后道工艺中试线。显恒光电自主掌握并具备了 eLaser 芯片微结构设计能力，初步具备了芯片后道工艺处理能力，并积极筹建了芯片中试线项目。

(解　放)

五、计算机产业

概况

2012 年，在国内外经济增速趋缓的大背景下，我国电子信息制造业发展增速较 2011 年进一步放缓，产业技术升级和结构调整压力仍然较大。政策与市场的些许利好因素、部分行业的较快增长，均难以遏制产业整体增速放缓的趋势。产业发展形势不容乐观。从国际形势来看，美国经济复苏速度缓慢，欧洲经济陷入轻微衰退，新兴国家受欧美的拖累增速减缓，对我国电子信息产品出口带来了不利影响。

从上海的情况来看，2012 年 1—11 月，规模以上工业企业完成工业总产值 28 700.9 亿元，比上年同期下降 1%。六个重点发展的工业行业共完成工业总产值 19 058.13亿元，比上年同期下降 1%。其中，电子信息产品制造业完成产值 6 122.44 亿元，同比下降 5%。

受劳动力成本等因素影响，计算机代工企业的笔电产品实行了梯度转移，上海市生产量大幅减少，2012 年 1—11 月累计生产微型计算机设备 8 965.14 万台，同比下降 4.8%。全年微型计算机产量 9 931.05 万台，同比下降 2.3%。

计算机重点企业生产概况

统计数据显示：列入计算行业协会统计的重点企业（以下简称“计算机重点企业”）2012 年完成工业总产值 1 316.18亿元，比上年同期下降了 34.54%，减产694.63 亿元，完成工业销售产值 1 321.33 亿元，比上年同期减少 577.16 亿元，下降 30.40%，详见表 2 - 12。

表 2 - 12 2012 年计算机重点企业工业产值完成情况

	12 月	同比（%）	1—12 月	同比（%）
工业总产值（亿元）	100.99	—28.08	1 316.18	—34.54
工业销售产值（亿元）	97.19	—28.19	1 321.33	—30.40
工业产销率（%）	96.23	—0.15	100.39	6.33

注：产值指标的数值，均按照《主要工业产品产销存》报表的相关指标计算取得。

工业总产值中，微型计算机设备 1 160.73 亿元，占 88.19%；扫描仪 0.93 亿元，占 0.07%；计算机零部件及消耗品 154.52 亿元，占 11.74%，详见图 2 - 3。

2012 年 12 月工业产销率为 96.23%，同比减少 0.14%；1—12 月产销率 100.39%，同比提高 5.98%。

2012 年 12 月生产微型计算机设备 431.5 万台，比上年同期下降 10.7%，减少 51.7 万台。1—12 月生产微型计算机设备 5 278.8 万台，比上年同期减少856.8 万台，下降 13.96%，详见表 2 - 13。统计数据显示，计算机重点企业的微型计算机设备生产量在全市微型计算机设备（规模以上企业）产量中，基本都占有半数及以上的比重，详见图 2 - 4。

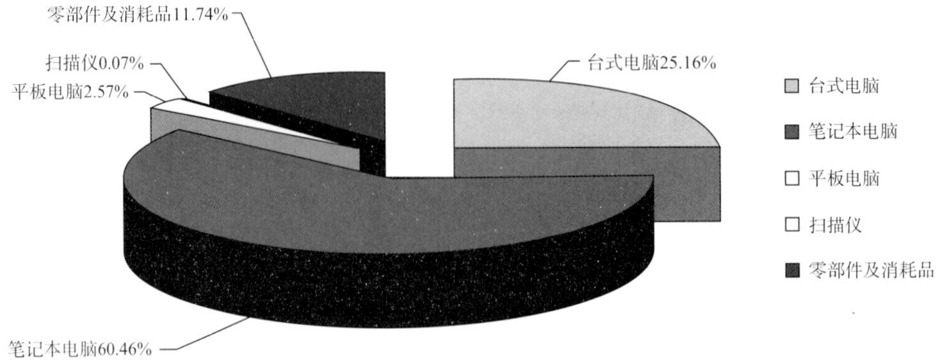

图 2 - 3 2012 年计算机重点企业工业总产值构成

表 2 - 13 2012 年计算机重点企业主要工业产品产量

	12 月	同比（%）	1—12 月	同比（%）	说明
微型计算机设备（万台）	431.48	—10.70	5 278.81	—13.96	
台式电脑（万台）	79.87	14.92	353.82	—5.66	

续 表

	12月	同比(%)	1—12月	同比(%)	说明
笔记本电脑(万台)	194.86	−33.35	3 237.25	−32.85	
平板电脑(万台)	101.31	−22.62	1 075.43	—	2011年7月开始生产
扫描仪(万台)	1.06	5.34	10.62	−27.20	

数据来源：取自《主要工业产品产销存》报表的相关数据。

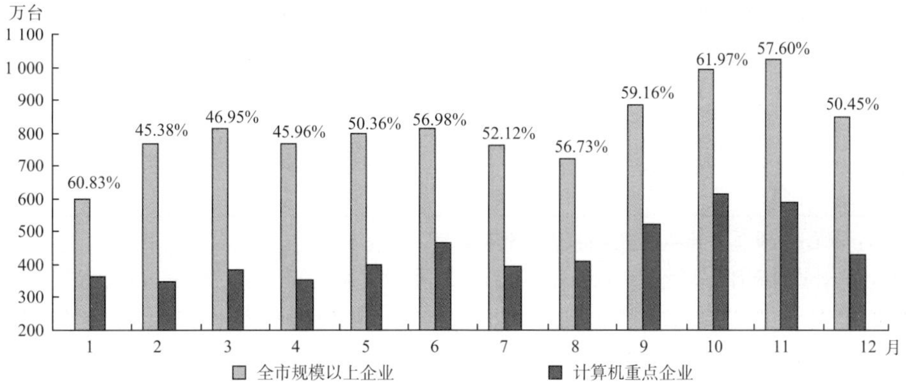

数据来源：取自《主要工业产品产销存》报表的相关数据和上海统计网。

图2-4　2012年微型计算机设备产量及占全市比重

计算机重点企业工业生产特点

【产销衔接呈现"平稳—震荡—平稳"趋势】 2012年12月产销率为96.23%，环比减少2.55个百分点，同比减少0.14百分点。第四季度产销率为100.34%，环比减少1.5个百分点，同比减少1.23个百分点。2012年四个季度产销率分别为101.49%、97.84%、101.84%和100.34%，凸显了全年产销的良好态势。

究其原因，代工制造的经营方式是全年产销衔接良好的主要因素。从全市规模以上工业企业产销率情况看，态势较为平稳，产销情况稳定。计算机重点企业产销率情况呈现出从平稳到震荡，再回复平稳的态势，2012年末，计算机重点企业工业产销率水平与全市工业产销率基本吻合，但有下滑趋势，详见图2-5。

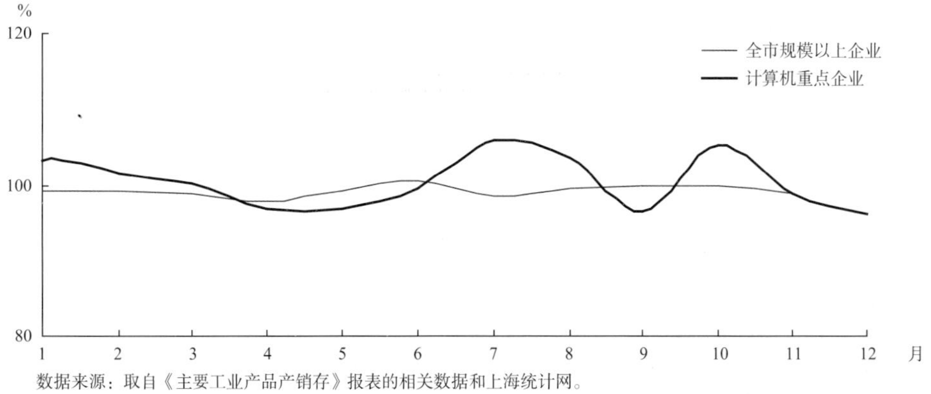

数据来源：取自《主要工业产品产销存》报表的相关数据和上海统计网。

图2-5　计算机行业重点工业企业产销率态势

【生产重心转移，产品结构调整，产量产值双下降】 统计数据显示：2012 年计算机重点企业生产微型计算机设备 5 278.81 万台，同比减少 856.8 万台，下降 13.96%。

其中台式计算机 966.13 万台，同比增长 23.45%，增加 183.54 万台；笔记本计算机 3 237.25 万台，同比下降 32.85%，减少 1 583.44 万台；平板计算机 1 075.43 万台（不可同比，因为 2011 年 7 月才开始生产），详见表 2-14。

表 2-14 2012 年计算机重点企业产量变化趋势

	产 量（万台）		产 值（亿元）		
	2012 年	同比（%）	2012 年	同比（%）	说明
微型计算机设备	5 278.81	−13.96	1 160.73	−34.83	
台式电脑	966.13	23.45	331.16	−16.73	
笔记本电脑	3 237.25	−32.85	795.73	−38.01	
平板电脑	1 075.43	—	33.84	—	2012 年 7 月开始生产
扫描仪	10.62	−27.20	0.93	−11.35	

数据来源：取自《主要工业产品产销存》报表的相关数据。

2012 年，主营计算机硬件公司之间的竞争日趋激烈。在个人电脑市场上，一些传统的产品都已经批量生产，导致产品价格飞速下降，利润空间被压缩的所剩无几。与此同时，原材料成本、土地成本和用工成本不断上涨，上海的技术工人也越来越难招到，因为江苏、浙江等地的工人工资与上海相比也已经相差不大，但是上海生活成本更高。

上海计算机硬件生产商面对压力调整策略，结合产品生产结构调整，打算转向相对低成本地区。上海在长三角沿海地区的比较优势已经逐步减弱。

【产品结构和加工结算价格变化，产值下降】 2012 年以来，由于产品结构调整，达功（上海）电脑有限公司（以下简称“达功”）、达丰（上海）电脑有限公司（以下简称“达丰”）两家公司的微型计算机设备产量大幅减少，若按平均每台 2 199 元计算，减少产值 620.41 亿元。其中达丰公司因笔记本电脑生产重心外延，从 2012 年 1 月起停止生产，如按上年产量 794.59 万台、每台 2 458 元计算，减少产值 195.31 亿元。达丰公司在笔记本电脑生产梯度转移的同时，从 2011 年 7 月起上马代工亚马逊平板电脑，2012 年平板电脑产量 1 075.43 万台，比上年增加 543.10 万台，增加产值 18.65 亿元。达功公司台式计算机加工费价格每台减少 1 654 元，因此尽管产量增长 23.45%，但产值同比下降 16.73%。

（许 可）

六、新型显示产业

概况

随着光电子产业所包含的光纤科技、半导体科技、新型显示科技及其应用技术的飞速发展，光电子产业在社会信息化中起着越来越重要的作用。在光纤科技主导的光通信领域，2012 年政府牵头的“宽带中国”工程加快推动了相关企业的业绩增长。2012 年，尽管 LED 产业面临着不少发展瓶颈，甚至大规模洗牌，但未来发展态势仍是正面的，2012 年行业产值同比仍有较大幅度增长。平板显示方面，2012 年下半年全球面板产业呈现温和回暖，市场竞争格局不断变化，面板产业经历了突飞猛进的成长，面板厂商盈利情况从 2012 年三季度开始逐步好转。

光通信

作为智慧城市建设先行者，截至 2012 年 10 月，上海光纤到户完成改造累计 665 万户，与 2010 年年底相比，增长了五倍多，预计 2015 年基本完成整个上海的光网覆盖，90%以上宽带用户实现光纤到户；上海手机用户超过三千万，其中 3G 手机用户超过 560 万，比 2010 年年底增加了 183%；WLAN 覆盖密度国内城市第一；顺利完成了“三网融合”第一阶段试点和安全评估工作。

上海从四个方面着手推进智慧城市建设。一是建设国际化、具有国际水平的通信基础设施；二是在基础设施上，形成各种产品满足市民需求和城市功能、社会发展的需要；三是借打造智慧城市的机会，推进新一代通信技术、产业体系发展；四是形成区域网络，并进一步保证其安全性。

在建设上海智慧城市和新一代移动互联网需求带动下，光通信产业重入高速发展轨道。《通信业"十二五"规划》指出，五年内信息基础设施投资总额达到2万亿元，在宽带建设、三网融合、IPv6升级方面起基础作用的光通信行业成为这一政策的最大受益者。

应对经济转型、结构调整，智慧城市正成为上海城市建设和社会发展的必由之路。基于多年来的城市信息化厚实基础，上海在国内取得多个"率先"，如率先开展大规模的光纤到户建设和改造、率先推进公共场所无线局域网(WLAN)覆盖、率先开展信息基础设施的集约化建设、率先开展信息基础设施专业规划编制、率先开展三网融合试点。

在硬件稳步推进基础上，上海智慧城市建设点面结合、稳步推进。2012年，上海的陆家嘴街道、南码头路街道等16个社区成为首批智慧社区试点单位。在试点社区里，有的社区居民看数字电视可知周边物价，在社区网上实现订购、配送；还有社区居民接入平安小区物联网，享受视频监控等安防服务。

智慧城市建设是光通信产业的重大机遇，城市光网建设不仅能够提供市场空间，更能够通过这波建设浪潮升级光通信产业，在全球经济危机形势中逆势而上，核心技术与核心元器件是上海市光通信产业的突破机会。

LED照明

上海半导体照明产业规模保持了高速增长。2012年，上海LED应用领域销售突破百亿元，相比2011年的80亿元，同比增长超过35%。中国成为全球LED封装和应用产品重要的生产和出口基地。LED照明将从政府投资推动的公共照明进入民用照明领域，产业从扶持开始转向市场化经营，市场规模继续扩大。民营企业成为产业主力军，产值超过10亿元的企业数量不断增加。

在"十城万盏"带动下，包括上海在内的37个试点城市实施了超过2 700项示范工程，打造了15个半导体照明产业化基地。上海半导体照明基地依托雄厚的科研资源，高起点高标准，为上海半导体照明产业发展打下了坚实的基础。参与制定光学行业国家标准、行业标准和内部标准，承担国家LED照明系统研究，在半导体照明材料的制备、工艺、器件研究和应用等方面开展了许多富有成效的研究，并取得了具有国际先进水平和自主知识产权的关键技术，为产业化应用奠定了坚实的基础。

上海出台计划对全市38万盏路灯实施LED节能改造，对打造"绿色照明"、降低LED产品成本、加大市场推广等都是极大的促进。此外，大虹桥、迪士尼、映瑞光电的LED项目也会为将来LED产业发展带来强大的动力，上海半导体照明行业将迎来一轮新的发展高潮。

新型显示

中国已经成为全球平板显示产业重要的一极，在TFT-LCD(薄膜晶体管液晶显示器 Thin Film Transistor Liquid Crystal Display，简称TFT-LCD)领域加入国际竞争。2012年国内电视面板累计自给率为23.2%。上海广电信息产业股份有限公司(以下简称"上广电")从15英寸发展到26英寸TFT-LCD，且已推向市场。

在第三代OLED(有机发光二极体面板 Organic Light Emitting Diode，简称OLED)显示器发展中，国内表现出态度积极，但动作相对迟缓的态势，其原因在于人才、技术、资金投入等壁垒难以突破。

上海地区上海和辉光电有限公司有4.5代LTPS(低温多晶硅技术 Low Temperature Poly-silicon，简称LTPS)线在试产，但距量产尚有距离，清华大学在昆山的诺维信已生产用于手持式数码设备的小尺寸OLED面板和平面照明光源模组。天马微电子集团(以下简称"天马")4.5代AM-OLED中试线的竣工投产终结了三星电子独家经营的局面。2012年，手机显示屏PPI(像素数目 Pixels per Inch，简称PPI)将提高到300左右，能实现该分辨率的屏有LTPS(低温多晶硅技术 Low Temperature Poly-silicon，简称LTPS)、a-Si with AHIPS(Advanced High Performance In-Plane Switching，高性能平面转换)和AM-OLED，在3G移动互联的推动下，市场对AM-OLED的需求会大涨。

激光显示方面，上海三鑫科技发展有限公司推出了全球首款微型激光投影机，是基于激光微显示研发平台最新研制的新一代微显示终端，具有节能、低碳、环保、小巧、便携等特点，同时拥有自主知识产权，为建立激光微型显示行业标准奠定了良好的基础。此产品在激光微投显示领域填补了国内空白，并处于国际领先地位。

重要企事业单位

【上海天马微电子有限公司】 上海天马微电子有限公

司(以下简称“上海天马”)成立于2006年4月,主要从事液晶显示器及相关材料、设备、产品的设计、制造与销售。公司筹建了中国第一条4.5代AM-OLED中试线项目,自2009年以来,已组建技术团队,拟定了净化间等设施改造方案,完成了设备选型与招标等任务;2010年,安装设备、连线、调试、打通关键工艺;2011年增加投资5亿元用于添置相应设备并改造配套装置和洁净室,为建设国内第一条第4.5代AM-OLED中试线,填补国内技术与产业空白,形成月加工玻璃基板(730 mm×920 mm)1 000张的能力而加大投入,并达到了国际先进水平。2012年2月,成功完成OLED中试线的调试,并针对产品效率、可靠性和寿命等细节进一步攻关。

【上海科锐光电发展有限公司】 上海科锐光电发展有限公司(以下简称“科锐”)成立于1987年,是美国上市公司,为集全球LED外延、芯片、封装、LED照明解决方案、化合物半导体材料、功率器件和射频于一体的著名制造商和行业领先者。科锐LED照明产品的优势体现在氮化镓(GaN)和碳化硅(SiC)等方面独一无二的材料技术与先进的白光技术,拥有超过1 700项美国专利、超过3 600项国际专利和589项中国专利(包括已授权和在审专利),产品始终处于世界领先水平。科锐照明级大功率LED具有光效高、色点稳、寿命长等优点。科锐在提供高质量、高可靠发光器件产品的同时,也向客户提供成套的LED照明解决方案。

【上海三思科技发展公司】 上海三思科技发展公司(以下简称“上海三思”)在LED显示屏行业领域有一定地位和市场占有率,有望赶超国际先进水平。经过十几年发展,上海三思已成为中国新型显示产业的代表企业,被授予“中国显示屏产业十大著名品牌”、“年度中国电子用户满意产品”等荣誉。在“国家重点新产品”评选活动中,上海三思自主研发的室外全彩色显示屏获得了由科技部、环保部、商务部、质监总局联合颁发的“2012年度国家重点新产品”证书。2012年8月,上海三思的LED路灯、LED隧道灯入围由财政部、国家发展和改革委员会、科技部联合开展的“2012—2013年度半导体照明产品财政补贴推广项目”。

【上海亚明照明有限公司】 上海亚明照明有限公司(以下简称“上海亚明”)创建于1923年,是中国第一家民族照明企业,也是中国第一只灯泡的制造者。上海亚明以发展绿色照明产业为己任,传承历史、重铸辉煌,借鉴国际先进的管理理念,结合传统的文化思想,形成了完整的现代企业管理模式。在ISO9000和ISO14000体系的基础上,上海亚明把达到国家质量奖要求的《卓越绩效评价准则》作为质量管理的战略目标;国际一流的SAP系统的运用实现了企业资源管理(ERP)的升级换代;持续的科技投入不断扩充了公司知识产权宝库,使企业综合竞争能力达到了一个新的历史水平。为适应国际化发展的需要,上海亚明以技术领先为依托,推出了“1923”品牌。高效节能的“1923”牌HID(高压气体放电灯 High Intensity Discharge,简称HID)光源系列产品以其优越的性价比获得了用户的广泛赞誉。

(光电子)

七、汽车电子产业

【上海汽车电子产业保持稳定增长】 2012年,国内汽车工业的持续快速增长助推了汽车电子产业的发展。汽车电子市场发展势头良好,产业规模超过千亿元,市场规模年增长率超过10%,内销与外销都取得了重大突破,产品质量呈现不同程度的提升,为汽车产业发展注入了原动力,向更高层次发力推进。

2012年是上海汽车电子产业实施“十二五”发展规划的第二年,上海汽车电子产业规模为840亿元,同比增长为14%,国内市场占有率为30%,保持了排头兵的市场地位。其中汽车电子嵌入式软件产值规模为100亿元(加权系数为12%)。

上海汽车电子行业规模企业超过150家,市经济信息化委授权协会开展统计,参与单位65家,市统计局提供数据单位35家,共100家。参与统计单位包括上汽集团所属汽车电子零部件企业,上海嘉定、浦东地区主要汽车电子企业,协会所属相关汽车电子企业等,统计数据基本反映出了上海汽车电子产业的实际状况。

近年来,由于上海积极推进创新驱动、转型发展战略,上海汽车电子产业重视自主创新和结构调整,产业链布局完善,上海作为国内外汽车电子主要的研发、制造基地,产值规模始终保持了稳定增长态势。

产业方面,联盛EPS(电动助力转向系统 Electric

Power Steering，简称 EPS）项目初步实现产业化，标志着底盘控制领域取得了重大突破。组织了遥薇“长途客运汽车监控”等车联网项目，在山东地区成功应用。

服务方面，依托行业协会，组织召开了 2012 汽车电子产业发展（上海）国际高峰论坛，提升了汽车安全、节能、环保技术创新与应用水平。组织召开了汽车电子软硬件产业对接会，推广国产汽车电子基础软件的应用。参与组织举办了 IC CHINA，促进半导体产业行业交流。

【上海汽车电子产业发展态势】 国际汽车电子知名企业（如德国大陆、伟世通、德尔福、博世等）一方面拓展上海技术中心、制造基地的功能作用，一方面加强其在上海相关合资企业的投入，强化了合资品牌的汽车电子零部件产业规模。

上海本土汽车电子企业（上海汽车技术中心、飞乐股份、上海航盛等）通过加大兼并收购、技术整合等，进一步加强了汽车电子零部件的自主产业化规模。上海业内与业外、自主与合资企业基本形成了产业链平衡发展。

汽车电子产值规模仍保留高于汽车整车产值规模的增速，致使汽车电子在整车成本比重中呈现不断上升趋势。上海汽车电子产业规模保持了国内龙头地位，其中自主品牌汽车电子零部件企业在车身、车载电子领域的产值规模有明显突破，但汽车电子产值贡献率仍未摆脱以合资品牌汽车电子零部件企业为主体的瓶颈。

汽车电子的新趋势可以概括为“节能环保、安全可靠、舒适和多样化服务”。近年来新法规的陆续出台成为技术进步的主要推动力。如实施节能减排、新的整车电磁辐射测试方法、HLL（前大灯水平调节）强制标注、LED 应用于外灯、PWM 应用于各类电机控制、TPMS（轮胎压力监测系统）开始流行、EPS（电控助力转向系统）微量开始使用、国标 GB/T26149 开始执行等，促使更多电子系统取代传统机电部件，汽车电子化加速，各个系统效率的提高带动了整车进步，汽车整车技术的发展更加依赖于汽车电子信息技术的广泛应用。

随着汽车市场的日益增大、车联网与车载信息服务这一新兴业态的市场理念、应用环境等不断融入汽车消费者生活中，更多消费者注重于安全、节能、环保相关的整车电子产品配置要求和所提供的多样化服务，这直接加快了汽车整车及产品的更新换代频率。

【上海汽车电子区域发展态势】 上海汽车电子实现了产业结构、区域布局的转型调整，形成了国内最完整的汽车电子产业链配置。

嘉定、浦东新区注重产业结构调整，聚焦新能源汽车与汽车电子、车联网与车载信息服务产业发展的重点领域，逐步形成了新的产业格局。

徐汇、闵行、松江、杨浦等区加大了扶持力度，将汽车电子、车联网等产业作为区域经济创新驱动、转型发展的重点。

重点企业与产品发展

【上汽体系（业内）企业】 联合电子公司在电喷控制系统的基础上，向车身电子领域拓展，形成了产业规模。延锋伟世通公司形成了组合仪表等中高端配套，并向车联网和自适应驾驶系统方向综合发展。上海小糸车灯有限公司逐步向 LED 等新型显示车灯方向拓展。上海实业交通电器有限公司重点放在车身电子领域配套。上海联创汽车电子有限公司重点突破了柴油电喷控制系统及整车总线网络，形成了自主技术产业化。上海联盛汽车电子有限公司重点自主研发电子助力转向稳定系统等领域产品，并形成了产业化。上汽乘用车技术中心重点在新能源汽车电控、自主品牌整车总线网络、InKanet 平台等领域形成了自主技术产业化应用。

【上海内资（业外）企业】 上海飞乐股份有限公司通过收购兼并上海德科电子有限公司、上海日精仪器有限公司等扩大产业领域，形成了以汽车电子为主体的企业发展战略。上海信耀电子有限公司在车灯控制器领域为小糸车灯等主流汽车零部件企业配套，形成了自主技术产业化规模发展。上海科博达公司（科博达技术有限公司）在车灯控制器领域打破国外技术壁垒，形成了自主技术产业化规模，并实现了为德国奥迪等国际主流整车的配套。上海东风电子科技股份有限公司应用自主技术在汽车组合仪表、新能源汽车电控、车身电子等领域形成了产业规模配套，并投资江森等国外公司落户上海。上海电驱动有限公司主要在新能源汽车电机控制系统领域实现自主技术产业化，并成为国内主要的新能源汽车电机配套企业。上海车联网与车载信息服务领域重点企业包括上海高德软件公司、上海博泰悦臻电子设备公司、上海遥薇公司、上海宝信软件公司、上海车音网公司等。上海汽车电子芯片领域重点企业包括上海复旦微电子公司、上海海尔集成电路公司、联芯科技公司、上海先进半导体公司、中科院微系统所、上海环旭电子公司等。

【上海外资企业】 科世达华阳公司位于上海嘉定，主要在车身电子、控制开关等领域为主流品牌汽车提供配套。德国大陆公司亚洲总部落户上海杨浦，主要在动力总成、底盘与安全系统、车身电子等领域为主流品牌汽车提供配套，并在上海投资形成了多家独资或合资公司。德尔福公司主要在汽车动力、底盘、空调控制、线束等领域为主流品牌汽车提供配套，并在上海投资形成了多家独资或合资公司。汽车电子芯片领域重点外资企业包括飞思卡尔半导体(中国)有限公司、英飞凌科技有限公司、恩智浦半导体有限公司等。

（黄　峰）

第二章 信息服务业

概 述

2012年，上海信息服务业在市委、市政府领导下，以国家和上海相关产业促进政策发布为契机，围绕“软件名城”创建工作，坚持“促进软件产业向高端发展，促进信息服务业能级提升”的发展主线，推动结构调整和产业创新发展。在欧债危机反复恶化、全球经济增长明显放缓和国内经济面临下行压力的情况下，继续保持平稳运行态势，各经济指标运行稳健。

2012年上海信息服务业实现经营收入3 628.79亿元，比上年同期增长18%。实现增加值1 233.79亿元，比上年同期增长17.5%，占第三产业比重达到10.2%，占全市国内生产总值的比重达到6.1%。截至2012年年底，上海有规模以上信息服务企业近4 600家，从业人员达到40.8万，其中，2012年经营收入超亿元的企业达326家(不包括信息传输服务企业)，有45家信息服务业企业在海内外上市。

信息服务业在助力其他产业结构调整的同时，其自身构成也在逐步调整中。一是软件产业和互联网信息服务业的比重不断上升，产业结构日趋合理。二是软件出口由以往的以软件外包服务为主转变为以出口自行设计开发、拥有自主知识产权的产品为主，向行业价值链高端发展。万达等软件企业先后在海外设立了分支机构。三是互联网信息服务业由原先的网络游戏一枝独秀转变为网络游戏、第三方支付、信息资讯、贸易信息服务等多种互联网信息服务同步发展的局面。其中，网络游戏由原先的客户端游戏为主转变为客户端游戏、网页游戏、手机游戏齐头并进的局面。

上海信息服务业企业高度重视企业创新能力的提升。一是企业研发投入占营收比重不断上升。2012年上海软件企业研发投入近200亿元，占主营业务收入比重近9%。二是软件产品登记量不断增加。2012年上海共登记软件产品3 822个，其中应用软件3 617个，占比94.6%。在应用软件中，行业管理软件971个；嵌入式应用软件310个；信息管理软件553个；控制软件471个；网络应用软件368个。三是新型产品和服务不断涌现。上海大智慧投资咨询有限公司推出了基于大数据技术的金融服务产品；金融期货信息技术有限公司推出了基于金融期货的金融软件；东方有线等企业推出了面向制造业、电子政务、企业服务和个人服务领域的云服务平台。

(杨立哲)

一、软件产业

概况

2012年上海软件产业运营呈平稳增长态势，实现经营收入2 085.76亿元，比上年同期增长18.1%。实现利润总额298.26亿元，比上年同期增长8.3%，平均营业利润率为14.3%。全年新增认定软件企业490家，登记软件产品3 822个；累计认定软件企业3 715家，登记软件产品20 625个。截至2012年年底，软件产业从业人员达到30.9万人，比上年同期增加3万人。其中，经营收入超亿元软件企业248家，经营收入超10亿元的软件企业24家，超千人软件企业35家，超万人软件企业1家。222家企业获得了计算机信息系统集成资质认证，其中一级的12家、二级的40家、三级的97家、四级的73家。获得计算机信息系统工程监理资质的企业累计19家，计算机信息系统集成项目经理累计2 186人。

(杨立哲)

软件行业管理

2012年，上海软件产业以相关产业促进政策发布为契机，围绕“软件名城”创建工作，坚持“促进软件产业向高端发展，促进信息服务业能级提升”的发展主线，推动结构调整和产业创新发展，在欧债危机反复恶化、全球经济增长明显放缓和国内经济面临下行压力的情况下，消化克服种种不利因素，保持了稳健的发展态势。

【政策环境进一步优化】 为加快上海软件产业和集成电路产业发展，根据《国务院关于印发进一步鼓励软件产业和集成电路产业发展若干政策的通知》（国发〔2011〕4号）精神，结合本市实际，2012年3月，上海市政府颁布了《关于本市进一步鼓励软件产业和集成电路产业发展的若干政策》（沪府发〔2012〕26号）。作为国发〔2011〕4号文的地方配套政策，该政策是全国省级行政单位中第一个，也是最全面、力度最大的软件产业支持政策。26号文从投融资、企业培育、研发、人才、知识产权、进出口、产业布局与管理、政策落实八个方面给出了相关的政策、措施。2012年9月17日，上海市政府在上海展览中心召开了软件名城创建暨上海市软件产业工作会议。国家工业和信息化部副部长杨学山，上海市委常委、副市长艾宝俊出席会议并讲话，会议由上海市政府副秘书长肖贵玉主持。会议指出：上海软件产业在突破性发展过程中形成了自身特色：一是上海软件产业总体规模迅速扩大；二是上海软件产业经济地位日益提升；三是上海软件企业竞争力稳步增强；四是上海软件产业自主研发水平显著提高。会议还指出上海软件产业抓住全球信息化发展的历史机遇，加强产业链完善和发展模式创新，实现了从新技术领域到支柱产业的跨越式发展，是上海推动转变发展方式、调整产业结构的重要引擎和发展服务经济的重要力量。

【产业规模跨上新台阶】 2012年欧债危机进一步发酵，全球经济复苏乏力，我国经济也面临着较大的下行风险，为此国家提出了“稳增长”战略。上海软件产业在相对严峻的外部环境下，积极应对，努力实现了稳健发展的目标。2012年，上海软件产业实现经营收入2 085.76亿元，继2008年跨上1 000亿元台阶后，又跨上了2 000亿元新台阶。2012年经营收入比上年同期增长18.1%，软件产业出口额达到19.63亿美元，比上年同期增长24.6%。2012年，上海软件产业从业人员达到30.9万人，新增从业人员3万人。

软件产业是服务于其他行业的产业，2012年国内外经济环境面临诸多下行风险，各个行业的利润率下降、增速下滑，相关行业的企业通常会把IT开支作为重要的削减成本开支内容。在此宏观经济环境影响下，2012年上海软件产业增长速度下行，尤其是利润增速下降较多，2012年上海软件产业实现利润总额298.26亿元，比上年同期增长8.3%，平均营业利润率为14.3%。

【软件企业不断发展壮大】 2012年上海新认定软件企业再创历史新高，全年共认定490家，较2011年大幅增长26.94%，数量位居全国前列。截至2012年，上海累计认定软件企业3 715家。2012年，上海经营收入超亿元的软件企业248家，比2011年的192家增加了29%。其中经营收入超10亿元的软件企业24家。2012年，上海软件企业人才规模也在不断扩大，超千人软件企业35家，超万人软件企业1家。

2011—2012年度上海获评“国家规划布局内的重点软件企业”的软件企业数量达到35家，较2010年的31家增加13%，创历史新高。2012年，上海共有18家软件企业通过CMM/CMMI认证，其中CMM/CMMI 5级2家、CMM/CMMI 4级2家、CMM/CMMI 3级14家。截至2011年，全市共有151家企业通过CMM/CMMI 3级以上的认证。截至2012年，上海共有208家软件企业通过系统集成企业资质认证，较2011年增长5%，总量位居全国第五。其中一级资质的12家，二级资质的38家。2012年，上海有6家软件企业入围中国软件收入百强。

经过十多年的发展，上海软件企业经营规模不断扩大、管理水平日渐提升、技术创新能力显著增强，越来越多的企业站在价值链升级、产业能级跃升、行业地位提高的新起跑线上。为突破发展瓶颈，以上市公司和重点软件企业为主体，上海优势软件企业纷纷加大兼并重组力度，努力开拓国际市场，企业发展进入了新阶段。

【软件技术创新成果显著】 随着上海软件产业的不断发展，软件企业的自主创新能力也得到了显著增强。围绕国家科技重大专项和高新技术产业化需要，上海软件产业建立了以企业为主体、市场为导向，产、学、研、用相结合的技术创新体系。企业研发资金投入占经营收入比重超过8%，在自主创新方面不断进步，特别是在中文操作系统、轨道交通信号系统、汽车电子嵌入式软件、大数据处理技术、个人与企业云服务等领域取得了一定突破。

2012年，上海软件产业技术创新硕果累累，产品结构不断优化。2012年，上海软件产品登记再创历史新高，全年共登记软件产品3 820个，较2011年增长5%。截至2012年，上海累计登记软件产品达20 623个，软件著作权登记数达12 814，同比增长25.86%，占登记总量的9.20%，排名全国第三。

【软件名城建设扎实推进】 自2011年8月上海市和工

信部签署《部市协同开展中国软件名城创建工作合作备忘录》以来，上海市按照“保持增速，优化结构，转型模式，提升能力”的发展思路，瞄准“两个提高”、培育产业“三新”等目标，以“中国软件名城”创建试点工作为契机，把握国发4号文的发布和上海“智慧城市”建设重大机遇，按照“创新驱动、转型发展”要求，确定了以高端软件、云计算、移动互联网等领域为重要工作着力点，不断推动结构调整和产业创新，加快服务经济转型升级，加快推进上海创建“中国名城”工作。

2012年，上海聚焦“名企、名人、名牌、名园”建设，积极创建“中国软件第一城”。一是培育和引进并重，打造上海软件“名企”。加快落实国家和本市有关政策，为企业做大做强营造良好政策环境；发挥专项资金引导作用，支持企业做大做强；加大招商引资力度。二是培养和引进并举，打造上海软件“名人”。依托“千人计划”、“浦江人才计划”等人才工程，加大人才引进力度；通过政策和服务机制，吸引和留住人才；设立一批人才培养实践基地。三是以自主创新为重点，打造上海软件“名牌”。围绕国家“核高基”重大专项，研发面向移动互联网的新一代基础软件和基于网络的基础软件创新应用平台；围绕工业产品研发、生产、管理、流通、销售、维保与再制造等关键环节，形成各种制造业解决方案；突破信息安全核心技术，为云计算、移动互联网等新一代信息技术应用提供安全支撑；按照“网络化、智能化、服务化、可信化”技术发展趋势，重点支持基于分布式架构、分布式存储、集成一站式综合大型应用软件与服务平台。四是以优化布局为重点，打造上海软件“名园”。继续推进现有国家级和市级园区建设；新建一批市级园区，鼓励有条件的区县积极创建软件园区；加强公共服务平台建设，提升园区服务能级。

随着各项举措落实到位，2012年上海“软件名城”建设扎实推进，获得了工信部的高度赞扬，为争取2013年初授牌打下了坚实基础。

（姚宝敬）

【上海启明软件股份有限公司】 上海启明软件股份有限公司（以下简称“启明软件”）是一家为客户提供综合信息技术服务的供应商。现有员工六百多名，在日本和中国上海、成都、济南设有分公司，2012年总产值1.4亿元。启明软件首批获得软件企业认定，是国家计算机信息系统集成二级资质企业、CMMI 5级认证企业、国家级企业信用评价AAA级信用企业。2012年，启明软件继续保持了“上海名牌”、“上海市技术先进性服务企业”、“上海市高新技术企业”、“上海市服务外包重点企业”、“上海市明星软件企业”等称号，是上海研究生联合培养基地。启明软件推出了信用卡管理系统、加盟店会员卡管理系统等核心解决方案，通过采用外部BI报表门户接口，实现动态报表来管理庞大的数据量，提供更高效的查询。随着启明软件移动终端功能定制业务发展，在“863”课题基础上进行了深入和优化；以此为支撑，以移动商务解决方案和应用商店解决方案为突破口，为客户提供准产品化的服务；根据客户的业务特性，利用基于多平台的从需求开发到系统测试、运维的整体优势提供个性化服务，最大限度地满足客户需求。

（任渊杰）

【上海百果信息科技有限公司】 上海百果信息科技有限公司（以下简称“百果科技”）成立于2005年6月，是国家认定的双软企业，通过ISO9001：2008认证，拥有高等级资质CMMI 4级认证。百果科技在近十年的实践中确立了行业应用软件和专业IT服务两大主营业务。作为专注于医疗卫生信息化的供应商，百果科技主要致力于区域卫生信息化、医疗健康智能化、医院管理数字化建设邻域的产品研发和服务，在社区卫生服务、医保综合结算、居民健康管理等领域具有突出的竞争优势。公司具备较强的自主研发与集成实施的综合能力，拥有“金康工程”注册商标及2项区域卫生相关的国家专利，20余项自主知识产权的软件产品。其中，2012年，“金康工程——农村社区卫生信息共享系统”获市政府颁发的“上海市科技进步奖”。

二、电信服务业

概况

2012年，上海电信服务业实现经营收入662.89亿元，比上年同期增长11.4%。其中移动互联网业务发展速度超过80%，远高于电信传输服务业增速。几大电信运营商在固网、语音业务逐步萎缩、移动业务增长乏力的情况下，逐步将市场拓展重点转向增值电信业务，如联通和宝马汽车推出互联驾驶，电信推出 iPhone5 套餐，移动研究推动 4G 网络建设。

（杨立哲）

中国电信股份有限公司上海分公司

【助力智慧城市建设】 推进智慧城市建设是上海加快实现创新驱动、转型发展的重要手段，深化实践"城市，让生活更美好"的重要举措，也是上海信息化新一轮加速发展的必然要求。

2012 年 8 月 7 日，上海市政府与中国电信集团公司签署《共同建设上海"智慧城市"2012—2013 年战略合作协议》。中国电信两年内投资 140 亿元，围绕智慧政府、智慧民生、智慧产业三个领域，提升信息化总体水平，建设"智慧城市"。

2012 年 8 月 22 日，中国电信股份有限公司上海分公司（以下简称"上海电信"）与闵行区政府举行了"智慧社区闵行频道"和智慧社区指标体系发布会，签署了《共同建设闵行"智慧社区"2012—2013 年战略合作协议》。闵行智慧社区指标体系属国内首次发布，涵盖了基础设施、平台运营、服务保障、智慧应用四大方面，包括小区光纤接入、社区多媒体公共服务设施、用信息化手段处理政府基层业务、通过物联网技术实现各类管理等 30 项指标，对刚兴起的智慧社区建设具有重要的示范作用。其中，承载于 IPTV 上的"闵行频道"包括我的医疗、健康导航、数字教育、公用事业、周边路况、物价信息、生活地图等涉及政务、便民、生活三大类的内容，为居民和政府、居民和服务机构建立了畅通的渠道。

作为上海"智慧城市"的重要组成部分，上海电信先后与全市各区县政府签署了信息化建设合作协议，加快区县信息化建设；积极与金桥、外高桥等园区共建"智慧园区"；与医疗、交通运输、金融、教育等行业的重要企事业单位合作，包括仁济医院、上汽集团、第一财经、市教委等，加快推进行业信息化，提升智慧能级。

2012 年，上海电信智慧城市门户网站（www.sh-icity.com）上线，网站通过统一的品牌形象、平台入口和用户认证，打造面向智慧城市、提供丰富应用、方便市民和服务民生的综合性门户平台。

截至 2012 年年底，上海智慧城市建设已走在全国前列，光纤到户覆盖能力和用户规模全国第一，WiFi 覆盖密度和规模国内第一，高清电视和高清 IPTV 用户全国第一。

【重大活动通信保障】 上海积极做好各类重大活动的通信保障工作。

"十八大"通信保障工作：会议期间，共投入 15 200 人次参与通信保障值班工作，在北京"十八大"保障现场派出 1 辆 C 网应急车和 32 人次支撑北京电信的"十八大"通信保障工作，圆满完成了"十八大"通信保障任务。

上海"两会"通信保障：上海"两会"期间，上海电信为东方网和上海广播电视台直播"两会"开通了大容量的数字专线、上网线路及直线电话。在会场实现了 WiFi 全覆盖，代表委员可以轻松无线上网；开设电信"微型营业厅"，为代表委员提供专业咨询与服务，并配备了高清 IPTV、高速上网、魔屏等业务展示。

其他各类通信保障工作：2012 年 F1 中国大奖赛中，为新闻中心开通有线无线上网、电话、ISDN，为欧洲电视台开通了 622M 国际专线，为 FOM（F1 方程式赛事管理公司）提供了 100M 国际专线，为央视电视传送、各车队/围场内提供 ADSL、IDD、800M 网络及应急车、CDMA 网络及应急车等各项业务；上海电信机动通信局在浙江舟山渔山岛，为央视提供了"象山小白礁Ⅰ号沉船"考古发掘实况转播；为俄罗斯旅游年闭幕式提供了高质量的通信保障；实现了中华艺术宫的无线全覆盖。

【产品创新基地落户上海】 中国电信上海创新孵化基地。2012 年 3 月 22 日，中国电信上海创新孵化基地在中国电信信息园区内启动，中共中央政治局委员、上海市委书记俞正声为基地揭牌。中国电信将创新孵化作为重点创新工作，以更加开放的方式、符合行业规律的模式来哺育、培养新业务，利用国企的资源优势、品牌优势，引入民企的股权和人才激励机制。基地面积两万多平方米，拥有国际化标准的办公与演示环境，拥有千兆级出口带宽、数百台高端服务器的专业化实验室。2012 年 10 月 30 日，首批 14 支创业团队全部完成入孵时制定的目标，通过专家评审委员会的创业苗圃毕业评估，顺利毕业，其中 3 个团队进入公司化运作阶段。

中国电信车联网服务上海基地。2012 年 8 月 7 日，上海市委副书记、市长韩正为"中国电信车联网服务上海基地"揭牌。中国电信把"中国电信车联网服务上海基地"建设作为中国电信在车联网服务"智慧城市"方面的标杆，争创国家车联网创新示范工程。基地以乘用车、商用车、新能源车载服务作为切入点，合作开展上海地区车联网与车载信息服务项目的探索；通过信息通信技术与汽车电子、汽车安全、周边生活信息服务之间的融合，将上海打造成为全国车联网与车载信息服务产业的高地，并辐射全国。2012 年,在第 12 届北京国际汽车展览会上,上海电信与上汽集团旗下的上海汽车商用车有限公司合作,在车展现场全球首发"InteCare 行翼通"全网智能价值解决方案。

【"48 小时即要即装"服务】 2012 年 5 月 16 日,上海电信向社会宣布,在浦东城市化地区,光网新装用户实现 48 小时即要即装,年底在全市范围内推广。光网 48 小时即要即装:在光网覆盖区域,接到用户光网宽带新装申请后,电信将在 48 小时内完成安装并开通宽带上网服务,用户可通过全市各大电信营业厅、"10000"客户服务热线提交安装预约申请。该服务于 2012 年 4 月 1 日起在浦东局三林分局、莘闵局梅陇分局、西区局普陀分局、嘉定局南翔分局率先试点。中国电信对自身光网运维服务提出如此高标准承诺,在国内尚属首次。

【城市光网】 2012 年,上海电信持续推进城市光网建设,使上海成为全国网速最快的大城市。继 2011 年 1 月和 10 月两次宽带免费提速活动后,上海电信积极响应市委、市政府关于智慧城市建设的号召,于 2012 年 4 月 1 日率先实施新一轮宽带提速惠价活动。2012 年 10 月 1 日,上海电信实施了第四轮智慧城市宽带提速,通过"铜线用户大迁移、智慧家庭新体验",全面走进光时代。全市光网覆盖能力达到 710 万户,城市化地区基本全覆盖。全网平均带宽达到 16M,光纤占宽带用户比率 70%,10M 及以上带宽占家庭宽带用户的 70%。

【IPTV】 上海电信依托城市光网快速发展,致力于高清 IPTV 发展,2012 年共发展 35 万高清用户,使上海成为"高清第一城"。用户收看高清直播、高清点播的感知大幅提升,IPTV 用户活跃度、IPTV 占比宽带渗透率持续保持集团公司领先。随着光网的发展,高带宽为一户多机提供了条件,一高一标、两高一标成为沪上用户的选择。IPTV 高清与城市光网融合发展,光网用户 IPTV 渗透率超过 51%,标清升级高清营销活动掀起 2012 年年末销售高潮。

2012 年,新技术、新平台为 IPTV 的发展添砖加瓦。安卓智能机顶盒提供了应用商店、体感游戏、可视通信、TV 伴侣等多项智能应用,带来了崭新的体验;视频内容方面,引入了更多的合作伙伴,精彩纷呈的点播、及时更新的大片,充分为用户提供完美视听享受;IPTV 高清与电视机融合,推出了智能电视一体机,海信、创维等品牌相继推出中高端合作型号,进一步方便了用户使用 IPTV。

【智慧社区】 上海电信顺应智慧城市建设要求,以社区为切入点,推进"智慧社区"建设,完成了智慧社区产品体系设计,包含智慧家庭、智慧政务、智慧民生、智慧小区、社区门户 5 个板块、17 小类,共"27+4"项社区综合信息服务及产品。2012 年 8 月 22 日,上海公司与闵行区政府签署《共同建设闵行智慧社区 2012—2013 年战略合作协议》,在全市范围内率先发布智慧社区指标体系,IPTV 智慧社区闵行频道正式上线。2012 年 9 月,完成了智慧社区公共平台一期开发,在 IPTV 平台实现了信息发布、便民地图、名医导航、老年关爱等产品。截至 2012 年年底,共完成 77 个"智慧社区"建设,覆盖用户 1.4 万户。

【移动支付】 上海电信移动支付业务迅速做大规模,抢占整体市场份额。截至 2012 年年底,上海公司累计发展翼支付账户用户超过 70 万户。通过特价营销活动吸引用户体验翼支付账户,全年线上用户活跃度超过 8%,远高于全国活跃度平均值。2012 年开通了基于翼支付账户支付的虚拟商品订购功能,成功引入旅游产品、景点门票、食品等虚拟商品的订购;新增了公用事业缴费等与用户生活相关的民生应用,丰富了基于翼支付账户支付的应用。"线上翼支付基础账户"和"线下翼支付钱包"齐头并进,积累了大量成功经验,为移动支付业务高速增长打下了坚实的基础。

(王　勇)

中国移动通信集团上海有限公司

【巩固移动通信市场主导优势】 中国移动通信集团上海有限公司(以下简称"上海移动")牢牢把握上海加快经济发展方式转变和实施信息化领先发展战略的机遇,开拓创新、攻坚克难,全面完成年度目标任务,客户总数达到 2 110 万,客户市场份额超过 70%,上缴税收 17.23 亿元,保持并巩固了移动通信市场主导优势,为提升城市信息化水平作出了积极贡献。

面向传统语音市场,上海移动一方面聚焦存量客户,紧抓节日、奥运等重大事件营销契机,通过优化套餐、创新产品促进客户话务量提升。另一方面,寻求新业务拓展领域、新客户消费模式,进一步完善流量类套餐体系,持续保持并提升客户价值。面向数据流量发展,丰富数据与信息业务品种,推出了飞信、手机报、12580、手机视频、手机支付、手机阅读等多项新业务,带动数据流量不断扩大。面向政企客户市场，大力推广集团信息化和行业应用解决方案，全力助推经济社会信息化水平的提升。面向家庭客户，克服资源限制，通过自建、联建等方式积极拓展家庭通信与家庭接入市场，铁通协同进一步深化，网络、客服、渠道等加快融合。

【客户服务水平再上新台阶】 作为服务民生的窗口单位，上海移动认真贯彻上级部署要求，坚持"客户为根、服务为本"，牢牢抓住服务品质"牛鼻子"，开展"为民服务创先争优"活动。制定了"我们全心全意，愿您10分满意"为主题的为民服务工作计划，全面梳理窗口服务标准，推出四项服务承诺（收费争议，一日回复；业务订购，二次确认；营业办理，10分钟等候；热线人工，15秒接通），推进实施了网络质量、资费服务、透明消费、窗口服务、信息安全五大方面、30项服务举措。2012年，电信行业满意度测评中，上海移动第六次蝉联上海地区移动业务客户满意度第一，百万客户升级投诉率在行业内最低。在工信部开展的31省124家省级通信运营企业网上资费公示情况的巡视评优中名列第一。

【大力推进3G(TD－SCDMA)建设运营】 2012年，上海移动全面完成了TD五期工程，提前启动六期工程，网络覆盖主要商业园区和大学。TD弱覆盖问题得到了有效解决，弱覆盖小区比例大幅降低。TD日均流量增幅超100%。在推进TD产业化方面，TD与2G网实现了平滑过渡，TD终端累计销售120万台，TD客户达到280万，超额实现了3G市场"三分天下有其一"的目标，包括芯片、终端、设备在内的TD产业链加快成熟。TD无线城市示范区建设取得突破，继闵行、普陀TD示范区、陆家嘴无线金融城之后，建立了广中路街道、周家渡街道智慧社区建设，开展了智慧医疗、智能交通等信息化应用。智能停车、无线政务、智慧医疗、数字社区等一批应用在TD示范区率先推广，医讯通计划免疫项目被闵行区政府列入年度政府实事工程。TD－LTE试验网已覆盖陆家嘴、人民广场等主要商务区域，继2010年全球首个TD－LTE演示网在世博园区建成并成功服务世博会之后，上海移动与世博发展集团签署协议，继续携手将世博园区打造成沪上首个超大规模的"智慧园区"。

【大力推进手机视频业务】 上海移动承担了中国移动视频基地的运营管理，依托大都市良好的文化氛围，以先进技术传播先进文化，努力成为国内领先的视频内容发布者和视频技术创新者。2012年全网业务收入达17.3亿元，月均使用数2 100万户，在国内运营商中稳居首位。在内容储备方面，总量达300万条，时长750万小时，每日节目更新4 000余条，直播和滚播达100路。在合作伙伴方面，与央视等12家国内主流媒体、土豆网等12家互联网运营支撑公司、迪士尼等11家内容商开展合作。在模式创新方面，打造了知名业务品牌"G客G拍"原创视频专业发行平台，借助"原创分享，收入分成"模式，2012年票房收入超过8 000万元，举办了30场G客校园行、G客观影、G客大讲堂，受到高校师生、各级政府的广泛欢迎，被誉为"永不落幕的手机院线"。开创新媒体短片发行平台"手机电影节"，为传统电影节注入新的活力，发行收益2个月超过600万元，观众突破240万人。

【建设无线城市，助力"智慧城市"】 截至2012年年底，上海移动WLAN网络规模到达7.4万AP（接入点Access Point，简称AP）。WLAN日均流量增长163%，WLAN用户普及率、单位流量价值均列全国第一。上海移动进一步优化流量提醒，推出了CMCC－AUTO无感知认证，提升用户上网感知。

为响应上海市政府建设公共场所WLAN覆盖的要求，启动政府公共场所WLAN覆盖热点的全面建设。在市府450个公共WLAN上网服务i-Shanghai项目中，上海移动签约210处热点的网络建设，与市卫生局、市旅游局、市绿化局等十多个委办局达成了合作共识。

无线城市平台已上线"政务、公共事业、交通、就业、生活、教育、医疗"七大类92项重点应用，其中精品深度应用26项。引入政府信息资源内容超过7项，为市民提供了办事指南、物价信息、城市账单、实时路况、名医名院、校讯通等服务，位居集团公司前列，连续10期进入总部推荐范围，为全国无线城市建设起到了良好的示范带动作用。无线城市平台年度活跃用户达142.5万。

无线城市用户可通过Web、WAP（无线应用协议Wireless Application Protocol，简称WAP）、客户端、短信门户等不同渠道随时获取信息，其中"沪惠生活"Web、WAP版受到了用户的普遍欢迎，通过商家联盟的形式为用户提供订票、订座、商户优惠、折扣等咨询信息服务。

【大力拓展移动互联应用】 上海移动借助移动互联网、物联网、云计算等新兴技术，推进"两化"深度融合、提升各行业生产效率。开发了基于CELL－ID（小区识别码）方式的车务通位置服务业务，为大众、强生、锦江等大型出租车公司提供远程调度监控，为联邦快递等物流配送企业提供车辆运行监控，2012年，交通行业的M2M终端数量已超过15万台。为小松、龙工等制造企业提供车辆远程控制，M2M卡数超8万个。为巴士集团提供“CMCC—BUS”无线宽带上网体验，提升公交行业信息化服务水平。与电力公司合作，开展自动远程抄表，投放终端近11万台。大力拓展IDC(互联网数据中心 Internet Data Center，简称IDC)服务，成为移动互联网主站第一选择，手机流量前五位的移动互联网站均已入驻，引入超过50家TOP 200互联网网站，居集团前列。上海移动还为太平洋保险、RIM、腾讯等国内外知名企业提供超高标准、国际化的数据中心服务。

（骆远远）

中国联合网络通信有限公司上海分公司

【概况】 2012年，中国联合网络通信有限公司上海分公司(以下简称“上海联通”)的工作总体指导思想是：以集团公司三年发展战略和上海市政府智慧城市建设三年行动计划为引领，以“快中求好”为总基调，以做大规模和资源有效配置为主线，坚持客户导向，强化创新驱动，增强发展能力，优化经营结构，变革经营模式，全力推动上海联通规模上台阶、管理上水平、服务上层次、队伍有活力，努力实现跨越式的转型发展。围绕上述要求，2012年上海联通以规模化运作为核心，着力推动五个领域的领先。

【业务领先】 以“收入上规模”为目标，推动业务大发展，努力实现“业务领先”。2012年，上海联通继续在集团“六统一”政策下，做大3G用户规模，实现3G领先；2G业务的发展重维系、重保有；宽带方面继续深耕细作，加快推广宽带提速成果，加速推动宽带市场的规模增长；尽快推动校园市场、国际业务、行业应用业务、移动数据业务、IDC和云计算等业务成规模。

【网络领先】 以“网络上规模”为目标，推动建设大提速，努力实现“网络领先”。全面对接上海智慧城市建设，打造适应移动互联网和智慧城市发展需要的泛在宽带网络，实现基础资源、移动网络的双领先。在无线城市建设方面，快速提升3G网络覆盖，战略性地规模推进WLAN建设，引领HSPA＋(演进式高速分组接入技术 High-Speed Packet Access Evolution，简称HSPA＋)升级。在城市光网建设方面，以汇聚机房、一级POP(终端 Point of Production，简称POP)点为基石，以IP、MPLS(多协议标签 Multi-protocol Label Switching)、OTN(光传送网 Optical Transport Network，简称OTN)技术为依托，打造高带宽、高效安全的智能型城市光网。

【服务领先】 以客户感知为目标，优服务促转型，努力实现“服务领先”。继续深入推进全业务服务体系的实施，实现服务工作的大提速、服务质量的大提升。引入产品服务评价机制，完善“基础服务＋等级服务＋补救服务”的服务产品体系，主动适应客户需求变化，加快转变服务渠道、转变服务理念、转变服务考核、转变服务运营管理，打造“阳光服务”品牌。

【管理领先】 以提升运营效率为目标，精管理、促改革，努力实现“管理领先”。主动适应移动互联网发展的新变化，积极进行体制机制变革，注重管理创新，推动提升企业运营管理效率，为公司规模化发展夯实基础。

【文化领先】 以构建和谐为目标，强队伍、重激励，努力实现“文化领先”。更加注重干部管理、更加注重人才培养、更加注重文化建设，将企业文化建设融入社会主义先进文化的建设之中，将提高干部员工队伍素质同提高国民素质紧密结合起来，努力营造和谐向上的发展氛围。进一步畅通民主沟通渠道，切实保护好广大员工对企业重要工作的参与权、知情权。

【行业应用】 截至2012年年底，联通推出了4 200项基于3G的行业应用，以及面向移动互联网生态系统的WO＋体系。2012年2月，中国联通与上海市政府共同签署的《共建智慧城市战略合作框架协议》，就未来上海联通助力上海智慧城市发展，打造“智慧应用的创新高地”达成了共识。上海联通深刻体会到，智慧城市建设中，最关键的是应用，打造上海智慧应用的创新高地，推出更多老百姓喜欢的智慧应用，是最符合上海智慧城市建设的契合点。经过持续不断的努力，已经有一些应用被广泛地运用于社会管理、社会服务和老百姓的生活中。如“智能抄表”应用已经在上海电力部署超过14万终端；“智能公交”应用已经在上海浦东巴士实施部署；“ATM机监控”已经在工商银行等银行系统进行了部署；“移动警务”已经在长宁公安等全面实施；“智慧教育电子课件”在中欧商学院等获得好评；“智慧医疗”和“120实时定位”的推出有效缩短了患者就医等待时间；与宝马一起推出的“互联驾驶”智能驾驶模式全方位连通了车主和外部世界的功能、特性；与招商银行共同推出的“手机近场支付”，为消费者带来了全新的购物体验。其他“移动办公”、“智慧社区”、“智慧工地”、“移动采编”、“互联网汽车”、“手机导航”等应用已经深入到各个行业之中。

在中国联通 WO+体系架构(能力共享、智能管道、产品聚合、智能营销)的指导下,为加快运营商基础能力的开放,2012 年 1 月,公司推出了“数据副卡”业务,7 月免费为所有 3G 用户升级至 21M 高速上网,10 月为 2G 用户开放了 3G 流量包的叠加功能。

为了突破 3G 用户观看视频时流量大、费用高的问题,2012 年 8 月,上海联通与互联网视频企业土豆、PPTV、搜狐视频联手推出了“视频聚合”产品,用户每月只需支付 10 元,即可使用 3G 网络无限量收看视频内容,实现了视频与 WCDMA 3G 无线网络的完美结合,为用户带来了前所未有的体验,为移动互联网开拓了更为广阔的发展空间。

3G 与全业务的发展深刻改变着客户消费行为与消费理念,也驱动着电信运营商的传统服务发生颠覆性的变化。面对客户全新的消费需求,上海联通从全业务、全过程、全方位的“大服务”角度构建了全业务客户服务体系。经过两年多的努力,网络保障、业务管理、系统支撑、渠道服务突破了条块限制,大服务的格局初步形成,上海联通的网络质量、品牌形象、增值业务、窗口服务专项满意度评分环比均大幅提升。

2012 年年初,上海联通对客户投诉热点和内部运营质量全面梳理、深入分析,建立以客户感知为导向的“内部承诺信用评价机制”,将七大影响客户的重点问题转化为内部七项承诺,建立内部压力传导机制,推动内部运营效能和外部客户感知的双提升。之后,上海联通引用“六西格玛”管理工具,启动了“提升手机营业厅规模化运营”和“有效降低投诉率”两个项目,通过准确理解顾客需要,严格使用事实、数据进行统计分析,密切关注业务过程的管理、改进和创新,推动企业运营管理迈上新台阶。

上海联通借助运营商的优势,利用短信、微博、网络等载体传播速度快、传播面广的优势,通过文明短信、红色围脖、绿色上网等大力宣传和推广社会大众喜闻乐见的文化产品和互联网应用,使各类即时通信手段成为弘扬社会文明、弘扬主流文化的有效途径。其次,携手各新闻机构,开发基于智能手机的手机报、客户端,并借助中国联通应用商店,实现客户端的快速部署和推广,打造文化产业优势。最后,作为“中国联通手机应用商店”的基地,全面整合移动互联网资源,创新数据业务模式,研制并开发大量优秀的文化应用软件,进一步推动文化软件产业的发展,加大优秀文化应用软件在群众中的渗透率。

上海联通不断推进绿色发展,在“低碳”转型中发挥了重要的推动作用。譬如云平台上线后,很快在公司内外得到了较好的推广和使用。上海联通使用的 1 400 个云桌面,按每台桌面一年节省 2 014 度电计算,比传统方式能耗降低了 65%,按每度电排放 0.612 公斤二氧化碳计算,一年共减少 1 726 吨二氧化碳排放,同时为公司节约电费累计 120 万元。其他各类行业应用除提升了社会信息化水平外,也促进了全社会降低能耗和节约资源。

【“智慧云”与云平台】 2012 年 5 月 17 日,上海联通发布创新型云存储产品“智慧云”,旨在为个人用户打造一个集云存储、多媒体娱乐、SNS 社交于一体的个人娱乐信息家园。2012 年 11 月 6 日,“智慧城市云平台”在第十四届工博会上海联通展台正式揭幕。该平台一期投资将达 1.85 亿元,涵盖上海、北京等城市在内的 15 个主要节点。

【基础网络建设】 2012 年 5 月 31 日,随着最后四条 10G POS(同步光纤网络接口 Packet over Synchronous Optical Network,简称 POS)电路的开通,上海城域网出口电路扩容建设完成,上海联通 169 骨干网带宽达到 240G。2012 年 8 月 31 日,上海联通崇启光缆建设正式竣工,解决了崇明至南通过江水线的风险,对优化长途骨干网络,提高网络安全可靠性具有重要意义。2012 年 12 月 23 日,上海联通城域网核心出口路由器由原来的核心 40G 平台 2+2 集群设备成功升级为 100G 平台 2+4 集群设备,实现了联通全国城域网范围内 100G 平台 2+4 集群技术的首次商用,满足了未来业务发展及出口带宽扩容需要。

【所获荣誉】 在由信息服务业(上海)论坛组委会、移动互联网产业发展论坛组委会、上海市信息服务业行业协会等单位联合举办的“2011 年移动互联网应用创新大赛”上,上海联通手机营业厅荣获“最佳应用奖”。2012 年 1 月,上海联通荣获“上海市班组建设示范企业”。上海联通还荣获上海市安全生产委员会颁发的“2011 年度安全生产优胜单位”荣誉称号,自融合以来,上海联通已连续两年获此殊荣。2012 年 3 月 1 日下午,上海市委、市政府组织召开“2012 年平安上海建设推进大会”,上海联通获得了“2010—2011 年上海市社会治安综合治理优秀单位”和“上海市平安示范单位”称号。2012 年 8 月 1 日,上海联通被授予“中国联通信访工作先进集体”荣誉称号。上海联通“云呼叫灾备项目"及"应用大搜索"两个项目喜获中国联通科技进步奖三等奖。2012年9月13日，上海联通"建设以客户感知为导向的全业务服务体系"获集团公司服务创新"最佳实践成果奖"。2012年10月23日，2012年度客户世界年度大会暨"金耳唛杯"中国最佳呼叫中心评选颁奖晚会在北京盛大开幕，上海联通客户服务中心荣膺2012年度"金耳唛杯"中国最佳呼叫中心创新管理奖。2012年12月14日，上海联通入围第一财经中国企业社会责任榜，荣获"优秀实践奖"。上海联通"联通知道"互联网服务平台获得了百度知道企业平台最重磅的年度奖项——"2012最佳客服企业"。"全球移动游戏年会暨渠道榜颁奖典礼"大会上，沃商店荣膺"最具影响力运营商渠道奖"。

（应 燕）

三、软件和信息服务业公共服务体系

概况

上海市信息服务业已形成了以国家级产业基地为引领、市级产业基地为骨干、特色基地协调发展的产业格局，拥有一个国家级软件产业基地和11个市级信息服务产业基地。在产业布局方面，浦东软件园、陆家嘴软件园等四个信息服务业产业基地定位发展高端软件；市北高新技术服务产业园、创智天地定位发展云计算产业；易园・徐汇、宏慧・盟智园、金桥由度创新园和博济・智慧园定位推进移动互联网产业集聚发展；其他如E构空间、杨浦科创中心、3131电子商务创新园、智慧岛数据产业园等一大批特色产业基地发展迅猛。上海市形成了聚散合理、分工互补的区域布局，带动了各区县的特色发展。

（杨立哲）

上海市软件和信息服务业网上服务平台

上海市软件和信息服务业网上服务平台旨在为全市企业软件资质申报业务的办理提供统一便捷的渠道，并以此增加政府办事的透明度和效率。该平台包含信息发布、业务申报、资质审核、统计分析等业务处理功能，面向三类角色：申报企业、第三方评审机构、主管部门。平台涵盖了如下业务。

双软认证系统。面对认定企业用户，为企业提供认定、年审、产品登记等申报平台，面向主管部门，为地方主管部门提供了一个受理、审核、反馈认定申报的平台。

集成资质认证系统。面向系统集成企业，为系统集成企业提供一个系统集成资质认定和项目管理人员认定的申请平台。面向主管部门，为地方主管部门提供了一个受理、审核、反馈集成资质申报的平台。

监理资质认证系统。面向系统监理企业，为系统监理企业提供一个系统监理资质认定和监理工程师认定的申请平台。面向主管部门，为地方主管部门提供一个受理、审核、反馈监理资质申报的平台。

统计分析系统。面对主管部门、区域主管部门，为用户提供数据图表，数据查询、统计的功能。系统实现了复杂的申报、初审、复审和批复流程的网上处理，还实现了双软认定、集成资质和监理临时资质三者之间的数据协同，避免了重复填报，提高了企业材料提交的效率，降低了数据的错误率。企业不再需要到现场办理以上业务，大大提高了工作效率。

截至2012年年底，双软认定和集成电路资质网上申报超过7 600件，设计人员奖励申报超过13 500件。

（张舒敏）

四、互联网服务业

2012年，上海互联网服务业实现经营收入642.85亿元，比上年同期增长30.1%。其中，网络游戏收入达到188.1亿元，比上年同期增长19.8%，增速放缓；网络视听产业收入超过40亿元，增长速度超过100%；部分视听企业开始盈利；上海第三方支付收入超过120亿元，比上年同期增长近40%。随着央行第五批第三方支付企业名单的公布，上海共有51家企业获得了第三方支付牌照，全国排名第一；盛大、巨人等28家企业被评选为"2012年互联网信息服务收入前百家企业"。

（杨立哲）

第三编

政务领域信息化

综 述

2012年，根据《上海市推进智慧城市建设2011—2013年行动计划》的总体要求，进一步拓展部门业务系统信息化建设，加强政务信息资源与基础支撑系统建设，推进了法人网上统一身份认证系统、法人信息共享和应用系统（二期）、政府信息资源目录体系、网上行政审批平台等一批跨部门的重点应用系统建设，开通了“12345”市民服务热线，完善“中国上海”门户网站服务，不断提高政府经济管理、社会管理和公共服务的效率与水平。

（刘迎风）

第一章 政务信息资源与基础支撑系统

概 述

进一步建设和完善基础信息库，通过政府信息资源目录体系的建设，推进全市各部门的信息资源梳理和注册管理，强化政务信息资源的基础支撑作用，通过“12345”市民服务热线的业务整合，实现非紧急类政务服务热线的集中受理和联动处置，提升便民服务能力和水平。在基础信息库建设方面，法人信息共享与应用系统（一期）已包括企业、事业单位、机关、社会组织和其他等五大类法人主体，累计入库法人信息达147万户，为20个委办局提供了法人数据的查询应用。下半年启动了系统（二期）建设，完善进一步入库信息和服务方式，充分发挥法人基础库的支撑作用。在政府信息资源管理方面，建成本市信息资源服务平台（一期），选择上海市公安局、上海市工商局等9家试点单位进行了信息资源梳理、编目管理和注册汇聚，开通上海市政府数据服务门户（www.datashanghai.gov.cn），面向社会集中发布全市政府数据服务产品和应用，同时编制了《政务信息资源共享与交换实施技术规范——目录元数据（征求意见稿）》地方标准。在政府服务热线方面，正式开通了“12345”市民服务热线，建立“一号对外、集中受理、分类处置、统一协调、各方联动、限时办理”的工作机制，实现了全市区县、部门的非紧急类政务服务热线的业务整合，进一步提升市民服务热线的服务能力和技术水平。在政府网站建设方面，“中国上海”门户网站着力打造了便捷高效的网上办事服务平台，以市民需求为驱动，梳理广大用户的公共诉求，在政府和市民间架设起信息化服务的桥梁。目前，上海政府部门凡面向社会、可以公开受理的各类办事事项（政府审批事项和其他办事事项）上网比例达90%。

（刘迎风）

一、政府门户网站

概况

2012年，上海市各级政府网站围绕“服务政府、责任政府、法治政府、廉洁政府”建设，以“两高一少”为目标，按照“创新驱动、转型发展”要求，以虚促实，继续完善信息公开、网上办事、便民服务和政民互动四大核心板块建设，加快推动政府网站无障碍改造进程，加强政府网站与政务微博联动，有效转变政府职能、提高行政效率和行政透明度，为“十二五”期间本市电子政务的发展打下坚实基础。

“中国上海”政府门户网站

【概况】 在上海市委、市政府的领导下，“中国上海”政府门户网站（以下简称“门户网站”）围绕服务公众宗旨，继续做好政府信息公开、网上办事与服务、政民互动等工作，以组织开展全市政府网站测评考核、围绕政府重点工程建设专题专栏、开设企业优惠扶持政策专栏、实事项目网上征集及公布、强化网站安全管理机制等为重点开展工作，取得良好成效。2012年，门户网站在由中国社会科学院信息化研究中心与国脉互联政府网站评测研究中心联合举办的第六届中国政府网站国际化程度测评中，以总分82.8分荣获省级政府网站外文版评比第一名，并获得第六届中国政府网站国际化“领先奖”；在《电子政务》杂志社、电子政务理事会主办的“2012政府网站集约化建设与精品栏目管理经验交流大会”上，“上海百科2010版”、“企业优惠扶持政策”、“应急管理”被评为信息公开类精品栏目，“政府规章草案民意征询平台”被评为政民互动类精品栏目；在由中国社会科学院信息化研究中心与国脉互联政府网站评测研究中心联合主办的第四届中国政府网站绩效评估暨第七届特色政府网站评选中，获省级综合排名第一；在由中国信息化研究与促进网、工业和信息化部电子科学技术情报研究所等单位联合开展的2012年中国优秀政府网站、政务微博推荐及综合影响力评估活动中，获2012年度中国互联网最具影响力政府网站（省级）、2012年度“中国政府网站领先奖”

(省级)和2012年度“中国最具影响力外文版政府网站”三项第一。

【信息公开与要闻发布】 根据《2012年本市政府信息公开工作要点》,门户网站继续落实各项政府信息的公开工作,尤其是增强公共资金运行和监管透明度,及时发布了三公预算、部门预算等内容。2012年新增“政府工作报告(2011年度)”“政府工作专题报告集(2011年度)”、“上海政府网站10年”、“上海年鉴2011”、“应急管理”、“工程建设领域项目和信用信息公开”等多个专题。门户网站全年集中发布的市政府文件和部门公开信息(文件、通知等)2 489条,其中市政府普发文件153个,市政府常务会议12次,市政府法规(草案)征求意见稿11个,市政府各部门文件等2 134条。其他公开信息包括市政府实事项目评议与征集,市政府工作百题集(391题)等。门户网站“政府信息公开”栏目全年页面总访问量4 080.4万页(次),位居网站主要栏目访问量第三。“上海要闻”栏目(含部门信息、区县动态、便民提示、视频与图片)全年发布信息106 830条,日均292条(以日历日计),其中选用市政府部门、区县报送信息85 563条,占发布总量80%;图片新闻2 141幅,日均5.9幅。“上海要闻”页面全年总访问量1.7亿页(次),居主要栏目访问量首位。

【网上办事与便民服务】 办事平台提供各种办事事项1 747项,其中提供在线受理1 024项、状态查询1 024项、结果反馈967项、办事三大环节全部提供的办事事项942项。热门服务增加“医院专家免费预约”、“公用事业网上付费”、“‘走出去’服务平台”等。提供生活地图查询39项,“主题服务直通车”提供1 017项办事与服务。“网上办事”页面访问总量37万页(次)(含市民办事、企业办事、网上政务大厅栏目),居主要栏目页面访问量0.11%。“便民事项”页面访问总量7 620.3万页(次)(含查询平台、服务平台、便民问答、便民提示、服务导航、城市生活等),占主要栏目页面访问量7.3%。

【领导信箱与政民互动】 门户网站“在线访谈”邀请市政府部门、区县领导围绕政府工作和市民关注热点难点开展在线交流,共举办82期(2012年举办13期),累计最高峰同时在线人数9.95万人次。互动平台开展政府规章草案民意征询11次,主要包括《上海市高速公路管理办法(草案)》、《上海市居住证管理办法(草案)》、《上海市工伤保险实施办法(修订草案)》等。全年联合各部门、区县网站开展网上征询(征集、公示、评议)506次,“委办局、区县在线访谈预告”172次,访谈预告覆盖全市范围。互动类栏目(市委领导信箱、市长之窗、互动平台、在线访谈、征询平台)全年页面总访问2 710.6万页(次)。

【开设企业优惠扶持政策专栏】 门户网站在充分调研的基础上,推出“企业优惠扶持政策”专栏。专栏全年总访问量47万页(次)。该专栏内容分为金融扶持、文化创意、创业扶持、招商引资、财政税务、资金扶持、工商服务、人才引进、节能减排、其他优惠政策十大类别33小类共998条政策。网站将原有网上办事中涉及企业优惠扶持的事项进行整合,在该专栏中集中发布。考虑企业实际需求,开设开发区、管委会、区县优惠扶持政策子栏目。同时,专栏还汇集上海产业分布地图、上海市主要开发区分布地图、都市产业园区电子地图、上海中心城区工业区块分布图等实用地图。全市各子网站,尤其是区县政府网站高度重视该项工作,保质保量及时完成专栏建设,静安区等区县更在此基础上将专栏内容翻译成多语种版本,深化服务。

【政府网站建设书籍出版发行】 作为门户网站迎接10周年纪念的重要举措,2011年至2012年,门户网站编纂《上海政府网站10年》一书,并由上海人民出版社出版发行。《上海政府网站10年》共计40万字,凝聚本市各政府网站的100多位管理者和工作人员多年的理论沉淀和实践经验,追寻门户网站十年发展轨迹,总结十年建设经验,展示十年建设成果。其中门户网站共分建设篇、运维篇、创新篇、展望篇和大事记、获奖纪录,另有各委办局、区县的十年发展回顾。

【开展全市政府网站测评工作及评优工作】 2012年11月,办公厅下发《关于开展2012年本市政府网站测评工作的通知》,本次测评以各单位的实际工作为基础,以客观数据为依据,以单位自查材料为参考,采用专家测评、公众测评和门户网站考核相结合的方法,最终形成测评结果。门户网站组织市政府部门、区县网站分管领导和网站负责人、电子政务专家、新闻记者和网站社会监督员等开展现场测评及网上投票。测评最终结果显示,本市政府网站总体达标情况良好,其中6个区县网站和22个市政府部门网站获得优秀,8个区县网站和18个市政府部门网站获得良好。2012年网站测评主要考察政府网站重点工作、内容保障工作和公众体验(包括访问便捷度、网站外观与应用功能)三方面。其中,公众体验延续

2011年的做法和经验，目的在于贯彻政府网站以人为本的建设理念，推动政府网站围绕公众需求和使用习惯进行建设，增强网站实用性。

【打造外文服务平台】 门户网站英文版以来沪外籍人士为主要服务对象，旨在增进上海与世界的交流，提升上海对外开放程度，优化上海涉外服务环境，推动上海“四个中心”建设和服务于经济、文化、旅游等方面的发展。门户网站英文版承载着“宣传上海形象、吸引境外资源、服务入境对象”的重要功能。2012年有一级栏目16个，主要展现“信息发布、办事服务、实用信息、互动交流”四大板块。信息发布坚持“丰富性、时效性、针对性、实用性”原则，以文字新闻、图片新闻和视频新闻三种形式展现。为充分体现“以人为本，以服务对象为中心”的建设理念，细化目标群体，开展面向不同对象的分类服务。2012年，结合政府工作和热点时事，门户网站英文版与部门网站合作，相继推出上海国际艺术节、上海旅游节、上海双年展等8个英文专题，受到用户广泛关注和好评。同时，门户网站英文版在深化服务、资源整合、功能拓展等方面开展有效尝试，如推出“主题服务”专栏，第一批整合民政、公安、劳动与就业等部门的办事服务资源，提供婚姻收养、签证、就业和供水等服务，并开发短信定制服务，开通政府部门和服务场所联系方式短信发送服务。近年来，门户网站在“中国政府网站国际化程度测评”中六届五次夺魁，并获得一次第二。

【保障“十八大”期间网络安全】 2012年，门户网站继续重点强化安全防范与管理“五个系统”建设，即“内容管理系统”、“信息自动备份系统”、“网站运行状态自动监测管理系统”、“网站访问统计分析系统”和“网站纠错系统”。在此基础上，建立IT基础设施和业务应用系统集中运行监控管理平台，并制订切实有效和周密完善的技术操作规程和紧急预案，包括安全定期检测、安全应急处置、安全联络报告、异地备份等工作机制。完善科学的安全管理体系，不仅确保门户网站信息内容发布安全可靠，也加强了对全市政府网站系统运行实施日常监控和管理。2012年，本市网站系统整体运行状况良好。“十八大”期间，门户网站成立运维保障工作领导小组，做到明确职责、分工到人、周密计划、落实到位、做好预案、注重演练。同时，将现场值班时间调整为7×12小时，进一步保障门户网站信息正常有序发布，服务器安全稳定运作。9月，根据国办信息公开办网站管理处关于检查基层政府网站的要求，门户网站组织开展对各区县政府网站在网站建设情况、网站运转、内容建设、功能建设和信息公开专栏建设五个方面的检查，同时将检查范围扩大到本市部门网站，检查结果也纳入2012年度网站测评工作中。各级政府网站举合纵之力，共同保证“十八大”期间本市网络信息安全、政府网站持续有效运行。

【网站建设基本数据】 截至2012年年底，门户网站数据库信息总量76.16万条，静态页面数73万余张，图片13.4万余幅。其中，市政府公报1 921条，法律法规817条，各类办事规程1 877条，市政府各类文件1 073件，市政府规章346条，便民问答5 110条。累计发布要闻类信息55.82万条。门户网站首页总访问量3 256万(日均9万)，页面总访问量4.5亿(日均126万)，比上年减少11.07%。自开通以来，门户网站累计首页总访问量2.02亿，页面总访问量29.16亿。截至2012年年底，门户网站“公务信箱”开户1.2万余户，“企业实名信箱”用户1 631个，电子邮件订阅服务用户8 833户，手机短信订阅服务用户16.98万人，全网检索系统可检索数据102万条。

区县政府网站与市政府部门网站

【概况】 2012年，本市区县政府网站和市政府部门网站(以下简称“政府子网站”)强化内容保障、资源整合和功能建设。发挥政府网站信息公开、办事服务、政民互动载体作用和影响力。完善市、区(县)所属部门和街道乡镇网站建设管理，加强安全管理和制度落实，在推进上海智慧城市建设中加快政府网站无障碍进程。以虚促实，努力打造新时期政府服务新平台。全市64个政府子网站全年首页总访问量3.4亿(日均94万)，页面总访问量53.9亿(日均1 477万)，首页访问量与页面访问量比值约为1∶15。

【政府信息网上公开】 全市政府子网站全年公布主动公开政府信息目录共32.2万条，其中区县政府网站16.9万条，市政府部门网站15.3万条。主动公开各类政府信息(文件、通知、公告)10.9万条，其中区县政府网站62 668条，市政府部门网站46 738条。通过政府子网站受理的政府依申请公开信息8 845件(次)，其中区县政府网站3 970件，市政府部门网站4 875件。其中，长宁区网站信息公开体现“完善机制、规范流程、创新渠道、拓展功能”特点，同时通过微博推广，成为首个与官方微博形成信息共享机制的区县网站，获得专家一致好评。杨浦区网站重点突出市民关注的保障性住房、食品卫生等热点栏目，打造“透明、服务、民主”信息公开平台。市地税局网站开展优化政策阅读体验，将政策法规与相关政策解读、专栏专页、网上办事、查询事项做互联，实现信息无缝浏览。市社团局网站对社会组织政策文件、实施细则和政策解读同步整合公开，涵盖本市一万多家社会组织基本信息。

【网上办事与便民服务】 2012 年，全市政府子网站围绕“两高一少一好”目标，拓展办事服务内容，提升服务水平，特别在便民服务方面深入挖掘、整合资源，取得显著成效。区县注重区域内服务，结合区域特色发掘服务资源、整合服务信息。部门网上办事推进力度持续加强，构建统一办事服务平台等工作也有效开展。

【区县网站】 区县各类审批事项上网比例为 90.68%，并有 62.62%的上网事项实现在线受理功能，网上提供各类公共服务事项 6 609 项。静安区网站扩大办事服务范围，在原行政审批事项基础上，新增行政处罚事项。闵行区网站科技项目申报系统含五个子系统，供企业根据自身不同情况在线进行项目申报。奉贤区网站开设便民智能服务平台，整合区门户网站和下属部门网站内容，提供用户对网站群信息快速查询定位。嘉定区网站实现各气象监测点数据在门户网站上每 5 分钟读取更新一次，使市民能随时了解嘉定各街镇的气温、雨量等信息。

【委办局门户网站】 2012 年，市政府部门审批事项上网率为 88.8%，网上受理率 77.1%。市公安局网站“网上办事大厅”对网上审批过程进行实时电子监察，真正实现“阳光警务”。市经济信息化委网站开展上海市工业领域投资项目核准、备案，专项资金项目管理与服务平台取得成效。市发改委网站重点加强对市场价格监测，专栏以“价比三家”为主要形式，让市民及时了解本市每周主副食品价格。市科委网站科普平台打造“集视、音频以及科技知识为一体”，为广大用户提供科普服务的缤纷平台。

【网上互动】 区县网站接受网上咨询平均每月 5.1 万余人次，接受网上投诉每月平均近 434 人次，网上公示评议、征集“政府工作规划(草案)、决议、意见”和政府工作调查、民意测评意见 693 项，共有 89.5 万人次参与。单位网站开展“在线访谈”节目 51 期。闸北区网站改版领导信箱，各街镇指定专人担任信箱专管员，明确来信 3 天内响应、2 周内答复。金山区网站政务微博在收集舆情、回应关切、服务决策、促进发展方面作用日益显现，并率先在全市区县开展“微访谈”。

市政府部门网站网上咨询月平均 1.77 万余人次，接受网上投诉月平均 3 467 人次。网上公示评议、征集“政府工作规划(草案)、决议、意见”和政府工作调查、民意测评意 473 项，共有 20.67 万人次参与。单位网站开展“在线访谈”节目 313 期。市建交委网站“上海市交通白皮书公众参与”栏目结合公众关心的交通问题开设公众留言平台，为白皮书编制采纳民意提供渠道。市体育局网站开通“965365 上海体育发布”官方微博，增进政民互动，及时发布体育局官方声音。

（杨　蕾）

二、重要公共服务热线

“110”报警电话

2012 年，“110”报警服务台共接警 1 298 万起，同比增加 3.0%。出警 400 万起，同比增加 4.3%，其中报警案件类 578 550 起，同比减少 11.4%；纠纷类 749 119 起，同比增加 1.2%；煽动性案件类 7 632 起，同比增加 25.1%；事故类 1 433 297 起，同比增加 5.2%；交通管理类 426 574 起，同比增加 8.8%；社会求助类 437 451 起，同比增加 14.7%。

（柴　珏）

“12345”市民服务热线

10 月 8 日，由中国电信上海公司承建的“12345”市民服务热线正式开通。“12345”市民服务热线是非紧急类政务服务热线，热线呼叫中心已设置逾 200 个坐席、超过 460 名热线受理员。服务热线实行“一号对外、集中受理、分类处置、统一协调、各方联动、限时办理”的工作机制。市民拨打热线电话后，电话首先由呼叫中心热线受理员接听。受理员对能直接解答的咨询类问题，依据知识库信息直接解答；不能直接解答的咨询类问题及求助、投诉和建议，及时转交相关区县、部门办理。相关区县、部门及时妥善办理来电事项并回复市民，同时将办理结果反馈给市民服务热线。10 月 22 日，中国电信上海公司与“12345”市民服务热线管理办公室签署“12345”市民服务热线合作框架协议，进一步提升市民服务热线管理和技术水平。截至2012年11月27日，“12345”共接到127 591个来电、解答市民来电超过9万个、近4.5万张工单被转送、每个坐席日均接听来电2 604个。

（王　勇）

“12348”法律咨询专线

2012年，“12348”法律咨询专线共接答法律咨询200 886件，同比增长17.8%。其中，市法律援助中心接答73 857件，占全市接答量的36.77%。区县法律援助中心中，接答量居前三位的分别是浦东新区44 272件、黄浦区7 453件、徐汇区6 947件。从咨询内容看，居前三位的分别是：房屋纠纷36 505件，占咨询总数的18.2%；劳动争议纠纷29 578件，占咨询总数的14.7%；合同纠纷23 087件，占咨询总数的11.5%。

为了切实满足人民群众的法律咨询需求，2012年全市“12348”专线开展了“法律援助为民服务创先争优年”活动。一是坚持专线24小时全天候服务，填补以往“12348”法律咨询专线夜间人工服务的空白。据统计，全年“12348”专线共接答夜间法律咨询电话5 784件，咨询内容列前三位的分别为劳动纠纷、婚姻家庭纠纷、房屋纠纷。该举措切实解决了群众的夜间法律咨询需求，取得了良好的社会效益。二是部分区县“12348”专线根据各自实际情况，在节假日安排资深律师接听群众来电，有效缓解了节假日专线接答压力。三是全市“12348”专线在“三八”妇女节、“五一”劳动节、重阳节等重要节日开展了妇女维权周、劳动者维权周、老年人维权周等专题咨询活动，活动期间共接答来电咨询9 016件，有效维护了特殊困难群体的合法权益。四是继续开展全市“12348”优秀接答岗、优秀接答员竞赛活动，进一步增强了各接答单位创先争优、服务群众的积极性。

“12348”法律咨询专线作为全市重要为民服务热线，积极参与“12345”市民服务热线的建设工作。在市民服务热线筹建阶段，对市民服务热线部分新进接线员进行带教工作。先后有12名接线员在“12348”法律咨询专线接受了为期一个月的学习，资深律师对这12名接线员进行了指导和培训，为其尽快适应市民服务热线接听工作打下了坚实的基础。

2012年4月起，“12348”专线与上海人民广播电台“直通990”节目联合开办了“法律援助直通车”专题栏目，安排资深律师接听市民来电，打造“12348，送法进万家”的品牌，为人民群众提供更为优质便捷的法律援助服务，“直通990”节目获得广电总局颁发的“2012年创新创优广播栏目奖”。

（尹晓楠　程家荣）

“962200”社区服务热线

“962200”上海市社区服务热线坚持政府主办、社会参与，本着“以民为本、需有所应、便民利民、服务社区”的服务理念，以民生需求为向导、以社区服务信息为基础，集咨询类服务、社会生活类服务以及投诉、建议类服务为一体，面向社区居民提供专业化、个性化、规范化的社区服务。2010年，市民政局与上海人民广播电台合作，打造“空中一门式直通990”节目这一支持平台。同时，“962200”上海市社区服务热线平台成为市民政局接入“12345”市民服务热线的受理平台，负责接收、处理、反馈各类民政事务。截至2012年11月，“962200”社区服务热线服务信息分为12大类103小类，信息总量已达到八万余条。共接听并处理市民来电46万多个，为社区居民提供上门服务超过2.5万次，热线的接通率、处理率和满意率分别达到或超过100%、95%和90%。

（方廉忞）

“12316”三农服务热线

“12316”三农服务热线管理中心在浦东、奉贤、宝山、金山、嘉定、崇明六个区县建立区县分中心，推进市、区一体化服务体系建设。加强制度规范建设，实行统一标准化管理，实现全市统一服务标志、服务用语、服务程序、考评标准和服务规范等。热线全年服务总量148 479次，其中电话咨询4 642次、一点通视频电话咨询1 399次、网上提问297人次、来复信11封、来访接待1 053人次、发送科技服务短信128 869次、发放科普宣传资料10 002份、下乡进社区服务2 206人次。

通过完善服务流程、合理分配工单、区县宣传推广等措施，联办单位与区县分中心的年平均解答量占比从13.2%提高到23.5%。充分利用在职专家掌握最新科技动态、了解农民实际的优势，在职专家年平均解答量占比从9.3%提高到15.2%。通过首接专家责任制度、回访制度等对咨询问题有效监控，使问题的平均解决时间较大幅度缩短，24小时之内解决的占92.5%。

（张向飞）

“9682000”信息化服务热线

2012年是上海市网络与信息安全应急管理事务中心“9682000”信息化服务热线投入运行的第11年，全年热线正常运作，通过电话咨询、上门现场技术服务等方式，为政府机关、企事业单位和广大市民提供信息化咨询、信息安全、计算机网络等方面的多方位、多元化信息服务。2012年共计受理免费技术咨询电话服务81 536次，上门技术服务6 092次，并在全市布置了10个加盟服务网点，提供快速、便捷、优质的技术服务。从技术服务统计情况看，主要以系统故障、网络故障、硬件故障、病毒入侵等为主。

（吴恩平）

“962020”上海旅游热线

2012年，上海旅游热线“962020”呼入电话约4.6万通，接通率100%，时长平均72秒，其中英语电话1 261通，上海旅游咨询25 286通，上海旅游咨询和英语电话占热线电话接入总量57.65%，比2011年的39%上升了18.65%。国内外游客通过使用公益旅游咨询服务，得到有效的帮助，使游程更加舒适、便捷。2012年对热线本身投诉率为零。

（刘　昊）

“965365”上海体育公共服务热线

【概况】 “965365”上海体育公共服务热线2012年6月9号开通，标志着上海体育有了自己的热线，市民拨打“965365”热线，可了解更多的体育知识和相关的体育政策。“965365”项目系统配置了12条电话进线，由最多12个座机每天24小时提供服务。信息库安装在一台网络服务器的Oracle数据库中，所有座机通过内部局域网实现信息共享。服务热线业务分为四个大类，即咨询类电话、建议类电话、投诉类电话和外呼类电话。咨询类电话重点咨询公益性体育场馆、热点赛事、市民运动会等相关信息；建议类电话集中围绕场馆收费、开放时间、健身设施维护、健身项目培训、特殊人群运动健身指导等情况；投诉类电话主要用于反映场馆设施维护、服务管理、公布信息、信鸽扰民等问题；外呼类电话主要涉及建议、投诉类电话的情况核实、办理反馈、跟踪回访及特殊群体的信息服务。

【信息服务注重实效】 “965365”热线依托信息数据库建设，通过咨询热点预估、重点数据收集、服务预案制作、班组人员调配等形式，整理上传上万条信息，为广大市民提供呼叫服务。

【并线运行着眼多赢】 “965365”热线为“12345”市民热线提供体育行业信息支撑。作为二级承办单位，“965365”由专门职能机构承担市民热线的信息提供、信息数据库的建设和维护、办理事项的督办和反馈等工作，并且全部填报营运期流转工单。在“965365”热线的基础上，业务上实现与国家体育总局体彩热线平台的协调联动，在管理上与体彩保持双线并轨运行。

【热线拓展借助宣传】 以热线资源为基础，建设“965365”上海体育公共服务网络平台作为“上海体育”官方网站的功能拓展。“965365”网络平台的推出，为市民提供了个人历年体质监测信息的查询、社体指导员配送等网上服务。同时，借助“965365上海体育发布”官方微博、《上海体育报》等媒介，定期进行“热线中来”专栏宣传。此外，热线主动深入社区基层做主题宣传，与市民进行交流互动，扩大热线影响力。

【外联内管落实规范】 热线以制度建设为发展要素，以联络员队伍为共建基础。制订了《“965365”上海体育公共服务热线联络员管理办法》、《“965365”上海公共服务热线员工手册》以及建议投诉工单流转流程和档案管理制度等。

【员工发展培养】 呼叫服务人员业务素质是热线发展的软实力，为了稳定队伍，提升业务能力，热线做到周周有培训，组组“传帮带”，人人持证上岗。

（刘玉才）

“962222”上海市社保卡服务中心热线

“962222”呼叫中心全年提供来电（包括短信）咨询76.69万人次，接待来访0.39万人次，处理来信1.18万封。市民信息服务网点击78.76万人次，回复邮件0.22万封。

（邢　勤）

“12365”产品质量投诉热线

【统一的质检网上业务受理窗口】 处理咨询、申（投）诉、举报三大类联合应用业务，业务内容涵盖检验检疫与质量技监部门相关职能，实现“一线一网、集中受理、分工处理、反馈闭环”的运行模式。

【打造统一的质检网络信息展现平台】 能够方便公开机构信息、受理范围、受理依据等依法公开事项，同时统一展现质量技监和检验检疫的业务处理热点和工作最新动态。

展示统一的质检独特文化建设风貌。能够以统一的风格反映质检文化特色，通过共同开发互动栏目促进检验检疫与质量技监部门的相互了解、融合与联合。

【奠定企业和公众消费保障基础】 2012 年，“12365”业务受理总量达 77 177 件，其中咨询 72 206 件，申诉 2 973 件，举报 1 998 件，涉及 10 414.32 万元，挽回经济损失 857.0128 万元。

【实现与“12331”、“12345”信息共享】 市质监局积极配合市政府其他热线系统的建设，做好系统对接工作。2012 年，为“12345”市民热线系统提供知识共享，并通过对“12365”质量热线系统的升级改造，与“12331”食品安全热线系统已实现了对接，能够实时处理食安委交办的工单。

（储昭武）

第二章 重点业务系统建设和机关信息化

概 述

按照资源集约、服务规范的要求，在各部门业务系统和网站建设进一步完善的基础上，推进一批跨部门的重点应用系统建设，不断提高政府经济管理、社会管理和公共服务的效率与水平。各部门在深化合作中不断提高科技信息化水平，优化部门信息系统的总体设计，实现部门信息系统的功能完善和整合归并。在完善各部门审批系统的基础上，进一步推进全市网上行政审批平台建设，实现企业设立并联审批和建设工程并联审批两大重点协同应用，全市17个区县全部完成区级平台部署并实现市区两级业务联动，全年通过网上并联审批办理事项近8万多件。推进法人网上身份统一认证系统建设，通过统一证书应用标志和接口，实现政府部门业务系统证书互认，为各类法人在不同政府部门、不同业务系统在线办事提供统一数字认证服务，全面推行“一证通用”。根据“实施意见”要求，选择工商、税务、质监等9家部门开展了“一证通”试点应用，全年累计发放法人一证通10.2万张，推动了各部门网上办事业务的全面发展。进一步优化社会保障卡三级业务管理系统，全年制发各类社会保障卡、居住证件283万张。推动公交CPU卡的升级，实现长三角区域“沪、苏、浙、皖、赣、闽”五省一市高速公路ETC系统的互联互通。

（刘迎风）

一、重点业务系统信息化建设

社会保障卡

2012年，进一步优化社会保障卡三级业务管理系统。及时统一发布社会保障卡、居住证件有关政策口径和操作规范、区（县）卡中心通讯录、全市业务受理网点地址等信息，进一步增强市社会保障卡服务中心、区（县）社会保障卡服务中心、受理网点间的业务沟通与互动能力，进一步提升网点工作效能，并为市民提供更优质便捷服务。

同时，提升社会保障和市民服务信息系统的安全性。“制度、检查、处理”三管齐下，结合三级系统安全等保评定工作，制定安全整改方案，通过软硬件升级、工作机制和业务流程完善、安全措施落实到岗到人等手段，规范计算机应用及网络管理，维护信息安全，确保市民服务信息系统安全稳定运行。

指导区（县）落实《关于本市中小学生学籍管理卡和社会保障卡分离之后有关就医凭证等事宜的通知》要求，停止发放学籍管理卡。为保障学生持卡就医，做好系统适应性改造及本市户籍学生（小学、初中、高中）社会保障卡的申领、制发、挂失、补换等相关管理工作。

2012年9月，人力资源和社会保障部检查组至市社会保障卡服务中心、浦东新区周家渡街道受理网点、周家渡街道社区卫生服务中心、童涵春洪山参药店等单位，对本市社会保障卡总体建设规划、基础保障情况、发行管理、产品管理、制作与发放管理、应用管理、安全管理等实施了全面检查，认为本市社会保障卡工作总体上看起步早、制度全、制卡流程专业、发行管理规范、服务平台完善，在医保和相关社会领域应用较好，为全国社会保障卡工作的有序推进作出了贡献。

2012年，全市共制发（包括补换）各类社会保障卡、居住证件283.06万张，其中社会保障卡（蓝、红、金卡）63.17万张、学籍管理卡25.30万张、儿童卡1.19万张、敬老服务卡16.31万张、居住证10.83万张、临时居住证166.25万张。

（邢 勤）

交通卡

2012年，上海公共交通卡股份有限公司（以下简称“交通卡公司”）牢牢把握“以人为本”、“三为”（为持卡人、为社会、为运营企业）服务方针，坚定不移地走创新驱动、转型发展之路，取得了可喜的成就。

自2009年开始，交通卡公司即全面发行可兼容逻辑加密卡功能的CPU卡(以下简称“兼容式CPU卡”)，同时停止逻辑加密卡的发行，并利用三年时间完成了公交、地铁、出租、高速公路、充值等所有应用行业的系统升级和改造工作。6月22日，交通卡公司顺利对发行在用的兼容式CPU卡进行了CPU功能升级切换，并于7月1日开始发行不再具有逻辑加密功能的纯CPU卡。至此，交通卡公司按计划、分步骤、平稳有序地完成了系统升级。

2012年8月2日起，浙江省接入长三角高速公路不停车收费系统(Electronic Toll Collection，简称ETC)，由此长三角区域“沪、苏、浙、皖、赣、闽”五省一市实现了高速公路ETC系统的互联互通。同时，交通卡公司还开通了农业银行、中信银行、兴业银行等三家银行网银对沪通卡的转账功能，扩大了市民银行卡圈存的范围。

2012年，为进一步方便持卡人，交通卡公司开通了金山铁路支线、苏州河观光游览、中油上中、中鹏加油站、内江路加油站、黄浦体育馆停车库等的交通卡结算功能。根据用户需求，交通卡公司还开发了道路停车稽查系统，通过无线网络的方式连接信息系统管理后台，道路停车管理人员可随时掌控每条道路的停车情况，提高管理效率。同时，在网上交易平台正式开通交通卡分拆移资功能。在住建部IC卡服务中心牵头下，实现与宁波、绍兴、台州、湖州、常熟等城市交通卡CPU卡的城际互联互通。

2012年，交通公司除每月向市建交委提供交通卡客流数据统计外，为配合市交港局公交优惠政策实施评估，公司还提供了2011年所有公交线路相关数据和优惠数据报告，并向市交通发展研究中心提供了地铁相关客流分析数据，并完成了市交研所委托的交通卡调查研究课题以及与交通信息中心共同合作的课题研究，对促进实施公交优先发展战略和智慧城市建设起到积极作用。

截至2012年12月，交通卡公司共发行交通卡4 719万张；交通卡交易结算笔数35亿笔，同比增长3%；交易结算金额111亿元，同比增长3%；持交通卡消费在公交领域占77%，地铁占81.8%，出租占25.7%。

(程李燕)

二、市级机关信息化

上海市人民代表大会常务委员会

【概述】 2012年7月，上海市人民代表大会常务委员会(以下简称“市人大常委会”)以本机关会议信息化现状为出发点，结合新疆喀什地区人大实际情况，会同上海援疆指挥部，因地制宜地为新疆喀什地区人大工委和莎车、泽普、叶城、巴楚四县人大常委会设计、建设电子会议表决系统。8月，市人大常委会启动了“上海市选民登记信息管理系统”相关知识产权的专利申请工作，使得这个在2011年区县乡镇人大代表换届选举工作期间发挥了巨大作用的信息系统有望在法律的保护下有序推广并进一步得到完善。9月，市人大常委会按照换届选举工作需要，建设“上海市人大代表换届选举信息管理系统”，运用信息化手段顺利完成市人大代表换届期间的各项工作。

【援建新疆喀什地区人大工委和莎车、泽普、叶城、巴楚四县人大电子会议表决系统】 根据2010年5月中央新疆工作会议精神，上海将在今后10年对口支援新疆喀什地区。经过前期调研论证，上海市人大常委会充分发挥信息化工作方面的先行优势，全力帮助新疆喀什地区建设一批优质的信息化项目，促进双方信息化工作交流，支持新疆喀什地区民主法治建设，推动人大工作创新发展。上海市人大常委会首批援助喀什地区人大工委和莎车、泽普、叶城、巴楚四县人大常委会建设电子会议表决系统各一套。电子会议表决系统建成后，不仅能提高喀什地区人大工委和莎车等四县人大常委会会务信息化、智能化程度，也能通过电子表决器这个小小的方盒子提升每一次表决的民主含量，充分表达与会人员的民主意愿。电子会议表决系统建成后，市人大常委会信息中心还会同项目承建方对该系统的管理、使用者进行了全方位的培训，使其掌握系统的各项功能和操作方法，同时也介绍了市人大常委会在电子会议系统使用过程中取得的成功经验。

【“上海市选民登记信息管理系统”专利申请】 中国是实行人民代表大会制度的社会主义国家，国家权力机关通过直接或间接民主选举方式产生的全国人民代表大会和地方各级人民代表大会来行使国家权力，因此，选举制度是人民代表大会制度的基础和重要组成部分。以往，通用的选民登记方法是人工登记方式，不仅费时费力，而且不利于选民积极主动地行使选举权。市人大常委会带着上述问题，就选民登记信息化工作进行了深入的调研和论证，认为运用信息化手段建立、完善一套全市统一的，具有选民登记、资格筛选、信息入库、选民资格网上转移和统计分析等功能的信息系统有其实用性和远瞻性。“上海市选民登记信息管理系统”建成后，在实际运行过程中有效提高了选民登记工作效率，提升了人大工作信息化形象，降低了选民登记工作成本和选民资格筛选难度。系统建设目标和实用效果的高度契合使得该系统在换届选举信息化工作中起到了标杆作用。该系统也在整体框架未做较大调整的情况下推广到兄弟省市，并顺利完成了当地的换届选举工作。为了更好地保护“上海市选民登记信息管理系统”的知识产权，市人大常委会于2012年8月启动了该系统的专利申请工作，并已基本完成了该专利申请的初审。

【上海市人大代表换届选举信息管理系统】 为进一步做好2012年市十四届人大代表的换届选举工作，提高信息录入效率、畅通上报渠道，解决市人大代表名册和代表登记表生成难、市人大代表结构统计分析难等问题，市人大常委会组织开发建设了一套全市统一、人大系统共享的“上海市人大代表换届选举信息管理系统”。

“上海市人大代表换届选举信息管理系统”具备信息输入、维护、查询、修改和上传等基本管理功能；具备按候选人或代表的职业构成、提名单位、选举单位等进行分类汇总功能；具备通过计算将代表候选人分配到各选举单位的候选人分配功能；具备按照换届选举工作要求进行统计分析，生成各类数据表格，实现按需打印的功能；具备常委会组成人员情况按需分析功能；具备跨平台数据导出、数据再利用功能。本着节约资金的原则，“上海市人大代表换届选举信息管理系统”部署在市人大常委会现有的软硬件平台上。在不增加系统建设成本的基础上，依靠现有网络物理安全保障措施与使用者严格划定操作权限相结合的方式来提高系统的整体安全性。为确保系统正常运行，在遇到突发故障时能用最短的时间进行安全切换，系统建立了应用服务器软集群，保障大数据量应用服务访问的不间断性；建立了数据库服务的冷备份机制，保障恢复备份服务器的及时性；建立了数据备份机制，定时进行全量和增量数据备份，保障系统和用户数据安全。系统建成后，使用单位按照分配的权限对代表候选人或当选代表信息进行管理，对各类信息进行分类汇总，生成数据表格，进行统计分析，打印代表候选人推荐表、代表登记表、代表名册和上报全国人大的相关统计报表。使用单位在选举结束后，使用系统提供的表单批量导入功能，可以通过一次性导入完成对所有代表的选举结果确认。使用单位可以清晰地检索或查询提名者、发出选票数、收回选票数、有效票数、无效票数、赞成票数、反对票数和弃权票数等数据，了解候选代表是否当选等相关信息，并通过系统便捷地生成“上海市第十四届人民代表大会代表登记表”。“上海市人大代表换届选举信息管理系统”在换届选举工作结束后，系统内的市人大代表基本信息还无缝链接到市人大常委会现有的应用系统和上海人大代表网数据库中，实现系统间的资源共享。

【联合区县人大举办“人大网议日”活动】 2012年11月27日，市人大常委会办公厅与杨浦区人大常委会联合举办“人大网议日”活动，邀请市人大代表和区人大代表作为嘉宾就“发挥好人大代表联络室作用”这一议题，与网友在线交流。活动期间，嘉宾现场回答了网友提出的较有代表性的60个问题，涉及人大代表联络室的架构和职责、人大代表联络室在代表履职过程中的作用和人大代表如何开展并加强联系群众工作等多个方面。这是上海人大公众网的“人大网议日”活动首次走进区县，用“网聊”这种信息化手段践行党的“十八大”报告中关于“在人大设立代表联络机构，完善代表联系群众制度”这一创新表述。

（宋　兵）

中国共产党上海市委组织部

【概况】 2012年，中国共产党上海市委组织部(以下简称“市委组织部”)信息化建设以《上海市组织系统信息化工作“十二五”发展规划》(以下称《规划》)为指导，紧紧围绕组织工作重点，不断推进信息共享利用和业务流程信息化，为组织工作科学化水平提供了有力的信息支持和技术保障。

【做好信息服务保障工作】 为迎接党的“十八大”，按时保质保量地完成中组部要求的党内统计半年报工作，市委组织部配合“基层组织建设年”建成全市各级党员党组织信息库。运用信息系统建立“十八大”代表候选人初步人选数据库和市十届党代表信息库，并配合做好软件培训和信息查询统计等工作。根据本市换届工作安排，精心编制市人大、政府、政协、“两长”换届考察工作所需的各类干部名册，保障民主评议信息的顺利汇总，做好各类测评表票的制作和计票统计工作。以服务党的“十八大”、市十次党代会和换届工作为核心，重点加强党代表、人大代表等档案材料的及时收集、整理和归档。组织对部机关、事业单位的办公计算机和区(县)委组织部的大组工网计算机进行了安全保密专项检查，有效预防失泄密事件发生，保障组织工作的信息安全。

【全力推进信息化“十二五”规划的落实】 2012年，围绕《规划》中提出的“321”建设框架和《规划任务分解》的具体工作任务，大力推进基层党建系统、干部系统、人才系统、办公系统、基础网络设施等方面的建设，提升全市组织系统信息化工作水平。

全面推进全市组织系统信息化建设 3月召开全市组织系统信息化工作会议，全市组织部门信息化工作分管领导和具体负责同志参加，会议就落实《规划》进行了工作部署。为贯彻落实7月份中组部全国组织系统信息化建设工作座谈会精神，针对《规划》制定了《任务分解》，明确了推进信息化工作的重点任务、主要措施和时间节点，11月组织召开了两次区（县）委组织部信息化工作座谈会，及时贯彻中组部会议精神，加强了对区县组织系统信息化工作的指导。

高效促进信息化项目建设有序进行 “基层党建信息化工程”项目正式启动，顺利完成项目的立项、招标，进一步完善党员关系转移等功能，提高了系统的易用性和操作性。围绕组织业务需求，市管领导班子和领导干部年度绩效考核分析系统在功能和页面效果上有较大提升。完成“上海市人才综合平台（一期）”的专家验收工作，“上海高层次人才网”和“上海高层次人才决策分析平台”顺利运行。大组工网应用有新拓展，包含网站群、电子邮件和通讯录等功能的全市组织系统协同工作平台已建设完毕。

不断加强各应用系统的信息共享 “部务会议程管理系统”10月正式上线，对白头公文、干部信息查询和干部档案数字化等系统的信息进行整合，搭建了统一的信息共享和利用平台。基于大组工网“全市组工业务资源共享交换平台”项目的建设，初步实现办公门户、电子邮件、网盘的单点登录，统一了各应用系统的用户管理和访问权限管理。初步建成了包含本市党群和政府机关公务员信息、按照权限分类管理的公务员数据库。

【信息化建设规范和制度得到进一步加强】 区县委组织部将每年的工作计划，特别是信息化项目建设情况于年初报备到市委组织部。通过这个制度，使各单位都能自觉地融入全市整体规划中，严格按标准、按进度、按要求推进信息化建设工作。另外，针对今年市第十次党代会上《在党支部设立信息系统管理员制度》提案（0117号）的建议，对党管信息系统的信息维护、队伍建设等方面的制度进行了完善。

（朱 磊）

上海市经济和信息化委员会

【门户网站建设】 上海市经济和信息化委员会（以下简称“市经济信息化委”）外网门户网站集成了委内几乎所有服务功能和可公开的应用系统，通过统一身份认证、统一数据库标准、统一界面设计、统一传输方式等手段，运用信息安全技术，实现了不同业务之间、不同部门之间的协同处理。市经济信息化委每年对门户网站进行改版，2012年对前台展现和后台发布都进行了重新设计和开发，此次改版包括了前台所有栏目的美工设计、软件开发、后台发布系统开发、数据导入、安全措施加载等。除了在网站的各项功能上给予改进外，着重考虑并加固了网站的安全性，从代码设计到部署各种安全产品等诸方面，几经测评和优化，力求门户网站在美观、功能、安全性各方面达到最优。

信息公开推进情况 根据企业和社会的需求，定期调整和优化网站栏目，逐渐形成了“企业呼声直通车”、“经济运行与产业安全监测平台”、“专项资金项目管理与服务平台”、“中小企业服务”等一批深受企业和社会公众欢迎、点击率高的精品栏目，将最新获取和制定的数据动态、产业政策、项目资金等情况实时在网上发布，切实做到服务各种所有制企业、服务区县和服务全社会。截至2012年年底，累计主动公开政府信息4 806条，全文电子化率达100%。其中，本年度新增主动公开政府信息224条，全文电子化率达100%，较上年度同期主动公开量增加46%。2012年度共受理政府信息公开申请8件，其中网上申请4件，接受市民咨询投诉4 238次，其中网上处理496次。

网上审批推进情况 实现网上行政审批事项有“表格下载”、“在线受理”、“状态查询”、“结果公告”四大功能。按照便民、高效的原则，健全监督制约和责任追究制度，明确工作责任，强化过程监督、内部监督和责任考核。审批（许可）类事项共有29项，其中可公开的共有28项，行政许可事项16项，非行政许可事项12项。门户网站上已公开的审批类事项有28项，占本部门可公开的审批类事项100%。已实现网上受理的审批类事项有28项，已完整实现三个环节28项，已完成办事要素整合28项。

网站是信息的资讯中心 网站及时发布全市工业经济运行最新动态、委内工作最新动态、国内主要经济要闻、全国工业经济运行研究报告以及高新技术产业化最实时、前沿的信息，及时发布全市工业经济运行数据，包括全市工业、区县工业、都市产业、现代工业园区、产品数据库、行业协会等，开辟工程建设领域项目信息公开专栏；网站提供企业信息化问答、软件和信息服务业办事窗口以及各类信息化方面的政策和资讯。网站每天更新各类信息 20 万字以上。

网站是业务处理的大集成平台 网站集成了市经济信息化委对外业务处理的十多个信息系统，为企事业单位和市民提供了方便的协同处理和查询功能。如经济运行和产业安全监督平台、软件和信息服务业网上服务平台、专项资金申报平台、开发区产业项目报送系统、加油站 GIS 站点查询、上海市产业分布图、中小企业服务平台、个人信用服务平台等。网站真正成为"一门式"服务的支撑平台，为委内工作大协同提供了基本保障。

开通政务微博更好服务企业与网民 2012 年 3 月市经济信息化委开通了政务微博，以服务企业和网民为工作"灵魂"，在内容上力求"近民"、语言上"亲民"、互动上"利民"。围绕市经济信息化委产业转型发展和信息化建设的中心工作设置了"推进战略性新兴产业风采榜"、"工业开发区排行榜"、"每日温馨提示"、"服务零距离"、"创意上海"、"最新消息"等栏目，同时，实时发布重要工作动态和相关新闻等。主动开展信息服务，发布权威信息引导网上舆论，及时回应粉丝提问，发布内容天天有更新，网上咨询做到件件有回应，不断完善工作机制充分发挥政务微博在联系群众、服务企业方面的平台作用。已发布微博信息 1 600 多条。

【建立和完善各类应用系统和服务平台】 2012 年市经济信息化委围绕"推动产业保持稳定增长"重点任务开展了一系列工作，对队伍建设、资金管理、高新技术、节能降耗、信息化建设等各类信息系统进行了进一步完善，并结合自身的工作特点新建和完善了相关服务平台，使委内业务处理能力得到了很好的提升。

【启动上海市产业发展和信息化建设企业综合信息库项目】 作为主管全市产业发展和信息化建设的部门，2012 年依托全委各处室力量开始建立企业综合信息库，以进一步提高市经济信息化委对本市产业发展和信息化建设重点企业发展以及在建的重点项目进展的信息收集能力，既有助于为市领导、委领导深入基层开展调查研究提供建议企业和项目，也可为研究相关工作提供决策参考。企业综合信息库建设可解决相关企业诉求和项目建设需要协调的瓶颈，形成具体工作任务，分发给相关委领导或处室分工处理，并按照项目管理的模式组成专门的工作小组开展工作，既便于综合性强、跨部门的问题协调解决，也便于委领导及时查阅并掌握解决相关问题的进展情况，有助于进一步落实"以需求为导向、以项目为导向"的工作要求，促进形成委内合力，提升工作执行效率。通过该项目建设，将整合委内所有应用系统，建立一套信息化标准体系和顶层设计模板，不仅掌握工业和信息化产业企业的基本情况、项目进展情况和各种诉求解决情况等，还为委内已有的和今后将要建设的信息系统做出统一的标准，实现真正意义上的业务处理大协同。

【建设上海市产业发展 GIS 系统】 市经济信息化委管理着全市各类园区和产业基地，园区地理位置分布广泛、类型多，园区内企业数量众多，周边配套设施和资源复杂，采用传统的纸质资料收集，手工数据统计分析方式已经无法满足日益复杂的工作要求。上海市产业发展规划 GIS 系统的建设实现了对战略性新兴产业、开发区、生产性服务业、创意园区、软件和信息服务业等园区及其企业的信息采集标准化、信息反馈实时化、统计分析智能化的目标。系统通过建立一套园区和企业的标准地址编码库、建立一套规范的园区和企业的数据采集、管理和更新机制等手段，建成了一个"以图管园区、以园区管企业，以企业为节点实现人、资料、数据等信息互动"的产业信息可视化系统。为业务处室提供了一个工作平台，为领导提供了一个决策支持系统，为企业和市民提供了一个丰富的展示上海产业园区的窗口。

【建成市本级预算内信息化项目评估审核系统】 通过建立信息化项目评估审核系统，一方面根据各预算申报单位的要求，建立网上申报系统，方便各市级预算单位申报信息化项目预算；搭建信息化项目归口管理平台，提供信息化项目信息交流和共享；另一方面建立信息化项目归口管理项目库、信息化项目全过程管理系统、信息化项目绩效评估系统，从原有的项置审核向信息化项目全过程管理转变，加强项目监管和绩效评估，从而提高信息化项目管理水平和管理质量，提高政府投资资金使用效率。该系统的目标是利用成熟的信息和网络技术，通过网络申报、数据交换、项目管理、绩效评估、统计分析等子系统的实现，建立信息化项目归口管理项目库，统筹平衡项目安排，防止重复申报、多头申报的情况发生；建立政府投资的信息化项目立项审核、过程监管、绩效评估等全过程管理平台，利用信息化手段加强对信息化项目全过程管理；建立全市政府投资信息化项目信息共享、交流平台，提高信息化项目审核和管理的公平、公正、透明；通过对项目库中的数据的整理分析，掌握全市政府投资的信息化项目建设和运行情况，从而提供决策依据。

【全面完成市经信系统党建信息化平台】 从2011年初起市经济信息化委开始建设一个面向市经信系统全体党员、实现党建主要业务一体化的党建信息平台，实现党建宣传网络化、党员党组织管理规范化、党员服务社区化。项目内容包括党建网站、党员社区、党员党组织管理系统、干部考核系统、人才管理系统、案件管理系统、网上直播和网上视频会议等。于2012年3月全面完成。该平台的建成为市经信系统6万多名党员和4 000多个党支部，以及市经济信息化委机关全体党员提供了网上学习和活动园地，为机关党务工作者和组织干部提供了便捷、高效的工作平台。

【建立健全公共服务热线平台更好地服务于企业和市民】 公共服务热线平台的建立，一方面提供了市经济信息化委对企业和市民电话的"一门式"服务，与门户网站一起形成了互补的服务方式，进一步提高了服务质量；另一方面为委内工作人员提供了短信、传真、邮件等多种功能的统一平台，并为今后接入市政府"12345"服务热线做好准备。2012年对公共服务热线平台在软件功能上作了进一步完善，从局域网延伸至互联网，尤其在客户管理上作了深化和优化。系统采用多层次、多模块的架构设计，将交换技术、多媒体技术、计算机网络技术有机地结合起来，以信息技术的方式实现工作流与电话服务的同一性。

（张舒敏）

上海市人民检察院

【概况】 2012年，上海市人民检察院（以下简称"市院"）信息技术部门深入落实科学发展观，认真贯彻最高人民检察院（以下简称"高检院"）"四统一"发展战略和市院党组对信息化工作的总体要求，从上海检察工作实际出发，以"加快建设、突出应用、加强管理"为工作主线，坚持信息化为检察工作服务、为提高法律监督能力服务，在基层基础、软件应用、数据整合、规范管理等方面都取得了新进展。一是围绕基层基础，加快建设，提升信息化保障能力。二是聚焦重点，突出应用，提升信息化服务能力。三是加强管理，提升业务队伍水平。

【完成市院新办公大楼信息化建设和搬迁工作】 市院新办公大楼涉密网采用全光纤方式进行综合布线，提升了网络整体性能；主信息和机要两个涉密屏蔽机房通过国家保密局组织的测评、公务网通过分级保护测评、非涉密信息系统通过等级保护测评，确保了信息数据安全。在搬迁后的第一个工作日，即全面恢复了检察业务网的联通，并开通了案管、案辅等应用系统，保证了全市相关检察工作的正常运转。

【二级视频会议系统实现全覆盖并推进规范化建设】 2012年上半年开通了青东、军天湖和四岔河三家农场派出检察院视频会议系统，标志着全市二级专线网视频会议系统实现了全覆盖。完成市院视频会议室规范化建设，下发了《上海检察机关电视电话会议室建设标准》，截至2012年年底，虹口、嘉定、普陀、松江等10家检察院完成了规范化改造。

【分级保护和分支网络建设工作全面铺开】 市院分级保护实施方案根据新办公大楼情况，修改后于10月底上报高检院保密办审核。隶属于高检院身份证书管理系统的上海分中心已初步完成建设，可为全市检察干警提供统一身份认证。分院、区县院进入分级保护实施和测评阶段。截至2012年年底，2家检察院已经通过上海市信息安全测评认证中心的测评，7家检察院已提交了测评申请。全面推进驻监管场所检察室分支网络建设，截至2012年年底，27家检察完成基础建设，比例达69%，待高检院下发配备密码机后即可申请测评，联网投入应用。

【控申线索受理分流工作全面实现信息化】 "职务犯罪举报电话自动受理系统"和"信访信息查询平台"下半年全面部署，标志着检察机关信、访、网、电四类线索来源受理分流工作全部实现信息化管理。

【优化业务软件】 完善案件管理软件，实现网上统一受案、统一分流、统一监控预警、统一查询统计、统一结案移送等功能。配合高检院统计软件升级，及时修改案辅软件，确保控申条线数据仍可向统计软件自动导入。服务新成立的金融检察部门，调整案辅软件、统计分析软件和法律文书库软件，实现业务工作的全覆盖。

【完善办公软件】 与市院新办公大楼搬迁同步完成文印中心建设，研发了集工作台账、收发文管理和内部请示等功能的办公信息管理系统，可在市分院实现公文网上流转、集中文印和电子签章，其中领号系统11月初试点应用，逐步推动无纸化办公。基本完成电子档案管理系统和档案查询平台开发工作，可实现网上归档、档案管理、档案借阅等功能。

【基层院信息化工作取得新进展】 嘉定院开发了集派警用警、数据统计、绩效考核、动态管理等功能为一体的"警务管理系统"，在全国法警工作会议上作经验介绍；虹口院完成"侦查监督违法信息库"建设，运用信息化手段服务法律监督工作；浦东院将"职务犯罪信息情报智能分析应用平台"拓展到控申工作的社会舆情维稳和民事行政的法律监督领域；金山院"绩效考核软件"在邯郸和图们检察院推广，"赃款赃物软件"在山西长治襄垣检察院推广。

（翁美华）

上海市高级人民法院

【概况】 2012年，全市各级法院领导充分重视信息化工作，开拓创新，勇于探索，信息化工作取得新进展，较好地完成了上海市高级人民法院（以下简称"高院"）党组确定的全市法院重点协作推进36项工作中信息化牵头和协作的21项。全市法院紧紧围绕审判中心工作开发和完善了51项应用软件。确保了49.6万案件、近10万信访件的信息化支持与保障；确保了50多个网站、1万多台信息化设备、各法院楼宇系统的安全运行；保障了900余场重要会议和接待顺利进行；上海市高级人民法院信息管理处、浦东新区人民法院行装处邵国强、黄浦区人民法院行政科黄懿清被评为全国法院信息化工作先进集体和个人。

【提高应用软件智能化水平】 2012年，积极运用信息技术，调整、开发了100多种审判执行流程中常用法律文书自动生成模块；积极推广裁判文书校对纠错系统、上网裁判文书智能删除隐私信息系统等应用；推进简易案件快速审理程序；集合执行接待、信访投诉、信息查询等信息系统实现"一站式"受理服务，支持执行事务中心工作；提升法院与银行"点对点"执行联合查控平台的查询效率，并从查询自然人扩大到查询法人，查询范围扩展到全市33家商业银行；开发启用全市法院统一的"12368"诉讼服务短信平台，提高司法送达和通知效率；开发审判案例指导库、智能辅助法官办案信息库、刑事案件同案识别软件、网上疑难问题"专家门诊"、"类案研究"专栏等，提升适法统一水平；开发少年法庭综合管理、审判综合管理、减刑假释案件管理等专项平台，加强审判管理和条线指导；开发完善司法协助、救助模块、案件代管款、赃证物等流程化管理软件，提升审判相关工作的规范化管理水平。

【提高司法为民服务水平】 充分利用互联网站落实司法公开、司法为民举措，指导多家基层法院建设互联网站；开展信息网站评比工作，强化互联网站服务功能和督促信息更新及落实责任制；增加"智库丛书"内容、"法治天地频道一周法院新闻集锦"视频节目、与腾讯网联合开通上海法院微博网页、完善互联网执行栏目等；启用"12368"诉讼服务短信平台，为当事人提供诉讼便利；服务保障远程审判、网上庭审直播、当事人调阅电子档案、裁判文书上网等工作。

【提高司法政务信息化管理水平】 2012年，积极依靠科技手段，推进法院工作科学发展。建立物资项目采购管理专项模块、开发全市法院统一的调研信息综合管理平台；开展档案智能安全管理试点工作；在高院机关全面推进无纸化办公，实现公文网上传阅、网上管理，并逐步在基层法院推进无纸化公文传递和应用的试点工作；推广部门个性化事务管理、行政事务管理、智能OA办公管理等应用软件；完善法院党建网和文化网、开发全市法院"主题活动"网站、配合高院机关党委建立上海法院院史网上陈列馆，并在几家试点法院通过该平台发布了本院陈列内容；开发网上教学培训综合平台；开发基层法院目标管理考核模块；完善"上海法院廉政风险环节监督提示系统"等。

【夯实庭审信息化基础】 继续推进庭审系统规范化应用，加强对庭审系统使用质量与操作规范的检查和监督，坚持用制度规范管理与日常实时巡检和季度检查通报相结合的原则，不断提升技术保障能力和庭审录制质量。继续推进庭审装备标准化建设，为派出法庭配置带宽管理设备，增强高院庭审数据存储中心容量与管理功能，升级庭审管理软件，改造和新建多个标准化信息化法庭，完善庭审光盘的刻录和归档管理机制。建立全市法院统一的移动单体案件信息系统，对强制执行、诉讼保全、调查取证、信访接待、巡回审判等司法活动进行全程录音录像。通过建立该系统，使上海法院办案的全过程录音录像不仅在法庭内，而且在法庭外也实现了全覆盖。

【加快网络信息安全体系建设】 网络信息安全体系建设得到进一步加强，全面建成高院内网电脑移动介质防护系统，全年对17家法院进行了保密安全大检查，对全市法院加密密钥进行了升级，发布了2012年上海法院信息网络安全保密工作要点，更新了电子档案、庭审数据等重要安全存储设备，全市法院业务专网整体迁入上海市公务网涉密网。法院安全防范进一步加强,高院本部机关和法官培训基地安全防范改造工程竣工启用,提高了摄像清晰度,增强了异常情况智能监控提醒和快速检索功能,对三级法院各出入口实现联合监控。

【提高服务和指导基层的水平】 为满足基层法院加强审判管理等改革创新需求,积极主动完善、健全相关信息系统,及时满足其发展需要。重点调研并开发为小额速裁、非诉强拆执行、民商大标的案件下沉、刑诉法修正案、执行事务中心建设等服务的应用系统,助力基层改革创新需求。为规范和支持基层法院信息化基础建设,制定上海法院信息化、智能化业务装备配备标准,重点指导帮助嘉定法院新大楼搬迁、信息系统验收,徐汇、长宁、静安、虹口、宝山等法院大楼弱电系统、法庭庭审标准化信息化系统及重要网络安全设备更新等工作。以贯彻落实《上海法院信息化运维规则》为重点,着力加强基层法院信息化调研、安全和运维管理,修订上海法院信息化工作考核办法,召开年度信息化工作条线会议和年度上海法院信息化运维工作总结会,举办信息化条线培训,通过现场指导、分类培训和强化安全与运维相关制度规范,提升基层法院信息化管理能力。

【加强信息技术队伍建设】 依托科技充分发挥技术人员的积极性和创造性,促进信息化规范服务。充分依托业务软件操作培训平台、信息技术沟通平台和技术热线电话服务平台,畅通应用软件操作培训和需求信息沟通渠道,提高信息服务的针对性、及时性,启动信息化运维管理平台建设工作,为打造上海法院运维服务平台打下基础。加强信息技术调研工作,促进信息化有效服务。开展全市法院主题调研文章撰写和评选工作,共收到 23 篇文章,评出获奖文章 8 篇;编制指导 2013 年度全市法院信息化预算编报指导性文件;制订《上海法院远程电视电话会议操作管理办法》等 4 项规定,修订《上海法院信息化工作考核管理办法(试行)》等。创新机制,促进信息化廉洁服务。认真开展以"机制+科技"的廉政风险防控机制建设,充分利用上海法院廉政风险监督提示信息管理系统,对信息化项目严格执行立项、报审、采购等规范程序,以及监察、监理、审价审计等监管程序,确保信息化工作廉洁健康发展。

(曹红星)

上海市教育委员会

【市级教育信息化公共基础平台建设】 2012 年,上海市教育委员会(以下简称"市教委")开通 100 G 主干教育城域网。上海教育城域网整合原上海教科网和"校校通",高速连接上海各高校、区县、中职院校、市教委直属单位等各级各类教育单位,实现光缆全覆盖。2012 年敷设专用光缆 1 015 公里,在全国教育城域网中率先达到主干带宽 100 G,基本实现了全市教育单位"宽带网络校校通",以高性能、高水平的上海教育信息化基础设施满足教育发展的需求。

教育云数据中心完成基础搭建。上海教育云 IDC 已经形成了 IPv4/IPv6 双栈、多出口的网络格局,并具备服务器托管、虚拟化、出口均衡、云存储、网络安全监控等服务能力,已经为教育评估平台、职称评审系统、重点学科管理平台、高校计算机应用基础课程教育资源平台(虚拟化管理)、中国教育经济信息网"义保"(义务教育)等二十多个省级系统提供托管服务。

跨校认证初显规模。上海 22 家教育单位加入跨校认证联盟,实现跨校认证。11 个无线漫游学校成功实施"上海市高等院校无线通系统"。

资源共享服务平台和管理公共服务平台持续推进。上海结合本地教育特色,在教育城域网和教育云数据中心基础上,研究管理机制、共享机制及相应标准规范,搭建教育共享服务平台和管理公共服务平台,并按照教育部的时间节点要求逐步推进。

【重点示范项目】

高校课程中心建设项目 上海高校课程资源跨校共享平台旨在充分发挥各高校优质教学资源。市教委建成了高校课程共享中心平台并成立了"上海高校课程资源共享管理中心"。30 多所学校已开始网上选课授课,以"模块化、结构化教学课程",采用"面授直播+视频点播,探究式、研讨型的互动学习方式"。2012 年年底有 100 门精品课程网上共享授课。

上海学习网建设项目 上海学习网在原有的教育资源库和上海市终身教育学分银行服务平台的基础上,融会贯通各类学习平台,为市民提供全方位、个性化的终身学习服务。已整合 14T 的教育资源库,包括终身教育、高等教育、职业教育、基础教育等优质资源,有 3 000 多门在线学习课程。

基于数字化课程环境建设和学习方式变革的探索项目 该项目是上海市承担的 27 项国家教育体制改革试点项目之一,已完成云+端的课程学习实录,与出版社合作开发教材的电子课本单元并已进入课堂实验阶段。完成了分类作业、阅读过程与行为记录、数学智能化辅导的软件开发与接入。区域平台(study online)、版权管理、点阵笔系统的开发基本完成。区域内18所学校试点项目推行各有亮点。区域开展教学模式创新模板以及培训正在开展中。

易班——上海大学生网络互动社区建设项目 按上海市教育委员会落实"推进网络学习空间建设"的要求,已积累了82万实名注册用户,覆盖68所学校(57所上海高校、9所中小学、2所沪外高校),帖文数超过1 200万,师生自发上传的课件和学习资料超过202万个,日均用户动态数超过1 800万次。

教师教育信息化素养提升项目 根据教育部要求,上海市扎实开展教师应用信息技术能力培训。自启动中小学教师教育技术能力(中级)全员培训以来,已完成培训人数97 602人,先后有46 454名教师参加全国教育技术能力中级水平考试,考试合格率历次名列全国第一。与此同时,积极开展信息技术学科高端人才培养工作,自实施"上海市普教系统名校长名师培养工程"以来,共培养了38位名师后备人选。

(沈灵捷)

上海市公安局

【印发《关于进一步推进上海公安科技创新工作的指导意见》】 为深入推进《全国公安机关"十二五"科技强警工作规划》、《"十二五"社会公共安全领域科技创新专项规划》和《全国公安装备建设"十二五"规划》的贯彻落实,上海市公安局(以下简称"市公安局")印发《关于进一步推进上海公安科技创新工作的指导意见》(以下简称"《指导意见》"),《指导意见》结合上海公安业务发展对于科技创新的需求和上海公安科技创新工作的实际,从三个方面提出了工作意见。一是确立工作目标,通过全局性的科技创新和基层技术革新活动,着力开展上海公安信息化"六大平台"、"智慧城市"建设应用中关键技术攻关,重点推进警务支撑技术及武器装备、理论研究等领域关键技术的攻关;储备一批公安业务发展可能需要的研究成果;进一步完善科技创新支撑体系,建立健全一系列科技创新工作机制;建设和培养一支与上海公安业务发展相适应的公安科技人才队伍;营造一种积极向上、奋发有为的科技创新氛围。二是确定重点任务,重点安排了包括基层技术革新类、平台建设技术研发类、警务支撑技术研究、警用专用技术装备研究、公安理论与标准研究5类共44个研究方向作为本地科技创新的重点攻关任务。三是提出工作措施,从组织领导、资源配置、工作机制、人才培养等方面提出8条措施。

【"科技+合作"探索】 科技与合作是现代警务机制的两大要素。2012年内,公安机关依托科技创新拓展合作领域、提升合作成效,在深化合作中不断提高科技信息化水平,发挥"科技+合作"的倍增效应。印发《上海公安"六大平台"整合建设总体方案》,形成以六大平台为框架的信息化建设顶层设计方案。计划通过六大平台来整合归并现有的109个信息系统,并规范指导今后的新建信息系统。以打好"合成战、科技战、信息战、证据战"为重点,坚持合成作战,在市局、分(县)局两个层面,建立各相关警种部门共同参与的合成作战模式,固化多侦联动、多轨联控的侦查破案机制,确保案件快侦快破。建立实体化运作的刑侦、治安打击整治专项行动"联动办",建立区域联动、警种协作的打击街面"两抢"犯罪工作机制、打击"夜窃"临检工作机制、街面便衣侦查工作机制等。推进图像监控建设与应用,建立多层次、全方位的立体监控系统,把派出所图像监控室打造成视频监控、指挥研判、指挥调度"三位一体"综合指挥战斗实体。建立图像监控分级值守机制,实现对街面各类重点区域、目标多角度、高频率的切换巡视,并通过增进与街面巡逻执勤力量之间的协作联动,构建"人机互动、虚实互补"的立体巡逻防控体系。建立内外协作联动机制,整合各种社会资源共同开展综合管理,使派出所图像监控室成为牵引公安、民政、工商、城管等职能部门协作联动的平台和纽带,共同开展服务为民、维护稳定、综合治理等工作。研发"苏浙皖沪公安机关警务信息合作网站",成为四地公安机关提供信息交流、协作联动的渠道,网站总访问量达96万次。研发"华东地区信息共享平台",为华东地区提供跨区域信息查询,平台总访问量已达40万次,推动了区域警务信息化发展。

【信息中心建设】 2012年,根据公安部对信息中心工作的总体要求,市公安局科技部门进一步加强市局、分县局两级信息中心的规范化、专业化建设,继续提升公安网运行维护、安全保障和信息资源服务管理的能力和水平。完善市公安局信息中心汇集库,形成业务汇集库"一分三"的数据抽取架构。强化对市局机房资源的统一管理,下发《上海市公安局信息中心设备托管管理规定》。强化信息通信运行管理和日常监测,以信息通信运行维护平台建设为抓手,强化日巡检、故障报告、分析、处理等相关维护制度。

【上海公安"智慧城市"建设】 根据市公安局"智慧城市"建设的总体部署,2012年初,市公安局修订下发上海公安推进“智慧城市”建设2012年重点项目和主要任务及节点目标安排表，指导和督促各相关单位按照时间节点全力推进和落实。完成“上海智能化消防数字平台”、“交通管理综合应用系统”、“互联网安全监察支持系统”和“安防视频资源共享系统”4个项目建议书的编制工作，报市发改委审批。其中，“上海市智能化消防数字平台”项目建议书已获市发改委批复。

（柴　珏）

上海市民政局

【概况】 2012年，上海市民政局（以下简称“市民政局”）坚持以科学发展观为指导，以迎接党的“十八大”顺利召开和贯彻落实第十次党代会精神为契机，紧紧围绕“以人为本、以人和为目标”的现代民政理念，全面落实《上海市推进智慧城市建设三年行动计划》和《上海民政信息化发展“十二五”规划纲要》，扎实推进重点项目调研、门户网站建设和业务应用推广等工作，有力促进信息化技术和业务应用融合，为上海民政创新社会管理、提高服务能力作出了新贡献。

【重点信息化项目调研】 根据《上海市推进智慧城市建设2011—2013年行动计划》工作要求，多次协调市残联、社福处、婚姻处、殡葬处、老工处、老发中心、社区服务中心、一门式政务研发中心、上海电信等有关部门进行业务需求调研和架构探讨，基本明确了智慧社区业务架构和建设内容，完成了社区事务综合服务平台和社区生活服务信息化平台项建书编制和申报。同时，根据智慧社区项目建设需要和民政局机关整体搬迁至世博办公地点的实际情况，一是开展了中心机房选址工作，制定了位于江浦路2100号的数据中心建设方案，并结合上海市防灾创业园的建设要求撰写了项目建议书；二是配合市机管局进行世博办公地点机房建设调研，在机柜数量、通信线路、信息点设置、网络架构、会议室设备配置、视频会议系统、公务网等方面提出了建设需求，制定了机房搬迁方案，为下一步业务应用全面推进和中心机房顺利搬迁奠定了基础。

【“上海民政”门户网站建设】 市民政局继续做好政府信息公开、网上办事和服务、政民互动等工作，进一步提升上海民政网站建设的整体水平。一是深化政府信息公开。全年共发布动态类民政新闻1 459条（含图片1 981张），国内民政新闻415条，媒体关注新闻293条，通过多种形式及时反映民政部门近期开展的各项工作动态。发布政府信息公开393篇，信息公开以社会公共资金为重点，着力提高资金公开透明度，对改善民生、社区建设和社会救助的专项资金加大公开力度。二是完善网上办事服务。按照网上办事“三大环节、十个要素”的总体要求，上海民政网上办事大厅积极推行“前台一口受理、后台协同办理”的在线办理模式，提供一站式办理服务，涵盖行政审批事项29项、其他办事项目8项，实现100%上网办理。其中，网民应用较多的为结婚登记系统及收养登记系统。全年网站共处理国内结婚登记网上预约29 034对，上海居民与外国人、华侨、港澳台居民结婚登记预约211对，中国公民收养市儿童福利院弃婴、儿童登记预约142人次。三是丰富互动交流活动。2012年新版“领导信箱”在上海民政网站上线，全年共处理答复局长信箱867封、网上信访337封，网上咨询454封，监督投诉341封，公开“最新来信选登”66封。开展7期在线访谈节目、6期民政大家谈节目，网站通过发布互动节目预告，扩大公众知晓度与参与率，推动政府与公众互动交流，受到公众关注；开展一期“国防和双拥知识竞赛”，共有17个区县、9个部队和2个学校108 370人参与网上答题。四是开展业务频道建设。为整合全市民政信息服务资源，为公众提供高效便捷的“一站式”网上信息和办事服务，进一步展现上海民政在互联网上的整体形象，2012年上海民政网站推出经济状况核对网、上海双拥网两个业务子网站，并纳入上海民政网站群架构，采用统一的信息发布平台和网站管理模式，在确保各网站安全稳定运行的同时，突出体现了上海民政的业务特色。

【上海市居民经济状况核对信息系统建设】 继续扩大资产收入比对范围和拓展比对业务，在核对系统建设方面，为进一步扩大比对范围，增强核对系统的核对能力和权威性，在已经与人社局、财税局、公安局车管所、公积金管理中心、中国证券登记结算有限责任公司5家单位和建设银行、农业银行等8家银行实现电子比对的基础上，进一步提升银行数据比对手段，加快比对速度，陆续又开通了深圳发展银行、上海浦发银行、上海农商银行、上海邮政储蓄4家银行比对专线，全年共计与银行比对41批次387 749人。在廉租住房业务方面，对申请廉租房准入标准、业务流程进行了调整，并新增了9个、改造了8个查询统计功能，有力提高了核对工作质量和效率。全年共核对廉租住房申请家庭13 916户，出具核对报告12 122份，自动退出1 794户，检出率为12.89%。在共有产权保障房（经济适用住房）业务方面，对申请共有产权保障房（经济适用住房）准入标准、业务流程进行了调整，并进一步优化了综合决策分析预测模型。全年共核对共有产权保障房(经济适用住房)申请家庭 11 601 户(33 953 人),出具核对报告 11 211 份,自动退出 390 户,检出率为 3.4%。在低保业务方面,7 月低保业务正式上线,系统实现了延期通知书、初核报告和核对报告等电子报告生成和流转功能,大大节约了核对人力投入。全年共核对 214 383 户,自动出具延期通知书 209 674 份,初核报告 209 674 份,核对报告 84 276 份。

【上海市社会救助管理信息系统升级改造】 为进一步体现社会最低生活保障资金发放的公开、公平、公正,社会最低生活保障资金发放业务也应纳入收入核对机制。为此,2012 年对原有系统进行了与上海市居民经济状况核对信息系统相应的联动功能开发,2 月项目正式启动,3—6 月完成了用户调研、开发测试、全市培训等工作并正式上线,由于该项工作是首次启动,很多政策也在不断地摸索变化之中,上线以后,不断听取业务部门和街镇的使用意见,进行了 16 次的需求变更。系统功能上线后,对全市所有低保家庭成员进行了定期复审,并和收入核对系统联动进行收入核对。全年已核对通过 190 232 户家庭,经核对审批未通过的家庭共 24 151 户,节约了大量救助资金,取得了很好的社会效益和经济效益。

【上海市养老服务管理信息系统升级改造】 系统包括养老需求评估、居家养老、机构设置审批、养老机构服务、老人日间服务等子系统,已陆续上线运行。2012 年 2 月,为进一步满足市、区县、机构三级实际业务管理需求,包括结合地理信息系统实现养老机构数据实时共享、养老床位网上预约等功能,对养老机构服务管理子系统进行了改版升级,3 月开始在部分区县、机构试运行,6—10 月,完成了新系统全市推广培训工作,共 26 批 1 516 人次。该系统已经在全市 600 多家养老机构推广运行,系统录入老人数 61 564 名,达到当前机构在院老人数 65 503 名的 94%。新系统的推广运行,提高了管理效率和辅助分析能力,方便了市民养老机构信息查询和即将开通的养老床位网上预约,有力地提升了本市养老机构服务管理的信息化应用水平。

【上海民政地理信息系统应用推广】 市民政局以地理信息系统为提升业务管理水平、提高工作效率、方便市民办事的有效抓手,进一步加强民政 GIS(地理信息系统 Geographic Information System,简称 GIS)应用推广力度,多次召开建设工作会议,就系统功能完善、市测绘院“问题地图”清理整改自查、救助风险地图、养老业务应用、殡葬业务应用以及便民服务电子地图等进行了专题部署和推进,基本完成社福处、社团局、优抚处、殡葬处、慈善处、老工处等民政机构信息发布和业务数据定时对接发布。10 月 23 日重阳节,养老服务电子地图正式开通,实现了对全市范围内所有养老机构、日托机构、老年人助餐点、居家养老服务社、为老服务中心、老年活动室、老年人维权机构、老年学校等养老服务设施定位和服务信息查询,为全市老年人了解和就近选择养老机构等养老服务设施提供了便利。12 月 18 日,殡葬服务电子地图正式开通,实现了殡仪馆、公墓、海葬服务机构等殡葬机构的定位查询、属性查询和周边查询,实时公布殡葬商品和服务价格信息,接受市民监督,提高了殡葬行业满意度。

【上海社会组织网建设维护】 建成上海社会组织电子地图服务平台。市民在通过选择区县、街镇和所需了解的社会组织类型,或者直接输入社会组织名称关键字,即可查找就近的民办中小学、民办幼儿园、民办医院、民非培训机构、行业协会及群众文化活动团队等。社会组织电子地图实现了对全市 10 000 多家社会组织的位置定位、服务信息查询功能,市民可以根据实际参与后的体会,从组织各方面对其进行点评,并实时在网页上进行展示,还实现了社会组织网上咨询等互动功能。同时建成基金会信息披露平台,该平台公布了本市 135 家基金会的基本情况、历年年检情况、年度财务审计报告、信息公开情况及募捐活动开展情况等信息,也为社会公众提供咨询、投诉、举报等互动交流功能,符合社会各界对加大慈善募捐组织信息透明度的潮流与期待。

【上海市社会组织业务管理信息系统升级改造】 推出了新版系统,对审批事项和数据统计分析平台进行完善,进一步加强了包括通知公告、网民来信、政府新闻、会议安排、业务审批、查询分析、图表分析等功能升级,突出人性化特点,通过完善更加突出了结构清晰、操作便捷、图表优化、支持决策的特点,更好地满足市区两级社会组织登记管理工作需求,同时加大了对用户的培训指导的力度,得到了市区用户的充分肯定,大大提高了行政审批的办事效率。

【上海市法人信息共享与应用系统社团子系统建设应用】 上海市社会团体管理局作为市政府信息化重点工程——全市法人库建设联席会议的核心成员单位,2012 年继续做好法人库二期配套建设工作。除在现有24项社会组织登记类、年检类数据信息共享的基础上，还进一步完成对行政处罚类信息8项的主动公开，并进一步做好对市法人库的二次开发利用工作，已在网上年检系统中率先引入质监、税务等信息。此外，按照市政府办公厅的统一部署，参与了本市社会组织法人网上身份统一认证平台的配套建设工作，完成了本市社会组织法人一证通申(换)领工作的布置与实施工作，全年完成6 400多家社会组织的证书更新，更新率达65%。

（黄爱国）

上海市财政局

【概况】 2012年，围绕财政改革发展的要求，上海市财政局(以下简称"市财政局")根据市委、市政府的工作部署，在财政部信息网络中心的具体指导下，扎实推进财政信息化建设，着力加强信息系统安全管理，有效确保信息系统的安全稳定运行。一是运用"制度＋科技"，完善财政信息化管理；二是服务财政改革发展，深化金财工程主体应用；三是围绕提高行政效率，拓展内外门户建设；四是强化基础保障体系，支撑财政系统运行。

【深化乡镇财政性资金监管信息化平台应用】 为进一步加强乡镇财政性资金的管理，在完成乡镇财政性资金监管信息化平台推广的基础上，市财政局着力开展全市各区县所有乡镇平台的深化应用工作，并根据"乡镇日常监管、区县全面监管、市级重点监管、中央财政专项监管"的监管要求，开发乡镇财政性资金监管信息化平台子系统。一是开展乡镇财政性资金监管信息化平台课题调研。做好材料准备、培训等相关工作，并就系统应用方面向各区县及乡镇下发了调查表，梳理反馈情况，逐一核实解决。二是推广实施乡镇平台。一季度完成全市各区县的乡镇平台推广实施，指导各区县做好乡镇平台运维保障，对运行情况进行跟踪检查和总结分析，并逐步完善应用。三是建设乡镇平台监管子系统。根据业务管理需要，拟订并修改完善监管子系统业务框架，研究制定技术方案、数据归集方案和数据检查机制，将分布在各区县的乡镇平台数据归集到市财政局监管平台进行实时检查；在完成系统主框架、预警、监控、分析、后台系统管理等功能设计的基础上，组织开发监管子系统，基本实现了预期的目标。

【深入推进政府采购信息管理平台应用】 2012年，随着电子集市的功能日益完善、商品日益丰富，商品交易量较2011年有较大增长。2012年，共成交77 730笔，同比增长31%，总成交额16.15亿元，同比增长29%。为继续深化政府采购信息管理平台的应用，在不断丰富电子集市商品交易功能及监管功能的同时，加快推进采购平台二期电子招投标功能推广应用。一是完善平台一期电子集市功能。新增商品配件库选购功能，方便采购人对所购买的集市商品进行灵活的配置选择。二是推广应用平台二期。市政府采购中心通过平台完成了复印机、传真机、摄像机3类协议商品共47个包件的公开招标，有18家供应商通过采购平台参与了电子投标，实现了协议商品招标、投标、开标、评标和采购结果公示全过程管理；完成7家社会代理机构和全部17个区县集中采购中心的培训工作，为2013年全面实现政府采购网上招投标打好基础。三是实施平台第三阶段建设。优化电子集市和电子招投标流程与操作；增加网上培训功能，为平台各类用户提供在线的操作指导。四是加强平台预警监控。增加电子招投标流程的监控管理，为监管部门加强政府采购全过程监控提供技术支撑。

【进一步推进资金网上监管平台建设】 由国库单一账户系统、资金监管系统、统一会计核算等系统组成的资金网上监管平台自运行以来，在财政资金的流向、流量、流速的监管方面取得了一定的效果。2012年，围绕加强监管平台功能，进一步推进资金网上监管平台建设。一是扩展升级国库单一账户和公务卡系统。组织开发新的数据交换功能。为解决数据交换不及时和数据遗失等问题，根据与人民银行市分行商定的数据交换机制，将原定时、批量的数据文件传递方式改造为直接传送、实时回复的报文形式，并对传输信息进行加密，增加对信息流转环节的监控以及财银支付对账，系统数据交换的安全可靠性得到较大提升，拓展了系统功能，新增了预算单位专用存款账户归还公务卡报销手段，授权支付(专用存款支付)增加了批量支付和授权支付汇总开单等功能，增加与银行每日额度对账功能，以满足国库单一账户和公务卡新增业务管理要求。二是试点推广统一会计核算系统。扩大试点范围，完成50多家预算单位的培训和正式上线试运行，并根据试运行情况完善和优化系统功能，达到增强单位会计核算准确性的目的，为财政监管打下了坚实技术基础。

【推进区县国库单一账户系统及预算一体化系统建设】 按照财政部金财工程建设要求，加快推进区县国库单一账户系统及预算一体化系统建设，从技术方面大力促进区县完成国库单一账户改革任务，年内大部分区县已使用市财政局国库单一账户系统及预算一体化系统。一是在市财政局统一建立区县财政局与人民银行市分行的数据交换通道，便于区县财政局与国库银行及商业银行进行数据交换，做到全市数据交换集中管理。二是将报文交换系统推广到区县财政局应用，实现财政与银行的数据实时交换，增强了数据交换的及时性和安全性。三是向区县财政局信息部门讲解国库单一账户及预算一体化系统建设各方面的准备工作要求，包含硬件环境配置、数据安全管理、数据梳理、系统上线、测试联调等内容。四是加强联络沟通和指导，建立问题上报机制，及时了解各区县财政局工作推进情况和存在的困难，统筹技术资源协调解决。五是印发实施项目招标需求和框架协议，供各区县财政局参考，帮助各区县财政局开展相关工作。

【拓展预算编制子系统】 一是扩大预算编制涵盖面。在做好预算编制子系统平稳运行保障工作的同时，开发了社会保险基金预算管理功能，实现预算编制系统对于公共财政预算、政府性基金预算、国有资本经营预算和社会保险基金预算四本预算的全覆盖。二是落实2013年部门预算编制管理要求。为实现加强对政府购买服务管理、中期项目库试点管理和预留中小微企业部分政府采购项目的要求，在项目申报时，增加了政府购买服务受益对象的选择、中期试点项目的选择等，在政府采购项目中增加了预留中小微企业的选择，并增加查询报表以便单位和部门了解预留情况，并在提交时设置提醒规则。

【完善预算执行子系统】 一是拓展应用功能。新增“营业税改征增值税”扶持资金拨付管理功能、政府综合财务报告数据上报模块，调整了政府采购拨付账户和流程等；根据预算管理系统要求，将市国库收付中心的一岗审核调整为初审和复审两岗，增加批次编号、是否退票等有利于审核的要素，并修改拨款通知单表样、定义新的报表；开发网络版工资统发系统，与预算编制、指标管理、资金拨付等预算管理环节实现紧密衔接，选取60余家预算单位分两批试用系统，修正系统报表，优化操作界面，完善系统功能，完成部分单位工资和津贴、补贴的发放。二是优化系统性能。优化了授权支付申请、公务卡报销单生成、授权支付科目调整、公务卡科目调整等功能，定位影响系统速度的代码，降低其耗费值，以提高系统运行速度。

【扩展非税收入管理信息系统应用】 为深化推进非税收入收缴分离改革，建立完整的非税收入管理体制，一是重点推进票据管理子系统试运行，解决试运行中反映的系统问题，并根据业务要求进行局部功能完善调整，为下阶段推广做好准备工作。二是推广罚没收入收缴二期业务，逐步将罚没收入收缴全过程纳入非税收入管理统一平台。三是实施系统优化调整，从功能、性能、安全性等方面入手，进行SQL语句优化、系统漏洞的修正等。

【扩充行政事业单位资产系统功能】 在确保行政事业单位资产系统稳定运行的基础上，根据资产清查工作要求和资产配置改革试点工作需要，拓展了资产系统功能，新增资产清查和资产配置管理等功能，并组织市本级预算单位深化应用新增功能。按照财政部《关于开展事业单位公务用车清查工作的通知》的有关要求，借助资产系统的报表填报、审核、汇总功能和系统中已有的事业单位汽车资产数据，将财政部下发的《事业单位公务用车清查报表》植入系统中，有效减轻了各级预算单位数据采集工作量，提高事业单位公务用车审核汇总上报速度。年内资产管理系统中的资产处置和使用审批动态管理功能已在市本级和14个区县财政局投入使用，共完成1.18万笔申请单审批。

【开发绩效评价管理信息系统】 绩效评价管理信息系统于2012年8月上线，该系统与预算管理系统实现用户统一管理、统一授权和统一登录，并通过指标库、档案信息库、专家库、第三方机构库的建设，为绩效目标申报、绩效跟踪、绩效评价和结果应用提供信息管理和业务支撑平台，将评价信息与预算管理结合起来，提高绩效目标申报的科学性和准确性，改进绩效跟踪的质量，提升绩效评价的效率和权威性，降低评价成本，为绩效评价结果全面应用奠定基础。

【完成应用支撑平台上下贯通】 根据财政部金财工程应用支撑平台的工作要求，采用财政部的平台交换组件，遵循财政部应用支撑平台的各项技术标准，实现市级应用支撑平台与区县应用支撑平台的数据贯通。一是切实做好前期准备工作。为稳妥推进应用支撑平台在区县的贯通工作，研究制定了技术方案，进行系统测试，并组织试运行。二是全面实施平台贯通。在全市所有区县完成交换平台和MQ通道的部署配置，实现区县平台与市级平台的贯通，测试通过了交换平台数据上传下发功能和增量传送功能。同时，以平台贯通工作为契机，对各区县的应用支撑平台进行了检查。三是进一步完善市级平台的数据接入方式和日常检查机制，制作了全市各区县数据贯通的监控查询界面。

【实施财政转移支付综合管理系统一期建设】 根据财政部关于推广财政转移支付综合管理系统的工作要求，为进一步加强财政转移支付资金管理，提高财政科学化、精细化管理水平，在本市实施财政转移支付综合管理系统一期工程建设。一是按照财政部的统一要求，做好系统环境准备工作，完成本市转移支付系统的建设部署，确保各级财政部门业务人员能通过系统实现转移支付指标的下达与对账。二是实现与财政部的联网试运行。市财政局能接收财政部下达的工作任务，并逐级分解到区县财政局，区县财政局能够按要求完成任务上报。三是完成市级、各区县财政业务人员的推广培训和系统运行技术支持等工作，对市局机关各相关处室、各区县财政局业务科室负责中央专款管理的有关人员共150人进行培训。

【扩展综合办公系统功能】 市财政局综合办公系统自正式启用以来，较好地支撑起行政办公业务流转，提高了财政行政办公效率。2012年，继续着力加强对系统功能进行升级拓展。一是推进综合办公系统与财政管理系统一体化建设。经反复讨论和分析后，确定了以中央专款作为一体化的突破口，制定中央专款项目库业务需求；结合综合办公系统和财政管理系统的现状，确定了业务工作审批一体化建设方案并完成了该方案的开发、测试等工作，为全面建立一体化系统打下了坚实的基础。二是完成网络教育平台建设。网络教育培训平台于4月启动，历时4个月完成基本建设。该平台为财政干部提供在线或离线等方式的课件学习、培训，包含视频、幻灯片、文章3类40多条学习信息，提供在线交流心得体会，并可供人事部门发布培训项目、培训动态以及根据在线学习情况进行分类查询、统计。三是完成上海财政党建网建设。经过业务需求梳理、界面风格确定、开发、测试等环节后，上海财政党建网在“十八大”闭幕后，于11月15日顺利开通。通过党建网实现在整个财政系统内部发布党建快讯、党务公开信息、重要论述等党工团信息，同时也提供网上提问、问卷调查等互动功能，成为上海财政内部学习、交流党建的一个窗口。四是做好档案管理模块上线运行工作。完成系统功能优化，并配合做好2011年度处室文件的归档工作，共计归档1.3万条档案信息。五是辅助财政专项资金评审中心建设综合办公系统，完成了系统培训、上线等工作。同时为满足评审中心建设项目库的要求，完成方案设计和软件开发，系统已投入试运行。

【拓展财政门户网站功能】 一是建设企业财务会计数据信息平台。按照业务需求组织完成查询、统计、分析等模块的设计、开发等工作，并完成系统上线。指导会计师事务所、企业完成CA数字证书的申请、经审计的2011年企业财务年报上报工作，共收集300余家会计事务所上报的1.8万家企业2011年财务年报。完成市财会管理中心、市注会中心数据审核、入库、查询等。二是启动政府购买服务平台和中小企业财务报表平台开发。按照业务需求组织原型设计和方案确定、软件开发工作。三是完成会计电算化考试网上报名、付款及网上购书等系统功能上线工作。12月27日，根据中央政府门户网站转载并发布的“2012年中国优秀政府网站推荐及综合影响力评估揭晓”榜单，“上海财政”网站获得2012年度中国政府网站领先奖，成为唯一一家入围领先奖系列的地方财政部门网站。

【深化财政门户网站应用】 2012年，在确保“上海财政”网站平稳运行的同时，进一步丰富网站的网上办事功能。一是构建网上办事平台。为提升网站用户使用体验，网站建立了网上办事大厅，根据办事资源的梳理整合情况，按不同身份用户的办事需求，为预算单位、企业、个人等用户提供个性化的办事入口，设计开发场景式服务系统，提高了网上办事人性化导航能力。推进网上行政审批事项试运行和应用，16项市财政局行政审批事项上线开发已全部完成并进入试运行，并根据试运行情况结合行政审批改革的要求，逐步完善审批功能。二是推进上海财政智能服务平台建设。建立“上海财政”网站知识库，逐步完善知识库内容，共整理知识点260条；通过智能机器人提供网上在线问答，以逐步缩小查找范围的方式提供精确的答案，对于无法当场回答的问题，将通过数据交换方式纳入综合办公系统进行处室流转以提供专业答复。至2012年年底，共计访问人次9 000次，提问数2.9万条。三是完成信息报送系统建设。按照业务需求，完成流程设计、查询等模块的开发调整并上线，为财政系统各单位各部门报送工作动态、发布动态信息提供统一的平台。

【加强数据安全管理】 为切实提高信息安全意识，加快完善财政信息安全管理体系，有效提升系统安全管理水平，保障财政信息化建设，重点加强市财政局的财政数据安全管理。一是完善并落实有关财政信息系统数据库安全管理办法。建立财政信息系统管理工作例会制度，每月定期召开工作例会，总结系统安全管理月度工作；开展所有信息系统、所有基础设施的安全漏洞排查，对于查出的安全漏洞，认真分析，研究对策，在最短的时间内采取具有针对性的措施，降低系统风险；启动内部轮岗，实行信息处人员双密码AB岗制约机制，所有后台数据操作需两人共同在岗时方能完成，确保数据安全性和完整性。二是加强机房安全管理。制定有关数据中心管理制度，规范人员和设备进出机房的管理，规范机房自身设备和各类信息化设备的日常管理。三是制定并印发《财政信息系统上门服务规范》。为加强运维公司管理，规范对市级预算单位的上门服务流程，制定上门服务规范，明确运维人员服务规范要求，建立上门服务人员与后台处理人员的分离制约机制，提高项目安全管理质量。四是建立数据库、应用系统等密码定期更新机制，密码的更新修改情况每周需上报信息处负责人并说明密码未更新的原因，强化密码管理力度。

【建立统一电话服务运维平台】 为规范财政信息系统的运维服务，保证服务质量，搭建了电话服务运维平台，成立专门的运维服务团队，为市级预算管理平台用户和全市所有政府采购平台用户提供统一的电话咨询和操作实务解答服务。为使运维平台有效运作，制定运维工作流程配套管理制度，并不断整理工作记录以丰富运维知识库，同时通过技术手段监控服务人员的电话服务记录，并制定相应考评办法加强对运维团队的管理。该运维平台一方面规范了市财政信息系统运维服务管理流程，另一方面为运维的监控管理提供了抓手，做到用户问题从提出、解答、分析和反馈跟踪都有语音记录可查，有效地提升了信息系统的运维服务质量。2012年，电话运维平台共受理预算管理系统和政府采购平台咨询电话43 920个，为预算管理平台和政府采购平台的使用提供了有效的支撑。

【加固基础设施建设】 一是实施财政信息系统应用级灾备立项工作。为确保业务应用和数据存储万无一失，启动财政信息系统应用级灾备工作。按照市发改委项目管理要求，在咨询公司协助下完成相关研究并向市发改委报送立项报告。在收集素材的同时，启动《上海市财政局信息系统应用级灾难恢复体系项目可行性研究报告》的编制工作，制定了报告框架。二是开展柴油发电机项目建设。结合财政信息化实际情况，编制项目技术需求书及监理需求书，并在项目中标单位、监理中标单位协助下反复修订项目设计方案及施工方案。三是启动计算资源池项目。在认真分析财政信息化实际情况后，合理运用虚拟化等技术，建成了外网Web访问层和外网App应用层计算资源池，实现了资源统筹优化配置，提高了硬件设备的共享度和利用率。四是做好东方苑办公楼网络系统建设。市财会管理中心、市专项资金评审中心及市财政监督局部分人员于东方苑办公，为解决该地信息化基础设施比较薄弱的问题，在大楼内部署一套三层（广域网接入层、核心汇聚层、楼层接入层）架构的网络系统。经过现场施工，东方苑网络系统已上线运行。

【落实信息系统安全和保密工作】 一是继续落实信息安全等级保护。按照市网安办政府网站安全管理试点工作的整体部署，积极组织财政网站系统安全测评，加固网站安全防护措施，提高网站防护能力，保证了网站整体安全。对部分重要信息系统（非税收入、政府采购、预算管理和综合办公）实施了安全测评和整改加固。边测评边整改，修复了部分系统漏洞，降低了安全风险，提升了系统安全防护能级。该工作得到了市信息安全等级保护办公室的肯定，市财政局被评为本市2012年度等级保护工作优秀单位。二是开展保密专项检查。此次保密检查共检查了近400台计算机，基本做到不漏一人、一机、一网、一盘，提高了市财政局计算机和信息系统安全保密管理水平。

【完成基础设施运维工作】 一是加强基础设施月度巡检和日常运维，巡检各类信息化设备1 000余台次，发现并排除故障及隐患50余次，更换部件60余件，处理故障及时得当，为财政信息系统的持续可靠运行提供基础保障。同时，处理市财政局各信息化桌面终端报修1 000余次，新装各类终端设备200余台，用户反映良好。二是数据级灾备工作。通过政务外网每天将业务数据传输到张江灾备中心存储系统，并指派专人定期将载有非涉密数据的介质送往张江灾备中心异地保存。三是做好视频会议保障。完成市财政局21楼会议室视频会议部分的改造，做好视频会议系统相关设备的安装及调试，确保视频会议系统正常运行。同时，对原有视频会议系统及网络设备进行了升级改造，使相关处室能通过互联网与世界银行进行视频会议，取得了良好的效果。此外，配合市机管局完成能源监测审计，组织17个区县财政局及4个直属单位的网络管理员接受网管培训，开通市财政局与市政务外网之间的第二条备用接入链路，完成非税收入培训环境建设，并按财政部要求，完成市局机关各处室、市国库收付中心、市财会管理中心及市财政专项资金评审中心的内网PC客户端桌面安全防护项目实施，为PC机安装了桌面安全防护软件、以实名制注册PC机，并统一配置防护策略。同时，对下一步区县财政局推广PC客户端桌面安全防护项目相关工作进行了计划部署。

（时 珺）

上海市城乡建设和交通委员会

【上海城市网格化管理信息系统】 上海城市网格化管理信息系统（以下简称"网格化系统"），是以现有的管理体制机制为基础，以现代信息技术为支撑，基于计算机软件硬件、网络环境，集成基础地理空间、网格和部件等多种数据资源，通过多部门信息共享、协同工作，实现对城市管理部件和事件的动态监管、处置、统计和分析等功能的一种计算机应用系统。2012年，城市网格化管理1个市级平台和17个区县级平台稳定运行。截至2012年年底，网格化管理覆盖城市化核心区域的面积为1 200余平方公里，涉及街镇214个，共划分万米网格39 445个，责任网络1 809个。在全年网格化系统中，共立案133万件，结案130万件，结案率为98%，其中部件类案件主要集中在雨水篦子、行道树、雨水井盖等；事件类案件主要集中在占道无照经营、乱涂乱贴乱画、暴露垃圾等。年内按照本市城市网格化管理信息系统规划、实施、运行、维护和管理的实际需求，为促进数字化城市管理建设，提高城市管理和公共服务水平，上海市数字化城市管理中心认真总结实践经验，参考相关行业和国家标准，并在广泛征求意见的基础上，制定了《城市网格化管理信息系统技术规范》。为进一步推进网格化管理与其他社会管理的联动工作，在奉贤区、崇明县开展联动示范试点，在原有网格化管理系统的基础上拓展管理内容和功能，达到与其他社会管理联动的效果。建设完成了崇明县18个街镇分平台、奉贤区14个街道分平台、奉贤区城建服务热线、奉贤区应急联动平台，并按照计划在2012年4月1日全区上线试运行。12月，在奉贤区试点与"12345"市民热线技术平台的数据双向互传，为2013年全市其他区县网格化系统与"12345"系统的顺利对接积累了宝贵的经验。网格化管理范围拓展工作持续进行，此工作涉及闵行、宝山、奉贤、青浦、崇明、金山等六个郊区县200平方公里管理范围，包括44个街镇。同时撰写完成了2012—2013年网格化管理的拓展实施方案，涉及120平方公里。

（刘贤明）

【持续推进长三角高速公路ETC系统联网建设工作】 在交通运输部公路局的指导下，上海市城乡建设和交通委员会（以下简称"市建交委"）于2012年7月底完成沪浙间ETC系统联网测试，8月正式实现泛长三角区域（沪苏浙皖赣闽）ETC系统联网运行。此外，市建交委会同市路政局积极推进本市ETC车道完善建设以及车道布设标准化的改造工作，计划于2013年年底完成79根ETC车道的新建以及184根ETC已建车道的改造，截至2012年年底，市建交委已完成项目报批工作。

【加快推进政府信息资源向社会开放试点工作】 按照市委、市政府要求，配合开展政府信息资源向社会开放的试点工作，完成了首批参与试点的建筑业类和交通类的20项数据编目、20项数据产品、2项数据应用的梳理开发工作，并在市建交委门户网站开设专栏发布数据产品和应用；完成了在市级平台第一批资源编目、数据产品和应用服务内容的注册与审核发布，实现了信息公开由提供文本信息向提供数据服务的拓展。同时，组织委属相关单位针对已建业务信息系统开展第二批资源编目工作，为进一步推进资源整合、信息共享打下良好的工作基础。

（顾 涛）

【"上海市城乡建设和交通委员会"门户网站】

扩大信息公开范围，推进信息公开工作 市建交委按照政府信息公开条例，坚持"公开为原则，不公开为例外"，积极做好主动公开工作。网站上主动公开各类政府信息2 257条，比2011年增加390条。通过网站公开的各类政府信息（文件、通知、公告）390条，比2011年增加52条。发布本单位各类政府信息140条。2012年本单位依申请公开网上受理110件，占单位总申请（含其他渠道）79%。已答复110件，占总数的100%。一是根据2012年度网站落实交通部相关要求，在"信息公开"专栏中新增设应急管理、交通规费、规划计划、交通统计、财政信息等子栏目，发布上海市建设交通系统各项规划、统计数据、"三公"预算、规费征收等内容31项，信息公开内容更为充实。二是为进一步推进政府信息资源向社会公开，2012年10月网站开设了"政府信息资源公开"专栏，通过数据服务方式向社会开放政府信息资源，提供20项数据产品服务和2项数据应用服务，使信息公开由文本提供向数据服务延伸，创新政府信息资源开发利用模式。三是为更直观地反映市建设交通系统各项工作，网站开设"视频新闻"栏目，集中发布与市民生活息息相关的各项新闻内容，方便公众浏览。

整理优化网上办事平台功能 2012 年，结合交通部政府网站绩效考核，网站对“网上办事”平台进行了重新梳理和系统优化。改造后的“网上办事”平台，共有 3 大类、12 小类、63 项办事事项，用户可根据身份或办事类别进行查找。所有事项均实现网上公开、网上受理。

建设“上海市交通白皮书”专栏 网站于 2012 年 9 月增设“上海市交通白皮书公众参与”栏目，全面介绍《上海市交通白皮书》编制工作，并阶段性发布相关工作成果与项目动态，为公众了解《上海市交通白皮书》提供平台。结合公众关心的各项交通问题，建设了公众留言平台，发布相关主题供公众留言，为在白皮书编制中采纳民意提供渠道。

参与“民生访谈”，为民排忧解难 为让市民了解城市管理的难点、热点问题，满足市民的知情权，开拓市民参与城市管理的渠道，为百姓排忧解难。网站对市建交委和系统直属局行政主要领导参与“民生访谈”节目进行了直播，分别就城市基础设施建设、交通运输、绿化环境、住房保障、文明施工和城市用水、用气等社会关心的城市运行和管理方面的话题，与市民进行广泛的交流。

开设“建设交通政务微博群” 2012 年 5 月，网站新设“建设交通政务微博群”，各类政务微博 20 余个进行集中展示，涵盖市民住、行等生活内容，方便公众浏览信息。

建设“科技信息资源共享平台” 2012 年 6 月，根据交通运输部《关于做好交通科技信息资源共享平台推广工作的通知》要求，市建交委科学技术委员会办公室依托网站建设了“上海市建设交通科技信息资源共享平台”，实现科技信息公开，提供项目申报和评审、成果登记、奖励申报等在线办事服务的统一入口，为技术成果推广提供支持，同时提供到部级平台和其他相关子平台的链接。为建设交通系统的科研人员及社会公众提供科技信息资源查询、科技问题咨询、技术成果交流等科技信息资源服务。

交通出行服务满足多层面出行需求 网站开设便民服务交通专栏，集中展示各项交通信息类查询服务，公众可在该板块中查询快速路实时路况、掘路计划、公路阻断信息、轨道交通、公交卡余额，并新增设了公路出行、水路出行等信息，为市民出行提供一站式服务。

（王　炜）

【旧区改造信息管理系统为全市旧区改造提供信息服务】 2012 年，上海的旧区改造工作继续稳步推进，全年共征收改造二级旧里房屋面积 716 812 平方米，涉及 25 366 户，比上一年度有明显增加，有效落实了市委、市政府关于改善民生的指示精神。为了给上海市旧区改造领导小组办公室、市建交委的旧改管理工作提供更为有效的信息支撑，上海市旧区改造信息管理系统进行了应用功能的完善和拓展，尤其是针对月报数据上报模块、就近动迁安置房管理模块、简讯发布管理模块、会议通知管理模块等的完善和拓展，提高了市、区两级旧改部门的信息传递效率，同时还对旧改数据库进行了更新，给全市旧区改造管理工作提供了及时的信息服务。

（潘　强）

【路政局信息化建设】 2012 年是市路政局的开局之年，信息化工作围绕新的管理格局，在继承和整合原成员单位——上海市市政工程管理处、上海市公路管理处、上海市道路管线监察办公室信息化资源的基础上，稳步推进，助力机构改革和业务发展。

构建统一的办公平台及局门户网站 市路政局成立后，对原成员单位及各办公点的网络环境、电子政务资源进行了全面梳理、整合和重新布局，完成了局统一办公网络及办公自动化平台的建设和联网运行，确保改革后各业务工作不断不乱。结合新的管理职能，围绕“以人为本，服务交通”的服务理念，重新设计构建了局门户网站，重点开辟了“交通出行”等民生热点栏目，为全行业和社会公众提供便捷、高质的综合信息服务，提升了局的整体形象。

以应用促发展，持续深化各业务管理系统 各业务管理系统平稳运行，持续完善，针对原管理体制下市政、公路板块信息化资源相互割裂的局面，重点破冰，全面启动基础数据、电子地图的整合。在建设监管这一传统管理重点难点领域，结合局管理总体目标，建立了局建设监管平台，实现了建设过程监管和项目运作管理，并在沪嘉高速、宝钱公路等大型工程建设管理指挥部中全面推行使用，为实现管理的精细化打开了局面。在掘路管理领域，完成掘路计划和掘路审批系统的对接和联动，实现了管理流程的全闭合，有效解决以往计划和审批各行其是，相互脱节的局面，优化了管理体系。

（姚颖东）

【推进全国高速公路信息通信系统联网工程建设】 根据交通运输部综合规划司的要求，市建交委专门成立领导小组和工作小组，并对 5 家部直属驻沪海事、救捞单位开展专题调研，了解各单位信息化现状和下一步接入需求，调研排摸本市 G2、G15 高速的管道和光缆线路以及机房的资源条件，并按照部工可方案提出的要求，按时完成了本市配套工程的工可报批工作。委托市路政局于2012年11月开展工程建设，并于年底前完成了G2、G15外场通信光缆的敷设工作，并与江苏、浙江两省完成了省界区域的光缆连通工作。本市的光缆、管道、机房、供配电等基础设施基本满足交规划发〔2011〕740号文、交规划发〔2012〕515号文的相关要求，为下一阶段全国设备联网调试创造了条件。

（顾　涛）

【全市遥感信息调查与城市管理应用】 2012年，上海市进行了覆盖全市陆域的高分辨率数码航空遥感摄影，影像的地面分辨率达到0.25米。利用此次航空遥感数据，并结合中国新发射的分辨率为2.1米的“资源三号”卫星数据，市建交委、上海市环境保护局、上海市水务局、上海市绿化和市容管理局、上海市城乡建设和交通发展研究院、上海市航空遥感综合调查办公室等机构，针对城市环境、城市管理相关专题进行了遥感调查与信息分析，如全国第二次生态环境调查与评估——暨上海市生态环境调查与评估，全国第一次水利普查——暨上海市第二次水资源普查，上海市绿化与林地覆盖水平与变化状况调查，上海市中心城区零星旧里地块调查，以及浦东新区河道、公路设施、工程化造林现状调查等。另外，2012年全市航空遥感影像数据已经为多个涉及城市管理的信息平台提供服务，包括上海市网格化管理平台、上海市交通综合信息平台、上海市水务公共信息平台、上海市“地—楼—房”基础数据库、上海市绿化林业遥感和地理信息系统、上海地下空间信息基础平台、上海市旧区改造信息管理系统等。

（潘　强）

【加快推进上海地下空间信息基础平台建设】 被列入上海“智慧城市”三年行动计划的上海地下空间信息基础平台的建设工作正在加紧推进。上海地下空间信息基础平台的一期项目——《上海地下空间信息基础平台及其关键技术研究》是“十一五”期间上海市科教兴市重大项目之一。该项目主要目标是通过研究实践，提出平台建设的技术路线，解决平台建设的关键技术，探索平台建设的实施方法。项目成果为顺利开展上海地下空间信息基础平台建设形成了良好的基础。自2009年该项目完成至今，不仅持续开展了地下空间数据的维护工作，同时二期建设项目“上海地下空间信息基础平台”的准备工作也一直在进行中。至2012年，“上海地下空间信息基础平台”的可行性研究报告编制工作已经完成，进入审批阶段。

（倪丽萍）

【上海中国航海博物馆信息化建设】 上海中国航海博物馆是中国首个经国务院批准设立的国家级航海博物馆，位于上海浦东临港新城，占地面积24 830平方米，建筑总面积46 434平方米，是中国规模最大、等级最高的综合性航海博物馆，室内展示面积达到21 000平方米。馆内展区分为三层，第一层设置了航海历史馆、船舶馆、海员馆以及渔船与捕鱼专题展区；第二层设置了航海与港口馆、海事与海上安全馆、军事航海馆、航海体育与休闲专题展区。博物馆还建有天象馆、4D影院和儿童活动中心。

观众服务管理系统建设完成 观众服务管理系统分为电子商务系统、免费门票预约系统、学术讲座预约系统及后台管理系统四部分，并与馆内现有电子消费系统作数据接口，保证数据的同步性与一致性，并集成第三方支付平台，实现网上支付功能。电子商务系统、免费门票预约系统及学术讲座预约系统是面向观众会员的应用系统，包括会员中心、信息浏览、商品订购、门票预约、订单支付、购物车、订单查询、用户评价及留言板等功能；后台管理系统是面向博物馆工作人员的应用系统，包括商品管理、预约管理、库存管理、订单管理、销售统计、财务管理、内容管理、会员管理及系统管理等功能。

提升服务质量，做好常态化维护及升级改造工作 海博馆展区开放已逾两年，展项设备已进入耗材损坏期，故障频发。为保障展项正常运行，信息技术部在日常工作中将设备的检修维护列为重点，2012年对航海模拟器维护27次，集装箱桥吊模拟器维护13次，航运运价指数LED维护9次，多媒体展项投影仪维护14次。更换各种展项的投影仪灯泡共计65只。同时，做好多媒体展项系统备份，以便在产生故障时能及时进行修复。

积极组织演练，优化应急预案 为切实加强网络安全、设备故障等突发事件应急处置能力，形成科学、有效、反应迅速的应急工作机制，确保重要计算机信息系统的实体安全、运行安全和数据安全，最大限度地减轻设备故障与网络安全突发事件的危害，保障博物馆安全、稳定的运营，积极开展实战演练，针对服务器、网络安全、多媒体展项、应用系统和弱电系统出现的“灾难”，检验应急预案实用性，并使相关人员熟悉行动程序，明确职责，提高应急处理能力。

（丁　铮）

【公路视频完善工程】 2012年国庆期间全国首次实施了高速公路小客车免费通行政策，根据国庆期间小型客车免费通行保障工作中存在的一些道路服务设施不足，路网监测中心积极研究并开展了节假日免费通行保障相关配套项目实施，包括公路视频图像质量完善、服务区视频监视、交通流量调查采集设备完善、路网数据信息展示等项目。项目对上海市高速公路交通监控视频图像质量情况进行梳理、归纳的基础上，重点实施对路网关键监控区段和节点监控摄像机的增设与更换。通过高清摄像机的应用，达到大幅提升既有监控区段图像监控效果的目的，最大限度提升其应有的监控效能，更好地满足高速路网职能部门在道路监测业务和管理方面的需求。

【节假日视频监测试点工程】 项目通过在高速公路服务区实施节假日视频监测试点，掌握服务区以及所关联主线路段的交通、事件等方面的综合信息，来扩展高速路网视频监控的覆盖范围、推进上海市高速路网视频监控系统的服务和管理应用功能的全面完善，从而实现包含节假日交通保障服务在内的更为广泛和全面的应用。

【高速公路道口流量采集完善】 项目通过在高速公路进出省界道口的主线收费站区域、进出城区的主线收费站区域和进出重要城镇、景区的匝道收费站区域补充（少量）交通流量调查采集设备，结合前期已建的交通流量调查设备，采集（获取）进出市域道口（包括高速公路和地面普通干线公路）和进出高速公路网的流量数据，为管理部门在节假日期间的交通保障工作和后续运行管理工作提供数据支撑。

【路网中心展示完善工程】 为更好的整合路网监测管理业务，项目对现有的路网图层进行升级，并将新的图层应用于路网监测业务，在完成了统一版本变形图的基础上，完成了发布段和收费站的矢量化处理、配图和地图服务的发布工作，以及江桥监控中心的三个大屏展示方案效果配置，并在江桥监控中心一机四屏上展示了带有实时路况的路网变形图和五块屏幕的文字系统。

【智能交通项目建设有序推进】 干线公路情报板工程（一期）和干线公路交通监测与设施安全防护工程（一期）两个项目为2011年大中修项目，建设周期两年。2012年5月正式进入施工阶段。“干线公路情报板工程（一期）”和“干线公路交通监测和设施安全防护工程”在9月底完成了外场主体建设，10月进入系统调试及试运行阶段。

【东海大桥视频接入】 为推进东海大桥视频接入工作，路网监测中心主动协调东海大桥及S2沪芦高速等相关路段，经过一系列的会商协调，以及内场系统扩容、通信链路搭建、双向视频编解码调试、监控软件修改等一系列具体实施工作，在10月24日正式实现东海大桥视频图像接入路网监测中心。

【上海公路视频图像上传工作的完成】 针对交通运输部《关于加快做好公路视频监控信息传部工作的通知》等相关要求，路网监测中心在收到文件后立即进行了实施方案的研究部署和建设工作，通过设置共享视频服务器、网络通道搭建、系统联调等工作，在10月26日实现了上海公路视频图像的正式上传。

（武彦林）

上海市环境保护局

【概况】 2012年，上海市环保信息化建设依据国家环境信息化发展规划、上海市电子政务发展要求，坚持“信息化为管理服务”的原则，在信息化建设中，坚持规划先行，以规划来指导全市环保信息化建设。通过实施国家和本市环保信息化能力建设项目，推进环境保护电子政务和业务应用系统建设，提高信息服务质量和应用效能；同时努力深化信息技术在环保管理领域的技术引领，切实提高环境保护现代化水平和服务能力。为促进跨部门的业务互联和资源共享，通过统一规划、统一管理、统一平台、统一数据中心，规范和加强政务信息资源管理，全面整合、普遍共享和充分利用环境信息资源，以推进电子政务集约化建设，切实提升政府行政管理效能。2012年环境监管体系的信息化水平得到显著提升，环境信息化与环境保护的融合加快实现步伐，信息化对环境管理的技术支撑以及为促进环境管理模式创新的作用也不断体现。

（孙　瑛）

【《上海市环境保护信息化“十二五”规划》编制出台】 为贯彻落实“信息强环保”战略，切实提高本市环境保护信息化建设的水平，上海市环境保护局（以下简称“市环保局”）编制出台《上海市环境保护信息化“十二五”规划》。规划回顾了“十一五”期间本市环境信息化工作取得的成绩，分析了环保信息化存在的主要瓶颈和问题、“十二五”环保信息化发展趋势。按照“统筹规划，分步实施；需求主导，注重实效；立足创新，深化应用；加快转变，强化服务；整合数据，辅助决策；统一标准，保障安全”的原则，提出了在上海市环境保护信息化“一中心、两平台、三应用”的总体框架基础上，以污染源管理为主线、兼顾环境质量管理和政务管理，以深化资源共享为核心，以强化业务协同为手段，以优化信息服务为目的，以信息安全保障为基础，以统一建设、分级使用为主要模式，综合应用多种新技术，全面提升资源集成共享、业务联动协同、信息公众服务、应急指挥调度、决策辅助支撑5种能力。规划明确在“十二五”期间，上海市环境信息化建设将按近、中两期分步骤完善信息化架构体系建设，建设内容覆盖环境监测、环境监管、环境监察、固体废物管理、辐射综合管理、应急指挥等6个核心业务领域。近期以污染源全过程管理为重点，兼顾环境质量管理和政务管理信息化建设；中期在完善污染源管理的基础上，加强环境质量管理建设，重点推进资源整合、共享利用和各保障体系的建设。同时确定了“上海市辐射环境管理信息系统”、“环境监察与执法管理”、“环境风险管理与应急响应决策支持系统”等十大重点建设任务。

（王　勤）

【市环保局“非行政许可事项”网上办理服务】 根据上海市政府电子政务工作要求，市环保局从2012年9月20日起，开通“非行政许可事项”网上申请服务，实现了13项“非行政许可事项”外网申请、内网办理、结果反馈的全过程网上办理服务。市环保局“非行政许可事项”网上办理的实施分为内外两个平台，外网依托“上海环境”网站的网上办事大厅，实现“非行政许可事项”的在线申请、结果公示、状态查询和审批信息政务公开功能；内网（政务外网）与环保综合业务平台整合，实现“非行政许可事项”内部办理的全过程控制；内外网之间通过已建的数据交换平台，进行数据传输，实现内外网实时互动。已实现全过程网上办理服务的“非行政许可事项”，包括“环保部批项目环评地方审查意见”、“规划环境影响评价文件的审查”、“上海市建筑玻璃幕墙光反射影响论证”等13个事项。服务范围涉及环保8个处室和部门。上海市环保局“非行政许可事项”网上办理服务的开通，为企业、公众办事提供了便捷的渠道，同时对提高审查工作的规范性和增强审查工作的透明度也有所裨益。

（黄云松）

【开发建设“上海市建设工程扬尘与噪声实时监控管理系统”】 “建设工程扬尘与噪声实时监控管理系统”的建设旨在掌握上海市建设工地的分布情况，加强工地扬尘和噪声排放的日常管理，促进施工企业文明规范施工，为全面了解上海市扬尘和噪声产生和分布提供技术支撑。系统分为现场监控端及信息化平台两部分。现场监控端负责对扬尘及噪声信息的实时采集，并通过3G网络发送至数据库服务器存储。信息化平台内容包括：一是通过数据交换技术，实现在线监控及其他业务数据的实时获取；二是实现对建设工地的清单管理和维护，集成工地信息、现场监察及工地在线视频信息；三是建立基于GIS的信息展示及空间统计功能；四是以图表方式展示工地在线监测及历史监测数据；五是实现分区县、分施工阶段等不同类别的数据对照分析；六是实现工地扬尘量的估算及与夜间施工行政审批建立对接。系统平台具有开放性、先进性及可扩展性等特点，管理人员可以通过实时及历时的扬尘、噪声及视频数据了解工地的基本情况，并可以按照管理需求进行统计汇总对照分析，及时掌握全市建设工地扬尘量的估算情况及工地无证施工现象。系统的建设为上海市建设工地的科学化精细化管理奠定了技术基础。

（王　跃）

【“上海环境”网站建设】 在2011年网站改版的基础上，2012年“上海环境”网站主要开展了继续推进网上办事和深入开展信息公开方面的工作。

继续推进网上办事，增加13项非行政许可事项上网办理 在市环保局网上办事平台建成的基础上，各相关部门大力推进网上办事服务，实现14项行政审批事务全部网上办理。2012年9月发布《关于印发〈上海市环境保护局非行政许可事项办理规程〉的通知》，并于2012年10月15日起施行，共13项非行政许可审批事项接受网上办理。

发布2012年信息公开要点，深化信息公开工作 2012年，市环保局在不断提高政府信息工作水平的基础上，加大主动公开力度，扎实推进环保信息公开，提高公开的质量和实效，更好地服务经济社会发展。着重突出增强财政类信息公开，公开经市人大审议的部门预决算及“三公”经费预算以及决算信息；加强行政执法信息公开；推进环评单位信用信息公开。

加强“上海环境”网站管理，增加网站特色与亮点 2012年市环保局在网站工作中对网站栏目进行了优化，加快信息更新频率。完成了“上海环境”网站英文版改版工作，开通网站多平台版本，正式开通“上海环境”政务微博，及时发布全市环境质量信息和贴近市民生活的环境知识，答复网民咨询，策划互动交流，更好地服务市民，沟通民意。随着网站服务功能的增强，2012 年“上海环境”网站访问人次有了大幅提升，日均访问人次达到 8 万，增幅为 2011 年的 90%左右。

（刘　敏）

上海市规划和国土资源管理局

【概述】 2012 年，上海市规划和国土资源管理局（以下简称“市规土局”）按照上海市委、市政府和国土资源部、住房和城乡建设部信息化工作的统一部署和总体要求，不断提高认识，转变观念，把信息化作为促进管理精细化的重要手段，采取信息化顶层设计的理论和方法，设计规划和土地业务、数据、应用、技术构架，理清规划和土地各组成部分之间的关系，明确信息化建设内容与管理业务的关联，通过市、区县、乡镇规划和国土部门广泛和充分的应用，将信息化贯穿于规划、土地、地矿的调查评价、日常管理、监测监管、政策研究、社会服务等业务的全过程，凸显了信息化对转变管理方式、监管方式、服务方式、资源配置方式的支撑作用，释放了信息化在规范和创新规划国土资源管理中的巨大潜能。

规划和国土资源系统信息化的总目标是建立覆盖全市规划和国土资源系统信息化体系，实现管理全业务、全流程的数字化、信息化，为规划和国土资源系统实现精细化管理提供全面有效的技术支撑。在系统设计上，构建“二网、一中心、一平台、一门户”的系统框架，促成市、区县、乡镇规划和国土行政审批流程的标准化规范重组，实现三级管理业务和信息系统的实时在线运行，实现标准化、多维度、多层面的数据大集中，形成协调一致、互联互通的网络化集成办公大平台，构建及时、可信的社会化信息服务大门户。在系统建设中，以数据为中心，建立集中统一的规划和国土资源管理要素数据库，促进规划和国土资源管理的有机融合，实现地下、地表、地上建筑物、构筑物和各类用地统一管理。集中统一、内在关联的各类信息数据库为行政审批、执法监察、应急监管、辅助决策奠定必要的数据基础。在系统应用中，市、区县、乡镇规划和土地主要业务审批过程实现网上综合管理、办理，业务系统、公务系统、内部管理实现有机集成；所有非涉密公务全部在网上单轨运行，全面实现文档一体化、办公督查催办自动化、文件分发归档智能化，做到系统内的上通下达；应用系统实现统一开发，三级联网垂直集成部署，有效解决应用集中化、数据集中化、管理集中化、监测集中化。在信息服务上，利用统一、实时的在线数据，为社会提供及时可信的规划国土资源信息服务产品。针对个人、企业法人、相关政府部门对规划和国土资源系统的不同需求，形成标准化、制度化、分层公示的规划国土资源信息服务产品，全面提升规划和国土资源管理类信息的服务水平，增强规划和国土资源管理部门的社会影响力。

【加强数据成果管理，建设全市规划国土资源“一张图”】 针对信息化推进过程中遇到的最基础、最核心的数据成果问题，为建立和完善规划国土资源成果管理体系，规范数据成果的收集、汇交、整理、储存、更新和应用，保障各类数据成果的完整性、准确性和现势性。2012 年初，重组了专门的数据管理机构——成果办。成果办组建伊始，即刻着手成果管理办法和工作程序的研究制定，历时半年提出“一个口子进、一个口子出”和“业务流、数据流”相匹配的成果管理新模式。2012 年 6 月，成立成果管理工作组，分别对各级规划和国土资源管理部门在履行管理职能过程中使用和产生的各类数据、因专项工作或阶段性工作使用和产生的成果数据、纳入规划和国土资源数据平台、为行政审批提供辅助支撑的基础性数据，进行了梳理汇总。一方面，统一标准，先后完成汇集了相关成果数据格式规范。另一方面，匹配业务，根据规划、土地、地矿的成果数据特点，将成果数据分为项目成果数据、专项成果数据、基础成果数据，并根据每种类型建立了一系列数据更新机制。

【建立基层规土所信息平台】 为加快构筑“市规土局、区（县）规土局、规土所”三级管理联动机制，实现规土所机构职能规范化、办公设施完善化、队伍建设专业化、管理运行制度化、业务办公信息化，2011 年 11 月，建立了集巡查上报、业务办理、信息查询和统计、综合管理于一体的基层规土所信息平台。2012 年，为完善土地巡查功能，对原有现状巡查、执法巡查、批后监管等功能进行整合，增加对重点区域、重点地块的重点巡查功能，从而达到提高办公效率、拓宽业务范围的目的；为了规范机构职能，建立统一的人员、场所、设备管理机制，系统提供综合管理模块；为了将相关各业务类别有效纳入系统功能，用户可登录平台进行各项相关业务的办理，实现基层规土所办公自动化和信息化；为了实现基层规土所门户网站功能，按照规土所工作人员职责和权限，将系统中的城乡规划、土地利用规划、土地权籍、项目审批等信息以报表或查询的方式提供，实现相关业务数据的信息共享。2012 年 7 月 1 日，系统上线，正常运行。截至 2012 年年底，基层规土所用户使用本系统填写巡视日志 7 637 条，上报巡视记录 1 288 条，合同监管巡查反馈 6 064 次。

【完善详细规划编制管理信息系统】 上海市详细规划编制管理信息系统于 2011 年 9 月正式上线。系统包含了详细规划计划管理、审批管理、查询统计三大功能，实现了详细规划审批“全覆盖”、“全要素”、“全过程”的目标。“全覆盖”指的是本市详细规划编制审批分区域、分类型、分阶段的全覆盖。依据地块位置分布情况，系统将全市分为“一类地区”、“二类地区”、“三类地区”三大区域；依据具体内容，有关行政审批分为“控制性详细规划编制（修编）审批”、“控制性详细规划局部调整审批”、“控制性详细规划实施深化审批”、“附加图则和普适图则增补审批”、“控制性详细规划的勘误审批”、“修建性详细规划审批”六大类型；每个类型的行政审批，又分为不同阶段，如详规编制（修编）分为基础准备、规划评估、任务书编制、征询和公示、规委会审议、技术审查、方案审批 7 个阶段。以上所有信息都纳入了系统监管范围。“全要素”指的是详规编制审批过程中，所有信息内容以电子形式上传，实现网络可视化全要素审批。在详规编制过程中，所有相关的请示、签报表、批文、技术文件、图形成果数据、各类文本等，都必须以电子版形式上传，方便各级办理人员在网上直接查看、审批。“全过程”指的是市局、区县局对应的审批流程全过程在系统上完成。所有行政审批、设计的相关人员，从区县局经办人、科长、区局长，到规委会审议的相关人员，到技术审查的所有人员，到市局经办人、处长、市局局领导，都在本系统上进行相关业务办理。2012 年，全市共 367 个详细规划纳入系统进行审批。借助该系统，相关部门已完成 2013 年共 326 个详细规划计划编制工作。

【建立农村集体土地所有权调查系统】 为了建立本市农村集体土地调查组织架构，完善市、区县、规土所三级土地管理网络，形成高效、精细化的土地管理工作机制，完善农村集体土地权籍信息化管理，2012 年 6 月，农村集体土地所有权调查系统试运行，全市 9 个郊区县 18 个镇 240 个村通过农村集体土地所有权调查系统开展农村集体土地所有权调查试点工作。7 月，全市开展农村集体土地所有权调查业务，借助该系统，本市集体土地所有权确权登记工作已基本完成，9 个郊区县完成了总登记，权属明确的集体土地将陆续领到“身份证”。在此次农村集体土地所有权确权工作中，农村集体土地所有权调查系统发挥了重大作用：一是摸清了家底，为土地精细化管理夯实了基础；二是维护了权益，为“三农”工作迈向深入创造了条件；三是保护了资源，为生态文明建设凝聚了共识；四是建立了机制，为土地调查法制化、常态化创造了契机；五是化解了矛盾，为今后权属纠纷调处提供了重要依据；六是锻炼了队伍，为提高城市管理水平增添了手段；为贯彻落实“十八大”加快城镇化、生态文明建设，实施精细化管理打下了基础。

【建立农村集体土地所有权登记系统】 农村集体土地所有权登记系统以农村集体土地权属调查资料为登记依据，对全市农村集体土地以村为范围、按所有权人为单位进行集中统一确权登记，发放《中华人民共和国土地所有权证》。系统采取总登记的形式完成初始登记，初始登记申请以地籍变更完成案件为单位，向属地乡镇土地所进行申请，由乡镇土地所和区县地籍事务中心进行受理。系统具有“以图管地”的特点，通过专业 GIS 实现图形展示，直接在地籍图上展示目标地块的所有权性质、登记状态、在办状态等相关信息；提供时空 GIS 实现对目标地块物理及权属信息变化情况的追溯；在地图上提供办理业务的入口。人性化的业务办理模式，既可以先选择业务再找宗地，又可以先找到宗地再决定要办理什么业务。可以通过强弱对抗规则对可办理的业务进行限制；强化土地登记簿，体现土地作为地籍管理的主线。与以前权证为主的管理方式相比，以土地登记簿为核心，登记簿与土地客体必然的一对一关系，能够更好地为土地客体服务。对宗地、权利人、案件、登记册等信息的集成，集中通过登记簿进行展示。系统建设中坚决贯彻和体现“1332”的管理思路，充分依托信息中心已建成的统一支撑平台，实现了系统、科学、高效的建设和运营。

【完善征地事务管理系统】 征地事务管理系统主要是依据国家规定，对农村集体土地实施征收、进行补偿，并转化为国有建设用地的信息系统。系统依据土地审批系统的农转用批文，实施征地补偿和房屋补偿，征地实施过程结束后，将相应数据传送给地籍系统，进行土地性质的变更。整个征地过程分为“拟征地公告”、“征地公告”、“征地补偿安置方案”、“房屋补偿安置方案”、“征地、房屋补偿收付费”、“房屋补偿协议结算”、“征地、房屋补偿结案”几个子流程。各子流程之间紧密控制，前后衔接，最后连接成一个完整的征地业务项目。征地信息系统中征地项目以测绘报告为地块单元进行落地管理，设置专门通道，方便市属重大工程和其他市属重点项目的办理。征地系统与土地审批系统衔接，与土地权籍登记系统进行数据共享，实现数据传输电子化。征地信息系统涵盖全部征地业务，各项业务办理都在系统上全面、平稳、安全的运行，全面实现了业务办理网络化、电子化。市土地整理中心和征地补偿处对各项征地业务的实施进行全过程实时监管，严格把控业务操作的数据质量，做好数据沉淀。区县作为业务实施的主体，按业务流程规范操作，系统运行情况稳定。

【建立上海市规划和国土资源管理局内网门户】　在以聚焦、互动、共享为目标，以需求为导向，以应用为核心，以协同为抓手的原则下，上海市规划和国土资源管理局内网门户网站的建设工作逐步展开。已完成内网门户的初步建设，建立了新闻中心、指挥中心桌面版、政策法规、工作动态、专项工作、队伍建设、相关文件、会议情况、市区互动、网站更新统计、消息中心、规土论坛等公共栏目，开发了由各用户单位自行定制管理的个性化栏目。内网门户建设过程中，优先考虑了与其他现有信息系统之间的关系，打破信息壁垒，减少信息冗余，提升信息利用。比如，利用和在线监测系统的接口，即时公布全局行政审批案件办理情况；利用和展示平台的接口，即时发布相关业务的统计报表；利用和详规编制审批系统的接口，即时公示相关规划审批信息；利用和办公自动化系统的接口，即时展示各部门的会议与办公情况。通过内网门户建设，串联局内各个信息系统、各种应用、各项数据，达到“一网式”办公的目标。

（郭　丽　刘利峰）

上海市水务局(上海市海洋局)

【概况】　2012年，上海市水务局(上海市海洋局)(以下简称“市水务局”)全面贯彻落实中央一号文件精神和上海市建设智慧城市有关要求，紧紧围绕水务、海洋事业发展大局，紧扣信息化“十二五”规划目标，坚持科学发展、海陆统筹、服务应用、安全运行，以推进实施“智能水网”三年行动计划为重点，完善电子政务开发和应用，健全信息共享机制，加快信息系统资源整合，全力做好信息化行业综合管理和信息服务保障工作，进一步支撑了上海水务、海洋事业的可持续发展。

【完善水务、海洋信息化“十二五”规划】　根据规划编制的新要求和新情况，对水务、海洋“十二五”信息化规划进行了修改完善，对五年建设任务进行进一步梳理和调整，该两规划已通过专家评审，并纳入水务、海洋“十二五”规划中。两个规划按照“以我为主、借用外脑、多方参与、不断完善”的原则进行编制，历时三年。在全面梳理“十一五”发展成效和存在问题的基础上，围绕上海水务和海洋“十二五”发展需求，对接上海“智慧城市”建设，提出初步搭建“智能水网”框架和“数字海洋”框架的发展目标，提出了信息化规划的发展思路、主要任务和保障措施。

【推进局属行业信息化前期建设】　完成水情遥测系统升级改造(一镇一站)项目技术方案和施工组织方案；完成《水闸泵站自动监测系统和船舶过闸费计算机系统整合与改建规划方案设计》；编制完成上海市水资源管理系统年度方案；开展全市供水水质质量监控系统建设和智能供水信息平台的初步设计；开展了苏州河沿线放江泵站水质水量自动监测项目等信息化项目的方案编制工作，形成初稿；完成《执法总队信息化“十二五”三年行动计划(送审稿)》。

【推进“智能水网”建设】　制定《上海市水务局贯彻落实“上海市推进智慧城市建设三年行动计划”实施方案》，完成了水务专业网格化、苏州河市管水闸泵站自动监控、苏州河堤防设施安全监测、防汛视频会商扩容改造、国家防总二期工程(上海部分)5个项目的方案编制，已分别报市财政局、市经济信息化委和国家防总。

【防汛会商(指挥)中心改造项目顺利完成】　该项目于2011年6月启动，主要包括基础环境及机房工程建设、服务器迁移及大屏显示系统、会商矩阵系统、音响系统建设等。通过该项目建设，构建了一个集防汛会商、应急指挥、新闻发布及信息交流等功能为一体的防汛会商(指挥)中心，实现了信息汇聚、指挥调度、综合协调、应急处置等多重功能。在2012年汛期的试运行过程中发挥了积极作用，共保障各级领导现场会商23次，保障各类视频会议15次，为新闻媒体提供直播连线39次，保障新闻采访16次，特别是在防御“海葵”、“达维”和“苏拉”等台风的工作中，发挥了重要作用。

【《国家防汛抗旱指挥系统二期工程(上海部分)初步设计报告》通过审查】　按照国家防汛抗旱指挥系统二期工程的任务要求，完成了《国家防汛抗旱指挥系统二期工程上海市部分初步设计报告》的编制，并通过审查，报水利部项目办审批。国家防汛抗旱指挥系统作为国家防总、水利部的防汛重点工程建设项目从启动建设至今，已历时十余年。水利部在国家防汛抗旱指挥系统一期工程基本建成的同时，启动了二期工程前期工作。根据水利部项目办统一部署,于2012年2月底同步开展并编制完成了二期工程上海市部分初步设计报告。内容涉及完善中央报汛站水情采集系统,补充旱情信息采集,增设一套防汛应急移动指挥平台,建设和完善防汛业务和服务系统,提升本市各级防汛部门防汛调度决策和指挥抢险救灾能力。

【海洋信息化建设取得了实质性启动】 积极推进海洋网络枢纽的建设,完成了国家海洋主干网上海节点的部分接入工作,基本实现了上海市海洋系统与国家海洋网络的互联。结合业务需求和项建书评审意见,编制完成了"数字海洋"上海示范区(地方配套)项目可行性研究报告。完成了海域动态管理系统(国拨部分)建设,满足了海域使用权网上统一配号、高清视频会商、电子政务办公的基本需求,同时修订了地方配套项目建议书,提交市水务局再次走基建项目申报程序。编制完成了局行政审批网上办事系统方案,并积极推进系统平台和流程搭建,"废弃物海洋倾倒普通许可证签发"等四项海洋行政审批事项具体列出了网上办事的条件。海洋信息化工作按照一张网、一张图、一个数据中心、一个系统的思路统筹建设,取得初步成果。

【完成"数字水务"一期工程专项和竣工验收准备工作】 在完工验收和文档验收的基础上,完成了"数字水务"一期工程专项验收和竣工验收的准备工作,完善了数据中心,实现了市水务系统和跨行业、跨单位的信息交互和数据共享。

【完成苏州河综合管理信息系统项目整体建设】 自2009年启动,3年建设的"苏州河综合管理信息系统"项目整体建设完成。接入整合了防汛墙位移沉降监测、实时气象监测、青浦区水务相关监测、下立交积水等数据,开发了基于Web Service的数据共享服务,完善了苏州河综合管理数据库,实现了水务数据从汇聚到共享的转变;在整合2009、2010年苏州河综合管理信息平台阶段成果的基础上,开发了内河应急预警、综合汛情发布、数据分类组合展示等功能,实现了多目标业务信息的综合管理,在2012年防御超强台风"海葵"等台风暴雨工作中,发挥了较好的辅助决策和技术支撑作用。该项目在"数字水务"总体框架下,为推进水务信息系统集约化建设、水务管理资源整合以及水务信息共享起到示范作用。

【完成水利普查数据上报】 围绕第一次全国水利普查暨第二次上海市水资源普查的各项要求,组织了全过程的数据处理工作,顺利完成了普查系统开发、普查数据流转处理上报等工作,有效支撑了上海市水利普查的全面实施。同时,围绕普查成果发布进行了普查数据共享应用体系等专题研究,为下阶段的数据架构设计打下一定基础。

【局门户网站取得了新进展】 市水务局(海洋局)门户网站荣获"上海市政府网站优秀集体"称号。网站功能逐步完善,开设综合版、水务版、海洋版、防汛版4个个性化版本,重点建设信息公开、网上办事、便民信息、政民互动、新闻中心五大重点版块,提供中文简体、繁体、英文3种版本,为提高行政效能,促进公共服务,提升政府形象作出了积极贡献。完成局门户网站及9家局属单位网站由电信云莲机房向上海东方有线机房无缝搬迁工作。实现了统一规划、统一托管、统一安全、分级管理、分级维护。网站充分运用了先进的云虚拟化技术、应用技术外包和安全外包服务,有效地提高了网站访问速度、稳定性和安全性,更好地为广大市民提供服务。

【推进电子政务开发和应用】 指导、协调海洋中心搭建了办公门户,推进局属单位办公系统与局办公门户的整合。以信息中心网站为试点,开展了局网站平台的升级改造,规范局门户网站群建设。开通了"1+9"模式的局政务微博"上海水务海洋发布",自3月正式上线以来,发布回复涉水涉海信息1 000余条,营造了良好的社会舆论环境。

【加快供排水行业信息化建设】 建立完善全市取水(地表水、地下水)信息化管理系统,所有市管取水单位和深井静、动态信息将逐步纳入供水调度监测GIS系统;完成金山自来水公司、星火中法水务公司与供水调度监测中心调度信息系统的互联互通;组织实施了91个下立交积水自动监测系统二期建设。组织有关建设、维护和区养护单位,着手构建下立交积水自动监测维护机制。

【"水务信息设施运维管理平台关键技术研究及示范"等4个科研项目通过验收】 "水务信息设施运维管理平台关键技术研究与示范"项目从水务IT基础环境的实际运维保障需求出发,按照ITIL(信息技术基础架构库Information Technology Infrastructure Library,简称ITIL)、ISO20000(国际标准International Organization for Standardization，简称 ISO）、ITSS（信息技术服务标准 Information Technology Service Standards，简称 ITSS）等管理思想和方法，基于模块化、可扩展、易维护的技术路线，构建了满足运维服务外包双方需求的标准化程序和参考框架，开发了水务信息设施运维综合管理平台，以可视化的方式提供了多视角、大纵深浏览 IT 运维全景、获取相关服务和业务互动的便利。水利部科技推广项目"水务一体化管理信息系统"通过数据集成交换、统一分层应用等关键技术的研发，完成了水务一体化管理信息系统，实现了在苏州河综合管理中的应用示范，所构建的系统在全国具有示范作用。"水务数据中心及行业数据库建设和数据交换标准"项目提出了适合水务一体化管理的数据平台总体架构和标准规范体系，编制了《水务数据中心建设规范》、《水务公共信息平台运行维护规程》、《水务行业基础数据库及综合管理系统建设导则》。"海洋公共服务信息安全体系研究"项目针对上海海洋网络与信息系统现状，在对信息安全需求分析的基础上，制定了海洋网络组网方案，明确了信息安全体系的总体架构，建立了信息安全评价指标体系，为下阶段上海海洋信息化的快速发展奠定了良好基础。

【开展信息化交流培训】 开展信息化调查和培训交流，加强与局属各单位、区县水务（海洋）部门的沟通协调。在汛期前后在市、区两级组织了多场防汛信息系统专题培训，为市、区（县）、乡镇（街道）三级防汛相关部门 300 多人次提供培训服务，以提高全市防汛信息系统的应用水平。在全局范围内组织了"云技术架构现场感受暨 GIS 云应用研讨会"、"惠普技术及架构水务应用研讨会"等专题培训，进一步讨论和交流新技术在水务信息资源管理和应用模式中的影响和应用，使大家感受到云桌面、云资源监控调度、空间信息云服务等新技术在工作中所带来的变化和价值。

（蓝　岚）

上海市文化广播影视管理局

【概况】 2012 年，上海市文化广播影视管理局（以下简称"市文广影视局"）以信息化规划为出发点，以推进重点信息系统建设为抓手，在保障信息网络安全的基础上，积极推进信息化各项重点工作、专项工作，取得了显著的成效。市文广影视局始终从全局和战略的角度出发，大力探索和推进信息化与文化、文物、广播、电影及电视行业的深度融合，实现了局信息化建设的可持续发展，信息化已经成为高效运转、履行职能、创新管理、改善公共服务的重要支撑。

【面向公共文化，无线局域网（WLAN）助力智慧城市建设】 为落实《上海市推进智慧城市建设 2011—2013 年行动计划》"构建起多层次、广覆盖、多热点的全市无线宽带网络"、"无线局域网（WLAN）热点基本覆盖城市重要的公共场所"的发展目标，市文广影视局高度重视并大力推进公共场所无线局域网覆盖工作，多次召开专题会议进行研究及部署，起草了《关于上海文广影视行业公共场所无线局域网（WLAN）覆盖工作情况的报告》，明确工作原则和目标、覆盖场所范围、工作机制、任务和责任，编制了工作任务节点表及运营商遴选方案等，作为推进无线局域网（WLAN）覆盖工作的指导性文件。截至 2012 年年底，市文广影视局负责的 90 家公共文化场馆中，未建设 10 家、在建中 5 家、已建设 3 家、已开通 73 家，完成率为 81.1%，超额完成年初上海市推进无线城市建设联席会议办公室制订的 70%计划目标。

【开通政务微博，新媒体运用打造公共服务新渠道】 2012 年 3 月 31 日，市文广影视局官方微博"文化上海"在新浪网、腾讯网、东方网、新民网四个平台正式开通。截至 2012 年年底，"文化上海"在四个平台上累计发布微博 4 845 条，近 80%的内容为原创。四个平台上的粉丝数总计 130 918 名。以新浪平台为例，"文化上海"现阶段共开设栏目近 30 个，日均发布原创微博 8 条，转发微博 4—6 条。"文化上海"每周发布的微博被转发量为 800 次左右，被评论量为 400 次左右。

（符慧君）

【运用新兴技术，数字美术馆探索文化科技融合】 在中华艺术宫、上海当代艺术博物馆的数字美术馆项目中，市文广影视局积极开展示范、推广、应用新技术。首先，应用街景技术将各展区实景三维呈现，制作与"两馆"实景相对应的三维虚拟场景，搬到互联网，公众点击鼠标就可在线全方位参观浏览，更可在馆内自由"行走"，身临其境体验艺术盛宴，并激起去场馆现场观看的兴趣。其次，通过对典藏精品进行影像精细采集，数字化上海美术馆典藏及名家精品，并结合关联信息，以高清画质基于互联网发布，使得公众可在线鉴赏艺术品，并了解、学习与该艺术品相关的丰富文化知识。最后，应用二维码信息技术，制作两馆典藏和名家精品全息影像，公众可利用智能手机、智能终端等移动设备，随时随地获取的二维码信息，信息数据与安卓、苹果等平台兼容，使公众实现用智能手机、智能终端观看艺术品，逛美术馆，实时信息互动。

（刘丕国）

【上海当代艺术博物馆网站开通】 2012年10月1日，上海当代艺术博物馆正式开馆，同时官方网站正式对外开放。官网使用中英双语，由“首页、新闻、关于、展览、教育、馆藏、出版、商店、媒体、支持”十个板块组成，分别展示了当代馆不同方面的功能、职责和服务。官网所采用的COSMOS系统是一种关系型数据库结构，能够有效地梳理各个板块不同对象之间的关联，使信息真正数字化，数据在不同板块间能够相互流动，而不是传统的静态网页。此外，COSMOS注重网络解决方案中的在线推广方式，通过搜索引擎优化、社会化媒体同步、跟踪等方式，帮助当代馆更好地建立起与社会公众之间的高效沟通。例如，官网设置了分享功能，利用微博、人人网、豆瓣网、搜街等把官网的资料广泛分享到其他网站。同时设置了数据库分享，将官网资料和ART LINK ART之类的数据库联动，同步更新。2012年11月，官网还新增了“数字展馆”板块，利用三维影像365度展示了当代馆展厅的场景，让网民不出家门即可在线参观当代馆展览。

（项丽萍）

【上海市群众艺术馆电子政务办公系统启用】 上海市群众艺术馆(以下简称“市群艺馆”)电子政务办公系统于2012年4月正式启用，系统为市群艺馆各主要行政文件实现网络流转、审批提醒、文件打印、自动存档等功能，通过图表形式视图化管理场地使用，利用与短信平台联动将馆务信息精确送达至职工个人。自系统建成以来，内容建设不断加强，使用频率逐步提升，数据累计将近1 GB，保存了各类文件500余份，确保了每个文件环节都正常运作，改变了以往运用纸张方式来实现，查找繁琐、监督响应较慢的弊端，实现了处理文件、管理场地、信息发布工作的电子信息化。

（景伟杰）

【上海市历史博物馆推出“海上校歌”安卓软件】 2012年7月，上海市历史博物馆(以下简称“历博”)正式启动“海上校歌”安卓软件的策划开发项目。2000年，历博工作人员为制作上海城市历史发展陈列馆中的“百校百歌”多媒体展项，根据馆藏的近代学校文献资料，走访了多家学校，采集录制了59所学校近现代时期的校歌。陈列馆开幕后不久，“百校百歌”因其选题新颖受到了部分观众和媒体的重视，但因展览场地及设备的限制，没引起社会的普遍关注。2012年，历博结合博物馆数字化的实践，利用当下应用最广泛的安卓系统，再度开发校歌录音，整合馆内其他资源，策划“海上校歌”安卓软件。该软件以年轻人，尤以在校生为主要市场，通过电子产品和信息手段，实现文化资源共享。引导人们保护、传承这一非物质文化遗产，并希望通过年轻人，寻找父辈、祖辈级的老校友，填补上海历史研究的空缺。软件中的所有信息数据均源自历博馆藏，绝大多数都未曾公开发表。经过半年的研究整理和编程制作，2012年年底，“海上校歌”软件第一版正式上线，用户可通过安卓系统的手机或平板电脑，登录谷歌安卓市场、安智市场及应用汇三大主流应用市场免费下载使用。“海上校歌”软件第一版，首先收录了10所上海著名的中高院校，分为“校歌”“相册”“校友”三大板块。“校歌”为主体部分，用户可选择学校并播放校歌，同时可查看同步歌词、校歌歌谱原稿和校歌创作背景、词作者的介绍。“相册”部分为学校的旧照和历博馆藏该校的文物照片。“校友”部分为通过该软件建立的社交平台，通过校歌寻找各地的老校友。软件上线的同时，历博开通了“海上校歌”新浪微博，对软件做推广宣传，收集社会信息，听取市场反映。在日后推出的新版本中，还将继续增加信息资源，完善软件功能。

（邵文菁）

上海市人口和计划生育委员会

【概况】 2012年，上海市人口和计划生育委员会(以下简称“市人口计生委”)在市委、市政府的正确领导和国家人口计生委的指导帮助下，结合本市人口计生重点工作部署，按照《上海市人口和计划生育事业“十二五”规划》中有关信息化工作要求和《上海市人口计生信息化建设发展规划》具体工作安排，围绕本市人口计生工作转型发展，扎实推进人口计生信息化建设。进一步加强部门协调，积极开展人口计生信息数据共享，着力提高人口计生信息数据质量；大力推进信息化应用项目建设，努力提升信息化管理和应用能力，着力解决现有信息系统瓶颈问题，不断强化网络与信息安全保密工作，切实保障信息系统平稳运行。

【提升本市人口计生信息数据质量】 按照《国家人口计生委办公厅关于开展全员人口信息采集机制创新试点工作的通知》和国家人口计生委关于全员人口基础信息基层采集与服务的工作要求，市人口计生委积极创新人口计生信息采集机制与手段，努力加强信息整合与应用，进一步完善服务采集、办事采集、共享采集三个信息采集渠道，着力提高本市人口计生信息数据质量。一是开展基层上门服务信息采集及信息核查工作。2012年，通过人口计生干部和协管员上门服务及入户调查等方式，主动采集常住人口计生个案信息148.1万余条；按照国家人口计生委关于人口计生信息核对工作部署，开发建设上海市人口计生"阳光统计"信息核查模块。基层人口计生部门经过多轮次信息比对与上门核实，共核对本市常住人口个案信息274万人次；积极探索村（居）委信息采集新模式，调研居（村）委级电子台账和数据采集核查信息化应用的网络接入方案，为2013年度人口计生居（村）委级应用系统的开发建设做好接入技术的准备工作。二是进一步夯实人口计生行政办事信息采集。年内，通过全市人口计生系统各类行政办事与公共服务信息化应用，更新维护人口计生个案信息249.1万条。三是努力推进跨部门人口信息数据共享。一是积极与市人口办协商，完成了与"实有人口管理信息系统"中的户籍人口迁出、死亡等销户信息数据批量比对工作。共销户存量人口数据145.3万条。其中，迁出34.3万条，死亡及注销111万条；二是积极与市民政局协商，完成了与"婚姻登记信息系统"中的已经档案数字化的历年婚姻变动信息数据批量比对工作。共核准婚姻变动信息252万笔，其中，结婚200万笔，离婚41.2万笔，补证10.8万笔；三是完成历年外部共享数据历史存量信息的数据核查比对，为提供历史共享数据查询做好数据清洗工作；四是重点保障常规人口信息共享工作。全年从外部门获取共享数据3 344.2万条，同比增长2.57倍，其中户籍人口数据162.3万条，社保卡数据152.3万条，居住证数据2 771.1万条，婚姻变动数据23万条，年老一次性计划生育奖励和生育保险数据45.3万条，户籍残疾人数据72.2万条。

【完成《实有人口计划生育动态监测信息系统》主体开发建设】　根据《上海市人口和计划生育事业"十二五"规划》和年度信息化项目建设安排，积极组织《实有人口计划生育动态监测信息系统》招标及应用开发建设工作。系统主要功能有抽样调查（抽样管理、题库管理、案卷管理、录入管理、输出管理等）、统计监测（人口计生数据库、外部交换数据库、行政事务处理数据库、统计年鉴数据库）、动态监测（统计监测结果对比分析）、数据交换等。该系统采用全国产化软硬件平台实现。其中，硬件平台采用了浪潮PC服务器群，操作系统使用了中标软件有限公司的中标麒麟Linux操作系统，数据库使用了达梦数据库有限公司的DM7数据库，中间件使用了东方通科技股份有限公司的TongWeb和TongIntegrator，数据展现层使用了上海锐道信息技术有限公司的DORADO展现中间件。通过数据库同步技术、数据抽取工具和统计监测任务配置工具形成了适应性较强的实有人口计划生育动态统计监测应用平台，可满足业务处室有关实有人口计划生育动态监测的应用需求。该系统已经基本开发建设完成，并已通过市软件评测中心和市信息安全测评中心的第三方评测，已上线试运行。

【完成《上海市人口计生系统人力资源管理平台》开发建设】　为进一步提高全市人口计生系统人力资源管理水平，按照国家人口计生委关于加强干部队伍建设的意见，市人口计生委组织开展建设了《上海市人口计生系统人力资源管理平台》。该管理平台具有机构配置管理、岗位配置管理、人员信息管理、培训管理、奖惩管理和统计等功能。该系统已开发建设完成，已录入全市8 650余名计生工作人员信息（含个人基本信息、工作单位信息、岗位信息等）。通过该系统可根据人口计生工作人员所属区县、年龄段、文化程度等特性进行统计，对于了解人口计生工作人员组成特征，掌握人口计生工作人员配备，有力地推动了本市人口计生干部队伍建设。

【开展人口计生信息化应用条块结合试点】　根据全国政务公开领导小组《关于开展依托电子政务平台加强县级政府政务公开和政务服务试点工作的意见》（以下简称"《试点工作意见》"）中，关于建立和完善统一的电子政务平台，并实现电子监察全覆盖的试点要求，上半年，市人口计生委积极配合徐汇区（全国百家试点区县之一）开展调研，主动对接，克服异构信息系统数据交换的难点，在市级条线单位中率先实现与徐汇区电子监察信息系统的数据交换，满足了徐汇区电子监察系统有关要求，实现了人口计生信息系统行政办事信息在徐汇区层面上的实时共享。同时，设计一般通用的技术解决方案，实现了与长宁区跨物理网络的电子监察数据共享，为下一步全市推广奠定基础。

【继续推进行政区划边界确认工作】　根据本市户籍人员居住地服务管理改革试点的任务要求，解决基层人口计生部门难以准确界定服务管理对象所属管辖区域的难题，2012年市人口计生委继续推进居（村）委边界确认、地图标注和代码映射工作。通过路名地址与行政区划代码匹配应用模块，共享市测绘院路名地址坐标资源，结合居（村）委边界标注与代码映射关系，充分发挥GIS定位功能，完成对全市约96%的居（村）委边界进行确认、地图标注和代码映射，实现了基层人口计生部门快速判断异地管理服务对象所属居(村)委的功能。

【保障市政府实事工程】 完成国家孕前优生健康检查信息系统部署。根据国家人口计生委、市政府有关“国家免费孕前优生健康检查”实事工程信息化建设的总要求，努力克服硬件设备资源不足，政府网络链路资源紧张的困难，在全国首批完成国家孕前优生健康检查信息系统在省级的部署工作。调整现有信息系统计划维护时间。按照市政府办公厅关于休息日方便市民办事的要求，调整变更现有信息系统计划维护时间，满足基层窗口部门一周七天工作计划。

【基层信息化应用培训指导】 努力提高基层工作人员信息化应用能力。针对2011年信息化应用变化多、基层人员变动大的情况，分批开展基层操作人员的培训工作，累计开展各级各类信息化应用操作培训7批，培训人数700余名。指导协作单位信息系统建设，发挥信息化工作合力。积极帮助市人口和家庭计划指导服务中心开展信息化建设工作，根据中心的实际业务需求，指导其建成“上海市人口和家庭计划指导服务专家资源系统”、“上海市人口和家庭计划指导服务在线学习系统”。

【完成年度信息化项目立项申报】 根据《上海市人口和计划生育事业“十二五”规划》和2013年重点工作安排，认真开展业务调研，完成“上海市人口计生系统综合事务电子监察系统”、“跨部门共享数据处理与居(村)委信息核对应用平台”、“上海市孕前优生健康检查信息管理系统”3个新建项目可行性研究报告编制和立项工作。

【人口计生电子政务平台运行及维护】 全市统一电子政务平台办事量平稳上涨。截至2012年年底，全市各级人口计生部门通过人口计生电子政务平台共办理各类行政事务120.2万笔，办事量比上年度同比增长19%；完成全国跨省流动人口计划生育网络化协作业务139.5万笔。其中，跨省流动人口个案批量通报个案发送42.2万笔、接收51.1万笔，跨省流动人口省际协查发送29万笔、接收11.1万笔，跨省流动人口个案实时查询发送5.4万笔、接收0.7万笔。全市人口计生系统电子政务平台总体运行平稳，非计划停机小于4小时。同时，不断完善本市人口计生系统电子政务平台。完成业务系统新增功能13项、变更功能24项，共计37项。主要包括本市居住证转户籍计划生育证明，人口计生阳光统计评估，免费孕前优生健康检查问卷调查功能等应用模块的开发；完成独生子女父母光荣证、流动人口一孩服务登记证、流动人口生育联系卡、计划生育困难家庭特别补助、农村计划生育奖励扶助等应用的适应性改造工作，满足了信息化应用支撑及时适应各项业务工作调整的要求。

【基本完成现有基础运行平台技术改造】 2012年，积极推进新技术应用，提高现有信息系统性能和稳定性。针对现有信息系统运行中的问题(系统运行平台使用年限较长，设备进入故障高发期；应用内容扩展较多、使用人员增加、系统负荷高；信息系统框架较老，资源优化配置困难)，进一步改善市人口计生委现有服务器、存储等核心信息化装备的资源利用率，降低系统部署、运维的工作难度，提高系统开发集成的工作效率，在2011年初步尝试使用虚拟化技术的基础上，年内市人口计生委继续对现有信息系统应用服务器平台进行技术改造，现已基本实现应用层虚拟化，基本实现生产库与统计分析库分离。随着现有信息系统承载的业务量和数据量的增加，系统负荷严重超载，降低了为民服务的效率。为保障窗口服务的及时性，市人口计生委组织相关技术力量，深入研究，采用国产基础软件，将现有信息系统的生产库与统计分析库分类，通过数据同步技术，实现生产库与统计分析库同步，减轻了窗口应用负载压力。继续探索国产化“核高基”软硬件产品替代。在前期试点改造的基层上，在市经济信息化委的大力支持和国产“核高基”软件企业的积极配合下，完成了现有信息系统服务器操作系统、数据库系统和应用中间件的国产化替代工作。其他新建系统也均基于上述国产基础软件平台开发设计，大大降低了信息化建设对国外厂商产品的依赖，提高了信息化基础层的安全性。

【网络与信息安全保密】 为迎接党的“十八大”召开和新中国成立六十三周年，按照市经济信息化委、市网安办、市等保办、市保密局、市密码管理局等相关部门的工作要求，在持续做好重要信息系统等级保护的基础上，不断强化信息安全意识，夯实信息安全基础，认真做好各项信息安全保密工作。年内，配合相关主管部门分别开展了信息安全保密检查、网络与信息安全现场抽查、商用密码产品现场检查等工作，圆满通过各主管部门的监察评估。完成重要信息系统信息安全等级保护年度测评工作。根据相关部门要求，委托专业机构完成“上海市人口与计划生育综合管理信息系统”信息安全三级等保测评和“上海市人口计生政府门户网站”二级等保年度测评工作，符合率分别达到82%和81.2%，继续保持引领地位。

（沙卫涛）

上海市审计局

【概况】 2012年是推动上海审计信息化新一轮发展的开拓之年。上海市审计局(以下简称“市审计局”)紧紧围绕本市电子政务、审计署“金审工程”建设的目标和要求，结合市审计局“十二五”审计信息化发展规划的内容和上海审计特点，以推进数据资源的共享利用和实施数字化业务审计为着力点，统筹规划、创新举措、攻坚克难，全力以赴推进上海审计信息化工作稳步向前。

【“上海数字化智能审计工程”项目立项】 2012年4月，市审计局向市发展和改革委员会提出建设“上海数字化智能审计工程”项目。该项目既充分运用国家“金审工程”已有成果，满足审计署“金审工程”推广应用的要求，同时也是在分析上海业务审计发展瓶颈及内在需求的基础上，创新、提炼出智能（Intelligence）、协同（Interaction）、整合（Integration）、创新（Innovation）的“4I＋六大”智能应用的建设思路，并设计、确定工程建设在复用国家“金审工程”二期开发的联网审计平台基础上，建设审计风险评估系统、审计业务数字化分析系统、审计评价系统、系列智能审计工具组件，建设国家审计数据中心上海分中心和国家审计交换中心上海分中心等。该项目建设有利于降低审计风险，转变审计工作模式，提升审计工作的质量和水平，发挥审计免疫系统功能作用。2012年年底，“上海数字化智能审计工程”项目基本完成立项工作，建设内容已列入《上海市社会信用体系建设2013—2015年行动计划》。

【推动上海计算机审计模式创新突破】 2012年，市审计局结合审计业务实际，开拓思路，积极探索计算机审计新模式。一是建立上海援疆项目全程动态远程监控联网审计模式。通过援疆联网审计系统与设在新疆喀什地区的上海对口支援新疆前方指挥部以及莎车等4县分指挥部实现远程数据双向加密传输，在5 000公里外实时掌握175个援疆项目建设管理情况，动态监控每一笔本市援疆资金的流向，确保国家资金安全。该审计模式获得2012年度中国信息化审计领域成果评选三等奖。二是开展对本市“十一五”期间电子政务项目建设、管理、运维及绩效情况开展专项审计调查。将信息化审计与行业审计调查、绩效审计有机结合，从“点”拓展到“面”进行了有益的探索。审计共抽审了21家单位48个项目，从体制机制层面进行了问题分析和揭示。三是继续加大信息系统审计的开展力度，全年在18个审计项目中开展了结合型信息系统审计，重点推进信息系统审计与业务工作的有机融合，并取得初步成效。在推动计算机审计模式创新突破的同时，2012年，市审计局还积极组织全市审计机关参与中国信息化审计领域成果评选、国家审计信息化绩效报告、审计署AO应用实例和计算机审计方法等征集活动，共审核上报稿件35篇。

【建立健全管理考核制度促进应用】 2012年，市审计局围绕全市审计机关信息化建设与应用推进重点，建立完善三项信息化制度。一是制定《进一步加强审计信息化应用系统维护和管理的补充通知》，进一步明确信息化应用系统管理和维护的责任和要求。二是制定《上海市审计机关审计信息化工作考核暂行办法》，建立4大类23项44个具体的量化考核指标，明确全市审计信息化工作的推进重点和要求。三是制定《进一步推进2012年至2014年审计信息化工作的实施意见》，明确近三年市审计局信息化工作目标、建设内容及保障措施。截至2012年年底，市审计局成立审计信息化工作考核小组，依据《上海市审计机关审计信息化工作考核暂行办法》对全市审计机关2012年度审计信息化工作进行检查和考核，并对考核结果进行了通报。该举措为进一步促进全市审计机关信息化工作的均衡发展，加快实现审计信息化成果的转化应用发挥了积极的作用。

【继续加大对计算机审计人才的培养力度】 2012年，市审计局组织开展了四项信息技术培训和交流活动。一是面向全市审计机关举办了审计数据规划及方法体系培训班。二是举办信息系统审计工具集应用培训班。全市审计机关155名计算机审计骨干参与了上述培训。三是举办了第六期计算机审计中级培训班，来自市局及各区县审计局的42名学员参加了此次培训，并通过期末结业考试，取得计算机审计中级培训证书。其中，3名成绩优异学员赴北京参加了审计署组织的计算机审计中级水平考试。四是召开了第二届计算机审计联系人碰头会。全市审计机关共56人参加了会议。会议围绕推进信息系统审计与业务审计的有机融合，拓展信息系统审计的深度和广度为主题开展了经验交流和分组讨论。

【设立“99”热线提升技术保障质量】 2012年，市审计局开通信息化技术服务“99”热线，这在全国审计机关内是首创。该服务热线以“99满意，满意久久”为宗旨，一个号码覆盖市局所有的信息化技术和维护服务工作。机关工作人员凡在工作中遇到办公信息化设备、网络、AO应用中财务及业务数据转换等需要维护、维修的问题，只要拨打办公电话号码“99”，市审计信息中心工作人员就会在一分钟内接听，将报修需求登记到ITSM(信息化服务管理 Information Technology Service Management，简称ITSM)管理系统中，即时生成“派工单”，工程师就会在10分钟内到达现场提供技术支持。“99”热线建成后，该项工作在中国审计报、审计署网站和上海审计网站均进行了报道，并得到了市局各部门的好评。

（张 韧）

上海市国有资产监督管理委员会

【概况】 2012年，上海国资国企改革迈上新台阶，上海市国有资产监督管理委员会(以下简称“市国资委”)信息化工作，根据国资委系统企业信息化工作推进会的要求，本着“制度加科技”、加强管控和创造价值、提高企业竞争力的需要，围绕国资两委中心工作，结合信息化工作的实际，推进企业信息化建设。一年来，市国资委信息化工作取得一定成效：一是信息化工作领导力得到进一步增强，市国资委及各企业充实调整了信息化工作机构，加强对信息化工作的领导。三级以上企业中，68%的企业信息化领导小组组长由董事长或总经理担任，由一把手亲自推动信息化工作。CIO(信息主管 Chief Information Officer，简称CIO)制度在部分企业得到推行，76%的企业设立了CIO，其中59%的企业CIO由副总或者总工程师担任。二是信息化规划得到进一步重视，各企业普遍制定了信息化规划，开始注重顶层设计，59%单位在集团层面紧紧围绕企业发展战略和中心工作需求，编制统一的信息化总体规划，27%的企业由各所属单位分别进行信息化规划，并报集团审批。总体看，围绕企业发展战略制定信息化规划已经逐步成为各企业的共识，信息化预算和实际投入较往年也有了一定增长。三是信息化基础建设得到进一步完善，已经有50%的企业已建设了集团公司级的数据和控制中心，网络体系不断完善，信息化资源集约化逐步推进，并实现数据中心的统一管理、统一维护和统一升级。部分单位注重管理架构的重建、数据流的梳理，促进管理的升级，形成扁平化、精细化、实时化的管控模式，形成了集团管理专有云的雏形。四是信息化应用得到进一步深化，各类型企业业务板块的信息化系统包括财务管理、人力资源管理、投资管理、供应链管理、客户管理、工程项目等系统得到普及和深化应用，有60%的单位建立了整个集团统一的财务管理系统，90%的企业建立了集团级门户平台，其中58%的企业实现了内外门户的统一与集成，自动办公系统58%的单位覆盖到二级企业、26%的单位覆盖到三级以上企业，进一步提高了办公效率，企业领导获取信息、分析数据、发出管控指令的时效性、科学性大大提高。五是国资监管信息系统进一步完善，在公务网被中断后，国资管理信息系统由公务网向扩展局域网＋互联网的迁移，实现与企业信息交换，进一步完善国资监管信息系统运行网络环境，已基本完成。制定了《国资监管数据交换格式与规范》，从制度层面进一步规范国资监管数据源，统一国资监管网络平台，完善系统功能，建设国资监管数据采集平台等，使国资监管信息系统数据来源的及时性和准确性明显提升。六是机关信息化保障得到进一步优化，新版OA整合了各分散的业务系统，形成统一门户，与国资监管信息系统、财务风险预警系统实现单点登录，满足机关日常办公流程的OA环境已搭建完成。通过服务器升级，一体化运维，网络扩容、运行监控等，保障了机关办公网络环境快速、通畅，确保信息系统安全运行。

【推进企业信息化建设】

进一步完善信息化领导机制 调整充实了以委主要领导为组长的市国资委信息化领导工作小组及其办公室，召开了信息化专题汇报会，对加强国资国企信息化工作的领导，协调推进企业信息化工作，有力推动了企业调整完善相应的信息化工作体制机制。

发布了年度企业信息化水平评价报告 发布了2011年度企业信息化水平评价报告，经国资委系统企业信息化水平评价系统网上初评、安排部分企业实地调研和答辩、组织专家复评，最终形成并发布了50家企业的《2011年度上海市国资委系统企业信息化水平评价报告》，包括总体评价报告和各企业评价报告。为更好地开展2012年企业信息化水平评价工作，贯彻市国资委对企业分类监管的要求，在2011年评价工作的基础上，进一步征求企业和专家意见，分类优化指标体系，简化测评程序，充实专家组成员，力求准确和专业化，完善了网上报送系统，完成了2012年企业信息化水平测评的初评和专家复评工作。

召开系统企业信息化工作会 总结市国资委系统企业信息化工作推进情况，通报2011年度信息化评价结果。华谊集团、锦江国际集团作信息化工作经验交流，邀请中远集装箱运输公司、宝信软件介绍成功案例。指导企业用云理念整合信息化资源，加快管理平台的规划、建设，实现信息共享和集中管控，部署和推进2012年信息化工作。

推进企业诚信体系建设 做好市国资委诚信体系建设年度工作计划和总结，上报了《市国资委 2012—2015 年诚信建设工作任务》。配合市征信办做好关于本市社会诚信体系建设调研工作，启动推进市国资委系统国有企业信用体系建设课题调研，印发市国资委系统诚信体系建设工作调研问卷，会同综合处、办公室、法规处、评价处分两批组织 21 家企业集团召开企业信用制度建设座谈会，走访企业集团，咨询部分企业信息评价中介机构的意见建议，征求上海财大教授和交运集团高管的意见，完成《推进市国资委系统企业信用体系工作研究》课题报告。

推进企业使用正版软件 统筹安排了市国资委系统推进企业使用正版软件工作，组织开展了市国资委委管企业使用正版软件情况的专项检查活动，形成《关于企业软件正版化自查工作情况的报告》。督促集团本部做好下级企业的软件正版化工作，组织开展包含集团本部、二级、三级企业的软件正版化专项检查工作，全面摸清企业使用正版软件的情况，了解掌握企业为实现“2013 年年底前完成所有三级以上企业实现软件正版化”的目标所做的工作。配合版权局开展企业软件正版化工作督促检查和现场抽查；联合版权局、国有资本研究院等举办了企业信息化战略与版权保护推进活动，通过案例分析、经验交流，增强了企业的软件正版化意识以及规避法律风险意识，加大企业软件正版化工作推进力度。

【开展信息化能力建设】

开展企业信息化调研 进一步调研掌握企业信息化情况，组织开展了企业信息化工作专题调研，了解企业对信息化工作推进会的落实情况，对国资监管信息系统建设、企业信息化水平评价工作的改进意见和建议。同时，赴山东省国资委及所属企业学习考察国资监管信息系统建设的情况，学习借鉴包括系统的推广应用、融入管理、制度建设、数据集中管理等成功经验。

组织系统企业集团信息化高层培训 为贯彻落实全国、全市及国资系统科技创新大会精神，举办“上海国资系统集团管控信息化”高层培训活动，利用著名专业机构的力量，围绕新形势下集团进行财务管理、人力资源、风险管理等信息化建设开展了专题讲课和研讨，引导企业发挥信息化对加强管控、管理创新、转型发展的促进、支撑作用。

分类组织开展企业信息化专题交流 为更好地服务企业信息化工作，从满足企业个性需求出发，按照分类组织、设计主题、规模适当、自愿参加的原则，联合国有资本研究院，开展系统企业信息化沙龙活动。举办了“企业信息化战略与版权保护”、“智慧城市进程中的企业信息化”以及“传统企业如何发力电子商务”等企业信息化推进活动，组织企业交流互动，启发思路、拓展视野、提升水平，促进企业间相互借鉴，取长补短，共同提高。

举办市国资委系统企业信息安全研讨会 为贯彻落实《国务院关于大力推进信息化发展和切实保障信息安全的贯彻意见》和上海市信息安全保障工作会议精神，联合市经济信息化委举办了以“加强企业信息安全防范”为主题的企业信息安全研讨会，进一步加强系统企业信息安全防范意识，提高企业对重要信息数据的保护能力，提升企业信息安全保障能力。

召开部分企业分管领导信息化工作研讨会 根据推进国资国企改革发展“三个力”、“五个发展”的要求，进一步加强市国资委系统信息化工作，召开了由分管领导召集的部分委管企业信息化工作分管领导参加的信息化工作研讨会，共同研究讨论 2013 年信息化工作思路。

组织企业信息化建设案例交流 根据掌握的企业信息化工作情况和 2011 年信息化评价结果，选定 15 家企业集团总结本部或下属企业信息化工作的典型案例，汇编形成《市国资委系统企业信息化案例选编(2011)》，下发企业，展示成效，交流经验。

【机关信息化保障工作】

全面运行新版 OA 办公系统 根据各处室的需要，找出系统运行中存在的问题，对网络、软件、终端等进行优化升级提出网络优化方案，完善软件功能，对终端进行集中维护，落实应急预案，组织系统运行后的评估和完善。整合原有的内部网站、党建网、办公系统、交流平台等分散的系统，形成国资委领导和机关人员日常工作的统一门户。组织办公系统与国资监管信息系统进行统一安全认证和单点登陆的技术开发，实现统一门户与国资监管信息系统的互通。新版 OA 办公系统全面、平稳运行后，将着手进行国资委业务信息管理系统企业端的软件开发。

梳理整合信息化资源 一是全面清理现有的计算机软、硬件设备，逐步规范信息化资产管理，完善资产管理制度，明确责任，并着手开发资产管理软件，实现用信息化手段管理信息化资产。二是做好机关计算机相关设备日常维护保养，组织集中维护。升级优化服务器配置，提升服务器运行性能。组织机关计算机保密安全检查。三是加强网络设备管理，实施网络运行监控，组织机关外网网络扩容，加强技术措施；做好机关网络信息安全的自查工作，保障网络与信息系统安全正常运行，做好业务应用系统转网后平稳运行的技术保障。四是组织市国资委信息系统设备运行维护项目招标，选择合适的外包企业，集中管理，提高资源利用率，推进系统运维一体化。五是组织机关处室信息化需求调研，完成2013年度信息化建设项目预算申报工作。确保公务网、涉密网、政务外网、干部人事管理信息系统等正常使用。配合产权处做好产权登记信息系统的部署、上线安全测试和培训工作，协调采购设备。配合办公室做好150A会议室设备整修更新。

保障网站顺畅运行 做好市国资委内、外网站信息发布和日常维护，内外网站共编发信息3 200多条，上报国务院国资委门户网站信息1 348条，采用367条；上报“中国上海”门户网站1 811条，采用1 540条，采用率达85%，上报和采用情况在所有委办局中名列前茅。门户网站的点击率达日均两万多人次。实施市国资委外网邮件系统升级，开放297个机关用户，每个邮箱容量达1 GB，并提供1 GB的网络硬盘和电子期刊等功能。配合办公室在新浪网、腾讯网、东方网和新民网上分别开通“上海国资发布”官方微博应用。

做好机关管理信息化的配合协调工作 2012年年内，配合本委保密办做好信息安全保密工作，落实信息安全措施；完成上海市国资委信息化基本情况调查表报国务院国资委；完成2012年度市国资委电子政务工作报告。配合做好市国资委信息公开工作，公开信息55条，对市国资委信息公开目录进行整理，定期上报目录，配合做好信息公开年度考核。

（赵　泉）

上海市税务局

【概况】 上海市电子税务管理中心按照新形势下电子税务工作的总体要求，以保障税制改革、优化纳税服务、深化征管改革和提升行政管理水平等税收工作为核心任务，做好上海市税务局（以下简称“市税务局”）重点工作的信息系统建设和应用保障工作，不断提高本市税务系统信息化应用水平，努力把“管理到位、网络畅通、数据完整、安全可控、运行平稳”作为信息化工作的长期要求，全面推进各项电子税务工作。2012年，上海市税务系统信息化建设工作主要包括金税三期工程、应用系统推行情况、数据分析利用，信息化基础设施建设等四个方面。

【金税三期工程】 上海作为全国金税三期工程广域网项目第二批试点单位，2012年上海国税局在现有网络的基础上，通过设备更新、带宽提升、结构优化、安全防护，搭建一个上联国家税务总局并覆盖市局、区县局和税务所（协税办）三级节点的综合性内部通信网络平台，其中骨干网部分按照国家税务总局规划设计，完成本市双中心与总局双中心的互联互通，省网覆盖全市所有节点，采用层次化结合扁平化的网络拓扑结构，线路类型和路由协议进行统一部署。截至2012年10月，上海国税局完成全市金税三期广域网线路建设工作并投入运行，共涉及总节点数303个，总线路数406条。

【应用系统推行情况】

营业税改征增值税相关应用系统情况 上海国税局完成了综合征管软件（上海）、防伪税控、稽核和货运三个系统的升级和初始化工作，并组织上海税务系统内系统操作师资培训和网上申报操作培训及服务单位的操作培训，确保各大应用系统于2012年1月正式上线（网上申报系统于2012年2月正式上线）。为解决上线后数据库主机的性能压力过大及数据库运行不稳定问题，国家税务总局为上海国税局下发小型机1台，确保了整个系统运行平稳。

完成本市税务系统内门户推广应用工作 在试点基础上，2012年起针对全市19个税务分局分五批开展推广工作，同时完成公文处理系统的升级改建和推广应用工作，实现市局和分局之间信息互通、工作互动的应用局面。

持续完善上海税务网站建设工作 2012年1月10日上海税务网改建工作通过专家验收，在原有应用的基础上，上海国税局不断加强税务网站的各项应用，实现了税务部门主动信息推送、税企互动交流、在线咨询、局长在线访谈、企业个性化应用等功能，进一步方便纳税人应用，提升了税务部门对外服务质量和工作效率。

完成网上认证支持汉字防伪软件改造 上海国税局先后完成企业端、税务端、OCR（光学字符识别 Optical Character Recognition，简称OCR）的修改与调试及防伪税控后台系统与高速加解密机的各项开发、测试和升级工作，截至2012年年底，汉字防伪发票认证通过率为78.6%，识别率经过人工干预后可达到90%。

推广货运发票网上抄税、网上认证 上海国税局完成货运系统前端和后台系统软件开发、测试、联调，截至2012年年底，本市已有5 157户企业申请办理了货运发票网上抄税，占货运企业总户数86%，有1 181户企业办理货运发票网上认证，认证11 336张货运增值税专用发票，认证通过达90%。

完成系列工作 完成防伪税控数据库迁移、出口退税审核系统升级、法人一证通改造和电子缴款凭证升级改造及税控收款机开票系统改造等各项应用系统调整工作。

【数据分析利用】

上海税收风险分析监控系统 2012年2月,市税务局搭建税收评定指标库系统,10月,搭建完成税收评定案例库,12月起,为适应税收风险分析监控管理要求,启动本市全市税收风险分析监控系统建设工作,该平台涵盖项目、指标、案例管理、大企业税源监控等风险分析监控业务,通过整合综合征管软件(上海)、增值税管理系统、税控收款机管理系统、货物运输业增值税专用发票管理系统、车辆购置税征收管理系统、出口退税管理系统等税收数据库、跨省市部门交换信息、第三方数据资源及其他采集的税源资料,集成各类数据查询系统,并对系统数据进行统一处理、分析、展现与推送,以支撑数据综合分析、风险管控工作的开展。

继续实施江浙沪甬税务登记信息交换 2012年6月,本市组织召开了江浙沪甬税务信息交换联动机制第五次工作会议,会议明确将跨省的集团企业和上海营改增风险管理部分,尤其是差额纳税部分,纳入税务信息交换内容,会议审议并签订了《税务信息交换联动机制工作规程》,明确了信息交换的时间、信息保密机制和核查反馈等内容,进一步从制度层面进行规范和固化。

加强纳税人申报数据事前提示管理 2012年7月起,在上海税务网上申报企业端软件中增设财务报表预审提醒功能,依托54项校验指标,在全市范围内全面推行财务会计报表申报事前审核提醒工作。

财务报表数据管理 5月,市税务局将综合征管软件中采集的23套月度财务报表和29套年度财务报表在税收数据综合分析库中进行了整合归并,将上述报表整合成1套统一的报表样式,便于后台数据分析利用。

【信息化基础设施建设】 根据总局信息安全检查、市测评中心检查、总局三合一评测返回结果,完成信息系统数据安全防护和网络安全整改,完成机房设备维保及技术服务,完成网络安全防护系统升级完善及安全产品技术服务项目,签订全市桌面系统安全及防病毒系统维保服务,安装保密技术防护专用系统,开展全市税务系统信息安全评测与安全检查工作。

(刘 汀)

上海市工商行政管理局

【深入推进数据质量建设】 2012年是全国工商行政管理系统开展"数据质量建设年"活动的第三年,在全面分析、认真总结2010年、2011年数据质量建设工作的基础上,继续深入推进数据质量建设,制定了2012年度上海市工商局(以下简称"市工商局")数据质量建设工作方案,在业务需求、软件设计、数据采集、汇总备份、质量检查和问题处理6个方面明确了具体工作要求,建立了数据质量自查模型,先后开展了两轮自查和纠错工作,并联系企业参与进来,核对和完善了部分数据。10月25—29日,工商总局数据质量检查组对上海市工商局外资、行政执法、"12315"、内资、农专、食品、黑名单、一人公司联网应用、个体和非公党建等九类业务数据进行了现场检查,市工商局取得了现场检查满分的好成绩。

【切实加强信息安全管理工作】 通过对上海工商信息系统的安全现状的分析,梳理了信息安全风险点,并结合第三方信息安全等级保护评测建议,认真开展信息安全等级保护工作。一是对工商业务专网及其30余个业务应用系统安全自查自测、分析整改存在的问题和薄弱环节,分析评估了面临的安全威胁和风险,有针对性地采取了防范对策和改进措施,切实提升了网络与信息安全保障能力,同时被市重要信息系统安全等级保护工作协调小组办公室评为2011年度等保工作合格单位。二是完善了以市局为病毒防护中心、分局为病毒防护分中心的病毒防护体系,对全系统近300台核心服务器,6 000余台终端设备进行24小时全天候的病毒入侵跟踪、扫描、监测、阻挡、隔离、清除,确保了上海工商信息系统的运行。三是运用信息化手段,加强了系统监测预警,建设并应用了综合环境监控系统,实现了对在线运行的主机、网络、通信线路、应用软件、数据库、支撑软件等核心设施286个在线运行指标的监测与预警。四是强化了核心设备巡检工作机制,开展了针对主机、网络、数据存储、网络边界防护等系统核心设备的CPU、内存性能的利用率、系统版本更新检查、存储资源优化整理、备份可靠性检查、防火墙访问控制最小化、IDS(入侵检测系统 Intrusion Detection Systems,简称IDS)特征更新、访问控制漏洞检查、系统日志审核等方面的例行检查。五是进一步细化和落实信息安全事件的应急处置工作实施手段和规程,制定了《上海市工商行政管理局网络和信息安全事件专项应急处置规程》、《上海市工商信息系统安全等级保护应急演练科目》,并开展了应急演练。六是印发《上海市工商行政管理局关于加强信息安全管理工作的通知》,加强了对分局信息安全的指导，督促分局调整、完善信息安全管理机构，明确相关职能与分工。

【如期完成信息化建设项目与运维工作】 根据“金信工程改造项目”计划安排，如期完成“金信工程改造项目”的机房及配套用房建设、主机及存储等设备的更新收尾工作，完成了该项目包括的索证索票、广告监测、消费维权点、应用支撑平台、工商所综合监管等业务应用系统的改造，并通过了相应的性能测试、安全风险评估和固定资产清点。完成2011年度财政信息化专项资金建设项目中的业务数据质量管理应用、电子行政效能监察、档案管理系统升级改造、网络设备更新和公众服务平台整合等建设项目，并通过专家验收和上线运行。已完成2012年度财政信息化专项资金建设项目中的承包商登记、撤销登记业务及数据应用、企业电子档案地图、食品质量监测、非公党建信息管理系统、公众服务平台网上办事等项目建设过程的政府采购，需求调研、系统设计和功能开发，用户交流等工作也正在按计划节点全面开展。

【协同配合完成政府有关部门的信息化建设】 一是配合进行食品安全监管和信息服务平台建设。按照市食安办“统一规划、逐项推进、制度配套、加强服务、重在共享”的原则，编制了市工商局相关应用与市平台应用对接的技术方案，以实现企业登记许可与日常监管、投诉举报、检验检测、法律法规和标准、专项整治、应急指挥等方面的信息共享与业务协同。二是配合完成网上行政审批平台建设，全面完成开通运行市局和所有分局的内资企业设立并联审批(含网上并联审批)。三是配合进行法人网上统一身份认证。按照上海数字证书认证中心方案中的工商电子营业执照的发放及应用要求，对工商业务专网、公众服务网应用相关内容进行了梳理和设计，新建了“营业执照电子副本网上申请系统”，实现了网上办事的企业采用一证通进行身份验证。

【积极探索研究工商行政管理信息化建设新课题】 为了适应工商业务的发展，进一步提升上海市工商行政管理局信息化水平，在巩固信息化成果的同时，积极开展工商信息化新的发展方向的课题研究。一是参加了国家工商总局牵头组织的“面向现代服务业的电子工商应用支撑体系及示范工程(一期)”国家科技支撑计划项目的有关市场主体网上监管应用示范的研究；二是协同复旦大学等单位开展了行政效能电子监察课题的研究，从数据指标、工作范围及流程、监察机制等方面进行了探索，为行政效能电子监察系统建设奠定了有力的基础；三是探索研究虚拟化技术在上海工商信息系统应用，以上海工商信息系统的服务器、存储等资源的现状为基础，充分考虑现有的主流虚拟技术与设备，以实现对信息资源的合理调配、组合与利用；四是开展了企业信用体系建设的课题研究，研究探索企业信用信息资源开发利用，上海市法人库作用的发挥、企业诚信机制构建等方面的有关问题。

(李佳音)

上海市质量技术监督局

【上海质检“12365”产品质量投诉热线】 按照国家质检总局推动“大质量工作机制”、“大质检文化建设”以及法治质检、服务质检、责任质检建设要求，上海市质量技术监督局(以下简称“市质监局”)在原有“上海市质量技术监督局‘12365’产品质量申诉举报中心”基础上建立了“上海质检‘12365’产品质量投诉热线”，着力打造一个便民、优质、高效的数字化服务管理网络平台，探索构建“12365”热线统一受理上海检验检疫局和上海市质量局两局举报、申(投)诉、咨询业务，推动两局在受理举报、申(投)诉、咨询方面资源的融合、整合与联合，开创两局合心、合力、合作的“大维权”、“大监管”、“大质量”工作格局，全面提升质检系统的执法效能和窗口服务水平。

【质监系统信息化建设】

质量监督移动监管执法信息系统 上海质监的新一代质量监督移动监管执法信息系统(以下简称“移动监管”)主要覆盖食品生产许可证、特种设备监管、工业产品生产许可证、3C认证、制造计量器具许可证等业务，系统分为后台管理和终端管理两大功能模块，监管人员可通过后台管理子系统编制年度巡查计划，在企业现场使用移动终端设备在线执行计划。分管领导可以通过本系统实时查看监管人员现场任务执行情况并与现场巡查人员进行互动交流。该系统于2012年9—10月在宝山区质监局、浦东新区质监局开展了应用试点，并于11月在全市质监系统食品业务条线召开了推广工作会议，应用推广工作全面展开。

网上审批工作试点推进 市质监局作为市政府行政审批标准化试点单位，2011年启动行政审批网上“一办到底”试点工作，2012年网上审批工作全面推进，形成了企业通过外网网站填报申请材料、专家或评审机构通过外网网站评审，机关审批人员在质监办公内网审核(批)的新工作模式。截至2012年年底，已完成了包括特种设备施工告知、制造计量器具许可、企业标准备案等31个事项的网上审批工作；办理了特种设备施工告知 865 笔、制造计量器具许可 910 笔、企业标准备案 101 笔、产品质量检验机构计量认证 310 笔、计量器具型式核准 140 笔。通过网上材料的预审和专家评审，减少了企业往返次数，降低企业办事成本，审批周期缩短 2—5 天，规范审批流程、提升行政审批效率。市质监局还与市监察局电子监察平台实现了制造计量器具生产许可事项审批过程及结果信息交换，截至 11 月底共交换审批信息 406 条；组织机构代码登记工作纳入上海市并联审批平台，实现了与工商、税务信息交换与共享。

内部资金管理系统 为规范市质监局内部资金管理，2012 年年初开始建设实施“机关内部资金管理系统”，3 月初开始上线试运行，提供了资金信息录入及维护、资金计划管理、资金使用管理、资金计划汇总、资金使用汇总等功能，截至 11 月底，机关处室利用该系统完成了 364 笔资金计划制定及审批，1 575 笔资金使用申请、审批及执行，规范了机关预算内和预算外资金的信息录入、计划制订和资金申请等操作，提高了预算资金执行率，为财政资金公开奠定了基础。

依托政务内网，开展无纸化办公 市质监局内部协同办公系统采用角色管理，流程化审批，办理意见和修改记录清晰，实现了公文全过程无纸化管理。2012 年又新增了车辆管理、局长信箱和信访处理、会议管理、离沪申请、党委收发文、纪委（监察室）收发文等功能。办公系统已在区县局和局直属单位全面应用。

依托公共服务渠道，创新沟通渠道 市质监局大力推动政务微博工作，在新浪网、腾讯网、东方网和新民网开设“上海质监发布”政务微博，注重针对突发事件和社会热点问题，及时发布信息，澄清事实，解疑释惑，为处置突发事件营造有利有序的舆论环境。2012 年以来妥善应对了“安信地板甲醛超标”、“摇摆机伤人”、“东海液化气公司问题气瓶”、“小小光明宝宝奶酪添加乳矿物盐”等多起突发事件。2012 年 10 月，上海市质量技术监督局被市政府评为“上海市政务微博工作先进单位”。

质监政务信息共享推进 通过市法人库，市质监局与市公安局、市统计局和市审计局 3 家单位实现政务信息资源的共享。截至 2012 年年底，已共享法人资质信息 7 项，共享数据达 1 100 条。涉及以下业务内容：特种设备安装改造维修单位资格许可、特种设备设计单位许可、气瓶及罐车充装单位许可、特种设备检验检测单位资格许可、机动车安全技术检验机构资格许可、产品质量检验机构资格审批等。已纳入市级信息资源目录共享平台进行统一目录管理共 240 条业务目录信息，主要是单位、机构、人员、设备四大主题信息，46 个主题目录信息以及 5 125 个用于描述的数据项。

信息和网络安全工作 截至 2012 年年底，市、区两级质监行政部门和直属机构已接入市政务外网的终端约 1 400 台，接入市公务网的终端共 18 台。根据市有关单位的要求，上海市质量技术监督公务网接入系统已实现分级保护，并获得运行许可证。上海市“金质工程”业务应用系统和上海市质量技术监督网站分别通过等级保护二级和三级的安全测评。2012 年，上海市质量技术监督局组织开展了“金质工程”OA 系统故障应急处置（应用节点卡死恢复）、“金质工程”备份恢复应急处置（应用测试文件以及数据库测试表空间恢复）、“金质工程”网络故障应急处置（边界路由器硬件故障恢复）、“金质工程”安全事件应急处置（内部 ARP 攻击防范）以及网站信息安全应急处置（网页、数据被篡改以及服务停止恢复）共 5 次应急演练，通过对演练情况的分析以及演练结果的评估，验证了应急演练计划的可实施性，应急硬件冗余备品备件更换的及时性。通过实战演练，使应急人员熟练掌握应急处置的流程，提高了应对突发事件的处置能力，达到了预期的演练成效。

（储昭武）

上海市统计局

【企业一套表联网直报平台建设】 按照国家统计局统一部署，上海市统计局（以下简称“市统计局”）完成本市企业一套表联网直报平台的升级改造，实现了与全国统计系统联网直报平台的统一。为此，新增了两台 IBM750 小型机和存储设备，建立了数据库服务器集群，接入市政府灾备中心实现数据备份。市、区县统计局组织了对全市数万家企业的软件操作培训，并进行了一个月的试点运行。在数据正式报送期间，市统计局做好网络监控、流量管理、入侵检测，保持网络畅通，防止恶意攻击，并及时做好平台的功能优化和日常维护。

【第六次人口普查资料开发】 在全面完成第六次人口普查数据光电录入、数据处理和净化的基础上，对普查数据进行整理、加工、汇总，进行深层次开发利用。按照国家、本市两级数据分析要求，产生国家汇总表式、市级补充表式的汇编资料，指导各区县完成区县级普查资料开发，建立了全市人口普查地理信息系统。

【系统安全建设】 完成了联网直报系统等保三级测评和整改，完成国家统计局网络扩建工程省级子系统的风险评估。在市统计局所有的计算机上安装客户端安全管理系统，机房内加装了红外报警系统，涉密网取得运行许可证。召开区县统计局信息安全会议，督促做好信息安全工作，所有节假日安排值班，防止机房、网络异常情况。所有直报企业也完成了身份认证系统的下载安装。

【数据仓库建设】 做好全年各类统计数据的整理和归档，加载至统计数据仓库。现已加载入5年的报表制度、历史数据和基本单位名录，以及所有的综合统计数据，根据业务需求，完善了数据仓库功能，为统计数据的进一步利用提供技术支撑。

【信息系统日常管理和维护】 做好网络系统的日常维护，及时排除网络故障；做好计算机、打印机和各类零配件的政府采购、登记入库、初始安装、分配和报废。做好市统计局办公自动化、网上直报、月度库、基本单位名录库等应用系统的日常维护，解决疑难问题，完善软件功能。组织完成市局、总队和各区县统计信息化基本情况年报数据的采集、审核、处理和上报。

（唐庆茹）

上海市新闻出版局

【概况】 上海市新闻出版电子政务系统一期建设是上海市新闻出版局（以下简称“市新闻出版局”）信息化基础项目建设，整个项目已完成机房、系统集成、安全体系建设，应用系统在2012年8月底全面上线试运行。2012年，继续开展“沪版图书内容数字化”项目（二期）建设和监管工作，启动上海报业数字化转型项目，为后续的“上海电子报库”建设和对接全国报刊电子样本库奠定了基础。上海市新闻出版专项资金其中一部分用于推动上海市数字出版产业发展。

2012年信息化工作的创新型项目是“书香上海”政务微博，上海市新闻出版局于2012年2月23日在新浪网、腾讯网、东方网、新民网四大网站同时开通“书香上海”政务微博，上线仅一个月，粉丝总数已突破6万。运行至12月，粉丝总数超过22万，受到全国出版界、读书界、知识界的广泛关注，《光明日报》、《中国新闻出版报》、《新京报》等媒体多次做专题报道。上海市政府新闻办和新浪网数据显示，“书香上海”不仅在上海市各委办局政务微博中活跃度、传播力总排名稳居前十名，而且也是全国最具人气和影响力的读书类官方微博之一。“书香上海”名列新浪网“第三季度全国政务微博十佳应用奖”，是全国文化领域和上海地区唯一上榜微博。

2012年行业内信息化工作也取得了一定的成绩，数字作品版权登记保护平台在一期应用的基础上，功能得到增强及改进；韬奋纪念馆着手馆藏资料的数字化工作；上海新闻出版教育培训中心取得“出版物发行员职业技能考试管理软件 v1.0”软件著作权登记证书；新闻出版教育网站改版上线；上海新闻出版教育培训中心官方微博开通。

（梁国畚）

【电子政务系统一期行政审批子系统建设】 2012年7月完成行政审批子系统改造，由“集中办理”模式改为“前台统一受理，后台协同办理，全程监察监督”的工作模式，重新设计了行政审批子系统和行政审批监察子系统的工作流程，所有行政审批事项均已100%开通网上办理，行政相对人可以直接在网上提交申请材料，办理进度可以通过短信平台、政务网站即时获取，大大方便了行政相对人，有效提高了行政审批信息化水平。截至2012年年底，网上申请已经达到73%，表明“外网申报、内网流转、协同办理、统一回复”的网上审批系统对便利当事人、提高行政效能起到了积极作用。

（赵书雷）

【开展“沪版图书内容数字化”项目（二期）建设】 “沪版图书内容数字化”项目建设（二期）于2011年11月后展开，随着整个项目工程顺利推进，上海完成了一批高质量的数字化图书，改善了出版单位图书数字化制作、利用状况，标志着上海在全国率先启动的出版资源数字化保存工作已见成效。该项目实现了两大目标：一是累计完成了4万余种数字图书、时间跨度覆盖1996—2009年上海出版的新版、具有保存或再开发价值的图书内容资源；二是建成“沪版图书内容数字化”项目检查统计平台并投入使用。该项目被列为2011年上海市政府重点工作以及《上海市推进智慧城市建设2011—2013年行动计划》重点项目。从一期到二期，“沪版图书内容数字化”项目以PDF、ePub、XML三种形式保存图书内容资源，基本满足了上海出版单位对图书数字化保存的需求，通过“沪版图书内容数字化”项目，将上海优秀图书出版资源进行数字化保存，使出版单位在图书数字化格式、准确率等方面得到很大改善。同时，在项目实施过程中培养出一支图书数字化制作队伍，积累了经验，有力地推动了上海市出版单位的数字化转型进程。

（范张文）

【开展"沪版图书内容数字化"项目(二期)监管工作】 在"沪版图书内容数字化"项目(二期)中,上海新闻出版教育培训中心在上海市新闻出版局科技和数字出版处的指导和支持下,承担了项目的监管任务。通过对出版方项目计划、数字图书目录的审查、再到数字图书预检、送校对等多道工序进行严格的抽样,规范检查。通过日常的技术指导和交流会提高制作工艺和质量。据统计,参与项目二期制作的出版方共有 17 家,共制作了数字图书 10 653 本,其中 PDF 格式数字图书 8 257 本,ePub 图书 630 本,XML 图书 1 766 本。监管方在项目二期中共抽检了 517 本数字图书,数字图书抽检比例 4.85%。实体书预检批次 65 批,预检图书 517 本,实体书校对批次 33 批,校对 77 本,完成监管工作。

(刘 翔)

【上海报业数字化转型项目建设】 上海报业数字化转型项目是政府扶持支持报纸内容数字化的基础性建设,包括对现有和过往报纸内容的数字化转换、报纸内容资源数据库建设。共有 19 家单位申报了 20 个项目,经预审,20 个项目均为有效申报项目。由于各报社的数字化进展程度不一,上报的项目基本可划分为三类:一是起步性项目,即从无到有,迈出数字化关键性一步的项目;二是升级性项目,即提升技术含量,整合内容资源的项目;三是完善性项目,即对尚未数字化的过往报纸进行数字化的项目。

2012 年 10 月 10 日,召开初评会议,初评专家从项目建设的必要性(即是否切合报业数字化发展需求)、项目建设的可行性(即所采取的技术方案、服务盈利模式是否明确可行并具有可考核性)、预期经济效益和产业带动力、申报单位综合水平、经费预算合理性五大评审要点上进行分类打分。10 月 18 日,召开定评会议,对初评工作进行审核,重点审核资助项目及拟资助项目资助额度。集中资源对 15 个项目进行重点扶持,扶持面为 75%,分别为:解放日报报业集团的解放集团数字报纸库建设项目、文汇新民联合报业集团的报纸数字化转型新版(扩展版)数字报处理生成系统、上海科技报社的数字报版面与内容标引系统、上海壹周文化传媒有限公司的上海壹周全媒体平台项目、上海新报经营管理有限公司的数字报刊内容提取与发布系统升级项目、上海世纪出版股份有限公司的《青少年科技报》电子文库(一期)项目和《小青蛙报·开心菜园》动漫库项目、上海城市导报传媒有限公司的《城市导报》数字化出版及电子报系统项目、上海侨报社的数字报系统建设与实施项目、社会科学报社的社会科学报数字化建设项目、上海汽车报社有限公司的上海汽车报数字化网络发布平台项目、建筑时报社的建筑时报数字化转型实施方案项目、上海证券报社的上海证券报数字报库项目、中国海运(集团)总公司的海运报数字报制作项目、光明食品(集团)有限公司的《光明食品报》数字化平台建设项目。

【推动数字出版产业发展建设】 上海市新闻出版专项资金中一部分用于推动上海市数字出版产业发展,主要支持书、报、刊传统出版数字化转型项目,国家数字出版产业园区建设和重大活动。2012 年 7 月 31 日,上海市新闻出版局在政务网站上发布"2012 年上海市新闻出版专项资金申报指南",8 月 22 日至 24 日公开受理申报材料。共有 30 家单位申报了 35 个项目,经预审,实际有效申报的单位 27 家,项目 31 个。9 月 17 日,上海市新闻出版局组织召开初评会,10 名初评专家从项目建设的必要性(即是否切合数字出版发展需求)、项目建设的可行性(即所采取的技术方案、服务盈利模式是否明确可行并具有可考核性)、预期经济效益和产业带动力、申报单位综合水平、经费预算合理性五大评审要点上进行分类打分。10 月 11 日,召开定评会议,对初评工作进行审核,重点审核资助项目及资助项目资助额度。

经专家评审,共扶持 19 个项目,推动上海数字出版产业,引领行业转型发展。分别是:张江国家数字出版基地公共服务平台建设、国家数字出版基地虹口园区公共平台建设、中国国际数码互动娱乐展览会项目、延安时期解放日报的数字化与建设数据库项目、第一财经日报 iPad 终端项目、中国法制类期刊联合平台项目、光学期刊集群数字出版平台建设项目、上海纺织科技期刊数字出版平台(纺织云)、《艺术世界》期刊数字化项目、《东方城乡报》数字报项目、数字信息个性化内容生成发布平台项目、上海大众卫生报全媒体信息化新闻采编综合业务系统建设项目、医学数字出版集成服务平台项目、科技期刊网站建设和期刊内容数字化接轨国际出版项目、交互式外语数字教材编纂系统的研发项目、上海经济通(上海中小企业信息服务平台)项目、旅游自媒体出版和开放性采编管理集成系统项目、"青年智慧港"上海青年共享型信息服务互动平台项目及科技期刊编校标准化和规范化智能辅助平台项目。

(赵 靖)

【"书香上海"政务微博】 "书香上海"政务微博共开设栏目 19 个,分别是:书香晨曲、天天海上书、神州书卷、域外书情、报刊集萃、信息直通车、悦读锦囊、读书这么好的事、出版人推书、书香小喇叭、名人书单、大家晒书单、海上品书录、亲子书香、榜上书香、书香集结号、历史上的今天、掌上阅读和海上夜话。

截至2012年12月10日，在“名人书单”栏目有近80位各界名人晒书单，在“出版人推书”栏目超过90位全国出版人晒书单。有6位知名人士应邀在“书香上海”开设微专栏。三个主要荐书栏目“神州书卷”、“天天海上书”、“亲子书香”已推荐图书逾560种，涉及全国近200家出版社；“书香晨曲”每天上午九点、“海上夜话”每天晚上十点、“榜上书单”每周一下午准时发布，均成为网友和业界转发评论的品牌栏目；“信息直通车”、“书香集结号”、“悦读锦囊”、“读书这么好的事”、“共读好时光”等栏目风格定位鲜明，受到各界读者关注。此外，“书香上海”还围绕重大节日、业内标志性事件和网络热语，推出“三八节”做书女、“4·23”世界读书日、端午节“舌尖上的端午”、父亲节“聆听父亲”、六一节“书香童心”、九九重阳节“重阳节送给爸爸妈妈的书”、十一国庆“带一本书去旅行”，中华书局百年纪念、上海文艺60周年、三联书店80周年、全国书博会、伦敦书展、莫言荣获诺贝尔文学奖，“一句话证明你是书虫”等主题活动。各栏目聚焦上述主题，滚动集中发布，引起良好反响，获得媒体、出版界和广大网民的好评。

读书是网上网下扩大社会共识的最大公约数，信息化手段的及时介入与强力主导，不仅能满足广大读者、网民的阅读文化需求和出版单位市场营销、产品宣传的需求，也为政府推出公共文化服务举措、新政策创造了有利的舆论氛围。2012上海书展和上海扶持实体书店政策出台之所以受到广泛关注和良好反响，微博这一信息化手段的创新、拓展起到了很大作用。“书香上海”正在成为人们喜爱上海的一个理由，已成为一块普及阅读文化、推广阅读活动、宣传阅读精品的金字招牌。

（张　翼）

【增强及改进作品登记保护应用平台功能】 数字作品版权登记保护平台一期项目结束后，经过一段时间的使用，发现了一些问题，主要表现为系统架构不够合理，存在运行稳定性、安全性方面的风险；系统容量预留不足，扩充能力有限；缺少为企业用户设计的大批量登记信息录入的工具。为了解决上述问题，2012年对系统进行了针对性的改进：把平台软硬件移入专业机房，并委托专业技术公司维护管理；采用最为先进的云存储平台架构替代原系统架构，为系统的后续扩展与功能提升奠定了可靠的基础；通过分布式云计算技术对平台进行升级改造，由原来单台服务器响应用户请求变成多台服务器集群并发响应，增加了平台并发吞吐能力，同时提高了系统的稳定性和可用性。由于云架构的可扩展的特点，使得系统的容量方便地得到扩充，已经为系统准备了100T的存储空间，预计能满足平台5年运营（按登记作品40万件/年计算）的需要。数据库从原SQL Server迁移到Oracle，通过Oracle RAC技术，支撑200万件海量作品数据的快速检索，使系统信息的检索速度得到极大地提升，改善了用户的使用体验。针对不同登记量的用户开发了相应适用的申请信息录入工具，对于少于100件/次的用户配置了填报式的客户端，可以保留用户最近一次的填报信息，方便其填报系列作品。对于大量登记的用户，系统专门开发了批量导入方式的客户端，方便用户对申请信息的统一处理，满足企业客户的大批量作品登记需要，使积累的上万件作品可以快速上传到登记平台。开发了标准化的系统间接口，使平台实现与其他企业应用及平台之间的协同和数据交换，全面提升平台的协同服务能力，增强了系统的开放性，为已登记作品在数字环境下的应用提供了便利。

（张丕力）

【韬奋纪念馆着手馆藏资料数字化工作】 韬奋纪念馆收藏有生活书店及其二、三线出版机构出版的图书、韬奋主编的刊物原版本和韬奋译著等图书4 000余册。这些珍贵书刊由于出版年代久远，纸张存在不同程度损坏。从保护好藏品和便于公众查阅角度出发，2012年年底韬奋纪念馆着手馆藏书刊抢救性数字加工工作。已完成《韬奋全集》、《生活》周刊、《大众生活》、《大众生活》复刊、《抗战》、《全民抗战》、《生活日报》、《生活星期刊》、《新生》、《永生》等电子书刊的制作，并在韬奋网站（www.zoutaofen.cn）上提供免费在线阅读，受到公众的好评。为了配合新闻出版博物馆筹建工作，2012年对《科学》杂志（1915—2000）、《上海出版工作》（1956—1987）、《上海画报》（1982—2011）、《商务印书馆馆史资料》进行数字化加工工作，其中《上海画报》电子版已向上海市规划局提供查阅服务，截至2012年年底，韬奋纪念馆共制作电子书刊1 116册、90 166页。

（王　晨）

【取得出版物发行员职业技能考试管理软件v1.0软件著作权登记证书】 2011年年底开发的出版物发行员职业技能考试管理软件v1.0，在2012年4月完成软件著作权申请工作，取得登记证书。之后，又对该软件的部分功能和性能进行了提升，在2012年上海市第二届发行员职业技能大奖赛上，成功完成了对333名考生的同时上机考试，在考试过程中得到了众多考评员的赞扬。

【新闻出版教育网站改版上线】 新闻出版教育网(www.nppn.com.cn)是全国新闻出版行业知名的网站。2012年为全面提高职业教育培训的信息化水平，对网站整体布局、功能及管理模式进行重新改版。网站功能包括了培训项目、网络学习、政策法规、学历教育、国际交流、数字出版、信息发布鉴定站所等栏目，涵盖了上海新闻出版教育培训中心的培训项目、学历教育、远程教育、质检等工作。定制了出版职业资格考前辅导专题、武汉大学上海学习中心专题、全国印刷厂长班专题、大奖赛专题、中国最美的书专题等多个专题项目。网站不仅提供信息发布，同时也是全国出版专业人员出版职业资格考试远程教育平台。作为远程教育学习平台，以课程面授＋远程教育＋复习冲刺＋学员互动等多种形式组合而成，面向的不仅仅是上海的学员，也对全国各省市学员开放，每年全国各个省市都有大量的学员报名参加学习，并且多个省市新闻出版局组织当地学员团体报名参加网上学习，平台提供了在线支付功能，方便全国各地学员参与网上学习。

【开通上海新闻出版教育培训中心官方微博】 在2012年11月，上海新闻出版教育培训中心在新浪网开通官方微博(http://weibo.com/shnppn)。微博的开通代表了上海新闻出版教育培训中心的宣传多了一个微平台发布渠道，全国学员可以通过更多渠道了解行业动态和培训项目情况。微博的信息发布和管理严格遵循信息发布流程，严格管理，专人负责。

(刘　翔)

上海市体育局

【上海体育网】 在2012年中，上海体育网积极探索信息服务的深度和广度，在创建一流政府网站的道路上有了进一步的长进。网站围绕上海体育工作要点，积极采编上海体育系统的各类信息和图片，并做到第一时间完成上网。网站共上传当年图片资料250余组和影像资料280余条。网站以短信平台形式发布夺金喜报、赛程赛果、今日看点、调研通知、采访通知等57 000条短信，完成各类采拍任务300余次。先后策划、制作2012年冬训、上海市第一届市民运动会、伦敦奥运会上海健儿、第九套广播体操等各类专题专栏。2012年共完成在线访谈31期，其中体彩主题22期，体教结合主题3期，市民运动会主题4期，奥运主题2期。"上海体育网"在上海市政府官方网站举办的信息报送排名榜上名列前茅。网站还利用技术优势，积极扩大社会合作，以与上海体彩网的改版和委托运行为年度合作的重要标志。2012年内，上海体彩网共发布各类信息2 987条，制作头条65条、图片新闻131条，焦点区域基本做到每日更新；头条维持在3—4天一换，更新频率和数量较往年有大幅提高。年内还完成了体彩主题在线访谈的制作、策划开展"大乐透五周年"、"首届竞彩达人赛"、"11选5新玩法上市"和体彩主题微博等重点项目的组织和宣传。

【上海市运动员文化素质测试系统】 系统为提高青年运动员的文化水平，通过组织文化考试的方式提高运动员文化素质。考试科目为语文、数学和英文。系统功能的主要模块有考区管理、年级管理、用户管理、题库管理、试卷管理、阅卷管理、成绩管理、统计分析和用户授权。

(刘玉才)

上海市旅游局

【概况】 2012年，上海市旅游局(以下简称"市旅游局")积极探索通过信息技术改善旅游公共服务和市场管理的有效途径，提升旅游环境，创新管理方法，取得成效。

【在100个社区文化活动中心新建旅游信息服务点】 2012年市政府将"在100个社区新建旅游信息服务点"列为为民办实事项目，建设之初，各区县旅游管理部门从所在区县的街道、镇中，选取市民居住区较为密集、交通便捷、场地设施和运营情况良好、市民参与度高的社区文化活动中心，经过初选上报市旅游局。市旅游局根据上报情况统筹协调，最终确定选址，并于年内将100台旅游多媒体触摸屏全部安装到位。全新制作的旅游e点通多媒体触摸屏采用42英寸大屏幕触摸屏，通过互联网实现信息更新，时效性更强，操作体验也更好。屏幕展示的旅游信息网站包含了上海正在举行的各种旅游节庆活动介绍、旅游热点新闻和市民的出游温馨提示，并且制作了上海概况、交通换乘、乐游上海、餐饮美食、时尚购物、文化娱乐、集散中心、上海出发、四季上海、视频点播、公众服务等小专栏，涵盖了上海全方位的出游信息，成为社区居民出游前的指南和好帮手。旅游信息服务点一经推出，便得到了市民的欢迎和好评，特别是在上海旅游节期间，发布了大量活动信息，成为新的都市旅游宣传窗口。随着社区旅游信息服务点的投入使用，市旅游局还将不断完善触摸屏网站的功能，根据实际需求和使用情况反馈，更为精确地收集社区居民喜闻乐见的旅游服务信息，加大更新力度，做好设备运维保障工作，努力提供便捷周到的服务，让旅游公共服务的成效深入人心。

【做好智慧城市“i-Shanghai”无线覆盖工程】 为推进上海“智慧城市”建设，服务市民，改善旅游环境，市经济信息化委拟在推进全市无线上网覆盖面，共涉及A级景区、红色旅游景点和旅游咨询中心共66家单位的安装推进工作。经过与有关处室的共同协商，首先展开无线覆盖WLAN的现状调研，摸清各单位的无线覆盖现状，并与移动和电信进行洽谈，最终确定了移动和电信各自建设33个无线覆盖区域的方案，签订协议。2012年年底，已在旅游集散中心及分中心、红色旅游基地、旅游景区合计45家单位开通“i-Shanghai”无线上网热点。

【做好高星级饭店软件正版化推进工作】 2012年市版权局将旅游星级饭店列为软件正版化工作重点推进单位，会同管理处，确定了旅游饭店推进正版软件的工作目标。2012年内完成233家三星级以上饭店软件正版化的自查并启动整改，全市53家五星级饭店基本实现软件正版化。3月向以上有关单位发送了正版软件推进自查表，启动自查和整改，将星级饭店的整改情况和正版软件采购情况做了统计，上报正版软件推进工作小组，并在11月联合市版权局等有关部门对五星级饭店的工作情况进行抽查，结果表明全市五星级饭店软件正版化工作推进有序，发现的问题及时得到改正，总体情况良好。

【旅游电子合同的全面推进】 旅游电子合同在赴台游线路中经过试点以后，已经在各赴台组团社中全面使用，赴台游团队已经全面使用旅游电子合同。在此基础上，电子合同向更广范围的旅行社进行推广使用，覆盖到出境游和国内游的团队线路，完成了对黄浦、闸北、金山、青浦等多个区旅行社的使用培训工作，2012年内完成300家旅行社的培训目标。

【上海手机导游进驻饭店，推出定制版本服务来沪游客】 上海手机导游“itravels”完成电子商务功能及实现方案的规划，以整合电信运营商、银行卡组织、内容提供商、旅游饭店等各方资源，抢占移动旅游电子商务制高点。充分发挥智能移动终端在位置感知、信息推送、内容服务等方面的优势，顺应潮流趋势，不断扩充手机导游的信息内容、丰富其展现形式、增加其服务应用、拓展其使用范围。于2012年12月与世茂皇家艾美饭店签订协议，共同推出手机导游的饭店定制版本，为住店客人提供个性化的旅游信息服务。

（刘　昊）

上海市知识产权局

【继续推广上海专利电子申请】 国家知识产权局专利局上海代办处为有要求办理专利电子申请业务的各个代理机构提供培训和交流的机会，定期组织专利代理机构以座谈会的形式探讨、交流在实际操作电子申请的过程中，各个代理机构的问题，保持和代理人协会的定期沟通，互通有无。开设业务会议，邀请各代理机构对电子申请提出意见和建议，若有无法即时解决的问题，会后将汇总的问题向国家知识产权局专利局询问后再作回复。同时出台配套政策，用以鼓励积极实行电子申请的代理机构。为了配合专利电子申请工作，上海市知识产权局高度重视，出台多项配套措施支持电子申请工作，如删除《上海市专利资助办法》中不利于推广电子申请的条款、把电子申请率作为评选先进区县的指标之一等，要求区县对电子申请工作表现突出的单位给予政策倾斜，有效地引导电子申请推广工作良性发展。

针对个人申请，鼓励扶持帮助。个人专利的电子申请较代理机构的申请分散，但是只要个人主动提出要求办理电子申请，窗口服务人员一定会事无巨细，倾囊相授，对其进行申请业务介绍。为了更好地服务于个人，窗口工作人员利用工作间歇对其进行指导。对于个人电子申请的专利申请人还是以鼓励帮助为准则。

【上海市知识产权局网络信息安全升级】

网站改版后通过等保测评 2012年完成了门户网站的改版工作，本次网站改版的主要内容是增加了网上行政审批功能，从技术上保证了上海市知识产权局（以下简称“市知识产权局”）三项行政审批实现网上受理、后台处理、网上反馈的全过程电子化。本次改版同时也完善了网上便民服务等各个网站板块的内容设置。网站改版完成后，分别根据市政府及安全部门的要求，进行了网站实名登记备案，同时于下半年进行了网站等级保护测评，于年底通过测评，并获市公安局颁发的等保二级系统证书。

机关公务网升级 根据市保密局、机要局及公务网管理中心的要求，更换公务网加密机，并对市知识产权局现有公务网接入设备安装户籍化管理软件和三合一保密技术防护专用设备。

加强网络与信息安全工作 根据市网安办的要求，于2012年初启动网站安全试点工作，分别于年中和年末两次对市知识产权局网站进行安全全方位扫描，并根据情况对网站整改，在12月完成的第二次安全扫描中，仅发现一项低危漏洞；7月制定上海市知识产权局网络与信息安全自查实施方案，7—9月上海市知识产权局网站和上海专利(知识产权)信息平台进行全面检查，9月下旬完成各项检查报表和上海市知识产权局信息安全自查报告，报送市网安办。

(丁文洁)

上海市绿化和市容管理局

【概述】 2012年是"十二五"规划实施的承上启下之年。上海市绿化和市容管理局(以下简称"市绿化市容局")围绕管建并举方针，牢固树立应用引领，制度驱动，管理为本的发展理念，科学规划，精心实施，全力推进各项重点工作，实现了应用推进稳步提升，网络运维有条不紊，行业体系趋于完善的整体目标，绘制出了一幅"数字绿容"的新画卷，为绿化市容行业信息化"十二五"的发展奠定了良好的基础。

【上海市户外广告监查管理系统稳步推进】 户外广告监查管理系统于2012年初投入试运行，在徐汇、黄浦、卢湾和杨浦等区试点运行的基础上，对系统功能进行了初步完善，新增了街道分块、处理案件延期申请、督办自查案件打印、系统内新增案件立案等功能，同时实现了区自查和市督查业务流程及信息的上下互通，对报表、统计模块、PDA(掌上电脑 Personal Digital Assistant，简称PDA)端地图显示、规划图片、RFID读取筛选等功能的完善。截至2012年年底，全市8个区县正式使用了系统，处置了各类违法案件26件，其中自查11件，督查15件。共计录入规划点位1 990个，审批数为320条，RFID安装数320块。

【生活垃圾物流系统升级整合基本完成】 依托原有的称重系统和物流调度系统，形成统一的生活垃圾信息化管理平台。通过信息整合、优化流程、统一数据标准，规范了生活垃圾称重数据采集、上报、修改流程，调整输出各类报表，使生活垃圾数据统计汇总实现了全覆盖。同时，规范了生活垃圾分类数据、计量点、车辆及区县代码等数据，为生活垃圾清运处置资金结算提供了准确的数据支撑，并为市区结算系统提供了开放接口，扩大了数据服务功能。

【基本完成了绿化市容GIS整合建设】 根据资源整合，业务融合的原则，2012年启动了GIS系统整合工作，旨在建成绿化、林业、市容、环卫资源基础设施资源统一管理的"绿化市容遥感和地理信息系统"。经过系统框架的搭建，绿化、林业、市容、环卫资源属性数据和空间数据得到进一步梳理、系统功能得到进一步扩展，截至2012年年底，系统整合开发工作基本完成。

【行政事务受理系统不断完善】 2012年对市绿化市容局行政事务受理系统功能进行了优化，增设了信息接收、自主受理、短信提示、案件抄送等新功能，提升了用户操作的友好性。系统成员单位在原来的绿化林业、市容城管部门的基础上，增加了各区县拆违部门、局直属单位、局机关处室等，大大提升了系统应用的覆盖面。同时，为配合防汛防台工作的开展，在原有4路热线的基础上扩展为8门线路，Callcenter软硬件配置同步得到升级，并与"12345"热线实现了物理连接，提高了热线的稳定性和应用的普适性。

【开展绿化林业遥感解译工作】 绿化林业遥感解译工作自开始至今已延续七年，通过2012年的绿化林地遥感解译工作，客观掌握了全市绿化林地覆盖面积、覆盖率等总体情况；获得了各区县绿化林地分布图、各类绿地林地面积汇总统计数据、新增减少绿地林地2011和2012年对比图及列表等数据资料，为绿化林业数据更新，林木绿化率的考核提供了较准确的数据依据。

【行政审批和"无纸化"办公系统稳步推进】 2012年，市绿化市容局作为全市行政审批标准化试点单位，原行政审批系统新增了与户外广告监管系统、渣土管理系统的无缝对接及电子签章的启用。对接工作中较好地解决了旧版系统中存在的公章不规范、委托单位盖章不方便、签批流程不严谨等多种缺陷，并下发了《上海市绿化和市容管理局电子签章管理规定(试行)》，通过办培训班、抓督查、上门指导等服务形式，为新系统的应用提供了技术保障。同时，为促进行业电子政务的应用能力，进一步推进"无纸化"办公系统和信息共享系统在全行业的应用，通过对辰山植物园、废管处、水管处、动物园、植物园、崇明东滩等多家单位的实地调研和指导，推进了各单位内部OA系统的使用。各区县的“无纸化”办公工作得到进一步推进，基本实现了全行业电子公文传输的“无纸化”，大大提高了行业电子办公水平和办公效率。

【ESIS数据库数据更新维护和相关综合统计工作基本完成】 完成了ESIS(端系统对中间系统 End System-to-Intermediate System，简称ESIS)2011年度数据采集、汇总及年报编制工作，并配合相关部门开展了ESIS系统升级意见征询活动，取得了较满意的效果。在ESIS数据库数据更新维护方面，完成了闵行、嘉定农村公厕的定位信息采集共计700余个；补齐了全市大型环卫设施的点位信息，生活垃圾压缩收集站531座、生活垃圾生化处理收集站166座、垃圾中转站45座、生活垃圾处置(理)场15座、粪便无害化处理厂(场)4座、清道工人休息场所337座、环卫停车场99座；完善了环卫公厕和农村公厕照片共计3 547张。

【市容绿化专业网格化项建书通过评审】 市容绿化专业网格化完善项目是上海市智慧城市三年行动计划项目之一。本项目建设以上海市绿化专业网格化系统为基础，开展固体废弃物、水域环境、陆域环境质量和古树名木的专业网格化管理，完善绿化市容专业网格化监督指挥平台，整合行业管理基础数据和空间数据，为实现行业精细化、科学化和定量化管理提供技术支撑。2012年上半年，经过各方调研以及听取了各级管理部门提出的意见和建议，对项目建议书几易其稿，并完成项建书的上报工作，至2012年年底项建书已通过专家评审。

【IT运维管理平台的开发建设基本完成】 为了加强信息化部门的内部管理，根据现有软硬件资源管理、日常运维流程规范管理需要，2012年年初启动“信息中心运行管理平台”开发工作。通过该平台提取网络、服务器、系统运行数据并加以分析，预先做好系统保障防范工作；积累运维经验和项目管理知识，提高项目管理能力。该平台包括项目管理、合同管理、设备资产、IT监控、运行维护、工作计划等功能模块，基本涵盖信息中心日常运行管理工作。截至2012年年底，该平台建设工作基本完成，在中心内部进入试运行阶段。该平台的运行将对信息中心业务工作的规范化管理提供优良的技术平台。

【公园绿地无线局域网覆盖工作有序开展】 根据上海市人民政府办公厅《关于加快推进本市公共场所无线局域网(WLAN)覆盖工作的实施意见》的精神，为进一步提高全市公园绿地的公共服务能力，切实提高绿化市容行业的信息化建设水平。上海市绿化和市容管理局对列入全市建设计划的98座公园绿地实施了无线局域网建设工作，计划于2013年6月全部建设完工。覆盖工程主要位于各公园绿地的游客服务中心、主要景点和大型休闲广场、应急通道等场所，免费为游客提供一定时间的互联网服务。通过邀标比选的方式，确定了中国电信上海分公司、中国移动上海公司为主要运营商。2012年9月21日召开了全市启动大会，基本确认各公园绿地的建设方案，11月工作小组循环完成审核，并全面铺开建设工作。至2012年年底已完成71%的公园绿地覆盖工作。

【“科署通”工程顺利完成】 为积极推进本行业各类信息化应用工作的落地，更好地扩大条线业务信息化系统的应用范围，2012年开展了绿化市容行业网络“科署通”工程。为确保市、区和三级单位的业务工作和政务信息能通过政务外网实现互联，要求各区县绿化市容、环卫、景观灯光直属单位的网络依照相关规范接入市政府政务网。2012年重点对宝山、卢湾、松江、长宁、黄浦、崇明展开接入协调工作，通过现场勘察，探讨沟通提出链路整合方案，在各区信息委的支持和配合下，已开通市级、区县、城管局、直属单位和三级科署单位共120个节点，形成了绿化市容虚拟专网，为今后业务应用落地打下了坚实的基础。

【开展网站集群一期工作】 按照国家林业局和市政府有关规定，2012年将崇明东滩鸟类自然保护区、绿化管理指导站、上海动物园、上海野生动物保护管理站、上海古猗园、上海园林科学研究所、行业工会7家网站纳入网站集群建设一期工作范围，其余单位将于2013年分批实现子网站的集群建设。网站集群的建设实现了各直属单位网站集中建设、集中投资、信息有效共享和安全保障能力强化，促进了网站健康有序的发展。

【开辟专栏，服务民生，兴办活动，增强互动】 2012年，为配合绿化市容行业专题业务工作的开展，市绿化市容局门户网站新开设了公厕争创文明行业、“2012百万家庭低碳行，垃圾分类要先行”、第26届全国荷花展、绿化市容行业2012科技活动周四个专栏，为实事工程活动起到了宣传效果。同时门户网站在2012年举办了“全国第26届全国荷花展”吉祥物征名、“我身边的林荫道”摄影征文比赛、2014年青岛世界园艺博览会上海园设计方案征集、野生动植物保护协会标志网络评选活动四项活动，体现了绿化市容行业的特点，增强了与市民的互动，丰富了网站的内容，提升了网站的点击率。2012 年门户网站获国家林业局 2011 年度优秀网站、国家电子政务理事会授予的“2012 信息公开栏目政府网站精品栏目”奖，并在上海政府网站 10 年工作总结中，获得优秀集体的荣誉，政务信息发布量也位列上海市政府委办局中第一名。

【信息化工作领导小组粗具雏形】 为确保行业信息化建设工作的顺利开展，在 2011 年确立的各区县、各单位息化领导小组的基础上，通报信息化工作任务和推进情况，力求使每个单位对全年行业信息化任务和本部门执行情况了解熟知。在 2012 年信息化中途推进会上，组织各条线信息化分管领导的分组讨论交流，对各单位信息化应用和网络运维具体情况作了解，同时也广泛听取意见和建议。会后经研究后，及时反馈，使得各单位信息化工作真正做到“有人可管”、“有事可抓”。

【健全信息化工作制度规范有序】 2012 年，根据业务的需要制定下发了《网站栏目责任分解工作暂行规定》、《上海绿化市容行业统计工作管理细则（试行）》、《上海市绿化和市容行业计算机网络管理规定（试行）》、《上海市绿化和市容管理局电子签章管理规定（试行）》等多项规范化标准化制度，为行业信息化建设提供了制度保障。

【组织多元化、实用型培训】 针对绿化市容行业不同的业务范围、业务内容，举办信息化系统应用、网络管理、政务信息和政府门户网站管理操作等培训班共计 19 次、受训人数 430 人次，基本覆盖了绿化市容全行业信息化人员，进一步强化了相关操作人员的业务水平和职业素质。

（金　苹）

上海市交通运输和港口管理局

【出租汽车营运数据分析系统全面建成】 2012 年年初，出租汽车营运数据分析系统开始试运行，行业内四大公司、蓝色联盟已全部实现数据正常上传，部分小型企业也陆续开始使用系统。借助该建设项目，实现了出租汽车营运数据平稳接入指挥中心，并与运管处实现了信息共享。项目在四个方面取得了突破。一是升级原企业用户 MODEM 拨号的接入方式，启用宽带 IP－VPN（虚拟专用网 Internet Protocol Virtual Private Networks，简称 IP－VPN）方式接入，加快数据传输效率。二是建立后台数据质量自动监控软件，对于发现未及时上传的企业、上传文件损坏、文件内容不规范等记录在监控日志中，供用户查阅，及时告知，对于重复上传、数据逻辑错误等及时校验处理后再入库，提高数据传输质量。三是建立出租营运数据仓库，利用数据仓库技术对出租营运数据进行有效整合，将数据进行抽取、清洗、转换，并按业务需求信息模型的要求，装载到数据仓库系统中，通过统计报表、多维分析、数据挖掘等功能，能及时获取所需的信息，提高系统效率。四是在保留原系统功能的基础上完善系统，一方面进行软件算法优化，提升软件性能，另一方面对软件界面进行调整，优化人机交互，增强软件可用性。

【交通港航安全监管系统升级改造项目通过验收】 2012 年 4 月，世博会交通港航安全监管系统（“两客一危”）升级改造项目启动，此次系统升级改造项目主要涉及道路危险品运输车辆监管系统升级改造、长途班线车辆监管系统升级改造、联网联控系统升级改造和新建旅游包车监管系统。项目启动后，根据交通运输部《道路运输车辆卫星定位系统平台数据交换》和《道路运输车辆卫星定位系统平台技术要求》的要求，重新开发了符合部颁标准的新平台，全面完成了原平台的功能升级和平台接口功能升级，同时针对本市道路运输车辆终端尚未规模化更新的实际，确立了过渡期间新老平台并存、新老车载终端并存、新老通讯协议并存的技术架构，制定了引导车辆定位信息逐步向新平台汇聚的技术方案，确保行业监管工作的连续性。于 7 月初通过了中国交通通信信息中心的平台符合性检测要求，并于 11 月通过专家组验收。

【“政府信息资源向社会开放”工作圆满完成】 根据市政府办公厅和市经济信息化委的工作安排及要求，上海市交通运输和港口管理局（以下简称“市交港局”）为“政府信息资源向社会开放”工作试点单位，完成了 2012 年上海市政府信息资源目录及数据产品和应用的相关工作。根据内容总体完整、具备服务功能、容量大小适度、维护更新可靠、安全保密过关的原则，在政府信息资源编目方面，通过与各局属单位的沟通协调，建立工作机制，梳理信息资源目录体系，完善规范逐级评估、审核、发布的流程。共有业务数据表 86 张在市级平台完成注册，包含字段 1 300 余个。在数据产品和数据应用方面，包括机动车特约维修企业、普通机动车驾驶员培训企业、道路运输驾驶员培训企业等信息，和全市营运交通工具、公共停车场库和机动车维修行业等统计信息的 20 个数据产品，以及全市轨交站点周边公交信息和主要停车场分布等两个应用产品在局门户网站上线。

【“上海交通港航网”顺利改版上线】 为进一步贯彻落实国务院和上海市政府相关要求，充分发挥局门户网站信息公开、网上办事、便民服务、互动交流等各项功能，提升网站作用，以市交港局成立三周年为契机，对门户网站进行改版，并于1月初上线。此次改版主要从四方面着手：一是整合平台，根据门户网站的四大功能建立了政府信息平台、网上办事平台、便民服务平台和互动交流平台；二是深化宣传，增设的“新闻中心”在中央位置综合发布各类新闻，反映市交港局各项工作动态和行业信息。并增设“公示公告”栏目，强化通知公告信息发布的效果；三是强化便民，选择性接入相关交通信息并在智能地图和“便民提示”中予以反映；四是提升技术，提高网民使用地图查询各类信息的便捷程度，进一步发挥智能地图所载各类信息的便民作用。

【公路客运信息平台通过专项验收】 升级改造后的公路客运信息平台一季度运行稳定，并经受了客流高峰期的检验。春运期间，从2012年元旦到1月22日，利用平台累计售票165.9万张，其中售票峰值在1月10日，售票9.9万张，出行高峰在1月20日，平台检票量达13.2万人次，顺利完成了春运技术保障任务。

1月，市经济信息化委组织专家组对平台升级改造平台进行专项验收。技术科组织力量陪同专家组赴客运站进行现场查验，对平台的服务器、存储、网络、安全等设备，机房、弱电等配套辅助系统的建设，以及应用软件中系统管理和接口、出行信息公共服务支持、联网票务公共服务支持、行业监管和综合分析4个子系统的功能进行了专项检查，专家组认为平台的建成有利于公路客运行业监管，为实现联网售票及客运站管理，提供了现代信息化的技术手段和基础保障，提高行业监管的水平，平台整体通过了专家组的专项验收。

【信息系统安全性和可靠性显著增强】 2012年7月，制定《上海市交通运输和港口管理局重点领域网络与信息安全检查行动实施方案》，8月组织局属事业单位开展了信息安全自查和整改工作，确定上海交通港航网、上海公路客运信息平台、上海交通港航安全监管系统等12个重点系统。自查工作中发现的一些SQL注入漏洞、跨站脚本漏洞、弱口令漏洞等安全隐患，均及时采取措施完成了修复工作。经过自查，局属各单位对信息安全重视程度大大加强，安全防范从技术防护到制度建设、人才培养、教育等方面都有了进一步提高。9月，局信息中心利用新增两台服务器的契机，对上海交通港航网和“12319”热线处置系统的主机进行了升级，通过提高硬件配置克服了上述两个系统的性能瓶颈，并经过系统分析，同步合理调整服务器资源，实现了硬件资源的梯度式利用，当月还同时更新了巴士大厦机房的UPS电源。通过此次资源的更新和优化，整体上信息系统的可靠性得到提升。9月21日，成功对交通港航网和公路客运信息平台进行了应急演练。第三季度内，通过上述几项针对性措施，信息系统的安全性和可靠性得到加强，灾难恢复能力得到提高，为迎接党的“十八大”的召开做好了准备。

【公路客运信息平台网上售票技术方案通过论证】 2012年起，本市公路客运行业网上售票需求逐渐增长，部分客运站未经充分论证，启动了网上售票业务。市交港局对此高度重视，并作了充分调研，形成网上售票技术规划。首先，会同市信息安全测评认证中心赴客运站进行信息安全检查，发现客运站基于公路平台的操作行为，破坏了平台封闭式城域网的网络构架，同时私自采用外挂程序，为平台的安全造成严重隐患，相关部门及时采取措施，联合颁发《关于切实做好上海公路客运信息平台安全保护工作的通知》，终止了影响信息安全的经营行为。其次在对网上售票业务模式充分调研的基础上，结合信息系统安全等级保护要求，拟定了《上海公路客运信息平台网上售票技术规划》，规划提出针对网上售票业务的开展，将平台的安全等级保护从二级提升至三级，同时新增平台的网上售票接入区，对提供窗口售票业务支持的核心区提供缓冲保护。规划于5月底通过了由市等级保护办公室、市信息安全测评认证中心等专家组成的专家组论证。《上海公路客运信息平台网上售票技术规划》为本市公路客运行业网上售票业务的开展提供了技术指南。

【其他系统的运行和新建项目的立项工作有序推进】 行政业务系统运行平稳，并根据业务需求完成了一系列调整。在运管系统中，根据局新版《上海市交通港航行政审批办事指南》对21个行政许可事项的流程进行调整，新增道路清障施救牵引行业的业务受理、行政审批、行政执法等相关管理模块，实现闸北、虹口、普陀、徐汇四个中心城区停车属地化管理功能需求。在执法系统中，根据执法总队自由裁量权流程调整和执行的工作需求，新增了相应工作流程和执法文书，实现非法客运比对功能，建立以违章人员、车辆为维度的黑名单管理，支持该信息同步至手持稽查PDA，进行路上稽查。在考试系统中，实施了考试系统与二代身份证读卡器对接验证功能，开发培训报名点统一报名软件系统。上海交通港航网做好技术支撑工作。2012年2月，配合《上海市政府部门行政审批目录》涉及交通港航61项审批事项的办事指南的修订，网上办事栏目全部更新、发布。2012年7月，《2012年公交新辟及调整线路计划》在网上征询市民意见，8月3日，《2012年公交新辟及调整线路计划》在线交流活动成功举办。上海市车辆综合性能检测信息系统项目通过验收。经过三个月的试运行，验收专家认为项目达到了系统的开发要求，面向交通运输管理部门和检测站提供服务，实现了数据交互、行业管理、行业监督、行业服务和系统管理等功能，项目通过验收。《危险品运输车辆出入境道口信息分析示范应用》建成。在现有上海市危险货物运输车辆监控系统中增强车辆出入境监管功能，实现对非经由指定道口出入上海市境的危险品运输车辆的监控和报警。对全局信息化工作的现状作了深入调研。在调研基础上，对未来三年的信息化工作进行谋划，编写了《关于加强交通港航系统信息化工作的指导意见》。根据要求，完成《上海公路客运信息平台升级改造项目可行性研究报告调整方案》、《上海市交通港航信用管理系统项目建议书》、《政府信息资源共享服务项目可行性研究报告》三个新项目的立项申请。

【上海城市交通行政业务管理系统升级改造项目建设】 上海城市交通行政业务管理系统升级改造项目是在上海市政府大力推进政府行政审批管理制度改革的背景下，以《BSZN－2012/00上海市交通港航行政审批办事指南》为依据，进一步规范和健全上海市交通港航行政审批制度和程序。要求上海城市交通行政业务管理系统能及时、高质量地满足整合后的上海交通港航行政审批业务的需求。该系统要实现的目标有：一是对交通港航受理业务整合，与相关业务管理信息系统在应用系统上的对接。配合新版办事指南，调整优化相关事项的系统功能，落实标准化管理。完善行政受理电子监察子系统，提升行政许可事项电子监察能力；二是改造工作流引擎，建立可灵活配置的受理审批流程。行政审批事项的可配置管理。许可事项表单构件化功能，单点登录等功能；三是改善交通港航行政许可数据质量，提升数据标准化规范。四是构建通用的、完善的、安全的、易于管理的、有良好的可移植性和扩展性的权限管理系统，使权限系统真正成为权限控制的核心，在维护系统方面安全方面发挥重要作用。该项目于2012年7月正式启动，作为交通港口局信息化“十二五”规划顶层设计思路中的“一个中心、两个平台、三大系统、四大体系”中的重要组成部分(见图3－1)，将负责局行政许可事项的受办理业务具体流程(见图3－2)。

【上海市城市交通考试中心信息化工作】 上海市城市交通考试中心是交通港口局下属从事公益服务的事业单位，是2005年上海城市交通管理体制改革时整合原城市公交、出租汽车、陆上运输、汽车维修和轨道交通5个管理部门的行业培训、资格考试等资源组建起来的职业资格工作专门机构。“资格考试”是上海市城市交通和港口管理局廉政风险防控机制建设的重点领域之一，考试工作的“公开、公平、公正”是考试机构的生命线，更体现政府管理部门的形象。2012年，上海市城市交通考试中

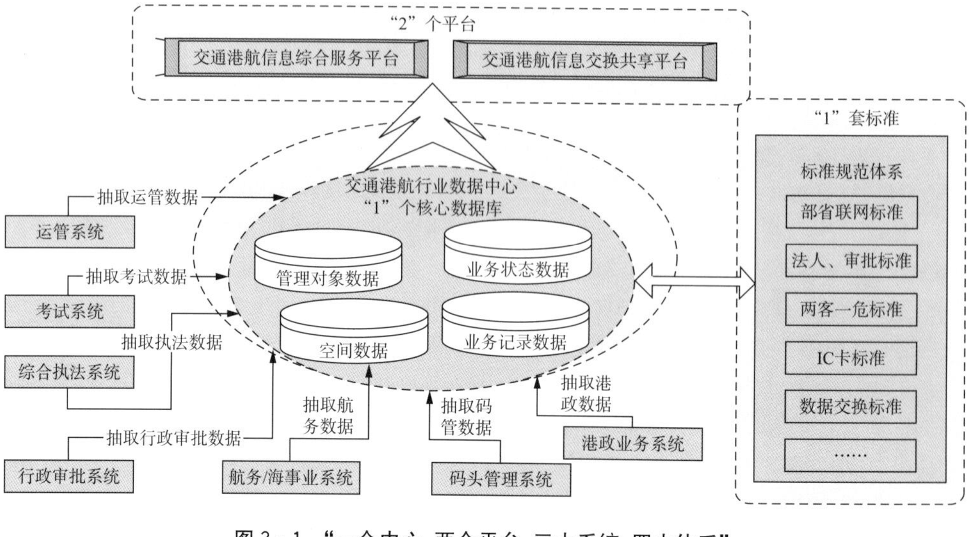

图3－1 “一个中心、两个平台、三大系统、四大体系”

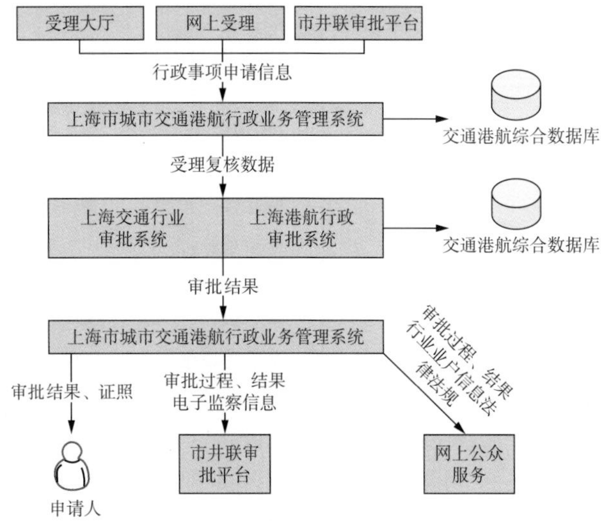

图 3-2 受办理业务具体流程

心在不断完善现有考试管理系统的同时，充分运用科技和信息化手段，严把从业人员"准入关"：一是从源头抓起，在受理各类职业资格考试报名业务时，加强对身份证、驾驶证、学历证书、准考证等原始材料的审核工作，提高对相关证件的辨别能力；二是加强对考试工作全过程的监管，理论考试已全部采用计算机随机出题考试，并对考场实施全方位视频监控。2012 年共计培训考试94 243 人次（具体数据见表 3-1），未发生由于考试管理系统软件或硬件的原因造成的责任事故，为上海市交通行业从业人员从业资格考试工作提供了技术保障。在道路运输从业人员管理中，从业人员培训考试工作基本实现了与其他管理部门相对独立、分工负责和信息共享，从业资格工作成为从业人员管理的必要环节，逐步纳入了行业监管体系。

表 3-1 考试人数统计表

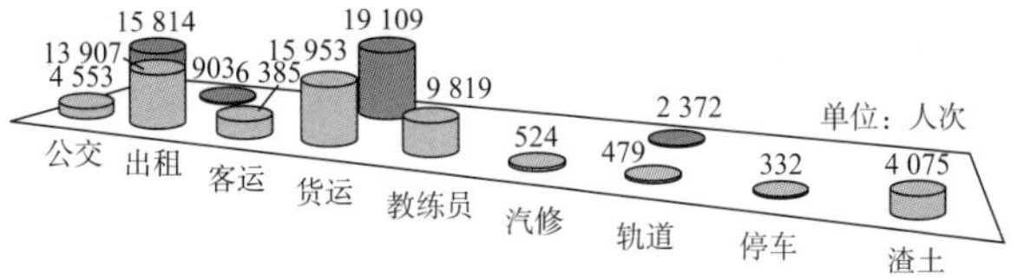

单位：人次

	公交	出租	客运	货运	教练员	汽修	轨道	停车	渣土
■ 从业资格	4 553	15 814	6 385	15 953	9 819	524	497	332	4 075
■ 继续教育	13 907	903		19 109			2 372		

【身份证识别仪的应用】 2012 年，考试中心受理窗口配置了第二代身份证识别仪，同时对上海市城市交通考试中心信息管理系统进行对应的接口改造。从源头抓起，在受理各类职业资格考试报名业务时，加强对身份证等证件的实质审核力度，提高对相关证件的辨别能力。

【受理七个行业培训考试】 2012 年上海市城市交通考试中心信息管理系统进行了业务受理范围的拓展（见表 3-2），至 2012 年年底系统已可以受理涵盖城市公交、出租汽车、旅客运输、货物运输、危货运输、驾驶培训、机动车维修 7 个行业 14 个岗位的培训考试。2012 年全年组织开展各类考试 94 243 人次。

表 3-2 2012 年业务受理范围

受理行业	受理岗位
城市公交	驾驶员
	乘务员
	调度员
出租汽车	驾驶员

续 表

受理行业	受理岗位
道路旅客运输	驾驶员
道路货物运输	驾驶员
道路危险货物运输	驾驶员
	装卸管理员
	押运人员
	道路运输经理人
机动车驾驶培训	理论教练员
	操作教练员
机动车维修	质量检验员
	技术负责人

【从业资格培训报名系统建设】 为加强对培训机构从业资格培训报名工作的管理,2012年市交通考试中心启动了从业资格培训报名系统的建设工作。培训机构在录入学员个人数据时,一是要按照考试中心的管理要求,严格审核报名资料;二是通过从业资格培训报名系统导出人员数据,和考试中心信息管理系统实现信息共享。

【内河航务(海事)现场业务整合系统】 该系统旨在提高信息系统资源的利用价值,合并管理现场多系统应用,提高日常管理效率,发挥业务之间的信息互补支撑作用,促进内河交通管理的现代化、先进化和科学化,有效形成管理资源合力。通过对多种业务数据的互动集成,整合船舶管理、行政处罚、港口管理、运政管理等多业务条线的系统,便于管理者能够快速、多维、全程监控日常业务。针对各个业务数据进行查询、分析,并形成各种业务报表;通过构建决策主体,对航务管理相关联的数据进行提取、整合,并将相关结果辅助业务部门管理;对日常业务相关的信息进行处理、汇聚、整合,建立一个统一的数据平台和相应的资源库,对各类航运数据进行统一管理。系统于2012年11月通过验收。

【上海市地方航运企业运营安全情况报送系统】 该系统旨在更好地了解本市水运行业整体概况、企业生产经营情况以及企业水上交通安全事故情况,进一步加强市场监管力度,保障水上交通安全通畅,让水路运输信息更好地为管理部门提供数据支持。各航运企业通过该系统报送相关运输量、财务、交通事故数据,各级运管部门查询统计管辖范围内企业的数据,并做同比分析。系统于2012年11月通过验收。

【内河数字甚高频VHF应急呼叫通信网络前期工作】 根据上海内河搜救体系的内部需求和工信部有关要求,拟建设一套数字VHF通信系统系统,兼容之前建立的模拟系统,覆盖上海全市内河航道,可实现中心调度、区域联动、船岸对讲的功能。该项目主要为本市内河数字甚高频VHF应急呼叫通信网络建设做技术准备,通过基站建设组成上海内河VHF通信网络,一个信道为全市范围的统一调度平台,一个信道为各区域内部的搜救通信系统,一个信道为用于与民用船舶进行通信的公共信道。2012年上半年进行了初步组网设计,下半年在此基础上,申请了临时无线电频率对初步组网设计进行场强测试,根据场强测试的结果对组网设计进行修改完善,组网设计已经完成并于2012年11月通过验收。

【《内河溢油扩散的动态建模、实时仿真与软件系统实现》课题】 对内河船舶溢油扩散进行动态建模和实时仿真,开发相应软件系统是确保本市内河航运安全、供水卫生、环境保护,加强地区河网、水源的生态安全监控、保护以及应急措施的辅助决策手段之一,具有重要的现实意义和社会效益。本课题研究内河船舶溢油(包括船舶自身故障和船舶碰撞导致的溢油以及人为倾倒导致的"溢油")的建模、仿真、可视化及软件系统。最终成果是一个基于Web的内河船舶溢油扩散监控与预警软件系统,通过将建模、仿真和可视化三个核心部件集成为一个系统,计算出现实中某一河段突发船舶溢油事件发生后油的扩散状态与趋势,以GIS用户界面动态展示一段时间内被观测河段的油膜和水质污染物的扩散情况,同时用深浅颜色或等高线展示其浓度变化,以实现高效、可靠的内河船舶溢油扩散的监控和预警,并为下一步的溢油应急处置提供支持。课题已于2012年11月通过验收。

【《上海市地方海事局辖区典型通航水域三维模拟系统》课题】 该课题主要是选取黄浦江上游区域比较典型的通航水域为示范制作三维视景,通过与AIS(船舶自动识别系统 Automatic Identification System,简称AIS)数据库链接,结合实时AIS数据以及研究人员赴现场采集回来的航道、船艇的视频,建立模拟演示系统,通过AIS信号三维实时模拟和回放,结合船舶操控驾驶台可真实模拟演示船舶航行和航道情况以及雨雪雾等天气的情况,从而达到模拟水域通航情况的效果。通过该系统能更加有效地对辖区典型通航水域各类船舶动态和航标进行日常监管，准确掌握辖区水域通航状况，为辖区水域通航监管和航标布设方案提供一种直观、有效的辅助决策手段。课题已于2012年11月通过验收。

【推进视频监控试点工作，加快安全质量监督诚信体系和信息化建设进程】 为加快安全质量监督诚信体系和信息化建设，上海港工程质监站在2011年水运工程施工现场视频监控试点工作经验的基础上，继续推进洋山西港区等上海国际航运中心重点建设项目工地现场远程视频监控系统建设步伐，组织相关技术人员编制完成了《上海港建设工程安全质量远程视频监管平台系统》信息化项目申报书以及平台层和框架层的理论设计。

【上海港工程质监站优化信息化网络服务平台】 2012年6月，上海港工程质监站门户网站“上海港工程监督网”正式改版并投入试运行。新版网站不断优化栏目设计，通过进一步细化办事指南、信息查询等栏目，研发上海水运工程从业人员综合查询系统，始终坚持以人为本、服务便民的设计理念，满足了上海港水运工程从业企业和人员的不同信息需求，方便管理相对人快速获取最新信息。同时，为加大交通运输部和本市水运工程建设市场管理和安全质量监督相关专项活动开展宣传报道力度，新版网站实现了专题专栏动态添加和全文信息检索等功能，及时将最新行业政策和文件精神传达给服务相对人。

【港政移动执法信息系统持续改进】 2012年制定《港政移动执法信息系统持续改进方案》，并分阶段推进系统使用管理工作。一是做好系统改进与优化工作。通过深入一线业务科室沟通，了解使用过程中产生的问题并及时进行调整与更新，优化局域网端任务发布页面，增加手机端岸线码头数据库及查询检索功能；同时针对业务科室提出的新需求，细化部分岸线资料，新增岸线数据字段与检查记录互查、临时岸线表数据库等功能。二是做好系统管理制度制定工作。根据系统使用情况，充分征求各使用部门意见，起草制定《上海港港政管理中心移动执法信息系统使用管理规定(试行)》，从数据采集、系统维护、设备管理等方面规范系统使用及数据更新相关职责，保障系统的正常使用与业务数据收集、传送的完整性、及时性和安全性。

【上海港GIS电子岸线信息查询综合系统地图升级】 利用业务部门近年课题成果，通过黄浦江两岸、长江口北岸等地域的全测地图更新系统中原有地图及岸线资料。

【上海省际客运包车标志牌管理系统问世】 近年来，随着高速公路的发展，省际客运包车越来越受到中短途旅游市场的青睐，尤其是在春节、国庆节长假期间，长途包车运能骤增。然而，传统的省际客运包车标志牌发放管理模式显然不能适应行业发展的需要，已成为行业管理的瓶颈。为规范本市省际包车客运行业的营运秩序，市运输管理处根据《国务院〈关于加强道路交通安全工作的意见〉》的要求，决定运用信息化技术建立实时化、精细化、科学化的行业管理模式，实现行业管理网上办理、动态监测的目标。2012年6月，省际客运包车标志牌管理系统的建设工作正式启动。首先结合上海包车客运管理、包车经营者的实际情况，制定了上海市省际客运包车标志牌管理系统项目可行性研究报告和需求分析报告，随即对系统进行了开发。该系统坚持便民、利民、高效的行政管理原则，借鉴了部分外省市包车客运管理的先进经验，体现了上海行业管理的特色。系统由网上办理、行业管理、信息发布三个子系统组成，企业经营者只需配备上网终端、传输、打印设备，通过网络在“上海市省际客运包车标志牌管理系统”提出标贴申请，填报本企业车辆和驾驶员相关信息，上传包车合同，即可在任何地方完成申办手续，获得《省际客运包车标志牌》。为了方便企业和管理部门的操作，市运输管理处专门组织了操作系统培训，并向企业发放了法人电子证书。2012年9月24日，在长假来临之际，省际客运包车标志牌管理系统投入试用。在两个月的试运行过程中，有144家包车企业通过了网上身份认证。系统共接到包车标志牌申请36 285次，经审核通过34 236次。其中，在2012年中秋、国庆两节相连长假期间，系统正常运行，实现了24小时的不间断服务，企业自行打印包车标贴1 132张。系统的投入使用不但受到了企业的好评，同时也提高了管理部门的效能。该系统通过市运输管理处门户网站，全国交通运输管理部门和本市交通行政执法部门均可同步查询到已发放的包车标志牌相关信息。

(汤水易)

上海市安全生产监督管理局

【概况】 2012年，上海市安全生产监督管理局(以下简称“市安监局”)信息中心在局党组的领导下以“十二五”规划为信息化发展指引方向，以上海市安全生产监管信息化的建设为主线，在推进和完成各项信息系统项目建设，做好项目的运行维护保障工作的过程中，不断强化和提高信息化使用、应用与服务水平，提高上海市的安全生产监管水平。

【排查家底，做好日常运行维护】 信息中心对局机房硬件和信息化系统完成全面普查工作。根据系统的使用频率等级别进行分类梳理普查，做到软硬件使用情况、健康状态、信息化系统与硬件服务器一一对应，同时做好登记工作并粘贴标签，做到"手中有账，心中有数"，为以后的运行维护保障打好基础。为确保局机关服务器、网络设备、计算机设备正常运转，快速、有效处置各类软硬件故障，2012年全年共处理PC机、笔记本电脑及打印机等外部设备故障237起；国家局视频会议系统及其他会议系统调试294次；机房各类设备设施日常巡检382次；门禁系统维护48起；电话系统维护113次。完成机房设备梳理、精密空调压缩机维修及过滤网更换、环境监控服务器故障处理。完成应急指挥大厅大屏幕维保方案；对值班室的安防视频监视器电源板故障进行更换维修。完成30楼机房精密空调保养、过滤网及灯管更换、加湿水盘清洗。完成门禁系统保养及数据备份工作。完成18A会议室升降屏电路板更换、维护。完成安防视频双屏显示改造，19A机房中重大危险源视频编解码器、19C和文印室弱电面板标签粘贴。完成市委巡视组办公网络布线、计算机等设备的安装与运维工作。完成局"信息化一期"设备资产及设备维保信息梳理工作。完成局公务网涉密域测评工作。配合相关处室全面完成"市安监局二网合一"与新OA部署上线工作。完成21楼网络布线与电话线路运维工作。完成各类服务器、交换机等网络设备故障排除与维护工作。

【网站运维与更新】 2012年，市安监局网站主要栏目"工作动态"共发布101条信息，"政府信息公开"共发布294条信息，"区县快讯"共发布688条信息，"公告栏"共发布21条信息，"事故快报"共发布140条信息。共上报"中国上海"门户网站信息1 219条，采用645条。截至2012年11月20日，根据"中国上海"浏览量统计，市安监局网站2012年页面访问量为9 954 051人次，首页浏览量为1 337 453人次，比2011年各增长34.40%和87.29%。

【完善信息中心制度】 制定信息化项目建设管理制度，对项目建设严格把控。信息中心起草制定了《上海市安全生产信息中心信息化建设项目管理制度》，确保信息化项目严格按照业务需求的目标实施推进，从项目准备、基本建设程序、建设规划、可行性研究报告、项目报批、招标投标、竣工验收等一系列流程全面跟踪与监控。严格落实《上海市安全生产信息中心财务管理制度》，根据现有财务制度加强财务管理工作。管理按制度严格执行，审批按程序落实责任，列支讲渠道，收入进账户，票据要合法，出差要审批，核算讲规范，推进公务卡使用。信息中心承担市安监局各类信息化设备的运维工作，已经过维保期的硬件设备一旦出现问题没有设备供应商和服务商的支持很难在第一时间迅速排除故障。为此，信息中心制定完成了《上海市安全生产信息中心供应商管理制度》，将供应商分为"维保服务供应商"、"设备供应商"和"系统供应商"三类，并对供应商的选择、招标投标等制定相应规章制度，用制度来规范、指导和约束供应商的工作。

【服务与指导区县信息化工作】 应各区县提出市安监局须尽快制定相关信息化建设规范的要求，信息中心成立区县信息化建设规范起草小组，草拟了《区县安监局业务需求基本框架》并下发所有区县征求意见。

（王　璐）

上海市民防办公室

【完成2012年全市警报试鸣及民防演练的技术保障任务】 圆满完成经市政府批准由上海市民防办公室(以下简称"市民防办")组织的2012年国防教育日(9月15日)全市民防警报试鸣及应急疏散演练的通信信息技术保障工作。组织全市警报网统调测试和各区县进行警报分区联调测试，市、区县民防部门按时间要求完成了全市警报器的巡检测试。完成"上海市防空警报试鸣指挥部"开设工作各项技术保障任务，实现市、区两级指挥部音视频系统和通信系统的联网。市民防指挥信息保障中心在警报试鸣日出动机动指挥车和信息采集车赴虹口、黄浦应急疏散地域进行现场情况的视频转播，完成通信信息保障任务。

【推进民防地下空间信息系统建设】

"地下空间综合管理信息系统"实现全市上线运行 根据市政府赋予市民防办牵头负责全市地下空间安全使用管理的职责，进一步加快推进"地下空间综合管理信息系统"建设，不断完善系统各项功能。2012年3月20日该系统正式上线试运行，7月对部分区县应用情况进行了梳理和汇总，制订了进一步改进的技术措施，对系统存在的问题进行修改完善。系统运行稳定可靠。

依托市网格化管理平台推动地下空间专业网格化管理信息系统建设 根据上海市推进智慧城市建设“三年行动计划”明确的任务，市民防办会同市建交委负责组织实施上海市地下空间专业网格化管理系统建设，该项目建设将城市网格化管理体系由地面延伸到地下，全面实现本市地下空间安全使用动态监管。为了编制好项建书，项目组深入到区民防办调研了解基层的业务需求以及各区地下空间网格化管理推进工作的情况，并沟通和探讨了市、区两级地下空间网格化管理系统建设的衔接问题，为下一步推进项目的具体实施奠定了较好的基础。“上海市地下空间专业网格化管理系统项建书”已通过市政府办公厅电子政务办和市经济信息化委的批复和初审，待市发改委组织审批。

扩大地下工程视频监控范围 根据2012年民防地下空间监控联网建设计划，积极配合指导部分区县民防地下空间监控联网建设，进一步完善视频监控点联网工作。

【门户网站】 做好民防网站日常信息更新与网站维护管理工作。做好各类上网信息的及时发布和各栏目与专栏的内容更新，及时对网站信息进行变更，确保网上信息与办内信息相一致。在首页增加了中国人民防空网和上海民防微博的链接；调整信息公开专栏等版面；按需求变更部分网上办事内容，并梳理上报门户网站，确保门户网站与民防网站信息一致。在2012年防空警报试鸣活动时，建立防空警报试鸣暨防空防灾集中宣传活动专栏，并开通防空警报试鸣效果调查表。警报试鸣活动结束后，收集各媒体报道，汇总试鸣效果调查表数据，供相关部门参考。根据2011年门户网站的测评结果，梳理网上内容，做好2012年的网站测评工作。完成政府网站安全管理试点工作，依据《上海市政府网站安全管理指南（征求意见稿）》，开展民防网站安全管理自查，并对相关管理制度和措施落实情况进行摸底和审查。按要求在“中国上海”门户网站完成备案信息的填写和报送，申请并部署网站服务器证书、网站实名防伪标志，确保了上海民防网作为政府网站实名认证信息及身份展示的正确性。

【微博】 做好微博工作的技术保障，上海民防发布微博发送信息，粉丝超过4万人。针对“9·15防空警报试鸣”活动，做好微博宣传工作，并开展“微直播、微视频”等活动。以“微访谈”、“微直播”的形式开展一次名为“特救队员的一天”的微博网上活动。加强微博宣传力度，组织“参观民防科普教育馆”的微活动。

【接入“12345”市民热线】 根据市政府的统一布置，依托“12345”市民热线，建立了市民防办的接入系统，在“12345”市民热线开通前完成了知识库的入库工作，做好日常工单收取与反馈工作。

【行政审批系统】 修改新版市民防办行政审批系统上线后的多处问题。2012年4月1日，行政审批系统4.0（区县版）正式上线运行。做好行政审批系统日常维护工作，核查数据，接听区县的咨询电话，进行电话指导。

【办公自动化系统】 对办公自动化系统做好日常维护，包括新建用户，权限更新、部分栏目信息发布和解决各类故障等，完成了数据库版本升级。根据使用要求继续完善OA系统的可用性和易用性，完成了各处室和直属单位日常工作安排的模块，已投入正常使用；讨论内部收发文流程的调整、监督模块的设置等业务需求，根据调整方案对OA系统进行完善和改造，并开展试运行。

（陈奕平）

上海市国家保密局

【概况】 2012年上海市国家保密局（以下简称“市保密局”）有效应对信息化快速发展的需要，结合上海实际情况，切实提高信息化条件下的保密技术保障水平和能力，在技术研发、装备应用、技防能力等方面取得了长足的进步。

【完成公务网骨干网分级保护改造工作】 制定市公务网骨干网分级保护改造方案，通过了国家保密局专家组的评审验收，并完成了后续改造、测评工作。针对有关单位不同类型业务系统在改造过程中的问题，多次召开协调会，及时提供了政策指导和服务保障，确保了改造工作平稳过渡。

【启动全市涉密信息系统许可证发放工作】 集中完成对全市已通过测评的涉密网络及公务网接入单点的复核评估。对需要整改的单位，市保密局分别指导、督促落实整改措施，启动了涉密信息系统许可证的发放工作。

【开展保密防护设备的配备工作】 重点开展“保密技术防护专用系统”的配备工作，对全市机关、单位进行了专题培训，规范了配备安装模式和工作流程。此外，全市机关单位还配备“保密工作综合管理工作平台”，为提高保密管理的实效性提供了信息化支撑手段。

【组建上海市保密检查大队】 为进一步加强保密检查工作力量,依靠本市相关部门的技术力量,在严格审核、全面培训的基础上,组建了上海市保密检查大队,并将相关高校和部门的信息技术专家纳入检查大队专家库。

【推进依法定密工作】 在2011年定密试点工作基础上,经过深入调研,制定了加强依法定密工作的相关制度,从依据权限、程序机制、监督管理等方面对定密工作进行了规范,为本市逐步形成权责明晰、程序规范、定密准确、解密及时、监督有力的定密工作机制,奠定了良好的基础。

【推进复旦大学国家保密学院建设】 进一步健全复旦大学国家保密学院领导体制,建立双月会商机制,加强保密学科建设。组织编写泄密取证技术等教材,积极开展保密学术研究。2012年内,保密学院共招收本科生17人、研究生5人。积极筹备开设在职工程硕士班,进一步开展在职保密培训。

(郑小翔)

上海市通信管理局

【许可证发放】 2012年,上海市通信管理局(以下简称“市通管局”)共核发各类增值电信业务许可证134张,累计1 051张。

【网络互联互通管理】 2012年,加强互联互通、网络互联架构自查和检查。上海本地通信网络均实现双路由、双节点,多路由、多节点,迂回路由、冗余备份、自动倒换等要求和措施。进一步健全和完善网间质量检测机制、重大争议协调机制、网间质量督查机制、网间数据报送机制、网间情况通报机制、网间情况通报机制、互联单位组织协调机制等工作机制,确保以互联网网络互联互通为重点的监管措施落到实处。

【电信码号管理】 2012年共审批核配115个上海本地固定网万门局号;审批核配“96”字头上海本地短号码16个;收回本地“96”字头短号码共9个;全国码号备案43次,其中“95”字头短号码备案28次、“1”及其他字头备案15次;共审批本地短消息类服务接入代码5个,全国跨省短消息类服务接入代码备案83次;共收回7个本地短消息类服务接入代码。在上海本地网范围内,核配的固定电话网万门局号资源累计共计2 855个,“96”字头短号码在用的共计179个,移动短消息类服务接入代码共计209个;“95”字头短号码备案共计201个;全国性短消息类服务接入代码备案共计467个。

【电信资费管理】 加强资费备案审批管理,引导电信企业以更优惠的价格服务社会。建立电信资费基础信息库(平均价水平和感知价水平)加强资费水平监测。2012年受理企业上报的资费方案126个。

【电信服务管理】 围绕计费收费、资费透明、服务态度、办事效率等情况,开展上海地区电信行风“重点评”活动。结果显示,用户对电信行业整体评价较往年有明显提升。在17个被测评行业中,电信行业排名第6,较2011年提升了5位。联合发改委、市工商、市公安、市纠正办、市价监局等部门联合开展上海地区纠正电信领域侵害消费者权益问题专项行动,切实保障用户合法权益。以电信质量规范与法规为依据,处理电信用户申诉及咨询1 299人次。

【电信设备管理】 2012年,审核上海地区139家通信设备生产企业的919张获证产品的生产、进网许可标志使用等情况。

【电信建设管理】 严把通信建设市场准入关。受工信部委托,开展受理、审查通信用户管线、系统集成等评审,新颁发证65家,其中管线企业资质证书17家;系统集成企业资质证乙级22家,丙级26家。积极组织各类培训、认证工作。共举办了4期通信工程概预算人员培训,共800人参加;12期安全生产人员培训,共2 000人参加;2期通信工程概预算人员继续教育培训,共395人参加;4期安全生产人员继续教育培训,共220人参加;1期评标专家培训,共128人参加;3期评标专家继续教育培训,共453人参加。加强通信工程质量监督。受理上海电信、移动、联通质监申报17 872次,备案1 623次,对近70家施工单位资质进行现场复核。

【网络与信息安全管理】 依法指导、监督全市通信行业深入开展通信网络安全防护和公共互联网环境治理工作,共组织上海市各基础电信企业对52个二级、37个三级及三级以上通信网络单元开展了符合性评测和风险评估工作;开展了针对木马和僵尸网络、移动互联网恶意程序的监测与处置工作。开通网上即时咨询、邮件通知等服务,提高网站备案进度等政务信息公开水平和审核效率。加强互联网信息安全管理,参与了18项专项行动,共关闭517个违规违法网站。

【重大通信与应急通信保障】 修订完成《上海市通信保障应急预案》、《上海市防汛通信保障应急预案》等工作预案；完成了国家应急指挥调度系统上海端建设，应急保障基础设施建设取得重大进展；完成抗击"海葵"强台风、防汛、抢险救灾等应急通信保障任务及应急公益性短信的发送任务，组织四次公益短信的发送，共 8 150 万条。圆满完成党的"十八大"会议期间通信网络、国际海光缆等通信保障工作。

【推进"宽带普及提速工程"】 按照工信部"宽带普及提速工程"工作要求，大力推动城市光网建设，光纤接入能力明显提高。完善监测手段，组织开展涵盖上海全部 17 个区县的 51 个测试接入点的上海地区固定宽带互联网网速测试工作。

【行业监管工作】 2012 年 1 月，市通管局组织完成"上海市 2012 年度移动通信网络测试评估"。4 月，上海市通信管理局发布《上海市共建共享电信基础设施维护规范(基站分册)》。上海市通信管理局下发《关于上海市既有住宅小区通信网络设施开放管理的意见(暂行)》。4—9 月，上海市通信管理局组织开展"上海固定宽带网络质量试点测试"。5 月，上海市通信管理局召开座谈会，庆祝 2012 年世界电信日，并围绕"信息通信与女性"主题开展征文活动。5—12 月，上海市通信管理局组织开展"上海市民主评议政风行风对电信行业评议"活动。6 月，第 5 届"上海通信发展年会"在世博展览中心举办，年会主题为"移动互联网"。6—12 月，上海市通信管理局集中整治电信运营企业在既有住宅小区违规施工行为。7 月，上海市通信管理局下发《关于"宽带普及提速工程"的实施意见》。8 月，市通管局被国家版权局评为"2011 年度全国查处侵权盗版案件有功单位三等奖"。12 月，上海市通信管理局编制完成并上报《上海市既有住宅建筑光纤到户改造技术规范》。

（通管局）

上海市监狱管理局

【概况】 2012 年，上海市监狱管理局(以下简称"市监狱管理局")信息化工作紧扣"巩固、深化、提高"的工作基调，以需求问题为导向，以目标管理为抓手，以"管用、够用、实用"为原则，通过制定标准、落实执行、过程督导、加强考核等工作方法，积极围绕局中心工作开展信息化建设，较好完成年度工作目标。

【提高信息化建设水平】 配合三级警戒架构运行，稳步推进指挥中心等信息化建设，初步完成监狱指挥中心综合管理应用系统部署工作；开展监控全覆盖二期建设，有效提升监狱工作的感知能力，基本实现基层监所监控全覆盖；深入推进核心软件建设，综合治理系统通过验收，教育改造系统等 9 个软件投入试运行，狱政管理系统升级等 3 个软件项目正在建设中；实施一线民警办公场所局域网网络信息点、计算机全覆盖建设，提高基层互联互通和办公自动化水平，满足一线民警的使用需要；夯实全局信息化建设的基础，升级局信息中心存储备份系统，对局信息中心不间断电源系统进行扩容，促进核心业务应用系统的运行稳定和数据安全。

【完善信息化建设标准】 2012 年，积极规划局罪犯"一卡通"建设项目，多次与试点建设单位南汇监狱研讨技术方案，先后与多家厂商进行技术交流，对项目建设资金进行预估；认真调研"司法警务通"的应用，通过外出考察、技术研讨、科学实验和商务洽谈，完成调研报告并提出技术方案；充分论证会见业务流程和技防要求，协同试点监狱进行会见室弱电系统的统一规划和设计，制定细化配置标准，保障全局会见室建设的统一性与实用性；完成《监所人行 AB 门数字化管理系统建设技术标准》等 3 项标准的修订工作；与市公安局一起编制《监管场所技术建设规范》，更新丰富标准体系。

【提升信息化管理能级】 2012 年内完成科技信息工作机制的编制工作，并在工作实践中积极予以贯彻；修改和完善《全国监狱系统信息化建设一期上海配套可研报告》；规范《上海监狱系统信息化建设(一期)》等工程审价和监理工作，保证项目建设的质量和进度；完成《基层监狱报警系统评估报告》等 5 项技术评估，进一步加强对现有系统的使用管理。加强安全防范，不断夯实信息安全基础工作。全年开展信息安全检查 6 次，配合市有关部门开展保密专项检查等 3 次，杜绝重大信息安全事件的发生，较好地保障全局网络与信息系统安全；完成对"上海监狱"门户网站等级保护测评工作，逐步落实系统加固要求，升级安全防御系统；配合市保密局对局机关涉密公务网进行分级保护测评并获得通过；根据市公务网管理中心的要求，顺利完成局机关及各监所公务网网络地址整体迁移工作，并开展业务网分级保护的自查自纠、整改完善工作。

【上海市地方标准《重点单位重要部位安全技术防范系统 第 17 部分：监管场所》通过评审】 2012 年 2 月 6 日，上海市地方标准《重点单位重要部位安全技术防范系统第17部分：监管场所》初审会在公安部第三研究所召开，市公安局技防办、监管处、市质量技术监督局、市监狱管理局等相关人员及参与评审的六位安防专家参加会议。专家对《重点单位重要部位安全技术防范系统第17部分：监管场所》的所有条目进行逐一审议，并结合相关单位的建议提出修改意见，为标准的最终通过奠定基础。3月26日，上海市地方标准《重点单位重要部位安全技术防范系统第17部分：监管场所》评审会在市质量技术监督局召开。市监狱管理局在此次标准制定的过程中，广泛听取意见与建议，以司法部现有建设标准为基础，适度超前地提出了安防设施建设标准，最终形成了司法监管场所技术防范的地方标准。会上，参加评审的专家对《重点单位重要部位安全技术防范系统第17部分：监管场所》的所有条目进行最终审议，一致认为该标准符合国家相关规定，标准制定科学，达到标准制定的相关规定，顺利通过验收。7月3日，市质量技术监督局发布《重点单位重要部位安全技术防范系统第17部分：监管场所》，该标准自2012年12月1日起实施。

【市监狱管理局举行科技工作管理人员培训】 2012年5月21—23日，2012年度市监狱管理局科技工作管理人员培训班在司法警官学校举行，局科技处、局三级警戒架构项目实施小组以及监狱信息技术部门的43名人员参加培训，副局长刘怀宝作开班动员。本次培训针对信息技术发展的特点，邀请同济大学及上海市计算机软件技术开发中心的两位博士就信息技术领域一些前沿动态进行授课，并安排与会人员就局信息化建设现状与发展情况进行交流讨论。培训班还安排培训人员到法院等单位进行参观学习。

【市监狱管理局综合治理信息管理系统通过专家验收评审】 2012年7月6日，市监狱管理局在局机关会议室召开综合治理信息管理系统专家验收评审会。会议介绍了综合治理信息管理系统总体开发情况和市计算机软件技术开发中心的评测情况。经专家组验收评审，一致同意通过验收。会上，副局长吴琦对综合治理信息管理系统的验收及使用工作提了三点要求：一是要做好推广使用工作，依托新技术解决工作中的瓶颈问题；二是要加强人员培训，针对综合治理专业队伍流动快等特点，开展好源头培训和定期培训；三是要不断完善综合治理系统的开放性和拓展性，并符合档案管理的需要。

【市监狱管理局公务网接入网涉密信息系统通过分级保护测评】 2012年10月12日，根据市国家保密局的统一安排，由市信息安全测评认证中心相关人员组成测评工作组，到市监狱管理局开展公务网接入网涉密信息系统分级保护测评。测评工作组对安全管理制度、运行管理台账进行现场审核，并对网络、应用、安全防御等系统和机房安全设备分别进行综合测试评审。经评审，市监狱管理局公务网接入网涉密信息系统基本达到分级保护标准要求，顺利通过测评。

【市监狱管理局完成公务网IP地址的整体迁移工作】 2012年10月23日，市监狱管理局制定“公务网IP地址整体迁移项目技术方案”并提请市公务网管理中心进行专家评审。专家组在听取方案的汇报后，经技术质询、讨论和综合评审，一致认为方案技术步骤详尽、可行，符合市公务网管理中心对IP地址整体迁移工作的要求，顺利通过专家评审。10月27日，在市公务网管理中心的支持帮助和各监狱的配合下，局机关及各监狱顺利完成公务网IP地址的整体迁移工作。

【市监狱管理局广域网路由整体改建项目顺利通过竣工验收】 2012年10月24日，市监狱管理局举行“广域网路由整体改建项目竣工验收”专家评审会。专家组认真审阅项目竣工材料、监理报告和用户报告等相关资料与文档，听取项目建设情况和系统使用情况汇报后，经技术质询、讨论和综合评审，一致认为该项目构建了市监狱管理局VPN专网，实现了网络高速互联互通，提升了网络的安全性能，各项功能符合要求，顺利通过专家评审验收。

（冯立章）

第四编
经济领域信息化

综 述

2012 年，上海在经济领域信息化方面工作取得明显进展，加快“两化融合”与战略性新兴产业发展、高新技术产业化、传统产业改造提升等重点工作对接。依托高校、研究咨询机构以及企业技术中心组建的四个“两化融合”研究中心和十个重点实验室继续发挥重要作用，逐步形成全社会推进“两化融合”合力。

农业信息化建设工作着眼于应用、服务与管理，加强完善为农综合信息服务智能信息终端，继续做好涉农补贴资金监管平台工作。

金融信息化方面，各证券、期货、基金公司以满足资本市场创新和业务发展需要、保障信息系统安全稳定运行为目标，继续深化 IT 治理工作，保持 IT 人员和资金的高投入，加强系统基础设施、系统备份能力、安全保障能力的建设，推进交易系统、银证银期等系统的建设、扩容、升级工作，加强系统的运维监控保障，落实重要信息系统等级保护工作，推进行业整体信息化水平的提高。

电子商务实现又好又快发展，推动城市创新驱动和转型发展的重要一年。在宏观经济走低、资本市场降温的背景下，电子商务未受到大的影响，依然保持稳健高速的增长态势。2012 年全市电子商务交易总额 7 815 亿元，同比增长 41.9%。其中 B2B 交易额 6 710 亿元，占总交易额 86%；网络购物交易额 1 105 亿元，占总交易额 14%。上海地区互联网用户达 1 750 万人，普及率为 73.5%。

旅游信息化方面，依据“十二五”规划的工作布局，上海旅游局在提升旅游公共服务水平、运用信息化手段助力旅游市场管理等方面取得了新的成绩。

第一章 信息化与工业化融合

概 述

2012年,本市贯彻"十八大"关于走中国特色新型工业化、信息化、城镇化、农业现代化道路要求,按照国家推进信息化与工业化深度融合战略部署,加快以"两化融合"促进全市"创新驱动、转型发展"的探索实践,聚焦典型示范、平台服务、创新应用和综合环境,推进重点企业、关键产业、优势区域的"两化"深度融合工作,全市"两化融合"发展水平指数达到75.53。

一是典型示范效应不断显现。围绕骨干企业,推进"电梯制造和服务全过程的信息化集成"、"船用大功率柴油机数字化协同设计"、"大型海工装备协同研发与制造"等一批业务协同和集成性信息化项目,推动"多维产销一体化平台"、"人力资源管理信息化平台"、"时尚产业综合信息化服务平台"等一批平台服务类项目。推荐上电科"新一代智能配电与监控系统开发与产业化"等5个项目获得工信部"两化融合"专项支持,上海电气、上汽等13家企业被工信部认定为国家级"两化"深度融合示范企业。

二是园区信息化有序推进。协调修订完善了《"智慧园区"建设与管理规范通用规范》,并获得市质量技监局地方标准立项,标准围绕园区信息化规划、建设、运维管理、服务和保障,提出智慧园区建设通用要求。深化园区信息化标准体系试点,在临港产业园区提出智慧园区标准体系框架和标准列表,实现园区管理标准、工作标准和技术标准的全覆盖。推进园区信息化重点项目建设,支持临港松江园区开展数字园区云服务平台建设,推进产业园区企业信息化公共服务平台建设。

三是宣传培训工作取得进展。组织开展了"两化"深度融合"进区县、进园区、进企业"系列宣传培训活动,在浦东、松江、宝山、闸北等6个区县,通过开展小型展览、专题讲座、政策宣讲、企业诊断、参观交流、信息化体验等形式,总结推广本市"两化融合"成功经验和做法,完成培训宣传1万人。支持浦东新区举办以"促进产业智能高端发展"为主题的2012中国(上海)制造业信息化论坛,发布本市"两化融合"发展水平评估报告。推进外高桥造船等8家企业参与全国"两化融合"成果展,配合中国电子报开展"两化"深度融合"上海模式"系列宣传报道。

四是协同推进机制得到完善。积极争取工信部支持,深化国家级"两化融合"试验区建设,承担并推进工信部《"两化融合"综合推进体系研究》课题研究,完成工信部区域"两化融合"发展水平评估试点。联合中小企业办推进中小企业信息化,开展了包括信息化培训、信息化平台服务等内容的小微企业扶持"翔计划",深化中小企业服务站建设。浦东等5个"两化融合"实践区继续在智慧城市、智慧园区、新兴技术应用推进等方面开展有益探索。复旦等4个"两化融合"研究中心和中国商飞等10个重点实验室产学研协作机制进一步完善,推动了一批项目建设。

(陆 森)

一、重要活动

【全国"两化融合"成果展览会】 6月28—30日,工业和信息化部在北京国家会议中心举办全国"两化融合"成果展览。吴邦国、贾庆林、李长春、李克强、李源潮、马凯等中央和国家领导同志参观了成果展。上海作为国家级"两化融合"试验区参与了地方展区展览。本次成果展的主题是"大力推进信息化与工业化融合,坚持走中国特色新型工业化道路,全面总结'十七大'以来我国信息化和工业化融合取得的成绩和经验,充分展现"两化"深度融合的广阔前景。"展览规模22 000平方米,分为综合展区、专题展区、地方展区、未来展望四部分。上海展区作为地方展区的一部分,通过发展思路、推进机制、融合强业和创新应用展板介绍了上海"两化融合"的推进情况,重点展示了上海电气百万千瓦超超临界发电机组、外高桥造船3 000米半潜式海洋钻井平台、上海电器科学研究院智能家居演示系统、上海电信车联网系统等典型成果。此外，中国商飞、沪东造船、振华重工、上海钢联、宝信软件等企业在专题展区展出了“两化融合”相关的亮点和成果。

【全国“两化融合”高层研讨会】 6月29日，工信部在北京国家会议中心召开全国“两化融合”高层研讨会。高层研讨会作为成果展期间的重要活动，邀请了中央财经领导小组办公室副主任杨伟民、全国政协经济委员会副主任郑新立等有关专家学者和政府、企业代表参与研讨。杨雄常务副市长代表上海市作“推进两化深度融合，加快经济转型升级”的主题发言，交流了“两化融合”工作对促进上海转型发展的重要作用及推进措施和经验体会。杨学山副部长对上海“两化融合”工作给予了高度评价，希望上海继续走在全国的前列。苗圩部长在会议总结讲话中指出，要围绕中央提出的“稳增长、调结构、惠民生”的战略部署，大力推进信息化和工业化深度融合，坚持把结构调整作为“两化融合”的主攻方向；把增强企业核心竞争力作为“两化融合”的出发点和落脚点；把建立自主可控的信息技术产业体系作为推动“两化”深度融合的重要支撑；把建设资源节约型、环境友好型社会作为“两化”深度融合的突出重点；把科学发展作为引领“两化”深度融合的根本要求。

【上海举行“两化融合”进区县、进园区、进企业宣传培训活动】 2012年8—12月，上海市经济和信息化委员会组织开展了上海市“两化”深度融合“进区县、进园区、进企业”系列宣传培训活动。此次活动以区县为依托、园区为载体、企业为对象，通过开展一次小型展览、举办一次专题讲座、进行一次政策宣讲、组织一次企业诊断、举办一次参观交流、开展一次信息化体验和一次媒体集中宣传报道等“七个一”方式，总结和推广“两化融合”在制造业信息化、中小企业平台服务、信息技术促进绿色生产、数字化园区建设等方面的成功经验。会同区县，在浦东、松江、宝山、普陀、杨浦和闸北共举办制造业信息化、中小企业信息化、创新与转型、绿色生产、数字园区等专场论坛六次，与会企业中高层管理人员900余人。依托园区、协会、集团，以及上海市“两化融合”联合培训机构和实训点，累计培训政府、企业、行业协会等“两化融合”人才1万多人。

（陆　森）

二、发展水平评估

【总体评估结果】 2012年上海市信息化与工业化融合得分为77.43分，较2011年提高1.9分，从发展速度来看，受经济增长放缓等影响，得分增长总体放缓。具体来看，主要增长点来自于社会“两化融合”方面——社会“两化融合”发展水平得分为90.75分(得益于“智慧城市”等方面工作的建设推进)，较2012年提高4分；在企业“两化融合”，得分增幅相对平稳，其中，大型企业“两化融合”发展水平得分为75.39分，较2011年提高1分；中小企业“两化融合”得分为66.84分，较2011年提高1分。

根据相应的成熟度阶段划分，上海“两化融合”发展水平仍处于第二阶段——融合完善阶段，其中社会“两化融合”在信息基础设施建设与信息应用推广的推动下，先行效果突出，形成了体现信息化先进性与发展导向的信息化应用环境，为企业“两化融合”水平的提升形成了必要的提供了必要的基础支撑。

【大型企业信息化与工业化融合评估结果】 在大型企业方面，按企业平均得分进行横向比较，则相比2011年，2012年各产业领域的排名顺序不变。从各产业领域具体得分变化来看，汽车产业得分提升相对最多，已与航空航天产业基本持平，从企业“两化融合”发展水平阶段划分上来看，已初步进入“深度融合”阶段。其次，装备制造产业得分也有较为明显的提升(见图4-1)。

【中小企业信息化与工业化融合评估结果】 在中小企业方面，与大型企业相似，汽车与装备制造产业得分增长相对较为明显，相比较2011年，汽车产业得分已超过信息产业，而装备制造产业领域企业平均得分也接近信息产业(见图4-2)。

【企业“两化融合”特征】 2012年，根据评估结果发现，企业“两化融合”具有以下特征。

1. 中小企业光纤接入比例持续大幅度提升。随着“宽带城市”工作的持续推进，随着上海市光网络覆盖率的不断提升，2012年，中小企业中使用光纤接入的比例达到81.8%，同比提高20个百分点，自2011年度快速增长之后，进一步实现大幅度提升，预计在2013年有望达到90%(见图4-3)。

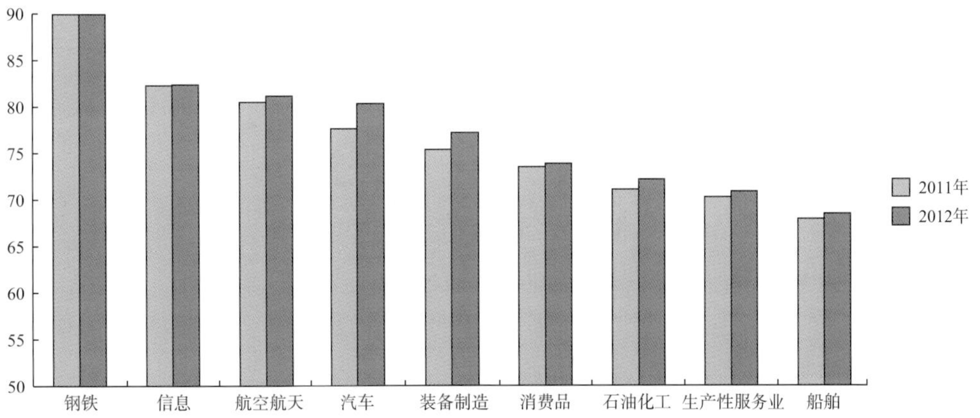

图 4-1 大型企业分产业领域“两化融合”得分(2011—2012)

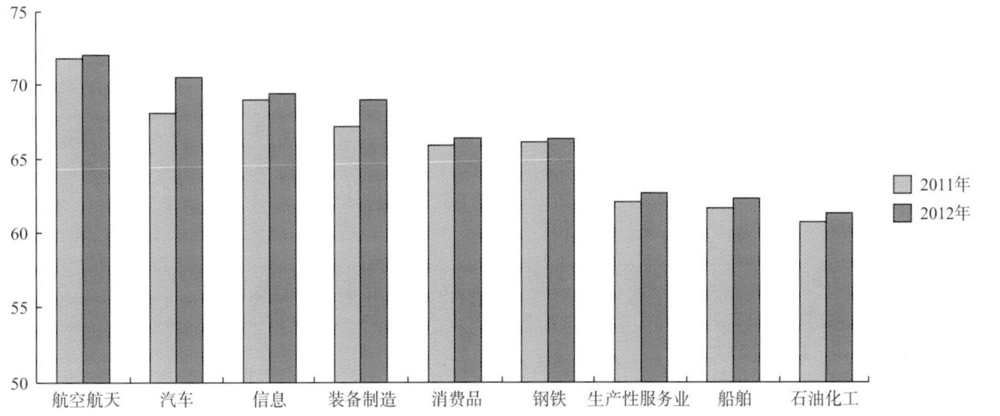

图 4-2 中小企业分产业领域“两化融合”得分(2011—2012)

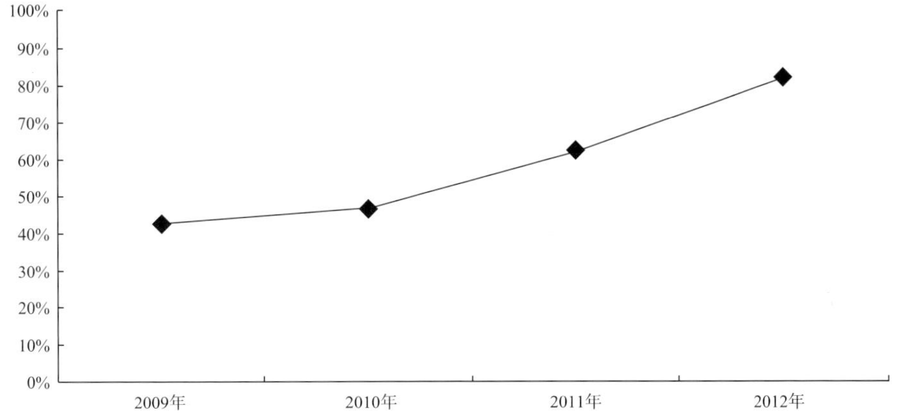

图 4-3 实现光纤接入中小企业比例(2009—2012)

2. 基础性企业信息化指标发展趋于稳定。对于企业业务信息化覆盖率、自有网站(主页)建设情况等代表企业基础性信息化应用的指标而言，其对应数据同比实现微增长或基本持平，且类似情况与 2010—2011 年相似。例如，2012 年，建有门户网站的大型企业比例达到 95.8%，较 2011 年提高 0.6 个百分点，而 2011 年同比 2010 年提高了 0.2 个百分点(见图 4-4)；中小企业业务流程信息化覆盖率达到 89.6%，与 2011 年基本持平，而 2011 年同比 2010 年提高了 0.4 个百分点(见图 4-5)。以上情况在一定程度上说明，在目前阶段，从企业自发建设与应用角度，满足其基本运营需求的信息化应用覆盖已基本完成。

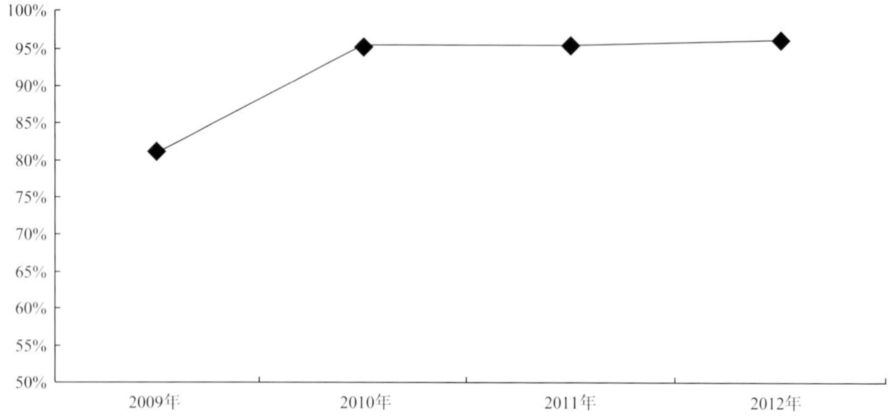

图 4－4 拥有门户网站的大型企业比例(2009—2012)

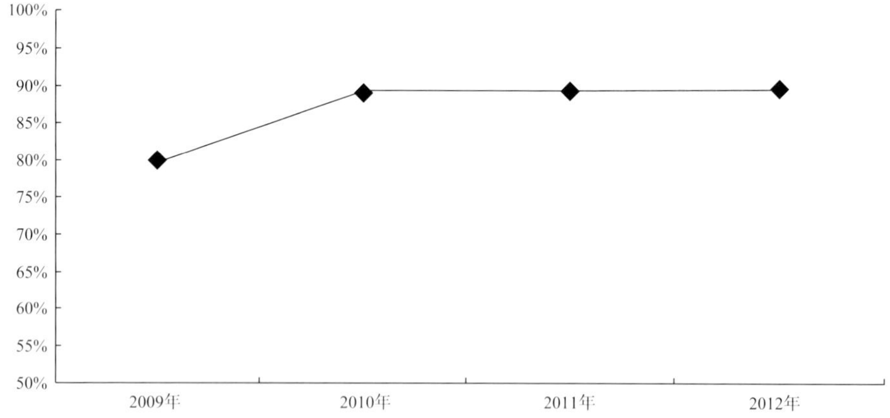

图 4－5 中小企业业务流程信息化覆盖率(2009—2012)

3. 企业新一代信息技术应用加速升温。调查评估数据显示，2012 年，有 42.5％的大型企业实现了对于云计算、物联网等新一代信息技术的应用，较 2011 年提高 10.3 个百分点，环比 2010 年增速提高 5 个百分点(图 4－6)。如果计入关于移动互联网的应用这一比例将接近 60％(59.2％)。而中小企业方面，有近一半(49.8％)实现了对于新一代信息技术的应用。细分应用来看，无论对于大型以及中小企业，移动互联网的应用比例都是最高的，其次是云计算(见图 4－7、图 4－8)。

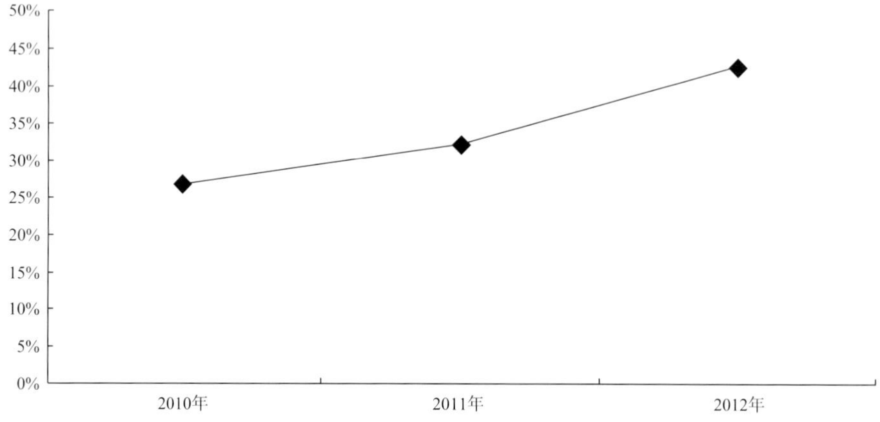

图 4－6 应用新一代信息技术大型企业比例(2010—2012)(不包括移动互联网)

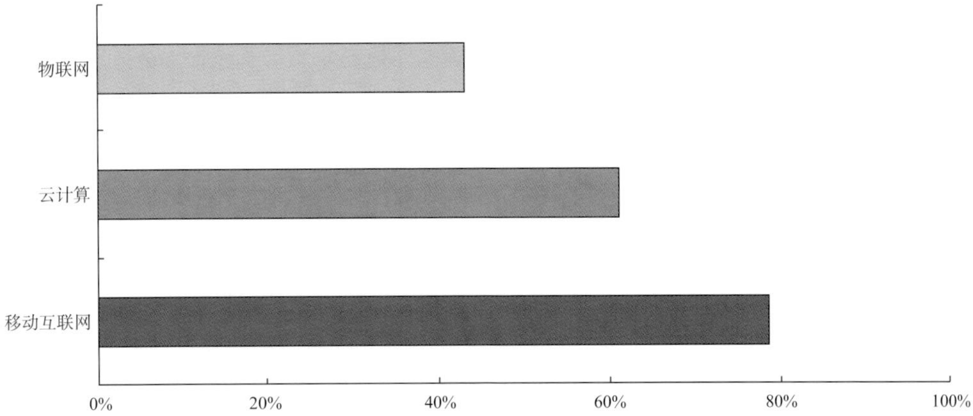

图 4-7　大型企业使用新一代信息技术细分应用比例(2012)

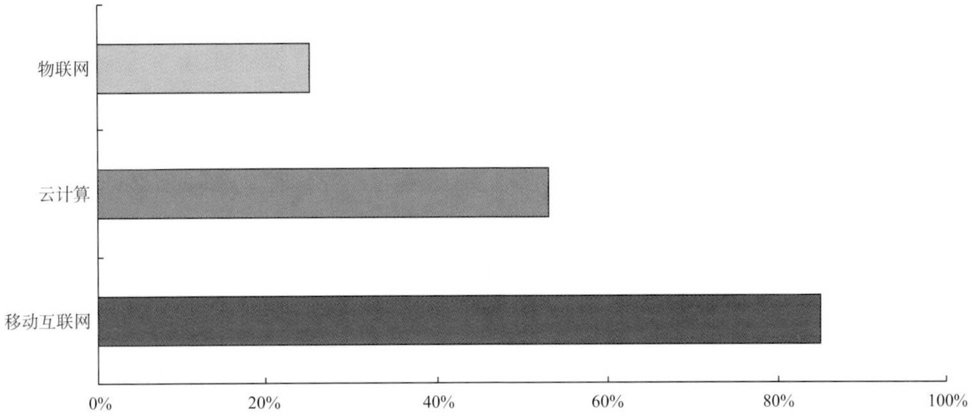

图 4-8　中小企业使用新一代信息技术细分应用比例(2012)

【值得关注的问题】

1. 企业信息化投入占收入比重进一步降低。企业调查评估数据显示，大型企业信息化投入占其销售收入比重平均为 1.52‰，自 2010 年以来进一步降低，较 2011 年降低 0.09 个百分点(见图 4-9)；中小企业信息化投入占其销售收入比重平均为 9.2‰，较 2011 年降低 0.05 个百分点，比重降至 2009 年以来最低(图 4-10)。

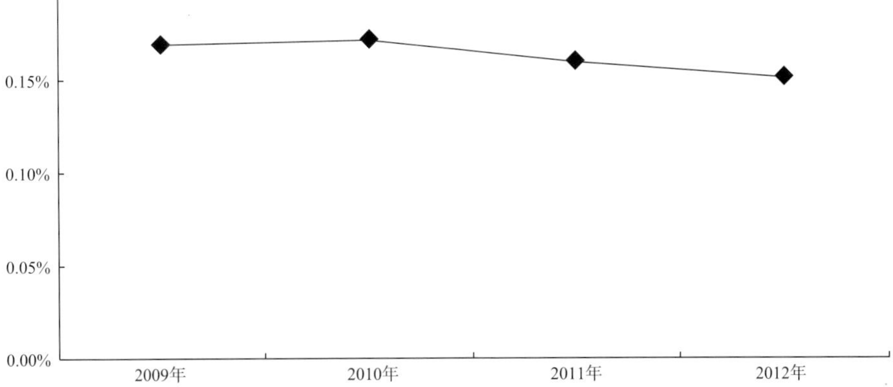

图 4-9　大型企业信息化投入占销售收入比例(2009—2012)

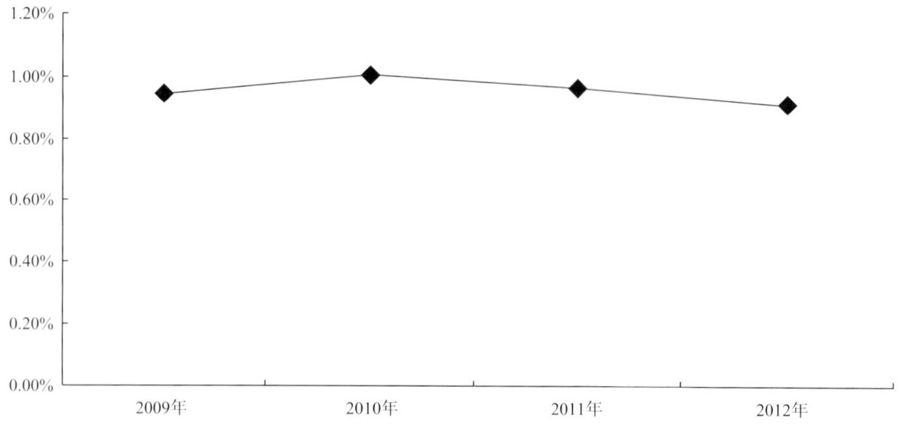

图 4－10　中小企业信息化投入占销售收入比例(2009—2012)

2. 小微企业信息化发展相对缓慢。通过对于调查样本中同一企业(包括行业、规模、业务相似企业)在2011—2012 年的调查数据的跟踪分析,发现其中的“小微企业”得分增长缓慢,其中更有近七成的企业信息化水平没有或几乎没有提升(图 4－11)。

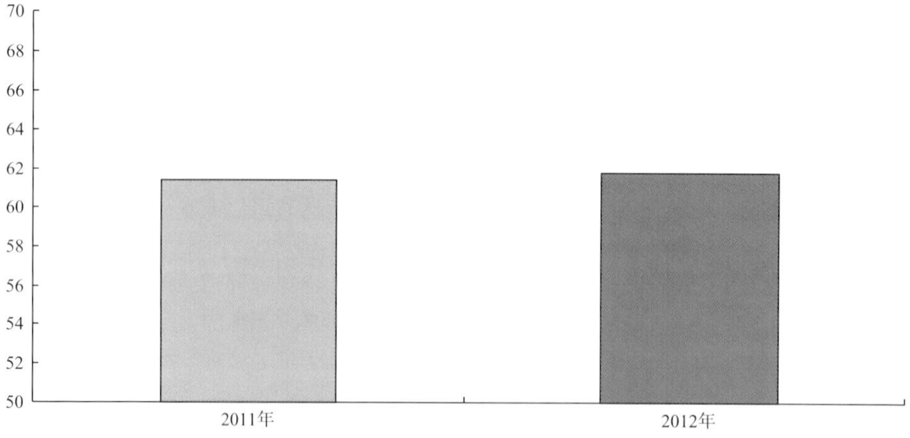

图 4－11　小微企业“两化融合”得分发展情况

3. 企业数据挖掘与决策支撑能力亟待提升。在 2009 年开始上海市“两化融合”发展水平评估,从考察信息化对于企业决策支撑的角度出发,在企业调查问卷中,专门设计了关于“信息化是否对企业决策能力的提高提供了有力支撑”的选项,当年调查数据显示,分别有 54.7%的大型企业与 41.2%的中小企业选择了“是”。经过几年发展,这两个比例稳步增长,到 2012 年,已经分别增长到 73.4%与59.2%。但是,从 2010 年调查评估开始,新增的对于企业详细的数据挖掘与决策支撑能力的考察,无论是大型企业,还是中小企业,多数企业仅停留在数据的基础支撑阶段,且三年以来发展缓慢,到 2012 年,能够进行数据的集成挖掘,实现商业智能决策的大型企业比例不到两成,而中小企业仅达到 10%。

(辛　竹)

三、支持机构

研究中心

【复旦大学】 2012 年,复旦大学推进信息化与工业化融合研究中心(以下简称“复旦研究中心”)紧紧围绕“两化融合”主题,参与研究市经济信息化委信息化与工业化融合相关课题,加强对于“两化融合”的理论方法研究,为政府“两化融合”政策的科学制定提供服务。同时开展产学研合作研究工作，促进理论推广与实践应用。

1. 开展新一代信息技术应用研究

深入研究物联网技术应用的商业模式 复旦研究中心围绕“两化融合”相关技术及其应用开展了深入研究，研究内容包括农业物联网商业模式研究、物联网技术扩散研究、移动环境下商业信息有用性研究以及物联网云计算在汽车服务业中应用研究等方面。项目组通过分析物联网在农业的多个应用案例，撰写了论文“Value Net Analysis in the Internet of Things: A Case Study in Agriculture”；基于对企业物联网应用框架和技术体系的总体规划，撰写了论文“An Application Plan of the Internet of Things in Logistics”。这两篇论文均已被国际 EI(《工程索引》The Engineering Index，简称 EI)期刊《ICIC Express Letters》录用。

参与编写《农业物联网》 复旦研究中心联合复旦大学无锡研究院，合作开展“现代农业和食品安全产业的物联网产业及商业模式研究”项目，参与编写《农业物联网》一书。在书中界定了物联网商业模式的概念，提出了农业物联网商业模式及其价值网的分析框架。在此基础上，介绍并分析国内外 4 个农业物联网应用的案例，并对农业物联网商业模式及其特征进行了总结。

2. 做好“两化融合”支撑性工作

编写《2012 上海产业和信息化发展报告——信息化与工业化融合》 发展报告的编撰工作已经成为本中心的一项常规性工作。本报告基于大量资料的收集和分析，吸收了多位专家和学者的观点，对上海市 2011 年“两化融合”实践工作进行了详细阐述，并对产、学、研各个研究机构在“两化融合”方面的理论研究、技术攻关以及项目应用等各个层面的成果进行发布。

编写“两化融合”培训教材 为配合市经济信息化委进行“两化融合”师资队伍建设和培训课程开发，复旦研究中心牵头组织了“两化融合”培训教材的开发编撰工作，完成教材中“概念阐述”、“商务智能”、“电子商务”等章节内容，并进行整个培训教材的策划和统稿。目前在培训教材方面已经开发了 5 本系列丛书，该丛书已纳入市经济信息化委人才后续教育培训体系课程，相关教材已经在松江等区县的培训工作中试用。

参与上海市信息化发展专项资金“两化融合”项目建设情况评估 为全面了解“两化融合”专项资金项目的执行情况和使用效果，深入挖掘具有典型经验的案例，复旦研究中心参与了上海市互联网经济咨询中心对信息化发展专项资金“两化融合”项目建设情况评估工作。编写了 38 个专项资金项目的单片，并对整体评估报告提出建议。

3. 推进产学研合作项目

推进物联网、云计算在汽车服务业中应用 复旦研究中心通过与上海汽车集团股份有限公司服务贸易部合作，对上海汽车集团的汽车产品销售、汽车租赁、信息服务、汽车维修保养、二手车交易等整个汽车消费型服务业务进行了调研，分析了物联网、云计算给上海汽车集团带来的应用创新以及创新价值，已向上海汽车集团提交了《物联网、云计算在汽车消费型服务领域应用前景研究》报告。

参与编制上海烟草集团信息化应用相关规划 复旦研究中心在对上海烟草集团物联网的需求调研与分析、上海烟草集团物联网应用框架和技术体系的总体规划等工作基础上，已向上海烟草集团有限责任公司提交了《上海烟草集团物联网技术应用规划》，并获得了上海烟草集团的认可。参与的上海烟草集团 ERP 应用规划，形成整体业务蓝图；通过梳理，形成上海烟草集团采购、生产、财务、人力资源、设备、营销、研发等条线的二级业务流程；提出相应的配套管理建议，并形成 ERP 项目的实施策略。目前该规划已经通过上海烟草集团党组讨论，将在上海烟草 ERP 项目建设中发挥指导作用。

开展宝钢国际客户需求管理模式研究 复旦研究中心基于宝钢国际战略目标和业务实践，进行系统性总结归纳，提出了宝钢国际客户需求分类标准、传递流程、满足评估和需求传递信息平台，设计了通过流程化、制度化、信息化实现客户需求科学管理的发展路径。该项目已经完成，得到宝钢国际的好评。

（俞东慧）

【上海交通大学】 2012 年上海交通大学推进工业化与信息化融合研究中心(以下简称“交大研究中心”)主要围绕产品研发设计、制造服务化等领域方向开展“两化融合”项目的产学研合作的研究、开发和应用，包括：民用飞机数字化服务平台、民用飞机全寿命维修服务模式与关键技术研究和应用、“三网融合”装备产品精益研发设计流程再造和信息化融合。

民用飞机数字化服务平台建设 在国际先进制造业服务理念的指引下，交大研究中心通过分析中国商飞民机客户服务方案，针对民用飞机全生命周期的客户服务价值链网络结构展开分析，构建网络模型，研究其运作模式；分析民机客户服务在民机全生命周期内的价值实现过程，挖掘民机制造业潜在的服务价值流，通过客户服务价值链重构，实现民机客户服务创新能力及“数字化”的转变；构建服务型企业绩效综合评估模型；通过前置交换系统及中间件关键技术的研究，开发民用飞机数字化客户服务应用平台，一方面可以集成企业现有应用系统，充分利用企业现有IT投资；另一方面方便与未来信息系统的集成，提高企业信息化的投资回报率，降低企业系统整合的风险；支持飞机数字化客户服务流程和数据的通畅，达到提高客户服务水平的目的。

民用飞机全寿命维修服务模式与关键技术研究和应用 交大研究中心与商飞客服合作开展“民用飞机全寿命维修服务模式与关键技术研究和应用”项目研究，项目组将整个课题细分成五个子课题，目前完成五份研究报告的初稿，分别为《以SBOM为核心的在役飞机服务构型管理技术》、《民用飞机全寿命维修服务模式》、《民用飞机维修服务供应链管理技术》、《高安全性与高可靠性相结合的维修质量控制报告》、《民机机载设备预测技术研究报告》。其中，《以SBOM为核心的在役飞机服务构型管理技术》和《民用飞机全寿命维修服务模式》报告已经完成。两篇学术论文已被录用，《民用飞机维修服务网络模式研究》已经收到《航空维修与工程》录用通知，《民用飞机维修服务供应链管理研究》已经收到《装备制造技术》录用通知。以该课题为工业背景的博士研究生和硕士研究生培养进展顺利。

通信装备产品精益研发设计流程再造和信息化融合 交大研究中心与上海贝尔合作开展“三网融合装备产品精益研发设计与信息化融合”项目研究，针对目前三网融合装备产品研发设计需求，根据企业信息化与数字化规划，重点围绕“三网融合装备产品精益研发设计流程再造和信息化融合”开展深入的理论、方法与应用的研究，主要包括：价值流图分析技术、模块化产品开发技术、质量功能展开技术、精益产品创新管理技术、知识管理技术。提升了企业精益研发过程中的技术与管理能力，集成了企业已有的其他信息化数字化系统或工具，主要包括部件重用、M-BOM(ERP系统使用的制造物料清单Manufacturing Bill of Materiral，简称M-BOM)、自动化测试、实验室管理、知识管理等系统。

（明新国）

【同济大学】 2012年，面向国家“两化深度融合”发展战略以及生态文明建设发展需求，结合上海市“创新驱动、转型发展”社会建设要求和“智慧城市”中提出的“融合强业”的发展趋势，以“智能制造”的绿色化、安全化、智能化为目标，同济大学“两化融合”研究中心(以下简称“同济研究中心”)聚焦生产制造过程的“两化”深度融合研发领域，开展系统理论研究、共性关键技术创新和产学研用示范工程。

1. 开展理论与技术研究工作

撰写《上海市“两化融合”促进企业节能减排实施导引(建议稿)》研究报告 同济研究中心从实践出发，融入系统工程的科学发展观，提出了信息化促进企业节能减排的实施要以系统工程理论和方法作为基石的重要理念，并由此展开实施导引路径的相关理论与方法研究工作，形成了《上海市“两化融合”促进企业节能减排实施导引(建议稿)》研究报告。报告中，通过对钢铁、石化、重型装备、电气装备、消费品、电子信息、制药、汽车、半导体、船舶行业的几十家典型能源密集型企业的深入调研和系统分析，提炼出“两化融合”促进企业节能减排实施导引路径，该路径分别从机制、方法、技术三个维度描述了信息化促进企业节能减排的实施步骤和路径方向。

撰写《“两化融合”促进节能减排技术研究与推广研究报告》 同济研究中心通过对上海市工业企业节能减排发展现状的广泛调研和深入分析，研究中心聚焦重点行业、关键领域、骨干企业，深度挖掘现代信息技术对企业节能减排工作的渗透作用和引领作用，通过凝练、升华、创新一批面向节能减排的共性关键信息技术，撰写了《“两化融合”促进节能减排技术研究与推广研究报告》。报告基于绿色发展、循环发展、低碳发展的生态文明建设理念，提出了上海市“两化融合”促进企业节能减排创新技术体系框架，分别从经营管理、产品设计、产品制造、产品回收等业务领域，指出信息化促进节能减排的具体技术措施；通过共性关键技术凝练，详细探讨了绿色设计、绿色制造和能源管理等共性关键技术的基本内涵和主要任务。

构建安全生产信息化管理方法与体系 同济研究中心以现代信息技术在企业安全生产管理中的应用为主线，以安全生产直接相关技术和安全生产管理关键技术为基础，以安全生产流程为驱动，提出了面向安全生产全生命周期的“预测预警—应急处置—事后评估”一体化管理模式，构建了安全生产信息化管理方法与体系。体系包括信息化条件下的安全生产组织架构管理、设备维检管理、人员安全管理、安全工作管理、安全培训、安全生产知识库、重大危险源监测预警、应急管理、安全环保健康等综合化安全生产管理技术，为企业安全生产管理信息化提供了全新的运作模式和关键技术。

企业创新产品虚拟样机研制及产品低碳设计技术研究 围绕复杂产品创新设计中的虚拟样机研制关键技术展开研究，通过产品虚拟样机设计的标准化流程模板、多学科优化设计、参数化工艺设计等关键技术，加速复杂产品虚拟样机研制的多学科协同优化设计进程。围绕产品低碳设计关键技术展开研究。

2. 产学研合作项目建设及其成效

"两化深度融合"促进节能减排领域 同济研究中心聚焦民用飞机、重型装备等复杂产品制造行业，通过产学研用模式，加强了信息技术对生产制造过程节能减排领域的深度应用和推广工作，重点在典型大型企业进行了示范工程建设，取得了显著成效。与中国商飞合作开发"民用飞机生产能源管理系统"，该系统以重点能耗设备的动态监测为基础，使企业能源管理方式实现了从粗放式向精细化转变，系统建设一期工程已经完成，已在其下属企业"上海飞机制造有限公司"进行了部署和应用，实现了企业对电力资源的有效监控和管理。与上海重型机器厂合作，开展"重型装备企业生产流程能源优化平台"系统建设项目，通过系统实施，实现了企业冶铸、锻造、热处理和机械加工全流程的能耗信息的集中化管理和基于能源约束的生产计划排程，使企业在煤、蒸汽、电力、水、天然气等方面的消耗量明显降低，重点耗能设备的能源利用率得到提升。与正泰电气合作开发"高压/超高压系列变压器设计制造一体化能源综合优化系统"，将能源约束指标纳入产品工艺设计环节，提出了以能源约束指标为主线的产品设计制造一体化能源综合优化应用模式。通过系统实施，企业变压器产品综合能耗及其生产排放得到了明显降低。

"两化深度融合"促进安全生产领域 同济研究中心以安全系统工程为学科基础，重点研究企业制造过程安全、环境安全和健康安全为本质安全的安全环保健康(Health Safety Environment，简称 HSE)技术，与大型制造企业开展多年产学研合作，共同开展"两化融合"促进安全生产领域的技术研发和系统实施。建立了《大型制造企业安全生产综合管理技术框架》，并开发了工业软件——"大型制造企业安全生产综合管理系统"，该系统是企业"两化融合"促进安全生产的有效平台，并可发掘企业事故预防知识、辅助企业实施安全生产培训和应急演练。相关研究成果已在中国商飞有限责任公司进行了应用。

"两化深度融合"促进产品创新研发领域 同济研究中心针对复杂产品制造企业产品创新研发需求，应用信息技术，重点开展创新产品虚拟样机研制技术和产品设计分析环境系统的企业应用。与上海锅炉厂有限公司共同开展 1 000MW 超超临界塔式锅炉和 660MW 超临界 II 型锅炉的虚拟样机研制，为企业实现新产品虚拟样机的标准化开发模式打下了坚实的基础。与上海鼓风机厂合作，将同济自主研发的产品设计分析环境系统(PDAE V2.0)作为多学科优化支持平台，应用于高温气冷堆核电站氦气压缩机组产品的设计研发。通过系统应用与实施，初步估计，产品研发效率提高 20%以上、产品形成周期缩短不低于 18%、研发成本降低 20%以上、企业综合成本减低约 10%，实现了销售收入 6 100 万元，实现利税 600 万元。

(王　坚)

重点实验室

【网络化集成控制技术重点实验室】 2012 年，网络化集成控制技术重点实验室着眼于深化通信和控制技术的研究，掌握网络化集成控制核心技术，保持对国内外先进技术的跟踪与研究，结合不同行业及不同需求，致力于网络化控制技术在不同领域的应用，提出了智能电网用户端、智能家居、物联网 RFID 资产管理的核心解决方案。在进行技术研究的同时，实验室紧密联系当前国内国际制造业市场现状，致力于推进传统制造业信息化技术转化，加速实现网络化集成控制技术成果的产业化。同时，网络化集成控制技术重点实验室围绕着智能家居系统、智能电网用户端能源管理系统、物联网系统进行了多项新技术的攻关和新产品的开发，完成以下任务：(1) 引进、消化、吸收国外先进的工业信息化技术，研究自主知识产权的创新技术；(2) 研究现场总线、工业以太网、工业无线网等最新工业通信技术以及现代控制技术的融合途径，开发工业通信产品和控制产品，形成网络化集成控制系统解决方案；(3) 加速实现网络化集成控制技术成果的产业化，并在传统制造业广泛推广，加速信息化技术与传统装备产业融合，提升传统产业信息化水平。

(蔡忠勇)

【工业过程测控技术重点实验室】 2012 年，上海自动化仪表研究院围绕实验室在测控方面的优势开展了"嵌入式系统设计研发与试验公共服务平台的建设"项目、"传统行业技术'两化融合'重点技术突破项目"和"数字化工厂"等几项实体项目，其中嵌入式公共服务平台主要是通过利用上海自动化仪表研究院在检测和技术开发方面的优势，配合更多的中小企业实现产品关键技术的共同研发和突破；传统行业"两化融合"服务主要是针对一些传统行业，利用上海自动化仪表研究院在"两化融合"方面的经验和技术对其进行检测技术、监控技术等进行改造。通过以上两项工程的开展，不论是从技术开发层面，或是在信息服务方面都为众多企业提供了服务，通过服务促进了企业转型升级发展的脚步，为其调整结构方向提供有力的技术支持和保障。

（卞爱民）

【冶金生产过程自动化技术重点实验室】 2012 年以来在相关部门指导下，宝信软件以大力推进信息化在工业领域的应用渗透，促进制造业向高端发展为突破口，积极推进信息化在服务业重点领域的应用推广，加快发展现代服务业，以"两化融合"为契机，大力发展电子信息产业和相关新兴产业。优化"两化融合"发展环境，完善工作推进机制，完成了如下工作：(1) 适应各种大中型制造业的能源管理系统的产品化设计，针对大中型制造业企业用能特点，采用产品化开发的方法进行一个更加适应各种大中型制造业企业能源管理系统的产品化设计；(2) 能源管理系统架构和应用结构的研究，包括实时监控管理和基础能源管理两大部分；(3) 能源管理系统的管控一体化的系统集成方法的研究，大大简化设计，减少重复投资，提高实施效率，明显改善工程质量；(4) 基于开放式标准总线的大型控制系统研究，已完成了 PLC 各模块的搭建，对关键模块的原理、配置和驱动都进行了详尽的研究；(5) 热轧基础自动化模块化、应用和数模集成研究，形成针对典型的热轧产线整体或区域的控制系统配置解决方案，目前在宝钢 1580 热轧和宝钢股份梅山 1780 热轧工程中应用。

（吴毅平）

【电驱动及控制信息技术重点实验室】 2012 年度，上海电气中央研究院电气研究室作为上海市推进"两化融合"重点实验室，紧紧围绕"两化融合"主题，重点开展了以下工作内容：(1) 推进电机驱动器（变频器）开发研制工作，根据国家对变频调速节能措施的要求结合国内高压电动机驱动负载的实际运行情况，重点分析了高压电动机系统的有效节能措施，提出了一种"具有高可靠、低谐波污染的高压变频器"，采用单元串联多电平方式；(2) 工信部项目——"新型复杂智能控制器产业技术创新"项目顺利完成验收工作，该项目是上海电气提升工业自动化基础产品发展水平重点项目，并且得到了工信部的支持，研究的成果已在机床、印包机械、磨煤机、风机等装备控制系统的示范应用；(3) 重型装备零件热加工温度场测试技术研究，以零件热加工温度测量为目的，以电磁感应加热温度测量为突破口，研究温度场测量点的选择方法，研制一套温度测量系统；(4) 网络化零件数据库设计与管理系统，针对提高设计效率，优化采购模式，降低采购成本的目标，建立了螺栓、螺钉、螺母和螺柱 4 类所有标准件、一个规格系列的轴承三维几何图形。

（齐　亮）

【汽车先进技术现实及虚拟的开发和应用重点实验室】 2012 年，上海泛亚在全力保障全球项目和本土项目的研发任务之外，持续开展各类创新和能力发展工作，提高研发的深度和广度，为未来新技术、新科技、新材料的应用积蓄能量。重点推进虚拟分析在整车上的应用领域不断拓展：(1) 在整车开发的整个业务链上都采用前期的虚拟分析作为设计方案选择和设计验证的手段，从整车架构的多目标结构优化，到油耗的前期预测和人机工程前期模拟，再到车辆空气动力学的流体分析；(2) 子系统的性能和结构虚拟分析不断加强，在底盘零件和白车身的结构分析中，开展了焊缝的疲劳分析，使得钣金件结构的疲劳分析具有完整的能力，从而可以更好地支持关键结构件的开发；(3) 发动机悬置以及底盘悬架等用螺栓连接的结构设计中，自主开发了螺栓连接的虚拟分析方法，已经将此分析方法用于正在进行自主开发的车型中；(4) 内饰安全件气囊和顶气帘的爆破模拟分析中，在设计初期模拟气囊和气帘爆破对周边零件的冲击，可以指导气囊的布置以及周边零件的设计。

（郑立强）

【工业领域高性能计算应用重点实验室】 2012 年，本实验室与"两化融合"相关的工作仍然来自于三个传统业务和研究领域，并各自取得了不少新的成果。(1) 继续扩大和提升面向工业企业的高性能计算应用服务建设。经过多年宣传，目前也吸引了一批处于接触和试用阶段中的工业用户。如上海无线通信研究中心利用中心平台和资源开展新一代宽带无线移动通信网重大专项的研发与模拟测试，而麦格纳、檀创（百利得）、圣戈班等外资企业也已考虑将部分国外研发工作借助上海超算的计算平台来完成；(2) 继续推进高性能计算仿真平台和工业社区的升级和完善。工业社区项目 Xfinity 系统平台结合了用户需求调研，继续在功能、性能、扩展性等方面完成了两个不同版本的开发测试工作；(3) 继续进行基于 GPU 的高性能并行计算技术研发工作。积极参与申请、并组织开展"863"课题"复杂电磁环境数值模拟"，该课题基于国产 10 亿亿次高效能计算机研发具有自主知识产权的大规模并行电磁仿真软件系统。2012 年已经完成的工作包括复数稠密矩阵的矩阵矩阵乘和矩阵向量乘 4096

核并行测试,并已初步开展一些电磁模拟中时域有限差分 FDTD(时域有限差分方法 Finite Difference Time Domain,简称 FDTD)算法的 GPU(图形处理器 Graphic Processing Unit,简称 GPU)平台移植工作。

(李根国)

【民用飞机数字化协同研制与服务重点实验室】 2012 年,中国商飞公司全面贯彻落实国家和上海市"两化融合"战略和指导意见,公司信息化工作继续以全面实施大型客机数字化工程为牵引,以保障大型客机工程研制发展阶段工作和 ARJ21 支线飞机取证交付信息化需要为重点,以支撑能力建设为核心全面开展。(1) 对标一流、强化落地,以建成统一的管理信息化平台为重点,完成"十二五"信息化发展规划编制,推进信息化对公司发展的引领和支撑作用。公司 ERP 平台完成了项目管理、质量管理、商务智能、资产管理等系统第一阶段实施工作,协同办公平台完善推广了综合办公、在线学习、档案管理、统一审批等系统。移动办公平台初步实现了覆盖公司总部及所属单位办公业务的"电子化、移动化、全球化",提高了公司日常办公及运营决策效率。(2) 实施系统整合和业务流程梳理优化,全力建设公司统一的数字化研制体系。完成大型客机协同研制及产品数据管理平台(三期)的实施和推广应用;基本建成大型客机需求管理系统,实现了大型客机研制需求的结构化、精细化管理;ARJ21 支线飞机 CPC(协作产品商务 Collaborative Product Commerce,简称 CPC)平台功能不断完善,加快试飞规划管理软件的开发应用。(3) 以"统一网络、统一计算、统一存储"为目标,加快建设公司统一的信息化基础设施,健全公司信息安全防控体系和标准体系。完成公司内外网网络设备统一招标采购,上飞院张江园区网络、数据中心、北京灾备中心第一阶段建设;建设信息安全体系,完成年度公司信息系统安全等级保护定级和测评。为满足信息系统数据共享及打通流程等需求,启动供应商主数据整理工作,加快信息化标准体系建设。

(李云峰)

【海洋重工装备工程研制信息化重点实验室】 2012 年,振华重工在"两化融合"方面主要做了如下工作。(1)"大型海洋工程装备协同研发与制造信息系统"项目在对目前海洋工程装备研发与制造过程中各专业存在的一些问题和实际的业务需求进行调研分析之后,初步完成了项目调研问卷的设计。(2)"抛石整平船施工作业的一体化管理控制软件"项目完成软件的编制和调试,该软件实现对整平船定位、碎石输送系统的控制、下料管升降的控制、整平刮刀的高度调节、整平台车纵向和横向移动的控制、下料管料石高位和低位的控制、碎石整平的同步质量检测等自动化控制。(3)"深水动力定位系统集成技术"项目,推进大功率动力定位推进器成功实现首台套出口。

(王　宁)

【煤化工企业能源优化信息技术重点实验室】 2012 年,上海华谊围绕在能源优化信息技术平台方面的研发和应用,继续增加对重点实验室研发项目的投入,并将项目实施的覆盖范围在焦化本部多套装置应用的基础上继续实现跨区域在子公司安徽华谊化工有限公司推广应用。(1) 在安徽华谊化工公司全面投产运行同时,完成新装置生产工艺、设备运行数据的采集、MES(制造执行系统 manufacturing execution system,简称 MES)生产信息系统上线、ERP 系统的全面集成,特别是开发完成的煤化工工艺生产过程模拟仿真培训系统对新公司员工在技能、工艺、操作培训为新公司的顺利开车试运行起到了积极作用。(2) 结合集团在企业信息化应用领域中的深化,以行业"两化融合"为切入点,针对集团内化工企业特点,提供定制化信息系统应用的开发服务,为集团工业转型增加信息化助力。重点发展的生产可视化调度管理系统项目、IC 卡收发货管理系统、地磅与 ERP 集成系统、现场巡检管理系统等生产现场管理应用系统的研发和推广也取得了较大的进展,进一步推动在集团内部深化应用。

(李　锋)

【PDM 平台开发技术重点实验室】 上海三菱电梯有限公司自行的 PDM(产品数据管理 Product Data Manage-ment,简称 PDM)根据实验室研究课题的目标,系统建立了产品数据管理平台、产品开发平台、工艺技术平台,通过两年时间的研究和开发于 2012 年初完成,目前系统和各功能应用稳定可靠,整个系统达到设计目标。(1) 平台技术的研究和模型,总结了三个平台的模型技术,提出了基于 PDM 系统的开发模型:产品开发平台和产品数据管理平台及工艺技术平台,模型和方案通过评审;(2) 电梯产品开发平台的组成,产品开发包括了:电气驱动设计,控制系统设计、PCB(印制电路板 Printed Circuit Board,简称 PCB)设计、传动设计、机械设计、装潢设计、CAE(计算机辅助工程 Computer Aided Engineering,简称 CAE)仿真分析、电梯管理软件设计等 8 个专业子系统组成;(3) 产品数据管理平台，主要包括BOM管理、配方管理、技术文件管理、图档管理的功能。通过产品配置书，能够查询、统计各类与图号（物料）相关的图纸、文件、工艺等信息。图档管理支持各种版本产品数据的管理和收发；（4）工艺和技术平台，包括了机械工艺、电气工艺、工时计算、材料定额、CAM（计算机辅助制造Computer Aided Manufacturing，简称CAM）仿真管理、NC（网络电脑Network Computer，简称NC）程序管理、刀具管理、工装技改设计、基数据管理等功能和子平台。流程支撑产品工艺的流转和反馈，一直到工艺和相关信息全部完成，提交图档管理。

（孙 华）

四、"两化融合"实践区

浦东新区

【"两化融合"基础夯实，推进机制、发展方向进一步明确】 一是争取国家和上海市的支持，结合上海"三进"活动，浦东新区对近几年在"两化融合"工作中取得的成效、经验，以及存在的问题和挑战及时进行梳理、总结，并积极向上级组织沟通、汇报。二是组织推进机制进一步明确，成立了一把手担任组长的"浦东新区智慧城市建设领导小组"，建立了上层由浦东新区智慧城市建设领导小组领导决策，中层由浦东新区经济和信息化委员会行使职能，基层由各单位分管领导、综合部门和专业人员组成的工作小组。三是信息产业政策宣讲工作得到加强。编印信息产业政策汇编，对近几年国家、上海市、浦东新区和新区各园区出台的信息产业相关政策进行梳理。

【"两化融合"支撑体系完善，软硬件环境进一步优化】 一是进一步夯实社会信用体系。制定下发《2012年浦东新区社会诚信体系建设工作要点》。二是落实专项规划、计划，在物联网方面，实施物联网应用示范项目77个，涉及物流、农业、工业、交通、安防、环保、社区管理等多领域；在云计算方面，大力推动金融服务、航运服务、医疗卫生等多领域的云计算基础设施和应用服务平台建设，涌现出华存、引跑等重点企业，医疗云、中小企业云、教育云等示范项目。三是加强社会领域信息化资金管理。发布了《浦东新区社会领域信息化资助资金操作则》、《2012年浦东新区社会领域信息化资助资金申报指南》，为帮助企业开展信息化建设提供有力支撑。四是推进项目全生命周期管理。在资金、项目管理中不断细化全生命周期管理的IT治理过程，聘用第三方机构对项目成功度、效果认同度、项目管理成熟度等方面进行审计，出具IT治理（审计）报告。

【"两化融合"重点突出，点线面结合立体推进，工作有序开展】 一是着力推进智慧社区建设试点。在2011年确定金桥镇、周浦镇等5家智慧社区建设试点的基础上，2012年增加了沪东街道、周家渡街道等5个智慧社区试点，扩大了试点范围，陆家嘴街道、南码头路街道、金桥镇和周浦镇四家新区试点也进入上海市首批智慧社区试点的名单。二是推动重点行业持续前进。继续深入推进钢铁、生物医药、物流、电子商务等浦东优势行业。三是扩大示范项目力度，在上海市，推荐"我的钢铁网"参与"三进"活动成果展览。在新区举办的2012智慧浦东企业信息化示范应用展示论坛上，展示了睿智化学、久信、波汇等企业的信息化成果。

【建设国家电子商务创新实践区，加大电子商务创新与突破】 一是电子商务政策环境不断优化，先后发布了《智慧浦东建设纲要（iPudong2015）——浦东新区国民经济和社会信息化"十二五"规划》、《推进智慧浦东建设2011—2013年行动计划》、《浦东新区加快推进电子商务发展实施意见》、《浦东新区促进商贸发展财政扶持办法》和《浦东新区促进新兴服务业发展财政扶持办法》等一系列文件政策。二是电子商务支撑体系不断夯实。在电子支付体系方面，浦东累计获得支付牌照的企业共20家，占全市39.2%，为全市各区县之首。在物流服务体系方面，上海外高桥保税物流园区已经全面完成了1.03平方公里的基础建设和形态开发，初步建成区港联动发展的新框架，形成了航港区一体化运作的国际物流产业综合运作平台。三是电子商务保障措施不断完善。一方面加大制度和规范创新力度，另一方面加大信息安全公共服务平台建设力度。四是唐镇电子商务港集聚效应明显，共引进191家电子商务贸易和服务业公司，内资注册资本累计22.39亿元，合同外资累计1.36亿美元。

【营造"两化融合"发展环境，"两化融合"氛围良好】 一是开展"两化融合"发展水平研究。浦东新区"两化融合"

指数从2009年的70.9到2010年的73.1，再到2011年的78.3，呈加速融合态势，而且均高于全市平均水平。二是开展"两化融合"进区县、进园区、进企业宣传培训活动。以"模式创新，深度融合"为主题，开展了一系列交流讨论活动，推动了制造业企业深入应用信息化，实现业务模式创新和转型升级。以论坛为序幕，浦东新区又开展了"两化融合"专题研讨会、2012智慧城市与信息安全夏季论坛等一系列"三进"活动。

（周沈斌）

宝山区

【圆满完成"两化"深度融合"三进"系列活动】 成功举办信息化促进企业绿色生产论坛。围绕"两化"深度融合，促进可持续发展这一主题，邀请市智慧城市促进中心、同济大学、宝信软件、汉康豆制品、中国弹簧等专家或企业负责人聚焦信息化促进企业绿色生产、创新企业生产经营和管理模式、提升企业市场竞争力等一系列问题发表主题演讲，探讨第三次工业革命背景下企业信息化与工业化深度融合的发展前景；举办信息化与工业化融合成果展。10月中旬，在区政府举行上海市"两化融合"成果展，全面展示上海市和本区深化信息技术在工业领域的集成应用，提高生产过程、生产装备和经营管理的信息化水平和加快推动制造模式向数字化、网络化、智能化、服务化转变方面所取得的成绩。启动信息化示范企业评选活动。2012年第四季度，启动"信息化应用示范企业"和"中小企业信息化示范服务商"评选活动，挖掘、储备一批具备数字化、智能化、网络化、集成化特征的企业，并形成更多能为中小企业信息化建设提供技术成熟、易使用、成本低的信息化产品和解决方案，营造区域信息化与工业化深度融合的良好氛围。

【"智慧宝山"主题馆成功参展中国工博会】 信息化点亮"智慧城市"。在2012中国国际工业博览会上，以"智慧宝山"主题馆形式，汇聚20家企业、3个园区，集中展现了一批先进的信息通信技术及应用产品，让来往络绎不绝的观众看到信息技术为人们的工作与生活带来的智能与便利。上海发那科机器人与国内外各知名厂商同台亮相，大显身手，向观众完美演绎着工业智能化、自动化的魅力；宝康电子对城市全周期、全对象、全区域的智能监控，真正做到"天网"恢恢，疏而不漏；兆民云计算推出新一代桌面云，可为有需要的市民提供海量信息的智能处理；亨钧科技致力于推进大型企业铁路智能化监控，为安全运输保驾护航；深科电子商务让市民不出家门，就能享受到娱乐机器人、教育机器人、保洁机器人等智能产品的服务。

【成立上海市软件技术创新服务平台宝山工作站，为中小企业提供服务】 2012年6月，作为推进区域信息化与工业化融合的一项重要内容，上海市软件技术创新服务平台宝山工作站揭牌成立。工作站将为"两化融合"企业、软件和信息服务企业提供企业信息化测试、系统性能测试、安全测试、软件企业认定、软件产品登记、软件著作权登记、IT运维与服务管理等一系列就近、便捷、优惠的专业化信息化服务。同时，拉近政府和第三方权威机构服务企业的距离，缩短服务企业的半径，推动企业自主创新，提升企业竞争力。

【重点企业信息化建设取得明显成效，助推转型发展】 如宝钢率先建成应用厚板物联网系统，订货、收货再到结算，用户可以在宝钢自主集成创新的厚板物联网系统上，轻松便捷地获取合同产品的所有信息，这在国内钢铁行业厚板产品领域尚属首次。这套系统采用互联网、无线移动终端、条形码等综合信息手段，用户可以在订货、仓储、物流、收货、结算等全供应链环节获知货物信息，且方便核对，大大提高了工作效率和信息获取的准确度。同时，系统选用的运行"语言"和运行方式，全部以船企特定的模式进行信息的传输，使钢企和船企的合作实现一体化，增强了用户的亲切感。此外，通过系统的运行，宝钢可以及时了解用户合同产品的状态，对异常情况进行快速响应，切实增强了服务的有效性和针对性。由于信息传递的及时，在仓储和物流环节，可根据用户产品需求的轻重缓急来合理布局和有序供货，降低差错率和合同脱期。汉康豆制品融合八大信息系统，打造"智能工厂"。信息管理系统、生产物流追溯系统、在线订单系统、车辆管理系统、业务员管理系统、多媒体工业旅游互动展示平台、工业设备管理平台、厂区监控管理平台，形成了汉康产品安全的绿色生产循环，给生产和销售带来40%的生产效率提升和每年30%的销售提升。

【完成区域"两化融合"发展水平评估】 为全面掌握"两化融合"发展现状，作为全市评估的组成部分，区信息委与上海市互联网经济咨询中心共同开展了发展水平评估工作。评估以制造业为重点，围绕金属结构、机械、紧固件和弹簧、通信传输设备等制造企业，调查评估企业180家，在全市各区县中样本数排名第二，占全市样本总数的

14.8%。调查企业同比2010年度样本增加17家。其中,大型企业17家,中小企业163家,分别占全市样本总数的13.6%与14.9%。同时,按照上海市"两化融合"发展水平评估指标体系,形成了《宝山区中小企业"两化融合"调查情况报告(2011年)》。

【加强企业信息化培训】 结合企业实际需要,2012年,我区共对近百家企业200多人进行了信息化培训。企业信息化培训注重理论学习、参观实践相结合。在集中理论学习方面,邀请市经济信息化委、上海交通大学、同济大学、SAP公司和上海经济管理干部学院等各路信息化专家,围绕物联网技术在企业中的应用、云计算和中小企业信息化、移动互联网技术与产业前景等主题,为企业传授知识、释疑解惑。在参观实践方面,安排企业参观了上海电气临港重型装备制造基地、宝钢工业软件体验中心等。企业学员通过参观学习上海电气大型船用曲轴制造信息化、核电设备制造信息化、风电设备制造信息化等,了解了上海电气从传统的设备制造商发展成为集设计制造、系统集成与服务于一体的现代企业集团的历史进程,为企业自身发展提供了新的思路。通过系列学习培训,给众多企业传授了先进的信息化建设理念和知识,也有利于提升区域重点行业、中小企业信息化建设水平,从而进一步促进信息化与工业化深度融合。

(林必德)

松江区

【概况】 2012年,松江区作为上海市首批认定的信息化和工业化融合实践区,切实按照"以中小企业信息化为切入点,深化'两化融合'具体实践"的要求,紧紧围绕"四个一"(暨培训一批企业信息化骨干及政府管理人员、扶持一批企业的"两化融合"项目、树立一批推进工业化与信息化融合的先进示范企业、制定一套符合区域内"两化融合"发展特点的相关配套政策)的工作目标,在支持面向中小企业的信息化公共服务平台建设、形成推进中小企业信息化建设和应用的创新机制和模式、加强对企业实施"两化融合"的机制和手段的深入调研、支持开展面向中小企业的"两化融合"宣传培训、优化区域"两化融合"综合环境等方面,积极探索,稳步推进。

近年来,外部环境的复杂严峻给松江的工业经济"调结构、稳增长"带来了不小的压力,在加快工业的创新发展、智能发展、绿色发展、协调发展,"两化融合"的任务更加紧迫。2010年,松江被首批认定为上海市信息化和工业化融合实践区以来,松江区充分发挥政府在"两化融合"中的引导作用,于2011年出台了全市首个专门用于扶持企业开展"两化融合"工作的专项资金管理办法——《松江区信息化和工业化融合专项资金管理暂行办法》。两年来,共支持区级"两化融合"项目42个,扶持资金1 000多万元。同时,松江区积极开展政校企合作,建立了"两化融合"企业库,从2010年起每年编制区域"两化融合"评估报告,不断营造松江区中小企业"两化融合"的良好环境。

【深入开展调查评估,全面掌握区域"两化融合"实际情况】 我们以多种形式组织开展了以高新技术企业、小巨人企业、民营经济企业、专利企业为基础的企业调研,形成"两化融合"的企业库。通过与区内高校合作,开展区域"两化融合"水平指标评估,共完成189份"两化融合"问卷回收,开展具体分析研究,编制了区内"两化融合"水平指标评估报告,全面掌握我区企业"两化融合"的发展历程和成效。希望通过几年的调查分析,全面掌握我区企业"两化融合"的发展历程和信息化投入带来的企业效益。

【广泛开展培训宣传,提升中小企业信息化建设理念】 我们以上海市"两化融合"进区县、进园区、进企业宣传培训活动(松江站)为契机,结合科委其他政策宣传,通过专题报告、政策宣讲、企业沙龙、企业座谈等多种方式积极开展"两化融合"培训,积极和组织开展系列培训活动,培训达到2 000人次。企业信息化的意识有了一定的提高,企业了解政府有关政策的途径也由原来的被动接受转变为主动咨询。

【制定配套政策,积极扶持企业开展"两化融合"工作】 通过各方调研,我们制定了全市首个专门用于扶持企业开展"两化融合"工作的专项资金管理办法《松江区信息化和工业化融合专项资金管理暂行办法》(沪松府办〔2011〕60号文)。每年财政专门列支600万元,用于扶持松江区的中小企业开展信息化建设项目。

【开展项目管理,切实引导企业开展信息化建设】 一方面我们积极争取市级信息化专项资金,本年度松江区共有3个项目获得市级资金扶持,扶持金额为375万元。另一方面,积极做好了区级项目的申请、立项和管理工作,今年共立项区级"两化融合"项目26项,扶持资金899万元。

【积极课题研究，挖掘“两化融合”示范典型】 区科委积极与本地高校合作，组织开展了《松江区“两化融合”调查研究》、《松江区“两化融合”项目绩效管理》、《松江区“两化融合”示范案例跟踪》等软课题研究，积极搭建校企合作的平台，以政府搭台、校企唱戏的产学研合作形式，形成政府主导、企业高校共同参与，整合离散在政府、科研机构、高校资源。同时也对松江几年来开展“两化融合”工作的成效，有了一个较为准确的了解和对“两化融合”专项资金的投入形成较为客观的评价。

（胡 伟）

杨浦区

【坚持“两化融合”发展主线，优化“两化融合”基础环境】 对高校、科研院所、企业和创新人才进行科技创新资源摸底调研，形成“创新区域产学研体系建设、知识输出及企业应用的研究”的科研成果，并列入《上海市“两化融合”研究成果汇编》，同时出台《2011 年度杨浦国家创新型试点城区建设和发展专项资金项目指南》，80 个项目通过评审和复审成为首批资助项目，资助金额 3 亿元。加大“两化融合”项目的挖掘力度，扩大“两化融合”扶持资金的企业知晓度，做好项目储备工作。按照《上海市信息化与工业化深度融合发展“十二五”规划》，结合国家创新型试点城区建设，不断优化“两化融合”基础环境。建设“环同济”现代设计公共服务平台；与同济污控中心开展合作，共建上海环保公共研发平台；与市级共建“第三方节能减排服务平台”；推动建设全国体育科技成果转化与产业化综合服务平台；设立上海教育服务公共平台；建设了上海市超高压及特种线缆技术创新服务平台；打造了上海市数控机床优化技术专业技术服务平台；构建了上海市纺织高性能纤维材料专业技术服务平台等。通过这些技术平台的建设，极大地降低了区域企业的科研成本，推动“两化融合”基础环境优化改善。

【推进制造业信息化改造，鼓励产学研融合及业态创新】 一是推进信息化在产业发展各领域的渗透应用，鼓励传统都市型工业企业采取电子商务等方式拓展业务领域，推动企业从传统行业向新兴领域延伸，推动钢铁、家纺等行业性电子商务平台建设，推荐有潜力、符合产业发展导向的第三方电子商务平台企业参与电子商务“双推”工作。区域传统制造业依托存量厂房资源、产业基础，加快向创意、设计、研发、信息资源等新领域、新业态拓展；都市型工业园区实现功能转换，基本形成以纺织、钟表、机床工具、印刷等产业为特色的专业园区发展格局；推进滨江部分制造业企业“退二进三”，实现现代服务业与制造业协调发展。二是围绕国家创新型试点城区建设，着力创新体制机制，重点突破制约产学研等各类创新要素充分融合与互动的瓶颈：区校融合联动实现深入对接；探索与科研院所、行业组织联动，与上海科学院、上海交通大学签订合作框架协议，推动实施智能公交电子站牌等应用示范项目；以行业龙头企业为依托，区所共建物联网科技园、上海电缆所科技园、上海仪器仪表所科技园，将科技园打造成承载产学研技术成果转化的平台，带动产业集聚发展；发挥高校、科研院所的研发和技术服务作用，引导高校与企业共同搭建实验室、技术中心，开展关键核心技术攻关与新产品开发。三是以杨浦区内高校为主，形成“政府-高校”合作建立科技园的模式（如环同济知识经济圈），直接推动高校科技成果的转化；鼓励高校、科研院所将科研资源、设备共享出来，初步形成“高校（院所）—企业”共同研发模式（复旦大学生物技术中心部分入驻科技园并向社会开放）；逐步形成高校技术交易市场（如成立上海高校技术交易市场、复旦技术转移中心、上海理工技术转移中心）；形成良好的创业孵化机制，包括成立若干孵化器、吸引金融和商务服务机构入驻杨浦、设立政府扶持基金、加强银行等金融机构的合作。

【提升商务通信设施能级，依托园区推进企业信息化】 抓住智慧城市建设契机，推进“两化融合”基础工程，加快“城市光网”、“无线城市”建设，逐步优化区域信息基础设施能级，助推科技园区、经济园区、商务楼宇的信息化建设。聚焦杨浦科技创业中心、复旦软件园数字园区建设，在推动网络基础设施升级改造的同时深化信息技术应用，探索物联网、云计算等新兴信息技术在产业园区管理服务中的应用。杨浦创业中心以“创建一个服务平台、探索云服务模式、培育一批数字化产业”为目标，推进园区无线网络升级、信息化系统改造、信息发布平台运行，利用云计算数据中心管理系统、“云创业”公共服务信息化平台、“云桌面”智慧创业应用示范平台为中小企业提供云计算基础设施服务，目前园区已在准备数字园区项目验收事宜。复旦软件园数字园区按照边规划边建设的原则，重点推进园区网络通信、智能楼宇、综合安保、园区管理平台建设。

【加快新兴技术示范应用，培育壮大新兴产业】 以示范应用项目带动产业发展。推动上海市物联网科技园、新江湾城人才公寓、智能交通、智能安防、智能社区为主的物联网应用示范项目建设；推进上海市云计算创新展示中心、以城区智能化改造为中心的“智慧城区示范云”项目建设；从基础建设和应用项目两大方面着手，加快推进全市智慧社区建设首批试点单位新江湾城街道智慧社区建设。做大做强以软件和信息服务业为主导的高新技术产业，推动以创智天地产业园为核心、辐射江湾五角场地区的杨浦区高新技术产业发展集聚区建设，软件和信息服务业收入2012年达到105亿元。推动钢铁、家纺等行业性电子商务平台建设，推荐有潜力、符合产业发展导向的第三方电子商务平台企业参与电子商务“双推”工作，2012年上海天呈科技有限公司的“医流比价”医疗器械电子商务平台入选市电子商务“双推”工作。

（陆军霞）

闸北区

【概况】 2012年，闸北区按照上海市促进“两化”深度融合的工作要求，始终结合自身产业转型和信息化特点，以加快转变经济发展方式为主线，按照“南高中繁北产业”的总体战略和“提升转型、创新惠民”的总体工作要求，以推进结构调整和发展方式转变为主攻方向，把科技化驱动、信息化带动作为“调结构、促转型”的重要途径，不断推进区域产业形态由都市型工业基地向生产性服务业集聚区的转型。并以此为契机，紧紧围绕中央、上海市“推动信息化和工业化深度融合”的战略部署，扎实推进闸北区“两化融合”实践区的建设，积极探索“两化融合”的有效途径和方式，取得了良好成效。

【“两化融合”持续深入】 2012年，上海市“两化”深度融合进区县、进园区、进企业宣传培训活动闭幕式暨闸北区“融合创新、转型发展”论坛在我区成功举行，以此为契机，闸北进一步根据产业转型和发展特色，不断在“两化融合”的深度上下功夫，更扎实、更有效地推进“两化融合”实践区的建设。根据市互联网经济咨询中心“两化融合”的调查评估，闸北区企业“两化融合”整体发展水平高于全市，在企业信息化基础方面得分明显高于全市平均水平，其中尤其在信息化投入、规划、信息化软硬件与企业需求匹配等方面表现突出；而在信息化应用方面与全市整体水平基本持平，其中在市场流通等方面表现较为突出。

【信息化推动传统产业持续发展】 通过新一代信息技术产业对社会经济发展的渗透，逐步带动了闸北区高铁城轨、机电装备、能源材料、医疗卫生、中小企业信息化应用等传统产业的转型升级，如鼎捷软件的中小企业云服务平台、国药化学试剂的电子商务交易平台应用、卡斯柯的城轨列车无线运行控制系统（Communication Based Train Control System，简称CBTC）信号技术开发与应用、鼓风机厂的制造执行管理系统（MES）应用、申铁工程的物联网RFID技术在铁路集装箱运输管理系统中的应用等，极大推升了传统产业的技术能级，为智慧城市建设提供技术支撑和产业保障。

【“智慧闸北”建设持续推进】 我区在推进“两化”深度融合工作中，紧紧结合闸北“智慧城市”建设工作，实现了“两化融合”与“智慧城市”相互依存，相互促进。依靠一张主网，即“城市光网”和两个平台，即基础设施的平台和智慧城市的应用平台，为闸北“两化”深度融合工作推进的夯实了基础和提供了保障。我区在全市各区县中率先制订了以智慧政务、智慧社区、智慧城管、智慧商圈、智慧园区、智慧惠民“六个智慧”建设为核心的“智慧闸北”建设“十二五”规划并付出实施。今年以来，闸北“智慧社区”项目和鼎捷集团的“中小企业应用服务云平台”项目被列入全市智慧城市建设的应用示范项目，“智慧政务”、“智慧商圈”等也在紧锣密鼓地开发和部署中，以“光网城区、无线城市、三网融合”为特征的信息基础设施体系建设取得了明显成效。同时，在闸北的生产性服务业和现代服务业集聚区，如市北高新区和苏河湾，探索区域信息基础设施从规划布局到集约建设的有效模式，以政府引导、企业主导，建立了一批“两化融合”公共服务平台，如区政府的“电子政务应用平台”、龙创自控的“分布式能源管理平台”、市北的“园区管理平台”、产业促进中心的“信息服务外包产业公共服务平台”等。

【宣培活动持续开展】 一是建立了“市区联动”的长效机制，我区将“两化融合”工作摆在了重要位置，主动加强与市经济信息化委的信息交流、政策协商和工作沟通，明确责任分工，有计划、有步骤地抓好落实，以支持“两化融合”这项庞大的系统工程，通过政府部门、企业、研究机构、社会中介组织等各方面，实现了市区资源融合和社会协同支持的工作局面；二是建立健全了规划引导机制，在制订《“智慧闸北”建设“十二五”规划》中将“两化融合”纳入了智慧闸北建设的总体规划中统筹安排，明确总体思路、目标和分阶段任务，制定落实了行动方案，以规划引导带动“两化”深度融合；三是构建了产学研合作机制，依托核心园区、重点企业、高校院所和中介机构，积极开展合作交流和人才培育，支持企业与高校合作办学，培养“两化融合”复合型人才；四是建立了舆论导向机制，充分利用论坛活动、电视、刊物、报纸等宣传媒体，大力宣传我区各行业和典型企业的成功经验和有效做法。积极开展了群众性、趣味性、多样性的信息知识普及活动，提高全民信息化素质，形成有利于推进“两化融合”的社会氛围。

（张秋波）

五、企业信息化应用

上海纺织(集团)有限公司

【概况】 2012年上海纺织(集团)有限公司(以下简称“上海纺织”)信息化工作主要围绕推进业务信息化、加强IT治理及提升信息化能级三方面的具体目标，加强与集团本部各职能部门、各投资企业深入沟通，稳步推进集团的信息化建设。

同时，与工会、团委联合举行了多次活动，营造氛围，宣传信息化理念；对信息化制度进行了整体性的梳理，建立了制度体系；集团信息化运维格局初步成型，规范其运维管理。

【集团人力资源信息化项目(一期)】 在2011年完成项目相关需求调研后，2012年1—6月进入对15家试点单位实施阶段。4月完成方案设计和业务流程的确定，同步完成数据标准化工作；5月开始基础数据整理和用户培训，完成数据初始化工作；6月14、15日组织所有试点单位的最终用户(63人次)进行培训，并组织考试。7月进入试运行，计划在2013年一季度进行验收。

8月项目进入推广阶段，第一批共44家单位开始实施推广。至2012年12月31日已经完成基础人事信息的整理和收集，并导入系统中。同时完成薪酬的参数设置和最终用户的培训。2013年1月初完成试运行上线切换工作。

【集团物业经营信息化项目】 2012年1—6月为系统推广期，目标是完成时尚产业、大物业两家公司的全覆盖。通过制定推广计划，解决实施难点，及每周连续滚动的操作培训，至2012年12月31日系统的推广已进入上线验收阶段。

【集团门户定制平台项目】 2012年上海纺织制定了应用集团门户定制平台(GCMS)协助下属企业开通网站的推广计划。4月份与第一批试点单位(上实、沪纺大厦、日舒科技)讨论了其企业网站建设的需求，至2012年12月31日三家公司的网站均已完成结构和模板的设计，并开始上线试运行。

【集团统一身份认证平台项目】 作为上海纺织提升应用系统安全性、提高系统用户便捷度的主体项目，统一身份认证平台(CA)于2012年5月18日正式上线。该项目成功地借助CA将OA、人力资源信息化项目、物业经营信息化项目等集团型系统的用户名及访问权限以硬件Key绑定到每个员工，实现员工身份的集中、唯一识别，确保系统仅被合法人员登录，并方便了离职人员权限的一次性集中回收，大大加强了各信息系统安全性；在提高安全性的同时，同步还实现了单一口令、全网访问的单点登录，方便了系统用户；此外，项目还完成了各启用审批流的业务系统中的待审批内容集中到OA“待办事宜”的接口，实现了“任务找人”的集约。

平台先行开通了集团OA系统、集团邮件系统、集团土地房屋管理系统，10月完成集团人力资源系统和集团财务系统的单点登录调试，集团人力资源系统已通过单点登录使用。目前，已对集团本部及二级企业发放350个USBKey数字证书(因是同一平台，一个数字证书会含有多个业务系统)。

【集团IT服务管理项目】 为做好集团型信息系统的运维工作，2012年8月上海纺织启动IT服务管理项目，通过需求调研、业务流程梳理、实施培训，于2012年10月进入试运行，2012年12月13日通过验收。开始实施，集团运维格局初步建立，并对信息化制度进行了梳理、修正。12月，ITSM平台在集团本部上线运行，于年底完成本期项目的验收。

【OA系统审计项目】 集团办公自动化系统(OA)自上线运行以来，已连续运行了6年。为了充分掌握和分析OA系统的主要功能缺陷和不足，以及正确评价过去六年来该系统对集团发展的影响和作用，2012年10月启动了OA系统审计项目，对OA系统开展全方位的专项审计和评估，并形成适合于上海纺织的IT审计工作流程及规范。此次审计从三个方面对OA系统进行了分析和评级，即系统对集团业务和目标匹配程度、内控和风险管理的作用、系统绩效评价。

【建立信息化培训体系】 为了加大对企业信息化建设的支持力度，上海纺织信息技术部在编制了"2012年度信息化培训计划"，并与人力资源部上海纺织党干校合作联合举办了首届"上海纺织电子商务及网络安全"培训班，共有投资企业41人参加了培训。6月30日，这批学员统一参加上海市中级电子商务师的考试，39人获得证书，并获50%的政府资金补贴。

【集团专网建设】 截至2012年12月31日，上海纺织完成24家（计划27家）二级单位的光纤部署及验收工作，其中，上海纺织设计院和上海上实国际贸易（集团）有限公司因客观原因无法接入（拟用vpn方案代替），上海申达股份有限公司新办公地址因市政施工原因工期延迟。接入专网的24家企业通过专线访问集团财务系统、集团OA系统。保证系统数据的安全和数据完整。

【推动上海纺织电子商务】 在2011年组织信息化沙龙研讨集团电子商务并提交报告的基础上，2012年1—6月就淘宝开店、全网营销、网络营销、电子商务培训、行业咨询等专题进行细化研究：一是继续了解、推动下属企业加快电子商务发展；二是协助艾瑞的电子商务咨询工作；三是继续加强与电子商务人士的沟通。

【上海联吉合纤有限公司的"供应链业务及财务一体化管理系统"的建设】 为了改善联吉原有不规范的内部业务管理模式及财务系统与业务互相独立的状况，公司2012年1月成立项目小组，2月8日召开项目启动会。项目涉及采购、销售、质量、库存、存货核算、生产计划、成本管理、财务管理。整个项目分阶段上线，2012年2—7月经过了蓝图设计、系统建设、系统切换后，8月开始进行供应链及财务总账的上线测试，10月正式运行，2013年1月份开始启用存货核算、2月启用成本核算，现在系统正在建设中，计划2013年二季度验收。供应链的正常运行，大大提高了公司业务工作效率：各产品线原材料短缺率由32%降为10%，相关物料基础数据准确率提高至98%，销售发货风险由20%下降到1%，库存周转率比原先大大提高。

（郁幼君）

上海汽车集团股份有限公司

【概况】 上海汽车集团股份有限公司乘用车公司（以下简称"上汽乘用车"），是上海汽车集团股份有限公司的全资子公司，承担着上汽自主品牌汽车的研发、制造与销售。从诞生之日起，上汽乘用车就依托上汽集团20多年合资合作所积累的技术、制造、采购、营销和管理优势，以国际化的视野，创造性地集成全球优势资源，以高品质的产品与服务，满足消费者高品位需求，以优秀的国际合作团队，打造中国人自己拥有的国际汽车领导品牌。目前，乘用车公司已拥有荣威、名爵两大品牌，形成共6大系列，30多个品种的产品矩阵，涵盖了中高级车、中级车、大众普及型车及跑车等宽泛领域。

【"两化融合"】 上汽乘用车非常重视"两化融合"，"两化融合"是信息化和工业化的高层次的深度结合，是指以信息化带动工业化、以工业化促进信息化，走新型工业化道路；"两化融合"的核心就是信息化支撑，追求可持续发展模式。汽车行业的信息化有两个与众不同的地方：一为复杂。汽车是个大件，其构造复杂，零部件通常有几万个，不同车型完全不一样，相同车型又有很多个性化要求。因此，从订单审核到生产计划、物料计划的制订再到销售，这个流程相当复杂；二为回报率高，对于汽车行业来说，如果信息化体系运作顺畅，对业务的提升帮助特别大，投入产出比很高。无论是就降低库存而言，还是提高资金周转率，都能创造非常巨大的利润，因此，"两化融合"，尤其是两化深度融合，可以给中国的汽车产业，特别是自主品牌汽车的发展具有重大的指导意义。

上汽乘用车的"两化融合"经历了以下过程：

2005年：上汽乘用车信息系统部成立。2006年：仪征项目实施（PDM/SAP/MES/DMS），荣威750成功下线。2007年：运维团队和体系初步形成、安亭数据中心成立、英国技术中心项目实施（SAP/HER…）、PMO（项目管理Project Management Office，简称PMO）管理团队形成。2008年：临港项目实施（SAP/MES）、GBOM（制造视图General Bill of Material，简称GBOM）项目实施、应用开发团队成立、IT HR管理体系初步形成。2009年：南京项目实施（整车SAP/PT SAP/整车MES/PT MES/PDM/GBOM/DMS/ESB…）、南京基地整合、PTMES主导式开发试点项目、SC成立运作、1.5线运维模式开始运作。2010年：SAME1.1方法论发布、完全主导第一个项目GPS（全球定位系统Global Positioning System，简称GPS）成功上线、IP22英国项目成功推广、LDV商用车项目成功推广。2011年：协同知识管理平台第一期成功实施、BP31项目成功实施，为荣威950的诞生奠定了基础、PTMES成功在汽齿厂实施、成功通过信息安全ISO27001认证。2012年：通过CMMI DEV Level 3认证、SAME2.0方法论发布、信息安全与数据保护DLP项目成功实施，极大提升了汽车技术研发的安全保障、虚拟桌面 VDI 项目实施，在云计算领域又迈进一大步、新能源汽车远程监控项目成功实施，为上汽集团荣威 E50 纯电动车成功发布奠定了坚实的基础。

【关键业务覆盖】 上汽乘用车承担着上汽自主品牌汽车的研发、制造与销售，其关键业务领域的“两化融合”推进情况如图 4－12 所示：

	一般业务应用	财务管理	产品开发	生产制造	供应链	市场营销和销售	售后服务
战略层面	企业业务部门策略 组织流程和制度 企业对外合作策略	财务计划和预测分析 资本性开支计划	产品策略规划 研究和开发 设计规则和制度	制造策略 生产主计划 制造规则和制度	供应链策略和计划 需求计划 供应商关系管理	客户关系策略 促销计划 品牌管理	整车售后策略
控制层面	人力资源管理 法律规范 运营指标制定和监控 知识产权管理	风险管理和内部审计 金库管理 税金管理	开发项目管理 配置管理 设计验证 变更管理	制造流产 制造监控 质量控制	供应链监控和优化 供应商管理 物流管理	营销指标制定和监控 需求预测分析 经销商管理	索赔管理 质量管理
执行层面	知识管理 建筑工具设备管理 信息系统维护管理	会计总账管理 成本控制管理	机械电子设计 整车系统设计 工艺设计 工装模具设计制造	共产运行管理 制造维护支持管理	库存管理 运输管理 采购管理	销售机会管理 订单管理 客户关系管理	配件管理 整车服务 车辆生命周期管理

图 4－12

截至 2012 年年底，上汽乘用车在关键业务覆盖方面，主要取得的成果总结如下：企业级生产计划与调度系统覆盖产品品种数占产品品种总数的比例为 100%；利用系统自动生成物料需求计划的物料品种数占全部物料品种总数的比例为 100%；利用系统自动生成外协计划的物料占全部外协物料的比例为 100%；数控系统关键工序覆盖率为 100%；自动化生产线占比为 100%；利用系统自动编制的车间作业计划占全部车间作业计划的比例全部；信息化生产作业计划与车间调度直接控制的层级到工序级别；生产制造现场物流管理精度全部精确到单个物料。综上所述，上汽乘用车已经真正实现了柔性化汽车制造。

【综合集成】 上汽乘用车不仅在关键业务领域重视“两化融合”，还非常强调综合集成，在综合集成方面，上汽乘用车的信息流贯通产品设计与开发、采购与供应链、生产制造、销售和售后服务各环节。基于协同和协作的信息化综合集成框架(图 4－13)显示：通过“统一的企业级全生命周期 BOM 管理系统平台”，实现了产品设计与制造的集成；通过“统一的制造执行系统”，实现了企业生产管理与生产控制的集成；通过“统一的供应商管理向系统平台”，实现了产供销的集成；通过“统一的 ERP 系统”，实现了财务与业务的集成。

整车企业的信息化作为汽车产品供应链的物流调度与管理中心，从形成订单到制订生产计划、物料计划，再到生产和销售，担负着信息集成与交互的责任。汽车行业信息化使整车制造过程中上下游节点更好衔接，保证了物流、信息流及资金流的畅通；保证供应链的畅通、提升了生产效率，满足了不同车型以及相同车型更多个性化需求。

【PDM 达到预定目标】 上汽技术中心为支持自主品牌事业的发展，于 2006 年 5 月正式启动 PDM 项目。中国汽车企业最常见的问题是研发力量薄弱，针对这种情况，上汽技术中心为支持自主品牌事业的发展，于 2006 年 5 月正式启动 PDM 项目。在完成乘用车 PDM 一期建设、二期系统升级、三期多站点整合后，目前达到以下目标：完成了对 Catia 和 Pro/E 数据的集成管理，实现对车型研发数据的管理，在整个企业层面建立统一的数据管理中心，提高数据查找效率和重用率；完成对零件设计数据的阶段性发布，有效地支持整车零部件开发从概念到生产的全过程的成熟度控制和设计变更；建立设计变更的规范管理，结合版本管理，维护数据的有效性和可追溯性；建立基于产品特征的整车配置管理，支持多平台多车

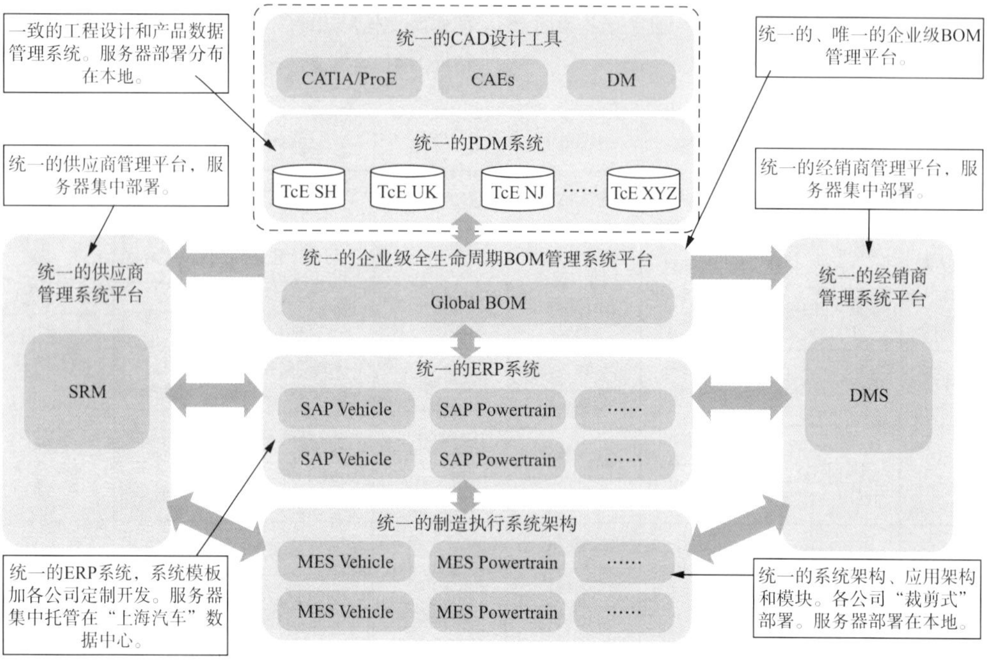

图 4-13 信息化综合集成框架

型的开发和设计；基于 PDM 集成的可视化技术，实现配置车型的电子化装配检查，支持各项虚拟设计评审和虚拟制造评审；基于同一平台，完成仿真分析模型的构建和各种复杂工况下仿真分析过程和数据的管理，形成 CAE 管理知识库，提高决策的质量。

【BOM 系统发力】 应用 BOM 系统后，构建基于零件用法的数据模型。考虑到企业发展的实际情况和自主研发的发展需求，要满足并支持大批量多配置的整车设计与生产制造，上汽技术中心自主开发建立起企业全局的 BOM 系统，作为维护和产品配置管理平台。应用 BOM 系统后，构建基于零件用法的数据模型，建立面向“开发”、“生产”和“售后”的具有平铺式、可配置的 BOM 并可扩展至产品全生命周期，实现 BOM 数据的全局集中管理；自主设计建立配置管理模块，实现对产品车型及车型年、配置规则进行管理，并进行生产订单的定义和管理和集成的、覆盖工程、销售、制造的整车特征管理，自动生成所有可能的产品配置关系，并在此基础上实现所有整车 BOM 的解析活动。基于一定规则和模板的完全可配的企业级更改管理流程，支持灵活多变的业务需求。

上汽自主品牌的 7 大平台 30 多个车型的产品数据和 BOM 都已在系统中管理，支持上海、南京、英国伯明翰 3 地的同步协同开发和 3 大生产基地的生产；并涵盖了上汽新能源汽车的协同开发需求。系统运行以来，已成为推动上汽乘用车公司管理理念，规范优化企业流程，提高研发能力的基础平台。尤其是在“上南整合”过程中，全面推动了上汽“5 个统一”理念的落实。这种成功的系统应用模式，已经在向商用车技术中心延伸，并逐渐满足更多的业务要求。随着系统的深化应用，上汽全业务链的核心能力得以全面提升。

【MES 实现柔性化智能化生产】 率先提出了集成的支持柔性生产的汽车制造执行系统平台- iFlex。在汽车行业中，支持柔性生产的汽车制造执行系统是汽车制造领域的一个关键系统；其业务内容覆盖并贯穿目前整车制造常见的五大制造过程，即冲压件制造过程、车身制造过程、涂装制造过程、动力总成制造过程以及总装制造过程。在老牌的汽车巨头中，如通用和丰田，整车的生产执行系统都不是由一套完整的系统组成，而是由大大小小多个零散的系统组成。之所以形成这种架构，是由于技术的更新在当时没有跟上不断发展的业务需求而产生的一种妥协。但从目前技术和业务的成熟度来看，以及生产执行系统的未来发展趋势来说，整车厂的生产制造执行系统将会最终统一到一个集成的制造执行平台之下。上汽集团在汽车制造的信息化建设中，率先提出了集成的支持柔性生产的汽车制造执行系统平台- iFlex，以提升自主品牌汽车的设计和制造水平。

（金忠孝）

宝钢集团有限公司

【概况】 2012年，宝钢集团信息化水平继续领先于国内同行。在2012年中钢协对钢铁行业76家企业进行的“两化融合”发展水平评估中，宝钢股份以81.037分获第1名。集团公司大部分综合集成业务已得到信息系统支撑，信息化的重点已经进入协同与创新业务领域。

【信息化规划】 自2012年8月始，围绕集团公司2013—2018年发展规划，运营改善部牵头启动了新一轮信息化规划的编制工作。截至2012年年底，集团及一级子公司的信息化规划已初步形成。新一轮信息化规划以企业战略规划为指引、以信息技术为支撑、基于宝钢信息化建设现状及存在的问题，提出下一规划期的信息化建设重点任务，以支撑企业业务规划目标的达成。同时，兼顾整体与局部、先进与实用、近期与长远、集中与分散、建设与维护诸多方面因素，合理规避风险，最大限度发挥信息系统成效，保护现有投资。

【宝钢云计算建设取得重大突破】 罗泾云中心一期机房建设完成竣工验收，系统环境准备就绪，实现了在2天内为1个业务系统提供从系统、网络、安全在内的基础环境标准化服务，已具备对外服务的基本条件。截至12月底，已提供37套基础环境服务。云管理基础平台已搭建完成，与云资源管理和计费相关的二期功能设计及开发工作已启动。

【BigData云分析平台建设方面】 进行了MPP(大规模并行处理系统Massively Parallel Processing，简称MPP)技术验证测试，结合前期Hadoop技术研究制订了系统架构解决方案，并完成了整个平台的软硬件环境搭建。完成了互联网应用类云计算技术的验证工作，“桥”论坛云试点工作已进入用户验证测试，宝之云视频会议系统已开始试运行。

【集团管控/共享系统推进】 2012年，集团公司深化推进战略规划、投资、财务、人事、审计、协同办公、科研、不动产等管理领域的管控和共享，通过信息系统对子公司的覆盖实施，卓有成效地支撑了集团管控、经营管理及共享服务。

【移动应用初见成效】 宝钢统一移动平台自2012年1月试运行以来，已初步形成了移动办公和移动商务两类移动应用。移动办公覆盖的组织范围由集团总部推广至宝钢股份、宝钢资源、宝钢金属、宝钢工程、宝钢化工、宝钢发展、华宝投资7家子公司，移动办公应用由公文审批、联络件流转、阅知文件查看拓展到出差审批、时间管理、信息中心应用、移动报表、厂区空气质量检测等。移动商务实现了现货资源选购、网上议价、订单生成、合同跟踪、物流作业管理、GPS在途跟踪、现金增利理财销售等应用。移动应用的推广，是宝钢在创新工作模式方面作出的有益探索。

【信息化支撑财务共享服务】 根据集团公司总体工作计划和业务推进策略，2012年，集团公司启动了标准财务系统对宝钢股份直属厂部、宝钢工程和宝钢化工的覆盖工作。为解决标准财务系统覆盖范围不断扩大而导致的与众多业务系统间的集成难题，集团公司集中建设了核算相关业务数据收集与转换功能(抛账中心)，进一步规范业务系统与财务系统的界面和接口标准，有效降低了系统间的耦合度，提高了系统的稳定性。完成了宝钢统一发票管理与认证系统的建设，实现了与供应商的结算信息协同、发票信息全流程集中监控管理和发票集中统一异地认证功能，提高了采购报支业务的数据准确性和财务审核效率。

【信息化支撑人力资源共享服务】 人力资源系统(e-HR)完成干部人才管理及“宝钢伯乐”功能，为公司领导选拔人才提供决策依据。实施了社保基数自动计算、残疾人年金个税减免等功能，提升了人力资源管理规范和效率。完成了对宝钢德盛、广东宝钢置业、广州薄板等40余家公司的覆盖实施。

【宝钢内部审计系统进一步优化】 将审计体系管理全部工作纳入信息系统管理；完善审计项目执行过程的质量控制体系，从成本、进度、成果等方面实现对项目过程的质量管控；完善与子公司财务系统的接口，实现总账和报表数据的按月自动采集，使审计部门对子公司的事中检查成为现实，监督能力有了较大提升。2012年，该系统共执行审计项目426个，跟踪各类审计问题800个，1 900份各类审计资料，采集子公司财务报表1 500份，总账记录620万余条。

【电子商务系统深入推进】 采购电子商务向集团下属宝

钢金属、宝钢工程、宝钢发展等板块深入推进，新增13家采购组织(系统累计达145家)。新增长协采购模式和代理采购新模式，推进了电子单据、设备修复、保理融资等深层业务协同服务。营销电子商务围绕网络营销、应用安全、移动应用、服务推广等作了重点提升，建立了基于行业、基于产品的知识库，面向行业用户提供对应分类的产品信息检索，在国内钢铁行业首创基于产品的网络品牌营销。同时基于营销移动电子商务整体方案，试点移动客服、移动现货、移动营销等。完成64家大客户通道实施工作(其中新建51家)，宝钢国际战略用户大客户通道覆盖率达到70%，电子商务在加工中心的应用进一步深化。通过增加质保信息查看、实施快速开户和交易以及完善社会寄售模式，有力提升了宝钢的市场影响力和渠道整合能力。东方付通2012年全年在线支付流量73亿元，资金存量6 757万元，供应链融资规模达12亿元。供应链融资作为2012年重点工作，于11月正式推出供应商保理融资服务，并已与18家宝钢股份供应商达成合作意向，实现保理融资171万元。在2012年钢贸行业信贷危机的大背景下，推出上海大宗商品融资公共服务平台，提供动产集中登记、标准化仓储管理规范、金融机构间信息共享的服务，防范重复质押的金融风险。

【宝钢科技管理系统实现新产品全生命周期管理】 宝钢股份试点以牌号为基础的新产品试制过程在线管理，同时打通制造、销售、财务等环节，实现新产品从研发、制造到销售的全生命周期管理，通过对新产品销售、成本、盈利、库存、质量等精准分析，初步实现新产品的精细化管控及价值分析。截至2012年年底，已有100个左右新产品项目在运行，后续还将继续加大力度推进新产品、知识产权的价值分析及精细化管控。为配合国际化运作战略的实施，新增了国际合作项目管理、国际专利管理、知识产权异议管理业务，加强知识产权防御、服务和分析能力，以适应企业发展战略。

【实现集团投资管控及项目管理系统整合】 为加强对投资领域的管控，于2012年7月启动了基于宝钢工程项目管理系统的投资管理子系统建设。截至年底，一阶段功能已成功投运，各子公司2013年年度计划已陆续纳入系统管理。

【宝钢不动产管理系统实施全集团共享】 围绕“理清集团不动产家底、提高不动产资产运营效率”的项目目标，在不动产管理中心的推进下，完成了对宝钢不动产管理系统的优化改造。截至年底，已将不动产管控子系统推广至宝钢集团下属宝钢特钢、宝钢不锈、宝钢资源、宝钢金属、宝钢化工、宝钢发展、华宝投资、一钢公司、浦钢公司等非专业经营类公司，将不动产管控子系统和租赁管理子系统推广至宝钢发展置业公司、五钢公司、北京汇利等不动产专业经营类公司，有效提高了集团公司对下属企业的不动产管理力度，规范了不动产专业经营类公司的租赁业务。

【宝钢集团下属在沪子公司信息化建设】 1. 宝钢股份全面推进9 672系统升级改造集群项目。截至2012年年底，已完成新建机房的物理及网络环境的功能测试、系统软硬件平台运行环境的搭建、功能测试和交工验收，完成制造管理(原燃料模块)相关系统和数据仓库(第一阶段)功能上线，完成厚板产品、设备管理系统上线和老系统数据清理。技术共享平台在2012年重点成果是进行横向拓展，业务单元从一期核心单位直属四厂三部向股份公司其他单元拓展，分批完成覆盖冷轧薄板厂、梅钢公司、厚板部、钢管条钢事业部、黄石公司，实现全方位的知识管理全流程覆盖。同时，对技术分类进行全面优化，技术分类覆盖范围由一期项目的碳钢薄板相关产品产线拓展到碳钢所有相关产品产线，包括厚板、钢管、条钢、运输、电力、安全等。为实现精整分流合同钢卷缺陷数据在系统间的自动传递，宝钢股份通过冷轧厂、宝日汽车板公司相关系统收集钢卷表面缺陷信息，分批次发送给一体化销售系统，一体化销售系统接收并将数据进行关联处理后按批次传递至宝钢国际对应的工贸一体化系统，加工配送中心据此进行生产控制和缺陷检查。该功能打通后，替代了“通过电子邮件经由汽车板销售部按月发送至宝钢国际工厂管理部转各加工配送中心”的缺陷信息传送方式。该功能覆盖宝钢国际旗下从事钢铁加工的全部36家加工配送中心，2012年10月上线投运。从功能上线后的使用效果来看，很大程度上实现了表面缺陷信息与剪切加工物流的同步，有力地支持了加工中心的生产、管理。建设工业品超市，实现公开寻源，拓宽供应商发现渠道，引入竞争，深化阳光采购。通过集中配送、集中验收，大大提高物流效率。建设库存利用管理功能，并通过建立客观评价标准进行积分，加大共享备件在厂部间交叉领用，其中1—4月的利库实绩就达到1 653万元。

2. 宝钢不锈以“可视、可控、可调”为目标策划建设存货可视化系统，通过对存货的精细化管理，达到提高资源平衡、提高资产效率的目标。第一阶段先期完成了原燃料的可视化，并于年底投入试运行。

3. 宝钢特材推行“阿米巴经营”理念，将宝钢特材各生产单元有机划分八大生产经营板块，通过产品经营分析优化，将各分块运营单元内部所有经济活动视作独立运作经济主体的单独活动，板块间的供料关系视同市场交易，采用内部交易价评价供料活动，使得各板块单元具有独立的经营损益贡献，同时与公司经营损益保持合并一致，准确计量和切分公司利润。9月，完成统一的特钢电子商务门户建设，使客户能直观地了解宝钢特材的营销、服务等信息；通过现货中心对市场整体把握，对资源集中管理，将提高特材资源的销售能力，强化特材营销管控。

4. 宝钢资源对经营管理系统架构实施了升级优化，于2012年年底完成国际版，全面支持中英文版本，覆盖香港、印尼、新加坡，支撑公司国际化战略的实施。宝钢资源新大楼实施了海内外一体的网络IP电话、网络电子传真、统一通讯平台、多点视频会议以及无线网络全覆盖、楼宇一卡通、会议预约及展示等多项先进的IT技术，打造公司智能化、国际化楼宇，为办公自动化、员工之间的沟通、培训、会议等提供了更便捷的手段。

5. 宝钢金属延续“整体规划、分步实施”的原则有步骤、有计划地完成各板块信息化规划及实施策略。其中气体ERP项目的顺利实施，满足了宝钢气体及下属各子公司采购、销售环节的业务需求，同时为将来新建子公司业务的迅速有效开展提供了信息系统保障，为气体板块统一管理、规范运营提供了有力的手段和管控平台。印铁业务ERP系统的上线，标志着印铁多工厂ERP覆盖实施的成功，包括采购、销售、库存、成本和生产管理等方面，实现了多工厂物料、销售、采购的统一管理，生产工艺标准管理，生产信息共享管理，厂财务报表合并管理。随着宝钢包装一体化管理的深入推进，宝钢金属又于2012年年底完成了包装ERP系统在宝翼的试点实施。

6. 截至2012年年底，宝钢工程经营管理共享系统、工程技术事业部项目管理系统、宝信软件专务系统、宝钢技术专务系统已基本满足上线条件。

7. 宝钢化工经营管理系统升级改造项目自5月完成可行性研究以来，经过4个多月的沟通协调，形成了8个子系统的功能需求规格说明书，10月进入全面软件开发阶段。截至2012年年底，开发进度完成了70%。梅山MES系统的建设已经进入收尾阶段。第一阶段的实时数据库子系统和检化验分析子系统已经实现正式运行，第二阶段上线工作于2012年10月完成。在试运行过程中，对生产统计、物料移动等模块进行了多次的调优，基本满足生产的要求。宝山分公司四煤精产线于4月份投产，配合装置改扩建情况，将MES系统的对应模块覆盖至新的产线，主要包括实时数据库、生产调度、生产统计、能源以及检化验，同时也对SPC统计分析模块进行升级改造，满足了现场用户的需求。

8. 宝钢发展通过2010—2012年信息化建设，已经建成包括资源再生管理、不动产管理、物流管理、协力服务管理等专业管理层信息系统，建设或覆盖实施了人力资源管理、财务标准版、协同办公管理、审计管理、采购管理、科研管理、工程项目管理、固定资产管理、客户服务管理、风险预警管理系统、档案管理等经营管理层信息系统，有效支撑公司经营管理业务。

（谢立群）

中国石化上海石油化工股份有限公司

【概况】 中国石化上海石油化工股份有限公司（以下简称“上海石化”）是中国最大的炼油化工一体化综合性石油化工企业之一。2012年，上海石化以建厂40周年为契机，以建设“国内领先、世界一流”炼化企业为目标，加强安全环保管理，加强生产经营优化；加快六期建设发展，加快管理体系完善；提升员工队伍综合素质，提升企业文化引领作用，为上海石化“十二五”发展奠定了坚实的基础。2012年，上海石化努力打造一流信息化能力，以提升企业经济效益和管理效率为驱动，以提高生产经营管理水平为着力点，全面推进经营管理、生产营运、信息基础设施与运维三大平台建设和应用，加强系统集成，保障安稳运行，确保规范应用，强化深化应用，完善信息化工作检查评价和考核方法，提高信息系统集成应用和深化应用水平，促进日常管理工作更加规范高效。上海石化连续第三年获得“中国石化信息化工作A级企业”称号。

【完成信息化相关制度及流程修订】 2012年，上海石化完成信息化管理程序文件和管理手册的编制和修订，修订和发布11项信息化制度，修订内控手册IT5个业务流程及考核细则和计分规则。组织全员培训，建立信息化工作一体化管理体系工作矩阵，做好信息条线体制改革后评估工作，确保了制度标准得以有效执行。

（吕燕君）

【推广中国石化物资供应业务提升项目】 根据中国石化采购业务标准化要求，物资需求计划必须在ERP（企业资源计划）系统中进行提报、变更和审批。中国石化物资供应业务提升项目于2012年8月启动实施，10月底顺利上线。上海石化讨论确定了15个业务流程，培训最终用户750人次，新增和调整角色662个，最终用户1 347个。

（何益权）

【炼油改造工程装置动态流程模拟开发应用项目投用】 上海石化炼油改造工程装置动态流程模拟开发应用项目于2011年10月启动实施，2012年6月8日通过现场测试，6月11日应用于操作工培训。项目共建立了渣油加氢装置、催化裂化装置、汽油吸附脱硫装置3个子模型。

【2#乙烯裂解炉裂解深度控制推广应用项目启动】 上海石化2#乙烯裂解炉裂解深度控制推广应用项目于2012年1月启动实施，计划于2013年5月全部完成。项目包括开发老区8台裂解炉的8个控制器、16个软仪表以及新区2台裂解炉的2个控制器、4个软仪表。2012年11月2#乙烯老区所有裂解炉裂解深度APC（先进过程控制Advanced Process Control，简称APC）投入运行。

【1#、2#聚酯APC建成投用】 上海石化1#、2#聚酯APC项目于2011年6月启动实施。1#聚酯APC项目于2012年4月初开始试投用，10月正式投入运行。项目开发酯化和缩聚2个控制器以及3个软仪表。2#聚酯APC项目于2012年2月起陆续对各系列的控制器进行试投运。项目开发6个控制器、8个软仪表，其中6个系列各一个控制器和一个黏度软仪表，1、2系列在2012年12月各开发1个端羧基软仪表。项目投用起到平稳酯化、缩聚反应器操作，将温度、泵功率、液位等关键指标控制在工艺给定范围内，优化装置产品质量的作用。

（顾士杰）

【APC控制器性能监控与优化项目通过验收】 上海石化APC控制器性能监控与优化项目于2011年6月启动实施，2012年1月投入试用，6月份通过公司验收。项目建立了适合APC控制器考核的29个关键绩效指标，开发了适合管理要求的客户化展示平台，实现了对1#连续重整装置、1#延迟焦化装置和丁二烯装置新区三套装置七个控制器性能和投用情况的实时监控、性能诊断与优化，完善了系统维护手段，延长了平稳运行周期。

【2#延迟焦化装置先进过程控制项目通过验收】 上海石化2#延迟焦化装置先进过程控制项目于2010年8月启动实施，2011年8月投用试运行，2012年6月通过公司验收。项目建立了先进过程控制系统支路平衡控制器、分馏塔控制器、烟气氧含量控制器和吸收稳定控制器4个控制器，以及柴油95%和蜡油终馏点2个软仪表，增强了装置的抗干扰能力，提高了主要被控变量的控制水平。系统投用后，装置处理能力提高1.93%，全装置液收提高0.51个百分点，装置能耗降低0.512千克标油/吨。

【丙烯腈装置先进过程控制项目通过验收】 上海石化丙烯腈装置先进过程控制项目于2011年8月启动实施，2012年4月投用试运行，12月份通过公司验收。项目在完善现场控制条件的基础上，应用ASPENDMCplus及ASPENIQ软件，开发了反应控制器1000A、回收控制器T104等6个控制器和T106塔釜水含量、001A硫铵浓度等5个软仪表。与项目实施前相比，APC系统的上线应用增强了装置的抗干扰能力，提高了主要被控变量的控制水平，为装置的稳定运行及优化控制提供了技术支撑。经测算，丙烯腈产量提高1.07%，丙烯单耗降低2千克/吨丙烯腈，乙腈精制回收率提高0.69个百分点，装置蒸汽消耗降低2.12%。

【统一信息平台改造项目通过验收】 上海石化统一信息平台改造项目于2010年8月启动实施，2011年6月上线运行，2012年8月通过公司验收。项目完成了信息管理平台开发、信息系统统一身份认证和系统集成、一体化数据报表展示、部室和二级单位的子门户建设和原网站数据迁移。新系统采用SharePoint信息门户技术，按照公司组织架构建立统一信息门户，进行分级分层的信息管理。将原统一信息平台中二级单位门户网站和部门网站等内容归并到信息门户中，通过权限委派的方式授权二级单位管理员进行系统维护。通过建立统一界面的操作应用平台，将企业所有应用系统和数据资源集成到一个信息管理平台之上，有效消除信息孤岛，实现各类信息资源共享。根据用户角色和使用特点，形成个性化的应用界面。

（吕燕君）

【建设中国石化上海网络区域中心】 按照中国石化工作要求，上海石化于2012年初调试上海网络区域中心的主要网络设备和两根155M专线，7月下旬召开协调会，稳步推进网络区域中心建设相关工作。至2012年年底，完成了上海石化、上海工程公司和盈科上海分公司等14家下联企业的联网接入工作。

（何益权）

第二章 农业信息化

【加强为农综合信息服务平台建设】 一是加强完善为农综合信息服务智能信息终端(以下简称"农民一点通")工作。拓展"农民一点通"服务功能,为600台"农民一点通"安装第二代身份证识读器;完成"农民一点通"终端改版工作,方便农民操作使用;建立相关管理制度,明确"农民一点通"应用、维护、数据更新、监督检查等制度。"农民一点通"日平均开机率从78%提高到90%。二是联合市纪委、监察局、经济信息化委、财政局印发了《关于进一步加强为农综合信息服务平台建设的通知》(沪农委〔2012〕439号)。进一步明确为农综合信息服务平台建设目标,加强信息平台宽带网络建设,提升信息平台服务质量与水平,建设农村基层信息员队伍,落实信息平台建设各项措施,明确相关职能部门工作职责。三是开展各级平台信息员培训,加强农村基层信息队伍建设。对镇、村信息员开展"农民一点通"新版使用、"一村一网"信息维护更新、三个平台的宣传推广、信息员工作职责与考核管理要求等使用应用培训,共培训各级平台信息员3 200余人次。

【推进涉农补贴资金监管平台和农村集体"三资"监管平台建设】 继续做好涉农补贴资金监管平台工作。按"三公开一细化"原则,在2011年公开12项的基础上增加到了42项,分"对农民补贴类"、"基础设施建设类"、"科技兴农类"、"组织化建设类"、"环境保护和农产品安全类"、"新农村建设类"6大类,涉及农户29万户,合作社(农业企业)3 134个,涉及监管资金38.3亿元,其中市级财政资金17.7亿元。通过"农民一点通"查询点击量16万次。

继续推进农村集体"三资"监管平台建设工作。完成了监管平台需求分析、软件完善、网络联通与宣传推广等工作。截至2012年12月底,全市农村集体"三资"数据已全面录入,监管平台建设基础工作已基本完成,较好地完成了预定的目标任务。全市9个涉农区县、5个中心城区,共有涉农126个乡镇(包括相关涉农街道和开发园区)、1 711个村、22 595个队农村集体"三资"数据都录入监管平台,涉及总资产3 428亿元,净资产1 024亿元。通过"农民一点通"查询点击量32万次。

【推进农业物联网技术在农业生产、经营、管理和服务中应用示范】 2012年,上海被列为全国农业物联网区域试验工程试点城市之一,并获得950万专项资金,用于扶持上海农业物联网区域试验工程。同时把区域试验工程项目作为2013年部市合作的重点项目加以推进。根据农业部《农业物联网区域试验工程工作方案》要求,上海将围绕水稻、绿叶菜、动物及动物产品的生产、加工包装、仓储物流和市场销售等环节开展物联网技术应用,搭建农产品监管公共服务平台,提供农产品安全监管、应急预警信息发布,以及从田头到餐桌的物联网综合展示应用服务。借助物联网技术,实现对水稻、绿叶菜、动物及动物产品生产、加工、流通、销售等环节全过程智能化监控,有效追溯生产、运输、储存、销售全过程信息,切实提升农产品安全监管能力,保障农产品质量。

市农委会同相关部门编制了《关于上海农业物联网发展的实施意见》,明确本市农业物联网发展的发展思路、发展目标、主要任务、重点工程和保障措施。在市级层面成立农业物联网推进工作联系会议制度,由分管副市长任召集人,市农委、市发展改革委、市经济信息化委、市科委、市财政局为组成部门。并纳入本市战略性新兴产业发展和上海推进智慧城市建设组成部分加以扶持。

会同相关部门起草了《上海推进农业物联网发展2013—2015年行动计划》,计划用三年时间,从农业产业发展、农业综合管理、核心技术创新、农产品电子商务四个方面开展应用示范,安排16个项目,预算资金1.4亿元。建设10个农业物联网应用示范基地,建设10家农业物联网应用示范企业,建设3个市级以上重点实验室或工程技术中心。基本形成核心技术有所突破、应用示范带动效应明显、示范基地和企业初见成效、区域试验工程国内领先的农业物联网发展新格局。

(张向飞)

第三章 金融信息化

概 述

2012 年，本市各证券、期货、基金公司以满足资本市场创新和业务发展需要、保障信息系统安全稳定运行为目标，继续深化 IT 治理工作，保持 IT 人员和资金的高投入，加强系统基础设施、系统备份能力、安全保障能力的建设，推进交易系统、银证银期等系统的建设、扩容、升级工作，加强系统的运维监控保障，落实重要信息系统等级保护工作，推进行业整体信息化水平的提高。

一、重点项目

【上海地区金融 IC 卡发展情况】 2012 年，中国人民银行上海总部深入贯彻落实《中国人民银行关于推进金融 IC 卡应用工作的意见》要求，积极围绕上海地区金融 IC 卡发卡、受理环境改造和应用推广开展工作，并从服务民生出发，在标准化菜场、停车场、自动售卖机、连锁快餐店等贴近老百姓日常生活的小额支付领域推出了多项基于金融 IC 卡电子现金应用的便民支付服务，赢得了社会各界的广泛认可。在发卡方面，上海地区已有工、农、中、建、交、浦发等 12 家商业银行发行了金融 IC 卡，截至 2012 年年底的金融 IC 卡发卡量已超过 350 万张；在受理环境建设方面，上海地区 27 万余台 POS 终端和近 2 万台 ATM 终端可受理金融 IC 卡的占比分别超过 99% 和 95%，且超过半数的 POS 终端和近 3 千台 ATM 终端还能够受理非接触式金融 IC 卡；在多应用推广方面，金融 IC 卡在标准化菜场的快捷支付应用全年共发生交易 6 万多笔，交易金额近 300 万元；在自动售货应用中共发生交易 70 余万笔，交易金额超过 150 万元；在华为园区卡项目中共发生交易 10 多万笔，交易金额超过 3 000 万元。另外，金融 IC 卡的停车场挥卡支付应用已在本市十余家停车场推广，且参与此类应用推广的商业银行逐渐增多；连锁快餐店的小额支付应用已覆盖绝大多数原磁条介质银行卡未进入的领域；与物业公司联合开展的门禁管理应用、与高校和培训机构合作开展的学籍管理等应用也均在 2012 年取得了一定程度的发展。

（侯文瑾）

二、证券业信息化

【申银万国证券】 通过标准化工作进一步提升了信息技术规范化要求。完成 Call Center 系统升级改造，改造顶点操作型 CRM 系统，新建投行管理系统、机构客户服务系统、统计数据共享分析发布平台一期建设。完成公司总部及各分支机构业务网与办公网两网分离，累计迁移办公终端 4 000 余台。上线高性能防火墙设备、防病毒服务器以及防 DDOS 攻击服务。相继完成转融通、跨境 ETF 等 11 个系统的上线。与上海期货信息技术有限公司合作完成股指期权系统的建设。

【海通证券】 制定公司 IT 治理工作准则，完成柜台交易、转融通业务、跨境 ETF（交易所交易基金 Exchange Traded Funds，简称 ETF）、现金赢家等业务系统建设工作。完成 CRM 系统、数据仓库、一海通财客户自助服务平台等系统的建设工作，建设了强身份认证系统、网上交易成都分中心、青岛备份网站、彩虹理财版手机炒股系统，完成“网上证券客户自助服务平台的发展及对策”研究报告。公司“基于数据挖掘算法的证券客户行为特征分析技术及其应用”获得上海市金融创新二等奖。

【国泰君安证券】 重点推进综合理财服务平台、客户服务系统和新数据中心三个项目年度建设任务，推进超级理财后台支持系统、场外市场业务管理系统和融资融券业务审批系统等10余个业务支持系统和管理信息系统的升级优化。受证监会委托，负责“证券和金融产品交易综合服务平台研发及应用示范”课题的研发。

【德邦证券】 建设融资融券系统、单客户多银行系统、VIP内存交易系统、网上交易强身份认证系统等业务系统。组织推进沪深证券交易所组织B转H股、货币式基金实时交易、约定式购回证券交易、退市整理、上海证券交易所大宗交易系统的改造等各项系统项目建设，并按期完成沪深交易所组织的业务功能测试。在交易内网部署LANDESK软件，对u盘等外部设备进行管理，防止交易信息外泄。

【东方证券】 构建了企业级云平台服务，新增固定收益业务管理系统，全面启用运维监控系统。完成报价回购、质押式约定式购回、转融通、深交所现金理财、汇添富创新型货币基金等创新产品的技术平台建设。全年针对集中交易系统、资产管理交易系统、营业部行情系统等进行的分项目演练、分类型演练或全项目演练共计70余次。

【上海证券】 完成了融资融券系统项目建设、转融通业务的技术和方案准备、债券质押式报价回购业务系统升级。完成了CRM系统建设、经纪人管理系统新增内部营销人员管理及员工开发管理模块升级、公司网站五期项目建设以及呼叫中心系统建设。推进合规平台顺利上线运行以及新版OA系统和邮件系统的切换运行。根据等保三级要求，完成集中交易和网上交易系统前TDA(威胁发现设备Threat Discovery Appliance，简称TDA)、IPS(入侵预防系统Intrusion Prevention System，简称IPS)设备的部署；聘请第三方安全公司完成三级系统重要设备的漏洞扫描工作。完成Citrix平台的改造升级。满足移动办公的需求，启动存储设备升级项目。加强软件正版化工作，成立了正版软件工作组，与ADOBE公司签订了采购协议。

【中银国际证券】 完成广域网和外高桥数据中心局域网核心设备扩容升级，稳步推进服务器虚拟化工作。完成集中交易系统三级等保测评工作，完成投保基金报送系统建设，转融通系统测试、部署，普通存管业务的多银行存管系统上线投产。完成融资融券及相关各信用银行存管业务、报价回购业务、沪市大宗交易等系统的上线投产及其相关的网上交易、网站模块功能的升级支持，上线“中银国际证券”特色服务。

【华宝证券】 推进深圳综合协议交易平台电子化接口、上交所综合业务平台、上海营业部伞形信托客户等各创新业务支持系统准时上线。推进快速交易系统、统一业务支撑平台、投资顾问平台等重要信息系统的建设工作，更换核心交换机，部署了WEB防火墙和防病毒服务器。

【东方花旗证券】 完成网络和系统架构的部署，部署了异地数据备份服务器。推进OA系统升级改造和功能扩展项目、人力资源管理系统项目、投行业务管理系统项目、证券风险监控管理平台项目等项目建设。

【东方资管】 推进QDII(合格境内机构投资者Qualified Domestic Institutional Investors，简称QDII)系统、银行间交易平台、上交所固定收益平台、估值银行间模块等系统建设。完成分TA分级债产品模块、现金产品模块上线及相关准备工作，开发投研平台二期、CRM系统以及投资系统程序化策略交易。

【光大证券】 启动证券资金消费管理系统建设，开发证券极速交易系统，开展柜台系统的测试用例设计，进行“上海证券交易所综合业务平台”的联合测试。

【爱建证券】 完成同城灾备机房建设并启用，引入加强身份认证和更多安全措施。在三方存管等外围应用上验证虚拟化技术的实用性，引入集中式控制台来监控管理虚拟机群的使用情况，启动运维自动化项目。

【海际大和证券】 参与沪深交易所及登记结算公司的各项测试8次，正式开始OA项目，开始进行整体虚拟化部署及网络改造和安全加固部署，完成办公网防火墙更换及配置。

【航天证券】 修正集中交易系统、网上交易系统、运行维护其他系统的应急预案和灾备方案，完善信息技术管理制度。参加交易所的各类业务及创新业务的测试，上线网上交易双因素认证系统。

【财富里昂证券】 测试、部署账户业务、交易委托、银行转账、清算和交收、基金买卖、风险监控等各项业务系统，部署、实施投资者保护基金报送系统的上线工作，开发研究报告生产系统及新OA系统。

【摩根士丹利华鑫证券】 部署上网代理系统、负载均衡系统、终端安全系统、SSL VPN拨入系统、邮件归档系统。

【长江证券承销保荐】 建立信息系统每日检查机制，实现双路供电及新增了额外UPS供电设备，制定服务器应急操作流程和制度，建设移动办公系统，制订办公系统整合方案。

三、期货业信息化

【海通期货】 建立多中心多活交易集群，部署极速交易系统、中西部交易网关和快速同步软件，实施系统优化项目，实现交易、风控、结算、行情四分离，还自主开发了多核心高效资产管理系统。部署恒生交易系统机构版，上线分仓管理和投资赢家支持前置，部署QFII（合格境外机构投资者 Qualified Foreign Institutional Investors，简称QFII）系统，配合中金所进行股指期权交易、风控、结算、终端开发与测试。自主开发并上线运行的“基于数据仓库的金融企业合规经营集成系统”获证券期货科学技术进步奖优胜奖、上海市金融创新成果二等奖。自主开发并上线应用的“金融衍生品联合风险控制系统”，解决了大型金融机构入市的技术难题，获得上海市金融创新成果提名奖。

【通联期货】 完成核心机房搬迁及异地灾备机房的建设，开发了工行银期转账系统，对核心交易系统进行了多次升级。

【大陆期货】 上线金仕达多交易中心（灾备双活）项目，完成了同城异地灾备中心项目及综合交易平台建设。

【国泰君安期货】 开展国债期货仿真系统、金融期权和商品期权交易系统以及原油期货交易结算系统的开发和测试工作，研究了金融期权交易结算解决方案。

【中信新际期货】 上线自动化运维软件项目，上线测试XSpeed系统，通过中期协IT三类分级评价资格，完成大连灾备中心的建设工作，完成张江数据中心机房搬迁任务，完成CTP自运维的迁移工作。

【东吴期货】 完成上期技术综合交易平台上线及上期技术机房租用搬迁工作，参与公司新设北京及江阴营业机房规划建设、建立营业部的信息系统管理制度及人员培训。

【东方期货】 实现以前托管上期技术到现在的自运维，完成机房搬迁至万国数据中心，上线恒生公司期货管理、交易等软件。

【东证期货】 完成核心机房的搬迁工作和交易系统迁移工作，联合研发的“期货净资本监控系统”获得上海市金融服务办公室颁发的“2011年度上海市金融创新”三等奖。

【东航期货】 完成郑州接入机房建设和帕拉迪运维审计系统上线工作，实现张江二期机房的搬迁上线CTP（综合交易平台 Comprehensive Transaction Platform，简称CTP）自运维系统。

【良茂期货】 完成中心机房升级和更换核心设备项目，上线上期技术CTP二席系统，规划同城异地数据备份中心。

【浙石期货】 筹备建立灾备机房，招标选择了华为云IDC（互联网数据中心 Internet Data Center，简称IDC），开始虚拟化项目的建设。引入期现套利产品，研究高端投资模型。

【恒泰期货】 成功完成核心交易系统建设、备份交易中心建设筹备、IB（投资银行 Investment Banking，简称IB）业务系统建设、次席系统建设、第三方系统引入等项目。

【天鸿期货】 总部搬迁到上海，新建总部机房。完成自运维机房建设，完善信息技术内控制度。修订完善了应急预案，全年组织完成了5次应急演练，新增异地备份服务器，规划建立灾备中心。

【华鑫期货】 成功达到中期协《信息技术管理指引检查》三类标准。全力推进上期技术综合交易平台建设。建立和推进虚拟机系统的应用。通过实现本地系统实时热备，建立灾备系统和异地数据备份中心，形成多层次的、有效的系统安全保障体系。

【湘财祈年期货】 完成核心系统运行状况监、运维管理自动化系统和第三方软件公司 CRM 系统的开发工作。上线文华财经 WH3 程序化交易软件，开发股指期现套利软件，完成上期技术机房一期核心系统机房搬迁至二期机房。

【光大期货】 研发极速期货交易系统，部署了金仕达 V8T 产品，建设金仕达机构版交易系统，建设大连易盛交易系统，建设上期综合交易平台交易系统。逐步开展数据中心、呼叫中心建设工作。

四、基金业信息化

【兴业全球基金】 改进 OA 系统，启动电话系统整体改造，上线 EMC 文件存储服务器，研究部署反向代理产品。改造银行间 SDH（同步数字体系 Synchronous Digital Hierarchy，简称 SDH）线路、深圳通 SDH 线路、IP 电话中继线路等。完善 NETGAIN 系统监控体系，建设支付宝第三方支付网银接口、CRM 系统。进行了跨 TA 转换业务研究、测试，启动了场外业务系统建设。完成网站查询 HTTPS（以安全为目标的超文本传送协议 Hypertext Transfer Protocol over Secure Socket Layer，简称 HTTPS）改造任务，进行渗透测试安全应急演练，进行灾备系统应急演练。

【农银汇理基金】 对估值和资金系统、投资交易系统、TA（过户代理 Transfer Agent，简称 TA）系统、直销和网上交易系统各进行了多次版本升级，完成客服系统改造和新基金发行 IVR 语音流程调整。全年完成了 8 大基础系统 32 次季度巡检，完成 8 次磁带恢复测试、UPS（不间断电源 Uninterruptible Power System，简称 UPS）放电测试以及灾备系统演练，完成 120 余次基础系统硬件故障维修。排查基础系统软件故障 60 余次，对基础系统，尤其是核心操作系统、数据库等做了 10 项软件升级，全年完成了 16 次历史数据全量备份和邮件磁带归档等工作。开发销售管理与分析系统，优化网站系统，上线中央数据交换平台、电子对账和银企直连系统。

【华安基金】 建立投研数据中心、短期理财基金销售、登记、会计核算等业务系统，开发货币通支付系统、货币基金 T+0 支付功能，优化办公、财务、监察稽核系统。

【光大保德信基金】 完成供电、场地、精密空调等基础设施的扩容改造，引进金证直销、网上交易系统，完成网上交易渠道、理财专区、手机平台客户端等系统更新，完成运维管理系统二期建设。

【国海富兰克林基金】 建设“口袋基金”移动基金管理系统，改版直销及网上交易系统，推进模拟投资组合管理系统应用，完成磁带数据备份系统扩容。

【富安达基金】 组织参加三次中登全网集中上线测试，上线恒生专户业务、保本基金监控、货币基金三大系统，进行了小型机系统的 HA（双机集群系统 High Available，简称 HA）切换测试、存储切换测试及业务数据恢复测试。

【国泰基金】 实现网络安全、小型机安全加固等基础安全设施加固，建设投研一体化平台，优化 CRM 系统、风险控制流程，建设企业内部云。

【中银基金】 升级系统模块，做好系统压力测试。对保本基金、货币分级、专户分级基金的 TA、估值、投资交易系统进行了模块升级工作。完成客服系统升级、投研管理系统二期建设。加强机房管理、信息安全管理等方面的工作。

【国联安基金】 启动全新的电子商务及直销系统项目，更新投研系统，上线专户理财系统和股指期货系统，升级交易网核心网络和域控系统。

【海富通基金】 进行了桌面虚拟化、新一代系统平台的论证。完成上海大宗交易系统切换、上证通—瑞银算法交易测试、风险试算工具的开发与测试以及应急 ETF 实时申赎数据查询脚本。开通支付宝支付渠道、腾讯财富通理财专区、汇付现金宝等功能。

【上投摩根基金】 开发ETF基金系统、指数基金股票替代及误差跟踪管理系统、风险管理与绩效评估系统以及公平交易及异常交易监控系统，完成灾备机房从深圳搬迁至北京的工作。

【东吴基金】 通过引入第三方监控系统来增加对机房的监控能力，采购IBM P740以及IBM存储设备等专门用于投资系统，并加强投资系统运行保障。升级交易系统、注册登记系统、直销与网上交易系统，加强网络防病毒管、员工桌面管理、重点网络设备配置管理。

【信诚基金】 完成专户业务、股指期货业务、衡泰风控系统的上线，实现7日理财产品的解决方案和多个系统的业务实现，完善公司流程管理的员工申报系统和产品发行系统，实现运营流程监控和运营流程自动化。

【诺德基金】 采用租赁模式将HP小型机更换为IBM小型机，更换灾备服务器、部分核心PC服务器、主要网络设备，完成发行专户产品系统改造项目、新版CRM系统改造项目。

【德邦基金】 完成各应用系统的全公司联测，实现基金投资管理系统、开放式基金登记系统、直销系统等各项系统的顺利上线，完成机房装修工程及综合布线，部署恒生专户系统、办公平台，建立双因素认证平台。

【泰信基金】 测试上线中央数据交换平台，实现中登分TA系统的上线，并完成中登开放式基金通信系统。推进公司ETF项目建设，改造网络架构，进行"易宝"项目建设。

【浦银安盛基金】 新建专户账户管理系统、专户估值核算系统，改造直销系统、呼叫中心系统、外服系统、营销数据中心系统。升级公司投资交易系统，完成了分TA系统、直销系统接入中登公司中央数据交换平台的各项工作。完成销售管理系统的后续改进，对网站等系统进行持续的功能修改、新增等工作。

【纽银梅隆西部基金】 改进交易系统、TA系统、估值系统、资金清算、反洗钱等系统。搭建测试环境测试恒生专户模块、赢时胜专户模块、商品期货模块，搭建测试环境测试货币市场基金及分级模块，搭建测试环境测试商品期货赢时胜估值模块。推进公司投研平台建设，实现投研平台与资讯数据及交易系统数据无缝对接，上线内网安全管理系统。

【华泰柏瑞基金】 设计开发"沪深300ETF实时补券系统"，系统主要业务环节包括：客户申购赎回确认的接收，系统上交所成分股数量调整、现金替代相对应的头寸的调整，深圳成分股自动补券处理。

（鲁　岳）

五、保险业信息化

【上海市道路交通事故检验鉴定信息系统上线】 2012年12月1日，由上海保监局、上海市司法局和上海市公安局交警总队联合建设的上海市道路交通事故检验鉴定信息系统正式上线运行。系统依托上海市机动车辆联合信息平台，通过规范流程和信息共享进一步提高交通事故处理、司法鉴定及保险理赔服务的工作效率和透明度，为改善车险经营司法环境、防范化解车险理赔风险提供支持，有利于保护人民群众的合法权益，促进社会公平公正。

【保险业多个信息化建设项目荣获2012年上海金融创新奖】 2012年12月19日，上海市政府印发《上海市人民政府关于表彰2012年度上海金融创新奖获奖项目的决定》。中国太平洋保险（集团）股份有限公司"上海轨道交通网络运营第三方安全评估项目"获上海金融创先成果奖一等奖；长江养老保险股份有限公司"养老金电子商务综合服务平台"获上海金融创先成果奖二等奖；太平养老保险股份有限公司"资本项下跨境人民币增资业务实践及创新"和中国太平洋人寿保险股份有限公司"'神行太保'智能移动保险生态系统"获上海金融创先成果奖三等奖；上海保监局"'上海国际航运保险中心'建设"获上海金融创新推进奖。

【上海轨道交通网络运营第三方安全评估项目】 自2011年10月起，中国太平洋保险（集团）股份有限公司作为独立第三方对上海轨道交通开展安全评估，实现了保险服务模式创新，在国内首创城市轨道交通运营第三方安全评估模式和三维标度下的轨道交通运营安全评价标准，同时在国内开创性建立了一整套的城市轨道交通网络运营评估方法体系，充分体现了第三方安全评估的专业性、公正性和创新性，为国内主要城市轨道交通网络化运营趋势下的安全管理提供了重要借鉴，该项目获2012年上海金融创先成果奖一等奖。

【养老金电子商务综合服务平台】 2012年，长江养老保险股份有限公司养老金电子商务综合服务平台荣获2012年上海市金融创新成果奖二等奖。该平台以“网上虚拟柜面”替代“传统实体网点”，形成了包括网上受理、受托及账号管理、客户服务、电子交易与支付、信息披露、网络营销等在内的综合电子商务模式，全面支持企业年金的缴纳、支付、转移、信息变更、查询等年金业务的网上办理。目前，平台已覆盖了90%以上的上海企业年金客户，80%的网上业务办理率为业内最高。

【“神行太保”移动展业平台】 2012年，中国太平洋人寿保险股份有限公司“神行太保”智能移动展业平台荣获第四届中国行业信息化奖项评选活动颁发的“2012年度中国保险行业信息化最佳解决方案奖”，并获2012年上海金融创先成果奖三等奖。该移动展业系统彻底颠覆了传统纸质作业流程，是保险业内首创的基于平板电脑移动终端的个人营销业务实时销售及投保一体化系统，实现了寿险个险营销展业领域的流程创新。其优势在于突破时空、地点限制，提供7×24小时“实时投保、实时收费、实时生效”，30分钟即可完成承保流程，快速促成保单生效。同时，“神行太保”引入第三方支付模式，实现现场实时收费，有效提升了支付的安全性、便捷性及资金归集的时效性。2012年11月21日，该平台签出保险业“电子签名”第一单。

【“能繁母猪保险信息化管理技术研究”项目被纳入“2012年度上海市科技兴农项目计划”】 由安信农业保险股份有限公司牵头创新，上海生物电子标识有限公司、上海市动物无害化处理中心共同参与的“能繁母猪保险信息化管理技术研究”项目被纳入“2012年度上海市科技兴农项目计划”。该项目以能繁母猪为试点对象，应用基于物联网技术的能繁母猪电子耳标技术，建立牲畜电子身份可追溯体系，最终实现养殖、防疫、保险、无害化处理、屠宰、分割、批发、零售等信息的全流程跟踪，并计划逐步扩大试点至生猪、奶牛、白山羊等大牲畜领域，探索建立上海地产农产品食品安全保障机制。

【“农民一点通”监管平台】 2012年，上海市农业委员会信息中心与安信农业保险股份有限公司签订农业保险信息化建设合作备忘录，正式启动农业保险信息化建设，实现农业保险信息与政府农业信息的实时对接。投保农户可通过设在各行政村内的“农民一点通”监管平台、上海市农委政务网以及一村一网平台，对农业保险承保理赔信息进行查询，还可通过该平台了解保险补贴政策、保险产品介绍、承保及理赔指南等内容。目前，该服务已覆盖上海市1 391个涉农行政村。

【电子核保手册系统】 2012年，中国人寿再保险股份有限公司开发建立电子核保手册系统。系统拥有完全自主知识产权、国内领先，且同时提供中、英文版本，是集医务、财务、运动、职业、化验以及居住地与旅游地于一体的综合性核保手册系统，具备各个部分的分类评点表，同时还提供了财务核保指南、体格、血压、血脂、肺功能、多风险因素评点计算器。此外，系统还具备信息查询、被保险人数据采集、数据传输、主题文字全程搜索等功能。系统的建成填补了中国保险业和再保险业在核保风险评估方面的空白，具有较高的技术含量和价值，属于国内行业领先的信息系统。

【销售辅助型核保引擎系统】 2012年，中国人寿再保险股份有限公司建立销售辅助型核保引擎系统。系统是通过综合分析上万条国内外成熟的基本医学核保业务规则以及核保建议，归纳整理成一套完备的核保业务规则模型，再与数据和软件系统进行有机结合。系统填补了国内寿险业该项空白，突破了传统软件的使用方式限制，通过使用系统替代直保公司核保人员与被保险人进行一对一的一问一答，并根据问答过程中动态的数据自动推理出正确恰当的核保建议。系统的使用将帮助寿险直保公司实现风险筛选过程的全面或部分自动化，以达到提高承保效率、规范风险筛选过程标准以及降低核保人力成本的目标。

【保险综合移动平台】 2012年，生命人寿保险股份有限公司推出保险综合移动平台。平台包含三大部分，即移动办公平台、移动续收平台、移动服务平台，可实现需求分析、产品介绍、电子计划书、现场承保、电子投保书、自动核保、第三方支付与理财规划八大功能。平台依托生命动力核心业务系统，以业务人员在平板电脑上的即时操作代替柜面人员的非实时作业，完全打破传统承保、保全在资料流转、作业时效等方面的限制，借助无线电子服务系统支持随时随地承保、保全作业，是现代电子科技与传统营运模式的有效结合，对推动营销模式创新发展，提升客户便捷度、满意度具有重要作用。

【移动快速定损系统】 2012年，中国大地财产保险股份有限公司开发使用移动快速定损系统(RAS平台)，依托智能手机、蓝牙打印设备与3G网络，供定损人员在事故现场完成定损及出单制作。系统主要功能包含：待处理案件任务推送通知与查询；GPS监控与导航；查勘任务处理；定损任务处理；单证照片处理；单证打印等。系统主要适用于小额车损案件，旨在提高定损人员现场处理的速度，减少往返次数，降低工作强度及理赔成本。系统使用结果显示对提高件均定损时效、提升客户服务水平有显著效果。

【数字签名技术防范单证管理风险】 2012年7月起，中国太平洋人寿保险股份有限公司在银保单证中试点采用数字签名技术。采用数字签名技术的保单使用前不作为重控单证，通过保单打印流水号来控制和统计单证用量，并标明"本合同须打印数字签名，否则无效"。客户投保申请进入太平洋人寿业务系统并通过核保后，再向银行传送带有数字签名的保单信息并使保单成为重控单证。在保单中加入数字签名，有助于解决依靠制度约束和人员管理的传统单证管理模式带来的三大问题：一是减少单证管理环节，降低单证管理成本及管理风险；二是使用后的保单才作为重控单证，将有效解决单证超龄、无法核销等问题；三是增强了保单的防伪能力。

【寿险保全GPS项目】 2012年，中国太平洋人寿保险股份有限公司寿险保全GPS项目在38家分公司、2家作业基地的上线推广工作顺利完成，共计1 915家网点柜面通过智能保全作业平台向客户提供个人保全服务，日均接待客户2.15万人，日均处理保全业务2.7万件。智能柜面业务处理时效提升，客均等待时间由原来15分钟最快降低到6分钟，客均接待时间低于9分钟，持续改善客户体验，有效促进服务模式转型。

【太平洋保险在线商城】 2012年，"太平洋保险在线商城"(www.epic.com.cn)正式上线，标志着太平洋保险集团构建完成了集电话、网络及移动终端三位一体的全方位客户立体沟通平台，整合客户生命周期全部保险需求，通过网络社区对客户予以贴心关怀，全面实施"以客户需求为导向"的战略转型。

【核保系统实现风险提示智能化】 2012年，中国太平洋财产保险股份有限公司核保系统实现风险提示智能化。各级核保人员使用核保系统时，只需将鼠标移至相应核保要素，系统将自动显示监管要求、行业风险特点、区域灾害属性、扩展责任风险、承保能力等风险提示内容，大大提高工作效率，降低操作风险。目前该功能已覆盖车险、非车险全险种。

【客户关系管理系统】 2012年4月，信诚人寿保险有限公司客户关系管理系统(简称CRM系统)正式在全国范围内启用。CRM系统围绕"以客户为中心"的理念，通过对客服常用系统的整合、客户接触点的全面记录以及操作界面的简化，为保险客户提供主动、高效的系统服务。CRM系统具有三个显著特点。一是客户接触点全面记录，服务历史详细记载，包括服务柜台、客服热线、网站、信函、短信等12个客户与公司的常见接触点。二是保单异常状态及时提醒，包括短信发送、增值服务、信函投递、实时收付款等多项服务内容，有利于前线服务人员及时提醒客户留意保单异常状态。三是人性化的系统设置，实现更多服务功能。整合了多个客服常用系统，实行单点登陆，能通过手机来电迅速识别客户身份，同时提供一站式综合服务历史查询等多种功能。

【"天保盈"智能保险服务平台】 2012年，天安人寿保险股份有限公司发布智能保险服务平台"天保盈"，旨在通过产品创新、技术创新及流程创新，提升客户体验，实现服务水平的整体升级。"天保盈"实现了传统寿险的四大突破：在系统平台服务上突破了传统的固定保单式服务，新形式使关联保单信息尽在眼底；突破了一个客户多个保单间的关联障碍，客户只需拥有一个账户就可以对全部保单进行管理；在传统保险提供的理财保障功能的基础上，实现了升级突破，灵活追加、灵活领取(一年免费6次)、追加门槛低，打理客户闲散资金、低初始费、低管理费、零退保手续费；个性特色化的专享服务解决了传统服务差异化不足的短板。

【高端业务运营支持体系】 2012年，太平人寿保险有限公司积极推广高端业务运营支持体系，注重运营服务模式的匹配性，打造高端业务的绿色通道。该体系主要有两大优势：一是简化投保手续。高端业务运营支持体系率先采用全新的差异化财务核保规则，综合考虑目前国内地区经济发展的不均衡性、客户不同的身份背景、保险代理人员业务品质高档的差异，以多层次的综合评估体系，确认高端客户的高端属性，简化投保手续。二是提高核保时效。在核保环节，先进的核保作业智能分单系统可自动识别高端业务，并分配给核保员，在一个工作日内完成首次核保，大幅提高了该业务的核保时效。

【寿险服务手机客户端"泰康 e 服务"】 2012 年 9 月 15 日，泰康人寿保险股份有限公司正式推出寿险服务手机客户端——"泰康 e 服务"，为广大客户带来全新的保险服务体验。"泰康 e 服务"提供了包括保单信息查询、理赔报案、投资产品价格公布、资讯信息、一键拨号在内的多项服务，并结合智能手机的定位功能，提供了全国周边服务网点、定点医院的查询和路线获取功能，客户可从 APP STORE 下载使用。"泰康 e 服务"目前已开发 iPhone 版本客户端，IPAD、安卓、塞班等版本的客户端也将择时推出。

【全方位保险人评价系统 WillPLACE】 2012 年，韦莱保险经纪公司在线排分系统 WillPLACE 在国内全面上线。WillPLACE 是全球首个强化客户与经纪人互动与沟通的在线排分系统，既能使经纪人找到最合适的保险市场来满足客户个性化的需求，同时也向保险公司提供报告和咨询等增值服务。

（狄 菲）

第四章 电子商务应用推广

概 述

2012年，是上海推进电子商务实现又好又快发展，推动城市创新驱动和转型发展的重要一年。在宏观经济走低、资本市场降温的背景下，电子商务未受到大的影响，依然保持稳健高速地增长的态势。2012年全市电子商务交易总额7 815亿元，同比增长41.9%。其中B2B交易额6 710亿元，占总交易额86%；网络购物交易额1 105亿元，占总交易额14%。上海地区互联网用户达1 750万人，普及率为73.5%。电子商务的发展，有力地提升了上海的城市综合竞争能力。对拓展城市现代服务业应用领域，增强综合服务能力有着重要的带动作用。为上海加快建设"四个中心"和现代化国际大都市，促进产业结构优化升级，转变经济发展方式，具有不可或缺的作用。

一、重点项目

电子口岸建设情况

【概况】 2012年，受国际市场需求萎缩、国内成本上升等因素影响，中国外贸经济增速明显放缓，对上海口岸产生了较大影响。在经济环境较为困难的情况下，根据年初制定的《2012年上海口岸工作安排》的指示，上海电子口岸建设依然取得了较好的成绩，进一步提高了信息化应用、硬件网络等基础建设的能力和水平。2012年，上海口岸信息化应用已达83个，完成报文交换量1.79亿个，同比增长4.86%，完成电子支付交易6 490亿元。总体上，各项重点工作的进展情况良好。

【上海国际航运中心综合信息平台项目的推进情况】 上海电子口岸积极落实市政府航运中心平台专题会议精神，2012年上半年抓紧推动航运平台项目建议书的深化编制工作，形成了由一个主报告和七个分报告组成的项目建议书材料，11月，市发改委基本确定评估意见。同时，可行性报告的编制工作也已基本完成；根据市政府要求，提前开展了航运平台门户网站的建设工作，目前网站一阶段功能已经设计、开发完成，网站开通准备工作基本就绪。航运平台项目的各个专项配套建设也已全面启动，包括用于航运平台后台监控和日常管理的场地装修、航运平台呼叫中心一期系统、外部应用挂接APP系统等。

【海关无纸化通关系统的配合情况】 2012年，根据海关总署、上海海关的通关作业无纸化改革要求，在分类通关和风险分析的基础上，加快推进通关申报作业中的随附单据电子化，逐步实现单证审核依据由纸质单证为主向电子数据为主的转变。截至2012年10月底，已经有470家普通申报企业和4家快件企业签署协议开通运行，包含快件在内每天处理约3万份随附单证。此外，在口岸监管部门的支持与配合下，2012年各集装箱码头的海关无纸化放行运行情况良好，为港区节约了人力物力，普遍提升了作业效率。同时，根据海关监管场所无纸化放行规划，已经完成相关技术开发工作，于11月底开通运行。

【检验检疫无纸化电子验放工作的支持情况】 按照上海检验检疫局关于无纸化电子验放工作的统一部署，上海电子口岸与港务集团、各空运监管仓库等单位共同研究完善了核销流程并完成了系统的技术改造，实现与港区、仓库作业系统的信息对接。2012年10月，上海检验检疫局进一步扩大无纸化电子验放的业务范围，对空港口岸入境快件货物运单全面实施无纸化电子放行，自此，空港口岸入境货物已全面实现无纸化电子验放。检验检疫无纸化电子验放实现了空港、海港口岸入境货物的全申报，加快了货物在检验检疫的放行速度，提升了通关效率。

【全国海关税费电子支付系统的推广情况】 2012年，上海电子口岸支持推动的全国海关税费电子支付系统继续在全国范围加快推广。截至2012年年底，共计18家商业银行完成上线并在整合系统中有业务交易。2012年，全国海关税费电子支付系统新增用户数达22 740家，支付金额6 490亿元。全国41个直属海关均开通了东方支付平台的整合海关税费电子支付系统，其中，40个海关有交易数据。

【特殊区域联网监管信息化的异地拓展与深化情况】 2012年，在海关总署、中国电子口岸数据中心的大力支持下，上海电子口岸已在原有上海版本的基础上升级开发了“电子口岸特殊监管区域辅助管理系统”，并按照“整体规划、分步实施”的原则在全国范围内开始推广应用。目前已完成新疆阿拉山口综保区和武汉的技术实施，并在大连、西安、太原等地的特殊区域进行了推广准备。

（王云美）

法人信息共享与应用系统项目

上海市法人信息共享与应用系统自2011年建成正式投入使用，基本建立起全市“法人基础信息库”，实现了全市法人登记类信息全覆盖及资质类与监管类信息部分覆盖，形成了全市法人主体较完整的目录资源管理体系；颁布执行了《上海市法人信息共享与应用系统管理办法》和《操作细则》，确立法人信息数据“一数一源”、“谁提供，谁更新，谁负责”的原则，有效形成部门间协同共享的管理措施和长效机制；制定规范的数据交换与共享流程，以应用为导向，业务流带动数据流，实现了法人基础信息的“一次输入，多方使用”、“一处变更，多局联动”，确保了各部门间法人信息的准确、完整、一致。

经过一年多的运行与推进，接入单位已由参建的8家扩大至20家，注册个人用户达到1 082户，为更多部门的业务应用提供数据支撑，在法人单位的注册、证照与资质的申办过程中实现了跨部门信息共享，进一步提高了“法人基础信息库”信息资源利用率，提升了行政部门对相关法人在经营活动中的资质资格审查与监管。同时，通过系统的统计分析和数据比对，发现双重身份法人、未办理税务登记法人、非正常纳税户等，推动有关部门及时堵塞监管漏洞，为后续管理工作提供了基础数据；为市公安局提供人口库信息进行法人单位主要成员身份信息的比对；为市法人网上身份统一认证系统提供数据支撑，切实推进实现本市各类法人数字证书跨部门“一证通用”的进程等。

市政府在总结“法人基础信息库”系统建设和应用的基础上，扩大法人信息系统应用单位，同时，提出加快推进资质类信息全覆盖和重点领域监管类信息基本覆盖的新要求。2012年年底正式启动上海市法人信息共享与应用系统二期项目建设，以实现对全市法人主体相关的资质类信息全覆盖；实现对安全生产、工程建设和食品安全三个重点领域的监管类信息全覆盖以及其他领域有信息系统支撑的监管类信息的集中管理。

（王 斌）

二、应用推广

【概况】 近年来，上海电子商务应用发展迈入了持续、稳定、健康、发展的良好阶段，已形成政府、企业、中介机构、社会公众和谐共建电子商务的良好局面。在支付、物流、信用、安全、投融资、园区建设、人才培养等方面的电子商务相关体系正在逐步形成。

【平台企业聚集　协调发展】 尽管上海未有如淘宝网这样的“巨量级”电商企业，但平台企业集聚，各领域协调发展，形成了发展特色电商的基础。而整个服务体系也在平台化的进程中实现了优势资源整合和专业分工细化，从而在市场竞争中逐渐占据优势。比如商旅领域的携程、号百公司等；制造业领域内，如东方钢铁、爱姆意等，在线零售的1号店、东方CJ等；主营3C信息家电产品的新蛋和易迅等；还有在支付领域，有汇付天下、快钱、银联、环迅等支付行业的代表企业。目前，在央行总共发布了六批非金融机构“支付业务许可证”，共计223家单位被批准，其中上海的企业共有53家，占总比例近1/4。

【企业电商应用普及率、应用水平显著提高】 线上线下相结合的经营模式，已经成为许多企业的首选。这不仅有力推动了传统企业的转型发展，也显示了企业对电子商务模式的认识日趋成熟，应用水平显著提高。随着各类电商经营企业的不断涌现，电子网络化经营与消费逐步形成。在钢铁、机电、食品等领域内，“东方钢铁”、“爱姆意”、“西郊国际农产品电子商务平台”等众多传统企业突破传统交易模式，有力提高了上下游供应链的衔接，使得整体产品的价值链纵向深度融合，大大提升了商业效率。

【电子商务园区已形成集聚效应】 2010年，上海浦东新区被工信部列为首个国家电子商务综合创新实践区。2011年年底，上海等21个城市创建国家电子商务示范城市方案正式获批，上海被国家发改委、商务部等部委联合授牌为"国家电子商务示范城市"。2012年4月，嘉定电子商务产业园、浦东唐镇电子商务创新港入选商务部公布的首批"国家电子商务示范基地"。7月，国内最先进石油类现货交易电子系统——"上海南郊电子商务平台"在奉贤开通，目前在宝山、青浦、长宁、普陀等区都建有电子商务园区，并根据《上海市电子商务发展"十二五"规划》，积极打造要素集聚、政策创新、产业集中度高的电子商务集聚区，初现园区集聚效应。

【传统企业在电子商务融合过程中受益】 新的营销方式方法、新的商业流程、新的商业生态系统，传统商业生态系统将会展开一次革命性的颠覆，从"双11"销售前十的名单中，已经可以看到众多的传统品牌。诸多传统企业已在尝试电商业务并意欲占领一己之地，沃尔玛通过1号店布局电商；制造业内东方钢铁、爱姆意、上海电气等都拥有自己的交易平台。如今，传统企业进军电商是必然的趋势。传统企业进军电商路径众多，或依托淘宝，或外包，或自建B2C平台，企业对电商的理解不同，定位就有差异。但可以肯定的是，发展和应用电子商务已经成为传统企业的普遍共识。另外，上海市电子商务"双推"工程对传统中小企业的电子商务应用发展起到了推动作用。

（唐　迪）

第五章　旅游信息化

概　述

2012年，依据“十二五”规划的工作布局，上海旅游局在提升旅游公共服务水平、运用信息化手段助力旅游市场管理等方面取得了新的成绩。

一、旅游环境信息化建设

【上海旅游会展网】 2012年上海旅游会展网月均点击量400余万次，进一步完善和优化了中、英、日、韩、法文版上海旅游会展网的内容和表现形式。其中，完成英文网站的大规模改版活动。完成法文网站的上线工作。研发上海旅游外文版APP程序，用最时尚的方式宣传上海，完成全年多语种网站改版、运营维护工作，将相关二维码发布在网站并印制在纸质宣传品上。

二、旅游电子商务信息化

【概况】 2012年，市委、市政府把发展电子商务作为促进经济发展方式转型、提升城市核心竞争力的战略选择。市旅游局紧紧围绕“建设世界著名旅游城市”目标，按照《上海市电子商务“十二五”发展规划》要求和智慧城市的建设目标，积极推进旅游电子商务工作，扩量与提质并举，促进旅游与信息化互动融合发展，取得了一定成果。

【重点突破，提升旅游集团电子商务应用水平】 锦江集团依托产业基础，以“锦江旅行＋”、“锦江礼享＋”、“锦江e卡通”为突破口，积极开展网上营销，提高电子商务应用水平，做大做强企业品牌和实力。4月24日锦江国际电商平台正式上线，为锦江国际集团酒店、旅游、客运、餐饮等业务在线营销渠道与业务打造了电子商务运营平台。集团旗下的多家星级饭店、锦江之星、百时快捷、金广快捷等酒店以及上海国旅、锦旅、上海旅行社的所有旅游线路，均可通过这一平台预订。锦江电商平台的全面上线是旅游集团内部资源的集约化整合，形成了集团资源的协同整合效应，推动线上和线下资源业务信息化水平的升级，旅游业务的网络渠道进一步扩张，从而实现旅游一站式服务。

【普及推广，推进旅行社中小企业电子商务应用】 “金棕榈中小旅行社企业公共服务平台”入选为上海电子商务“双推”工程项目。平台包括旅游保险、旅游线路采购与分销、景点门票、包团销售、散客分销、客户短信、电子合同、团队上报、导游地接等服务。平台内还置多家保险公司产品，包括旅游意外险与航空意外险，解决了中小旅行社内部信息化管理问题，促进中小旅行社企业实现商务营销与业务管理的智慧化。采用“政府贴一点、平台企业让一点、中小企业出一点”的方式，“双推”期间推出的各种优惠政策受到用户企业的认可，也得到用户、供应商企业的积极参与，目前资料齐备并成功上报企业数量有140家，共有客户数量317家，取得了良好开端。2012年，该平台被工业与信息化部评为“国家中小企业公共服务示范平台”。

【强化支撑，科学谋划旅游电子商务发展】 上海复旦大学、携程旅行网、上海莫言信息科技有限公司参与的国家旅游局承接的“十二五”国家科技支撑计划《旅游电子商务服务技术研发及应用示范》项目已经完成。该项目是现代服务业重点专项电子商务方向、《国家中长期科学和技术发展规划纲要》下的“现代服务业信息支撑技术及大型应用软件”研发部分。上海旅游局课题《上海促进旅游电子电子商务发展研究》工作也于2012年9月完成，报告对上海促进上海旅游电子商务发展的必要性进行了分析，提出促进上海旅游电子商务发展的指导思想与发展目标，上海实现“智慧旅游、全程服务”行动具体建议。

【教育培训，培养旅游电子商务专门人才】 顺应旅游电子商务发展的趋势和加快培养行业需求人才是重中之重，要从专业建设入手，整合教师资源，创新人才培养模式。2012年3月7日，上海旅游高等专科学校成立旅行社管理与电子商务系，下设旅游管理和电子商务(旅游电子商务方向)两个专业。专业进行电子商务知识教育、为上海旅游电子商务企业培养实用型人才，受到了社会关注。

为推进上海邮轮市场的发展、帮助旅行社提高构建邮轮产品电子商务销售渠道的认识和实践，由市旅游局承办的“上海旅游大课堂”于11月20日举办旅行社邮轮产品电子商务销售渠道构建专题培训。邀请来自美国的戴维德先生主讲，培训从分析上海乃至中国邮轮市场发展的广阔前景入手，对各类邮轮产品、邮轮产品销售渠道、市场营销、B2C(商家对顾客 Business-to-Customer，简称B2C)邮轮电子商务模式、B2B(商家对商家 Business-to-Business，简称B2B)邮轮电子商务平台和AVOYAB2B邮轮电子商务销售平台及系统等进行系统培训。

【成立协会，探索旅游电子商务产品和服务监管】 9月20日，上海市旅游行业协会在线旅游分会正式成立，首次探索对电子商务线上旅游产品和服务实行监管。一是上海在线旅游分会成员联合发布了《自律倡议书》，建立有效的定期沟通机制，诚信经营，亮照亮证，明码标价，同团同价，不销售低于成本的旅游产品；二是承诺不采购无旅游经营资质单位的旅游产品，不将无旅游经营资质单位列为地接社或供应商；三是设立专门的投诉和事故处理部门，完善投诉和事故处理的程序。首批会员单位包括携程旅行网、途牛旅游网、悠哉旅游网、驴妈妈旅游网、上海旅游网、趣游网、锦江旅游在线、春秋旅游网、芒果网、同程网等20多家在线旅游企业。

【全面升级，都市旅游卡优惠商务支付】 2012年，上海都市旅游卡完成系统全面升级。特约商户全年新增12家，总数达到470家，POS总数达到7 013台。2012年7月，发行CPU芯片的可充值的上海都市旅游卡新系统上线，为持卡用户带来便捷支付、便民生活的全新享受。下一步，上海都市旅游卡将继续突出都市旅游的品牌特色服务和建设，逐步实现上海旅游景点参观、旅游休闲度假、旅游特色服务的全面支付实践，为电子支付行业的发展、为金融秩序的健康稳定发展作出贡献。

【信息引导，“乐游上海”官方微博即时传播】 依托新媒体传播手段加强旅游消费引导，面向市民游客，以吃、住、行、游、购、娱等方面内容为重点，每天向社会发布最新的旅游资讯信息，并通过问答方式及时解决市民游客的疑惑和诉求，受到市民游客的好评。一年来“乐游上海”官方微博已发布各类旅游资讯信息3 000余条，新浪微博粉丝51万余人。

(刘　昊)

第五编

社会事业与公共服务领域信息化

综　述

2011年，社会事业与公共服务领域信息化建设持续推进。市民信箱、付费通等历年实事项目继续深入推进。

文化领域信息化紧紧围绕“上海市文化发展十二五规划”和“宣传系统信息化发展十二五规划”的工作要点，狠抓宣传系统“十二五”信息化重点项目建设，扎实推进信息安全综合保障工作，充分发挥信息化在新媒体发展和信息资源开发利用等方面的作用，各项工作取得积极成效。

医疗卫生领域信息化建设，实现所有试点区县的数据接收和整合以及按需调阅，整体基本实现互联互通。上海市社区服务网进行多次改版，推动社区服务和信息化的有机结合。

第一章 市政府实事项目

概 述

付费通、市民信箱等历年实事项目继续深入推进。付费通网站经过数次的修改,已经成功降低了用户每次缴费时间,简化了缴费流程,提升用户的体验,增加用户粘性。市民信箱自2004年建立以来,积极建立基础用户群,大力发展实名制用户,并不断扩展便民业务,已搭建多个服务平台,包括如个性化便民邮箱、个人电子账单、电子期刊、网上民意调研、民意征集、市民投诉、市民论坛、市民博客、家校互动等诸多应用平台,通过国家信息安全等级保护评定三级。

一、付费通

【电子账单呈递与支付系统(EBPP)拓展全国平台步伐加快】 2012年,上海付费通信息服务有限公司在全国平台建设完成后,业务的全国布局正不断扩展。截至2012年年底,付费通公司的业务拓展已增至42个城市,努力向目标前进。

【网站用户体验】 在业务快速发展的同时,付费通一直持续关注用户的体验。为了更好地满足用户的需求,为用户提供便利、快捷的服务,付费通网站经过数次的修改,已经成功降低了用户每次缴费时间,简化了缴费流程,提升用户的体验,增加用户粘性。自2012年8月新版网站上线后,付费通网站的交易金额同比2011年增加且逐月增大。

【手机客户端】 继移动支付逐渐成为主流,付费通推出的手机客户端iPhone版、Android版、iPad版、wap版都得到了广大用户的欢迎。用户可以随时随地,非常方便地用手机摄像头自己扫描账单条码进而快速缴费,进一步体验到移动支付的便捷与迅速。全新付费通手机客户端通过加密传输、安全支付等多重保障,确保账户资金安全,让用户轻松完成缴费。

用户只需利用手机摄像头扫描缴付账单,就可自动完成账单条形码、金额等信息的获取,选择“付费宝”、“付费通卡”和“银行卡”三种支付方式之一进行账单支付。缴费成功后,自动显示凭证信息,便于直接保存到相册或发送至邮箱。交易信息和账户变动随时查询,账目清楚,安全放心。

付费通手机客户端提供和付费通网站相同的服务:包括水电煤账单缴费,代扣服务和向移动、联通、电信、东方有线等公司的宽带或者手机账号充值的功能,业务已经拓展到北京、天津、青岛、南京、无锡、杭州、临安等其他城市,覆盖面更广,支付渠道更丰富。

【电子账单公共服务平台建设】 2012年3月12日,经过出账机构、付费通等多方努力,实现电子账单“收得快、查得到、付得掉、理得清”的四大功能。截至2012年年底,电子账单公共服务平台成功发展1 076 448名用户申请了1 741 165张公共事业费账单,超额完成2012年发展100万份电子账单的任务。

平台囊括了17家出账机构,这些机构分别是:上海电力、上海电信、上海移动、上海联通、东方有线、市北自来水、市南自来水、浦东威立雅自来水、浦东新区自来水、南汇自来水、闵行自来水、奉贤自来水、青浦自来水、市北燃气、大众燃气、浦东燃气和青浦燃气,基本完成了上海市的全面覆盖。

电子账单项目的立足点在于低碳环保,针对这一目标,平台未来的重点工作落在取消纸质账单的工作上,为满足电子账单用户的线下支付需求,手机二维码支付的应用也提上日程,有效保证了电子账单平台的持续发展。

【房产税】 2012年,付费通不断推陈出新,为用户提供更多的便利。网上缴房产税是2012年度上海市房地局的重点项目，付费通作为官方唯一指定的网络支付渠道，出色地完成了这一项目。

【保险费】 为了向用户提供更多的增值服务及多方位的便利，付费通在2012年还上线了网上保险的投保。用户可在付费通网站直接购买家庭燃气保险及集团员工家财险，直接为家庭提供便利。

【上海付费通企业服务有限公司】 2012年，上海付费通企业服务有限公司所发行的商银通申付卡在获得第三方支付牌照后，正式恢复销售。截至2012年年底，申付卡发卡量达15亿，同比增长163%。

为了使客户对付费通的品牌有更好的感受，2012年9月，“商银通申付卡”正式更名为“付费通卡”；同时，为了使用户能够更方便快捷购买到付费通卡，付费通于11月，在上海的小木桥路开通了付费通卡在上海的第一家直营网点。

为了满足购卡客户的不同需求，上海付费通企业服务公司在龙年之际推出了付费通龙年纪念生肖卡，寄托龙年大吉的祝福。龙年生肖卡在推出之后，受到广大购卡客户的欢迎。

为了能为用户提供更加丰富的增值服务，上海付费通企业服务公司运营的网上商城也相继推出了团购、券币、飞机票等一系列产品；同时，为了使用户能够得到更好的体验，付费通的51pay.cn网站不断完善，为用户提供更便利、更快捷的服务。

（王云美）

二、市民信箱

【概况】 市民信箱自2004年建立以来，积极建立基础用户群，大力发展实名制用户，并不断扩展便民业务，已搭建多个服务平台，包括如个性化便民邮箱、个人电子账单、电子期刊、网上民意调研、民意征集、市民投诉、市民论坛、市民博客、家校互动等诸多应用平台，通过国家信息安全等级保护评定三级。

自上海市市民信箱建立起以“实名制”为基础的信息服务系统以后，在互联网实名制用户认证服务方面已进行一系列尝试，取得了良好效果。截至2012年，已有超过420万实名用户，为政府电子政务网上办事系统网站、教委教育局信息系统、中小学校园信息管理系统等进行“市民信箱”统一认证服务，得到了广泛认可。工农中建交五大银行通过市民信箱发送银行卡对账单，劳动局、医保局、公积金中心等通过市民信箱发送账户缴费记录和状况，水电煤公用事业单位发送电子账单，全市各大市级“三甲”医院、区级医院发送个人医疗检查报告(电子健康档案)等。实名制的网上调研已经在电视、广播、报纸等各大媒体树立了品牌，调研数据具有很强的可信度。

按照上海市政府“十二五”规划和三年行动计划的部署，市民信箱积极响应，在已有的信息化公益服务基础上，结合对国内外情况及用户需求的深入调研，2012年向市民推出依托实名认证的“易办事EPASS”公共服务平台(以下简称“易办事”)，有针对性地挑选部分具有代表性的委办局网站及区县网站开展试点合作。方便市民用一个实名账号、一组通信渠道(电子邮箱、移动手机、终端电视等)、一个个人门户、一套接口标准享受各类电子政务服务。

【调研】 国内调研：对全市分布在49个市级委办局和17个区县的共134个网站，涵盖市民生活需求的各个网上便民服务项目共3 650项进行调研，结果发现，各网站相互间基本上没有关联，形成“信息孤岛”，在服务方式、注册要求上也各不相同，缺少一致性。对于用户来说，难以维护大量“账号”，造成安全隐患。同时在使用服务上，市民难以全面、准确定位所需服务网站，使用效果较差、操作不便。

国外调研：对新加坡、美国等信息化高度发展的国家和地区进行调研发现，信息化高度发展的国家和地区都采取了一站式的电子政务平台，以服务民众为基础，开通了一系列便捷、高效、低耗的人性化网上政务服务，如网上报税、网上护照申请、商务签证、网上营业执照申请等。民众只需使用一个用户账号，就可以登录不同的网站，直接使用各项公共服务。

用户调研：为了解广大市民对网络实名认证以及政府网上办事便民服务的意见、建议及需求，市民信箱对2 076名上海普通居民开展了抽样民意调查。调查发现，其中91.6%的受访者急切盼望，网络后台实名制可实现电子政务一站式网上办事。调查显示，市民最迫切需要的便民服务就是“将各部门各区县的网上办事服务进行统一和集中，减少查找麻烦”(85.9%)和“通过统一的实名认证账户，实现一站式网上办事”(83.7%)，其次则是希望能“提供完善的办事指南、表格下载、在线受理、网上咨询、网上投诉、状态查询等”(76.5%)以及“政府部门的信息能够共享，减少网上重复提交资料”(76.0%)。

【试点】 市民信箱的易办事项目正积极开展各项试点工作，已挑选部分委办局网站及区县网站开展试点合作。通过易办事的试点合作，将双方信息资源整合共享，如四金账单查询、网上办事预约等等，打造特色区级网站和委办局网站；同时也引入统一实名认证系统，双方用户只需一个实名账号便能同时畅游各个网站，享受各类便捷的网上服务，同时可防范非实名认证造成的垃圾信息或不良信息，迅速扩大网站用户使用群，提高网站浏览量及点击量。

易办事项目的具体试点情况如下：

黄浦区政府网站：2012 年 12 月正式开通，实名用户可在网站办理 100 多项政府网上办事项目，约有 20 万用户得以受益。黄浦区政府网站和市民信箱提供实名认证功能，通过市民信箱登录的用户可以直接登录至黄浦区政府网站中。实现如下功能：电子账单查询功能，用户可在黄浦区网站上同时查询个性化电子账单，包括公积金账单、养老金账单、医保金账单、医疗检查报告、交通违章告知单、自来水费账单、燃气费账单、电费账单等；实现自动填表功能，用户登录后，在各类信访中心及投诉栏目中，表格信息实现系统自动填写；实现办事信息结果提醒功能。用户在政府网上进行一系列办事后，将办事的状态与结果发送至用户邮箱中或通过接口将信息发送至市民信箱相关接口的功能。

闵行区政府网站：2012 年 12 月正式开通，开通后实名用户可在网站办理 200 多项政府网上办事项目，约有 15 万用户得以受益。闵行区政府网站支持统一身份认证，单点登录后，就能够访问、操作各政务网站的应用系统。实现如下功能：实现表格信息自动填写，用户可快捷地填写网页上的个人信息，不易出错，大大提高了浏览速度，确保数据安全性；实现实名邮箱接收订阅信息，方便用户对网上办事进行咨询、投诉和查询，提高办事效率，加强用户与政府的沟通。

宝山区政府网站：宝山区政府网站已在 2008 年率先开通试点易办事项目。平均每年有 2.5 万人次使用，截至 2012 年，总计网上办理事项 5 000 多项。宝山区政府网站实现了与市民信箱网站的统一认证登录，且市民信箱账号是宝山区政府网站唯一的账号，用户只需使用一个实名制账号，可同时登录上海宝山区政府网站和市民信箱网站，足不出户即可获取各种信息、办理各项电子政务服务事项。

（王云美）

第二章 社会事业领域信息化

概 述

2012年，社会事业与公共服务领域信息化坚持“以人为本，便民利民”的方针，依托各行业主管部门积极开展信息化应用，为市民带来便利和实惠。

在教育领域，各高校在加强信息基础设施建设的基础上，积极开展信息系统建设及成果的推广应用，为学校的管理、教学科研和校园生活等提供更加便捷的现代化手段支持。

一、教育领域信息化

复旦大学

【概述】 2012年，复旦大学(以下简称“复旦”)继续注重信息化校园的基础建设、应用系统建设及成果的推广与应用，并通过管理的规范、服务水平的提高，使师生更认可信息化校园建设的成果，为学校的管理、教科研和校园生活等提供更加便捷的现代化手段支持。

【邯郸校区主干网改造和多校区环网互联建设】 2012年，复旦大学在邯郸校区主干网络改造中，以Juniper MX960为网络核心、并将原核心层5台Cisco6509降级为汇聚层，形成核心与汇聚之间的网状互联，初步实现了邯郸校区校园网的汇聚以上层链路带宽升级至10G的冗余结构。多校区环网互联建设中，将枫林校区校园网核心交换机升级为Juniper MX960，并利用贯通枫林校区与邯郸校区的2条备份光缆线路，使用两校区间Juniper MX960的路由负载均衡功能建立链路热备，并基于BGP协议完成邯郸—张江、邯郸—江湾的链路链接。

【校园网络出口扩容和辅助设备选型】 2012年，复旦校园网出口有较大变化，停用了浙江电信和浙江联通的两条带宽，新增上海联通的1 000兆的出口带宽，同时上海电信ATM100兆出口升级为150兆以太网，目前复旦的教育网、移动、网通和电信IPMAN等出口均通过Juniper MX480路由器和Cisco ASR1000路由器接入。为了满足未来更大容量的出口带宽扩容以及出口全网认证的需要，调研并测试了多个厂家的万兆设备，完成了网络出口链路负载均衡和全网认证设备的选型工作。

【继续深入无线校园网建设】 2012年，复旦无线校园网的建设目标是继续扩大覆盖范围，同时对覆盖密度不足的地区进行扩容升级。已对邯郸、江湾的大部分教学科研办公区域完成了百兆级别的无线接入覆盖，对枫林、张江教学科研办公区域则基本完成了全覆盖。采购Cisco 3502AP共380台，实现新覆盖的楼宇包括：500号楼、化学楼、100号楼、科学楼、工会、750号楼、现物所、现代人类实验室小平房、基建处高教所、枫林东5号楼、西源宾馆(代原11号楼)、张江计算机院办；升级与增补扩容区域包括：新闻学院(图书馆、电教楼、办公楼)、光华楼教学区域、综合楼北楼、美研中心二期、经济学院、物理楼、第四教学楼、江湾图书馆、枫林明道楼、治道楼、西8号楼等。同时，继续推进无线校园网的运行优化，这包括：完成邯郸、张江和江湾校区无线认证系统升级，至此无线网络认证系统已完全从Dr. com设备切换到开源软件架构的认证系统；搭建支持双机热备的DHCP服务器，已配置好DHCPv6服务器，计划将无线网络IPv6地址分配均放到该服务器上以减轻核心设备的负担。

【完成CNGI-Cernet2项目验收】 复旦于2009年启动CNGI-CERNET2 CNGI-CERNET2(中国下一代互联网—第二代中国教育和科研计算机网 China's Next Generation Internet-The China Education and Research Network)下一代互联网业务试商用及设备产业化专项教育科研基础设施IPv6技术升级和应用示范项目——

复旦大学校园网 IPv6 技术升级子项目的研究与实施工作。该项目获得国家发改委 300 万元的资助，主要用于复旦校园网的网络设备升级、应用升级和 IPv6 推广等。在项目的支持下，这几年陆续完成了枫林校园网整体改造、数字校园系统的 IPv6 升级，并协助完成了子项目 101：基于真实 IPv6 源地址认证的跨域的统一标志、认证和信息服务系统；子项目 102：IPv4/IPv6 过渡系统；子项目 103：可控大规模组播服务系统；子项目 105：支持全网漫游的校园网接入业务管理系统；子项目 106：校园网网络管理与安全监控系统 5 个子项目的研究、测试和部署。该项目的验收于 2012 年 9—12 月完成并通过。

【继续保障和深化校园信息化各项基础应用服务】 2012 年，除继续保障个人主页、正版软件、代理服务器、校园地图、通用调查问卷等各项基础服务的稳定运行之外，复旦还在基础应用服务方面开展了以下相关工作。(1) 在多媒体视频服务方面，完成光华楼东辅楼 605 多媒体教室的建设，开发了基于 VLC(可见光通信技术 Visible Light Communication，VLC) 的校园 IPTV(交互式网络电视 Interactive Personality TV，简称 IPTV) 访问客户端，建成高清视频转播服务体系，并成立了专门的视频服务队伍，为全校各类重大活动、国际交流、校级交流课程、会议、讲座等提供转播、直播等服务逾 110 次。(2) 对复旦 E-mail 系统再次开展了全面技术升级工作。升级后的系统中，实名邮箱容量为 1G，单封邮件附件最大不得超过 20MB；学生邮箱容量 500M，单封邮件附件最大不得超过 20MB。对特殊邮件账户如院系办秘书、国际会议召开、学生工作发布等建立了特定规则，保证可以安全发送群发邮件和信息共享。目前，复旦 Email 用户开户数已经达到实名用户 14 363 人，学生用户 101 348 人，总共 115 363 人。在升级校 E-mail 系统的同时，信息办联合外联处、校友会开展了校友 Email 的建设工作。目前校友邮箱已经架设了服务组，可以定时、定期、定量的给不同的群组发送邮件。(3) 将复旦信息办自主开发的短信平台面向各部门提供正式服务；进一步优化了代理服务器、图书馆电子文献专用访问工具的技术结构；完善了校园地图并尝试把校园地图嵌入应用系统；完善了信息公开网、校长信箱功能；增加了空闲教室、教师公寓租金查询等服务；继续为院系、部处、研究机构及各类精品课程建设二级网站，有序改善以往建设的二级网站；此外，还试验并试运行了基于 Hyper－V 的个人桌面虚拟化服务，开始尝试提供 SPSS 等科学计算服务。

【继续深入基础设施建设】 2012 年，复旦继续优化信息化校园应用与服务系统的基础运行环境，淘汰已达到使用寿命的实体服务器和存储，并逐步将分散的计算资源集中为云计算资源以提升基础设施运行的稳定性和可靠性。进一步优化了虚拟服务器集群结构，扩容主机硬件资源，升级 VMware 核心版本；制定虚拟服务器管理规范，并逐一清理数百台虚拟服务器；引入 Avamar 存储自动去重备份工具，为虚拟服务器提供方便、可靠的备份机制。

【继续完善基础平台建设】 2012 年，除继续保障统一身份认证、第三方接入认证、共享数据库数据集成、网站群平台、收费服务管理平台、短信平台、CA 中心的稳定运行，为整个信息化校园应用与服务系统提供有力支撑之外，复旦还完成了以下基础平台相关工作：统一身份认证平台整体迁移到 Linux 操作系统和刀片服务器运行环境；试验并基本完成 LDAP(轻量目录访问协议 Lightweight Directory Access Protocol，简称 LDAP) 与 AD(活动目录 Active Directory，简称 AD)域同步；完成面向师生的短信找回密码服务的功能开发；基本完成校园生活服务平台建设，并整合相关应用服务；进一步优化网站群平台，增加登录权限控制和不同用户组模板选择功能；完成收费服务管理平台国际卡支付通道升级，为国外用户提供更好的服务；规划并试验校级呼叫中心平台，尝试接入应用系统并初步形成电话语音一站式接入服务模式。

【探索一站式服务与数据展示服务】 2012 年，复旦信息办配合学校有关部门梳理了一站式服务建设规划，并整理了相关业务流程、现有服务运行模式及一站式服务改进思路。全面升级了校园信息门户，推出面向师生一站式服务的全新界面，实现了根据用户类别进行服务发布、授权以及根据用户生命周期的服务导航功能。在校园生活服务平台中以一站式服务方式配置各项后勤生活服务，试运行体育场馆预约等服务。建设通用注册报名平台，尝试提供国际会议、跨校辅修成绩证明申请等服务。此外，信息办还开始探索建立校级统一数据展示与分析平台，构建与业务系统运行数据库分离的统一数据库，建设全新的基于 QlikView 的综合数据展示查询、分析挖掘系统；探索院系及教师个人数据中心建设思路，讨论相关技术方案，并与部分院系深入讨论需求及管理思路。

【继续保障和完善已有的各类信息化应用系统】 2012 年，复旦继续保障并进一步完善信息化校园应用系统

(University Resource Planning,简称 URP)、校园电子公务系统(OA)、eLearning 系统等的稳定运行,为各业务部门的日常工作提供技术支持。具体包括:完善 eLearning 系统,全年开课课程和访问用户数量稳步提升,得到全校师生的普遍认可,在此基础上还推出了 Sakai 共享版开源项目,并在国内部分高校中推广应用;完善教务管理、研究生教育管理、本科生招生管理系统功能,为暑期国际课程、校外考试报名、研究生导师遴选、本科自主招生等业务改革提供最新技术支持;完成人事管理系统全面升级的开发和实施;完成离校服务管理系统升级,优化数据同步结构;基本完成就业服务管理系统升级;完成教育部电子公文与信息交换系统升级部署;继续建设研究生招生管理/报考服务系统,完成全国优秀大学生夏令营、推荐免试研究生申请、博士生报名等服务整合;继续建设外事管理系统,增加来华人员管理功能。此外,还探索并规划了大资产管理系统建设方案,启动固定资产管理系统升级开发;讨论并规划廉政风险防范平台建设思路,启动招投标管理系统开发;结合院系及教师个人数据中心探索,启动科研管理系统建设。

【继续完善一卡通系统建设】 2012 年,复旦校园一卡通建设继续稳步推进,重点支持各类应用系统的功能模块开发以及硬件设备的升级和改造。具体包括:校园卡拍照系统在暑假完成开发升级,实现了与学生二代身份证拍照相结合,不但可兼容二代身份证,拍照质量也进一步提升;配合财务处提供天翼财务经费系统的读卡库对接功能;提供图书馆显示照片模块的开发和实施;支持后勤班车管理系统,提供手持机身份识别模块;开发了自助复印补助功能;配合校内超市管理,开发新的超市扣费接口;配合数字校园平台,提供城市热点网费转账 webservice 接口封装;提供了 4 套电费接口的 webservice 封装及查询余额的接口;配合体教部,进行公开卡片学号、姓名、性别等公共信息的开发;配合学校进行一卡通数据的统计分析,为总务处、财务处等提供一卡通相关消费使用统计数据;进一步推广门禁系统、会议签到系统等。进行了北区、南区食堂一卡通硬件的实施改造;完善监控系统,提供圈存监控、流水压数监控等;调研和探讨了异地灾难备份系统方案、RFID 电子标签技术在网络交换机管理上的应用及多媒体会议室控制一体化的应用。2012 年,校园一卡通系统进行了一次大型系统升级,小版本功能升级 25 次,被动报修 5 次;系统硬件主动维修 212 次,被动报修 260 次,合计 472 次,平均每月 40 次。

【继续保障和深化各项校园信息化运维工作】 2012 年,复旦信息办对培训机房进行了网络和设备改造以支持高考网上阅卷工作,并在阅卷期间进行了良好的保障,该机房还可作为计算机课程教室供日常教学使用,由信息办负责其日常的管理和维护;进行江湾校区网络机房的电力扩容改造,完成托管机房搬迁至江湾校区机房,协助托管院系重新登记设备信息,集中资源,规范管理;进行高性能计算机房的升级扩容,以满足日益增长的用户需求;基于部分开源软件进行了开放式监控平台的开发,以对服务器运行状态进行更好的监控;采用新的呼叫中心系统,加入工单管理功能以提高工作效率及服务质量,改善用户体验;以"用户服务"为宗旨,逐步理顺和简化业务流程,提供更便捷的系统密码找回途径,规范故障报修流程;参与 VMWare 虚拟机集群的升级和维护,进行虚拟主机的日常配置和维护,帮助托管单位把网站迁移至虚拟机;在进行日常漏洞扫描的基础上,于"十八大"前夕对托管服务器以及全校二级网站进行了全面的扫描工作,并将整改意见发给各网站管理员;信息安全月报报送;对邯郸校区机房整理和维护;对各校区进行网络日常维护、网络设备的检修工作。

【提供更多用户服务,改善用户体验】 2012 年,复旦信息办继续保障 DNS、二级域名、图书馆代理、东区学生公寓计费系统维护、备份服务器维护、短信平台维护、eService 数据维护、教育网免费列表管理、VPN 用户管理等日常业务的顺利开展。在现有正版软件基础上,新增了 SPSS(统计产品与服务解决方案 Statistical Product and Service Solutions,简称 SPSS)软件;继续对师生进行免费代理流量的添加工作,并增加了免费流量;加强了对 BBS(电子公告牌系统 Bulletin Board System,简称 BBS)和信息办官方微博的查看,及时对与信息办相关的问题进行回复解答,在信息办主页、BBS 相关版面和信息办官方微博及时进行相关信息的发布通告;对研究生助管、助研、助教等两百余名学生进行信息化资源与服务的培训,让大家更好地利用学校信息化建设成果;在新学期初完成新生学生公寓上网账号的批量开通以及迁出学生上网账号的销户和退款;完善实地址管理,促进服务与标准的统一;继续与 PDFT 学生志愿者团队的合作,加强对师生信息化服务的互补。对用户服务的统计分析也日渐完善,逐步形成了长期翔实的值班记录,2012 年,信息办共受理各类业务总计 33 721 次,其中电话咨询 12 077 次,用户接待 12 844 次,邮件咨询 7 784 次,外出服务 1 016 次。

【其他】

1. **继续增强交流,扩大影响** 2012年,复旦信息办继续担任中国高等教育学会教育信息化分会副理事长单位、上海市高等教育学会信息管理专业委员会主任委员单位、上海市高等教育学会校园网络专业委员会副主任委员单位、上海市高等教育学会理事等。"2012数字校园创新论坛暨教育信息化十年发展规划研讨会"于2012年5月在复旦大学光华楼召开,本次大会由教育部科技发展中心主办、复旦大学信息化办公室协办、《中国教育网络》杂志社承办,共有来自全国各地的教育信息化有关领导、高校信息化专家以及知名企业代表500余人参加了会议。2012年度,信息办共接待了国内近40所高校的来访考察。在中国高等教育学会年会、华东"六省一市"暨上海市信息管理专业委员会年会、青年论坛等全国性或区域性的教育信息化会议中做了学术报告。为复旦大学对口支援学校——云南大学的对口支援部门提供技术、资源的保障,接待三位云南大学的短期交流人员来访,将支持工作落到实处。同时,信息办也积极向兄弟高校学习先进经验,就"一站式"服务的建设思路、建设效果等走访上海理工大学、东南大学、南京大学等,配合机关党委规划适应复旦发展的"一站式"服务模式。

2. **申请和参加科研工作** 2012年,复旦信息办成功申请教育部—中国移动科研基金2012年度项目"知识管理与分享云服务系统关键技术研究与示范应用";"云服务推动复旦大学教育教学模式改革"项目获评教育部教育信息化高等学校首批试点项目;承担中国高等教育学会教育信息化分会2012年度课题"基于开源软件的网络教学平台开发与推广";参与教育部软科学研究项目"教育信息化推进机制与政策研究"并顺利结题;参与的教育部《教育信息化十年规划(2011—2020)》编制工作顺利完成,并与2012年4月份正式发布;参与的教育部重大研究项目"教育服务与监管体系信息化建设"项目"信息标准与技术规范"子项目课题顺利结题,2012年3月《教育管理信息(系列)标准》作为教育部行业标准发布,并作为中国高等教育学会的优秀项目参与教育部"第八次优秀高等教育科学研究成果"评选;参与上海市教委民办高校信息化规划项目和上海教科网升级改造项目。

3. **获得表彰与奖励** 2012年复旦信息办公开发表文章近20篇,其中优秀论文4篇,2篇获中国高等教育学会教育信息化分会学术年会优秀论文,2篇获上海市高等教育学会信息管理专业委员会优秀论文。"基于开源软件的高校网络教学平台"项目获得上海市高等教育学会信息管理专业委员会优秀案例;"i复旦-复旦大学校园移动门户"获得上海市高等教育学会校园网络专业委员会2012优秀创新案例奖。

(复 旦)

上海交通大学

【概况】 2012年,上海交通大学围绕学校数字大学建设规划和"985工程"三期建设的要求,继续以"打造一流信息基础设施,提供一流信息技术服务"为目标,努力以改革促发展,用创新促提高,增强了服务能力,扩展了服务领域,服务质量和用户满意度进一步得到提高。按照学校质量建设的总体要求,组织制定了学校信息化质量建设的初步规划,努力按照规范化、制度化、目标管理的思路,开展各项工作,提高了执行力,为学校创一流提供了高质量的网络和信息技术保障。

【校园网与地区网建设】 2012年2月,"211工程"三期子项目"下一代校园网和信息平台"顺利通过专家验收,圆满地完成了建设下一代校园网络,提高校园网信息安全水平,增强服务支撑能力的任务。

全面建成多运营商出口、多冗余的校园网出口架构。通过和上海移动、上海联通等运营商的合作共建校园无线网络,实现资源互换,获得上海移动免费提供622M专线资源,获得上海联通为上海交通大学优惠提供1G出口线路;建立了CDN缓存系统,改善了访问校外资源的用户体验,也节省了出口带宽资源。

"985工程"三期"校园无线网络三期建设"年度任务完成,共部署1 185个AP和74台POE交换机;与上海移动共建宿舍网无线网,完成2 400余个AP的部署,全部开通。目前,闵行校园基本实现办公、教学、活动、学生宿舍楼宇的无线网络全部覆盖,极大地满足了全校师生的移动应用需要。无线网峰值在线用户数4 600个。

完成建设徐汇校区异地灾备机房,确保数字大学关键应用、数据和服务的安全,目前已基本完成建设工作。此外,还完成了新建楼传输机房的搬迁工作。制订了《7×24小时IT服务台》解决方案,建立365天全天候的监控服务机制和统一的面向用户的服务台,作为网络信息中心枢纽性的服务节点,将有效地协调各职能部门开展日常运维服务工作。

地区网运行保障方面,完成CERNET211三期建设工作,包括华东南地区节点机房改造和设备升级;CERNET2完成日立gr4000到华为ne40-8x的升级工作,涉及华东师范大学、华东理工大学、东华大学和交大医学院等单位;

参与上海教育宽带网的设计和实施工程及SHERNET日常运行管理维护工作。

【信息服务建设】 完善数据中心的基础架构。完成“985工程”三期“数据中心建设”网络、存储、服务器等系统的招标采购，建立了较完善的数据中心基础架构，支持多租户，支持云计算，实现关键应用的异地灾备。2月，完成Hillstone主备防火墙配置，实现开发环境、虚拟主机服务与校园应用的安全分区；5月完成数据中心闵行机房的一期建设，部署一套SAN存储系统，进一步完善数据中心内部的安全分区，完成100台服务器采购；11月，完成数据中心徐汇机房的建设，部署第二套存储系统，部署万兆交换机，为关键应用的异地灾备提供保障。

完善数据中心的安全体系。9月，建立基于操作系统日志和应用日志的集中存储和分析系统。10月，建立服务数据中心的安管监测平台。此外，对LDAP服务器进行安全加固，对前端应用进行改造，建立系统管理的堡垒主机系统，降低安全管理的风险。

数据中心网络建设。完成了2台核心交换机、10台接入交换机的招标，并安装上线，新增万兆接口352个，实现了数据中心数据网络与存储网络的融合。

数据中心存储系统建设。购置并部署了NetApp 3270AE存储系统，原始存储容量近120 T，并为李政道图书馆提供30 T的存储空间。正在招标近330 T的存储容量。

服务器虚拟化建设。安装了2套Avamar Virtual Edition备份软件，实现对VMware虚拟机的备份，年度新增虚拟机100个，虚拟机总数达441个。

推出并完善多个信息服务应用服务。上海交大个人云存储服务(jcube)3月初上线开始试运行，为每位教师提供20 G存储空间，为每位学生提供10 G的存储空间，目前已保存了20 T的用户数据。邮件系统升级到Zimbra，用户达6万人，为教师提供2 G空间，为学生提供1 G空间，并提供垃圾邮件过滤和提醒功能。校园短信平台实现了三大运营商短信平台的整合，三大运营商的下行短信都已实现高质量下发，全部实现了三大运营商手机的上行以及状态报告业务。短信发送号从200个提升到10 000个，可以针对单个活动/项目实现短信回复功能。

2012年3月1日起建立了上海交通大学网络信息中心官方微博(http://weibo.com/sjtunet)，截至12月月底，微博粉丝843个，累计发布微博信息216条，通过服务公告、网络安全宣传、技术交流、网友互动等形式，第一时间发布校园网权威信息。

【网络安全管理】 针对严重的信息安全形势，加强了对校内信息安全的状况的监测和有效防御，发现和帮助解决了大量用户的信息安全问题；同时，和乌云安全社区(WooYun.org)等民间安全论坛合作，开创了高校和社会网络安全志愿者联手处理高校网络安全问题的新模式，取得了明显成效。

完成全校范围内的防病毒软件续购和新版本测试工作。处理多起校内外重大网络安全事件，进行校园内部网站安全检查和后期处理。与CNCERT、SHCERT等安全研究机构的技术深入交流和进一步合作，配合保密办、宣传部、保卫处、学生处等有关部门开展各类安全稳定工作，参加学校军工二级保密资质的认证和学校安全生产培训工作。

【管理信息化建设】 提升了各信息系统的质量，主要包括扩展功能、提高用户体验、提升系统一体化整合的程度。初步完成了软件基础架构的升级改造，包括：全周期身份权限体系、办公工作流引擎的架构升级、基于数据仓库的校级统一数据分析基础平台、数字大学协同门户、数字大学开放平台及相关的API体系。

继续推进各校务管理业务领域的应用系统建设，主要包括：房地产管理系统、人力资源系统、科研管理系统二期、研究生教务管理系统、学生事务管理系统、外事管理系统、校级统计决策分析系统、网络信息服务运维管理系统、本科教学管理系统和办公OA系统的持续改进。

校园数据整合工作，新建了35个各信息系统间数据交换的业务流程，大力支持了各业务应用系统间的整合工作，同时协助安泰管理学院推进peoplesoft管理系统的建设。目前全校在运行的业务数据交换流程已达到305项。

启动实施校园一卡通系统的升级改造和服务扩展工程，为提升卡片的安全级别，将新发的校园卡从采用M1芯片改成CPU芯片，业务系统也进行了升级，新系统兼容M1卡和CPU卡两种卡片。2012年暑假期间完成全校各类POS机、读写卡设备3 600余台设备更新工作，迎新期间，新进师生已开始采用CPU卡校园卡。

【高性能计算】 2012年3月，成立上海交通大学高性能计算中心。年中，完成“985工程”三期“高性能计算创新能力建设”项目总价为2 400万元的高性能云计算集群的招标工作，建设工作正在开展。

为提高全校师生的高性能计算水平，多次邀请国际相关学者来校学术交流、讲座。并组织了 SJTU HPC Seminar 系列活动，邀请了国内外 10 人以上进行专门报告，总听众超过 300 人次。

与 AMD 公司合作，设立了上海交通大学"AMD 高性能计算专项奖学金"，由校高性能计算中心组织评定，旨在鼓励和支持校内从事高性能计算应用和研究的在读硕士和博士。2012 年有 4 个学生获得奖学金，每人 1 万元。

【上海交通大学高性能计算中心成立】 3 月 30 日，学校成立上海交通大学高性能计算中心，挂靠上海交通大学网络信息中心。聘任顾一众为上海交通大学高性能计算中心主任(兼)。上海交通大学高性能计算中心由主管校长直接领导，统一协调全校高性能计算资源的建设和应用服务，确保建成一个科研创新的重要基地。该中心挂靠上海交通大学网络信息中心，其日常运维和行政管理由网络信息中心代管。

【"2012 上海市信息安全技能竞赛"荣获团队二等奖】 2012 年 11 月 5 日举行的"2012 上海市信息安全技能竞赛"团体决赛中，由上海交通大学姜开达、李霄、沈海云及信息安全学院大四学生白巍 4 人组成的上海交通大学代表队一路过关斩将，最终获得团体赛第二名。同时，姜开达在信息安全技能竞赛个人决赛中也取得了优胜奖的好成绩。该竞赛是目前由政府主办的最高规格信息安全竞赛活动，上海交通大学是第一次参加这项赛事。

近年来，上海交通大学在上海交大信息安全领域开展了一系列工作，并采用自主技术开发的校园网安全服务和保障平台，有效地应用于对校园网和信息系统的安全监测预警和对用户的服务，抵御了大量的网络攻击和窃、泄密行为，为降低校园网安全风险，提高安全水平提供了重要保证。通过本次竞赛，上海交大的网络安全队伍得到了一次难得的锻炼机会，也在比赛过程中将近年来上海交大在信息安全方面所取得的工作成绩进行了一次展示和交流。

(杨宝军)

上海师范大学

【概述】 2012 年，上海师范大学(以下简称"上师大")进一步强化管理机制、提升管理效能，做好校园信息化保障、应用系统维护、信息化安全管理、信息化队伍建设等常规工作，为学校教学、科研、管理提供安全、优质的信息化技术支持与服务。学校重点围绕中心工作以及校"十二五"规划，从信息化专项建设、学校网站内容管理系统(Content Management System，简称 CMS)建评、数据标准推广、数据中心夯实等方面入手，加大建设与管理力度，进一步推进学校"大信息"共享环境的建设和信息化的发展。

【信息化专项建设】 2012 年，上师大严格执行《上海师范大学信息化建设项目管理办法》，加强学校信息化项目建设过程的管理，确保学校 2012 年度信息化项目的顺利实施。2012 年信息化专项包括校园网终端接入认证系统、云服务器应用建设、设备与实验室管理系统、数字化校园数据中心基础设施运维。

【系统及服务器资源管理】 2012 年，上师大加强对应用服务器的档案整理，形成服务器及应用系统的管理标准和实施细则；通过校园云服务器的信息化专项实施，推广校园云服务器，规范学校服务器及网络设备的采购及管理。

【网络环境与应用系统建设与管理】 2012 年，完成上师大教科网出口扩容，带宽从 1.5 G 升级到 2.1 G，从而满足师生对中国教科网教育资源的访问需求；拓展学校无线网络，拓展奉贤校区三教、四教、五教等教学、办公区域的无线网络覆盖；创新性地建立寝室校园网与多家运营商合作的共建模式。在应用系统建设方面，完成设备与实验室管理系统、干部考核系统、信访管理系统、远程投稿系统、学生新版信息门户系统等应用系统的建设，提升了学校相关部门的工作效率。

【学校数据标准建立】 2012 年，上师大根据教育部新颁布的教育管理信息标准要求，重新设计整理学校信息化应用数据标准。完成数据子集 8 个、数据类 58 个、数据子类设计 516 个，建立数据表 516 个，同时完成代码表的数据导入 323 个。学校通过甲骨文数据集成(Oracle Data Integrator，以下简称"ODI")技术，以学校信息化应用数据标准为规范要求，统筹现有校级信息化应用数据，充实到学校数据中心。将网上发布信息、用户上网日志信息、人事信息、本专科研究生基本信息、选课信息、学生住宿信息等数据整合到数据中心，使数据中心向着集教学、科研、管理、服务等各类数据大集中的目标迈进，推动实现"大信息"共享和一体化管理模式。

(顾益明 李若宝)

【完成校园卡系统数据整理】 1月31日至2月3日，为提高校园卡系统的运行效率，上师大进行了校园卡系统的数据整理工作。学校校园卡系统自2003年9月开始运行以来，校园卡用户账号总量达27.5万，消费记录累计1.6亿条，每年为在校师生提供服务2 000万次。此次数据整理对2008年1月1日以来无消费记录的临时校园卡进行销户处理，删除已销户校园卡，核查和归档清理数据。数据整理期间，校党委书记陆建非、校长张民选、副校长高建华到信息化办公室指导工作。

【开展校网络信息员工作培训】 5月15日，上师大举行网络信息员工作培训会议。副校长高建华出席会议并讲话。信息办主任主持会议，全校53名网络信息员参加培训。高建华指出，网络信息员队伍成立2年来，网络信息员在各部门信息化工作中发挥积极作用。他要求网络信息员做好部门网站的建设和维护工作并积极参与学校部门网站评比活动；加强网络安全的宣传和管理工作，引导师生树立安全防范意识；不断提升个人业务技能和服务水平，更好地为广大师生员工服务。会议通报校园网出口升级、近期学校网安全、部门网站更新评比以及网络信息员评优等工作。

【举办上海民办高校“强师工程”信息化专题培训】 5月30日，由上师大承办的上海市民办高校“强师工程”培训项目启动，首个专项培训班——高校信息化管理人员专项培训班开班。来自本市民办高校的33位信息化管理人员参加培训。副校长高建华出席开班仪式并介绍学校基本情况、学校信息化建设与管理的成果以及学校开展教师教育改革，提升社会服务能力的举措。本市在高校信息化政策、规划、建设和技术管理领域的专家学者应邀授课，授课内容包括教育信息化相关政策解读、高校信息化建设与运维管理等。此次培训旨在通过高校信息化规划、建设、运维等各环节中涉及的技术与管理方法的专题学习，提高相关工作人员的管理素质，提升民办高校信息化工作的管理能力和水平。

【远程开展与美国高校信息工作交流】 7月3日，上师大在徐汇校区信息化办公室与美国加州大学北岭分校(California State University, Northridge，简称CSUN)通过视频系统召开信息技术工作交流会议。副校长高建华、国际交流处处长及信息化办公室部门领导参加会议。上师大信息办主任主持会议。参加会议的外方代表有：CSUN负责学校信息化工作的Hilary Baker副校长、校长助理Ben Quillian、CSUN中国研究所所长苏智欣教授以及负责CSUN网络基础建设和教学技术的高级主管。双方就如何推进IT人员互访工作的具体安排进行讨论，初步达成2013年学校派送IT人员前往CSUN进行访学交流的意向。会上，CSUN的两位高级主管分别介绍在CSUN实施的两项IT新技术：讲座捕获(Lecture Capture)及虚拟软件库(Virtual Software Library)。与会双方探讨了视频会议系统的使用方案并决定将此新举措服务于IT部门以及有合作项目的相关学院，为两校间的合作交流拓展高效、便捷的渠道。

(李若宝)

【信息化工作专题会议】 2012年，上师大围绕网络信息管理、信息化项目建设等专题召开信息化工作专题会议。7月4日，为强调网络信息安全，强化学院在校信息化建设与管理中的重要作用，学校召开信息化工作专题会议。副校长高建华主持会议，各学院分管网络信息工作的负责人参加。会议通报学院网络管理、信息安全、网站评比、技术培训、应用服务等方面的情况。12月7日，为推进信息化专项工作及强化网络信息员队伍建设，学校再次召开信息工作专题会议。副校长高建华、柯勤飞出席会议并讲话。各学院、部处和直属单位信息化工作分管领导及网络信息员参加。会议总结2012年度学校信息化工作，通报2012年部门网站评比活动情况，表彰2012年度优秀网络信息员和在学校部门网站评比中获奖的单位。

(顾益明)

【实现宿舍楼门禁全覆盖】 10月初，上师大奉贤校区28个宿舍楼门禁系统建设工程通过验收，实现两校区所有学生宿舍楼门禁的全覆盖。宿舍楼门禁系统建设是学校为加强校园技防建设而采取的重要措施。宿舍楼门禁系统包括后台管理系统和楼宇门控设备。管理员在管理系统中为每位学生分配他(她)所住宿舍楼门禁的开门权限。宿舍楼宇门口安装有读卡器连接门控设备，有开门权限的持卡学生只需把校园卡在读卡器上刷一下即能进入自动解开门锁的大门，无开门权限则无法进入。学校于10月9日召开门禁建设与管理会议研讨加强宣传和管理、提高门禁使用成效的措施，研究完善门禁系统日常维护流程，让宿舍门禁全覆盖更有效地助力校园安全防范，副校长高建华出席会议，资产处、信息办、保卫处、后勤等职能部门负责人参加。

(李若宝)

【"寝室网建设方案"获优秀创新案例奖】 10月20日，在上海高等教育学会校园网络专业委员会2012年会上，上师大寝室网络建设方案荣获"2012优秀创新案例奖"。2012年，学校通过与多个电讯运营商技术洽商，有效运用和整合运营商优质带宽资源和学校现有寝室网络驻地资源，首创性地形成学校与多运营商合作的寝室网络运行模式。学校已与电信、移动合作，寝室网络运行平稳。在学校现有教育网出口带宽下，寝室用户上网体验改善，选择多样化，可根据实际情况自由选择使用校园网(教育网)、电信或移动的宽带网络。

【干部网上考核系统建设获优秀应用案例奖】 12月15—16日，上师大"干部网上考核系统建设"在华东"六省一市"高校信息化可持续发展高峰论坛暨上海高等教育学会信息管理专业委员会2012年会上获优秀应用案例奖。2012年12月，根据新实施的处级干部考核办法，学校通过新开发的干部网上考核系统，结合学校短信平台及统一身份认证接口，实现干部实名上传工作小结，教职工短信接收验证码后匿名登录测评。

【以评优推进CMS网站全面改版】 4—10月，为有效动员全校各部门参与上师大主页、二级部门网站的改版工作，充分利用CMS信息集中优势和该系统的"换肤"功能，校办公室与信息办联合举办网站更新与改版评优工作。经过网站自我完善或整改、网上评比与单位自评、正式评比三个阶段，最终在参加评比的57个网站(包括学院、机关部门、专题网站)中评出一等奖2个、二等奖6个、三等奖10个、优胜奖12个。

(顾益明)

上海体育学院

【概况】 2012年，上海体育学院全体师生员工以校庆60周年为契机，以学院"十二五"发展规划与中长期教育改革和发展规划纲要确定的各项任务为目标，优化信息平台，加强了监控力度，提高运行稳定性。完成信息化二期的软件功能建设和部署，会同有关职能部门进行调整和试用。

【完成学校办公区域的无线网络覆盖】 上海体育学院在6月开始对无线网络进行规划和建设，共部署256个无线AP信息点，为校内师生提供无线网络接入服务，全面支持各种数据、语音和视频等移动网络应用，无线信号基本覆盖整个校园办公区，并实现了无线网络接入认证与校园网单点登录平台的有效集成，实现了无线网络的无缝漫游，为师生的学习、教学、科研和管理提供了有力的支持。

(罗海林)

【为校庆60周年提供网络直播技术支持】 在上海体育学院60周年校庆时，在学院大礼堂和第二教学楼的所有多媒体教室进行了庆典的实况转播，并使用校园网进行了网络直播，为全体师生员工和来校的校友观看庆典大会提供技术和设备支持。

(朱成磊)

上海应用技术学院

【概况】 2012年，上海应用技术学院继续完善、推动数字化校园辅助管理系统及应用，确保校园信息系统的稳定和安全，并加强与奉贤地区高校信息化建设协作交流。2012年，市教委对学校开展2011年度"高校信息化项目建设经费"绩效评价，该项目得分88.14分，绩效等级为"良好"。学校牵头召开了奉贤地区"高校信息化协作会暨存储技术研讨会"。分享信息化发展的工作思路，提出了奉贤地区高校信息化资源共享、技术交流的设想。

【"数字化校园辅助系统"】 本项目自5月投入建设，12月研制完成。公共数据库平台、网络视频会议系统、后勤管理系统、党务信息公开网经过试运行已正式验收结题。信息化项目"实践教学信息系统"进入试运行阶段。实践教学信息系统有8大业务板块，涵盖了学校实践教学的各种业务，如实验室管理、低值易耗品管理、实验室建设、实践教学管理、实验室运行报表等内容，还包括了实验室门禁管理等硬件建设。

【校级集中存储及灾备系统】 网络存储系统项目经过8个月的试运行，运行情况稳定，通过专家组验收。校级集中存储系统主要用以满足学校数字化平台业务、电子邮件、校园卡业务、图书馆电子资源等各类系统对海量数据存储的需求；灾备系统实现了信息化系统的异地容灾需求，实现了信息本地主备存储、同步镜像，远程定时灾备的网络存储架构，存储总容量达200 TB。今后学校可根据业务发展的需要，逐步扩充存储容量。

【奉贤校区弱电项目建成并投入使用】 实现了各楼宇间万兆光纤传输能力，楼内各配线间千兆光纤上联，百兆铜缆到桌面的系统，实现各类数据信息点15 000个，语音点 3 242 个；接入了 21 个楼宇火灾报警设备；建成 1 个安防中心控制室，红外报警 287 个、学生宿舍门禁系统 24 扇、紧急报警装置 33 个、小周界报警系统 113 对，视频监控摄像头 385 个；实现了消费子系统、考勤子系统、门禁子系统、电控子系统、水控子系统、多媒体查询子系统、圈存转账子系统、会议签到子系统、机房对接子系统、图书馆系统对接子系统、多媒体教室对接子系统和监控子系统等，上线各类终端及控制设备 5 000 多台，实现了校内支付和结算的电子化；引进 24 路 IPTV 作为节目源，预留一路电视信号作为教学频道用于播放会场和录播教室的电视实况转播节目，整个系统规模约 700 个终端点位，覆盖食堂、宿舍学生活动室、各会议室，体育运动场馆；建成了规模为 2 800 个各类喇叭的校园广播及紧急广播系统。

【启动信息系统安全等级保护测评工作】 经上海市信息安全测评认证中心对上海应用技术学院网站主页系统物理安全、网络安全、主机安全、应用安全、数据安全与备份恢复、安全管理制度、安全管理机构、人员安全管理、系统建设管理、系统运维管理共 10 个层面进行测评。在 166 个测评项中合格率为 67.1%，部分符合率为 21.9%，定级为“二级”。

（秦　凤　周　桓）

上海远程教育集团

【概况】 2012 年，上海远程教育集团(以下简称“集团”)按照集团“十二五”战略部署及贯彻学习“十八大”精神，继续以重大项目为抓手，整合内外资源，努力提升信息化应用水平和管理水平，信息化工作扎实推进，为集团和政府部门提供优质服务，打造终身教育公共服务品牌。

上海学习网正式上线运行，注册人数超过 120 万人，市区两级平台整合资源超过 8 000 门，总点击量超过 9 079 万；上海市终身教育学分银行正式挂牌成立，设置了覆盖全市区县的 42 个学分银行分部，37 个学分银行高校网点；承接上海市基础教育学生信息管理系统建设项目，将建立覆盖全市所有中小学生的学籍信息管理系统，并发放电子学生证；推进数字化教与学环境建设(即电子书包)项目，与美国 BRAINPOP 公司合作开展数字化科学教程的实验与研究，选择了 13 个学校进行学科试点等工作；推进长三角优质教育资源共享项目，具体落实 2012 年 200 所学校结对工作任务，长三角结对学校数达到了 1 198 所；完成 492 所上海市教育信息化应用实验学校项目，组织了 61 所项目学校的校长研修班，编辑出版 3 册《400 所农村中小学教育信息化项目报告文丛》；以教学平台建设为核心，完善和拓展网上教学综合平台的功能，开展教与学多模式支持系统、协作学习支系统、网上测试系统、数据分析及决策支持系统(二期)的建设和分校版网上课堂的功能升级；深化上海开放大学(以下简称“开大”)信息化建设，包括开大门户建设、开放学习资源平台建设维护和终身教育学分银行建设；拓展 400 所农村信息化实验校项目，拓展项目主要有“数字化环境下科学课的教与学探索实验项目”、“几何王数学软件应用推广项目”，其中科学课项目已完成 144 个项目资源的导读编写工作；开展资源库运维项目，资源库门户页面全新改版，完成资源增长 15%的目标，策划资源库微博推广，完成资源库宣传手册 4 期，每期印刷 1 500 本，寄送至上海市各中小学校，进行国际推广交流，积极推进核高基子课题——随身学 u 盘项目；推进上海终身学习云服务公共服务平台建设，进一步实现云应用系统整合实施，集成创设数字化云学习环境，通过云计算技术实现信息化应用的集约化、社会化、专业化；基于云技术、宽带技术与多媒体技术，探索全网学习、互动学习和移动学习的支持服务，准备筹建开放教学数字实验室。

【加快上海学习网建设和资源开放】 依托上海终身学习网建设“上海学习网”。已在试运行的“上海学习网”学习用户更加多样化，覆盖了社区教育、学历教育、职业教育、党员干部教育、中小学教师教育、老年教育等领域。平台系统更加开放，与已建学习网的长宁、浦东等 6 个区实现互联互通、资源共享。继续推进学习资源的开放，在 2011 年发布的三批 1 500 个开放学资源的基础上，2012 年分两批再次推出 1 000 个开放学习资源。6 月发布的第四批 500 个资源以“适用”为主题，重点围绕上海开放大学特色学院的内涵建设。12 月以“综合”为主题再推出 500 个系列资源，充分体现技术上的综合和内容上的综合，包括院士讲座、专题讲座、手机电影、职业技能特色课程等。截至 2012 年年底，“上海学习网”实名注册用户数超过 120 万，总访问人次达 9 079 万，资源库网站群总访问人次达 3.047 亿，总资源容量 15 T。

【上海市终身教育学分银行正式挂牌成立】 上海市终身教育学分银行于 2012 年 7 月 24 日正式揭牌并运行。市教委明确上海开放大学承担“学分银行”管理中心职能。已制定了 19 个专业的 532 门学历课程学分认定标准、469 个职业培训证书与学历教育课程的认定转换标准，并有 3 711 门/次文化休闲课程进入“学分银行”文化休闲教育课程目录。“学分银行”设置了覆盖全市区县 42

个学分银行分部，建立了包括普通高校继续教育学院、区业余大学、上海开大、自考办的37个学分银行高校网点。截至2012年年底，"学分银行"实名储户数达135 221名，学分转换按课程计算达7 529门次，转换学分合计27 831学分，积累的成绩记录已达1 400万条。

【牵头上海市基础教育学生信息管理系统建设项目】 上海市基础教育学生信息管理系统是上海市教委"十二五"期间的重大基础信息管理项目，将建立覆盖全市所有中小学生的学籍信息管理系统，并发放电子学生证。2012年投入4 000万元，预计到2015年累计投资将超过1亿元。市教委在上海市电化教育馆（以下简称"电教馆"）挂牌成立了上海市基础教育学生信息管理服务中心，面向140万中小学生提供相关服务，每年教委投入1 000万元维护经费。相关系统正由电教馆牵头建设中，项目服务团队也初步成型。该项目的落户，进一步确定了电教馆在市基础教育信息服务领域的指导地位。

【推进数字化教与学环境建设(即电子书包)项目】 通过与市教委基教处的沟通与配合，进一步明确了电教馆作为该项目市级层面领导小组办公室的定位，并做好了以下几个方面的工作：市级层面领导小组和专家组的支持服务工作；全市电子书包20多所实验校动态信息的收集，市级层面电子书包重大项目的跟踪协调工作；参与了华师大和新闻出版总署相关标准的研制及跟踪工作；率先启动了英语、数学和信息科技三个学科进行范本的研制；与美国BRAINPOP公司合作开展数字化科学教程的实验与研究，选择了13个学校做学科试点；基础教育电子书包智慧教室建设工作。

【推进长三角优质教育资源共享项目】 具体落实2012年200所学校结对工作任务，长三角结对学校数达到了1 198所，并将安徽省引入了该项目，超额完成了结对协议的任务；长三角优质教育资源网全面改版；完成了安徽12所学校与嘉定区12所学校的对接；12月18—19日在上海召开第三批千所学校的结对会议，教育部相关领导和四省市基础教育主管领导出席。

【完成492所上海市教育信息化应用实验学校项目】 经过五年的实践与探索，项目完成了预期的目标，各项目学校的信息化水平与中心城区持平，学校办学水平得到不同程度的提高。为进一步总结、提炼好的做法与经验，促进共享与交流，组织了61所项目学校的校长研修班，形成了一些具有一定推广价值的学校信息化应用案例与成果。在此基础上，结合市区推进策略与做法，编辑出版了3册《400所农村中小学教育信息化项目报告文丛》，真实地记载了五年来市、区(县)、学校同心协力推进项目的全过程，总结了项目参与学校共同的经验：各学校在应用实践过程中，把教育信息化应用与学校自身的办学特点相结合、与教师专业发展相结合、与学校日常教育教学相结合，明确学校自身在教育信息化背景下需要提升的空间，认真开展项目的实践与活动，为探索信息化如何促进城乡教育均衡发展提供大量丰富翔实、有实际参考价值的经验与资料。

【完善和拓展网上教学综合平台的功能】 为配合教学改革需求和上海开放大学建设要求，信息中心以教学平台建设为核心，完善和拓展网上教学综合平台的功能。"教与学多模式支持系统"形成了可调整、可兼容的架构调整机制；可配置、可调整的教学过程设计机制；可选择、可配置的个性化学习支持机制；多元实时的评价反馈机制；学历与非学历沟通机制；教学相长的协作共建机制。"协作学习支系统"引入社会化学习、协作学习理念，支持灵活创建各种学习群组或社交圈，提供更丰富、更易用的交互工具和手段，结合程序教学模式，以小组活动形式将协作融入教学场景和教学环节设计，强化用户体验，增强平台的吸引力。"网上测试系统"能满足全部网上形成性考核的要求，支持多种形式的网上形考，记录和统计过程数据及考试成绩，并与教学平台整合，实现网上形考与教学过程的双向结合。该系统同时支持学历和非学历的多种组织形式的网上测试要求，丰富了基于网络的考核方式与评价机制。"分校版网上课堂"功能升级后，在架构方面，支持多种课程分类方式，支持非学历学生参与学习，并与总校开放课程系统对接；在功能方面，增加了学习小组、教师团队、专业团队、班级管理、报表中心、课程评价等新功能；在数据管理方面，实现分校数据自动抓取和下发，并增强监控和日志管理功能。"数据分析及决策支持系统建设(二期)"能多渠道汇总业务数据，完善数据标准，进行数据分析和挖掘，为学校的业务决策提供更多支持。同时，完善数据仓库，建设综合查询系统，可以分权限、分角色灵活提供数据服务。

【深化开大信息化建设】 包括开大门户建设、开放学习资源平台建设维护和终身教育学分银行建设。开大门户包括平面门户网站和3D门户网站建设，已于2012年7月23日正式上线运行。3D门户网站已完成各主体建筑群的策划和建设，并已初具规模，经过多版本修订研讨，已逐步实现场景表现效果与用户访问体验感之间的平衡。围绕上海开放大学特色学院的建设和教学工作，开放学习资源平台于2012年上半年组织完成500个开放学习资源整合，主要包括城市公共安全、残疾人心理健康、老年人生活及保健、新农村建设、女性生活及健康等内容。整理开放大学1 500门课程目录，编目转码新进300门课程。上海市终身教育学分银行针对学分认证中心完成了对“合作高校”、“成绩证明”、“免修免考”等相关模块的功能改造升级工作，并牵头完成了需求变更、需求评审及开发的管理和落实，组织完成系统在功能、性能、信息安全等方面的测评工作。平台已于7月24日正式上线运营，针对上线后的系统运维形成了初步的系统运维方案。

【拓展400所农村信息化实验校项目】 为争取申报国家奖项，市教委决定该项目延伸一年。在通过第三方项目验收，达到预期目标的基础上，延伸工作主要围绕项目成果丛书的出版、农村教育信息化应用成果展示以及推进深度应用的拓展项目开展。从市、区、校三个方面汇聚了项目成果，撰写、整理材料30余万字，出版丛书3册。作为上海的代表项目之一，参加“全国中小学信息技术展演”活动，展示了项目成果。顺利组织了两次，共160余人次的校长培训工作。拓展项目主要有“数字化环境下科学课的教与学探索实验项目”、“几何王数学软件应用推广项目”，其中，科学课项目已完成144个项目资源的导读编写工作，并已建成“国际合作数字化环境下科学课的教与学探索实验平台”，目前已进入应用实践阶段，推出了4堂应用公开课，在突破科学课传统教与学的方式上已见成效。

【开展资源库运维项目】 资源库门户页面全新改版，完成资源增长15%目标，实现多媒体资产管理系统全面升级，开设“笔尖下的教育——名校精品校本资源展”，该专栏的资源由上海市第二师范附属小学提供三年级语文课课练资源40篇，经筛选和编辑，配合录音、图片、视频等素材，供教师和学生使用。策划资源库微博推广，开设了资源库的博客空间、微博平台、MSN资源库交流群等，用流行的网络工具开展了资源库的推广宣传，提升了资源库的人气和关注度，完成资源库宣传手册4期，每期印刷1 500本，并寄送至上海市各中小学校。全年接待参观共计128批次、1 173人次，其中接待省部级以上贵宾参观批次3次、共8人。进行国际推广交流，与美国圣地亚哥孔子学院、加拿大蒙特利尔孔子学院、香港教育学院语言资讯科学研究中心开展交流，探讨合作可行性。与美国ASCD合作的全网络培训课程共有60人次参加，有60%的培训人员通过了在线考试，形成可推广的新型培训学习模式。推进教育资源库与核高基子课题深度结合，积极推进核高基子课题——随身学u盘项目。

【推进上海终身学习云服务公共服务平台建设】 以“十二五”教育信息化规划为引领，以上海市经济信息化委高新技术产业化重大项目——上海终身学习云服务公共服务平台项目为抓手，组织实施终身学习云服务公共平台云基础设施调研及选型，多次组织专家会议，推进整体底层架构的落实；进一步实现云应用系统整合实施，集成创设数字化云学习环境，通过云计算技术实现信息化应用的集约化、社会化、专业化。探索与国家教育云平台的整合接入机制，实现国家级和市级教育云平台的对接。

【筹建开放教学数字实验室】 为了深化教育教学与信息技术的融合，加快现代信息技术引领教育教学模式改革，基于云技术、宽带技术与多媒体技术，探索全网学习、互动学习和移动学习的支持服务，准备筹建开放教学数字实验室，开展开放式数字化教学体验与测试、质量评估、远程教育应用软件研发、网上互动学习和数字化教学推广应用共性关键技术等的探索，该研究基地正准备申报上海市工程技术研究中心。进一步加强与华东师范大学合作创建的博士后科研创新基地建设，努力培养高层次人才，为信息化技术在开放远程教育中的应用提供更加有力的支撑。

（黄复生　丁　苑）

二、文化领域信息化

概况

2012年是“十二五”规划承上启下的关键之年，宣传系统信息化工作按照市委提出的“创新驱动、转型发展”的要求，紧紧围绕“上海市文化发展‘十二五’规划”和“宣传系统信息化发展‘十二五’规划”的工作要点，狠抓宣传系统“十二五”信息化重点项目建设，扎实推进信息安全综合保障工作，充分发挥信息化在新媒体发展和信息资源开发利用等方面的作用，各项工作取得积极成效。

落实规划，加强重大信息化项目推进力度 2012年是深入实施《上海宣传系统信息化"十二五"规划》提出的目标、任务的关键之年，在部领导的关心重视下，宣传系统各单位积极行动，制定合理计划，大力度推进重点项目建设。市文明办基本完成了上海志愿服务项目发布管理平台建设。在原有志愿者网的基础上进一步拓展功能，增加了站内信、项目评论功能，有效推动了志愿者与组织者的互动。截至2012年11月20日，注册志愿者为1 280 529人，累计发放上海志愿者证60万张。上海图书馆切实做好中心图书馆"一城一网一卡一系统"服务平台建设。完成了对支撑中心图书馆"一卡通"的图书馆集成管理系统的增能开发，突破了馆址瓶颈，使集成管理系统具备支持500家以上的分馆和服务点的能力。截至10月底新增开通"少儿一卡通"分馆和服务点43家，新办少儿证超过5万张，新办"一卡通"普通证88 353张。目前"一卡通"流通馆藏量超过930万册，年异地通借通还量预计将超过3 300万册次。"一城一网一卡一系统"服务平台已成为全球超大型的城市图书馆联合体。东方网基本完成了"基于云计算的电子政务示范应用"项目建设。通过新IDC安全托管机房的建设工作，整合机房、安全管理、存储和异地灾备等技术与产品，形成一个为互联网公共文化产业提供资源外包服务的基地。利用云技术的超强计算能力、低成本、高安全性等特性，以云平台方式提供统一的系统运维、改造、升级服务，尝试为本市各类政府机关构建含有云服务概念的电子政务类应用。例如，建设"民主党派电子政务信息资源共享系统"，为上海八家民主党派提供电子政务服务的云政务平台等。东方社区信息苑完成上海市社区文化活动中心中央信息管理系统建设。通过开发日常业务管理系统、互联网平台、活动人群信息管理系统三大板块，为全市各社区文化活动中心提供规范化、系统化管理平台，提供社区文化活动中心绩效评估数据支撑，实现各级主管单位对活动中心数据的实时采集、动态分析及决策管理。此套信息管理系统是全国首个基层公共文化服务设施管理系统，已实现对全市社区文化活动中心的全覆盖。

采取措施，确保"十八大"期间网络系统正常 2012年是党的"十八大"召开之年，为确保"十八大"会议期间网络和系统的正常运行，宣传系统各单位采取措施，周密部署，加强网络安全管理，确保各项工作落在实处。市文广集团包括电视台、东方网、上影集团等单位以安全为第一要则，克服保障工作时间长、跨度大、任务重的困难，针对互联网站、业务网、办公网以及网内运行的信息系统，结合其应用特性和保障要求，从内容把控和技术防范两方面部署了多项保障措施，包括严格内容审核把关，加强技术防范措施力度，合理安排值班、内容监控力量，规范人员培训和应急演练等，确保了集团网络和信息系统在重要保障期间安全平稳运行。市新闻出版局通过加强工作机构和制度建设，严格工作责任制，加大技术保障力度，加固防火墙策略，加强应用系统用户管理，加强预警信息采集，提高应急处置能力，开展专项检查等一系列措施确保系统正常。解放日报报业集团通过完善和优化解放日报与系列报刊采编系统，形成互备机制，确保任意时间一旦有任何一台服务器崩溃，都不会造成数据丢失，同时制定和落实集团出报业务系统应急处置预案，并安排骨干力量加强24小时值班工作，保证重要时期的出报业务系统能正常运行。文新报业集团则围绕采编管理、安全管理、信息管理和网络管理等方面进行部门安全应急演练，通过应急演练，及时调整集团互联网安全应急方案、集团网络故障应急方案、卫星传版故障应急预案等，保障各系统的安全运行。市社科院推行规范化管理，通过升级邮件系统和身份认证系统、改造存储系统，进一步满足用户需求，消除信息安全性隐患，提高性能和可靠性；同时，通过"僵尸网络"监控和漏洞扫描服务，全方位的掌握网络安全状况，确保网络安全。市委宣传部进一步强化宣传系统信息安全服务平台功能，通过技术手段，帮助宣传系统各单位查找网站和应用系统最脆弱的环节和安全隐患及漏洞，消除隐患。同时，还积极做好信息化建设咨询、IDC机房服务、信息安全技术支持等内容的服务，切实做好宣传系统信息安全保障工作，提高各直属单位信息安全防范能力，确保重要敏感期间宣传系统网络信息化系统零故障。

创新驱动，加快新媒体研究开发建设步伐 2012年信息技术的飞速发展，使各种新的媒体形式迭现。宣传系统各单位全力以赴，做好新媒体的研究、开发和建设工作，信息技术创新能力得到进一步增强。上海广播电视台（SMG）与新浪达成战略合作，联手推出社交电视类应用产品——"百视通看点"，共同探索社交电视新模式，推动中国智能电视产业和社会化媒体发展。上海文广互动电视有限公司牵头《超高清超媒体制作与管控技术研究》，围绕超高清（4K分辨率）和超媒体两条主线，以CRUISE"可控可管性(Controllable)、深度关联的多源性(Richer-media)、泛在性(Ubiquitous)、浸润性(Immersive)、社交性(Social media)和智能学习型终端(Experience)"等为目标，展开制作与管控技术的研究。百视通新媒体股份有限公司与中国国际广播电视网络台互联网电视运营商国广东方网络(北京)有限公司合作,携手推进互联网电视业务;成立百视通新媒体研究院,专注在国内的新媒体企业中进行新媒体应用、多媒体终端产品、用户行为与交互体验的研究与创新。解放日报报业集团积极推进电子阅报栏项目建设,截至2012年年底,在上海主要街道社区、公共文化单位、政府办事大厅、公安、医院、宾馆酒店等公共场所布点600多台,未来计划在2—3年内完成在上海地区布点超过2 000台,并形成一定的商业模式。同时,解放日报报业集团与上海联通和上海电信等运营商一起,开发了免费手机报——上海i生活,总用户量已接近100万。上海日报以iDEAL品牌为基础,成功推出与用户互动的iDEAL Shanghai. com英文生活资讯商用新媒体平台,覆盖网站和基于IOS系统的智能手机的移动平台,成为居住在上海的海外人士掌握上海生活服务资讯,以及面向海外消费者提供服务的商户与其目标受众直接交流的重要平台。世纪出版集团以优质的内容为核心,在不同媒体上推出了一大批数字出版产品,将出版内容与新媒体相结合,实现复合出版的概念和多种形式的新媒体呈现:《故事会》、《大众医学》等杂志全面进军手机阅读领域,《上海壹周》传媒公司开发和实施基于App Store的《壹周全媒体资讯平台》等。

(钱江燕)

公共文化信息资源开发和服务体系建设

【社区文化活动中心中央信息管理系统基本建成】 2012年,作为全国首个基层公共文化服务设施管理系统,社区文化活动中心中央信息管理系统建成投入运行。该系统以文化活动中心信息化管理为基础,以科学链接服务人群与文化活动中心为重点,整合并发布社区公共文化服务信息及相关资源,从而有效服务于市民百姓、服务于基层文化服务阵地、服务于各级文化主管部门。2012年,共举办7期"社区文化活动中心中央信息管理服务系统信息员"培训班,累计完成培训信息员197人,涉及文化活动中心176家。

(吴鹏宏)

【搭建多渠道公共文化服务信息发布平台】 为提高公共文化信息市民知晓率,让市民实时、多维度地获取全市公共文化服务信息,2012年,上海全面搭建公共文化服务信息发布平台。一是整合全市公共文化服务信息制作文化地图。为适应新媒体时代需求,在完成纸质版地图的基础上,同步制作了网络版文化地图和手机版App应用程序,引导市民走进文化场所,并且先期推出纸质版"文化上海"系列指南(共8个主题)及《书香上海地图》2012版。二是借助现有的信息发布渠道。充分利用东方社区信息苑专网、社区数字家园网、人民日报电子报栏、社区文化活动中心中央信息管理平台信息发布窗口、东方宣教中心手机短信平台、社区电子宣传栏等,发布公共文化服务信息。

【数字图书馆建设全面展开】 根据国家对数字图书馆的技术支撑环境要求,上海2012年已全面完成包括网络与安全建设、自动化系统扩充、存储扩充、RFID接入等市区两级数字图书馆硬件升级配置。开展了数字图书馆课题调研,并制定数字图书馆虚拟网建设方案,推进多层次、多样化、个性化的数字图书馆服务平台建设,建立本市数字图书馆资源库群共建共享机制。建成后的数字图书馆将拓展传统图书馆的内涵和外延,提升多样化的用户体验。上海市还将在数字图书馆建设实践的基础上加快数字博物馆、美术馆和音乐馆的建设,进而将全市公共文化服务数字化内容集中在同一网络平台,打造城市公共文化数字云。

(马丹华)

东方社区信息苑建设

【概况】 东方社区信息苑是上海市实事项目的配套工程,由上海市委宣传部、市文明办、市经济信息化委、市文广局等单位于2003年10月联合推出。2012年,按照"补缺均衡、健全共享"的建设目标,全市新建信息苑10家。截至2012年年底,全市17个区(县)220个街道(镇)及行政村共建设379家东方社区信息苑和1 669家东方农村信息苑。同时,已建成并对外开放的农民工服务点有嘉定区江桥镇太平村、马陆镇九州公寓、松江区车墩镇高桥村、新桥镇新华公寓和闵行区莘庄工业区鑫泽阳光公寓5家。

2012年度,东方社区信息苑作为文化共享工程上海基层服务点,年举办各类公益活动42 596场,服务受众达1 120 722人次;举办各类公益培训及讲座15 842场,服务受众达215 553人次。年度服务总人次达17 410 813人次。东方社区信息苑已逐步成为以未成年人、老年人和农民工等弱势群体为重点服务对象、保障人民群众基本的网络文化需求的重要服务阵地。

【优化数字家园网站,搭建居民信息互动平台】 由东方社区信息苑开发的社区数字家园网站(021u. com)于

2012年2月上线，独家首创了包含各小区基本信息、在线地图及相关街镇居委信息的居民小区数据库，该数据库覆盖全上海所有居民小区（近2万个），是国内最大也最全的城市居民小区数据库。针对居民需求推出了社区“热线呼应”、邻里交流论坛、二手交易圈组、房屋租赁板块等，通过打造安全可靠的实名制平台，让小区居民进行交流互助、维护和拓展邻里人际关系。同时结合基层电子政务的创新实践，社区数字家园网站将初步呈现出“共建和谐社区”的作用。其中，借助社区数字家园平台开展的“健康减重一百吨”等全市性公益活动，数万名居民报名参与，丰富了文化生活，创造了良好的社区文化氛围。

【文化共享惠及农民工，量身定制特色信息服务】 截至2012年年底，东方社区信息苑已建成并对外开放的农民工服务点有嘉定区江桥镇太平村、马陆镇九州公寓、松江区车墩镇高桥村、新桥镇新华公寓和闵行区莘庄工业区鑫泽阳光公寓5家。农民工服务点针对其人员结构特点开展各种特色服务及培训，受到了外来务工人员及其家属的极大欢迎。另外，东方社区信息苑300余个网点还同步开展了“万民外来务工者金融知识培训”及“指导外来务工者网购春运火车票”等公益活动，取得了良好的社会效益。

【线上线下有效联动，开展文化信息化特色活动】 2012年，东方社区信息苑在提供社区文化服务时，在保障基础服务、特色服务的前提下，对接群众需求，不断创新活动形式，不断丰富活动内容，举办了特色培训、竞赛及其他形式的特色互动活动，实现了公共文化服务规模和品质的双重提升，实现了公共文化服务功能在基层踏实落地。

1. 举办计量科普知识竞赛，信息手段普及计量知识。东方社区信息苑在市质监局的指导下，开展“计量：经济发展的基石、和谐生活的保障——‘5·20’国际计量日知识竞答系列活动”。16万余名社区居民参与计量知识答题，掀起了上海市民学习计量知识、应用计量知识的热潮，让越来越多的人了解计量在科技、生产、生活中的重要作用，掀起社区学计量用计量的热潮。

2. 非物质文化绝学走进社区，民间手工艺秀出新精彩。东方社区信息苑通过“社区数字家园”开展“非遗绝学进社区”民间手工艺品系列评比展示活动。社区居民通过“社区数字家园”进行网络报名，并以网上递交作品照片的方式参与比赛，极大地调动了居民参与非遗活动的积极性。活动经过海选、初赛、复赛等流程，不仅甄选出一批优秀的非遗作品，还传播了非遗文化，帮助非遗文化在社区落地。

3. 国家版图知识普及竞答，少儿手绘地图掀起热潮。东方社区信息苑承办的国家版图知识竞赛与少儿手绘地图大赛系列活动，帮助公民认识到国家版图的重要作用，更在全社会形成正确使用中国地图的社会氛围。东方社区信息苑共接待4万居民线上答题。同时，“中图杯——全国少儿手绘地图大赛”借助全市300家东方社区信息苑门店，迅速在全市青少年学生中形成了号召力，大赛共征集到1 400多幅参赛作品。

4. 政务微博培训街道干部，执政为民又添新举措。随着新媒体时代的来临，政务微博的作用逐渐凸显出来。东方网与东方社区信息苑针对居委、街道干部开展了“政务微博”培训，旨在通过对政务微博相关知识的专业培训，帮助街道（镇）、居委会干部通过微博平台更直观地了解民情，及时解决居民的实际问题。

5. 未成年人快乐天空暑期乐，竞赛诗歌手工培训忙。2012年暑期，东方社区信息苑举办第六届“快乐天空”青少年暑期系列活动。活动包括禁毒教育、国防教育、计量科普知识竞赛、青少年网络电脑培训、手工制作等，受到了社区青少年的欢迎。活动得到了上海市文明办、市网宣办、市教卫党委、市教委、上海市群众艺术馆等机构的大力支持，为上海160万未成年人提供了丰富的暑期活动。活动致力于为青少年群体营造健康快乐的暑期生活环境，解决家长的后顾之忧。

6. 工商、社区、居民三方联动，构筑社区反倾销防护墙。为了向居民普及“抵制传销”知识，帮助居民认清传销真面目，从而远离传销，东方社区信息苑在市工商局的指导下承办了“抵制传销进社区”系列活动。活动通过东方网和东方社区信息苑300家实体网点、“社区数字家园”网站和《东方社区》报，在居民家门口打造集“抵制传销”知识有奖竞答、“抵制传销”知识普及讲座、在线访谈等于一体的线上线下整合联动“抵制传销”新模式。

7. 万名进城务工者金融知识教育系列活动正式启动。由东方社区信息苑承办的“金融让生活更幸福”万名进城务工者金融知识教育活动正式启动。通过全市300家东方社区信息苑，使一万名进城务工者可以免费接受金融理财培训，促进上海经济社会健康持续发展，满足进城务工者日益增长的理财需求，为他们提供一个崭新的“金融理财知识”学习平台。

【一苑一品打造特色品牌，网点致力主动化服务】 2012年，东方社区信息苑提出“一苑一品”使信息苑在完成总部规定动作的同时，有了一定的能动性和创造力。各种各样的活动内容，扩大了信息苑在当地的知名度，也激发了门店和区域的活力。现在，信息苑几乎每周都有讲座或活动，内容丰富多样，从艺术到理财，从养生到编织，从交通到化妆，凡百姓日常生活所及，都可为题，有时演播厅还会“爆满”。这些非上网活动，为提高门店上座率和会员量开辟了新途径。

（信息苑）

数字新媒体发展

【2012 上海网络视听产业概况】 2012 年，上海网络视听企业继续保持高速增长，增长速度近 100%。行业控制版权成本，增加自制内容，自制网络剧、微电影、自制栏目总时长同比增长 80%；自制能力明显提高，部分自制网络剧和自制栏目成功分销到上星频道播出。上海地区 IPTV 用户达 170 万户，智能电视一体机活跃用户 300 万台，手机电视本地月使用用户近 500 万户。

【2012 中国(上海)网络视听产业基地】 中国(上海)网络视听产业基地是目前国家广电总局批复的唯一一家国家级网络视听产业基地，位于紫竹国家高新技术产业园区。2011 年 12 月，国家广电总局就推进基地建设，与上海市人民政府签署部市合作协议。2012 年，基地内企业实现总产值超 6 亿元，与 2011 年度的基地企业总产值 1.9 亿元相比，增幅达 200%，基地内新引进企业 25 家，基地集聚效应初步显现。2012 年，作为张江国家文化和科技融合示范基地的重要组成部分，基地正式获批成为全国首批国家级文化和科技融合示范基地。

（冯 婷）

数字出版

【张江数字出版体验中心落成】 由上海张江国家数字出版基地携手方正信产集团共同设计建造的我国首个数字出版体验中心——张江数字出版体验中心于 2012 年 8 月落户上海张江国家数字出版基地，并正式向公众开放体验。体验中心回顾了我国出版产业发展历程，以体验互动的形式集中展示了张江国家数字出版基地建立以来入驻企业的优秀成果。

【上海数字出版产业发展】 2012 年，上海数字出版产业营业收入预计达 360.2 亿元，同比增长 29.5%。上海拥有总署核发的网络出版许可的企业 59 家，比 2011 年新增 11 家，同比增长 23%。

（范张文）

【上海文广影视网上行政审批平台概况】 上海文广影视网上行政审批平台于 2010 年正式上线运行。经过 2012 年升级改造后，实现了再造审批流程、缩减报批事项、加强监督机制，使上海市文化广播影视管理局局机关、局受理中心及 17 家区县文化(广)局等各部门突破时间和空间的限制，打破电子政务系统重复建设造成的信息壁垒、权力壁垒，形成一个整体面向社会及为公众提供人性化服务和有效管理的网上行政审批大平台，打造出一个集服务型、集约型、电子化为一体的新型政府模式。

（符慧君）

解放日报报业集团

【概况】 解放日报报业集团(以下简称“集团”)以中共上海市委机关报《解放日报》为旗舰，拥有系列都市、各类生活服务类报刊等十余种，在上海拥有强大的主流舆论影响力。

解放日报报业集团 2012 年的信息化工作主要围绕以下方面展开。(1) 确保集团整体搬迁至莘庄新大楼后，信息化系统的安全稳定运行；(2) 完善应急保障预案，确保解放日报与系列报刊传统出报业务正常开展；(3) 完成国家版权局对集团正版软件工作的检查；(4) 探索新闻宣传的数字和网络化转型，推进发展电子阅报栏项目；(5) 实施民国历史照片数字化并建立历史照片数据库；(6) 方便读者进行后续阅读和互动，正式上线解放牛网二维码应用后台；(7) 手机报业务在冲击下总体良好推进；(8) 集团与腾讯公司战略合作，启动大申网项目。

【集团新大楼信息化系统安全稳定运行】 解放日报报业集团于 2011 年 10 月搬迁至莘庄大楼后，集团大楼网络系统覆盖面大幅提升。新大楼局域网络干线采用万兆光纤传输等级，平面为 6 类双绞铜缆线，用于服务集团采编、上网与办公等系统。局域网络通过网段划分还支持弱电通讯网络，用于楼宇安防、食堂 POS 机与大堂视频播放系统。新大楼还建立了覆盖 1 号、2 号楼宇的 300 M 智能无线接入网络，用于笔记本电脑和手机等手持移动设备移动办公。集团互联网访问服务作为集团所有部门(单位)上网的唯一通道，承担了巨大的技术考验。为确保互联网访问 24 小时畅通，集团分别采购了电信公司 50 MB 与联通公司 50 MB 专线接入，2 条线路既可互为备份，又起到负载均衡的作用。上网通路上部署有企业级防火墙、安全防御产品和上网行为管理设备，为集团用户提供较可靠安全的上网服务。

为实现对机房服务器和网络设备的24小时监控，信息技术中心建立了一套集中报警平台系统，当出现故障时，报警系统将自动发送报警信息到工程师值班手机上。

【传统出报业务正常开展】 2012年是中国共产党第十八次全国代表大会召开的重要一年，作为集团内重点保障的信息网络应用系统，集团采编和图片系统必须确保安全有效。

以《解放日报》为例，采编系统采用了跨平台多机负载均衡，运行环境由SUN V245、SUN M4000两台小型机组成，每台小型机上都有完整的数据库和应用发布程序，任何一台都可以独立承担系统正常运行的任务。在两台小型机之间建立了互备机制，数据库互为实时同步。任意时间一旦有任何一台服务器崩溃，都不会造成数据丢失，保证工作正常开展。

信息技术中心制定落实集团出报业务系统的防灾备份方案，在新闻大楼的采编记者楼面搭建了采编备份服务器、拼版备份服务器、备份网络交换机，在主机房服务器或主网络发生故障时能快速进行切换，保障夜班出报流程顺利运行。

【软件正版化工作】 解放日报报业集团一贯重视正版软件知识产权保护工作，自集团采编流程实现无纸化办公以来，采购的电脑都是预安装OEM正版Windows XP或Windows 7专业版操作系统的品牌商用机，服务器安装正版Windows 2003和Windows 2008等操作系统。防病毒、办公、拼版等软件也是根据实际需求，通过招标采购。

新闻出版总署于2012年年初下发《关于推进新闻出版行业企业使用正版软件工作的通知》，信息技术中心按通知要求对集团电脑进行正版软件清查整改工作，确保了操作系统、办公和防病毒软件为正版的授权软件，并对主机的软硬件信息进行了台账登记。为加强正版软件的使用管理，信息技术中心还制定了软件资产管理制度。

9月26日集团顺利接受国家版权局软件正版化督查组的飞行检查，督查组在检查后对集团正版软件工作给予了高度评价。

【推进电子阅报栏项目】 《新闻出版公共服务体系建设"十二五"时期规划》明确了对公共阅报(栏)屏的规划。在政策导向和市场需要的双重推动下，集团决定于2012年加快部署推进已经尝试了一年半的电子阅报栏项目。

项目启动以来，集团已投入近500万元用于基础建设及电子阅报栏终端铺设，已在上海全市布点600多台，主要分布在街道社区、公共文化单位、政府办事大厅、公安、医院、宾馆酒店等公共场所。未来计划在2—3年内完成在上海地区布点超过2 000台，并形成一定的商业模式。

电子阅报栏立足于上海本地，以新闻内容阅读、公共信息发布、个性化定制服务为三个主要功能模块。内置七天《解放日报》供读者随时回顾；支持日期及版面快捷选择、字体放大/缩小等多种人性化功能，为读者提供全新的互动式党报阅读体验。"新新闻"全天候发布最新资讯供读者即时掌握，内容均由集团采编团队制作、审核、发布，确保信息内容的合规安全。电子阅报栏除报刊内容外还提供各种多媒体信息以及公共信息，还可以解决上海地方政府、企事业单位等机构自我宣传及定制化信息服务的需求。

电子阅报栏硬件部分包括前台红外触摸一体机及后台发布、制作服务器和网络设备；软件平台为C/S架构模式，分为信息发布客户端和信息发布管理两块内容。终端由服务器统一远程管理，每日以固定频率自动抓取内容并更新；根据场地方需求自动开关机，减轻物业管理压力，更体现节能环保的理念。

随着公众对信息需求的多样性和个性化，集团未来将充分利用自身丰富的媒体资源，逐步增加电子阅报栏可供阅读的报刊种类，增强信息的提供能力，还将开发智能识别读者信息需求并为其提供所需的个性化信息服务等功能。

【民国时期历史照片数据库的建设与应用】 1949年后，解放日报社全盘接管《申报》和《新闻报》的资产，包括所有民国时期有关全国与上海的图书报刊资料和照片，是解放日报报业集团的珍贵图片资源。因年代久远，部分纸质照片出现霉变与发脆，需要对老照片采取抢救性保护措施，并进行数字化加以开发利用。

实施民国历史照片数字化并建立历史照片数据库涉及四大环节。一是清点老照片数量并分类编目；二是制定老照片数字扫描及标引的原则与规范；三是配套建立历史照片数据库的使用与管理网站；四是完成照片数字化及标引后的批量入库工作。

为降低建设费用并增强软件的可维护性，历史照片网站采用Windows2008操作系统＋SQL2008数据库作为基础支撑平台，软件采用微软的ASP. NET4. 0＋C＃编程工具开发。历史照片网站部署在报业集团内部网络，利用两台惠普DL380G5服务器通过扩充硬盘阵列构成一个主站一个备站，随时可以相互切换投入使用。

经过半年多时间的努力，民国时期历史照片的数字化工作和数据库及其网站建设于 2012 年 7 月全面完成，并通过了市新闻出版主管部门组织的项目验收。

【解放牛网二维码应用后台正式上线】 2012 年，解放牛网二维码应用后台正式开发上线。二维码后台是利用现有二维码技术进行内部整合、便于报刊记者编辑使用的后台。主要针对集团报刊、内部记者编辑这一特殊用户群，其基本目的包括：在后台生成二维码，生成简单活动的 wap 和 web 网页，按需发布在报刊上；对已发布的二维码进行修改、美化等管理工作。报刊版面有限且不灵活，通过放置二维码，能让读者登录 web 网页进行后续阅读或互动。比如在各报刊头版放置二维码，链接至官网电子报、微博；再比如将集团文化讲坛活动抢票地址刊登在报纸新闻后面，链接到网站活动页面；借助二维码，读者看报纸可以对某篇文章进行评论，同时查看版面无法全文刊登的内容；摄影记者拍摄的大量图片也将不受版面限制，可以通过二维码传送到读者手中。

【手机报项目推进良好】 2012 年度，手机报广告和企业第三方信息服务经营收入保持稳定，并实现了小幅增长。随着智能手机的逐渐普及，收费手机报——i-news 的用户规模受到了一定的冲击，阻碍了手机报广告收入的增长速度。为了降低收费手机报广告收入停滞的风险，2012 年集团与上海联通和上海电信等运营商开发了免费手机报——上海 i 生活，总用户量已接近 100 万。在企业第三方信息服务方面，市场需求比较旺盛，2012 年客户类别和数量均有所增加，主要增加了地产新盘推荐和电商类信息化应用，还为《申江服务导报》美食评选提供通道支持。

手机报由于技术标准相对简单，难以满足移动互联网时代日益增长的即时、丰富和个性化等阅读需求，因此，需要积极利用移动互联网的新技术和新平台，如在微博、微信平台上开发新产品，挖掘用户数据，提升数字营销和社交化营销能力，实现媒体、用户和广告主的高效互动和智能融合，带来新的增长点。

【大申网项目启动】 解放日报报业集团积极加强对外合作，深耕本地土壤，先后派出调研小组前往重庆、广州、武汉等地走访大网公司和合作报业，从合作利弊、企业规模以及盈利、网站影响力及后续发展等多方面深入调研。基于对自身的策略判断，根据调研分析报告，集团决定与腾讯公司战略合作，启动大申网项目，致力于成为上海地方生活门户网站。

解放日报报业集团与深圳腾讯公司强强联手打造的大申网，于 2012 年 7 月 18 日正式上线，已经开通申活通、申独家、品质生活、摩登上海、好白相、微上海、视觉上海等频道和社区板块，上线后用户群体数量增长迅猛，网站流量和点击率位居上海区域网站领先地位。

（沈峥嵘）

文汇新民联合报业集团

【概况】 2012 年，随着新媒体的迅速崛起，文汇新民联合报业集团(以下简称“文新集团”)加快了传统报业集团向现代报业集团结构转变的探索，不断推进建立服务于集团各媒体的信息化服务技术平台。2012 年，文新集团全媒体联合行动平台在伦敦奥运会期间再立新功，为集团奥运宣传报道任务保驾护航。集团搭建的全媒体数字中心以其新颖多样的数字化会议模式成为集团形象的新亮点，受到集团各部门的欢迎。以文新集团作为主课题单位的平面媒体出版灾难快速恢复技术项目进入全面实施阶段，使集团出报数据信息的抗灾能力大幅提升。随着手机、平板电脑等移动 IT 设备的普及，集团结合新基地建设的推进，统一建设移动应用平台，推出移动办公模式。集团加大技术创新力度，自行研发的项目获得广泛好评。集团历时三个多月，普查近三千台电脑的软件安装情况，大力推进软件正版化工作。集团部署无线网络管理系统，利用技术手段管理大幅增加的无线网络用户。由文新集团承担建设的个性化信息支持服务系统顺利完成验收，并投入实战运行。上海日报进一步探索新媒体产品，继成功推出 iDEALShanghai. com 后，报网互动、移动应用、社交平台等新媒体产品均有长足发展。

【文新集团全媒体联合行动平台再立新功】 2012 年是伦敦奥运年，文新集团充分利用世博联合行动平台和所用的设备，根据伦敦奥运会的特定要求，对平台的界面进行更改、对平台的栏目进行调整、对平台的用户进行设置、对平台的信息进行整理、对平台的各类接口重新测试。历时近两个月，搭建了集团伦敦奥运联合行动平台，进一步探索媒体整合、资源共享、服务支撑机制。随着集团移动设备使用率的不断增加，集团此次还自主研发了伦敦奥运联合行动平台手机版，使集团用户通过手机或者平板电脑第一时间浏览联合行动平台上的稿件和图片，不但提高了前、后方采编人员的工作效率，还扩大了联合行动平台的影响力。伦敦奥运联合行动平台在奥运会期间平稳顺利运行近三个月，确保各媒体奥运信息及时准确地获取。平台自动导入奥运相关信息近7万条，集团奥运特派记者通过该平台安全发稿，总量达到1 041篇，日均发稿达到55篇，其中集团各媒体用稿量达到2 664篇。奥运开始后，技术保障分前、后方同时进行。特派前方技术人员为一线记者提供技术支持，保证了他们的顺利发稿。后方的技术保障团队对伦敦奥运平台实施24小时全天候监控，并及时解答奥运QQ群上的各种问题，给予奥运采访报道的编辑记者提供全方位的技术支持，为奥运宣传报道任务保驾护航。

【文新集团全媒体数字中心成为新亮点】 2012年，文新集团采用高科技的数码产品、北京奥运和世博联合行动平台的数码设备，利用创新的技术手段，搭建的集文字、音频、视频展示于一体的全媒体数字中心以其新颖多样的全媒体数字化会议模式，迅速受到集团各部门的欢迎。全年各种业务交流探讨会、培训会、编前会、评审会、午休培训沙龙、在线测评、多媒体电子教学等累计使用率达到每周3次以上，接待参观200多人次，成为展示集团形象的新亮点。全媒体数字中心位于文新大厦9楼。数码设备包含2个既能3屏独立显示，又能3屏合成显示的大屏幕活动展示墙，中心的每个座位都能清晰地看清大屏展示的内容；4个互动电子屏集中展示集团新媒体群，拓展现代数字化媒体展现形式；3台大屏电视24小时直播国内外新闻频道的电视节目，国内外电视资讯尽收眼底；42台电脑安装了电子教室系统，使各类培训的功能更强大，更有互动性，更具可操作性。全媒体数字中心为集团的采编人员提供了信息墙和编前会系统。集团信息墙将各类最新信息深度挖掘、高度汇总，使采编人员时刻掌握最新信息；编前会系统与集团目前使用的采编系统无缝衔接，实现发稿单电子化，让报社总编和各采编部门主任在召开编前会时就可对稿件直接进行讨论和操作，大大提升了出报效率，集团也是全国第一家实现发稿单无纸化的报业集团。

【文新集团市经济信息化委资助项目全面实施】 2012年，以文新集团作为主课题单位的上海市经济与信息化委员会安全类攻关立项项目——“平面媒体出版灾难快速恢复技术”全面启动，各方面工作都有序推进，先后完成需求调研、系统开发、项目实施等工作。

本项目比以往企业数据备份技术和系统建设有极大的改进，根据平面媒体行业特征，构建平面媒体生产过程中任意节点恢复和准实时复制，实现系统的冗余和数据快速恢复，从而保障平面媒体出版平台的持续运行。系统将多台业务服务器的海量数据备份到远程异地的备份设备中，秒级别的备份周期对数据的保护程度远远高于传统备份系统。系统采用准实时增量复制技术，将源系统的海量数据复制到异地目标系统，使源和目标及时保持同步，使容灾系统对主业务系统的压力影响减小到最低。系统通过在应用系统层捕获变化，进行数据备份的方式，可实现主备系统在不同硬件设备之间、在不同操作系统之间、在同一应用系统不同版本之间的数据复制，极大地降低了系统的投入成本。

系统是针对平面媒体行业的制作流程的每一个环节，因此在全国平面媒体有广泛的推广和使用价值。

【文新集团移动应用平台投入建设】 随着手机、平板电脑等移动IT设备的普及，文新集团结合新基地建设的推进，一种新的办公模式呼之欲出。集团继推出无纸化采编办公、远程采编办公之后，对移动采编办公的需求日益增强。2012年，文新集团投入建设移动应用平台。平台建立了集团移动应用门户，基于目前集团内部实际使用的应用系统，进行相应整合，开发这些系统的移动应用功能。移动应用平台包括：移动采编、移动办公和会议协同等系统。移动采编实现在手机、平板电脑上发送文字、图片、音视频、签发稿件、审核大样等功能。移动办公实现通过移动终端在线办文、查阅一周安排、会议纪要，同时还可在线查阅经管系统中的一系列经营数据、财务报表和人员信息等。会议协同实现各部门在紧急、特殊情况下的团队合作。例如，前后方人员即时通讯、资料查询、文件上传、后台支持等。文新集团移动应用平台通过单点登录的方式，保证集团移动用户的唯一性；通过平台的权限控制，保证用户使用应用系统的范围；通过绑定用户移动设备地址，保证移动平台中各系统的安全性。

【文新集团加大技术创新自主研发力度】 2012年，随着集团信息化应用水平的不断提高，文新集团加大了技术创新的力度。开发团队全年完成了5个项目的自行开发工作，分别是：“党旗下心手相连”网上传递平台、集团调研投票系统、员工收入查询系统、新闻办养生频道短信平台、伦敦奥运联合行动移动应用系统。

“党旗下心手相连”网上传递平台仅用三周时间由集团自行开发完成。平台由发布传递系统和管理统计系统两部分组成。广大党员可以通过发布传递系统重温入党誓言。党员和群众均可在留言区域向党说句心里话，写下对党的承诺，表达对党的深厚感情。此外，系统能自动统计出各个党委参与传递的人数，当党员参与人数达到100%时，系统会自动插上一面小红旗。管理统计系统可以对党员信息、留言内容、传递人数等进行后台编辑、删除、统计、汇总等功能，并即时发布相关信息。该平台从2012年7月起稳定运行了四个月，共有806名党员和64名群众参加了网上传递活动，党员参与率达到100%。

集团调研投票系统历时三周由集团自行开发完成，先后参与了文新新闻奖评奖、新民晚报精神文明评选等7次活动。该系统可以服务于匿名投票、实名调研等活动；支持问答题、选择题（包括多选）等答题方式；可以根据不同分值情况，自动比对正确答案，进行评分；系统既能整体浏览整个调研活动的结果，也能逐题浏览，方便用户分析问题；具有管理权限的用户可以直接录入题目，使系统具有很强的灵活性和可操作性。此外，系统还能方便地进行个性化功能的调整，例如，针对文新新闻奖评选，增加了动态生成投票功能，系统可快速处理票数并列的情况和自动生成下轮投票的评选内容。2012年，文新集团总共有600多位员工在参与各项活动中使用过该系统。

员工收入查询系统历时一周开发完成。系统将集团人事管理系统和财务管理系统中的员工信息和收入数据进行整合，并根据原先工资条的形式在集团文新家园网站上发布。系统使员工能及时了解当月的收入情况，包括员工工资和各类奖金均能一一呈现；能灵活地查询历史收入情况；方便进行同期收入对比；自动对各阶段的收入进行汇总统计等。2012年，该系统获得集团员工的普遍好评，并使集团取消了工资单的发放。

新闻办养生频道短信平台是为集团新闻办“养生·健身”会员俱乐部量身定制开发。2012年，俱乐部共举办过七期不同类型活动，平台主要流程为：集团新闻办通过媒体刊登广告并预留手机号码，读者通过电话号码发送包含个人信息的短信来报名，系统接收到短信后，通过短信内容自动建立用户档案，并可对用户进行分组。之后系统对短信报名的用户进行群发信息回复。系统还可对历史数据进行查询，对手机交互收发的内容进行查询。该平台全年为600多位会员自动建立档案，总共发送2 700余条短信。

伦敦奥运联合行动移动应用系统历时一个月开发完成。系统使集团用户可利用手机、平板电脑等移动设备第一时间浏览联合行动平台上的稿件和图片，不仅提高了前、后方采编人员的工作效率，也是集团对移动应用的首次尝试，完成了系统从电脑到手机等移动设备的拓展。

【文新集团大力推进软件正版化工作】 2012年，文新集团加大集团软件正版化的工作。集团利用三个多月的时间，检查了近三千台电脑，删除了电脑上安装的盗版软件，并根据梳理电脑的数量，集中采购了一批Office办公软件、PS图像处理软件、服务器操作系统数据库等软件进行安装，使集团的软件正版化率达到90%。同时，集团相关部门共同起草了“集团软件资产管理办法”，将软件这一无形资产作为固定资产也建立相应的台账卡片，便于今后软件资产清查盘点。

【文新集团加强无线网络用户管理】 2012年，文新集团无线网络实现所有办公楼层信号全覆盖，无线用户的需求数量大幅增加，因此集团建立了无线网络管理系统。系统通过移动设备地址开通无线用户；通过权限设置管理无线用户；通过流量均衡分流无线用户。截至2012年年底，集团无线管理系统的注册移动设备超过1 700多个，集团有近千位员工使用笔记本电脑、iPhone、iPad、手机等移动设备无线上网。对于集团临时工作人员，只要由部门事先提出，技术部门也能立即开通，加强管理，确保集团网络安全。

【文新集团个性化信息支持服务系统完成验收】 2012年，集团个性化信息支持服务系统顺利完成了各项验收工作，投入使用。系统的重要组成部分——内容资源处理系统，通过集团奥运联合报道等实战测试，不断调整、完善原有功能，新增过滤词、来源拦截等部分功能，使整个系统能够更安全、更有效的运行。在“个性化信息支持服务系统”运行的基础上，集团根据目前大数据量信息处理的实际需要，结合新闻信息服务网的升级改造和文新传媒网的改版上线，加大基础性信息处理系统的建设，提升信息处理的能力和效率，初步建立起稳定可靠的数据采集、处理系统，平均每天从1 000多个数据采集点，采集4万多条数据，提供新闻信息服务网、文新传媒网、文新集团全媒体数字中心等多个新闻信息发布系统。

【上海日报成功推出 iDEALShanghai.com】 2012年8月，上海日报以iDEAL品牌为基础，成功推出与用户互动的iDEALShanghai.com英文生活资讯商用新媒体平台，覆盖网站和基于IOS系统的智能手机的移动平台。该新媒体平台成为居住在上海的海外人士掌握上海生活服务资讯，以及面向海外消费者提供服务的商户与其目标受众直接交流的重要平台。同时这一平台也为报社分类广告和软文的发布延展了渠道，增加了商业收益，并为打造 iDEAL 排行榜这一商业活动提供了新媒体平台。目前 iDEALShanghai 网站已拥有 3 000 余家商户信息，掌握了全上海 90%以上的演出展览资讯并配以专业评论，设有美食、佳酿、旅游、搜街、健康养生、艺术人文等优质专栏并配备知名专栏作家供稿，在内容上远超同城类似英文网站。配套的 App 应用程序提供地铁图，中英文出租车卡，景点定位等多种功能，为来沪旅游和在沪生活的海外友人的衣食住行提供了极大便利。目前 App 下载总量已超过 2 万。此外，报社还成功推出针对 Android 系统的应用软件，填补了该项目的空白，做到了对于目前市场上所有移动平台的全覆盖，进一步夯实了上海日报在新媒体领域的外宣基础和实力。

【上海日报坚持推进新媒体产品】 2012 年，《上海日报》继续推进报网互动，主网站(ShanghaiDaily. com)的唯一身份访问者(新增访问用户数量)从 129 万上升至 138 万，上升幅度达到 7. 14%；新增访问用户主要来自美国、英国、新加坡、印度等国家和地区。

移动平台应用的下载量也有大幅增长，其中 iPhone 下载量增加 39 万次，增幅达 193. 75%；iPad 下载量增加 61 万次，增幅达 114. 26%；BlackBerry 下载量增加 47 万次，增幅达 27. 81%；Playbook 下载量增加 5. 6 万次，增幅达 299. 55%。

报社在社交平台上的互动账户也有长足发展，其中对比 2011 年同期，2012 年新浪微博粉丝数增加 1. 5 万人，增幅达 181. 2%；腾讯微博增加 23 万人，增幅达 143. 29%；Twitter 粉丝增加 2 500 人，增幅达 20%。

【新民网 XMCMS 3.0 正式上线】 新民网 XMCMS 3. 0 于 2012 年 7 月 26 日正式上线，经过不断的努力，XMCMS 3. 0 实现了从底层到界面的全面蜕变，呈现出全新高效的交互体验。新民网上海滩微博根据需求不断完善，根据要求实现了实名认证等一系列功能，同时为适应新的形势，上海滩微博平台进行了改版重构工作，力争做传统媒体行业的第一微博。

(倪竹清)

上海文广新闻传媒集团

【百视通获 2012 年新媒体“品牌价值”“产业贡献”两项大奖】 “2012 全国视听新媒体调研展评”是经国家广电总局指导的官方展评活动，旨在全面了解视听新媒体的发展现状，并本着“扶优塑强”的宗旨对有实力的视听新媒体进行表彰。此次，百视通新媒体股份有限公司(以下简称“百视通”)一举摘得“年度最具品牌价值奖”和“IPTV 产业贡献奖”两项大奖，是百视通继获 2012 国家“核高基”项目立项、“2012 上海软件企业 20 强”后，又一次获得国家级大奖。这意味着百视通品牌影响力和市场竞争力进一步扩大，继续领跑国内新媒体产业。

百视通是新媒体领域的上市企业，自 2005 年成立以来，逐步搭建起全面的产业链布局和完善的产学研整体平台。7 年时间里，百视通不但一跃成为世界最大的 IPTV(交互式网络电视)服务商之一，实现了数千万用户的覆盖，更以敏锐的着眼点切入产业链上下游领域，实现了全业务的无缝对接。在努力为广大用户提供数量丰富、种类繁多的优质节目同时，从源头入手，加强把控环节，保证节目的内容要求始终与广电总局可控可管的规定相匹配，在业界获得良好口碑。在新技术、新模式和新团队的并行驱动下，百视通坚持“自主创新”与“软硬结合”的战略，成为文化传媒类企业中技术含量最高的企业之一，已立项、申请、获批的专利技术、软件著作权、关键技术软件等超过 200 项，在内容管理与分发，EPG(电子节目菜单 Electronic Program Guide，简称 EPG)、DRM(数字版权加密保护技术 Digital Rights Management，简称 DRM)、视频分发、智能搜索、智能推荐、收视分析与数据分析、电视支付等领域形成优势，并凭借此类优势成功将业务拓展至国际市场，为中国新媒体行业实现跨越式发展作出了贡献。

(闻天扬)

【百视通与印尼电信携手拓展全球第四大直播卫星电视市场】 百视通新媒体股份有限公司 10 月 17 日与印度尼西亚最大的信息通信和网络服务提供商印尼电信在上海签署直播卫星电视合作备忘录，将联手拓展印尼直播卫星市场，这是继双方此前签署的 IPTV(交互式网络电视)、OTT、智能电视等一揽子新媒体业务联营协议之后的又一次深入合作。

上海广播电视台台长、上海东方传媒集团有限公司总裁、百视通新媒体股份有限公司董事长裘新，印尼电信首席执行官、董事会董事阿立夫(AriefYahya)，上海广播电视台副台长、百视通新媒体股份有限公司副董事长张大钟等出席了本次仪式。

根据备忘录，百视通与印尼电信将联合组建直播星运营团队，共同启动直播卫星电视的技术平台搭建和业务模式探索。行业预测，双方合作在未来的 2—3 年内建成成本更低、覆盖更广、传输更快、画质更高的印尼卫星到户服务，与 2012 年 6 月上线的新媒体多屏视频业务

GrooviaLite一起，成为印尼电信向综合性媒体集团转型的核心动力。

印尼是世界第四大人口大国，总人口约2.37亿，其中电视用户数居东南亚国家和地区首位。印尼电信作为其国内最大的电信和多媒体服务企业，用户数超过1.5亿，具备了向互联网新媒体业务转型的用户基础和网络基础。据测算，目前印尼国内的直播卫星电视用户占比不到3%，潜在市场规模应该在2 000万到2 500万户。

自2011年5月以来，百视通与印尼电信的合作不断深入。智能电视机顶盒以及一系列多屏新媒体视频服务已经在印尼拥有了较好的用户覆盖，目前已经拥有超过50万的付费用户。

（车斯亮）

【百视通建中国新媒体最大版权库加大“高清”投入】 百视通新媒体股份有限公司发布了2012年度中报，数据显示：百视通营业收入人民币9.17亿元，比上年同期增长49.24%；实现营业利润人民币2.88亿元，比上年同期增长53.87%。上述几个关键性数据的稳健增长，显示了百视通良好的经营状况，具备稳固的营收能力及合理优化的业务模式。

内容版权优势是百视通最重要的“核心竞争力”之一。经过7年的持续投入与运营，百视通已经建成中国新媒体电视端最大版权库，累计内容时长超过35万小时，在电视机终端新媒体版权领域保持“数量最多、品种最新、覆盖面最广”的强势地位。仅在2012年上半年，公司引进各类节目时长共3万小时（其中高清节目时长1.5万小时）。目前，百视通与国内知名影视剧生产商均建立了紧密的版权合作关系，包括中影、华谊、博纳、光线、海润、华策、克顿传媒、西安曲江、原创动力等。内容涵盖电影、电视剧、动漫、体育、综艺、纪实节目等各大领域。百视通还与国际知名片商华纳、索尼、环球、迪士尼建立深度合作，合作涵盖当年院线新片与历年经典影片。现阶段引进的院线电影、卫视热播剧、品牌纪实节目、热点体育赛事等版权内容已经实现全高清。高清晰的视觉效果优化了用户体验，增强了用户粘性，同时也带来了良好的市场回报。2012年上半年，百视通还介入版权的上、下游领域，以探索中长期形成“线上、线下”协同运营的新模式，同时稳固在新媒体版权领域的优势地位：百视通与华谊兄弟启动战略合作，获得华谊兄弟2012年推出的两部大片《十二生肖》和《太极之从零开始》为期5年的新媒体独家授权及转授权，联手进行精品影视内容的版权合作和联合运营；百视通还参与投资拍摄、运营根据《喜羊羊与灰太狼》改编制作的真人电影《我爱灰太狼》。

（张海燕）

【上海广播电视台与新浪合作打造首款“社交电视”】 7月13日，传统电视巨头上海广播电视台（SMG）与互联网巨头新浪在上海共同召开新闻发布会，正式宣布推出社交电视类应用产品——“百视通看点”，双方达成战略合作，联手探索社交电视新模式，推动中国智能电视产业和社会化媒体发展。这款命名为“百视通看点”的社交类电视应用产品将在SMG旗下新媒体企业百视通的多屏平台上展开，增加实时微博与互动分享功能。用户观看电视时，能够在屏幕侧方直接分享直播和回看内容，并使用“看点”围观及评论。通过安装手机客户端连接华为IPTV（交互式网络电视）智能娱乐机顶盒，用户还可以将手机“变成”遥控器，完成各种互动操作，享受多屏切换的轻松与乐趣。这也意味着用户身处不同地方也能够方便地共享和讨论他们正在观看的电视节目，即时评论热播的电视连续剧，也可以与好友一起吐槽NBA球赛，并通过用户推荐更容易找到想看的节目。其中，顶、踩、截屏这样的互联网功能都将首次在电视屏幕上得以实现。双方投入各自的优势资源，以“百视通看点”为联合品牌和产品，共同研发、推广社交电视产品和服务在电视屏、手机屏、PC屏的联动发展。合作内容涉及互联网电视、IPTV以及移动互联网电视的业务和平台，主要覆盖社交电视、内容应用、技术合作以及平台推广等四方面。这项合作将娱乐性与话题性兼具的视频体验与微博社交更深入结合。同时能够帮助百视通提升产品竞争力和粘性，并在后期基于用户口味和社交圈子开展更多业务，让看电视和网络社交完全融为一体。

（孙亦淳）

【百视通与国广东方达成战略合作，携手推进互联网电视业务】 百视通新媒体股份有限公司与中国国际广播电视网络台互联网电视运营商国广东方网络（北京）有限公司（以下简称“国广东方”）5月8日在北京签署战略合作协议，宣布启动互联网电视业务全面战略合作。这是国内两大广播电视机构在互联网电视业务方面首次进行深度合作，形成平台、内容和渠道的双向进入、合作共赢，促进互联网电视产业链规模化、集约化发展。此次合作中，百视通将为国广东方的互联网电视业务提供核心技术平台和运营经验，实现双方业务服务能力和用户体验的双提升，同时双方还将开展包括新媒体节目制作、网络建设和IPTV（交互式网络电视）平台技术对接等多层次业务合作。上海广播电视台台长裘新在签约仪式上表示，国际台海量的海外内容和成熟的海外渠道，与百视通精品内容、核心技术以及成熟平台经验的深度对接将形成叠加优势，共同占据互联网电视产业的制高点。中国国际广播电台台长王庚年、上海广播电视台副台长张大钟、国广东方总经理刘晓初等出席签约仪式。

（邹 浩）

【百视通新媒体研究院成立“核高基”项目进入实施阶段】 广电新媒体领域的第一家研究机构——百视通新媒体研究院5月31日在上海宣布成立，这个着眼于应用型新媒体项目的研究机构的诞生标志着技术引擎拉动新媒体产业进入一个崭新的发展阶段。成立仪式同步宣布了百视通成功获得2012年国家“核高基”项目并进入实施阶段。市委宣传部副部长宗明，上海广播电视台台长、上海东方传媒集团有限公司总裁、百视通新媒体股份有限公司董事长裘新，国家广电总局广播科学研究院副院长高少君，上海市闵行区副区长蔡小庆为研究院成立揭牌。百视通新媒体研究院是百视通设立的专门研究机构，承担着在国内的新媒体企业中进行新媒体应用、多媒体终端产品、用户行为与交互体验的研究与创新。百视通作为国内领先的新媒体企业，业务已涉足包括IPTV（交互式网络电视）、智能电视、移动互联网、互联网视频等新媒体领域，并于2011年年底成功上市，被称为广电新媒体“第一股”。在7年的发展中，积累了丰富的新媒体运营与服务的经验，成立研究院是为百视通及整个新媒体产业链打造一个技术与应用的创新项目孵化器，从而加强技术创新推动新媒体业态快速发展。

成立仪式上，百视通还宣布其申请的《大型网络应用及服务平台研制与示范》通过了财政部、发改委、工信部、科技部等部委的审批，成功获得2012年国家重大专项“核高基”课题。该课题将从事针对网络视听新媒体服务领域中的核心技术研发，最终建成全程全网的跨平台、跨网络、开放的数字媒体内容应用及服务的巨型网络平台。此外，百视通与上海交通大学、电子科技大学、瑞昱半导体等著名高校、企业的联合实验室也同步签署合作备忘录。

（陈静雯）

【百视通携手中国银行启动全国首个智能电视“家居银行”】 3月20日，中国银行与百视通新媒体股份有限公司在上海共同启动全国首个智能电视“家居银行”。中国银行股份有限公司董事长肖钢，上海广播电视台台长、上海东方传媒集团有限公司总裁、百视通新媒体股份有限公司董事长裘新，上海广播电视台副台长、百视通新媒体股份有限公司副董事长张大钟等领导出席了启动仪式。

肖钢表示，中行通过与百视通的合作，运营科技手段突破银行网点的物理限制，让中行的服务进家庭、进社区。家居银行又称“电视银行”、“家庭银行”，是电子银行渠道的重要组成部分。使用该项功能的个人用户手持遥控器就可操作家里的电视机和电视机顶盒，进行类似网银和手机银行的交易。“家居银行”不仅具有电视支付功能，还能提供自助注册、账户查询、本地服务（代缴费）、柜台签约、转账汇款、信用卡、基金、国债、个人设定等功能，与网络银行、手机银行共同成为新媒体时代的银行业务三大支撑。

“家居银行”业务的正式启动只是上市仅百日的百视通与具有百年历史的中国银行一系列战略合作的开始。3月15日，百视通与中国银行在上海签署《战略合作协议》宣布建立长期合作伙伴关系。百视通最高可以获得不超过40亿元等值人民币的授信支持，用于实施互联网电视等新产业战略，拓展海外业务，整合加固多重跨行业的新型产业架构发挥积极作用。

（金 叶）

【文广互动与昆广网络合推高清互动节目】 昆广网络与上海文广互动高清互动节目合作启动仪式于2012年4月28日在昆明举行。双方将顺应“三网融合”发展趋势，依托各自资源优势，立足昆明市场，共同满足春城市民对高清节目和互动点播节目的收视需求。

双方在技术、市场、内容三个层面强强联合。昆广网络提供技术网络和规模用户，上海文广互动提供高清节目和互动点播内容资源。高清节目包括4套高清直播付费频道，即：HD新视觉体育频道、HD新视觉剧场频道、HD新视觉娱乐频道和HD新视觉纪实频道。在丰富高清节目的同时，还将精彩的视频节目以点播的形式在昆广网络互动点播平台灵活呈现，让观众可以自由选择、主动收看。内容涵盖电影、剧集、动漫、纪实、娱乐、游戏等多个板块，拥有近250部电影、超2 500集剧集、国际顶级纪实、娱乐节目以及全球劲爆的足球赛事等，在线点播节目量超10 000小时/年。

（吴伟佳）

【新一代数字电视关键技术研究启动会】 “十二五”国家高技术研究发展计划（863计划）信息技术领域主题项目“新一代数字电视关键技术研究及验证”启动会议6月6日在北京召开，这标志着我国正式启动了新一代数字电视相关的技术研究，具有里程碑的意义。

科技部高新技术发展及产业化司司长赵玉海、空间与信息处处长李莉、国家发改委高技术产业司司长綦成元、国家标准化委员会副主任方向、国家标准化委员会工业二部主任戴红、国家广电总局科技司科技与标准管理处处长盛志凡、工业和信息化部电子产品司王中、中国工程院李幼平院士、高文院士、项目首席专家张文军、项目承担单位及各子课题负责人出席会议。

上海文广互动电视有限公司作为课题二"超高清超媒体制作与管控技术研究"的牵头单位,围绕超高清(4K分辨率)和超媒体两条主线,以CRUISE"可控可管性(Controllable)、深度关联的多源性(Richer-media)、泛在性(Ubiquitous)、浸润性(Immersive)、社交性(Social-media)和智能学习型终端(Experience)"为目标,展开制作与管控技术的研究。通过本课题的执行,通过对超高清、超媒体数字电视技术标准和关键设备、系统的探索与实践,必将催生出本领域的一批自主知识产权成果,有力推动我国下一代数字电视标准体系的建立,为整个项目的顺利实施提供了内容基础和保障。

(丁一航)

【上海广播电视台节目亮相中国3D电视试验频道】 2012年1月1日,国内首个3D频道——中国3D电视试验频道开始对外试播。这意味着普通观众坐在家里的沙发上,也能欣赏到3D技术带来的炫目特效。上海地区的观众只要安装了高清机顶盒,购买了3D电视机,戴上3D眼镜就可以收看频道号为300的3D频道。

2012年1月1日上午10点30分,中宣部副部长、广电总局局长蔡赴朝,广电总局副局长张海涛、田进、李伟和中央电视台台长胡占凡共同启动按钮,我国第一个立体电视综合性试验频道"3D电视试验频道"正式开播。上海广播电视台台长裘新也于当天代表上海广播电视台参加了频道开播仪式。

上海广播电视台作为"中国3D电视试验频道"6家联办主体之一,每周向该频道提供7小时的3D节目,节目类型包括体育赛事、综艺晚会、戏剧、动漫、纪实等,以文广互动公司牵头成立的3D项目组负责3D节目生产。在新娱乐、技术运营中心等单位的支持配合下,3D项目组录制了《新上海人歌唱大赛决赛》、《SMG名优新主持人颁奖盛典》、京剧《群英会》等一批3D节目。3D项目组拍摄、制作的戏曲《三国——群英会》、《亚洲冰球联赛——中国VS日本》、《上海榜样——欢乐谷之旅》、《魅力都市——八音盒博物馆之旅》等3D节目在该频道亮相。

(沈俊娴)

【上海影城打造五星级视觉影院】 上海影城1号放映厅引进的7.1声道3D双机巨幕数字放映系统代表全球最新水平,其230平方米的银幕相当于一般3D影院银幕的两倍之多。双机放映使得巨幕的画面更亮、更细、更艳。为了满足观众对电影观赏的苛刻需求和数字化放映的技术要求,在2012年2月份对本厅的银幕进行改进,目前采用的是高增益的英国哈根尼斯银幕。此次的银幕更换,既提升了银幕亮度,又没有降低银幕的均匀度。

2012年3月,上海影城2号放映厅进行了全面的电影环音系统改造,此次改造上海影城与杜比公司、安恒利合作,并引入了杜比公司最新的电影环音技术"杜比全景声",使之成为全球首批采用该技术的影厅。为迎接4月10日《泰坦尼克号》3D版的震撼归航,上海影城引进的最新JBL多声道扬声器系统,采用42个全频音箱及两个主音箱作为环境声群。同时,每个扬声器都作为独立的音源输出,颠覆了传统影院的声音设计格局,声音定位感十足,能实现360度全包围的音效,使影院内任何位置的观众都能体验到极其清晰、震撼的音响效果。上海影城全新升级的这套音响系统,不仅能震撼再现3D版《泰坦尼克号》的恢宏场面,也能使得影片声音更细腻、丰富,更具表现力,让观众更有身临其境的感觉。

(沈宁宇)

【上海电影博物馆】 "城市之光"展项通过大厅里悬挂的电影道具和创意投影来营造艺术感很强的电影场景。通过该展项的数字灯与另一展项"灯影婆娑"联动演出多媒体秀。"灯影婆娑"展项设计成两种表演模式,分别为专题片模式以及多媒体主题秀演出模式。专题片模式播放"百年上海"主题影片;在多媒体主题秀模式下,配合城市之光的展项进行联动演出。

"水银灯下的南京路"为游客展现几处曾反复出现在银幕上的上海城市空间。通过一个个布景式的场景和复古装饰主义的风格展现,从视觉上联系起上海的过去与未来。一座座根据真实情况打造的微型场景再现了《马路天使》、《霓虹灯下哨兵》以及《色·戒》等知名电影中那些极具上海魅力的迷人镜头。"影像拼图"位于"水银灯下的南京路"的动线末端,是具有老上海风格的诸多元素拼接而成的互动场景。在巨大的墙面投影上包含着许多标志性的电影场景。

"光影长河"以数字化的声光电手段,为游客集中展示数百部上海经典影片的珍贵影像资料。展区核心部分的"梦之河"为游客提供数百部影片的查寻、检索,游客可通过用手触摸河流中的石块、影像，从大屏幕上看到自己喜欢的影像片段。在一侧的“河岸”上，以时间先后为线索，依次为游客介绍上海电影发展史各个阶段使用的摄影、灯光、录音、洗印、剪辑、放映等电影器材，为游客了解上海电影和技术发展提供便捷的服务。

（叶伟峻）

【东方明珠移动电视打造城市公共信息发布平台】 东方明珠移动电视开播十年来坚持不懈地打造城市公共信息发布平台，不间断为出行市民提供快速及时、实用有效的服务信息，荣获了“2012 中国最具影响力移动电视”。

2012 年，申城频频遭受寒流、雨雪及霜冻天气的袭击，给市民的出行造成了极大的不便。东方明珠移动电视即刻与上海市气象局启动应急预警发布机制，即时滚动发布最新气象信息，全天不间断播发“雨雪天气，地面湿滑，注意防滑，小心慢行”、“气温骤降，请您及时添加衣服，预防感冒”等温馨提示。开播十年，东方明珠移动电视在社会热点、突发事件中不断实践创新，汲取成功经验，充分发挥出户外移动电视参与社会管理的平台价值，成为受到政府各职能部门及市民肯定的城市应急预警信息的发布渠道之一。在上海“市民信箱”网站的一项调研中显示，48.4%的市民在户外出行途中，首选通过东方明珠移动电视获知应急预警信息；93.5%的市民认为东方明珠移动电视播出的各类应急预警信息对其有帮助。此外，东方明珠移动电视已与近 10 个政府委办局合作，每天滚动播出各类公共服务信息，包括与上海市气象局合作发布《今日气象最新》、与上海市环保局合作发布《空气质量状况》、与上海市公安局合作《防范伴你行》、与上海市食品安全委员会合作《食品安全小贴士》、上海市卫生局合作《每周健康播报》等，成为参与社会管理、与政府职能部门合作最多的官方户外移动电视，切实满足了户外移动人群对公共信息日益扩大的需求。

东方明珠移动电视经历十年的发展，迄今已在公共交通、楼宇、水上巴士等拥有共 32 000 个收视终端，辐射上海 19 个商圈，100%覆盖上海中心城区，形成了上海极具影响力的无线数字广播网络。节目每天覆盖 1 800 万市民，另有 1 800 多万广播听众可通过同步播出的 FM98.1 广播频率及时收听节目。

（方　明）

上海图书馆上海科学技术情报研究所

【概况】 2012 年是“十二五”承上启下的关键年，上海图书馆上海科学技术情报研究所（以下简称“馆所”）的信息化工作紧紧围绕“抓创新、强内涵、重服务”的工作主线，以实施“市民数字阅读推广计划”为抓手，深化“上海图书馆移动服务平台”建设；着力加强数字资源与服务整合；着力建设快速便利、高效优质的读者服务系统，推进“无障碍数字图书馆”建设，继续提升中心图书馆“一城一网一卡一系统”的服务质量；完善“文化信息资源共享工程”和情报服务平台的公益性情报服务模式；以网络升能为基础，通过云端服务增强了技术保障能力；着力提升科学管理水平，完善制度机制，继续实现新馆开馆以来连续十六年无重大故障的运行纪录，持续不断地开创工作新局面。

【推进“市民数字阅读推广计划”】 面向大众数字阅读的“市民数字阅读推广计划”在线、移动网站顺利开通，形成覆盖 PC、iPad、安卓平板电脑、手机等移动终端的跨平台数字阅读体验，截至 2012 年年底已整合 30 万种电子书，1 万种完本和 1 千种连载网络文学电子书，8 000 种电子期刊，60 种电子报纸。通过跨部门的合作推进机制，持续优化和改进读者体验，提供瀑布流浏览模式，统一登录、搜索、收藏，数字资源一键直达，微博分享，豆瓣评分等创新型的网站展现方式，已基本形成市民数字阅读的资源整合与服务平台架构。馆所新技术体验中心在本年度继续开展新颖的电子书外借和在馆服务，完成电子书无线上网优化，数字资源接口匹配，电子书资源格式转换等服务支持，在上海市中心图书馆“一卡通”分馆同步开展电子书外借服务，已开通嘉定区、普陀区、长宁区、徐汇区、青浦区 5 家区县馆的电子书外借服务，积极宣传并由点及面推行数字阅读，拓展数字阅读服务面。

【“上海图书馆移动服务平台”和“我的图书馆”建设】 深化“上海图书馆移动服务平台”建设，全面开通“手机图书馆”网站、移动 App 客户端。开通“一卡通”手机地图位置服务和“二维码”一拍直达服务，覆盖 283 个“一卡通”分馆服务节点，开通全新的手机 iPac 书目检索和语音版、手机短消息主动推送、手机讲座预订等服务。截至 10 月底，手机图书馆累计使用量突破 9 万人次，移动 App 客户端装机量 1.8 万人，移动端 iPac 书目检索累计使用 88 270 人次，已借图书/续借 73 058 人次，同比 2011 年增长幅度较大。获得文化部科技提升计划资助的“城市公共文化移动服务集成平台建设与研究”项目已接近完成，移动服务中间件平台搭建完毕，覆盖中心图书馆“一卡通”分馆、上海市群众艺术馆、城市公共文化移动服务，个性化 App 客户端已基本开发完成。

改版推出了“我的图书馆”2.0 版，提供中、英、日文三种语言版本和移动及手机版，引入数据挖掘技术新增了图书外借历史查询、新书个性化推荐等全新实用的功能，读者可查阅2008年至今所有自己借阅的书刊，全年实际使用“我的图书馆”的读者已达30万人，各类服务短信发送月均超过8.6万条，E-mail发送月均16万封，同比增长35%，显示针对注册读者的全方位在线服务已成熟。“我的图书馆”系统的应用功能之完善，覆盖面之广均在国内图书馆居于领先地位。同时，随着统一身份认证系统的应用，已有读者无线上网、电子资源远程服务、市民数字阅读门户、在线电子书、面向残障人士服务的无障碍数字图书馆、我的图书馆、网上委托借书等10种服务接入，实现读者在线、移动、到馆服务的“一次注册、全平台使用”。

【完善“一城一网一卡一系统”和“少儿一卡通”服务】 对支撑中心图书馆“一卡通”的图书馆集成管理系统进行增能开发，突破了馆址瓶颈，具备支持500家以上的分馆和服务点的能力。截至2012年年底，新增开通“少儿一卡通”分馆和服务点43家，新办少儿证超过5万张，共有100家“少儿一卡通”分馆和服务点提供服务，新推出“少儿一卡通”借阅排行榜。全年新增普通“一卡通”基层服务点9家，6家在建，新开通现场办证22家，在全市283个“一卡通”分馆服务网点中已有220个开通现场办证服务，随办随取，截至2012年10月底，新办普通证88 353张。“一卡通”现有流通馆藏量超过1 020万册，年异地通借通还量达到3 490万册次，位居全国第一。中心图书馆“一城一网一卡一系统”服务平台各方面依然居于全国领先水平，并已成为全球超大型的城市图书馆联合体。推进RFID智能自助图书馆在中心图书馆“一卡通”的应用，提供市少儿馆、闵行、长宁分馆的自助流通统一标准接口，开通普陀、宝山、崇明、嘉定分馆的自助办证和24小时自助图书馆服务。

中心图书馆“一卡通”成员馆	机构数	服务网点数
上海图书馆总馆	1	1
上海少年儿童图书馆	1	1
区(县)分馆	22	38
街道(乡镇)服务点	212	230
其他服务点	9	9
高校分馆	1	1
专业分馆	3	3
总计	249	283

其中：

中心图书馆“少儿一卡通”成员馆	机构数	服务网点数
上海少年儿童图书馆	1	1
区(县)分馆	15	16
街道(乡镇)服务点	83	83
其他服务点	0	0
总计	99	100

【增强“云中上图”的网络支撑能力】 深入开发iPac书目检索系统，与豆瓣网合作实现了图书封面、评分、图书简介和读者评论的整合展示，大大提升了读者使用体验，丰富了书目检索的内容，从而使该系统的关键词检索量比上一年增长了82%，获得社会和同行的广泛关注，成为公共图书馆整合社会资源提供服务的典型案例。

以网络升能为基础，通过云端服务增强了技术保障能力。年内拓宽了互联网出口通道至200M，升级防火墙至1 000M支撑能力，升级更新了10台汇聚层和主机房服务器群交换机，完成服务器机群千兆互联和互联网通道的改造，完成万兆局域网主干升级改造，具备全天候强大的网络支撑能力。云服务的虚拟机群的应用规模进一步扩大，已形成34台宿主机、92套虚拟机的应用环境，可快速部署和迁移应用系统，满足未来“云中上图”的应用发展需要。年内开通了浦东原南汇航头新藏书楼的信息网络。扩展馆所无线网络覆盖面并对无线网结构进行了优化，提高了网络性能，2012年使用免费无线上网的读者达8.6万人次，较上年有一倍以上的增长，受到广大市民和读者的普遍欢迎。

【增强数字资源平台服务能力】 全年共有大清实录、超星电子书100万种等8个新购电子资源的部署安装。全年外购电子资源的更新总量逾5.45 TB，新增期刊和硕博士论文1 100万余篇、电子图书近6万册。截至2012年年底，外购电子资源总量中电子图书已超过120万种，电子期刊1万余种，超过8 000万篇，硕博士论文和会议论文超过150万篇。

“无障碍数字图书馆”建设已覆盖全市注册的31万残疾人，结合统一身份认证服务，提供有声互联网，有声电子书和在线听看讲座服务，让残疾人和老年人享受数字阅读的快乐，上海电台《为您服务》栏目专访了无障碍数字图书馆项目组并通过电台与听众进行交流，介绍了上海图书馆面向残障人士消除数字鸿沟的努力成果。该系统成功通过了市经济信息化委组织的专家验收,并获得市残联好评,该项目亦获得2012年度市文广局科技进步一等奖。

馆所自建的历史文献数字资源统一检索平台已建成8个分库,包含古籍、稿本、抄本、家谱、盛宣怀档案、民国图书、民国期刊、字林西报分库,元数据共有379万条,全文4 590万页,全年累计检索162 572次,全文浏览3 623 867页,打印10 306次,已成为国内最大的自建数字资源库群之一。“上海年华”特色文献数字化建设中上海历史文化年谱建设已基本搭建完成,系统开始试运行并新增了“明星公司90周年”专题库。数字资源长期保存工作纳入制度化、规范化的轨道,各类自建数字资源保存总量达232 TB。

规范元数据、馆藏资源数字化加工流程,围绕《全国报刊索引》、《北华捷报/字林西报》及馆藏五六十年代数字化期刊产品,深化二次文献加工与服务,探索二次文献内容开发转型。《全国报刊索引》目次库和篇名库、《学术会议库》、《晚清、民国时期期刊全文库》等数字资源库产品取得了良好的品牌价值和服务效益。

【完善文化信息资源共享工程的运行管理】 全市文化信息资源共享工程技术保障工作持续进行,对107家共享工程基层点进行了328次数据更新和维护。共享工程镜像站在全市街镇基层点开展全面部署,完成街镇基层点镜像站资源的挑选和配置更新,更新后的每个基层站点拥有视频资源达1 195部(集),142 GB。积极开展文化共享工程的培训工作,先后对全市17个区县支中心开展业务培训和网络培训11次,共计5 843人次,制作培训教材2套。

完成并正式发布“共享工程HD”客户端App并覆盖iPhone和iPad。年内共接收国家中心下发的光盘资源2批,合计171张。通过政务外网接收国家中心下发的资源354 GB,视频资源612个。完成国家管理中心下发的“文化共享杯”摄影大赛网页搭建工作。共享工程上海分中心主站“上海数字文化网”免费视频资源总量达到6 125部(集),668 GB。全年上海数字文化网的访问量逾163.8万人次。“上图讲座”全年新增上网讲座45个,截至2012年年底拥有流媒体讲座资源750个,超过1 175小时的音视频资源。继续为上海市人大提供远程借书服务的技术支持,全年提供24种2004分钟的讲座数字化视频资源。

【着力推进情报知识库建设】 完成“创之源”中小企业信息服务平台信息擂台赛的专题网页和上海科技周科技情报服务宣传栏目的制作和发布工作,展示前沿技术立体显示与三维打印技术的产业前瞻和发展趋势,发布产业趋势五大报告。上海情报服务平台全年访问量依然维持良好的态势,达到611万人次。联合八家企事业单位提供跨行业的行业情报服务网持续运行,完善情报知识库建设,为国际文化大都市建设和智慧城市建设提供行业智库服务。继续为“两会”提供信息服务,人大、政协两会现场信息服务系统和交互式大屏系统、网络在线服务和现场办证服务顺畅运行。

【加固安全体系,提升服务能级】 发布上海图书馆馆庆60周年网页和各类活动网页,配合2012上海国际图书馆论坛发布网站;完成中心图书馆网站、“上海之窗”网站、上海科技文献出版社网站的改版工作。提升馆所多媒体导读系统和信息发布系统的能级,DMS大屏幕多媒体信息发布系统开始试运行,在目录大厅部署了1台iPac书目检索帮助短片客户端,在徐家汇藏书楼部署1套大屏信息发布系统用于播放藏书楼介绍短片。信息基础设施和网络安全体系平稳有序运行,年内完成了主机房机柜空间扩容与恒温空调设施的改造。初步形成统一的系统监控平台,已实现对70多台主要服务器的系统和性能监控,缩短了系统故障的发现周期,增加了对系统性能的监控调优手段。完成信息系统安全等级保护二级的安全测评复查和整改工作,对网站群进行了漏洞扫描和渗透性测试,顺利通过市委宣传部和市安全测评中心的检查。

【完成办公自动化系统的持续优化改造】 全馆所办公自动化系统用户已达782人,年内对该系统的项目管理、招投标管理、国资管理、合同管理、业务统计等模块持续进行了优化,调整了项目管理核销界面,增加了绩效评估模块和资金审批委托的流程;完善了业务统计指标;增加了“一年招标三年有效”项目的流程,增强了招标、合同的统计汇总功能,增强了项目预算及关联性;增加了固定资产数据至市财政国资系统的输入输出同步接口,使国资数据及时更新共享。增加了全新的在线帮助和日志管理系统,方便系统进行统计分析。已申请软件著作权的“图睿”预算资金监管系统软件完成了产品化和推广网站及试用平台搭建。积极跟踪研究国内外数字图书馆相关标准规范,如RDA(远程数据访问 Remote Data Access,简称RDA)、关联数据、HTML5(超文本标记语言 Hypertext Markup Language,简称HTML)和CSS3(层叠样式表 Cascading Stylesheet，简称 CSS）、云计算云存储、桌面云、大数据和移动互联网等，参加了国家哲社课题《关联数据的理论和应用研究》的课题研究，已获得国家文化部科技提升计划资助的城市公共文化移动服务集成平台建设与研究项目已近尾声。利用开源平台继续组织泛团泛技术小组和青年社区建设，就技术发展趋势交流学习，提高学术研究能力并指导实践。认真做好馆所"十二五"信息化发展规划和实施计划的制订工作，继续保持新馆开馆以来连续 16 年无重大故障的运行纪录。

（徐 强）

上海博物馆

【概况】 2012 年是上海博物馆（以下简称"上博"）建馆 60 周年，也是信息化工作有效推进的一年。在馆领导的高度重视和有力领导下，信息中心以基础建设为根本，进一步推进各项工作发展。在 2012 年，上海博物馆信息化所做的主要工作有：完成上博网站升级改版，进一步加大上海博物馆网络传播力度；保证网络畅通，进行外网相关安全设备的整体升级工作；配合党务公开工作，构建党务公开数据库；夯实基础，开展藏品数据库二级品图片的拍摄和入库工作。

【完成上博网站升级改版】 2012 年 7 月 1 日，上海博物馆新版网站正式上线。经过历时半年多的内容规划、网页设计调整以及测试，新版网站整体风格更加雅致大气，栏目设置更加清晰合理，信息提供更为丰富及时。此次博物馆网站改版不仅提升系统的稳定性和安全性，更重要的是在网站功能与内容方面做了大幅的改进，为公众提供一个更好的网上参观环境。新版网页在界面的美观性、特色性、清晰性和便捷性上都取得一些突破，在保持原有特色的前提下，体现了上海博物馆作为一个都市文化象征所具有的文化底蕴。网站改版完成后，达成了良好的效果，最为明显的是，上博网站在全国文博单位网站 Alexa 排名从 7 月的第 15 名，跃进到了 12 月的第 5 名。

【进行外网相关安全设备的升级工作】 网络安全是网络运营的基础，也一直是上博信息中心关注的一个重点。2012 年，随着上博网站和内网藏品数据库的相继更新完成，相应对网络安全设备也进行了调整更新。在完成了对外网交换机及相关设备和软件的更新改造后，2012 年的调整主要由防火墙、入侵检测、漏洞扫描、防病毒、流量监控等安全产品组成的，在硬件进行升级更新的基础上，同时对相应的软件系统也进行了更新升级，使网络安全得到了进一步的保障。

【完成党务公开数据库建设】 根据市委宣传部的统一部署，为进一步推动上海博物馆的党务公开工作，上海博物馆党委办公室 2011 年底联手信息中心开始进行上博党务公开管理信息系统建设工作。2012 年 3 月该项目正式启动，经过开发建设和较长时间的试运行，至 10 月，系统正式验收完成。建成后的系统以先进成熟的数字化技术为主要手段，使之成为又一个覆盖博物馆各主要部门的数据信息网络。此系统的建成，实现了党务公开工作的网络化、数字化和智能化，进一步提高党务公开工作中数据处理的准确性、及时性，全面提高工作效率。

【开展二级藏品图片的拍摄和入库工作】 上海博物馆藏品数据库是上博信息化资源的核心，目前已拥有的文物数据资源总量为 124 553 件，基本涵盖了上博的所有重要的等级文物。过去在库存数据中，一级品的图像数据已经基本录入。但二级品的图像数据录入情况则不太理想。信息中心在相关业务部门的配合下，在 2012 年全力以赴进行二级品图像数据的采集录入工作，目前已有较大的进展，新入库二级品图片 3 000 余张，在很大程度上改善了藏品数据库的应用基础。

【以馆庆 60 周年活动为中心，推进信息化各项工作】 2012 年是上博建馆 60 周年大庆，各项重量级活动不断推出。信息中心除了配合各业务部门的工作以及做好各项信息保障工作之外，信息中心还投入了一些重点工作。比如信息中心人员积极参与纪录片《璀璨真言》的拍摄制作工作，其中的不少资料性镜头也来源于信息中心的视频资料库。此外如网站等也用各种数字化形式对馆庆活动进行了积极的支持。

【开展"文博类信息系统建设标准化"研究】 近几年，本市文博系统各单位提出开展信息化项目建设的需求日益增多。然而，由于博物馆工作的复杂构成和特殊性，其信息化建设又具有一些特殊的要求，与一般的信息化建设内容不尽相同。为完善本市信息化项目支出预算的审核标准，指导文博系统预算单位的信息化项目申报工作，2012 年年底，上海博物馆信息中心接受市经济信息化委委托进行"文博类信息系统建设标准化研究"。信息中心为此设立专门的课题小组开展此项研究工作，目前该项目已正式开题。

（刘 健）

三、医疗卫生领域信息化建设

【概述】 2012年，包括工程建设、安全等保等在内的卫生信息化各项工作取得显著的成就。其中，自2011年起开展的基于市民健康档案的卫生信息化项目先期启动工程（下称“健康信息网工程”）围绕市级平台建设、医联扩容、对外门户建设、公共卫生相关建设四大任务同时推进，目前已基本完成了工程目标，实现所有试点区县的数据接收和整合以及按需调阅，整体上基本实现互联互通，相关工作得到了卫生部领导、市领导的高度认可，并被选入全国2012年十大医改成果。

【基于市民健康档案的卫生信息化项目先期启动工程取得显著成就】 一是完成市区二级平台主体部分建设。初步建成了市区两级数据交换共享平台，完成与医联平台、6个试点区县平台的数据汇聚和交换，实现全市三级医院和试点区的互联互通和信息共享。其中，市数据中心每日均能顺利接受医联平台、6个试点区平台的健康相关数据，并实现了数据的有效管理，日均采集和处理1 200万笔诊疗数据。通过对近一年的数据进行了自动采集和动态清理，已形成并维护了本市就医人群中3 000多万份居民电子健康档案，总数据量近21亿笔，且还在不断扩增。形成的动态电子健康档案在试点范围内均能实现共享和调阅，达到了设计初期“两个任何”要求（即“任何一位在市内联网医疗机构就诊过的患者电子健康档案可以被任何一家联网医院的医务人员在业务规范制约下通过医生工作站进行调阅”），并且进一步针对重复用药、重复检查形成了覆盖试点范围内所有医疗机构、所有医生的主动提示服务。同时，为保障数据质量，初步建立了数据质量控制平台，从数据的及时性、准确性、完整性、一致性对目前交换数据的各级各类医疗机构进行动态评估。目前区县数据质量有很大提高（合格率60%—70%），市级医院质量基本稳定（合格率90%以上）。

二是初步实现全市卫生业务智能化。在6个试点区县内，实现了区内社区卫生服务标准统一，建成功能完善的综合信息系统，在方便市民的同时，提高了业务水平和管理能力。在医疗服务体系中，全面实现了全市所有的三级医院的临床信息系统的覆盖，使每个医生都有医生工作站，每个工作站都与健康档案平台互联互通。在公共卫生领域，在全国率先开展了基于健康档案平台的公共卫生服务信息系统建设，探索“医院数据报送、疾控业务管理、社区随访干预”业务的公共卫生信息系统建设模式。

三是更高标准完成试点区标准化健康工作要求。按照卫生部相关要求，确立了“全面覆盖、自动建档、连续跟踪、互联互通、业务联动”的建档思路，本市健康档案建档率应达到50%。目前先行试点的6个试点区县全面达到此目标，建档率均超过70%。

四是开展各项业务探索。利用健康档案初步实现了医疗诊治、公共卫生服务、社区卫生服务的联动，形成了以数据为核心的业务驱动模式。在健康档案全试点范围共享的基础上，利用健康档案平台形成专业信息，并利用平台主动推送并联动相关业务，在区域协同上开展探索。

在医疗诊治方面：健康信息网在闵行、闸北等区，开展了放射影像会诊试点，利用健康信息网，联动社区卫生服务中心和三级医院，已实现社区拍片、信息网传输、三级医院专家诊断、结果反向传输到社区，极大地提高了诊断质量和效率，同时使群众在基层就能享受到三级医院专家的服务；在长宁、松江开展了远程心电会诊，同样实现了区内多家医疗服务机构与三级医院的会诊联动工作；松江区还开展了区域检验联动工作，社区医疗服务中心采取病人样本，送至区临检中心检测，结果返回到各社区，在方便群众的基础上，极大地提高了医疗资源的使用效率，提高了集约程度，提升了优质卫生服务资源的辐射能力。

在公共卫生服务和社区卫生服务方面：健康信息网充分利用信息化带来的便利，在6个试点区县初步实现了5大重点疾病（高血压、肿瘤、心血管、糖尿病、结核病）和妇幼保健工作的多级、多部门联动，主要包含医院按照健康档案标准上报各类诊疗数据或保健数据，汇聚到健康档案中后利用平台分类推送到公共卫生部门，由公共卫生部门确认、分拣数据回到各社区卫生服务中心，社区卫生服务中心按照疾病管理和健康服务的要求开展随访、干预等工作，即“医院数据报送、疾控业务管理、社区随访干预”的公共卫生业务运行新模式；由于健康信息网平台的搭建，可以动态地监控管理相对人的状况，动态调整干预策略，实现个性化服务；通过健康信息网平台还能实现异地随访、异地干预的功能，所有的干预和服务信息又反向回到健康档案中，被其他用户使用，实现在信息化条件下的每一个病人都能得到充分的管理和干预，提高公共卫生服务的水平和效率，提高群体健康管理水平。

【编制完成《2012 年度本市卫生医疗机构重要信息系统等级保护工作方案》】 为确保本市医疗卫生机构重要信息系统安全平稳运行，切实提高卫生医疗机构信息安全保障能力，根据《信息系统安全等级保护管理办法》（公通字〔2007〕43 号）、《上海市公共信息系统安全测评管理办法》（市政府第 58 号令）、《卫生部关于印发〈卫生行业信息安全等级保护工作的指导意见〉的通知》（卫办发〔2011〕85 号）等相关文件精神和工作要求，《2012 年度本市医疗卫生机构重要信息系统等级保护工作方案》编制完成。本市医疗卫生行业的信息系统安全等级保护工作由上海市卫生局重要信息系统安全等级保护工作协调小组统一领导，上海市卫生局信息中心具体组织实施，承担监督、检查、指导的职责，并同时成立"卫生行业信息安全技术专家委员会"。方案内容包括《上海市重要信息系统测评机构联系表》、《市等保办材料受理点联系表》、《信息系统安全等级保护定级报告》（模板）、《信息系统安全等级保护备案表》四部分。

四、邮政信息化建设

【概况】 2012 年，上海市邮政公司（以下简称"上海邮政"）进一步实施科技兴邮战略，充分发挥信息化引领作用，增强企业核心竞争力。依靠高新技术和现代管理方法、经营方式和组织形式，开拓服务领域、创新服务模式。通过信息化，减少冗余流程，提高运行效率和效益，进一步解放邮政生产力。着力推广和应用新技术，提升邮政传统业务的技术含量和技术层次，实现传统业务转型升级，开拓新的业务领域，满足用户需求。密切关注信息技术发展趋势，学习借鉴国内外企业信息化的先进经验。2012 年内，自主开发金融服务信息发布管理系统、代理金融客户营销管理系统、邮政一卡通管理系统等一批信息系统，全面完成中国邮政集团公司八大统版系统的推广上线工作、上海邮政电子商务网站一期建设，全方位支撑经营业务发展。

（陆怡琮）

【调整邮政信息网邮务类应用系统】 2012 年 2 月，上海邮政决定对市区邮政机构设置作出调整，邮政信息网邮务类各应用系统相应作出调整。上海邮政信息网邮务类应用系统种类多，涉及邮政各专业和生产、经营、管理各个环节，应用系统达 57 个，同时各应用系统之间互相关联，系统调整切换的影响范围广、涉及面复杂、准备时间短、切换难度高。技术部门根据要求迅速制订出工作计划和实施方案。经过对所有应用系统的梳理，决定将系统架构分为四个模式，即全国大集中模式、全国中心＋省中心模式、省集中模式和其他模式，分别进行调整切换。各部门协作配合，使得各项准备工作在半个月内顺利完成。正式调整切换从 2 月 29 日上午开始，3 月 1 日全市各网点开门营业前顺利完成各关联系统切换调整的主要工作。

（谭伟荣）

【普通给据邮件总包封发实现"无纸化"】 2012 年 6 月，上海邮政完成从邮区中心局至投递支局封发清单无纸化工作。2009 年，中国邮政集团公司全面启动"流程优化"工程，明确邮件封发清单无纸化改革的目标，实现营业→中心局→投递等各个生产环节封发清单的无纸化运行。上海邮政已于先期完成从营业支局到邮区中心局给据邮件总包清单电子化传输工作。2012 年 4 月 12 日，部分市区投递支局率先进行无纸化清单试点工作；6 月 1 日，覆盖到市区各投递支局；6 月 15 日，郊区各区、县局实行邮区中心局下发投递局总包邮件信息接收试点。电子清单在邮区中心局网运系统中被确认发送后，投递支局就可以在各自的电脑终端上接收到这些总包信息，并按规定步骤开始当天的投递工作。其间，上海邮政相关单位和部门做了大量基础准备工作，对系统中每条趟车邮路、每个支局邮件堆位的数据修正就多达 3 500 条。"无纸化"改革为生产部门节省大量清单打印的时间，为加快邮件封发速度、提高网络运行效率争取更大空间。

（张　晖）

【做好书展检票系统技术支持工作】 作为 2012 年上海书展门票系统合作方，面对首日超大客流，上海邮政设计开发的上海书展门票检票系统经受住了考验，展示了邮政技术人员的服务水平和技术能力。本届书展首次全面推广应用一体化检票机进行检票。一体化检票机外观大方，占用空间更小，通过硬件固化的形式避免人为误操作、触碰等造成机器不能正常运作的情况，在实际应用中也收到良好效果。技术部门提前半个月开始着手各项准备工作，组成书展检票系统项目支撑服务小组，对原有的系统进行创新改造和优化升级，包括架构检测稳定可靠的网络系统和每个网络端口的连接质量、完善条码防伪验证技术和摄像头拍照比对功能、完善统计监控功能实时掌控人流情况等。此外门票系统中增强预报警功能和快速重启功能，确保书展首日检票“零中断”。

（谭伟荣）

【上海邮政与上海电力开展战略合作】 2012年11月6日，上海邮政与上海市电力公司签署战略合作协议，双方将在代缴电费、电费预存代扣、电费IC卡代售、充值、电费账单等方面开展全面合作。上海邮政利用遍布全市的邮政营业网点资源，以邮政综合信息网和各类营业服务系统为基础，提供代收电费服务。通过前台营业终端和电子商务信息平台委托受理单位和个人电费现金缴款业务，部分网点支持银行卡支付。开展非居民电费代收费业务，开展电费委托收费(无纸化托收收费方式)，接受上海市电力公司用电客户的委托付费。开展全市电费预存代扣业务，即用电居民在邮政储蓄银行开设账户，并签订委托电费预存代扣协议，根据电费缴费信息，定期将客户应缴电费扣划至电力公司指定银行账户。邮政作为电力电费IC卡销售代理商，办理全市电费IC卡代售、缴费业务，并提供充值卡激活、锁定、延期、储值、卡基本信息查询等服务。

（胡诗云）

【“邮上海”网站上线试运营】 2012年12月，“邮上海”网站初步完成平台建设，上线试运营，“邮上海”网站是上海邮政为适应市场发展，利用邮政服务覆盖面广、用户数量多等优势，依托现代化的新技术、新业态和新的服务方式建设的一个向社会提供高附加值、高层次、知识型的生活服务和便利服务的电子商务网站。网站建设围绕便民、惠民的宗旨展开，市民足不出户即可享受邮政代收代缴、报刊订阅、保险金融服务、网上邮局等服务。除此之外，网站拥有“绿邮田园”、“时尚之都”等具有本地邮政特色的商品及业务，提供具有“新、奇、特、订”要素的商品，满足市民个性化需求的同时也提供信誉及质量保障。网站以特色服务惠及三农，为中小企业发展提供广阔空间。4月上海邮政成立电子商务平台联合项目组，9月网站的软硬件平台建设进入实质性启动阶段。11月24—28日，进入首轮功能测试。同步完成“一卡通”系统的上线工作，“一卡通”取代传统邮政消费卡可在全市500多个邮政网点和“邮上海”网站实现全业务支付。

（陆怡琼）

五、铁路服务信息化建设

【概况】 2012年，上海铁路局信息化工作围绕路局“十二五”发展规划及年度工作重点，进一步加强全局信息系统运行管理，保持全局信息系统运行安全平稳有序，加快重点工程建设，提升信息化服务与保障能力，持续推进规范化、标准化管理，统筹协调信息化发展各项工作，进一步提高发展质量，在安全管理、运输组织、客货营销、经营管理信息化方面取得新的成就，为实现东部铁路率先现代化提供技术支撑。一是加强新建客运专线信息工程管理，确保按期开通运营；二是加强新一代客票系统建设，更好地服务旅客；三是加强客服中心建设，推进客货运服务转型发展；四是加快推进货运领域信息化建设；五是加强信息系统基础设施建设和信息安全管理，进一步推进全局信息资源整合；六是做好信息化应用研发工作。

【金山铁路公交化票务系统投产运行】 金山铁路改建工程是铁道部和上海市合作的重点建设项目，从2009年9月开工以来，在铁道部和上海市委、市政府的高度重视下，以及社会各界特别是沿线地方党委、政府和人民群众的关心支持下，广大建设者团结协作，日夜奋战，全面推进工程建设，于2012年9月28日开通试营运。金山铁路客服信息系统按照以人为本、方便旅客的原则，一是旅客可持公交卡或铁路客票乘车。在客票系统方面，按铁路客票系统和上海公交一卡通系统分别建设。在检票系统方面，沿线各站进出站口安装自动检票闸机，检票闸机装有公交卡和铁路客票两套自动检票系统，具备同时识读铁路磁介质车票和上海公共交通卡功能，旅客在沿线各站进站乘车时，可持公交卡或铁路客票刷卡进站乘车。二是站车实行公交化自助式服务。金山铁路沿线各站进出口均设有服务中心，在候车大厅安装自动售票机。服务中心提供公交卡出售、充值，发售铁路车票、补票、退票和应急处置等服务。铁路客票可通过人工售票窗口和自动售票机购票，车票不记名，票面无席位，旅客上车后可先到先坐，无需对号入座。体现公交化运营的特征，全线使用上海交通一卡通。

【加快推进路局客户服务中心信息系统建设】 2012年是上海铁路局客户服务中心快速发展重要的一年。根据总体部署，为进一步满足客服中心的业务发展需求，更好地为铁路客货运输提供优质服务，对人工服务语音平台进行扩容，已具备300余席位接入能力。在提供投诉、咨询、客运业务受理的基础上，根据货运改革工作要求，提供货运业务受理服务。

【铁路货运电子商务系统全面投产】 铁路货运电子商务系统是铁路信息化重点项目，上海铁路局作为试点铁路局在全路于2012年8月1日率先实施上线。铁路货运电子商务系统是一个综合性货运服务网站，为客户提供了公共信息服务、用户注册管理、运力预约、装车预订、货物在途追踪、物流服务、客户建议投诉等功能。客户通过网站注册后登录系统进行“整车货物业务”、“小件货物业务”、“快运货物业务”的办理，并通过该网站查询装车情况以及货车追踪信息。该系统大大简化了货运客户办理流程，得到了外界的好评。

【铁路局内设机构调整，成立信息化处】 为进一步加强全局信息化管理，成立上海铁路局信息化处，为路局行政职能管理机构，归口管理全局信息化工作，为全局信息化发展注入新动力。

（江新乐）

六、社区公共服务信息化

为加强城市社区管理和社区服务功能，推动社区服务和信息化的有机结合，上海市社区服务网进行多次改版，形成了上海社区公共服务、社区生活服务和社区志愿服务“三位一体”的多层次、多角度的新型信息发布网络架构。社区公共服务方面，主要定位于集中发布社区公共服务信息类，包括全市社区公共服务设施、居委会、志愿者服务队伍和活动、社区新闻等信息。社区生活服务方面，定位于社区生活服务的网上咨询和预定，提供加盟社区服务的便捷途径。现已经提供了“社区服务超市”5大类60余项服务。社区志愿服务方面，主要定位于社区志愿者的活动、交流平台，为社区志愿者和社区受助群体牵线搭桥，发动民间组织和个人投身社区服务和公益性事业，可以网上受理社区志愿者的注册。

社区服务网运行以来，累计发布社区动态信息50万余条，居委会基本信息2 900余条，居委会志愿者信息近2万条，社区公共服务信息9 400余条，“一门式”信息1.6万余条，社区服务队伍信息5 000余条。

（方廉忞）

第六编

信息安全

综 述

2012 年，是落实信息安全保障“十二五”规划和智慧城市建设三年行动计划的关键一年。按照国家的战略部署，本市各信息安全职能部门认真贯彻落实市委、市政府工作要求，围绕智慧城市信息安全保障体系建设目标，有序推进全市重点领域网络与信息安全监管，积极完善城市信息安全基础设施，促进了信息安全技术、产业和服务的发展，全民信息安全意识得到进一步提升。全市没有发生特重大信息安全事故，各重点单位信息安全事件发生率呈总体下降趋势，城市信息安全态势总体可控，为经济发展和社会稳定营造了安全的信息化发展环境，为上海“创新驱动，转型发展”和加快“四个中心”建设提供了可靠的信息安全保障。

随着智慧城市建设的推进，“两化融合”、“三网融合”等重点工作的推进，信息化已深入经济社会的方方面面，信息安全也将深刻影响着经济发展、社会稳定和城市安全。为此，信息安全保障工作已与城市正常运转密不可分，成为保障经济又好又快发展、服务产业结构调整升级的重要领域。2012 年，根据《国务院关于关于大力推进信息化发展和切实保障信息安全的若干意见》和《上海市信息安全保障“十二五”规划》，围绕党的“十八大”信息安全保障等中心任务，在全市各方面的共同努力下，城市信息安全保障体系得到进一步巩固。信息安全协同管理机制不断完善，上海市网络与信息安全协调小组办公室（以下简称“市网安办”）协调公安、保密、密码、信息化等主管部门，在各行业主管部门的配合下，有效开展了责任制体系完善、等级保护、分级保护、密码监管、安全测评和风险评估、应急管理、工业控制系统安全管理等重点工作。各职能部门和行业主管部门联合开展信息安全治理专项行动，落实重点领域信息安全检查行动，取得了显著成效，保障了党的“十八大”期间本市信息安全。同时，大力推进信息安全基础设施建设，完成市网络与信息安全应急管理事务中心组建，推动区域信息安全应急基础平台建设，并完善了政务外网安全保障、互联网监察支持等智慧城市信息安全重点项目建设。

本市信息安全产业在外部经济环境不利的环境下仍保持增长态势，并涌现出一批优秀的信息安全骨干企业，为城市信息安全保障工作的开展发挥了重要作用。同时，进一步加强信息安全宣传教育工作，成功举办第二届信息安全活动周和第四届信息安全技能竞赛，不断提高市民的信息安全意识。

（穆 彪）

第一章 信息安全管理

概 述

按照国家对信息安全保障工作的总体部署，市网安办组织协调本市公安、保密、密码、信息化、通信管理等部门，密切协同、有效配合，进一步完善本市信息安全保障体系的建设。2012 年，在大力推动各项信息安全基础性工作开展的同时，重点抓好《上海市信息安全保障"十二五"规划》的制订；形成了全市 199 家信息安全重点单位责任人名单，建立工作网络；联合开展重点领域网络与信息安全监察行动；完成政府网站安全管理试点工作；探索了重要工业控制系统信息安全管理。通过一系列卓有成效的工作，保障了本市基础网络和重要信息系统的安全稳定运行，确保本市未发生重大信息安全事故。

（穆 彪）

一、组织建设

体制机制

上海市网络与信息安全协调小组（以下简称"市网安小组"）作为全市信息安全保障工作的决策协调机构，在市国民经济和社会信息化领导小组的统一部署和领导下，对全市信息安全相关机构的设置、安全管理制度的建立、跨部门专项任务部署以及信息安全重大项目的投资等方面发挥领导决策作用，综合协调本市信息安全保障工作。市网安小组下设办公室，作为市网安小组的常设办事机构，设在市经济信息化委，具体承担全市信息安全的组织协调和管理工作以及市网安小组交办的各项任务。

功能性机构建设

【上海市电子商务密钥管理中心】 隶属于上海市国家密码管理委员会办公室，其主要职责是配合上海市数字证书认证中心有限公司开展工作，在政务外网、电子商务等网络服务中为用户提供密钥和加密技术，保证重要信息的安全保密。

【上海市数字证书认证中心有限公司】 按照政府指导、市场化运作的方式成立的第三方电子认证服务机构，主要负责构建全市性的数字证书认证服务平台，向政府、企事业单位和市民提供数字证书认证服务，推广数字证书应用，为构建统一的网络信任体系发挥基础性作用。

【上海市信息安全测评认证中心】 隶属于上海市经济和信息化委员会，主要业务包括信息安全产品测评、信息系统（网络）测评、计算机信息系统集成企业资质（三、四级）认证、信息系统安全方案评审和提供相关技术支持、咨询服务、技术开发和测试实验环境等。

【上海市网络与信息安全应急管理事务中心】 隶属于上海市经济和信息化委员会，主要职责包括承担全市信息安全应急管理的日常工作，协助开展重大信息安全事件应急处置协调；负责全市网络与信息安全综合监测体系建设与运行；统筹全市各类网络与信息安全应急资源和设备的信息管理；负责全市网络与信息安全应急技术组织和服务管理；运营管理上海互联网络交换平台等。

【上海市信息安全行业协会】 由上海地区从事信息安全产品研发、制造、经营和服务的企业和其他相关企事业单位按自愿、平等的原则组成，提供咨询和中介服务，组织调研、交流、合作、培训，开展会展、编辑出版以及政府委托的其他工作。

【上信计算机司法鉴定所】 由上海市经济和信息化委员会直属机构上海市计算机病毒防范服务中心创办，经上海市司法局批准，于 2005 年 6 月 16 日正式成立。面向社会提供权威、公正的电子证据服务，该机构属于第三方计算机司法鉴定组织。

（穆 彪）

二、职能监管及制度建设

【完善信息安全协同监管工作机制】 在本市各单位的共同努力下,信息安全监管制度得到进一步落实和深化。一是调整完善本市信息安全责任制体系。根据新形势新要求,重新确定了全市199家信息安全重点单位,明确各单位主管领导或分管领导为信息安全第一责任人,确定信息安全责任部门和信息安全员,并落实事件报告和预警发布机制,夯实信息安全保障工作网络。二是深化重要信息系统等级保护。2012年已在本市公安机关备案的信息系统有2 936个,市公安局会同市密码管理局、市经济信息化委等部门,对备案系统实施分层测评,督促信息安全问题的发现与整改,提高系统防护能力。三是加强密码使用的安全监管。完成本市政务内网密码设备升级改造,政务外网密钥管理基础设施和认证服务体系建设,并开展相应的检查和监管工作,规范密码设备和密码的应用。四是强化公共信息系统安全测评和风险评估。根据市政府58号令,市信息安全测评认证中心对42家单位的55个公共信息系统实施了安全测评,并督促完成整改工作,测评通过率达到98.2%。市经济信息化委对信息化建设财力和部门预算共144个项目进行了安全审核和风险评估,有效提升了本市公共信息系统防护能力。五是完善信息安全应急管理。市网安办进一步完善本市网络与信息安全应急预案体系和信息通报机制,并会同中国人民银行上海总部开展了银行业信息系统示范应急演练,并成立金融业信息安全专家组。

【开展信息安全治理专项行动】 根据国家部署和要求,相关部门和单位积极开展网络空间信息安全综合治理,取得了显著效果。一是落实重点领域网络与信息安全检查行动。按照国家网络与信息安全协调小组办公室的统一部署,市网安办会同相关主管部门对本市涉及国计民生的95家单位开展检查行动,以自查和抽查相结合的方式,全面掌握各单位在管理制度、防范措施、应急管理、密码使用等方面的工作落实情况,共发现548处安全隐患,相关隐患问题已得到跟踪整改和妥善处置。二是严厉打击网络违法犯罪活动。市公安局围绕涉网案件侦破工作,开展了打击"网络黑市"、深化打击整治网络违法犯罪等专项行动13次,共受理、侦破各类案件3 268起,同时深入开展互联网治安整治,全年共关闭违法网站1 372家,对277家出现过信息安全问题的网站予以行政处罚。三是加强电子商务和网络交易执法。市工商局聚焦社会生活中的网络消费热点,以交易平台、网上商城等交易类网站为重点,检查网络商品销售情况,对合同欺诈、虚假宣传、违法销售食品、制售假冒伪劣商品等违法行为进行重点打击,共查处网络交易违法案件1 871起,罚没款3 940万元。

【探索本市重要工业控制系统信息安全管理工作】 根据《国务院关于关于大力推进信息化发展和切实保障信息安全的若干意见》和工信部《关于加强工业控制系统信息安全管理的通知》要求,上海着力开展重要工业控制系统信息安全管理的相关探索工作。一是开展本市重要工业控制系统摸底调查。在全市200余家企事业单位开展基本情况调查,覆盖钢铁、有色、化工、石油石化、电力、天然气、先进制造、铁路、轨道交通、民航、供水供气等行业,掌握了104家重点单位共1 354个重要工业控制系统的信息。二是初步建立重要工业控制系统信息安全管理制度,将56家相关单位纳入本市信息安全重点单位,并落实相应的风险提示、应急管理等长效监管机制。三是开展重点行业信息安全管理试点。在轨道交通、石化等重点领域开展工业控制系统安全管理试点,在电力、核电等行业探索形成行业级信息安全管理示范。在轨道交通控制系统安全检查方面取得初步成效,得到了工业和信息化部领导的充分肯定和高度评价。

【完成工业和信息化部的政府网站安全管理试点】 根据工业和信息化部的试点工作要求,市政府办公厅和市经济信息化委组织市、区两级66家政府网站落实了试点任务。通过试点,一是形成了一套备案认证制度。将备案审核、实名标识部署和服务器证书认证三个环节有机整合,实现了政府网站的可信访问。二是形成了一份安全保障指南。市网安办发布了《上海市政府网站安全保障指南》,涵盖网站设计、建设、开发、维护、更新、内容发布等环节,提供了相对完整的安全体系和标准参考,提升了政府网站安全防护水平。三是形成了一套安全监控与漏洞检测相结合的问题发现机制。通过各政府网站常态化的安全监控与定期的漏洞检测结合,进一步加强隐患排查和安全整改,降低政府网站的整体安全风险。经检测对比，本市政府网站总体故障次数和高危漏洞数量分别下降了 51%和 85%，网站安全性和稳定性得到大幅度提升。

（穆 彪）

三、其 他

【第二届信息安全活动周】 在工信部信息安全协调司的大力支持下，在市经济信息化委、市公安局、市政府新闻办和团市委的全力配合下，市网安办以"关注信息数据安全，共创网络信任环境"为主题，于 10 月 31 日—11 月 6 日举办了"第二届上海市信息安全活动周"。本届活动周以"一个高层论坛、一个技术展览、一个技能竞赛、一个创意大赛"为主线，辅以"多个访谈、多个技术研讨、多个广场宣传、多个行业活动"。内容上，涉及新技术发展与应用、重要信息数据保护、工业控制系统安全、网络信任环境营造等多个领域；形式上，通过网络、电台、实地等多种媒介和手段开展宣传教育。2012 年还特别开通了活动周的官方网站和微博，充分发挥网络传播速度快、受众面广的特点，加大宣传力度。时间安排上，本届活动周将开幕式安排在 2012 全球城市信息化论坛期间，以扩大活动周的影响力和社会知晓度，并结合第十四届中国国际工业博览会(以下简称"工博会")开设了信息安全技术展示专区。活动周聚焦信息资源和个人信息保护、加强网络信任环境建设等重要内容，面向政府、科研院所、企事业单位和个人，围绕强化信息安全技术防护、创新信息安全管理、探索信息安全发展趋势、普及信息安全基本知识等方面开展活动，强调全社会在网络经济活动中保护重要信息数据和国家基础数据的重要性，提高全社会共同创造网络信任环境的意识。

【2012 信息安全技能竞赛】 本次竞赛在前三届的基础上，创新赛制，首创团队运维赛，进一步扩大了比赛规模，规范了赛事程序，提升了竞赛水平。本次竞赛共吸引了三十支团队和二百五十多名个人选手报名参赛，覆盖了政府、银行、证券、航运、电力、通信、公共服务等行业领域，个人赛选手来自北京、上海、江苏、浙江和安徽等地。从比赛形式来看，本次竞赛设置了团队运维赛和个人技能赛，团队运维赛侧重于考察信息安全运维团队的整体防护能力，个人技能赛偏重于考察选手信息安全技能的实际操作能力。从比赛进程来看，竞赛历时四个多月，遵循公开、公平、公正的原则，经过资格赛、复赛和决赛三个阶段，分别于 11 月 2 日和 5 日决出了个人赛 10 名优胜者和团队赛 6 支优胜队。

【信息安全技术展】 作为工博会首次推出的以信息安全为专题的展示专区，本次展览共吸引了 13 家国内顶尖的信息安全企业，展示范围涵盖了企业数据泄露安全防范产品、个人身份识别产品、工业自动化系统的信息安全产品以及企业信息安全咨询和最新解决方案等。展览也得到了各级领导和大量现场观众的关注，科技部、工信部、上海市政府、中科院等主办单位领导均莅临企业展台参观指导。2012 年信息安全展区的设计改变了以往的"标摊模式"，将封闭的展台完全开放，使观众能够更直观地体验到企业的产品和服务，并设置了互动展区提升人气。参加展示的各家信息安全企业反响热烈，展示效果良好。

【信息安全创意征集大赛】 本届创意大赛围绕"网络数据安全"和"网络诚信"两大主题，从认识信息安全着手，以微小说、漫画、Flash、微视频等各种形式征集"你心目中的信息安全原创设计"作品。主办方在各大专院校、信息安全行业协会会员单位及部分创意园区开展宣传推广活动，共征集到二十多幅作品，主要为漫画和微小说两种表现形式，相关获奖作品在工博会互动现场得到了展示。

（穆 彪）

第二章 信息安全服务

概 述

针对上海信息化发展的新趋势和智慧城市建设安全需求，在本市信息安全主管部门、企事业单位积极努力和共同推动下，城市信息安全基础设施得到进一步完善，信息安全社会化服务能力持续提升。2012年，在市网安办协调推动下，形成并发布了城域网监测预警体系的指导意见，建设完善全国首个区域性的信息安全应急中心——上海市网络与信息安全应急管理事务中心，完善了城域网网络和信息安全监测预警服务功能，整合各方预警资源，提升预警处置能力；开展计算机病毒预报及处置、电子证据鉴定、城域互联网交互等相关信息安全服务。同时，推动已进行等级保护备案的信息系统尤其是三级以上系统加强安全测评及风险评估；推动“法人一证通”项目实施，夯实全市统一的网络信任体系建设，形成了涵盖全市电子政务、电子商务的电子认证体系。

（穆　彪）

一、网络与信息安全应急管理

概述

2011年12月7日经市机构编制委员会同意，“上海市计算机病毒防范服务中心”正式更名为“上海市网络与信息安全应急管理事务中心”（以下简称“市应急管理中心”），并整合上海互联网络交换中心，承担全市信息安全应急管理的日常工作，协助开展重大信息安全事件应急处置协调；负责全市网络与信息安全综合监测体系建设与运行，汇集、研判、通报网络与信息安全态势，发布预警信息，指导信息安全重点单位实施防范措施；统筹全市各类网络与信息安全应急资源和设备的信息管理，组织协调储备与调度工作；负责全市网络与信息安全应急技术组织和服务管理，组织开展网络与信息安全应急预案备案、培训、演练及事件处置善后与评估工作；开展关键网络与信息安全事件抑制手段、公共计算机病毒等网络公害防范等应急共性技术及专有技术的研发和储备工作；运营管理上海互联网络交换平台（以下简称“交换平台”），促进互联网服务提供商在上海的互联互通，面向城域骨干网实施突发信息安全事件应急处置手段；协调管理“9682000”市民信息化服务热线的运作，面向市民和中小企业提供信息安全公益服务；组织开展计算机司法鉴定电子证据服务工作。

（吴恩平）

【全市城域网骨干网安全运行状况】 2012年市应急管理中心继续对全市城域骨干网安全运行状况进行7×24的网络与信息安全事件监测。纵观全年，全市整体网络与信息安全态势良好（见表6－1），全市189个重点网站和涉及国计民生的银行、证券、民航、电力、医保、电子政务等199个重点单位的网络系统整体运行情况良好，未发生较大以上网络与信息安全事件。

表6－1　2012年全市城域骨干网安全运行状况监测数据表

	蠕虫	拒绝服务	漏洞攻击	网络扫描	后门	木马	每月总计
1月	170 928	1 593 676	62 780 383	5 452 057 102	323	0	5 516 602 412
2月	726 975	2 077 284	113 960 751	3 107 088 699	233	8	3 223 853 950
3月	262 050	2 093 082	85 245 636	3 598 826 386	419	0	3 686 427 573

续 表

	蠕虫	拒绝服务	漏洞攻击	网络扫描	后门	木马	每月总计
4月	4 017	2 372 049	72 120 935	3 437 425 736	172	0	3 511 922 909
5月	741 664	2 924 465	103 084 516	3 041 624 362	336	0	3 148 375 343
6月	13 510	38 660 557	89 283 029	4 029 010 776	322	0	4 156 968 194
7月	2 589	30 341 073	12 110 438	3 439 606 144	235	0	3 482 060 479
8月	56 722	24 451 001	11 507 865	3 172 551 703	373	0	3 208 567 664
9月	313 849	10 496 059	14 950 424	3 772 631 002	348	0	3 798 391 682
10月	17 364	1 003 559	8 412 628	2 528 842 433	248	0	2 538 276 232
11月	3 941	9 092 301	44 456 232	2 281 705 811	5	0	2 335 258 290
12月	3 600	3 693 598	38 531 541	2 087 035 456	14	0	2 129 264 209
全年	2 317 209	128 798 704	656 444 378	39 948 405 610	3 028	8	40 735 968 937

全年共计发布了365期上海市网络与信息安全监测日报，52期上海市城域网信息安全态势分析周报，宝山区、崇明县、奉贤区、虹口区、黄浦区、静安区、闵行区、普陀区、青浦区、松江区、徐汇区、杨浦区、闸北区政务外网网络与信息安全监测周报52期，长宁区政务外网网络与信息安全监测周报51期。全年共监测到网络安全事件40 735 968 937起，其中蠕虫事件2 317 209起，拒绝服务事件128 798 704起，漏洞攻击事件656 444 378起，网络扫描事件39 948 405 610起，后门事件3 028起，木马事件8起。

【全市重点网站运行安全监测和应急处置工作】 为更好地开展本市重点网站信息安全保障工作，抵御各种互联网风险，切实提高网站防攻击、防篡改、防病毒能力，抑制网络与信息安全突发事件的影响和损害，2012年市应急管理中心对本市189个重要网站进行运行安全监测、事件处置和通报工作。主要侧重对本市重点单位网站与网上办事系统的运行安全进行持续性监测预警和运行安全评估，包括WEB风险、域名劫持、网站连通性、设计维护缺陷等风险和对安全事件的应急处置是否得当等，并及时向网站运营单位通报漏洞和风险情况。全年共对161家单位发送了161份信息安全风险预警提示报告，协助处理事件13起。

【互联网络交换平台】 2012年，交换平台系统运行安全稳定，互联带宽逐步增加，交换流量稳步提升，继续发挥了上海本地互联网络“互联互通”的重要作用。同时，针对交换平台设备渐趋老化、故障隐患逐渐显现，市应急管理中心制定相关应急预案，确保交换平台能够长期、稳定、高效地工作。

市应急管理中心深入各网络会员进行走访调研，了解不同网络会员对交换平台的不同需求，及时掌握了一些中小ISP在业务形态上的调整变化，宣传了交换平台本地“互联互通”的优势，促使网络会员主动调整路由策略，不断增加通过交换平台的流量。统计显示，2012年交换平台日总流量从年初的15 TB左右逐步提升到20 TB左右，提高了30%左右，呈稳步上升趋势（见图6－1）。

交换平台是上海本地各互联网络运营商依赖实现本地网间交换的唯一的网络公共服务平台，网络会员主要包括上海电信、联通（上海）、上海移动、东方有线、上海科技网、长城宽带（上海）等14家。统计显示2012年交换平台流量前8名分别为长城宽带（上海）、联通（上海）、上海科技网、东方有线、铁通（上海）、上海教科网、上海移动和上海电信；流量增幅较大的有中电飞华、电信恒联、上海电信等6家ISP（见表6－2、表6－3）。

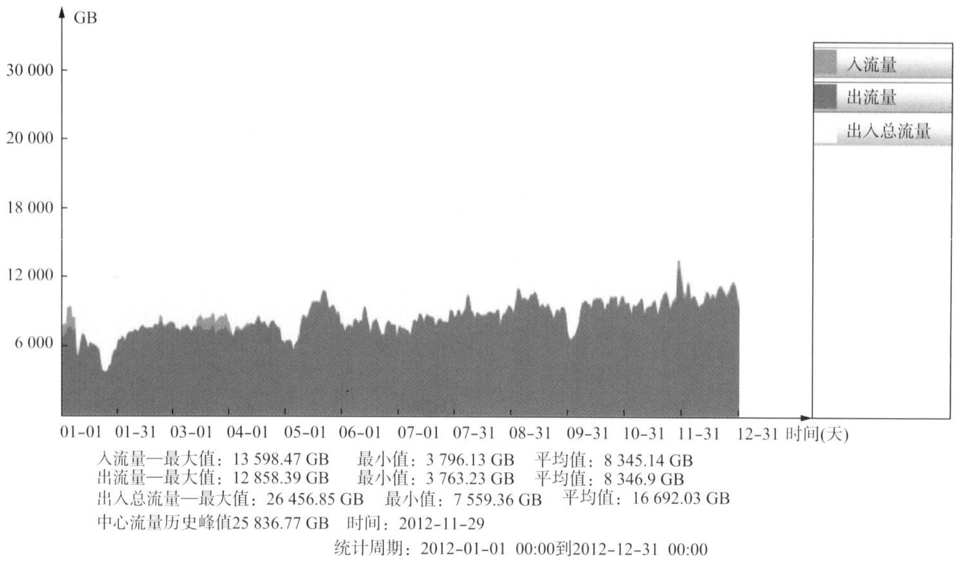

图 6-1 2012 年交换平台流量趋势图

表 6-2 2012 年交换平台 ISP 流量排名

（←表示名次不变，↑表示名次上升，↓表示名次下降）

	2012 年	2011 年	排名变化
长城宽带(上海)	第 1 名	第 3 名	↑
联通(上海)	第 2 名	第 2 名	←
上海科技网	第 3 名	第 4 名	↑
东方有线	第 4 名	第 1 名	↓
铁通(上海)	第 5 名	第 5 名	←
上海教科网	第 6 名	第 7 名	↑
上海移动	第 7 名	第 6 名	↓
上海电信	第 8 名	第 8 名	←

表 6-3 2012 年交换平台流量增幅排名

	2012 年	2011 年	流量增幅
中电飞华	16.88	1.91	783.77%
电信恒联	0.98	0.41	139.02%
上海电信	204.44	107.66	89.89%
上海教科网	480.04	364.99	31.52%
长城宽带(上海)	1 543.18	1 234.54	25.00%
联通(上海)	1 489.12	1 363.3	9.23%

交换平台是我国第一个地区性的宽带网络公共服务平台，其流量特征反映了本市互联网基础应用情况，具有较强的代表性。统计显示(见图 6－4)，2012 年交换平台流量中的应用协议主要包括迅雷、http、2038、QQ－SZ、比特洪流 UDP 数据、KAD 网络 UDP 数据、QQDownload 等，其中迅雷和 http 两类应用协议流量占交换平台总交换流量的 60%。

表 6－4 2012 年基本协议流程排名表

迅雷	48.67%
http	10.96%
未知协议	10.23%
2038	8.86%
KAD 网络 UDP 数据	3.61%
比特洪流 UDP 数据	3.48%
QQDownload	3.12%
QQ－SZ	2.54%
比特洪流对等协议	2.09%
IPv6ov4	1.35%
其余	5.09%

重点单位信息安全防范

【信息安全事件月平均发生率】 就发生信息安全事件的单位数量而言，本年度信息安全事件月平均发生率为 17.58%，与上年度的月平均发生率 17.95% 相比较略有下降。2012 年中，信息安全事件发生率最高是 2 月的 21.92%，最低是 10 月的 12.33%，总体变化不大。说明随着本市有关单位对信息安全问题的重视，各项安全措施的不断落实完善，规范了人们的信息化工作的操作和管理行为，使得全市的信息安全态势进入一个相对平稳期。

【"黑客攻击"事件】 "黑客攻击"事件与上一年度比较，数量明显减少，为 69 792 例(按攻击源 IP 统计)，基本上是端口扫描、尝试性远程登入以及通过 SNMP 窃取设备配置信息等试探性动作。由于有关单位采取多种技术和管理方面的安全措施，使得攻击得逞的仅为 1 例(发生在上海证券交易所)。

【"计算机病毒"事件】 "计算机病毒"事件 2012 年比上年情况略有好转。全年有 16.21% 的单位受到不同程度的病毒感染，比上一年度的 16.82% 略有下降。有 19.18% 的单位遭受过三次以上的反复感染，比上一年度的 18.37% 有所上升。本市每月入侵计算机的病毒种类不完全相同，全年影响比较严重的计算机病毒有 Worm 蠕虫病毒、ARP 病毒、MSN 病毒以及各种 Trojan 木马病毒及其变种。

【信息系统瘫痪事件】 "由于自身原因造成的信息系统瘫痪"的次数与上一年度持平。就单位而言，这类信息安全事件发生概率最小，全年度只有 0.63% 的单位发生过这类事件，但是它对社会和经济生产活动的影响却不容低估，有的甚至引起了社会的关注。

【各类信息安全问题】 本市发生各类信息安全问题比较多、频度比较高的单位类别依次是政府机关、金融行业、工业企业、高校、新闻媒体、通信网络等单位。详细情况见表 6－5 至表 6－12、图 6－2 至图 6－6。

表 6－5 2012 年信息安全事件发生情况一览表

信息安全事件 月份	黑客攻击(次)		计算机病毒(台次)		由于自身原因造成的信息系统瘫痪(次)		收到反动及黄色内容邮件(封)	
	发生数量	发生单位数(家)	发生数量	发生单位数(家)	发生数量	发生单位数(家)	发生数量	发生单位数(家)
1 月	5 049	4	1 441	23	0	0	488	5
2 月	4 718	6	1 445	29	0	0	516	3
3 月	4 112	5	1 974	26	2	1	498	4

续 表

信息安全事件 月份	黑客攻击(次) 发生数量	黑客攻击(次) 发生单位数(家)	计算机病毒(台次) 发生数量	计算机病毒(台次) 发生单位数(家)	由于自身原因造成的信息系统瘫痪(次) 发生数量	由于自身原因造成的信息系统瘫痪(次) 发生单位数(家)	收到反动及黄色内容邮件(封) 发生数量	收到反动及黄色内容邮件(封) 发生单位数(家)
4 月	5 726	4	1 883	24	2	1	634	3
5 月	9 089	4	1 559	28	0	0	474	2
6 月	7 240	6	15 589	23	1	1	322	2
7 月	4 228	5	1 463	28	0	0	548	3
8 月	12 942	5	16 360	24	0	0	716	2
9 月	4 655	4	2 543	23	3	2	761	4
10 月	5 812	5	1 996	16	0	0	591	3
11 月	3 571	6	3 143	21	3	1	173	3
12 月	2 650	4	1 808	20	0	0	332	3

表 6－6 2012 年信息安全事件单位发生率走势表

1 月	2 月	3 月	4 月	5 月	6 月	7 月	8 月	9 月	10 月	11 月	12 月
17.81％	21.92％	19.18％	17.12％	20.55％	16.44％	19.86％	17.81％	17.12％	12.33％	15.75％	15.07％

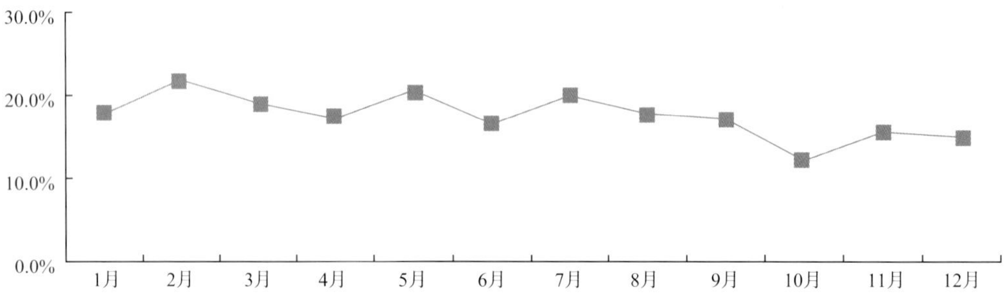

图 6－2 2012 年信息安全事件单位发生率走势图

表 6－7 2012 年“黑客攻击”发生数量各月分布情况表

1 月	2 月	3 月	4 月	5 月	6 月	7 月	8 月	9 月	10 月	11 月	12 月
7.23％	6.76％	5.89％	8.20％	13.02％	10.37％	6.06％	18.54％	6.67％	8.33％	5.12％	3.80％

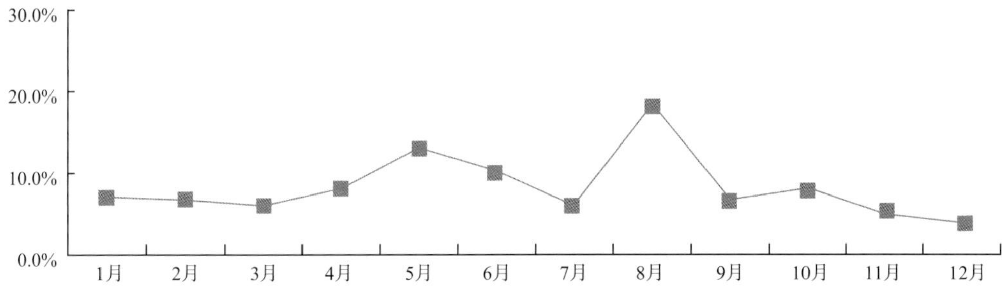

图6-3 2012年"黑客攻击"发生数量各月分布情况图

表6-8 2012年"计算机病毒"发生数量各月分布情况表

1月	2月	3月	4月	5月	6月	7月	8月	9月	10月	11月	12月
2.81%	2.82%	3.87%	3.68%	3.04%	30.44%	2.86%	31.95%	4.97%	3.90%	6.14%	3.53%

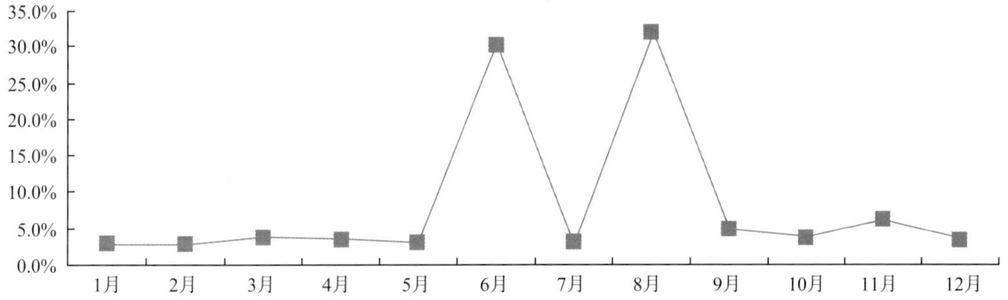

图6-4 2012年"计算机病毒"发生数量各月分布情况图

表6-9 2012年"收到反动及黄色邮件"发生数量各月分布情况表

1月	2月	3月	4月	5月	6月	7月	8月	9月	10月	11月	12月
8.06%	8.52%	8.23%	10.47%	7.83%	5.32%	9.05%	11.83%	12.57%	9.76%	2.86%	5.48%

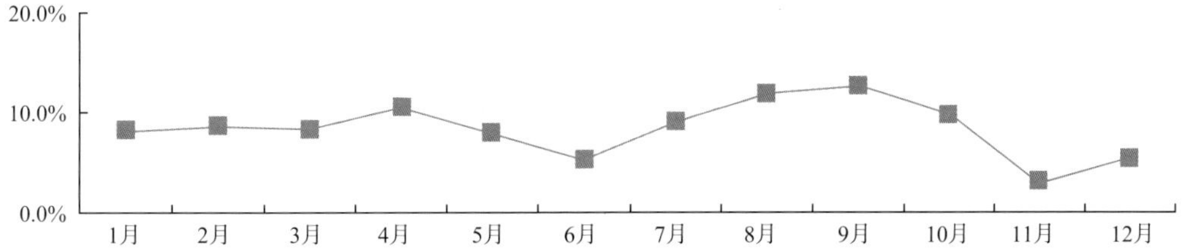

图6-5 2012年"收到反动及黄色邮件"发生数量各月分布情况图

表6-10 2012年各类信息安全事件单位发生率表

信息安全事件	黑客攻击	计算机病毒	由于自身原因造成的信息系统瘫痪	收到反动及黄色内容邮件
发生单位数所占总单位数比例	3.31%	16.21%	0.63%	1.94%

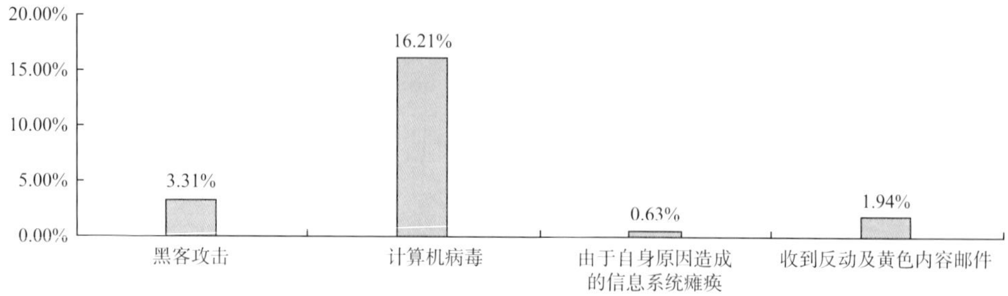

图 6－6 2012 年各类信息安全事件单位发生率图

表 6－11 2012 年信息安全事件重复发生分布表

事件类型 \ 发生次数	0 次	1 次	2 次	3 次
黑客攻击	93.84%	2.05%	0.68%	3.42%
计算机病毒	76.71%	1.37%	2.74%	19.18%
由于自身原因造成的系统瘫痪	97.95%	1.37%	0	0.68%
收到反动及黄色内容邮件	95.21%	1.37%	0.68%	2.74%

表 6－12 2012 年全年易发信息安全事件的单位分类表

事件种类	易发单位
黑客攻击	金融类、政府机关、通信网络类、工业企业类、高校
计算机病毒	政府机关、工业企业类、金融类、高校、新闻媒体
由于自身原因造成的系统瘫痪	政府机关、金融类、工业企业类
收到反动及黄色内容邮件	政府机关、新闻媒体、金融类、工业企业类、高校

重要计算机病毒防范

2012 年，全球面临的信息安全威胁和挑战与日俱增，网络攻击的趋利性和敌对性越来越明显。在我国，特定行业专用应用安全产品市场快速增长，随着行业信息化的全面应用和“两化融合”的深度推进，面向国民经济支柱产业如金融、工业、医疗领域信息系统面临行业特定的安全标准和安全问题，以二代身份证、PBOC2.0 金融 IC 卡、工业控制系统和电子病历为代表的特定行业专用应用安全产品市场快速增长。同时，随着云计算、物联网等新技术新应用的快速发展，面向云计算的应用安全、移动安全特别是移动终端安全需求增长成为产业新亮点。

2012 年全年发现的病毒总量较上年度上升 25%左右，其中木马病毒仍然是数量最多的“第一大类”病毒，占总体的 70%左右。相比 2011 年，挂马网站增长 50%左右，钓鱼网站数量超过挂马网站，钓鱼攻击已逐步取代网页挂马，成为主流的网页攻击形式。网络钓鱼正逐步摆脱传统传播方式和攻击手段，不再依赖广告及文字链接，转向成本更加低廉、效果更加显著的微博平台。同时，钓鱼攻击也不再依赖网页，以低价为诱饵、网站为平台、线下打款为交易手段的巨额钓鱼攻击开始在网上盛行。

大规模个人隐私信息泄露事件频发，互联网企业多遭受 APT 攻击，公共事业网站因第三方外包公司内网信息安全管理不严造成的泄密事件为互联网行业敲响了警钟。2012 年的手机病毒有了更多的变化，盗取用户隐私信息的病毒开始在总体数量上占据多数。同时，二维码、微信等移动 App 也成为泄露个人隐私信息、传播钓鱼诈骗的重要源头。企业信息安全环境日益严峻，随着近年来全球政治经济格局不断变化，国家之间的信息对抗也日趋激烈，进口信息安全产品在国内也因此产生种种问题。然而大部分企业内网信息安全建设较为落后，严重影响企业的生存与发展。现代化的企业移动办公及BYOD在大大提高办公效率的同时，也为企业内网机密数据带来了风险。

【2012年病毒技术趋势】 大多数软件在安装时都需要运行一个exe文件，目前主流exe安装文件都有加载dll文件的流程，但并不对该dll文件的合法性加以验证。而黑客正是利用这个漏洞，将正常的dll文件替换为恶意dll文件。同时，因为加载程序带有正常合法的数字签名，大部分安全软件都会对其一路放行。QQ群蠕虫病毒利用QQ快速登录的漏洞进行大规模的繁殖传播，会利用已登录的QQ号将病毒文件共享到受害用户的所有QQ群中，并且将病毒文件命名为一个非常有诱惑性的名称，吸引其他用户下载。同时，黑客越来越关心用户的隐私和机密文件，某些病毒会搜集用户电脑中的JPG、PNG和CAD等格式的文件，并偷偷上传到黑客指定的服务器或者邮箱中，窃取用户隐私。

【2012年钓鱼网站发展趋势】 钓鱼网站多以奥运会、欧洲杯、电商促销、选秀节目和社会热点为名，并集中出现在节假日、奥运会、欧洲杯、暑期促销等时段。钓鱼网站开始采用“批量生产”的方式大规模投放。首先，黑客会去被仿冒的网站上下载该站点的页面素材，并利用这些素材制作出模板。由于模板页面中的图片、文字本来就出自被仿冒的对象，所以内容看起来非常正规，很容易让人放松警惕。其次，黑客会用这个极其逼真的模板进行大量复制，并对复制品的细节进行小幅修改（如商品名称、联系方式等）。最后，黑客还会海量伪造与被仿冒网站近似的域名，最终将这些“批量生产”的钓鱼网站大规模投放到网络上。同时，钓鱼网站开始出现了敲诈、恐吓等相关内容。

微博作为信息共享、互动交流的新型社交平台深受众多互联网用户青睐，但也成为不法分子用来实施诈骗的工具。微博对所发布的信息多数并无审查，不法分子就是利用这个漏洞将虚假的钓鱼信息以文字、图片或者视频等形式进行大肆传播。一些安全意识薄弱的用户很容易信以为真，误入骗子的圈套。

网络诈骗行为中，以虚假信息诈骗居多，尤其在网络交易中最为常见。这些网站往往采取线下交易的方式，骗子会以各种名义让网民向其银行账户打款。当受骗网民向其转账后，骗子就会彻底消失。

2012年发现的一种新型钓鱼手法专门针对大型正规网购平台设计，这种新型钓鱼方式完全颠覆了传统方法，利用常人想不到的技术和手段，在网店的装修功能中对店铺页面内容的布局进行修改，用图片伪造虚假信息，覆盖正常内容，在视觉上让用户误以为真。

第三方支付平台作为“代收代付”和“信用担保”的中间人模式已经广泛应用于互联网交易，买卖双方在交易过程中都希望通过第三方支付平台达到公正交易的目的。但由于部分第三方支付平台准入门槛低，服务商注册资金及资质没有严格审核标准，并且存在注册账户随意租借、买卖等现象，一些不法分子利用这样的漏洞进行网络欺诈。

一种最新的网银攻击方式不仅可盗取用户网银的账号和密码，甚至能盗取动态口令。黑客主要利用网银动态密码的漏洞，预先在网上放出大量钓鱼网站，用户一旦登录了该网站的网银模块，账号及密码就会被发送至黑客指定的服务器。

【2012年十大计算机病毒排名】

Trojan. Script. JS. Pop. a：JS脚本，恶意在计算机上弹出窗口。

Trojan. Win32. FakeIME：恶意程序安装包，在桌面上建立恶意网站的假IE快捷方式，并且通过修改注册表，使该假IE快捷方式难以删除，未经用户允许释放网址到IE收藏夹中。

Hack. Exploit. Script. JS. Bucode. i：从定制病毒网站下载其他恶意病毒。

Trojan. Script. VBS. Dole. a：一款感染Office文档的宏病毒。

Trojan. Win32. Fednu. axe：从定制恶意网站下载其他病毒并运行。

Trojan. DL. Win32. AVPlayer. a：集木马与黑客后门功能于一身，盗用用户电脑的隐私信息。

Worm. Win32. FakeFolder. c：伪装成文件夹图标迷惑用户，中毒后会篡改IE主页为恶意网站。

Hack. Exploit. Script. JS. Agent. ji：利用IE漏洞执行脚本，下载指定病毒并运行。

Macro. XI4Poppy：宏病毒，感染模板文件Normal. dot，当再次使用Word或打开Word文件，被打开的文件将被添加该宏脚本。

Trojan. Win32. Fednu. dba：释放黑客后门并运行，接受远程命令，使中毒电脑成为肉鸡。

【2012年十大挂马漏洞排名】

CVE-2012-1889：IE漏洞。

CVE-2012-1875：IE漏洞。

CVE-2012-4969：IE漏洞。

CVE-2012-0754：Flash漏洞。

CVE-2012-0003：Windows Media Player漏洞。

CVE-2012-4681：Java漏洞。

CVE-2012-1723：Java漏洞。

CVE-2012-0507：Java漏洞。

CVE-2010-0806：IE漏洞。

CVE-2006-003：IE漏洞。

【2012年十大钓鱼网站排名】

ebs.boc.cn.hiudolo.kuiena.tk：银行钓鱼网站。

qqweixin2012.com：QQ钓鱼网站。

icbc-com-boc-cn.usa.cc：银行钓鱼网站。

www.cctv2727.com：电视节目钓鱼网站。

icbc.com.cn.oniborde.com：银行钓鱼网站。

item.taobaocom.dtqi.info：网购交易平台钓鱼网站。

item.taobao.sjanxn.usa.cc：网购交易平台钓鱼网站。

www.166danbaojiaoyi.com：网购交易平台钓鱼网站。

www.qqyxmi.tk：QQ钓鱼网站。

www.gm3366.net：在线充值钓鱼网站。

从总体状况来看，黑客非法盗取用户财产及用户隐私的技术已经越来越成熟，网络钓鱼诈骗花样不断翻新，个人信息泄露也成为亟待解决的重要问题。2012年12月28日，全国人民代表大会常务委员会通过了《关于加强网络信息保护的决定》，这对打击网络非法活动、保护企业及个人的信息安全，有着极大的推动作用。

【计算机司法鉴定服务】 2012年上海上信计算机司法鉴定所在市应急管理中心的领导下，鉴定工作得到有序开展。作为上海市司法鉴定协会的理事单位，始终把社会效益放在首要位置，努力做好每个案件的咨询、受理、取证、鉴定等工作。全年共接受咨询50余次，完成鉴定报告38件，没有发生任何投诉情况。此外，还对本所的规章制度、鉴定流程、质量监控、档案管理等工作做了一次全面的梳理，取得了较好的效果。所有鉴定人员和相关工程师按照司法鉴定协会的要求，全程参加了协会组织的法律及业务培训。

（吴恩平）

二、安全测评

【概况】 2012年，上海市信息安全测评认证中心（以下简称“市测评中心”）作为本市重要的信息安全基础设施保障单位，按照本市统一的信息安全测评战略布局，立足产品测评、系统测评、评估服务三大块核心服务能力，不断提升测评水平，打造测评战略高地；挖掘用户需求，努力开拓市场。2012年全年累计完成各类测评服务项目逾750个。

（李宏达）

【基础网络和重要信息系统安全测评】 2012年，市测评中心继续深入贯彻国家信息安全等级保护制度和《上海市公共信息系统安全测评管理办法》（上海市人民政府58号令）的政策要求，稳步推进本市重要公共信息系统安全测评工作。根据市网安办、上海市信息安全等级保护办公室的统一部署，圆满完成了对本市272个重要信息系统的安全测评工作，其中95个属于公共管理信息系统，177个属于公共服务信息系统。从系统的具体类型分布来看，金融服务类系统76个，占27.9%（如：中国银联股份有限公司、上海浦东发展银行、上海证券交易所、国泰君安证券股份有限公司、中国太平洋保险（集团）股份有限公司等单位的核心业务系统）；电子政务类系统88个，占32.4%（如：上海市工商行政管理局、上海市地方税务局、上海市民政局、上海市各区、县等单位的电子政务系统以及“中国上海”等门户网站）；基础网络、公共事业、社会保障、轨道交通、医疗卫生、民航类系统34个，占12.5%（如：中国移动通信集团上海有限公司、中国电信股份有限公司上海分公司、上海电力股份有限公司、上海市住房公积金管理中心、上海市医疗急救中心等单位的业务系统）；企业类系统29个，占10.7%（如：上海烟草（集团）公司、宝山钢铁股份有限公司等单位的核心业务系统）。

此外，市测评中心共计完成本市1 070次公共信息系统的安全测评，测评范围涉及电子政务、社会保障、银行、证券、保险、电力、燃气、供水、轨道交通、医疗卫生等关系国计民生的主要信息系统应用领域，为上海市各类重要信息系统的安全稳定运行提供了重要的保障，保证了上海市信息化的持续、稳定和健康发展。

【工业控制系统安全测评】 2012 年，市测评中心负责对本市 100 余家单位 1 300 多个工业控制系统基本情况的调研，形成了对上海重要工业控制系统基本情况及其信息安全状况的总体判断；同时，为了落实国务院和市政府关于《开展重点领域信息安全检查行动的通知》要求，市测评中心负责组织对上海轨道交通以及本市供水、燃气等行业领域工业控制系统的信息安全检查，并形成检查报告上报工信部。此外，还完成了上海电力股份有限公司吴泾热电厂、申通地铁集团有限公司等单位 10 个工业控制系统的安全测评，丰富了工业控制系统安全测评实践。

【信息安全产品认证测评和检测平台建设】 市测评中心作为国家认监委全国首批指定的七家信息安全产品 3C 强制认证检测实验室之一，2012 年共受理完成了 24 件产品的认证测评业务，检测产品覆盖了防火墙、网络安全审计产品、数据库安全审计产品、数据备份与恢复产品、路由器、证券交易、WEB 安全检测系统、上网行为管理、虚拟磁盘、特权账号管理、智能卡 COS、IC 卡芯片等多个类别。

根据国内智能卡（IC）芯片日益增长的检测需求，市测评中心依托 IC 卡检测平台重点开展了对智能卡芯片功耗分析测试（SPA/DPA）、电磁辐射测试 EMA、激光错误注入、电压毛刺以及微探针等非侵入式、半侵入式和侵入式芯片安全测试方法和技术的研究，并对 5 家芯片厂商的 7 款商用 IC 卡芯片的 DES、RSA 等不同加密算法实施了近 20 个穿透性攻击测试案例，测试的效果和测试能力获得用户高度认可。

作为专业性很强的第三方检测机构，市测评中心高度重视科技软实力建设。2012 年测评中心申请及在实施的国家、地方科研课题（项目）共计 8 个，覆盖工业控制系统、移动支付、智能卡检测等热点领域，参与了央行《中国移动支付技术标准体系研究报告》及金融行业移动支付级技术标准的编写工作，进一步规范移动支付产业发展。此外，测评中心加大对安全检测技术的研究，系统测评技术更注重细粒度，系统渗透测试更加规范化、立体化，在智能卡检测、工业控制系统、云计算安全研究等方面的检测能力明显提升。

（李宏达）

三、数字证书应用推广

概况

2012 年是“上海市电子认证服务 2011—2013 新三年发展行动计划”的第二年，全市电子认证平台建设、服务体系建设和应用拓展稳步推进，在全市法人网上身份统一认证工作方面更是取得突破，整体发展处于健康、有序状态。全年上海数字证书认证中心有限公司（以下简称“市 CA 中心”）共发放数字证书 52 万张，历年累计发放数字证书 320 万张，证书应用在电子政务、电子商务等领域均取得较大进展。

基础平台建设

【借助神兵商密产品生产资质，拓宽技术发展新空间】 2012 年，市 CA 中心作为全市电子认证服务平台的运营机构，在政府主管部门的大力支持下，下属上海神兵信息安全有限公司（以下简称“神兵公司”）于 5 月通过了国家密码管理局的现场审查，10 月下发了《关于指定上海神兵信息安全有限公司为商用密码产品生产定点单位的通知》（国密局字〔2012〕561 号）。神兵公司将按照国家新标准自行研发的数字认证系统进行产品申报，12 月该产品在北京通过了国家密码管理局的产品技术测试。市 CA 中心将以神兵公司为平台，结合市场需求，有计划地推进商密产品开发工作，为公司主营业务发展提供强有力的技术产品支撑。

【完成认证系统新算法改造，实施 EV 根证书签发】 2012 年，市 CA 中心研发了 SM2 证书的编码和解析技术，实现了国家标准椭圆曲线证书签发和应用接口整合，完成了各类加密机接口的集成调试、智能密码钥匙的集成调试等，下半年完成了互联网认证系统产品的新算法改造。同时，市 CA 中心针对工信部和国密局下发的关于算法升级的要求，新增和修订了《设备技术规范》、《设备接口规范》、《测试规范和流程》、《设备性能要求》、《证书介质技术规范》等技术规范。此外，市 CA 中心按照国际 EV 证书的格式标准，签发了 EV 根证书和子 CA 证书，并根据 WebTrust EV 审计标准，进行了内部自测。

【完成上海市电子政务外网电子认证系统建设】 2012上半年，按照市密码管理局和市公众网管理中心的要求，市CA中心开始实施面向以公务员为主要服务对象的政务外网电子认证系统的建设，并于2012年10月顺利通过了系统安审，并投入正式运行。

【跟踪新技术，完成邮件安全网关、BOSS系统等新产品研发】 市CA中心同时还承担了由市保密局立项的邮件安全网关产品研发项目。邮件安全网关是通过软硬件一体机的方式解决政府机关、企事业单位的邮件收发、存储等全过程的安全产品，该产品已于2012年11月通过了上海市科委组织项目验收。同时，市CA中心参与了由联和公司牵头的基于PKI技术的DRM平台方案的系统功能、协议设计等工作，完成了在arm芯片和智能机顶盒OS下的数字证书的发放、存储和应用的初步设计及代码实现，并在智能机顶盒模拟仿真环境中成功运行。

【综合业务运营支持系统】 以"法人一证通"建设为契机，市CA中心开发了基于数字证书等相关产品服务管理的综合业务运营支持系统(Business & Operation Support System，简称BOSS系统)。BOSS系统将用户信息管理、产品价格管理、用户订购管理、计费管理、账务管理等业务管理功能整合到同一平台上；根据"法人一证通"的业务需求增加了用户证书应用开通、证书预付费管理等功能。BOSS系统建设上线将会给上海电子认证服务发展提供有力的技术保障，使市CA中心运营服务跨上新台阶。

【完成基于数字证书的可信电子合同谈判系统整合】 市CA中心在做好自身业务发展的同时，结合社会热点和延伸业务的扩张，与相关公司开展合作。为了推广数字证书在电子商务领域的应用，市CA中心与上海理工大学等单位开展合作，合作研发并整合了市CA中心数字签名、二维码、电子印章、时间戳等多项安全手段，形成面向社会公众提供服务的第三方公共平台——上海市电子合同谈判签署系统，目前该系统已经应用于淘五金等电子商务平台。

(龚林凤)

电子政务领域的应用

【"一证通"项目顺利推进】 2012年2月13日，上海市政府常务会议通过了"法人一证通"项目。上海将以整合渠道、统一管理、规范收费、拓展应用为重点，充分利用法人库基础信息，实现各部门业务系统证书互认，为各类法人在不同政府部门、不同业务系统在线办事提供统一数字认证服务，全面推行"法人一证通"项目。为了深化落实市政府常务会议精神，市CA中心组成了"法人一证通"项目组，制定项目推进计划，完成了系统建设、应用改造、标准制定、物价备案、受理网点与门户网站建设、服务评估体系建立等一系列工作，开通了工商、税务、质监等9个部门的应用，截至2012年年底，已经通过升级、申请等方式发放"法人一证通"数字证书13万多张。

为方便法人就近申领、更新"一证通"数字证书，市CA中心在17个区县行政办事大厅、企业服务中心等设立了19个服务网点，可现场办理数字证书申办、变更、介质解锁等业务。同时开通了"一证通"网站(www.962600.com)，可实现数字证书在线查询、更新、吊销、应用开通、电子印章制作等功能，用户如已有数字证书介质，则无需到服务网点，可自助在线将原有的数字证书更新为"一证通"数字证书。在申办、更新、使用过程中如有问题还可通过拨打"962600""一证通"服务热线或"12345"服务热线进行咨询。

2012年，全市有9家试点单位共开通了23个业务应用，包括工程招投标、安全生产事故应急预案备案、住房修缮、税务电子申报、远程抄报、完税凭证、质量技术监督网上行政审批、社会组织网上办事、事业单位编制管理登记、政府采购招投标、非税收入管理、社保事务自助经办、工商企业网上查询办事等。预计2013年6月底将进一步拓展"法人一证通"数字证书应用范围，在科技、国资、食药监、公积金、商务、规划国土等多个部门继续深化推进法人网上身份统一认证应用。2012年年底前，实现各部门业务系统的证书互认，为各类法人在不同政府部门、不同业务系统在线办事提供统一数字认证服务，使大多数行政许可、证照年检、资质管理、信息申报、资格认定、招标采购、项目申报、统计申报、费用缴纳等均可实现在线办理。

法人网上身份统一认证工作，是进一步提高政府服务水平和质量、加快转变政府职能的重要手段，对于推进上海成为"行政效率最高、透明度最高、收费最少的行政区之一"和健全诚信体系有重要意义。

【卫生领域广泛应用】 市CA中心配合市卫生局完成了《上海市医院信息系统电子认证技术应用功能规范》的编写与发布、推出了《区域卫生电子认证建设规范》。在推进机制上，基本做到了上海地区各区县卫生局和医院的信息跟踪全覆盖，及时掌握了上海地区医疗行业电子病历和数字证书应用的第一手资料。市CA中心还相继完成闵行、长宁、奉贤等区卫生局合同签约和实施，以及杨浦区卫生局试点应用合同的签订，完成长宁区中心医院、光华口腔医院、长宁区同仁医院、长宁区妇幼保健院和复旦大学附属妇产科医院电子病历的应用项目的实施和上线运行。

【积极参与政府网站安全管理试点工作】 市CA中心通过对全市统一的政府网站服务器证书部署调研和培训，了解上海市各个政府网站的域名情况、服务器情况、WebService类型，研究全市统一的政府网站服务器证书审核、发放、安装的实施模式，解决政府网站SSL安全问题。市CA中心对接收到的资料做审核，初步确认用户网站的类型，通过一对一客服通知、一对一技术支持的服务模式，协助用户生成证书请求、安装并部署证书，并通过技术文档、邮件、电话、上门等方式进行技术支持。

通过为全市首批66家市、区、县政府网站签发并安装服务器证书，市CA中心形成了覆盖全市政府网站的服务器证书应用，为进一步推进区县级以下政府网站服务器部署做好准备。

（龚林凤）

电子商务领域的应用

【始终把握上海金融中心建设主线，努力推进金融领域证书应用】 金融行业是数字证书应用的热点之一。几年来市CA中心潜心培育金融行业的数字证书服务业务，立足上海调动本地资源，巩固和上海银行的合作，为企业网银业务提供最好的支持；并及时总结支持服务经验，持续完善金融行业解决方案，提升服务支持专业化水平，提高市场竞争能力，努力争取实现新突破。根据国家在保险、期货、证券等行业管理的政策要求，市CA中心组织相关人员学习消化，广泛开展技术市场合作，完善建设服务方案，在2012年市CA中心在上述行业都取得了一定的进展。

【完善大型企业证书应用方案，拓展电子商务数字证书应用】 2012年，随着电子政务市场服务架构的逐步清晰，市CA中心更关注电子商务领域的数字证书的推广应用工作，特别是大型企业市场。2012年上半年市CA中心与海尔集团成功签署合作合同，针对海尔集团的实际情况，为其量身订制了证书应用解决方案，下半年开始在海尔集团采购系统进行推广。同时，依托东方钢铁电子商务有限公司渠道，市CA中心拓展了在宝山钢铁股份有限公司的数字证书应用；市CA中心还与上海宝华企业集团有限公司合作，在其招标平台中引入了证书应用，并借助其自身在招投标领域的影响力推动项目开展。此外，市CA中心还与中国电信集团号百信息服务有限公司、上海文化广播影视集团等大企业集团建立了数字证书应用合作。通过这些服务，市CA中心逐步形成大型企业市场的服务模式，在日益激烈的市场竞争中探索出新的销售手段和合作方式。

（龚林凤　王云美）

第三章 信息安全技术研发及产业化

概 述

随着行业信息化的全面应用和“两化融合”的深度推进，面向国民经济支柱产业如公安、金融、工业、医疗领域信息系统面临行业特定的安全标准和安全问题，以二代身份证、PBOC2.0金融IC卡、动态令牌、工业控制系统和电子病历为代表的特定行业专用应用安全产品市场快速增长。同时，随着云计算、物联网等新技术新应用的快速发展，面向云计算的应用安全、移动安全特别是移动终端安全需求增长成为产业新亮点。在产业发展过程中，上海市各信息安全企事业单位通过能力创新的实践，提高了上海市信息安全技术创新能力，突破了一批关键技术，培育了一批信息安全技术人才，推动了上海信息安全建设和信息安全产业的发展。从创新性、市场前瞻性和市场适应性的角度出发，企业通过加强产品研发工作，提高技术创新能力，推出科技含量高、附加值高、适应性强的新产品，以不断完善和充实产品体系，提升产品整体竞争力。

随着用户需求扩大、企业产品逐步成熟和不断创新，上海市信息安全产业处于稳步增长阶段，信息安全产品主要包括以硬件为主的信息安全产品及解决方案、以软件为主的信息安全产品及解决方案和安全服务。信息安全硬件所占比例有所下降，但信息安全动态密码身份认证令牌市场规模大幅增长，信息安全软件和安全服务的比例较往年相比也有所增长。

就全国范围来看，上海信息化安全应用仍在全国处于领先水平。启明星辰信息技术有限公司、北京天融信网络安全技术有限公司、卫士通信息产业股份有限公司等业内著名企业在上海的业务稳中有增，上海本地信息安全企业，如上海华虹集成电路有限责任公司、上海三零卫士信息安全有限公司、上海动联信息技术有限公司、上海格尔软件股份有限公司、上海辰锐信息科技公司等单位年经营收入超过1亿元。上海信息安全产业近三年经营收入情况如表6－13所示。

表6－13　上海信息安全产业近三年经营收入情况　　单位：亿元

	2010年	2011年	2012年
信息安全产业年经营收入	38.43	39.89	40.74

（穆　彪）

一、国家信息安全产业化(东部)基地

概况

国家信息安全成果产业化(东部)基地(以下简称“国信安基地”)作为我国三大国家级信息安全成果产业化基地之一，承担着国家信息安全产业技术、人才、重大项目集聚和成果产业化的历史使命。国信安基地在发展道路上不断探索，初步形成了以信息安全为核心、以TIMES产业链(通信业、信息技术与因特网、多媒体和移动商务、娱乐和电子商务、安全与监管)为纽带的ICT特色产业园区。近年来，国信安基地积极致力于信息安全产业整体研究，在园区企业成长服务成功经验的基础上形成地域整体产业推动能力，立足国信安基地促进信息安全产业发展。

【培育信息安全服务业发展，打造信息安全服务高地】 2012年，国信安基地积极培育信息安全服务业发展，着力进行信息安全综合服务平台建设。平台项目作为国内信息安全行业的首个定位服务类的平台，致力于为信息安全企业的市场推广提供窗口与渠道，为信息安全需求

用户提供咨询与沟通的桥梁，为行业主管机关决策提供参考。平台直接服务信息安全从业企业与技术人员、各类网络信息技术应用单位（包含各类政府机关与企事业单位）及社会大众。2012年，平台已完成了一期门户网站建设的大部分内容，网站可分为三大版块和九大类资讯。

2012年9月27日，市应急管理中心正式揭牌运行，工信部副部长杨学山，市委常委、副市长艾宝俊共同为中心揭牌。作为全国首个网络与信息安全应急管理事务中心，整合了原上海计算机病毒防范服务中心和上海互联网络交换中心相关职能，利用国信安基地的信息安全行业集聚作用，面向全市提供信息安全监测预警信息等服务。

上海交通大学信息安全工程学院持续加大信息安全技能培训力度，为社会提供信息安全保障新生力量。2012年，上海交通大学信息安全工程学院共培育信息安全专业本科生1 000多名，研究生300多名。学院还在2012年3月5日主办了“全国攻防对抗与信息安全综合管理”高级培训班，为全国各行业提供攻防技术及管理双重培训，共有来自全国110多名学员参加了培训。

【提升综合配套服务能力，扶持企业快速发展】 浦东国际人才城落户国信安基地，帮助海归创业和扶持企业成长，为高层次人才提供就业便利。2012年6月，经浦东新区人才工作领导小组会议研究同意，浦东国际人才城落户国信安基地。浦东国际人才城定位为集聚各种服务要素的空间载体、服务人才各类需求的综合窗口、畅通国际人才合作交流的温馨家园、构建浦东人才高地的地标象征。2012年9月26日，市委常委、市委组织部部长、市人才工作协调小组组长李希和市委常委、浦东新区区委书记、区人才工作领导小组组长徐麟共同为人才城“开城”。浦东国际人才城集合了浦东各类人才服务资源，产生人才集聚效应，极大地方便了人才项目的落地和企业高层次人才引进。

上海农商银行张江科技支行入驻国信安基地，为科技企业发展提供了金融支持。2012年7月，上海首家科技银行——上海农商银行张江科技支行入驻国信安基地。上海农商银行张江科技支行聚焦创新型科技企业、专营科技型企业金融业务，拥有10种专门针对科技企业的融资产品，覆盖了科技企业从初创、成长至成熟的整个发展过程，为各类型和各发展阶段的科技成长性企业提供全方位金融支撑。上海农商银行张江科技支行的入驻也填补了国信安基地金融配套空白，使入驻企业能够享受高效、便捷的金融服务。

上海交通大学与上海张江（集团）有限公司达成战略合作协议，在国信安基地开发新型产业，加强产业技术转化能力和专业人才培养。2012年12月，上海交通大学与上海张江（集团）有限公司签订战略合作协议上海交大将结合学校整体优势资源，建设“安全、健康、绿色”为主题的立体化基地，届时将引入环境科学和工程学院、生命科学技术学院、研究生院张江分院等院系，进一步加强专业人才培养。

国信安基地孵化服务能级进一步提升，形成专业化孵化服务链。2012年4月，国信安基地孵化器成功备案为上海市第二批科技企业加速器，成为上海市科创中心试点加速器。此前国信安基地已获国家级专业孵化器、上海市试点创业苗圃备案，此次科级企业加速器的成功备案，标志着国信安基地已经形成了“创业苗圃＋专业孵化器＋企业加速器”的专业化孵化服务链。同时，在2012年进行的上海市科技企业孵化器考评中，国信安基地孵化器获得优秀考评成绩，这是国信安基地孵化器连续四年获得优秀成绩，也是上海市科委、上海市科技创业中心对国信安基地孵化器的高度肯定。

（侯　勇）

二、重要信息安全企事业单位

万达信息股份有限公司

万达信息股份有限公司（以下简称“万达公司”）是国内专业从事城市信息化领域服务的企业。万达公司以行业应用软件、专业IT服务和整体解决方案为主营业务，在政府、医疗卫生、社会保障、民航交通、市场监管等多个行业，形成了一体化的智慧应用解决方案，市场覆盖华东、华中、华南、华北、西南、西北、东北等区域。万达公司拥有国家计算机信息系统集成一级和CMMI5两项业内较高资质认定，是国家规划布局内重点软件企业、国家发改委高新技术产业化示范工程企业、科技部“十五”国家863计划成果产业化基地和国家信息产业科技创新集体，荣获“2009中国十大创新软件企业”称号。

万达公司拥有共计150余项自主知识产权和多项国内外专利，承担多项国家各类标准及指南和上海市及其他地方各类标准的制定工作，曾获得5项上海市科技进步一等奖。万达公司总部和开发基地设在上海，在华东、华中、华南、华北、西南、西北、东北等区域以及美国加利福尼亚设立了分支机构，现有员工1 800余人。

普华基础软件股份有限公司

普华基础软件股份有限公司（以下简称"普华基础"）成立于2008年10月，是中国电子科技集团公司下属一级子公司，也是中国电子科技集团公司基础软件业务战略平台。经过三年的发展，普华基础打造了较为完整的基础软件产业链，并进行了业务网络体系的建设工作。2012年，参控股产业链的企业有中标软件有限公司、北京人大金仓信息技术股份有限公司、上海颐东网络有限公司，并在日本和瑞典分别设有合资子公司TubroLinux和普华AB。现有在职在编员工近300人，合并控股企业过千人。

在业务网络建设上，普华基础基于集团研究所资源及国家重大专项，与产业链中各类企业、院校、咨询研究机构建立起良好的合作、交流关系，包括北京大学、清华大学、浙江大学、电子科技大学、上海交通大学、同济大学、华东师范大学、中国电子标准化研究院等，并发起、主导和参与了多个产学研联盟体系的建设，包括U盟、CASA、云海产业联盟等。

上海三零卫士信息安全有限公司

上海三零卫士信息安全有限公司（以下简称"三零卫士"）是专业从事信息系统安全行业的高新技术企业和软件企业，公司注册于徐汇区虹桥路333号203室（慧谷），是上海市科委首批认定的科技小巨人（培育）企业。三零卫士依托国内实力最为雄厚的信息安全权威机构——中国电子科技集团第三十研究所，以其近40年的信息安全和通信保密工程的技术积累和经验为支持，结合现代信息安全技术的最新发展，积极投身于我国信息安全事业，主要面向党政机关、金融证券系统、电子商务和各企事业单位，专业从事信息安全服务。同时三零卫士在信息安全产品开发和推广及服务方面也走在前列，有成熟的鹰眼网络入侵检测系统、鹰眼主机入侵检测系统、SSL安全网关、鹰眼安全评估仪、强林安全操作系统系列、龙信使安全电子邮件系统等，所有产品都获得国家保密局、公安部、国家信息安全测评认证中心的认证或认可。

三零卫士信息安全事务所于2001年成立，作为首批计算机网络安全服务A类试点单位，承担了多项信息安全示范工程建设；同时三零卫士还于2004年获准成为华东地区唯一一家互联网应急处理服务试点单位，于2007年再次被认定为应急服务支撑单位。截至2012年年底，三零卫士先后为政府、金融、科研院所、企业等数百家信息系统提供了安全评估、方案设计论证、产品推荐、安全咨询和安全外包等安全服务。此外，还协助国家、部委、北京和上海地方政府进行信息安全规划工作，并特别关注和参与信息安全行业的标准化工作。三零卫士以上海公司为中心，在杭州、广州、南京、武汉、北京等地设立了子公司或办事处，建立了全国的IT服务支撑网络。

启明星辰信息技术有限公司

启明星辰信息技术有限公司（以下简称"启明星辰"）成立于1996年，由留美博士严望佳女士创建，是国内拥有完全自主知识产权的网络安全产品、可信安全管理平台、安全服务与解决方案的综合提供商。2010年6月23日，启明星辰在深交所中小板正式挂牌上市，成为国内第一家登陆资本市场的民营信息安全企业。启明星辰拥有完善的专业安全产品线，横跨防火墙/UTM、入侵检测管理、网络审计、终端管理、加密认证等技术领域，共有百余个产品型号。启明星辰解决方案为客户的安全需求与信息安全产品、服务之间架起桥梁，将客户的安全保障体系与信息安全核心技术紧密相连，帮助企业建立完善的安全保障体系。截至2012年年底，启明星辰在全国各省市自治区设立三十多家分支机构，拥有覆盖全国的渠道和售后服务体系。

启明星辰位于北京中关村软件园，拥有我国规模最大的国家级网络安全研究基地。创造了百余项专利和软件著作权，参与制订国家及行业网络安全标准，填补了我国信息安全科研领域的多项空白。完成包括国家发改委产业化示范工程、科技部"863"计划、国家科技支撑计划等国家级科研项目近百项。作为北京奥组委独家中标的核心信息安全产品、服务及解决方案提供商，奥组委唯一信息安全供应商，启明星辰受到独家官方授权，全面负责奥运会主体网络系统的安全保障，得到了国家主管部门的大力嘉奖。此外，启明星辰还为上海世博会、广州亚运会等多项世界级大型活动提供全方位信息安全保障。

上海动联信息技术有限公司

上海动联信息技术有限公司（以下简称"动联信息"）是身份安全领域的领先厂商，致力于身份安全产品的自主研发、生产、销售和服务，为政府、金融、电信、电子商务、网络游戏和企业机构等提供专业的身份安全产品和解决方案。动联信息注册于上海张江高科技园区，在北京、广州、深圳、成都、杭州、香港等地设有分支机构。动联信息现有员工160人，98%的员工均为本科及以上学历。动联信息在上海总部设立研发基地，被浦东新区政府评定为"浦东新区企业研发机构"称号，并与上海交通大学建立了良好的产学研战略合作关系。动联信息硬件产品的装配生产在无锡生产基地完成，该生产基地坐落于江苏省无锡市新区，截至2012年年底，生产制造人员数量为512人，生产基地建筑面积12 000平方米，拥有独立厂区。

作为商用密码产品生产定点单位和销售单位、上海市双软企业、高新技术企业以及ISO9001：2008国际质量体系认证企业，动联信息致力于身份安全产品和动码令身份认证中心的研发。动联信息拥有完善的资质，包括"商用密码产品型号证书"、"软件产品登记证书"、"计算机软件著作权登记证书"、"计算机信息系统安全专用产品销售许可证"、"涉密信息系统安全产品认证"、"军用信息安全产品认证证书"、"产品信息安全认证证书"，并获得多项专利。动联信息的动态密码身份认证系统和动码令终端已广泛应用于银行、证券、电信、企业、政府等国内外的著名企业和机构，如中国工商银行、中国银行、交通银行、中国移动、中国电信、国信证券、国泰君安证券，在同类产品中动联信息的市场占有率名列第一。

（朱方园）

上海格尔软件股份有限公司

上海格尔软件股份有限公司（以下简称"格尔软件"）成立于1998年3月，注册资金4 450万，现有员工300余人。格尔软件是国内最早研制和推出公钥基础设施PKI（Public Key Infrastructure）平台的厂商，是国内首批商用密码产品定点生产与销售单位，是国家保密局批准认定的涉及国家秘密的计算机信息系统集成甲级资质单位，格尔软件还是国家"863"计划信息安全示范工程金融子项目的总服务商，是国家科技支撑计划商用密码基础设施（ECC）项目的牵头单位。格尔软件秉承"技术领先、做精产品"的研发理念，致力于为广大用户提供"专业、快捷、优质"的服务。格尔软件主要产品包括数字证书认证系统（SZT0901）、安全认证网关（SJY128）、电子签章系统（SVSK09）、应用安全支撑平台（ASSP）、网络密码机（SJW64）、安全电子邮件系统（K－mail）、安全即时通系统（KSM）、网络保险箱（NSS）、终端信息保密系统（SJR01）、网络审计系统（NAS）、WEB安全防护系统（WSP）、局域网接入认证系统（AAS）、移动介质管理系统（USN）、智能密码钥匙Ukey（SJK0805）；并提供分级保护与等级保护咨询服务、WEB监测服务和数字证书服务。格尔软件先后通过ISO9001和CMMI3认证，公司通过对质量过程的持续改进，使研发能力、产品和服务质量得到不断提升，使客户得到更加放心满意的产品和服务。

上海新网程信息技术股份有限公司

上海新网程信息技术股份有限公司（以下简称"新网程"）成立于1998年8月，是由清华学子和资深互联网及网络安全技术专家创立，专门从事互联网数据分析及网络信息安全产品研发的高新技术企业，在全国均设有分公司或办事处。新网程是上海市首批获得"软件企业认定证书"的企业，也是国内首家从事上网行为管理研究、并将研究成果转化为生产力的创新型企业，在国内最早从事基于Linux内核及基础研究并将其在应用中推广持续十年之久。新网程拥有多项自主知识产权技术和产品。作为国家重点支持项目，新网程自主研发的PAS网络应用开发平台获得了上海市种子基金资助；网络督察上网行为管理系统先后获得了科技部创新基金、上海市创新基金和上海市信息产业化基金的支持。

新网程的网络督察产品在非经营性场所及联网单位中得到广泛应用，产品用户包括北京奥运会、上海世博会、中国铁路局、山西省人民政府、中国移动、中国联通、中国电信、上海广电、各大金融行业、电力行业、教育行业等一些著名企事业单位，覆盖了各行业领域，用户数量也超过20 000家，其中世界500强企业中有200余家在全面或局部使用着网络督察的产品，管理用户端数已经达到千万级别，在香港、台湾、新加坡等地也拥有大量客户。

上海冰峰计算机网络技术有限公司

上海冰峰计算机网络技术有限公司（以下简称"冰峰网络"）是国内专业VPN市场的开创者，是国内领先的VPN、流量管理、行为管理链路负载均衡、防火墙设备供应商和IT价值解决方案提供商。冰峰网络自成立以来，不断创新、提供最高性能的产品，用专业化的技术手段帮助客户改善IT架构、降低运营成本、提高运转效率、保障政令通畅，使客户的IT投资发挥最大价值。冰峰网络的产品大量应用于公安、银行、证券、电力、教育等行业，以及全球500强、国内50强等大型企业。冰峰网络的销售和服务体系遍及中国31个省市和自治区，并在国内13个主要城市建立了办事处和分公司。冰峰网络旗下的iceflow和网极星两大品牌，以及VPN、上网行为管理、流量管理产品三条产品线，得到了权威机构的高度评价。冰峰网络现有员工100人，其中研发及技术人员占比

50%以上，专科以上学历占比70%，除了与复旦大学建立产学研合作之外，还与武汉大学、天津院校建立教育试点的战略合作关系。冰峰网络产品得到国家官方的多家权威机构的安全认证，获得中国国家密码管理局的“商用密码产品生产定点单位”、“商用密码产品型号证书”、“商用密码产品销售许可证”等认证，以及中国公安部的“信息安全产品销售许可证”、“互联网公共上网服务场所信息安全管理系统”等认证。

上海众人网络安全技术有限公司

上海众人网络安全技术有限公司(以下简称“众人科技”)于2007年9月成立，注册资金6 000万元，主要从事拥有完全自主知识产权的iKEY身份认证系统及系列产品的研发、生产和销售，并已通过ISO9001质量管理体系和ISO27001信息安全管理体系认证。众人科技硬件研发和生产工厂坐落于上海青浦，软件研发中心坐落于上海浦东新区张江高科技园区国家信息安全基地。众人科技拥有从密码专用安全芯片、终端产品到后台系统的全产业链自主知识产权，已申报国家发明专利20多项，其中8项专利已获国家授权。产品不仅获得了国家密码管理局的资质，还获得了公安部信息安全产品销售资质、国家保密局涉密产品资质，同时还通过了中国人民解放军的信息安全产品检测许可等。

众人科技是国内领先的专业身份认证安全技术服务商，所开发的iKEY身份认证产品分别获得由国家密码管理局颁发的国内首张动态口令产品及挑战应答产品型号证书，同时众人科技研发的可应用于动态口令产品和挑战应答产品的超低功耗专用安全芯片，也获得了国内首张产品型号证书。众人科技还与北京大学、上海交通大学、哈尔滨工业大学、对外经贸大学等国内著名高校建立了紧密的战略合作关系。

此外，众人科技是国家密码管理局“动态口令认证系统规范课题组(国家GM标准组)”组长单位，同时参与制定工信部动态口令产品行业标准、央行身份认证技术相关标准以及银联身份认证技术相关标准，并于2011年被工业和信息化部从百家企业中遴选为首批11家基于安全可控软硬件产品云计算解决方案供应商之一。

(朱方园)

上海颐东网络信息有限公司

上海颐东网络信息有限公司(以下简称“颐东公司”)是一家由央企控股的专业从事计算机信息系统的集成和实施、IT基础设施的维护和服务、信息安全技术的研究和研发、信息安全产品的研发和生产、信息安全系统的建设和集成、云计算安全体系的预研和实践、物联网安全的规划和实现、各类电子政务应用和电子商务应用的软件开发等业务的高新技术企业。

英赛虎涉密电子信息集中管控系统是一套以安全电子标签为手段、集中存储管理为目标的电子文档全生命周期安全管理的应用软件，该软件紧密结合党政军、金融和企业对电子文档安全保护的业务需求，实现对电子文档实时动态加解密，终端操作全过程保护和操作行为统一审计等功能。英赛虎网络安全刻录机是颐东公司自主研发的软硬件安全设备，具备为客户提供身份认证、文件上传、病毒查杀、光盘刻录、日志审计、存档备案、报表统计等一体化功能。颐东公司以“4006－962666”为服务热线，向党政机关计算机信息系统客户提供最佳运营管理、维护维修和安全咨询等IT外包服务。

(孔繁坚)

第七编
信息化环境

综　述

2012 年，上海信息化政策法规进一步完善，人才工作有效推进，宣传工作取得明显成效，各行业社团深入发展，信息化总体发展环境不断得到优化和提升。

为了进一步加强本市经济和信息化领域依法行政工作，加强信息化领域依法行政工作，围绕信息化工作重点，启动了《上海市信息化条例》的立法调研，加强对政策性文件的法律审查，严格规范性文件制定发布程序。

信息化人才工作成果显著。人才教育培训方面，市经济信息化委发布《上海市战略性新兴产业紧缺人才开发目录》，并落实继续教育行动纲要与行动计划；信息化人才技能竞赛活动方面，市经济信息化委积极参加本市职业技能竞赛的组织工作；信息化优秀人才评选方面，完成高新技术产业化先进评比表彰工作，并推进经济信息化领域领军人才队伍建设和信息技术领域高技能人才队伍建设。

信息化研究与咨询活动深入开展。上海市互联网经济咨询中心立足于国内市场，研究国际先进的信息化管理理念和方法，为政府和企业客户提供信息化决策支持服务、信息化项目咨询服务以及信息化技术和项目的合作与交流。

上海市信息化合作交流工作有条不紊地开展。市经济信息化委融入长三角区域，与各重点省市共同围绕促进改造和提升传统制造业、加快优化调整产业结构、推动“两化融合”、推进节能减排和淘汰落后产能开展合作与交流；会展方面，上海国际信息化博览会顺利召开，对信息化、信息产业发展具有推动作用。

第一章 信息化政策法规

概 述

2012年，为了进一步优化本市信息化政策法律环境，加强信息化领域依法行政工作，围绕信息化工作重点，全市信息化政策法规建设主要取得了一系列成绩。

一、政策法规制定

【信息化立法情况】 聚焦重点，做好地方性法规起草和规范性文件制定工作。启动了《上海市信息化条例》的立法调研，为智慧城市建设提供立法支持。《上海市信息化条例》立法调研项目被列入市人大常委会2012年度立法计划的预备项目，该项目于2012年4月召开了立法调研工作启动会，成立了立法调研领导小组和领导小组办公室，并根据市人大要求完成了立项论证报告，形成立法草案，被列入了市人大常委会2013年度立法计划正式项目。

【规范性文件审查与发布】 加强对政策性文件的法律审查，严格规范性文件制定发布程序。全年共完成3件信息化领域的规范性文件的审查发布。《上海市软件和集成电路企业设计人员专项奖励办法》(沪经信法〔2012〕557号)于2012年8月30日由市经济信息化委会同市财政局、市地税局、市发展改革委发布，《上海市软件和集成电路企业核心团队专项奖励办法》(沪经信法〔2012〕572号)于2012年9月14日由市经济信息化委会同市财政局、市发展改革委发布，《上海市软件和集成电路产业发展专项资金管理办法》(沪经信法〔2012〕965号)于2012年12月28日由市经济信息化委会同市财政局发布。全年共完成4件信息化领域规范性、政策性文件的报请市委、市政府发布。《上海市人民政府印发〈关于本市进一步鼓励软件产业和集成电路产业发展的若干政策〉的通知》(沪府发〔2012〕26号)于2012年3月15日发布，《上海市人民政府办公厅转发市经济信息化委〈关于推进本市法人网上身份统一认证工作实施意见〉的通知》(沪府办发〔2012〕41号)于2012年6月12日发布，《上海市人民政府办公厅转发市经济信息化委〈关于加快推进本市公共场所无线局域网(WLAN)覆盖工作实施意见〉的通知》(沪府办发〔2012〕48号)于2012年7月17日发布，《中共上海市委上海市人民政府印发〈关于进一步加强上海市社会信用体系建设的意见〉的通知》(沪委发〔2012〕13号)于2012年8月29日发布。

【立法前期调研工作】 积极推进相关重点地方性法规和政府规章项目的前期调研工作。围绕信息化工作重点，集中解决信息化领域的立法难点问题，深入开展地方性法规立法的前期研究工作。先后启动了促进战略性新兴产业发展条例、供用电管理条例、社会信用体系建设条例、技术改造和产业升级办法等多项地方性法规和市政府规章立法储备项目的调研工作，形成了初步调研报告和立法草案。

二、政策法律基础调研

【《上海市产业和信息化法治建设“十二五”规划》】 《上海市产业和信息化法治建设“十二五”规划》(沪经信法〔2012〕288号)于2012年5月21日发布。该《规划》明确了“十二五”期间，上海产业和信息化法治建设的指导思想、基本原则和目标，提出了发展重点和主要任务以及保障措施，为“十二五”信息化工作开展奠定了基础。

【《经济和信息化政策法规汇编》(上、下册)】 《经济和信息化政策法规汇编》(上、下册)于2012年上半年汇编成册，该《汇编》收编了国家和本市有关经济和信息化16大类重点领域现行有效的法律、法规、司法解释、规章、规范性文件以及相关政策性文件401件，是一本极有价值的经济和信息化工具书。

【《经济和信息化政策法制建设探索与实践》】 《经济和信息化政策法制建设探索与实践》一书将近年来本市经济和信息化法制领域重要的法制基础性研究、立法课题调研等成果汇编成册，并由上海人民出版社出版，为经济和信息化法律工作者或行政管理人员提供参考和借鉴。

【《经济和信息化依法行政工作手册》】 《经济和信息化依法行政工作手册》一书对经济和信息化法制领域的依法行政依据、规范性文件管理、行政审批事项、信息公开有关规定、行政执法和复议等法律文件进行了收集，为经济和信息化日常行政管理提供了参考。

三、执法监督与行政执法

【行政执法指导】 加强了对市电力办行政执法案件的法律审查力度，严格行政执法流程，对成品油市场管理执法中遇到的问题进行协调。对逾期没有执行的案件，通过依法向法院申请强制执行，有效维护了行政处罚工作的权威性。2012全年受理电力执法行政处罚案件20多件，以市经济信息化委名义做出行政处罚决定10件。

【法律实施后评估】 配合市人大相关委员会，组织制定检查方案，依法开展了对《上海市保护电力设施和维护用电秩序规定》执行情况的后评估，掌握了法律政策的执行效果，为下一步修订打好基础。

四、法制宣传教育工作

【法制宣传教育日常工作】 做好经济信息化系统法制宣传教育年度工作，多次召开经济信息化系统法制宣传工作会议，对系统法制宣传教育工作进行总结，推进系统单位开展各类法制宣传教育活动。

【法制宣传教育专项工作】 按照市法宣办要求，组织系统单位开展了“12·5”法制宣传周活动。组织有关单位进行交流学习，学习法宣工作经验，拓宽系统单位法宣工作开展思路。

五、依法行政工作

【行政审批制度改革】 完成了电力、节能、成品油管理、软件等9个领域32项行政审批事项业务手册和办事指南的编写。提出了对《本市建设工程部分建议项目总体设计文件审查告知承诺实施办法》、《上海市产业项目行政审批流程优化方案》、《关于上海市建设工程设计文件审查主要参与部门的申请材料》、《关于完善本市产业项目准入评估工作的若干意见》等行政审批相关制度文件的修改意见。对张江国家技术创新示范区下放审批权限方案提出办理意见，对市经济信息化委及区县经济信息化部门实施的行政审批专项评审评估进行梳理。

【规范性文件有效期管理】 根据市政府办公厅和市政府法制办的要求，对涉及市经济信息化委的24件市政府及办公厅规范性文件和57件委规范性文件进行了有效期审查时间安排。依法组织市经济信息化委业务处室和相关单位开展了1件市政府文件和12件委规范性文件的立法评估和修订等事宜。

【其他法律事务】 组织召开经济信息化系统规范性文件培训工作会议，开展经济信息化委“12345”服务热线知识库建设工作，启动产业和信息化领域企业社会责任课题调研，及时完成征求意见答复、合同审核等法律事务处理。全年共答复或者研提了各种立法、政策征求意见50余件，完成合同审核257件，协助其他部门开展提案答复、行政复议等各类法律事务工作40余件。

（蔡朋朋）

第二章　信息化人才工作

概　述

2012年，信息化人才工作有序展开。人才教育培训方面，市经济信息化委发布《上海市战略性新兴产业紧缺人才开发目录》，并落实继续教育行动纲要与行动计划；信息化人才技能竞赛活动方面，市经济信息化委积极参加本市职业技能竞赛的组织工作；信息化优秀人才评选方面，完成高新技术产业化先进评比表彰工作，并推进经济信息化领域领军人才队伍建设和信息技术领域高技能人才队伍建设。

一、信息化人才教育培训

【完成并发布人才开发目录】 2012年，市经济信息化委在原《上海市高新技术产业化重点领域人才开发目录》的基础上，根据本市培育和发展战略性新兴产业的目标，及时将原目录调整完善为涉及新一代信息技术等战略性新兴产业7个领域500余个岗位要求的《上海市战略性新兴产业紧缺人才开发目录》；与市人社局、市科委完成了本市人才开发目录的发布，明确2012年后5年战略性新兴产业发展人才需求，为产业发展打好基础。

【完善继续教育工作体系】 一是制定《上海市工业和信息化人才继续教育实施细则》和《上海市工业和信息化人才继续教育培训课程开发要求》，对培训对象、学习内容、培训机构、课程开发等提出明确要求；二是组织开展信息化与工业化融合培训、上海市企业信用管理培训等相关培训课程纳入本市工业和信息化人才继续教育课程体系工作；三是推进继续教育专指委队伍建设，建立继续专家库。

【坚持教育培训情况统计制度】 据统计，2012年全年各机关处室、直属事业单位及相关教育培训机构等围绕中心，贴近需求，开展培训内容达213项，总人数15.3万余人次。

【组织开展专业技术人才知识更新工程】 一是组织2012年高级研修项目申报工作，共向市人社局推荐申报了33家单位的33个高级研修项目。其中，“装备制造业产品数字化设计制造与数据管理高研班”和“纤维新材料的研发及产业化高研班”2个高研班成功入选国家2012年高级研修项目计划，“全国集成电路产业链创新发展高研班”、“信息安全攻防对抗与综合安全管理高研班”、“大数据时代的企业数据战略高研班”等5个高研班获得上海市2012年高级研修项目资助；二是指导有关单位，成功举办入选国家2012年高级研究项目计划的2个高研班；三是组织开展2013年国家高级研修项目申报工作，向市人社局组织推荐申报了14家单位17个高级研修项目。

【组织推进本市计算机与信息技术应用专业技术人员继续教育工作】 一是与市人社局共同部署，联合制定印发《关于在本市组织开展计算机与信息技术应用专业技术人员继续教育专项培训的通知》（沪经信人〔2012〕675号）；二是组织完成计算机从业人员职业道德、信息安全、云计算与物联网、下一代互联网、信用概述5门通用科目课程开发工作；三是组织开展5门通用科目课程培训工作，相关培训机构开设试点班进行通用科目课程培训。

【建立网上信息发布窗口和沟通交流平台】 完成上海市工业和信息化人才继续教育网在市经济信息化委政府网站上线工作，及时发布、传递继续教育工作的政策法规信息、知识更新动态、课程信息。

【做好《教育培训工作情况交流》编辑工作】 全年共编辑6期，促使情况交流成为推送政府政策信息、介绍继续教育工作、发布教育培训动态、传递教培机构心声，是推进市经济信息化系统教育培训工作深入开展的有效载体。

【充分发挥市成教协会经信工委会桥梁纽带作用】 按照产业发展和信息化建设的需要，进一步加强行业、企业、院校间的沟通联系。组织上海市成人教育协会经济和信息化工作委员会成员单位参加“2007—2011 年度上海市推进学习型社会建设与终身教育先进单位(集体)和先进个人”推荐申报工作，最终共有 4 家单位和 3 名个人入选，被评为 2007—2011 年度上海市学习型社会建设与终身教育工作先进单位(集体)和先进个人。

【组织开展市经济信息化系统科普工作】 将市经济信息化系统 6 家科普教育基地纳入 2012 年市未成年人社会实践基地版图。

【上海市申信信息技术专修学院】 上海市申信信息技术专修学院(以下简称“学院”)是一所旨在培养国家高端IT 紧缺专业人才的非学历院校，前身是“上海市信息技术开放实验室”。2012 年，学院成为上海市职业能力考试院认定的上海市全国计算机技术与软件专业技术资格(水平)考试报名咨询点，并成为申城“系统集成项目管理”培训行业的领头羊，为上海众多 IT 企业获得系统集成资质提供了人才支持，其“计算机系统集成项目经理中高项”培训人数比 2011 年翻了一番，且合格率居全市前列。2012 年，学院被上海市浦东新区评选为“创建优质民非教育机构活动”先进单位。

学院组织专家组成培训课程开发团队，对小微企业进行了座谈，针对企业在管理和发展过程中遇到的实际问题，量身订制并举办了具有整合实战效应的系列小微企业复合人才管理提升培训讲座。

(张舒敏)

二、信息化人才技能竞赛活动

【参加本市职业技能竞赛活动的组织指导工作】 作为 2012 年上海市职业技能竞赛活动组委会成员单位，市经济信息化委积极参加本市职业技能竞赛的组织工作，充分发挥行业协会、相关企事业单位等的作用，为培养高技能人才作出积极的努力，其中，上海市工商外国语学校获 2012 年上海市职业技能竞赛团体奖“数控车”项目银奖。

三、信息化优秀人才评选

【高新技术产业化先进评比表彰】 为激励产业人才的主动性和创造性，市经济信息化委完成 2010—2011 年度上海市高新技术产业化推进工作先进集体和先进个人评比表彰工作，20 个先进集体(其中杰出贡献集体 5 个，突出贡献集体 15 个)和 20 名先进个人(其中杰出贡献个人 5 名，突出贡献个人 15 名)受到表彰。

【推进经济信息化领域领军人才队伍建设】 一是完成对经济信息化领域 2009 年第四批 10 名领军人才的中期考核工作，其中 5 名考核优秀；二是按领军人才选拔标准和条件，结合战略性新兴产业特点和人才情况等因素，完成 2012 年经济信息化领域领军人才选拔工作，共推荐 24 名候选人，最终 7 名入选 2012 年上海领军人才。

【推进信息技术领域高技能人才队伍建设】 为进一步发挥高技能人才示范引领作用，组织开展本市信息技术领域首次首席技师千人计划资助申报，完成培训动员、材料受理、名单初审、专委会评审等工作，根据市人社局《关于公布 2012 年首席技师千人计划项目资助名单的通知》，10 名信息技术领域首席技师入选 2012 年首席技师千人计划，获得项目资助。

第三章 信息化研究与咨询

概 述

2012年，上海市信息化专家委员会（以下简称“专家委”）按照市委、市政府的要求，围绕加强体制机制创新，促进新一代信息技术产业及相关产业发展，推进“两化融合”和提升智能应用效能惠及民生等重点工作积极开展多种形式的研究和咨询活动，提供决策咨询服务，为上海“创新驱动、转型发展”作出应有贡献；上海市互联网经济咨询中心（又名“上海市智慧城市建设促进中心”，以下简称“中心”）立足于国内市场，研究国际先进的信息化管理理念和方法，为政府和企业客户，提供信息化决策支持服务、信息化项目咨询服务，以及信息化技术和项目的合作与交流。

一、上海市信息化专家委员会

【加强对智慧城市建设和信息化知识的宣传】 根据专家委新春茶话会、主任会提出通过电视、报纸、讲座等各种方式和途径，加强对智慧城市建设和信息化知识宣传的要求。一是宣传报道2012中国信息化进程报告会，第一财经对会议进行了全程录像，并制作成四期节目，分别在第一财经电视和宁夏卫视的《中国经济论坛》栏目中播出。《人民日报》、新华社、新闻综合频道、东方卫视、《解放日报》和《文汇报》等重要媒体对会议也进行了大量宣传报道。二是宣传“智慧城市的中国愿景”讲座。第一财经对讲座进行了全程录像，并制作成节目在第一财经电视和宁夏卫视的《中国经济论坛》栏目中播出。三是为提高市民对智慧城市建设成果的感知度，提出设立“智慧城市市民体验中心”的创意，并参与“智慧城市市民体验中心”的评选活动。四是参与编制《我身边智慧城市》宣传册，从出行、美食、购物、娱乐、旅游、社交等方面介绍移动互联网日常应用。

【举办“2012上海智慧城市高层论坛”】 论坛由专家委主任吴启迪主持，邀请国家信息化专家咨询委员会委员高新民、IBM大中华区政府与公共事业部总监文金言、中国科学院微系统与信息技术研究院士所王曦、上海市闵行区副区长蔡小庆、上海电气首席信息官李静、IBM智慧城市首席规划师岳梅樱6位专家结合各自专业领域和研究成果，围绕深入推进上海智慧城市建设建言献策。

【加强专题调研和课题研究】 按照专家委新春茶话会、主任会提出加强对“智慧城市”建设过程中的难点、重点问题研究的要求，专家委主任吴启迪带领部分专家围绕“两化融合”、“云计算”两个主题对三菱电梯有限公司和上海盛大网络发展有限公司、浦东软件园中小企业云进行了专题调研。同时围绕“大数据产业”和“智慧医疗”设立课题，委托专家委委员蔡全根、缪其浩进行研究。另外，依托《信息化视点》杂志，及时将调研和课题研究成果报送给市领导和有关部门。

（潘君才）

二、上海市互联网经济咨询中心

研究咨询

【概况】 2012年，中心积极开展智慧城市、“两化融合”、政务信息资源开发利用、信息化产业发展研究、信息化专项资金评审组织和相关专项资金项目管理等信息化研究、咨询工作。

【促进智慧城市建设】 中心积极参与市智慧城市建设相关事项。一是参与智慧城市宣传周筹备和举办工作；二是参与智慧社区试点工作，完成上海市各试点智慧社区申报材料汇总分析；三是研究制定包括87个统计指标的智慧城市统计评估体系；四是搭建互联网运行质量监测公共服务平台；五是完成了八期《智慧城市建设研究》专刊。

【"两化融合"评估】 承担"两化融合"综合性研究工作。一是发布2011年度"两化融合"发展水平指数；二是参与编制信息化与工业化融合年度报告；三是在《"两化融合"研究工作动态》基础上，和社科院信息所合作，共同完成十期《信息化与工业化融合前沿》期刊采编工作；四是针对2010年度信息化发展专项资金支持的"两化融合"项目开展评估工作，逐一总结项目亮点和成效，编制年度"两化融合"项目建设情况报告和38个项目单篇分析报告；五是承担并完成国家工信部区域"两化融合"发展水平评估(上海)工作，根据工信部下发的有关评估方法(征求意见稿)，结合上海实际，提出修订意见，并选取80家重点行业企业，开展了专项调查工作；六是参与出版丛书《2012上海产业和信息化发展报告——"两化融合"》。

【政务信息资源开发利用】 主要完成政府信息资源向社会开放工作。根据2012年年初市政府常务会议要求，在市政府办公厅和市经济信息化委指导下，承担出台实施意见、推进试点单位编目、建设资源服务平台和元数据地方标准立项工作。

【软件和信息服务业研究】 软件和信息服务业研究在历年研究的基础上，2012年重点完成了《上海信息服务产业从业人员结构分析》、《2012年上海信息服务业发展报告》、《LBS发展及应用研究》、《2012上海产业和信息化发展报告——生产性服务业》、《传统产业转型升级及产业结构调整》课题研究。

【信息化项目费用评估和管理咨询服务】

信息化项目费用评估 2012年，中心组织评估市建设财力投资信息化项目11个、2013年度市本级预算单位信息化项目1 410个，涉及项目资金18.16亿元；组织评估市本级预算单位追加预算和待分配项目12个；完成了2012年度国家电子发展基金项目的申报和评审组织工作，并召开了专家评审会；组织召开了国家物联网申报项目的专家评审；组织市交通港口局8项2013年度部门信息化预算项目的专家评审工作，完成了客运码头、长途包车、集装箱卡车管理等信息化项目的评估工作。

信息化专项资金项目管理 2012年分别对2009年、2011年、2012年项目组织召开了3次项目管理工作会议，并根据实际情况，或发出限期验收通知，督促项目单位尽快完成验收，或对项目单位提出整改意见和建议，或对项目申报书进行调整，提出需要注意的问题等。

软件和集成电路项目申报的491个项目纸质材料审核 先后配合市经济信息化委完成了对2009年度专项资金项目的绩效后评估工作，市经济信息化委、市财政局、中科院政府绩效评估中心对2010年度软件和集成电路产业发展专项资金项目的绩效评估工作；配合市经济信息化委完成了2012年度信息化专项资金申报工作，对225家单位申报的纸质材料进行了初审并召开2次项目管理会议，全年初审验收项目材料16个。

信息化项目验收 完成了2008年度市软件和集成电路产业发展专项资金(含国家电子发展基金)所有项目的验收工作，全年共验收项目并建立验收资料档案105个。根据市经济信息化委新颁布的专项资金管理办法对2012年审批的项目验收材料模板进行了修订完善。配合市经济信息化委完成多个市建设财力投资信息化项目验收工作。

【融入市创意产业的推进工作】 2012年，中心成功申报了上海市创意人才国际交流平台项目，拓展了关于创意产业培训和国际合作的新的业务领域。积极支持市经济信息化委都市产业处下设上海设计之都创意城市办公室的工作。

【开拓区县等信息化服务领域】 一是完成静安区信息化项目评估审核和信息化项目验收工作。完成了静安区2013年度信息化项目的预算审核工作，共审核项目223个，其中建设项目75个，运行维护项目148个，涉及项目资金1.14亿元。另外，还完成区财力投资信息化项目评估17个，2012年度调整预算项目评估25个。二是完成虹口区2013年度信息化项目的预算审核工作，共审核项目276个，其中建设项目64个，运行维护项目212个，涉及项目资金2.02亿元。完成区财力投资信息化项目评估3个。三是完成闵行区财政预算信息化项目评估工作。完成了闵行区2013年度信息化项目的预算审核工作，共审核项目399个，其中建设项目135个，运行维护项目264个，涉及项目资金1.78亿元。另外还完成闵行区信息化项目咨询评估25个。四是撰写松江、浦东和宝山等5个区县“两化融合”发展水平报告。其中，根据浦东新区需求，定制了浦东新区“两化融合”发展水平指数，对2009—2011年浦东新区“两化融合”进行评估。已完成《2012浦东新区信息化与工业化融合水平评估报告》(征求意见稿)。五是开展了宝山区信息化发展水平评价工作。六是和长宁区信息委合作，以周家桥街道为试点，共同推进智慧社区建设。七是开展了区县信息化项目绩效评估工作。完成闵行区信息化项目绩效评估、奉贤区政府部门网站绩效评估、黄浦区电子政务管理中心信息化项目质量管理、黄浦区绿化市容局信息化咨询、上海市电子商务双推评估等项目，为客户后续规划和管理提供有效帮助。

合作交流

一是举办了2012全球城市信息化论坛。来自20多个国家的300多名代表参加了会议，就全球社会密切关注的“智慧城市的规划与应用”等一系列议题，进行了探讨和交流。二是合作承办2012全球CEO发展大会。来自全球30多个国家和地区的1 500多名代表参加了大会，就“新兴经济体的转型发展之路”等专题进行了探讨交流。三是协办了第三届CSTQB国际软件测试高峰论坛，来自国内外软件企业、科研院所、高等院校的近200位代表出席了论坛，就“国际软件测试与发展前景”进行了交流和探讨。四是参与在北京举办的“两化融合”成果展，参与承办“两化融合”“三进”活动。在2012“两化融合”“三进”活动中，就松江、宝山等5个区县的“两化融合”发展水平发表主题演讲。五是参与市经济信息化委智慧社区试点工作研讨会、五里桥街道智慧社区研讨会，并进行了3次主题发言。六是援外培训。2012年共举办了四期援外培训班，来自亚洲、非洲、欧洲、拉丁美洲和加勒比海等地区的81个发展中国家和地区的139名政府官员、企业管理人员等参加了培训。七是GPST(全球专业人才认证Global Professional & Specialist Testing，简称GPST)项目取得进展。GPST认证中心与工信部教育培训中心进行了项目互认，将“需求管理师”、“动漫设计师”、“UI设计师”等GPST认证项目纳入国家“工业和信息化领域急需紧缺人才”项目之中，并推出了与上海师范大学金融学院和上海市诚信行业协会共同开发的GPST国际信用管理师项目。八是继续开展联合国工业发展组织——上海国际信息技术促进中心二期项目，完成了关于发展中国家信息技术应用发展状况的南南合作项目，成功申报了2012年的佩罗基金项目。

【举办2012中国信息化进程报告会】 2012年7月27日，中心受国家信息化专家咨询委员会委托举办2012年中国信息化进程报告会。国家信息化专家咨询委员会主任奚国华，市委常委、副市长艾宝俊，专家委主任吴启迪出席会议并讲话。国家信息化专家咨询委员会常务副主任周宏仁作了“中国进入网络时代”的主题报告。报告会邀请了倪光南、李伯虎、何积丰三位院士及中航工业副总经理张新国等11位学者和专家作专题报告。市经济信息化委主任戴海波向大会介绍了上海智慧城市建设情况。

软件评测

中心下属上海市软件评测中心2012年注重质量体系建设，借助平台优势，做好公共服务。

【登记与测试服务】 全年软件产品登记测试受理近2 000项；软件著作权登记700多项；软件成果鉴定测试(技术测试)受理近200项。完成新申报的项目经理421人、高级项目经理131人的受理与审核办理工作；完成项目经理255人、高级项目经理58人的年度延续换证审核工作。评审新申报集成三、四级资质的企业48家，评审集成三、四级资质的企业换证27家。完成了包括市商委“上海市食品流通安全信息追溯体系——2012年实事工程建设项目”、市档案局“城市数字记忆工程”等重点项目的测试工作。

【信息化项目全生命周期质量保障服务】 软件评测中心充分发挥服务优势，针对电子商务领域、金融领域、社会信息化领域、电子政务领域，提供全生命周期质量保障服务。

【快速发展工业软件测试服务】 圆满完成国家发改委重点技术改造项目“工业软件公共测试与验证平台”建设工作。

【积极拓展外包市场，开展第三方质量保障服务】 承接上汽外包服务，完成了7个项目的度量分析、配置管理、产品质量保证和协助项目管理等工作，为上汽CMMI3级评估和进一步推进CMMI4级模型做质量支撑。

企业服务

中心下属上海信息投资咨询有限公司注重为企业提供信息化服务，为50多家中小企业提供产业规划咨询、信息化测评、企业信息化咨询和项目管理等专业服务，为企业投资发展决策提供全方位智力支持，行业范围包括了教育、卫生、城建交通、市场监管和流通、生产性服务业、文化创意产业、先进制造业等。

（曹惠芳）

上海市人民政府办公信息处理中心

上海市人民政府办公信息处理中心（以下简称“信息中心”）成立于1986年，长期从事政府系统办公自动化和政府信息化工作，先后建设了上海市政府办公厅办公自动化系统、上海市当政府机关应急指挥无线集群调度系统、上海市政府机关办公决策服务系统等信息化系统。

近年来，信息中心在上海市电子政务建设中成绩卓越，相继完成上海市政府核心办公业务系统、国家重大科技专项及“863”项目上海市电子政务试点示范工程 、“中国上海”门户网站、上海市电子政务网上办事支撑平台、上海市电子政务灾难备份中心信息系统等一系列重大工程建设。编制了上海市电子政务协同工作数据标准，完成了上海市电子政务协同工作数据标准测试及示范应用、电子政务协同工作安全支撑平台关键技术研究及实现、信息安全公共服务关键支撑技术和系统研发及应用等课题研究。自2010年起，信息中心开始了上海市电子政务灾难备份中心信息系统建设，在2011年全面完成第一期9家试点单位容灾系统建设任务后，在总结试点项目建设成果的同时，积极推进智慧城市三年行动计划，完成了上海市电子政务灾难备份中心信息系统扩建项目可行性研究报告编制及上报工作。2012年信息中心还拓展了核心办公业务系统重点应用，开发完成了市政府年度重点工作管理系统和上海市政府信息公开工作管理平台两个重点应用项目。

在1986 — 2012年的办公自动化和政务信息化建设历程中，信息中心取得了优异成绩，十余次获得上海市科技进步二、三奖，蝉联上海市文明单位。

地址：上海市人民大道200号3区3F　　邮编：200003
电话：021-23112058　　传真：021-63291194

高效的征信服务不仅广泛应用于金融领域，而且逐渐渗透到经济社会生活的方方面面，有力地促进了我国信贷市场发展，推动了商业银行信用风险管理水平提升，提高了社会公众的信用意识，珍爱信用记录、享受幸福人生的现代信用文化正在形成。

同时，征信中心依据《物权法》授权，依托互联网对外提供动产融资登记服务，得到了商业银行、租赁公司等用户的积极使用和认可，动产融资登记系统的登记量和查询量年均增长达到80%，为中小企业融资提供了有力支持。

2012年，征信中心以准会员身份加入欧洲征信协会，在国际征信同业中的影响力不断提升。

地 址：

北京办公区：北京市西城区闹市口大街1号长安兴融中心4号楼8层，邮 编：100031

上海办公区：上海市浦东新区卡园二路108号4号楼， 邮 编：201201

客服电话：

个人征信业务：4008108866 应收账款质押登记：4008858500

融资租赁登记：4008858500 网 址：www.pbccrc.org.cn

上海中移通信
SH CMCT

上海中移通信技术工程有限公司

**[以“成为卓越的全业务集成与用户个性化信息集成的企业”为战略指引
上海通信建设领域中的重要力量]**

上海中移通信技术工程有限公司（以下简称“公司”）
国移动通信集团上海有限公司全资子公司，于2010年4月正式
注册，注册资金9 000万元，肩负突破上海公司现有业务领域
展创新综合信息服务，提高上海公司全面通信业务能力和满足
个性化信息需求的重任。公司对内是上海公司系统集成部，对
担独立法人责任。公司具备电信工程专业承包贰级、通信信息
系统集成乙级施工资质和第二类电信增值业务资质，通过ISO9
质量管理体系认证，主攻系统集成、软硬件开发、信息服务、
工程四大业务板块，专业从事通信工程专业承包及通信设备和铁
天馈系统维护；通信网络系统集成、计算机信息系统集成及工程设
技术咨询、技术开发、技术服务；传输带系统工程、空调、电
设备安装，为工程配套金属件装潢；设计、制作广告，利用自
体发布广告；电子、通信、信息技术及软件的研制、开发；通讯
和产品的批发。

公司现有员工150余人，技术合作人员260余人，项目管理
规模达百人，联合施工班组规模达300人，全业务支撑人
200人。公司内设综合部、财务部、市场业务部、项目管理
工程施工部、信息集成部6个职能部门，并结合上海公司深化属
营的战略指导，设立浦东、南区、西区、北区、核心网与重大
五处区域项目部，贴近服务，支撑属地。通过不懈努力，公司
已成为上海通信建设领域中的重要力量。

公司曾多次被上海通信管理局、团市委、市安监局、中国移动通信集团上海有限公司、中国网通集团上海市分公司评为“上海市通信建设市场管理先进单位”、“上海市青年安全生产示范岗”、“上海市优秀青年突击队”、“TD施工项目组优秀团队”、“迎奥运基础网络整治工程优秀团队”、“上海移动工程建设优秀施工合作方”，并授予“2008年接入网工程建设优胜奖”。公司所承担施工的工程项目有多项被原上海邮电管理局、上海通管局、中国移动公司评为优质工程。

成立以来，公司先后研发了无线视频监控系统、ATM防诈骗干扰器、WLAN业务自动拨测系统等多项适应市场需求的信息化产品，其中部分产品已成功商用。2011年，公司成功夺标第14届国际泳联世界锦标赛新闻中心网络及通信工程、大师杯赛通信及报障工程等国家重点项目，在世游赛各大新闻中心、大师杯赛现场成功打造集WLAN、有线宽带、IMS多功能语音业务、传真等在内的全业务通信网络，并出色完成世游赛、大师杯赛通信保障工作，赢得了世游赛组委会、大师杯赛组委会及各大媒体记者的一致好评，荣获由第十四届世游赛组委会颁发的荣誉证书。

公司近年参与建设的重大工程包括中国移动扩大的TD-SCDMA试验网核心网工程、中国移动长途7号信令网工程、京沪高铁DK1282.115段移动光缆搬迁、浙江移动G14期设备安装工程、中国网通集团上海申环大厦CNCC工程、上海世博园区高架布道移动通信覆盖工程、中国网通闵行区D环管线优化工程、环球金融中心大厦室内覆盖设备安装工程、上海移动世博TD-LTE演示网核心网建设工程、上海移动垃圾短信监控平台扩容工程、上海移动世博园区传输汇聚环配套光缆新建工程、上海移动长江隧道过江光缆新建、上海移动钦册93号七楼局房开局建设工程、虹桥枢纽西航站楼室内覆盖GSM主设备工程、M7线祁连山路站光缆搬迁工程、上海市西藏南道集约化光缆工程、中国移动通信集团上海有限公司2009年抗灾超级基站工程、上海市公安局专线工程等。公司曾先后承建中国移动集团一线、南沿海光缆、京津沪一级干线、上海移动本地通信、浦东国际机场、金茂大厦、浦东国际会议中心等标志性通信信息网络工程。

历年来，公司还承接了如上海奥运场馆通信建设工程、2010年上海世博会通信网络建设、第十四届世游赛通信建设等重大国际活动的通信及保障工程。同时，公司与中国电信、中国移动、中国联通、中国网通等多家大型通信运营商，以及上海贝尔阿尔卡特、中兴、华为、、诺基亚、西门子、爱立信等企业合作开展工程建设。

上海中移通信技术工程有限公司以“成为卓越的全业务集成与用户个性化信息集成的企业”为战略指引，以成为上海首屈一指的、具备超会化服务能力的信息服务企业为目标，全面培育全国化和国际化运作能力，为有力支撑上海移动全业务发展，全面助力上海“两个中心”积极贡献力量。

水利部太湖流域管理局信息化建设

水利部太湖流域管理局（以下简称 “太湖流域管理局”）是水利部在太湖流域、钱塘江流域和浙江省、福建省（韩江流域除外）范围内的派出机构，是七大流域派出机构之一，代表水利部行使所在流域内的水行政主管职责，负责保障流域水资源的合理开发利用、管理、监督和保护工作，负责重要河湖水量水质监测、水旱灾害防治，并按规定和授权对重要水工程实施调度等工作。

为提升流域管理与治理水平，加强对防汛抗旱、水资源管理与保护等水利工作的技术支撑，近年来，太湖流域管理局通过实施水资源实时监控与调度管理系统、流域防汛抗旱指挥系统、电子政务系统等项目建设，在水文水资源信息采集、工程监控、网络通信、视频会商、数据中心、业务应用等方面取得了显著成效，形成了覆盖了太湖局至水利部、流域省市水行政主管部门，直属单位间的广域网，实现与水利部、直属单位、上海气象局间的异地视频会商，构建了基于国家与行业标准的数据中心，结合日益发展的通信技术实现流域与区域水雨情、水质水量、工情信息采集与监控，并相应开发防汛抗旱业务管理系统、水资源业务管理系统、水环境综合治理信息共享平台等信息系统。

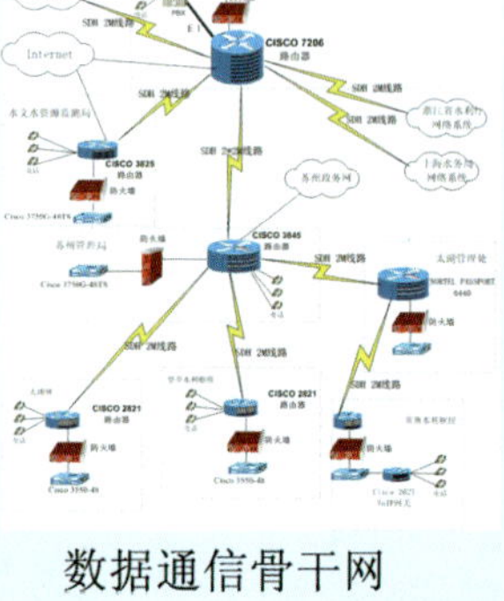

数据通信骨干网

水资源数据中心

调度会商系统

水利部太湖流域管理局将在“数字水文，智慧太湖”总体框架的引领下，充分利用物联网、虚拟化、云计算等现代信息技术，深入开发和广泛利用信息资源，促进各类水利及相关行业信息交流和资源共享，实现信息及其处理的数字化、网络化、集成化、智能化，以信息化顶层设计的“五统一”为原则，全面实现快速及时采集数据、准确无误传输数据、安全高效存储数据、全面智能分析数据，最大限度地共享各类信息资源，力争到2020年，建成太湖流域大数据网，实现“实时感知水信息，准确把脉水问题，深入研究水规律、高效运筹水资源”的太湖流域水利现代化管理模式，全面提升水利为国民经济和社会发展服务的能力和水平。

“智慧太湖”核心业务体系

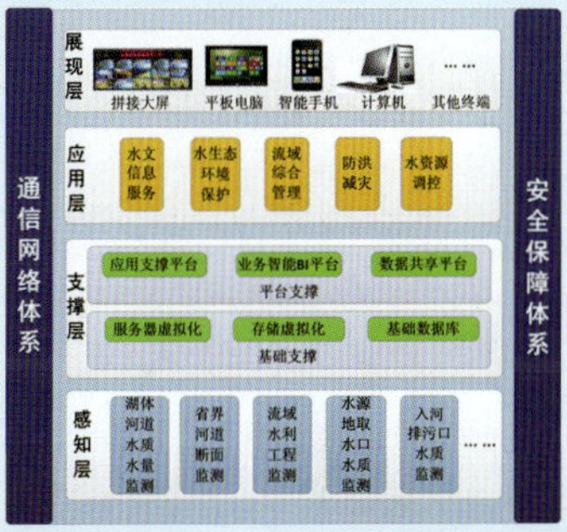

“智慧太湖”总体技术架构示意图

防汛调度指挥系统

电子政务系统

水文遥测系统

蓝藻信息采集系统

FUSION INTEGRATION SPECIFICATIONS PERFORMANCE

融合 整合 规范 效能

政务资源目录管理

以“整合、高效、共享”为目标推进工商系统的信息化建设。通过对工商业务数据指标项的全面整理、归纳、分类，完成工商内部业务信息（非公文类）的信息分类和资源目录编制，夯实了本部门数据标准化建设基础，形成上海市工商行政管理局业务信息资源目录的编目、管理、服务等长效运行管理机制，促进了工商信息资源的规范利用，满足了部门间信息的有序共享。开发建设 “政务资源目录管理系统”，共管理6276个指标项，涵盖28个业务系统，涉及15个工商业务部门。

业务信息检索

基于工商信息资源目录体系，开发建设“业务信息检索系统”，提供丰富、灵活的信息检索视角，为信息资源的充分利用创造良好的条件，为服务业务、服务基层、服务执法、服务监管提供了有力保障。提供跨业务条线的普遍信息共享，降低管理成本，方便用户发现、定位和共享工商业务信息资源，有力的支持工商管理服务工作。目前，“业务信息检索系统”平均每天使用达2000人次。

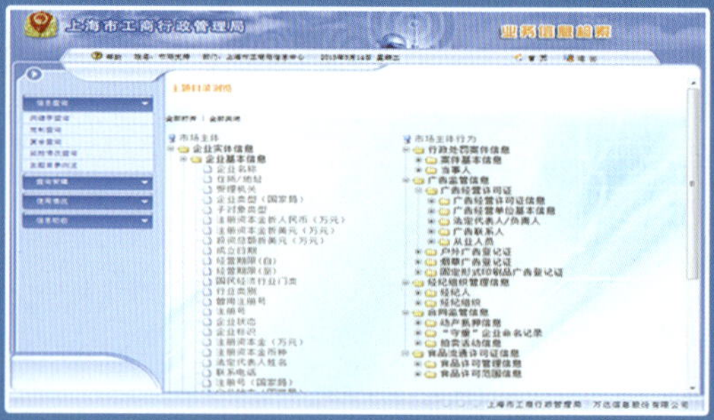

农业部东海区渔政局

中华人民共和国东海区渔政局（以下简称“东海区渔政局”）隶属于农业部，是区域性的渔政渔港监督管理机构，属行使国家行政执法职能，列入依照国家公务员管理的全额事业单位。随着我国电子政务进程的日益加快，网络入侵、非法访问、病毒攻击等恶意行为也日渐增多，而与之相对应的是，东海区渔政局网络与信息系统安全防范基础设施薄弱，安全防御能力不强。另外，东海区渔政局担负了海上维权护渔的神圣职责，随着形势的发展变化，渔政巡航执法的保密性、安全性也面临诸多困难和挑战。

为贯彻国家、农业部、上海市对信息系统建设的有关要求，保障渔政执法工作有序开展，促进长江口和谐渔区建设，在上海市经济和信息化委员会的大力支持下，东海区渔政局计划通过正在实施的“网络与信息系统安全防御能力提升项目”，建立较为完善的信息系统安全服务体系，提升信息系统整体安全防御能力，保障东海区渔政局网络与信息系统的安全、可靠运行，确保渔政执法信息的安全性、完整性和可用性。

截至2013年3月底，东海区渔政局已完成局机关、中国渔政东海总队局域网相关设备的安装及试运行工作，并完成东海区渔政局门户网站、直属渔政站相关设备的安装及试运行工作。

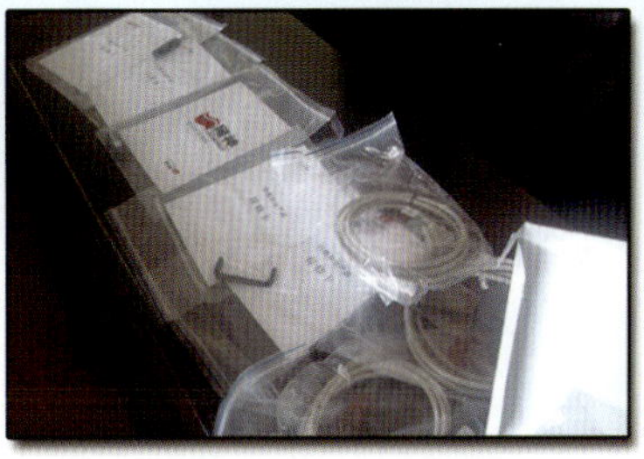

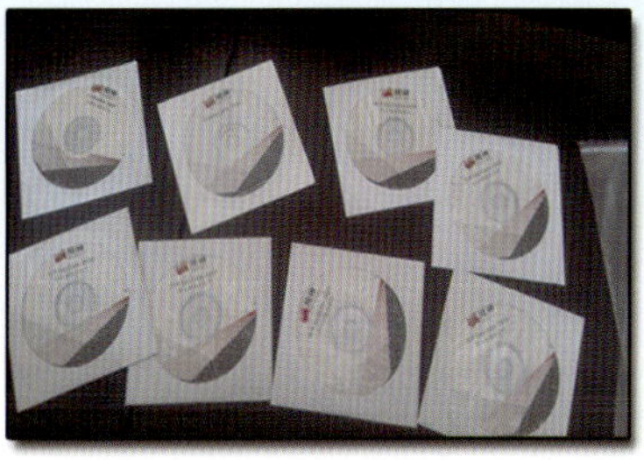

上海市长宁区信息化建设

进入21世纪以来，长宁区委、区政府始终瞄准全球信息化发展趋势，主动对接国家和上海的发展战略，把全面推进区域信息化作为推动区域经济社会协调可持续发展的重要举措，提出了在长宁建设“智慧高地”的发展战略。这是在“数字长宁”的基础上，区域社会、经济发展的创新思路和发展模式的突破，也是深化实践“城市，让生活更美好”的必然要求。

2001年，长宁区提出了以“数字长宁”为贯彻实施科教兴市主战略的具体抓手，通过政府为先导，应用为基础，产业为核心，大力发展数字经济，拓展数字化应用体系，将长宁区建成信息服务业的重点区。分众传媒、神州数码、联强国际、史泰博、携程科技等一大批行业龙头企业集聚长宁，基本形成了长宁信息技术在各领域应用和发展的总体框架。

“智慧高地”建设与“数字长宁”一脉相承，既是“数字长宁”功能的提升，又是落实上海“智慧城市”战略的具体体现。基于长宁区电子政务“4+2”总体框架，社会管理创新综合应用平台、城区综合建设与管理平台、行政审批网上办事平台、政府投资项目监管系统、电子巡访巡查、移动办公系统、综合经济平台、“旧改电子签约”等一批电子政务应用项目的建成和运用，进一步提高了政府部门的服务管理效能。长宁区市民热线“962347”、“网络课堂”(一期)、电子病历推广、区域影像诊断中心、“医健通”等一批与老百姓生活密切相关的项目投入使用，进一步方便和提升了百姓生活的品质。易贸资讯的上海大宗商品现货电子交易平台、美华公司的“金蚂蚁”一站式外贸服务平台，进一步确立了在行业中的领先地位，成为推动以贸易引领现代服务业发展的典范;百视通、“未来宽带”、三洲迅驰等一批“智慧电视”骨干企业逐步集聚，初步显现了长宁打造市级创新热点的良好发展态势。

电子政务

作为国信办综合试点区，长宁在建设中有着先发优势，电子政务总体框架已基本形成。近年来，长宁充分运用新一代信息技术，推进跨部门的政府服务与资源整合共享、业务协同联动，将城区管理的各类数据整合，进行快速、有效分析，为科学决策提供支撑，使政府成为能更好地为市民服务的“智慧政府”。

数字惠民

长宁在“智慧高地”建设中关注“数字惠民”建设，围绕居住、医疗、教育等市民最关心的、最直接的、最现实的热点问题，依托信息技术的优势，整合构建面向各类人群的信息化公共服务体系，实现信息化公共服务体系的普及化和无障碍化;释放了信息化在提升社会民生服务能力方面的巨大能量。目前，“数字惠民”应用已实实在在走进了长宁居民的日常生活，居民们也真真切切感受到了“智慧生活”带来的方便和快捷。

信息产业

长宁“创新驱动、转型发展”过程中，以长宁软件与信息服务业近十年的发展积累为基础，把握新兴信息技术的发展方向，结合大虹桥发展战略实施，长宁逐步形成了以“智慧电视”与“智慧贸易”为主导的区域创新热点新态势。

基础设施

2012年“城市光网进社区”项目被列入区政府实事工程，目前覆盖全区23.5万户居民，用户覆盖率达到98.6%，区域无线覆盖WiFi热点1 220个。

市浦东新区航头镇人民政府

航头镇位于浦东新区西南部，是全区唯一地处三区交界的镇，和奉贤区、闵行区接壤，素有浦东“金三角”之称。

航头历史悠久，是浦东最早成陆的地区之一。古为盐场，又是航运码头，更有鹤乡之称，史称鹤沙。元至元十四年（1277），上海镇设市舶司，航头设航运码头，俗称“航头”，即航运码头。明时，这里设有存盐仓库，名“斜角仓”，是重要的盐运码头。

航头人杰地灵，人文昌盛。著名的文学家和翻译家傅雷、中国骑车环行世界第一人潘德明、与索马里海盗英勇抗争的英雄船长彭维源都是航头人。

2002年6月，经市政府批准，撤销航头镇、下沙镇建制，建立新的航头镇。全镇区域面积60平方公里，辖13个村、居委会、7个社区工作站，常住人口11.5万（户籍人口5.3万）。2011年，航头实现工业总产值99亿元，固定资产投资亿元，工商税收11.7亿元，地方级财政收入3.6亿元，新增就业岗位2 000个。

航头是上海重要的人口导入区，已经建成和在建、将建、规划的市属保障性住房、安置房、商品房总面积1 200万米，导入人口将超过20万。

在区委、区政府的正确领导下，航头镇强化以人为本、以民为先的执政理念，先后荣膺全国环境优美乡镇、国家卫、全国创建文明村镇工作先进镇、市文明镇、市五好镇党委等殊荣。今后几年，航头将以打造“商贸重镇、宜居城休闲小镇”为目标，建设一个融商贸物流中心、宜居生活区、现代化工业区和特色农业于一体的现代化中心城镇。

航头镇政府网站创立于2003年，2010年1月进行全新改版，增加“互动论坛”。改版后，航头镇政府网站点击量一升，在两年半的时间里点击量超过百万次。

航头镇政府网站在联系群众、服务民生方面发挥了积极的不可替代的作用。航头镇政府网站成为了党和政府与人民的“连心桥”、大家表达诉求发表意见的重要平台、镇党委政府倾听民意的重要窗口。通过政府网站，政府职能部握并解决了一系列与老百姓息息相关的问题，如增加公交班次及站点设置、增设道路硬件设施、社区物业及停车管镇标标识设计、英雄船长大型雕塑选址等等。

2011年8月，航头镇政府网站在上海市第五届优秀网站评选活动中，荣获“最具潜力奖”称号。这是获奖网站中，一家镇政府网站。

2011年12月1日，航头镇官方微博——“航头新视眼”正式开通试运行。“航头新视眼”按照镇党委书记沈健提出“关注民生、反映民意、开启民智、服务民众”的工作要求，在联系群众、服务民生等方面发挥了越来越重要的作用，镇党委政府又一个倾听民意的重要窗口。在“航头新视眼”的带动和助推下，镇机关、事业单位、非常设机构、镇司、各村（居）委及社区工作站60多家单位竞相开博，并落实专人管理。目前，航头镇已经形成了以“航头新视眼”心的政务微博群，与政府网站、政府论坛、航头报纸等在功能和服务上互为补充，形成四位一体的信息沟通交流平“航头新视眼”开通后，发起了许多线上线下活动。其中，由“航头新视眼”发起的2012上海桃花节“微摄影”活动，吸引了来自全国多地近700名摄影爱好者参与，征集到近400份优秀作品。本次活动荣获上海桃花节“创新活”。

上海市长宁区社区卫生管理中心

——引入物联网技术管理居民楼水箱

居民楼水箱由于位置的特殊性，一直是管理者鞭长莫及的地方，通过物联网的引入可以有效破解这一难题，当水质严重超标时系统将自动报警，让卫生监督部门和物业公司都可以轻松监督和管理。

2012年5月上海长宁区由卫生局牵头联合区房管局、区卫监所、物业公司等部门，建设并实施了长宁区远程水箱水质监测服务平台项目，通过引入物联网技术实现对居民楼水箱的水质远程自动化定期采集服务，并通过服务平台的数据分析和数据处理实现区卫监、区房管、物业公司对居民楼水箱的业务协同管理。

远程水箱水质监测平台主要由水箱远程无线传感检测系统和水箱水质监测后端管理平台两部分组成。

水箱远程无线传感检测系统

根据国家《GB-5749-2006生活饮用水卫生标准》现场检测的要求，水箱远程无线传感检测系统通过物联网传感技术支持对水箱水质（包括了PH值、溶解氧、电导率、余氯总氯、浊度、温度等）六项监测指标的进行远程实时采集。采用的水质监测探头工作原理符合以下相关水质检测的测定原理方法：电导探头采用电极法原理；PH、溶解氧、余氯探头采用电化学法原理；浊度采用光散射法原理；温度探头采用的是一般物理测温法。传感节点部署在小区居民水箱旁边，通过外置小水箱自动定时抽放水进行采样。采集数据可通过GPRS/3G/无线Mesh网等多种传输方式，实时采集并上传到后端的管理平台。

水箱水质监测后端管理平台

一个小小水箱汇聚了房管部门承建时的设计和建造、小区物业日常维护和清洗、卫生监督日常水质的达标检测等多头管理，要让百姓喝上放心水，需要多部门间信息的及时共享和业务间的通力合作才能保证。通过水箱水质监测后端管理平台可实现卫生监督、小区物业、房管局等业务部门针对水箱进行信息一体化管理，从而保障百姓日常生活饮用水的安全。

目前该项目已经在长宁区1个街道五个小区中试用，业务联动机制已基本形成。

石门二路街道　建设 智慧社区

根据静安区建设“智慧城区”的总体安排，石门二路社区（街道）（以下简称“石二社区”）党工委、办事处以“智慧新社区、服务零距离”为工作目标，努力完善社区信息化基础设施，大力推进以“一体两翼”（“一体”，指石二和谐家园网；“两翼”，指社区关爱信息系统和居家综合监护系统）为主体的智慧化改造，2012年被确定为上海市智慧社区建设试点单位。

街道（社区）党工委、办事处对智慧社区的建设高度重视，社区（街道）党工委书记周文杰亲自抓，武装部长王传海作为分管领导具体抓，街道各部室、社区各中心、各居委共同推进，经过一年来的努力，石二社区的智慧化建设初见成效。

改善硬件设施，加快基础建设步伐

依托城市光网，逐步实现无线全面覆盖　智慧社区建设的首要任务是加强光纤等信息化通路的硬件设施建设。在中国电信上海西区分公司的大力支持下，实现了街道本部及下属6个中心、13个居委会共20个重要信息点的光纤接入与WiFi覆盖，并且对各信息点周围方圆100米内的区域实行无线信息化公益上网覆盖。

顺应智慧政务要求，增强内部管理能力　街道机关利用中国电信3G手机的UIM-RFID技术建成手机门禁系统，并实现了各类会议手机签到。将逐步建立各门禁系统的分职级、分时间段准入制度。今后，还将在该技术的支持下，实现多渠道的电子支付功能。

围绕智慧新社区，不断提高公共服务水平

依托网站改建，重塑服务平台　在深入调研辖区居民网上服务需求的基础上，石二社区“和谐家园”（www.smeljd.gov.cn）全面改版升级，努力打造便捷高效的社区居民网上服务平台。街道原“和谐家园”网站以政务信息发布为主，分层较多，不便于社区居民查找信息。改建后的新“和谐家园”网站从“社区居民的视角”重新排版、制作，并租用中国电信的网络服务器，扩展带宽，以适应在推进、推广中产生的较大访问流量。新“和谐家园”网站设立了“社区文化、健康卫生、事务受理、党员服务、生活服务、综合治理、和谐家园、互联直通”等8个栏目，设计风格简洁、明快，服务内容清晰、了然。为方便大多数居民应用，门户网站入口架设在互联网上，采用通用型的技术支撑，并在街道、6个中心和13个居委会安装一体化的触屏电脑，方便老年居民在居委干部的协助下顺利使用这些服务功能。而针对有个性化需求的居民，则在该平台基础上开发家用触屏，依托中国电信“魔屏”终端或IPTV，实现一户一屏的增值服务，为事务办理、上门收件、家庭医生远程巡诊等服务提供“推送”的平台。

整合救助资源，关爱社区百姓　社区关爱信息系统包括日常业务处理、居委关爱、人员信息管理、救助帮困查询统计、系统管理和数据交换管理。日常业务处理是本街道或居委用户日常发放的救助项目，包括住房保障、慈善救助、残联、老龄办、优抚救助、信访救助等，通过系统业务人员可以将相关业务数据系统录入、导出、修改、统计。居委关爱是居委用户将日常走访、慰问、帮困、组团式服务等发放的现金、实物等进行登记管理、查询。下设救助项目内容包括“走访”、“慰问”、“帮困”、“组团式服务”，救助内容包括实物、现金两种。走访、组团式服务数据项要求具备时间、地点、参与人员、内容简介。慰问、帮困数据项要求包含发钱、发实物结算金额，报表统计。人员管理主要是针对人口库交换过来的人员信息为基础，进行人员信息管理与维护。救助帮困查询统计是针对日常业务、市民政救助管理系统、支内回沪管理系统、静安区救助业务帮困管理系统交换的业务数据进行综合查询，避免重复救助。

拓展综合监护，保障百姓安康　综合监护系统包括两个部分，一是街道为辖区居民建立了居家安防综合报警系统，该报警系统将实时监测火灾及燃气泄漏险情。当发生危急事件时，自动触发告警，利用电信固话网络及时发送告警短信至社区平安值班平台人员、居民区党总书记、物业主任、居委块长等相关人员，并同时最高权限占用线路拨打亲情告警电话通知家属。街道告警电脑将自动识别告警电话号码，匹配和动态显示用户基本信息、安装地址信息、近期历史告警信息。一期对高龄独居老人、重残家庭先行免费覆盖，今后将对有需要的社区家庭实行有偿覆盖。二是街道与社区卫生服务中心合作建立了远程健康监护系统，即推进家庭责任医生及电子健康档案试点服务。居民在家中即可进行预约挂号、健康咨询、用药咨询、在线诊疗以及建立居民电子健康档案。慢性病患者还可通过智能终端设备进行远程检查，进行血压、心率等的自动监控，并通过3G网络自动传输到医院系统，使得医生通过平台就可了解居民的健康状况，并给出适当的建议，实现“大病医院看、小病社区治、预防在家中”的三级医疗保障体系，全面提高居民健康水平。

上海市城镇工业合作联社

上海市城镇工业合作联社是上海城镇集体企业的联合经济组织和指导服务机构。党政关系隶属于上海市经济和信息化工作党委和上海市经济和信息化委员会领导管理，是中国轻工业联合会和中华全国手工业合作总社的成员单位，由上海市工商行政管理局注册登记为非公司企业法人。

目前，上海市城镇工业合作联社有闵行、嘉定、宝山、浦东、奉贤、松江、金山、青浦、崇明等9个区（县）城镇集体工业联合社、17家直属成员企业，180家基层成员企业，3 000家经济小区落户企业。在职员工1.85万人（不包括经济小区落户企业），各种托管人员5万多人，总资产118.02亿元，净资产47.58亿元。

近年来，上海市城镇工业合作联社高举发展集体经济旗帜，通过深化体制改革、调整产业结构、优化指导服务、维护和谐稳定，使城镇集体经济不断发展壮大，综合实力不断增强。

2010—2012年，全系统实现工业总产值246.15亿元，销售收入314.16亿元，利税总额35.9亿元，年均达到10%的增长水平。同时，创新转型取得较好成果。2010年以来，全系统投入科技创新和技术改造资金5.5亿元，开发新产品895项，申报和获得国家发明专利117项。

目前，为适应上海创新驱动、转型发展的要求，上海市城镇工业合作联社与时俱进，吸引各种所有制经济加盟，增强联社在成员企业中的凝聚力和向心力，进一步发展壮大城镇集体经济。

上海熊猫线缆股份有限公司是上海市城镇工业合作联社所属生产各种塑料绝缘电线电缆的专业企业，是中国电气装备用电线电缆行业中历史最老、影响最大的专业工厂之一。公司生产的“熊猫”牌电线成为上海“十连冠”名牌产品，还荣获“联合国国际科学与和平周特别贡献奖”称号。

上海协力卷簧制造有限公司是上海市城镇工业合作联社所属研发生产各类平面涡卷弹簧、弹性材料及机器零部件的专业企业。公司生产的太阳能翻板卷簧已成为“神舟”5号、6号、7号、8号、9号、10号以及空中加油机的设备配套件。

Age06 上海学前教育网 园园通 · 课程云

上海学前教育网简介

作为上海教科网“一网五环”工程的重要组成部分，上海学前教育网（www.age06.com）于1999年4月21日正式开通。秉承“搭建信息化平台、提供学前教育一站式服务”的建设初衷与“共建共享”的建设理念，密切关注时代发展与技术进步，坚持以研究带动应用、以应用推进学前教育现代化发展。

近年来，上海学前教育信息化工作着重在以下两方面深入开展。一是提升全市区县园所教师的信息化应用水平，助推学前教育发展，二是实施上海学前教育信息网的建设规划，开展基于网络的立体化宣传，营造科学的家园共育氛围，并打造了两大应用平台：“园园通”管理平台和课程云平台，助推学前教育转型。

“园园通”（vip.age06.com）——上海学前教育界的“八达通”，实现了市、区、园的三级管理和纵向沟通，实现了家园之间的横向交流，为幼儿园的信息化管理和教师、保健员的业务工作减负增效。目前，上海学前教育网园园通管理平台已经在全市范围的托儿所、幼儿园内全面进行使用，为全市范围内所有公办幼儿园、保教人员、家长提供服务，实现了网上家园互动。小投入、大应用的“园园通”信息应用模式为国内首创，2011年荣获上海市信息技术优秀应用成果奖。

上海100%公办幼儿园和30%的民办园应用“园园通”平台；上海学前教育网三万多教师、二十多万家长用户，日访问量突破6万；“大擂台”“育儿加油站”“06系列专栏”等精品内容和活动逐步成为特色名片，百度收索、ALEXA排名在国内同类网站中排位第一。

“课程云”（course.age06.com）——教师专业成长的“助推器”。作为“十二五”重点项目，搭建面向全市幼儿园课程资源及活动实施的支持平台，提供开放灵活的教育资源共享服务。汇聚二期课改优质课程资源，立足“用中建，建中用”，为解决学前教育资源短缺、城乡区域发展不均衡等核心问题提供支持，进一步助推教师专业成长、课程有效实施。试运行期间，面向全市推出一批精品课例。

园园通 · 课程云是上海学前教育信息化的建设成果。在上海市教委领导下，上海学前教育信息部将继续携手各区县园所、教师共同努力，让园所更优质、让育儿者更专业、让儿童更快乐，创新突破，促进学前教育转型。

上海市教委信息中心学前教育信息部　地址：黄浦区皋兰路24号　邮编：200020　电话：33080099—211

国家电网公司
STATE GRID
CORPORATION OF CHINA

上海市电力公司

SHANGHAI MUNICIPAL ELECTRIC POWER COMPANY

上海市电力公司是负责上海地区电力输、配、售、服的特大型企业。公司统一规划、建设和调度上海电网，为上海的经济发展提供安全、经济、清洁、可持续的电力供应和服务，并对全市安全和节约用电进行监督和指导。公司供电区域覆盖整个上海市，供电面积6 340.5平方公里，是国内负荷密度最高的地区。

2010年国家电网公司首批信息系统实用化评价验收会在上海召开。上海、福建、浙江、河北、河南、青海、华东、西北等八家单位首批通过验收，具有典型示范意义，是国家电网公司信息化发展的一个重要里程碑，有力地引导和推动了信息系统实用化，使国家电网公司信息系统深化应用迈上了良性健康发展轨道。国家电网公司总信息师吴玉生，总部财务部、营销部、生技部、物资部负责人以及八家单位的领导和代表出席了会议。上海公司党委书记赵义亮致辞，副总经理胥传普及相关部门负责人出席。

“上海市电力公司在灾备中心工程建设中体现了‘世博速度’，希望你们继续发扬世博精神，把灾备中心建设成‘百年工程’”，国家电网公司总信息师吴玉生在上海灾备中心工地现场了解工程进展时做上述表述。

第四章 信息化宣传

概 述

2012年，市经济信息化委信息化宣传工作坚持以关注战略性新兴产业为重点，以宣传各类重大活动为抓手，营造大力推进“创新驱动、转型发展”战略的舆论氛围。全年组织新闻发布活动六次，新闻通气会四次，组织编发素材稿九十余篇，新闻媒体刊播报道一千八百余篇，为推进信息化工作构建了良好的外部环境。

一、综合性工作宣传

【开展政务微博建设】 2012年3月26日，市经济信息化委政务微博“经济和信息化在线——上海”在新浪网、腾讯网、东方网和新民网同时上线运行。结合推进“智慧城市”建设，与“上海发布”联动发布30个公共场所开通“i-Shanghai”政务微博。在智慧城市宣传周期间，请委领导做客“上海发布”、“微访谈”回答300多个网民的问题，起到良好的宣传效果。围绕推进战略性新兴产业，开设“推进战略性新兴产业风采榜”，发布20家领军企业和20个领军人物的先进事迹；开设“国外产业前沿新知”栏目，让网民了解最新的产业动态；设置“温馨提示”、“服务零距离”、“创意上海”、“最新消息”等栏目，实时发布重要工作动态。结合微博传播特点开展便民服务。每周五发布“温馨提示”，公布计算机病毒预防信息。结合2012年“中小企业服务年”活动，开设“服务零距离”栏目，发布中小企业关注的小额贷款公司、担保公司等信息，使微博成为中小企业服务的延伸平台。结合市经济信息化委“十二五”系列产业规划发布，及时推送规划解读信息，让市民知晓专项规划的内容。

【扩大“上图信息化知识讲座”影响力】 2012年5月底至6月初，分别以“智慧城市的中国愿景”、“智能手机改变人们生活”和“充满活力的中国电子商务”等主题连续三周举办“上图信息化知识讲座”，系列讲座是全国科技活动周暨上海科技节的活动内容之一。12月7日，邀请上海超级计算中心主任奚自立开展“桌面上的超级计算”讲座，这是智慧城市宣传周的重要内容之一。通过多年的培育，“上图信息化知识讲座”影响力逐步扩大，受到各类信息化重要活动的邀请。

【加大各视听及平面媒体宣传力度】 通过新闻发布会、新闻通气会等形式，加强与各电视、报刊、网络媒体的沟通，通过新华社、人民网、《经济日报》、《解放日报》、《文汇报》、《新民晚报》等媒体对电子账单公共服务平台开通仪式、2012上海国际信息化博览会、2012年第三届信息化进程报告会等活动进行宣传，扩大了活动的影响力、知名度和覆盖面。

【公开出版物开展宣传】 发布相关产业和信息化规划文本。出版工业和信息化专门书籍，如《上海产业和信息化发展报告》丛书等重要书籍，对本市工业和信息化主要行业、重点领域、重点企业、推进措施及产业布局等进行宣传，重点突出介绍本市战略性新兴产业的发展情况。

二、重点工作宣传

【上海电子商务“双推”工程】 2012年度上海市推动电子商务企业创新发展、推动中小企业应用电子商务工程（简称“双推”工程）启动会议于6月8日在浦东新区上海浦东软件园举行。2012年，市经济信息化委从本市信息化发展专项资金中安排1 000万元资金用于“双推”工程，并通过市经济信息化委专项资金申报网，经过专家评审和网上公示，在56项申报平台中遴选出11家电子商务“双推”平台企业，涉及供应链管理、文化创意、研发设计、医疗器械、五金交易、商旅服务、金融服务、科技创新产品营销等服务领域。

电子商务“双推”工程是贯彻落实《上海市促进电子商务发展规定》和《上海市促进中小企业发展条例》两个地方性法规的重要举措，是“十二五”期间上海加快推动本市电子商务与中小企业融合创新发展的有效手段，促进信息化和工业化深度融合，建设面向未来的“智慧城市”的重要内容，也是加快本市平台经济发展的创新途径。

自2010年首次启动试点至2012年，电子商务“双推”工程实施已进入第三个年头，主要是遴选一批服务成熟度与诚信度相对较高的电子商务平台企业推荐给广大中小企业，采用“政府贴一点、平台企业让一点、中小企业出一点”的方式，有效降低中小企业的电子商务应用门槛，同时帮助电子商务平台企业拓展平台应用，在坚持公开遴选、尊重市场选择的前提下，放大资金支持效应，推动平台企业与中小企业的“双赢”发展。新华社、《经济日报》、上海人民广播电台、《解放日报》、《文汇报》、东方网等媒体均发表报道进行宣传，扩大了影响力和覆盖面。

【2011年信息化与工业化融合发展水平指数发布】 2012年6月25日，上海市互联网经济咨询中心正式发布《2011年度上海市信息化与工业化融合发展水平指数报告》。评估结果显示，2011年上海市“两化融合”发展水平指数为75.53，根据“两化融合”阶段模型划分，上海“两化融合”发展水平整体处于部分融合阶段，具备深度融合的基础。其中社会“两化融合”得分为86.75，已经达到深度融合标准；大型企业得分为74.39，具备向深度融合发展的基础；中小企业得分为65.84，距离深度融合仍有较大差距。数据显示，随着本市信息基础建设增长迅速，各种信息技术应用已普遍融入居民生活，且程度不断加深；企业业务流程信息化覆盖已达到较高水平，信息技术全面融入企业运营管理，高新技术产业与生产性服务业高速发展，以战略性新兴产业为代表的新兴业态不断涌现，具备向“深度融合”推进的良好基础。《经济日报》、《解放日报》、《文汇报》、《新民晚报》等媒体就相关工作开展了宣传。

【电子账单公共服务平台开通仪式】 2012年3月12日，全国首家电子账单公共服务平台正式开通。作为《上海市推进智慧城市建设2011—2013年行动计划》公共服务领域率先完成建设并正式投入运行的项目，上海市电子账单公共服务平台提供电子账单的申请、推送、查询、支付和管理的“一站式”服务；用户通过该平台可查询两年内的各类电子账单，并通过平台提供的支付功能，使用25家银行的银行卡方便、快捷地支付账单；平台还提供多张账单合并支付、每月自动代扣等服务，方便市民使用。已有上海电力、上海电信、上海移动、上海联通、东方有线、市北自来水、市南自来水、浦东威立雅自来水、浦东新区自来水、南汇自来水、闵行自来水、奉贤自来水、市北燃气、大众燃气和浦东燃气15家公用事业单位接入平台，实现了上海地区主要的水、电、燃气和通信行业单位的全覆盖。新华社、人民网、《解放日报》、《新民晚报》、东方网等媒体均发布报道，扩大了宣传范围和市民知晓度。

【信息基础设施建设】 2012年7月24日，市政府召开的上海市推进智慧城市信息基础设施建设工作会议暨市推进无线城市建设联席（扩大）会议，对智慧城市建设工作进行部署。计划在人流较为密集、窗口功能突出的300处主要公共场所，包括公共交通枢纽候客区、公园绿地及旅游景点游客休憩区、文化场馆活动区、公立医院候诊区、商业街圈休息区、行政服务办事大厅等实现WLAN全覆盖，如上海火车站、外滩、滨江大道、陆家嘴、新天地、瑞金医院、豫园等区域，并将按照统一公共服务要求为公众提供2小时免费服务。人民网、新华网、《经济日报》等中央媒体以及上海电视台、东方卫视、《解放日报》、《文汇报》、《新民晚报》等本市媒体宣传了有关情况。

（杨勤伟）

第五章　信息化社团

概　述

2012年，上海信息化系统各协会、民办非企事业单位等围绕全市年度信息化工作重点，追踪行业动态，承接重要课题；搭建交流平台，推进政策落地；开展标准建设，促进产业发展，充分发挥了政府和企业间的桥梁纽带作用。

一、行业（专业）协会发展

上海市计算机用户协会

【开展"2012年度上海市优秀CIO及优秀应用成果"评选工作】 2012年5月开始，上海市计算机用户协会（以下简称"计算机用户协会"）从企业和专委推荐、专家评审、网上公示入围名单、进行专访，到准备材料，召开颁奖大会，历时五个多月。

2012年度上海市优秀CIO是：

1. 中国商用飞机有限公司上海飞机设计研究院　王文捷

2. 上海汽车集团股份有限公司　闫枫

3. 上海市公安局浦东分局　滕晓斌

4. 上海大学　徐伟

5. 上海交通大学附属第六人民医院　郑西川

6. 上海临港信息科技发展有限公司　李晶

7. 解放日报报业集团数字传播中心　王高翔

8. 上海农业信息有限公司　朱轶峰

9. 上海海鼎信息工程股份有限公司　蔡笠

10. 上海市长宁区中心医院　张渊

2012年度上海市优秀CIO新秀：

上海市徐汇区大华医院　孟亚

2012年度上海市信息技术优秀应用成果是：

1. 基于物联网的油气管线远程运维系统——上海可鲁系统软件有限公司

2. 农业补贴支农资金公开系统——上海农业信息有限公司

3. 公积金业务通用网络平台系统——上海承大网络科技服务有限公司

4. 上海高校无线通系统——上海市教育委员会信息中心

5. 医院临床路径管理信息系统——上海交通大学附属第六人民医院

6. 整车流水线电子拉动及配料系统——上海安吉汽车零部件物流有限公司

7. 科研计划项目管理系统——上海科申信息技术有限公司

8. 出租车GPS双向互动式智能手机召车服务系统软件——上海飞田通信技术有限公司

9. 亚申高通量信息管理系统——亚申科技研发中心（上海）有限公司

10. 全方位人性化患者服务系统——上海第二军医大学附属长海医院

【"云计算中的数据安全"学术研讨会】 计算机用户协会数据库专委会会同计算机学会、开放系统协会于2012年11月14日在上海市科学会堂举行"云计算中的数据安全"学术研讨会。云计算使用虚拟化技术提供强大的计算能力和数据管理能力，为租户提供一种新型的按需服务模式。云计算模式使租户可以通过简便、经济的手段获取强大的计算能力和数据管理能力，其发展趋势非常强劲。但是云计算的租户将计算或处理的对象数据交给他方（云计算服务者）托管，处于云计算开放环境中的数据安全是一个敏感而重要的问题。通过本次研讨会，有关专家和厂商的高级技术人员与大家分享云计算中的数据安全技术研究成果，会议取得良好效果。

【"医药信息行业交流会"】 由上海市计算机用户协会所属医药卫生专委会于2012年8月3日在苏州吴江召开"医药信息行业交流会"。会上，有应用典型用户介绍应用成果，也有厂商介绍他们产品如何为医药卫生信息化服务。

（王寿根）

上海市集成电路行业协会

【概况】 上海市集成电路行业协会(以下简称“集成电路协会”)成立于2001年4月，至2012年有会员单位456家。会员覆盖集成电路设计、制造、封装、测试、设备、材料整个产业链。行业2012年全行业实现销售额为668亿元，比2012年增长6%。行业总投资为285.99亿美元，注册资金为134.37亿美元。从业人员13.8万人。按所有制分类：中外合资、合作59家，外商独资214家，内资100家，民营83家。其中从事设计205家，晶园制造15家，封装测试32家，设备材料及配套118家，智能卡24家，科研院所及投资管理62家。

集成电路协会理事会下设了设计、制造、封装测试、设备材料和智能卡五个专业委员会。集成电路协会秘书处设有一室四部，秘书处有专职工作人员13名。

2012年，集成电路产业得到市委、市政府的高度重视。3月15日，市政府发布沪府发〔2012〕26号文，财政部、税务总局下发财税〔2012〕27号文进一步鼓励和支持集成电路产业发展。

【协助政府做好集成电路产业发展政策的制定】 配合市经济信息化委和财政局进行国务院4号文的实施细则和配套措施制定工作。为《关于本市对软件企业和集成电路设计企业有关设计人员给予专项奖励的实施办法》、《关于进一步鼓励本市集成电路设计企业开展工程产品首轮流片实施办法》等文件制定提出了具体的政策建议。

召开政策宣讲会，为企业提供政策服务。2012年9月26日，秘书长为200余位会员企业代表作了最新政策宣传，张江管委会领导详细讲解了“十二五”期间促进张江高科技园区创新发展的若干意见政策文件，为上海的集成电路的企业提供相关政策支持。10月16日，召开“宣传、贯彻、落实国家和上海市支持集成电路产业发展政策”宣讲会。市发展改革委、市经济信息化委、市税务局、浦东新区海关、市外汇管理局有关领导作了宣讲。业内100多家集成电路设计、芯片制造和设备材料企业的代表出席了会议。

【协助政府启动“十二五”规划实施工作，推动组建产业联盟】 配合市经济信息化委电子信息产业处开展行业调研，做好落实“十二五”规划工作。进行新一代信息产业(集成电路)领域未来发展方向和重大项目、主体企业，关键技术及重点产品，技术水平、主体企业，建设区域，未来发展趋势及规划，未来可能形成的规模、带动产业发展情况的调研，提交了集成电路方面四大门类的50余项产品目录书面材料。

配合市发展改革委开展上海集成电路产业对接国家战略性新兴产业发展，推动重大项目的建设工作。对市发改委《上海市重点鼓励发展的战略性新兴产业产品和技术目录(2012)》(征求意见稿)进行修改和书面反馈行业意见。

参与“上海市推进战略性新兴产业——大规模集成电路专项工程实施方案(2012—2015年)”的编制，并书面提出产业发展建议。

推动加强芯片与物联网、新一代移动通信、数字家电、汽车电子企业联动发展的组织协调工作；推动在新一代移动通信、智能数字电视和汽车电子领域进行产业联盟组建工作，形成了展讯通信有限公司与中芯国际集成电路制造有限公司、上海宏力半导体制造有限公司等企业组建的新一代移动通信和汽车电子领域的产业合作联盟。

组织推进“产业链深度交流与合作联谊会”。推动以芯片制造企业为主，带动芯片设计、设备材料和封装测试产业链上下游发展的产业链合作；组织推进“产业链深度交流与合作联谊会”，打造上海产业集群的优势和形成一个合作共赢的产业环境，构建了集成电路产业链中从设计、制造到封装测试的阶段性深入交流平台，为产业链企业间的互动与合作起到了积极的推动作用。

【做好会员单位的各项服务工作】 积极发挥集成电路协会的桥梁纽带作用，为上海浦东国际机场海关领导进行集成电路基本知识的培训，为海关上海归类分中心对有关集成电路商品认定提供咨询意见。帮助企业做好与海关、商检、财政、税务等政府部门的沟通协调工作。为三井物产株式会社进口关税、中芯国际集成电路制造有限公司自制掩膜增值税、格科微电子有限公司CMOS传感器在国际市场上的合理价格范围、宏茂微电子有限公司再次进口设备享受免税政策和台湾积体电路制造股份有限公司出口报关价格问题与海关进行沟通协调帮助解决具体问题。还为上海新傲科技股份有限公司、上海复旦微电子股份有限公司、爱德万测试管理有限公司、上海芯导电子有限公司、博通集成电路有限公司、展讯通信有限公司、景略半导体有限公司、山景集成电路股份有限公司、日月光半导体制造股份有限公司、上海华岭集成电路技术股份有限公司、比亚迪股份有限公司等会员企业，出具有关申报项目和市场占有率等情况的各种证明文件及可行性分析报告。

完成部分政策的受理、初审工作。开展2012年集成电路设计企业资质认定、年审工作。集成电路协会是工信部授权的全国集成电路认定机构，2012年受理和组织专家评审新认定集成电路设计企业29家，其中上海地区18家；受理和组织专家年审集成电路设计企业136家，其中上海地区92家。

开展2011—2012年国家规划布局内重点集成电路设计企业的认定工作。集成电路协会是市发改委、经济信息化委、财政局、国税局、地税局和商务委授权的国家规划布局内重点集成电路设计企业的认定机构，2012年推荐上报重点集成电路设计企业12家，获批准10家。

协助开展集成电路设计人员奖金申报工作。帮助35家设计企业的1 314位设计人员获得“2011年度开发出具有自主知识产权的集成电路产品的设计人员奖励”。

协助企业做好国家和市、区级的各类专项、基金、技改项目的推荐申报工作，配合政府进行各类项目的评审。

【协助海关等政府部门推动全程保税监管工作】 协助海关等政府部门推动以设计企业为龙头的全程保税监管工作。对展讯通信有限公司全程保税试点工作进展情况，及时了解试点过程中存在问题，并与海关、商务委等沟通，还对上海19家集成电路设计企业进行调研，了解其芯片制造和封装测试的加工企业分布以及参加试点工作的意向。提出对“上海部分集成电路设计企业产业链分布情况及进一步扩大保税试点的几点建议”，向工信部、海关总署加贸处、上海海关、商务委提出进一步扩大试点的具体企业名单和建议。

【做好行业的国际国内合作交流】 赴中国台湾举办“2012年海峡两岸（台北）集成电路产业合作发展论坛”。组织行业内中芯国际集成电路制造有限公司、上海华虹NEC电子有限公司、上海宏力半导体制造有限公司、日月光半导体制造股份有限公司、上海华力微电子有限公司、联芯科技有限公司、中微半导体设备有限公司近60人前往中国台湾，参加“2012年海峡两岸（台北）集成电路产业合作发展论坛暨2012年海峡两岸集成电路与车用电子交流会”。与台湾工业技术研究院、台湾积体电路制造股份有限公司、联发科技、台湾交通大学、台湾汽车电子联盟等台湾地区企事业单位，围绕“深入合作、携手发展，实现两岸集成电路产业的共同愿景”这一主题展开高峰对话；与国际半导体设备与材料协会合作成功举办“SEMICON China 2012”（2012国际半导体设备、材料、制造和服务展览暨研讨会）上海市副市长艾宝俊、浦东新区副区长刘正义等出席开幕式。1 116家国际展商，40 476名专业观众及150个中央及地方政府代表团参观，展位数达到2 813个，展览面积达69 000平方米；承办世界半导体理事会（WSC）“2012年世界半导体理事会环保学术会议暨国际高科技产业环境、安全与卫生学术会议”，近200人参加了会议，其中来自欧盟、美国、日本、韩国、中国台湾半导体产业界的代表和专家近30位；成功举办“第十届中国国际半导体博览会暨高峰论坛（IC China 2012）”。展会吸引参展企业超过200家，其中上海企业近60家，展览面积近15 000平方米，参展企业覆盖全产业链；与张江高科技园区合作，共同举办了四期（总第10—13期）集成电路企业领导沙龙活动；组织会员企业去深圳会展中心参加“IIC CHINA 2012”（国际集成电路研讨暨展览会）；为设备材料企业牵线搭桥寻找潜在市场。带领东电电子有限公司、中微半导体设备（上海）有限公司等18家企业的33位代表，与西安三星项目指挥部的相关领导座谈。促进上海半导体设备材料企业与西安三星半导体项目沟通交流、为上海半导体设备与材料企业牵线搭桥，寻找一个巨大的潜在市场。

【积极开展课题调研】 完成市经济信息化委《2012年上海集成电路产业发展研究报告》的撰稿、出版和发行。《报告》全文246万字。完成市发改委《2012年上海市国民经济和社会发展报告》有关集成电路行业情况撰稿；完成《2011—2012年上海电子信息制造业地图》，编撰有关集成电路行业情况；完成市科委《2011年上海集成电路芯片生产研究报告》项目；完成张江管委会委托的《“十二五”张江集成电路产业的知识产权发展战略规划》；完成张江管委会、浦东新区科委和金桥集团委托的《上海集成电路产业技术发展研究报告》。

【做好行业节能减排和环境保护工作】 召开“2012年迎峰度夏节能减排工作座谈会”。30余家企业的能源管理人员与工程师50人参会。市电力处、市电力公司用电负荷管理中心、市节能监察中心领导出席会议。积体电路制造股份有限公司、中芯国际集成电路制造有限公司、美国普莱克斯公司等企业就迎峰度夏、有序用电问题，进行交流沟通，供电局部门当场指导企业做好节电用电工作，使行业平安顺利地迎峰度夏。

组织企业落实安全生产、环保工作。召开了"《上海市第一批禁止、限制和控制危险化学品目录》(试行)征求意见座谈会"。近40位代表出席会议，对150种上海禁止的危化品中，企业生产中必须使用三氟化磷等危化提出异议，市安全生产监督局表示考虑企业意见。

协助浦东保协会启动上海市温室气体清单(集成电路产业)编制工作。组织相关会员企业进行调研，帮助收集活动水平和排放因子计算所需要数据，并对集成电路企业关于"危废"处理(如氟化钙污泥)，"危险化学品管控"及"温室气体清单编制"等环保问题进行咨询及沟通，取得环保部门的理解与积极支持。

【开展行业人力资源、知设产权保护及各类培训活动】 继续与中国国际技术智力合作公司合作开展2012年行业薪酬调研和信息发布工作。行业内50多家企业参加调研，80多家企业共享了调研成果；举办"2012年全国集成电路高级研修班"，来自全国各地的集成电路产业主管领导和高新技术开发区、院校、研究所和企业的正式学员90人参加，听课人数达120人；举办"后CMOS时代的技术思考和定位"的专业技术培训。100余人参加了培训，为行业内企业提升技术、解决需求、对接业内专家与服务平台提供了难得的机会；举办"企业诚信创建工作暨诚信培训会"，进一步推动行业内企业的诚信创建工作；举办"企业交流，展望2012年上海集成电路产业发展形势座谈会"，近50位企业代表参加会议，会后参会人员还参观了东电培训中心的相关设备。

协助园区开展招商引资和人才引进等活动。参与"2010—2011年度上海市高科技产业化推进工作杰出贡献集体和个人"的评选工作。其中，联芯科技有限公司被评为"杰出贡献集体"，中微半导体设备(上海)有限公司被评为"突出贡献集体"，展讯通讯(上海)有限公司总裁李力游被评为"杰出贡献个人"，上海华力微电子有限公司的朱骏被评为"突出贡献个人"；参与上海申报"国家创新人才和创新团队"的评审工作，其中，上海微电子装备公司被上海选送；参与上海市第二批"千人计划"张江展讯等企业在内的浦东创新类和创业类人才评审工作；开展集成电路行业年度评选工作，评出2011年度上海市集成电路制造业、封测业、设计业销售及最佳经济效益四项的前十名进行颁奖授牌；将亚洲前三名的微电子产品通路商介绍到张江，购置一万平方米办公用房建立公司总部落户张江。将欧洲华人半导体协会介绍给张江招商中心，交流有关欧洲半导体人才、企业落户张江。将天津联芯科技有限公司介绍给"863"信息安全基地落户张江，协助展讯做好"上海集成电路科技馆"二期的更新工作。

【组织建设、新会员发展和行业统计等工作】 召开第三届四次会员大会暨三届四次理事会；举行2012年上海集成电路行业迎春联欢会；进行网站改版升级工作，以期更好地为会员企业和政府部门服务，同时增加"会员产品"大类；联合中芯网开办"国产集成电路电子元器件公共服务平台"《会员产品》栏目，免费展示集成电路产业代工企业、封测企业、设计企业、设备材料企业的主要产品及性能介绍、特色工艺及服务体系等，帮助企业拓展市场，宣传特色产品及工艺，扩大业界影响力，为促进产业链合作提供一个供需互动微平台。

【荣誉】 集成电路协会积极开展了各项工作，得到社会和政府的肯定和认可。2012年，集成电路协会党支部荣获中共上海市委组织部、中共上海市社会工作委员会命名的"上海市两新组织创先争优先进基层党组织"称号；秘书长蒋守雷荣获"上海市对台工作先进个人"称号；副秘书长孙美玉被商务部产业损害调查局评为"全国产业损害预警工作2011年度优秀工作者"；陈爱琳被评为2012年"上海市工业经济联合会党委系统创先争优优秀共产党员"。

(孙美玉)

上海电子元器件行业协会

【圆满完成换届选举】 经过三个月的筹备，2012年6月28日，上海电子元器件行业协会(以下简称"元器件协会")五届一次会员大会暨五届一次理事会召开。大会完成各项规定议程，选举产生了上海电子元器件行业协会第五届理事会和新一届理事会领导。

【保持政府沟通】 元器件协会继续与市经济信息化委、市社会团体管理局、市经团联保持联系，为政府提供服务。出席2012电子信息制造业行业协会秘书长工作会议，提供《2012年上海电子元器件产业发展简析》报告；出席市中小企业服务中心与行业协会合作交流会，积极响应市中小企业服务中心《关于推进上海市中小企业行业协会合作交流服务平台建设的倡议书》，加入服务平台建设。陪同市经济信息化委电子信息产业处到仪电科学仪器公司等企业，对物联网传感器技术与应用进行专题考察，政企双方广泛交流物联网传感器技术与应用的设想与举措。

【促进产业链上下游协同发展】 策划供销洽谈交流平台，在上海广联电子公司现场举办“广联电子公司供销洽谈会”，促进产业链上下游、会员之间相互了解，互惠互利，共同发展。

【《电子元器件》月刊】 在《电子元器件》月刊上，协会除了继续定期对行业经营情况作统计分析和市场需求、发展趋势的分析，登载供会员企业参考外，还积极宣传市政府《关于进一步促进中小企业发展若干意见的实施意见》等相关科技政策，月刊的“政策导读”、“经营之道”、“技术交流”、“会员风采”、“协会花絮”等栏目以及封二、封三的图片，内容充实，获会员企业好评。

【申报政府项目】 积极帮助企业申报各类政府项目，为会员提供技改、系统集成项目咨询服务，成功立项七个。2012 年上海市行业协会发展专项资金项目“上海通信用高频连接器的现状和发展趋势研究”课题获批立项。

【与长兴交流合作】 元器件协会联手浙江省长兴县电子行业协会举办 2012 年电容器联合年会，开创了与外省市同行交流的良好开端。元器件协会与长兴县频繁交流：如长兴县委领导会见元器件协会领导；长兴槐坎乡青年副乡长在元器件协会挂职；槐坎乡领导考察永星、上海克拉电子有限公司等会员企业；考察长兴电子信息制造企业；槐坎乡政企来访；秘书长携企业领导再度访问长兴。与长兴互动交流、洽谈合作初见成效。

【牵头产学研】 由秘书处牵头，上海大学微电子研究与开发中心、自动化系等会员开展产学研项目合作，签署科技项目服务协议。

【行业协会合作】 元器件协会先后与上海塑料行业协会、集成电路行业协会、交通电子行业协会、电子制造业行业协会、仪电标委，在举办国际橡塑展、国际半导体博览会、国际汽车电子高峰论坛开展合作，取得良好效果。

【办好工博会、电子展】 圆满组织相关企业参展“第十四届中国国际工业博览会”和以“信息化推动工业化，电子技术促进产业升级”为主题的“第八十届中国电子展”。

（元器件协会）

上海市信息服务业行业协会

【概况】 2012 年对于上海信息服务业的发展来说是一个极其重要的年头。上海市信息服务业行业协会（以下简称“信息服务业协会”）在市经济信息化委的领导下，本着“服务企业、规范行业、发展产业”的宗旨，紧抓机遇，积极响应政府发展战略性新兴产业、加速经济转型的思路，重点开展移动互联网、云计算、高端软件和金融信贷等各项工作。经过一年的努力，取得了一定的工作成效。

【夯实基础工作】 “会员”是信息服务业协会的基础，“服务”又是行业协会最基本的职能之一。“服务企业”作为信息服务业协会的宗旨和基础工作，是每一年工作的重心。

2012 年，信息服务业协会吸收新会员四十余家，新进会员的范围呈逐渐扩大的趋势，会员质量也较之前有了很大的飞跃，其中不乏天翼视讯传媒有限公司、上海花千树信息科技有限公司（世纪佳缘）、上海汉涛信息咨询有限公司（大众点评网）、瑞庭网络技术（上海）有限公司（安居客）、上海聚力传媒技术有限公司（PPTV）等知名企业的加入，使信息服务业协会的影响力得到进一步提升。

信息服务业协会会员部在 2012 年举办了十期 IS 风云会，每期都有 100 多人次参与。相比 2011 年，有了一定数量的固定参与者，也吸引了更多互联网相关企业从业者的参与。每期活动都能有吸引人的热点话题，并能邀请到来自腾讯控股有限公司、上海盛大网络发展有限公司、上海臣和信息技术有限公司、艾瑞咨询集团等行业内领先企业的专家进行演讲和交流。

2012 年 1 月 1 日起，市政府正式启动了在部分现代服务业和交通运输业中开展营业税改征增值税的改革试点。信息服务业协会领导为此专门成立了“营改增”调研工作小组，深入企业了解“营改增”对行业的效应，为政府制定政策提供了依据。

【发展产业】 近年来，信息服务业协会在推动产业发展过程中起到越来越重要的作用，把发展产业作为工作的核心，力争成为推动上海信息服务业发展的重要引擎。2012 年，通过举办和参与各类专业活动来推动产业发展、搭建交流平台、增强政府与企业间的上下交流。信息服务业协会对所举办各类活动也进行了形式创新与内容创新，得到了全社会的一致好评。

大力发展移动互联网产业 2012 年 11 月 27 日，“2012 信息服务业（上海）论坛暨第四届移动互联网产业发展高峰论坛”在富豪环球东亚酒店举行。来自市区政府、协会、产业园区、相关企业的 500 余人集聚一堂，共同探讨上海发展移动互联网的技术和产业路径。上海现代服务业联合会会长周禹鹏、上海市政府副秘书长肖贵玉、上海市经济和信息化委员会主任戴海波、上海市信息服务业行业协会会长张维华等领导出席论坛。论坛上举行了市移动互联网产业基地授牌仪式、APP手机应用大赛启动仪式、上海市信息服务业行业协会数字营销专业委员会揭牌仪式，并由市经济信息化委领导解读了《上海推进移动互联网产业发展2012—2015年行动计划》。中欧国际工商学院院长朱晓明，中国电信集团公司、微软股份有限公司、百度(中国)有限公司等业内知名的专家在论坛上作了主题演讲，共同探讨上海移动互联网产业的发展方向。此次会议从报名、签到及现场互动都引入了二维码扫描、微信等移动互联网应用，真正做到了“以移动互联网的形式召开移动互联网的大会”，实现了首次无纸化会议。

推进电子书国家标准制定 信息服务业协会下属的上海电子书产业发展联盟秘书处为推进电子书产业持续、稳定和健康发展做了一系列工作，全力促进电子书服务平台标准制定。2012年8月22日，由电子书标准工作组申请提出的3项电子书服务平台国家标准被国标委立项。10月24—25日，由上海市信息服务业行业协会、全国电子书平台标准专题组委会、上海市电子书产业发展联盟共同主办的电子书平台标准专题组第四次工作全会于昆山召开。此次研讨会针对电子书平台国标的第一部分参考模型和第二部分阅读终端接口规范进行了研讨。

探索金融信息服务业发展方向 2012年12月20日，由上海市信息服务业行业协会主办的2012上海市金融信息服务业年度峰会暨网络信贷服务业企业联盟成立大会举行，上海市委常委、副市长屠光绍，上海现代服务业联合会会长周禹鹏，中欧国际工商学院院长朱晓明，上海市经济和信息化委员会主任戴海波，上海市经济和信息化委员会副主任傅新华，上海市杨浦区区长金兴明，上海市金融服务办公室副主任吴俊等出席了会议。会议围绕“信息技术助力金融信息服务业加速发展”这一主题邀请多位行业专家和企业代表进行主题演讲。会上还举行了“上海市网络信贷服务业企业联盟”成立的揭牌、授牌仪式，颁布网络信贷服务业企业联盟的宗旨、章程和公约。“上海数字与互联网金融研究中心”也在本次大会上揭牌。

“GDC China 2012”引领游戏界发展 2012年11月17日，在文化部重点指导下，在上海市文化广播影视管理局、上海市经济和信息化委员会的大力支持下，由上海市信息服务业行业协会主办的“2012游戏开发者大会”在上海国际会议中心隆重开幕。为期三天的会议由58位海内外知名演讲嘉宾上演了53场精彩演讲，得到了中外参会者的一致好评。

全力打造智慧城市 为普及智慧城市知识，2012年8月，上海市经济和信息化委员会委托上海市信息服务业行业协会编写《我身边的智慧城市》宣传册，协会联手青年报社正式启动宣传册编辑工作。宣传册从出行、美食、旅游、社交、健康、学习、理财等方面介绍了常用的移动互联网应用，首期印制10万册免费向市民发放。市委常委、副市长艾宝俊，新华通讯社副总编慎海雄、市经济信息化委主任戴海波等领导出席了宣传册的首发仪式，艾宝俊还亲切地与宣传册卡通人物“小智”和“小慧”合影。为配合宣传，信息服务业协会还于12月4—9日，分别在浦东、徐汇、闸北、长宁、杨浦各区举行“我身边的智慧城市”巡展活动。

【规范行业】 规范行业对于推动产业又好又快发展起着至关重要的方向性作用。面对信息服务业的迅猛发展，信息服务业协会在努力发展产业的同时，也始终致力于打造绿色健康的发展环境。2012年1月13日，由上海市信息服务业行业协会牵头，编写完成的《上海网络游戏行业服务规范》正式发布，这是国内网络游戏行业的首个地方性标准。为更好地贯彻执行该标准，受市文化广播影视管理局和市经济信息化委委托，信息服务业协会在3月携上海信息服务人才培训中心组织了《上海网络游戏行业服务规范》的培训，30家游戏企业的客服管理人员参加了此次培训。4月8日，中国互联网协会发出《抵制网络谣言倡议书》。同日，信息服务业协会等8家行业协会积极响应倡议，共同抵制网络谣言，共建网络文明、共享网络和谐。随后，信息服务业协会在第一时间呼吁各会员单位积极响应倡议。

【内部管理】 内部的有效管理是信息服务业协会开展各项工作的基础和保证，也是信息服务业协会实现优化管理，提升工作效率和实现协会自我提升的重要条件。2012年，信息服务业协会投入大量资金和力量对协会内部管理进行整改，协会引进ERP管理软件，对协会日常事务进行智能化管理。经过测试和部分员工试用，包括秘书处办公室、财务部、会员部、编辑部、党委等各部门在2012年年底前实现ERP系统的全面上线。ERP系统的引入与应用，规范了协会内部管理，也使得管理更加具备调理性和高效率，做到科学办公，科学管理。

【荣誉】 2012年5月26日，共青团上海市委员会、上海市人力资源和保障局、上海市公务员局授予上海市信息服务业行业协会秘书处“上海市青年五四奖章集体”称号；6月28日，在上海市工业与经济联合会召开的“庆祝中国共产党成立91周年暨创先争优表彰大会”上，协会秘书处党支部荣获“先进党支部”称号；6月，协会党委被中组委评为“全国创先争优先进基层党组织”，这是上海市唯一一家荣获此项殊荣的行业协会。

（秦文沁）

上海市软件行业协会

【概况】 上海市软件行业协会（以下简称“软件协会”）成立于1986年6月，是国内最早成立的软件行业协会之一，下设软件质量管理与过程改进、软件服务、软件知识产权、嵌入式系统与软件、开源软件和教育软件6个专业委员会，会员单位超过1 200家。软件协会遵循“行业代表、行业服务、行业自律、行业协调”的工作宗旨，根据政府主管部门的授权或委托，按照公开、公平、公正的原则承担行业管理职能，积极开展各项活动。20多年来，协会形成了服务企业、软件工程规范和行业自律的工作特色，积极发挥行业组织优势，为推动软件产业的发展竭诚服务，获得了政府、企业和上级协会的认可，连续八年被中国软件行业协会评为“先进行业协会”。

【成为5A级协会】 2012年，软件协会在加强自身能力建设方面主要开展了三方面的工作：一是以评促建，被评为5A级协会；二是协会顺利换届，进一步提升了协会的凝聚力；三是持续开展行业规范研究，完成政府部门委托的项目，提升协会的服务能力。

【服务产业发展，取得新的进展】 软件协会肩负着推动产业发展和引领产业方向的重要使命。在2012年组团参加中国国际第十六届软件博览会、推动软件政策落地、组织企业申报国家规划布局内重点软件企业申报、开展双软认定等方面做了大量扎实有效的工作。

【关注高端软件发展，着力开展“名企、名人、名品、名园”服务】 软件协会配合上海国家软件名城的建设，根据工信部副部长杨学山的要求，协会应引领产业发展，着力开展“名企、名人、名品、名园”服务，加大企业形象宣传力度，帮助企业在发展的价值链上寻找价值，为中小企业发展寻找新的增长点。继续做好年度明星企业、优秀企业家、优秀软件产品的评选与推介；关注高端软件发展，成功召开第四届上海软件创新论坛；助推国产基础软件与系统集成企业对接；着力发挥《软件产业与工程》杂志作用，扩大企业形象宣传；贴近需求，进一步做好协会培训；继续推进协会金融服务工作。

【扩大对外交流，帮助企业走出去】 2012年，软件协会与加拿大驻沪总领事馆、加拿大安大略省政府驻上海办事处联合举办了“加中（安大略—上海）信息通信技术合作研讨会”，中方11家企业相关负责人和加方6家软件企业进行对口洽谈。软件协会与新加坡资讯通讯中心签署长期合作协议，并成立“上海—新加坡ICT产业合作交流中心”，共同推进双方产业界的交流与合作。2012年软件协会还应邀组织本市11家软件企业参加了日本近畿情报系统产业协议会年会，并组织中日企业进行交流洽谈，达成了合作意向。

（姚宝敬）

上海市信息家电行业协会

【推动NGB新一代广播稳步发展】 为切实推进NGB下一代广播电视网在上海的实际应用，上海市信息家电行业协会（以下简称“信息家电协会”）召开了专题座谈会，讨论如何落实“战略性新兴产业发展‘十二五’规划”具体目标。东方有线网络有限公司（以下简称“东方有线”）总经理夏晓燕、副总经理万乾荣、主任丁波及各部门负责人十余人参加座谈。会议就NGB如何打造上海示范网、有线网络如何承载互联网、如何切实完成“十二五”规划中对下一代广播电视网的建设设想等问题畅谈了各自的意见和建议。为落实NGB的产业链建设，2012年7月5日，在信息家电协会会议室再次召开关于“下一代广电网络实施方案”有关企业座谈会，东方有线副总经理万乾荣，上海全景数字技术有限公司常务副总经理胡力旗，中国科学院声学研究所东海研究站博士潘海斌，东方传媒集团技术总监袁政，上海仪电集团广电电子科技有限公司副总经理毛继曙等上下游企业代表参加了会议。会议就NGB的产业链建设提出了具体的实施意见和建议，同时为市经济信息化委编写《产业发展指南》提供具体的建议。7月18日，再次在市经济信息化委召开下一代网络（互联网、通信网、广电网）专项实施方案专题座谈会。

【组建产业联盟，推进产业发展】 组建产业联盟是推进产业发展十分重要的举措之一，多年来各行各业各个领域在这方面都取得了卓有成效的进步。为此，信息家电协会一如既往牵头组织引导，积极推动，具体如下：

1. 组织智能家居有关企业组建居住区信息系统网络(Residential Area Networks Interconnecting System,简称 RANIS)互联技术产业联盟,组织联盟企业有关专家共同编制 RANIS 技术标准,统一定义和接口设定,指导联盟单位内部产品的互联互通。制订的《居住区信息系统网络互联技术规程》已经作为上海市地方标准正式发布,于 2012 年 3 月 1 日正式实施。

2. 2012 年 8 月,由百视通新媒体股份有限公司和上海市信息家电行业协会牵头,联合上海交通大学、硅知识产权中心、银视通信息科技有限公司、大亚科技股份有限公司、上海广电电子股份有限公司、思华科技发展有限公司等 8 家企业成立上海 OTT 智能电视产业技术创新战略联盟。

3. 2012 年 9 月,信息家电协会组织上海广电光显技术公司、上海现代先进超精密制造中心公司、上海东华大学、中科院声学研究所上海东海分所、上海广联电子制造公司等产学研单位的负责人召开"发展上海激光显示产业"技术研发及产业化对接会议。并在此基础上,由协会牵头组建"上海激光显示产业技术创新战略联盟",旨在进一步推进上海激光电视产业发展。联盟联合了上海有技术实力的企业、研究所、高校,涵盖了激光显示产业从上游(材料)—中游(光部件和器件、光机和光源)—下游(整机制造和经营、服务等),包括上、中、下游产品在内的较完整的产业链技术创新体系。形成联合开发、优势互补、利益共赢、风险共担的技术创新合作组织,并将不断扩大队伍,提高创新能力和市场竞争能力。

4. 信息家电协会牵头与有关企业和科研单位共同商讨、酝酿成立"上海数字家庭促进会",并于 2012 年 10 月 26 日在张江高科技园区人才中心的上海国茂数字技术有限公司召开成立数字家庭促进会预备阶段座谈会,国茂数字有限公司董事长王国中出席了座谈会,提出了对建设数字家庭促进会的想法和建议。

【积极开展调研,提供决策建议】 积极开展调研工作,提出产业发展建议,报送市有关部门作为政策制定参考。在《信息家电行业"十二五"发展规划》基础上,针对产业特点和行业整体市场环境,进行重点调研并撰写了《上海发展新光源电视的建议》、《新型显示技术和产业发展的调研报告》等调研报告,上报市有关部门作为产业决策的依据。另外,基于"三网融合"的背景,广电网、电信网、互联网技术各自均获得快速发展,从而为数字家庭技术的发展和数字家庭应用产业的发展铺垫了良好的技术基础。可以预见,未来数字家庭产业必将成为新的社会需求和家庭消费的新的增长点,为此,协会组织有关专家在前几年数字家庭有关推广工作的基础上,再次撰写了《基于"三网融合"的家庭网关发展趋势研究》调研报告,为上海数字家庭应用产业打好基础。

【搭建交流、沟通、合作平台】 信息家电协会近年来一直关注着如何提高为企业和行业服务的服务意识和服务能力,并身体力行深入企业调查研究,了解企业实际困难,及时反映企业诉求,召开各种座谈会、交流会,探讨行业应对宏观经济增速放缓的应对之策,探讨产业链合作新模式新思路,帮助企业克服科技创新中碰到的问题和困难,组织业内外专家为企业会诊,解决企业具体困难,帮助有关会员落实国家税收优惠政策,争取关税调整,切实减轻企业负担。其中,搭建交流、沟通、合作平台,使使用平台的各方企业均有所获益也是最有效的途径,为此,信息家电协会 2012 年不遗余力地做了下列一些桥梁工作:

1. 建立上海市研发公共服务平台信息家电行业协会工作站,积极帮助中小企业申领"科技 114 创新服务礼包",参与平台的互动服务。

2. 2012 年 3 月举行了有行业各主要企业领导参加的行业峰会,就"3D 电视的技术和产业发展"进行了交流。

3. 2012 年 8 月举办"第五届上海数字电视发展论坛——下一代广播电视网(NGB)的产业链合作",上海数字电视产业链有关单位领导和专家就 NGB 产业链合作专题发表演讲并进行交流。

4. 作为组委会成员协办了"中国工博会第九届数字电视与无线多媒体通信国际论坛",170 多位中外嘉宾出席会议,9 位中外专家发表演讲,就"多媒体数字内容"进行了深入交流。

5. 协办"上海电视节白玉兰论坛"、"智慧城市展览"等论坛、展会活动,拓展会员单位的信息视野和交流合作的深度和广度。

6. 搭建行业诚信体系建设平台。在市诚信建设活动办公室指导下,信息家电协会建立了"企业诚信建设创建活动办公室",积极开展诚信企业培训、推荐、评选、考核工作,三十余家单位获"星级诚信企业"、"诚信创建企业"称号,2012 年又新增 29 家企业荣获诚信企业星级升级。

7. 2012 年 12 月 21 日,在上海电视台举办了"上海市信息家电行业年度峰会",近三十位企业领导出席会议。协会副会长单位东方传媒集团向与会代表详细介绍了上海广播电视大文化产业的架构,与会代表就整个行业从内容提供、信息传输、终端制造、增值服务等全产业链建设的话题进行了热烈而广泛的交流。

【持续推进标准化建设和人才培训工作】 组织制订和发布了《居住区信息系统网络互联技术规程》(上海市地方标准),并于2012年3月1日正式颁布实施;组织制订并发布了《微型激光投影机技术规范》、《家庭用电力线宽带联网设备技术规范》等联合性企业标准。与此同时,为推动行业高端技术人才培养,组织有关专家编写了《数字电视地面广播传输国家标准中的关键技术》、《数字电视显示及增强技术》、《信息家电网络控制技术》、《数字图像压缩编码和码流技术》等信息系统高级技术人员技术培训教材。

(解 放)

上海市信息化培训协会

【概况】 上海市信息化培训协会(以下简称"培训协会")成立于2003年2月,成立以来,在开展基础调研、承接课题、编制岗位目录等基础工作的同时,先后承担了政府委托的多个大型培训项目。从2003—2005年的市府实事项目"百万家庭网上行"和市委组织部、市人事局和市信息委开展的本市干部电子政务培训考核以及上海市信息技术管理职业资格认证,到2008—2010年的市府实事项目"千村万户"农村信息化培训普及工程、上海干部在线学习城课程开发和审核等。除了开发培训课程,设计培训运作模式以外,培训协会还为项目提供具体的服务,负责培训教材的开发编写、培训实施的指导以及培训质量的监督管理等,取得了良好的效益。此外,培训协会还作为上海市职业能力考试院信息人才认证中心承担了全国计算机技术与软件专业技术资格(水平)考试报名辅导和上海市信息技术管理人员职业资格认证的开发工作。

【移动互联网培训】 2012年11月19日,移动互联网应用培训试点班开班。35名学员成为本市首批移动互联网应用培训班的学员。通过试点,对以后大规模开展培训非常有帮助。2012年12月6日,进行了"市民移动互联网应用培训开班仪式",市经济信息化委和虹口区相关领导出席了仪式并宣布"市民移动互联网应用培训"正式拉开帷幕。

【"两化融合"培训】 为推进我国的工业发展,进一步深化工业化与信息化的融合,2012年,培训协会在前几年面向企业开展"两化融合"的基础上,又与一些区县信息委和工业园区合作,结合移动互联网等IT的最新技术,联合协助会员单位,向广大企业管理人员培训宣传介绍"两化融合"的战略意义、作用和成功案例,共开设培训班10余期,培训人员1 000余人次。

【上海老年大学教材研发】 培训协会承担了"上海老年大学教材研发中心"的职责,于2012年底前对新教材进行了一系列的重新设计,制定教材的新样式,确定教材的内容框架,联系教材的编著人员,落实教材的出版机构,最终根据市教委的要求,完成了58册老年大学新教材(其中10册是精品课程)的所有组织工作,获得了市教委领导的高度肯定。

(童陵枫)

上海市无线电协会

【诚信体系建设工作】 "诚信体系建设"工作是上海市无线电协会(以下简称"无线电协会")主推的特色工作。该工作已经开展多年,取得了良好的效果。2012年,无线电协会共开展了5项诚信体系建设项目,具体内容如下:

1. 无线电通信网络设计资质。为规范上海市无线电和通信网络建设市场,加强对无线电通信网络技术设计的资质管理,促进无线电通信网络建设技术工作的健康发展,结合无线通信行业的实际情况,凡从事无线电通信网络技术设计的企业均需按本办法取得《无线电通信网络技术设计资质》后,方可从事无线电通信网络技术设计工作。无线电协会负责组织上海市行政区内无线电通信网络技术设计资质的审证工作。

2. "销售无线电发射产品规范企业"认定。以市政府进一步规范市场,加快社会诚信体系建设为指导,无线电协会推出"销售无线电发射产品规范企业"活动。参加单位自愿申请,经过检查、审核,符合条件的,可挂牌经营。同时,通过网站、报刊等多种形式对社会公开,并且对这些单位建立诚信档案,纳入"全市企业联合征信系统"。对违反承诺的行为也要记录在案,并根据失信程度给以不同惩戒。

3. "无线电频率使用规范企业"认定。"无线电频率使用规范单位"活动是在积极提倡运用高科技通讯技术同时,充分认识无线电发射设备是一种特殊产品。必须合法使用国家频率资源,共同维护空中电波秩序正常,才能保证通讯信息正常、有序的传播。对于行业内诚信度较高,频率使用较为规范的企业,颁发该资质。

4. "公用移动通信室内信号覆盖分布系统集成企

业”以及“移动通信室内信号覆盖分布系统代维企业”评选。移动通信室内信号覆盖分布系统集成是指移动通信室内信号覆盖分布系统集约化建设的总体方案策划与制定、设备配置与选型、软件开发、工程建设项目的整体实施过程。协会开展上海市行政区域内的移动通信室内信号覆盖分布系统集成商的入围评比，入围企业被列入“移动通信室内信号覆盖分布系统集成商入围名册”。

5. “WLAN 无线电产品生产销售规范企业”评比。由于物联网中无线电产品的使用频段是开放的，在新技术新产品不断涌现的同时，也给保护该频段的电磁环境提出了很高的要求。为了维护无线电管理的正常秩序，保护合法使用电波用户的利益，协会在 2012 年开展了“WLAN 无线电产品生产销售规范企业”活动。对于行业内规范生产、规范使用、规范销售 WLAN 产品的企业进行评比和推荐。

【无线电环境优化工作】 为了维护空中电波的正常秩序，保障通信用户的正常使用，2012 年，协会与运营商合作，开展上海市电磁环境优化工作。无线电协会充分利用自身优势，现场排查、协调各方，及时排除运营商所上报的基站干扰，取得了良好的效果。2012 年全年共协调处理基站干扰 56 起，并成功解决 49 起。

【无线电培训工作】 2012 年度无线电协会共组织开展了 4 期培训讲座。内容主要有无线电管理政策宣讲、无线电设备定检要求、无线电通信网络设计要求等。累计培训人数 1 400 余人次。

【数字集群及数字通信技术交流会调研】 为深入开展无线电技术与管理理论研究和技术创新，适应“十二五”期间国家无线电管理全面建设的要求，无线电协会于 2012 年 10 月 24 日协助召开了数字集群及数字通信技术交流研讨会。参加会议人数约 700 人次，会议内容包括：数字专业通信的新技术、新产品，探讨数字化专网建设、管理新模式，引导频率资源的合理利用和有效监管。

（陈　晟）

上海市信息安全行业协会

【概况】 上海市信息安全行业协会(以下简称“信息安全协会”)成立于 2003 年 3 月，是由上海地区从事信息安全产品开发、制造、经营和服务的企业和其他相关企事业单位按自愿、平等原则组成的非营利性、行业性社会团体法人，协会下设商用密码专业委员会。信息安全协会宗旨：贯彻执行国家和上海市关于信息安全产业发展的方针、政策，维护会员的合法权益，提高会员技术业务和经营管理水平，增强行业的整体素质，推进上海信息安全产业的快速健康发展。业务范围：咨询和中介服务，组织调研、交流、合作、培训，举办会展、论坛和编辑出版，承担政府委托的事项。协会拥有内部期刊《行业动态选编》。

【切实履行职能，服务会员单位】

1. 扶持产业政策。不定期归纳整理国家为推动中小企业发展出台的一系列扶持产业政策，及时与会员单位相关联系人沟通，让会员单位能够及时了解国家相关政策。

2. 建立上海信息安全综合服务平台。2012 年，信息安全协会和上海“863”信息安全产业基地有限公司联合建立上海信息安全综合服务平台。网站网址：www.jingjie365.org。平台汇集各类信息安全厂商，集聚各类信息安全产品及服务内容，形成产品品种多、服务范围广的信息安全服务新模式，逐步实现信息安全服务的集约化和网络化。

3. 2012 年 10—11 月，为加强市民的信息数据安全保护意识，实现隐私信息的安全保障，信息安全协会联合东方网开展了 5 期“信息安全”系列访谈节目，邀请上海知名信息安全企业和法律界人士，就身份认证技术、公共场所无线 WiFi 普及的利弊分析、移动智能终端会对传统的网络安全带来的影响和挑战、云计算安全的防护手段等方面的问题进行深入的交流与探讨。

【举办专业展会】 信息安全协会汇集上海颐东网络信息有限公司、上海信息安全工程技术研究中心、上海安达通信息安全技术股份有限公司等行业内主要企业，在第十四届中国国际工业博览会上设立了信息安全专题展区。展区以“智慧城市”为主题，设置了企业展示区和实践互动区域，为企业与参观者营造一个充分互动的空间，通过体验产品、模拟现实情况中会出现的安全问题来了解信息安全产品，得到从概念到现实的认知过程。

展区以开放模式为主，统一平台，统一搭台，统一设计形象，公共的宣传平台设置不同场次的活动，有企业日、对战日、互动日、演讲日、新品介绍日等，企业可以根据自己的需求排档期，利用展区内的公共平台开展活动。而主办方在配合企业自身宣传的同时，还特别引进了专业海外买家，如第三世界国家信息安全培训活动的学员，参与企业进行面对面交流，并进行相关产品推广演示。

【2012 信息安全技能竞赛】 由工业和信息化部信息安全协调司指导，上海市网络与信息安全协调小组办公室（以下简称"市网安办"）主办，上海市信息安全行业协会承办的"2012 信息安全技能竞赛"于 2012 年 7—11 月在上海举行。竞赛围绕"关注信息数据安全 共创网络信任环境"的主题开展，旨在为适应国家信息安全战略和"智慧城市"建设对相关组织信息安全保障能力以及信息安全专业技术人才的新要求，应对新形势以配合打造上海信息安全服务新高地，积极推进机构信息安全管理和技术的发展，引导公众提升信息安全风险意识，发现、选拔和储备亟须的信息安全专业人才。

2012 信息安全技能竞赛在以往个人技能赛的基础上，首次增加团队运维赛。个人技能赛偏重于考察选手的实际信息安全技能操作能力，以基础知识考核、闯关、夺标等方式开展。团队运维赛重点比拼参赛团队的技术能力和管理水平，考察团队整体对信息数据的全面防护能力，采用技术防御、知识竞答、论文答辩等方式进行。参加本届竞赛的 30 支团队和 200 多个人来自银行、证券、政府、央企、安全企业、科研院所和高校。竞赛历时 4 个多月，在公平、公正、公开基本原则的前提下，经过 3 轮 6 场比赛，分别决出了 10 名优胜者和 6 支优胜团队。来自公安部第三研究所的选手和中国电信上海 IT 队分获个人和团体一等奖。

本次竞赛借鉴了美国、日本等相关赛事的经验，进一步扩大了比赛规模，规范了赛事程序，是目前为由政府主办的最高规格信息安全竞赛活动，并将逐步发展成为中国最具影响力的信息安全综合实力竞赛赛事。

【开展特色工作，推进对外合作】 2012 年初，在市网安办的指导下，信息安全协会组织相关专家编撰了《2011 重大信息安全事件回顾》白皮书，并通过上海市网安办发到了工信部信息安全协调司和上海市所有重点单位。希望能够借此增强大家的信息安全意识，促使政府和企业增加信息安全投入、强化信息安全防范措施，也为信息管理和安全专业人员研究相关问题提供案例。

2012 年 10 月—2013 年 1 月，信息安全协会和上海市信息网络安全管理协会联合举办主题为"共建和谐网络环境，争当安全网站标兵"的上海市第一届安全网站评选活动。整个评选活动分网站报名、初审筛选、公示评审和表彰奖励四个阶段进行，面向电子商务类、生活服务类、交互论坛类、休闲娱乐类、综合类五类网站展开。活动邀请到市经济信息化委、市互联网信息办、市通信管理局、市公安局专家以及企业专家组成评选活动专家组对报名参评网站的安全性进行评审打分，并综合统计网上投票和专业测评结果，最终评出 50 家"上海市安全网站"，并从中评选出 20 家上海市 3A 级安全网站进行宣传表彰。

2012 年 10—11 月，信息安全协会与上海市信息网络管理协会、上海大学信息安全协作组等单位共同发起了首届信息安全创意大赛，旨在进一步宣传信息安全知识，加强全社会信息安全保障意识，提升城市信息安全保障水平，提高各个层面对信息数据的保护能力。大赛围绕"你心目中的信息安全原创设计"主题展开，参赛范围从上海辐射到全国，以个人参赛为单位，不限地区。以创意与个性，具丰富趣味性，浅显易懂，主题突出为主旨，作品以微小说、漫画、Flash 演示、微视频、海报等多种形式呈现。

为了落实国家信息安全保障战略，加强专业人才培养以及推动中国信息安全产业国际化，上海亚太地区经济和信息化培训中心与上海信息安全行业协会联合发起"国际信息安全培训基地"项目。以信息安全技术为核心的援外培训班——发展中国家信息安全技术培训班于 2012 年 9 月 19 日在上海顺利开班。来自亚洲、非洲、欧洲、拉丁美洲等地区的 17 个发展中国家、27 名学员参加了本期培训。

（朱方园）

上海信息化发展研究协会

【增强上海信息化对外辐射能力】 2012 年，上海信息化发展研究协会（以下简称"发展研究协会"）继续拓展中西部、尤其是鄂尔多斯信息化服务市场，将上海信息化成功的经验向外输出。由发展研究协会承担规划咨询的"鄂尔多斯煤炭局信息系统二期"建设项目获得内蒙古自治区信息化工作系统的高度重视，并作为"两化融合"的典范在全国进行推广。

继 2011 年帮助鄂尔多斯完成"数字鄂尔多斯"总体规划之后，2012 年，发展研究协会又帮助其完成全市三大基础库（人口、法人、空间地理）数据标准规范（修订）编制，该标准的制定充分吸收了上海的经验。目前，该标准已经经过专家评审，并通过鄂尔多斯市政府工作会议下发全市，成为指导该市信息化建设的权威标准。

发展研究协会还将服务范围进一步向鄂尔多斯基层拓展，尤其是康巴什新区。2012 年是康巴什新区信息化建设的启动之年，由于缺乏信息化建设经验，急需来自信息化先行地区的帮助。发展研究协会作为康巴什新区信息化建设顾问，帮助其进行项目规划、辅助开展项目招投标，使其全年顺利实施了三个重大项目，并建立了良好的信息化建设项目管理机制。

同时，发展研究协会还依康巴什新区的邀请，帮助其编制《康巴什新区科技和信息化"十二五"发展规划》，以期借鉴上海发展经验对其后续五年的工作进行指引。

【完成2012上海信息化发展报告】 发展研究协会受市经济信息化委综合规划处的委托，组织编制并公开出版《2012上海信息化发展报告》。报告采集了来自全市主要委办、区县的信息化报告80多篇，以图片、表格等平实易懂的形式展示2012年上海社会经济各领域信息化建设的成果，为政府部门跟踪"十二五"规划实施情况提供决策支撑。

【团结会员形成协会发展新的动力】 2012年，为团结协会会员、形成新的凝聚力，发展研究协会秘书处先后组织两次活动，增进会员之间的了解和合作。活动中，会员一方面相互介绍自己公司的业务、市场，探讨合作共赢的可能性；另一方面，通过文娱活动，增进相互之间的信任。同时，发展研究协会秘书处还结合自身的业务，与会员探讨"秘书处—会员"业务互动模式，希望形成团队作战模式，共同服务上海及中西部城市信息化建设。

（朱慧丽）

上海市信用服务行业协会

【概况】 上海市信用服务行业协会（以下简称"信用服务协会"）成立于2005年6月，至2012年，信用服务协会有会员单位56家，业务范围涵盖了信用管理咨询和培训、信用调查、资信评估、商账追收、信用担保、信用保险、保理等领域。协会的业务范围是：行业调研规划、标准制定、学术研究、信息交流、咨询服务、培训及从业人员资质认定。信用服务协会通过互联网站、工作简报等形式与社会各界沟通联系、发布信息。

【配合政府完成相关工作】

积极参与政府调研 2012年，信用服务协会先后接待了多个政府部门和单位的来访，就本市信用服务业发展情况进行了调研。为全面了解上海信用服务行业情况，上海市政协社会和法制委员会组织部分市政协常委和委员来协会调研，大家就推进上海信用服务行业的发展提出了意见，包括加强地方法律法规建设、营造诚信环境、加强政府对信用产品使用的制度安排、制定税收优惠政策；鼓励信用服务机构与高校合作、加快信用服务人才的培养；加强对信用服务机构的监管等。同时，为全面了解信用服务行业现状，上海市政府研究室政策调研处副处长陈业敏一行来信用服务协会进行调研，就推进上海信用服务行业的发展提出了意见，包括加强地方法律法规建设营造诚信环境，制定税收优惠政策；鼓励信用服务机构与高校合作、加快信用服务人才的培养；加强对信用服务机构的监管等。此外，信用服务协会还多次出席由市经济信息化委员会等政府部门组织的行业调研会。

专家受聘"网络社会征信网"顾问团 协同上海市公安局网安总队邀请了政府相关职能部门领导，知名互联网企业、征信企业负责人等11人担任征信网顾问，并举行了"网络社会征信网"顾问团受聘仪式。信用服务协会多名专家受聘"网络社会征信网"顾问团，为网络社会征信网建设提供决策咨询。

参与课题编写 信用服务协会受市经济信息化委信用管理处和政策法规处委托，承担了《关于进一步加强上海市社会诚信体系建设的意见》课题，2012年正式结题。本课题强调了深化上海社会诚信体系建设的重要性，并提出了深化上海社会诚信体系建设的具体任务措施。本课题也为上海市委和市政府联合颁发的文件《关于进一步加强上海市社会信用体系建设的意见》（沪委发〔2012〕13号）正式文件的出台作了一些调研工作和基础性的工作，起到了课题组为正式文件出台应起到的作用，也为上海信用体系建设作贡献。

撰写有关专报，为市委、市政府领导提供参考意见 2012年，信用服务协会受市经济信息化委信用管理处委托，邀请协会副会长、上海远东资信评估公司副董事长徐明棋起草了《上海资信评级机构的地位和影响力亟待提高》的专报，并报上海市委、市政府有关领导。

此外，信用服务协会还配合上海市征信管理办公室做好上海市社会信用体系建设工作会议的组织工作、信用长三角高层研讨会的组织工作、协助上海市诚信宣传周活动的开展、完成行业年度统计工作、上海诚信网信息采集、行业发展报告编写等工作，得到了政府有关部门的认可。

【向会员单位提供多种形式的信息服务】

借助协会平台，提供信息服务 信用服务协会通过协会网站和不定期简报这两个宣传平台，宣传会员单位品牌，发布国家有关信用服务的政策法规，交流各方面信息及行业动态，网站保证时效性，信用服务协会第一时间将重要信息通知各会员单位。如上海市诚信专项资金申报、上海市名牌服务企业推荐、上海市优秀IT青年推荐、上海市企业管理现代化创新成果评审推荐等信息，信用服务协会通知会员单位并组织符合条件的单位进行申报。

牵线搭桥，帮助企业拓展市场 应南京江北新城管委会邀请，信用服务协会组织了上海华予信企业信用征信有限公司、上海杰胜商务咨询有限公司、上海维诚信用风险咨询有限公司等会员单位前往南京江北新城考察，并参观了江北新城及海峡两岸科工园区，双方就全区发展交流了意见。

【组织开展各类活动】

1. **搭建沟通平台，组织会员单位交流**

聚焦信用服务机构税收情况 为进一步了解各会员单位的税收情况，信用服务协会邀请了部分会员单位的财务人员举行信用服务机构税收情况座谈会，此次会议是针对国家决定于2012年1月1日起在上海市交通运输业和部分现代服务业等开展深化增值税制度改革试点，与会者解读了新的税收政策，并围绕是否能针对高端人才制定个人所得税的优惠政策、是否能扩大可抵扣的进项税范围等问题上进行讨论，此次会议使协会更深入了解了各企业的税务方面的诉求。协会还将企业的诉求向政府有关部门反映。

聚焦上海信用服务行业信用信息采集 为了规范上海信用服务行业信用信息采集的行为，信用服务协会举行了“规范信用信息采集座谈会”。与会人员就如何维护本行业的良好声誉和诚信形象、强化本行业守法经营的意识和从业人员的职业道德操守，特别是约束本行业企业及从业人员在信息采集、使用等环节的行为规范与职业道德，维护行业整体利益等方面展开了讨论，大家纷纷谴责了罗维邓白氏营销服务有限公司在经营中不正当的行为。同时也表达了希望政府尽早出台相关的法律规范来规范这个行业的想法，特别是对信用信息的采集和使用的相关的细则，更好地推动本行业的发展。

2. **聚焦社会热点，组织国内外交流**

举办2012浦东新区促进信用评级行业发展研讨会 为促进浦东信用评级行业的发展，信用服务协会和上海浦东新区金融服务局联合举办了2012浦东新区促进信用评级行业发展研讨会。上海市金融服务办公室、上海市经济和信息化委员会、中国人民银行上海总部、浦东新区金融服务局、浦东新区财政局、浦东新区税务局等有关领导、上海市主要评级机构的CEO和美国三家评级机构的驻华代表都出席会议。会上，浦东新区金融服务局金融规建协调处与浦东新区财政局等有关领导介绍了浦东金融业发展情况与政策动向；信用服务协会秘书长饶明华就上海信用评级业的现状和发展趋势进行了主旨发言；与会企业就经营中遇到的问题、相关政策诉求及对评级行业发展的建议等展开讨论与交流。

举办“中国企业信用风险管理主题论坛” 为了增进企业就企业信用风险管理的交流，信用服务协会和新华信国际信息咨询（北京）有限公司共同主办了“中国企业信用风险管理主题论坛”。论坛主要针对信用风险管理的行业特点，行业管理的动态，前沿进展，实施案例等展开交流。会上，与会嘉宾分别就信用风险管理的特点、企业信用风险管理的办法等进行了交流，近百名企业信控负责人和行业协会秘书长参加了会议。

举办“2012·国际信用管理人才教育论坛” 为了进一步贯彻落实2010—2020年的《国家中长期人才发展规划纲要》和《上海市中长期人才发展规划纲要》中的人才强国精神，共同探讨信用管理人才教育的前景与意义，“2012·国际信用管理人才教育论坛”作为2012·GPST全球专业人才开发研讨会的分论坛举行。会上上海市经济与信息化委员会副主任、上海市征信管理办公室常务副主任陈跃华致辞，信用服务协会秘书长饶明华介绍了GPST国际信用管理师认证体系项目、联合国训练研究所上海亚太地区经济和信息化人才培训中心主任王根祥介绍了GPST专家委员会信用管理专家组的职能和成员名单、联合国工业发展组织司长、高级顾问、联合国训练研究所上海亚太地区经济和信息化人才培训中心指导委员会副主任梁丹为GPST专家委员会信用管理专家授证、王根祥为GPST国际信用管理师认证体系培训机构授权、与GPST国际信用管理师认证体系培训实习基地签约。信用服务协会副会长徐明棋和上海师范大学校长助理、商学院院长茆训诚还分别就上海信用服务行业前景、机遇和信用管理人才乃诚信社会动力为主题进行了演讲。

合作参与“促进上海服务业发展：机遇、挑战及对策”研讨会 由上海社会科学院世界经济研究所、上海现代服务业联合会联合主办，上海市信用服务行业协会合作参与的“促进上海服务业发展：机遇、挑战及对策研讨会”在上海新锦江饭店四楼兰花厅举行。市政协副主席王新奎作关于现代服务业创新做主旨演讲，上海现代服务业联合会会长周禹鹏到会致辞。信用服务协会副会长、上海远东资信评估公司顾问兼首席经济学家徐明棋在会上做了名为“上海专业服务业发展面临的机遇与挑战及对策建议”的演讲，信用服务协会秘书长饶明华作了“上海信用服务行业发展现状、问题及建议”的演讲。来自本市现代服务业各个行业协会的代表以及上海社科院的专家学者对于如何通过改革开放进一步促进上海服务业发展，尤其是专业服务业发展进行了深入研讨。

【推进上海信用管理培训工作】

1. 推出"国际信用管理师"专业认证

为了配合上海国际金融中心的建设，培养国际型的信用人才，协会联合上海亚太地区经济和信息化人才培训中心、上海师范大学金融学院联合开设 GPST 专业水平认证"国际信用管理师"的培训，经过多次的讨论、协调、沟通，目前国际信用管理师(助理)教材已通过评审，该课程旨在造就一批素质高、能力强的上海市企业信用管理人才和国际信用管理人才，进而在上海这个国际大都市营造有序的市场经济环境及和谐的公共社会环境。

2. 推出企业信用管理培训课程

为了帮助企业有效规避信用危机，树立良好商誉，提高经济效益，确保企业安全和可持续发展，协会培训机构专业委员会推出企业信用管理培训课程，包括企业信用管理总论、企业信用管理实务、企业信用管理法务三个部分。"上海市企业信用管理培训 2011 版课件研发"项目已完成验收。

【规范行业行为，推进行业自律】

1. 制定《上海市企业信用评级指标通用标准》

为规范征信机构的企业信用评级行为，提高评级业务的服务质量，提升行业的社会认知度与行业公信力，实现自律框架下信用服务行业的健康发展，信用服务协会根据评级业发展的现状，在对各家评级机构调研后，组织业内的评级机构联合开展制定《上海市企业信用评级指标通用标准》的工作。在本行业评级机构单位的大力支持下，《上海市企业信用评级指标通用标准》通过了由政府相关部门、上海市质量技术认证中心管理委员会、上海市信息质量协会等有关专家组成的评审组的验收。该标准的出台，为业内提供一个适合于大多数企业独立使用的通用评级指标体系，从而影响整个资信评级市场。

2. 完善信用服务机构质量控制评选交流机制

《上海市信用服务行业质量控制基本规范》在信用服务协会第二届会员大会第三次全体会议上正式表决通过，并在信用服务协会网站上发布。为了更好推动此规范的落实，信用服务协会建立了信用服务机构质量控制交流评选机制，邀请了部分会员单位结合本单位在质量控制所做的工作进行了介绍，与会人员指出要强化业务培训，业务管理必须抓好业务培训和内部流程的严格把控，做好内部管理控制体系的有效运营，要强化流程管理，审核无纸化，流程系统化操作，质量控制也必须和公司文化建设相关联。

为了科学评比上海信用服务机构质量控制先进单位，在全体会员的参与和帮助下，制定了开展上海信用服务机构质量控制规范化建设评估工作方案与评估指标体系，今后将每年开展上海信用服务机构质量控制规范化先进单位评比。

3. 签署自律承诺书

为了促进信用服务行业的健康持续发展、维护本行业的良好声誉和诚信形象、强化本行业守法经营的意识和从业人员的职业道德操守，特别是约束本行业企业及从业人员在信息采集、使用等环节的行为规范与职业道德，维护行业整体利益，信用服务协会起草了《上海市信用服务行业协会会员单位自律承诺书》，并经会长、副会长审核同意，将《上海市信用服务行业协会会员单位自律承诺书》发给各会员单位签署。信用服务协会具有信用服务产品业务的 48 家会员单位中有 47 家会员单位在承诺书上签字，庄严承诺自即日起，在严格遵守上海市信用服务行业协会 2006 年制定的《上海市信用服务行业自律公约》及《上海市信用服务行业从业人员职业道德规范》的基础上，通过合法途径采集相关信用信息、不损害企业和个人合法权益、不妨碍社会公共利益和安全、不谋取不当利益、不进行过度或不实宣传，做到诚信守法经营，并督导本企业全体人员的行为，承诺率达 97.9%。若违反以上承诺，根据行业的自律公约和职业道德规范的相关条款，愿接受信用服务协会的处罚，并同意向全社会公布本企业的不诚信行为。

【注重自身建设，规范运作，全面推进协会工作】

信用服务协会始终坚持按章程办事，加强制度建设。信用服务协会于 2012 年初制订工作计划，年底进行总结。每年不定期召开会长、副会长会议，每次会议都有主题和提前准备会议相关材料，讲究实效。

信用服务协会秘书处完善各项管理制度，按照理事会通过的工作计划开展工作，发展新会员，收缴会费，会员数进一步增加，按时向主管登记机关进行年检，接受政府部门的监督管理。此外，信用服务协会还成立了企业信用管理专业委员会，将为加强协会与企业信用风险管理方面的专业机构、专业人士的合作、沟通与交流搭建一个良好的平台。

(朱晓玲)

上海市信息学会

【概况】 上海市信息学会(以下简称"信息学会")是由上海地区从事信息学研究以及相关方面的专家学者发起,经上海市社会科学界联合会沪社联〔2003〕0122 号文件和上海市民政局沪民社团〔2003〕512 号文件的批准,挂靠上海社科院信息研究所的社会团体,成立于 2004 年 10 月。学会宗旨是大力促进信息学研究的繁荣,加强信息技术的研制和社会推广,推动上海信息化的发展。

信息学会由上海地区 105 名信息学方面的专家、学者和行业工作者联合发起。学会会员主要来自高校、科研机构和企业,其中包括上海交大、复旦大学、同济大学、东华大学、上海社科院、上海计算机研究所等。学会在上海市社会科学界联合会(以下简称"市社联")每年组织的"学会学术活动月"中均荣获组织奖,并连续三年成为达标学会。

【学会换届工作】 信息学会和学会党组认真贯彻执行了市社联有关学会换届工作的指示精神,成立了学会换届工作组,在广泛听取各方面意见的基础上,根据民主集中制的原则,最后提出了理事会各级候选人推荐名单;同时,第二届理事会还为本届代表大会的召开做了大量的筹备工作。

【发挥信息处理委员会作用】 信息学会下属信息处理委员会主要完成以下工作。(1) 成立了计算机中文速记大赛办公室,在人力资源和社会保障部职业技能鉴定中心、国家职业技能鉴定计算机专家委员会、全国计算机信息高新技术考试办公室的业务指导下,开展计算机中文速记的大赛。(2) 成立了速录师竞赛办公室,在上海市职业技能竞赛组织委员会办公室的业务指导下开展速录师的竞赛规工作。(3) 完成了教育部高等学校高职高专速录师资培训、教育部全国重点建设职教师资速录培训和手写速记师资的专业培训教材和人力资源和社会保障部国家职业技能鉴定计算机中文速记考评员培训的教材编写《计算机中文速记技术教程》,得到了相关单位的好评,填补了国家职业教育速录速记师资和考评员培训教材的空白。(4) 参与并完成了教育部高等学校高职高专计算机类专业物联网技术专业的课程设置建设,参与并完成了教育部高等学校高职高专文秘类专业速录专业、计算机速录专业、文秘速录专业、文秘专业的计算机速记、手写速记的课程设置建设,受到了教育部相关职能部门的好评。(5) 参与并完成了人力资源和社会保障部组织的国家速录师职业技能标准、命题的提升开发工作,受到了人社部相关职能部门的好评。

(李雯超)

二、民办非企业单位发展

上海市信息服务外包发展中心

【产业规模】 2012 年 1—9 月,上海市软件合同登记协议金额达到 14.36 亿美元,软件合同登记执行金额达到 10.14 亿美元。信息技术服务仍然是软件与信息服务外包业务开展的主要方式,2012 年 1—9 月的出口额为 9.96 亿美元,全年预计服务外包总额将达到 2 000 亿元,其中离岸预计达到 25 亿美元,服务外包从业人员总数将达到 24 万人。

【企业情况】 在资质认证方面,2012 年,本市软件与信息服务外包 1 000 人以上的企业数达到 40 家,500 人以上软件与信息服务外包企业 60 家;达到 CMM/CMMI3 级以上认证企业数 150 家,CMM/CMMI5 级以上认证企业数 30 家。在业务领域方面,2012 年上半年上海从事信息服务外包的企业业务以 IT 咨询及 IT 服务为主,约占 50%。BPO 业务由于企业能级的提升,所占比例有所提升,约占 40%。在从事 ITO 业务的企业中,主要涉及软件开发业务、系统集成业务以及软件测试服务。在 BPO 企业中,主要涉及财务管理外包业务、人力资源管理外包业务以及物流外包业务。另外,移动应用服务外包企业发展速度迅猛,约占 10%。

【市场概况】 2012 年,本市服务外包市场格局有所调整,由于受到欧债危机蔓延的影响,欧美市场业务总体有所下降,约占业务总额的 20%。对日服务外包方面,虽然中日关系的恶化,新增业务量锐减,但由于服务外包业务有着长期性和稳定性的特点,绝大多数的服务期限内的合同没有受到影响,因此对日服务外包市场仍占到 35%。国内市场相对乐观,随着国家加快经济发展与转型的一系列政策出台以及部分垄断领域的开放,国内市场已占到服务外包市场总额的 40%以上。另外,本市服务外包市场也呈现出日益多元化的趋势,除了美国、日本等传统海外市场之外，来自印度、爱尔兰、新加坡、加拿大、英国和法国的发包额都超过1 000万美元。

【服务外包工作】

举办服务外包软件测试市级技能竞赛组织工作 为了满足信息服务行业内企业员工在技能竞赛方面的需求，根据上海市人力资源和社会保障局等6个部门《关于开展"2012上海市职业技能竞赛活动"的通知》精神，经"2012上海市职业技能竞赛活动"组委会竞赛活动办公室批准，上海市信息服务外包发展中心（以下简称"服务外包中心"）联合上海信息化发展研究协会举办软件测试人员（JAVA）职业的技能竞赛活动。

工商外国语学校服务外包行业软件测试学科建设工作 在职业技术教育领域，服务外包中心利用现有的产业和专家资源，为上海工商外国语学校软件信息专业开发设计软件测试学科，并组织相关企业技术专家为该专业搭建软件测试实训实验室环境，推荐企业外聘师资为学生授课，提高学生的动手能力和对企业的适应能力。服务外包中心作为工商外国语学校的软件信息专业专家指导委员会成员，长期为职业技术教育提供支撑。

与印度GTT培训机构合作为企业培养高端服务外包技术人才 服务外包中心通过对企业人才技能水平和业务情况的调研，充分明确了本市信息服务外包企业在人才需求上的瓶颈问题，并针对不同企业的培训需求，联合印度GTT培训机构制定出人才培养解决方案，为软件企业提供人才培养服务，全面提升企业员工的技术和管理能力。

深入开展上海软件与信息服务外包统计研究 为了全面、客观及深入了解对本市软件与信息服务外包产业的发展状况，服务外包中心研究工作使用统计推断模型，基于分层抽样法，设置相应的指标、权重和指数，并结合目前信息服务业统计工作的基础，制定了上海市软件与信息服务外包统计指标体系与实施办法。

搭建沪豫人力资源对接平台 服务外包中心充分利用河南省软件与信息服务外包人才在成本、质量等方面的突出优势，在当地建立沪豫人力资源对接平台，为上海软件与信息服务外包企业提供人力资源派遣、项目外包、人才招聘等人力资源服务，从产业链整合的角度共同提升两地软件与信息服务外包产业竞争力。

（朱慧丽）

第六章 信息化合作交流及重要会展

概 述

2012年，上海市信息化合作交流工作有条不紊地开展。市经济信息化委融入长三角区域，与各重点省市共同围绕促进改造和提升传统制造业、加快优化调整产业结构、推动"两化融合"、推进节能减排和淘汰落后产能开展合作与交流；会展方面，上海国际信息化博览会顺利召开，对信息化、信息产业发展具有推动作用。

一、国内外合作交流

【概况】 2012年度，市经济信息化委围绕"创新驱动、转型发展"，坚持"稳中求进"，以推进战略性新兴产业及"智慧城市"建设等为主题，积极融入长三角区域，与各重点省市、对口支援地区合作与交流，结合复杂多变的国际经济形势与国内经济运行的新变化、新情况对区域经济带来的影响，注重工作的敏感性、主动性和坚韧性，在区域合作交流中以产业发展为重点，共同围绕促进改造和提升传统制造业、加快优化调整产业结构、推动"两化融合"、推进节能减排和淘汰落后产能等开展了一定的工作，受到相关部门的肯定，市经济信息化委外经处被推荐为"2009—2011年度上海市对口支援与合作交流工作先进集体"。

【深化专题，参与推动长三角区域合作】 在江、浙、沪、皖三省一市党委、政府主要领导、常务副省市长、各重点合作专题组等层面的会议制度框架下，市经济信息化委参与了信息组、信用组、产业转移组等专题组的具体工作。

参与年度重点工作的审议与确定 作为轮值方，浙江省在杭州市组织多次会议，分别讨论并审议了《年度工作报告》、《长三角合作与发展共同促进基金设立方案》、《长三角地区合作与发展指数发布的机制》等重大事项，其中，信息组申报并通过了"长三角区域电动汽车能源供给一体化研究项目"的审核，并于2012年12月启动。

推动重点专题组的具体工作 市经济信息化委重点专题组完成发布了《长三角信息化合作"十二五"规划》，基本完成长三角"两化融合"发展水平评估体系与评估执行方案等主要工作，旨在推动区域信息化应用、拓展长三角地区信息化联动建设的范围和水平、促进电子口岸的资源共享与业务协同、扩展"信用长三角"网络共享平台、制订开发企业债券信用风险管理系统、开展企业信用管理示范创建、四地数据互备工作、高速公路收费系统和交通信息联网建设、推进长三角医疗、社保信息一体化和合作交流信息化平台的建立、推进信用服务机构备案互认等。

完成江苏大丰产业联动集聚区建设的前期对接 根据市委主要领导的指示，市经济信息化委于2012年7月完成了《关于建设上海大丰产业联动集聚区，推进区域产业发展的意见》(以下简称"《产业发展意见》")(讨论稿)的编制，对上海大丰农场的综合开发目标与原则、深化合作共建园区的体制与机制、促进沪苏支持企业发展的政策与意见等做了研究与探讨。市政府两次召开专题工作会议研究《产业发展意见》的完善与相关工作的推进。

【互补共赢，有序开展国内重点省市的产业合作活动】 以产业发展为基础，开展与重点省市合作对接活动。市经济信息化委在2011年和福建省经济贸易委员会(以下简称"福建省经贸委")在福州举办两次沪闽产业项目对接活动的基础上，2012年1月，再次联合举办"沪闽产业对接项目签约大会"，会上与福建省经贸委签署《产业合作框架协议》，并顺利组织企业签约项目13个，合同投资资金50亿元。5月，市经济信息化委协助福建省在沪举办"福建省南平市(上海)投资推介会"；6月，支持广东省经信委、佛山市政府在沪举办"上海—佛山产业链对接合作座谈会"；9月，支持济南市经济信息化委举办"2012济南(上海)招商推介会"；9月，支持湖北省宜昌市在沪举办“宜昌市经贸推介会”等系列主题活动；10月，参与工信部、河南省共同举办的“第三届中国郑州产业转移系列对接活动”。

（陈东陵）

二、信息化博览会

【2012上海国际信息化博览会】 第八届上海国际信息化博览会（以下简称“信博会”）于2012年3月19日在上海新国际博览中心举行。本届信博会共有由六个专业展和近百个论坛及研讨会组成，3 600家企业参展，共计13个展馆，总规模达到16.5万平方米。本届信博会六个展会是：由国际半导体设备与材料协会举办的“国际半导体设备与材料展暨研讨会”、“中国国际平板显示器件、设备材料及配套件展”和“中国国际太阳能技术展”，由慕尼黑国际博览集团举办的“慕尼黑上海电子展”、“慕尼黑光博会”以及由中国印制电路行业协会举办的“中国国际电子电路展览”。六个专业展览会都独立成板块，各有其特点，是行业的精品展。六个展会同期举行，进一步展现上海信博会的整体规模效应，体现上海信博会对信息化、信息产业发展具有很大的推动作用。市经济信息化委召开新闻发布会，组织主要新闻媒体开展采访报道，加强宣传力度，扩大宣传范围。

（杨伟勤）

第八编

区县信息化

综 述

2012 年，按照上海市信息化发展战略要求和总体部署，全面落实信息化“十二五”规划，在各区县政府的重视和支持下，信息化工作得到进一步加强。

加快推进基础设施建设，以城市光网、无线城市、三网融合等为代表的主要信息基础设施建设稳步推进。黄浦区以落实《外滩金融集聚带通信基础设施建设专项规划》为抓手，结合外滩金融集聚带开发，落实规划内局房和宏基站建设；金山区市政基础设施信息化管理系统第二期正式上线。

以政民应用需求为导向，以推进拓展业务应用为抓手，通过建立健全管理制度规范、加强信息化项目管理，拓展面向公众的服务渠道。浦东新区开展第二批“智慧社区”建设试点启动；闵行区加快推进企业信用信息共享平台；静安区推进社会管理综合治理信息化系统工程项目。

促进信息产业发展，深化社会各领域信息化服务，推进信息化环境建设。上海市软件技术创新服务平台宝山工作站成立；松江区开发了城市综合管理“大联动”信息平台。

第一章 浦东新区信息化建设

概 述

2012年，浦东新区信息化工作在区委、区政府的领导下，以“智慧引领模式变革”为主线，围绕《智慧浦东建设纲要(iPudong 2015)——浦东新区国民经济和社会信息化“十二五”规划》、《浦东新区社会诚信体系发展“十二五”规划》、《推进智慧浦东建设2011—2013年行动计划》等纲领性文件的要求，紧扣年度工作目标，在信息基础设施建设、信息化应用建设、信息产业发展和推进社会诚信工作等方面取得了阶段性成果。

一是信息基础设施建设水平不断提升，以城市光网、无线城市、三网融合等为代表的主要信息基础设施指标均高于全市平均水平；二是智慧产业对经济转型贡献度持续加大，软件和信息服务业、电子信息制造业稳步增长，电子商务、云计算、工业物联网、海量实时数据处理等战略性新兴产业领域创新热点不断涌现；三是应用示范体系得到不断完善，在电子政务、社会经济、城市建设管理等方面分类推进，尤其注重市民生活互动体验的智慧化；四是信息化建设环境进一步优化，从组织架构、引导政策、前瞻性研究、行业论坛等多方面营造智慧浦东建设的良好氛围；五是完善社会诚信体系建设，以信用信息记录、共享、利用为主线，完善信用制度，加强平台建设，创新拓展应用，大力推进政务诚信、商务诚信和社会诚信。

在2012中国城市信息化推进大会暨第三届中国城市信息化50强发布会上，浦东新区荣获“2012中国智慧城市推进示范区”称号。

一、政务领域信息化

【浦东新区荣获智慧城市建设领先奖】 在2012年12月5日召开的2012中国智慧城市发展年会上，浦东新区作为50个参评城市(区)中唯一的城区，荣获智慧城市建设领先奖。中国智慧城市发展水平评估由中国社会科学院信息化研究中心和国脉互联智慧城市研究中心共同举办，根据智慧基础设施、智慧应用、智慧产业、智慧治理和智慧保障能力等五方面对参评单位进行综合评价。

【两项目获中国电子政务最佳实践奖】 在2012中国电子政务论坛暨中国电子政务十年实践进程最佳案例颁奖大会上，“浦东医疗卫生信息系统共享联动工程一期项目”获中国电子政务最佳实践(技术应用类)奖；“上海市食品药品监督管理局浦东新区分局在食品药品安全诚信信息系统的应用实践”获中国电子政务最佳实践(公共服务类)奖；“上海市浦东新区档案局档案异地服务解决方案——浦东新区档案区域协同级管理系统”获中国电子政务最佳实践提名奖。本次评选共三百多个电子政务案例参评，四十个案例获“管理创新”、“公共服务”、“技术应用”、“政务微博”四类电子政务最佳实践奖项。

【全面推进网上公开、网上办公、网上监察】 浦东新区政务公开和政务服务试点办结合浦东新区实际，以区电子政务数据中台为支撑，建立和完善政务服务事项库、办理过程信息库、办理结果信息库、监察规则库，升级并完善由区电子政务网络、政府网站、业务操作管理系统、应用及数据服务中心和信息安全保障体系等组成的平台，全面推进网上公开、网上办公、网上监察。一是推进网上公开。政府信息公开内容包含了国办目录要求的全部20大类、各类专项资金23项以及财政预决算事项，同时实现了部分事项的运行过程和结果公开，促进了行政行为的规范和透明；二是推进网上办公。针对507项行政职权事项，通过优化后流程固化、开发通用办公模块等手段，使得网上办公的范围进一步扩大，浦东新区目录所列事项基本上全部纳入平台的业务系统办理；三是推进网上监察。对原有的电子监察系统进行升级改造，丰富监察规则库，完善监察点，拓展二级监管功能，同时实现互联互通，将区部门业务系统与区电子监察平台对接和数据交换，使电子监察覆盖所有行政职权和便民服务事项及其办理流程的各个环节。

【政务服务和公共资源信息共享平台(一期)通过验收】 2012年4月,浦东新区市民中心(投资办)政务服务和公共资源信息共享平台(一期)项目顺利验收。平台与浦东新区各委办局系统数据交互连接,推进窗口单位审批服务事项、流程、结果、收费"四公开",提供企业设立等办事流程模块查询;搭建政府购买服务信息发布平台,形成信息推送机制。平台的建成和运行着眼政府职能转变和公共服务平台建设,推进政务公开、加强政务服务,深化"一门式"服务,提高行政效率。下一步将进一步结合标准化、智能化建设的需要,不断完善、扩大系统与条线审批系统对接内容和范围,强化办事指南和政务服务、公共资源信息共享的功能,提高平台经济和社会效益。

【浦东新区公共资源地理服务系统项目验收】 2012年8月,浦东新区电子政务管理中心承担建设的"浦东新区公共资源地理服务系统"项目通过验收。系统在浦东新区门户网站建立了地理信息服务版块,建立了公共地理服务接口等。通过本项目建设,在浦东新区政府部门建立了统一的数据标准体系,形成一个统一、规范的政府形象,也为落实上海市《政府信息公开法》搭建好了浦东新区统一的空间地理平台和提供可公开的数据;同时为各相关委办局提供地图发布服务接口,整合了区建交委、环保局、规土局等部门的业务数据,以地理服务系统为平台,实现了地理数据的共享,促进业务的联动;并在新区门户网站上构建了地理信息服务内容,建立了便民服务地图,方便市民进行出行信息的查询。

【浦东新区档案区域协同分级管理系统(二期)验收】 2012年6月,浦东新区档案区域协同分级管理系统(二期)项目顺利验收。系统通过构建浦东新区统一的档案资源管理体系和分层服务体系,建立新型的基于政务外网的档案区域协同、分级管理和信息共享的机制。浦东新区档案区域协同分级管理系统在区委办局、街镇、社区和村居委实施应用,截至2012年11月,已有用户1 200多家,其中超过900家通过本系统开展档案相关的业务工作,在线收集档案目录数据396 040条,系统平均日访问量90人次,提升了新区档案局对一级建档单位、一级单位对下属二级单位的服务效能,并通过跨区县、跨社区以及村居委预约、社区中心受理的民生档案就近查阅服务,扩大了档案资源服务的辐射面,提供了可持续的数据资源,令多项业务环节从管理端前移至服务端,建立了档案异地综合服务的平台。

(夏小平)

【公安实有人口信息数据综合应用系统建成】 2012年10月,浦东新区公安分局承担的"公安实有人口信息数据综合应用系统"通过验收。项目建设了统一的浦东公安实有人口信息数据库,及基于人口信息数据库的综合应用系统,实现了对分局常住人口、人户分离、来沪人员和境外人口等人口数据的整合、统一管理和利用。综合应用系统通过便捷的检索分析、重点关注人员提示等功能,方便了民警在工作中对辖区人口成分、结构、层次有更准确、快捷的了解,从而降低了民警的工作强度,提高了新区治安管理信息化建设,有力保障了新区的稳定、和谐。

【工商浦东分局建设行政许可事项自助咨询系统】 工商浦东分局行政许可事项自助咨询系统主要是面向社会公众提供内资企业登记、外资企业登记、农民专业合作社登记、个体工商户登记、食品流通许可网上自助咨询服务。通过该系统解决大部分简单、共性的行政许可咨询问题,使工商登记窗口人员集中精力解答复杂、个性化的许可咨询问题,从而提升社会满意度。系统与浦东新区"上海市工商局门户网站"以及"政务服务和公共资源信息共享平台"的对接,避免了政府部门信息系统的重复投资建设,使工商部门行政许可的信息资源在不同部门间共享,保证了政府部门对外发布信息和提供服务的统一性和权威性。

(郭俊文)

【浦东新区国有资产管理信息系统二期通过验收】 2012年12月,浦东新区国有资产管理信息系统二期通过验收。系统结合新企业会计准则要求,修改月度、季度和年度财务报表以及预算报告格式,并开发了财务风险预警、季度运行分析和数据分析模块,为新区国资国企监管工作提供有力支撑。

【信息化支撑国资财务风险预警体系】 根据上海市国资委财务监督要求,浦东新区国资委在原有财务风险预警模块的基础上,进一步进行财务风险预警标准值的优化,并形成财务风险预警季度分析报告,加强成果运用,初步实现了以信息化手段对国有企业财务风险进行及时监控的目标,进一步提高了对企业风险的管控力度。

(宋竹晶)

【《浦东科委信息化三年工作计划》编制完成】 2012年5月,浦东新区科委所属事业单位浦东新区科技认定中心编制了《浦东科委信息化三年工作计划》。工作计划围绕

“1个平台、1个数据库和5个网站”的区科委信息化总体框架，以“信息化技术手段实现区域内科技资源共享，提高浦东科技部门管理工作效率，提升为企业的服务能级，增强浦东科技发展基金行政审批公开、公正和透明性，提升政府形象”为总体目标，提出今后三年区科委的重点项目规划建议和配套管理机制要求，为区科委“智慧服务、智慧管理、智慧办公”提供了信息化支撑和指引，并成为建设“智慧浦东”的重要组成部分。

（胡闻雷）

【民政局综合信息管理系统建成】 2012年，浦东新区民政局为了更好地整合和了解全区民政服务机构和服务资源，建设了覆盖新区各个民政领域和基层单位的综合管理信息系统。系统是区民政基础的数据交换和管理平台，同时也连接上海市民政局数据系统，并将民政各个业务数据信息统一处理和管理，通过GIS地理信息系统实时展现和动态统计分析，各个民政基层单位可以全面掌握管辖区域内具体的业务信息、发布和更新业务数据，民政局领导则可以通过平台和GIS系统掌握全局资源和业务数据，并在此基础上进行相关民政服务设施的规划和设计工作。

（李剑峰）

【浦东法院庭审多媒体完成全覆盖】 2012年5月，浦东新区人民法院“浦东法院派出法庭庭审多媒体系统”项目通过验收。项目主要建设内容为派出法庭庭审多媒体管理系统、影像文件集中管理和调度系统、院本部后台集中监控和管理系统，完成了六里、金桥、陆家嘴和川沙四处派出法庭共36个点和其他28个小型派出庭的布置、建设。由此，在浦东法院建立了一个集设备和功能于一体的控制系统，实现了浦东法院庭审多媒体的全覆盖，为法庭使用者提供了庭审记录、电子卷宗、多媒体示证和庭审直播、点播等服务，提高了法院的审判效率，为司法为民提供了技术支撑，有效促进了司法公正。

【浦东新区动物卫生信息网络化监管系统（二期）通过验收】 2012年1月，浦东新区动物卫生信息网络化监管系统（二期）通过验收。浦东新区动物卫生监督所通过该系统采集监管对象（生猪养殖场、犬类养殖场、兽药生产企业、饲料生产企业）的动物流动性管理、动物检疫、动物防疫、兽药饲料生产、使用等信息，并建立了配套的信息采集激励制度，以保证信息持续更新维护。试运行结果表明，系统采集信息结合一线现场检查，不仅有利于形成监管对象依法养殖、依法生产的行为规范，同时大大提高动物卫生监督机构的监管效率。其中二期主要功能包括：犬类养殖信息采集、生猪养殖信息采集子系统、兽药生产信息采集子系统、饲料生产信息采集子系统、动物卫生监督子系统升级。

二、社会领域信息化

【浦东新区开展第二批“智慧社区”建设试点】 2012年9月，浦东新区确定第二批4家“智慧社区”建设试点单位，包括洋泾街道、沪东街道、周家渡街道和惠南镇，为智慧浦东建设起到示范效应。同时，南码头路街道、陆家嘴街道、周浦镇、金桥镇等4家单位获批市级智慧社区试点单位。至此，浦东新区“智慧社区”试点达10家。

【“上海中心”智慧商务社区建设正式启动】 2012年9月17日，“上海中心”智慧商务社区建设启动仪式在国际会议中心举行。浦东新区经信委副主任张爱平参加启动仪式并为“上海中心”浦东新区智慧商务示范社区揭牌。会上，上海中心分别与IBM、华为、中国电信等智慧城市解决方案供应商签署战略合作协议，全面启动上海中心智慧商务社区建设。上海中心将积极推动通信网（全通信）、互联网和物联网三网全面覆盖，探索规划智慧管理模式、智慧服务模式、智慧商务模式、智慧用户社区模式，建设“内网平台、外网平台、手机平台”三个核心平台，打造功能完善的绿色、智慧和人文的垂直商务社区，提升楼宇的各项服务功能和属性，成为上海智慧商务社区和商务生活新模式的倡导者。

【浦东新区“走千听万”工作综合管理系统通过验收】 2012年8月，浦东新区电子政务管理中心“浦东新区‘走千听万’工作综合管理系统”通过验收。项目通过建设和优化居村、街镇、区三级工作平台和意见征询平台，深化了“走千个居村，听万户心声”主题活动，完善了联系基层、服务群众的长效机制，在新区建立了贯通区、街镇和居村的“联系基层、服务群众”网络工作平台，积极探索做好新形势下群众工作的针对性、协同性和即时性，整体提升了综合网络平台的效能，实现了新区“走千听万”工作接收问题全天候、走访居村全覆盖、办理过程全透明。

【浦东新区卫生信息化标准体系初步确立并实施】 2012年,浦东新区卫生信息中心完成“浦东新区卫生信息化系统设计与建设标准的研究”软课题研究,形成《上海市浦东新区卫生信息化标准体系》、《上海市浦东新区区域卫生信息平台建设指南》、《上海市浦东新区医院信息平台建设指南》、《上海市浦东新区二级医院信息系统配置标准》及《上海市浦东新区社区卫生服务中心信息系统配置标准》等5份研究成果,初步确立了浦东新区卫生信息化标准体系,将“1+X”建设指南升级成配置标准,并确定了区域卫生信息平台及医院内部信息平台的建设思路和方案,确保“十二五”期间全区卫生信息化建设落实“顶层设计、总体规划、分步实施”总体思路,实现卫生信息资源互联共享。几个标准得到上海市卫生局信息中心等部门的认可,其中,《上海市浦东新区卫生信息化标准体系》、《上海市浦东新区二级医院信息系统配置标准》、《上海市浦东新区社区卫生服务中心信息系统配置标准》在浦东新区卫生局的支持及配合下,已出版成册,并下发实施。

【浦东新区区域教育类网站实现信息互联互通】 随着浦东新区各级各类教育机构的信息化管理水平不断提升,浦东教育信息公开透明度不断加强,区域各类教育网站的信息整合需求逐步凸显。2012年,浦东新区教育局通过改造和提供数据接口,将区内多个相关教育机构业务网站的信息与浦东教育门户网站进行整合,实现信息的互联互通和数据共享,避免了信息孤岛的出现。目前,教发院网站、教育督导网站、青少年心理健康指导网站、青少年法制网站、特殊教育网站、教育妇工网站已经实现整合,学前教育网、团委五月花海网等网站正在逐步实现整合。

【浦东新区开办中小学信息主管CIO培训班】 针对当前教育领域学校信息主管(CIO)能力薄弱的现状,上海市浦东教育发展研究院教育信息中心创新性开展了“中小学信息主管CIO培训班”,截至2012年5月,共105名学员参训。该培训围绕着CIO三大工作能力:信息化领导力、信息技术专业素质、信息化应用组织能力,开发了八大模块、十大单元的教学内容,同时借鉴国内外CIO研修班的一些特点,采用了“专题讲座—交流研讨—案例分析—观摩实践—课题研究”立体互动的培训模式。培训还建成了“浦东新区中小学信息主管培训网络课程平台”供学员在线学习研讨,学校信息主管(CIO)培训进一步推动了浦东教育信息化管理人才建设的步伐。

【“农民一点通”服务体系得到进一步完善】 浦东新区“农民一点通”已建设412个点,覆盖374个行政村,为农民提供农业技术、病虫害预警、价格行情、供求信息、村务公开等信息服务,使村民不出村门就能通过“农民一点通”得到帮助。特别是视频电话功能,使专家能为农民远程免费提供技术服务。2012年,共发布服务信息9.4万条,农民点击应用133万次,拨打视频电话求助2 812次。在管理工作上,浦东凸现三个“坚持”,即坚持队伍培训和农民宣传相结合,坚持月通报和年度考核相结合,坚持统一管理和个别督导相结合。为进一步增强“农民一点通”实用性,年内在泥城镇人民村试点扩展了“农民一点通”网上挂号预约功能,35家三级甲等医院在“农民一点通”提供医疗挂号预约服务,致力于解决农民路程远、挂号难的问题,方便农民就医。

【“惠农通”服务方式呈多元化】 浦东为农综合科技信息服务平台应用示范项目(以下简称“惠农通”),以农业科技短信服务平台为建设核心内容,整合已有信息资源,优化服务流程,形成以手机短信、农科热线电话、农民一点通、农业网站等现代方式与专家下乡指导、报纸书刊等传统方式相结合的农业信息服务模式。2012年,进一步完善了农户数据库信息,近10万农户注册成为“惠农通”用户。年内共发送科技服务短信1 200批次共250多万条。同时完成LED信息服务系统的开发,并在30家合作社进行安装应用,取得实用新型专利。此外,汇编出版了《浦东“惠农通”科学种养读本》,并已初步入选市科委科普读物。

(金 擎 王 韧)

【浦东公安分局网上警务室网站群建成】 浦东公安分局“网上警务室”网站群覆盖了63个实体派出所,后台内容管理统一标准,前台面向广大居民群众,拓宽了公安机关处理日常行政事务的途径,为人民群众提供了与具体辖区民警特别是社区民警的沟通渠道,加强了警民信息沟通,加大了法律法规宣传,同时丰富了社区工作机制,加强了城市公共安全和公共服务水平。其所涉及的内容更趋于具体事项,有利于工作量的科学合理分配、提高工作效率。

【智慧城市炫卡在陆家嘴社区率先发行】 陆家嘴街道与

中国工商银行共同开发完成了智慧城市炫卡，并在陆家嘴社区率先发行。该炫卡是集 RFID 芯片、CPU 及磁条为一体的智能化三介质银行卡，除具有银行卡功能外，同时拥有身份识别、志愿者服务时间累积、小区门禁开启等社区应用功能。智慧城市炫卡是陆家嘴智慧社区试点的重要组成部分，同时建成并投入试点使用的智慧社区应用，还包括陆家嘴智慧社区市民体验中心、智能菜场管理系统、为老服务预约系统、智能体感健身应用系统、社区血压自动检测系统（健康管理一期）、IPTV 大管家信息服务平台等。

（史　熠）

【南码头路街道智慧社区示范体验中心社会效应良好】 南码头路街道智慧社区示范体验中心是上海市首批“智慧社区”示范体验中心之一。示范体验中心由南码头路街道积极整合上海电信、华虹计通、东方医院、上海移动等企业，充分注重示范引领，政企联手打造。示范体验中心主要包括中央沙盘、社区平安工程示范、“三个实有”无线采集应用、智能楼宇、智慧医疗、网上银行、居家安全、企业管理及社会信息应用等板块内容，通过面对面的体验模式，能让更多的辖区百姓身临其境地感受“智慧社区”建设。示范体验中心开幕以来，共迎接各类团体、个人参观者共计 5 000 余人次，发挥了良好的社会效应。

（李　昂）

【康桥镇科技助老信息中心建成并启用】 康桥镇科技助老信息中心于 2012 年 5 月初步建成并启用，以社区生活服务热线和社区生活服务资源网为入口支撑，整合政府为民服务资源，吸收引进社会服务资源，对接社区老人的需求，为老人提供多样化、个性化的为民服务项目。中心初步建成了康桥镇 60 岁以上户籍老人信息（包括个人信息，日托、助餐、居家、残联等服务意向，兴趣爱好，健康状况等信息）档案库，汇聚了助餐中心、家政、家电维修、粮油、净菜配送、旅游等服务，并由科技平台定期跟踪收集服务反馈，逐步建立规范化服务流程和服务机制。

（杨佩华）

【塘桥街道社区三维地理信息系统（GIS）建成】 2012 年年底，塘桥街道建设完成了社区三维地理信息系统（GIS），实现了对各种空间信息和空间数据的输入、存储、查询、检索、处理、分析、显示、更新和提供应用的技术系统。结合社区基础数据库，为各业务部门的管理需求提供可视化图形操作界面，为领导科学决策提供详尽完整的数据。下一步，将建立基于三维地理信息系统（GIS）的区域便民商业服务信息库，为有需求的居民提供便利的商业服务信息，从而进一步增进整合市场力量的能力。

（鞠晓翠）

【潍坊街道开设“潍·方圆”图片传播与托管平台】 2012 年 7 月，潍坊社区开设“潍·方圆”线上图片传播与托管平台。平台以潍坊社区为原点，通过每一张图片的汇聚，沿着时间线整合，构建一个数字化的社区形象。开通 6 个月来共上传照片 4 966 张，点击量 346 236 次，社区居民以图片的方式进行视觉交流的分享，从多个维度展示社区文化特色，汇聚成一个五彩缤纷的潍坊社区。

（陈　磊）

三、经济领域信息化

【浦东新区市场主体综合监管与服务系统（一期）通过验收】 2012 年 1 月，工商局浦东分局“浦东新区市场主体综合监管与服务系统（一期）”项目完成验收。系统包括工商宣传展示子系统、市场主体与监管数据落地子系统和市场主体网格化综合监管子系统等，囊括了浦东新区所有 29 个工商所的监管区域、238 个监管基本网格的数字化工作，完成了 150 884 家注册企业、79 493 家个体工商户和 34 148 家无照经营户的地图定位工作。系统采用“单元网格管理法”和“市场主体管理法”相结合的方式，全时段监控、全方位覆盖的现代化工商市场主体管理模式，强化了工商管理的业务管理和公共服务职能。系统平台的运行也为市场主体监管工作提供准确、可靠的管理与决策依据，提高了工商浦东新区分局对市场主体监管与服务工作的质量。

【高东镇智慧经济管理服务平台投入运行】 高东镇智慧经济管理服务平台作为浦东新区首家镇级智慧经济管理服务平台，于 2012 年正式投入运行。平台紧扣全镇经济发展七大核心指标，内容覆盖“领导工具箱”、“企业基本信息”、“建筑物管理”、“安商扶商服务”、“基础信息管理”五大模块，从而实现全镇各类经济信息共享、资源整合及数据融合，为更好地把握全镇经济发展动态做技术支撑、为镇领导科学决策做智慧支持，从而构建起以智慧运行、智慧管理、智慧服务为重要内涵的经济发展新模式。

（顾振兴）

四、城市建设管理领域信息化

【规土局完成土地管理巡查系统等应用建设】 2012年，浦东新区规划和土地管理局完成土地管理巡查系统建设，围绕土地管理巡查业务对违法用地发现、上报、认定和处理等流程进行有效组织，建成统一的管理系统，为“监督处、监察大队、基层所”的三级管理提供统一的信息支撑，以及时掌握土地巡查制度的落实执行情况和全区的违法用地情况。截至11月月底，用户已涵盖28家基层所和大队4个科室，共设立巡查区域245个，累计录入巡查日志11 166次。同时建成的土地储备管理系统和违法建设查处系统，实现了土地储备项目全过程跟踪，统一了监管部门的违法建设处理规范。

（王　汇）

【信息系统缓解陆家嘴金融城“交通难”】 “停车难”、“行路难”、“打车难”等问题是寸土寸金的陆家嘴金融城地区痼疾，为优化金融城城市交通，陆家嘴金融贸易区管委会针对性地建设了多个信息系统。停车引导系统通过对区域内停车资源的整合，加强信息化、智能化的系统优化管理，从而使有限的停车资源最大限度地满足机动车的停泊要求，并为出行者提供停车诱导人性化服务。行人指示系统通过遍布的LED综合信息指示牌、灯箱式综合信息指示牌、地图指示牌、立杆信息牌、智能信息查询机等，为行人游客指明方向。出租车扬招系统通过建设港湾式扬招点和楼宇扬招点规范出租车运营，方便陆家嘴地区从业人员和中外游客。

（冯　飞）

【基于RFID的公交营运精细化监管系统项目验收】 2012年12月，浦东新区建交委“基于RFID的公交营运精细化监管系统项目”通过验收。项目在222辆公交车上安装了444张RFID卡，在9条线路上安装了47个RFID基站，采集线路营运实时数据，并通过应用系统查询、管理、统计。系统有效提高了公交调度和监管的现实性、准确性、及时性，提高了报表数据的准确度。通过对采集的“电子路单”数据进行研究分析，可以掌握车辆运营规律，杜绝车辆管理中存在的漏洞，实现公交车辆的智能化管理，为公交改革和政府财政补贴提供决策辅助，更好地提升公交服务水平和调度管理水平。

五、信息产业发展

【浦东新区信息产业稳步增长】 2012年，浦东新区软件和信息服务业实现营业收入1 750亿元，同比增长11.3%，电子信息制造业实现产值2 689.35亿元，同比增长7.1%，占全市40%左右。

【中国电信创新孵化基地揭牌】 2012年3月22日，中国电信创新孵化基地揭牌仪式在中国电信信息园区举行。中共中央政治局委员、上海市委书记俞正声，中国电信集团董事长王晓初为创新孵化基地揭牌。基地采用公司化运作方式，成立“天翼创新科技有限公司”，计划以“专业孵化＋创业导师＋天使投资”的孵化模式，培育3—5家百亿市值企业、数十家在孵企业和百余家苗圃团队，在浦东形成又一个信息产业集群。

【金桥开发区获批“国家新型工业化产业示范基地(电子信息)”】 2012年3月24日，在北京举行的“十二五”工业转型升级规划宣贯工作会议上，金桥开发区获批“国家新型工业化产业示范基地(电子信息)”。金桥开发区被列入国家新一代信息技术产业战略版图，将坚持集中、集聚、集成和高端、高新、高效的发展思路，到“十二五”期末，金桥的信息通信产业将实现年销售收入1 000亿元，保持年均复合增长率超过10%；拥有200亿元以上规模企业2—3家、100亿元以上规模企业3—5家；支持培训一批引领信息通信产业链发展的龙头企业；建设3—4家国家级重点实验室，扩大“金桥智造”和“知名品牌”影响力，使金桥开发区成为亚太最重要的信息通信产品研发、制造和创新应用基地之一。

（谢 昌）

【微软(中国)公有云项目落户浦东】 2012年11月1日，浦东新区人民政府和微软（中国）有限公司签署合作备忘录。微软中国公司将微软公有云项目（Windows Azure和Office 365）落地浦东并选址建设项目数据中心，以云计算理念为全中国用户提供各类应用系统开发建设的基础服务平台，实施微软办公软件、邮箱、即时通讯等云服务，提高政府服务效率，降低中小企业成本，有效提升构建浦东产业发展的生态环境，推进浦东新区建设上海市云计算应用示范区进程。

六、信息基础设施建设

【信息基础设施建设水平不断提升】 2012年浦东新区围绕智慧城市建设总体目标，大力推动信息基础设施建设，以城市光网、无线城市、三网融合等为代表的主要信息基础设施指标均高于全市平均水平。其中：城市光网，已覆盖154.5万户城区家庭；无线城市基本建成覆盖全区的3G网络，基站总数6 113个，WiFi热点2 469个，“陆家嘴无线金融城应用平台”正式上线运行，并推动在医院、公园、图书馆、文化中心等公共区域向公众开放“i-Shanghai”免费WiFi热点服务；三网融合方面，有线电视数字化改造达到79万户，IPTV用户达31.4万户。

【小陆家嘴地区率先实现WiFi全覆盖】 2012年，陆家嘴金融城无线金融城项目率先实现小陆家嘴1.7平方公里WiFi全覆盖。建设内容包括：陆家嘴金融城应用平台、90个热点布点（其中53个室外公共空间，37个楼宇公共空间）、30辆金融城巴士车的布点、重点区域28个公交站点的布点。“CMCC－LJZ”WiFi信号24小时免费开放，市民在小陆家嘴区域可通过智能手机、iPad和手提电脑等终端一键式免费登录“CMCC－LJZ”无线网络，访问陆家嘴“无线金融城”平台，享受政务、公共事业、交通、金融、购物、教育等移动信息化服务。截至2012年年底，累计使用人数80万人次，使用总流量95 000 GB。

（张 砚）

七、信息化环境建设

【浦东新区智慧城市建设专家委员会和上海浦东智慧城市发展研究院成立】 2012年4月27日，上海市浦东新区智慧城市建设专家委员会授证暨上海浦东智慧城市发展研究院揭牌仪式在浦东新区政府隆重举行。中国工程院院士邬贺铨、中国科学院上海高等研究院（筹）筹备组组长封松林、工信部信息化推进司副司长董宝青、国务院研究室综合经济司副司长范必、国家发改委发展规划司副司长袁喜禄、浦东新区副区长朱嘉骏、浦东新区政协副主席吴泉国、浦东新区经信委主任傅红岩、副主任张爱平以及专家委员会成员等30多人出席。成立智慧城市建设专家委员会和智慧城市发展研究院，是浦东深入推进智慧城市发展战略的又一重要举措，将在深入探索研究智慧城市发展模式和策略、推动产业融合发展和转型升级、促进城市发展模式创新变革等方面发挥积极作用。

【2012中国制造业信息化高峰论坛召开】 2012年8月2—3日，2012中国制造业信息化高峰论坛在上海市浦东新区隆重召开。本次论坛由工业和信息化部信息化推进司指导，上海市经济和信息化委员会、上海市浦东新区人民政府主办，上海市浦东新区经济和信息化委员会、上海市浦东新区信息化协会承办，畅享网协办。论坛主要围绕“模式创新 深度融合”这一主题，在更高层面、更大范围内为政府、企业以及解决方案提供商搭建沟通平台，推动制造业以“两化融合”为突破口率先实现转型发展，更好地发挥上海作为“国家级‘两化融合’试点市”在全国的示范和引领作用。论坛当天，工信部、市经济信息化委领导揭幕上海市“两化融合”“三进活动”，上海市“两化融合”进区县、进园区、进企业活动，得到了市政府领导的大力支持。

【2012智慧城市与信息安全夏季论坛成功举行】 2012年8月23日，2012智慧城市与信息安全夏季论坛在上海召开。本次论坛由上海市浦东新区经济和信息化委员

会指导，浦东新区信息化协会、上海交通大学信息安全工程学院主办，上海鹏越惊虹信息技术发展有限公司、思科系统(中国)网络技术有限公司支持协办。浦东新区经济和信息化委员会的各级领导、浦东各委办局信息化负责人、浦东街道信息化负责人、从事智慧城市技术设计单位代表、软件生产和设备制造企业代表等共计100余人出席论坛。论坛就智慧城市发展过程中关键的信息安全、智慧应用如何保证信息安全、避免安全风险等进行了热烈研讨，共同交流和探讨智慧城市的发展思路，借此推动智慧城市的创新与发展。

【上海浦东(海峡两岸)物联网应用创新论坛】 2012年9月25—26日，上海浦东(海峡两岸)物联网应用创新论坛在康桥工业园区举行。来自海峡两岸的物联网产业专家、企业、研究机构以及投资机构代表出席论坛，各方就物联网产业的应用创新和发展展开探讨。浦东物联网企业已达到201家，从业人员达到三万人，其中超过一半集聚在张江，2012年上半年，新区物联网制造业实现产值83亿元，占全市45%以上。

【2012中国智慧城市高峰论坛在浦东成功举办】 2012年12月14日，2012中国(上海)智慧城市高峰论坛在上海东郊宾馆隆重揭幕。论坛由中国科学院、工业和信息化部信息化推进司、上海市经济和信息化委员会指导，中国科学院上海高等研究院、智慧中国(控股)有限公司、上海浦东智慧城市发展研究院主办，物联网·智慧城市传媒机构具体承办。相关政府和企业领导以及企业代表共400余人出席。论坛以“中国智慧城市建设和应用之路”为主题，突出强调“标准、融合、创新、协作、应用”五大关键词，预示着中国智慧城市建设将走出一条诸多环节在统一标准之下，共同参与、协作创新、融合应用的发展道路。论坛上，上海浦东智慧城市发展研究院发布了《智慧城市评价指标体系2.0》。

【区域卫生信息化建设与管理研修班成功举办】 2012年9月5日，由上海市浦东卫生发展研究院、上海市浦东新区卫生信息中心主办的“区域卫生信息化建设与管理研修班”开班，来自全市5个区县的120名学员参加培训。卫生部医院管理研究所所长梁铭会教授，卫生部医院管理研究所医院评价项目办公室副主任陈晓红教授，上海市卫生局信息中心副主任范启勇研究员等11名卫生信息化领域专家多维度、全方位地探讨了新医改背景下，区域卫生信息化面临新型农村合作医疗、家庭医生责任制、区域医疗协同等方面的需求压力与挑战，解析了如何解决区域卫生信息化建设缺乏统一规划与标准配置等问题，并对各级医疗机构信息系统配置标准、模式、医院信息安全策略提出了建设性意见。为期四天的研修班包括授课培训和医院信息化建设成果现场参观，学员们针对医院信息化建设的设计理念、总体架构和信息化管理经验等进行了详细交流。

八、社会诚信体系建设

【浦东新区食品药品安全诚信信息系统(二、三期)通过验收】 2012年2月，浦东新区食品药品安全诚信信息系统(二、三期)顺利通过验收，在应用实践及前瞻性上获得了专家好评。浦东新区食品药品安全诚信信息系统从食品药品的行政审批入手，建立了食品药品企业质量档案和监管信用信息库，对食品药品优秀企业、食品药品不良行为记录进行全程信息跟踪，同时利用基础地理信息系统(GIS)，分析行政相对人的分布、掌握监管资源的配置、整合企业信用信息、共享信息资源、处置突发事件，实现了本单位部门间信息共享、单位间信息共享、信息化方式自动完成政务公开、电子监察的几大目标，为行政审批、行业监管与领导决策提供依据，为广大市民提供快捷权威的企业诚信信息，提高政府公共服务水平。本系统获得中国电子政务最佳实践(公共服务类)奖。

【浦东新区工程建设项目信息公开专栏开通】 2012年，浦东新区门户网站开通了工程建设项目信息公开专栏，公开项目信息、信用信息，并设立检索平台，推进工程建设领域诚信建设。全年公开项目建议书批复231件，工程可行性研究报告84件，企业投资项目核准68件。

【浦东律师服务管理系统通过验收】 2012年3月，浦东新区司法局“浦东律师服务管理系统”通过验收。项目主要建设内容包括业务管理系统、诚信管理系统、党建管理系统和法律服务平台。项目的顺利实施，完成了和上海市律师管理平台的数据同步、认证统一，实现了对新区3 300多名律师及其律师事务所的统一管理，加强了律师执业行为监督管理，提高了业务管理效率，完善了律师诚信体系建设。项目的成功上线，在探索服务社会，帮助、指导企业、市民寻求法律服务方面取得了良好效果，受到群众好评。

【广泛开展"责任在我心，诚信伴我行"活动】 2012年，浦东新区区总工会围绕"践行价值取向、当好主力军、喜迎十八大"这一教育主线，在近四万家企业的百万职工中广泛深入地开展"责任在我心，诚信伴我行"浦东职工职业道德和价值取向大讨论格言征集活动，收到来自各行业、各领域职工的职业道德格言近万条。新区总工会邀请专家评委进行严格筛选，评选产生了一批具有区域性、行业性、岗位特色的优秀格言，印发了《格言选粹》。

（韩筱韵）

第二章 徐汇区信息化建设

概 述

2012年，徐汇区信息化工作认真贯彻落实市经济信息化委、区委、区政府关于信息化工作的精神，使信息化在促进区域社会和谐和经济发展方面发挥积极作用。

一、政务领域信息化

【区政府门户网站政府信息公开栏目改版升级】 2012年，徐汇区政府门户网站政府信息公开专栏与公文备案系统、依申请公开系统进行优化整合，在公文形成时同步确定信息公开属性认定，实现在信息公开专栏前台网上受理，在依申请系统网上审批，审批信息主动推送到信息公开专栏网上发布，累计主动公开政府信息4 324条。2012年新增主动公开政府信息1 337条，全文电子化率达100%，较上年同期增加24.5%。以“上海徐汇”政府门户网站为核心的政府网站群成为最主要的公开渠道，政府信息公开专栏全年页面访问量超过100万人次。

【推进全区电子政务平台建设】 按照中央及上海市有关精神，启动依托电子政务平台开展政务公开和政务服务试点工作，进一步构建集约、安全、高效的区级电子政务平台，推进跨部门信息资源共享，为市民提供便利、高效的政务信息服务。编制《区政务公开和政务服务技术规范与数据标准》，采用开放式标准，兼容条、块系统。边建设边完善，将工商、税务、质监、民政、计生、卫生、环保、财政、绿化市容等条线系统数据接口融入标准之中。已完成核心平台8个应用系统的研发、安装及测试，对区网上办事大厅、政府信息公开、电子监察等重要业务系统进行了升级改造，并在徐家汇社区事务受理服务中心开展“网上虚拟服务与网下实体服务”的联动试点，力求实现“电子+政务”相互融合。

【完成“12345”市民服务热线对接工作】 根据上海市“12345”市民服务热线管理办公室的统一要求，徐汇区认真做好网络联通、接口调试和信息安全保障等工作，按照“一主一备”方式，为区22个委办局、13个街道镇顺利接入市“12345”工单处理系统提供网络和技术保障，实现了电子工单从派发到处理、反馈的闭环流转。2012年年内，收到市“12345”热线各类工单616件。办理中工单57件，向市级退单36件，累计已办结工单523件，办结率84.9%。累计梳理、审核并上传了知识库信息231条（共六十余万字），其中政策类48条、问答类17条、名字解释类29条、公共服务类137条。

【开展联勤执法信息系统前期调研】 为强化“大联勤”工作的科技支撑，区府办电子政务科对各街道镇及相关委办局的信息系统情况进行了专门调研，并在此基础上完成区联勤执法信息系统建设框架方案。方案明确区联勤执法信息系统的建设将以城区综合管理“大联勤”机制为核心，以“制度+科技”为原则，以区政务外网和电子政务平台为依托，以信息共享、资源整合、管理协同为重点，以信息流带动工作流、激活责任流，努力构建通讯及时、指挥高效、流程规范、监督有力的综合管理信息平台，为大联勤工作顺利开展提供信息技术支撑。

【依托政务网络开展无纸化办公】 在区政务外网，结合新版OA系统的升级与推广，深化办公自动化应用，推动文报会无纸化传输和电子化应用。主要包括公文管理、文件交换、日程安排、电子公告、机关简报等功能子系统，使用人数近3 000人，实现部门全覆盖。2012年年内，通过区办公自动化系统，各部门累计收发文6 207件，发布电子公告1 900件、机关简报1 453份。

【深化企业设立并联审批应用】 徐汇区网上并联审批平台自开通以来，运行情况良好，为企业提供高效协同的审批服务。一是实现新设企业100%并联审批。累计1 996户企业通过网上审批平台完成并联审批。其中,涉及前置许可的有142户企业。二是纳入并联审批的项目不断扩大。有14个部门25项参加并联审批,涉及统计登记、外商投资企业设立、人才中介、食品流通、公共场所卫生、环境影响评价、图书零售、餐饮服务等,参加并联审批的部门和事项在各区县中均名列前茅。三是审批效能不断提高。通过网上并联审批,平均办理天数由原来8.65个工作日缩短至5.82个工作日,审批时间缩短了32.7%,为区内企业市场准入打开一条"高速公路"。

【"久久关爱为老服务平台"初显成效】 为解决徐汇区老年人口总量大、增速快,独居、纯老家庭多等难点重点问题,区民政局开展了"久久关爱为老服务平台"建设项目。平台已建成老年人基本信息、服务项目信息、公共服务信息等多个数据库。其主要功能特点为:采用"呼叫中心"方式,当老年人有服务需求打来电话时,平台会自动辨别老年人所在的街道地址和个人情况,并将就近的服务信息提供给老年人或将服务配送到老人身边;借助"一号通"技术,当老年人遇有紧急情况求助时,能在最短时间内联系救助机构和老人亲属,及时正确施救;为失智老人提供位置查询、设置电子围栏等,让家属或监护人能随时掌握老人位置及活动状况,防止走失及意外发生。

【区建设工地管理系统建成投用】 为实现对徐汇区域内建设工地的属地化和全覆盖管理,体现日常监管的公开与透明,区建交委自2009年起开展了建设工地管理平台项目,该项目已从最初单一的数据收集展示系统发展成建设工地综合管理平台。平台结合区GIS系统应用,通过对工地的地理信息进行标注定位,将区域内分散的工地数据统一纳入平台,实现图形化、集成化的远程显示。结合3G网络及无线终端应用,现场检查人员可当场进行检查单制作、上传和打印,并拍摄现场照片取证,后台管理人员可实时获取工地最新信息。结合数据挖掘与分析技术,实现了工地检查和评分的客观量化,有据可查、公平公正,提高了区域范围内建设工地的管理效率。

【区重要信息系统通过年度等级保护测评】 2012年,区政府门户网站与区公务员门户信息系统完善安全管理制度,落实信息安全技术措施,进一步提升了系统安全性,通过年度三级等级保护测评。

(区府办)

二、社会领域信息化

【"文化年货带回家"活动】 2012年1月10日,徐汇区龙华社区文化活动中心举行了"文化年货带回家"2012年春节共享工程服务农民工启动暨2012年上海市"万名农民工网络直通车"活动启动仪式,副区长王珏和上海图书馆相关负责人参加,并向农民工代表赠送了文化共享工程资源光盘、社区公共电子阅览室(东方社区信息苑)公益服务卡。此次活动按照文化部和全国文化信息资源管理中心的统一部署,开展以进城务工人员为重点的春节系列服务活动,让农民工共享传统文化精华和社会文化信息。

【青少年法制宣传活动】 "少年模拟法庭进校园进社区网上行"暨徐汇区青少年法制宣传活动启动仪式在上海工业技术学院举行。仪式上,徐汇区人民检察院未检科负责人介绍了此次活动的概况,龙漕中学等六所学校的学生表演了《一时冲动千古恨》、《毒品的危害》、《伸手必被捉》等法制小品,并通过网络视频的方式即时连线学校、社区等分会场进行同步直播。通过参与和观看"庭审"过程,使未成年在校学生和社区居民接受了直接、生动的法制教育。开展"少年模拟法庭进校园进社区网上行"活动,是2012年徐汇区人民检察院未检部门组织实施"构建徐汇区中职技校犯罪预控体系"社会管理创新项目的重要举措之一。

【凌云街道搭建信息平台推进社区文化发展】 主要做法包括:建设公共文化信息服务平台,利用移动信息技术,整合文化、科普、体育、教育、人口计生等信息,以短信形式免费推送给社区居民,同时收集居民反馈,促进政民双向互动。

【湖南街道深化社区公众参与机制】 湖南街道依托居民区党组织和居委会,实行"以民帮民,以民管民"的共助模式,建立民间性自治工作站,培育以志愿者为主体的帮困救助、扶老关爱公益组织。构建志愿者服务体系,逐步完善志愿者活动基地图、信息简报、信息库建设,建立志愿者注册登记、团队备案、信息联络等制度。

加强社区内各类社会组织和工作机构的合作，每季度召开联席会议，发挥民间组织"服务、协调、管理、发展"四位一体功能。完善"一键通"网络服务平台，实行全天候服务模式，拓展新型服务项目，实现服务需求最大化和社区资源共享化。

【区人口计生委提升服务管理水平】 借助实有人口基础信息管理系统，加强人口基础信息数据的分析，编撰人口信息参阅资料，健全"区—街道镇—社区综合服务站"三级工作网络，为社区居民提供便捷的人口计生服务；利用全国PADIS流动人口信息交换平台，及时掌握流动人口生育、节育、孕情检查等情况，做到管理互补、服务互动、信息互通、资源共享；依托上海市计生药具免费发放管理系统，引入网络信息拓展网点，建立宾旅馆住宿业免费药具发放点34个，新增、更新免费药具自取柜60余个；以"两个实有"信息数据为基础，与徐汇区有关部门研究建立流动人口计划生育服务管理工作平台，形成资源共享、优势互补、全面协作的流动人员信息共享机制。

【区卫生局推进卫生信息化建设工作】 2012年，区属3家二级医院、13家社区卫生服务中心、69个社区卫生服务站实现居民健康信息共享，与市卫生信息数据库接通调试中。市级数据调阅2 928次，区级数据调阅33 224次。主要成效一是公共卫生应急指挥系统通过专家验收，按照区政府2012年工作要求建立了多部门协调联动的公共卫生应急工作指挥平台。二是"院院通"网络完成扩容，全区69个社区卫生服务站光纤接入，数据实现共享。三是开发家庭医生信息平台，包括任务提醒、签约管理、健康风险评估、健康问卷调查等功能。四是开发公共卫生项目管理系统，包括慢性病管理、结核病登记、肿瘤登记、死亡登记等系统，并与市级疾控平台实现对接。

【区文化局开展"抵制网络谣言"专项教育工作】 针对网络谣言传播迅速并损害公共利益、危害国家安全和社会稳定等问题，徐汇区文化局会同公安徐汇分局开展网吧"抵制网络谣言"专项教育工作，并向网吧经营者发放了《抵制网络谣言相应倡议书》。要求区域内网吧一要做到严格守法经营，坚决制止编造和传播谣言的行为，切实维护网络传播秩序；二要加强自律自查，开展从业人员道德教育，完善内部管理制度，铲除网络谣言散布蔓延的土壤；三要倡导文明上网，积极参与全社会的诚信建设，引导广大网民增强社会责任；四要认真做好上网人员身份认证工作，确保上海市互联网上网服务营业场所管理平台和公安网上监控平台运转正常，坚决杜绝违法犯罪活动的发生。

【区房管局独创经适房选房信息化系统】 2012年5月15—17日，徐汇区2011年第二批经济适用房选房活动举行。由徐汇区房管局独创的共有产权保障房(经济适用住房)选房信息化系统，为本次选房工作的顺利进行提供了高效服务和技术保障。共有产权房(经适房)选房使用区房管局独创的三大信息化系统，面向三大对象，基于四大平台载体，服务于本次经适房选房工作。通过信息化系统创新，既方便了申请人了解选房现场的情况并最终选中合适的房屋，也体现了徐汇区在经适房工作中的公正、公开、透明、高效的工作作风。

【漕河泾街道构建"信息"港湾创新学习平台】 漕河泾社区"信息化"平台的建设和完善，旨在通过数字网络等现代科技手段，"全面、全程、全方位"为居民群众的"衣、食、住、行"提供服务；为居民群众"解答疑惑、学习知识、掌握技能、认识朋友"提供渠道；为居民群众在终身学习体系中真正获益提供载体；为创新社会管理方式提供新的方法。

【区中心医院推出高血压病网络医疗平台】 由徐汇区中心医院研发的高血压病网络医疗平台(www.hbp-mm.com)对公众开放。通过这个平台，高血压患者只需上网输入相关数据，不出家门就能与专业医生"面对面"，得到个性化的诊断与治疗方案。该平台主要包括病历管理、诊断治疗管理、通知提醒、疗效评估、医患互动等功能模块。高血压病网络诊疗平台在现有的诊疗模式基础上寻求突破，在患者与医师间架起一座跨越时空的桥梁，不但为患者缩短了就诊时间，还降低了就诊开支，患者只需有网络、懂得操作电脑，就能享受到这一平台的服务。

【徐汇区公共文化服务信息化项目启动】 公共文化服务信息化项目以公共服务一卡通平台建设为核心，包含多媒体智能互动终端建设、智能一卡通IC卡制作和文化数据中心建设三大内容，在文化信息发布基础上，完善信息的采集和反馈功能，着力解决公共文化服务信息不对称、供需不对接现象。按计划，除了在徐汇区近300个居委文化活动室进行互动终端安装、实现网点全覆盖外，还将设备逐步设置到漕河泾开发区、徐家汇商圈、区域高校和部队等年轻人较为集中的地方。届时徐汇居民可以在指定网点通过实名登记的方式办理“一卡通”，轻松刷卡享受和参与各类文化服务项目。主办方也将对居民的参与情况尝试探索有效的激励机制。

（区科委）

三、经济领域信息化

【徐家汇商城集团借助商圈微博延伸优质服务】 2012年4月1日，徐家汇商城集团在新浪网开通并试运行了徐家汇商圈官方微博，旨在借助微博强大的传播能力，更好地宣传、营销徐家汇商圈，实现与广大消费者更便捷的沟通，为消费者提供最新鲜、最实惠的商圈活动资讯，将徐家汇商圈优质服务进一步延伸。徐家汇商圈官方微博设有“购物天堂徐家汇”、“文化徐家汇”、“徐家汇风采”、“每日徐家汇”、“享乐生活‘汇’”、“型尚青春”等栏目。目前，徐家汇商城集团商业投资企业上海六百、汇金百货、汇联商厦、美罗城、港汇恒隆广场、太平洋百货等均已开通官方微博，反应良好。

（区科委）

四、城市建设管理领域信息化

【区绿化和市容管理局研发的门责管理信息系统】 市容环境门责管理信息系统运用电脑数据库，实行市容环境门责管理信息优化和实时监控。系统收录了门责单位基本情况，设置了主要道路（路段）、跨门营业（无序设摊）、商家店招店牌（单位指示招牌）、违章情况、预警监管等板块，可通过各单位申请的宽带上网，或与徐汇区政务网直接联网，实施添加、更新和查询、跟踪、统计、汇总、预警提醒等网上查询、监管功能。门责管理信息系统的全面推广运用，也为迎接国家卫生区复查市容环境综合保障各项工作提供了技术支撑。

（区科委）

五、信息产业发展

【产业规模稳步增长】 2012年徐汇区软件和信息服务业保持平稳较快的增长，产业地位稳步提升。全区软件和信息服务业产值达到245.52亿元，比2006年的63亿元翻了近两番，自2006年起的年均增幅达到25.4%；同比增长19.3%，增长速度提升到金融危机后的最高水平，略超过上海市18%的整体增幅，保持了稳健增长的态势。截至2012年年底，经营收入超亿元企业达50家，比上一年增加12家，增幅31.6%，占全市15.3%；经营收入超10亿元的软件企业6家，比上一年增加3家，占全市的12.5%。徐汇区软件和信息服务业占GDP比重进一步提升，在徐汇经济中的地位不断提升。

【发挥专项资金示范作用】 通过扶持重大示范项目和战略性新兴产业项目的建设，调整产业定位布局，引导产业转型提升。2012年完成区高新技术产业重大项目和战略性新兴产业培育项目的初审、答辩和专家评审。共收到重大项目申请43个，培育项目申请27个，其中区重大项目立项25个，培育项目立项18个。另外，对25个2010年区高新技术产业化重大项目完成了验收，验收合格率达到80%。此外还推荐申报2012年市软件和集成电路专项项目54个，市科委科技创新行动计划专题项目6个。

【增强公共服务职能】 一是发起成立上海市位置服务产业联盟。徐汇区企业高德软件为牵头单位，联盟的发起单位包括安吉星、通用汽车研究院、上海联通、上汽信息等43家提供和使用位置服务的企业。位置服务产业作为移动互联网产业的一个重要组成部分，该联盟的成立为移动互联网产业联盟的成立奠定了扎实基础；二是推动并落实工信部移动互联网培训中心的落地。培训中心已经和上海交大和漕河泾开发区达成了合作办学的意向，并在上海交大举办了开班仪式，该中心计划招收700名硕士生，为区域内产业人才的进一步研修深造提供了平台。

【加快产业基地和园区建设】 联合筹建“德必易园”首个

市级移动互联网产业基地。园区规划面积2万平方米，计划打造成一个在业界具有一定影响力的小型移动互联网产业生态系统，广泛吸引移动互联网的创业团队集聚；参与贝岭研发大楼的建设规划及前期招商工作，强化新载体信息服务业基地的概念，引导信息服务业企业入驻研发大楼；推进张江国家创新区"漕河泾园"、"徐汇园"的建设和招商工作，完成漕河泾园扩展部分的衔接和联系网络建设，启动"徐汇园"园区管理机构的筹建工作，推进漕开发东区仪电科技园、普天科技园二期的园区建设工作。

（区科委）

六、信息基础设施建设

【配合电信运营商加快区域信息基础设施建设】　2012年，电信南区局光纤到户改造累计覆盖超过42.5万户，完成234幢商务楼、673幢居民小区的光缆接入；参与11个徐汇区i-Shanghai项目建设，其中完成10个，在建1个。移动南区分公司完成光纤到户改造覆盖4.2万户（累计覆盖超过20万户），完成267幢商务楼光缆接入；参与并完成17个徐汇区i-Shanghai项目建设；徐汇区作为TD-LTE规模技术试验网试点区县，成为上海浦西区域首个开通LTE站点的行政区，已完成120个站点的建设工作，计划2013年3月实现徐汇区中环以内区域LTE信号全覆盖。联通南区分公司完成光纤到户4.2万户，完成33幢商务楼宇光缆接入（累计达346幢）；新建3G宏站52个；参与并完成6个徐汇区i-Shanghai项目建设。东方有线徐汇分公司全年完成近130个光节点6.6万户的NGB建设任务。徐汇区现有有线电视正常用户35万户，数字电视用户33万户，其中高清电视用户9万户，NGB网络覆盖达到32万户。

（区科委）

七、信息化环境建设

【手机阅读平台"徐汇读书汇"】　徐汇区纪委、区委组织部、区委宣传部共同推出"徐汇读书汇"，自2012年8月1日上线以来，先在徐汇区处级单位中心组成员的手机中进行安装，历经6个版本的更新，共有处级以上领导干部近600人安装使用，点击率逐月提升。"徐汇读书汇"手机阅读平台设四大版块——学习资讯、书海撷英、深度阅读和政务微博。为了确保信息时效性，"徐汇读书汇"各栏目都设定相应的更新频率。"政务动态"每日发布全区重大的时事新闻3—4条，"网络热点"聚焦网上舆情，每天编辑8条热点舆情进行推送。"书海撷英"每日推送24篇新书精华摘要。"深度阅读"栏目实行每周更新，每周推荐1—2本最新书籍供下载阅读。同时，"徐汇读书汇"还有信息推送功能，一些重要的政务信息或学习内容，会及时以短信方式发送到党员干部手机中。

【区城管执法局召开网络信息员队伍组建动员会议】　2012年2月23日，徐汇区城管执法局召开网络信息员队伍组建工作会议。为进一步加强和创新城管执法部门宣传工作，及时掌握相关网络舆情，成立了一支18人的网络信息员队伍，通过及时关注"上海徐汇发布"、"绿化市容"等政务微博动态，开展网络舆情的关注收集和参与互动。会上，局领导就加强学习研究、把握原则界线、增强工作责任心、建立和完善相关制度等提出了明确要求。

【凌云社区利用"两新"党建网站开展党建工作】　徐汇区凌云社区综合党委从"两新"党员的特点出发，运用凌云"两新"党建网站，使党的组织、思想、作风、制度建设等各项工作通过科学化的方法在"两新"党员中贯彻落实。凌云"两新"党建网站已有实名制注册会员360名（含部分组织关系转出的党员和入党积极分子），论坛帖数45 080篇，总登陆人次2 585 812人，日均登陆人数3 344人，另有社区日记总数1 003篇，社区博客主题总数174个。6年多来，凌云"两新"党建网站从最初的1个版块，发展到四大栏目29个版块；从依靠网络积极分子自由发挥，发展到制定《凌云"两新"党建网站管理办法》、《论坛版块岗位责任管理细则》等制度；从5个志愿者版主发展到包括专职党建工作者、兼职"两新"支部书记和委员、党员志愿者副版版主在内的近50人的管理队伍。网络党建顺应了信息时代的沟通模式，不占用上班时间、灵活组织活动、民主公开，有效激发了党员的主体意识和参与热情。

（区科委）

第三章 长宁区信息化建设

概 述

2012年，长宁区科信委按照《长宁区关于落实“数字长宁”内涵、实施“智慧高地”战略调研报告三年行动计划(2011—2013)》确立的基础设施、电子政务、数字惠民、信息产业四大类55个“智慧高地”建设项目，推进信息化建设融入城区建设各个领域，落实到具体项目。完成《电子政务一体化整合方案》(征求意见稿)，初步确定了“42124”整体框架体系，即“4个区级平台、2个街镇平台、1个门户网站、2个技术支撑平台、4个基础数据库”，同步成立工作小组，建立推进机制。

一、政务领域信息化

【优化行政审批流程】 2012年，长宁区建立的并联审批系统对接市行政审批系统，链接工商、税务、质监等部门业务审批，涉及行政审批单位12家。实现“一口收件、抄告相关，并联审批、限时办结”。通过流程优化和系统支撑，工商、质监、税务并联审批平均办理时间从11.15个工作日缩短至3.83个工作日。

【“长宁区办公平台社区版”上线试运行】 2012年2月，覆盖全区街道(镇)和居委会的“长宁区办公平台社区版”完成建设，投入试运行。该平台立足基层工作特点，整合功能，实现区与街道(镇)互联互通；街道(镇)的需求纳入平台，如对报批、值班请假等的信息化管理；统一接入规范，便于街道(镇)自行建设的信息系统接入；增加街道(镇)管理权限，使其能自行维护人员信息、操作权限等基本信息。

【做好区机关电子政务保障工作】 2012年，区信息中心做好全区电子政务信息系统的基础服务和重要信息系统安全等级保护工作，开展区机关办公平台、门户网站的信息安全等级保护和区公务网(涉密网络)分级保护复测，长宁区获得上海市信息安全等级保护工作先进单位。区信息中心配合相关部门，利用信息技术支撑全区视频会议、短信平台服务、区联动中心(市民热线)等方面工作。

二、社会领域信息化

【长宁区首家“社区智慧高地体验应用中心”落成】 区科信委按照“政府搭台，企业唱戏，百姓受益”的思路，推进“智慧高地体验应用中心”建设。2012年6月，长宁区首家“温馨家园智慧生活—社区智慧高地体验应用中心”在北新泾街道新泾五村落成并对外开放。该中心提供高清IPTV、无线网络和智能家居等智能应用的体验服务。其中，通过家用医疗设备与手机的互联，实现健康指标远程实时传输的体验项目，让社区老人感受到“e健康”的神奇魅力。

【举行“户外电子阅报栏”启动仪式】 2012年10月23日，智慧高地数字惠民项目——“户外电子阅报栏”启动仪式在天山二村举行，市新闻出版局副局长阚宁辉，区委常委、副区长杲云出席讲话，天山路街道领导和“蜘蛛网”公司总裁出席启动仪式。年内，区科信委整合“蜘蛛书报亭”数字阅读应用资源，在天山街道天山二村、天山三村、天三居民区、纺大居民区和新风居民区五个居民区开展设立电子阅报栏。

【召开智慧高地推进暨信息化工作会议】 2012年11月8日，区科信委召开“智慧高地”推进暨信息化工作会议。

区有关部门和各街道（镇）分管领导、信息化管理员共53人参加。区科信委主任出席并讲话。会议通报智慧高地55个重点建设项目推进情况和2013年信息化项目审批结果；部署2013年智慧高地建设重点任务和信息安全相关工作。

【长宁区市民热线“962347”开通】 2012年6月13日，长宁区正式开通市民热线“962347。”该热线依托“长宁区市民热线服务管理系统”，将四大类50条热线整合成一条热线，联动47家职能部门，24小时接受群众的咨询、反映、建议、举报、投诉和求助，实现“一口受理、分类流转、按责处置、监督考核、及时回应”。

【长宁区社保卡、居住证件受理工作获市级表彰】 2012年，长宁区社会保障卡服务中心创新管理模式，提升受理网点服务水平，推动人口综合服务和管理工作、便民为民。获市社保卡、居住证件受理工作先进集体称号；新华路街道受理网点、新泾镇受理网点获市先进街道（乡镇）受理网点称号；仲莫测、潘志勤、程小弟获市受理工作先进个人称号。

三、经济领域信息化

【长宁区综合经济运行分析平台开通运行】 2012年3月，区综合经济运行分析平台开通。平台在已建成的区政府服务企业信息化平台的基础上设计开发，把五十多项一级经济指标，一百五十多项二级经济指标纳入分析体系，具备数据标准化录入、计算同环比、生成图表、预测经济发展趋势、GIS地图展示等功能。

四、城市建设管理领域信息化

【推进无线城区建设】 2012年9月28日，长宁区召开无线城区建设联席（扩大）会议暨公共场所无线覆盖启动会议，推进无线城区建设。目标除中山公园商圈、天山路商业街、虹桥机场、绿地公园、会展中心、美术馆、医院等35处市下达的公共场所无线覆盖点之外，还将拓展建设虹桥古北区域、区级对外接待窗口、社区“三个中心”等70多个区级覆盖点，按照i-Shanghai的资费标准由区政府补贴。首批覆盖任务计划于2013年上半年全部建成，其中，中山公园商圈、虹桥古北区域、临空园区沿街休息区域于2012年年底建成。

五、信息产业发展

【“网络课堂”一期项目投入使用】 2012年，“网络课堂”一期项目投入使用。该项目集合区内、区外特级教师和学科专家建设制作名师精品课程，通过提供在线课程学习、提问答疑、在线作业测试功能，使长宁学生在家即可享受名优教师的精心辅导。高三语文、数学、英语共360课时精品课程以及相关课后与单元测试1 844题全部上线。

六、信息基础设施建设

【推进信息化基础设施建设】 2012年，区科信委会同相关部门，推进信息化基础设施建设，提前完成“城市光网进社区”项目年内目标。全区694个推进小区中，覆盖用户目标总数24.23万户，实际完成覆盖用户23.54万户，覆盖率97.15%；推进“i-Shanghai”项目建设，制定《关于加快“智慧高地”建设，加强本区公共场所无线局域网（WLAN）覆盖工作的实施意见》，成立长宁区推进无线城市建设联席会议，建立工作推进机制。全年新增无线覆盖热点500个，累计达1 220个。

七、信息化环境建设

【长宁区便民服务平台上线】 2012年7月3日，由长宁区科信委、东方有线合作开发的下一代广播电视网创新服务应用——“长宁便民服务平台”正式上线。该平台是基于下一代广播电视网的创新服务应用，是长宁区在“三网融合”的内容应用上的一个突破。平台整合了长宁区情介绍、科普之窗、便民粮站、菜篮子、交通信息和天气预报等功能。

（杨 矾）

第四章　普陀区信息化建设

概　述

2012年，普陀区信息化工作高度聚焦发展信息产业，重点发展软件和信息服务业与电子信息制造业，参加软件和信息服务业年统的180家企业，共实现营业收入75亿元，较上年同期增长13.72%。加快修订《区信息产业发展扶持政策实施细则》，完成首批软件企业申报双软认定、软件产品登记、CMMI、系统集成等资质奖励和扶持，政策惠及本区43家软件企业的63项软件登记产品。加强政策宣传和业务辅导，指导新天龙网络科技有限公司成功获批市2012年电子商务"双推"平台，帮助5家企业获得市2012年软件和集成电路专项发展资金支持680万元，5个项目获得2012年度"科技创新行动计划"信息技术与现代服务业领域科技项目支持250万元。全面推进智慧城市建设，提升区域信息基础设施能级，完成下一代广播电视网(NGB)网络改造40万户，基本实现3G室外信号全覆盖，23个公众办事场所和部分公共区域实现WLAN覆盖，集中优化6个产业园区信息基础设施。加快推进智慧政务管理，实施政务网骨干网络和网络出口链路安全优化，启动服务器虚拟化管理平台建设，移动办公系统、重点工作督察、地下空间"网格化"管理、人口综合管理等信息平台先后建成使用，加强门户网站及子网站群管理，整合完善各类政民互动与网上办事系统，推进"12345"市民服务热线二、三级平台建设。不断深化智慧民生应用，交通路况手机查询、虚拟商城、教育手机报、智能停车、移动办公、平安出行等10个TD示范项目开通运行，完成卫生信息平台一期建设，开展智慧教育云、电子书包试点。

一、政务领域信息化

【"十八大"期间网络与信息安全保障工作】 全面梳理网络与信息安全制度，规范工作运行机制，召集各委办局、街道镇系统管理员和网站编辑开展安全教育，降低信息安全风险。落实专人专责对系统开展安全检查，全面掌握运行状况，定期开展信息安全检测，及时修复系统漏洞，定期备份数据，增强抗毁能力和灾难恢复能力，完善安全应急处置措施，提高网络与信息安全保护水平。密切关注网站各项服务状态，严防不良信息通过政府网站传播，杜绝无关人员出入办公区域，保证物理环境安全，维护工作终端系统安全，加强网络行为监控，保持防病毒软件及时更新。针对可能发生的黑客攻击、病毒入侵等突发事件以及一般性技术故障，加强应急演练，熟悉应急操作规程。开展子网站群信息安全扫描，督促各子网站重视节假日和重大活动期间信息发布与网站安全防范工作，严格监管互动类版块，严防不良信息传播。

【区门户网站开通多个栏目】 2012年，"上海普陀"门户网站开通"企业优惠扶持政策"专栏，向社会发布本区经济、投资招商、财政税收、人才引进等相关政策、规定、实施细则、政策解读等信息。开通"智慧城市建设"专栏，重点介绍普陀区智慧城市的建设规划，体现智慧政府、智慧环境、智慧经济、智慧生活等方面工作实绩，普及智慧城市相关科学知识，展示业内领先理论和技术资讯，向社会公布推进区域信息化建设的相关项目进展。改版"普陀博览"专栏，分城区概况、历史沿革、经济发展、社会建设、城建管理和明日普陀六个栏目全面展示普陀全貌。

二、社会领域信息化

【与华东师范大学、思科、华师京城开展四方合作】 2012年8月17日，普陀区与华东师范大学(以下简称"华师大”)、思科系统国际有限公司(以下简称“思科”)、上海华师京城高新技术股份有限公司(以下简称“华师京城”)就共促区校合作、助力普陀智慧城市建设签署合作备忘录。通过加大政府政策和资金的扶持力度,利用思科的全球领先资源和最佳实践经验,华师大在教育领域的雄厚实力及丰富资源,以及华师京城成熟的“教育云”整体解决方案,共同打造科技和产业合作平台,以智慧教育云试点、“智能+互联教育”云体验展示中心、“思科—华师教育云研究中心”等一系列示范项目推进智慧城市快速发展。

【做好社保卡网点服务】 2012 年,以迎接各类专项检查为契机,提高社会保障卡服务窗口日常服务质量,分批更新网点设备,认真做好设备排摸、业务培训等工作,优化人员配置,实现工作人员新老交替、平稳过渡。安定平稳地做好区中心及补换卡接待窗口的搬迁工作。分批更新网点设备,建立临时居住证成本结算及相关工作制度,做好临时居住证制证成本等相关预算的编制、结算工作,全区共办理一年期居住证 2 829 张,临时居住证 40 014 张,办理到期续签 128 588 张,遗失补证 6 469 张,离沪退证 4 730 张,新办社保卡、学籍卡、儿童卡、敬老卡 15 759 张,敬老卡到期续期 22 883 张,办理学籍卡预采集 4 198 张,办理“市民信箱”实名制登记 7 578 个。

三、经济领域信息化

【软件和信息服务业发展态势良好】 180 家企业参加 2012 年软件和信息服务业统计,比上季度新增 7 家,共实现营业收入 75 亿元,较上年同期增长 13.72%。2012 年,新增软件认定企业 14 家,区内软件认定企业达到 78 家,合计实现软件收入 24.51 亿元,较上年同期增长 38%。

四、信息产业发展

【普陀区与 CREE(科锐)公司签订战略合作备忘录】 2012 年 5 月 23 日,区领导张国洪、孙荣乾、朱永泉,CREE 公司常务副总裁 Norbert Hiller 一行以及区相关职能部门负责人进行了战略合作洽谈。会上双方就加强合作发展进行友好协商,区商务委与 CREE 香港公司签订战略合作备忘录,区委书记张国洪与 CREE 公司常务副总裁 Norbert Hiller 共同为 CREE 上海公司普陀区企业技术中心揭牌。

五、信息基础设施建设

【优化普陀区园区信息基础设施】 针对园区普遍存在信息基础设施品质整体不高、信息化管理模式较为落后、信息基础设施建设缺乏整体规划设计与统筹等问题,按照“信息通信服务能级适度超前”和“统一规划、集约建设、资源共享、规范管理”的原则,推进普陀区 6 个产业园区信息基础设施优化,同时,制定《区信息基础设施扶持办法》,规范扶持资金的使用,继续深化服务,体现信息化对产业的提升带动作用。

六、信息化环境建设

【拓宽信息化服务公众渠道】 2012 年 3 月,完成长风生态商务区公共区域无线网络建设,并开通运行,为“智慧长风”建设启动提供网络基础保障。年底,建设并开通上海西站交通枢纽、武宁长途客运站、上海市体育宫、普陀区图书馆、普陀区少年儿童图书馆、中环商圈等 8 个 i-Shanghai 热点场所的无线局域网应用,每天为市民提供 2 小时免费上网体验。同时,在区工商、税务、房地办事大厅、全区各街镇社区事务受理中心等市民和企业办事场所，长风生态商务区公共绿地区域及苏州河游船上，建成开通“CMCC－PTQ”无线网络应用覆盖。实现全区范围内公共交通、行政办公、文化体育、公园绿地、旅游景点、宾馆酒店、教育卫生、商业金融八大重点公共区域80％无线局域网覆盖。

（顾呈健）

第五章 闸北区信息化建设

概 述

2012年，闸北区全面贯彻落实科学发展观，根据上海市“智慧城市”建设统一部署和要求，紧密结合《闸北区推进“智慧城市”建设三年行动计划(2011—2013)》的具体内容，围绕“智慧闸北”建设，重点推进以“宽带城市、无线城市、三网融合”为特征的信息基础设施体系建设和以“六大智慧”为特色的智能应用体系建设，在政务、社会、经济、城市建设管理等领域均取得了较好成效，进一步提升了信息基础设施的服务能级、改善了信息化发展环境、促进了信息产业的有序发展、完善了社会诚信体系建设，为闸北区经济和社会事业的发展提供了强有力的支撑。

一、政务领域信息化

【完善政务光网建设】 政务领域信息化的基础是政务光网的建设，闸北区统筹建设以政府核心主干光网为主体、以现有主导运营商城域光纤网络为辅助、满足政府信息化安全与扩展要求的集约化全光网络。一方面，通过以租代建模式完成了闸北区政务光网建设，并在原有星型政务光网的基础上进行了环网的建设，扩宽了政务网的网络运行承载能力，下一步将开展星型光网和环网的整合。另一方面，以区政务网络中心机房为核心，完善市公务网、市政务外网、区政务外网和互联网出口四个功能强大、安全可靠的区级中心节点，该建设正在稳步推进中。截至2012年年底，政务内网联网单位共有401个，其中委办局及下属单位180个，居委会221个；公务网联网单位85个，其中涉密单位17个，客户端37个；非涉密网外单位68个，客户端83个。

【搭建政务云平台】 闸北区电子政务云平台建设包括区政府门户网站云平台和区政务办公门户网站云平台。区政府门户网站云平台按照统一的信息基础设施、统一的网站平台、统一的安全防护的建设思路，形成集群化的网站云平台。政府门户网站云平台的搭建，将进一步完善政府门户网站的服务功能，有效提高政府工作效率和服务水平。区政务办公门户网站云平台的建设，将有效降低各部门重复建设导致的财力、人力的浪费，形成集约化、共享化的平台。在区政府云计算中心，应用云技术的统一管理平台，通过虚拟化技术，已在云平台上整合6个系统，10台虚拟服务器，有政务办公的门户系统、邮件及短信系统、会议通知系统、权限系统等，业务条线有行政审批、环保系统等。

【推进网上审批系统建设】 闸北区网上审批系统参照市级平台框架结构，采用市级平台标准模块，构建区网上行政审批平台基本框架；根据全市统一业务规范，推进本区内资企业设立并联审批网上办理；已完成区级审批平台和市级平台对接，实现区级审批平台和相关市级条线系统的业务数据交换，做到“一次录入”，进一步优化行政审批流程，提高行政审批效率，提高行政透明度。

【优化“上海闸北”政府门户网站建设】 “上海闸北”政府门户网站在2012年进行了全方位改版。目前有四大版块，共计六十余个子栏目。内容涵盖政务新闻、资讯信息、网上互动、用户中心等。网站积极配合区内重点工作做好网上宣传，2012年新开重点专题“闸北打造‘南高中繁北产业’区域战略格局”、“市北高新技术服务业园区”、“闸北文化事业欣欣向荣”、“2012闸北两会”；新开“闸北区言”栏目，及时发布区委领导的讲话精神；全年更新闸北网政务新闻2 000条，其中独家新闻47条；资讯类栏目更新量达到1 350条。网站新开发的“用户中心”使网民通过一次注册，即可完成网上咨询、办事、投诉、写信等各类互动便民功能。“用户中心”页面设计简单明了，符合网民的浏览和使用习惯，便于查询。网站增添的“手机报”、“门户微博”，拓展了网站用户，增强了影响力。与此同时，在新浪网、腾讯网、新民网、东方网4个平台上开通了“闸北发布”政务微博，全年累计发布微博 8 159 条，粉丝数近 10 万。

【加大政府信息公开力度】 按照《2012 年上海市政府信息公开工作要点》、《关于闸北区 2012 年机关目标管理综合考评工作实施意见》的要求，闸北区制定了《2012 年闸北区政府信息公开工作要点》和《关于 2012 年闸北区政府信息公开考核工作的通知》，并召开 2012 年闸北区政府信息公开工作推进会。除了 25 个区政府部门的部门预算在“上海闸北”门户网站上向社会主动公开以外，还主动公开了《闸北区安全生产“十二五”规划》、《闸北区就业和社会保障事业“十二五”规划》、《闸北区市政建设和城区改造“十二五”专项规划》等 31 个区“十二五”专项规划。区政府按照市委、市政府的要求，抓紧推进“三公经费”预算公开。其中，区审计局 2012 年新增的主动公开政府信息 20 条，同比增加 100%。2012 年上半年区建交委在“闸北区工程建设领域项目信息公开专栏”集中发布了近年来建设项目行政审批、企业诚信等相关政府信息，其中工程报建 184 条、施工许可 154 条、合同备案信息 379 条、竣工备案 88 条、初步设计方案批复信息 29 条。各街道也积极落实信息公开制度，其中北站街道进一步加大主动公开信息力度，截至 11 月，累计主动公开政府信息 32 条，全文电子化率达 100%，2012 年新增的主动公开为 17 条。共和新路街道截至 2012 年 10 月底，累计主动公开政府信息 26 条，全文电子化率达 100%。其中，政策法规类信息 1 条，占 3.8%；业务类信息 13 条，占 50%；服务类信息 12 条，占 46.2%。截至 11 月，天目西路街道主动公开政府信息 86 条，内容涉及经济、市政、劳动就业、民政、计划生育、社区文化、综合治理、信访等各方面；完成公文备案 25 条。

【加强档案信息化管理】 自 2011 年年初起，闸北区法院按照最高法院办公厅以及市高院领导“统一规划、全市统筹、因地制宜、滚动开发”的要求，在全市法院中率先尝试对文件和档案卷宗应用电子标签技术（又称 RFID 技术）进行管理。闸北法院开发的基于电子标签技术的法院档案智能安全管理系统，通过了由最高法院、市保密局、市档案局等专家组织的评审鉴定，并得到最高法院、市高院领导的充分肯定。这是全国法院系统和档案行业内第一个具有实用价值、具备稳定性能的电子标签应用系统，是上海法院应用现代信息技术加强卷宗实体管理的有益探索，为全国法院档案信息化管理拓展了新的发展方向。该系统包括卷宗追溯管理、档案自助借阅、库房实时盘点、双重管理平台等四大基本功能，已投入运行。对刑事、民事、执行等各类卷宗加贴电子标签数达三万八千册。感应天线覆盖档案借阅室、档案库房和扫描分中心，实现档案交接 38 批次，自动借还卷 154 册，库房盘点 4 次，准确率全部达到 100%。

【形成使用正版软件的良好氛围】 结合闸北区办公软件正版化推进工作，大力培育使用正版软件氛围，并积极鼓励采用自主知识产权的基础软件。在国产正版软件使用方面，金山 WPS 的安装激活次数已超过原定的 800 次限额，达到 1 000 次，比预期超过 25%，刷新了金山在全市政府机关的安装激活记录。这些举措得到了上海市使用正版软件工作领导小组的充分肯定，上海市版权局副局长蔡纪万认为闸北区在推进正版软件使用方面有制度、有措施。

二、社会领域信息化

【有序开展社保卡、居住证申领】 2012 年全年，闸北区共发放社保卡 19 513 张，其中学籍卡 6 150 张。发放敬老卡 4 764 张。全区受理补换卡业务总数 23 902 张，其中补卡 19 393 张，换卡 4 509 张。办理临时居住证 22 515 张，居住证续签 57 856 张，退签 5 560 张，办理投亲类从业类居住证 1 930 张。

【全面推进智慧社区建设】 2012 年，闸北区进一步加大力度推进智慧社区建设，在市经济信息化委开展的全市智慧社区建设试点示范申报工作中，彭浦新村街道以“社区养老”为特色的智慧社区建设被成功评为上海市 16 个智慧社区建设试点示范之一。大宁街道以“智能家居”为特色的社区建设，也成功获批市科委的科研成果应用推广示范社区。闸北区彭浦新村智慧社区建设是以上海电信 IPTV 多媒体通信和物联网为技术依托，开发居家养老业务管理系统和机构养老业务管理系统两大系统模块，其中，居家养老业务管理系统包括社区管理、医疗服务、民生服务等子模块，机构养老业务管理系统包括街道养老数据汇总管理平台、机构养老管理平台、老人健康感知系统、老人健康评估系统等子模块。已完成整个系统基础网络的建设、“智慧社区养老云”平台的搭建及相关系统的研发以及部分老人家庭的终端设备安装。大宁街道智慧社区建设是以智能电网改造为契机，通过搭建以“互视通”为基础的信息平台，结合社区市民服务、物业和小区安全智能化管理，网上社区商业等典型性、实用性信息应用，实现家庭高品质娱乐、全功能智能控制、多功能虚拟社区等多项应用服务于一体的“现代化、年轻化、时尚化”的智慧社区，便利百姓生活，带动信息消费，体现智能化社区服务。具体分为七个模块，分别为家庭智慧节能、家庭智能技防、信息发布、政府服务、物业管理、科普频道、家庭娱乐。已完成“智能社区云”平台的搭建、实施与智能用电有关的新型应用的开发及部署。

【大力加快教育领域信息化步伐】 2012年，闸北区继续加大教育信息化方面的资金投入，加快教育领域信息化建设步伐，有效利用资源更好地为教育服务。在教育信息化基础设施方面，网络、电脑、机房等硬件配备基本到位，实现“校校通”、“班班通”等市府实事工程。建成了一条250公里的具有自主产权的光缆；千兆到校，百兆到桌面；出口带宽从40 M跃升到610 M。全区100%的学校建成自己的光纤校园网，学生每百人拥有计算机数达到12.5台，学校建成计算机室、多媒体室的比例达到100%。在教育云建设方面，通过构建教育视频云系统，整合全区教育视频资源，实现行政管理、网络会议、网上教研等应用以及覆盖每所学校重要场所的视频校安巡查系统等。2012年，完成10所视频组播教室建设、350个点位的视频校安巡查系统建设以及120个点位的视频会议系统建设，同时完成20个学校电视台的建设。

【稳步推进数字文化建设】 闸北区“数字文化”项目通过加快文化信息资源的开发和整合，加强公益性文化信息基础设施建设，完善公共文化信息服务体系，将文化产品依托网络送到千家万户，丰富基层群众文化生活。数字图书馆项目作为2012年闸北区的实事项目，是新形势下构建公共文化服务体系、惠及社区居民用户的一项重要文化基础工程。根据社区数字图书馆的建设目标，闸北区已完成《闸北数字图书馆应用解决方案》、《闸北区数字图书馆建设实施方案——通信综合配套解决方案》以及《闸北区街道(镇)数字图书馆项目组网建议方案书》等材料的编写，已完成5家社区数字图书馆项目建设。

【有效提高医疗信息化水平】 在信息化基础设施方面，已完成各社区医疗卫生中心及社区卫生站的卫生光网建设，为信息化应用的建设提供了网络保障。在医疗信息化应用方面，一是基于健康档案的社区卫生管理应用平台的建设，通过“社区公共卫生管理”模块建立以居民健康档案为核心、整合公共卫生各条线工作内容的公共卫生信息综合管理系统和医疗卫生服务应用系统，支撑“以人为核心”的管理模式的有效运行。通过“社区公共卫生绩效考核”模块建立一个科学、简便、易用的符合社区公共卫生绩效考核的评价信息系统。通过“社区诊断”建立一个健康评估、健康风险监测和预警的社区诊断评估信息系统；二是完成医疗救助“一站式”服务信息系统的试点建设，提高了居民对减免医疗制度的认可程度及救助对象的安全感，减少贫困减免医疗服务过度利用的现象，有效减轻了贫困人口的医疗经济负担，同时有效解决了闸北区内不同救助对象使用民政卡不统一的现象。2012年医疗救助“一站式”服务完成了天目西社区卫生服务中心与闸北区中心医院两个试点单位的试点工作。

三、经济领域信息化

【信息化建设企业名录】 依据《关于统筹信息化项目管理和信息基础设施建设的指导意见》(闸府办发〔2010〕10号)和《闸北区智慧城市建设政府投资信息化项目管理办法》，闸北区制定了《闸北区信息化建设企业名录》，从信息化基础设施建设、项目咨询、硬件和软件四个大类对闸北区软件和信息服务业企业进行了梳理，尤其在软件大类中，又细分为3个中类和17个小类。对收录的每家企业都从基本情况、主要产品、典型案例三方面进行全面介绍，与此同时，随时跟踪企业的变化，更新企业名录，力争做到内容翔实。名录已收集112家企业，其中2012年新增12家。

【积极推动智慧商圈建设】 积极落实“南高中繁”战略，推进各类电子商务平台建设，重点推动以互联网为代表的信息技术在现代金融、旅游、商业、娱乐、现代物流和专业市场等领域的应用，营造良好的现代服务业发展环境。2012年完成全区招商楼宇经济系统一期建设，初步实现招商楼宇的经济管理及统计。完成大宁商圈的无线网络覆盖，推动大宁商圈一卡通服务，完善商圈的信息化应用。完成大悦城的无线覆盖，推动中小企业商铺管家应用，完善手机支付系统。积极推进苏河湾地区的开发建设工作，将苏河湾的信息化建设的相关内容纳入全区招商楼宇经济系统、全区 GIS 平台等项目进行统一建设。

【大力推进中小企业云服务】 抓住上海首个云计算产业化基地建设的契机，发挥鼎捷软件的既有优势，大力推进鼎捷软件的中小企业云服务与闸北区重点商圈的结合。中小企业云已开通了管理精进云和移动商务服务，发布了四大类(办公类、人力资源类、客户关系服务类及业务类)8 个服务包共 52 项服务。已有近 1 000 家企业上线试用。云服务模式在现代金融、旅游、商业、娱乐、现代物流和专业市场等领域的应用，将逐步完善商圈服务功能，营造良好的现代服务业发展环境。

【继续推进智慧园区建设】 闸北区智慧园区的建设，以高新科技园区为重点，实施信息化领先发展和带动战略，发挥信息化促进经济发展转型的引领作用。在信息基础设施优化建设方面，根据《上海市经济信息化委关于开展本市产业园区信息基础设施优化建设工作的通知》的要求，闸北区完成 7 家(上海市总数为 21 家)列入市第一批优化名单的园区的基础设施优化工作，并达到市经济信息化委的优化标准。在智慧园区应用建设方面，完成了市北高新园区信息化管理监控服务系统、龙软园区节能监控系统试点应用、欧亚多媒体楼宇节能安防监控系统的建设，完成了云华科技大厦节能系统方案的设计。

【扎实推进“两化融合”实践区建设】 闸北区自 2011 年成为上海市“两化融合”实践区以来，始终结合产业转型和信息化特点，以加快转变经济发展方式为主线，按照“南高中繁北产业”的总体战略和“提升转型、创新惠民”的总体工作要求，以推进结构调整和发展方式转变为主攻方向，把科技化驱动、信息化带动作为“调结构、促转型”的重要途径，不断推进区域产业形态由都市型工业基地向生产性服务业集聚区的转型。并以此为契机，紧紧围绕中央、上海“推动信息化和工业化深度融合”的战略部署，扎实推进闸北区“两化融合”实践区的建设。作为上海市生产性服务业集聚区、上海首个云计算产业基地、国产基础软件基地以及国家现代服务业综合改革试点区。首先，闸北区集聚了一大批软件和信息服务业、云计算、物联网、智能电网、电子商务、移动互联网等新一代信息技术领域的企业，并通过新一代信息技术产业对社会经济发展的渗透，逐步带动高铁城轨、机电装备、能源材料、医疗卫生、中小企业信息化应用等传统产业的转型升级。其次，在“政府引导、企业主导”下，建立了一批“两化融合”公共服务平台，如区政府的“电子政务应用平台”、龙创自控的“分布式能源管理平台”、市北的“园区管理平台”、产业促进中心的“信息服务外包产业公共服务平台”，从而夯实了闸北“两化”深度融合的基础。最后，闸北区将“两化融合”工作摆在了重要位置，主动对接市经济信息化委对于“两化融合”工作的重要部署；建立健全了规划引导机制，将“两化融合”纳入智慧闸北建设的总体规划中统筹安排；构建了产学研合作机制，依托核心园区、重点企业、高校院所和中介机构，积极开展合作交流和人才培训；建立了舆论导向机制，充分利用论坛活动、电视、刊物等宣传媒体，大力宣传闸北区各行业和典型企业的成功经验和有效做法。2012 年年末举办的上海市两化深度融合“三进(进区县、进园区、进企业)”宣传培训活动闭幕式暨闸北区“融合创新、转型发展”论坛，就闸北如何结合自身产业特点和信息化特点，加快转变经济发展方式展开了热烈讨论，为闸北进一步深化“两化融合”指明了方向。

四、城市建设管理领域信息化

【构建先进完备的数字环保体系】 环保信息化是新形势下环保工作的一大特色，根据区域环保管理的现实需求，闸北区把构建先进完备的数字环保体系作为建设目标，以信息化建设全面带动环境保护管理和建设水平的提升，依托项目建设，不断完善信息化网络、硬件等基础设施，全面整合、广泛共享和充分运用环境信息资源，推进信息化与环保工作高度融合，使环保信息化在服务闸北科学和谐发展、服务环境宜居区建设、服务环保中心工作等方面发挥更大的积极作用。2012 年，闸北区实施了环境管理信息化平台、环保移动执法系统的建设。在信息平台建设方面，实现了区环保局机关科室、基层单位各自业务工作从单机到网络、从手工到电子的转变，达到在统一平台上的数据集成、信息共享、业务互动和协同工作。已完成项目第一期建设，在环境监察、环境信访、行政处罚等方面得到了较好应用。在移动执法系统建设方面，以智能平板电脑为终端、以信息平台数据库为支撑，即时利用内部各类监管信息来辅助现场执法工作，实现环境监察业务系统向工作现场的延伸，实现移动互联及相关业务应用。已完成第一阶段建设，覆盖信访现场处理、污染源监察、行政立案处罚等业务工作，具有污染源定位、现场取证、实时查询、移动办公等功能。

【构建安防视频资源共享系统】 为深入贯彻落实上海市委、市政府以及市公安局关于推进"智慧城市"建设的部署要求，确保顺利完成区域"安防视频资源共享系统"建设任务。自1995年以来，闸北区在全区范围内稳步、有序、全面推进了图像监控系统建设工作，尤其是近些年围绕图像监控信息系统建设及资源共享，在规划、建设、应用等方面开展了一系列工作，切实提高了图像监控系统在加强社会管理、维护社会稳定等方面的重要作用。2012年，根据市公安局的统一部署和要求，结合闸北区图像监控系统建设目标，围绕"道路监控"、"重点目标和重点单位监控"、"社区图像资源联网复接"以及"治安卡口系统"四方面内容，大力推进闸北区图像监控系统二期建设，包括全区65个断面高清卡口识别系统建设(275根机动车道和95根非机动车道)，对35套"电子警察"监控探头进行联网，并新增126个高清全景摄像机和370个卡口摄像机，实现了信息共享，建立了以信息为纽带的联勤合作警务新模式，突出了人机互动，提高了各类案件的处置效率。闸北区图像监控系统二期建设的完成，逐步满足了公共安全和交通管理的需要，有效提升了社会治安的可控能力。

五、信息产业发展

【集聚重点科技企业】 2012年，闸北区重点科技企业规模不断扩大。区域内新增高新技术企业20家，全区拥有高新技术企业总量达到130家，新增上海市创新型企业22家，市创新型企业总量达到27家，新增上海市科技小巨人(培育)企业9家，区域内拥有上海市科技小巨人(培育)企业总量达到41家。

【高新产业强势发展】 2012年，闸北区高新产业聚焦国家和上海市战略性新兴产业发展，以重大技术突破和重大发展需求为基础，以知识技术密集、成长潜力大和综合效益好为关键，推动了区域重点产业的快速发展。全区高新技术产业实现总营收入609.75亿元，同比增长17.77%。其中软件和信息服务业总营收入260亿元，同比增长18.2%，完成税收总额11.76亿元，区级税收3.33亿元。增幅继续保持全市第一，总量位列全市第三；高端装备制造业实现销售产值129.76亿元，同比增长16.83%；生物产业(医疗器械)实现销售产值47.14亿元，同比增长16.94%；新能源产业实现总营收入95.88亿元，同比增长15.91%；新材料产业实现总营收入55.89亿元，同比增长16.13%。

【构建科技创新体系】 2012年以来，闸北区以创新驱动发展经济战略为主线，构建以科技企业为主题的创新体系，聚焦科技企业创新能力，科技企业创新能力明显增强。截至11月，科技企业已累计获得国家和上海市各类技术创新项目64项，争取专项扶持资金1.265 8亿元，为历年最好成绩。在国家级的19个项目中，格尔软件股份公司的"密码技术认证网关产业化"项目获工信部立项，亨通光电科技公司的"圆偏振光纤波片技术产业化"项目获国家"863"项目立项，天诚通信技术公司的"550 MHz超六类屏蔽技术产业化"等14家科技企业项目获科技部创新基金项目立项，智翔信息科技股份公司的"嵌入式产业人才创业技术项目平台"等3家科技企业项目获国家发改委专项支持，累计获得国家专项扶持资金3 160万元。在市科委的33个项目中，欧忆智能网络科技公司的"空间温度场探测技术光纤测温系统"等17家科技企业项目，获市级创新资金项目立项，创图网络科技公司的"城市公共文化数据服务平台"等4家科技企业项目获市科委现代服务业科技支撑项目立项，菲特尔莫古轴瓦公司等2家科技企业获科技小巨人企业工程项目，爱数软件公司等科技企业获市科技小巨人(培育)企业工程项目，卡斯柯信号公司的"基于安全技术的增强型信号系统"项目获市科技攻关项目立项，轨交通号工程技术研究中心公司的"轨交车地信号控制系统产业技术联盟"获市产业技术创新联盟立项，累计获得市科委专项扶持资金4 729万元。在市经济信息化委的13个项目中，德诺产业检测公司的"产业检测技术信息化平台"等5家科技企业项目获市信息化发展专项立项，鸣啸信息科技公司的"城轨客运专线运营管理决策系统"等5家科技企业项目，获市软件和集成电路发展项目立项，欣影电力科技公司的“智能电网运行监测系统”等3家科技企业项目获市战略性新兴产业“新一代信息技术”项目立项，累计获得市经济信息化委专项扶持资金4 769万元。

【提升基础软件产业基地影响力】 闸北区作为上海基础软件产业基地，大力推动国产基础软件在信息化项目中的应用。2012年，闸北区已完成8个领域11个项目的基于国产基础软件信息化应用项目建设，形成国产基础软件应用示范，在全市处于绝对的领先地位。同时以国产基础软件基地的打造，集聚了一批在全国具有影响力和创新性的国产软件实力企业，成为推动国产基础软件产业发展的重要力量。

六、信息基础设施建设

【着力提升基础网络服务能级】 2012年，闸北区与中国电信、中国移动、中国联通通力合作，通过基础网络提升和功能平台打造，着力推进“智慧闸北”信息化基础设施建设。截至年底，全区光纤宽带网络累计覆盖28万户，覆盖率达到100%，全区商务楼宇光纤覆盖率100%；光纤用户数接近12万户，达到41%；宽带使用数为21万户，达到75%；闸北区互联网用户普及率85%，家庭宽带接入用户普及率75%以上。全区WLAN热点覆盖累计达1 000处，全区商务楼宇WiFi热点覆盖超过160幢，占全区商务楼宇的80%；宏基站新增120个，累计达到410个；下一代广播电视网(NGB)累计改造达20万户，覆盖率达到71%，使用数接近3万，数字电视普及率100%。

【全力推进i-Shanghai公共区域无线网络建设】 根据市经济信息化委“加快推进本市公共场所WLAN覆盖工作”方案，推进大宁商圈及不夜城商圈等24个区域进行i-Shanghai无线覆盖，截至2012年年底已完成18个区域的无线网络建设。

【协调推进苏河湾商务楼宇信息基础设施建设】 根据苏河湾地区建成的一万平方米以上商务楼宇(共37幢)中各运营商的建设情况，汇总了信息基础设施建设相关数据，积极协调相关运营商加快商务楼信息基础设施建设的进度，进一步完善商务楼的信息基础设施建设。2012年，一万平方米以上商务楼宇FTTB(光纤到楼)覆盖率达到100%，FTTO(光纤到办公室)覆盖率达到100%，室内手机信号覆盖率达到100%，公共区域WiFi覆盖率达到70%。

七、信息化环境建设

【信息安全管理】 按照《上海市人民政府办公厅关于进一步加强政府网站安全管理工作的意见》(沪府办〔2011〕74号)的精神和上海市经济和信息化委员会关于网络安全的具体工作要求以及区主要领导关于加强网络安全的指示，闸北区积极落实信息安全管理工作。在制度方面，制定了《闸北区政府计算机网络及其信息系统安全保护管理办法》，并与上级网络安全主管部门建立了合作机制，借助外力进一步加强闸北区信息安全的监督审查工作，同时在外省市信息安全企业落户上海的信息沟通上保持畅通。在技术方面，针对闸北区出现的几起安全事件做了及时处理，启动了“闸北政务网站群”的相关建设规划工作，通过建立统一的信息基础设施、统一的网站平台设计、统一的网络安全布局，实现闸北区网站的统一管理和运营。在管理方面完成了全区网络与信息安全自查工作，及时发现网络与信息安全存在的问题和薄弱环节，全面分析评估面临的安全威胁和风险，同时有针对性地采取防范对策和改进措施，切实保障网络与信息安全。在宣传方面结合市网安办以“关注信息数据安全，共创网络环境”为主题的第二届上海市信息安全活动周，在彭浦镇和彭浦新村分别开展了“联通服务进社区——信息安全伴我行”和“智慧社区大讲堂——如何智慧养老”信息安全宣讲活动，进一步加强了全社会信息安全的保障意识。

【信息化项目管理】 制定了《闸北区智慧城市建设政府投资信息化项目管理办法》，规范信息化项目管理的各项流程，进一步完善项目实施相关细则，在立项评审、预算管理、绩效评估等方面形成一套规范、有效的管理机制，同时建立了跟踪、反馈、落实等流程，依照管理办法，各部门信息化项目按季度报告项目进展情况，有效加强了区域信息化项目的管理。其中区环保局的环保信息化系统建设已被列入上海市环保局的应用示范工程。区法院开发的基于电子标签技术的法院档案智能安全管理系统得到最高法院、市高院领导的充分肯定，是全国法院系统和档案行业内第一个具有实用价值、具备稳定性能的电子标签应用系统。

【通信管理】 根据《上海市人民政府办公厅关于转发市通信管理局修订的上海市通信保障应急预案的通知》，完成了《闸北区通信保障应急预案》的制订工作，建立健全了全区通信保障和通信恢复应急工作机制，提高区域通信事件应急处置能力，形成职责明确、协作联动、资源共享、保障有力的应急通信保障体系，保证应急通信指挥调度工作迅速、高效、有序地进行，确保通信安全畅通。

【智慧城市宣传】 闸北区结合市经济信息化委主办的以"智慧城市开启美好生活"为主题的上海市智慧城市宣传周活动，同步组织了2场智慧社区宣传活动、1场"两化融合""三进"活动，并配合市经济信息化委组织开展《我身边的智慧城市》闸北巡展。彭浦新村街道以"幸福老年，智慧养老"为主题的智慧社区宣讲活动，吸引了近300名社区居民参加。通过对智慧社区养老平台的介绍，进一步加强小区居民对智慧社区，特别是远程助老医疗、养老护理方面的了解；通过现场体验测量血压环节，进一步加深居民对高新技术成果给老年人健康方面带来便利的认识。大宁路街道以"智慧小区，美好家园"为主题的智慧社区宣讲活动，吸引了近200位社区居民参加。讲座围绕以"智能家居"为特色的智慧社区建设，从智能家居、家庭安防、家庭娱乐、网上教育、智能抄表、高清电视、物业服务、街道服务等方面，全面生动地介绍了信息化给居民带来的智能化生活。让社区居民对智慧社区给生活带来的便利有了全新认识，为进一步推动智慧社区的建设发展奠定了良好基础。"两化融合""三进"活动围绕"融合创新、转型发展"主题，邀请市经济信息化委信息化推进处、市智慧城市建设促进中心、复旦大学等机构企业的领导、专家和企业代表，围绕闸北如何结合自身产业转型和信息化特点，以加快转变经济发展方式为主线，按照"南高中繁北产业"的总体战略和"提升转型、创新惠民"的总体工作要求，以推进结构调整和发展方式转变为主攻方向，把科技化驱动、信息化带动作为"调结构、促转型"的重要途径，不断推进区域产业形态由都市型工业基地向生产性服务业集聚区转型等，进行了深入探讨和交流。

八、社会诚信体系建设

【完善社会信用体系组织机制建设】 2012年，闸北区深入贯彻党的"十八大"和市十次党代会的精神，紧紧围绕市委、市政府《关于进一步加强上海市社会信用体系建设的意见》，始终抓住建设"信用闸北"的总体目标，不断完善社会信用体系组织机制建设，夯实各项工作基础。一方面，将闸北区信用体系建设联席会议单位扩充到37家单位，将信用建设、政风行风、监察、法制等检验服务能力的职能全部纳入行政办公室，由主要领导亲自分管。另一方面，根据《上海市社会信用体系建设2013—2015年行动计划》，闸北区结合实际，拟定了《闸北区社会信息用体系建设2013—2015年行动计划》，不仅将行动计划进行了目标细化、责任分工到单位，而且挑选重点领域加强推进。

【提升住房保障领域信用体系建设水平】 闸北区民政局根据《上海市经济适用住房申请家庭经济状况核对实施细则》总体要求，坚持服务大局、服务群众，创新推进，促进了各项核对工作公平、有序开展，提升了住房保障领域信用体系建设的水平。一方面，稳步推进共有产权房居民经济状况核对工作。2012年3月，闸北区正式启动第三批经适房受理工作，区民政局共接受住房保障部门委托开展经济状况核对的家庭1 301户，完成核对并出具报告的1 267户，因财产收入超标或自愿退出申请而终止核对33户，通过率为97.4%。另一方面，及时开展廉租住房居民经济状况核对工作。自2011年8月对低收入家庭申请廉租住房进行收入、财产核查后，11月又将低保家庭申请廉租住房纳入居民经济状况核对。2012年，共接受委托开展核对的家庭1 136户，其中通过核对并出具报告831户，因财产和收入超标终止核对81户。

【落实各项民生保障政策】 闸北区各街道根据"应保尽保，救助托底"的原则，形成以最低生活保障为核心，以助学帮困、医疗救助、住房保障三大救助为配套，其他专项救助和社会综合帮扶为补充的救助体系，通过积极开展对支出型贫困家庭的调查排摸和“爱心超市”、“心惠家园”等帮困渠道，全面完成社会保障的托底工作，并取得较好成绩，其中共和新路街道收到表扬信4封、锦旗2面。与此同时，将诚信建设融入“阳光征收”工作中，扎实推动旧改工作。如启动285街坊(兴隆村)房屋征收二次征询，落实“公开、公平、公正、透明”的工作方针，成立房屋征收工作领导小组，合理设置工作责任区，组织机关干部分片包干，发放《承诺书》及《告居民书》，以加大政策宣传力度、做好群众思想工作、协调家庭矛盾为重点，有序推进签约工作。

【完善市场信用机制】 区工商分局从加强食品安全监管、推进“双打”行动、提高消费维权效能、加强无照监管、推进平安建设等五个方面，不断完善市场信用机制。第一，坚持将开展各类专项整治行动与构建食品安全监管长效机制相结合，开展“进货—销售—退市”全程监管，依法查处食品违法案件118件，建立了食品快速检测室，并树立了大润发超市、洛平菜市场等自律管理比较到位的企业样板。分局承办的网络销售无检验检疫证明进口奶粉案件食品案入选“2012年上海市食品安全监管十个入围案例”。第二，紧扣七浦路地区服装市场、新客站地区手机市场、虬江路地区电子电器市场等重点区域，深入推进“双打”行动。共查办案件520件，其中涉外案件492件、利用网络销售假冒知名品牌商品案件122件，罚没款397万元，查获侵权商品和涉嫌违法物品105 836件，取缔售假窝点91个。分局查办的“上海诚伴贸易有限公司涉嫌利用互联网虚假宣传案”和“肖华销售侵犯注册商标专用权的商品案”被评为上海工商系统“十大侵权典型案例”。第三，针对辖区眼镜茶叶市场集中、具有集聚优势的情况，积极推进消费维权特色工作站建设，设立了眼镜行业维权工作站和茶叶行业维权工作站，并组建了闸北区消费维权志愿者队伍和消费维权宣讲团。2012年，分局共处理举报信息898件、申诉信息546件。第四，编制《闸北区关于进一步推进无证无照经营整治和规范工作的实施意见》，通过采取“疏堵结合、分类监管、综合治理”的方法，建立“线索发现”、“职能对接”、“信息交流”、“有效疏导”、“联合执法”以及“考核督查”六大机制，推进全区无证无照经营整治和规范工作长效机制的进一步完善。共整治无照969户次，无照存量净下降424户。第五，开展区“平安市场”创建活动，以“诚信经营四统一”为抓手，督促市场主办方建立诚信自律制度，引导场内经营者文明诚信经营。

【构筑教育发展诚信体系】 区教育系统坚持以政风行风建设为抓手，以办好人民满意的诚信教育为目标，高度重视社会信用体系建设，形成了“五个到位”的基本经验。一是领导重视，健全机制到位。由区教育党工委书记、局长负总责，另建有一支由区政府纠风办、物价局、街道社区、学校民主党派教师代表等人员组成的党风政风行风建设监督员队伍。二是强化教育，思想认识到位。坚持局领导率先学习文件精神。机关干部和基层校长书记队伍每学期2次专题工作会议、2次专题学习报告会。各基层单位开展“五个一”活动(一次专题学习、一期主题墙报、一次国旗下讲话、一份告家长书、一张收费清单)。三是建章立制，制度管理到位。制订“严禁大面积补课和举办各类学科班”、“治理教辅材料散滥问题”等规章制度，加强收费公示，统一制作收费公示牌，在内容、地点、时间上实现“三个统一”，设立收费“禁区”。四是细化要求，责任落实到位。实行一岗双责，将党风政风行风建设主要内容分解为20个指标，通过“局党政—校党政，局党政—局科室，校党政—校中层”签约仪式，将责任层层分解，落实到人。五是分级分类，监督检查到位。通过自查自纠、组织抽查、随机暗访、信访查办、在职审计等方式，使学校办学始终处在监管之中。

【强化纳税信用管理】 区税务局以信用等级评定、诚信兴商为突破口，强化纳税信用管理。根据市局下达的信用等级评定具体指标，对纳税人纳税信用等级进行评定。2012年参加评定的企业共16 830户，其中：评定A类纳税人203户，B类纳税人13 133户，C类纳税人194户，D类纳税人0户，因企业存续期不满19个月列入暂缓评定的纳税人3 300户。实现对A类纳税人评定工作“宁缺毋滥”的原则，真正使A类信用等级的纳税人具有社会示范效应，不断提高纳税人的税收遵从度。与此同时，区税务局积极配合区工商局、区工商联等部门，承担部分企业诚信信息的采集工作，使信用等级相关信息有效共享，为逐步把纳税信用等级纳入全社会诚信系统做好扎实的基础准备。

【加强食品、药品领域信用制度建设】 区食药监局从推进餐饮服务食品安全量化分级管理制度、落实药品和医疗器械生产企业量化分级管理制度和探索法人培训考核和约谈制度三方面入手，不断加强食品、药品领域信用制度建设。首先，根据《餐饮服务食品安全量化分级管理办法》，对2 000户餐饮单位、集体食堂、集体用餐配送单位全面实施餐饮服务食品安全量化分级管理制度。并在此基础上，对被监督单位的每一次食品安全监督检查结果进行综合评定，以“笑脸”、“平脸”、“哭脸”分别表示卫生状况“良好”、“一般”、“较差”，将现场监督检查结果以监督公示牌的形式予以公示。“笑脸”和“平脸”单位占总数的90%以上。其次，结合药品、医疗器械生产质量管理规范，按照高风险药品和医疗器械生产企业的日常监管评价标准，量化分级为“A、B、C”三个等级。2012年完成医疗器械生产企业年度质量信用等级评审工作，辖区A级企业2家、B级企业15家、C级企业2家。最后，对新开办的餐饮服务单位的法定代表人(负责人)进行食品安全培训和考核，并将食品安全知识评估考核结果通过政务网站向社会公开。同时，将建立评估考核信息库纳入各餐饮服务单位食品安全信用档案管理。分局领导每周定期对新开办的企业负责人进行约谈，充分告知企业在经营活动中应当履行的义务和承担的法律责任，不断强化相对人诚信守法的意识。

【强化建筑领域信用体系建设】 首先，加强建筑业企业资质资格动态监管，2012年，对区内31家三级劳务企业进行核查，重点核查企业的相应专业中高级技术人员职业资格证书与社保凭证是否相符，对不符合标准的企业提出整改，并逐步理顺区属企业资质情况，认真细致进行排摸。经核查，14家企业合格，13家企业经整改后有8家企业合格，另有9家企业不合格或已被工商注销。通过这次动态监管，整改了一批不再符合资质资格要求的企业，使闸北区建筑市场秩序始终朝着健康规范有序的方向发展。其次，严格把好开标、评标关，实施行政监督部门全程监督制度。区纪委监察局的职能监督、区招标办的场内监督、声像监控的技术监督同时到位，并且做好监控档案的备份工作。严格把好定标关，严格做到每项中标结果在上海市建筑建材业门户网站公示5天，接受社会监督。根据《关于在重大工程建设项目招投标中试行廉政准入的意见》，要求区财政投资的招投标14个项目全部纳入廉政准入机制，有效保证了招投标活动的公开、公正、公平性，真正为投标单位提供一个公平、合理的入围平台，起到了明显的监管效果。最后，加大对建设工程各类违法违规行为的查处力度。在监督过程中一是严格执法，加大不良诚信行为的处罚力度，对不履行职责、不落实安全生产责任、现场安全隐患严重以及建筑施工非法违法建设的单位和个人严肃查处；二是增强诚信宣传意识，在监管的同时注重提高施工企业的创优能力，通过创建市、区各类优质工程，不断提高全区建设工程水平。

（冯　莉）

第六章 虹口区信息化建设

概 述

2012年，虹口区信息化工作在区委、区政府的高度重视和市经济信息化委的技术指导下，以进一步完善区电子政务整体框架为核心，以政民应用需求为导向，以推进拓展业务应用为抓手，通过建立健全管理制度规范、加强信息化项目管理、加大信息资源的整合开发利用、优化信息基础设施环境、拓展面向公众的服务渠道，进一步提升了信息化在电子政务、公共服务、社会领域、产业发展等方面的支撑和渗透效应，取得了良好成效，促进了行政管理水平和公共服务能力的提高。

一、政务领域信息化

【信息化项目管理研讨会】 2012年9月25—26日，区科信委组织召开"虹口区信息化项目管理研讨会暨2013年政府投资信息化项目评审会"。会议邀请了市信息技术专家及区相关部门领导出席。在项目管理研讨会上，由区科信委介绍了虹口区电子政务建设整体框架及应用成果，与会人员就信息化项目建设管理进行了广泛讨论。在项目评审会上，由专家评审小组对虹口区各部门申报的2013年政府投资信息化项目及经费预算进行了会审，重点对项目依据、必要性、目标和内容、初步建设方案、组织管理与进度安排、经费估算及社会与经济效益七大方面进行综合评议，为后续合理安排部门预算和政府投资信息化专项预算资金提供依据。

【区政务网工程完成改造】 为适应区电子政务业务应用的不断发展，2012年对虹口区电子政务网络平台实施了改造，将现有的网络平台调整为区政务内网和政务外网，以符合市区两级电子政务网络连通与信息共享的要求。在2012年5月1日—6月27日的58天时间里，共对全区94个政务网接入单位的2 373台接入设备进行了网络调整，涉及市级业务系统71个、区级业务系统36个。调整后的区政务网符合国家对于政府电子政务系统的相关标准要求，也便于今后政务网络系统的管理与升级。

【区网上行政审批平台通过验收正式投入运行】 2012年7月，虹口区网上行政审批系统项目通过验收。该项目是虹口区行政审批制度改革工作的重点内容之一，通过市区两级平台的对接，实现跨部门协同审批的数据交换和信息共享，为实现跨部门协同审批、优化审批流程、整合现有资源、提高行政效能提供支持。系统自运行以来，在企业设立方面应用效果良好，解决了工商、质监、税务三部门审批材料二次录入的问题，实现了审批信息的共享及审批效率的提高，为虹口区行政审批工作提供了有力的技术支撑。

【"12345"市民服务热线正式开通】 为更好地服务广大市民，提高社会管理能力和水平，根据市政府关于"12345"市民服务热线的建设要求，虹口区城市运行管理服务中心于2012年8月正式成立，基于网格化的城市管理模式基本形成，为实现全区城市运行管理的统一指挥与统一调度提供了组织保障。

【区检察院涉密信息系统分级保护通过项目验收】 2012年11月18日，区检察院组织召开区检察院涉密信息系统分级保护改造项目评估验收会，与会专家一致认为，该项目符合最高人民检察院、市人民检察院及国家信息安全保密主管部门文件要求，为构建安全可靠的检察机关信息化应用环境提供基础保障，通过项目验收。

二、社会领域信息化

【虹口区医改信息化工程项目(一期)顺利完成】 基于居民电子健康档案的虹口区医改信息化工程(一期)项目是以市民健康管理为核心,建设全体市民的电子健康档案,保障全体人群享有基本卫生服务,推进各类卫生业务协同,为市民享有方便、高效、优质的医疗卫生服务,开展自我健康管理提供信息支撑的卫生信息化平台。经过一年的规划、准备与实施,该项目于2012年12月底正式进入试运行。一期项目主要完成了四大目标:完成区域信息化相关标准规范编制,为今后区域医疗信息化发展奠定了基础;构建区域硬件设施基础平台,为卫生信息化铺设了地基;完成8家社区卫生服务中心信息化的一致性改造,对区属二级医院信息化系统实施对应性改造,为各医疗机构后续发展奠定基础;完成区域卫生信息系统集成平台搭建,上与市级信息化平台相连,下为各区属医疗机构提供信息化业务应用。

【虹口区社区生活服务平台建成】 2011年3月虹口区生活服务平台项目建设正式启动,并于2012年8月投入测试运行。该项目以社区为单位、以生活服务为抓手,构建一体化框架下资源共享、信息互通的区、社区两级架构的虹口生活服务平台。通过一体化支撑框架建设和多维服务门户建设,提升社区居民生活服务的水平。基本达到预期的设想目标,并整合了虹口微博、社区微博以及东方网的信息资源。通过加大推进网上敬老院、社会公益、志愿者服务等功能的应用,扩展社区居民网上互动,大大提升了社区生活服务的信息化水平。

【"中共四大纪念馆"网站上线运行】 为了扩大对文化和革命传统教育和宣传,建立虹口区文化和革命传统教育基地,2012年9月,中国共产党第四次全国代表大会纪念馆正式开馆,同时"中共四大纪念馆"网站也上线运行。该网站运用信息技术手段,呈现了"四大"会场及相关展品,成为革命传统网上博物馆,让更多的人足不出户就可体验、接受革命传统教育。

【市社保卡工作交流会在虹口区举行】 2012年5月28日,市社保卡服务中心在虹口区召开社保卡补换卡工作交流会。市社保卡中心领导及兄弟区县领导参观了虹口区江湾镇街道社区事务受理中心,并就社保卡工作情况进行了业务交流。

三、经济领域信息化

【区长走访天翼电子商务】 2012年10月24日,中共虹口区委副书记、区长吴清带领区府办、区商务委、四川北路街道办事处负责人到天翼电子商务有限公司调研,参观了企业研发的新产品,了解了新兴的移动支付模式。吴清表示,近年来移动电子商务应用快速发展,与传统金融机构相比,"翼支付"有得天独厚的资源优势,发展前景十分广阔。区政府一定会提供更好的服务支持企业,为企业拓展、人才引进等提供政策支持。

【四川北路电子商圈形成】 2012年,由虹口区商委指导,上海卖买提网络科技有限公司独家运营的"四川北路全程电子商务"投入运行,在全市市级商业街率先为消费者推出"020营销"模式。该项目以卖买提会员营销平台为技术支撑,将四川北路上的二十多家主力商家的消费积分实现联动共享,把3.7公里的四川北路浓缩成一个整合线上线下资源的"电子商圈",通过电子优惠券、促销活动等手段,引导线上消费者到线下去购物。这种新型的电子商务营销模式已经取得初步成效。

四、城市建设管理领域信息化

【虹口区停车诱导系统一期工程基本建成】 2012年12月底,虹口区停车诱导系统一期工程基本完工,共设置一级屏4块、二级动态屏12块、二级静态屏17块、三级屏34块,系统覆盖四川北路商业街和北外滩航运服务集聚区的31处已建成投用并完成经营备案的公共停车场(库),旨在及时发布区内公共停车资源利用信息,引导社会车辆合理、便捷、高效停车,缓解城区道路交通压力。

五、信息产业发展

【大力发展信息产业】 围绕中环大力开发轨道交通周边园区资源,紧扣大柏树地区开展载体建设和产业集聚。中图蓝桥、明珠园、财大科技园等园区入驻率达90%,产业集聚度达到80%,各园区均形成了符合自身特点的产业定位,聚焦了一批较有质量的信息服务类企业。如充分依托教育部电子书包试点项目,着力研究数字出版产业、IT产业、通讯产业、芯片和终端产业的融合;以国家数字出版基地虹口园区的挂牌为契机,加大骨干企业的招商引资力度,引入多家国家级出版机构入驻。2012年区计算机服务业、软件业、电信和互联网信息服务业销售收入同比增长17.2%,占全区现代服务税收的7.3%,有10家企业三级税收超过500万元。

六、信息基础设施建设

【虹口区优化通信基础环境建设推进大会顺利召开】 为加大通信基础环境优化工作的推进力度和社会参与度,2012年3月6日组织召开了虹口区优化通信基础环境建设推进大会。会议由区委常委、副区长张锡平主持,区委常委、副区长杜炯做了专题部署,市经济信息化委副主任刘健出席会议并做重要讲话。市经济信息化委相关处室,虹口区推进智能建筑建设工作联席会议成员单位,各街道、相关委办局分管领导,星级酒店、商务楼宇、园区等企业代表,通信运营商等约150人参加了会议。会议宣布了《虹口区作为上海市信息基础设施优化建设试点区县的决定》,下发了《虹口区通信环境优化专项经费使用管理办法》(试行),还向首批享受专项经费政策扶持的单位颁发了铭牌。

【虹口区与各大通信运营商签订合作协议】 2012年3月6日,区科信委与中国电信、中国移动、中国联通和东方有线四家通信运营商分别签订了《关于推动虹口区新一轮信息化建设2012年度合作协议》。协议主要涉及制定信息基础设施专项规划、光纤进楼到户、打造无线宽带网络环境、完善公共移动通信网络覆盖等方面,各通信运营商将充分发挥主力军作用,资源倾斜、资金保障,支持虹口区的通信环境优化工作。

【虹口区热点WiFi覆盖工作顺利完成】 在各大运营商的大力支持配合下,虹口区2012年累计完成612个WiFi覆盖热点。同时根据场所功能定位,通过带宽使用费补贴的形式,选择便民服务、商业街圈、产业园区等各类公共服务场所,开通了115个HongKouFree公共免费开放热点场所,为民众提供免费WiFi体验。

七、信息化环境建设

【上海市移动互联网应用培训开班仪式在虹口举行】 2012年12月6日,由市经济信息化委牵头的智慧城市——移动互联网应用培训开班仪式在虹口区花园坊举行,市经济信息化委副主任刘健、区人大副主任华东平、区科信委主任乐子幸等领导出席,各街道信息化工作分管领导和具体责任人参加会议。

【组织开展移动互联网应用巡展活动】 自2012年12月上旬起,移动互联网应用巡展活动在虹口区8个街道和区机关大楼依次展开,巡展内容围绕上海正在大力推进的以数字化、网络化、智能化为主要特征的面向未来的智慧城市建设,涉及市民日常工作生活中的信息通信产业服务及相关应用等。

【保障网络信息安全】 为做好“十八大”期间网站安全保障工作，根据网站安全保障工作要求，区科信委按照《上海市重点领域网络与信息安全检查行动实施方案》要求，对虹口区公共服务平台、行政事务管理系统和门户网站等系统及区政务网等开展自查，同时组织开展了两期网站管理与信息安全技术培训，共计52个部门的76人参加。培训内容主要包括：网站的监控管理、数据库备份及存储管理、内容维护管理、信息安全管理及日常工作管理等网站运维要求；网站应急演练工作说明及相关技术要求；网络与网站安全的技术知识拓展培训。切实提高了网站工作人员的业务技能，为保障“十八大”期间虹口区各党政机关网站的安全运行做好知识储备与技能演练。

八、社会诚信体系建设

【关注民生热点，加大政府信息主动公开力度】 围绕提高政府资金公开透明度、加大政府投资项目及计划规划公开力度、加大政策公开和政策解读力度、完善政府信息公开目录、加大公共服务类信息公开力度等五个方面，主动公开虹口区年度国民经济和社会发展计划报告、中长期教育改革和发展规划纲要等社会关注度高的计划实施情况，及时公开财政资金和审计结果，重点公开区27个行政机关的预算收支和财政拨款支出情况，及时发布“三公”经费的预算统计情况。同时，对既有政府信息公开目录进行调整、细化、扩建，将政府信息公开目录由原先的9大类17项扩充为20大类297项，扩建后的目录着重对政府资金和社会公共资金、审计工作、国资监管、社会民生、城区规划和土地管理、城区建设和管理、社会监管、经济管理、政策发布和政策解读等方面政府信息的格式内容、文件属性和更新周期，提出了更高、更细、更明确的要求。

【推进虹口区工程建设领域项目信息和信用信息公开】 根据《上海市工程建设领域项目信息和信用信息公开共享规范》相关要求，进一步深化完善虹口区工程建设领域项目信息和信用信息公开专栏，完善信息审核发布机制，促进部门相关信息的公开。结合新形势、新要求，开发了《国有土地上房屋征收与补偿管理信息系统》，各动迁地块公示大厅均安置电子触摸显示屏，居民可随时点击查阅地块的动迁政策、安置补偿方案、签约动态、选房情况等详细内容，及时了解土地征收动拆迁进展情况，在建设、分配、管理、退出等环节建立诚信告知和守信践约，营造了依法动迁、和谐动迁的良好氛围。

【加强行业市场监管，促进信用形成】 由区工商牵头，试点推行市场综合监管平台建设；由建交委牵头进一步规范建筑工地的管理，提高安全工程质量、文明施工管理水平，同时以“抓质量水平提升，促诚信体系建设”质量月主题活动，以保障性住房、深基坑工程和校安工程为重点加强监管，进一步促进工程建设各方责任主体的质量和安全生产意识，保证工程建设质量和生产安全，确保区内建筑行业稳定、健康发展；继续实施“质量兴区”战略，加强质量控制管理，顺利通过虹口区“质量兴区”工作考核验收；积极推进市场消费价格监管，“12315”价格举报系统正式上线运行；菜市场菜价公开及监管制度逐步完善，在全区20家标准化菜市场配置立臂式自助公平秤，有效维护了消费者合法权益，有力确保了标准化菜市场诚信计量建设。由质监局牵头加强质量控制，实施分级分类制度，对重点企业，如电梯维保企业、食品添加剂生产企业、工业生产企业的质量实行诚信承诺。

【区商务委积极开展商务诚信建设工作】 为进一步优化虹口区商务诚信环境，营造良好节日营销氛围，区商务委围绕商务诚信试点工作要求，结合本区商户元旦、春节营销活动，开展了一系列商务诚信宣传活动。一是组织商户开展商务诚信文化宣传。发动巴黎春天、壹丰广场、乐购仕等六户四川北路重点商户，利用电子屏、服务台宣传栏等开展诚信文化和节日营销展示。动员区内超市、餐饮等两百余户商家参与商务诚信建设。二是结合诚信主题召开企业迎新会。以“商务诚信，从我做起”为主题，召开商业联合会迎新会，举行商务诚信知识竞赛，促进企业交流，强化诚信自律意识。区内一百二十余家企业负责人参加。

（刘长林）

第七章 杨浦区信息化建设

概 述

2012年,杨浦区信息化工作紧紧围绕建设国家创新型试点城区的战略目标,以智慧城市建设为主线,从社会信息化、信息产业、社会信用体系建设等方面着手,较好地完成了各项工作任务。杨浦区信息化建设的主要工作包括以下几方面。一、稳步推进信息化建设。加快城市光纤宽带网建设,实施杨浦重点区域、公共场所无线网络覆盖,通信宏基站建设纳入控详规划管理。制定《杨浦区信息化基础设施改造方案》,完成区政务外网出口带宽升级和区中心机房安全改造;推进区卫生网建设,各级医院、卫生中心、卫生服务站接入区政务外网。二、加强信息安全保障。开展重要信息网络(系统)自查,组织互联网接入安全管理工作检查及重要信息系统安全等级保护测评等。三、信息化应用推广。加强城区管理信息化,推进杨浦区城区综合管理“大联动”信息系统建设;完成杨浦区公共基础资源数据库GIS系统、“12345”市民热线区级平台建设;推进档案信息化建设与规划;继续开展“区长在线”、“书记信箱”等互动性信息化应用;组织开展财政预算信息化项目的协同理财;做好社保卡、居住证日常管理、市民信箱等工作。四、推进智慧城市建设。推进新江湾城智慧社区建设,通过实施社区综合服务公共平台等信息化应用示范项目,实现社区管理与服务的优化;推进全区医疗信息化项目建设,建设以居民电子健康档案为核心的杨浦区医疗卫生“数据中心和协同共享平台”;探索杨浦区教育云平台项目建设。五、社会诚信体系建设。编制完成《杨浦区社会信用体系建设2013—2015年行动计划》;继续落实政府采购供应商信用评估报告工作,在公务员的考核和招聘过程中推广信用评估;落实杨浦区工程建设领域项目信息公开和诚信体系建设工作。六、产业发展和园区建设。协调推进复旦软件园工程建设,完成《复旦软件园产业发展规划》和《复旦软件园数字园区规划》;推进创智天地“上海市高新技术产业化基地”、“上海市云计算创新基地”、杨浦科技创业中心数字化园区建设;深化杨浦区“两化融合”实践区创建,完成“两化融合”指数评估工作及“两化融合”实践区专项课题报告,开展“两化融合”大型宣传活动;开展软件企业季度统计、年检初审工作;组织市高新技术产业化等项目申报工作。

2012年,杨浦区科信委获得2012年度上海市软件和信息服务业运行监测工作先进集体称号。

一、政务领域信息化

【区信息化基础设施改造】 2012年,杨浦区科信委会同区财政局制定了《区信息化基础设施改造方案》,报区政府领导同意后实施。主要是升级区政务外网出口带宽,从原来的130兆升级至300兆,高峰期流量在280兆左右,政务外网网速实现明显提升;对区科信委机房进行安全改造,区门户网站托管至电信机房;开展网络信息安全检查,根据市网安办要求组织重要信息网络(系统)自查,开展重要信息系统安全等级保护测评,根据市经济信息化委和市保密局的要求组织互联网接入安全管理工作检查。

【杨浦市民服务热线投入运行】 2012年6月,根据市政府下发《关于配合完成“12345”市民服务热线信息系统建设的通知》的精神,杨浦区启动“12345”市民服务热线操作平台建设。杨浦“12345”市民服务热线由区网格办主办,在杨浦区城市网格化管理系统的基础上进行升级改造,并通过优化网络结构及时完成市、区二级政务外网的接入工作及区39家“12345”成员单位的网络开通,保障了市民服务热线10月8日正式开通运行。杨浦市民服务热线开通后运行良好,能够及时受理群众反映的诉求,并运用科学的信息化管理手段分类办理,第一时间反馈回复,确保“件件有着落、事事有回音”。

二、社会领域信息化

【社保卡、居住证工作规范推进】 2012年，杨浦区社会保障卡服务中心以“双十佳”活动为主线，服务助推，典型引路，努力实现“服务事项亲民化、卡证管理科学化”。一是制定《杨浦区社保卡服务中心政风行风承诺书》，做出亮牌服务、微笑服务、无障碍服务、告知服务、应急卡服务、午间值班服务、推行延时服务、全年无休服务、人性化服务、畅通投诉通道服务十大服务承诺，并公开上墙接受市民监督；二是在五角场镇网点增加补换卡功能，方便市民在就近街道镇办理社保卡补换卡业务；三是召开街(镇)社保卡、居住证网点“十佳岗位标兵”交流会和“十佳工作法”交流会，提升卡证工作团队的整体业务水平和服务能力；四是对街道镇网点人员开展岗位技能分批分类培训，并组队前往浦东新区补换网点和周家渡街道网点学习交流，不断增强业务受理的专业性和规范性。截至12月31日，杨浦区社保卡、居住证网点共完成社保卡(包括学籍卡、敬老卡)申领20 046张、敬老卡续期39 917张、社保卡补换32 561张；共办理临时居住证25 203张、续签61 707张、遗失补办3 241张、退证15 239张，一年居住证从业类申领2 118张、投靠类申领2 924张。

【推进区教育信息化建设】 根据《杨浦区十二五教育信息化发展规划纲要》，围绕“5520工程”，杨浦区在教育主干网络升级、教育资源共享建设、公共服务平台建设等方面推进教育信息化项目建设。重点以信息技术和课堂教学深度融合为基础，以学情跟踪与教育质量管理为特色，以数字环境下的教育与学校的智能化管理结合为切入点，推进杨浦区教育云平台项目建设。杨浦区教育局会同杨浦区科信委和天闻数媒科技、融吉投资公司针对杨浦教育云项目建设进行探索和调研，并选定二师附小、六一小学、鞍山实验、控江初级、同济一附中以及杨浦高级中学等六所学校进行先期试点建设，希望通过云计算技术服务和试点学校模式的探索，总结出一套可以在区域教育系统推广的云服务模式。

【开展全民健身信息化项目】 杨浦区体育局与上海中移通信工程有限公司签订《杨浦区全民健身信息化项目合作与开发协议》，旨在通过先进的计算机技术，建立以智能卡为媒介、以区体育局健身网站为依托，面向广大市民及杨浦区健身场所的，高效稳定、功能全面、扩展灵活、管理方便的新一代全民健身综合性服务平台。通过全民健身信息化项目建设，杨浦区的93家学校的体育场馆、2家杨浦区体育局的直属场馆将全面实现日常管理的信息化操作和用户身份的统一识别，充分发挥服务民生、便民利民的积极作用，为参与健身的市民群众提供更加便捷高效、更为人性优质的服务。

【新江湾城智慧社区建设】 新江湾城智慧社区建设融合“智慧家庭”、“智慧楼宇”、“智慧社区服务”、“智慧城区管理”等核心要素，通过推进信息化基础设施、信息化应用示范项目、信息内容服务等项目建设，整合社区资源、优化社区管理与服务体系，为社区居民提供安全、健康、便捷、幸福等服务，打造生态化和国际化的城市住区。新江湾城区域内已竣工住宅小区实现光缆全覆盖；制定新江湾城通信宏基站建设规划，并协调电信、移动和联通三家运营商通信宏基站项目落地；推进宝盒速递、集付通项目在东方锦园、涵碧景苑、江湾国际公寓三个小区试点落地，受到居民的欢迎，取得良好反响；在江湾国际公寓推广“新江湾城智慧社区家庭信息化套餐包”，包含高清IPTV(内含新江湾城综合服务平台)、1T空间e云存储和家庭全球眼等服务，为试点小区居民提供高质量家庭信息化服务；在新江湾城1201路上全线实施节能型公交电子站牌系统。

三、经济领域信息化

【杨浦区数字园区建设论坛举行】 2012年12月7日，市经济信息化委主办、杨浦区科信委协办的杨浦区数字园区建设论坛暨上海市两化深度融合进区县、进园区、进企业宣传培训活动(杨浦站)在杨浦区中国(上海)创业者公共实训基地举行。论坛和宣传培训活动围绕“推进两化融合联动，促进数字园区建设”这一主题，邀请上海市智慧城市促进中心、复旦大学及其他企业负责人聚焦打造数字化园区、推动企业加快生产经营和管理模式创新、提升企业市场竞争力等一系列问题发表了主题演讲，探讨了第三次工业革命背景下企业信息化与工业化深度融合的发展前景。会上，市经济信息化委就上海近几年“两化融合”工作做了点评，并对杨浦区的“两化融合”提出了希望和要求。上海市智慧城市促进中心介绍了《杨浦区2011年“两化融合”企业信息化发展评估报告》，复旦大学软件学院戴开宇教授作了“两化融合”主题演讲，杨浦科创中心、有孚计算机、高洁信息等企业作了交流发言。

四、城市建设管理领域信息化

【城区综合管理“大联动”信息系统建设】 2012年，根据杨浦区委、区政府关于“大联动”综合管理信息平台建设要求和区领导在“大联动”总结表彰推进会上的讲话精神，以明确使用单位需求为导向，立足杨浦实际，推进杨浦区城区综合管理“大联动”信息平台建设。一是通过项目可研评审。按照“大联动”信息系统建设方案具体内容，邀请上海信投建设公司拟写信息系统可行性研究报告，并通过专家实地调研考察和现场答辩评审；二是完成信息系统招标立项。项目经过反复调研论证后，完成《杨浦区城区综合管理“大联动”信息系统工程技术需求》，明确信息系统所需建设的统一门户平台、“大联动”综合管理平台、应急指挥管理系统、GIS系统升级应用和系统接口五大功能模块和相应的硬件设备；三是确立“大联动”信息系统建设指导方针。明确以“合作、整合、包容”为原则，以用户需求为导向，循序渐进推进信息系统建设，在建设过程中，业务流程、功能模块应根据用户需求的变化进行调整。

【杨浦区公共设施资源GIS管理系统】 杨浦区公共设施资源GIS管理系统基于杨浦区GIS共享平台开发，目的是建设完善公共设施资源数据库，与相关单位实现公共资源信息共建共享，有效开展杨浦区公共资源监管工作。GIS管理系统资源类型包括办公业务用房、教育设施、卫生设施、文化设施、体育设施、社区服务、为老服务设施、城市服务设施等内容。系统开发综合查询、地图控制、展示切换等主要模块，具备各类基础设施资源的定位、查询、交互分析、统计功能，能够充分掌握杨浦区与民生、经济密切相关的公共设施总量、分布、与人口匹配等情况，为杨浦区决策部门做好辅助分析。

五、信息产业发展

【软件和信息服务业发展】 2012年，杨浦区软件和信息服务业产值105亿元，其中认定软件企业经营收入45亿元，市经济信息化委认定的软件企业179家，其中2012年新认定软件企业46家。以“品牌化、专业化和特色化”为目标，配合区域五大功能区规划，重点建设云基地、杨浦创业中心、复旦软件园等信息服务集聚区。推进上海市云计算创新基地建设，积极落实区云计算专项政策实施细则，形成稳定、完善的扶持体系；完成“上海市云计算创新展示中心”项目建设并投入试运行；开展云计算创新基地的品牌推广，利用云海沙龙为云计算上下游产业链企业之间的交流合作提供平台；努力构建云计算创业孵化器、云计算企业加速器、云计算总部基地、云计算人才实训基地“四位一体”的发展格局。杨浦创业中心致力开展云计算孵化服务，通过云计算金融服务中心建设，初步形成云计算产业立体投资体系；加强云计算技术转移中心建设，构建云计算相关标准沟通平台。复旦软件园完成工程建设的主体封顶，进行内外装修和配套工程建设；引进园区管理和运营团队，启动招商工作；以“兆联天下”虚拟园区为依托，结合线上线下的互动，积极建设数字化园区以及创新创业的服务平台、信息平台、培训平台与合作平台。

【获得市专项资金扶持】 2012年，杨浦区有4家企业获得市软件和集成电路专项资金扶持，分别是上海有孚计算机网络有限公司（阳光云计算资源管理平台，总投资2 000万元，资助金额200万元）、上海信息产业（集团）有限公司（“天使投资创业”孵化企业公有云服务平台，资助金额200万元）、上海大亚科技有限公司（基于G比特光网络（PON）接入终端，总投资1 500万元，资助金额160万元）、上海复旦微电子股份有限公司（高性能超高频

RFID标签芯片研制，总投资720万元，资助金额100万元）。上海天呈科技有限公司入选市电子商务“双推”工程，获得市信息化发展专项资金176.3万元。

【软件企业服务】 2012年6月20日，杨浦区科信委召开杨浦区认定软件企业培训会，邀请市经济信息化委软件和信息服务业处为区内150家软件企业解读《关于上海市进一步鼓励软件产业和集成电路产业发展的若干政策》，并对软件和集成电路产品设计人员专项奖励申报工作进行了专题培训。组织软件企业年检工作，共受理130家软件企业年审材料；完成软件和集成电路企业设计人员专项奖励申请工作，受理17家企业共451个设计人员共计389.15万元个税奖励申请，经和杨浦区财政局联合初审，有37人不符合奖励条件不予通过，其余予以通过，最终有261人获得230.7万元奖励；完成软件和集成电路专项资金杨浦区地方配套资金9个项目共115万元拨付，并开展项目跟踪、管理工作。

六、信息基础设施建设

【“城市光网”与“无线城市”建设】 积极推进“城市光网”建设，加快城市光纤宽带网建设，实现地区全覆盖；完成杨浦移动枢纽大楼配套设备项目的建设工程。实施杨浦重点区域、公共场所WLAN覆盖，不断完善社区服务中心、交通集散地、校园、酒店、商业设施、休闲娱乐场所等公共热点地区的无线宽带业务的综合承载能力；协调推进纳入i-Shanghai计划的21个场点WLAN建设；进一步推进区级机关、街道（镇）行政服务窗口办事大厅WLAN建设，覆盖范围17个单位的47个场点，制定无线网络建设标准。杨浦区科信委会同区规土局、新江湾城街道等单位召集电信、移动、联通三家运营商，本着集约共享原则，编制《新江湾城宏基站建设规划》，梳理得出新江湾城未来共需新增基站41处：其中三家共建8处，两家共建9处，单家自建24处。

七、信息化环境建设

【智慧城市巡展杨浦站活动】 2012年12月9日，市经济信息化委、市信息服务业行业协会、杨浦区科信委在五角场下沉式广场开展以“智慧城市开启美好生活”为主题的宣传册免费派送及巡展宣传活动。宣传活动中卡通人小智、小慧与观众亲切互动，并与志愿者一起免费派送了3 000册《我身边的智慧城市》宣传册。上海电信东区电信局在现场开展了以“智慧社区”为重点的业务推广活动，向周边居民展示电信高清IPTV、全球眼、3G智能终端等多种“智慧社区”业务，涵盖家庭信息化、物业信息化、社区服务信息化和城区管理信息化等多个领域，并向市民介绍了“智慧社区”能够为大家的生活带来的便利与便捷之处。

八、社会诚信体系建设

【杨浦区推进社会信用体系建设工作会议召开】 2012年10月24日，杨浦区推进社会信用体系建设工作会议召开。区委书记陈寅、市经济信息化委副主任陈跃华出席并讲话。区委副书记、区长金兴明主持。区委常委、副区长唐海东作《杨浦区社会信用体系建设2013—2015年行动计划》起草说明和下一步工作部署。陈寅说，建设具有杨浦区域特征的社会信用体系建设，要与优化投资、创业环境紧密结合，与区域公共资源开发建设相结合，与政府职能改革转变相结合，与精神文明建设相结合，积极稳妥地推进杨浦区社会信用体系建设。要在应用中逐步完善，以信用制度建设为抓手，引导全社会开展诚信活动，规范征信行业的有序发展，形成社会信用体系建设的管理机制。同时要加强政府自身信用的维护和管理，努力实践责任政府、信用政府。

【杨浦区社会信用体系建设2013—2015年行动计划】 2012年10月，根据上海市《关于进一步加强上海市社会信用体系建设的意见》、《上海市社会信用体系建设

2013—2015年行动计划》，贯彻杨浦区委、区政府推进社会信用体系建设的要求，编制《杨浦区社会信用体系建设2013—2015年行动计划》。明确杨浦区社会信用体系建设的指导思想、工作目标和推进原则，将健全社会信用制度体系、完善市场信用管理机制、推广信用服务应用、加强诚信宣传教育等列为"诚信杨浦"建设的主要任务，确立建设市场、安全生产、食药品安全、工商管理、民政管理、政府采购、商业旅游及文化、金融服务、政府诚信、公务员诚信十大重点领域，并通过建立工作机制、建设公共信用信息服务平台、发挥资金引导作用等保障措施推进杨浦社会信用体系建设。

【上海"诚信活动周"启动】 2012年12月，由上海市社会诚信体系建设联席会议办公室、上海市征信管理办公室、杨浦区人民政府共同主办的2012年上海"诚信活动周"启动仪式在五角场环岛下沉式广场举行。市委常委、副市长艾宝俊出席仪式，市经济信息化委，杨浦区政府，上海市社会诚信体系建设联席会议60余家成员单位分管领导及联络员，杨浦区社会诚信体系建设联席会议成员单位领导及联络员，部分行业协会、相关单位及市民代表近300人参加仪式。启动仪式上，"上海市企业信用管理培训基地"、"GPST国际信用管理师认证培训基地"分别揭牌。杨浦区商业联合会组织五角场商会9个主要成员单位(信用等级A级以上)及徐家汇商圈、南京路商圈、南京西路商圈和天山路商圈向全市商业企业发出"建设诚信商圈，共建诚信上海"倡议书。

(陆军霞)

第八章 黄浦区信息化建设

概 述

2012年，黄浦区推进信息基础设施集约化建设，加快发展智慧城区，进一步强化政府信息公开力度，规范管理各部门电子政务工作，为信息技术在各领域中的广泛应用和深度融合奠定了扎实基础。

一、政务领域信息化

【电子政务职能调整划转】 2012年5月22日，黄浦区区政府召开专题会议，研究区电子政务职能调整事宜。会议决定，参照市政府电子政务管理体制，将区科信委承担的电子政务相关职能划转至区政府办公室，由区政府办公室负责推进、指导、协调、监督全区电子政务工作，对口市政府办公厅电子政务办公室。同时成立区电子政务管理中心，落实电子政务网络、应用、网站、安全各方面项目实施和日常运维。6月15日，电子政务职能调整工作基本完成，实现平稳划转。

【《黄浦区电子政务管理办法》出台】 围绕管理体制、顶层设计、技术框架等方面，以《上海市电子政务管理办法》和《上海市政府电子政务“十二五”规划》为依据，采取走访、问卷调查、座谈等方式开展电子政务建设现状和应用需求调研，在此基础上于2012年9月21日出台《黄浦区电子政务管理办法》，从顶层设计高度构建更科学、更实用的区级电子政务建设、应用、管理体系，统一黄浦区电子政务建设管理机制和标准，为全区电子政务建设发展指明方向，规范管理各部门电子政务工作。

【开展全区电子政务项目立项审核】 2012年第四季度，黄浦区政府办公室对全区26个单位申报的86个2013年电子政务预算项目进行立项审核和预审工作，从项目必要性、可行性和预算配置合理性等方面入手，通过现场调研、分工审核、综合分析、预算评估等审核方法，对符合标准、需求迫切的项目重点保障；对实施条件不成熟的项目列入储备项目库，进一步论证研究；对违背顶层设计原则和技术标准，具有重复建设、资源浪费现象的项目坚决制止。区电子政务项目立项审核和预审制度和工作机制初步建立。

【“上海黄浦”门户网站全面改版】 “上海黄浦”门户网站于2012年12月1日改版上线，本着“为民、便民、利民”的宗旨，对页面、栏目、功能进行全面优化。针对不同受众特点，增设“了解黄浦、获取信息、办理事务、参与互动、投资创业、生活服务、观光旅游、用户中心”八大主题栏目和“影像志”、“黄浦日历”两个特色栏目。对35个部门433项网上行政审批和政府服务事项内容进行核对、调整，补充便民服务信息12类700余项，推出4项情景办事事项，丰富各类公共服务和实用信息。改善全站搜索性能，拓展信息订阅功能，研发完成智能地图信息服务系统，实现内外网底图共享和自动地址信息关联功能，用户体验舒适度全面提升。同时，页面版块的灵活性、扩展性显著提高，网站应用系统维护后台实现“一体化”。门户网站英文版、韩文版同步上线，针对境外访问者的需求开设“旅游快讯”、“投资服务”、“生活服务”等栏目，进一步扩大受众面和影响力。在2012年中国优秀政府网站、政务微博推荐及综合影响力评估活动中，“上海黄浦”门户网站荣获“2012年度中国政府网站领先奖”和“2012年度管理创新型政府网站”，在同级政府网站榜单中位列第二。

【“上海黄浦”门户网站“在线访谈”栏目开播】 2012年5月，围绕社会公众关注的政府工作重点、社会民生热点和其他关系市民群众切身利益的事项、政策，“上海黄浦”门户网站开设“在线访谈”栏目，邀请区政府及相关部门领导与网民开展在线互动交流。年内共组织访谈活动9期，其中区领导访谈3期、部门领导访谈6期，访谈内容涵盖区政府实事项目征集、社会事业发展、住房保障、城区环境、民生档案等方面。栏目开播以来，得到网民高度关注，累计访问量达到25.5万人次，现场接收并答复网民提问497个，政民互动渠道进一步拓展，政府工作透明度有效提升。

【区电子政务综合应用平台整合项目启动实施】 2012年10月9日，黄浦区电子政务综合应用平台整合项目正式启动实施。新的平台力求探索云计算技术在电子政务领域的创新应用，在原两区电子政务平台、应用建设成果的基础上构建"一体化、标准化、通用化、协同化"的区级电子政务综合应用服务体系，为区行政审批改革、行政效能提升提供低成本、高性能的电子政务应用服务支持。

【区政务外网整合项目启动实施】 2012年11月21日，黄浦区政务外网整合项目正式启动实施。项目推进过程中，将整合原黄浦、卢湾两区各类电子政务网络，探索构建新的区电子政务网络体系，在确保信息安全的基础上，不断扩大区政务外网覆盖面，实现区政务外网"上下"、"内外"贯通。

【区电子政务管理中心荣获"政府网站安全管理试点工作先进集体"称号】 2012年12月27日，市网络与信息安全协调小组办公室(以下简称"市网安办")会同市电子政务办公室召开"政府网站安全管理试点工作"总结大会。会上，黄浦区电子政务管理中心被授予政府网站安全管理试点工作先进集体和先进个人的荣誉称号。本次试点工作是在工信部信息安全协调司的指导下，由市网安办、市电子政务办、66家市级委办局、18个区县政府门户网站共同实施。区电子政务管理中心积极落实试点工作部署，对照《上海市政府网站安全保障指南》的要求，通过网站开办备案、实名认证、网站漏洞扫描及渗透测试、信息安全检查等一系列措施，切实提高政府门户网站防篡改、防病毒、防攻击、防瘫痪、防泄密的能力，确保政府门户网站处于安全、可控状态。

【"上海黄浦"政务微博被评为上海市政务微博工作先进单位】 2012年3月1日，"上海黄浦"政务微博在新浪、腾讯、新民、东方四个网站同时上线，截至12月31日共发布微博9 324条，粉丝数133 422人。"上海黄浦"政务微博自上线以来，坚持以原创为特色，及时发布政务信息、提供服务信息，拓展栏目内容，理顺运作体制，粉丝数逐日提升，成效日益显现，在新浪网区县活跃度、传播力排名位居前列，被评为上海市政务微博工作先进单位。

(张　倩)

二、社会领域信息化

【完成《黄浦区推进智慧城区建设三年行动计划》初稿编制】 根据市委、市政府对新黄浦发展提出的要求和工作部署，结合黄浦特色和优势，区科信委联合区相关部门，以开拓创新的工作理念，按照"问题导向、需求导向、项目导向"的要求，在深入调查研究和大量听取相关部门、领域内专家意见的基础上，完成《黄浦区推进智慧城区建设三年行动计划》初稿的编制。

【智慧社区示范试点有序开展】 五里桥街道智慧社区项目被列为上海市首批试点街道之一。五里桥街道社区一本通已具备个人健康档案查询、社区活动场地预订功能。党员e卡发放8 000多张，覆盖到社区党员，通过网站和居委的刷卡终端实现个人信息查询、党员活动和参与社区服务记录等功能。同时，区信息化委通过组织参观学习、专题交流等形式，推动各街道以社区居民服务为核心，探索运用新模式新技术，提升全区各街道的社区服务水平。

【签署2012年信息化合作协议】 2012年6月19日，区科信委与上海联通中区分公司举行"2012年黄浦区信息化建设合作协议"签约仪式。9月3日，区科信委与上海移动南区分公司举行"2012年共同推进黄浦区信息化建设协议"签约仪式。双方将围绕黄浦区"智慧城区"建设，在信息基础设施建设、重点领域信息化应用、移动互联产业发展三个方面开展深入合作。

【举行智慧城市宣传周活动】 为宣传智慧城市的阶段性建设成果，提升市民知晓度，增强市民体验感，扩大社会参与面，2012年12月5—11日，黄浦区以"智慧城市开启美好生活"为主题，组织开展黄浦区智慧城市宣传活动。举办了五里桥智慧社区试点宣传展示，无线城市科普宣传和《黄浦区推进智慧城区建设三年行动计划

(2013—2015)》专题研讨会等活动。

在五里桥智慧社区宣传展示活动中，电信、移动、工商银行等单位的专家进社区与居民面对面互动，开展"未来工作，移动办公"专题讲座、开设针对老年居民的"15分钟教会你"系列讲座等；结合五里街道智慧社区试点内容，对两新组织党员、居民区党员进行党员 e 卡社区党建网的操作培训；组织居民代表参观陆家嘴信息化生活展示厅、南京东路的展示厅和"我身边的智慧城市"巡展等活动，向社区居民全方位展示智慧社区的试点情况，让居民切实体验到智慧社区带来的便捷。

无线城市科普宣传活动由中国移动通信上海公司承办，通过发放安全手册、播放宣传短片、现场咨询、互动等，普及移动通信的知识和无线城市的概念，使市民了解 i-Shanghai 等智慧城市项目的推进情况，对无线城市的应用有了直观感触和印象。

《黄浦区推进智慧城区建设三年行动计划(2013—2015)》专题研讨会主要围绕智慧城区建设展开，重点讨论信息基础设施、信息感知和智能应用、推进区域产业转型发展三方面的重点任务，与会专家、区有关部门及区属企业集团对计划进行了认真审阅和充分讨论，并对计划的修订和实施提出了宝贵意见。

【推进区域卫生信息化系统建设】 区域卫生信息化系统建设作为区智慧城区建设项目之一，原卢湾部分圆满完成"上海市健康信息网工程"的试点任务要求，在数据上传量、质量、完整性以及数据应用量排名全市第一。糖尿病和高血压两个专项病种的信息化建设任务被列为上海市疾病预防控制中心的试点，实现市、区以及区内真正意义上的临床与公共卫生业务协同。

【提高社保卡管理与服务能力】 区社保卡服务中心在梳理区内 10 个街道原有的社保卡、居住证受理工作模式及规章制度的基础上，结合实际制订新的《黄浦区社保卡、居住证工作制度》。完成区社保网点业务受理规范化检查和调研，做好 10 个街道受理点的设备更新，及时为市民提供补(换)卡服务。2012 年全年，共补(换)各类社保卡 28 460 张，受理社保卡 15 586 张，居住证 2 439 张、临时居住证 82 320 张、到期续签 275 572 张，临证退证 22 555 张。

三、经济领域信息化

【做好区内软件企业的季度统计工作】 区科信委组织落实相关企业积极填写软件和信息服务业统计季报与年报，截至 2012 年第四季度，已有 74 家软件和信息服务业企业进行网上递交报表并通过审核，统计显示 74 家企业完成营业额 63 亿元。

【促进电子商务"双推"应用】 区科信委配合区商务委做好市电子商务"双推"平台企业申报，黄浦区新世界信息产业有限公司被列为全市 11 家 2012 年上海市信息化发展专项电子商务"双推"平台企业之一。

【在五大商圈推进手机钱包应用】 为推动电子商务应用发展，努力营造电子商务发展的良好环境，支持培育企业发展电子商务，区科信委会同区商务委在五大商圈推进手机钱包，推进五大商圈手机支付银联 POS 机非接改造，完成 POS 非接改造 1 650 台，进一步拓宽了小额商品交易支付方式。

【五大商圈公共场所无线局域网(i-Shanghai)覆盖工作推进会】 根据《关于加快推进本市公共场所无线局域网(WLAN)覆盖工作的实施意见》，2012 年 11 月 7 日，区科信委牵头召开了黄浦区五大商圈公共场所无线局域网(i-Shanghai)覆盖工作推进会，区科信委、区商务委、区建交委、新天地办、广场办、豫园办、南步办等部门相关负责同志及电信、移动、联通三大运营商代表参加会议。综合考虑网络基础条件、技术方案、对配套资源需求、运营保障及服务能力等因素，会议明确了五大商圈的承建运营商，同时要求各承建单位要按"建设指南"的规定开展建设，确保在规定时间内完成建设任务。

四、城市建设管理领域信息化

【智慧外滩建设项目取得进展】 完成《外滩金融集聚带通信基础设施建设专项规划》评审及成果上报。开展外滩综合管理系统调研，了解外滩地区安全监控现状及需求情况，在整合相关部门信息系统数据资源的前提下，搭建具备预警、应急疏导和日常管理等方面功能的外滩综合治理系统平台架构。推进外滩地区公益性小区短信业务，明确发送流程、发送内容、发送规则、投诉处理等相关工作机制。加强外滩滨水区信息亭的管理，协调运营商强化内容更新，更好为游客提供信息查询服务。

【太平桥绿色智能停车信息系统建设完成】 太平桥绿色智能停车信息系统建设，实现了车库内部引导、反向查询、多种收费方式、车位预约、车来灯亮等功能，被推荐为上海交通领域节能减排"四新"项目。

五、信息基础设施建设

【积极推进黄浦区信息基础设施建设专项规划】 区科信委在《外滩金融集聚带通信基础设施建设专项规划》的基础上，启动《黄浦区信息基础设施建设专项规划》项目立项，并做好项目招标工作。组织项目单位完成《黄浦区信息基础设施建设专项规划开题研究报告》，基本明确了规划目标、规划范围、规划深度、技术路线、成果大纲以及工作计划等。

【推进"无线城市"建设】 大力推进WLAN覆盖建设，完成外滩源地区WLAN覆盖建设，完善该地区的无线宽带上网环境。区科信委加强与区商务委、区南步办、广场办、新天地办、豫园办等部门沟通，切实推动五大商圈室外WLAN覆盖建设，确定覆盖范围，明确建设要求，确保五大商圈室外WLAN建设(i-Shanghai项目)任务落实。全年新增WLAN覆盖场点336个，新增光纤入户54 698户，全部完成预定目标。

【推进城区通信接入集约化建设】 以落实《外滩金融集聚带通信基础设施建设专项规划》为抓手，结合外滩金融集聚带开发，落实规划内局房和宏基站建设，协调区工人体育馆内集约化基站、外滩地下通道二期集约化综合通信机房建设。围绕优化通信基础设施建设，区科信委认真研究答复规划部门对相关地块的意见征询，对594(北块)、596街坊地块出让规划方案提出通信配套征询意见，2012年共完成2处规划征询，完成中外运大厦、苏州河管理中心等40处楼宇信息管线接入，提升了楼宇通信品质。

六、信息化环境建设

【加强信息安全管理，落实信息安全责任】 区科信委会同区府办、区卫生局等部门积极落实信息安全责任，做好关系国计民生的重要信息系统的网络与信息安全检查，保障网络与信息安全。

【举办"关注信息数据安全，共创网络信任环境"社区信息安全宣传周活动】 2012年11月2日，区科信委以"关注信息安全，共创网络信任环境"为主题，开展面向社区居民的信息安全宣传活动，举办黄浦区五里桥社区信息安全讲座和现场咨询活动，利用有线电视、政府网站播放宣传短片，开设知识专栏，发放宣传资料，提高市民信息安全意识。

七、社会诚信体系建设

【积极开展社会诚信体系建设推进工作】 结合黄浦区社会诚信体系建设实际，调整了黄浦区社会诚信体系建设联席会议成员名单；组织安排了2012年上海"诚信活动周"黄浦区活动的开展；完成区工程建设领域项目信息和信用信息公开专栏建设；组织上海杏花楼股份有限公司申报2012年上海市社会诚信体系建设专项资金的项目。组织新世界股份完成上海市社会诚信体系建设专项资金项目的验收准备工作。

（沈　蓓）

第九章　静安区信息化建设

概　述

2012年，静安区第九次党代会提出把推进智慧城区建设作为提升发展能级、拓展发展空间、打造发展环境的一个重要抓手和一项主要任务，新一届区委、区政府高度重视智慧城区建设，按照一手抓顶层设计和机制建设，一手抓信息基础设施建设和重点示范应用的推进思路，将智慧城区建设列为2012年度区委重点工作，信息基础设施建设列入2012年区政府实事工程。按照《静安区智慧城区建设规划(2011—2015年)》提出的"四横两纵"的总体框架和"智慧商务突破区、智慧政务先行区、智慧生活示范区"的总体目标，重点研究智慧城区建设框架、技术路线、推进模式等顶层设计问题；建立项目跟踪制度，每月对重点项目进行跟踪指导，协调解决项目立项、资金安排以及技术实施等问题和困难；开展绩效考核，将智慧城区建设工作列入2012年度部门信息化目标管理考核。

年初制定了《2012年静安智慧城区建设工作计划》，并确定27个重点项目。在智慧商务方面，坚持环境就是生产力，推进无线城区建设等6个重点项目建设，优化商务基础设施，改善商务软环境；在智慧政务方面，坚持管理模式创新，推进区社会管理综合治理信息化应用平台等6个重点项目建设，逐步整合政务资源，促进管理扁平化；在智慧社务方面，坚持服务模式创新，推进智慧社区示范试点等9个重点项目建设，为公众提供精细化服务和管理，使智慧城区建设成果切实为公众所享受；在宣传培训和信息安全方面，分别安排了3个重点项目，营造氛围，加强保障。一年来，静安区为加快推进居民区光纤网络和公共服务场所无线网络建设，与上海电信、上海移动分别签署了合作协议，累计完成209个社区光纤覆盖，135个公共服务场所无线网络建设。在上海市下达静安区20多个需建设WLAN的场所中，有16个已完成建设，并开通i-Shanghai网络。由区政府承担的南京西路商圈WLAN已建设完成，并于9月开通试运行。"上海静安"门户网站荣获了"全国区县政府网站绩效评估全国第九位、上海第一位"、"中国政府网站领先奖"、"第六届中国政府网站国际化测评领先奖"、"上海市政府网站安全管理试点工作先进"，"网上办事"栏目还荣获了精品栏目奖等多项殊荣。同时积极配合部门拓展网上应用，有效提升网站便民服务能力，切实加强日常安全运维保障，确保了"十八大"期间网站安全稳定运行。

一、政务领域信息化

【实现网上流转单轨制，推进无纸化办公】 按照区委办、区府办关于"通知、简报"网上单轨制运行的要求，自2012年3月1日起，全区各部门会议通知和简报发放全部通过区政务网公共信息平台进行流转，8月1日起，区内公文实行网上流转。为有效推进工作，区科信委对区内部门电子印章现状进行梳理，完成新增电子印章制作，完成公文单轨制运行操作培训，开展针对部门信息化管理员、办公室相关人员的使用培训7次，涉及区内62个单位，累计培训173人次。同时，对公共信息平台首页栏目进行微调，增加简报信息栏目，扩大通知发送范围，新增九百集团、开开集团等10个使用单位。截至2012年12月底，各部门累计发送各类简报信息1 562份，通知23 709份，公文1 136篇；通知平均接收率为97%，公文平均接收率为90%。

【加强政务公开和服务试点工作，促进依法行政、阳光施政】 静安区受领国务院关于开展依托电子政务平台加强县级政府政务公开和政务服务的试点工作任务后，对现有的信息系统和电子政务应用和运行情况进行了深入调研。政务公开和政务服务系统建设主要包括互联网政务服务、网上行政审批系统、电子监察子系统等构成。将"上海静安"门户网站原"网上办事"按试点工作要求升级为"政务服务",对涉及试点的143个行政审批事项进行调整公开,并完善网上服务。网上行政审批系统对现企业服务中心收件的69个行政审批事项予以流程再造,实现全过程公开,实现部分审批事项的业务数据管理、流程定制、结果反馈等功能。电子监察系统对在网上行政审批系统中办理的事项实现全过程监察,并包括预警纠错、行政投诉、绩效评估等功能,与网上行政审批系统同步上线。

【加大财务信息化管理,为创新社会组织管理提供支撑】 随着静安区社会组织发展与管理工作的不断深入,区财政在保障社会组织的发展、公共服务方面的资金投入越来越大,受益人群的覆盖面越来越广。静安区社会组织会计制度软件监管信息系统的建设,进一步加强了对社会组织财政资金使用的管理,保证资金管理使用的规范性、安全性和有效性,为社会组织提供规范标准、高效便捷的财务管理平台,推进社会组织财政资金使用管理不断向科学化、制度化、信息化、精细化监督管理方向发展。

【有序推进"上海静安"门户网站信息无障碍建设和应用】 完成中英日法全站模版改造、历史数据修改,以及浏览辅助工具条、语音朗读插件及信息网关等工具的开发和部署。对区内近百名60岁以上老人展开应用培训;邀请市盲协专家对网站改造前中后期进行比对体验;聘请老人和盲人作为日常体验监督员,进一步扩大网站信息无障碍知晓率和使用率。制定并下发《静安区政府网站信息无障碍建设技术规范》,规范和指导区内新建或改造网站的无障碍建设,以进一步增强政府网站群整体公共服务能级。作为2012年上海市推进智慧城市建设工作计划项目之一,区门户网站信息无障碍服务于2012年12月3日"国际残疾人日"正式上线,标志网站信息服务能力在深度和广度上取得新突破。

【深入推进"上海静安"门户网站公共服务建设】 新增"便民提示"栏目,实现区内3家主要农贸市场33种副食品每日价格信息在网站首页滚动播报;同时公布了6大类47种主副食品每月均价信息、各社区(街道)文化活动中心、剧场和图书馆举办的文化活动信息、区内医院的义诊咨询信息以及区内食品现场快速抽检、药品零售企业开办等食药品卫生及安全信息等。同时新增"静安区企业优惠扶持政策"中英日法等多版本专栏,便于了解静安区增强企业科技创新能力、完善稳定和扩大就业以及促进经济发展的若干区域性企业优惠扶持政策,为企业提供更直接有效的配套服务。

二、社会领域信息化

【筹建"智慧时代,魅力静安"主题展】 力求通过创意互动的传播手段,打造智慧城市的"互动体验空间"、"展示与交流枢纽"以及"全民学习智慧城市无障碍学校"。展馆设在静安区科技馆一楼,建筑面积约450平方米,20多家企业参与布置50余个应用,内容囊括时尚、社区、家庭、商务、政务和社会服务等。该项目得到市经济信息化委高度认可,作为唯一区县级"上海市智慧城市市民体验中心"予以挂牌,并列入2012年上海市智慧城市宣传周展点。主题展已在2012年12月31日正式揭幕,并向社会开放,展期为18个月。

【推进卫生信息化建设,优化区域医疗服务】 结合国家、卫生部和上海市卫生局的要求,根据相关文件精神和区卫生系统的实际,在推进静安区公共健康服务信息系统一期项目建设的基础上,多次召开专家咨询会,形成区公共健康服务信息系统建设(二期)可行性研究报告暨项目建议书。经过一期建设,区属医疗机构光缆建设基本完成,实现与市卫生信息网互联互通;排队叫号、后台配药、自助打印报告等便民系统陆续发挥效用;健康档案与诊疗系统初步实现互动,医生诊疗可调阅健康档案并进行更新;8家健康驿站和区域影像会诊均已投入使用,居民在社区卫生服务中心就能享受优质专业的诊疗服务。在二期建设中,心电会诊、移动医疗、家庭医生等功能将陆续实现,进一步拓展区域医疗服务的深度和广度。

【利用政府资源,提升文化服务功能】 为了更好地发挥文化网政务公开和信息发布的功能,为社会提供一个便捷的文化服务窗口和平台,更好地体现高效、透明、公开、公正的政府形象,2012年进行了静安区文化局综合业务管理系统暨文化网改版项目建设。通过改版部门外网平台,实现文化要闻、政务公开、政策法规、网上办事、公共文化、文化产业、历史文化、文化市场、文化交流、咨询投诉等信息的发布。通过建立政府内网平台,实现部门内部各项业务综合管理、项目管理、资金使用情况管理等,并为文化网站提供部分数据来源。通过建立移动互联网平台，更好地拓展了文化宣传互通渠道，开发移动手机终端，实现信息查阅、移动版电子杂志、投票评选等移动互联网应用。

【推进智慧社区示范建设，创建温暖舒适家园】 石门二路街道成功申报市智慧社区试点，将通过四大信息化项目，全面改造、提升与老百姓工作生活密切相关的软、硬件信息化设施，完成"一体两翼"（石二和谐家园网、社区管理和社区服务）的智慧化改造。社区居民通过和谐家园网能实时查询、办理社区事务办事，查询交通方式和商户信息，预约服务项目，便捷、优惠地享受社区内娱乐、餐饮等方面的商业性生活服务等。此外，街道还将为低收入家庭提供一键登录互联网的公益性限时免费服务，为独居老人、严重伤残人士提供智能医疗和生活看护等服务。

三、经济领域信息化

【探索智慧商圈建设路径，研究推进区域电子商务发展】 静安区相关部门领导深入走访领秀电子商务公司、各大百货公司及相关品牌企业，了解奢侈品网上销售平台建设，进一步完善"网上南京路"的构想。同时，探索智慧商圈建设路径，为沿线的商厦、酒店和商务楼宇提供统一的基础通信服务、增值信息服务及基于行业应用的商务信息化服务。对区域内电子商务进行专题调研，了解高端品牌电子商务发展现状及未来趋势，研究制定推进区域电子商务的相关措施。加大政策扶持力度，组织区内相关企业申报电子商务储备项目、现代服务业中和试点项目。

【创新监管执法模式，服务区域经济发展】 企业综合监管 GIS 系统围绕南京西路全景三维、食品安全监管、驰名商标监管、市场监管、市场主体决策分析五大建设重点，实现了三维场景地图浏览、地图测量、空间查询、业务数据查询定位功能、自定义路线飞行功能，建立了相对独立但数据互通的分析模块。通过市场主体分布图、辖区监管责任区分布图，实现流通领域食品经营主体登记、监管信息的掌握和使用。

四、城市建设管理领域信息化

【打造"智能化"社会管理平台，实现信息资源整合共享】 静安区社会管理综合治理信息化系统工程项目是静安智慧城区建设和区社会管理创新综合试点的重点项目，得到了市、区两级领导的高度关注与大力支持。该系统整合了"实有人口"、"重点信访人员"等各部门专业基础数据库 49 个、整合各类基础信息 663 086 条，在线流转处理各类"大综治"事件 560 件。逐步将全区 79 个部、委、办、局、街道、集团公司纳入该系统的流转体系中，并可根据各自权限，打破部门间壁垒，实现跨部门的信息共享。事件处置流转轨迹、事件处置五色状态监控、责任人短信提示等监测督导、跟踪督办功能的上线测试运用，为绩效考核，提供了量化、客观、科学的考评依据。

【建设安全生产监督管理平台，完善安全生产重点监管】 静安区安全生产监督管理工作信息平台自 2012 年 2 月启动建设以来，通过企业安全生产基本情况普查登记工作，掌握真实有效数据，为完善数据库打好基础。召开工作动员大会和信息采集培训会，明确任务要求和时间节点，解决实际工作中存在的困难，经安全生产签约单位的努力，采集了四千多家生产经营单位安全生产方面的基本信息，基本覆盖安全生产重点监管范围。通过组织街道消安社工对所采集的信息进行录入和审核，已经完成了初始化数据库的建设，并开通了各安全生产签约单位接入该信息平台的端口。

【推进智能安防建设，创造平安和谐城区】 公安静安分局采用云计算技术，实现对社会信息资源实时、自动、高效、全面地收集和管理，为区社会管理创新提供了有效的技术支持。同时，对各类信息资源进行整合，建成分局业务数据中心，与市公安局信息中心、区综治平台进行数据共享，推动全区智慧社务建设。此外，为进一步提升区社会治安管理工作数字化、信息化水平，分局全面推进全区高清数字视频监控技术建设工作，建设全天候、高覆盖、高清晰地街面视频监控系统，使派出所能及时掌握辖区治安情况，及早发现安全隐患、威慑不法分子、处置紧急事件，实现派出所图像监控中心与分局图像监控系统联网，创造平安、和谐城区良好氛围。

【加强各类社会资源信息应用，为社会治安提供技术支持】 为加强和规范公安分局各类社会资源信息采集及应用工作，进一步夯实情报信息工作源头和基础，为分析研判和实战应用提供强有力的支撑，全面启动社会资源获取汇聚平台建设工作。采用云计算技术，通过多平台、多来源、多方式的社会数据采集、汇聚、共享等方式，通过对后台硬件资源、数据内容、交换流程、功能服务等进行有效整合，以数据采集和交换功能为服务形式，实现对社会信息资源实时、自动、高效、全面地收集和管理，为区社会创新管理和深入推进社会治安防控体系提供有效的技术支持。同时，系统对各类信息资源进行整合，建成一个公安分局业务数据中心，集约、高效地为分局各单位提供相关计算资源和软件功能服务，并与市公安局信息中心、区综治平台进行数据共享，从而推动全区智慧社务的建设。

五、信息产业发展

【全面做好软件认定企业年审工作】 全面掌握静安区认定软件企业和软件认定企业产品情况，有35家软件认定企业初审合格，软件认定产品129个，与2011年相比，新增6家软件认定企业，新增软件认定产品15个。

六、信息基础设施建设

【召开实事项目推进会，制订实施方案】 信息基础设施建设被列入2012年静安区政府实事工程后，开展大量的前期调研，经过与各委办局反复沟通和梳理确认，制定《2012年静安区政府第3号实事项目实施方案》（静科委发〔2012〕2号），明确2012年需完成31个小区的光纤覆盖和125个公共服务场所无线局域网的建设任务，力争实现光纤网络进居民区覆盖率达90%和全区公共服务场所无线局域网（WLAN）覆盖率达90%的建设目标。在明确任务的基础上，于2012年2月召开了智慧城区信息基础设施建设实事项目推进会，使各相关部门进一步明晰工作职责，并与电信和移动公司签订共同推进智慧城区信息化基础设施建设合作协议，全力推进宽带城区、无线城区建设。

【协调各方资源，落实建设任务】 召开各街道协调推进会，明确任务目标，推进落实光纤进社区建设。制定无线局域网场所现场踏勘计划、无线网络建设方案，推进南京西路沿线无线覆盖建设、星级宾馆和重点商务场所的无线网络建设。加强进度跟踪和宣传培训，利用静安时报、静安发布、新闻晚报等媒体，通过报纸、微博等多种手段，进行信息基础设施建设的宣传，扩大影响面和知晓度，取得居民理解和支持。要求电信和移动等建设单位加强施工质量和安全管理，落实相关技术保障和安全措施，制订应急预案，预防突发事件发生。

【全面完成居民区光纤覆盖】 2012年完成42个社区光纤覆盖，累计完成209个社区光纤覆盖，覆盖率达97.2%，完成覆盖率达90%的年度目标。

【全面完成无线局域网建设目标】 完成135个场所的无线局域网建设，覆盖率为97%，完成覆盖率达90%的年度目标；南京西路沿线实现室外无线网络全覆盖；南京西路商圈、静安公园、雕塑公园、中国劳动组合书记部旧址陈列馆、静安图书馆、静安体育中心、中共“二大”纪念馆、第一妇婴保健院（总部）、华东医院、华山医院（总部）、静安妇幼所等70多个场所开通i-Shanghai免费无线网络。积极推进63个重点商业商务性公共服务场所无线局域网的建设，支持多种建设模式并存，已有51个场所实现无线局域网覆盖率，覆盖率达80%。

七、信息化环境建设

【开展智慧城区宣传和培训】 与区委组织部、区人保局、区委党校合作，认真开展公务员和处级领导干部信息化培训，请市经济信息化委领导为学员介绍信息化的发展规律、应用规划、项目管理等问题，从理论到实践深入浅出地介绍智慧城市建设。同时，编写《智慧城区建设简报》(双月刊)，向广大机关干部宣传介绍智慧城区建设工作，鼓励和引导各部门开展应用项目建设。结合科普工作，编印《智慧零距离》科普专刊，向居民介绍当前可用的各类免费应用，并利用八十余个科普屏开展智慧城区建设视频宣传。发放推广使用电子账单宣传折页，在科技活动周制作展出云计算宣传展板，以"低碳 安全 智慧"为主题举办第四届上海科学生活社区评选活动。

【完成中心机房装修建设】 积极协调装修工程遇到的资金、设计、投资监理、消防施工等各项问题，共召开项目例会二十余次，专题协调会十多次。定期召开工程例会，制定网络、安全及机房配套工程实施方案，明确工程监理，顺利完成新机房政务网光缆到楼层，完成常德路370号、武宁路、公安、房地产交易中心等4处室外光纤交接箱的安装，区政务网光缆已铺设至主机房内，光缆工程基本完成。

【加强信息安全综合防范】 制定机房安全工作计划，加强机房检查力度。根据上海市网络与信息安全协调小组办公室下发的《上海市重点领域网络与信息安全检查实施方案》等相关文件要求，对区公共信息平台和区门户网站两个三级信息安全保护系统进行了为期四周的安全自查，并完成和上报了《2012年度上海市静安区信息安全自查报告》。部署、实施公务网涉密域和非涉密域"两网"分离工作，针对静安区公务网涉密域与非涉密域两网连接和使用的实际情况，对全区9个涉及部门进行了调整。加强网络和机房日常运行维护，制订完成"静安区政务网一机房应对恶劣天气专项应急预案"。部署恶意代码检测系统，保证全区主干网络的安全运行，并完成了全区政务网接入部门网络接入设备的巡检。

【信息化管理员队伍建设】 为配合信息安全保密工作和推进关于通知、简报网上单轨制运行，先后召开了由各部门信息管理员参加的"2012年信息化工作例会"和"公共信息平台OA应用培训"，提高了信息管理员的安全保密意识和公共信息平台OA应用能力。

【深入实施门户网站安全保障体系优化建设】 完成区门户网站备案和安全实名认证，并做好防伪标识和服务器证书部署；依据《上海市政府网站安全保障指南》，结合静安实际情况，形成《"上海静安"门户网站安全保障体系优化方案》。完成区门户网站数据库服务器升级；新增数据交换服务区，并架设独立交互服务器，做好与行政服务中心、依申请公开系统、用户中心和短信网关等应用系统数据交互部署；建立服务器操作系统身份鉴别机制，加强对系统及应用运维操作的监控。形成《关于进一步加强静安区政府部门网站群安全管理工作方案》，并完成部门网站群安全管理现状调研；对全区34个部门36个网站实施安全和性能检测，并督促和指导做好安全整改；在"十八大"召开前下发《关于加强我区政府网站安全防范与管理建议》，进一步提醒各部门网站做好安全保障。

【信息安全宣传活动】 2012年10月底至11月初，在第二届上海市信息安全宣传活动周期间，与上海电信西区分局联手开展智慧社区信息安全宣传，制作并下发信息安全相关资料。11月4日和江宁路街道合作，在江宁路社区文化活动中心开展智慧社区信息安全现场咨询活动，通过专家讲解、现场咨询和情景剧表演等多种形式，向居民宣传信息安全相关知识。

八、社会诚信体系建设

【制定《静安区社会信用体系建设三年行动计划》】 深入学习上海市政府下发的《关于进一步加强上海市社会信用体系建设的意见》和《上海市社会信用体系建设2013—2015年行动计划》，对接市委、市政府关于社会信用体系建设的目标，健全完善区域社会信用体系，促进"依法守法、诚实守信、文明有礼"，立足静安区情实际、制订工作方案、明确机制保障，迅速开展《静安区社会信用体系建设2013—2015年行动计划》制订工作，明确任务分工。在统筹规划的基础上，根据各自工作职责和工作内容，分部门、分阶段推进社会信用体系建设，调动各方面积极性，形成加快社会信用体系建设的合力，实现“建设国际静安、构建和谐家园”。

【继续深化政府信息公开】 加强政府诚信建设，不断深化政府信息公开工作，拓展信息公开的深度和广度。2012年全区公开政府信息中，主动公开信息971条，同比增长19%；依申请公开目录1 189条，同比增长33%；网上受理依申请公开148条，同比增长38%。

【推进商业商务行业信用建设】 为促进区域商业企业诚信规范经营，推进商业商务行业信用建设，制定了《静安商业诚信体系建设信用报告使用项目计划任务书》，并征求部分重点企业意见，进一步完善修订了《静安商业企业诚信评价指标及评分标准》，为后期出具企业信用评估报告、诚信监测月度报告打下坚实基础，进一步提升静安商业企业诚信建设水平，打造与静安南京路商业街区相适应的静安商业诚信体系。此外，为考核验收商业诚信信息平台建档企业诚信服务成果，组织安排了本年度商业企业诚信档案考评工作。

【推行静安区文明单位诚信档案工作制度】 制定《关于开展静安区文明单位诚信档案工作的实施方案》(试行)，完成区文明单位诚信档案平台的软硬件设计，通过对部门提供的信用信息实现资源整合，初步建立区文明单位诚信档案信息网上平台，探索政府推动、行业自律、第三方评级、社会监督的管理模式。对信息提供部门和相关考评部门采集、录入人员进行专业技术培训，完成静安区文明单位诚信档案平台的信息归集。建立文明单位诚信档案星级考评制度，制定诚信档案的数据规范、技术实施方案以及具体应用办法等规章制度，以保障静安区文明单位诚信档案工作的建立和应用。

（朱 迪）

第十章 宝山区信息化建设

概 述

2012年，宝山区电子政务工作围绕区委、区政府“两区一体化”总体目标和“五个好”总体要求，坚持以建设智慧城市为方向，深化“智慧宝山”总体框架研究，规范有序推进电子政务项目建设，不断完善信息安全保障体系，促进信息化应用向纵深发展，提升了信息化服务区域经济社会发展的水平。2012年，宝山区社保卡服务中心被评为上海市社保卡先进集体。4月，宝山政府门户网站获得由上海市人民政府办公厅颁发的政府网站优秀集体奖。

一、政务领域信息化

【宝山区视频会议系统通过验收】 2012年1月13日，宝山区视频会议系统通过来自市委办公厅公务网管理中心、市政府办公厅信息中心、华东师范大学、市公安局科技处等各路专家的验收。该系统于2011年8月底建成，在区政府机关大楼设置主会场1个，在街镇园区设置分会场14个。为应对视频会议突发情况，建成网络视频直播系统，即使不在会议现场也可通过办公业务网实时收看会议。2011年11月8日，市政府召开《上海市安全生产条例》宣传贯彻电视电话会议，宝山区通过区视频会议系统实现了市、区和街镇园区的同步收看，参会人员直接领会市、区各级领导的讲话精神，避免了两次传达，降低了会议成本，扩大了会议范围。与会专家和领导建议，应充分发挥视频会议建成后的应用，降低会议成本、节约赴会时间、提高会议效率，也进一步扩大会议参加范围，在第一时间将各级党委和政府的会议精神传达到最基层、第一线。

【宝山区建设工程行政审批网上跟踪系统通过验收】 2012年1月，作为宝山区网上行政审批平台的一个重要系统，由宝山区发改委实施的“宝山区建设工程行政审批网上跟踪系统”通过验收。该跟踪系统涵盖5大审批流程、83个审批事项，实现了对建设工程项目审批的全过程跟踪和监督管理，通过全面应用，将在规范政府行政审批、提高审批效率、促进政府职能转变等方面起到积极作用。该系统是集审批受理、协同办理、意见反馈、电子监察、绩效评估于一体的建设工程行政审批网上跟踪与监管平台，对外服务于宝山区企业，提供建设工程审批流程及审批要件告知承诺、审批状态查询、网上互动等功能；对内实现宝山区发改委、环保局、规土局、建设交通委等11家相关职能部门协同受理审批，记录建设工程审批的全过程办理状态和时间节点，并实行审批全过程电子监察。通过电子监察、绩效评估等功能，区监察局可对行政审批过程中的各单位进行量化的绩效评估，并通过不同指标的分值和权重，给出相应的绩效分数。

【宝山区推进企业法人网上统一身份认证工作】 2012年第二季度，根据市经济信息化委统一部署安排，宝山区在上海市CA（数字证书认证）中心的支持下，在区企业服务中心设立法人证书服务窗口，为区域内六万多家企业法人，一千多家事业法人、社团和民办非企法人提供数字证书申领、更新、挂失等各项服务。利用标准统一的法人数字证书建设法人网上身份统一认证系统，是上海市推进电子认证服务，加强法人网上办事身份可信管理的重要举措，是进一步提高政府服务水平和质量、加快转变政府职能的重要手段，对于推进行政效率最高、透明度最高、收费最少的“两高一少”、建立和健全诚信体系有重要意义。

【宝山区电子政务网数据备份系统扩容项目通过验收】 随着宝山区电子政务的逐步推进和各种业务应用的不断增加，政府工作人员对信息化和各类信息系统的依赖性也随之加大，紧跟而来的问题就是如何在各重要信息系统内业务数据量飞速增长的情况下，做好数据的存储和备份工作，而依靠以前磁盘、磁带备份的方式已逐渐不能满足今后的数据维护需求。因此，区经信委于2008年启动了区电子政务网数据备份系统扩容项目。项目的主要建设内容是在区政府中心机房和党校远程机房各安装一套完全基于光纤通道传输的HDS AMS1000存储备份系统，满足区内OA办公平台、宝山区基础地理信息与共享平台、宝山人口综合管理信息系统平台等区级重要信息系统的数据存储及备份的需要。

【区经信委开展区电子政务平台应急演练】 2012年5月12—13日，为确保宝山区电子政务平台的正常稳定运行，进一步提升应对网络与信息安全突发事件的实战能力，加强信息安全防范意识，宝山区经信委开展了区电子政务网络应急演练。演练主要对区电子政务平台的核心基础部分进行了模拟故障排除的操作，演练内容涉及机房物理环境、基础网络、重要应用系统等各方面。对应急预案的可操作性进行了验证，提升操作人员对应急流程的响应能力。演练还邀请了区内其他委办局及街镇进行了实战观摩。

【宝山区社区综合信息管理系统完成验收】 2012年7月10日，宝山区经信委、地区办和相关单位在区政府召开宝山区社区综合信息管理系统验收会。“社区管理信息系统”是集社区基层管理、信息实时共享、辅助领导决策功能于一体的区级社区管理信息平台。该系统的建立，构成了“一网三平台”的社区工作网络，使宝山区社区信息化水平迈上新的台阶。“一网”是指“社区管理信息系统”依托宝山区政府办公业务网，将区政府、各委办、街镇、居委会连为一体，形成自上而下的三级网络，实现了在同一时间、在一个网络中各级用户同时开展工作，居委会在网上记录日常工作、街镇及各委办局对居委会工作指导及交流、综合展示各类信息，辅助领导决策的功能。“三平台”是指居委会日常工作的工作平台、街镇及委办局与居委会考核、交流的互动平台以及社区各类信息实时共享、辅助领导决策的综合平台。通过宝山区社区综合信息管理系统的成功建设，一方面依托网络，提升了基层管理水平，另一方面使资源达到共享，提高了社区综合管理能力。

【“宝山杨行”网站改版发布】 2012年8月，宝山区杨行镇人民政府根据上海基层党建网对联动网成员网站的有关要求，结合实际工作，以“三个服务”为理念，完成“宝山杨行”网站的改版工作。一是服务网民，实现网站视觉效果优化、结构布局优化、网民互动优化，并新增“为您服务”、“网上调查”、“社区地图”等栏目。二是服务基层，为杨行镇社区事务受理服务中心增设了“生活杨行”子站，方便其发布各类信息公告，宣传社会保障政策和单位形象。为杨行镇社会事务中心增设“文化杨行”子站，展示杨行镇文化活动和文化品牌。此外，增加“基层信息报送平台”，新增“基层单位用户活跃排行”，对使用网站，阅读信息，发布信息，网上学习，网上互动等行为进行积分，不仅可以提高基层单位的信息工作积极性，也可作为基层单位信息工作的考核依据。三是服务部门，除了第一时间发布镇党委、政府的工作动态之外，新增“经济杨行”版块，宣传杨行镇招商引资政策，发布招商引资指南，进行企业形象展示等，更好地为杨行镇经济工作服务。新增“公共服务”栏目，为杨行镇党员服务中心，司法所等部门开辟版块；新增“条线部门信息发布模块”，将信息发布的权限交给各部门自行管理，大大提高了各类信息的时效性。

【宝山区协同办公系统数据实施分库】 2012年9月，为了提升系统的性能，提高响应速度，宝山区信息化服务中心对2004年使用至今的宝山区协同办公系统采用分库的方式对历史数据进行分库处理，即将正式数据库中涉及的历史数据移至历史数据库中，历史数据主要包括2004—2008年的收文、发文、会议通知、通知、内部传阅件五类文件。并对历史数据库中的文件作出了只能做“查询”，不能再流转及修改的规定。为了确保分库工作的顺利进行，9月26日，对全区各部门的网络管理员及机要员进行了培训。

【宝山区委党校远程教学系统(二期)通过验收】 2012年10月31日，宝山区委党校远程教学系统（二期）顺利通过专家验收。宝山区委党校远程教学系统是上海市党校系统远程教学系统（暨上海市网络党校）的组成部分。该系统由上海市委党校牵头，全市25家委办局、区县党校共同参与建设，系统作为干部教育培训的现代化手段，立足于整合教学和信息资源，为全市党校系统提供远程教育和远程信息资源共享服务。2009年，宝山区委党校远程教学系统（一期）项目建成，实现了在区委党校报告厅收看上海市委党校课程直播、点播上海市委党校教学资源库中的各类教学节目、与上海市委党校和其他区县、大口党校进行远程双向互动式教学等功能。根据市委党校的要求，区级党校应建设至少2个远程教学教室，因此本次二期项目将党校的多功能厅也建设成具备远程教学功能的教室。建设内容包括多功能厅公务网非涉密域布线、音视频系统改造和远程教学设备安装。通过二期建设，能有效避免远程教学与其他常规培训班或会议在教室使用上的冲突，大大增加党校利用网络党校资源的灵活性，进一步提升党校的综合实力，增强党校整体服务功能。

【宝山区环境监控中心(宝钢捐助信息化项目)通过验收】 2012年11月12日，宝山区环境监控中心(宝钢捐助信息化项目)验收会在宝山区环境监测监控大楼召开。宝钢能环部领导、宝信软件股份有限公司领导、宝山环保局领导、各部门科室负责人以及信息化领域的专家出席了会议。会上，专家组在听取了宝信软件股份有限公司对环保信息化系统的介绍后，认为该系统设计合理、技术先进、功能全面，一致同意项目通过验收。宝山区环境监控中心项目总投资超过2 700万，历时3年多建设完成。该项目系统通过物联网技术应用并结合GIS技术，实现环保信息"数字一张图"，成功将各类在线数据集成并为环保局各业务部门所共享，对提高环境质量和污染源在线监测监控系统在环境管理和决策中的作用，实时掌握区域环境质量和污染源排放动态变化情况，强化区域环境质量和污染源监督管理力度，提高环境管理的科学化、信息化水平，预防环境污染事故的发生具有十分重要的意义，标志着宝山区环境信息化水平跨上了一个新台阶。同时，这也是政府与企业契约式环境管理模式的有益探索，对促进滨江宝山生产、生活与生态的可持续协调发展具有积极意义。该项目的建成将大大提高宝山区环境管理水平，推进环境信息化发展，对确保环境安全、促进完善节能减排工作措施提供技术手段，进一步提升行政管理能力和公众服务效率。

二、社会领域信息化

【上海市经信委调研宝山区"智慧社区"创建工作】 2012年6月7日，根据上海市推进智慧城市建设领导小组办公室安排，市经济信息化委信息基础设施处处长张建明到宝山调研指导"智慧社区"创建工作，宝山区经信委党委书记浦志良等领导参加了会议。会上，区经信委和友谊路社区(街道)、罗店镇朗诗绿岛园社区分区级层面、社区(街道)层面分别汇报了"智慧社区"推进情况。浦志良表示，"智慧社区"是智慧宝山的重要组成部分，是信息化服务民生的主要体现。宝山区将围绕四个重点，扎实推进"智慧社区"创建工作。一是以"市民百事通"、社区综合信息管理平台等为载体，整合政府、市场和社会的信息服务资源和服务项目，提升为民服务水平；二是紧紧围绕不同居民区、不同类别的市民服务需求，体现信息化服务市民的针对性和贴近性；三是做好"点面结合"，在面上实现宽带、无线网络等共性建设的全覆盖，在点上体现不同的应用需求；四是充分发挥社会各方的积极性，形成智慧社区建设和管理的新模式。在听取介绍后，张建明对宝山区"智慧社区"创建工作给予充分肯定。同时，希望宝山区"智慧社区"创建体现服务民生特色，把"市民百事通"等民生信息化项目作为重点，积极探索、不断完善、做出成效，让"智慧社区"切实惠及百姓生活。根据市经济信息化委《关于开展本市智慧社区建设试点示范工作的通知》(沪经信基〔2011〕912号)，宝山区友谊路社区(街道)、罗店镇朗诗绿岛园社区申报创建上海市智慧社区。

【宝山区红十字会完成网站改版和捐赠信息平台建设】 为进一步提升红会网站宣传功能，实现资源共享，并实现捐赠信息的"两公开、两透明"，宝山区红十字会将网站改版作为2012年重点工作加以推进。2012年7月，宝山区红十字会网站正式运行使用。改版后网站内容更加丰富，界面友好、分类科学、信息丰富、更新及时。同时新网站更注重实用性，例如开辟了有关初级急救、遗体捐献、造血捐献等方面的知识介绍；专门设置了"资料下载"栏目，简化了操作流程；同时还增加了市区红会、红十字医疗机构等相关网站的链接，便于使用者对信息的查询和对红会工作的全面认识。新网站专设"关于红会"、"政策法规"栏目，介绍红会起源、中国红会和区红会概况及红十字法律法规，使群众能全面、系统了解红十字事业，扩大了宣传效果。新网站开设了信箱栏目，由专人负责，加强了网上互动，实现双向交流，广泛收集民意，倾听民声。作为新网站亮点之一的"捐赠信息公示平台"，经过初步建设基本实现了"四公开、两公示"。"四公开"即捐赠指南、捐赠爱心榜、捐赠信息查询、重大项目进展与支出的公示；"两公示"即15天内公示捐赠信息，每年公示人道救助基金年度审计报告，保证了捐赠信息及时公开，项目支出透明运作，主动接受公众的监督。新网站开通后，宝山区红十字会将不断加强网站的维护与建设，进一步扩大红十字会影响力，吸引更多市民了解、支持和参与红十字事业，使网站成为与群众交流互动的坚实平台，扩大红会的宣传效果，提升社会影响力。

【宝山区农村集体“三资”监管平台数据监测点通过验收】 2012年8月28日，市农委、市财政和市经管站一行在市经管站站长方志权的率领下，到宝山区考核验收农村集体“三资”监管平台数据监测点工作，宝山区的数据监测点为杨行镇、罗泾镇和罗店镇的天平村。验收会议集中在杨行镇举行，参加会议的有区农委副主任黄涤宇、区经管站和三个镇的农经站站长。会上，三个镇分别从组织推进、工作制度、工作流程、数据录入、信息更新、档案管理等方面向市考核验收组汇报了工作，并对“三资”监管平台中出现的问题以及希望改进的地方提出意见和建议。验收组实地察看了罗店镇天平村的农民一点通，对有关数据进行实时抽查。经过考核，市考核验收组宣布宝山区农村集体“三资”监管平台数据监测点工作领导重视、制度完善、数据正确、更新及时，达到了农村集体“三资”监管平台数据监测点的验收标准，同时对工作中存在的一些不足提出了改进意见，并要求宝山区继续做好该项工作，使其发挥更大作用。

【宝山“12316”三农服务热线开通】 2012年8月，上海“12316”三农服务热线宝山分中心挂牌成立。“12316”三农服务热线是宝山区在加强农业信息化建设和农业信息服务方面的又一重大进展。服务热线重点在强农惠农政策、农村集体“三资”政策、农民社会保障政策、农产品市场信息等方面拓展咨询服务内容。除在线咨询、视频咨询外，热线将针对农业生产关键时期和农民关心的热点问题，利用农民一点通视频系统进行村级远程培训，与科技入户专家和指导员队伍相衔接，加强解决问题的及时性和准确性。热线的主要功能是：受理农资打假投诉举报，向农民及时传递农业生产技术信息、农产品市场营销信息、农资供求信息、防灾减灾信息和农业政策法规信息等。同时，可以为农民朋友提供实时、实用、方便、准确的种养技术、市场信息和政策服务，并帮助区农业部门及时了解农民朋友普遍关心的热点、难点问题，增强服务的针对性和时效性，为广大农民朋友提供更直接、更高效、更便捷的服务。

【各路专家为“市民百事通”建设建言献策】 2012年8月30日，区经信委在区政府第三会议室组织召开“市民百事通”信息化项目可行性研究报告专家论证会。来自市经济信息化委、市信息中心、复旦大学、东方网等单位的信息化专家共同为“市民百事通”把脉，并提出很多建设性意见。专家表示，“市民百事通”是整合信息资源服务民生的典型项目，意义重大。希望项目建设立足当前、定位长远，进一步细化服务的内容和深度，并量化考核指标和建成效果。“市民百事通”是宝山区一个重要的信息化项目，也是“智慧社区”的重要组成部分。项目将以宝山市民的生活需求和服务为导向，在政府各部门和社会各界的支持下，充分利用互联网的优势和特点，挖掘和汇聚政府、市场、社会等服务资源，动态征集服务项目和服务单位，并推进网上服务与现实延伸服务相结合，从而达到为市民提供就近、便捷、个性化服务的目标。

【宝山就业网、宝山区创建创业型城区专题页面开通】 2012年9月26日，由宝山区就业促进中心牵头的宝山就业网正式开通运行。该网站是为了更好地贯彻落实“双为双服务”品牌服务理念，更加有效地服务群众，在整合市、区、街镇促进就业、创业资源基础上，自主开发的在线服务平台。该网站设有“就业动态”、“政策文件”、“表格下载”、“互动问诉”、“预约办事”、“自主查询”、“宝山就促微博”、“创业型城区”、“人才推荐”、“服务向导”10个栏目，开通了短信平台和微博页面，为群众提供最新的就业、创业信息，并提供在线业务办理服务。宝山区创建创业型城区专题页面下设于宝山就业网，设有“宝山介绍”、“活动报导”、“相关政策”、“成果展示”、“组织机构介绍”等栏目，为开展创建工作提供一个信息展示和交流平台，以加强研究、探索方法、推广经验、指导工作，开拓宝山区创业带动就业工作新局面。宝山就业网作为一个功能强大的就业创业资讯新平台，它的开通，将助力创业型城区创建，为宝山区的创建工作提供政策宣传的新平台、便民服务的新窗口、群众监督的新渠道。

【宝山区成立无线电志愿者工作站】 宝山区少科站整合资源，成立宝山区无线电志愿者工作站，并于2012年10月27—28日举办CQWW远距离世界比赛。竞赛期间，吸引了大批大学生、大学教师、无线电爱好者和青少年学生的热情参与，同时宝山区少科站迎来了“BA1AA童效勇先生”和“BA4AA徐儒先生”两位无线电老前辈的莅临指导，为这个竞赛活动锦上添花。本次比赛做了889个QSO，南亚方向的电台全数到达，并成功联络到了北美洲、南美洲、欧洲、大洋洲的电台，而最重要的是宝山区的中学生队伍首次参加竞赛，就成功通联到了近100个电台，取得了很大收获。

【"大场医院迁建工程信息化建设论证会"举行】 2012年10月17日，区经信委主持召开了"大场医院迁建工程配套信息化建设可行性研究报告论证会"，邀请各路专家学者为大场医院迁建信息化建设项目评估论证。会议上，在认真听取了关于大场医院迁建工程信息化建设方案的详细介绍后，来自上海市卫生局信息中心、各高校及医院的5位专家组成员展开热烈讨论，并从专业层面提出了建设性意见，确保方案的科学性和合理性。此次迁建工程配套信息化建设项目包括医院网络及安全系统、主机及存储系统、机房工程系统、医院一卡通系统和排队叫号系统。一卡通系统集医院门禁、停车场出入控制、用餐消费等功能于一体，既是持卡人信息管理的载体，也是医院后勤服务的重要措施。先进的排队叫号系统则根据医院门诊科室诊疗流程，实现利用信息化手段实时显示患者排队就诊信息，使患者合理安排就诊，尽可能地解决患者在就医过程中拥挤、混乱等现象，创造良好的就医环境。会议最后，专家论证组一致通过了该可研报告方案的技术论证，并对可研报告进行了意见汇总。大场医院迁建工程配套信息化建设负责人表示，将根据专家组的意见对方案进行修改，进一步优化完善建设方案。大场医院作为宝山区西南区域性医疗中心，担负着大场地区近40万居民的预防保健医疗任务，迁建后的大场医院将有助于改善区域内居民的医疗条件。而医院信息化系统的建立将给患者提供更加快捷、高效的医疗服务，方便患者看病就医，并有效地提高医院运行效率，降低医疗成本。

【"宝山区建设工程综合管理信息系统(一期)"通过验收】 2012年11月1日，"宝山区建设工程综合管理信息系统(一期)"(以下简称"工程管理系统")通过验收。工程管理系统包括建设工地的信息查询、现场监督管理、应急处置的应用子系统，市级、区级各个系统的数据交换子系统，以及工地视频监控中心的建设。工程管理系统从2012年3月开始试运行，全面覆盖各个业务部门，功能应用初见成效。工程管理系统实现了与市建管平台的信息共享，确保项目信息的规范性、权威性和准确性。同时，监督人员配备的手持智能设备可拍照、视频、录音，实现现场取证多样化。通过机房的视频监控系统，可实时查看全区重点工程项目、政府投资项目、重大危险源项目等施工情况，远程监督，第一时间发现问题消除隐患。工程管理系统的投入使用为进一步加强建设工程安全生产、文明施工和工程质量的监督管理工作，减少安全生产事故，提高文明施工水平提供了有效途径，对提高区建交委的工作能效和管理水平发挥了积极作用。

【"药品在线实时监控系统"通过验收】 2012年，区食药监局积极探讨监管模式，联合区经信委、区财政局等，协同多方力量建成药品监督管理系统——"宝山区药品在线实时监控系统"(以下简称"药品监控系统")。11月21日，药品监控系统通过验收，并在宝山区内各大药房全面覆盖推广应用。药品监控系统最大的特点是实现了执业药师的指纹考勤制度，驻店药师每天上、下午要各摁一次指纹考勤才有效，并且每家药店将采购的药品登记入库和对外销售处方药前，也必须通过驻店药师指纹认证才能顺利销售。过去有的药店为了节约成本聘用没有专业资质的人员，或空挂药剂师的名字，和其他药店共用一个药剂师应付检查，埋下了安全隐患。使用"药品在线实时监控系统"后，这种方法再也行不通了，从根源上整治了药品销售环节的违规行为。此外，药品监控系统中的应用"信息发布"功能及时将会议通知、工作文件、共享资料等信息发布至直通车平台，加快了信息的交流，提高了办事效率，尤其在处理突发事件时，省去了人工统计所耗费的人力物力，利用动态监控实现药品溯源，及时应对。"特殊药品监控"功能则加强了对特殊药品的智能监管，有效防止不法分子利用特殊药品进行违法犯罪行为。截至2012年年底，宝山区辖内完成"药品在线实时监控系统"直通车软件安装271家，包括14家连锁经营总部；安装指纹仪257家，全面执行药师指纹考勤；GSP管理软件安装33家，主要为单体药房；完成数据端口输出264家，实现了整个宝山区药监系统信息双向、实时、互动交流机制，实现了药品监督管理局内部信息资源共享；架构了药品安全"信息沟通、信息管理与信息综合利用"的机制和平台；促进了对药品与医疗器械的监督管理能力、决策能力、应急处理能力和公共服务能力。

【市政府实事项目"旅游e点通触摸屏"进社区】 "旅游e点通触摸屏"系统是上海旅游信息服务的重要组成部分，与上海旅游政务网、上海旅游热线"962020"以及遍布全市的45个上海旅游咨询服务中心共同构成了上海旅游公共服务体系。为使更多市民方便快捷地获取上海旅游信息，推进上海旅游公共服务向更深层次发展，市政府决定：2012年在全市首批100个社区文化活动中心的东方信息苑中放置"旅游e点通触摸屏"，使社区居民通过点击触摸屏获取上海"吃、住、行、游、购、娱"等各类旅游信息。宝山区友谊路街道的友谊苑、张庙街道的通河苑、高境镇的高境苑、庙行镇的庙行苑、顾村镇的诗乡苑以及杨行镇的杨行苑，共6个东方信息苑增设了该项服务功能。所有“旅游e点通触摸屏”均已正常投入使用。区旅游局将定期走访上述6个东方信息苑，了解、收集社区居民使用过程中所遇到的问题及建议，及时向市旅游局进行反馈，同时积极配合做好设备维护保养的联络工作，确保该项实事项目能够更加有序地推进下去。

【牡丹江路无线覆盖免费上网工程正式开通】 2012年5月17日，区经信委牵头召开宝山区牡丹江路无线网络覆盖建设方案专家评审会。各路专家对宝山区牡丹江路无线网络覆盖建设方案表示了肯定。2012年12月26日，该工程举行工程开通仪式。区委常委、副区长夏雨，中国电信股份有限公司上海公司资深经理郭刚出席仪式。各街镇园区、委办局、宝山电信局、移动宝山分公司、联通宝山分公司的领导参加了活动。宝山区牡丹江路商业街无线网络覆盖工程是宝山区首个市民免费上网工程，也是上海市i-Shanghai无线覆盖工程之一。在牡丹江路商业街(盘古路—双城路)，市民每个账号(手机号码)每天可累计免费上网8小时。牡丹江路处于宝山区繁华闹市地段，建设宝山牡丹江路无线覆盖示范工程不仅可以为市民出行、购物、休闲、娱乐等方面提供便利，也有利于提升宝山的城市形象。

【宝山区市政府实事项目标准化超市猪肉追溯系统通过验收】 2012年12月4日，区商务委召开了宝山区2012年度市政府实事项目——标准化超市猪肉追溯系统验收工作会。区政府督查室、区财政局等参加了检查验收活动。宝山区市政府实事项目——标准化超市猪肉追溯系统顺利通过验收。会上，区商务委首先总结了2012年度标准化超市猪肉追溯系统建设情况工作。随后，与会人员随机抽取爱森优选、迪亚天天、家得利、联华、农工商标准化超市网点，针对猪肉追溯系统硬件配备、追溯码打印及查询、数据上报等方面情况，开展了实地检查。各超市便利店项目负责人陪同，介绍了项目开展情况。项目建设单位表示，将坚决落实长效管理机制，进一步完善标准化超市猪肉追溯体系建设，让每一块肉都有源可查，让广大市民吃上放心肉。

三、经济领域信息化

【信息化促进企业绿色生产论坛在宝山举行】 2012年10月11日，由市经济信息化委主办、宝山区经信委承办的信息化促进企业绿色生产论坛暨上海市“两化”深度融合进区县、进园区、进企业宣传培训活动举行。论坛围绕“两化”深度融合，促进可持续发展这一主题，邀请市智慧城市促进中心、同济大学等专家、企业老总聚焦信息化促进企业绿色生产、创新企业生产经营和管理模式、提升企业市场竞争力等一系列问题发表了主题演讲，探讨第三次工业革命背景下企业信息化与工业化深度融合的发展前景。市经济信息化委领导在会上致辞，并就上海近几年“两化融合”工作做了点评。市智慧城市促进中心介绍了《宝山区2011年“两化融合”企业信息化发展评估报告》。宝山区作为上海市首批“两化融合”实践区，紧紧围绕区域产业转型升级发展目标，“两化融合”实践区建设取得了积极成果。一是聚焦重点，探索信息化促进节能减排实施路径；二是典型引导，建立一批信息化示范企业；三是抓住基础，深入开展“两化融合”人才培训工程；四是支撑发展，建立“两化融合”服务体系；五是资金引导，撬动中小企业加大信息化投资和建设。会上，区经信委介绍了宝山区“信息化应用示范企业”和“中小企业信息化示范服务商”工作的评选安排。通过评选，将积极挖掘、推介出一批具备数字化、智能化、网络化、集成化特征的企业，形成更多能为中小企业信息化建设提供技术成熟、易使用、成本低的信息化产品和解决方案，使之在全区或行业中具有良好的示范作用和普遍应用意义。

四、城市建设管理领域信息化

【“宝山区派出所互联网建设”项目通过专家验收】 2012年1月9日，“宝山区派出所互联网建设”项目通过专家验收。该项目建设根据市公安局推进“网上办案、网上办事、网上办公”平台建设要求，完成了宝山区公安分局下属25个派出所因特网的统一出口建设，建设内容包括Internet局域网网络系统建设、局域网安全管理系统、上网出口升级等。各派出所原来采用独立上网的方式，不但因特网出口总代价昂贵，而且安全防护手段较为匮乏。通过本次统一互联网出口的集约化建设，不但节约上网费用，更有利于对公安因特网的统一管理和综合调配，在进一步提升网络安全管理水平、提高网上办案办事能力等方面起到了积极作用。

【推进监控图像信息共享，促进城市管理联动】 作为构建社会治安防控体系的重要组成部分，监控图像系统在公安实战中发挥着重要作用。为最大限度地挖掘、发挥宝山区已建城市监控图像资源的作用，2008年以来，宝山区以建设“宝山区城市图像监控资源共享平台”为契机，大力推进城市图像信息共享，促进城市管理联动。2012年，平台通过来自高校、科研院所、政府部门的各路专家验收。专家表示，城市图像信息共享是未来城市管理的方向，宝山区先行先试，成绩明显，效果显著。目前，宝山区主要以公安分局城市图像监控系统的图像资源为基础，建成图像联网和视频流媒体系统，形成了全区统一的监控图像共享平台。区城管大队、城市网格化管理中心等各部门，可根据自身业务管理的需要，直接调阅图像监控信息，实时掌握街区各种状况，便于及时发现、及时处理，有效提高了城市监管能力。同时，为便于领导调阅，还建设了流媒体视频管理平台，在办公业务网上的一个计算机终端就可直接观看视频。现已共享的视频监控点为225个。

【宝山区公安综合信息应用系统通过验收】 2012年5月29日，宝山区公安综合信息应用系统通过区经信委组织的专家验收。该项目根据宝山区社会治安管理的实际需求，在系统一期开发的基础上扩展了社会信息资源汇集功能，规范了采集方式、深化拓展了社会资源信息的应用，丰富和完善情报信息资源构成，有效提升综合情报信息利用效能，为分局情报分析研判和实战应用提供有力支持。截至2012年4月，系统共整合各类社会资源信息6 283万条，实现了宝山区全境内的各类社会资源的信息采集，信息包含面广而丰富，丰富和完善了情报信息资源构成，有效提升了综合情报信息利用效能，为公安的分析研判和实战应用提供了强有力支撑。扁平化信息流转有效整合了各类公安情况信息，为情报信息经过收集、录入、分析、研判从而形成即战力提供了保障，进一步推进了分局情报工作体系建设，规范了分局情报信息工作的运作，更好地发挥情报信息辅助决策、服务实战的积极作用。

【宝山公安基层所网络信息化项目通过验收】 2012年9月14日，由宝山区经信委主持，宝山公安基层所网络信息化项目通过专家验收。该项目根据公安部“三基”工程建设要求，结合宝山公安基层所信息化建设实际需求，完成了宝山区公安分局下属高境派出所、警训队、看守所的信息化基础建设。其中，高境派出所和警训队主要完成了综合布线、计算机网络、弱电机房、入侵报警、远程电视电话会议系统等建设。看守所主要完成监控系统、对讲系统、智能分析系统等改造。项目建设进一步提升了公安基层所安全防范能力，提高了宝山公安监控指挥能力。

五、信息产业发展

【宝山区信息化发展水平评估工作启动】 2012年3月23日，区经信委与上海市智慧城市建设促进中心共商信息化发展水平评估工作。上海市智慧城市建设促进中心综合评估部主任王颖东、区经信委党委书记浦志良等参加会议。会上，双方还就信息化发展水平的评估指标、时间安排和评估形式等深入交流了意见。

【《宝山区信息化发展水平评价指标体系》征求专家意见】 2012年8月31日，市经济信息化委信息化推进处主持召开《宝山区信息化发展水平评价指标体系》专家评审会，复旦大学、上海财经大学、上海市计算技术研究所等单位的信息化专家参加。专家肯定了《宝山区信息化发展水平评价指标体系》，并对进一步完善指标体系提出合理化建议。在完善指标体系后，区域信息化发展水平评估将进入实质性阶段。会上，宝山区经信委党委书记浦志良首先介绍了宝山区开展区域信息化发展评估工作的目的、意义和前期筹备情况。上海市智慧城市建设促进中心对《宝山区信息化发展水平评价指标体系》的编制进行了详细说明。该指标体系由信息化保障环境、信息基础设施、公共服务信息化、社会管理信息化等组成，共有7个一级指标、29个二级指标、93个三级指标。区经信委将委托第三方评估，客观了解宝山区信息化发展所处的阶段。同时，围绕当前经济社会发展对信息化提出的实际需要，从加强执政能力信息化建设的高度，瞄准国内乃至国际信息化最佳实践区，进一步明确和细化今后信息化发展的重点领域、方向和实施路径。

【区信息化项目绩效评估进入专家评估阶段】 2012年4月，根据《宝山区信息化项目绩效评估办法》要求，区城市网格化管理信息系统、村卫生室新农合实时结算系统、工商行政管理信息系统等5个项目完成单位自查、用户和服务对象问卷调查、工作组核实等程序，进入专家评估阶段。信息化项目绩效评估指标实行定性和定量指标相结合，以项目投入使用后的应用效能为评估重点。定性评价的应用效能指标采取单位自查、问卷调查、专家评估三种形式进行，采取加权求和的方式综合评估。定量指标通过单位自查和工作组核实进行综合评分。专家评估主要是对定性评价中应用效能指标进行评分。并通过对5个项目绩效评估的指标评分、综合评议，最终形成《宝山区信息化项目绩效评估报告》。同时，进一步论证完善评估方法和指标体系，发布《宝山区信息化项目绩效评估指标体系》，将信息化项目绩效评估工作纳入项目日常管理。

【上海市软件技术创新服务平台宝山工作站成立】 2012年6月14日，作为推进区域信息化与工业化融合的一项重要内容，上海市软件技术创新服务平台宝山工作站揭牌成立。在成立仪式上，上海计算机软件技术开发中心党委书记黄毅、宝山区经信委党委书记浦志良共同签订了《上海市软件技术创新服务平台市区联动合作协议》，二十多家"两化融合"、软件和信息服务企业共同见证。根据合作协议，工作站将为"两化融合"企业、软件和信息服务企业提供企业信息化测试、系统性能测试、安全测试、软件企业认定、软件产品登记、软件著作权登记、IT运维与服务管理等一系列就近、便捷、优惠的专业化信息化服务。同时，拉近政府和第三方权威机构服务企业的距离，缩短服务企业的半径，推动企业自主创新，提升企业竞争力。上海市软件技术创新服务平台是上海市委、市政府首批授牌的12个产业技术创新服务平台之一。该服务平台以软件构件化、嵌入式技术、软件质量保证、信息化管理咨询服务为核心的分布式、一体化服务平台。作为宝山信息化发展长期的战略合作伙伴，上海计算机软件技术开发中心(上海市计算机软件评测重点实验室)是国家"863"软件专业孵化器(上海)基地的技术支撑单位，国家实验室认可委员会认可的实验室，中国软件测评机构联盟常务理事会员。

【宝山区开展信息化示范企业评选活动】 2012年10月，为挖掘、储备一批具备数字化、智能化、网络化、集成化特征的企业，并形成更多能为中小企业信息化建设提供技术成熟、易使用、成本低的信息化产品和解决方案，营造区域信息化与工业化深度融合的良好氛围，宝山区启动"信息化应用示范企业"和"中小企业信息化示范服务商"评选活动。本次评选活动分为信息发布、企业申报、专家评审以及表彰推广四个阶段，计划于2013年第一季度对获奖信息化企业进行表彰。宝山区信息化应用示范企业应将信息化建设纳入企业发展战略，在产品性能、工艺设计、生产制造、运营管理、电子商务等过程广泛应用现代信息技术，取得经济效益和社会效益明显，并在全区或行业中具有良好的示范作用和普遍应用意义；中小企业信息化示范服务商应能为中小企业信息化建设提供易用成熟的信息化产品和解决方案，具有良好的服务管理体系，并可降低宝山区企业信息化的建设成本。凡在宝山区注册，具有独立法人资格，企业设立时间2年以上、经营状况良好、在信息化建设上成效明显的企业及服务商均可参加。

【宝山区经信委调研宝钢物流信息化】 2012年10月，区经信委一行调研走访了上海宝钢物流有限公司，深入了解企业的信息化建设进程和应用成效。上海宝钢物流有限公司是宝钢集团有限公司下属宝钢发展有限公司的全资子公司，年综合物流营业收入10亿元。公司致力于成为具有核心竞争力和品牌影响力的现代物流企业，通过大力推进以"作业自动化、管控信息化、管理智能化"为主的数字化物流体系，为各类企业提供全过程、全方位和全天候的综合物流服务。公司负责人表示，物流的现代化离不开信息化，公司利用物联网和各类现代通信技术，在仓储、运输等各个环节广泛运用RFID全流程智能物流、智能仓储、GPS定位系统、实时监控、红外线感应防盗报警系统等，大大提高了仓储作业效率和精准率，优化了仓储配送管理，满足了社会客户的个性化需求。在调研中，区经信委对宝钢物流信息化建设取得的成绩给予了肯定，希望企业积极探索、认真实践，争取在同行业中形成品牌示范效应。

【参展"2012中国国际工业博览会"】 在2012中国国际工业博览会上，宝山区庙行智力产业园、复旦软件园高新技术产业基地、博济智汇园3家园区和二十余家企业参加了2012中国国际工业博览会，对外展示了宝山区在智能交通、云计算、电子商务等领域的优秀信息技术产品和成熟解决方案。上海发那科机器人有限公司与国内外各知名厂商同台亮相，向观众完美演绎着工业智能化、自动化的魅力。上海宝康电子控制工程有限公司对城市全周期、全对象、全区域的智能监控，真正做到"天网恢恢，疏而不漏"。11月7日，区委常委、副区长夏雨专程带领区经信委、区商务委、区招商办等职能部门，实地考察"工业自动化展"、"信息与通信技术应用展"、"智慧宝山"等主题馆。

【宝山区"信息化促进节能减排"课题通过评审】 2012年11月21日，市经济信息化委组织专家对宝山区经信委承担的"信息技术促进区域性节能减排实施路径、机制与方法研究"课题进行了评审(该课题列入上海市信息化发展专项资金项目)。专家组听取了课题汇报，审查了相关文档，经过认真讨论，并对相关问题进行了质询，一致表示：课题分析了国内外节能减排相关政策与推进措施，并在宝山区以信息化促进节能减排相关政策的基础上，提出了完善区域政策的目标定位和主要思路；课题开展了信息化与节能减排的关联性分析，提出了信息化促进节能减排的直接措施和间接措施，并开展了企业调研与案例分析，研究目标明确、视野开阔、方法科学；课题提出了符合宝山区区域节能减排总体规划，由相应的政策、培训、示范和市场化服务等构成的工作体系，为进一步完善相关政策提供了支撑，对信息化促进节能减排后续工作具有指导意义。最后，专家组一致同意该项目通过课题评审，同时建议加强课题研究成果的应用和实践。

【宝山区荣获首批"上海市移动互联网产业基地"授牌】 在2012年11月27日举办的"2012信息服务业(上海)论坛暨第四届移动互联网产业发展高峰论坛"上，上海市政府副秘书长肖贵玉、上海市现代服务业联合会会长周禹鹏为市经济信息化委认定的上海市首批移动互联网产业基地授牌。宝山区"博济·智汇园"是首批基地之一，区经委主任叶英上台接受授牌。为积极抢抓产业发展先机，促进宝山区移动互联网产业加快培育壮大，区经委以争创上海市移动互联网产业基地为抓手，开展了大量推进工作，如加强对产业发展的研究，制定产业发展计划，先后多次拜访业界知名机构洽商合作事宜，并支持"博济·智汇园"成功举办了"2012年北上海移动互联网产业高峰论坛"等。

六、信息基础设施建设

【区政府领导会见上海移动公司领导商讨"智慧城市"建设】 2012年3月16日，区委副书记、区长汪泓，区委常委、副区长夏雨，副区长连正华等区政府领导会见上海移动公司董事长、总经理徐达等上海移动公司领导，就如何进一步加强区企合作，建设"智慧城市"进行商讨。汪泓在会见时说，宝山有发展的空间，而宝山的发展与信息化建设是分不开的。政府愿意搭建平台，全力支持企业发展，希望双方共同谋划好今后的合作与发展，最终形成产业链。徐达表示，上海移动公司需要依托地方经济社会的发展才能成长，公司也应该为地方的经济社会发展作出贡献，希望双方达成良好合作关系，实现双赢互利。

【区经信委与上海联通会商"智慧宝山"建设】 2012年3月27日，区经信委与上海联通会商"智慧宝山"建设。上海联通副总经理李广聚，上海联通宝山分公司总经理焦海军、副总经理朱志鹏、凌颖华，宝山区经信委党委书记浦志良、副主任龚东耀、王沛等领导参加会议。上海联通副总经理李广聚说，希望与宝山区加强合作，发挥企业自身优势，广泛参与、服务宝山现代化滨江新区建设。宝山区经信委党委书记浦志良表示，根据区政府关于加强地区与央企对接合作和推进"智慧宝山"的建设要求，今后将进一步加强与上海联通合作。

【宝山区政府携手上海电信共建"智慧宝山"】 2012年5月11日，宝山区人民政府与中国电信上海公司签署《推进"智慧宝山"建设2012年度战略合作协议》。区领导斯福民、汪泓、丁大恒、夏雨，上海电信总经理张维华等出席。签约仪式上，区委书记斯福民，区委副书记、区长汪泓，区委常委、副区长夏雨分别致辞。区领导表示，推进"智慧宝山"建设，既是贯彻落实市委、市政府总体部署的应有之义，也是宝山转型发展的必然要求。希望双方在顶层设计、资源整合、信息基础设施能级提升、信息化应用等领域加强合作，使推进"智慧宝山"建设真正成为落实“五个好”要求、加快实现“两区一体化”目标的创新驱动。根据协议，2012 年，宝山将完成既有住宅光纤改造 10 万户，到年底累计覆盖 40 万户，实现城镇化地区住宅小区全覆盖；重点商务楼宇和市级园区实现光网接入，改善招商投资环境；居委会光纤改造力争覆盖 90%以上，带宽普遍提至 10 M。同时实施牡丹江路商圈的无线网络覆盖工程和社区事务受理服务中心、星级公园、星级宾馆、客运码头等重点区域的无线网络覆盖任务，加快构建高速、泛在的无线宽带网络环境。在应用方面，双方将围绕政府服务及管理、民生、服务企业三大领域开展合作。2012 年，宝山区将积极探索基于“云计算”的社区行政事务应用；结合电信“全球眼”视频监控等业务，推进友谊路街道、顾村镇的平安社区建设、高风险餐饮服务企业食品现场操作视频监控等项目实施；建设“宝山百事通”平台，试点创建“智慧社区”、“智慧商圈”，并积极探索基于信息技术的“智慧医疗”；以节能、安防、消防和温湿度远程监控等物联网应用为亮点，率先开展“智慧园区”业务应用。电信方面承诺：2012 年将对宝山政企宽带用户开展优惠活动，平均优惠幅度达 30%；对市经济信息化委认定的宝山重点信息服务业企业优惠 20%，实实在在降低企业的成本负担。此外，双方还将携手开展“智慧宝山”的前瞻性研究，以进一步完善“智慧宝山”顶层设计，不断拓展合作的领域和成效。

【宝山区无线电管理试点工作通过市年度考核】 2012 年 12 月 20 日，上海市无线电管理局区县试点工作考核小组对宝山区无线电管理试点工作进行考核，在听取区无线电管理办公室汇报后，考核组充分肯定了宝山区无线电管理试点工作取得的成绩，一致认为试点工作扎实有效。2012 年，宝山区无线电管理试点工作在基站基础管理方面，完成了《上海市公共移动基站(2010—2020)规划》(宝山区)与宝山区地理信息综合平台的对接。完成了 93 个移动通信基站站址认定初审及相关沟通、协调工作，确保基站按布局专项规划有序落地。完成了《宝山工业园区的信息基础设施优化方案》，最大满足地缘区发展带来的通信需求。在无线电设备管理方面，针对宝山区各部门特别是街镇下属的物业公司等部分使用电台、台站频繁的单位进行了台站核查工作，确保宝山区范围内用台的合法性和规范性，提高宝山区使用电台的文明和有序的程度。在无线电宣传培训方面，多渠道、多形式开展无线电知识宣传活动。全民发放无线电宣传小册子 5 000 份，《漫画无线电管理科普宣传手册》1 000 份，宣传海报 1 000 份。发布 23 条无线电科普知识、法规常识以及市民最关心的辐射问题的微博。加强无线电师资和青少年爱好的培养。与区少科站的青少年业余无线电台的合作，按照计划对 18 位项目教师进行电台操作培训，申请了电台呼号，配置了对讲机，改善了教学的软硬件环境。同时还开展了一系列科普活动，如举办宝山区首届中小学校无线电节、无线电科普活动进校园、“同达杯”上海市学生阳光体育大联赛定向越野选拔赛和“永不消逝的电波”活动，将无线电知识作为爱好和特长在宝山区青少年学生中不断传播和延续下去。

七、信息化环境建设

【宝山区召开 2012 年信息化项目绩效评估会议】 2012 年 2 月 29 日，2012 年宝山区信息化项目绩效评估工作启动。区城市网格化管理信息系统、区农村经营管理监管系统、区村卫生室新农合实时结算系统、区工商行政管理信息系统等 5 个信息化项目纳入本次评估。宝山区已有 10 多个信息化项目完成绩效评估，这也是宝山区自开展信息化项目绩效评估以来的第四轮评估。为确保信息化项目绩效评估工作的客观、公正、公开、公平，通过政府采购，委托复旦大学公共绩效与信息化研究中心作为第三方机构开展评估。评估根据《宝山区信息化项目绩效评估指标体系》，通过单位自查、用户及服务对象问卷调查、工作组情况核实和专家评价相结合的方式，进行指标评分、综合评议，最终评定出信息化项目应用等级，形成信息化项目绩效评估分析报告。整个评估工作分为三个阶段：第一阶段为完善区信息化项目绩效评估指标体系及制定评估办法；第二阶段为完成 5 个信息化项目的绩效评估；第三阶段是在总结经验、完善修改指标体系及评估办法的基础上，开展信息化综合应用绩效评估的研究。评估工作于 8 月完成。通过有效分析信息化项目的达标程度、应用推广、资源利用情况，客观衡量信息化应用产生的经济效益和社会效益。

【宝山区召开信息化项目建设推进暨信息化工作会议】 2012 年 3 月 21 日，宝山区召开信息化项目建设推进暨信息化工作会议，总结成绩，表彰先进，部署 2012 年重点工作。区委常委、副区长夏雨出席会议并指出，要围绕宝山加快建设"示范区、最佳实践区，率先实现城乡一体化"总体目标和"五个好"总体要求，进一步加大信息基础设施建设力度，推进信息技术在经济社会发展各领域的渗透应用，努力突破信息资源共享和业务协同等瓶颈问题，同步提升信息化应用效能和信息产业发展能级，加快形成与现代化滨江新区相匹配的信息化支撑和保障体系。会上下发了《2012年宝山区信息化项目实施计划》、《2012年宝山区信息化工作要点》、《宝山区信息化项目管理办法》等。宝山经信委党委书记浦志良总结了2011年全区信息化工作，并对2012年经济发展、社会管理、民生保障、生态改善、文化建设五大领域的重点信息化项目作了布置。

【宝山区开展信息化宣传周系列活动】 2012年5月25日，宝山各界青年参观上海信息生活体验馆，通过虚拟实景演示和人机互动等方式体验未来智慧生活，由此，以"智慧城市　智慧宝山　服务发展　惠及民生"为主题的信息化宣传周活动拉开了序幕。系列活动持续到6月初，既有广场咨询活动、"城市光网"社区服务展等走近市民的活动，提供高速上网体验和手机辐射检测、宽带免费升级、推广使用电子账单、"市民百事通"服务项目大征集等；也有信息化题材电影《碟中谍4》的放映，让人在休闲娱乐中感受新技术、智能终端和移动通信技术与未来工作和生活越来越紧密的联系。5月底，上海联通公司通过视频展示、模拟环境和产品现场演示等多种方式，展示移动办公、移动销售管理、智能交通、视频监控、移动媒体等移动信息化应用典型和成功案例。为充分调动广大市民的参与热情，区经信委还与政府门户网站、团区委、东方网联合举办"信息化与我的生活"博客有奖赛。无论是"网购达人"，还是居家就业的"宅一族"，都可以通过博客畅谈"信息化与我的生活"，反映信息时代给自己和身边人带来的新变化。

【宝山区经信委与上海联通联手举办信息化行业应用巡展】 2012年5月30日，宝山区经信委与上海联通联手举办的信息化行业应用巡展在衡山北郊宾馆举行。区委常委、副区长夏雨，中国联通集团客户事业部副总经理李广聚，中国联通上海分公司副总经理季绪浩以及区政府有关部门、各街镇、园区分管领导、部分企业负责人出席。活动现场，与会人员聆听了"智慧城市"行业应用演讲，参观了移动办公、统一通讯、智能交通、汽车信息化、3G组网等项目的信息化应用。

【宝山举行"信息化与市民生活"广场服务活动】 2012年5月29日，由区国民经济和社会信息化领导小组主办，区经信委承办的"信息化与市民生活"大型服务活动在宝山区文化馆广场举行。区经信委组织电信、移动、联通等通信运营企业，上海付费通信息服务、兆民云计算等公司带来了"信息大篷车"体验、宽带升级、手机辐射检测、手机终端维修、信息化知识普及宣传、电子账单、通信优惠活动等服务项目，吸引了逾500名居民踊跃参与。在"信息大篷车"上，居民群众体验了计算机基础知识操作培训。"电子账单"让众多居民感慨信息时代的便捷生活。平板电脑以及不需要主机的"云电脑"，让现场居民耳目一新。区经信委策划制作的无线电科普展板吸引了众多市民驻足观看，完展板后对基站、手机辐射有了更科学的了解。这次活动进一步扩大了信息化普及范围，也使居民群众近距离、直接形象地感受信息化、了解信息化、走进信息化。

【宝山区召开信息安全专题会议】 2012年5月25日，宝山区信息安全专题会议召开。区委、区政府各部门、各街镇的分管领导及信息安全管理员出席会议。会议通报了近期信息安全工作情况，并提出了提高信息安全意识，加强信息安全保障工作的要求。一是要加强信息安全日常管理工作。全面实施重要信息系统信息安全等级保护工作，定期开展信息系统安全检查工作。各重点部门和单位要针对重要信息系统，开展信息安全测评和风险评估；组织开展重要信息系统的应急演练，通过应急演练，不断完善应急预案，提高网络与信息安全事件的应对和防范能力；每月5日上报信息安全情况表，如发生信息安全事故，应立即向区网安办(信息委)报告。如委托第三方运维的部门，要加强对运维企业的管理。二是要加强信息安全管控体系建设。各部门要完善管理机制，制定或完善信息安全管理制度，加强重要岗位人员的管理，与重要岗位人员签订信息安全和保密协议；要加强技术防范。每年预算中要安排一定的经费，用于设备的更新和维护，防患于未然。提升网络攻击、病毒入侵、网络窃密等的监控水平与防范能力，提高电子政务网络的抗毁和灾难恢复能力；要全力做好重要时段的安全防护措施。三是要加大信息安全宣传力度。区网安办要结合市无线电管理试点工作，在各级政府部门和居(村)委开展信息安全巡展活动，提高市民信息安全防范意识。各部门要加强本部门信息安全宣传教育工作，提高干部职工的信息安全意识，减少人为事故的发生。

【友谊路街道举办东方讲坛——信息化战争与我国国防现代化】 2012年5月29日，友谊路街道在市民中心报告厅举办“东方讲坛—信息化战争与我国国防现代化”专题讲座，由南京政治学院上海分院教授黄士良主讲，社区居民200多人聆听了报告。黄士良教授以近期的热点——南海局势为切入点，提出我国国防现代化要走信息化道路。黄教授引入了新军事革命这一概念，他说，新军事革命是军事技术的革命，是军事理论的革命，也是组织指挥的革命。当前，空间技术、通信技术和计算机技术紧密的结合，给今天的战争带来了翻天覆地的变化，其主要的表现形式是远程精确打击和信息化战争。他引用了伊拉克战争、科索沃战争等案例，深入分析了信息化战争的三个特点，即战争范围空前扩大、兵器效能空前提高、战争节奏空前加快。来自宝林八村的一位老同志说：“黄教授的讲课实事求是，简洁明了，让我们很清楚地就了解了当前战争的模式，也进一步激发和增强了广大居民的爱国热情和国防意识。”

【宝山区举行“信息化与我的生活”博客征文活动】 2012年5月21日—6月10日，宝山区经信委、宝山政府门户网站、团区委、东方网，联合举办了“2012年宝山区信息化宣传周系列活动——信息化与我的生活”博客有奖赛。全国各地的市民通过宝山百姓博客、东方网博客和邮件报送形式参加，共收到征文75篇。经评委会评审，评出一等奖1篇、二等奖5篇、三等奖10篇。2012年7月25日，“2012年宝山区信息化宣传周系列活动——信息化与我的生活”博客征文表彰会在区政府第二会议室举行。会议表彰了16名“信息化与我的生活”博客征文获奖者。区经信委副主任王沛、宝山政府门户网站站长黄永庆、东方网社区中心副总监寇志红等领导参加会议。

【普陀区经信委到宝山区交流信息化工作】 2012年7月25日，普陀区经信委副主任王建平到宝山区交流信息化建设、应用和管理工作。区经信委副主任龚东耀围绕“智慧宝山”建设，就宝山区重点领域信息化推进、信息化项目管理、信息基础设施建设、无线电管理等工作做了全面介绍。双方还就信息化推进中遇到的困难、问题进行了深入交流和探讨。双方表示，推进智慧城市建设任重道远，今后将进一步加强学习交流和互动，从而更好地推进各项工作。

【宝山区重点领域网络与信息安全检查工作会议】 2012年8月1日，为贯彻落实国家与上海市关于重点领域网络与信息安全检查工作的要求，全面开展宝山区重点领域网络与信息安全检查行动，宝山区网安办组织召开了宝山区重点领域信息安全检查工作会议，区委、区政府各部门、各街镇、园区等相关单位出席会议。会上传达了上海市重点领域网络与信息安全检查行动动员大会精神，部署宝山区重点领域网络与信息安全检查工作，并对《信息安全自查指南》进行了培训。会议要求各单位要深刻领会本次开展重点领域网络与信息安全检查行动的重要意义，要认真落实本市重点领域网络与信息安全检查行动实施方案的各项要求，要及时总结检查行动开展过程中的各类经验和发现的各类问题，要把信息安全保障工作做好，以实际行动迎接党的“十八大”的召开。

【上海市区县信息化工作例会在宝山举行】 2012年9月7日，上海市第二次区县信息化工作例会在宝山区罗店美兰湖举行。市经济信息化委副主任刘健、市经济信息化委相关处室负责人、各区县信息委主任参加会议。刘健表示，上海市智慧城市建设取得阶段成果，区县智慧城区建设是重要组成部分。下阶段，要继续按照上海市推进智慧城市建设的总体要求，结合区县实际，有效有力地推进。一是要力争早日将信息基础设施专业布局规划纳入区域城乡规划，严格执行信息通信相关标准，走集约化建设、景观化设置、专业化维护的道路；二是要重视信息资源的共享、利用问题，推进政务信息资源的社会化服务；三是要重视智慧社区建设试点，结合区县和社区实际体现创新特色，提高为民服务水平；四是要加强智慧城市建设的宣传，要使建成的智能化应用系统让市民感受到、体会到；五是要加强信息安全保障，积极稳妥推进智慧城市建设。会上，市经济信息化委有关处室就电子政务、信息基础设施、信息安全、诚信体系、无线电管理等工作作了部署。宝山、徐汇、松江等区县交流了2012年以来的信息化工作情况和下阶段打算。

【宝山区召开信息化项目工作例会】 2012年9月18日，区经信委组织召开2012年信息化项目工作例会，推进全区信息化项目建设。二十余家单位的信息化项目负责人参加了会议。会上，区经信委对信息化项目建设提出要求。一是希望各单位信息化建设紧紧围绕业务应用需求，切实发挥信息化的倍增效应；二是要领导重视，形成项目建设合力，共同思考、谋划、推动信息化项目建设，将信息化应用水平和效益作为项目建设成败的唯一标准；三是要按照预定计划，规范化、有序化推进项目建设和验收工作。会上，区食品药品监管分局和区建设交通委分别交流介绍了宝山区药品在线实时监控系统和宝山区建设工程综合管理信息系统。

八、社会诚信体系建设

【上海市“12358”价格举报管理信息系统宝山区配套建设项目】 2012年12月18日，上海市“12358”价格举报管理信息系统宝山区配套建设项目通过验收。项目的建设内容包括呼叫中心平台、价格举报办公系统、价格案审系统的本地化部署安装。项目建成后，实现了“12358”价格举报的全国三级联网，建立了面向消费者的、通过统一特服号接入的价格咨询和价格投诉，真正做到每周7天、每天24小时的全天候服务。上海市“12358”价格举报中心宝山区节点的建成应用，有利于实现价格管理信息实时分析，辅助领导决策，同时也是政府推进公共服务、提高办事效率、接受社会监督的一个良好载体。

【工商宝山分局推进“诚信市场、平安市场”创建活动】 工商宝山分局以推行“诚信经营四项统一标准”为抓手，扎实推进“诚信市场、平安市场”创建活动。以问题为导向，着力解决集贸市场管理中的突出矛盾。通过“诚信市场、平安市场”创建平台，以经营体量大的农副产品批发市场为突破口，在全区农副产品批发市场率先推行“四统一”的诚信创建标准，夯实市场诚信自律建设基础；以目标为导向，探索建立内外工作协调机制。对内明确工作目标和职责分工，将推行工作纳入全年考核；对外建立完善批发市场例会制度，依法加强对市场的引导和督促；以需求为导向，全面提高诚信市场创建成效。针对市场管理现状差异，分管局领导亲自挂帅，主要业务科室、辖区工商所积极参与，加强对市场的走访，现场指导市场落实“四统一”，鼓励有条件的市场先行完成创建，以点带面，分类指导，确保市场诚信建设取得实效。

【宝山区质量技监局以质量建档为基础推进质量诚信体系建设】 根据国家质检总局《关于进一步加快质量诚信体系建设的指导意见的通知》的要求，坚持“统筹规划、循序推进，政府推动、培育市场，完善法制、严格监管，企业自律、社会监督”的原则，以组织机构代码实名制为基础建立企业质量信用档案，进一步推进质量诚信体系建设。根据市局建档要求，宝山区质监局全面完善辖区内企业质量档案，主要内容包括：企业基本信息，如企业名称、规模、注册（生产）地址、联系方式等；质量管理信息，如质量控制文件、质量管理人员情况、计量器具检定情况等；产品信息，如产品名称、类别、型号规格、执行标准、许可类别等；企业良好行为信息，如自愿性认证等；监督检查与不良行为记录，如监督检查记录、违法违规记录等。

【利用信息平台开展高风险餐饮企业“主题监管”】 为加强高风险餐饮服务单位食品安全监管工作，食药监宝山分局结合“2012年餐饮服务食品安全百日行动”，开展高风险餐饮企业“主题监管”系列活动。2012年8月，以“知道——让监管方知道餐饮企业在做些什么，让餐饮企业知道监管方在管些什么”为监管主题，借助高风险监管对象信息平台及时将监管动态、食品安全预警信息、企业整改要求、会议通知等信息传递给餐饮企业，进一步加强与餐饮企业的沟通，督促指导集体供餐和中央厨房等高风险餐饮单位做到五个“尽快”：尽快建立并完善企业食品安全管理机构；尽快制定并完善企业各项管理制度和内部流程；尽快落实食品检验检测工作；尽快推进餐饮企业规范化管理创建工作；尽快掌握行业食品安全规范标准，确保流程规范。

【宝山商贸企业开展“诚信经营、优质服务”主题活动】 2012年9月20日，宝山区商贸企业召开“诚信经营、优质服务”主题活动动员布置会。相关委办局分管领导、各街镇、园区经济办（商业办）负责人、区商贸业相关协会负责人、区属商业集团（公司）负责人、区商贸业规模以上企业代表70余人参加会议。会议提出，通过在商贸企业开展道德领域突出问题专项教育和治理活动，着力解决商贸企业销售、服务环节诚信缺失和服务规范缺乏长效等问题，重点治理售后服务不到位、价格行为不诚信不透明、销售假冒伪劣商品屡禁不止等问题；通过开展商务诚信建设试点工作，使宝山区商贸企业诚信经营意识进一步增强，服务质量和水平进一步提高，价格行为明显规范，侵权假冒销售行为有效遏制，商贸业文明经营的环境进一步改善，商务诚信氛围更加浓厚，诚实守信成为广泛的共识与规范。主题活动开展时间从即日起持续至2013年6月，重点参加对象为区内批发业、零售业、住宿业、酒类专卖企业、网购企业和旅游业企业。会议确定了牡丹江路一条街、万达广场、大华虎城和家乐福生活广场为宝山区商务诚信建设试点重点地区。主题活动期间开展企业倡议和承诺、自查自纠、岗位劳动技能竞赛、满意度测评和检查验收等一系列活动，评选出一批“商务诚信建设试点工作先进单位”和“商务优质服务标兵”。会上，区商业联合会向全区商贸企业发出“诚信经营、优质服务”倡议。

（张婷婷）

第十一章　闵行区信息化建设

概　述

2012年，在区委、区政府的领导下，在市经济信息化委的指导下，闵行区科信委围绕“全面调结构，深度城市化”发展目标，以“智慧闵行”建设为重点，在“城市智慧中心”、“智慧政务”、“智慧教育”、“智慧医疗”、“智慧交通”、“智慧社区”、“智慧信息基础设施”七大领域开展重点项目建设，推动信息化在城市管理和民生领域的深度应用，在信息技术服务百姓的能力水平上取得新突破。

一、政务领域信息化

【完成电子政务新中心机房建设】 2012年10—12月，经过3个月的建设，电子政务新中心机房建设完成。新机房面积约238平方米，是原来的3倍，根据功能划分为网络区、服务器区、电源区、消防区和屏蔽机房等几个部分。机房严格依据《计算机场地通用技术规范》、《电子信息系统机房设计规范》等相关标准进行建设，具备完善的防雷接地系统、气体消防系统、先进的机房精密空调系统和环境监控系统。新机房的网络核心速度是十万兆级别，汇聚节点均为万兆级别，能够满足未来5—10年电子政务网络拓展的需要。配备标准化设备机柜60个，为全区各单位的应用托管提供了物理空间。为了进一步实现集约化管理，拟采用虚拟化和私有云等先进技术，在合理利用服务器资源的同时，也有利于加强政府部门间的信息整合和集约化开发利用，形成政府信息互换共享、业务协同办理和网上公开服务的工作机制，充分利用电子政务平台，提高政府的公共服务效能，逐步形成公共服务的阳光化、高效化、电子化。自2012年12月22日开始，由区科信委信息服务中心对原机房的政务网络进行整体搬迁。

【区政府网站成功改版】 区门户网站改版是2012年区委重点工作之一，同时又是“智慧闵行”的配套项目。2012年年初开始对网站改版进行全面调研，聘请全国及本市专业的网站咨询机构为改版提供智力支持，对网站的栏目及内容进行全面梳理、整合、提升，邀请市信息化专家对改版方案进行评审，从项目的建设目标、建设内容、投资估算、资金筹措到建设周期等进行了综合评估。按照服务为主导、以用户为导向的要求，设计制作了简洁版网站。同时，明确了网站内容整合的方法、表现形式、技术接口等具体事项，保证了闵行区统一网站群平台的建设标准及规范的有效实施，为建立网站群统一建设运维标准打下了基础。

【开通“上海闵行”政务微博】 “上海闵行”政务微博于2012年3月正式开通，截至11月，官方发布信息逾2 000条，吸引粉丝总数超过11万，新浪44 231人，腾讯59 355人，东方网4 361人，新民网3 298人，其中不乏具有影响力的“名人粉丝”和知名媒体、资深媒体人。“上海闵行”通过评论、转发和“微博解答”等多种互动方式，较好地实现了发布政务权威信息、展示闵行区政府形象、引导政务网络舆情、回应网民关切以及积极在线互动的功能。

【完成“街镇财政性资金管理平台”建设】 街镇财政性资金管理平台覆盖基础信息、银行账户、预算编制、集中支付、采购实施、会计核算等各个环节，实现财政资金运行的各类信息互联互通，将街镇财政性资金运行的各环节全部纳入区监管范围。区财政局对13个街镇、工业区近800人次操作培训，街镇、工业区都已在平台系统中进行预算编制、预算执行、总会计、政府采购、公务卡等操作，实现了街镇账户统设、工资统发的工作目标。

二、社会领域信息化

【申报并建设上海市“智慧社区”试点示范】 根据上海市智慧社区建设试点示范工作的要求，区科信委与区内相关部门、有关镇、街道沟通，结合“智慧闵行”建设，经区领导同意，推荐古美路街道申报建设市智慧社区试点示范。古美路街道已被上海市智慧城市建设领导小组办公室列入上海市第一批“智慧社区”试点示范工作单位，按照《古美路街道“智慧社区”建设方案》，将充分整合利用社区原有资源，实现街道、居委会、小区的三级管理模式，具体包括网管基础系统、行政管理系统和社区服务系统应用。“智慧社区”的建设，将结合“智慧闵行”建设，把项目延伸到社区，与社区管理服务相衔接，真正做到“感知民生、互联信息、智能管理、共享共用”。

【建设并开通基于数字电视的智慧社区综合服务平台】 2012年8月22日，开通了基于数字电视的智慧社区综合服务平台，该平台包含“我的医疗”、“安康通”、“数字教育”、“公用事业”等十多个版块，利用数字电视有实名认证和定位到户的特点，将公共服务信息有针对性地直接推送到居民家庭中。

【创建教育部信息化综合试点区】 根据《教育部关于开展教育信息化试点工作的通知》(教技函〔2012〕4号)文件精神，闵行区开展了教育信息化试点区的申报工作，通过对区信息系统应用、学校信息化发展规划、信息化应用等现状调研，制定了教育信息化区域综合试点申报方案，提出了以“电子书包”项目为龙头，建设面向全体师生的数字化教与学系统；以学生电子成长档案为重点，建设教育公共信息服务系统；以“智慧教育”项目为框架，建成闵行教育云数据中心和云计算中心；加强教育管理的信息化应用，建设互联互通的区、校两级教育管理信息系统等任务。并计划在2012—2014年期间，通过三年的努力，建成区域数字化教育公共服务平台，推动教育的现代化进程。目前，方案已通过市教委组织的专家评审(沪教委科〔2012〕66号)。初步建成区域教育基础数据库与数据交换平台，整合现有教育业务信息系统中各类涉及学生发展的信息资源，形成区域基础数据管理和交换的工作规范，为基于主题数据库的学生成长档案和精细化管理提供了基础。

【开展电子书包试点】 2012年，第一批40所电子书包实验校全面进入实验阶段，初步完成40所电子书包实验校硬件环境建设，包括电子终端、班级无线网络、学生家庭数字化学习环境等；实验校项目数字化教学平台安装调试和数字化导学课程资源导入初步完成，实验教师完成了项目启动前区、校两级培训，同时开展数字化教学平台和数字化导学课程资源建设实践，探索以“先学后教·以学定教·问题引领”为基本要求的、以“前移后续、合作互动、自适应评价”为基本特征的具有闵行特色的数字化智慧教与学模式建构。

【建设闵行区电子书包服务平台】 闵行区电子书包服务平台可供40所学校、80个班级4 000名学生、200—300名教师使用。在系统建设初期，充分考虑系统的扩展性和灵活性，为后期辐射到全区所有学校、覆盖所有教师、学生打下基础。在应用初期，主要采用在线作业，在线查看学习内容等形式。项目经过深化设计和专家论证，已经完成了招投标手续，进入实施阶段，首批两个学校于2012年11月初进行课程展示汇报。

【持续开展教育信息化基础设施建设】 组织开展教育城域网升级建设，启动教育城域网万兆主干设备、互联网出口万兆安全管理设备及试点学校千兆接入改造项目。开展新技术(教育云及物联网技术)的相关试点实践，完成了服务器虚拟主机的环境建设，并实现了信息系统的部分迁移和快速部署，全面完成全区民办幼儿园校园网光纤接入。

【开展数字校园试验】 组织蔷薇小学开展了基于学籍卡的数字校园试验，上海市副市长杨雄、区委书记孙潮、区长莫负春等领导亲临蔷薇小学展区，对学校改变教学模式、满足学生个性化学习需求、提高学习有效性的努力与成果予以肯定；为配合“智慧闵行”项目推进，逐步建立面向学校、家庭、社区的数字化教育信息服务平台，在古美街道组织平南小学开展基于IPTV及数字电视“数字教育”试验。

【开展“全国居民健康卡”发放试点工作】 按照卫生部“全国居民健康卡”试点工作要求和管理规范，制订了闵行区《全国居民健康卡》试点项目实施方案，成立由分管副区长为组长的闵行区居民健康卡建设工作领导小组，承担居民健康卡系统建设的领导和组织协调工作。建立了闵行区“全国居民健康卡”管理平台，包括信息采集、制卡发卡、卡管理应用、密钥管理等，在古美社区卫生服务中心开展“全国居民健康卡”发放试点工作，实现了“全国居民健康卡”在闵行区的首发。

【开展电子病历 EMR 系统应用水平分级评价工作】 按照沪卫医政〔2011〕97 号文件要求，制订《闵行区电子病历 EMR 系统应用水平分级评价方案》，在三所综合性医院开展电子病历 EMR 系统应用水平分级评价工作业务操作培训。全面评估各医疗机构现阶段电子病历系统应用所达到的水平，使医疗机构明确电子病历系统各发展阶段应当实现的功能。为各医疗机构提供电子病历系统建设的发展指南，引导医疗机构科学、合理地发展电子病历系统。

【援建新疆泽普县卫生信息化建设区】 在充分调研的基础上，以“协助当地逐步完善卫生服务方式，优化卫生服务流程，创新卫生服务模式，转变卫生服务机制”为宗旨。区卫生局拟定了《闵行区卫生局对口支援泽普县区域卫生信息化项目建设方案》并委托上海市互联网经济咨询中心聘请相关领域的技术专家和业务专家进行评审。签订援建喀什地区泽普县卫生系统信息化项目协议，有计划地支援所需的软硬件设备。

【推进国家电子认证(CA)在闵行卫生的全面应用】 结合本区域实际情况，全面引入电子认证，进一步促进电子病历在医疗机构的全面应用。在吴泾医院全面试运行。为构建闵行区公共卫生信息平台电子认证基础服务体系奠定基础。

【开展智慧医疗项目建设】 按照“智慧闵行”发展思路，制订了闵行区智慧医疗三年行动计划，应用云计算、物联网、3G 等技术，以卫生部 EHR 和 EMR 为标准，建立统一高效、资源整合、互联互通、信息共享、透明公开、使用便捷、实时监管的闵行区区域居民健康管理体系。融入更多人工智慧、传感技术等高科技，开展智慧一卡通、网上预约挂号、远程会诊、无线遥感血压计、GP 医生 IPTV 工作室、移动医生工作站、移动护士站等建设。使医疗服务健康管理走向真正意义的智能化。

【建设闵行区食品安全联动监管信息系统(一期)】 启动闵行区食品安全联动监管信息系统(一期)建设。该系统将实现全区层面的食品安全信息汇总共享数据库，建立食品安全联动机制与风险预警、评估机制，实现食品安全“从田头到餐桌”各个环节的全程监管。项目自 2012 年上半年开始进行调研、立项，经过 5 个月的工作，于 9 月初完成专家论证、立项，开始实施项目。

【完成社保卡、居住证工作】 2012 年完成社保卡申领 24 338 张，发放社保卡 37 195 张，办理临时居住证 216 080 张，正式居住证 8 487 张，临证续签 280 855 张，办理社保卡补卡、换卡 32 912 张，受理市民信箱 74 人次，办理信息更正 108 人次。为进一步方便居民，10 月 8 日新开设的莘庄、七宝、梅陇、颛桥、马桥、新虹、莘庄工业区补换卡网点，全面接受市民的社保卡补换卡及社保卡相关事宜。

三、城市建设管理领域信息化

【完成闵行区道路交通信息化工程(一期)评估工作】 经过 2011 年的建设，至 2012 年上半年，闵行区道路交通信息化工程已完成了一期工程的全部建设任务，并开展了项目评估、系统优化、项目审价等后续工作。经过专业机构评估，该工程覆盖区域主干路网和典型路段行程的车速平均有 5%—8% 的改善，交通拥堵点拥堵程度减轻，高峰时段主要交叉口排队等待时间减少，86.25% 的交通行为人对闵行区目前交通运行状况表示满意。同时，一年可节约油耗 6.1 万升，年均废气排放减少量为 NO_x：4.3 吨、HC：3.3 吨、CO：36.5 吨，节能减排的效果较明显。公安闵行分局还会同区科信委、区建交委，结合“智慧交通”的建设框架，细化项目建设内容，制作完成了二期工程项建书。

【开展“智慧闵行”呼叫中心建设】 根据“智慧闵行”行动计划，在区联动中心建立一个全区性的呼叫中心，旨在市民拨打“962000”民生热线时，如果是咨询求助类电话，能够快速准确地转接到区内相关单位的相关部门，并进行电话录音及来电评价以供考核需要。到 2012 年年底已梳理 50 家职能部门的 208 门对外服务电话，并统一部署到区联动中心指挥二厅电话调度台。

【完成“12345”热线对接工作】 按照市政府的要求，在规定时间内完成“12345”市民服务热线网络链路、信息系统、人员机构、运行机制与区应急联动中心平台的对接准备工作，并协助市“12345”热线管理办公室完成系统测试和知识库初步数据录入工作。同时针对市“12345”热线的相关要求，完成大联动业务流转指挥系统界面定制调整，重点突出市“12345”热线转办案件的受理派发跟踪，强化相关统计分析功能。

【建设街面联勤巡管信息系统】 街面联勤巡管信息系统于2011年开始调研，2012年上半年完成了主体业务系统的开发，并进行了功能操作培训，主要功能在13个街镇工业区开始试运行。项目实现了对全区各街镇联勤工作的勤务管理、监督考核、现场信息报送、车载视频监管等功能，支撑多部门联勤、联防、联管的常态化机制，达到职能互补、联动共赢，提高了街面城市综合管理处置效率。

【建设联合执法信息系统】 联合执法信息系统接收来自“962000”市民热线、社区巡管采集上报的种类城市综合管理类事件，进行案事件的流转、派发、反馈、监督等，对城市综合管理提供信息化支持，同时通过案事件信息以及整体处理流程的分析，对城市综合管理提供改进意见和决策的依据。该系统于2012年上半年完成调研工作，已完成初步建设方案和系统原型开发，2013年年初进行试运行。

【建设运行闵行区城市运行安全和生产安全监管信息系统】 闵行区城市运行安全和生产安全监管信息系统为2012年区委、区政府重点工作之一，由区安委办牵头负责建设，区建交委、教育局、绿容局、民防办、安监局、质监局、消防支队和交警支队等职能部门，13个街镇和闵行经济技术开发区、各类生产经营单位共同使用。系统运行期间，运行平稳，监管数据日益丰富，纳入信息系统监管的各类企业共计10 983家，录入检复查总计18 251家次。

【环境应急处置中心建成并正式投入运行】 为更有效地提高闵行区环保局内部环境应急的信息资源利用效率，区环保局对原有的系统进行合理集成，建设环境应急处置中心。闵行区环境应急处置中心主要包括与原有在线监控系统以及应急管理与指挥平台软件进行对接的数据接口、风险源数据管理、应急预案管理，以及系统的综合集成。此外，相关的业务数据与应急联动中心对接的业务平台，可供上层平台的统一调度和应用。采用多种先进的信息化技术理念和研发方法，实现了基于WebGIS的跨部门空间信息综合应用、管理与交互，促进了资源共享、多部门协同业务的开展。建立了多维度、多要素的环境综合监控平台，将水、气、声，环境监测与风险源监控等有机集成，将环境要素信息与空间信息进行集成。环境应急处置中心建成并正式投入运行，全面提升了闵行区环境风险管理和应急响应的能力。

【污染源在线监控系统发挥效用】 在线监控中心设在区环保局本部，监控在线传输数据和设备运行情况，每月发布在线监测报告。一旦发现企业废水有超标情况，即通知环境监察支队现场查处，如发现设备异常和软件故障等情况，则通知专业化运营单位进行维修，以最快时间恢复正常运行。截至2012年10月底，环境空气质量在线监测网络有7个自动监测站，监测指标主要包括SO_2、NO_2、PM10等常规环境空气质量要素，部分站点还具备风速、风向、气温等简易气象要素的监测能力；环境噪声在线监控网络有10个自动监测站，用于实时监测全区境内主要区域的环境噪声质量；水污染源在线监控网络有49家企业、53个自动监控排口，用于实时监测全区境内重要污水排放企业排水的实时出水质量，监测指标主要包括COD、PH、流量等要素。通过采取专业化运营和专人值班制度，废水监控系统的正常运行率一直稳定在90%左右，空气和噪声自动监测系统基本达到100%。

【马桥镇以信息化支撑建设精细化试点管理】 根据2012年闵行区关于精细化管理试点工作的要求，通过初步设计、摸底评估、专家评审、梳理优化等前期准备工作，初步形成了马桥镇精细化管理的配套信息化建设项目方案，其主要内容包括“绩效管理”、“周周会管理”、“村居自治积分制管理”、“便民服务”等信息化系统。2012年10月30日，召开了精细化管理试点工作信息化项目的专家评审会，与会国家重点院校教授和市级信息化主管部门领导对项目的目标、意义和价值都予以高度认可并提出了中肯建议，相关项目材料得到了细化、修正和完善。11月13日，镇长办公会议讨论通过信息化项目开发建设的实施，并以公开招投标的形式进行政府采购。

四、信息基础设施建设

【实现36个公共服务场所免费无线上网】 该项目被列为2012年区政府十大实事项目之一。9月29日，闵行区体育公园无线局域网（WLAN）建设完成并投入开通使用，标志着2012年政府实事项目提前顺利完成，36个场所全部投入使用。

【信息基础设施建设规范化集约化】 根据各通信运营单位业务需求，共协调了区内325个路段的信息管线集约化建设，信息管线建设368沟公里，3 461孔公里。积极配合重大工程建设，落实市政府《关于本市"十二五"期间加快推进光纤到户建设的意见》，会同移动公司协调区建交委、规土局、绿化市容局等部门在区内新建光交接箱626个，为推进光纤到户工作打好基础。

【做好区内重点工程通信基础设施协调工作】 协助做好莘庄交通枢纽、新虹桥国际医学中心、紫竹高新产业区等重点区域的道路配套设施工程中涉及通信管线搬迁及架空线入地前期准备工作。

【网格化管理】 2012年共处理了2 296起区应急联动中心和网格化管理指挥中心下达的信息管道被盗窨井盖、信息交接箱破损、架空线坠落等案件，完成率100%。

【成立上海市闵行区无线电管理办公室】 根据上海市无线电管理局《2012年区县无线电管理试点工作方案》的有关要求，于2012年5月底举行了"上海市闵行区无线电管理办公室"成立授牌仪式。根据工作计划主要做好以下三方面工作：协助做好移动通信基站规划落地、台站审查和保护工作；配合参与无线电安全保障和专项执法活动，配合市无线电管理局落实三个无线电网格监测点选址建设任务；组织开展无线电宣传和科普培训等工作，组织了各镇、街道和相关单位组成的区无线电管理机动分队23名队员的专业知识培训。

五、信息化环境建设

【制定印发《闵行区推进"智慧闵行"建设行动计划》】 按照区主要领导的指示，"智慧闵行"建设需要制定具体行动计划，明确重点领域、主要目标、预期效果等。为此，区科信委专程上门与教育、卫生、公安等七个部门沟通，根据各部门各自制定的计划，结合《上海市推进"智慧城市"三年行动计划》，拟写了《闵行区推进"智慧闵行"建设行动计划》，该计划已经区政府常务会议专题审议，由区政府印发至区内所有镇、街道、委办局。

【召开闵行区信息化工作暨"智慧闵行"推进会议】 2012年8月22日，闵行区信息化工作暨"智慧闵行"推进会议召开。会议展示了"智慧闵行"建设典型应用案例，包括智慧社区、"962000"呼叫中心、智慧交通、"电子书包"、"智慧医疗"等10个案例，在居民家中向四套班子领导演示了IPTV数字电视便民频道和移动TD应用情况。会议由闵行区区长莫负春主持，副区长蔡小庆作了报告，回顾了前阶段全区信息化工作，并对下阶段信息化建设以及"智慧闵行"建设的主要任务进行了部署。闵行区区委书记孙潮作了重要讲话。

【常务副市长杨雄视察闵行区信息化建设工作】 2012年8月28日，上海市常务副市长杨雄一行来到闵行区古美路街道办事处，视察"智慧闵行"信息化建设工作。市发改委、市经济信息化委、市科委有关负责人及闵行区区委书记孙潮、区长莫负春、副区长蔡小庆等陪同视察。杨雄一行首先到欧风花都小区居民家中，体验了IPTV数字电视便民频道和移动TD应用情况。在古美路街道办事处，杨雄参观了"智慧闵行"建设典型应用案例展示，听取了大联动、"962000"呼叫中心、食品药品监督管理平台、行政审批一体化平台、智慧社区等项目的介绍，了解了智慧交通、视频监控、陆上公共交通信息化等项目的现状，并与现场"电子书包"的师生、"智慧医疗"的工作人员进行了互动。杨雄对闵行区坚持以人为本，围绕便民、利民、惠民稳步推进电子政务和"智慧闵行"建设的理念表示了高度认可，对闵行区信息化建设所取得的成绩给予了充分肯定。杨雄指出，信息化是"创新驱动、转型发展"

的重要手段，在这方面闵行区做出了有益尝试。闵行区信息化建设要进一步贴近居民生活，以百姓需求为导向，开展有特色的典型性应用和创新性应用，探索建设智慧社区的有效路径。

【制定信息化建设规范】 从项目申报、项目建设、验收等方面建立起各部分的程序流程、文件格式、项目实施的技术路线，争取实现全区信息化项目的统一标准，为各类系统之间的互联互通打好基础。

【加强网络与信息安全防范工作】 2012年，为加强网络与信息安全防范工作，区科信委、区公安分局信安队、区委机要局、区保密局等部门组成联合检查组，开展了多次检查工作。上半年，重点对全区13家涉密的党政机关电子政务系统、设备和规章制度进行了检查，要求各单位严格执行政务网、互联网上网信息保密审查制度，严格做到“涉密信息不上网、上网信息不涉密”，不在上互联网的计算机上存储、处理、发布涉密信息等。下半年，要求各单位进行自查，形成《安全检查报告》和《安全检查自查表》，并对重点单位进行抽查，针对抽查中发现的问题提出整改建议、汇总整改情况，形成全区信息系统安全情况汇总。

【做好信息系统等级保护工作信息安全工作】 2012年，根据《关于组织开展2012年本市重要信息系统安全等级保护工作的通知》(沪等保办〔2012〕4号)要求，开展了闵行区电子政务网络的信息系统等级安全保护测评工作，并顺利通过。

六、社会诚信体系建设

【继续推进闵行区企业信用信息共享平台】 严格按照《闵行区企业信用信息共享平台管理办法》的要求，加强监督与检查，要求各参建单位涉及的信用信息共享平台数据按期更新维护，确保平台数据的及时性和准确性。

【积极开展诚信知识宣传活动】 通过“3·15”、“闵行区3·15国际消费者权益日宣传咨询活动”、“质量月”宣传活动，组织开展诚信宣传活动，接受市民咨询70人次，发放《诚信知识一百问》、《个人诚信体系建设指引》等宣传资料和纪念品三千五百余份。通过多种宣传平台和形式，大力倡导全社会诚信、守信观念，努力营造良好的社会诚信氛围。

【扩大区社会诚信体系建设领导小组成员单位】 根据《上海市社会信用体系建设2013—2015年行动计划的通知》中47项任务分工情况，增加闵行区社会诚信体系建设领导小组成员单位，明确分管领导和联系人。

（金淑蓉）

第十二章　嘉定区信息化建设

概　述

2012年，嘉定区信息化工作紧紧围绕"新城建设出好形象、产业转型全市率先、社会发展市郊领先"三大奋斗目标，根据区党代会和区政府工作报告所提出的"加快智能化信息基础设施建设，精心打造'智慧城市'先行区"的总体要求，围绕嘉定新城"智慧城市"建设和上海物联网中心建设，重点在营造产业环境、服务企业发展、加快示范应用等方面开展一系列工作，推动"智慧城市"相关产业和物联网产业、文化信息产业在嘉定的集聚发展。

一、政务领域信息化

【升级电子政务应用平台】 截至2012年12月底，全区接入政务网政府机关单位108家，区管企业8家，村居委285家，区属企业事业单位258家，用户总数达9 300人。区政务网络应用已成为区内日常办公不可或缺的工具。2012全年，嘉定区政务网用户共发布公文694件（总7 675件），政务信息6 761条（总78 822条），通知10 035件（总49 341件），专送传阅件506 637件（总589 099件），政务短信息3 779 268条（总5 831 803条），政务平台日均访问人数达4 500人。

【"智慧政务"正式开通】 2012年12月，嘉定区智慧政务工作平台正式上线，嘉定区电子政务迈向"智慧化"。平台将最常用、最优化的用户体验带入政务办公，实现电子政务基于各类移动终端的移动办公。平台主要包括高信息聚合型的政务办公门户、跨终端跨网络的移动客户端及Lync2010通讯客户端、专送件、通知、日程安排等办公模块等。移动客户端支持各种平板电脑、iPad及主流智能手机，用户在办公室以外即可登录电子政务平台，第一时间进行浏览、流转、批示等相关处理。平台为构建高效服务型政府奠定了坚实的基础。截至2012年12月底，Lync2010用户数量超过8 000，常用用户数超过4 000。

【深入推进嘉定党风廉政平台建设】 为全面提升嘉定区党风廉政建设责任制工作的科学化水平，有效解决反腐倡廉工作中的热点难点问题，依托嘉定区智慧政务平台，试点建设区党风廉政建设责任制信息管理系统，运用"制度加科技"理念，选取重大项目和重要资金等进行网上监管，通过台账监管、实时预警、考核监管对各单位实时监管和提醒，使监督关口前移，各项任务在网上全程留痕、可追溯、难更改，实现了"公开透明、网上留痕、全程监控"的目标。2012年，嘉定区党风廉政建设责任制信息管理系统完成了12个街镇平台的对接工作；完成了283个街镇牵头部门对接工作；完成了2 900名终端用户的系统接入工作。截至2012年年底，累计录入责任制工作相关信息达23 474条。

【医疗信息系统标准模块建设】 按照上海健康信息网工程指挥部要求，根据区域统一的功能规范、技术标准和业务协同需求，2012年在全区医院系统开展医护工作站、LIS和RIS系统标准模块建设，基本满足区域卫生信息化对各医院信息系统配套建设要求。

【建设马陆镇政府机关后勤管理平台】 为加强对机关后勤工作的科学、有效管理，马陆镇政府建立了机关后勤管理平台。平台囊括了办公用品管理、公务车辆使用管理、会议室使用管理、值班管理、信息通告、公告管理等相关功能，实现了网上预订、短信提醒、移动办公等功能，对会议室、车辆、办公用品等实行统筹管理、有效监督，简化管理流程，提升管理水平。

【"上海嘉定"门户网站全新改版】 2012年，"上海嘉定"门户网站进一步丰富栏目内容：新开设了"企业优惠扶持政策"、"视频嘉定"等栏目，并完成网上办事专栏与区行政服务中心网站办事功能实现数据资源的相互对接。全年共发布政府文件 1 079 篇、政务信息 2 729 条。开展各类民意征集活动 6 次，受理网上信访系统各类来信 1 886 件。民生类、经济类信息得到进一步充实，发布民生类信息 1 747 条，经济类信息 239 条。报送市政府网站信息录用总分位居全市各区县第一；先后被评为“全国百强区县政府门户网站”，获得“政府网站精品栏目奖”。

【“嘉定发布”政务微博深入民心】 “嘉定发布”政务微博突出“民生”、“人文”主题，重点打造服务型政务微博，目前拥有“粉丝”23 万。截至 2012 年 12 月 31 日，以新浪微博为例，共发布微博 2 347 条，收到评论 11 058 条，通过私信形式与 564 名网民进行了沟通交流。2012 年年底，嘉定区政府被评为“上海市政务微博工作先进单位”；在腾讯微博发起的“微政务大回响”活动中，“嘉定发布”在全市各委办局、区县微博中被授予“十大最具影响力政务微博”称号。在东方网 2012 年度互动英雄榜中，“嘉定发布”被评为“最具影响力区县微博”。

【开展“十八大”期间政务网信息安全保障】 为迎接党的“十八大”顺利召开，保障大会期间嘉定区智慧政务、门户网站信息系统安全稳定运行，嘉定区信息中心于 2012 年 11 月开展“信息安全保障月”活动。按照“预防为主，综合防范”的原则，将网络与信息安全工作重点从“事后处理”转移到“事前预防”和“事中监督”上来，努力构筑“十八大”期间安全可靠的网络环境。

二、社会领域信息化

【“嘉定科博网”正式上线开通】 2012 年 8 月，在上海嘉定科技博览会开幕仪式上，嘉定区科委、科协推出全新升级改版的“上海嘉定科技博览网”（www. keji. jiading. gov. cn）。网站设有科技政务、科技产业、科技园区、科企服务、科研合作、科学普、信息化和科博会八大板块，28 个子栏目，既是嘉定科博会的官方网站，也是嘉定科技工作的专业职能网站。

【社保卡运行情况】 2012 年，嘉定区共完成社保卡申领 16 287 人，其中：敬老卡申领 5 204 人；社保卡补换 11 163 人次，其中补卡 4 917 人次，换卡 6 246 人次；临时居住证办证 254 076 人次，到期重办 711 504 人次，离沪退证 63 798 人次；正式居住证申领 2 996 人，发卡 2 820 人。

【举办“创新转型大讲堂”科学技术专题班】 2012 年 11 月，嘉定区举办“创新转型大讲堂”科学技术专题班。结合嘉定区承接战略性新兴产业发展的良好契机，邀请同济大学汽车学院教授王哲、中科院上海光机所博士向世清、市经济信息化委处长张建明，分别就《新能源汽车发展》、《战略性新兴产业发展规律》和《建设面向未来的智慧城市》进行专题报告，从战略性新兴产业的发展背景、发展现状和发展轨迹谈起，深刻分析了全球战略性新兴产业的发展趋势以及对嘉定区战略性新兴产业发展的思考和建议。

【建设外冈镇农民宅基地置换信息系统】 为加强对农民宅基地置换工作的反腐倡廉和工程建设的监督管理，试点建设嘉定区外冈农民宅基地置换信息系统，将政策法规、推进情况、签约情况、工程进度等置换动态进行网上公示，并通过村村通平台、社区服务中心对基层直接开放，接受社会监督与举报。系统彻底将签约信息“晒”在阳光下，提高置换工程的透明性与公开性，减少置换时的动迁纠纷。同时，村民可直接了解相关政策法规，提高了政策宣导的便捷性。系统使宅基地置换工程成为优质、高效、文明、安全的放心工程、形象工程、廉洁工程。

【嘉定区图书馆开通 24 小时街区智慧图书馆系统】 以图书馆资源和服务为依托，建设基于 RFID 技术、自动化控制技术及网络通讯技术，建设 24 小时街区智慧图书馆系统和服务终端。在地铁车站、大型商场等人员密集场所设立 3 台 24 小时街区智慧图书馆服务终端，支持读者自助借书、还书、办证、续借、查询等图书馆基本服务，并为读者提供预约定点送书、短信通知、自动取书等个性化服务。

【优秀人才住房保障申报系统全面试用】 为进一步提高嘉定区优秀人才住房申报的便捷性，简化审核流程，提高工作效率，建设嘉定区优秀人才住房保障网上申报系统，整合优化工作流程。自 2012 年 8 月第七批试点起全面试用，初步实现优秀人才住房网上申报及审核的有机统一。系统开设单位用户数 161 个，完成申报信息2 362条，其中配售房申报503条、租房补贴申报1 859条。

【"智慧农业"：利用传感器技术种植哈密瓜】 嘉定区依托物联网技术，结合上海市密瓜研究所在生产、科研、育种中的需求，开展物联网技术在农业生产中的应用，探索现代农业智能化、精准化、科学化建设新方向。搭建"智能农业三大系统模式"：农业信息采集系统、大棚视频监控系统、农业信息存储系统，实现农业信息"采集—监控—存储"体系。

【建成全市首家街道免费数字图书馆】 2012年8月，嘉定区新成路街道推出全市首家街镇免费阅读数字图书馆——新成路街道社区数字图书馆，全面向街道辖区内的社区居民开放。数字图书馆已免费发放5 000张数字图书馆阅读卡，提供超过20 000册的正版书籍免费阅读。居民可通过互联网在家庭电脑和iPad等电子阅读设备上随时随地阅读到喜爱的图书。

三、经济领域信息化

【完善政府财政性投资信息化项目评审】 按照嘉定区相关政策，结合财政预算管理要求，进一步完善政府财政性投资信息化项目评审平台建设，对项目的申报、立项等工作进行网上"一口"申报，网下"一门"受理，切实做好全区信息化建设项目的管理工作。

【工行上海同城数据中心落户嘉定】 2012年4月，中国工商银行上海同城数据中心建设项目启动。中心占地面积117.6亩，基础建设投资14亿元，一期工程建筑面积8万平方米，预计2014年建成启用。中心建成后，将实现中国工商银行"两地三中心"的信息灾备新架构，工行外高桥中心与嘉定中心之间将形成数据零丢失、系统并行运行的态势。

四、城市建设管理领域信息化

【"大联勤"工作实效日益凸显】 2012年，嘉定区"大联勤"工作坚持"合成加科技、依法加服务"的原则，在各方的共同努力下，联勤工作实效日益凸显。2012年1—11月累计受理联勤事件184 640件，处置率98.86%，受理联勤部件788件，处置率96.45%；全区"110"报警类出警数同比下降2.9%；全区启动各类规模性联勤整治1 074次。非法行医、非法搭建、非法食品加工、非法职业中介以及违章设摊、违法经营，违法广告、毁绿占绿等行为不断改观，市容面貌持续改善，城市管理水平明显提升。

【"智能公交"服务市民出行】 为加强区公交行业信息化管理，提升公交行业服务品质，以"嘉定14路"公交为示范，开展智慧公交试点应用建设，包括车载调度监管系统、电子站牌及便民服务系统。车载调度监管系统实现对车辆自动报站、开关门检测、GPS定位、视频监控、超速提醒、到站提示等车辆实时信息的监控，双方对讲、发车提示、司机考勤、调度信息发布、智能调度等行业管理信息的管理；全新的电子站牌为市民提供视频信息、路况信息、公交到站信息等公交出行服务。便民服务系统包括掌上公交、网上公交等功能，把公交运行情况、公交到站信息等资讯通过"站上"、"掌上"、"网上"等多种媒体介质推送给市民，市民可以通过智能手机实时了解公交信息，查询相关线路的公交信息，设置到站预测提醒等，方便市民出行乘车。

【"智能交通"完成立项】 为提高嘉定新城城市交通控制和管理水平，提高道路综合运输效率，为市民交通出行提供参考，结合嘉定新城智慧城市建设的总体要求，在前期与市交通信息中心、市公安局交警队、区交警支队等部门进行充分沟通协调的基础上，探索建立嘉定新城智能交通示范工程。2012年，项目方案进入智慧城市项目储备，按政府投资信息化项目规程完成立项招标等工作。

【启动"智能停车"立项工作】 结合嘉定新城生态宜居的特质，启动全城一体化停车诱导系统的立项工作，以实现区域停车资源动态化管理，缓解重点区域停车难问题。

五、信息产业发展

【上海物联网中心取得良好开端】 2012年,上海物联网中心在关键技术研发、示范应用、测试服务平台和新园区大楼建设方面取得进展。关键技术和应用系统方面,自主研发了具有产业化前景的水质监测传感器和智能消防监测终端模块;成功申报"3G,TD-LTE蜂窝网与WLAN无线局域网的融合共性技术研究"、"基于视频传感器融合的城市公共安全物联网关键技术研究"、"物联网研发测试服务平台建设"等多个国家和上海市的物联网项目;推动上海物联网产、学、研、用的有机结合和促进相关单位的学科建设。在市科委支持下成立上海物联网应用工程技术研究中心,并通过上海市传感网产业技术创新战略联盟举办了2次物联网关键技术和应用示范的技术研讨会。

【物联网科技孵化器项目成功晋级市级孵化器】 2012年11月,嘉定区菊园物联网孵化器明确了创业苗圃、孵化器、加速器、产业园的"四位一体化"建设思路,积极打造"创意在苗圃、初创在孵化器、跃升在加速器、壮大在产业园"的科技企业成长形态与格局,完成了孵化器的模式创新、机制创新、技术创新和制度创新,成功晋级上海市物联网专业孵化器。

【举办"科技菊园"产业论坛】 2012年7月,为进一步推进物联网产业集聚发展,举办了"科技菊园"产业论坛。论坛吸引了三十多家科研院所、两百多家物联网、新材料、新能源领域的科技企业与会,来自科研院所领和科技企业的专家就菊园物联网产业的发展举行了圆桌论坛,15个科研院所和科技企业的项目进行了现场推介,8家科技企业签订了孵化协议。中科院上海分院常务副院长朱志远在会上做了"创新型科技产业集群构建"的演讲,为菊园科技产业园的发展出谋划策。

【形成区域物联网产业创新联盟】 物联网产业创新联盟主要以物联网孵化器为载体,依托中国电科第三十二所(华东计算所)、上海物联网中心等科研院所的科研带动作用,运用市场机制,联合物联网科技企业、物联网芯天地入驻企业,形成科研机构与科技企业优势互补、利益共享的合作机制,促进产、学、研的深入合作。联盟的宗旨是打造产、学、研、应用、服务"五位一体"的产业交流平台;提供中国物联网技术研究、技术应用及标准建设服务;提高物联网产业的规范化、标准化建设;加强凝聚物联网产业链、技术链各环节企业之间、科研院所与企业之间的力量及优质资源的充分协作;促进行业内外及国际交流合作;提升物联网产业的国际市场竞争力。

【举办车联网论坛】 2012年8月,上海车联网技术应用高峰论坛举行。来自政府管理部门、国内外车联网与车载信息服务产业相关企事业单位的高管及专业人员、科研机构和院校等业内的专家学者齐聚一堂,围绕"车联网技术应用推动产业转型发展"的论坛主题,就如何更好地推动车联网创新技术应用、提升车载信息服务能级、聚焦嘉定车联网产业基地建设、推进上海战略性新兴产业及智慧城市工作等内容建言献策、展开讨论,共商车联网产业发展大计。

【文化信息产业发展】 随着嘉定区"创新驱动、转型发展"不断向纵深推进,全区文化信息产业发展优势更趋明显,发展成效更加亮眼。据统计,全区文化信息产业经济总量持续扩大,增加值、营业收入、税收收入、新增企业数、电商交易额等主要经济指标增长迅速。实现增加值103.3亿元,同比增长29.4%,占全区三产增加值的28.4%;实现营业收入562.8亿元,同比增长40.9%;上缴税收22亿元,较上年同期净增4.2亿元,同比增长23.4%;新增文信企业547家,同比增长52.4%,新引进的企业新增注册资本41.4亿元,较上年同期增长164.7%;纳入统计的电子商务企业共实现交易额356.4亿元,同比增长53%。根据自身特点和区位优势,重点培育和发展电子商务、互联网信息服务、广告等"十大重点产业",全力提升文化信息产业的发展质量和品牌效应。统计数据显示,2012年,十大重点行业共实现营业收入412.3亿元,同比增长55.8%,占产业总收入的七成;上缴税收15.4亿元,同比增长28.7%,占产业总税收的70.2%。

【中电科上海总部及产业化基地落户嘉定】 2012年8月,中电科软件信息服务产业有限公司与信息服务产业园奠基暨项目合作签约仪式在嘉定举行,相关市领导和区领导出席仪式，共同见证中电科集团与上海市战略合作的6大项目签约。中电科软件与信息服务产业园规划用地1 000亩，将作为中电科集团软件与信息服务产业重要基地，聚焦云计算与物联网、智慧城市与信息服务、基础软件与自主可控平台、行业电子等业务。园区首批入驻企业和单位包括中电科下属的华东电脑股份有限公司、第32研究所和即将成立的中电科软件信息服务（集团）有限公司。园区还将以着力打造"企市合作、军民融合、产业集聚、协同发展"战略平台为目标，吸引与建设一批信息技术服务产业各环节上的企业，形成集聚产业链，从而推动嘉定乃至上海战略性新兴产业发展，以及中电科集团"转型升级、二次腾飞"战略的实现。

【嘉定4家软件企业获得市经济信息化委专项资金】 根据《上海市经济信息化委关于发布2012年度软件和集成电路产业发展专项项目指南的通知》（沪经信信〔2012〕206号）的要求，组织区内企业申报2012年软件和集成电路产业发展专项项目。经过评审，新一代自适应前照灯系统（AFS）研发与产业化和面向车联网应用的车载智能系统共获得集成电路700万元的专项资金资助；基于移动互联网的基金在线交易终端和基于物联网技术的环境监测系统研发共获得软件400万元的专项资金资助。

六、信息基础设施建设

【信息化基础设施集约化建设】 2012年，嘉定电信、移动、联通三家运营商及上海管线公司共新建信息管线路段90条，667.826孔公里，其中共建路段15条，131.8孔公里。同时，区科信委于7月开始着手建设信息基础设施集约化管理平台，通过该平台能实时掌握、分析嘉定区的基础设施情况，已完成平台开发建设，处于试运行阶段。

【持续完善"无线城市"服务】 2012年，嘉定区继续完善"无线城市"的网络建设。截至11月，嘉定"无线城市"通过四期建设，共计投入室内外MESH WiFi无线基站近千台，室外无线宏基站36台。累计用户数82 000余人，平均每月新增用户1 213人，平均每天上线用户近1 000人，平均每天活跃用户近3 000人，平均每小时在线用户数约360人。

【"i-Shanghai"网络试运行】 根据"上海市公共场所无线局域网（WLAN）覆盖建设指南（暂行）"，至2012年年底，嘉定区"i-Shanghai"公益上网服务已在嘉定州桥老街、老城商圈、中心医院、妇保院、图书馆、马陆葡萄公园等19处公共场所完成网络建设并投入试运行，共部署无线设备（AP）253台，市民可在当天累计免费上网2小时（限制内容）。

【大力推进"光纤到户"】 截至2012年年底，嘉定电信局已完成844个小区光网改造，共计覆盖32万住宅用户。宽带用户数达到25.7万户，其中城市光网（光纤入户）用户12.3万户。

【NGB网络改造有序推进】 2012年，完成覆盖12万户的NGB（下一代广播电视网）网络改造，涉及安亭镇、南翔镇、真新街道、嘉定镇、嘉定新城（马陆）、新成路街道、江桥镇7个镇及街道。按照数字电视整体转换工作要求，启动嘉定区数字电视整体转换项目，截至2012年年底基本完成安亭镇、南翔镇、真新街道三个街镇城镇用户的数字电视整体转换工作，共计完成整转覆盖有效用户8.4万户，使部分用户提前享受到了有线数字电视高清、交互、点播、宽带上网等多样化的服务。

【正式启动无线电管理工作】 2012年5月，上海市嘉定区无线电管理办公室揭牌成立，标志着嘉定区无线电管理试点工作正式启动。为了扎实推进无线电管理试点工作，管理办公室制定了《嘉定区无线电管理试点工作实施方案》，组建无线电管理机动分队，开展无线电进社区知识宣传和科普培训活动。

七、信息化环境建设

【开展嘉定新城"智慧城市"图标征集活动】 2012年，嘉定区举办了"嘉定新城'智慧城市'图标（Logo）有奖征集大赛"活动。在47天的征集时间内，一共征集到参赛作品163套，参赛人员126人。在不到一个月的作品公示及投票阶段，共有八千多人次进行了网上投票，大赛获得了广泛且深入的社会影响力。同时，征集活动分别在各大平面和网络媒体上进行报道和转载。

【区科信委赴闵行区学习考察“智慧社区”建设】 2012年10月，嘉定区科信委中层以上干部，前往闵行区科信委进行学习考察，并同闵行区科信委进行了深入的座谈交流。考察期间，参加考察的人员认真学习了闵行区在科技创新体系建设、科技企业孵化、高科技园区管理机制体制建设、科技成果转化、科技项目管理、“智慧社区”、“智慧医疗”建设等方面的先进经验，为下阶段工作开阔了思路，拓展了视野。

【举行无线电宣传月活动】 嘉定区无线电管理办公室紧扣“无线电频谱——稀缺的国家战略资源”的宣传主题，开展丰富多彩的无线电宣传月活动。在区科信委网站(嘉定科博网)上发布《中华人民共和国无线电管理条例》，宣传无线电管理法律法规；制作环保袋和漫画科普宣传手册，发放2 000本科普漫画宣传手册；开展无线电知识专题培训会，从无线电频谱资源管理、台站管理及基站审批、无线电监测等方面，对机动分队队员进行了一次业务培训。

【嘉定区无线电管理机动分队成立及培训活动】 2012年9月，嘉定区无线电管理机动分队正式成立。分队成员由区信息中心、主要电信运营商代表组成，配合区无线电管理办公室做好区内移动通信基站的台站管理，配合市无管局承担辖区的干扰协查、考试保障和执法活动，以及开展区域性的无线电专项整治工作。市无管局相关处室从无线电频谱资源管理、台站管理及基站审批、无线电监测等方面对机动分队进行第一次业务培训。

【开展“智慧城市”进社区宣传活动】 2012年12月，“2012上海市智慧城市宣传周”——嘉定“‘智慧城市’进社区”宣传推广活动在菊园文化广场举行。活动以“智慧城市开启美好生活”为主题，采用展板知识普及、现场互动演示、宣传册发放与民意需求征集相结合的宣传方式。活动向市民发放了六百余份《无线通信知识问答》、《我身边的智慧城市》、《“光纤到户”用户知识手册》、《漫画无线电管理科普宣传手册》，通过多种形式宣传普及信息化知识。通过智慧社区的概念普及、智慧社区的十大应用的介绍，无线电知识的宣传，提高了市民对“智慧社区”的认识和理解。在现场互动演示中，电信、移动、联通、东方有线四家运营商各显神通，纷纷将基于有线网络平台和手机移动平台的智慧社区各项应用展示给市民。智慧安防、定位腕表、智慧家居、高清大片、智慧医疗、在线预约、便民服务信息等各项应用体验，使市民对智慧社区应用有了更加直观的了解与感受。活动当天向市民发放了四百余份民意征集表，了解百姓迫切需求，探索未来发展方向，为下阶段推进智慧社区建设提供了翔实的依据，指明了建设方向。

【嘉定工业区获评国家级电子商务示范基地】 2012年5月，嘉定工业区被商务部认定授予首批“国家电子商务示范基地”称号。近年来，嘉定工业区把加快电子商务产业发展作为创新转型的重点方向，通过完善政策措施、加大引进培育力度，吸引了京东商城、新蛋贸易、凡客诚品、国美电器网上商城、阿里巴巴、苏宁易购、菜管家、聚美优品等一批国内外优质电子商务企业入驻，形成了电子商务产业龙头带动、集群发展的良好格局。

八、社会诚信体系建设

【嘉定区检察院实现律师接待智能化】 2012年11月，上海市嘉定区检察院自主研发的律师接待服务系统正式开通。前来阅卷的律师通过身份核实后，便可取阅、摘录代理案件的全部案卷，并可对检察院的服务作出评价，并提出意见建议。系统提供了网络、短信预约阅卷，在为律师提供方便的同时，也使律师接待工作更加规范化。

【区诚信系统建设情况】 2012年，是嘉定区贯彻落实进一步加强上海市社会信用体系建设工作会议精神的开局之年。建立嘉定区诚信体制建设联席会议，确立工作规划与目标；围绕市政府47项重点工作中提出的社会信用体系建设目标，制定全区社会信用体系建设目标，编制《嘉定区社会信用体系建设三年行动计划》，研究制定任务方案和组织保障制度；落实推进全年信用建设工作任务，将总体要求分解为诚信宣传教育、诚信制度环境、诚信经济政策、诚信企业服务、诚信行政执法、诚信人才发展6个方面的任务，并落实到二十多个有关部门、单位和各镇街道。

（陈　鑫　徐珺姝）

第十三章 松江区信息化建设

概 述

2012年，松江区科信委在市经济信息化委的指导下，按照“创新驱动、转型发展”的总体要求，紧紧围绕区委、区政府总体工作部署，狠抓重点工作的落实，突出亮点工作创新，注重整体工作推进，积极服务松江经济社会发展。促进信息产业对区域经济社会发展的贡献度，全面推进松江区信息化建设，优化信息化发展环境。围绕“智慧城市”建设，构建便捷高效的信息感知和智能应用体系，全面提升松江区经济发展水平、公共服务水平和居民生活水平。

一、政务领域信息化

【推进“两化融合”工作，加快产业转型升级】 完善松江区级专项资金管理办法，强化项目跟踪和绩效评估。出台了全市区县第一个《松江区信息化和工业化融合专项资金管理办法(暂行)》。深入推进松江区“两化融合”实践区试点工作，坚持以项目为抓手，扶持企业开展“两化融合”工作；组织开展以高新技术企业、小巨人企业为主的“两化融合”情况调研，形成本区“两化融合”企业库。通过与区内高校合作，开展区域“两化融合”水平指标评估，编制松江区“两化融合”水平指标评估报告。根据2011年上海市“两化融合”水平指数评估体系，松江区各项指标大多处于全市中上水平；开展宣传培训。结合上海市“两化融合”进区县、进园区、进企业宣传培训活动，举办松江区中小企业信息化建设论坛，开展企业负责人培训活动，共举办5场宣讲会，近500人次参加培训，充分发挥政府在“两化融合”中的引导作用。

【启动智慧城市建设相关工作】 在《松江区推进智慧城市建设2011—2013年行动计划》基础上，通过征询区卫生局等12家政府相关部门和电信松江分局等4家通信运营商的意见，结合区科信委实际工作，进一步完善细化了松江区推进“智慧松江”建设的主要内容和举措，形成“松江区‘智慧松江’行动计划(2012—2015年)”，并将建设内容具体化、项目化。松江区岳阳街道办事处为上海市首批16家智慧社区试点区域之一。

【做好信息安全保障工作】 2012年，松江区办公门户(二期)完成平台的建设、调整、完善和应用推进。开展对松江区政府门户网站的安全管理工作，对门户网站进行全面检查，从管理机制、技术防护和运行维护等方面，进一步明确网站安全防护和管理的重点，落实各项安全措施，提高政府网站的安全防护和管理水平。

二、社会领域信息化

【做好社保卡等的申领发放工作】 为了全面提高松江区社保卡、居住证工作管理水平，促进受理网点建设，保证重点专项工作的落实，社保卡中心在2012年年初制定了工作考核奖励办法。根据上海市社保卡服务中心颁布的《上海市社会保障和市民服务信息系统管理办法》的要求，做好各类卡证的申领与发放，完成寒假期间小学生预采集拍照工作，完成各网点社保卡、居住证设备的更新与维护，正式实施社保卡中心考核奖励办法。与区采购中心沟通协调，2012年9月底完成了松江区各网点社保卡中心设备更新采购程序。10月进行专家评审，11月对全区各网点设备进行全部更换。

【推进无线电管理试点工作】 组织开展无线点管理区县试点工作，做好户外宣传、平面媒体和网络宣传、科普讲座等多渠道、多层面无线电科普活动。2012 年 5—10 月，松江区科信委联合松江区教育局、科协、市业余无线电协会等单位，开展 2012“走近神奇的电波世界”知识竞赛活动，引导青少年学习无线电相关知识，通过“小手牵大手”的方式，逐步消除居民对手机、基站等移动通讯设备电磁辐射的错误认知。据统计，松江区共有 47 所学校参加比赛，本次活动上网学习及辅导学生人数达到 145 863 人次，家长陪同学习为256 000人，通过网上实名注册的方式，取得有效成绩的 10 665 人。根据市无管局要求，在青少年中培养无线电爱好者，配合市业余无线电协会分别在学校、街镇举办无线电培训，参与人数近千人；完成 3 家运营商上报 113 个基站的预审工作；完成区无线电管理宣传网站的方案制订；配合市无管局进行全市台站核查执法工作；配合市无管局 2012 年高考期间的无线电保障工作。

【社区和城镇信息化工作】 2012 年，松江区科信委每两个月组织各镇、街道的信息主管召开“社区和城镇信息化工作例会”，为信息主管搭建工作交流平台，通过各种参观和交流学习，促使各街镇在工作中找准方向，更好地推进信息化工作。

三、经济领域信息化

【加强对信息化项目的管理与服务，发挥“协同理财”作用】 完善“信息化项目管理系统”。通过功能模块的完善与优化，保证信息化项目数据的完整性、及时性与准确性，为项目的管理提供高效便捷的技术平台支撑；做好 2013 年度信息化项目申报的审核工作。共受理松江区 40 个委办局 182 家单位的 537 个项目，申报金额为 2.5 亿元。通过科信委、第三方专业机构、信息化专家三方合力，完成审核工作，最终核定项目总数为 434 个，总金额为 1.37 亿元。

【保障网上行政审批平台正常运行】 松江区积极推广网上行政审批平台应用。2011 年完成内资企业并联审批网上平台建设，2012 年 1—8 月，工商、质监和税务部门共受理 6 033 项内资企业设立登记，证照办结 5 598 项，完成率 93%，办理时限最短 3 天，平均 4.9 天，比承诺时限 30 天缩短 84%。区科信委做好平台技术保障工作，确保平台正常运行。

【组织好各类市区两级专项资金的申报工作】 组织区内企业申请上海市 2012 年度软件和集成电路专项资金（软件类）项目，做好政策的解读和申报材料的初审工作，共有 15 家企业的 15 个项目申报，项目总投资 9 070 万元。做好正泰电气股份有限公司和上海新域信息技术有限公司等 2 家企业申报软件和集成电路设计人员专项奖励工作，涉及奖励人员 29 人，奖励总额 733 603 元。

四、城市建设管理领域信息化

【城市综合管理“大联动”信息平台开发】 根据松江区整体部署，完成“大联动”信息平台整体迁移工作，并进行常态化系统区、镇两级功能调整。2012 年 3—5 月，分别配合推进车墩镇、新桥镇“大联动”试点工作，完成系统在镇指挥中心及下属村居委会的部署和培训工作。4 月，完成全区 37 家单位的问卷调查（委办局 21 家，街镇、工业区 16 家），24 家主要联动单位的现场调研工作。在松江区总体需求调研的基础上，细化完善了《松江区城市综合管理“大联动”信息平台项目 2012 年度实施方案》。中心端平台按计划开发，常态化模块升级工作和平台首页于 9 月初完成，支撑辅助、决策分析、应急管理等子平台的建设整合工作也稳步进行。松江区级信息平台将为松江区“大联动”工作提供更好更全面的信息化支撑。

【视频图像监控系统】 2012 年，松江区视频图像监控系统的建设目标为在九亭地区建设 719 个监控摄像机，其中高清 612 个、标清 107 个。松江区（含九亭）卡口系统建设目标为253个断面，1 206个摄像机。截至8月底，模拟标清原109路全部出图，新建107路出图99路，数字高清612路出图550路，卡口253个断面出图56个。

五、信息产业发展

【组织好各类市区两级专项资金的申报工作】 组织松江区内企业申请上海市2012年度软件和集成电路专项资金(软件类)项目，做好政策的解读和申报材料的初审工作，共有15家企业的15个项目申报，项目总投资9 070万元。正泰电气和上海新域信息技术有限公司2家企业获得申报软件和集成电路设计人员专项奖励，奖励涉及人员29人，奖励总额733 603元。

【努力做好软件和信息服务业统计工作】 根据上海市2011年度软件和信息服务业年度统计的工作要求，完成了相关统计工作，并形成经济运行分析。截至2012年第二季度，松江区共有认定的软件企业42家，33家软件企业通过上海市软件和信息服务业统计系统上报了统计数据。全区软件和信息服务业实现固定资产17.15亿元，同比减少27%；营业总收入5.37亿元，同比减少43%；主营业收入5.35亿元，同比减少44%；软件收入0.83亿；实现利润总额1 327万元。

【深化软件企业管理，增进沟通联系】 积极沟通和联系区内软件和信息服务业企业、各类企业申报市级软件和集成电路专线资金企业，摸索建立松江区软件企业信息联络员队伍，与企业保持畅通的联系，增进沟通，掌握企业发展动态，加强政策的宣传和培训。

六、信息基础设施建设

【着力改善无线信号覆盖薄弱状况】 2012年，松江区在全市首先制定出台了《松江区主要区域信息基础设施总体规划》和《松江区加强信息基础设施建设和管理的实施意见》。同时完成《松江区泗泾南拓展大型居住社区信息基础设施规划》编制，完成佘山地区通信信号优化建设方案，并按照绿化河道和高速沿线选址为先的原则，进行现场勘查、调研，完成全区其他区域急需解决信号覆盖问题的工作方案。2月，针对泗泾大居部分入住居民反映移动通信信号差等问题，根据区领导批示和专题会议要求，积极协调区规土局等相关职能部门，研究解决大型居住社区通信信号覆盖问题。从6月开始，先期建设5个基站，共享1个基站。6个新建、共享基站建成开通，组织专业机构对该区域信号进行实测。

七、信息化环境建设

【城市光网建设】 2012年完成松江区所有城镇小区的光网改造工程，实现城镇区域光网全覆盖；新增光网用户6万户，累计达到13万户。松江电信已立项投资7 000万元，全力推进松江区“城市光网”建设。上半年，FTTH小区覆盖累计达29万户，370个小区。

【无线城市建设】 2011年9月，根据市经济信息化委和区府办要求，围绕《上海市推进智慧城市建设2011—2013年行动计划》，加快推进公众无线局域网(WLAN)建设，实现公共交通、行政办公、文化体育、公园绿地、旅游景点、宾馆酒店、教育卫生、商业金融等设施重点场所覆盖率超过80%，接入能力达20 M。2012年7月，根据市经济信息化委要求，确定此次由市统一推进的WLAN覆盖场所中，松江区共有17个点，其中16个点由市相关部门负责推进，1个点由松江区人民政府负责推进。由松江区推进的点为松江新城商圈(嘉松南路与绿城路商业街)，主要覆盖室外沿街休息区，商业街区范围内的室内场所采取市场化方式推进覆盖，同时对其他区域进行信号优化。另外，根据市无管局要求，组织3家运营商实施室外无线局域网(AP点)集约化覆盖试点。根据进展情况，调整由电信牵头月湖公园设计方案，并增加联通牵头的新浜上海之根度假区设计方案。相关设计和实施工作正在进行，力争按照时间节点完成测试工作，为在全市推广提供建设依据。

(徐望攀)

第十四章 金山区信息化建设

概 述

2012年，金山区信息化工作在区委、区政府的领导下和市经济信息化委的指导下，紧紧围绕建设“三个金山”战略目标，为实现“十二五”“二个倍增、二个同步”目标任务，积极推进信息化技术在各领域内的应用。加强基础设施建设和管理，推动枫泾旅游特色镇“智慧城市”建设；大力助推电子政务应用建设，不断提高政府管理水平；积极探索和推动信息产业发展，培育本区特色信息产业；进一步推动工业和信息化融合工作，提升、发展传统企业，特别是区内八大产业；不断完善社会诚信体系建设，制定本区三年行动计划。

一、政务领域信息化

【金山区办公平台升级改造】 经过前几年的信息化建设，金山区的整体电子政务建设已经有了较好的应用基础，随着行业内各种信息化手段和技术的不断发展，随着金山区政治经济建设的不断发展，以及金山区信息化建设环境的逐渐改善和系统在全区应用面的扩大、系统使用的普及，各级用户对系统有了更深入的了解，对系统的功能和设计等方面也提出了一些新的需求和建议。同时系统也表现出了一定的局限性，主要集中在系统界面的美观度和用户体验、系统操作的便捷性、各应用功能点的灵活性、系统的稳定性等方面。2012年，金山区科信委对现有的金山区OA办公平台现状进行需求分析调研，结合各委办局应用推广中提出的改进意见和新增业务需求，提出了金山区电子政务平台改版的架构和应用体系，改进平台内各功能的操作便捷性和方便性，扩展平台内各功能系统的功能广度和深度，完成了办公平台升级的升级建设。新OA办公平台已在全区范围内试运行。

【金山区电子签章系统升级】 为进一步加快金山区电子政务建设，确保电子公文的权威性、完整性，增强电子公文的法定效力，真正实现方便快捷的无纸化办公，2012年上半年完成了新电子签章系统的升级方案。经过两个多月后台部署和回收制章，6月开始在全区范围内推广使用新版电子签章系统。升级后的电子签章系统实现了不同版本办公软件间的兼容处理，新增使用者身份校对、防篡改等功能，比旧版更加安全、可靠，并且所有单位公章都存放在区服务器内，统一管理，提高了办公效率，确保了电子公文收文、发文的正常运行，达到了预期的升级要求。

【金山区科委目标管理系统】 金山区科委目标管理系统于2012年建成并投入使用。系统根据不同用户权限设置涵括重点工作一览、年度计划管理、月度计划管理、周计划管理等子项目。目标管理是系统整体的管理，是基于工作任务分配与考核流程的网络化工作管理应用系统，以目标管理系统为核心，一切工作皆以此为基础进行运作和监督。系统投入使用以后，经过组织管理领导小组和管理办公室的统筹协调，不仅提高了目标管理的整体效应，还在管理组织内建立起结构科学、合理、有序的工作机制。

【金山区档案馆馆藏资源二级备份工作顺利完成】 2012年3月19日，馆藏资源二级备份工作部署完成。将托管在信息委机房的PS4000、PS5000两个阵列内的数据实时备份到PS6100阵列上，并根据馆藏资源重要性的特点设置相应的备份策略，实现了由软、硬件故障引起的馆藏数据丢失后能及时还原的功能，确保了金山区档案馆馆藏档案信息的安全运行。

【金山档案信息网改版升级】 2012年8月，新版金山区档案信息网正式运行。金山档案信息网始建于2001年，2005年进行第一次改版升级，2012年进行第二次改版升级。升级内容包括调整页面布局，增设“特藏档案”、“网上展览”等栏目，丰富网站内容，提供人性化的便捷操作，优化开放档案查询功能，设置开放档案8千多条。

【金山区电子文件中心建成】 2012年8月7日，“金山区电子文件中心”通过验收，正式运行。该系统主要实现区OA系统电子文件和各单位其他各类电子文档的保存利用，囊括了区级单位所有电子公文和业务工作电子文档的在线分级管理和利用。同时在“金山区集中式档案室管理系统”开设接口，为今后电子文件归档做好准备。该系统已保存十三万多个电子文件。

【金山区档案馆馆藏多媒体档案管理系统建成使用】 2012年8月7日，金山区档案馆馆藏多媒体档案管理系统通过验收，正式投入使用。该系统主要用于收集、管理馆藏照片、音频、视频、幻灯片等类型的多媒体档案。通过上传素材、在线切割、编辑专题、组盘下载等功能实现馆藏多媒体档案的管理利用。系统已拥有照片档案12 700张、幻灯片187张。

【金山区人民法院新增IBM P740小型机】 2012年12月，金山区人民法院新购IBM P740小型机一台，替代原来的P650小型机，用于审判综合管理系统的运行。由于金山法院审理的案件日趋增多，业务管理系统的逐步深入，原来的P650已不能满足金山法院的业务需求，新增的P740上运行综合审判管理系统的主要应用，部分应用仍存放在P650机器上，以分担P740的负担。

【金山检察院完成本院与驻所检察室光纤联网】 根据上海市人民检察院《关于加快推进本市派驻监所场所检察室分支网络建设的通知》的精神，金山检察院信息中心与区科委、电信局等单位协调，于2012年6月13日完成公务网和政务网的光纤连接，以专线的方式联入金山卫镇汇聚点。通过VPN与本院实现联网。

【金山检察院向外地同行实现三项信息技术推广】 2012年，金山检察院向外地同行实现三项技术推广，分别是邯郸检察院和图们检察院的绩效考核软件的开发应用。其中邯郸检察院在7月召开现场会，实现了全市推广，7月22日《检察日报》头版刊登了这一信息，高检政治部领导对此作出了高度评价。10月图们检察院也开了现场会，12月延边自治州全州推广，这一事件得到了吉林省院的高度认可。11月，完成对山西长治襄垣检察院的赃款赃物软件应用的技术推广，山西长治检察院将在2013年年初全市推广。这三项技术推广都有一个共同特点：以金山院的软件为蓝本，结合本院的实际进行二次创新，效果都比较好。这说明金山检察院自主研发的软件具有很强的生命力和实用性。

【审计会商系统延伸工程项目顺利完成】 2011年，上海市审计局依托政务外网实施部署审计会商系统延伸工程，满足各区县审计局对审计会商系统的需求。2012年10月，区审计局完成审计会商系统延伸工程，在审计项目协同、审计业务培训、廉政教育和素质教育等方面发挥了重要作用。

【逐步推广应用AO2011版现场审计实施系统】 为做好AO2011版现场审计实施系统推广应用工作，区审计局为每位审计人员订购AO2011版教材，并组织部分审计人员认真学习，通过专业人员的培训指导进一步推广应用AO2011版，保证了审计人员及时了解和掌握软件的各项功能，使其能够尽快运用AO2011版开展计算机审计，在2012年开展的审计项目中，部分审计项目已开始进行推广应用。

【常用财经审计法规检索软件再次成功升级】 2012年，区审计局再次对原有的常用财经审计法规检索软件成功进行了升级。该检索软件购于审计署计算机技术中心，几年来运行状况良好，每逢审计署计算机中心对该软件进行升级时，区审计局总是积极快速地对局内的检索软件升级，使审计人员可以通过该软件检索到更新更多的信息。该检索软件的服务器版可使局内人员通过审计管理系统（OA）对各类法规进行检索，为审计人员查询各类法规提供了方便，同时提高了工作效率。

【金审二期工程模块扩容实施】 2012年，区审计局在信息化项目建设中完成审计项目跟踪实施模块、审计项目情况统计分析模块、计划管理模块，三个模块已正常启用。

【区水务(海洋)局创建“职工之家”网站】 区水务（海洋）局于2012年7月创建“职工之家”网站（www.swzj.jinshan.gov.cn），位于金山区水务局网站首页“职工之家”版块。内容包括工会动态、文体荟萃、职工风采、职工书屋、建言献策、养生保健等栏目，从而丰富了金山水务网的内容，进一步提升了网站服务效能。

【上海市金山区统计信息综合管理系统通过验收】 2012年5月25日，金山区统计局主持召开了“上海市金山区统计信息综合管理系统”项目验收会。与会专家听取了项目承担单位所作的项目背景介绍、技术报告，观看了系统演示，并审阅了相关文档，经质询和讨论形成意见，认为该项目的建设实施是成功的，基本完成和达到了项目建设方案中所规定的各项任务指标要求，一致同意通过验收。

【成立金山区卫生信息中心】 按照市、区有关要求，于2012年年末成立金山区卫生信息中心。金山区卫生信息中心挂靠金山区卫生局局办，统筹制定金山区域卫生信息化建设规划，指导并推进区域内信息化建设，落实卫生信息化建设规范。金山区卫生信息中心主要负责落实全区卫生信息资源整合、负责卫生信息数据统计分析、给予区医疗卫生机构信息系统建设指导、考核。

二、社会领域信息化

【全区实现村(居)档案集成式信息化管理】 2012年2月28日，金山区档案局完成最后一批居委会应用“金山区村(居)档案集成式管理系统”档案业务及上机操作培训，在全市范围内率先实现档案管理系统到村(居)级的信息化应用。全区124个行政村、83家居委会通过区政务网使用该系统，全面实现村居档案“收、管、用”的信息化管理。

【“12345”市民服务热线工作全面展开】 根据金府发〔2012〕20号文以及沪房管〔2012〕328号《关于做好上海市“12345”市民服务热线的有关工作通知》，金山区住房保障和房屋管理局自2012年10月热线开通以来，认真受理“12345”热线交办事项，按时限要求及时办理、回复承办事项，确保了2012年度“12345”市民服务服务热线试运行期间工作的顺利完成。在金山区原有的“962121”物业服务热线基础上调整充实了“12345”市民服务热线工作，确保市民服务热线日常工作的落实推进。将“12345”市民服务热线工作纳入工作目标进行严格考核，并将工作目标任务下达到相关承办人员，确保此项工作的顺利完成。按照“一口受理、分类办理、快速处置、统一回复”的原则，2012年，区房管局共受理“市级”平台转派工单74件；“区级”平台转派工单2件，在办理过程中严格按政策办理，认真回复，确保了来电无重复投诉现象，无超期办理情况，做到了答复及时、准确，办结率达100%。

【区教育局建立考试招生信息网】 金山教育考试招生信息网于2012年2月开始建设，5月正式启用。根据金山教育考试招生工作实际情况，网站设立信息公开、网上办事、网上互动、办事指南等栏目，及时全面地公开小学招生、初中招生、高中招生等各学段的招生考试信息，包括各类招生政策、招生计划、招生要求、考试时间、考试政策等信息，并将中高考报名、查询、投档、转学申请等10项网上办事内容整合，方便市民查询。设立招生考试网上咨询，加强与市民互动，增强金山区招生考试工作的便捷性和透明度。

【区民政局完善金山区农村医疗救助“一站式服务”】 为进一步缓解农村贫困群众医疗负担，有效整合民政医疗救助与新型农村合作医疗资源，逐步实现民政医疗救助由“事后”向“事中”转移，减轻农村救助对象就医负担，提升农村医疗救助服务水平，区民政局联合区卫生局建立健全金山区农村医疗救助“一站式服务”。救助模块于2009年启用，2012年进一步完善了功能设计，并拓展了服务对象。民政部门工作人员登录系统后，可直接查询、审核、核对定点医疗机构实时结算情况，以及各镇(金山工业区)合作医疗事务所事后报销结算发生的民政救助费用相关支付凭证、报表等结算数据，由上述部门和机构直接提交支付凭证、报表至区社会救助事务管理中心，经区社会救助事务管理中心审核通过后与上述部门机构直接进行费用结算、拨付。

【基于居民健康档案的数据交换平台】 2012年，基于居民健康档案的区域卫生信息化项目被列入金山区政府实事项目。数据交换平台作为此项目的基础平台，实现区内医疗卫生机构间数据的交换、整合、注册等服务，提供安全隐私控制等功能，实现与市级平台的互联互通。通过数据交换平台，已抽取区内11家社区卫生服务中心、5家二级医院、1家三级医院及2家专业站所的2011年和2012年的数据至卫生局中心。从2012年3月开始实施，至2012年11月底，功能开发按计划完成，并通过专家验收。

【基于居民健康档案的信息化业务应用】 2012年年末，基于居民健康档案的卫生信息化项目已基本完成。其中包含10个具体的业务功能：统一自费就诊卡、健康档案共享调阅、智能提示(重复检验检查提示、重复用药提示等)、双向转诊、出院随访、区域检验、预约服务、公众服务网站、物联网家庭健康监护、区域影像共享。

【基于居民健康档案的信息化监管】 在基于居民健康档案的信息化项目中，设立了3个监管系统：绩效考核、药品使用情况监管、卫生资源管理和辅助决策系统，统一整合至卫生综合管理平台。这3个系统于2012年年底基本完成，起到了指导及考核监管的目的。

【完善原有三大医疗卫生信息系统】 2012年11月，医疗机构(社区卫生服务中心)内部系统实现了基本完善，统一全区社区卫生服务中心内部系统。在原有挂号收费、药库药房管理、出入院管理、护士工作站、门诊医生工作站等系统基础上，2012项目新上线体检管理、门诊电子病历、门诊分诊、住院医生工作站、补液管理、抗生素管理等系统，使用情况良好。完善了公共卫生业务系统，扩展现有社区卫生服务系统功能，建设区域联动型妇幼信息系统，区域联动型疾控信息系统等；完善卫生数据中心和2008年建成的卫生信息网，增加必需的软件系统和硬件设备，加强网络和安全管理，其中卫生局数据中心采用数据自动分层等技术构建云存储，并采用微软虚拟化技术，在10台物理服务器上创建23台虚拟服务器。

【金山区文保单位网上3D展示】 本项目通过利用VR-Platform虚拟现实技术，结合网络技术，对金山区现有区级以上的33处文物点进行3D虚拟现实的开发制作，建立起实物三维或模型数据库，保存文物原有的各项形式数据和空间关系等重要资源，形成各文物点的3D模型数据库，通过金山区文物地理信息系统分别浏览每一个文物点的三维场景，进一步展现了各文物点的全景、全貌，为系统、科学、规范地建立金山区第三次全国文物普查档案以及金山区今后的文物保护和文物资料信息化奠定了基础。项目于2013年1月竣工。

三、经济领域信息化

【区旅游局建设"爱旅游金山"手机导游客户端】 2012年，金山区旅游局与上海旅游网合作开发了"爱旅游金山"手机客户端。"爱旅游金山"基于地理位置服务(LBS)，以多媒体、智能化方式展现金山作为一个休闲旅游目的地所具有的各类丰富多彩的旅游资讯。通过下载"爱旅游金山"手机终端，可以满足游客在金山旅游时导航、导览、导游的一体化需求。

【区旅游局开发"闲乐金周末"网络专题】 2012年，金山区旅游局与驴妈妈旅游网合作开发了"金周末"专属频道，在驴妈妈旅游网上全面推介、销售七大系列"金周末"旅游产品，包括金篮子乡村游、金沙滩浪漫游、金鱼钩休闲游、金画笔文化游、金木鱼祈福游、金勺子美食游、金枕头度假游。16家区内旅游企业与驴妈妈旅游网签订合作协议，截至12月底，驴妈妈旅游网上"闲乐金周末"专题页面浏览量为27万人次。

【区旅游局开展"电信随行通"推介】 2012年，区旅游局与中国电信合作推出"电信随行通"，为途经金山的外地游客送上"金山旅游推介短信"，全力推介"闲是金山"品牌形象。中国电信的手机用户在第一次途经城市沙滩、枫泾古镇、廊下生态园、东林寺、中国农民画村等景点时，就会收到金山旅游的形象推介短信。

【继续深化巩固为农综合信息服务平台建设】 2012年，根据市农委统一部署，对平台前后台进行改版。3月底完成全部机器改版更新工作，同时，完成了全区各镇(金山工业区)农技站和124行政村信息员对新版前后台的操作培训，培训150多人。上半年还对农民一点通终端机器运行情况进行了一次摸底调查，主要检查视频电话拨打是否正常，本村信息和农民补贴信息维护和显示是否正常，网络连接是否正常，机器是否能正常开机等项目，确保"农民一点通"的稳定运行，也为今后机器更新(更换)早作计划。据统计，为农综合信息服务平台改版后4—12月，全区总点击数为47.7万次，本村信息维护数量11 562条，热点信息维护12 346条，有效视频热线电话885次，区级平台录入信息908篇，全面完成了市农委的考核指标。

【涉农补贴资金监管平台的维护管理】 涉农补贴资金监管平台建设是2010年市纪委"制度+科技"的一项重点工作。按照市农委有关规定，在2012年第一季度，完成了2011年相关数据的审核和录入工作。2012年共完成区级各类补贴27项，其中粮食、蔬菜类14项，其他业务13项，比2011年新增补贴内容14项，涉及各级财政补贴金额合计达33 214.1万元。4月所有数据在“农民一点通”上公示。完成2011年度涉农补贴资金区级政策信息录入，共录入33项(包括附件)，统一网上公示，供全区农户查询。

【“三农”信息服务】 围绕“三农”服务的宗旨，通过电话咨询、“农民一点通”、下乡指导、网上问答、培训示范等方式，将“三农”服务热线与现有农业信息化技术手段相结合，有效互补，有效利用，为大众提供农业生产动态、农业技术知识、市场行情等涉农信息，积极探索新的服务方式与服务机制。一是统一管理，整合服务平台。2012年，上海“三农”热线金山分中心使用市中心统一配备电脑、视频等硬件设备，统一标志，统一号码，统一服务规范，统一服务制度，通过热线服务系统，与热线管理中心、市联办单位以及各区县分中心的专家整合资源、统一管理，充分发挥“三农”服务热线作用。二是扩容专家，夯实服务基础。根据热线运营的实际工作需求，2012年新增了农产品质量安全、农村经济管理、农业政策等条线专家，从原有的8名专家调整增加至12位在职农业专家。三是调整栏目，加强服务宣传。2012年，在金山农业网上对金山“三农”服务热线进行了栏目调整。下设热线介绍、服务规范、热线新闻、技术问答、市级专家、区级专家等栏目，细化内容，让广大用户了解和关注“三农”服务热线，加强宣传服务效果。四是做好职能，发挥服务实效。利用上海“三农”服务热线这一服务平台，与网上咨询、实地指导、科技下乡等农业信息服务方式相融合，拓展服务渠道，挖掘服务内涵，丰富服务内容。2012年，每月从金山本地拨打“12316”服务热线150条次以上，共受理各项网络申请五十多次，有效处理各类热线一百多起，举办科技下乡和培训活动五次，培训三百多人，分发五百余份宣传资料。

【金山区农业综合信息服务平台】 作为2011年上海市科技兴农重点攻关项目“上海农业综合信息服务平台”的功能延伸和拓展，金山区农业综合信息服务平台于2012年建成。主要建设内容包括网络硬件建设、软件应用系统建设以及基层信息员队伍建设三个方面。该项目于2011年年底正式立项后，根据项目计划任务书的开发要求及工作进度安排，一是认真做好前期准备工作，多次举行项目会议。项目立项方、技术开发方及项目使用方三方多次沟通协调，使开发的系统尽可能与现有市级相关系统相统一，同时满足业务部门对本区农业数据信息的特殊需求。二是多方学习取经。先后到松江现代农业园区、浦东农发中心等地学习，借鉴其在各类涉农信息系统的建设经验。使得开发金山区农业综合信息服务平台少走弯路，减少不必要的失误，节约成本、时间。三是有序推进开发进度。为节约系统开发时间，采用边调研、边开发、边调整的方法，在每次调研会、研讨会后，形成书面意见以便下次核对开发内容，在开发过程中遇到新需求也及时修改调整，保证项目的开发质量和速度。按照制定的项目实施计划，主要进行了金山区农业五大主导产业粮食、蔬菜、畜禽、水产、瓜果生产管理信息系统的研发，2012年12月基本完成各子系统的开发工作，总录入数据73 984条，已基本完成该子项目建设内容和预期目标。

四、城市建设管理领域信息化

【金山区物业管理信息系统分步建设并陆续投入使用】 金山区物业管理信息系统主要面向金山区物业管理部门、基层住房所、物业服务企业、住宅小区管理处、业主委员会的监督管理操作平台，涵盖了协同办公、工作任务落实、防台防汛、物业维修管理、物业信访管理、应急维修仓库管理等物业管理的方方面面，并实现了与上海市物业服务呼叫平台“962121”系统的有效对接。2012年6月19日，金山区住房保障和房屋管理局邀请了上海市物业管理事务中心、区科信委、区财政局和区住房保障房屋管理局等有关专家，对金山区物业管理信息系统一期项目进行了现场验收。2012年下半年，在全区67家物业企业和170多个小区管理处进行了全面推广应用，先后组织培训6次，培训人员200余人，系统应用效果良好。根据分步建设的要求，二期项目也于10月25日完成了需求确认，处于系统代码实现和调试阶段。2013年将进一步推进项目建设，完善系统功能，让金山区物业管理信息系统成为各级物业管理人员和物业企业日常工作的必备工具，真正意义上发挥信息化的优势。

【金山区环境管理综合信息平台(一期)】 2012年2月，

金山区环境管理综合信息平台(一期)开始正式上线运行,运行情况良好。“项目管理”模块已产生62条数据,“污染源管理”模块已产生2 936条数据,“执法管理”模块已产生116条数据,“整改处罚”模块已产生14条数据,“排污管理”模块已产生636条数据,“环保信访”模块已产生1 279条数据。其中“污染源管理”、“执法管理”模块是本期项目建设的重点,在运行过程中,已具备基础数据,并且能够做到不定期产生实时数据。

【金山公安分局图像监控系统建设应用工作】 为进一步加强视频监控系统建设、应用和视频图像信息整合共享工作,深入推进公安机关社会管理创新工作,不断提升公安机关整体战斗力,2012年金山公安分局全面启动“十二五”图像监控系统建设工程,开展了图像监控第四期(一、二)批建设,建成监控点位565个,进一步扩大了金山区监控覆盖面,为加强全区治安防控、追踪布控涉案车辆、全面提升打击能力提供了强有力的保障。

【金山公安分局高清智能卡口监控系统建设】 2012年,金山公安分局开展了智能卡口(车牌识别)系统建设,截至12月底,建设完成治安卡口50个和69套电子警察联网,涵盖金山区各主要道路路口、镇区、出省道口等交通要塞。该卡口系统的建立不仅可以实现对通行车辆的监控(包含车型、车辆号牌号码、车身的颜色、周围环境等),还可对机动车超速等违法行为进行抓拍,实现公安相关智能部门车辆缉查布控、预警拦截、交通流量分析研判及交通违法行为甄别查处等业务应用,为预防和减少道路交通事故及打击各类违法犯罪活动提供技术支撑。

【地下空间网格化管理信息系统】 2012年11月28日,金山区借鉴城市网格化管理先进经验,结合金山区地下空间安全管理工作实际,建设金山区地下空间网格化管理信息系统。该系统主要是在60个重点地下空间,安装185台“安全卫士”,同时建设相应的数据库、数据中心、报警中心、网络环境等。“地下空间安全卫士”是内部设有红外、气敏等传感器及先进信息转换、传输元器件,可以对人体热释能红外位移、温度、易燃易爆气体等进行定性探测,并将探测到的数据实时回传到相应配套信息系统的智能传感设备。“安全卫士”监管终端实时监控位移、温度、有毒有害气体、易燃易爆气体、供电、信号传输6项环境指标,通过网络技术手段实现灾害事故自动报警,达到24小时监控和无人值守效果。项目建成后,将使金山区形成集“监测、报警、通信、指挥”于一体的地下空间安全管理处置模式,有效提升地下空间安全管理技防能力。

【金山区市政基础设施信息化管理系统第二期正式上线】 2012年7月26日,金山区市政工程管理署研发的第二期“金山区市政基础设施信息化管理系统”通过验收,正式上线。本期主要是在2011年7月第一期市政基础资源库的基础上,以计算机网络系统为依托,充分利用数据库、地理信息系统(GIS)、移动巡检、通信等信息化技术手段,集城市道路、桥梁、排水设施管养,路政、城市网格化巡检处置,市政行政审批等各项市政行业管理业务于一体,全面实现信息化管理工作的全覆盖。金山区市政基础设施信息化管理系统的成功研发,充分将信息化技术应用到市政设施管养各项业务中去,便于市政设施管理人员更准确、更及时地掌握市政设施属性、动态运营状况,为不断提升市政管理水平提供有力保障。

【金山区建筑管理署在工程中实施远程视频监控】 远程视频监控是金山区建筑管理署在新形势下运用信息化监管手段的尝试。利用远程视频监控等信息化手段,通过对施工现场生产作业情况进行定时自动监控,实现施工现场质量和安全生产情况的动态监管,可以改善传统人工现场监管方式遇到的人手不足、调度困难的现象。金山区建筑管理署已对“文广中心”工程实施远程视频监控试点。

【金山区汽车服务市场监管系统一期项目交付试用】 金山区汽车服务市场监管系统一期项目于2012年12月28日交付试用,主要实现了金山区运管署通知公文等信息的及时下达、日常巡查登记、排查汽修经营主体资格、汽车配件商品质量监督、事故车辆维修监管、查处合格证的非法出售等。一期项目覆盖全区80家汽修企业,通过汽车服务企业日常的管理业务登记和及时的在线数据上传,实现了对辖区内各汽修厂配件价格、质量、服务态度的监督管理,促进汽车服务市场规范的建立,提高了政府监管能力,保障了广大车主的利益。金山区汽车服务市场监管系统的实施应用,有助于金山区运管署对汽车服务市场进行良好的监控和管理,可有效规范市场秩序,促使汽车服务行业良性发展,是区运管署提供企业日常监管的有效支撑。

【区食药监局开展信息化平台建设】 食品药品安全关系到人民群众的身体健康和生命安全。食品药品监督金山分局依据上海市“智慧城市建设2011—2013年行动计划”中建设食品安全监管和信息服务平台的总体发展目标，积极开展金山区食品药品监管与检验信息管理平台的开发工作。系统主要包括食品药品信息共享、投诉举报网络流转、食品信息监管与处罚、食品药品检验信息网络流转、食品药品检验日常管理等几项功能，以信息化手段为各食品安全监管部门开展监督管理、应急查控、处置举报投诉以及食品药品检验所内部管理等提供有力支撑。2012年项目基本开发完毕，处于调试安装阶段。

【上海金山水务投资有限公司ProjectPro项目管理系统】 ProjectPro项目管理系统是面向水务工程建设甲方的一款管理系统，自2012年6月18日开始建设，9月18日开始试运行。系统分为信息与进度管理、工程质量与安全管理、项目资金流管理、项目档案管理、权限和流程管理五个主要部分，以项目计划、投资审批、招标、工程实施、资金监控、进度控制、质量监督和档案管理等为主要线索，将日常项目管理中大量分散的数据整合为一个严谨、高效的信息体系，从而有效控制关键性环节。系统采用了互联网和远程访问技术相结合的多层开放结构体系，便于对工程建设进行远程监控和管理；项目管理流程规范化、制度化操作；项目资金管理规范、透明运行；质量安全、进度节点有效控制。项目管理系统的实施，能有效加大企业管理力度，促进企业各部门之间及时沟通，保证工程达到预期建设目的，从而保障水务工程建设健康、有序发展。

【区水务(海洋)局建立行政许可网上审批管理系统】 为进一步推进水务电子政务建设，实现水务行政许可网上审批，金山区水务行政许可网上审批管理系统于2012年7月开始建设，并于2013年1月4日正式运行。系统设有行政审批、审批事项管理、监督监察、统计分析等功能，实现了金山区27项水务行政审批项目的全程网上审批，不断提高水务行政许可审批的管理水平、工作效率和工作质量。

【金山移动开通安全生产短信平台】 2012年，金山移动积极响应金山区安监局安全监管监察保障职能的信息化需求，通过系统集成方式，在全区规模以上生产经营单位中开通安全生产短信子平台，与区安监局平台实现信息无缝化对接，打造系统化安全生产信息综合平台。累计发展安监局企信通187户，新增集团客户一百二十余户，新增集团群组一千余户。

五、信息产业发展

【电子商务网商企业实现集聚发展】 2012年，金山区电子商务联盟发展模式初步显现，全年实现经营收入4.5亿元，同比增长40%，经营收入超千万元的企业有10家，包括融氏旗舰店、诠渡良品旗舰店、曼其朵服饰旗舰店、攀柔莎家居专营店等。其中，有很多传统企业将销售环节剥离出来形成独立的电子商务发展模式，实现了传统企业的转型发展。

【第三方电子商务平台(平台经济)凸显亮点】 2012年，区科信委继续推进生产性服务业领域的电子商务平台发展，以“物流汇”、“C物流”等较成熟的平台为基础，深化物流行业企业经营和车辆管理等领域的电子商务应用。“物流汇”平台累计实地物流企业会员超4 000家，平台活动企业超过20 000家，贡献税收1.3亿元。以全区规范危化品交易和运输管理工作为契机，进一步引导化工品交易平台业务转型，推进化工品交易平台实现创新发展。

【化工生产安全领域的物联网技术实现规模化应用】 区科信委重点以物联网和安全生产的融合为切入点，深入研究新一代信息技术(物联网)在安全生产和环境监测等领域的实际应用，同时引导区内相关软件企业从事研发具有自主知识产权的物联网产品和解决方案。如上海众达信息产业有限公司研发的化工生产安全一体化管控平台和配套产品，在国内化工领域信息化应用中树立了典型。

【区内八大产业集群的“两化融合”发展水平调研】 2012年，区科信委在2011年全市开展“两化融合”发展水平研究的基础上，针对区内重点产业、重点领域进行“两化融合”发展水平的调研。充分发挥了金山区各工业区在推进企业信息化的积极性，以工业区为单位，以重点行业为对象，以实地走访与调查表跟踪为模式，调研区内企业信息化发展状况，定性、定量采集基础数据，诸如企业信息化基础水平、企业内部管理信息化水平、企业电子商务应用能力等。理论结合实际，抽象结合具象，从而掌握金山区信息产业发展现状。

六、信息基础设施建设

【金山推进移动无线城市建设】 上海移动通信有限责任公司金山分公司(以下简称“分公司”)持续围绕大力推进“智慧城市”建设的战略目标，以四网协同助力“智慧金山”建设。2012年，分公司圆满完成了TD五期覆盖建设工作，截至2012年年底3G各类站点达到220个，基本覆盖金山全区域。确保重点街道、镇覆盖优质3G网络，使更多用户享受3G网络时代高速上网的便捷。同时，分公司结合自身优势，围绕“智慧金山”建设的战略目标，着力加快WLAN热点覆盖，已覆盖政府部门、城市沙滩、金山百联、学校、宾馆、咖啡店及企事业单位等137个区域，为用户办公办事、休闲娱乐等提供了上网的便利，不断推进金山城市无线信息化建设。此外，分公司积极响应市、区政府关于建设公共地区i-Shanghai公益WLAN的建设要求，在金山医院、廊下生态园等地区完成了相关AP热点建设，使更多金山区域用户体验到无线生活的便捷。此外，分公司计划进一步完善枫泾古镇无线网络覆盖，结合“12580”业务打造“智慧旅游”新形式，作为“智慧金山”建设的有益补充，不断提升区域影响力。

【深化上海石化信息化应用】 2012年，分公司进一步落实与上海石化的《战略合作框架协议》。由上海石化总部设计牵头建立汇聚中心，将上海19个关联企业通过电路接入上海石化，进行数据交换与传输，为上海石化打造一个高质量的数字汇聚中心。

七、信息化环境建设

【加强网络安全管理，提升信息安全保障体系建设】 根据金山区政务网三级等保和区政务网网络安全保障要求，制定了金山区信息化安全保障体系建设，确保基础网络和重要信息系统的信息安全保障水平与时俱进，得到不断提升。包括对区中心机房中的网络安全设备进行整体调研分析，升级了包括瑞星防病毒网关(防毒墙)、僵尸木马网络攻击行为预警系统、格尔VPN网关等安全设备。

【以居委会为阵地，开展无线电科普宣传】 2012年，金山区无线电管理办公室将无线电知识宣传与科普工作相结合，以服务于老百姓第一线的街道居委会干部为着力点，进行针对性的培训和宣传。石化街道、山阳镇、金山卫镇、张堰镇等镇区的近20个居委会完成了培训，培训人数超过500人。

【改善民生，做好无线电信访维稳工作】 完善与运营商的沟通机制，以实事求是为原则，做好无线电辐射信访维稳工作。答复朱泾镇广鑫苑和山阳镇金天地幼儿园通信基站辐射的相关信访件，解读相关环评报告。处理金山卫镇金房花苑联通机房群访事件，向市无管局借用相关仪器设备，查找到并消除了困扰业主出行的干扰源。

【金山检察院完成律师接待软件改造】 金山区检察院根据市院工作部署，将律师阅卷接待工作统一归口到案管科管理。为进一步规范窗口建设，依法保障律师权益，金山区检察院案管科会同信息中心完善律师阅卷登记系统，切实提升工作水平，确保律师阅卷接待工作有序开展。该系统实现律师阅卷工作的网上流转，强化对律师阅卷工作流程的监督管理，具有三大功能：流程监管、提醒预警和配套查询。通过在系统内的指派环节，案管软件操作员可实时掌握案件的律师阅卷情况，并及时更新至案管软件中，保证案管软件信息录入的及时性。同时，系统自带信息查询统计功能，可以根据每次录入的律师阅卷记录生成律师阅卷情况汇总表，为检查律师阅卷接待工作提供检索和查阅。

八、社会诚信体系建设

【拟定三年行动计划，扎实推进诚信体系建设】 2012年，区社会诚信体系建设联席会议办公室拟定了《关于进一步加强金山区社会信用体系建设的意见》、《金山区社会信用体系建设2013—2015行动计划》，明确了金山新一轮社会信用体系建设的发展目标和主要任务。通过大力践行“公正、包容、责任、诚信”的价值取向，引导广大市民群众、企事业单位、各级政府部门以及其他各类社会主体共同建设“诚信金山”。

【开展多样诚信宣传周活动，增强社会诚信理念】 2012年12月25日，由区社会诚信体系建设联席会议办公室牵头，全区22家联席会议单位共同参与，以“诚信金山，从我做起”为主题的金山区诚信宣传周在百联广场启动。活动采取诚信网络知识竞赛、现场咨询、培训宣讲、拉横幅等形式加强诚信宣传教育，同时邀请金山电视台、《金山报》等媒体广泛报道、宣传。活动吸引了众多市民前来参与，现场共发放宣传资料1 000多份，宣传环保袋800份，宣传围裙600条，签署诚信承诺卡1 400多张。

【区房管局建立“物业服务企业诚信档案”】 为推进物业服务行业信用体系建设，加强物业项目的监督管理，2012年区房管局针对全区建立物业服务企业诚信档案。物业服务企业诚信档案信息系统的建立，能够通过信息平台把物业服务企业和项目经理的信用信息与物业管理项目招投标、企业的资质和从业人员的资格管理、管理项目评先创优等挂钩，进一步培育公开、公平、公正的市场环境。年初，区房管局成立了物业管理诚信工作小组，明确了工作人员及工作职责。一季度起，信息化项目组深入物业管理企业和小区管理处开展调查研究，认真与企业进行沟通交流，听取企业对信用体系建设的意见。在对企业调研的基础上，还充分向市房管局征求意见与建议，倾听基层房管所监管人员的声音，并按照有关要求，7月初步整理了一套符合本地实际的《信用考评办法》，作为物业服务企业诚信档案信息系统打分的标准。第三季度主要与项目开发单位反复确认可行性和评定标准，增强制度的可操作性。通过修正和完善《信用考评方法》，明确了诚信检查的类别、检查方法和要求、检查评分标准、诚信等级评定标准、考评时间和方法等主要内容。

【区住房保障申请审核工作稳步推进，申请对象诚信意识逐步加强】 自“四位一体”住房保障体系基本形成以来，金山区按照全市相关规定，对共有产权房(经济适用住房)、廉租住房申请家庭进行“两级审核”、“两级公示”，稳步推进住房保障申请审核工作。在申请审核工作的同时，采取申请对象个人申报、签署承诺书的方式，加强个人诚信意识的提醒和督促。对其提交的户籍年限、住房和经济情况等申请资料保证真实有效，并授权相关部门进行核查及公示。在后续过程中，如发现有违反诚信的行为，将督促其整改，并根据不同情形做出一定年限内不得再次申请的惩处。2012年，按照上海市的统一部署，金山区对历年来在册的廉租家庭全面开展年度复核工作，经复核，不再符合廉租准入条件的家庭予以退出，保证了廉租住房申请审核工作的公开、公平、公正。今后，加强住房保障申请人的诚信工作将随着上海市征信体系的不断完善，逐步纳入征信档案。

【金山区教育系统积极开展各类诚信活动】 2012年3月，朱行中学开展“塑诚信品质、树感恩意识、做雷锋式少年”主题教育月活动，通过升旗仪式、班队活动、红领巾广播、十分钟队会等活动阵地，举行了诚信公约签名、“走进诚信”主题班会展示等活动，并以《习惯养成手册》为载体，培养学生养成诚信好习惯。3月31日，辅读学校开展主题为“讲诚信故事，做诚信之人”的诚信小故事比赛，一、二年级学生背诵诚信格言，高年级学生通过读故事、说故事的方式，用自己的理解诠释诚信精神，将诚信精神发扬光大。4月18日，上海食品科技学校与金山区第二税务所开展了“税法知识进校园”活动，通过开展“做明日诚信的纳税人”主题班会、学习税法知识宣传短片等，帮助学生树立依法诚信纳税的意识。

【金山区质监局质量诚信信息系统初见成效】 自2008年下半年起，金山区质量技术监督局就提出通过建设质量诚信信息系统，逐步摸清金山区所有生产企业的状况。2012年质量诚信体系初见成效。期间历时四年，五次召开企业质量诚信档案完善工作会议，五次从各镇、街道、工业区采集数据，一次从统计局采集数据。质量诚信信息系统不断完善，功能不断扩展，不仅基本收录了金山区所有生产企业，还开发了监督抽查后处理、工业产品许可证监管、质量诚信记录模块及办公内网，将办公、检查记录、与企业档案数据库相连接，更好地发挥其作为基础数据和诚信记录的作用。系统已收录金山区生产企业4 555家，其中实体型企业4 438家，注册型企业117家。这些数据基本涵盖了金山区所有实地型生产企业，也包括在工业产品生产许可证监管、监督抽查后处理等业务中涉及的少部分注册型企业。该系统利用四年的时间，建立了基于质量的诚信信息系统，并以此系统为基础，整合质量技术监督有关业务，全面建立企业质量诚信档案，企业监管记录，提高企业监管和分析能力，形成"企业全覆盖，业务大整合，内容具体化，分析智能化，应用共享化"的企业诚信信息体系。

（李　俊）

第十五章　奉贤区信息化建设

概　述

2012年，奉贤区信息化工作围绕“三化两建设”和服务型政府建设这条主线，全面落实信息化“十二五”规划，进一步完善信息基础设施，着力推进智慧城市建设，加快推动各领域信息化应用。“上海奉贤”门户网站在2012年上海市政府网站测评中被评为优秀，另外，“上海奉贤”门户网站外文版获2012年度“中国外文版政府网站领先奖”。

一、政务领域信息化

【加强对政府门户网站的建设和管理】 一是按照网站群建设的要求，2012年完成了奉贤区政府网站群主站“上海奉贤”门户网站和政府各部门网站群子站管理系统的建设。二是根据工程建设领域信息公开和诚信体系建设工作的要求，于8月底完成了区重大工程建设领域信用信息和信息公开工作建设专栏，专栏涉及区内12个部门，按市政府要求，对信息进行编码分类，按照技术规范进行后台业务系统的建设。本区按照“1+12”的模式，共建设了1个主专栏和12个子专栏。三是为进一步方便市民网上办事，于8月底完成了上海奉贤便民智能服务平台二期建设，并与一期实现了无缝结合。从而实现了对“上海奉贤”门户网站“信息公开”和“网上互动”、“便民服务”和“网上办事”四个栏目内容的在线智能服务，拓宽了政府信息公开的服务渠道，丰富了服务形式。系统已接受了近3万条的在线咨询，答复有效率近90%。四是做好网上信箱的受理和统计工作。2012年，“上海奉贤”门户网站共收到各类网上来信1 717件，其中，已处理1 440件，已受理59件，不受理108件，未受理110件；收到网上办事申请9件，其中不能办理8件，已受理1件；收到信息公开申请10件，已全部答复。每月15日之前将上月网上信箱运行情况的统计结果报送至“中国上海”门户网站编辑部。五是做好对部门网站的评议工作。6月确定了评议原则、方式和范围，并制定了评议方案，8月下旬正式启动该项工作。通过第三方测评的方式对本区部门网站的建设做了一个全面评估，共涉及58家单位网站，分自评、专家现场测评和第三方总评三个阶段。六是做好“上海奉贤”门户网站的远程灾备服务系统建设，为了保障区政府门户网站的连续服务，于10月与服务商签订了服务合同并于年内完成了系统建设。

【完成新农村信息化提升专题工程建设】 2012年，根据《上海市奉贤区人民政府办公室关于转发〈奉贤区新农村信息化提升工程工作方案〉》(沪奉府办发〔2012〕38号)的要求，对全区各镇、开发区(社区)共330个村(居委会)进行了机房机柜、网络设备、弱电布线、维护管理、终端管理五项网络标准化改造工作，电信也将原来10兆VPN光缆升级成百兆光缆。为政务网应用系统延伸到村(居委)提供了更好的网络环境。

【推进奉贤区网上行政审批平台建设】 根据市委、市政府提出的上海市要成为全国“行政效能最高、行政透明度最高、行政收费最少”地区之一的要求，依据奉贤区行政审批制度改革的目标和步骤，以促进跨部门的行政审批业务协同为重点，奉贤区于2012年1月4日完成了建设工程行政审批平台的建设并运行，于2月20日完成了区内资企业注册审批平台与市级平台的网络对接，实现市、区内资企业注册并联审批事项的互通。截至2012年年底，共接受各类建设工程审批案件199件，累计操作各类信息1 683次；接受内资企业设立信息11 737条，累计进行各类信息操作46 155次。

【推进区视频会议服务平台建设】 2012年，在区视频会议服务平台一期工程的基础上，实施了二期建设，二期在一期覆盖全区各镇、开发区的基础上增加了区20个委办局。视频会议二期实施完成后，在视频会议平台上顺利举行了8次区级视频会议，并重点支撑了2012年汛期的防汛指挥需求。

二、社会领域信息化

【开展社保卡的申领及补(换)卡工作】 为配合医疗保险制度的推进，积极组织网点对全覆盖人群进行社会保障卡申领工作。2012年共完成广覆盖信息采集人数14 294人，发放社会保障卡32 464张。积极开展补(换)卡工作，2012年共补(换)社会保障卡12 518张，补(换)卡量比上年增加16%。做好市民信箱的受理工作，2012年受理市民信箱20人次，共受理14 980人次。积极开展"双十佳"活动，2012年，在市人口办举办的"双十佳"评选活动中，奉贤区社保卡服务中心周永新获得"十佳岗位标兵"称号，奉贤区金海社区居住证件受理网点获得"为民服务'三举措'工作法"。

三、城市建设管理领域信息化

【完成奉贤区城市管理与应急大联动平台建设】 奉贤区城市管理与应急大联动平台于2012年4月1日完成设备上线、VPN远程接入等工程实施工作并投入试运行，5月18日奉贤区城建热线开通运行。该平台面向奉贤区域城市管理、治安稳定、应急处置及社会民生等领域，综合各个联动部门的信息资源，以综合利用和联系各类信息资源为核心，提供统一的联动管理、指挥、调度和辅助决策服务平台。

【智慧环保系统】 将《奉贤区"十二五"主要污染物总量削减目标责任书》中明确规定的"完善一个体系，建设三大工程，强化八项措施"作为奉贤区的主要减排措施，其中智慧环保系统便是三大工程之一。经过半年多的建设，投资348万元的奉贤区智慧环保系统(一期)于2012年11月完成建设并投入试运行。奉贤区智慧环保系统(一期)通过搭建数字环保应用集成统一框架，分别建设了污染源一厂一档管理系统、环境地理信息系统、日常在线监测系统、视频监管系统、环境移动智能终端系统、环保监察业务管理系统、危废和辐射管理系统等16个应用系统，实现了整个辖区污染物排放的有效监管与溯源。通过健全环保智能监测预警体系、智能监督执法体系，实现了污染排放总量的有效控制，降低了区域环境事故风险。

四、信息产业发展

【信息产业发展不平衡】 2012年，奉贤区信息产业发展不平衡，奉贤区共有工业规模以上电子信息制造业企业12家，完成产值52.27亿元，比上年同期增加25.7%；2012年，共有83家注册地为奉贤的软件和信息服务业企业登录"市软件和信息服务业统计系统"，其中认定软件企业40家，非认定企业43家，截至2012年12月底，各软件和信息服务企业共产生利润总额6 272万元，比上年同期减少34.5%；从业人数为2 062人，较上年增加3.4%；研究与发展经费支出8 187万元，较上年增长83.1%。究其原因，是由于2012年全球经济疲软和欧洲债务危机的影响，市场不景气，公司材料和用工成本增加，故2012年总体经济运行情况较2011年有所下降。受整体经济的影响，奉贤区软件和信息服务业2012年业绩和盈利情况较差，亏损普遍。

五、信息化环境建设

【信息基础设施不断完善】 在宽带城市建设方面，2012年奉贤电信光纤到户覆盖56 000户，累计完成196 000

户，城镇地区基本实现全覆盖；奉贤移动覆盖 6 小区，累计覆盖 50 个小区；奉贤联通 2012 年覆盖 47 561 户，累计覆盖 88 267 户，完成覆盖率 55%。在无线城市建设方面，奉贤电信新建热点 95 个，AP 520 个，累计热点 420 个，AP 1 700 个；奉贤移动新增热点 250 个，AP 2 000 个，累计热点 410 个，AP 3 600 个；奉贤联通新增覆盖 34 栋楼宇，累计覆盖 45 栋。按照上海市推进无线城市建设联席会议办公室的统筹安排，奉贤区共有医院、公园、体育、文化、商圈等 13 个公共场所纳入 i-Shanghai 无线局域网建设计划。2012 年开工建设并开通了 11 个场所的 WiFi 热点，其中，由奉贤区牵头建设的人民路、南中路、解放路商圈，共建设了 37 个 WiFi 热点，覆盖长度 5.7 公里。在移动通信基站建设方面，奉贤电信新增 5 个，总共 109 个基站；奉贤移动新增 2G 宏基站 65 个，TD 宏基站 175 个，累计 2G 宏基站 375 个，TD 宏基站 248 个(100 个与 2G 共站)；奉贤联通新建基站 32 个，累计 268 个。另外，上海移动在奉贤新建了互联网数据中心(IDC)机房，2013 年启用。该机房是一个运营商级别的互联网数据中心，是为满足日益增长的互联网应用外包服务需求而建设的高品质电信基础设施，可提供安全、可靠、高搜、可扩展的机房环境，向用户提供全天候的技术支持，稳定可靠的宽带互联网接入资源以及专业化的系统管理等全方位服务，达到 GB 50174 - A/Tier3＋标准，符合 SOX、TL 9000、ISO 27001 等国际标准要求。

【顺利完成无线电管理试点工作】 根据上海市无线电管理局的安排，奉贤区被列为 2012 年上海市区县无线电管理试点工作试点区县之一，并于 2012 年 6 月举行了挂牌仪式，增挂了“上海市奉贤区无线电管理办公室”。试点期间，奉贤区与上海市无线电管理局签署了无线电管理试点工作合作框架协议，协助市无线电管理局做好区域规划落地、台站审查和保护；参与无线电安全保障和专项执法活动；组织开展无线电宣传、课题研究和科普培训工作。

六、社会诚信体系建设

【完善诚信信息和数据平台】 做好奉贤区诚信网的维护工作，及时摘录区内有关诚信建设的新闻、信息上传至奉贤诚信网；完成奉贤区企业信用信息服务平台的升级工作，整合了区诚信体系建设联席会议成员中 20 家单位的 65 张数据表、504 个数据项，梳理了 14 万家企业(包括有效的 9 万 9 千余家和注销的 4 万 4 千余家)的相关数据。以奉贤区企业信用信息服务平台为基础，配合区金融办开发奉贤区中小企业信用评价体系。

(曹新国)

第十六章 青浦区信息化建设

概 述

2012年是"十二五"规划的关键之年。青浦区科委(信息委)在区委区政府的领导下,在市经济信息化委的关心指导和各相关部门的大力支持下,按照《青浦区信息化工作"十二五"规划》所确定的工作目标,坚持贯彻落实科学发展观,积极推进信息产业发展,不断深化政府信息公开,有序推进政府信息化实事工程,优化信息化环境,用信息化手段为促进青浦经济社会全面协调发展提供了有力支撑。

一、政务领域信息化

【政务公开】 2012年,"上海青浦"政府网站(门户网站)访问总人次318.6万,页面总浏览量达1.16亿页(次),总点击数5.7亿次。全区主动公开政府信息3 608条,依申请公开信息247条,提供服务类信息2 280条,现场接待4 245人次,电话咨询4 182人次,全文电子化达100%。

【公共信息公开】 "上海青浦"政府网站"信息公开专栏"重点发布了与市民生产生活密切相关的公共服务领域的信息:医疗卫生公开医证、医疗管理、疾病预防、卫生监督信息149条;工程投标、中标信息579条;环境保护审批公告12期、环保处罚公告12批;各类企业招聘信息、职业培训信息1 705条;食品药品安全公开食品、药品、医疗器械检查信息和不合格企业名单6批;土地规划工程设计公告68条;经适房、廉租房等各类房地信息公示公告61条;学区划分、招生公告等教育服务信息58条。在政府自身建设方面,发布了政府常务会议信息38篇(条)、政府公报12期、区政府文件156个、人事任免17项;公开了青浦区2012年度预算执行情况明细以及2012年度预算草案明细,有49家政府部门向社会公开本部门2012年财务收支预算和财政支出预算。

【政务微博】 2012年3月7日,青浦区政府新闻办官方微博"绿色青浦"在新浪网、腾讯网、东方网和新民网同时开通。2012年,"绿色青浦"粉丝总量为135 864人次,发布微博9 422条次,收获评论和转发共计43 867条次(其中,新浪微博平台拥有粉丝72 206人次,发布微博3 029条,网民转发33 524条次,评论5 314条次)。在衡量官方微博质量的三个指标即粉丝数、发布量和活跃度方面,"绿色青浦"均居于全市各区县官方微博前列。青浦区荣获"上海市政务微博工作先进单位"荣誉称号(沪府发〔2012〕94号文);获东方网"玩转东方 闪耀群星——东方网2012年度互动英雄榜"之"2012年度最具影响力区县微博"称号。

【"上海青浦"政府网站服务功能】 "上海青浦"政府网站"书记信箱"、"区长信箱"、"网上信访"、"网上投诉"等政民互动渠道持续畅通。据统计,2012年,门户网站书记、区长信箱共收到来信387封,办结答复387封,办结答复率100%;委办局、街镇领导信箱共收到来信855封,办结答复676封,办结答复率79.06%;网上信访类栏目共收到电子来信820封,办结271封,办结率为33.04%;网上投诉类栏目共收到电子来信17封,办结13封,办结率为76.47%。同时,进一步加强信件处理网上公开力度,及时选登部分来信,公开典型案(含处理结果)与领导信箱信件办理情况月度统计数据。

【网上审批】 在并联审批工作推进过程中,青浦区根据区级平台接入市级平台的流程,积极组织、协调市、区两级相关部门,按时间节点保质保量完成并联审批平台与市级平台、市级业务系统数据对接联调工作,实现了区级平台和条线业务系统之间的数据交换和信息共享,从而实现了市区两级审批业务的联动。区行政审批与电子监察系统仍在建设中，已完成全区475项行政审批事项的梳理工作；完成了“一站式”网上行政审批系统及电子监察系统产品的部署、256项审批事项的录入配置；完成了交换平台的设计与基础功能开发。2012年年底，完成区水务局、人口计生委、发改委、统计局、防雷办、国资委6家单位的行政审批事项上线。

二、社会领域信息化

【社保卡工作】 青浦区社保卡、居住证工作紧紧围绕“全面提高服务质量，改进工作作风，提升管理服务水平”的主线有序开展。2012年完成“新农合”参保人员社保卡申领79 881人次，完成率近90%；制发各类社保卡10 347张，其中儿童卡12张，学籍卡660张，社保卡蓝卡5 572张、红卡161张，敬老卡3 942张；补换社保卡12 774张；制发居住证110 407张，其中正式居住证1 562张，临时居住证108 845张。

【居民健康档案的卫生信息工程】 2012年，青浦区投入1 029万元开始建设基于居民健康档案的卫生信息工程（一期）的项目，将全区所有公立医疗机构的电子病历和生化检验数据进行统一存储和管理，并且与市级平台互联，达到电子病历在全市的共用共享。进一步提高了居民健康档案的完善度，并且在一定程度上节约了居民的医疗费用开支。

【劳动就业培训补贴管理系统】 为全区西劳东输车费补贴、就业培训补贴等财政补贴资金进行全面的信息化管理，为8 000万元的财政资金管理提供了有效途径。

三、经济领域信息化

【“两化融合”】 开展信息化与工业化融合发展水平指数抽样调查，为上海市“两化融合”政策制定和工作推进提供参考。划拨2011年度“两化融合”专项资金项目第二批资金，涉及6个项目100万元资金。组织2012年度“两化融合”专项资金项目申报，经过初审、专家评审、项目领导小组审核等流程，有8家企业申报项目获得立项，共资助资金240万元。

【电子商务资助资金项目】 青浦区推荐的上海逸尚信息咨询有限公司被上海市经济信息化委认定为2012年度电子商务“双推”平台企业。这是青浦区电子商务平台企业首次获得市经济信息化委的认定。通过“双推”工作，逸尚公司在上海市签约企业达到318家，已经获得市级补贴105.8万元，排在11个电子商务平台企业的前列。2012年，青浦区继续推进电子商务应用推广工作，对参加“双推”工作的青浦区企业进行财政补贴，目前已经有174家企业，获得市经济信息化委74万多元的补贴。

【“企业优惠扶持政策专栏”】 2012年3月，完成“青浦区企业优惠扶持政策专栏”并在门户网站上线。该专栏将全区经济发展、投资招商、财税资金、人才引进等领域的优惠扶持政策加以分类梳理，以简洁明了的风格加以呈现，成为企业和市民获悉和查询政策的网上集聚地。中心紧紧把握政策内容和时效两大标准，悉心梳理本区及各部门、各单位出台的相关政策，在梳理已发布政策的同时，为保障今后相关政策能及时、有效地呈现给公众，中心积极与各相关部门沟通协调，理顺政策报送机制，保障内容更新及时，为该专栏日常内容保障和更新维护奠定基础。截至12月底，该专栏访问人次达16.8万。

四、城市建设管理领域信息化

【区公安卡口信息识别系统】 青浦区公安卡口信息识别系统共分四期，一期已验收完成，2012年主要建设二、三期。截至10月底公安卡口二、三期85个高清卡口前端基本完成安装、调试并且大部分已经接入公安系统。同时，初步实现了与市公安局卡口信息综合管理平台、交警总队固定电子警察与交警总队道口车驾系统间的信息交互与数据共享。

【区大联勤系统】 2012年，青浦区大联勤系统完成全部系统及手机端的开发、安装及调试，并在夏阳街道、盈浦街道、香花桥街道、徐泾镇试运行的基础上，逐步向全区推行。初步实现了与区网格化系统进行数据交换、协同办公，解决了职能部门和街镇在城市管理中责权不对称的弊端，形成"多种力量整合、多种状态切换、多种平台合一、指挥权威高效"的联勤工作格局。

【城市图像监控系统】 根据上海市公安局的要求，"十二五"期间青浦区需建设5 000个城市图像建设点。经过前期准备，区政府常务会议已经原则通过系统的建设方案，2012年11月正式发文成立青浦区城市图像监控系统建设与应用管理工作领导小组，12月27日项目正式公开招标。

五、信息产业发展

【发展软件和信息服务业】 充分发挥"上海淀山湖信息谷"各基地的招商优势，大力引进行业领先企业、新业态新模式企业以及总部企业，有效提升招商引资的规模和水平。2012年，新增软件认定企业15家，共有软件认定企业68家。全区软件和信息服务业企业2 538家，实现销售额136.5亿元，同比增长超过31.65%，实现税收6.3亿元。

【加强对重点项目的跟踪服务】 2012年6月8日，腾讯云计算中心和电子商务基地在青浦工业园区开工奠基，预计将于2013年下半年竣工投产。3月，上海西虹桥商务开发有限公司与上海卫星导航定位产业技术创新战略联盟、上海位置服务产业技术创新战略联盟及其8家核心企业，就共建中国北斗星导航位置服务技术创新西虹桥基地达成框架协议。"移动智地"项目于11月开工建设，已有5家关联企业注册上海移动互联网产业基地。紫光(上海)智能园项目已签约，正在申请土地指标。

六、信息基础设施建设

【建设"智慧城市"】 至2012年年底，全区固定电话总数27万户，移动手机用户112万户，宽带接入用户16.5万户，城市光网覆盖用户23.6万户，光网接入用户12.3万户，有线电视用户达17.4万户，公用移动通信基站达1 110个，WiFi热点覆盖850个场点，AP数4 000个。

【积极协调通信设施集约化建设】 配合轻轨17号线的动工，积极协调通信运营商做好盈港路(崧华路—嘉松中路)通信基础设施的搬迁和新建工作，已实施完成了盈港路(赵重公路—芦沈路)段的搬迁工作。配合西虹桥国家会展中心项目，积极协调通信运营商做好1平方公里内的信息基础设施的搬迁任务。配合大社区建设积极推进基础设施的集约化建设。积极与基地建设管理中心和房产开发商沟通，并落实电信和移动公司分别负责通信局房和通信基站建设的牵头单位，明确要求在用户入住之前完成全部建设任务，保障青浦华新大社区基地新入住用户的通信合法权益。

【推进无线电管理试点工作】 2012年2月底，青浦区无线电管理试点工作与市无线电管理局签署了合作框架协议书，同时新成立的"青浦区无线电管理办公室"举行了揭牌仪式。从此，青浦区无线电管理工作在市无线电管理局的指导下，将规范、科学、循序渐进地稳步推进。2012年，开展了以"无线电频谱——稀缺的国家战略资源"为主题的宣传月，重点宣传重要的无线电管理法律法规及规章、无线电管理在服务城市发展中的作用、无线电安全保障的重要性和无线电知识的普及，共向社区居民、学校师生发放宣传小册子、三折页、宣传读本一万五千多册，漫画宣传本三百多册，宣传品一万多份，张贴宣传画报两百多张，展板巡展30次，悬挂宣传横幅17条，直接参与宣传活动的市民近三万人。

七、信息化环境建设

【保障信息和网络安全】 2012年，青浦区接入政务外网的终端共6 291台，已接入政务内网的终端11台。互联网接口已实现统一管理。根据市有关单位的要求，青浦区已实现分级保护的信息系统共1个，已实现等级保护的信息系统共2个。开展应急演练1次，参与演练40人次，达到了预期的演练成效。2012年度未发生安全事件。

【推进信息共享】 2012年，与8家单位初步实现政务信息资源的共享。截至12月，共享数据信息库4个，共享数据包括GIS库216个图层、法人库119 209条数据，实有人口332 552条数据，外来人口449 194条数据。涉及以下重点业务内容：失业人员再就业、外来人口管理、水务防汛、政府投资管理、建筑工地管理、城市网格管理、大联勤、民政救助等政府日常业务工作。

八、社会诚信体系建设

【编制社会信用体系建设三年行动计划】 在《青浦区社会诚信体系发展"十二五"规划》的基础上，编制《青浦区社会信用体系建设2013—2015年行动计划》。明确了2013—2015年的目标任务，制定了7大工作举措，确定了9大重点领域，具体分解为32项任务。

【继续推动政府带头使用信用产品】 发挥政府主导作用，以应用带动区域信用制度的建立和完善。在政府采购、中小企业申请政府贷款担保等方面推行应用信用产品。2012年，全区64家中小企业使用信用产品并通过信用担保获得贷款3.8亿元。

【推进工程建设领域项目信息的公开】 2012年，青浦区工程建设领域项目信息公开专栏共发布信息2 316条，其中，区建交委1 056条、区发改委295条、区规土局430条、区水务局267条、区民防办184条、区环保局75条、区绿化和市容管理局7条、区经委2条。

【举办青浦区2012年诚信宣传周活动】 2012年12月14—20日，举办了"诚信青浦，从我做起——2012年诚信宣传周"活动。开展了诚信知识网上竞赛、商业单位诚信经营公开承诺、公民诚信倡议、签名等主题实践活动。联合有关部门开展上街宣传咨询活动，组织各部门及街镇开展各类诚信主题宣传活动，共计宣传万余人。通过集中宣传，推动广大市民群众、企事业单位、各级政府部门以及其他各类社会主体共同建设"诚信青浦"，形成褒扬和践行诚信的价值观。

（金维雯）

第十七章　崇明县信息化建设

概　述

2012年,崇明县在市经济信息化委的关心指导和各相关部门的大力支持下,按照科学发展观和构建社会主义和谐社会的总要求,围绕加快建设现代化生态岛的总目标,认真落实《崇明县"十二五"时期国民经济和社会信息化发展规划》所确定的工作目标,扎实推进电子政务、信息基础设施、智慧社区、无线电管理、信息安全保障等工作,充分发挥信息化在加快推进生态岛建设中的助力器作用,全县信息化发展环境和综合应用得到了不断优化。"上海崇明"门户网站在2012年上海市网站安全管理活动评选中荣获"政府网站安全管理试点工作先进集体"的称号,崇明县科委被评为"2012年度上海市无线电管理试点工作先进集体"。

一、政务领域信息化

【"上海崇明"政务微博凸显网络问政的积极作用】 自2011年10月以来,崇明县新闻办先后在东方网、新浪网、腾讯网三个微博平台开通了崇明县政务微博,共开设包括崇明新闻、崇明风尚、吃在崇明、玩在崇明、文化崇明、服务信息等13个常规栏目。并针对崇明自行车赛、森林旅游节、文化艺术节等重大活动开设专题栏目。三个微博平台每天同步更新,运行情况良好。截至2012年12月底,共发布微博近4 000条,吸引粉丝四万余人,网友转发和评论量累计八万余条,影响力逐步增强,在政府信息公开、新闻舆论引导等方面起到了积极作用。崇明县政务微博获评"2012年度上海市政务微博工作先进单位"。

【政府网站功能不断拓展和完善】 政府网站始终坚持"建设人民满意的服务型政府"这一核心理念进行建设,注重各类信息公开。2012年,"上海崇明"门户网站新闻中心版块发布信息2 234条,同比增加69%;信息公开版块发布信息1 373条;公共服务版块新增信息785条,其中便民服务信息706条,网上办事事项245条,网上互动信息79条;外文版发布动态信息363条。上报"中国上海"门户网政务动态3 571条,采用3 444条,采用率96%,同比增长95.6%;制作了"2012崇明两会"、"环崇明岛女子国际公路自行车赛"、"企业政策扶持"、"2012上海崇明生态岛国际论坛"、"2012上海崇明森林旅游节暨第十五届崇明文化艺术节"等专题和专栏,充分整合"报"、"台"资源,依托网站加大宣传的覆盖面。"上海崇明"门户网站于2012年4月进行了第五次改版,门户网站坚持以服务百姓为核心,在栏目整合及内容划分上着重体现为民服务的宗旨。网站改版围绕信息公开、信息便民、网上办事等版块整合政府信息和办事服务,深化办事服务功能。此次改版后带给网民全新的使用体验,每月页访问量一百多万人次。此外,加强政府网站考核。2012年,根据《崇明县乡镇、委局网站建设工作考核暂行办法》,组织对18个乡镇网站建设工作进行考核,重点对政府网站的建设、运维和管理三个方面进行考核。通过考核,有力地推进了政府网站规范化建设和管理,使政府网站服务功能显著提升。

【电子政务协同办公平台应用有力推进】 根据崇明县"十二五"信息化发展规划要求,明确了《崇明县电子政务协同办公平台建设方案》,根据方案所确定的"先试点、后推广"的原则,通过召开平台应用巡讲、座谈会、参观学习等形式,强化培训,扎实推进协同办公平台在县有关部门和乡镇的试点应用。在此基础上,完善协同平台的界面和功能模块,并下发了《关于崇明县电子政务协同办公平台试运行期间使用和管理要求的通知》,明确用户管理及权限设置、电子公文管理、政务短信管理、安全与保密、应急处理等内容,切实规范了平台试运行期间使用和管理行为。同时,完成平台一期验收,推进了平台二期公文交换管理系统、督查督办系统等软件以及服务器、负载均衡、反垃圾邮件网关、安全网关等硬件建设。逐步建立部门间信息共享机制，实现协同办公，发挥电子政务综合效益。

【信息化项目申报管理工作进一步加强】 根据《上海市市本级项目支出预算管理暂行办法（试行）》以及《崇明县信息化项目建设和管理实施办法》、《关于做好本县信息化项目支出预算有关工作的通知》等的要求，按照统筹规划、资源共享、保证质量、安全可靠和注重实效的原则，对全县信息化项目方案在网络、软硬件、数据资源等方面进行可行性投资额以及社会和经济效益的预评审。重点推进如生态环境、医疗卫生、科技教育、城乡综合管理、公共事业等领域的信息化建设，加快电子政务推广应用进程，切实推进信息资源的共享整合。

二、社会领域信息化

【法院电子档案查询实现区域全覆盖】 2012 年，崇明县法院把档案信息化建设作为年度重点工作，在克服资金短缺、人员不足和办公场所紧张的条件下，率先完成了院本部及 4 个人民法庭的电子诉讼档案远程查询平台建设，实现电子档案查询的区域全覆盖。为帮助干警摆脱对纸质档案查阅的依赖性，严格落实“电子档案为先，纸质档案为辅”的原则，进一步规范纸质档案查阅程序，有效推动电子档案查询常态化机制。

【电信运营商与村（居）结对促农村信息化发展】 2012 年，崇明电信局组织机关及所属 12 家文明单位与 10 个乡镇 12 个村（居）举行“城乡携手同创共育文明新风”结对共建签约仪式。电信局承诺充分发挥电信优势，加快共建村（居）通信基础建设，促进农村信息化的发展。并把文明创建工作层层推进且辐射到下属单位，指导各单位与各结对村（居）开展好形式多样的共建活动，加强互动与促进资源共享，让共建成果惠及百姓，携手共建美好家园。

【医疗卫生信息化统筹推进】 2012 年，崇明县卫生局依托县政务外网，基本建成了包含 1 个数据平台、3 家二级综合医院、4 家专科医院、36 家社区卫生服务中心及分中心的综合信息管理系统。建立了一套覆盖县卫生局下属所有单位的应急指挥会议系统。数据平台的功能包括健康档案调阅、智能提示、公众服务、综合管理等，一期建设已实现上线单位的健康档案调阅、基本数据分析，社区、医院的调阅。2012 年 11 月在试点单位实施测试后进行全县推广。

【各类卡证采集发放工作有序完成】 2012 年，崇明县 20 个社会保障卡（居住证）受理网点和 1 个社会保障卡补换受理网点共办理社保卡申领 32 353 张，其中蓝卡 22 664 张、红卡 1 302 张、敬老卡 7 833 张、儿童卡 238 张、学籍卡 316 张。共发放社保卡 50 136 张，其中蓝卡 33 908 张、红卡 1 254 张、儿童卡 227 张、敬老卡 8 258 张、学籍卡 6 489 张。共补换社保卡 7 563 张，其中儿童卡 73 张、学籍卡 383 张、蓝卡 4 660 张、红卡 1 501 张、敬老卡 946 张。正式居住证申领 621 张发放 665 张。临时居住证申领（发放）29 868 张，续签、补换 75 562 张。

三、经济领域信息化

【产业园区与电信运行商签订信息化建设合作框架协议】 2012 年，长兴产业园区与崇明电信局正式签署长兴海洋装备产业基地信息化合作框架协议。双方本着“资源共享、优势互补、面向应用、服务园区”的原则，进一步推进上海长兴海洋装备产业园区“数字园区”的规划与建设，提升园区信息化服务能力，丰富入驻企业信息化应用内容，着力建设高速光纤和无线网络覆盖的“新一代全光网园区”和“无线覆盖信息园区”。

四、城市建设管理领域信息化

【城市网格化有力推进城乡综合管理】 2012 年，崇明县网格化管理中心以县网格数字化信息平台为技术支撑，在优化平台、完善体系、健全机制、人员整合等方面全力融入联动工作，依托网格巡查发现和指挥处置运行工作机制，城乡综合管理联动工作在不断探索、实践中进一步完善。

【社区事务服务中心信息系统进行升级改造】 2012年，崇明县社区服务中心信息系统进行升级改造，逐步推进受理中心"一口受理"、"7天工作制"工作，并加强日常考核、培训，推进受理中心标准化建设。此外，全面推进堡镇生活服务中心建设，为群众提供更多的生活便利，不断提高群众对民政、对政府的满意度。

【建设工程领域率先引入建材"唯一性识别标识"系统】 2012年，为切实落实《上海市建设工程检测管理办法》(沪府令73号)的文件精神，崇明县率先引入了检测样品"唯一性识别标识"系统，通过对在建工程的试块嵌入芯片、对钢材张贴条形码来进行信息化管理，确保每一个检测试样都符合见证取样的规范要求，真实反映工程使用材料的质量现状。并于6月组织开展了崇明县建设工程见证人员、取样人员专题培训讲座，对一百三十余名相关从业人员进行了唯一性标识的培训，大力推进相关工作。

【建筑工程项目实施"监理报告"网络申报】 2012年，为规范建设工程监理在建设工程质量安全管理中的行为，充分发挥监理的作用，有效制止违法违规行为，保证建设工程质量安全，崇明县所有建筑工程项目全面实施监理报告制度。建设工程以施工工地为单位，由该工程总监理工程师负责，将建设工程施工现场质量安全状况形成监理报告，在总监理工程师签认后通过建筑建材业信息系统，网上提交至县建设工程安全质量监督机构。监督机构可以根据监理报告中反映的质量安全问题及时进行分析，加强现场质量安全监督管理，同时结合监理专报信息进行重点抽查，如收到紧急报告则可通过系统第一时间告知质监员，并立即派人到达现场，依法处理监理报告的问题。该系统的实施确保了工程顺利、有序、安全的推进，实现了建设工程项目动态、量化的科学管理。

【建筑建材业受理服务信息系统正式上线】 2012年，崇明县建筑建材业受理服务信息系统正式上线，该系统面向社会公众，服务方式多样，有网上申报、网上办事、网上互动等模块，并开辟了多种为民便民的信息化服务渠道，服务内容多层次、个性化。系统应用实现了对建设工程全过程管理，为建设工程项目立项、招投标、建设、竣工备案等多环节提供了信息化应用保障。整个系统涵盖建筑建材业管理全部业务，实现了全系统"无纸化"办公的目标，充分体现了内容丰富、功能综合的应用特点和社会经济效益。

五、信息产业发展

【软件和信息服务业发展良好】 崇明县软件企业队伍不断扩大，企业实力稳步提升，全县软件和信息服务业各主要经济运行指标稳定增长，呈现较好的发展态势。2012年，崇明县软件产业实现营业收入181 199万元，同比增长84.55%，其中软件业务收入82 394万元，同比增长73.95%；利润总额9 160万元，同比稍有下降；主营业务税金3 506万元，同比增长30.77%。软件收入82 394万元，同比增长73.95%；软件产品收入40 147万元，同比增长51.85%；系统集成和支持服务收入23 391万元，与上年持平。其中，软件产品收入的大幅增长，说明企业逐步转向于主导产品为主、其他营销为辅的发展格局。2012年，崇明县软件产业资产总计184 070万元，同比增长32.16%。其中：软件产品行业16家，总资产达89 742万元，占总额的48.7%；系统集成和支持服务行业总资产达30 681万元，占总额的16.6%；信息技术咨询和管理服务行业总资产达63 647万元，占总额的34.5%。资产总计超亿元的企业5家，1 000万元以上的企业有10家，与上年同期相比均有较大增长。2012年，崇明县软件从业人员平均人数2 549人，同比增长46.83%。在软件从业人员构成中，软件研发人员占据了相当大的比重。软件从业人员在数量、构成等方面都有了较大进步，人才结构不断优化。2012年，崇明县软件企业研究与发展经费支出达到6 952万元，同比增长2.24%。软件企业不断加强自主研发投入的力度，把是否拥有核心自主知识产权作为自身生存、发展的"生命线"，技术原创投入增长明显，为软件产业的可持续发展打造了坚实的基础。

六、信息基础设施建设

【信息基础设施集约化建设】 2012年，根据“统一规划、统一建设、统一管理”的原则，配合崇明新城、陈家镇、长兴工业园区的建设，完成相关道路信息管线集约化建设。同时，根据上海市政府批准的《上海市公用移动通信基站站址布局专项规划》，开展了对移动、联通、电信等单位申报的移动通信基站的站址审核工作，进一步推进了移动通信基站的集约化建设。

【无线电管理试点工作扎实推进】 2012年，围绕加快推进宽带城市、无线城市等信息基础建设重点领域，着力推进光纤到户、公共场所无线局域网覆盖、新建设住宅通信工程配套、第三代移动通信网络建设等工作。按照市无线电管理局要求，在总结前两年试点工作的基础上，开展基站规划预审，组织乡镇、委局无线电管理人员专题培训，注重青少年无线电培训，推进相关试点工作。8月，崇明县青少年参加全国青少年无线电通信锦标赛，共有16名参赛选手分别获得国家体育总局颁发的一等奖、二等奖、三等奖，是多年来崇明县中小学生代表队在全国青少年无线电通信锦标赛中获奖数量最多的一年。此外，制作了流动展板40多块、宣传折页36 000份、宣传海报1 400张进行分发宣传，增强了全社会对无线电频谱资源和无线电管理重要性的认识，为崇明无线电事业的发展营造了良好的社会氛围。

七、信息化环境建设

【重要信息系统等级保护工作稳步推进】 2012年4月，根据《信息安全等级保护管理办法》和《上海市重要信息系统等级保护实施细则(试行)》的要求，崇明县认真部署，稳步推进全县信息系统等级保护工作。制定了等级保护工作方案，修订和完善了崇明县网络与信息安全事件专项应急预案。10月，组织实施崇明县政府网站安全管理试点工作，先后开展了政府网站开办备案登记、安全评估、安全防护、应急演练等工作，完成了网站实名防伪标识和服务器证书的部署，进一步完善了网站安全防护体系。政务网和“上海崇明”政府门户网站顺利通过国家等保三级测评。

【信息安全保障体系进一步完善】 2012年，建设完成政务网数据备份中心，对政务网进行光纤链路改造，实施政务网机房存在严重安全隐患的空调设备改造、对原有互联网出口带宽从200 M扩容至600 M等项目，进一步优化了政务网整体运行环境。并定期检查政务网内网络、安全、主机等设备及相关应用的运行状况，实行24小时故障短信提醒及值班人员零时间响应机制，有效提高政务网监控水平，缩短故障处理时间，保障政务网安全运行。同时，制定下发了《关于进一步做好本县重要信息系统整改加固和安全自查工作的通知》、《崇明政务网接入互联网安全管理要求》等，完善信息安全长效机制，进一步促进信息安全工作规范化、制度化。此外，开展重点保障时段安全防护工作，组织落实专人24小时值班和安全员在位制度，确保网络和信息系统的信息安全。

【推进智慧城市、智慧社区建设】 2012年，根据《上海市推进智慧城市建设2011—2013年行动计划》，积极开展光纤到户、三网融合、无线局域网络覆盖等工作。智慧城市建设工作中，继续按照市相关要求，积极协调电信、移动、联通等单位按照《上海市公共场所无线局域网(WLAN)覆盖建设指南(暂行)》明确的建设实施方式、技术和服务要求等内容，注重资源共享、集约化建设，全力推进崇明公共场所WLAN覆盖工作。智慧社区建设中，协调通信运营商配合陈家镇瀛东村完成智慧社区建设申报方案，成功申报为上海市16个首批开展智慧社区试点工作的单位之一，逐步在社区管理、社区服务、居民生活等领域推进信息技术应用。

八、社会诚信体系建设

【政务诚信工作有力推进】 2012年，以建设"服务政府、责任政府、法治政府"为目标，把政府信息公开作为提高政府公信力的重点工作，依法、及时、准确地向社会公开政府信息，推动政府网上服务和办事，主动接受公众监督，增强政府管理的透明度。尤其加强了财政性资金使用、公共服务等重点领域的信息公开。同时，发挥好政府网站、政务公开栏、农村广播、便民服务平台等在信息公开和政务服务中的作用，进一步突出涉及群众切身利益事项以及群众最关心、社会最敏感、反映最强烈的热点问题的公开。在政府门户网站功能完善方面，调整和完善了政府信息公开的栏目，丰富了信息公开内容；在乡镇和政府网站建设方面，分别调整和优化了网站栏目结构，突出了信息公开的位置，加强了委办局和乡镇等基层政府的信息公开；在党务工作方面，完善了崇明县党的基层组织信息公开网站，加强了党务工作的信息公开。此外，加强政府部门诚信履职信息记录和管理，建立完善政府部门"公开承诺"制度，进一步畅通群众监督渠道，充分发动社会力量、新闻单位参与监督，形成监督合力。继续开展民主评议基层站所和政府部门政风评议活动，发动县政风监督员和调查员围绕履行职责、办事效率、公开透明、收费罚款、服务态度、清正廉洁等情况，对被评部门进行深入调查，发现问题并推动整改，促进群众"满意型政府"建设。

【重点领域社会信用建设有效深化】 2012年，崇明县监察局牵头部署推进公共资源管理以及工程建设领域信息公开和诚信建设工作。进一步完善设立在崇明县行政服务中心的公共资源交易管理平台功能，加强综合监管、人员管理和绩效考核。进一步完善"上海崇明"门户网站设立的工程建设领域项目信息和信用信息公开共享专栏，充分利用政府网站平台，面向社会集中公开崇明地区工程建设项目审批、管理信息和信用信息，同时提供综合检索服务。此外，质监、食品药品等部门也按照市有关要求，开展了食品生产企业信用体系建设试点工作。帮助食品生产企业建立信用档案，完善食品生产安全信用的信息征集制度、评价制度、披露制度、奖惩制度等。通过试点，进一步完善食品生产安全信用运行机制，充分发挥食品生产安全信用体系对食品生产安全工作的规范、引导、督促功能。

【进一步探索企业信用建设】 2012年，结合上海市社会信用体系建设联席会议办公室、上海市征信管理办公室《关于开展上海市社会信用体系建设专项资金项目申报工作的通知》的精神，在县域范围内动员三大园区积极组织企业开展项目申报工作，探索企业利用信用服务防范交易风险的措施、探索企业提升信用等级的内部管理方式、探索企业科学管理应收账款的途径、探索开发利用信用信息资源的方式等。帮助上海壹亩田有限公司积极申报诚信体系建设项目，建立农产品源头追溯、生产过程可视、客户诚信优惠等一系列诚信体系，积极探索农业生产领域的诚信体系建设。推进信用诚信专项教育和治理活动的开展，并动员"销售真牌真品，保护知识产权"承诺单位和"中华老字号"企业积极参加商贸服务业优质活动，发挥优质服务企业的引领示范作用。

【全社会信用意识不断加强】 2012年，充分运用电视、广播、报刊、网络等媒体，强化社会信用体系建设宣传教育工作。在全县范围内开展信用宣传教育，集中开展主题宣传和教育活动，普及信用知识，努力营造良好的社会信用氛围。同时，还加大对商务诚信建设试点工作的宣传推广，引导试点企业参与了"2012年中华老字号博览会"、"'诚信经商，规范经营'网上知识竞赛"和"销售真牌真品、保护知识产权"等活动。结合"3·15"维权周、税法宣传月、"5·25"交通安全宣传日、"6·5"世界环境日等活动穿插诚信宣传，也取得了良好的社会效益。充分发挥"上海崇明"门户网站和电子政务平台作用，开设"信用专栏"扩大宣传层次和范围。积极组织开展了"诚信活动周"活动，发放宣传手册、开展相关讲座，提高了社会公众对社会信用体系建设的知晓度和参与度。

（吴柳宜）

第九编

社会诚信体系

综 述

2012 年,上海社会信用体系建设工作列入市委、市政府重点工作。全市各部门、各区县、各类主体以信用制度建设安排为核心,以信用信息记录、公开、共享、使用为主线,贯彻落实社会信用体系建设要求,大力践行“公正、包容、责任、诚信”的价值取向,着力构建“诚信上海”。

第一章 社会信用制度建设

概 述

2012年，全市以信用制度建设为核心，加强顶层设计，在深入调研的基础上发布了两个重要的市委、市政府文件，对本市未来几年的社会信用体系建设作了部署；完成一系列共性的信用制度安排；同时在各重点领域持续推进信用制度建设。

一、共性信用制度建设

【市委、市政府印发《关于进一步加强上海市社会信用体系建设的意见》】 2012年，在全市社会信用体系新一轮发展工作调研的基础上，市经济信息化委牵头制定《关于进一步加强上海市社会信用体系建设的意见》(以下简称"《意见》")，从顶层设计的角度提出了社会信用体系建设新一轮的建设目标、运行框架，明确了全市社会信用体系建设的推进思路和工作方向。《意见》由市委、市政府印发。

【市政府印发《上海市社会信用体系建设2013—2015年行动计划》】 为配合《意见》实施，市经济信息化委牵头制定《上海市社会信用体系建设2013—2015年行动计划》(以下简称"《三年行动计划》")，在五个方面提出了47项具体举措，共涉及40个委办局、17个区县，并聚焦建设市场、交通运输、安全生产、食品安全、药品安全、产品质量、工商管理、环境保护、民政管理、政府采购、政府诚信与公务员诚信12个重点领域的信用建设，强化奖惩，着力解决现实紧迫需求。《三年行动计划》由市政府印发。

【市委、市政府召开上海市推进社会信用体系建设工作会议】 2012年8月29日，市委、市政府召开上海市推进社会信用体系建设工作会议，根据《意见》、《三年行动计划》精神，全面部署新一轮社会信用体系建设工作。中央政治局委员，上海市委书记俞正声出席会议并讲话，上海市委副书记、市长韩正主持会议，市委、市政府各部委办局、区县党政主要负责人，市人大、市政协以及市高级人民法院、市检察院、中央在沪机构、国有企业集团、部分行业协会和信用服务机构主要负责人共300余人参加了会议。

【制定《上海市企业失信信息查询与使用办法》】 为落实《意见》、《三年行动计划》，根据地方社会信用体系建设牵头部门工作座谈会议要求，市经济信息化委研究起草《上海市企业失信信息查询与使用办法》(以下简称"《办法》")，对各级行政管理部门记录、共享、查询和使用企业失信信息做出具体规定，明确对失信企业依法实施限制。《办法》报市政府办公厅转发。

【《上海市社会信用体系建设条例(暂定名)》列入2013年立法预备项目】 根据《意见》和《三年行动计划》要求，市经济信息化委积极开展信用地方立法调研，启动立法前期准备工作。《上海市社会信用体系建设条例(暂定名)》通过市人大法工委立法项目联合论证会，列入2013年市人大立法预备项目。

【制定相关制度标准】 为激励各类主体加强信用管理，研究制订诚信建设示范达标管理、"示范区"、"示范基地"、"示范平台"评估推荐标准等流程制度。为指导、促进各部门、各区县加大信用信息公开力度和信用产品的使用力度，编制完成《上海市行政和司法部门企业信用信息公开目录(2012版)》、《上海市政府部门示范使用信用报告指南(2012版)》和《上海市行政审批领域应用申请主体信用记录试点工作方案》。

二、各领域、各区县信用制度建设

【重点领域信用制度建设】 建设市场领域：市建设交通委起草建筑市场信用信息管理办法等4个规范性文件，并选择14家不同级别、类型的施工企业由信用服务机构开展试评价。交通运输领域：市交通港口局印发推进交通运输驾驶员信用体系建设的工作方案，制定《上海市交通运输驾驶员信用评价实施细则》以及出租汽车等四类驾驶员的信用评价计分标准，修改完善了交通港航企业质量信誉考核指标。安全生产领域：市安监局制订了安全生产违法(失信)信息登录管理办法等3项制度性规范、安全评价机构不良行为以及危险化学品企业安全生产不良行为的记录标准。食品安全领域：市食安办制定《上海市食品安全信用体系建设若干意见》，建立完善针对食品生产经营严重失信企业及有关责任人的"黑名单"制度，推进猪肉追溯试点工作。药品安全领域：市食品药品监管局印发《上海市食品药品监督管理局药品质量信息报送管理办法》，实现质量不合格药品招标采购"一票否决"，建立高风险注射剂生产领域信用评价标准和信息管理办法，修订"黑名单"管理制度。质量安全领域：市质量技监局制定发布了《企业质量信用分级评价准则 第1部分：制造业企业》地方标准，并以此为依据在轻工、纺织、通信等行业开展了80家企业的试点评价，形成《企业质量信用报告》格式文本。工商管理领域：市工商局明确将在2013年企业年检工作中实施差别化年检，规范法定代表人"黑名单"解控制度。环境保护领域：市环保局形成企业环境行为信用记录信息目录和相关工作方案。民政管理领域：市民政局启动对社会组织不良行为记录标准和信用评价指标体系等的研究草拟工作，初步梳理出4方面26项134小项的不良行为条目。政府采购领域：市财政局在印发的政府采购评审专家和评审工作管理办法、政府采购供应商登记及诚信管理办法、政府采购协议采购网上供货管理办法等规范性文件中细化、明确专家和供应商的信用信息记录和标准。政府诚信领域，市监察局制订政府信用信息管理办法，形成政府诚信建设调研报告和市政府信用建设工作初步方案。公务员诚信领域：市公务员局发布《关于加强本市公务员职业道德建设的实施意见》，通过制订针对公务员和领导干部考核的两个意见，将诚信作为考核的重要内容。

【工程建设领域信息公开和诚信体系建设】 全面落实国家治工办要求，上海市纪委、市治工办印发了《2012年本市工程建设领域突出问题专项治理工作安排》(沪纪〔2012〕51号)，明确了"深化项目信息公开、建立综合检索市级平台"的任务和责任；组织完成专栏建设，"中国上海"门户网站、12个市级部门，17个区县已全部完成公开共享专栏建设任务；截至2012年9月底，全市开通信息公开共享专栏33个，包括13个市级政府网站专栏和20个区县政府网站专栏，开通率100%；项目信息和信用信息公开41万条，其中项目信息14万条，信用信息公开中不良行为信息近4 000条；已公开项目数占比为99.7%；初步建成项目、信用信息综合检索平台，与国家级平台实现对接，实现目录元数据的注册；按照中治工办2012年工作要求，推动工程建设领域各行业主管部门不断完善信用档案、开展信用评价、健全信用分类监管制度。

【区县信用制度建设】 落实《意见》、《三年行动计划》及全市推进大会要求，各区县积极行动，抓紧贯彻落实。一是细化分工和部署落实方面，杨浦、静安、青浦、金山、崇明、嘉定、闸北、长宁、浦东等区县配套编制了区域信用体系建设三年行动计划或年度工作要点；杨浦、浦东召开了全区县贯彻落实《意见》的推进工作会议，静安、金山、闵行等区县积极筹备全区推进大会，宝山、长宁、金山、奉贤、嘉定、崇明等区县召开区联席会议或专题工作会议。二是信用相关制度建设方面，浦东新区围绕公共信用信息共享管理、工程建设领域企业信用档案等建立完善23项制度；嘉定在科技产业服务、企业评优表彰环节大力推进申报信用承诺制度；静安、松江、杨浦研究制订了关于在商业领域使用信用报告、企业诚信建设或诚信等级评测的规范标准；奉贤、松江等郊区建立"农产品安全信用等级评定标准"。三是信用信息查询应用与信用管理方面，浦东新区在专项资金、知识产权质押融资等工作中使用信用报告1 386份；杨浦区政府采购领域应用企业信用报告284份，公务员考核录用使用个人信用报告1 870份；宝山区着力推进区企业诚信档案专题数据库建设；青浦区在政府采购、政府贷款担保等8方面12项工作中推行应用信用产品，建设中小企业信用信息共享服务平台，2012年，64家中小企业通过信用担保获得贷款3.8亿元；金山区建设企业质量诚信信息系统、"物业服务企业诚信档案"信息系统；长宁、奉贤等区着力推进区企业信用信息数据库建设和应用，探索建立区中小企业信用评价体系；各区县积极完善信用分类监管机制，加大联合惩戒力度，如闵行区对违规失信企业加大吊照力度，并限制其法定代表人担任其他企业代表人。

三、相关课题研究

【开展本市社会信用体系新一轮发展工作调研】 2012年上半年，根据市委、市政府领导指示，市经济信息化委牵头会同26个部门开展了本市社会信用体系新一轮发展工作调研，围绕总体框架及主要举措、政务诚信建设瓶颈问题和措施、商务诚信建设瓶颈问题与对策等专题开展课题研究，形成了总体运行框架总报告和29个子报告，并多次在市委常委会、市政府常务会以及市政府专题会议上作了汇报。在调研成果基础上，起草完成《意见》和《三年行动计划》。

【开展地方信用立法课题调研】 市经济信息化委委托市立法研究所继续开展本市社会诚信体系建设立法调研，为有关地方性法规立法工作提供实践指导和理论支持，并在调研成果的基础上起草地方立法条例的草案。

第二章 信用服务行业发展与规范

概 述

2012年，上海信用服务行业继续保持较快发展势头。截至2012年年底，在上海市征信管理办公室备案的征信机构达到80家。根据2012年信用服务行业统计年报，全市参加统计的53家信用服务机构，资本总额5.01亿元，与2011年基本持平；从业人员达到2 232人，同比增加9.7%；营业收入合计为7.79亿元，同比增长7%。信用服务行业整体较快发展，骨干企业在市场上的影响力继续逐步扩大，能够提供资信评级、商业征信、个人征信、信用管理等多种信用服务产品，纵向上涉及信用服务产业链的各个环节，横向上涵盖多个服务领域，形成较为完整的业态，继续在全社会防范信用风险、促进信用交易、保障经济又好又快发展等方面发挥重要作用。

一、信用服务行业

【个人征信】 2012年，由上海资信有限公司运营的上海市个人联合征信系统入库人数1 156.8万人，较上年末增长14万人，收到个人信用信息查询请求累计1 476.8万次，查得量累计958.5万次。

【资信评级】 根据2012年信用服务行业统计年报，2012年全行业资信评级业务总收入为25 068.84万元，占全行业总营业收入的32.18%，同比增长31.66%。参加统计的53家信用服务机构中，主营业务为资信评级的有12家。

【商业征信】 根据2012年信用服务行业统计年报，2012年全行业商业征信业务总收入为17 245.78万元，占全行业总营业收入的22.13%，同比下降5.58%。参加统计的53家信用服务机构中，主营业务为商业征信的有18家。

【信用管理】 根据2012年信用服务行业统计年报，2012年全行业信用管理业务总收入为13 540.59万元，占全行业总营业收入的28.31%，同比下降6.19%。参加统计的53家信用服务机构中，主营业务为信用管理的有14家。

二、行业规范与自律

2012年，市征信办继续开展信用服务机构备案工作，新核准7家备案信用服务机构的备案申请。截至2012年年底，在市征信办备案的信用服务机构达到80家。继续受理对备案信用服务机构的投诉，完善投诉受理工作流程，全年对数起来电、来信、来访进行妥善接待和处理。修订《信用服务统计报表制度》，完成了信用服务行业年度统计，编制《2011年上海信用服务行业统计报告》并在上海诚信网上发布，出版《上海信用服务行业发展报告(2011)》。本市信用服务行业协会在市征信办指导下，组织制订信用服务机构综合排名评价指标体系，落实行业标准、加强行业自律，拓展信用服务市场。

第三章 社会诚信创建活动

概 述

2012年，本市积极深入开展各项社会诚信创建活动，倡导诚信风尚，营造诚信环境，继续加强和深化长三角区域信用合作。

一、诚信创建活动

【举办诚信活动周】 落实“诚信活动周”工作计划，以“诚信上海，从我做起”为主题、信用制度建设宣传为核心，开展主题宣传、广播及网络等媒体访谈、诚信漫画巡展、诚信知识竞赛和宣讲等各类诚信创建活动71项。市委常委、副市长艾宝俊出席启动仪式。其中，市发展改革委、市科委、市工商局、市质量技监局、市财政局等部委办局开展信用宣传教育活动37项；浦东新区、普陀区、闵行区、黄浦区、杨浦区、青浦区等区县的信用宣传教育活动34项。

【加强媒体舆论宣传力度】 市经济信息化委协助央视新影制作中心拍摄“诚信中国”专题片；创作拍摄“加强制度建设，构建诚信上海”信用制度宣传片，在上海各大商圈播放。《人民日报》、《文汇报》、《解放日报》等十余家新闻媒体多次对诚信活动周、全市推进社会信用体系建设大会等进行报道，《新民晚报》刊登诚信漫画的经典作品。《地铁快线》连续四期刊登信用知识问答等，形成人人参与、人人知晓、人人行动的氛围。

【加强信用教育培训】 组织完成《企业信用管理总论》、《企业信用管理实务》和《企业信用管理法务》等教材编写，《上海市企业信用管理培训2011版课件》纳入面向全市企业信用管理人员的“上海市工业和信息化继续教育课程”，支持、指导市经济党校和业内信用服务机构广泛开展面向企业信用管理人员、行业协会相关人员的信用管理培训，2012年上半年培训人数近2 000人，提高市场主体的诚信意识及防范风险、守信践约能力，积极营造诚实、自律、守信、互信的社会环境，使信用理念深入人心。

二、长三角区域合作

2012年，本市继续积极参与、深入推进长三角信用合作。沪、苏、浙、皖三省一市信用办联合召开“信用长三角”第三届高层研讨会，艾宝俊和国家发改委副主任连维良出席研讨会并发表演讲。三省一市信用主管部门共同签署《长三角地区信用服务机构备案互认协议书》，联合公示长三角信用服务机构备案名单。20家信用服务机构联合发布了《长三角信用服务机构规范服务倡议书》。

（刘 洋）

附　录

2012年上海信息化建设大事记

1月

5日，市政府召开服务企业稳增长工作会议。会议主题是在回顾总结2011年全市产业和信息化工作的基础上，针对当前经济运行面临的挑战和困难，进一步统一思想，振奋精神，切实加大服务企业力度，全力以赴推动工业经济平稳较快增长，确保完成全年目标任务。副市长艾宝俊出席会议并讲话，市政府副秘书长肖贵玉主持会议。市政府相关委办局及部分中央在沪单位负责同志、各区县政府及经委(商务委)负责同志、部分重点企业和重点工业园区负责人参加会议。市经济信息化委主任王坚通报全市服务企业稳增长工作情况；浦东新区、金山区、上汽集团、临港集团负责人在会上作交流发言。

17日，市经济信息化委召开2011年度本市推进信息化与工业化融合发展水平指数评估工作启动会议。来自本市各区县经济信息化部门、主要企业集团、行业协会、产业园区相关负责人参加会议。会上印发了“两化融合”发展水平评估问卷，并布置了相关工作。会议要求，本次调研样本企业要在保持相对稳定的基础上，较上年有所增加。

29日，市经信工作党委召开专题会议，研究落实经信党委系统一季度工作举措，确保上海经济一季度实现开门红。会上，党工委书记周国雄要求，2012年要紧紧围绕“创新驱动、转型发展”，围绕上海产业发展和信息化建设，全面推进党的各项建设。在人才队伍建设方面，将深入推进“项目＋人才”工作模式，加大高端人才选拔、培养、引进和服务保障力度，积极发现和培育创新人才团队，解决在沪创业发展面临的难题；做好中央“千人计划”和上海“千人计划”申报及评审工作，选拔推荐上海领军人才；探索建立与海外高层次人才的交流通道，吸引更多优秀人才来沪发展。同时深入开展创先争优活动。大力宣传上海航天局“921”团队先进事迹，在系统上下形成学习典型、创先争优的良好氛围。

2月

3日，市政府召开常务会议审议本市法人网上身份统一认证工作方案。会上，市经济信息化委主任王坚汇报本市法人网上身份统一认证工作情况，建议在2—3年内，以整合渠道、统一管理、规范收费、拓展应用为重点，充分利用现有法人数字证书，建设网上身份统一认证系统，推行法人数字证书“一证通用”，为各类法人在不同部门、不同业务系统办理在线业务提供统一数字认证服务。市委副书记、市长韩正出席并讲话，他指出，此项工作是进一步提高政府服务水平和质量、加快转变政府职能的重要手段，对于推进上海成为“行政效率最高、透明度最高、收费最少的行政区之一”和健全诚信体系有重要意义，要让各类法人都了解工作步骤，加快组织实施。

7日，市经济信息化委召开推进战略性新兴产业发展工作会议。会议主题是贯彻落实市委、市政府关于推进战略性新兴产业发展的工作要求，不断深化、完善，进一步加大工作推进力度。市经济信息化委主任王坚作了题为“增强创新驱动、转型发展的紧迫感和责任感，持续推进战略性新兴产业发展”的工作报告，总工程师马静作了工作总结和部署，航空产业处、软件和信息服务业处、节能与综合利用处作了交流发言；有关同志领取2012年推进工作责任书，明确工作目标、任务和要求。

8日，上海市委副书记、市长韩正赴中国电信上海公司作专题调研，并视察了上海电信博物馆。韩正高度肯定上海电信在建设“智慧城市”中所发挥的主力军作用，并表示信息通信技术影响着人们生活方式的重大变革，上海要走在全国前列，从加快完善信息基础设施的角度，大力推进光纤网络建设。

13日，市政府常务会议听取市经济信息化委主任王坚作关于本市法人网上身份统一认证工作情况的汇报。汇报建议在2—3年内，以整合渠道、统一管理、规范收费、拓展应用为重点，充分利用现有法人数字证书，建设网上身份统一认证系统，推行法人数字证书“一证通用”，为各类法人在不同部门、不同业务系统办理在线业务提供统一数字认证服务。会议审议通过该工作方案。

20日，上海市电子账单应用推广工程领导小组召开第一次会议。市经济信息化委副主任刘健以及上海电力、上海城投、燃气集团、上海电信、上海移动、上海联通、东方有线、信息投资公司分管领导出席了会议。上海市电子账单公共服务平台的承建单位——上海付费通公司总经理介绍电子账单公共服务平台建设情况；信息化推进处负责人介绍 2012 年市政府实事项目工作计划；各公用事业单位围绕 2012 年工作计划进行了交流讨论，并提出意见建议。

24 日，市政府与中国联通在沪签署战略合作框架协议。根据协议，未来两年中国联通计划投资 80 亿元，助力上海智慧城市建设。市委副书记、市长韩正，中国联通董事长常小兵共同为“中国联通互联网业务创新基地”揭牌。副市长艾宝俊与董事长常小兵签署战略合作框架协议。

3 月

1 日，上海市委、市政府召开 2012 年平安上海建设推进大会。会上，市委常委、常务副市长杨雄宣读2010—2011 年上海市社会治安综合治理优秀单位、先进集体和先进工作者名单。市经信工作党委荣获 2010—2011 年度上海市社会治安综合治理优秀单位称号；市经信工作党委信访办、中国联通上海分公司、上海电力股份公司、中船九院、中石油上海销售公司荣获先进集体；市经信工作党委袁国华、上海航天局运行保障部陈曾弘、上海市电力建设有限公司办公室张元元、中国电信上海分公司安保部刘存林荣获先进工作者。会上，市经信系统 18 家单位被命名为平安示范单位。

1 日，上海市信息化专家委员会举办“2012 上海智慧城市高层论坛”。专家委主任吴启迪主持论坛；市经济信息化委副主任刘健致辞；论坛邀请国家信息化专家咨询委员会委员高新民、IBM 大中华区政府与公共事业部总监文金言、中科院微系统与信息技术研究所院士王曦、闵行区副区长蔡小庆、上海电气首席信息官李静、IBM 智慧城市首席规划师岳梅樱 6 位专家结合各自专业领域和研究成果，围绕深入推进上海智慧城市建设，积极建言献策。

1—2 日，市经济信息化委组织召开区县推进智慧城市建设工作例会。副主任刘健出席会议并讲话；各区县信息化主管部门领导和负责人以及市无线电管理局、委内信息化推进处、综合规划处、经济运行处、信息基础设施管理处等处室的相关负责人参加会议并分别介绍 2012 年宽带城市、无线城市、信息基础设施优化建设以及智慧社区试点示范工作的情况；市政府实事项目电子账单宣传推广工作、网上统一身份认证系统的前期工作、法人信息共享应用系统建设、“两化融合”进区县、进园区、进企业宣传培训活动等重点工作的开展情况及工作要求；区县无线电管理试点工作情况和 2012 年工作考虑。会上，各区县围绕智慧城市建设中重点项目规划及推进情况、智慧社区建设的考虑、市级重点工作如何在区县落实等问题进行分组讨论，深入交流各区智慧城市建设推进的情况以及对市区联动推进智慧城市建设的建议。

19 日，市政府召开互联网信息工作领导小组和办公室第一次工作会议。会上，市经济信息化委通报了国家关于互联网宣传管理工作的有关部署，网信办、公安局、通信管理局分别作了工作汇报。副市长艾宝俊出席会议并讲话。

20 日，由市经济信息化委、浦东新区政府共同主办，国际半导体设备与材料协会、慕尼黑国际博览集团、中国印制电路行业协会联合承办的 2012 上海国际信息化博览会在沪开幕。开幕式由市经信工作党委副书记、市经济信息化委主任戴海波主持。上海市副市长艾宝俊、工信部总工程师王秀军、国际半导体设备与材料协会全球总裁兼首席执行官丹尼斯·麦格尔克出席并致辞，中国电子商会常务副会长王宁、浦东新区副区长刘正义、慕尼黑展览集团副首席执行官诺伯特·巴格曼、中国印制电路行业协会副理事长、秘书长王龙基，以及工信部、科技部等国家部委领导，来自有关国家、地区和城市的政府、企业界、研究机构等各方面的代表出席开幕式。

22 日，中国电信创新孵化基地落户上海并举行揭牌仪式。揭牌仪式由上海市副市长艾宝俊主持。中共中央政治局委员、上海市委书记俞正声，工信部副部长尚冰，中国电信董事长王晓初，工信部、上海市委、市政府、中国电信有关部门负责人出席揭牌仪式。这是中国电信支持上海新一代信息技术产业发展的又一重大举措。

4 月

11 日，上海市委、市政府召开上海市文化创意产业工作推进会议。会议由市委常委、副市长、市文化创意产业推进领导小组副组长屠光绍主持。市政府副秘书长肖贵玉代表市文化创意产业推进领导小组办公室总结文化创意产业 2011 年工作和部署 2012 年工作。市委常委、宣传部长、市文化创意产业推进领导小组副组长杨振武和副市长、市文化创意产业推进领导小组副组长艾宝俊，以及市委副书记、市文化创意产业推进领导小组组长殷一璀分别作了重要讲话。会上，6 个单位作了交流发言。市委、市政府有关委办局分管领导、各区县委和区县政府领导及企业党政负责人出席会议。

17 日，由株式会社日立制作社、日立(中国)有限公司和上海市智慧城市建设促进中心联合主办的“日立——上海智慧城市建设技术交流会”在上海举行。市经济信息化委副主任刘健和日立(中国)有限公司董事长北山隆一分别介绍了上海信息化建设和日立在全球特别是在中国规划发展的情况。会议围绕上海智慧城市建设、交通信息化、智能电网产业发展情况,以及日立在智能电网、智能社区、水处理、云计算和数据中心等领域的技术发展及应用情况进行了交流。相关委办局、各区县及电子信息、云计算、软件、数据中心、智能电网等领域的代表出席会议。

5 月

8 日,市经济信息化委与国家开发银行上海市分行签署了《开发性金融合作备忘录》。在"十二五"期间,国家开发银行上海市分行将提供全面的融资和融智支持,为本市产业和信息化领域融资总额将达 1 500 亿元。市经济信息化委主任戴海波与国家开发银行上海市分行行长郭濂出席签字仪式。在签约仪式上,根据市经济信息化委推荐名单,国家开发银行上海市分行还分别同 4 家企业签订第一批银企合作协议,包括:战略性新兴产业——中芯国际集成电路制造(上海)有限公司、民营企业——上海斐讯数据通信技术有限公司、中小企业融资平台——上海联合融资担保有限公司和上海市企业信用互助协会。

21 日,市教委和上海电信举行共同推进教育信息化"十二五"战略合作协议的签约仪式。副市长沈晓明、市政府副秘书长翁铁慧、市经济信息化委主任戴海波等领导作为见证方参加市教委和上海电信共同推进教育信息化"十二五"战略合作协议的签约仪式。市经济信息化委在校园光纤宽带网络、无线宽带网络以及教育信息化公共服务平台等信息基础设施建设方面,支持和配合市教委和上海电信做好各项工作;在构建优质教育资源共建共享机制、创新教育教学手段和模式、促进教育教学改革和教育公平、提高教育管理信息化公共服务水平等各类教育信息化应用方面,将继续进行协调和提供服务。

6 月

6 日,市战略性新兴产业领导小组产业化推进工作小组召开第一次全体会议。会议讨论本市战略性新兴产业项目管理办法、工作机制、工作要点等议题,部署加快推进战略性新兴产业发展工作。市产业化推进工作小组组长、市经济信息化委主任戴海波在会上作工作汇报,并对下一步工作提出五个方面要求:完善机制,形成产业化工作推进体系;聚焦重点,加快实施战略性新兴产业重点专项;抓好项目,提高推进和服务水平;加强协调,做好产业化综合推进工作;强化创新,夯实战略性新兴产业发展的基础。同时加强产业先进技术跟踪分析,挖掘梳理一批未来产业增长点。

6 日,市经济信息化企业文化研究会召开第一届第二次会员大会。党委书记、企业文化研究会新任会长周国雄出席大会。纪工委书记、企业文化研究会副会长黄肇达主持大会。市经济信息化企业文化研究会 73 家单位会员与 9 位个人会员参加大会。大会通过周国雄担任市经济信息化企业文化研究会新任法人代表、会长,通过市经济信息化企业文化研究会部分新任副会长,审议通过企业文化研究会 2012 年工作计划,听取并审议通过企业文化研究会秘书处作企业文化研究会 2011 年度工作和财务情况报告。周国雄在会上作主题报告。

14 日,市经济信息化委召开法人网上身份统一认证工作专题会议。专题会议,由首批 9 家试点单位交流工作进展,同时研究下阶段工作安排,说明各单位与法人网上身份统一认证系统的接入技术要求。市建交委于 6 月 3 日完成法人网上身份统一认证的改造工作,率先在市建管办的建设市场招投标应用中开展了法人一证通应用。市税务局计划于 8 月 1 日完成法人网上身份统一认证的改造工作,在全市网上报税工作中全面推进法人一证通应用。

19 日,由上海银监局指导、上海市银行同业公会开发的"小微企业信贷产品信息查询平台"正式上线。今后,小微企业查询上海 54 家银行的 225 款适合小微企业的信贷产品,可上网轻松查询。

20 日,2012 亚洲移动通信博览会开幕式在上海浦东举办。上海市委常委、副市长艾宝俊出席开幕式并致辞。亚洲移动通信博览会作为全球性的移动通信技术展示与应用合作交流平台,汇集了全球顶尖的移动通信运营商和生产商,是最有影响力的世界级移动通信盛会之一。2012 年首次选择在上海召开,并将连续举办六届,必将成为上海智慧城市建设的重要发展契机,对于吸引全球通信技术研究和服务创新人才集聚,促进移动通信、移动互联网领域产业发展,推动 TD-LTE 的快速成长,提升上海的信息通信整体水平和服务能级都将起到积极的推动作用。

25 日,上海市互联网经济咨询中心(上海市智慧城市建设促进中心)举办《2011 年度上海市信息化与工业化融合发展水平指数报告》发布会。市经济信息化委信息化推进处处长周正曙等以及来自相关单位、科研院所、企业和媒体的各界人士参加发布会。根据报告,2011 年上海市"两化融合"发展水平指数为 75.53,完成了《上海市推进信息化与工业化融合行动计划(2009—2011年)》中2011年"两化融合"指数达到75的阶段性发展目标。该指数以企业为主要评估对象,以企业抽样调查为主要评估方法,是国内首个,也是目前唯一的区域性"两化融合"综合指数。据悉,这组调查数据以1 218家上海企业为主要评估对象。数据表明,上海"两化融合"发展水平整体处于部分融合阶段,具备深度融合的基础。

26日,市经济信息化委召开通信行业电子账单专题推进会。会上,付费通公司介绍通信行业电子账单总体推进情况;上海电信、上海移动、上海联通、东方有线分别介绍前阶段的推进工作情况和下阶段工作计划。电子账单应用推广工程工作小组组长、市经济信息化委信息化推进处处长周正曙对前期推进工作表示肯定,对各通信运营企业前期付出的努力表示感谢,希望各单位再接再厉,按照时间节点完成年度工作目标。

28—30日,工信部在北京国家会议中心举办全国"两化融合"成果展览,并召开"两化融合"高层研讨会。党和国家领导人吴邦国、贾庆林、李长春、李克强、李源潮、马凯等参观了成果展。上海展区作为地方展区的一部分,重点展示了上海电气百万千瓦超超临界发电机组、外高桥造船3 000米半潜式海洋钻井平台、上海电器科学研究院智能家居演示系统、上海电信车联网系统等典型成果。此外,中国商飞、沪东造船、振华重工、上海钢联、宝信软件等企业在专题展区展出了"两化融合"相关的亮点和成果。李克强副总理在上海展区驻足停留,听取了上海相关工作情况和展品介绍,希望上海进一步发挥"两化融合"优势,在优先发展高端制造业方面作出更大贡献。常务副市长杨雄作为唯一地方政府代表在高层研讨会上作"推进'两化'深度融合,加快经济转型升级"的主题发言,市政府副秘书长肖贵玉参观成果展。

7月

5日,由市政府参事室和中国台湾《旺报》社主办、市政府台办和上海东亚研究所协办的"面向未来挑战——沪台城市发展与城市管理研讨会"在锦江小礼堂举行。研讨会旨在展示沪台"和谐、智慧、活力"的城市印象,培育城市文化特色品牌,丰富两岸交流内涵,拓展经贸文化合作领域,促进上海创新驱动、转型发展。上海市市长韩正出席开幕式并致辞。上海市委常委、统战部长沙海林,副市长赵雯出席研讨会。此次研讨会举行了3场主题论坛,与会嘉宾围绕"和谐城市:社区营造幸福"、"智慧城市:科技引领发展"、"活力城市:创意激发灵感"3个主题畅所欲言,进行了广泛交流。上海市经济信息化委副主任刘健在"智慧城市:科技引领发展"主题论坛中作了"建设面向未来的智慧城市"专题演讲,向与会嘉宾介绍了上海建设面向未来的智慧城市的总体考虑,并重点围绕信息基础设施、信息感知和智能应用、新一代信息技术产业三个方面,并对《上海市推进智慧城市建设2011—2013年行动计划》的主要内容和建设目标进行了系统解读。

12日,2012年上海市职业技能竞赛暨第42届世界技能大赛上海地区选拔赛开幕式在上海信息技术学校举行。市人力资源社会保障局、市总工会、团市委、市经济信息化委、市国资委等单位负责人出席开幕式。会议宣读2011年上海市职业技能竞赛活动市级一类竞赛表彰决定,对获奖单位和个人进行了表彰;介绍2012年上海市职业技能竞赛暨第42届世界技能大赛上海地区选拔赛组织实施情况,宣读承办单位、赛场单位、支持单位名单和项目技术专家组名单。来自本市150家单位的628名选手将角逐数控车、数控铣、CAD机械设计、焊接、美发、网站设计、车身修理、汽车技术、汽车喷漆和信息网络布线10个项目的冠军席位。

24日,市政府召开上海市推进智慧城市信息基础设施建设工作会议暨市推进无线城市建设联席(扩大)会议。会上,市经济信息化委主任戴海波汇报了上海智慧城市建设情况,并对智慧城市建设工作作了最新部署。市委常委、副市长艾宝俊到会讲话并启用了"i-Shanghai"无线上海服务标识。年内本市300余处公共场所实现WLAN全覆盖,并将按照统一公共服务要求提供两小时免费服务。会议要求各部门要加强协作,形成合力,进一步加大建设力度,确保光纤到户、无线覆盖、下一代广播电视网等建设目标如期实现;进一步完善配套措施,着力突破建设乱收费、资源开放和共享等发展瓶颈;进一步提升服务质量水平,确保完成下阶段信息基础设施建设各项目标任务。

27日,国家信息化专家咨询委员会主办,市经济信息化委、市信息化专家委承办,市智慧城市建设促进中心协办的"2012年中国信息化进程报告会"在沪成功举办。国家信息化专家咨询委员会主任奚国华,上海市委常委、副市长艾宝俊出席会议并讲话。国家信息化专家咨询委员会常务副主任周宏仁作《中国进入网络时代》的主题报告。报告会邀请倪光南、李伯虎、何积丰三位院士及中航工业副总经理张新国等11位学者和专家作专题报告。上海市经济信息化委主任戴海波介绍了上海智慧城市建设的阶段性进展。与会各位专家就信息化进程中的阶段性特点和发展趋势达成六点共识,即:中国正快速进入网络时代；网络化将对经济和社会发展产生重大影响；软件服务化(SaaS)将成为软件业主流；云制造是制造业信息化发展的一种新模式；“两化融合”的核心是业务流程信息化；加快生产型制造向服务型制造转变。

27日，市经济信息化委召开区县产业发展和信息化建设座谈会。会议贯彻上海市委、市政府关于稳增长各项工作措施，回顾上半年产业经济运行情况，部署下半年各项重点工作。金山、闸北、闵行、浦东、奉贤、宝山、嘉定、崇明、松江、普陀等区县经济和信息化部门在会上交流发言。会议由市经济信息化委副主任尚玉英主持。市经济信息化委领导陈跃华、刘健、邵志清、周敏浩、戎之勤、马静、张华芳等出席会议。

8月

3日，市政府召开2012年上海市无线电管理委员会全体会议。会议明确，2012年本市无线电管理工作要聚焦服务“智慧城市”建设，切实维护城市运行中的无线电安全，做好迎接党的“十八大”召开的各项无线电安全保障工作；推动城乡发展与涉及国计民生重点无线电台站的统筹布局，强化对民航、铁路、海事以及气象、射电天文等领域的保护；持续打击利用无线电设备进行考试作弊的行为，维护考试公平等任务。市委常委、副市长艾宝俊出席会议并讲话。市无线电管理委员会成员单位的领导出席会议。

7日，市政府与中国电信集团公司在沪签署共建上海智慧城市2012—2013年战略合作协议。双方将围绕智慧城市建设的智慧政府、智慧民生、智慧产业三个领域，提升信息化总体水平，中国电信两年内将投资140亿元，推进上海智慧城市建设。上海市委副书记、市长韩正出席仪式并与中国电信集团公司董事长王晓初共同为“中国电信车联网服务上海基地”揭牌。上海市委常委、副市长艾宝俊与王晓初董事长签署了协议，中国电信集团公司副总经理柯瑞文等出席签约仪式。与此同时，揭牌的“中国电信车联网服务上海基地”，将在“应用示范、产业合作、创新应用”三方面做好上海“智慧城市”的车联网信息服务。签约仪式由市政府秘书长洪浩主持。

29日，上海市推进社会信用体系建设工作会议在国际会议中心举行。中共中央政治局委员、上海市委书记俞正声出席会议并作重要讲话。市委副书记、市长韩正主持会议，市领导刘云耕、冯国勤、殷一璀、艾宝俊、尹弘出席会议。常务副市长杨雄作《关于进一步加强上海市社会信用体系建设的意见》、《上海市社会信用体系建设2013—2015年行动计划》起草说明和工作部署。市建设交通委、市食品安全委员会办公室、浦东新区在会上作了交流发言。各部委办局、区县党政负责人及信用体系建设牵头部门负责人，市高级人民法院、市检察院负责人，市人大、市政协相关部门负责人，中央在沪机构主要负责人，市属国有企业集团主要负责人，重点行业协会、信用服务机构主要负责人以及新闻媒体参加会议。

9月

5日，华为公司召开“2012华为云计算大会”，上海市人民政府副秘书长肖贵玉出席会议并讲话。2011年1月25日，市政府与华为公司签署云计算战略合作协议，共同推动云计算发展。2012年云计算大会的成功举办，标志着双方的合作迈上了新台阶。下一步，上海将按照“云海计划”总体部署，重点做好以下四方面工作：面向上海经济和社会发展需求，大力推进云计算示范应用，培育成熟商业模式；持续优化云计算发展生态环境，加强标准规范研究和信息安全保障体系建设；打造安全可控的云计算产业链，继续加大云计算核心技术和产品研发；合理布局基础设施资源，建设高效能和模块化云计算数据中心。

7日，市政府发布《推进智慧城市建设2011—2013年行动计划》。《行动计划》细化落实智慧城市建设内容，浦东新区、长宁区、嘉定区等区县，虹桥商务区等功能性区域，以及南桥、枫泾等新城镇都纷纷提出智慧城市建设规划。这是在上海市国民经济和社会发展“十二五”规划中，提出建设以数字化、网络化、智能化为主要特征“智慧城市”的具体化。

11日，由商务部主办、上海亚太地区经济和信息化人才培训中心(以下简称亚太培训中心)承办的为期三周的“发展中国家信息化发展研修班”在上海顺利结束。市经信工作党委书记周国雄、市商务委副主任王新平等领导出席了结业典礼并致辞，祝贺来自全球21个发展中国家的36名学员顺利完成学业，同时向学员们颁发了结业证书、赠送了纪念礼物。来自加纳通信部副主任阿姆达·艾迪·穆罕穆德代表全体学员在结业典礼上发言。

17日，市政府在上海展览中心召开软件名城创建暨上海市软件产业工作会议。工信部副部长杨学山、上海市委常委、副市长艾宝俊出席会议并讲话。会议由市政府副秘书长肖贵玉主持。会上，闸北区人民政府、上海宝信软件股份有限公司、汇付天下有限公司作交流发言。工信部软件服务业司、上海市经济信息化委、浦东新区政府共同签署了部市区共同推动创建中国软件名城示范区合作协议。向中国银联股份有限公司等获得2012年度上海软件企业二十强授牌。工信部相关司局、上海市软件和信息服务业联席会议成员单位以及各区县政府、软件和信息服务业主管部门负责人，相关行业协会、软件学院、软件和信息服务业产业基地、重点企业代表出席会议。

19日，由商务部主办、亚太培训中心承办的以信息安全技术为核心的援外培训班——发展中国家信息安全技术培训班在上海顺利开班。市经济信息化委副主任陈跃华、市商务委副秘书长桑琦等领导出席开班典礼并致辞，祝贺本期培训班顺利开班，欢迎来自世界各地的17个发展中国家的27名学员参加培训班，并祝培训班取得圆满成功。本期培训班为期近二个月。

26日，北斗(上海)位置信息综合服务平台、上海北斗导航及位置服务产品检测中心(筹)、上海北斗卫星导航平台有限公司在沪举行揭牌仪式。为了主动对接国家北斗卫星导航系统民用战略，更好地为本市创新驱动、转型发展服务，上海北斗卫星导航产业的重要基础支撑——北斗(上海)位置综合服务平台和上海北斗导航及位置服务产品检测中心(筹)正式启动建设，承担北斗(上海)位置综合服务平台建设任务的上海北斗卫星导航平台有限公司也正式揭牌成立。质监总局副局长、国家认监委主任孙大伟，上海市委常委、常务副市长杨雄，总参某部副部长曲睿，以及航天科技集团、中国卫星导航定位协会、上海市卫星导航产业发展和应用推进联席会议成员单位、有关区县局、相关企业领导和代表出席揭牌仪式。仪式由市经济信息化委副主任尚玉英主持，市经济信息化委主任戴海波出席仪式并致辞。

27日，上海市信息安全保障工作会议举行。工信部副部长杨学山，上海市委常委、副市长艾宝俊出席大会并讲话，共同为上海市网络与信息安全应急管理事务中心举行了揭牌仪式。会议由市政府副秘书长肖贵玉主持。会议认为，近年来上海围绕城市信息安全保障体系建设，在完善信息安全基础设施、加强重要信息系统安全防护、优化综合监管和协调机制、推动技术和产业发展、强化全民信息意识等方面不断取得成效，并在2010年上海世博会、第14届世游赛等重大活动中经受住了考验，城市信息安全态势总体可控。但也存在不少安全隐患，需要进行有效处置。会上，市经济信息化委主任戴海波代表市网络与信息安全协调小组，通报了近阶段全市信息安全工作情况和下阶段工作安排。上海市电力公司、申通地铁集团、浦东发展银行三家单位作交流发言。市网络与信息安全协调小组成员单位领导、联络员，全市153家信息安全重点单位分管领导，以及信息安全专业机构负责人和相关专家参加会议。

10月

12日，上海市召开高端装备制造业推进大会。工信部副部长苏波，上海市委常委、副市长艾宝俊出席大会并讲话，共同为上海高端装备制造产业联盟、机器人产业联盟、高端装备金融保险服务联盟揭牌。会议由市政府副秘书长肖贵玉主持。会上，市经济信息化委主任戴海波作上海高端装备制造业工作报告。中船重工集团702研究所和上海振华重工(集团)公司签订海洋工程装备战略合作协议；上海海立(集团)股份公司和上海电气自动化设计研究所签订空调压缩机柔性自动化装配生产线联合研发协议；思源电气股份公司和国家能源智能电网(上海)研发中心签订智能电网等领域技术合作协议；上海沃迪自动化装备股份公司和中国电子科技集团第二十一研究所签订机器人关键部件研制与应用战略合作协议；上海微电子装备有限公司和江阴长电先进封装公司签订步进投影式光刻机首台合作协议；上海微松工业自动化公司和上海新阳半导体材料股份公司签订晶圆料盒大行程搬送机器人及制程设备电气工程首台合作协议；上海拓璞数控科技公司和天津航天长征火箭制造公司签订Φ5200火箭壳体整体舱段自动钻铆装备首台合作协议、上海航天电源技术公司和上海大族新能源设备公司签订车用动力锂离子电池关键生产装备合作研发协议等。中航商用航空发动机公司、上海临港经济发展(集团)公司、上海新松机器人自动化公司作交流发言。国家工信部有关司局、市政府相关委办局、各区县经委、信息委、部分在沪中央企事业单位、相关开发区、工业区，相关企业、科研院所、高校、用户单位，相关行业协会、学会负责人出席大会。

13日，2012信息安全技能竞赛活动在公安部第三研究所开赛。本次竞赛活动是在工信部的指导下，由市网络与信息安全协调小组办公室主办，市信息安全行业协会承办。本届信息安全技能竞赛分为个人技能赛和团队运维赛，个人技能赛主要面向高等院校在校学生、信息安全企业、IT从业人员以及信息安全技术爱好人士，团队运维赛则面向市重点单位信息系统运维保障团队，以动手操作、理论答题、论文答辩三种方式考察参赛单位团队的管理理念和实际管理水平。经过激烈的角逐，目前晋级个人技能赛决赛的10名选手和晋级团队运维赛的6家单位已经脱颖而出。

18日，市政府督查室会同市经济信息化委组成联合督查组，就落实沪委发〔2012〕13号《关于进一步加强上海市社会信用体系建设的意见》及沪府发〔2012〕75号《上海市社会信用体系建设2013—2015年行动计划》的进展情况督查了解。督查组分别走访了市食品药品监管局、市食安办、市民政局、市建设交通委、市工商局、市交通港口局、市环保局、市质监局、浦东新区等10家委办局和区县，共收到书面督查反馈50份。督查组将共性问题汇总形成督查总报告，并报市领导。

24日，杨浦区委、区政府组织召开杨浦区推进社会信用体系建设工作会议。区委副书记、区长金兴明主持会议。区委常委、副区长唐海东作《杨浦区社会信用建设2013—2015年行动计划》起草说明和下一步工作打算部署起草说明和工作部署。市经济信息化委副主任陈跃华和杨浦区委书记陈寅出席会议并讲话。

26日，上海市征信办、江苏省信用办、浙江省信用办、安徽省信用办共同举办了长三角区域信用体系专题组第十六次例会。三省一市信用办领导和工作人员参加会议。会议交流第十五次例会会议纪要的落实情况；审议《关于联合发布〈长三角地区企业信用评价推荐标准和规范及格式文本〉的通知》；确定了《2012年长三角地区备案信用服务机构名单》；同时研究2013年信用合作工作重点和主要合作专项。

28日，以"智慧城市建设与产业发展"为主题的2012全球城市信息化论坛在上海举行。来自20多个国家的300多名代表，共同探讨了全球社会密切关注的一系列智慧城市建设和相关产业发展的议题。工信部副部长杨学山，上海市委常委、副市长艾宝俊，联合国前副秘书长、联合国可持续发展大会秘书长沙祖康出席会议并致辞。

30日，第80届中国电子展在上海开幕。上海市委常委、副市长艾宝俊出席开幕式并致辞，中国电子行业协会会长曲维枝、总经济师周子学、总裁田尚宪、董事长芮晓武等领导和嘉宾出席电子展。第80届中国电子展，以"信息化推动工业化，电子技术促进产业升级"为主题，将有超过1 300多家展商参展，集中展示电子元器件、电子生产设备、电子工具、仪器仪表、光电产品、消费电子产品等完整产业链，展位2 100多个，同比增长4.5%，5万余名行业买家和工程师前来观摩。LED、太阳能光伏等新电子产品技术，3D、智能终端及物联网等热点产品技术，新能源、绿色节能环保概念在产品技术中的体现，国内元件企业成长明显以及工业应用和汽车电子等成为行业关注焦点。

31日，第二届上海市信息安全活动周拉开帷幕。市经济信息化委主任戴海波在开幕式上致辞并正式宣布活动周开幕。活动周围绕"关注信息数据安全，共创网络信任环境"的主题，从新技术发展与应用、重要信息数据保护、工业控制系统安全、网络信任环境营造等方面开展形式多样的宣传活动。活动周结合信息安全保障智慧城市案例展示、专业竞赛、安全知识创意征集大赛、专业讲座讨论会等多种形式，引起社会广泛关注和参与。针对信息技术和信息化应用新发展带来的信息安全新威胁和新风险，上海成立了市网络与信息安全应急管理事务中心。该中心的任务是督促全市信息安全重点单位开展信息安全检查等级保护、安全测评、应急管理、风险评估等长效性安全管理工作。

31日，2012年度上海市优秀CIO(信息主管)及信息技术优秀应用成果颁奖典礼在沪举行。中国计算机用户协会和上海市经济信息化委、上海市科委、上海市国资委等部门的领导出席了颁奖大会。市经济信息化委秘书长戎之勤出席颁奖活动并讲话。自2004年至今，上海已连续举办了九届评选活动，得到了社会各界的广泛支持和响应，2012年度上海市优秀CIO(信息主管)及信息技术优秀应用成果评选历时四个多月，经单位推荐、专家评审和网上公示，最终产生2012年度上海市优秀CIO 10名，优秀CIO新秀1名，信息技术优秀应用成果10项。

11月

1日，市政府举行微软Windows Azure、Office 365项目落户上海签署有关合作备忘录仪式。上海市委常委、副市长艾宝俊，市政协副主席、浦东新区区长姜樑，微软公司副总裁贺乐赋、张亚勤出席签约仪式，市经济信息化委主任戴海波出席并致辞。根据签署的谅解备忘录精神，今后三年微软公司将在上海部署运营微软Windows Azure和Office 365中国运营服务所需的软件和硬件；其中Windows Azure为国内客户提供公共云计算平台服务(包括计算、存储、数据库、整合及网络化服务)；Office 365为国内客户提供在线办公、电子邮件、门户协作、统一通讯等服务。微软将授权世纪互联公司，负责在中国运营并提供Windows Azure和Office 365相关服务。

1日，以"设计点亮生活"为主题的2012上海设计之都活动周在上海拉开帷幕。由中共上海市委宣传部、上海市经济信息化委、上海市文化创意产业推进领导小组办公室为指导单位，联合国教科文组织"创意城市"(上海)推进工作办公室主办的本届活动周，是在继承前七届上海国际创意产业活动周成功经验基础上，首次以"设计之都"名义举办的。上海市委常委、副市长艾宝俊宣布活动周开幕，市政府副秘书长、市文化创意产业推进领导小组办公室主任肖贵玉和联合国教科文组织副总干事格塔卓·恩吉达分别致辞。来自上海市委、市人大、市政府各委办局和市政协相关负责同志，芬兰经济事务部长尤里・哈卡米斯、国际社会创新和可持续设计联盟主席爱佐・曼梓尼，芬兰、荷兰、英国、澳大利亚等国家的企业家、专家、驻沪领事馆官员，京津渝直辖市和深圳的城市代表出席了开幕式和高峰论坛。活动周从11月1—7日，历时7天。

首次以“设计之都”名义设立的2012设计之都年度奖项在开幕式上揭晓，上海市经济信息化委主任戴海波和共青团上海市委书记潘敏共同为2012上海青年高端创意人才颁奖。

2日，以“设计与城市转型”为主题的设计之都活动周举行高峰论坛。全国政协副主席、民革中央副主席厉无畏首先作“以‘三创’战略加快推进上海设计之都建设”主旨演讲；芬兰经济事务部长尤里・哈卡米斯作题为“新增长引擎的设计创新”的主题发言；《城市与创意阶级》的作者、多伦多大学罗特曼管理学院商业与创意力教授理查德・佛罗里达先生阐述了“为什么创意是新经济”；清华大学美术学院教授柳冠中作题为“中国制造业企业设计创新机制研究”的发言。高峰论坛还邀请了来自联合国教科文组织、国际创意设计机构、世界创意领域知名学者、专家与企业家等，围绕“设计与城市转型”话题，为如何加快上海设计之都建设进行对话。

5—10日，为期五天的第14届中国国际工业博览会在上海成功举办。开幕式当天，全国政协副主席、科技部部长万钢出席并宣布工博会开幕，工信部副部长苏波、商务部国际贸易谈判副代表崇泉致辞，上海市常务副市长杨雄致欢迎辞，上海市委常委、副市长艾宝俊主持开幕式。

本届“中国工博会”以“创新转型与战略性新兴产业”为主题，办展宗旨紧紧围绕发展战略性新兴产业，推动走新型工业化道路，促进由制造大国向制造强国迈进。本届展览共设置了数控机床与金属加工展、工业自动化展、新能源与电力电工展、新能源汽车展、环保技术与设备展、信息与通信技术应用展、科技创新展7个专业展，展览面积达到14万平方米，1 648家国内外企业参展，来自28个省市和5个计划单列市。上海本地占27.8%，上海以外地区占41.1%，来自美国、德国等23个国家的境外企业占31.1%，展位总数达到6 565个。

本届工博会为观众带来工业机器人的“盛宴”，工业机器人展面积达到1万平方米，除了长期鼎力支持的工业机器人企业，如ABB、FANUC、KUKA、史陶比尔、EPSON、广州数控、YAMAHA外，工业机器人展还吸引了大批首度参展的知名企业，如沈阳新松机器人、那智不二越、安川电机、德国斯图加特机器人、江阴纳尔捷机器人、安徽埃夫特智能装备、南京埃斯顿机器人等均属首次亮相工博会。

本届“中国工博会”从173家海内外参展企业的199项展品中评出38项获奖展品，其中3 000米水深半潜式钻井平台“海洋石油981”、“新一代宽带移动通讯技术及系统”、先进封装光刻机、全数字化机器人智能制造系统四项展品荣获金奖，百万千瓦级核电堆内构件和控制棒驱动机构、石油天然气开采用高性能钻杆系列自动化制造装备、3 000吨级海上起重铺管船、吉奥地理信息服务平台软件、ABB机器人车身擦净系统及内喷自动工作站、图尔克超高频UHFRFID系统等九项展品获银奖，另有铜奖14项、创新金奖1项、创新奖10项。

27日，“2012信息服务业(上海)论坛暨第四届移动互联网产业发展高峰论坛”在沪举行。论坛由上海市经济信息化委、徐汇区人民政府联合主办，上海市信息服务业行业协会和上海电信承办。论坛的主题是大力发展上海移动互联网产业，目的是促进产业发展，扩大政策影响面，聚集各方参与，搭建企业对接平台。市政府副秘书长肖贵玉出席论坛。论坛由开幕活动、主题演讲和展览展示组成。开幕活动举行了市移动互联网产业基地授牌、APP手机应用大赛启动和市信息服务业行业协会数字营销专业委员会揭牌仪式。中欧国际工商学院院长朱晓明、中国电信上海公司副总工程师王思伟等业内知名专家在论坛上作了主题演讲，共同探讨上海移动互联网产业的发展方向。上海市经济信息化委相关负责人在论坛上对《上海推进移动互联网产业发展2012—2015年行动计划》做了解读。论坛还宣布首批4家上海市移动互联网产业基地，并进行授牌。

12月

4日，上海市智慧城市宣传周活动拉开帷幕。活动周是在上海市智慧城市建设领导小组办公室的指导下，由市经济信息化委、新华通讯社上海分社联合举办的。活动周以“智慧城市开启美好生活”为主题，以提升市民知晓度、增强市民体验感、扩大社会参与面为主旨。市委常委、副市长艾宝俊，新华通讯社副总编辑慎海雄，工信部信息化推进司副司长董宝青，市经济信息化委主任戴海波，中国互联网协会常务副理事长高新民，市信息服务业行业协会会长张维华等领导出席开幕式。在开幕式上向第一批上海市智慧城市体验中心授牌，新华通讯社新媒体中心以独立第三方的身份发布《智慧城市上海发展报告(2012)》。

6日，市民移动互联网应用培训班在沪开班。在开班仪式上，市经济信息化委副主任刘健、虹口区人大常委会副主任华东平和学员代表共同开启移动互联网应用培训班；参与前期试点培训的学员代表在仪式现场使用平板电脑演示了学习成果。培训主要面向社区中老年居民，按照"统一组织、统一教材、统一培训点认定、统一考核、统一发证"的要求开展移动互联网应用培训，2013年计划培训2万人。学员通过培训达到在移动终端会联网、会搜索、会下载、会安装、会使用。市经济信息化委拟在虹口区广中路街道试点开展移动互联网应用培训，在试点过程中不断听取学员、教师等方面的意见和建议，完善工作方案。市经济信息化委、虹口区政府有关部门以及学员代表参加了开班仪式。

12日，上海召开法人网上身份统一认证应用推进新闻通气会。为建立统一的电子政务网络信任体系，全市已采取政府统一购买服务的方式为法人单位免费提供"一证通"数字证书，在全国率先启动实施了法人网上身份统一认证工作。为方便法人就近申领、更新"一证通"数字证书，在本市各区县行政办事大厅、企业服务中心等设立了19个服务网点，可现场办理数字证书申办、变更、介质解锁等业务。同时开通了"一证通"网站（www.962600.com），实现数字证书在线查询、更新、吊销、应用开通、电子印章制作等功能，用户如已有数字证书介质无需到服务网点，可自助在线办理将原有的数字证书更新为"一证通"数字证书。在申办、更新、使用过程中如有问题还可拨打"962600""一证通"服务热线进行咨询。

19日，上海"诚信活动周"在沪开幕，活动周的主题是"诚信上海，从我做起"，旨在进一步宣传、贯彻《意见》和《三年行动计划》明确的发展目标任务。活动周由上海市社会诚信体系建设联席会议办公室、上海市征信管理办公室和杨浦区政府共同主办，启动仪式在五角场下沉式广场举行。在启动仪式上，"上海市企业信用管理培训基地"、"GPST国际信用管理师认证培训基地"分别揭牌。五角场商圈与南京东路商圈、南京西路商圈、徐家汇商圈和天山路商圈向全市商业企业发出"建设诚信商圈，共建诚信上海"倡议。市委常委、副市长艾宝俊出席仪式并点击"诚信活动周"启动按钮。全市社会诚信体系建设联席会议60余家成员单位、部分行业协会、相关单位和市民代表参加启动仪式。

21日，市信息化专家委举行智慧医疗建设战略研究课题结题会暨"智慧医疗云服务"项目签约仪式。会议由市信息化专家委秘书长、市经济信息化委总工程师马静主持。在签约仪式上，上海联通副总经理季绪浩作工作汇报；与会专家沈瑞良、高解春、徐智群对课题报告发表评审意见；上海联通总经理蔡全根与申康中心副主任高解春分别代表签约方发言。市信息化专家委员会主任吴启迪到会见证上海联通、申康中心和泰福健康三方签约，并作总结讲话。

25日，国家北斗导航应用上海产业基地在沪举行开工仪式。国家北斗导航应用上海产业基地项目在上海闵行区正式开工，启动一期建设。北斗卫星导航系统已广泛应用于智能电网、通信、金融、气象探测、基础测绘、国土测绘、工程勘测、资源调查、水利水电、海洋渔业、交通运输及物流、气象预报、减灾救灾、公共安全应急管理，乃至个人消费等国民经济重点领域。上海市政府和闵行区政府把握卫星导航应用产业发展的历史机遇，在国家北斗导航应用管理部门的支持下，国家北斗导航应用上海产业基地已落户于闵行区，规划1平方公里，建设军民融合式国家级北斗导航应用上海产业基地。基地内设卫星导航技术与应用研究中心，应用终端生产中心，应用监控指挥中心，技术培训中心和国际交流中心。军地有关部门以及上海市、闵行区政府领导，相关企业代表参加开工活动。

（王耀鑫）

评优表彰

2012年度上海市明星软件企业、优秀软件产品、优秀软件企业家及软件收入二十强企业

2012年度上海市明星软件企业(快速增长型)

1	杉德银卡通信息服务有限公司	14	上海文华财经资讯有限公司
2	科大智能科技股份有限公司	15	上海华源热疗技术有限公司
3	上海起凡数字技术有限公司	16	上海寰创通信科技股份有限公司
4	普华基础软件股份有限公司	17	上海伯俊软件科技有限公司
5	上海花千树信息科技有限公司	18	上海梅花信息有限公司
6	上海泛微网络科技股份有限公司	19	上海高达星软件系统有限公司
7	上海秀派电子科技有限公司	20	上海新眼光医疗器械股份有限公司
8	上海熙菱信息技术有限公司	21	上海勤和互联网技术软件开发有限公司
9	上海天地软件园数码科技有限公司	22	上海合合信息科技发展有限公司
10	上海时代光华教育发展有限公司	23	上海兰台信息技术有限公司
11	上海同是工程科技有限公司	24	上海博康智能信息技术有限公司
12	上海金仕达多媒体有限公司	25	上海创图网络科技发展有限公司
13	上海艾麒信息科技有限公司		

评选标准说明：自2009年经营收入100万以上，每年的总收入以高于50%的增长率增加。

2012年度上海市明星软件企业(经营型)

1	上海宝信软件股份有限公司	8	上海理想信息产业(集团)有限公司
2	上海贝尔软件有限公司	9	花旗软件技术服务(中国)有限公司
3	上海中兴软件有限责任公司	10	万达信息股份有限公司
4	银联商务有限公司	11	上海完美世界网络技术有限公司
5	盛趣信息技术(上海)有限公司	12	上海电科智能系统股份有限公司
6	上海征途信息技术有限公司	13	上海微创软件股份有限公司
7	卡斯柯信号有限公司	14	上海大智慧股份有限公司

续 表

15	网宿科技股份有限公司	37	鼎捷软件股份有限公司
16	上海金桥信息股份有限公司	38	上海大唐移动通信设备有限公司
17	上海华腾软件系统有限公司	39	上海数讯信息技术有限公司
18	中海网络科技股份有限公司	40	上海中和软件有限公司
19	上海万得信息技术股份有限公司	41	上海华勤通讯技术有限公司
20	上海三旗通信科技股份有限公司	42	普华基础软件股份有限公司
21	上海海隆软件股份有限公司	43	易保网络技术(上海)有限公司
22	华存数据信息技术有限公司	44	上海安科瑞电气股份有限公司
23	上海延华智能科技(集团)股份有限公司	45	上海众恒信息产业股份有限公司
24	展唐通讯科技(上海)有限公司	46	科大智能科技股份有限公司
25	上海益盟软件技术股份有限公司	47	上海中信信息发展股份有限公司
26	上海博达数据通信有限公司	48	上海益同软件技术有限公司
27	杉德银卡通信息服务有限公司	49	上海熙菱信息技术有限公司
28	上海华虹计通智能系统股份有限公司	50	希姆通信息技术(上海)有限公司
29	上海新华控制技术(集团)有限公司	51	上海迪爱斯通信设备有限公司
30	东方财富信息股份有限公司	52	上海启明软件股份有限公司
31	龙旗科技(上海)有限公司	53	上海亚太计算机信息系统有限公司
32	乐线软件开发(上海)有限公司	54	博朗软件开发(上海)有限公司
33	上海起凡数字技术有限公司	55	上海博科资讯股份有限公司
34	上海新致软件有限公司	56	上海金蝶软件科技有限公司
35	用友软件股份有限公司上海分公司	57	上海期货信息技术有限公司
36	上海南天电脑系统有限公司	58	上海泛微网络科技股份有限公司

评选标准说明：2011 年度企业总收入在 1.5 亿元人民币以上(含)。

2012 年度上海市明星软件企业(出口型)

1	花旗软件技术服务(中国)有限公司	8	上海启明软件股份有限公司
2	上海海隆软件股份有限公司	9	博彦科技(上海)有限公司
3	上海微创软件股份有限公司	10	易保网络技术(上海)有限公司
4	龙旗科技(上海)有限公司	11	上海新致软件有限公司
5	泰乐通讯技术(上海)有限公司	12	PFU 上海计算机有限公司
6	博朗软件开发(上海)有限公司	13	上海畅星智能系统有限公司
7	上海中和软件有限公司	14	上海冈三华大计算机系统有限公司

评选标准说明：2011 年度企业出口收入在 500 万美元以上(含)。

2012 年度上海市明星软件企业(创新型)

1	上海华勤通讯技术有限公司	32	中海网络科技股份有限公司
2	上海宝信软件股份有限公司	33	上海时代光华教育发展有限公司
3	龙旗科技(上海)有限公司	34	上海亚太计算机信息系统有限公司
4	上海三旗通信科技股份有限公司	35	上海大智慧股份有限公司
5	上海大唐移动通信设备有限公司	36	上海合合信息科技发展有限公司
6	万达信息股份有限公司	37	上海埃帕信息科技有限公司
7	上海可鲁系统软件有限公司	38	上海普华科技发展有限公司
8	华平信息技术股份有限公司	39	科大智能科技股份有限公司
9	上海电科智能系统股份有限公司	40	上海金蝶软件科技有限公司
10	上海安科瑞电气股份有限公司	41	鼎捷软件股份有限公司
11	中标软件有限公司	42	上海冈三华大计算机系统有限公司
12	上海理想信息产业(集团)有限公司	43	上海新华控制技术(集团)有限公司
13	上海互联网软件有限公司	44	上海南天电脑系统有限公司
14	上海众恒信息产业股份有限公司	45	上海金桥信息股份有限公司
15	上海微创软件股份有限公司	46	上海高达星软件系统有限公司
16	上海华腾软件系统有限公司	47	上海花千树信息科技有限公司
17	上海泛微网络科技股份有限公司	48	盘石软件(上海)有限公司
18	上海中信信息发展股份有限公司	49	上海锐道信息技术有限公司
19	上海天好电子商务有限公司	50	上海熙菱信息技术有限公司
20	上海新致软件有限公司	51	上海海高通信发展有限公司
21	上海期货信息技术有限公司	52	上海吉联新软件股份有限公司
22	上海华虹计通智能系统股份有限公司	53	上海百胜软件有限公司
23	上海文广科技(集团)有限公司	54	上海长城电子信息网络有限公司
24	东方财富信息股份有限公司	55	起于凡信息技术(上海)有限公司
25	普华基础软件股份有限公司	56	上海南康科技有限公司
26	展唐通讯科技(上海)有限公司	57	上海寰创通信科技股份有限公司
27	上海迪爱斯通信设备有限公司	58	上海卓繁信息技术有限公司
28	华存数据信息技术有限公司	59	上海铭创软件技术有限公司
29	上海贝尔软件有限公司	60	上海思普信息技术有限公司
30	上海益盟软件技术股份有限公司	61	上海美华系统有限公司
31	上海金仕达多媒体有限公司	62	上海捷奥信息科技有限公司

续 表

63	上海金鑫计算机系统工程有限公司	70	上海安硕信息技术股份有限公司
64	上海东欣软件工程有限公司	71	上海数讯信息技术有限公司
65	上海格尔软件股份有限公司	72	上海畅星智能系统有限公司
66	上海浪沙软件有限公司	73	丰海技术咨询服务(上海)有限公司
67	上海万得信息技术股份有限公司	74	杉德银卡通信息服务有限公司
68	上海格蒂电力科技股份有限公司	75	上海恒为信息科技有限公司
69	易保网络技术(上海)有限公司	76	上海海鼎信息工程股份有限公司

评选标准说明：企业三年来(2009、2010、2011)已登记软件产品在10件或10件以上(含专利、软件著作权)，并且2011年度至少新登记了2件产品或专利。

2012年度上海市明星软件企业(领先型)

1	上海大智慧股份有限公司	7	上海期货信息技术有限公司
2	杉德银卡通信息服务有限公司	8	上海中信信息发展股份有限公司
3	东方财富信息股份有限公司	9	上海齐家网信息科技股份有限公司
4	上海南天电脑系统有限公司	10	中标软件有限公司
5	上海众恒信息产业股份有限公司	11	上海格尔软件股份有限公司
6	上海迪爱斯通信设备有限公司		

评选标准说明：符合申报要求所属的十七个领域内，企业2011年在该产品领域收入在全市排名前三位且2011年度经营收入不低于5 000万的企业，并提交产品占有上海市场份额的相关资料。

2012年度上海市明星软件企业(新业态)

1	银联商务有限公司	7	上海花千树信息科技有限公司
2	盛趣信息技术(上海)有限公司	8	东方财富信息股份有限公司
3	上海征途信息技术有限公司	9	上海起凡数字技术有限公司
4	网宿科技股份有限公司	10	上海齐家网信息科技股份有限公司
5	上海万得信息技术股份有限公司	11	中标软件有限公司
6	华存数据信息技术有限公司	12	上海付费通信息服务有限公司

评选标准说明：基于企业自主软件产品，通过网络(互联网、无线网、广播电视网)向用户提供新型的信息服务模式，有成功案例且2011年企业经营收入达2 000万。

2012年度上海市优秀软件产品

1	银联商务有限公司	银联商务新一代专业化服务软件
2	上海征途信息技术有限公司	征途怀旧版游戏软件 V1.0
3	上海征途信息技术有限公司	征途游戏软件 V2.0
4	上海征途信息技术有限公司	巨人游戏软件 V1.0
5	上海征途信息技术有限公司	绿色征途游戏软件 V1.0

续 表

6	上海征途信息技术有限公司	黄金国度游戏软件 V1.0
7	上海万得信息技术股份有限公司	Wind 资讯金融终端软件
8	上海万得信息技术股份有限公司	Wind 资讯经济数据终端软件
9	上海万得信息技术股份有限公司	Wind 资讯投资终端软件
10	上海起凡数字技术有限公司	起凡三国伏魔游戏软件 V1.0 版
11	起于凡信息技术(上海)有限公司	起凡群雄逐鹿游戏软件 V1.0 版
12	易保网络技术(上海)有限公司	易保产险核心业务软件(V1.0、V3.1、V3.3、V3.4)
13	上海迪爱斯通信设备有限公司	DS 110/119/122 三台合一接处警系统应用软件 V2.0
14	上海迪爱斯通信设备有限公司	DS 应急管理系统应用软件 V1.0
15	上海齐家网信息科技股份有限公司	齐家电子商务平台软件 V1.0
16	东方财富信息股份有限公司	金融终端
17	上海花千树信息科技有限公司	花千树交友信息发布软件 V1.0
18	鼎捷软件股份有限公司	神州数码易飞管理软件 V8.0
19	上海泛微网络科技股份有限公司	泛微协同商务软件 V6.0
20	上海泛微网络科技股份有限公司	泛微协同办公标准版软件 V7.0
21	上海泛微网络科技股份有限公司	泛微协同管理配置平台软件 V4.0
22	上海大智慧股份有限公司	大智慧金融投资家专业版软件 [简称:金融投资家专业版]V7.00
23	上海大智慧股份有限公司	大智慧分析家软件[简称：分析家]V7.00
24	上海大智慧股份有限公司	大智慧金融工程实验室数据软件 [简称：金融工程实验室]V7.02
25	中海网络科技股份有限公司	交技 iScope 交通监控一体化平台软件 V2.0
26	中海网络科技股份有限公司	交技综合收费业务平台软件 ITSN V3.0
27	中海网络科技股份有限公司	交技电子不停车收费软件 V1.0
28	华平信息技术股份有限公司	AVCON UCC 统一协同通讯软件 V6.0 [简称：AVCON UCC 系统]
29	华平信息技术股份有限公司	AVCON 网络视频监控指挥软件 V5.0
30	华平信息技术股份有限公司	AVCON 企业版网络视频会议软件 V5.0
31	华平信息技术股份有限公司	AVCON Audec 音频处理引擎软件 V1.0
32	上海中信信息发展股份有限公司	光典档案信息资源管理软件
33	上海中信信息发展股份有限公司	光典食品流通安全信息追溯档案管理软件
34	上海格尔软件股份有限公司	格尔 SSL 安全认证网关系统 V5.2
35	网宿科技股份有限公司	网宿云分发网络平台软件 V1.0
36	上海百胜软件有限公司	BSERP 百胜服装 ERP 软件 V3.1
37	上海百胜软件有限公司	百胜 BS3000+ERP 管理软件 V2.0
38	上海时代光华教育发展有限公司	时代光华势能企业大学软件 V3.0

续 表

39	上海大唐移动通信设备有限公司	大唐移动自动路测前台测试软件 [简称：AutoSPAN TE]V1.1
40	上海华兴数字科技有限公司	华兴工程机械控制软件 V2.00
41	上海文华财经资讯有限公司	文华 Mytrader 行情分析软件 V6.5
42	上海文华财经资讯有限公司	文华赢智程序化交易软件 V8.0
43	上海文华财经资讯有限公司	文华多码通柜员管理软件 V2.0
44	万达信息股份有限公司	万达应急管理系统应用软件 V4.0
45	万达信息股份有限公司	万达社会保障社会保险软件 V1.0
46	万达信息股份有限公司	万达应用开发环境软件 V3.0
47	万达信息股份有限公司	万达交通物流公共信息数据交换系统应用软件 V2.0
48	万达信息股份有限公司	万达社会保障门户网站软件 V1.0
49	万达信息股份有限公司	万达区域社区卫生服务管理应用软件 V1.0
50	上海达梦数据库有限公司	达梦数据库系统管理软件[简称：DM]V7.1
51	上海吉联新软件股份有限公司	吉联新集装箱班轮运输综合业务管理平台软件 V1.0
52	上海吉联新软件股份有限公司	吉联新船舶代理管理软件 V1.0
53	上海普华科技发展有限公司	普华工程项目管理集成软件 PowerOn(V5.1、V5.0、V4.0)
54	上海普华科技发展有限公司	普华项目管理信息平台软件 PowerPiP(V4.2、V4.1、V4.0)
55	上海华腾软件系统有限公司	TOP CAS 商业银行卡应用软件 V1.0
56	上海晨阑数据技术有限公司	VE－I 企业信息集成管理软件 V3.0
57	上海北塔软件股份有限公司	BTIM 北塔 IT 综合管理软件 V2.0
58	上海北塔软件股份有限公司	北塔网络运维管理软件 V3.9
59	上海众恒信息产业股份有限公司	众恒警用地理信息(GIS)基础应用平台软件 V1.0
60	上海众恒信息产业股份有限公司	众恒志愿者信息管理软件 V1.0
61	上海复高计算机科技有限公司	FUGLE 医院信息平台软件 V4.0
62	上海复高计算机科技有限公司	FUGLE 集成化电子病历软件 V4.0
63	上海安科瑞电气股份有限公司	ACR230ELH 电能质量分析仪软件 V1.0
64	上海互联网软件有限公司	必优必达 Smart Box 软件 V1.0
65	上海互联网软件有限公司	必优必达行政审批服务平台软件 V1.0
66	上海思普信息技术有限公司	思普产品全生命周期管理软件 V5.0
67	上海蓝鸟科技股份有限公司	蓝鸟锐泰生产管理软件 V1.0
68	上海文广科技(集团)有限公司	文广 HDM－505 数字电影 1.3K 放映播放器 V3.05
69	上海新华控制技术(集团)有限公司	新华过程数据库管理软件[简称：XSRMS]V1.0
70	上海益同软件技术有限公司	益盟操盘手稳赢量化配置策略软件 V1.0
71	上海益同软件技术有限公司	益盟操盘手策略模方软件 V1.6
72	上海益同软件技术有限公司	益盟操盘手 L2 盯盘先锋软件 V1.0
73	上海铭创软件技术有限公司	铭创企业投资及资产管理软件 V6.0

续 表

74	上海铭创软件技术有限公司	铭创金融信用服务及风险控制管理软件 V5.0
75	上海铭创软件技术有限公司	铭创金融衍生品投资管理软件 V6.0
76	上海合合信息科技发展有限公司	名片全能王(著作权登记：合合 SCR 名片识别引擎软件 V1.0)
77	上海合合信息科技发展有限公司	扫描全能王(著作权登记：合合扫描全能王 ios 版文档扫描软件 V1.2.0.1)
78	上海安达通信息安全技术股份有限公司	安达通 VPN 安全软件 V1.0
79	上海安达通信息安全技术股份有限公司	安达通 TPN 安全软件 V1.0
80	上海安达通信息安全技术股份有限公司	ADT 安全客户端软件 V3.0
81	上海浪沙软件有限公司	RUNSA 分销管理软件 V259.1
82	上海安硕信息技术股份有限公司	安硕信贷管理软件 V6.6
83	上海安硕信息技术股份有限公司	安硕个人信贷客户管理软件 V1.0
84	上海安硕信息技术股份有限公司	安硕个人信贷营销过程管理软件 V1.0
85	上海安硕信息技术股份有限公司	安硕个人信贷额度管理软件 V1.0
86	上海安硕信息技术股份有限公司	安硕个人信贷审批管理软件 V1.0
87	上海安硕信息技术股份有限公司	安硕企业征信上报软件 V3.6
88	上海安硕信息技术股份有限公司	安硕个人征信上报软件 V3.1
89	上海南康科技有限公司	南康电访专家软件 V3.0
90	上海海勃物流软件有限公司	海勃多式联运船舶代理管理软件 V1.0
91	上海海勃物流软件有限公司	海勃 MILE RPS 集装箱码头轮胎吊调度管理软件 V1.0
92	上海海勃物流软件有限公司	海勃 MILE 集装箱场站实时管理软件 V1.0
93	上海海勃物流软件有限公司	海勃 MILE 集装箱码头互拖/调度作业管理软件 V1.0
94	上海佳克计算机软件有限公司	佳克固定资产条码管理软件
95	上海中交海德交通科技股份有限公司	海德工程建设项目管理信息化软件 [简称：HEAD-PMS] V7.0
96	上海棕榈电脑系统有限公司	金棕榈旅行社业务流程软件 V7.01
97	上海艾麒信息科技有限公司	艾玛影视播放软件 V1.0
98	上海海高通信发展有限公司	海高联机计费采集软件 V2.0/V3.0
99	上海海高通信发展有限公司	海高联机计费采集软件 V3.0
100	上海博康智能信息技术有限公司	博康智能视频检测识别软件 V3.0
101	上海理想信息产业(集团)有限公司	理想全文检索应用软件 V1.0
102	上海理想信息产业(集团)有限公司	理想云计算基础管理平台软件 V1.0
103	上海理想信息产业(集团)有限公司	理想号码百事通坐席应用软件 V2.0
104	上海理想信息产业(集团)有限公司	理想融合支付软件 V1.0
105	上海华岩软件有限公司	华岩公路水运工程试验检测信息管理软件 V3.00
106	中标软件有限公司	中标麒麟高级服务器操作系统软件 5.0
107	中标软件有限公司	中标普华 Office 办公软件 V5.0

续 表

108	中标软件有限公司	中标麒麟桌面操作系统软件 V5.0
109	中标软件有限公司	中标麒麟通用服务器操作系统软件 V5.0
110	上海联鼎软件技术有限公司	联鼎核心业务容灾管理软件 V1.0 LanderVault
111	施特伟科技(上海)有限公司	Hrplus 人力资源管理软件 V9.5
112	上海新致软件有限公司	新致贵金属综合业务交易平台软件 V1.0
113	上海新致软件有限公司	新致软件外包技术及管理平台软件 V1.0
114	上海新致软件有限公司	新致 NewtouchOne Archetypes 开发框架平台软件 V1.0
115	上海寰创通信科技股份有限公司	寰创 AC 软件 V2.0
116	盘石软件(上海)有限公司	盘石介质取证分析软件[简称：SafeAnalyzer]V2.0
117	盘石软件(上海)有限公司	盘石计算机现场取证系统软件[简称：SafeImager]V2.0
118	盘石软件(上海)有限公司	盘石手机取证分析系统软件[简称：SafeMobile]V2.0
119	上海海鼎信息工程股份有限公司	海鼎零售企业客户消费与忠诚度管理软件 [简称：HDCRM]V1.0
120	上海美华系统有限公司	美华加工贸易企业电子化管理软件 V6.1
121	上海维音信息技术股份有限公司	维音数码声像记录软件[简称：VisionLog]V3.5.0
122	上海锐道信息技术有限公司	锐道 DORADO 展现中间件软件 V7.0
123	上海锐道信息技术有限公司	锐道开发框架软件 V1.0
124	守内安信息科技(上海)有限公司	守内安 Mail SQR Expert 电子邮件保全专家软件 V2.6
125	守内安信息科技(上海)有限公司	守内安 SPAM SQR 邮件垃圾过滤管理软件 V2.8
126	守内安信息科技(上海)有限公司	守内安 Mail Archiving Expert 邮件归档专家软件 V1.5
127	乐线软件开发(上海)有限公司	乐线银行交易接口软件 V1.0.0.0
128	乐线软件开发(上海)有限公司	乐线工具平台软件 V1.0.0.0
129	上海天好电子商务有限公司	天好公共资源交易(招投标管理)平台软件 V5.1
130	上海天好电子商务有限公司	天好电子监察软件 V3.2
131	上海天好电子商务有限公司	天好网上行政审批软件 V6.2
132	上海金仕达多媒体有限公司	金仕达大学教学管理信息系统 [简称:EKINGSTAR UMIS]V2.0
133	上海金仕达多媒体有限公司	金仕达数字化校园软件[简称：数字化校园软件]V1.0
134	上海吉贝克信息技术有限公司	吉贝克内部评级软件[简称：IRS]V1.0
135	上海长城电子信息网络有限公司	长城 ideal 政务协同办公管理软件 V1.0
136	上海长城电子信息网络有限公司	长城 ideal 信息化项目评估审核软件 V1.0
137	上海恒为信息科技有限公司	恒为 Excare 网络协议分析软件 V2.0
138	上海中和软件有限公司	面向数字化医疗设备领域的全行业医学影像业务核心处理平台软件(TopVision)
139	上海埃帕信息科技有限公司	埃帕 Cooling 搜索引擎软件 V1.0
140	上海埃帕信息科技有限公司	埃帕 EasyBMS 全媒体统一业务平台综合业务管理软件 V1.0

续 表

141	上海埃帕信息科技有限公司	埃帕 Cooling 互联网舆情分析软件 V1.0
142	上海亚太计算机信息系统有限公司	亚太加油卡客户管理软件 V1.0
143	上海益盟软件技术股份有限公司	益盟操盘手领先版智能投资策略软件 V1.0
144	上海益盟软件技术股份有限公司	益盟操盘手专业版软件 V1.0
145	阔利达软件(上海)有限公司	阔利达鹰眼监控软件 V1.5
146	上海龙骑计算机科技有限公司	龙骑妇幼卫生信息管理软件 V2.0
147	上海可鲁系统软件有限公司	DAP Vport 虚拟端口应用软件 V2.0
148	上海泽众软件科技有限公司	泽众自动测试引擎软件 V1.0
149	上海期货信息技术有限公司	Futures Ideal 风险实时监控软件 V1.0

评选标准说明：该软件产品三年来已累计销售额超过 500 万元，或销售量超过 200 套。

2012 年度上海市优秀软件企业家

杉德银卡通信息服务有限公司	沈树康	总 裁
东方财富信息股份有限公司	其实	董事长
上海泛微网络科技股份有限公司	韦利东	总经理
上海华虹计通智能系统股份有限公司	范恒	总经理
上海大唐移动通信设备有限公司	马军	总经理
中海网络科技股份有限公司	沈以华	董事长
科大智能科技股份有限公司	黄明松	总经理
上海起凡数字技术有限公司	李立钧	董事长
上海启明软件股份有限公司	王德铭	总经理
上海迪爱斯通信设备有限公司	陈春东	总经理

2012 年度上海软件收入二十强企业

1	中国银联股份有限公司	11	上海理想信息产业(集团)有限公司
2	百度(中国)有限公司	12	联芯科技有限公司
3	上海宝信软件股份有限公司	13	上海微创软件股份有限公司
4	上海贝尔软件有限公司	14	百视通网络电视技术发展有限责任公司
5	盛趣信息技术(上海)有限公司	15	花旗软件技术服务(中国)有限公司
6	上海华东电脑股份有限公司	16	万达信息股份有限公司
7	巨人网络集团	17	富士通(中国)信息系统有限公司
8	上海中兴软件有限责任公司	18	上海电科智能系统股份有限公司
9	卡斯柯信号有限公司	19	上海完美世界网络技术有限公司
10	携程旅游信息技术(上海)有限公司	20	龙旗控股有限公司

统计报表

软件及相关服务业调查表

2011年1— 月

表 号：RCD202表
制定机关：上海市经济和信息化委员会
批准机关：上海市统计局
批准文号：沪统审字〔2012〕30号
有效期至：2014年12月

组织机构代码：□□□□□□□□-□　　行业代码：□□□□

填报单位名称(盖章)：____________

指标名称	代码	计量单位	1—本季	上年同期
单位个数	1000	个		
资产总计	1001	万元		
固定资产原价	1002	万元		
本期固定资产折旧	1003	万元		
营业收入合计	1004	万元		
其中：主营业务收入合计	1010	万元		
其中：软件收入合计	1011	万元		
其中：软件开发收入	1012	万元		
信息系统集成服务收入	1013	万元		
信息技术咨询服务收入	1014	万元		
数据处理和存储服务收入	1015	万元		
集成电路设计收入	1017	万元		
其中：软件外包服务收入	1025	万元		
其中：软件出口额	1030	万美元		
其中：软件外包服务出口额	1031	万美元		
营业成本	1005	万元		
营业税金及附加	1051	万元		
费用合计	1006	万元		
应交增值税	1052	万元		
利润总额	1040	万元		
营业利润	1041	万元		
投资收益	1042	万元		
从业人员工资总额	1060	万元		

续 表

指标名称	代码	计量单位	1—本季	上年同期
从业人员平均人数	1070	人		
研究与发展(R&D)经费支出	1110	万元		
合同金额同比增长	1111	%		——
软件著作权数	1211	件		——

单位负责人：＿＿＿＿＿填表人：＿＿＿＿＿联系电话：＿＿＿＿＿报出日期：＿＿＿＿年＿＿＿＿月＿＿＿＿日

注：①价值量指标请保留一位小数；②"单位个数"由综合单位填报，企业不用填报。

审核要点：(1) 1004≥1010； (2) 1010≥1011； (3) 1011≥1025；

(4) 1011＝1012＋1013＋1014＋1015＋1017； (5) 1012≥1030＊6.4(参考)；(6) 1025≥1031＊6.4(参考)。

信用服务企业基本情况

20 年

统计登记号：□□□□□□□□

组织机构代码：□□□□□□□□—□

企业(单位)名称(盖章)：＿＿＿＿＿＿＿＿＿＿＿＿＿＿＿＿

企业(单位)地址：＿＿＿＿＿＿＿＿＿＿＿＿＿＿＿＿

表 号：01 表
制定机关：上海市经济和信息化委员会
批准机关：上海市统计局
文号：沪统审字〔2011〕10 号
有效期至：2013 年 2 月

指标名称	代码	计量单位	本年
甲	乙	丙	1
年末从业人员数	01	人	
按学历分：1. 研究生及以上学历	02	人	
2. 大学本科学历	03	人	
3. 大专学历	04	人	
4. 高中及以下学历	05	人	
按从业年限分：1. 五年及以上	06	人	
2. 三年及以上五年以下	07	人	
3. 一年及以上三年以下	08	人	
4. 一年以下	09	人	
按专业技术职称分，其中：高级技术职称	10	人	
中级技术职称	11	人	
初级及以下技术职称	12	人	
按持有国内执业证书分，其中：注册会计师	13	人	
注册资产评估师	14	人	
注册土地估价师	15	人	

续 表

	具证券执业资格人员	16	人	
	具证券从业资格人员	17	人	
	律师	18	人	
	企业法律顾问	19	人	
按持有国外证书分，其中：	特许金融分析师（CFA）	20	人	
	英国特许公认会计师（ACCA）	21	人	
	美国注册会计师（AICPA）	22	人	
	北美精算师（FSA）	23	人	
	国际注册信用分析师（CICA）	24	人	
	国际注册信用师（ICCA）	25	人	
	国际信用管理师（ICM）	26	人	
	国际信用管理员（ICA）	27	人	
按持有国内培训证书分，其中：	信用管理师	28	人	
	获信用管理岗位证书人员	29	人	
	注册咨询师	30	人	
	信用分析师	31	人	
	信用评估师	32	人	
	信用调查师	33	人	
	商务调查师	34	人	
	商账管理师	35	人	

单位负责人： 填表人： 联系电话： 报出日期： 年 月 日

信用服务企业财务状况

20 年

统计登记号：□□□□□□□□ 表 号：02 表
制定机关：上海市经济和信息化委员会

组织机构代码：□□□□□□□□—□ 批准机关：上海市统计局

企业（单位）名称（盖章）：________________ 文号：沪统审字〔2011〕10 号

企业（单位）地址：________________ 有效期至：2013 年 2 月

指标名称	代码	计量单位	本年
甲	乙	丙	1
一、资产负债	—	—	—
固定资产原价（01≥02）	01	千元	
本年折旧	02	千元	
资产总计	03	千元	
负债合计	04	千元	

续　表

指标名称	代码	计量单位	本年
实收资本	05	千元	
二、损益及分配	—	—	—
营业收入合计(06≥07)	06	千元	
其中：主营业务收入	07	千元	
其中：资信评级业务	08	千元	
商业征信(或称企业征信)业务	09	千元	
个人征信业务	10	千元	
信用管理业务	11	千元	
其他业务	12	千元	
主营业务成本	13	千元	
税金	14	千元	
主营业务税金及附加	15	千元	
费用合计(营业费用、管理费用、财务费用)	16	千元	
营业利润(17≥06－13－15－16)	17	千元	
利润总额	18	千元	
三、从业人员劳动报酬	19	千元	
四、中高级技术职称人员人均年薪酬	20	千元	
五、劳动、失业、养老、医疗保险费	21	千元	
六、福利费	22	千元	
七、住房公积金和住房补贴	23	千元	
八、全部从业人员年平均人数	24	人	

以上财务数据________(已/未)经审计。

单位负责人：　　　　填表人：　　　　联系电话：　　　　报出日期：　　年　　月　　日

信用服务企业业务情况

20　年

统计登记号：□□□□□□□□□

组织机构代码：□□□□□□□□—□

企业(单位)名称(盖章)：________________________

企业(单位)地址：________________________

表　号：03 表
制定机关：上海市经济和信息化委员会
批准机关：上海市统计局
文号：沪统审字〔2011〕10 号
有效期至：2013 年 2 月

业务类型	指标名称	代码	计量单位	本年
甲	乙	丙	丁	1
资信评级业务	资信评级报告	01	份	
	债项评级	02	笔	
	债项评级发债金额	03	千元	
	主体评级	04	户	
	主体评级对象贷款余额	05	千元	
商业征信(或称企业征信)业务	商业征信(或称企业征信)报告	06	份	
	客户数量	07	户	
	客户类型：内资企业	08	户	
	港、澳、台商投资企业	09	户	
	外商投资企业	10	户	
	政府部门	11	个	
	其他	12	户	
个人征信业务	个人信用报告查询	13	份	
	个人信用报告提供	14	份	
信用管理业务	咨询案例	15	项	
	培训人次	16	人次	
	应收账款管理金额	17	千元	

补充资料：

1. 科研活动________项
2. 公开发表专著________项
3. 自主知识产权________项
4. 信用报告用途：

____

____

____

单位负责人：　　　填表人：　　　联系电话：　　　报出日期：　年　月　日

软件企业认定和产品登记名单

2012年度上海市认定软件企业名单

序号	企业名称	序号	企业名称
1	上海浩慧软件技术有限公司	31	上海华渊企业信息咨询有限公司
2	上海博通安全设备有限公司	32	上海铭源数码股份有限公司
3	上海巨耕电气有限公司	33	宏测信息技术(上海)有限公司
4	上海蓝湾信息技术有限公司	34	上海武明重工科技有限公司
5	上海钦禾节能科技有限公司	35	上海擎朗智能科技有限公司
6	上海软富信息技术有限公司	36	上海擎云物联网有限公司
7	上海三运电机控制技术有限公司	37	上海感信信息科技有限公司
8	上海久新电子科技有限公司	38	上海雷波信息技术有限公司
9	上海三七玩网络科技有限公司	39	上海合协软件有限公司
10	上海恺域信息科技有限公司	40	上海易娱网络科技有限公司
11	上海君阳信息科技有限公司	41	上海达龙信息科技有限公司
12	上海溢辉软件技术有限公司	42	上海力宇软件科技有限公司
13	上海光盛高科技有限公司	43	上海依路企业管理咨询有限公司
14	上海荣锟自动化控制技术有限公司	44	上海介子数码科技有限公司
15	友励科软件(上海)有限公司	45	上海百昌信息技术有限公司
16	上海蓝白商务服务有限公司	46	上海瑞翊信息科技有限公司
17	上海商为电子商务有限公司	47	上海老友计网络科技有限公司
18	上海义乐信息科技有限公司	48	上海易维视科技有限公司
19	驰众信息技术(上海)有限公司	49	上海岭通信息科技有限公司
20	上海依软数字医疗科技有限公司	50	上海云位物联网有限公司
21	上海华兴数字科技有限公司	51	上海佳吉信息技术有限公司
22	上海梓丞信息科技发展有限公司	52	上海海万信息科技有限公司
23	上海艾飞能源科技有限公司	53	泛网(上海)数码科技有限公司
24	上海易立移动广告传媒有限公司	54	上海实地信息技术有限公司
25	上海房信信息技术有限公司	55	上海聚鸣信息技术有限公司
26	上海卓文信息技术有限公司	56	上海视升信息科技有限公司
27	上海易跃移动信息技术有限公司	57	上海文盛虎信息科技有限公司
28	上海吉电电源技术有限公司	58	上海亿径智能科技有限公司
29	上海勋睿电力科技有限公司	59	上海引跑信息科技有限公司
30	上海华探通讯技术有限公司	60	上海那里信息科技有限公司

续 表

序号	企业名称	序号	企业名称
61	上海呈驰网络科技有限公司	96	上海动联网络科技有限公司
62	上海欧虎网络科技有限公司	97	上海展略信息技术有限公司
63	上海中规钢材电子交易市场经营管理有限公司	98	上海强生智能导航技术有限公司
64	上海天循软件科技有限公司	99	上海方库信息科技有限公司
65	上海源中信息科技有限公司	100	上海惠承信息科技有限公司
66	上海捷贝网络科技有限公司	101	上海倍胜信息科技有限公司
67	上海艾动信息科技有限公司	102	上海斯睿德信息技术有限公司
68	上海网波软件有限公司	103	上海奕兴网络技术有限公司
69	中晟易键通(上海)科技发展有限公司	104	上海雷澳电子科技有限公司
70	上海优达软件技术有限公司	105	上海奕通信息科技有限公司
71	巨联信息科技(上海)有限公司	106	上海四维图新信息技术有限公司
72	上海美琦浦悦通讯科技有限公司	107	上海浪劲信息技术有限公司
73	上海以山电子科技有限公司	108	上海游虎网络科技有限公司
74	赞润通信科技(上海)有限公司	109	上海东禾信息科技有限公司
75	上海薄荷信息科技有限公司	110	上海讯实网络科技有限公司
76	上海炫踪网络信息科技有限公司	111	上海同颐自控科技有限公司
77	上海八倍信息技术有限公司	112	上海托乐思软件有限公司
78	上海东尚信息科技有限公司	113	上海快视信息技术有限公司
79	聚胜万合信息技术(上海)有限公司	114	易准科技发展(上海)有限公司
80	上海开先软件有限公司	115	上海戈多软件开发有限公司
81	上海通慧软件有限公司	116	上海基石信息技术有限公司
82	上海脉信网络科技有限公司	117	上海苏翔信息科技有限公司
83	上海骏聿数码科技有限公司	118	上海电力建设启动调整试验所
84	上海斯图曼通信技术有限公司	119	上海方正数字出版技术有限公司
85	上海载德信息科技有限公司	120	上海中恺合信息科技有限公司
86	上海凌泽信息科技有限公司	121	上海微音软件有限公司
87	上海好智信息技术有限公司	122	上海下一代广播电视网应用实验室有限公司
88	上海乾罡网络科技有限公司	123	上海孚聪信息科技有限公司
89	上海默创信息科技有限公司	124	屹姆适软件(上海)有限公司
90	上海联致软件有限公司	125	上海拓森信息科技有限公司
91	上海百弘计算机软件有限公司	126	上海睿锦信息科技有限公司
92	上海心动企业发展有限公司	127	上海迅傲信息科技有限公司
93	上海球栅测量系统有限公司	128	上海轨安信息工程有限公司
94	上海城基中控技术有限公司	129	上海阿中软件有限公司
95	上海亿云信息技术有限公司	130	上海万物通物联网技术有限公司

续 表

序号	企业名称	序号	企业名称
131	上海铭磐网络技术有限公司	166	上海瀚儒通信技术有限公司
132	上海同弈交通科技有限公司	167	上海高凯信息科技有限公司
133	上海金禹罗博电子科技有限公司	168	上海汇纳智能控制科技有限公司
134	上海弘宣网络科技有限公司	169	上海驼铃信息技术有限公司
135	上海凌巴迈信息科技有限公司	170	上海贯信信息技术有限公司
136	上海子帆软件有限公司	171	上海快逸行信息科技有限公司
137	上海央讯信息科技有限公司	172	上海经意软件工程有限公司
138	网曦信息科技(上海)有限公司	173	上海布雷克索信息科技有限公司
139	上海影科数码科技有限公司	174	上海锐英软件技术有限公司
140	上海竹稞交通智能科技有限公司	175	上海隆腾信息技术有限公司
141	上海逸景网络科技有限公司	176	上海顺芯信息科技有限公司
142	上海点明信息技术有限公司	177	上海易磐信息科技有限公司
143	上海民之智能科技有限公司	178	上海捷艾特信息技术有限公司
144	上海创旗天下科技有限公司	179	上海满智信息技术有限公司
145	上海艾播信息科技有限公司	180	上海莱乾信息科技有限公司
146	威觉自动化科技(上海)有限公司	181	上海烛龙信息科技有限公司
147	上海企垠信息科技有限公司	182	上海卫德卫尔信息技术有限公司
148	上海源致信息技术有限公司	183	上海峻鼎渔业科技有限公司
149	上海强控设备工程有限公司	184	上海城慧科语信息科技有限公司
150	上海凯置软件科技有限公司	185	上海凯卓信息科技有限公司
151	上海伍贤信息技术有限公司	186	易人信息科技(上海)有限公司
152	上海格令汽车电子有限公司	187	融创天下(上海)科技发展有限公司
153	安付宝商务有限公司	188	上海移畅信息技术有限公司
154	上海嘉骏信息科技有限公司	189	上海数据港投资有限公司
155	上海秀群信息技术有限公司	190	上海复泽计算机信息技术有限公司
156	上海林康医疗信息技术有限公司	191	科加诺智能系统(上海)有限公司
157	上海楚星软件技术服务有限公司	192	上海惠融通信设备有限公司
158	上海笑游信息科技有限公司	193	上海房盟信息技术有限公司
159	上海容错信息科技有限公司	194	鲁斯兰信息科技(上海)有限公司
160	上海地听信息科技有限公司	195	上海灵信信息科技有限公司
161	上海久雅信息科技有限公司	196	上海定智信息技术有限公司
162	上海优同科技有限公司	197	上海派品软件有限公司
163	上海你福软件有限公司	198	上海吉标软件有限公司
164	上海理滋芯片设计有限公司	199	爱德威软件开发(上海)有限公司
165	上海旺田信息技术有限公司	200	上海莱波卫信息技术有限公司

续 表

序号	企业名称	序号	企业名称
201	上海艾克斯网络传播有限公司	236	上海拓瀛通信科技有限公司
202	上海惠程软件技术有限公司	237	上海创文信息技术有限公司
203	上海隐志网络科技有限公司	238	上海视加信息科技有限公司
204	上海旭千信息系统有限公司	239	上海师庆科技发展有限公司
205	上海羽森网络通信技术有限公司	240	上海同一迅阳科技有限公司
206	上海尚景信息技术有限公司	241	上海强然数码科技有限公司
207	上海睿柯科技发展有限公司	242	上海鑫磊信息技术有限公司
208	上海营康计算机科技有限公司	243	智标仪器(上海)有限公司
209	上海卓创信息科技有限公司	244	迪艾工程技术软件(上海)有限公司
210	上海睿牛信息技术有限公司	245	爱德威信息科技(上海)有限公司
211	上海麟科电子科技有限责任公司	246	上海瑞竞信息科技公司
212	上海胜易能源科技有限公司	247	上海鼎为软件技术有限公司
213	上海青研信息技术有限公司	248	上海莱升信息科技有限公司
214	上海翊通信息技术有限公司	249	上海乾业信息科技有限公司
215	上海大指头网络技术有限公司	250	上海今创信息技术有限公司
216	上海旭游网络技术有限公司	251	上海美达信息技术有限公司
217	上海源一软件有限公司	252	上海易远信息技术有限公司
218	上海海鏊机电科技有限公司	253	上海龙盟信息科技有限公司
219	上海正汇信息技术有限公司	254	上海明煦信息技术有限公司
220	上海易罗信息科技有限公司	255	上海宏银信息科技有限公司
221	上海安琪艾可网络科技有限公司	256	上海秦晖信息科技有限公司
222	上海中众软件科技有限公司	257	上海睿景计算机科技有限公司
223	上海京颐信息科技有限公司	258	上海卓畅数码科技有限公司
224	上海零境网络科技有限公司	259	上海飞乐纽康信息系统有限公司
225	上海企荫信息技术有限公司	260	上海易立德企业管理咨询有限公司
226	上海大智慧信息科技有限公司	261	上海天域时捷软件工程有限公司
227	上海海钛软件科技有限公司	262	上海蓝翊信息科技有限公司
228	上海星果网络科技有限公司	263	上海沙舟信息科技有限公司
229	上海华萱智能科技有限公司	264	上海与德通讯技术有限公司
230	上海海争电子科技有限公司	265	上海保奇计算机科技有限公司
231	德科仕通信(上海)有限公司	266	上海华通自动化设备有限公司
232	上海花派贸易有限公司	267	上海舒博拉尼制药设备有限公司
233	上海项腾信息技术有限公司	268	上海埃威航空电子有限公司
234	上海维涛信息技术有限公司	269	上海朗因智能科技有限公司
235	上海启明联和云计算技术有限公司	270	上海帜讯信息技术有限公司

续 表

序号	企业名称	序号	企业名称
271	上海昊威信息技术有限公司	306	上海三镝船舶科技有限公司
272	上海华安丹枫计算机科技有限公司	307	上海驰网工业科技有限公司
273	上海交海信息科技有限公司	308	上海上业信息科技有限公司
274	上海天纵网络有限公司	309	上海七通软件有限公司
275	上海要玩网络技术有限公司	310	上海中威天安公共安全科技有限公司
276	上海云和信息系统有限公司	311	笑门信息科技(上海)有限公司
277	上海中讯锐尔软件科技有限公司	312	上海史肯图信息技术有限公司
278	上海帕涅信息科技有限公司	313	逸东信息科技(上海)有限公司
279	上海和国信息科技有限公司	314	上海乐炫通信技术有限公司
280	上海锐意恒达信息科技有限公司	315	上海海屹达信息科技发展有限公司
281	上海盛域信息技术有限公司	316	上海熊猫机械集团信息科技有限公司
282	上海西默通信技术有限公司	317	东方付通信息技术有限公司
283	上海坤亿信息技术有限公司	318	上海羿诚信息技术有限公司
284	超传信息技术(上海)有限公司	319	上海伊丰新能源科技有限公司
285	上海中石物流科技有限公司	320	上海方能自动化系统科技有限公司
286	上海恒屹信息技术有限公司	321	上海德义机电有限公司
287	英飞达软件(上海)有限公司	322	上海聚位网络科技发展有限公司
288	上海爱扑网络科技有限公司	323	创训管理咨询(上海)有限公司
289	上海融尚信息科技有限公司	324	上海纳宇电气有限公司
290	上海巍岭数码科技有限公司	325	上海灵当信息科技有限公司
291	上海捷鑫网络科技有限公司	326	上海希肯网络科技有限公司
292	上海普坤信息科技有限公司	327	上海澳润通信技术有限公司
293	上海先德医疗设备有限公司	328	上海瑞软企业管理咨询有限公司
294	上海盛本通讯科技有限公司	329	上海智远信息技术有限公司
295	上海波汇软件有限公司	330	上海盛凯信息科技有限公司
296	上海泰传信息科技有限公司	331	上海迈循信息科技有限公司
297	上海丁讯数字出版科技有限公司	332	上海文军信息技术有限公司
298	上海凡卓通讯科技有限公司	333	上海淘科网络技术有限公司
299	上海湾流仪器技术有限公司	334	上海远博信息技术有限公司
300	讯研通信息技术(上海)有限公司	335	上海仪电科学仪器股份有限公司
301	延锋伟世通电子科技(上海)有限公司	336	上海博游网络科技有限公司
302	上海宝创网络科技有限公司	337	上海爱韦讯信息技术有限公司
303	上海和强软件有限公司	338	上海艾达信息科技有限公司
304	上海亿柱信息科技有限公司	339	上海首擎信息科技有限公司
305	上海未来宽带技术及应用工程研究中心有限公司	340	诺明软件(上海)有限公司

续 表

序号	企业名称	序号	企业名称
341	上海同富信息科技有限公司	376	上海华师京城高新技术开发有限公司
342	上海川瑞软件科技有限公司	377	上海宏灿信息科技有限公司
343	上海灿态信息技术有限公司	378	上海童飞电子科技有限公司
344	上海创多软件有限公司	379	上海敦敏信息科技有限公司
345	上海杰雄信息科技有限公司	380	上海汇和信息技术有限公司
346	上海琥智数码科技有限公司	381	上海昆童信息技术有限公司
347	上海半坡网络技术有限公司	382	上海万路信息技术有限公司
348	上海讯邮计算机网络科技有限公司	383	上海阅维信息科技有限公司
349	上海昂立稚慧网络科技有限公司	384	上海精火电子科技有限公司
350	上海心源计算机技术有限公司	385	上海永畅信息科技有限公司
351	上海迪目信息科技有限公司	386	上海银世软件有限公司
352	上海越德计算机网络工程有限公司	387	上海吉图软件开发有限公司
353	上海岚盛电子科技有限公司	388	上海旺点数字科技有限公司
354	上海汉胜通讯科技有限公司	389	上海西信信息科技有限公司
355	上海海锐信息技术有限公司	390	上海意派信息科技有限公司
356	上海鸣泽信息技术有限公司	391	上海财安信息技术有限公司
357	上海精鼎电力科技有限公司	392	上海横越计算机科技有限公司
358	上海奥同软件科技有限公司	393	上海易联网络技术有限公司
359	上海利翔科技发展有限公司	394	上海汉均信息技术有限公司
360	上海达联电子科技有限公司	395	上海维服信息技术有限公司
361	上海鸿翼数字计算机网络有限公司	396	上海生物数据有限公司
362	上海威志信息科技有限公司	397	上海轩奕数码科技有限公司
363	上海工仿软件有限公司	398	富统(上海)信息技术有限公司
364	上海永天科技股份有限公司	399	上海护航企业管理咨询有限公司
365	上海意学数字出版科技有限公司	400	上海意时网络科技有限公司
366	上海硕格信息科技有限公司	401	上海奇慧天晴信息科技有限公司
367	上海锘钛通信科技有限公司	402	上海博天信息技术有限公司
368	上海晨思电子科技有限公司	403	上海富世文化传播有限公司
369	上海泽阳智能科技有限公司	404	上海讯联数据服务有限公司
370	上海春雨信息科技有限公司	405	上海浦马机电工程技术有限公司
371	上海途锐信息科技服务有限公司	406	上海罗盘信息科技有限公司
372	上海软盈信息技术有限公司	407	上海慕和网络科技有限公司
373	上海帕科软件科技有限公司	408	上海左岸芯慧电子科技有限公司
374	上海合胜信息安全技术有限公司	409	上海巨唐信息科技有限公司
375	上海欣电信息技术有限公司	410	国神光电科技(上海)有限公司

续 表

序号	企业名称	序号	企业名称
411	上海八和信息科技有限公司	446	上海瑞沛信息技术有限公司
412	泰为信息科技(上海)有限公司	447	上海巨曜智能科技有限公司
413	上海摩拜信息技术有限公司	448	上海日正企业管理咨询有限公司
414	上海长达信息科技有限公司	449	上海新大陆翼码信息科技有限公司
415	上海普加软件有限公司	450	上海北鱼信息技术有限公司
416	上海深为软件有限公司	451	上海见云网络技术有限公司
417	上海领拓科技有限公司	452	上海企望软件技术有限公司
418	绎奇软件(上海)有限公司	453	上海数策软件有限公司
419	上海和骏信息科技有限公司	454	莱乐通信科技(上海)有限公司
420	上海先易计算机有限公司	455	上海古鳌电子科技股份有限公司
421	上海朗谷电子科技有限公司	456	上海聚酷信息技术有限公司
422	上海新海信通信息技术有限公司	457	上海聚川网络科技有限公司
423	上海禾苗通信技术有限公司	458	上海富友支付服务有限公司
424	上海伊纬信息技术有限公司	459	上海睿技土木工程咨询有限公司
425	上海数卫电子有限公司	460	上海健农信息科技有限公司
426	上海微库网络科技有限公司	461	上海新殿光电子科技有限公司
427	上海我度多媒体信息技术有限公司	462	上海幻游信息科技有限公司
428	上海久科信息技术有限公司	463	上海蒂姆联铂信息技术有限公司
429	上海微臻通信技术有限公司	464	上海允灏机电系统工程有限公司
430	上海晴朗信息科技有限公司	465	上海鑫森电子科技发展有限公司
431	汇思软件(上海)有限公司	466	上海踏瑞计算机软件有限公司
432	星华锐信息技术(上海)有限公司	467	上海维程计算机信息技术有限公司
433	上海华讯网络系统有限公司	468	上海沧盛信息科技有限公司
434	上海光亮光电科技有限公司	469	上海掌上财富网络信息有限公司
435	上海申瑞继保电气有限公司	470	上海龙之谷数码科技有限公司
436	上海仝金信息技术有限公司	471	上海品杨商务咨询有限公司
437	上海友哲软件有限公司	472	中汇信息技术(上海)有限公司
438	上海凯哲信息科技有限公司	473	上海逸尚信息咨询有限公司
439	上海学舟信息技术有限公司	474	普联中瑞软件(上海)有限公司
440	联技信息科技(上海)有限公司	475	上海瑞彩信息科技有限公司
441	上海中软计算机系统工程有限公司	476	上海乐智房地产市场研究咨询有限公司
442	上海因贝信息技术有限公司	477	上海和美软件有限公司
443	腾桑嘉诚(上海)信息科技股份有限公司	478	上海米度测量技术有限公司
444	上海乐畅信息技术有限公司	479	上海瑞美电脑有限公司
445	上海仁微电子科技有限公司	480	上海兴格信息技术有限公司

续 表

序号	企业名称	序号	企业名称
481	上海凯旗智能科技有限公司	486	可多(上海)信息技术有限公司
482	上海创程车联网络科技有限公司	487	上海盛讯通信设备有限公司
483	上海济祥智能交通科技有限公司	488	上海融为信息科技有限公司
484	上海健友网络信息科技有限公司	489	上海广电光显技术有限公司
485	上海并擎软件科技有限公司	490	快钱支付清算信息有限公司

2012 年上海市登记软件产品名单

序号	企业名称	产品名称
1	维音数码(上海)有限公司	维音数码智能排班软件[简称：VisionWFM]V3.0.0
2	上海贝尔软件有限公司	贝尔 5060 边界控制器基本软件 V1.0
3	上海汇实信息科技有限公司	汇实库存管理软件 V2.3
4	上海汇实信息科技有限公司	汇实订单交接处理软件 V1.1
5	上海普坤信息科技有限公司	普坤科技地理信息服务平台软件[简称：PKMap]V1.0
6	上海思萌特电子科技有限公司	思萌特旋挖钻机本地及远程监控软件[简称：旋挖机监控软件]V2.1
7	上海擎云物联网有限公司	擎云智慧能源管理与监控云平台软件 V2.0
8	上海大智慧股份有限公司	大智慧证券手机超赢专业版软件[简称：大智慧手机超赢专业版]V5.86
9	上海大智慧股份有限公司	大智慧证券手机 WP7 版软件[简称：大智慧手机 WP7 版]V1.00
10	上海大智慧股份有限公司	大智慧证券手机 Symbian 版软件[简称：大智慧手机 Symbian 版]V5.82
11	上海擎朗智能科技有限公司	擎朗 VRL 流程图编程平台软件 V1.0
12	上海大智慧股份有限公司	大智慧证券手机 QT 版软件[简称：大智慧 QT 版本]V1.0.15
13	上海大智慧股份有限公司	大智慧证券手机 Bada 版软件[简称：大智慧 Bada 版]V5.02
14	宏测信息技术(上海)有限公司	宏测 MTS 737 数模集成电路测试软件 V2.0
15	上海武明重工科技有限公司	武明企业行政管理软件[简称：企业行政管理系统]V1.0
16	上海华渊企业信息咨询有限公司	华渊销售队伍有效性管理软件 V1.0
17	上海大智慧股份有限公司	大智慧金融终端软件[简称：大智慧金融终端]V7.05
18	上海华探通讯技术有限公司	华探 MeetMe 智能会议运营管理信息软件[简称：MeetMe]V1.0
19	上海中软计算机系统工程有限公司	睿智知识产权管理软件 V1.0
20	上海上讯信息技术有限公司	上讯 I 盾数据保护软件 V2.1
21	上海毓恬冠佳汽车零部件有限公司	毓恬冠佳汽车天窗控制软件 V1.1
22	驰众信息技术(上海)有限公司	驰众信息智能屏排片管理软件 V1.0
23	驰众信息技术(上海)有限公司	驰众信息智能屏媒资管理软件 V1.0
24	上海龙的信息系统有限公司	龙的旅游点名软件 V1.0
25	上海柯斯软件有限公司	柯斯 Atlas Java 智能卡开发框架软件 V1.1
26	驰众信息技术(上海)有限公司	驰众信息楼宇广告销售管理软件 V1.0
27	上海聚米信息科技有限公司	聚米科技项目管理基础技术平台软件 V1.0
28	上海鸿翼数字计算机网络有限公司	edoc2 ECM 易道企业文档管理软件[简称：edoc2 ECM]V4

续 表

序号	企业名称	产品名称
29	上海埃蒙特自动化系统有限公司	埃蒙特堆垛机机器人控制软件 V1.0
30	上海下一代广播电视网应用实验室有限公司	NGBLab 网管 BCMP 智能分析软件 V1.0
31	上海青研信息技术有限公司	青研 EyeLab 眼动分析软件 V1.7
32	上海医弘信息科技有限公司	医弘面向中医药主管部门电子政务应用的决策支持平台软件[简称：中医电子政务软件平台]V1.0
33	上海慧桥电气自动化有限公司	慧桥能耗管理及分析软件 V1.0
34	上海天域时捷软件工程有限公司	天域智能运维管理平台软件 V1.0
35	上海零氏信息技术有限公司	零氏 E 进销信息化管理软件 V1.0
36	上海企垠信息科技有限公司	企垠商业银行票据管理软件[简称：票据系统]V1.0
37	上海迅时通信设备有限公司	迅时 HX VOIP 软件 V1.9
38	上海三七玩网络科技有限公司	三七玩游戏盒软件 V1.0
39	上海创景计算机系统有限公司	创景空间总线收发器软件[简称：VISION SpaceWire CODEC]V1.0
40	上海创景计算机系统有限公司	创景 iSystem 虚拟开发与验证软件[简称：iSystem]V1.0
41	上海司马信息技术有限公司	司马智能搜索软件[简称：Wise Search]V1.0
42	上海锐起信息技术有限公司	锐起艾备企业数据备份软件 V1.0
43	上海远恒电子工程有限公司	远恒教育信息化服务平台软件 V2.0
44	上海远恒电子工程有限公司	远恒在线技能竞赛考试软件 V2.1
45	上海远恒电子工程有限公司	远恒物流单证实训软件 V3.0
46	上海高智软件系统有限公司	高智 GPS 终端跟踪监控软件 V1.0
47	上海北鱼信息技术有限公司	北鱼建筑行业综合业务管理软件 V1.0
48	上海电虎数码科技股份有限公司	电虎智能数字电视机顶盒控制软件[简称：电视机顶盒系统]V1.0
49	上海蓝灯软件科技有限公司	蓝灯数据整合与分析软件 V1.0
50	上海电虎数码科技股份有限公司	电虎智能家庭云终端软件 V1.0
51	上海海万信息科技有限公司	海万开放式基金网上交易软件 V1.0
52	上海巨耕电气有限公司	巨耕 GP-P2000 电能服务平台软件 V1.0
53	上海海万信息科技有限公司	海万开放式基金直销软件 V1.0
54	上海网波软件有限公司	网波海域管理地理信息软件 V1.0
55	PFU 上海计算机有限公司	PSH Rack2-Filer Network 文档管理软件 V2.0
56	上海银联电子支付服务有限公司	ChinaPay 移动支付系统应用软件 V3.2
57	上海银联电子支付服务有限公司	银联 IC 卡互联网终端支付系统应用软件 V1.0
58	上海易视计算机科技有限公司	易视光学电子白板定位软件 V1.0
59	上海迪康医学生物技术有限公司	迪康 DV-100 诱发电位视觉诊疗软件[简称：DV-100 视觉诊疗系统]V2.1
60	上海你福软件有限公司	你福多功能智能化数据中心软件 V1.0

续 表

序号	企业名称	产品名称
61	上海好智信息技术有限公司	好智移动医疗信息软件 V1.2
62	世存信息技术(上海)有限公司	世存海度 for UNIX 数据连携及传输中间件软件 V1.0.0
63	上海介子数码科技有限公司	介子地图编辑器软件 V1.0
64	上海嵌润信息科技有限公司	嵌润基于嵌入式数据管理软件[简称：数据管理板] V1.0
65	上海嵌润信息科技有限公司	嵌润基于嵌入式视频处理软件[简称：视频处理板] V1.0
66	上海巨耕电气有限公司	巨耕 GA－P2000 智能园区电能管理软件 V1.0
67	上海德拓信息技术有限公司	德拓 DANA 数据管理软件 V1.0
68	上海易跃移动信息技术有限公司	易跃 one one four 软件[简称：one one four]V1.0
69	上海三盟软件有限公司	三盟工作流中间件软件 V1.0
70	上海三盟软件有限公司	三盟基于云计算的企业生产设备维护管理软件 V1.0
71	上海优达软件技术有限公司	优达 YA9204 型声光警报器软件 V1.0
72	上海北塔软件股份有限公司	北塔网络运维管理软件 V5.0
73	上海满智信息技术有限公司	满智 EMSFLOW 业务基础平台软件 V3.0
74	上海卓越睿新数码科技有限公司	卓越多镜头覆盖软件 V1.0
75	上海卓越睿新数码科技有限公司	卓越智能录播软件 V1.0
76	上海方正数字出版技术有限公司	橙云智育幻灯片编辑器软件 V1.0
77	上海盖奇信息科技有限公司	盖奇上网行为管理软件 V1.0
78	中国船舶重工集团公司第七一一研究所	SMDERI 综合导航中控软件 V1.0
79	上海展略信息技术有限公司	展略 Zenith 场景编辑器软件 V1.0
80	上海方立数码科技有限公司	方立银行款箱管理平台软件 V1.0
81	上海方立数码科技有限公司	方立指纹验证管理平台软件 V1.0
82	上海斯年信息技术有限公司	斯年电话呼叫中心软件 V1.0
83	上海城基中控技术有限公司	城基中控轨道交通综合监控软件 V1.0
84	郝乐(上海)电子有限公司	郝乐便捷信息传递服务软件 V1.0
85	上海鼎为软件技术有限公司	鼎为字符演示 Led 秀软件[简称：Led 秀]V1.0
86	上海球栅测量系统有限公司	球栅测量软件 V1.0
87	上海心动企业发展有限公司	开天辟地网页游戏软件 V1.0
88	上海联致软件有限公司	联致网络资源数据质量分析与决策支持平台软件 V1.0
89	上海朝阳永续信息技术有限公司	朝阳永续报告浏览软件 V1.0
90	上海朝阳永续信息技术有限公司	朝阳永续上市公司业绩预期软件 V1.0
91	上海朝阳永续信息技术有限公司	朝阳永续邮件接收软件 V1.0
92	上海朝阳永续信息技术有限公司	朝阳永续指数编制软件 V1.0
93	上海见云网络技术有限公司	见云互联网企业管理软件[简称：WebERP]V1.0
94	上海迅傲信息科技有限公司	迅傲网站内容管理软件 V1.0

续 表

序号	企业名称	产品名称
95	上海乾罡网络科技有限公司	乾罡 3G 平台上 MMO 手机网游引擎软件 V1.0
96	上海明煦信息技术有限公司	明煦无线广告交易平台软件 V1.0
97	上海新时达电气股份有限公司	新时达电梯控制器嵌入式软件 V1.0
98	上海亿凯信息技术有限公司	亿凯过程管理与 QC 分析平台软件 V1.0
99	上海益同软件技术有限公司	益盟操盘手策略模方软件[简称:益盟模方]V1.6
100	上海久游网络科技有限公司	久游网玄天之剑 Online 网络休闲游戏软件 V1.0
101	上海默创信息科技有限公司	默创场馆仓储管理软件 V1.0
102	上海雷腾软件有限公司	雷腾捷翼汽车智能信息终端管理软件 V1.0
103	上海益同软件技术有限公司	益盟名家投资策略软件 V1.0
104	上海地听信息科技有限公司	地听雷电灾害预警服务 WebGIS 平台软件[简称:ThunderWwebGIS]V1.0
105	上海秋千软件科技有限公司	秋千风卷残云游戏软件[简称:风卷残云]V1.0
106	上海东尚信息科技有限公司	东尚移动仓储管理软件 V2.0
107	上海脉信网络科技有限公司	脉信企业管理软件 V2.0
108	上海英领机电科技有限公司	英领制冷机组控制软件 V1.0
109	上海脉信网络科技有限公司	脉信呼叫中心平台软件 V2.0
110	上海八倍信息技术有限公司	八倍全景漫游者软件 V2.0.0
111	万达信息股份有限公司	万达突发公共卫生应急指挥系统应用软件 V1.0
112	上海美格泰智能技术有限公司	美格泰智能证照管理软件 V1.0
113	上海仰邦软件科技有限公司	仰邦 LedshowTW 图文编辑软件[简称:LedshowTW]V1.0
114	上海未来软件有限公司	未来移动侦测分析软件 V1.0
115	上海薄荷信息科技有限公司	薄荷减肥食物库 app 应用软件 V1.0.1
116	上海薄荷信息科技有限公司	NICE 体重管理软件 V1.2.6
117	上海美琦浦悦通讯科技有限公司	美琦浦悦全球眼视频质量诊断软件[简称:全球眼视频质量诊断软件]V2.3
118	上海锐英软件技术有限公司	锐英 ATT-001 网络信息取证软件 V3.0
119	上海锐英软件技术有限公司	锐英邮件取证软件 V3.0
120	上海迅傲信息科技有限公司	迅傲空间软件 V1.0
121	上海鸣志自动控制设备有限公司	鸣志 LED 智能控制软件 V1.0
122	上海鸣志自动控制设备有限公司	鸣志 LED 智能监控管理软件 V1.0
123	上海鸣志自动控制设备有限公司	“小神探”供配电设备状态管理软件 V1.0
124	赞润通信科技(上海)有限公司	赞润 MTS 通用总线集成电路测试软件 V2.0
125	上海美格泰智能技术有限公司	美格泰手持公交卡 POS 机软件 V1.0
126	上海索乐软件有限公司	索乐炸弹熊游戏软件 V1.0
127	上海尧辰网络科技有限公司	尧辰客户关系管理软件 V1.0

续 表

序号	企业名称	产品名称
128	环众软件(上海)有限公司	环众仓储管理教学软件 V2.0
129	上海御能动力科技有限公司	御能注塑机用液压伺服控制系统模块化控制软件 V 2.28
130	上海企荫信息技术有限公司	企荫应用研发平台软件 V1.0
131	上海大智慧信息科技有限公司	大智慧港股通实时行情分析软件[简称：大智慧港股通]V7.04
132	上海利翔科技发展有限公司	利翔报表管理软件 V2.0
133	上海维一软件有限公司	维一股东大会管理软件[简称：表决之星]V4.0
134	上海欧俊信息技术有限公司	欧俊基于 PLM 解决方案软件[简称：PLM 解决方案软件]V8.3
135	上海摩旗投资管理有限公司	摩旗金融衍生品程序化交易软件[简称：摩旗 ATF 专业版软件]V6.0
136	上海泰传信息科技有限公司	泰传工业智能无线传感控制软件 V1.0
137	上海和辰信息技术有限公司	和辰睿邮企业邮局软件 V2.0
138	上海熊猫机械集团信息科技有限公司	AAB 叠压节能供水控制软件 V1.0
139	上海熊猫机械集团信息科技有限公司	AAB 节能供水控制软件 V1.0
140	鲁斯兰信息科技(上海)有限公司	鲁斯兰热风炉自动寻优燃烧系统控制软件[简称：LTS3000]V1.0
141	上海兰台信息技术有限公司	兰台公墓业务管理软件[简称：FILESOFT－GM]V5.0
142	上海锐道信息技术有限公司	锐道搜索引擎软件[简称：BSE]V1.0
143	上海迅图数码科技有限公司	迅图实时数据库软件[简称：QMDB]V1.0
144	上海齐汇通讯技术有限公司	齐汇 9530 手机软件[简称：9530]V1.0
145	上海华勤通讯技术有限公司	华勤 V8 手机交互软件 V8.0.1
146	上海华勤通讯技术有限公司	华勤 V311 人机接口应用软件 V1.0.3
147	上海华勤通讯技术有限公司	华勤 L710 手机应用软件 V0.2.9
148	上海华勤通讯技术有限公司	华勤 L230 人机界面交互软件 V8.0.1
149	上海摩软通讯技术有限公司	摩软 W518MMI 手机软件 V0.2.4
150	上海摩软通讯技术有限公司	摩软 C99 人机应用手机软件 V1.0
151	上海摩软通讯技术有限公司	摩软 A20 人机接口手机软件 V0.2.4
152	上海摩软通讯技术有限公司	摩软 W218 手机应用软件 V0.1.4
153	上海摩软通讯技术有限公司	摩软 E22MMI 手机软件 V1.0.8
154	上海亿径智能科技有限公司	亿径善导出租智能调度软件 V1.0
155	上海锐起信息技术有限公司	锐起无盘软件 V3.6
156	喜科(上海)软件系统有限公司	喜科 bluebee 移动维护管理软件[简称：bluebee]V1.0
157	上海贝电实业(集团)股份有限公司	贝电代维移动助手软件 V1.0
158	上海东方申信科技发展有限公司	申信移动仓储管理软件 V1.0
159	上海东方申信科技发展有限公司	申信运动康复诊疗软件 V1.0
160	上海友网科技有限公司	友网物流单据扫描管理软件 V1.0

续 表

序号	企业名称	产品名称
161	上海网穗数码科技有限公司	网穗增值税发票信息采集软件 V3.0
162	上海柯斯软件有限公司	柯斯手机通宝卡操作软件 V1.0
163	上海柯斯软件有限公司	柯斯基于2.45 G RFID-SIM的移动世博手机票项目软件 V1.0
164	上海柯斯软件有限公司	柯斯常规企业一卡通 IC 卡操作软件 V1.0
165	上海天正明日电力自动化有限公司	天正明日 STS-RN 故障录波器组网应用软件 V1.0
166	上海天正明日电力自动化有限公司	天正明日 STS-3000 电力故障信息管理应用软件 V1.0
167	上海天正明日电力自动化有限公司	天正明日 STS-89 故障录波测距应用软件 V1.0
168	上海三零卫士信息安全有限公司	三零卫士 IT 服务企业管理信息化平台软件 V1.0
169	上海朗因智能科技有限公司	上海朗因智能_仓库管理 WMS_软件 V1.0
170	上海朗因智能科技有限公司	上海朗因智能_仓库控制 WCS_软件 V1.0
171	上海三零卫士信息安全有限公司	三零卫士远程服务协作软件 V1.0
172	上海柯斯软件有限公司	柯斯 UTK 卡操作软件 V3.1
173	上海佳吉信息技术有限公司	佳吉生产管理软件 V1.0
174	上海万格科学器材有限公司	万格生物样本库冻存管理软件[简称：冻存管理系统] V2.0
175	上海万格科学器材有限公司	万格温度湿度监控软件[简称：MTR2006]V1.0
176	鼎捷软件股份有限公司	DigiFlow 协作管理软件 V7.0
177	上海望友信息科技有限公司	Vayo-Flexa Accelerator 软件[简称：Flexa Accelerator] V3.0
178	上海神州数码有限公司	神州数码网络操作系统软件[简称：DCNOS]V6.2
179	上海神州数码有限公司	神州数码 MSS 多业务安全软件[简称：MSS]V1.0
180	中银通支付商务有限公司	中银通前置多渠道控制规范软件 V1.0
181	中银通支付商务有限公司	中银通网上商城商品管理软件 V1.0
182	中银通支付商务有限公司	中银通前置转接交易规范软件 V1.0
183	中银通支付商务有限公司	中银通小额便民支付软件 V1.0
184	上海汉得信息技术股份有限公司	汉得费控软件[简称：HEC]V1.0
185	上海越德计算机网络工程有限公司	越德数字巡检管理软件 V1.0
186	上海企想信息技术有限公司	企想物联网实验实训平台软件[简称：物联网实验实训系统]V1.2
187	上海凌义电子信息科技有限公司	凌义基于交通事件的实时主动式分析与管理软件 V1.0.3
188	联芯科技有限公司	联芯科技 TD-LTE/TD-SCDMA 专业测试终端嵌入式软件 V1.0
189	上海天正明日电力自动化有限公司	天正明日 STD-850 智能电网网络记录分析应用软件 V1.0
190	上海百昌信息技术有限公司	百昌股讯 168 云平台软件 V1.0
191	上海惠承信息科技有限公司	惠承政府行业门户内容管理软件 V1.0

续 表

序号	企业名称	产品名称
192	上海蓝凌企业管理咨询有限公司	蓝凌企业知识化平台移动版软件[简称：LKS - EKP] V9.0
193	上海合广电子科技发展有限公司	合广箱变智能测控装置软件 V1.0
194	泛网(上海)数码科技有限公司	泛网大规模自然场景真实感三维图形生成与编辑工具软件 V1.5
195	上海易娱网络科技有限公司	易娱网络 webgame 龙将软件 V1.0
196	乐线软件开发(上海)有限公司	乐线游戏赛事管理软件 V1.0.0.0
197	上海启明软件股份有限公司	启明手机漫画阅读器软件 V1.0
198	上海启明软件股份有限公司	启明条码管理软件 V2.0
199	乐线软件开发(上海)有限公司	乐线游戏道具支付网关软件 V1.0.0.0
200	乐线软件开发(上海)有限公司	乐线线上订单平台软件 V2.6.0.0
201	乐线软件开发(上海)有限公司	乐线未成年人家长监护软件 V1.0.0.0
202	乐线软件开发(上海)有限公司	乐线推广员平台软件 V1.0.0.0
203	乐线软件开发(上海)有限公司	乐线积分平台软件 V1.0.0.0
204	施勒智能建筑系统(上海)有限公司	施勒智能远程控制软件 V1.0
205	施勒智能建筑系统(上海)有限公司	施勒智能控制手持触摸软件 V1.0
206	施勒智能建筑系统(上海)有限公司	施勒访客管理软件 V1.0
207	上海精佑通信科技有限公司	精佑手机天气预报功能软件 V1.0
208	上海精佑通信科技有限公司	精佑手机短信对话功能软件 V1.0
209	上海精佑通信科技有限公司	精佑手机电话簿导入导出 VCF 格式软件 V1.0
210	上海优思通信科技有限公司	优思手机照相与摄像新型操作软件 V1.0
211	上海优思通信科技有限公司	优思手机短信彩信整合应用软件 V1.0
212	上海优思通信科技有限公司	优思手机紧急短信群发信息软件 V1.0
213	上海优思通信科技有限公司	优思手机虚拟来电功能软件 V1.0
214	上海百一网络科技有限公司	百一网络试衣软件 V1.0
215	万达信息股份有限公司	万达因公出国(境)综合管理应用软件 V1.0
216	鼎捷软件股份有限公司	鼎捷 DynaTeam 产品生命周期管理软件 V11
217	上海亿成科技有限公司	亿成超文本链接标示语言文档解析软件 V3.0
218	延锋伟世通电子科技(上海)有限公司	延锋伟世通单区自动空调控制软件 V1.0
219	延锋伟世通电子科技(上海)有限公司	延锋伟世通 S550 音响功放软件 V2.1.1
220	延锋伟世通电子科技(上海)有限公司	延锋伟世通 IP21 汽车仪表控制软件 V1.0
221	延锋伟世通电子科技(上海)有限公司	延锋伟世通 E301 组合仪表控制软件 V1.0
222	延锋伟世通电子科技(上海)有限公司	延锋伟世通 E18 后座控制模块软件 V1.0
223	延锋伟世通电子科技(上海)有限公司	延锋伟世通 D423 汽车仪表控制软件 V1.0
224	延锋伟世通电子科技(上海)有限公司	延锋伟世通 C303 组合仪表控制软件 V1.0
225	延锋伟世通电子科技(上海)有限公司	延锋伟世通 C303 音响导航控制软件 V1.0

续 表

序号	企业名称	产品名称
226	延锋伟世通电子科技(上海)有限公司	延锋伟世通 MIB-G 音响控制软件 V1.0
227	延锋伟世通电子科技(上海)有限公司	延锋伟世通 IP24 电源控制模块软件 V1.0
228	延锋伟世通电子科技(上海)有限公司	延锋伟世通 EP11 组合仪表控制软件 V1.0
229	延锋伟世通电子科技(上海)有限公司	延锋伟世通 615 组合仪表控制软件 V1.0
230	上海电虎数码科技股份有限公司	电虎应用商城软件[简称：电虎应用商城]V1.0
231	上海艾尚通讯科技有限公司	艾尚手机主板自动测试软件 V1.0
232	上海艾尚通讯科技有限公司	艾尚手机射频自动测试软件 V2.08
233	上海杰之能信息科技有限公司	杰之能铁路设备保障软件 V1.0
234	上海光谱仪器有限公司	光谱原子吸收光谱仪控制和分析软件 V1.0
235	上海涌能能源科技发展有限公司	涌能输电线路综合在线监测管理软件[简称：输电线路在线监测管理系统]V1.0
236	上海涌能能源科技发展有限公司	涌能电力仿真软件[简称：涌能仿真]V3.0
237	上海众言网络科技有限公司	众言 iSurveylink 网络调研和用户反馈软件 V1.0
238	上海杰之能信息科技有限公司	杰之能设备运营支撑软件 V1.0
239	上海景瑞信息技术有限公司	景瑞多媒体实时录播软件 V2.0
240	上海电科智能系统股份有限公司	SEARI 地面道路交通监控操作软件[简称：SEARI_DMGIS]V1.0
241	上海影科数码科技有限公司	影科 MoCap 集群动画特效软件 V1.0
242	上海兰台信息技术有限公司	兰台办公自动化软件 V5.0
243	上海民之智能科技有限公司	民之房屋租赁管理软件[简称：租赁管理系统]V1.0
244	上海家帝豪电子商务有限公司	家帝豪商户管理软件 V1.0
245	沪东重机有限公司	HHM 船用柴油机外来资料及业务处置管理软件 V2.0
246	亿佩数据系统(上海)有限公司	亿佩数据制造运营管理软件 V1.0
247	沪东重机有限公司	HHM 办公自动化管理软件 V1.0
248	沪东重机有限公司	HHM 船用柴油机制造工时管理软件 V2.0
249	上海科联信息系统有限公司	科联 I-TimeSheet 工时管理软件 V1.0
250	上海科联信息系统有限公司	科联 I-Claim 报销管理软件 V1.0
251	上海易远信息技术有限公司	易远在线零售管理软件 V1.0
252	上海电科智能系统股份有限公司	SEARI 高速公路收费系统通讯软件[简称：SEARI_EDDM]V1.0
253	上海电科智能系统股份有限公司	SEARI 一机三屏交通信息展示软件 V1.0
254	上海电科智能系统股份有限公司	SEARI 平台间通信软件[简称：SEARI_RMQ]V1.0
255	上海电科智能系统股份有限公司	SEARI 消息服务器软件[简称：SEARI_SSMQ]V2.0
256	上海电科智能系统股份有限公司	SEARI_SCATS 数据采集软件 V1.0
257	上海电科智能系统股份有限公司	SEARI_ETC 专用车道软件 V2.0
258	上海电科智能系统股份有限公司	电科智能 EXPALINEA 入口匝道汇入控制算法软件[简称：电科智能 EXPALINEA 控制算法软件]V1.0

续　表

序号	企业名称	产品名称
259	上海电科智能系统股份有限公司	电科智能 MD 系列车辆检测器调试软件 V5.0
260	上海金电网安科技有限公司	金电网安可信运维管理软件[简称：可信运维管理系统]V2.0
261	上海电科智能系统股份有限公司	电科智能 EXPRC 匝道汇入智能控制器配置软件[简称：电科智能 EXPRCcfg 配置软件]V1.0
262	上海电科智能系统股份有限公司	SEARI 机场交通监控软件 V1.0
263	上海电科智能系统股份有限公司	SEARI 交通信息内网服务软件 V1.0
264	上海电科智能系统股份有限公司	SEARI 交通信息电台服务软件 V1.0
265	上海电科智能系统股份有限公司	SEARI 基于车牌识别的路网交通集散分析软件 V1.0
266	上海电科智能系统股份有限公司	SEARI 基于车牌识别的路网交通 OD 分析软件 V1.0
267	上海电科智能系统股份有限公司	SEARI 道路交通调查上位管理软件 V1.0
268	上海逸景网络科技有限公司	逸景保险公司综合业务模拟实训软件 V3.0
269	上海威润信息科技有限公司	威润 WATS EMI 电磁环境测试软件[简称：WATS EMI]V2.0
270	华平信息技术股份有限公司	AVCON 云监控指挥平台软件 V6.0
271	威觉自动化科技(上海)有限公司	威觉表面质量数据分析软件 V1.1
272	上海艾播信息科技有限公司	艾播手机电视点播及支付软件 V1.0
273	上海中威天安公共安全科技有限公司	中威车载气象仪数据接入及显示终端软件 V1.0
274	上海中威天安公共安全科技有限公司	中威安全生产网络一体化监控软件 V1.0
275	上海中威天安公共安全科技有限公司	中威无线应急救援生命保障软件 V1.0
276	上海中威天安公共安全科技有限公司	中威危险化学品事故移动应急救援与处置软件 V1.0
277	上海中威天安公共安全科技有限公司	中威危险化学品非视距无线监控预警软件 V1.0
278	上海中威天安公共安全科技有限公司	中威点型气体检测软件 V1.0
279	上海中威天安公共安全科技有限公司	中威控制报警软件 V1.0
280	上海中威天安公共安全科技有限公司	中威家用气体检测软件 V1.0
281	上海中威天安公共安全科技有限公司	中威便携式气体检测软件 V1.0
282	上海硅知识产权交易中心有限公司	SSIPEX 专利评估助手软件 V1.0
283	上海尚浩数码科技有限公司	尚浩易码喷可变数据打印软件 V1.0
284	上海晨炎信息技术有限公司	晨炎 Call of Mini：Zombies 手机游戏软件[简称：Call of Mini：Zombies]V1.0
285	上海芯安信息科技有限公司	芯安 GPS 车辆全球定位系统管理软件 V1.0
286	上海京颐信息科技有限公司	京颐门诊输液管理软件 V3.0
287	华平信息技术股份有限公司	AVCON 云视讯平台软件 V6.2
288	上海杰之能信息科技有限公司	杰之能设备管理框架软件 V1.0
289	上海五项管理企业管理有限公司	五项管理个人效率潜能测试软件 V1.0
290	上海视升信息科技有限公司	视升手持终端网络在线视听软件 V1.0
291	上海克来机电自动化工程有限公司	克来 AMS 通讯接口软件 V1.0

续 表

序号	企业名称	产品名称
292	上海美琦浦悦通讯科技有限公司	美琦浦悦离线视频分析软件 V1.0
293	施勒智能建筑系统(上海)有限公司	施勒智能管理软件 V1.0
294	上海凯置软件科技有限公司	凯置行人及车辆智能视频侦测分析软件 V1.0
295	上海双竞电子科技有限公司	双竞抗干扰三维人脸识别搜索软件 V1.0
296	上海小树信息技术有限公司	小树安全定位系统应用软件[简称：小树定位软件]V1.0
297	上海伍贤信息技术有限公司	伍贤签证通 CRM 管理软件 V1.0
298	上海梁江通信技术有限公司	梁江智能分析平台网管软件 V1.0
299	上海华依信息技术有限公司	华依发动机测试软件 V1.0
300	上海梁江通信系统股份有限公司	梁江数据共享分析软件 V1.0
301	上海梁江通信系统股份有限公司	梁江骚扰电话精准识别软件[简称：ACMS]V1.0
302	上海共久电气有限公司	共久淬火起重机控制软件 V1.00
303	上海易可思信息技术有限公司	易可思全民健康档案信息软件 V3.0
304	上海正汇信息技术有限公司	尺寸 SOA 电力工程企业资源计划管理软件 V1.0
305	上海易视计算机科技有限公司	易视图像识别学生发言跟踪系统应用软件 V1.0
306	上海易视计算机科技有限公司	易视 GLOVIEW 直点播及教研评估管理系统应用软件 V1.0
307	上海睿牛信息技术有限公司	睿牛移动应用广告平台软件 V1.0
308	上海五项管理企业管理有限公司	五项管理客户关系管理效率应用软件 V1.0
309	上海阿尔卡特网络支援系统有限公司	SANSS QoS 服务质量分析平台软件[简称：QoS 服务质量分析]V1.0
310	上海阿尔卡特网络支援系统有限公司	SANSS Octopus IPTV 组播服务分析平台软件[简称：Octopus 组播服务分析]V3.0
311	上海易视计算机科技有限公司	易视 GLOVIEW 班班通课程录制及编辑软件 V1.0
312	上海阿尔卡特网络支援系统有限公司	SANSS Octopus IPTV 平台网管软件[简称：IPTV 平台网管]V2.0
313	上海阿尔卡特网络支援系统有限公司	SANSS Octopus IPTV UCA(Unicast Analasys)单播质量分析软件[简称：Octopus 单播质量分析]V2.0
314	上海布雷克索信息科技有限公司	FRTAuto 汽车连锁管理软件 V1.0
315	上海衡晶软件有限公司	衡晶数字称重仪表嵌入式软件 V1.0
316	上海央讯信息科技有限公司	央讯 AEMS 广告引擎营销软件 V1.0
317	上海摩方信息科技有限公司	摩方古意中国文玩艺术精品投资收藏软件 V1.0
318	上海候鸟科技有限公司	候鸟网络行为与应用管理软件 V3.0
319	上海子帆软件有限公司	子帆音乐治疗反馈软件 V6.0
320	上海邦星信息科技有限公司	邦星一站通信息应用平台软件 V1.0
321	上海骏业网络科技有限公司	骏业火影无双 SNS 网页社区游戏软件[简称：火影无双]V1.0
322	上海子帆软件有限公司	子帆心理测量软件 V5.0

续 表

序号	企业名称	产品名称
323	上海登飞计算机科技有限公司	登飞合规管理平台软件 V1.0
324	上海登飞计算机科技有限公司	登飞一次性单点登录认证软件 V2.0
325	莱乐通信科技(上海)有限公司	莱乐通信 TELSON－D 管理软件 V1.0
326	上海创文信息技术有限公司	创文 9377s 网盟平台软件 V1.0
327	上海领世通信技术发展有限公司	领世可视指挥系统监控联动软件 V5.0
328	上海领世通信技术发展有限公司	领世高清终端生产测试软件 V5.0
329	上海领世通信技术发展有限公司	领世通信监控编码器控制单元软件 V5.1
330	上海领世通信技术发展有限公司	领世网络测试工具软件 V1.0
331	上海领世通信技术发展有限公司	领世通信网络录像机集中管理软件 V3.0
332	上海丽正软件技术有限公司	丽正省市县三级环境监测站信息化管理平台软件[简称：EMCIMP]V1.0
333	上海丽正软件技术有限公司	丽正环境监测数据采集监控与发布平台软件 V1.0
334	上海丽正软件技术有限公司	丽正环境监测站质量控制管理软件 V1.0
335	上海丽正软件技术有限公司	丽正环境监测管理地理信息系统软件 V1.0
336	上海高衡电子有限公司	高衡计价秤(LED 型)嵌入式软件 V1.0
337	上海卓精电子科技有限公司	卓精 BSM 系列天平高级上位机软件 V1.0
338	上海东方金盾科技发展有限公司	东方金盾车牌智能识别软件[简称：车牌识别]V1.0
339	上海远动科技有限公司	远动基于 Web 的厂区监控软件[简称：远动厂区过程监控软件]V2.0
340	上海科联信息系统有限公司	科联信息安全应用软件 V1.0
341	上海梁江通信系统股份有限公司	梁江关键字智能识别软件 V1.0
342	上海友网科技有限公司	友网税务征管档案信息管理软件 V1.0
343	上海梁江通信系统股份有限公司	梁江复制卡统计分析软件[简称：SIMCOPY－S]V1.0
344	上海弘宣网络科技有限公司	弘宣网络新闻发布软件 V1.0
345	上海视展科技有限公司	视展多媒体信息发布软件 V3.0
346	上海凌巴迈信息科技有限公司	凌巴迈传感数据显示软件 V1.0
347	上海上讯信息技术有限公司	上讯持续数据保护软件[简称：InforCube IFC－P]V2.1
348	上海铭磐网络技术有限公司	铭磐 Netsparc 云服务安全运维管控平台软件 V1.0
349	上海杰瑞信息科技有限公司	杰瑞网络监测分析仪软件[简称：网络监测分析仪]V1.0
350	上海杰瑞信息科技有限公司	杰瑞标准台插件板及操控单元维修检测软件[简称：标准台维修检测系统]V1.0
351	上海杰瑞信息科技有限公司	杰瑞 CPCI 总线插件板维修检测软件[简称：CPCI 维修检测系统]V1.0
352	上海同弈交通科技有限公司	同弈交通水资源维护 GIS 管理软件 V1.0
353	上海勋睿电力科技有限公司	勋睿导线状态监测装置控制通讯软件 V1.0
354	诺云信息系统(上海)有限公司	诺云云系统架构软件[简称：NOC SYSTEMS]V1.0
355	上海科泰世纪科技有限公司	科泰世纪泡泡云软件 V1.0

续 表

序号	企业名称	产品名称
356	精迪测量技术(上海)有限公司	精迪三维光学扫描软件 V10.0
357	上海飞乐纽康信息系统有限公司	纽康智能一卡通管理软件 V2.0
358	上海美慧软件有限公司	美慧基于 GPS 浮动车实时交通数据处理软件 V2.0
359	上海交海信息科技有限公司	交海港区道口智能 RFID 识别软件 V4.0
360	上海万物通物联网技术有限公司	万物通远程智能灯光控制软件[简称：智能灯光控制系统]V1.0
361	上海美慧软件有限公司	美慧基于关键路径的实时交通信息处理软件 V1.0
362	上海交海信息科技有限公司	交海 RF 卡实时租卡软件 V1.0
363	上海勃克达精密仪器研究发展有限公司	勃克达微波治疗机软件 V1.0
364	上海华创通维弱电设备服务中心有限公司	华创访客系统管理软件 V2.1
365	上海怡通信息技术有限公司	怡通电子账册单耗自动申报软件[简称：怡通单耗自动申报软件]V1.0
366	上海要玩网络技术有限公司	要玩娱乐大富豪 2 网络游戏软件 V1.0
367	网宿科技股份有限公司	网宿云分发网络平台软件 V1.0
368	上海亿径智能科技有限公司	亿径数字三维 GIS 辅助城市设计规划软件 V1.0
369	上海亿径智能科技有限公司	亿径云图智能交通数据共享交换软件 V1.0
370	上海恩梯梯数据晋恒软件有限公司	恩梯梯数据晋恒商户管理软件 V1.0
371	上海中讯锐尔软件科技有限公司	中讯锐尔光盘刻录监控与审计软件[简称：RecordSafety]V2.6
372	上海中讯锐尔软件科技有限公司	中讯锐尔终端安全登录与监控审计软件[简称：KeySafety]V5.5
373	上海金自天正信息技术有限公司	金自天正加热炉自动化软件 V1.0
374	上海坦思计算机系统有限公司	华思数字互动教室平台软件 V1.0
375	上海证券之星综合研究有限公司	证券之星资金领袖选股系统机构版软件 V1.0
376	上海轨安信息工程有限公司	轨安轨道交通建设管理信息平台软件[简称：项目管理平台]V1.0
377	上海赛克通信息技术有限公司	赛克通综合信息监控和安全预警平台软件[简称：tongsoc]V1.0
378	上海轨安信息工程有限公司	轨安城市轨道交通统计报表信息软件[简称：运营管理信息平台]V1.0
379	环众软件(上海)有限公司	环众仓储进出库比赛软件 V2.0
380	上海师庆科技发展有限公司	师庆丹霞网络展示软件 V1.0
381	上海图智通讯科技有限公司	图智 EastDragon PRO WLAN 测试软件[简称：WLAN 测试软件]V2.0
382	上海复展照明科技有限公司	复展照明控制软件 V1.0
383	上海高凯信息科技有限公司	高凯 COM－CN－MON 地铁专用集中网管软件 V3.0
384	屹姆适软件(上海)有限公司	屹姆适全波通用电磁分析软件 V6.1
385	上海葡萄城信息技术有限公司	葡萄城费用报销软件 V1.0

续 表

序号	企业名称	产品名称
386	丰海技术咨询服务(上海)有限公司	丰海 PJ-10 码头排架综合分析软件 V1.0
387	上海达梦数据库有限公司	达梦 TPCC 数据库性能测试软件 V1.0
388	上海缔合信息科技有限公司	缔合录播软件[简称:录播软件]V1.0
389	上海中信信息发展有限公司	光典企业文档管理软件 V1.0
390	上海中信信息发展有限公司	光典 3D 虚拟库房管理软件 V1.0
391	上海爱可生信息技术有限公司	爱可生嵌入式视频监控数据库支持平台软件[简称:嵌入式视频监控系统]V1.0
392	上海安恒燃气科技有限公司	安恒燃气表控制软件 V1.0
393	上海东方数据广播有限公司	东方数据项目预决算管理软件 V1.0
394	上海佳码软件科技有限公司	佳码鱼乐百分百游戏软件 V1.0
395	上海迅逸信息技术有限公司	迅逸 SAMOS 软件资产管理优化软件 V1.2
396	上海晨炎信息技术有限公司	晨炎 Hell Flyer 手机游戏软件[简称:Hell Flyer]V1.0
397	上海晨炎信息技术有限公司	晨炎 Doodle Fish! 手机游戏软件[简称:Doodle Fish!]V1.0
398	上海晨炎信息技术有限公司	晨炎 Blighted Earth 手机游戏软件[简称:Blighted Earth]V1.0
399	上海晨炎信息技术有限公司	晨炎 Ancient War 手机游戏软件[简称:Ancient War]V1.0
400	上海晨炎信息技术有限公司	晨炎 Ada's Fashion Show 手机游戏软件[简称:Ada's Fashion Show]V1.0
401	上海托乐思软件有限公司	托乐思执行力管理软件 V1.0
402	上海昂立稚慧网络科技有限公司	昂立稚慧谷 SMS 短信平台软件 V1.0
403	上海莘越软件科技有限公司	几何王初中平面几何学习软件 V1.0
404	上海华腾软件系统有限公司	TopECard-AFC/Linux 基于国产化操作系统全国通卡地铁二级平台应用软件 V1.0
405	上海华腾软件系统有限公司	TopECard-BRT/Linux 基于国产化操作系统全国通卡快速公交平台应用软件 V1.0
406	上海华腾软件系统有限公司	TopECard-Bus/Linux 基于国产化操作系统全国通卡公交二级软件 V1.0
407	上海华腾软件系统有限公司	TopECard-Collect/Linux 基于国产化操作系统全国通卡采集点软件 V1.0
408	上海华腾软件系统有限公司	TopECard-Settle/Linux 基于国产化操作系统全国通卡清算软件 V1.0
409	上海华腾软件系统有限公司	TopECard-Issue/Linux 基于国产化操作系统全国通卡发卡软件 V1.0
410	上海诚明融鑫科技有限公司	融鑫刑技信息综合应用管理软件[简称:刑技综合应用]V1.0
411	上海千重山信息科技发展有限公司	旗风 RFID 现代制造信息实时监控管理软件 V1.0
412	上海华腾软件系统有限公司	TopECard-Pay/Linux 基于国产化操作系统全国通卡小额支付软件 V1.0
413	上海奕兴网络技术有限公司	奕兴 RiskGuard 支付风控组件软件 V1.0

续 表

序号	企业名称	产品名称
414	上海奕兴网络技术有限公司	奕兴支付网关软件 V1.0
415	上海顺芯信息科技有限公司	顺芯卫星轨道修正精密定位软件 V1.0
416	上海艾帕电力电子有限公司	IPER 高压变频器调试软件[简称：VFD_PC]V1.0
417	上海艾帕电力电子有限公司	IPER 静止无功发生器监控软件[简称：SVG_PC]V1.0
418	上海艾帕电力电子有限公司	IPER 太阳能光伏逆变器调试软件[简称：PVI_PC]V1.0
419	上海戈多软件开发有限公司	戈多包装印刷信息化管理系统应用软件 V5.2
420	上海林康医疗信息技术有限公司	林康医疗质量与患者安全辅助监控平台软件 V1.0
421	上海基石信息技术有限公司	基石钢结构业务流程管理软件[简称：GTSP]V1.0
422	上海晖讯信息科技有限公司	晖讯全媒体通信协作软件 V1.0
423	新华控制工程有限公司	新华控制在线运行优化仿真功能软件[简称：SIMPANEL－5]V1.0
424	新华控制工程有限公司	新华控制虚拟 DCS 接口系统应用软件[简称：SIMPANEL－4]V1.0
425	上海水顿智能科技有限公司	水顿排水管网远程监控软件 V1.0
426	上海海克易邦自动化技术有限公司	海克易邦视觉检测软件[简称：视觉检测系统]V1.0
427	上海四维图新信息技术有限公司	四维图新智能终端个人位置服务软件 V1.0
428	上海四维图新信息技术有限公司	四维图新 NIPSF 检索数据质量检测工具软件 V2.0
429	上海世范软件技术有限公司	世范旅行社中间服务平台软件 V1.0
430	上海世范软件技术有限公司	世范商业保险公司增值服务平台软件 V1.0
431	上海凌云天博光电科技有限公司	凌云天博蜂巢网络管理软件 V1.0.0.1
432	上海酷宇通讯技术有限公司	酷宇小鸟不会飞游戏软件 V1.0.0.0
433	上海酷宇通讯技术有限公司	酷宇平西王府游戏软件 V1.0.0.0
434	上海酷宇通讯技术有限公司	酷宇超人不会飞游戏软件 V1.0.0.0
435	上海云位物联网有限公司	云位智能卫士管理平台软件 V1.0
436	上海美华系统有限公司	美华电子口岸综合模拟软件 V2.1.1
437	上海雷澳电子科技有限公司	雷澳太阳能电池硅片形状尺寸在线测量软件 V1.0
438	上海倍胜信息科技有限公司	倍胜 BECOS 操作系统嵌入式软件 V1.0
439	麦达维斯信息技术(上海)有限公司	麦达维斯医疗影像数据平台软件 V4.2.5.5
440	上海华鸢机电有限公司	华鸢机电 SYH604 梳棉机控制软件 V1.0
441	上海哲别生化科技有限公司	哲别色谱控制分析软件 V3.1
442	上海旗领软件系统有限公司	旗领中控系统控制台软件 V1.0
443	上海三运电机控制技术有限公司	三运电动汽车无刷电机驱动控制软件 V1.0
444	上海卓为科技有限公司	卓为自动化办公管理软件 V3.0
445	聚智海事信息技术(上海)有限公司	聚智 UGN 设计物量管理软件 V3.0
446	上海埃蒙特自动化系统有限公司	埃蒙特 CIM 接口管理软件 V1.0
447	上海科联信息系统有限公司	科联 IPL 流程管理软件 V1.0

续 表

序号	企业名称	产品名称
448	鼎捷软件股份有限公司	鼎捷移动应用解决方案软件 V2.0
449	上海杰勤信息技术有限公司	杰勤 Arbor 流量分析和清洗软件 V1.0
450	上海悦腾网络科技有限公司	悦腾日志处理软件[简称：LogServer]V1.0
451	上海悦腾网络科技有限公司	悦腾非玩家控制人物编辑软件[简称：NPC Editor]V1.0
452	上海麟科电子科技有限责任公司	麟科通用高速数据处理软件[简称：麟科快传]V1.0
453	上海鑫森电子科技发展有限公司	鑫森数字校园网络点播直播软件[简称：校园直播软件]V1.0
454	上海人脉信息技术有限公司	人脉企业设备维修(知识)管理软件 V1.0
455	上海鑫森电子科技发展有限公司	鑫森数字语言学习软件[简称：ES 软件]V1.0
456	上海鑫森电子科技发展有限公司	鑫森电子教室管理软件 V1.0
457	上海鑫森电子科技发展有限公司	鑫森全自动录播软件[简称：录播软件]V1.0
458	上海智觉光电科技有限公司	智觉图像处理软件 V1.0
459	上海强控设备工程有限公司	强控企业智能定点加油管理软件 V1.0
460	上海伊太信息科技有限责任公司	伊太 2.6 基板变频控制软件 V11.2.6
461	上海雨人软件技术开发有限公司	雨人旺旺吧计费管理软件 V7.0
462	上海雨人软件技术开发有限公司	雨人网络神探警务综合管理平台软件 V6.0
463	上海雨人软件技术开发有限公司	雨人好泰莱出入登记管理软件 V2.0
464	上海雨人软件技术开发有限公司	雨人网络神探动态搜索备案软件 V1.0
465	上海承大网络科技服务有限公司	承大公积金业务通用电子平台软件 V4.4.1
466	上海宽文是风软件有限公司	宽文企业知识管理软件 V2.0
467	上海宏境物流技术有限公司	宏境仓储管理软件[简称：HiWMS]V2.0
468	京瓷信息系统(上海)有限公司	京瓷考勤管理软件[简称：KAMS]V1.0
469	上海中讯锐尔软件科技有限公司	中讯锐尔网络接入控制软件 V2.6
470	上海宏境物流技术有限公司	宏境商品流向监管软件[简称：HiDRP]V2.0
471	中标软件有限公司	中标麒麟桌面操作系统软件 V6.0
472	上海中讯锐尔软件科技有限公司	中讯锐尔实名上网行为管理软件 V2.6
473	上海海狸电子商务有限公司	海狸电商 ERP 平台软件 V1.0
474	上海贝尔软件有限公司	贝尔 GSM900/1800 双频移动通信无线网络软件 B12
475	上海天会皓闻信息科技有限公司	天会智能调研软件 V2.0
476	上海匡维信息技术有限公司	匡维 Qeweb 开发平台软件 V1.1
477	上海熙视光电科技有限公司	熙视视觉检测软件[简称：SV－MPV]V1.0
478	上海东览通信软件有限公司	东览 ELC 现场载波通信应用软件 V1.0
479	上海尚景信息技术有限公司	尚景运营级 400 电话呼叫中心平台软件 V6.0
480	上海翊通信息技术有限公司	云 e 通企业库存管理平台软件 V1.0
481	上海卓创信息科技有限公司	卓创企业信息安全管理软件 V1.0

续 表

序号	企业名称	产品名称
482	上海波汇软件有限公司	波汇监测数据管理软件[简称：WEBREACH]V2.0
483	上海波汇软件有限公司	波汇基于先进传感器的状态监测软件[简称：CSM]V2.0
484	上海波汇软件有限公司	波汇分布式光纤温度传感器监控软件[简称：DTSCM]V2.2
485	上海波汇软件有限公司	波汇电缆在线负荷评估软件[简称：TLM]V1.0
486	上海亿径智能科技有限公司	亿径招商信息管理与分析软件 V1.0
487	上海拓森信息科技有限公司	拓森 TS8000 继电保护故障信息主站软件 V1.0
488	上海盛本通讯科技有限公司	盛本双模双待 RIL 软件 V1.0
489	上海羽森网络通信技术有限公司	羽森智能服务机器人软件 V1.0
490	腾讯科技(上海)有限公司	腾讯 QQ 梦想城游戏软件[简称：QQ 梦想城]V1.0
491	上海辛格林纳新时达电机有限公司	新时达变频器控制嵌入式软件 V1.0
492	上海隐志网络科技有限公司	盛世三国网页游戏软件 V1.0
493	上海惠程软件技术有限公司	惠程试验仿真数据管理软件[简称：试验仿真数据管理系统]V1.0
494	上海新时达电气股份有限公司	新时达电梯控制驱动一体机嵌入式软件 V1.0
495	上海安科瑞电气股份有限公司	安科瑞 AMC16B 多回路监控装置软件 V1.0
496	上海安科瑞电气股份有限公司	安科瑞 AIM－M100 医疗智能绝缘监测仪软件[简称：安科瑞 AIM－M100 绝缘监测仪软件]V1.0
497	上海莱波卫信息技术有限公司	莱波卫职业安全健康检测评价服务机构管理软件[简称：Labway LIMS－IHT]V1.0
498	上海厚德信息技术中心	厚德博物馆藏品综合管理软件[简称：HD－MC]V1.0
499	上海海鼎信息工程股份有限公司	海鼎购物中心管理软件[简称：HDMALL]V3.0
500	上海派品软件有限公司	派品 SPDA 管道工程设计辅助软件 V1.0
501	上海同豪土木工程咨询有限公司	同豪方案设计师软件 V1.1
502	上海房盟信息技术有限公司	房盟在线业务管理软件 V1.0
503	上海房盟信息技术有限公司	房盟在线服务平台软件 V1.0
504	上海恺英网络科技有限公司	恺英"古卷西游"游戏软件[简称：斗战西游]V1.0
505	上海汇环信息科技有限公司	汇环基于 SOA 的制药过程生产质量在线监控软件[简称：QRS]V1.0
506	上海环思信息技术有限公司	环思纺织服装贸易管理软件 V5.1
507	上海环思信息技术有限公司	环思 RFID 服装生产管理软件 V3.1
508	永凯软件技术(上海)有限公司	永凯 APS 软件[简称：YUKON APS]V6
509	上海迅图数码科技有限公司	迅图互联网三维地理信息及图形软件[简称：Q－MAP 3D 系统]V1.0
510	上海中信信息发展有限公司	光典数字化成果质检工具软件 V1.0
511	上海中信信息发展有限公司	光典脱机光盘管理软件 V1.0
512	上海中信信息发展有限公司	光典数字化成果图像处理工具软件 V1.0

续 表

序号	企业名称	产品名称
513	上海中信信息发展有限公司	光典多媒体档案管理软件 V1.0
514	上海义乐信息科技有限公司	义乐楚河汉界网页游戏软件 V1.0
515	上海旅游网旅行服务有限公司	旅游网 iTravels 智能导游软件 V1.0
516	上海杰图软件技术有限公司	杰图三维全景展示制作软件[简称：造景师]V9.0
517	领科无线射频系统(上海)有限公司	领科停车场管理软件 V1.0
518	领科无线射频系统(上海)有限公司	领科电梯楼层控制管理软件 V1.0
519	上海杰图软件技术有限公司	杰图虚拟漫游展示制作软件[简称：漫游大师]V5.00
520	上海项腾信息技术有限公司	项腾税控自动开票管理软件 V5.0
521	上海亿用信息科技有限公司	亿用机电设施运行维护管理软件 V3.0
522	上海亿用信息科技有限公司	亿用高速公路综合信息管理平台软件 V1.0
523	上海惠融通信设备有限公司	惠融通信综合业务平台软件 V1.0
524	领科无线射频系统(上海)有限公司	领科 RFID 人员身份识别软件 V1.0
525	上海亿用信息科技有限公司	亿用城市智能交通管理平台软件 V1.0
526	延锋伟世通电子科技(上海)有限公司	延锋伟世通 E16 后座控制模块软件 V1.0
527	延锋伟世通电子科技(上海)有限公司	延锋伟世通多媒体娱乐平台软件 V1.0
528	延锋伟世通电子科技(上海)有限公司	延锋伟世通后排空调控制软件 V1.0
529	延锋伟世通电子科技(上海)有限公司	延锋伟世通 J02C 汽车仪表控制软件 V1.0
530	延锋伟世通电子科技(上海)有限公司	延锋伟世通 R0-13 音响控制软件 V1.0
531	上海中船三井造船柴油机有限公司	中船三井设计文件编号管理软件[简称：文件编号管理软件]V1.0
532	延锋伟世通电子科技(上海)有限公司	延锋伟世通 B515 组合仪表控制软件 V1.0
533	上海花派贸易有限公司	花派信息记录管理软件 V1.0
534	上海聚位网络科技发展有限公司	聚位侠义无双网页游戏软件[简称：侠义无双]V1.0
535	上海鼎志软件技术有限公司	鼎志 DOT 设计机会追踪软件[简称：鼎志 DOT 软件]V6.0
536	上海营康计算机科技有限公司	金钥匙医院营养信息平台软件 V1.0
537	上海吉利思信息科技有限公司	吉利思药物临床受试者招募软件 V1.0
538	上海振华重工电气有限公司	振华工业组态软件 V1.0
539	上海宇龙软件工程有限公司	宇龙汽车维修工仿真实训软件 V1.0
540	上海凯卓信息科技有限公司	CORESEC 移动应用数据安全管理软件 V1.0.0
541	敬达数码科技(上海)有限公司	敬达 Cidana DTV/PMP 软件[简称：Cidana DTV/PMP]V2.0
542	敬达数码科技(上海)有限公司	敬达 CIDANA 移动数字电视播放器软件(CIDANA Mobile TV Player)V2.0
543	上海积成慧集信息技术有限公司	慧集供水管网综合管理 GIS/GPS 应用软件 V1.0
544	上海热像机电科技有限公司	IRS RDIRs 热像分析软件 V1.0.0.0

续 表

序号	企业名称	产品名称
545	上海睿狐计算机科技有限公司	睿狐电话录音管理软件[简称：Fox Rec]V1.0
546	亿康科技信息(上海)有限公司	亿康B2B Framework软件[简称：Framework]V1.0
547	上海复泽计算机信息技术有限公司	复泽技术管控一体forMes软件V2.0
548	上海具特测控技术有限公司	具特电子文档管理软件V2.0
549	上海伯俊软件科技有限公司	伯俊Idea服饰分销管理软件V1.0
550	上海汽车集团财务有限责任公司	上汽财务电票软件V1.0
551	上海全景数字技术有限公司	全景DVT-3025EU高清基本型机顶盒软件V0.0.13
552	上海三高计算机中心股份有限公司	三高供水管网科学调度软件V3.0
553	上海三高计算机中心股份有限公司	三高供水调度在线调度软件V1.0
554	上海三高计算机中心股份有限公司	三高供水调度预案管理软件V1.0
555	上海三高计算机中心股份有限公司	三高供水调度水量预测软件V1.0
556	上海三高计算机中心股份有限公司	三高供水调度方案制作软件V1.0
557	上海全景数字技术有限公司	全景头端监控网管软件V1.0
558	上海加士德电脑有限公司	加士德ZPOS餐饮管理系统应用软件[简称：ZPOS餐饮软件]V1.0
559	上海文广互动电视有限公司	SiTVAAA认证软件V1.0
560	上海文广互动电视有限公司	SiTV用户管理软件V1.0
561	万达信息股份有限公司	万达SaaS业务基础平台软件V2.0
562	上海科泰世纪科技有限公司	科泰世纪爱定位软件V1.0
563	上海捷奥信息科技有限公司	捷奥会计标准化管理平台软件[简称：会计标准化管理平台]V1.0
564	上海长帆信息科技有限公司	长帆UPP统一支付软件V1.0
565	上海恺英网络科技有限公司	"蜀山传奇"游戏软件[简称：蜀山风云]V1.0.0.0
566	上海恺英网络科技有限公司	恺英"恐龙时代"游戏软件[简称：恐龙时代]V1.0
567	上海恺英网络科技有限公司	"海盗王国"游戏软件[简称：热血海盗王]V1.0.0.0
568	可多(上海)汽车技术服务有限公司	可多汽车电子配件目录软件V1.0
569	上海铁龙应用软件开发有限公司	铁龙EZCOMM 5800车载设备软件V1.0
570	上海网达信息技术有限公司	网达内容管理软件V5.2
571	上海全景数字技术有限公司	全景VOD Anywhere软件V1.0
572	上海乐拍文化传播有限公司	乐拍专场拍卖软件V1.1
573	上海乐拍文化传播有限公司	乐拍在线竞价软件V1.1
574	上海成生科技有限公司	成生交通气象监测站网络维护管理软件[简称：交通气象监测站网络维护管理平台]V1.0
575	上海盖奇信息科技有限公司	盖奇智能流量控制软件V1.0
576	融创天下(上海)科技发展有限公司	融创TIVC直播流分发软件V1.0
577	君岳信息科技(上海)有限公司	君岳视频门户软件V1.0

续 表

序号	企业名称	产品名称
578	君岳信息科技(上海)有限公司	君岳 MDST 备件管理软件 V1.0
579	上海摩软通讯技术有限公司	摩软 A50 手机交互软件 V0.0.4
580	上海摩软通讯技术有限公司	摩软 H7 人机界面手机软件 V1.0.6
581	上海摩软通讯技术有限公司	摩软 V268P 手机控制软件 V1.0
582	上海摩软通讯技术有限公司	摩软 T60D 手机应用软件 V8.0.2
583	上海摩软通讯技术有限公司	摩软 S516 手机交互应用软件 V8.0.1
584	上海摩软通讯技术有限公司	摩软 M368 人机接口手机软件 V8.0.9
585	上海泽信软件有限公司	泽信抗菌药物管理系统应用软件[简称：Zesing AMS] V1.0
586	上海泽信软件有限公司	泽信医院电子申请单系统应用软件[简称：电子申请单系统]V1.0
587	上海华勤通讯技术有限公司	华勤 P900 智能输入手机软件 V1.0.3
588	上海华勤通讯技术有限公司	华勤 P180UI 界面手机软件 V8.0.2
589	上海华勤通讯技术有限公司	华勤 L170 手机通信软件 V1.0.0
590	上海峻鼎渔业科技有限公司	峻鼎渔业统计网络填报与分析软件 V3.0
591	趋势科技(中国)有限公司	趋势科技 InterScan Web Security Virtual Appliance 软件 V5.1
592	趋势科技(中国)有限公司	趋势科技 PC-cillin 云安全软件 V5.0
593	盛绩信息技术(上海)有限公司	盛绩《传世无双》网络游戏软件[简称：传世无双]V1.0
594	上海华腾软件系统有限公司	TopECard-Taxi/Linux 基于国产化操作系统全国通卡出租二级软件 V1.0
595	上海中晶科技有限公司	Microtek 文档书籍采集及管理工具软件 V2.1
596	上海诺尚信息技术有限公司	诺尚工业电视管理软件 V1.0
597	上海浔科自动化设备有限公司	浔科 XKFH 型复合滤棒质量检测剔除控制软件 V6.8
598	上海金蝶软件科技有限公司	金蝶 KIS 商贸钢材版软件 V4.1
599	腾讯科技(上海)有限公司	腾讯轩辕传奇游戏软件[简称：轩辕传奇]V1.0 Alpha6 build0501
600	腾讯科技(上海)有限公司	QQ 天堂岛 online 游戏软件[简称：QQ 天堂岛 online] V1.2
601	上海华勤通讯技术有限公司	华勤 H700 手机交互应用软件 V8.1
602	上海华勤通讯技术有限公司	华勤 H81 手机应用软件 V1.0.3
603	上海华勤通讯技术有限公司	华勤 L50 人机界面交互软件 V1.0.0
604	上海摩软通讯技术有限公司	摩软 A18 人机接口手机软件 V4.0.3
605	上海摩软通讯技术有限公司	摩软 A30 人机交互手机软件 V1.0.3
606	上海宝默智能科技有限公司	宝默皮革自动排料软件 V1.0
607	上海兴畅网络技术有限公司	兴畅 3G 网络的审计与优化软件[简称：3G 审计优化软件]V3.6.0
608	上海宇端信息科技有限公司	宇端 EOC 网络管理软件 V1.00

续 表

序号	企业名称	产品名称
609	上海卫德卫尔信息技术有限公司	卫德卫尔 VadeFax 传真通软件 V3.7.5
610	上海引跑信息科技有限公司	INTPLE Cloud Search Engine 云搜索引擎软件 V2.0
611	上海爱可生信息技术有限公司	爱可生 Infobright 数据库集群套件软件[简称：Action-Proxy]V1.0
612	上海浪擎信息科技有限公司	浪擎 DAYS 灾备软件[简称：浪擎 DAYS]V4.0
613	上海引跑信息科技有限公司	INTPLE Cloud DB 云数据库软件 V2.0
614	上海引跑信息科技有限公司	INTPLE Cloud Content Management 云内容管理软件 V2.0
615	上海安誉智能科技有限公司	安誉智能传感器处理软件 V1.0
616	上海安誉智能科技有限公司	安誉红外气体分析软件 V1.0
617	上海长帆信息科技有限公司	长帆 APS 空中充值软件 V1.0
618	上海昊声电子信息技术有限公司	昊声智能缺陷侦测管理控制软件 V1.0
619	上海移畅信息技术有限公司	移畅 GV200 车载追踪器软件 V1.0
620	上海移畅信息技术有限公司	移畅 GL200 宠物追踪器软件 V1.0
621	上海捷控软件技术有限公司	捷控自适应在线优化软件 V1.0
622	上海爱韦讯信息技术有限公司	爱韦讯《机载软件集成研制环境》软件[简称：ASIDE]V1.2
623	上海三零卫士信息安全有限公司	三零卫士鹰眼入侵检测软件 V2.0
624	上海商永智能科技有限公司	商永移动警务软件 V1.0
625	上海三零卫士信息安全有限公司	三零卫士鹰眼卫士信息安全综合管理平台软件 V1.0
626	上海策上数码科技有限公司	策上移动警务应用软件 V1.2
627	上海长帆信息科技有限公司	长帆 ACIP 普通商品防伪查询软件 V1.0
628	中小融辅软件科技(上海)有限公司	中小融辅中小企业应收账款池融资管理软件 V1.0
629	上海数慧系统技术有限公司	数慧基于 Web 的地理信息软件[简称：WebGIS]V1.0
630	上海数慧系统技术有限公司	数慧业务基础平台软件[简称：DAP]V3.4
631	上海数慧系统技术有限公司	数慧基于 CAD 二次开发的 GIS 应用开发组件软件[简称：CAD-GX]V2.0
632	上海汉邦京泰数码技术有限公司	汉邦计算机及移动存储介质保密管理软件 V1.0
633	上海深厚数码科技有限公司	智尊宝纺服装纸样设计软件[简称：智尊宝纺]V1.0
634	珂琉尔信息技术(上海)有限公司	珂琉尔车间实时化可视执行软件 V1.0
635	上海梦擎信息科技有限公司	梦擎地图引擎软件[简称：SME]V7.0
636	上海印智信息科技有限公司	印智印刷行业信息化管理软件 V5.3
637	上海网跃信息技术有限公司	“上海市防汛信息中心”短信和传真平台软件 V1.0
638	上海市防汛信息中心(上海市水务信息中心，上海市海洋信息中心)	“上海市水务信息中心”水务数据监控平台软件 V1.0
639	上海市防汛信息中心(上海市水务信息中心，上海市海洋信息中心)	“上海市水务信息中心”水务信息设施运维服务管理平台软件 V1.0

续 表

序号	企业名称	产品名称
640	上海市防汛信息中心(上海市水务信息中心,上海市海洋信息中心)	"上海市防汛信息中心"防汛"一网四库"应急管理软件 V1.0
641	上海久雅信息科技有限公司	久雅企业服务构建平台软件 V2.0
642	上海直真冠合信息技术有限公司	直真 PIS 中心管理软件 V2.0
643	上海华安丹枫计算机科技有限公司	华安丹枫餐典电子点餐软件[简称:餐典电子点餐]V1.0
644	上海东峻信息科技有限公司	东峻三维全矢量光电/电磁波仿真软件 V1.0
645	上海贯信信息技术有限公司	贯信 Lifecycle RCP 平台软件 V1.0
646	上海梦擎信息科技有限公司	梦擎云端导航实时路况实现软件 V4.6.9
647	艾宾信息技术开发(上海)有限公司	艾宾 VB Migration Studio 软件[简称:VBMStudio]V1.0
648	上海嘉骏信息科技有限公司	嘉骏图像自动曝光和自动白平衡控制软件 V1.0
649	上海雨人软件技术开发有限公司	雨人网络神探安全审计软件 V7.0
650	上海贝塔斯曼商业服务有限公司	贝塔斯曼财务服务平台管理软件 V1.0
651	上海灿态信息技术有限公司	灿态生产制造企业生态效率评估软件 V1.0
652	上海灿态信息技术有限公司	灿态统计过程控制软件 V1.0
653	上海普坤信息科技有限公司	普坤科技服务集成平台软件[简称:PKOIP]V2.1
654	上海沙舟信息科技有限公司	沙舟 Gemini 网络多人互动服务系统平台软件[简称:Gemini 系统平台软件]V1.0
655	上海宝景信息技术发展有限公司	宝景返修判定功能改造研究软件 V1.0
656	上海宝景信息技术发展有限公司	宝景钢管产品成本盈利应用软件 V1.0
657	上海宝景信息技术发展有限公司	宝景钢管事业部生产管制信息软件 V1.0
658	上海宝景信息技术发展有限公司	宝景热轧精整区域生产管控软件 V1.0
659	上海宝景信息技术发展有限公司	宝景特钢成本核算系统优化改造软件 V1.0
660	上海宝景信息技术发展有限公司	宝景优化待判成品处理的研究软件 V1.0
661	精进百思特电动(上海)有限公司	精进百思特车用永磁驱动电机控制软件 V1.0
662	精进百思特电动(上海)有限公司	精进百思特车用永磁发电电机控制软件 V1.0
663	精进百思特电动(上海)有限公司	精进百思特车用永磁电机能量回馈控制软件 V1.0
664	上海汉乾信息科技发展有限公司	汉乾能效分析软件[简称:HQEAS]V1.0
665	上海汉乾信息科技发展有限公司	汉乾后勤设备智能化管理软件[简称:HQLIMP]V1.0
666	上海华依信息技术有限公司	华依视觉防错软件 V1.0
667	上海汉乾信息科技发展有限公司	汉乾后勤基建信息管理软件[简称:HQLAS]V1.0
668	上海亿径智能科技有限公司	亿径 GPS 物流监控调度软件 V1.0
669	上海亿径智能科技有限公司	亿径交通数据资源管理中心软件 V1.0
670	延锋伟世通电子科技(上海)有限公司	延锋伟世通 DC1.0 蓝牙模块软件 V3.5.0
671	延锋伟世通电子科技(上海)有限公司	延锋伟世通 N350 音响控制软件 V1.0
672	延锋伟世通电子科技(上海)有限公司	延锋伟世通 Macro2 导航软件 V1.0

续 表

序号	企业名称	产品名称
673	上海盛本通讯科技有限公司	盛本 GPS 远程定位查询软件 V1.0
674	上海京颐信息科技有限公司	京颐护士站公告信息管理软件 V2.0
675	上海京颐信息科技有限公司	京颐无线电子床头卡软件 V2.0
676	上海时代光华教育发展有限公司	时代光华网络课程软件 V1.0
677	上海时代光华教育发展有限公司	时代光华在线培训软件 V4.0
678	上海时代光华教育发展有限公司	时代光华网络课件制作软件 V1.0
679	上海时代光华教育发展有限公司	时代光华 PAAS 学习服务平台软件 V4.0
680	上海梁江通信技术有限公司	梁江信令引擎业务应用软件 V2.0
681	上海梁江通信技术有限公司	梁江信令接入控制处理软件 V2.0
682	上海梁江通信技术有限公司	梁江信令防火墙软件 V2.0
683	上海梁江通信技术有限公司	梁江数据分析处理软件 V2.0
684	上海梁江通信技术有限公司	梁江本地操作管理软件 V2.0
685	上海梁江通信技术有限公司	SigEngine 业务报表处理软件 V1.0
686	上海梁江通信技术有限公司	SigEngine 信令模型分析软件 V1.0
687	上海梁江通信技术有限公司	SigEngine IP 信令防火墙软件 V1.0
688	延锋伟世通电子科技(上海)有限公司	延锋伟世通汽车报警及门锁控制软件 V1.0
689	上海时代光华教育发展有限公司	时代光华专家中心管理软件 V1.0
690	上海时代光华教育发展有限公司	时代光华证书应用软件 V1.0
691	延锋伟世通电子科技(上海)有限公司	延锋伟世通 J64 音响控制软件 V1.0
692	上海时代光华教育发展有限公司	时代光华证书管理软件 V1.0
693	延锋伟世通电子科技(上海)有限公司	延锋伟世通 B515 音响控制软件 V1.0
694	上海紫越网络科技有限公司	紫越计财科拔付软件 V1.0
695	中标软件有限公司	中标麒麟安全云操作系统软件 V6.0
696	上海汇尼信息科技有限公司	汇尼报户工程管理软件 V7.0
697	上海汇尼信息科技有限公司	汇尼表具业务管理软件 V6.0
698	中标软件有限公司	中标麒麟通用服务器操作系统软件 V6.0
699	上海时代光华教育发展有限公司	时代光华企业培训室软件 V1.0
700	中标软件有限公司	中标麒麟高级服务器操作系统软件 V6.0
701	上海时代光华教育发展有限公司	时代光华面授课程软件 V1.0
702	上海时代光华教育发展有限公司	时代光华混合培训管理软件 V1.0
703	宏测信息技术(上海)有限公司	宏测 IC 向量编译软件 V1.0
704	上海华腾软件系统有限公司	TOP Security 密钥管理软件[简称：TOP Security]V1.0
705	上海华腾软件系统有限公司	TOP FCS TRAINING 测试培训软件[简称：TOP FCS TRAINING]V1.0

续 表

序号	企业名称	产品名称
706	上海华腾软件系统有限公司	TOP FCS TEST 仿真测试平台软件[简称：TOP FCS TEST]V1.0
707	宏测信息技术(上海)有限公司	宏测集成电路测试机械手控制软件 V1.0
708	上海易联网络技术有限公司	易联魔与道 Java 版手机网络游戏软件 V1.0
709	中标软件有限公司	中标麒麟高可用集群软件 V6.0
710	上海汇尼信息科技有限公司	汇尼地理信息管理软件 V2.0
711	上海汇尼信息科技有限公司	汇尼给排水管理信息软件 V8.0
712	上海湾流通信科技有限公司	湾流信令共享平台应用仿真软件 V1.0
713	上海汇尼信息科技有限公司	汇尼抄表机管理软件 V5.0
714	上海庞翎智能信息科技发展有限公司	庞翎 OXE 统一通信智能平台软件 V1.0
715	施特伟科技(上海)有限公司	施特伟 iHRplus 人力资源管理软件 V6.0
716	上海汇尼信息科技有限公司	汇尼触摸屏管理软件 V5.0
717	上海汇尼信息科技有限公司	汇尼语音查询催费管理软件 V5.0
718	上海远瞩计算机信息技术有限公司	远瞩网上招投标及智能化评标软件 V1.0
719	上海视加信息科技有限公司	视加科技 VXPLO 视频编辑/播放软件[简称：VXPLO Editor/Player]V1.0
720	乐线软件开发(上海)有限公司	乐线疯狂星球游戏软件 V1.0.0.0
721	上海创盈先科信息技术有限公司	益盟操盘手新盯盘先锋深度分析软件[简称：新盯盘先锋]V1.0
722	上海游客行网络科技有限公司	游客行御龙道网络游戏软件 V1.0
723	上海汇尼信息科技有限公司	汇尼管网监控管理软件 V2.0
724	上海汇尼信息科技有限公司	汇尼供水综合管理软件 V8.0
725	华平信息技术股份有限公司	AVCON 视频综合监控指挥平台软件[简称：AVCON UCC 系统]V6.0
726	上海卓畅数码科技有限公司	卓畅 SinoCAM 排料软件[简称：SinoCAM]V8.0
727	上海欧比爱思晟峰软件有限公司	欧比爱思健康体检软件 V1.0
728	上海秦晖信息科技有限公司	秦晖我的交易师程序化交易软件 V1.0
729	普华基础软件股份有限公司	普华 i-VirtualApp 交付系统应用软件[简称：普华 i-VirtualApp]V4.0
730	上海海钛软件科技有限公司	海钛 FOS 国际货代管理软件 V3.0
731	上海卡司特曼信息技术有限公司	卡司特曼会员网上商城软件 V1.0
732	上海迅傲信息科技有限公司	迅傲在线测评软件 V2.0
733	上海思华网络科技有限公司	思华网络三网融合业务优化平台软件 V1.0
734	上海杰勤信息技术有限公司	杰勤 MQA 媒体质量分析软件 V1.2
735	芯讯通无线科技(上海)有限公司	芯讯通 SIM 系列 TD 模块软件 V1.5
736	芯讯通无线科技(上海)有限公司	芯讯通 SIM908 模块软件 V1.0
737	芯讯通无线科技(上海)有限公司	芯讯通 SIM800E 模块软件 V1.0

续 表

序号	企业名称	产品名称
738	上海益盟软件技术股份有限公司	益盟操盘手领先版智能投资策略软件[简称：益盟操盘手领先版]V1.0
739	上海益盟软件技术股份有限公司	益盟操盘手经典版深度分析决策软件[简称：益盟操盘手经典版]V1.0
740	上海东方申信科技发展有限公司	申信移动办公管理软件 V1.0
741	上海锦江电子技术工程有限公司	锦江多重人脸精确生物识别软件 V1.0
742	上海东方申信科技发展有限公司	申信轨道车辆轴箱温度检测软件 V1.0
743	上海秦晖信息科技有限公司	秦晖 Auto Language 程序化编辑器软件 V1.0
744	上海友游网络技术有限公司	游多多旅行网多多驿站电子商务软件 V1.0
745	上海思华科技股份有限公司	思华内容管理平台软件 V3.3
746	上海思华科技股份有限公司	思华门户管理软件 V3.3
747	上海科箭软件科技有限公司	科箭 Power RF 无线实时仓储管理软件 V1.0
748	上海科箭软件科技有限公司	科箭 MES 管理软件 V1.0
749	上海科箭软件科技有限公司	科箭 Visual 条码交易软件 V2.0
750	上海科箭软件科技有限公司	科箭 Power TMS 移动应用软件 V1.0
751	上海科箭软件科技有限公司	科箭 Power Web Work 协同管理平台软件 V1.0
752	上海帕涅信息科技有限公司	帕涅视频互动软件[简称：视频互动系统]V1.0
753	上海宏银信息科技有限公司	宏银科研项目网上申报平台软件[简称：宏银科研项目网上申报平台]V1.0
754	上海麦杰科技股份有限公司	麦杰移动厂级监控信息系统管理软件[简称：openPlant ISIS]V1.0
755	上海图安实业有限公司	图安 1268 指纹智能锁应用软件[简称：图安 1268 指纹锁软件]V1.0
756	上海华腾软件系统有限公司	TOP FCS CCHS 应用软件[简称：TOP FCS]V3.0
757	上海锦游网络技术有限公司	锦游侠客列传网络游戏软件 V2.0
758	上海网频电子科技有限公司	网频 WIFI-RFID 实时定位软件 V1.0
759	上海良骏信息科技有限公司	良骏评奖管理软件 V1.0
760	上海科联信息系统有限公司	科联存储性能分析应用软件 V1.0
761	上海聚微计算机技术有限公司	聚微侦查信息平台软件 V1.0
762	上海易溯信息科技有限公司	易溯综合赋码管理软件[简称：CMS]V1.0
763	上海齐屹信息科技有限公司	齐屹装修服务电子商务平台软件 V1.0
764	上海华腾软件系统有限公司	TOP BI 基础产品研发软件 V3.0
765	上海华腾软件系统有限公司	Top Card Pay 一体化行业支付卡研发软件 V1.0
766	上海洲信信息技术有限公司	洲信通信助理自服务平台软件 V1.0
767	上海东旦软件开发有限公司	东旦绩效管理软件 V3.0
768	延锋伟世通电子科技(上海)有限公司	延锋伟世通 SGM308 收音机控制软件 V2.3.0
769	上海中交海德交通科技股份有限公司	海德公路基础数据服务软件[简称：HeadGeoServer]V1.0

续 表

序号	企业名称	产品名称
770	延锋伟世通电子科技(上海)有限公司	延锋伟世通 CN100 汽车仪表控制软件 V1.0
771	延锋伟世通电子科技(上海)有限公司	延锋伟世通 C520 汽车仪表控制软件 V1.0
772	上海中交海德交通科技股份有限公司	海德公路基础数据 GIS 可视化管理软件[简称：HEAD-VDM]V1.0
773	上海中交海德交通科技股份有限公司	海德高速公路养护管理软件[简称：HEAD-MMS]V8.0
774	趋势科技(中国)有限公司	趋势科技安全无忧软件 V7.0
775	上海天律信息技术有限公司	马克威决策支持平台软件 V2.0
776	泛亚汽车技术中心有限公司	泛亚车身控制器软件 V1.0
777	上海全球卫星导航有限公司	全球北斗海洋渔业船载终端设备软件 V1.0
778	上海伊丰新能源科技有限公司	伊丰工业气体加液机计量与控制软件 V2.0
779	上海伊丰新能源科技有限公司	伊丰 LNG 加液机上位机监控软件 V2.0
780	上海伊丰新能源科技有限公司	伊丰 LNG 加液机计量与控制软件 V2.0
781	上海伊丰新能源科技有限公司	伊丰气化站上位机监控软件 V2.0
782	上海伊丰新能源科技有限公司	伊丰组态控制软件 V2.0
783	上海局放软件技术有限公司	局放 PDS02 信号处理与诊断软件 V1.0
784	上海今创信息技术有限公司	今创病案统计管理软件 V7.0
785	上海乾业信息科技有限公司	乾业发票批次管理软件 V1.0
786	上海金曲信息技术有限公司	金曲设计质量管理软件 V7.0
787	梅特勒-托利多仪器(上海)有限公司	梅特勒-托利多化学分析处理软件 V1.0
788	梅特勒-托利多仪器(上海)有限公司	梅特勒-托利多称量处理软件 V1.0
789	上海矽思信息技术有限公司	SMISYS HSC 一卡通软件 V3.0
790	梅特勒-托利多仪器(上海)有限公司	梅特勒-托利多产品检测处理软件 V1.0
791	上海莱升信息科技有限公司	莱升财务管理软件 V5.1
792	上海蓝灯软件科技有限公司	蓝灯情报分析软件 V2.0
793	上海军惠数码科技有限公司	军惠医技检查信息软件 V1.0
794	上海局放软件技术有限公司	局放 PDS04 手持超高频仪软件 V1.0
795	上海局放软件技术有限公司	局放 PDS03 手持地电波仪软件 V1.0
796	上海宝信软件股份有限公司	宝信船舶制造 MES 软件 V1.0
797	上海宝信软件股份有限公司	宝信船舶制造生产计划管理软件 V1.0
798	上海丁讯数字出版科技有限公司	丁讯丁博士教学云软件 V1.0
799	上海精火电子科技有限公司	精火沙豆媒体中心平台软件 V1.0
800	上海聚仁电力科技有限公司	GIARISRGP 智能化微机保护软件 V3.00
801	上海凯创建筑科技有限公司	凯创绿色建筑设计软件 V1.0
802	上海凯源软件技术有限公司	凯源访客行为跟踪软件 V1.0
803	上海恬阳软件科技有限公司	恬阳检验科 LIS 软件 V1.0

续 表

序号	企业名称	产品名称
804	上海通天晓信息技术有限公司	通天晓 x-WMS Pro 仓库管理软件 V1.0
805	上海局放软件技术有限公司	局放 PDS01 信号处理与诊断软件 V1.0
806	上海领世通信技术发展有限公司	领世通信网络视频适配器软件 V3.0
807	上海领世通信技术发展有限公司	领世通信监控设备搜索管理单元软件 V1.1
808	上海会达软件技术有限公司	会达三维脑外科 DICOM 打印软件 V1.0
809	上海复尧计算机科技有限公司	复尧智慧校园软件 V2.0
810	上海复尧计算机科技有限公司	复尧学校重复事件管理软件 V1.0
811	上海复尧计算机科技有限公司	复尧 FYIS Management Information System 软件 V2.0
812	上海汇尼信息科技有限公司	汇尼短信平台管理软件 V5.0
813	上海泽汉无线技术有限公司	泽汉高频无线数据传输应用软件 V1.0
814	上海诺天环保科技有限公司	诺天基于 GPRS/CDMA 的污水处理远程监控软件 V1.0
815	捷开通讯科技(上海)有限公司	捷开科技 QCOM8255 平台手机软件 V1.0
816	捷开通讯科技(上海)有限公司	捷开科技 MTK6573 平台手机软件 V1.0
817	捷开通讯科技(上海)有限公司	捷开科技 MTK6276 平台手机软件 V1.0
818	上海共久电气有限公司	共久变频器调速控制软件 V2.00
819	上海乾徽智能科技有限公司	乾徽智能全自动直播录播软件 V6.0
820	上海普萨斯电子科技有限公司	普萨斯 HTP821S 打印机控制软件(蓝牙版)V6.0A
821	上海晟东电力科技有限公司	晟东智能自愈配电子站软件 V2.0
822	上海晟东电力科技有限公司	晟东智能自愈监控维护软件 V2.0
823	上海晟东电力科技有限公司	晟东 IEC61968 模型与消息验证工具软件 V1.0
824	上海铠射信息科技有限公司	铠射金证可信保障管理软件 V1.0
825	上海卓领通讯技术有限公司	卓领云桌面管理软件 V1.0
826	上海师庆科技发展有限公司	师庆文化旅游地图信息平台软件 V1.0
827	上海拓瀛通信科技有限公司	拓瀛 FTTx 业务综合支撑软件 V1.0
828	上海远跃信息技术有限公司	远跃信息企业综合管理软件 V1.0
829	捷开通讯科技(上海)有限公司	捷开科技 Broadcom 平台手机软件 V1.0
830	上海宝信软件股份有限公司	宝信企业标准成本管理软件 V1.0
831	上海宝信软件股份有限公司	宝信电子交易软件 V1.0
832	上海格瓦商务信息咨询有限公司	格瓦手机购电影票 android 版软件 V1.5.6
833	上海格瓦商务信息咨询有限公司	格瓦手机购电影票 ios 版软件 V1.5.6
834	上海格瓦商务信息咨询有限公司	格瓦羽毛球场馆在线管理软件 V2.0
835	上海中众软件科技有限公司	中众 F3 人事管理软件 V1.0
836	上海中众软件科技有限公司	中众 F3 会所管理软件 V1.0
837	上海格瓦商务信息咨询有限公司	格瓦自助式电子票务软件 V2.2

续 表

序号	企业名称	产品名称
838	上海傲蓝信息科技有限公司	傲蓝科技 RFC Translator 软件 V1.0
839	上海安琪艾可网络科技有限公司	安琪艾可绘图杂志多媒体展示软件 V1.0
840	上海新致软件有限公司	新致 Newtouch Domain 主题查询软件 V1.0
841	上海睿景计算机科技有限公司	睿景医院信息管理软件 V3.6
842	上海欧计斯软件有限公司	欧计斯 TransMule 可视化编程软件 V1.0
843	上海颐东网络信息有限公司	英赛虎网络刻录机软件[简称：网络刻录机]V1.0
844	上海东兰信息技术有限公司	东兰 LiveFlow 工作流程管理软件[简称：LiveFlow]V5.0
845	上海坤大信息技术有限公司	坤大机器人码垛系统控制软件 V1.0
846	上海天纵网络有限公司	天纵网络《飚车世界》游戏软件 V1.0
847	上海游唐网络技术有限公司	游唐网络末日重生 OL 游戏软件 V1.0.0
848	上海汉鼎电力科技有限公司	汉鼎输电线路在线监测装置全网时间同步管理软件 V1.0
849	上海汉鼎电力科技有限公司	汉鼎输电线路覆冰灾害在线监测及预警软件 V1.0
850	上海凌云瑞升燃烧设备有限公司	凌云瑞升一体式燃烧系统自动化控制软件 V2.0
851	上海凌云瑞升燃烧设备有限公司	凌云瑞升分体式燃烧系统自动化控制软件 V2.0
852	上海爱斯佩克环境设备有限公司	爱斯佩克远程集中控制软件 V1.0
853	上海爱斯佩克环境设备有限公司	爱斯佩克三综合升降控制软件 V2.0
854	上海爱斯佩克环境设备有限公司	爱斯佩克 SEG 温度控制软件 V2.0
855	上海山源电子电气科技发展有限公司	山源数字调度机控制软件 V2.0
856	上海山源电子电气科技发展有限公司	山源钢丝绳芯输送带横向断裂监测系统控制软件 V2.0
857	上海山源电子电气科技发展有限公司	山源矿用无线通信系统控制软件 V2.0
858	上海山源电子电气科技发展有限公司	山源信号发生装置控制软件 V1.0
859	上海凯华电源成套设备有限公司	凯华直流电源在线监控诊断软件 V2.0
860	上海爱斯佩克环境设备有限公司	爱斯佩克 EH 温湿度控制软件 V2.0
861	上海凯华电源成套设备有限公司	凯华远程维护软件 V3.0
862	上海山源电子电气科技发展有限公司	山源漏电保护装置控制软件 V1.0
863	上海阿尔卡特网络支援系统有限公司	“上海阿尔卡特网络”用户信息汇聚平台软件[简称：用户信息汇聚平台]V1.0
864	上海君协光电科技发展有限公司	君协光电高速数据采集及信号分析软件[简称：分析软件]V1.0
865	上海圣桥信息科技有限公司	圣桥 StorACL 访问控制管理软件[简称：ACL]V1.0
866	上海圣桥信息科技有限公司	圣桥 StorCloud 云存储管理软件[简称：StorCloud]V1.0
867	上海星果网络科技有限公司	星果疯狂的小鸟游戏软件 V1.0
868	上海迅图数码科技有限公司	迅图呼叫中心接警管理软件 V1.0
869	上海迅图数码科技有限公司	迅图设备实时监控管理软件 V1.0
870	上海迅图数码科技有限公司	迅图人员定位管理软件 V1.0

续 表

序号	企业名称	产品名称
871	上海艾诺电子有限公司	艾诺 MOL－180 全自动生化分析仪软件 V1.0
872	上海光亮光电科技有限公司	巡航者 GL－2000 光纤式管线安全预警软件[简称：巡航者报警软件]V1.0
873	上海加力气体有限公司	加力制氮机双塔精馏系统监控软件[简称：制氮机双塔精馏系统]V1.0
874	上海集睿信息科技有限公司	集睿无线数据传输软件[简称：集睿数传软件]V1.0
875	上海阿尔卡特网络支援系统有限公司	SANSS Octopus 综合业务平台监控软件[简称：综合业务平台网管]V2.0
876	上海阿尔卡特网络支援系统有限公司	"上海阿尔卡特网络"机房维护综合管理软件[简称：机房维护综合管理软件]V1.0
877	上海阿尔卡特网络支援系统有限公司	"上海阿尔卡特网络" PON 综合测试软件[简称：PON 综合测试软件]V3.0
878	前锦网络信息技术(上海)有限公司	前锦项目开发流程管理软件 V1.0
879	前锦网络信息技术(上海)有限公司	前锦中文简历自动分析软件 V2.0
880	前锦网络信息技术(上海)有限公司	前锦自动视频面试软件 V1.0
881	前锦网络信息技术(上海)有限公司	前锦网才 iPad 客户端软件 V1.0
882	前锦网络信息技术(上海)有限公司	前锦求职通 iPhone 客户端软件 V1.6
883	前锦网络信息技术(上海)有限公司	前锦人事外包业绩计算软件 V1.0
884	前锦网络信息技术(上海)有限公司	前锦个人增值服务软件 V1.0
885	前锦网络信息技术(上海)有限公司	前锦人力资源调研中心软件 V1.0
886	前锦网络信息技术(上海)有限公司	前锦网才 HR 工具箱软件 V1.0
887	上海普兰投资管理有限公司	普兰票据交易管理软件[简称：PR 票据交易管理系统]V9.0
888	上海阿尔卡特网络支援系统有限公司	"上海阿尔卡特网络"智能电视终端管理软件[简称：智能电视终端管理软件]V1.0
889	上海达梦数据库有限公司	达梦数据库访问安全隔离软件[简称：数据库访问安全隔离系统]V1.0
890	上海华立软件系统有限公司	华立统一数据采集与集中监控平台软件 V1.0
891	上海阿尔卡特网络支援系统有限公司	"上海阿尔卡特网络"综合信息网关平台软件[简称：综合信息网关平台]V1.0
892	上海阿尔卡特网络支援系统有限公司	"上海阿尔卡特网络"服务开通系统工单监控软件[简称：服务开通系统工单监控软件]V1.0
893	上海达梦数据库有限公司	达梦数据迁移工具软件[简称：DTS]V1.0
894	上海格尔软件股份有限公司	格尔 ECC 证书认证软件 V1.0
895	上海开闻信息科技有限公司	开闻 KW－M520 TD－SCDMA 测试模块软件[简称：TD－SCDMA 测试模块]V1.5
896	上海格尔软件股份有限公司	格尔签名验证软件 V1.0
897	上海金蝶软件科技有限公司	金蝶 KIS 店铺版软件 V3.0
898	上海金蝶软件科技有限公司	金蝶 KIS 财税王迷你版软件 V9.1
899	上海金蝶软件科技有限公司	金蝶 KIS 财税王标准版软件 V9.1

续 表

序号	企业名称	产品名称
900	爱德威信息科技(上海)有限公司	爱德威 Hero 游戏软件 V1.0
901	上海瀚正信息科技有限公司	瀚正视频侦查研判指挥平台软件 V2.0
902	上海互联网软件有限公司	必优必达电子政务应用软件 V2.0[简称：EGS29 应用系统]V2.0
903	上海互联网软件有限公司	必优必达小型建设工程招投标管理信息软件 V1.0[简称：小型建设工程招投标管理信息系统]V1.0
904	上海追索信息科技有限公司	追索水产流通安全信息追溯软件[简称：水产追溯软件]V1.0
905	上海追索信息科技有限公司	追索肉类蔬菜流通安全信息追溯软件[简称：肉菜追溯软件]V1.0
906	上海保奇计算机科技有限公司	保奇保险客户自助报案理赔手机客户端软件 V1.0
907	中国铁路通信信号上海工程集团有限公司	通号磁悬浮列车乘客信息软件 V1.0
908	中国铁路通信信号上海工程集团有限公司	通号视频监控处理软件 V1.0
909	中国铁路通信信号上海工程集团有限公司	通号轨道交通集中监测告警软件 V1.0
910	上海天律信息技术有限公司	马克威人口分析预测软件 V1.0
911	上海复旦光华信息科技股份有限公司	光华能耗监测管理软件[简称：能耗监测管理]V1.0
912	上海寅动信息科技有限公司	寅动人体动态捕捉识别软件 V1.0
913	上海尔凌软件科技有限公司	20-20 家具设计软件 V10
914	上海正汇信息技术有限公司	尺寸电子政务云平台管理软件 V1.0
915	聚智海事信息技术(上海)有限公司	聚智 SD-Mate 船舶生产设计自动化辅助软件 V3.0
916	上海德义机电有限公司	德义自动检漏控制软件 V2.0
917	上海海屹达信息科技发展有限公司	海屹达烟草二维码防伪物流营销系统信息发布平台软件 V1.0
918	上海海屹达信息科技发展有限公司	海屹达烟草行业二维码防伪物流系统数据管理平台软件 V1.0
919	上海海屹达信息科技发展有限公司	海屹达烟草二维码在线检测系统平台软件 V1.0
920	上海彼安信息技术有限公司	彼安计算机安全保密检查工具软件 V1.3
921	上海爱数软件有限公司	爱数 TxCloud 云柜软件 V1.0
922	上海具特测控技术有限公司	具特自动化系统管控软件 V3.0
923	上海盛蒂斯自动化设备有限公司	盛蒂斯电梯远程监控系统控制软件 V1.0
924	上海紫越网络科技有限公司	紫越远程自助打印复印应用软件 V2.0
925	上海紫越网络科技有限公司	紫越校园智能管理软件 V1.0
926	上海紫越网络科技有限公司	紫越办公自动化软件 V2.0
927	上海紫越网络科技有限公司	紫越自助打印复印软件 V1.0
928	上海紫越网络科技有限公司	紫越网络行为监控软件 V1.0
929	上海亿柱信息科技有限公司	亿柱汽车会员管理软件 V2.0
930	上海云蟾网络科技有限公司	云蟾蜀门Ⅱ网络游戏软件 V1.0
931	上海云蟾网络科技有限公司	云蟾 UI 编辑器软件 V1.0

续 表

序号	企业名称	产品名称
932	富世惠智科技(上海)有限公司	富世惠智基于 RFID 技术会员管理软件 V1.0
933	上海亿柱信息科技有限公司	亿柱汽车透明车间管理软件 V3.0
934	延锋伟世通电子科技(上海)有限公司	延锋伟世通 J68CC 音响控制软件 V2.3.3
935	延锋伟世通电子科技(上海)有限公司	延锋伟世通 IP24 组合仪表控制软件 V1.0
936	延锋伟世通电子科技(上海)有限公司	延锋伟世通 C520 多功能显示屏控制软件 V1.0
937	延锋伟世通电子科技(上海)有限公司	延锋伟世通 B299 MCA 音响控制软件 V1.24.1
938	延锋伟世通电子科技(上海)有限公司	延锋伟世通 B299MCA 组合仪表控制软件 V1.0
939	上海汇尼信息科技有限公司	汇尼银行中间件软件 V6.0
940	上海起凡数字技术有限公司	起凡断线重连系统服务软件 V1.0
941	上海鲁班软件有限公司	鲁班造价软件[简称：鲁班造价]V5.9.0
942	上海鲁班软件有限公司	鲁班管理驾驶舱软件[简称：Luban MC]V6.2.0
943	上海鲁班软件有限公司	鲁班云碰撞检测软件[简称：Luban BIM Works]V2.0.0
944	上海心动企业发展有限公司	心动脚印 iOS 客户端软件 V1.0
945	上海鲁班软件有限公司	鲁班 BIM 浏览器软件[简称：Luban BE]V2.3.0
946	上海华师京城高新技术开发有限公司	华师京城教育云平台软件[简称：教育云平台]V2.0
947	上海华师京城高新技术开发有限公司	华师京城物理虚拟实验室软件 V3.0
948	上海华师京城高新技术开发有限公司	华师京城数字校园系统管理软件[简称：数字校园]V1.0
949	上海新致软件有限公司	新致会议室管理软件 V1.0
950	上海大智慧股份有限公司	大智慧高级版数据软件[简称：大智慧高级版]V7.06
951	上海心动企业发展有限公司	心动手机密保认证软件 V1.0
952	上海方能自动化系统科技有限公司	方能 FN1000 继电保护管理软件 V1.1.2
953	上海南康科技有限公司	南康电访专家软件 V4.0
954	上海合易应用软件系统有限公司	合易分销管理软件[简称：Easy DRP]V2.0
955	上海海港通信技术有限公司	海港电话导航软件 V1.0
956	上海科源电子科技有限公司	科源多功能触摸屏软件 V11.0
957	上海华东电脑系统工程有限公司	华东电脑 LONCOMIP 计算机监控软件 V3.0
958	上海科源电子科技有限公司	科源电阻焊机通信板通信控制软件 V1.1
959	上海科源电子科技有限公司	科源电阻焊机 CCS 控制中心软件 V1.0
960	上海博游网络科技有限公司	博游众神的召唤游戏软件[简称：众神的召唤]V1.0
961	福申信息系统(上海)有限公司	博川系列-路基土石方计量软件[简称：路基土石方计量软件]V1.0
962	上海英迪信息技术有限公司	英迪空运堆场申报软件 V1.0
963	佛朗克电子(上海)有限公司	佛朗克多圈编码器软件 V3.1
964	上海三达汽车技术有限公司	三达直流无刷电机控制软件 V3.0
965	上海红旗泰电子科技有限公司	红旗泰变频器控制软件 V2.0

续 表

序号	企业名称	产品名称
966	上海矩子智能科技有限公司	矩子视觉检测软件 V5.0
967	上海蓝灯软件科技有限公司	蓝灯云面试管理软件 V2.0
968	上海智飞网络工程有限公司	智飞网络支付平台软件 V1.0
969	上海智飞网络工程有限公司	智飞人力资源管理软件 V1.0
970	上海智飞网络工程有限公司	智飞检验鉴定管理应用软件 V1.0
971	上海汽车集团财务有限责任公司	上汽财务公司现金管理软件 V1.0
972	上海汽车集团财务有限责任公司	上汽财务公司电子商业汇票业务软件 V1.0
973	上海汽车集团财务有限责任公司	上汽财务个贷催收软件 V1.0
974	上海汽车集团财务有限责任公司	上汽财务车辆合格证远程监控软件 V1.0
975	上海澳润通信技术有限公司	澳润通信缓存软件 V6.5
976	上海能电信息技术有限公司	能电农配网工程信息管理软件[简称：农配网管理]V1.0
977	上海能电信息技术有限公司	能电规划管理软件[简称：能电规划管理]V1.0
978	上海金融期货信息技术有限公司	金融期货交易深度反演可视化软件[简称：交易反演系统]V1.0
979	上海金融期货信息技术有限公司	金融期货业务基础平台软件[简称：BIP]V1.50
980	上海融德机电工程设备有限公司	融德液位遥测软件[简称：RDLM]V1.10
981	上海融德机电工程设备有限公司	融德阀门遥控软件[简称：RDFK]V1.0
982	上海融德机电工程设备有限公司	融德排油监控软件[简称：RD-ODME]V1.10
983	上海华东电脑系统工程有限公司	华东电脑 LONWEB 嵌入式计算机监控软件 V2.0
984	上海瑞示电子科技有限公司	RScan-X 射线安全检查设备软件 V2.0
985	上海瑞示电子科技有限公司	瑞示操作员培训软件 V1.0
986	上海瑞示电子科技有限公司	瑞示行李复检软件 V1.0
987	上海起凡数字技术有限公司	起凡神捕系统服务软件 V1.0
988	上海起凡数字技术有限公司	起凡即时观战系统服务软件 V1.0
989	上海寰雷信息技术有限公司	寰雷 DNS 递归解析软件 V1.4
990	上海鲁班软件有限公司	鲁班钢筋(预算版)软件[简称：鲁班钢筋(预算版)]V20.0.0
991	上海电虎数码科技股份有限公司	电虎云存储软件[简称：电虎云存储]V1.0
992	上海鲁班软件有限公司	鲁班安装(预算版)软件[简称：鲁班安装(预算版)]V12.0.0
993	上海鲁班软件有限公司	鲁班土建(预算版)软件[简称：鲁班土建(预算版)]V22.0.0
994	上海外高桥造船有限公司	CSSC-SWS 船舶辅助设计软件 V1.0
995	上海德拓信息技术有限公司	德拓 DATRIX 一体化数据管理平台软件[简称：DATRIX]V1.0
996	上海下一代广播电视网应用实验室有限公司	NGBLab 互动终端网络管理系统测试工具软件[简称：ICM 系统测试工具软件]V1.0

续 表

序号	企业名称	产品名称
997	上海锐道信息技术有限公司	锐道 DORADO 移动互联网 WEB 中间件软件[简称：DORADO MI]V7.0
998	上海汇环信息科技有限公司	汇环药品电子监管码管理软件 V1.0
999	上海光极源网络科技有限公司	光极源星之战记游戏软件[简称：星之战记]V1.0
1000	上海软通软件开发技术有限公司	“软通”物流运输管理软件 V3.0
1001	上海软通软件开发技术有限公司	“软通”仓储配送管理软件 V1.0
1002	普尔盾电气(上海)有限公司	普尔盾 PES-3000 系列微机保护测控装置软件 V1.0
1003	普尔盾电气(上海)有限公司	普尔盾 PES-6600 系列数字式通用保护测控装置软件 V1.0
1004	普尔盾电气(上海)有限公司	普尔盾 PES-6100 系列微机保护测控装置软件 V1.0
1005	普尔盾电气(上海)有限公司	普尔盾 PES-9010 通讯管理机软件 V1.0
1006	普尔盾电气(上海)有限公司	普尔盾 PES-9100 系列微机保护测控装置软件 V1.0
1007	普尔盾电气(上海)有限公司	普尔盾 PES-9000SCADA 监控软件 V1.0
1008	普尔盾电气(上海)有限公司	普尔盾 PES-9600 系列数字式通用保护测控装置软件 V1.0
1009	上海阿申信息科技有限公司	“阿申”仓储配送管理软件 V1.0
1010	上海阿申信息科技有限公司	“阿申”物流运输管理软件 V3.0
1011	上海伊丰新能源科技有限公司	伊丰站控软件 V2.0
1012	上海伊丰新能源科技有限公司	伊丰 IC 卡管理控制软件 V2.0
1013	上海联轩信息科技有限公司	联轩实验室信息管理软件[简称：LXLIS]V1.0
1014	上海爱扑网络科技有限公司	爱扑皮卡堂虚拟社区管理软件 V1.0
1015	上海伊丰新能源科技有限公司	伊丰 CNG 加气机上位机监控软件 V2.0
1016	上海吉利思信息科技有限公司	吉利思药品生产信息管理软件 V1.0
1017	上海波司登信息科技有限公司	波司登电子商务管理软件 V2.0
1018	上海波司登信息科技有限公司	波司登分销管理软件 V1.0
1019	上海波司登信息科技有限公司	波司登 POS 软件 V1.1
1020	上海波司登信息科技有限公司	波司登 ERP 管理软件 V1.103
1021	上海天缘迪柯信息技术有限公司	天缘迪柯研判分析平台软件[简称：研判分析平台]V1.0
1022	上海天缘迪柯信息技术有限公司	天缘迪柯海关执法评估信息管理软件 V1.0
1023	上海天缘迪柯信息技术有限公司	天缘迪柯安全信息比对平台软件[简称：天缘迪柯比对平台]V1.0
1024	上海锐封软件有限公司	锐封能源管理软件 V1.0
1025	上海群天健康信息咨询有限公司	群天糖尿病精细化管理软件 V1.0
1026	上海锐封软件有限公司	锐封门禁管理软件 V1.0
1027	上海群天健康信息咨询有限公司	群天高血压精细化管理软件 V1.0
1028	上海伟睿特信息技术有限公司	伟睿特进销存优化软件 V1.0

续 表

序号	企业名称	产品名称
1029	上海伟睿特信息技术有限公司	伟睿特协作专家项目管理软件 V1.0
1030	上海伟睿特信息技术有限公司	伟睿特人事日常应用管理软件 V1.0
1031	上海伟睿特信息技术有限公司	伟睿特企业网络办公软件 V1.0
1032	PFU 上海计算机有限公司	PFU Go! Go! Flag! 国旗认识软件(幼教版)V1.0
1033	上海恒名软件有限公司	恒名订货会软件 V1.0
1034	上海伟睿特信息技术有限公司	伟睿特客户关系管理软件 V1.0
1035	上海吉利思信息科技有限公司	吉利思冷链智能管理软件 V1.0
1036	上海拓森信息科技有限公司	拓森 TS2000 故障录波联网管理软件 V1.0
1037	上海三镝船舶科技有限公司	三镝船舶认可型电子海图显示软件 V1.0
1038	上海红电自动化科技有限公司	HONDCS 工业炉监控软件[简称：燃气炉、电炉监控软件]V3.0
1039	上海高扬软件有限公司	高扬企业业务工作流程管理软件 V3.0
1040	上海摩软通讯技术有限公司	摩软 V366MMI 手机应用软件 V2.3
1041	上海摩软通讯技术有限公司	摩软 H6 人机交互手机软件 V8.0.3
1042	上海正欣信息技术有限公司	正欣厂务系统运行管理软件[简称：厂务系统运行管理软件]V1.0
1043	环众软件(上海)有限公司	环众物流实训室集成软件 V2.0
1044	上海摩软通讯技术有限公司	摩软 A32 人机接口手机软件 V8.0.3
1045	上海摩软通讯技术有限公司	摩软 A26 通讯控制手机软件 V1.0.6
1046	上海亿云信息技术有限公司	亿云 EBackup.cn 超易备软件 V1.0
1047	上海华勤通讯技术有限公司	华勤 Q86 手机通信软件 V0.1.2
1048	江守商事(中国)贸易有限公司	Exess 化学物质管理软件 V12.0
1049	上海中信信息发展股份有限公司	光典档案信息资源管理软件(监狱行业版)V1.0
1050	上海中信信息发展股份有限公司	中信服刑人员综合治理管理软件 V1.0
1051	上海中信信息发展股份有限公司	中信刑释解教人员信息管理软件 V1.0
1052	上海企顺信息系统有限公司	企顺销安达信息销毁软件[简称：BizInfoShred]V1.0
1053	易士软件(上海)有限公司	易士设计与分析云计算平台软件 V1.0
1054	上海华博信息服务有限公司	华博智慧自诊软件[简称：智慧自诊软件]V1.0
1055	上海华博信息服务有限公司	华博智慧药品专家软件[简称：智慧药品专家软件]V1.0
1056	上海华博信息服务有限公司	华博多媒体管理软件[简称：多媒体管理软件]V1.0
1057	上海无容电气有限公司	无容电能质量监测与分析软件 V1.0
1058	上海华博信息服务有限公司	华博多媒体导医软件[简称：多媒体导医软件]V1.0
1059	上海鑫磊信息技术有限公司	鑫磊招投标平台软件 V1.4
1060	上海岱嘉医学信息系统有限公司	岱嘉医疗影像存储与传输系统应用软件 V4.0
1061	上海迅时通信设备有限公司	迅时 OFFICIUM 办公通信软件[简称：OM-VOS]V2.1

续 表

序号	企业名称	产品名称
1062	上海霍莱沃电子系统技术有限公司	Hollywell 电磁场快速仿真分析软件 V2.0
1063	上海迅时通信设备有限公司	迅时 MX VOIP 软件[简称：MX－VOS]V1.9.2
1064	上海迅时通信设备有限公司	迅时无线通讯软件[简称：WROC－VOS]V2.0
1065	上海前沿计算机科技有限公司	前沿数据安全管理综合软件 V2.0
1066	上海埃帕信息科技有限公司	埃帕 EasyRDA 资源运维数据分析软件 V1.0
1067	上海沃动科技有限公司	沃动基于 Web2.0 的 Flash 网络视频互动软件[简称：IVCS]V1.0
1068	上海埃帕信息科技有限公司	埃帕 Egg 非结构化数据库软件 V1.2
1069	上海埃帕信息科技有限公司	埃帕 Cooling 互联网舆情报分析软件 V1.1
1070	上海埃帕信息科技有限公司	埃帕 EasyWlan 无线宽带接入管理控制软件 V1.0
1071	上海岱嘉医学信息系统有限公司	岱嘉 Unireport 放射科及内科系信息管理软件 V2.0
1072	上海恒屹信息技术有限公司	恒屹 EverERP 云智能企业管理平台软件[简称：EverERP 云智能企业管理平台]V1.0
1073	上海阿尔卡特网络支援系统有限公司	"上海阿尔卡特网络"机顶盒终端管理软件[简称：机顶盒终端管理软件]V1.0
1074	上海迅时通信设备有限公司	迅时会话边界控制软件[简称：SBC－VOS]V3.29
1075	上海海能汽车电子有限公司	海能远程诊断与管理车载模块控制软件 V1.0
1076	上海翰明计算机科技有限公司	翰明网上商城软件 V1.0
1077	上海翰明计算机科技有限公司	翰明集中对账管理软件 V2.0
1078	上海翰明计算机科技有限公司	翰明会计检查管理软件 V1.0
1079	上海翰明计算机科技有限公司	翰明电子档案管理软件 V1.0
1080	上海海能汽车电子有限公司	海能车载记录仪控制软件 V1.0
1081	上海北大青鸟信息系统有限公司	青鸟门户平台管理软件 V2.0
1082	上海中石物流科技有限公司	中石物流管理软件 V1.0
1083	上海汇和信息技术有限公司	汇和医生继续教育平台软件 V1.0
1084	上海艾诺电子有限公司	艾诺 MOL－300 全自动生化分析仪软件 V2.0
1085	上海敦敏信息科技有限公司	敦敏移动终端管控软件 V1.0
1086	上海信云无线通信技术有限公司	信云 QChat 调度台软件[简称：调度台]V1.0
1087	上海钢软信息技术工程股份有限公司	钢软电子交易管理软件[简称：钢软电子交易]V2.0
1088	科乐美软件(上海)有限公司	科乐美星海魅影游戏软件[简称：星海魅影]V1.0.0
1089	上海钢软信息技术工程股份有限公司	钢软 SE 管理软件[简称：钢软 SE]V9.0
1090	科乐美软件(上海)有限公司	群雄斗游戏软件[简称：群雄斗]V1.0.0
1091	超传信息技术(上海)有限公司	超传网络广告监测系统管理软件[简称：Eagle]V3.0
1092	上海岚盛电子科技有限公司	岚盛智能环境控制管理软件 V1.0
1093	上海岚盛电子科技有限公司	岚盛档案安全实时监测管理软件 V1.0
1094	上海禹时信息科技有限公司	禹时 Blackfire 影院售票软件 V1.0

续 表

序号	企业名称	产品名称
1095	智文电子(上海)有限公司	智文电子冷链监控平台软件 V1.0
1096	上海霍莱沃电子系统技术有限公司	Hollywell 暗室测试软件 V1.0
1097	上海霍莱沃电子系统技术有限公司	Hollywell 电子电气系统原理与工程设计软件 V1.0
1098	上海匡普信息技术有限公司	匡普自动化物流中心管理软件[简称：QuapWMS]V1.0
1099	上海朝盟计算机技术有限公司	朝盟标准自动化管理软件 V1.0
1100	上海市东方海事工程技术有限公司	东方海事变频传动装置控制软件 V1.0
1101	上海迪爱斯通信设备有限公司	DS 应急资源管理系统应用软件 V1.0
1102	上海迪爱斯通信设备有限公司	DS 风险隐患监测系统应用软件 V1.0
1103	上海巨蜥网络科技有限公司	巨蜥网络乱世游戏软件[简称：乱世]V2.0
1104	上海迪爱斯通信设备有限公司	DS 消防通信指挥系统应用软件 V3.0
1105	上海泽信软件有限公司	泽信医疗智能系统应用软件[简称：Zesing HBI]V1.0
1106	上海迪爱斯通信设备有限公司	DS 交换机远程维护软件 V1.0
1107	上海迪爱斯通信设备有限公司	DS21 CTI 中间件软件 V3.0
1108	上海迪爱斯通信设备有限公司	DS“一打一送”主叫信息传送软件 V1.0
1109	PFU 上海计算机有限公司	PFU 购书小助手图书查询软件 V1.0.0
1110	胜科金仕达数据系统(中国)有限公司	金仕达银行间清算会员交易结算软件[简称：银行间清算会员系统]V1.0
1111	上海羿诚信息技术有限公司	羿诚个人金融身份识别及合同面签远程监控软件[简称：面签软件]V1.0
1112	PFU 上海计算机有限公司	PFU 算算 24 点益智游戏软件 V1.0
1113	上海实甲电子科技有限公司	实甲烟草卷接设备 IPC 控制软件 V1.0
1114	上海实甲电子科技有限公司	实甲具有极速控制技术的烟支重量控制与质量检测软件 V1.0
1115	上海汇像信息技术有限公司	汇像智能停车场管理软件 V1.0
1116	上海乐炫通信技术有限公司	乐炫 LMW APP STORE 应用商店软件 V1.0
1117	上海欣国信息技术有限公司	欣国 C4 合法侦听网关软件 V1.0
1118	上海欣泰通信技术有限公司	欣泰移动问候短信业务软件 V1.0
1119	上海中讯锐尔软件科技有限公司	中讯锐尔 NasSafety 电子文档安全管理软件 V1.0
1120	上海飞闾信息技术有限公司	飞闾猎豹短平快软件 V1.0
1121	上海五项管理企业管理有限公司	五项管理客户售前管理应用软件 V1.0
1122	上海五项管理企业管理有限公司	五项管理日志填写训练应用软件 V1.0
1123	三洋信息系统(上海)有限公司	三洋场内名人固定资产管理软件 V1.0
1124	上海帕科网络科技有限公司	帕科云计算新闻管理平台软件 V1.0
1125	上海华虹集成电路有限责任公司	华虹 384 K 32 位高端 SIM 卡 COS 软件 V1.12
1126	上海华虹集成电路有限责任公司	华虹 140 K 高端大容量 SIM 卡 COS 软件 V1.10
1127	上海驰网工业科技有限公司	驰网智能纱线检测平台软件 V2.0

续 表

序号	企业名称	产品名称
1128	上海弗英荷资讯有限公司	弗英荷-麦咚咚外贸全球通软件 V4.0
1129	上海太迅自动识别技术有限公司	太迅验货软件 V1.0
1130	上海太迅自动识别技术有限公司	太迅抄单软件 V1.0
1131	上海齐家网信息科技股份有限公司	齐家移动电子商务平台软件 V1.0
1132	上海雨人软件技术开发有限公司	雨人网络神探安全审计软件 V7.0
1133	上海奥通激光技术有限公司	奥通 Q 开关激光治疗仪控制软件 V1.0
1134	上海禹为通信技术有限公司	禹为话务管控控制处理软件 V1.0
1135	上海禹为通信技术有限公司	禹为短信转移控制处理软件 V1.0
1136	上海必邦信息科技有限公司	必邦电子阅读中间件软件 V1.0
1137	上海坤亿信息技术有限公司	坤亿人力资源管理软件 V1.0
1138	上海申腾信息技术有限公司	申腾粮情监控管理软件 V1.0
1139	上海外高桥英得网络信息有限公司	英得综合保税区统计报表网上申报管理软件 V1.0
1140	上海未来宽带技术及应用工程研究中心有限公司	B-STAR 接入网集群管理系统(BCMP)客户端软件[简称：BCMP 客户端软件]V5.0
1141	上海未来宽带技术及应用工程研究中心有限公司	B-STAR 接入网集群管理系统(BCMP)服务器端软件[简称：BCMP 服务器端软件]V2.0
1142	上海未来宽带技术及应用工程研究中心有限公司	B-STAR 接入网集群管理系统(BCMP)代理端软件[简称：BCMP 代理端软件]V5.0
1143	上海派拉软件有限公司	派拉 IT 身份安全管理软件 V2.0
1144	胜科金仕达数据系统(中国)有限公司	金仕达跨市场期现套利终端软件[简称：期现套利终端]V1.0
1145	上海西默通信技术有限公司	西默智能 DNS 系统管理软件 V19.4
1146	上海西默通信技术有限公司	西默上网行为管理软件 V4.0
1147	上海有乐网络技术有限公司	有乐乐云 OS 软件[简称：乐云 OS]V3.0
1148	上海华颂软件科技有限公司	华颂波段选股王智能选股超级基金版软件[简称：波段选股王]V9.88
1149	上海华颂软件科技有限公司	华颂波段选股王智能选股超级机构版软件 V9.8
1150	上海电通信息服务有限公司	电通企业银行数据交换业务管理软件 V1.01
1151	上海淘邦电子商务有限公司	淘邦云管家派打商铺管理软件 V1.0.0
1152	三洋信息系统(上海)有限公司	三洋场内名人批号追踪管理软件 V1.0
1153	上海紫越网络科技有限公司	紫越后勤服务平台软件 V1.0
1154	上海创景计算机系统有限公司	创景 RTcase 需求分析和设计软件[简称：RTcase]V3.0
1155	上海创景计算机系统有限公司	创景 ADA 语言代码插装软件[简称：ADA instrument]V1.0
1156	上海达梦数据技术有限公司	达梦数据库管理系统软件[简称：DM]V6.8
1157	上海易图数码测绘信息有限公司	易图房产项目测绘软件 V1.0
1158	上海凡卓通讯科技有限公司	凡卓智能手机电容触摸屏驱动软件 V1.0

续 表

序号	企业名称	产品名称
1159	上海易立德企业管理咨询有限公司	易立德基于PLM的企业门户软件V1.0
1160	上海长润信息技术有限公司	长润现代物流管理平台软件[简称：MLMP]V1.0.0
1161	上海金蝶软件科技有限公司	金蝶KIS国际标准版软件V1.1
1162	上海金蝶软件科技有限公司	金蝶KIS零售版软件V4.2
1163	钜林信息技术(上海)有限公司	钜林收银管理软件[简称：ZENII POS]V5.0
1164	上海农业信息有限公司	上农信饲料生产管理软件V1.0
1165	上海农业信息有限公司	上农信涉农补贴资金监管平台软件V1.0
1166	上海农业信息有限公司	上农信商业数据挖掘软件V1.0
1167	上海农业信息有限公司	上农信农科热线软件V1.0
1168	上海农业信息有限公司	上农信农村土地承包经营信息管理软件V1.0
1169	上海伟睿特信息技术有限公司	伟睿特办公日程管理软件V1.0
1170	上海伟睿特信息技术有限公司	伟睿特人事智能优化软件V1.0
1171	上海瑞高信息技术有限公司	瑞高电视购彩前端展现平台软件[简称：瑞彩通前端平台]V1.0
1172	上海瑞高信息技术有限公司	瑞高电视购彩中心系统管理软件[简称：瑞彩通中心]V1.0
1173	上海上讯信息技术有限公司	上讯信息安全管理保护审计平台软件V3.1
1174	上海外高桥英得网络信息有限公司	英得统计报表设计软件V1.0
1175	上海轩圆生物科技有限公司	轩圆医患互动交流平台软件[简称：精英堂]V1.0
1176	上海外高桥英得网络信息有限公司	英得保税区出口加工区协会网上统计软件V1.0
1177	中通服网优技术有限公司	中通服网优线路智能维护管理软件V1.0
1178	上海巨诺软件科技有限公司	巨诺集装箱车队运输管理软件V1.0
1179	上海高智软件系统有限公司	高智ngXFS告警监控代理软件V1.0
1180	上海皓空数码科技有限公司	皓空嵌入式VOD软件V1.0
1181	上海海锐信息技术有限公司	海锐电影院线综合业务数据平台软件V1.0
1182	普华基础软件股份有限公司	普华ORIENTAIS汽车电子基础平台软件[简称：普华ORIENTAIS/OSEK BSW]V1.0
1183	普华基础软件股份有限公司	普华ORIENTAIS汽车电子基础平台开发工具软件[简称：普华ORIENTAIS/OSEK Studio]V1.0
1184	上海下一代广播电视网应用实验室有限公司	NGBLab3D视频技术审核软件V1.0
1185	上海风格软件有限公司	风格码流多画面软件V1.0
1186	上海风格软件有限公司	风格码流录制软件V1.0
1187	上海华奕医疗信息技术有限公司	SIMED医学影像信息通信与管理软件V3.0
1188	上海邦购信息科技有限公司	邦购特许经营分析系统应用软件V1.0
1189	上海邦购信息科技有限公司	邦购终端零售渠道管理系统应用软件V2.0
1190	埃森哲(中国)有限公司	埃森哲SAP安全工作平台软件V1.0
1191	埃森哲(中国)有限公司	埃森哲SAP语言翻译工具软件V1.0

续 表

序号	企业名称	产品名称
1192	埃森哲(中国)有限公司	埃森哲 ALV 报表工具箱软件 V1.0
1193	上海汽车集团财务有限责任公司	上汽财务公司外汇业务软件 V1.0
1194	中标软件有限公司	中标麒麟安全增强电子邮件系统软件 V5.0
1195	上海小葱网络科技有限公司	小葱 Android 机顶盒软件 V1.0
1196	上海远恒电子工程有限公司	远恒报检模拟实习平台软件 V2.0
1197	上海微企信息技术有限公司	微企云媒体播控中心软件 V1.0
1198	上海微企信息技术有限公司	微企知识分享社区软件 V1.0
1199	上海赫宇实业有限公司	赫宇嵌入式条码巡检软件 V1.0
1200	上海逸景网络科技有限公司	逸景保险综合业务教学实训软件 V3.5
1201	上海逸景网络科技有限公司	逸景财产保险实训教学考评软件 V3.0
1202	上海逸景网络科技有限公司	逸景人身保险实训教学考评软件 V3.0
1203	上海逸景网络科技有限公司	逸景社保五险合一实训教学考评软件 V3.0
1204	上海逸景网络科技有限公司	逸景模拟法庭实训教学软件 V3.5
1205	上海海勃物流软件有限公司	海勃 MILE TOPS 码头营运管理软件 V3.2
1206	上海海勃物流软件有限公司	海勃 MILE SOMS 船舶营运管理软件 V2.0
1207	上海爱数软件有限公司	爱数 Tx 云平台软件 V3.0
1208	上海粱江通信系统股份有限公司	SigEngine CDR/TDR 合成处理软件 V1.0
1209	上海粱江通信系统股份有限公司	SigEngine 统计指标告警分析软件 V1.0
1210	上海粱江通信系统股份有限公司	SigEngine 信令协议统计软件 V1.0
1211	上海贝尔软件有限公司	贝尔 IMS 终端管理和业务发放平台软件[简称：IMS TMSD]V1.2.0
1212	上海爱信诺航芯电子科技有限公司	爱信诺航芯基于 AC5 芯片的加密软件 V1.0
1213	上海力恩登信息科技有限公司	LINDEN 智能电源综合管理系统应用软件 V1.0
1214	上海启合网络科技股份有限公司	启合分发网络监控大师软件[简称：启合分发网络监控大师]V3.5
1215	上海邦骋信息技术有限公司	邦骋轨道交通信号标准化作业软件 V1.0
1216	上海博科资讯股份有限公司	博科管理软件计算机辅助设计及自动制造软件[简称：CAD&Auto Run]V1.0
1217	上海海鼎信息工程股份有限公司	海鼎 M-Data 企业资料管理平台软件[简称：海鼎 M-Data 软件]V1
1218	上海华颂软件科技有限公司	波段选股王智能选股标准版软件 V6.8
1219	上海华颂软件科技有限公司	波段选股王智能选股经典版软件 V9.8
1220	华存数据信息技术有限公司	华存 ICCS-ITS 信息系统管理软件 V1.0
1221	华存数据信息技术有限公司	华存 ICCS-USB 远程控制软件 V1.0
1222	华存数据信息技术有限公司	华存 ICCS-P Manager 云资源管理软件 V2.1
1223	上海若雅信息技术有限公司	若雅捷务通商务应用软件[简称：捷务通]V1.0
1224	华存数据信息技术有限公司	华存 ICCS-M 云服务管理软件 V2.1

续 表

序号	企业名称	产品名称
1225	上海若雅信息技术有限公司	若雅移动代理服务器2.0软件[简称：若雅MAS 2.0]V1.0
1226	上海若雅信息技术有限公司	若雅MAS服务器软件[简称：MAS]V1.1
1227	华存数据信息技术有限公司	华存ICCS-FAS自动分片的分布式文件软件V1.0
1228	上海嘉值云计算科技有限公司	嘉值云主机管理软件[简称：CloudOpen VMS]V1.0
1229	华存数据信息技术有限公司	华存ICCS-EVM虚拟化技术软件V1.0
1230	华存数据信息技术有限公司	华存ECM-KM知识管理软件V1.0
1231	华存数据信息技术有限公司	华存ECM-CP内容平台管理软件V1.0
1232	华存数据信息技术有限公司	华存数据海量存储管理软件V2.0
1233	华存数据信息技术有限公司	华存ICCS-SMS短信网关软件V1.0
1234	上海辰汉电子科技有限公司	辰汉基于MX系列芯片的系统开发软件V1.0
1235	上海普坤信息科技有限公司	普坤科技综合资源管理软件[简称：PKIRM]V2.1
1236	上海市计算技术研究所	SICT船舶设计分析PDM(产品数据管理)软件[简称：船舶设计分析PDM系统]V1.0
1237	上海财安信息技术有限公司	财安统一认证管理平台应用软件V1.0
1238	上海华岩软件有限公司	华岩试验室信息管理软件V1.0
1239	上海华岩软件有限公司	华岩公路工程试验检测信息管理软件V2.02
1240	上海华岩软件有限公司	华岩城市桥梁信息管理软件V1.10
1241	上海昆童信息技术有限公司	昆童机顶盒应用软件V1.0
1242	上海同游消防科技有限公司	同游消防工程采购管控软件V1.0
1243	上海和鹰机电科技股份有限公司	和鹰西服快速成衣应用软件V1.0
1244	上海敬邦机电设备有限公司	KEYPOINT定量装车控制与管理软件V2.0
1245	上海博科供应链管理系统有限公司	博科SCM(LRP)供应链物流管理套装软件V1.0
1246	上海贝塔斯曼商业服务有限公司	贝塔斯曼移动电子商务平台软件V1.5
1247	上海华岩软件有限公司	华岩交通基本建设工程试验检测数据报告标准格式电子版软件V1.03
1248	上海镜湖软件科技有限公司	镜湖科技棒材生产线管理优化软件V1.0
1249	上海傲兰杰信息科技有限公司	傲兰杰技防工程监督管理软件V1.0
1250	上海傲兰杰信息科技有限公司	傲兰杰全数字专业型网络硬盘录像设备控制软件V1.0
1251	上海携景信息技术有限公司	携景分销系统管理软件V1.0
1252	上海诺捷信息科技有限公司	诺捷物流管理软件V1.0
1253	上海涵迪电子科技有限公司	涵迪电子彩票业务管理平台软件V1.0
1254	奥盈琦信信息技术(上海)有限公司	AmQue催收管理软件V4.0
1255	上海易络客网络技术有限公司	Elook服装智能搭配软件V1.0
1256	上海易络客网络技术有限公司	Elook模拟试衣体验软件V1.0
1257	上海易络客网络技术有限公司	Elook模拟试衣体验软件V2.0

续 表

序号	企业名称	产品名称
1258	起于凡信息技术(上海)有限公司	起凡修真世界游戏软件 V1.0
1259	上海景业信息科技有限公司	景业多媒体信息发布管理软件 V3.0
1260	上海冰峰计算机网络技术有限公司	冰峰 VPN 安全网关管理平台软件[简称:冰峰 VPN] V1.0
1261	上海易络客网络技术有限公司	Elook 悬空互动商用信息体验软件 V1.0
1262	上海易络客网络技术有限公司	Elook 真人试衣体验软件 V2.0
1263	上海汉光知识产权数据科技有限公司	汉之光华专利战略分析软件 V1.0
1264	上海祥网瑞电子科技有限公司	祥网瑞 CRM 软件 V2.0
1265	上海友网科技有限公司	友网物流单据扫描管理软件 V2.0
1266	上海爱车坊网络科技有限公司	爱车坊车管家汽车服务管理软件 V1.0
1267	上海哥瑞利软件有限公司	哥瑞利 FRAMEWORKwell 制造平台软件 V1.0
1268	杰脉通信技术(上海)有限公司	杰脉 TD-SCDMA 移动通信专网管理软件[简称:RiMS]V1.0
1269	上海东欣软件工程有限公司	东欣造船精度控制软件 V1.0
1270	杰脉通信技术(上海)有限公司	杰脉 TD-SCDMA 多路终端呼叫模拟仪软件[简称:TUC]V1.0
1271	上海东欣软件工程有限公司	东欣造船精度测量分析软件 V1.0
1272	上海东欣软件工程有限公司	东欣造船精度管理软件 V1.0
1273	上海合联电子科技有限公司	合联仓库管理软件 V1.0
1274	上海合联电子科技有限公司	合联客户管理软件 V1.0
1275	上海华师京城高新技术开发有限公司	华师京城教育云客户端软件[简称:华师京城教育云软件]V1.0
1276	乐线软件开发(上海)有限公司	乐线项目管理软件 V1.0.0.0
1277	乐线软件开发(上海)有限公司	乐线数据库备份软件 V1.0.0.0
1278	上海树维信息科技有限公司	树维智慧一卡通软件 V4.0
1279	上海树维信息科技有限公司	树维数据交换平台软件 V2.0
1280	上海树维信息科技有限公司	树维数字化校园基础平台软件 V1.0
1281	乐线软件开发(上海)有限公司	乐线支付平台软件 V2.6.0.0
1282	乐线软件开发(上海)有限公司	乐线短信平台软件 V1.0.0.0
1283	希姆通信息技术(上海)有限公司	希姆通 A 系列手机软件 V1.0
1284	希姆通信息技术(上海)有限公司	希姆通 H 系列手机软件 V1.0
1285	易保网络技术(上海)有限公司	易保车险理赔管理软件 V3.0
1286	上海贝曼元脉信息技术有限公司	贝曼元脉多媒体智能终端及宽带增值业务综合管理软件[简称:B-宽带增值业务系统]V3.0
1287	创训管理咨询(上海)有限公司	创训绿鲜食品管理信息软件[简称:绿鲜信息系统]V1.0
1288	上海博科资讯股份有限公司	博科集装箱类通用软件 V1.0
1289	上海商宏网络科技有限公司	商宏医审通智能专业医疗审核软件 V3.0

续 表

序号	企业名称	产品名称
1290	上海邦购信息科技有限公司	邦购终端零售渠道管理系统应用软件 V2.0
1291	上海邦购信息科技有限公司	邦购特许经营分析系统应用软件 V1.0
1292	上海高清数字科技产业有限公司	高清多媒体信息互动监控通讯软件[简称：多媒体监控软件]V1.0
1293	上海高清数字科技产业有限公司	高清多媒体信息互动监控通讯软件[简称：多媒体监控软件]V2.0
1294	上海虹思科技有限公司	虹思物流单据扫描管理软件 V1.0
1295	上海东洲新能源科技有限公司	东洲新能源电源老化监控软件 V1.0
1296	上海史肯图信息技术有限公司	史肯图人事信息查询管理软件 V1.0
1297	上海武明重工科技有限公司	武明企业物流仓储管理软件[简称：仓库资产管理系统]V1.0
1298	上海泰宇信息技术有限公司	泰宇电子文件登记备份软件 V3.0
1299	上海高清数字科技产业有限公司	高清多媒体信息互动终端联网播控软件[简称：播控软件]V1.0
1300	上海泰宇信息技术有限公司	泰宇数字档案管理软件 V2.0.1
1301	上海南天电脑系统有限公司	南天商业银行同城交换平台软件 V1.0
1302	上海南天电脑系统有限公司	南天村镇银行综合业务软件 V2.0
1303	上海心仪电子科技有限公司	心仪智能身心反馈训练软件 V1.0
1304	上海心仪电子科技有限公司	心仪心理品质测试软件 V1.0
1305	上海浣熊信息科技有限公司	浣熊微宝石软件 V1.1.0
1306	上海钢联电子商务股份有限公司	钢联“我的钢铁”钢厂质保软件 V1.0
1307	上海顶富软件技术有限公司	顶富掌上期货专家应用软件 V1.0
1308	上海中讯锐尔软件科技有限公司	中讯锐尔光盘集中刻录监控审计与管理软件 V3.0
1309	上海安科瑞电气股份有限公司	安科瑞 DDSD1352 单相电子式多功能电能表软件[简称：安科瑞 DDSD1352 电能表软件]V1.0
1310	上海中讯锐尔软件科技有限公司	中讯锐尔基于指纹识别的终端安全登录软件 V1.0
1311	上海心仪电子科技有限公司	心仪眼动追踪软件 V1.0
1312	中通服网优技术有限公司	中通服网优无线局域网络维护与管理软件 V1.0
1313	中通服网优技术有限公司	中通服网优轨交干线无线网络信号优化软件 V1.0
1314	中通服网优技术有限公司	中通服网优无线覆盖信号随路测软件 V1.0
1315	上海济强电子科技有限公司	济强 JPCP 打印控制平台软件 V1.0
1316	易贸资讯(上海)有限公司	易贸商道行情分析软件 V2.0
1317	上海擒龙供应链软件中心	擒龙企业管理平台软件 V1.0
1318	上海佳宇信息技术有限公司	佳宇晶体生长自动控制软件[简称：JY CGAC Software]V1.0
1319	上海征创信息科技有限公司	征创一体机软件 V3.0
1320	上海征创信息科技有限公司	征创 Avaya 电话路由分配软件 V3.1

续 表

序号	企业名称	产品名称
1321	上海征创信息科技有限公司	征创自动外拨软件 V2.0
1322	上海征创信息科技有限公司	征创电话智能路由软件 V2.0
1323	上海征创信息科技有限公司	征创电话录音软件 V3.0
1324	上海征创信息科技有限公司	征创交互式语音应答软件 V2.0
1325	上海旭游网络技术有限公司	旭游欧冠足球网页游戏软件 V1.0
1326	上海旭游网络技术有限公司	旭游骑士的远征网页游戏软件 V1.0
1327	上海诞客网络科技有限公司	诞客互动资源软件[简称：We 蛋壳]V1.2.3
1328	上海谱盟光电科技有限公司	谱盟光电红外热成像智能在线监测软件 V1.0
1329	上海鑫东信息科技有限公司	新东风 CRM 客服系统管理软件 V2.0
1330	上海鑫东信息科技有限公司	新东风模拟炒股软件 V1.0
1331	上海承大网络科技服务有限公司	承大融资担保业务管理软件 V1.0
1332	上海承大网络科技服务有限公司	承大网上贷款受理软件 V2.0
1333	上海泛芯电子科技有限公司	泛芯多通道高速实时同步回放软件 V1.0
1334	上海中交海德交通科技股份有限公司	海德基于 SaaS 模式的公路工程资源可视化管理软件 V1.0
1335	上海图智通讯科技有限公司	图智 EastShark WiFi 手持测试软件 V1.0
1336	上海都远顺能源技术工程有限公司	都远顺 DYS 项目管理软件 V2.0
1337	上海同是工程科技有限公司	安程手持巡检平台管理软件 V2.0
1338	逸东信息科技(上海)有限公司	逸东新媒体云发布软件 V1.0
1339	上海未来伙伴机器人有限公司	未来伙伴面向教育机器人的通用控制软件 V1.2
1340	上海七通软件有限公司	七通条形码管理软件 V1.0
1341	泛亚汽车技术中心有限公司	泛亚网关控制软件 V1.0
1342	上海鑫东信息科技有限公司	新东风盯盘手软件 V3.0
1343	上海鑫东信息科技有限公司	新东风证券安卓版软件 V1.0
1344	上海新朋程信息科技有限公司	新朋程 i 校园教学资源库管理平台软件 V1.0
1345	上海泽众软件科技有限公司	泽众自动测试引擎软件 V3.0
1346	上海黛美医疗科技有限公司	黛美 DR 图像处理软件 V2.0
1347	上海天翊信息科技有限公司	天翊涉密计算机安全保密检查软件 V1.0
1348	上海燕托计算机有限公司	燕托信易电子签章软件 V5.0
1349	上海阿法迪智能标签系统技术有限公司	RFID 中转服务软件 V0.0.0.24
1350	上海阿法迪智能标签系统技术有限公司	RFID 图书检索定位导航软件 V2.0.1.20
1351	上海阳关网络信息技术有限公司	阳关安全生产标准化管理软件 V2.0
1352	上海同是工程科技有限公司	安程手持巡检平台管理软件 V1.0
1353	上海同是工程科技有限公司	同是工程施工现场管理和信息展示软件 V6.0
1354	上海同是工程科技有限公司	同是应急指挥管理软件 V6.0

续 表

序号	企业名称	产品名称
1355	上海中兆信息技术有限公司	中兆价格甄别管理软件 V1.0
1356	上海赛蓝信息科技有限公司	卡卡通云计算会员营销平台软件 V5.0
1357	上海大唐移动通信设备有限公司	SPAN 自动路测软件[简称：SPAN ADT]V3.0
1358	上海大唐移动通信设备有限公司	SPAN 室内自动 CQT 软件[简称：SPAN CQT]V1.0
1359	上海大唐移动通信设备有限公司	SPAN Outum 路测软件[简称：SPAN Outum]V8.0
1360	上海大唐移动通信设备有限公司	SPAN Analysis 路测分析软件[简称：SPAN Analysis] V8.0
1361	上海大唐移动通信设备有限公司	大唐移动信令监测软件[简称：iNOMS Morpho]V1.0
1362	上海中船三井造船柴油机有限公司	中船三井总体文件取号管理软件[简称：总体文件取号软件]V1.0
1363	上海中船三井造船柴油机有限公司	中船三井原文图纸管理软件[简称：原文图纸管理软件]V1.0
1364	上海中船三井造船柴油机有限公司	中船三井柴油机设计修改联系单管理软件[简称：CSD 修改管理软件]V1.0
1365	上海银联电子支付服务有限公司	银联电子商务综合服务系统应用软件 V2.0
1366	上海企利杰信息技术有限公司	企利杰企业经营管理软件 V1.0
1367	上海中和软件有限公司	中和 CVITS 机器视觉智能交通监控软件 V1.0
1368	上海中和软件有限公司	中和 CAD 工程图纸三维重构平台软件 V1.0
1369	上海中和软件有限公司	中和 CAD 图纸矢量化软件 V1.0
1370	艾瑞马信息安防科技实业(上海)有限公司	艾瑞马虚拟磁盘与数据加密软件 V1.0
1371	上海联晋科技贸易有限公司	联晋基于互联网的团队指挥协调及信息整合软件 V3.0
1372	上海巍岭数码科技有限公司	巍岭基于浏览器的互联网电视中间件软件 V1.0
1373	上海近海数据服务有限公司	EAP 智能生产管理系统调度软件 V6.0
1374	讯研通信息技术(上海)有限公司	讯研通 OpenMCU 软件 V1.0
1375	上海创景计算机系统有限公司	创景 C 语言代码插装软件[简称：C instrument]V1.0
1376	上海泥巴网络科技有限公司	泥巴网络将军游戏运营平台软件 V1.0
1377	上海盈天计算机软件技术服务有限公司	盈天北斗协同工作平台软件 V3.0
1378	上海盈天计算机软件技术服务有限公司	盈天北斗应用构件框架软件 V3.0
1379	上海百林通信网络科技有限公司	百林 NeST 3G 网络规划工具软件[简称：NeST]V3.5
1380	上海师庆科技发展有限公司	师庆智慧旅游综合信息平台软件 V1.0
1381	上海泛云信息科技有限公司	泛云 SimCloud 仿真云计算平台管理软件 V2.0
1382	上海罗盘信息科技有限公司	罗盘综合调度监控软件 V1.0
1383	上海罗盘信息科技有限公司	罗盘电力能耗管理软件 V1.0
1384	上海乾赛自动化科技服务中心	乾赛通讯检测软件 V1.0
1385	上海浩正电气有限公司	浩正充电机控制软件 V1.0
1386	上海纳宇电气有限公司	纳宇 630 仪表软件 V1.0

续 表

序号	企业名称	产品名称
1387	上海纳宇电气有限公司	纳宇510仪表软件V1.0
1388	上海美诺福冶金设备材料有限公司	美诺福实验室自动化分析控制软件V1.0
1389	上海阿琪数控机床有限公司	阿琪慢走丝线切割数控软件V2.0
1390	上海阿琪数控机床有限公司	阿琪电火花小孔加工机数控软件V2.0
1391	上海丽岛船舶科技有限公司	丽岛船舶监控应用软件V2.0
1392	上海金蝶软件科技有限公司	金蝶KIS会计无纸化实务考试中职版软件V1.0
1393	上海金蝶软件科技有限公司	金蝶KIS会计无纸化实务考试高职本科版软件V1.0
1394	库马电器(上海)有限公司	库马SMART3000型电梯一体化控制软件V1.0
1395	库马电器(上海)有限公司	库马Q5000型变频器控制软件V2.0
1396	上海协同科技股份有限公司	协同抄表终端配套软件V1.0
1397	上海辰锐信息科技公司	辰锐单向安全传输软件V1.0
1398	上海诚明融鑫科技有限公司	融鑫刑事物证拍摄软件[简称：物证拍摄]V1.0
1399	上海掌韵网络科技有限公司	掌韵Tapatalk Android版论坛访问应用软件[简称：Tapatalk for Android]V1.13.5
1400	上海华立软件系统有限公司	华立PowerSys3100电能质量监测软件V1.0
1401	上海华立软件系统有限公司	华立PowerSys6200变电站监控软件V2.0
1402	上海金蝶软件科技有限公司	金蝶KIS迷你版软件V9.1
1403	上海金蝶软件科技有限公司	金蝶KIS标准版软件V9.1
1404	上海达梦数据库有限公司	达梦数据质量监控平台软件[简称：达梦数据质量监控平台]V1.0
1405	上海达梦数据库有限公司	达梦数据资源管理平台软件[简称：达梦数据资源管理平台]V1.0
1406	上海金蝶软件科技有限公司	金蝶KIS专业版软件V12.2
1407	上海金蝶软件科技有限公司	金蝶KIS记账王软件V9.1
1408	上海怡通信息技术有限公司	怡通电子账册理论库存统计分析软件[简称：怡通理论库存软件]V1.0
1409	上海敢创水业科技有限公司	敢创基于供水管网微观模型的漏水分析软件V1.0
1410	上海棕榈电脑系统有限公司	金棕榈旅游团队动态监管软件[简称：旅游团队动态监管系统]V7.0
1411	上海棕榈电脑系统有限公司	金棕榈旅行社及领队导游监管软件[简称：旅行社及领队导游监管]V7.0
1412	上海望友信息科技有限公司	VayoPro-DFM Expert软件[简称：DFM软件]V4.0
1413	上海棕榈电脑系统有限公司	金棕榈多层数据同构平台软件[简称：金棕榈同构平台]V7.0
1414	上海万历科技有限公司	万历无线传感器实验监测软件[简称：环境监测系统]V1.0
1415	上海普元信息技术股份有限公司	普元PTP软件[简称：Primeton PTP]V6.5
1416	上海候鸟科技有限公司	候鸟网络信息安全综合软件[简称：候鸟网络安全软件]V3.2

续 表

序号	企业名称	产品名称
1417	东方付通信息技术有限公司	东方付通企业在线支付账户管理平台软件 V1.0
1418	上海兴翼信息科技有限公司	兴翼动态货币收单软件[简称：MCS]V1.0
1419	上海瀚正信息科技有限公司	瀚正车联网管控平台软件 V2.0
1420	上海爱可生信息技术有限公司	爱可生嵌入式通信装置数据库支持平台软件 V1.0
1421	上海富远软件技术有限公司	富远大宗商品电子交易返佣软件[简称：返佣软件]V1.0
1422	上海普元信息技术股份有限公司	普元应用服务器软件 V6
1423	上海诚明融鑫科技有限公司	融鑫物证照片在线排版软件[简称：照片排版]V1.0
1424	上海下一代广播电视网应用实验室有限公司	NGBLab 视频跨屏分享技术软件 V1.0
1425	上海下一代广播电视网应用实验室有限公司	NGBLab 视频交互应用跨屏控制技术软件 V1.0
1426	上海上讯信息技术有限公司	上讯信息安全扫描软件 V3.0
1427	上海以山电子科技有限公司	以山 KDF2 甘油雾化系统控制软件 V1.0
1428	上海以山电子科技有限公司	以山剪切式切纸系统控制软件 V1.0
1429	上海壹杰信息技术有限公司	壹杰智能楼宇故障处理软件 V1.0
1430	上海壹杰信息技术有限公司	壹杰安防远程图像存储分类识别软件 V1.0
1431	上海壹杰信息技术有限公司	壹杰安防监控设备终端管理软件 V1.0
1432	捷开通讯科技(上海)有限公司	捷开科技 MTK6577 平台手机软件 V1.0
1433	上海先德医疗设备有限公司	先德家庭医生随访工作站系统应用软件[简称：随访工作站]V3.0
1434	捷开通讯科技(上海)有限公司	捷开科技 MTK6515 平台手机软件 V1.0
1435	捷开通讯科技(上海)有限公司	捷开科技 Qualcomm7627 平台手机软件 V1.0
1436	捷开通讯科技(上海)有限公司	捷开科技 Qualcomm8655 平台手机软件 V1.0
1437	上海电气自动化设计研究所有限公司	“电气自动化设计研究所”交通枢纽区域仿真软件 V1.0
1438	上海电气自动化设计研究所有限公司	“电气自动化设计研究所”工业控制技术仿真软件 V1.0
1439	上海电气自动化设计研究所有限公司	“电气自动化设计研究所”桥隧监控软件 V1.0
1440	易保网络技术(上海)有限公司	易保车辆保险理赔移动服务软件 V1.0
1441	上海华博信息服务有限公司	华博身份信息识别软件[简称：身份识别软件]V1.0
1442	上海炎翔通信科技有限公司	炎翔公共交通信息服务软件[简称：炎翔交通信息服务]V1.0
1443	上海创力集团股份有限公司	创力中等功率电牵引采煤机电控系统控制软件 V2.0
1444	上海创力集团股份有限公司	创力小功率电牵引采煤机电控系统控制软件 V1.0
1445	上海创力集团股份有限公司	创力轻型悬臂式掘进机电控系统控制软件 V1.0
1446	上海创力集团股份有限公司	创力大功率电牵引采煤机电控系统控制软件 V3.0
1447	上海创力集团股份有限公司	创力重型悬臂式掘进机电控系统控制软件 V3.0
1448	上海英领机电科技有限公司	英领双电机消隙控制软件 V3.0
1449	兴诺软件(上海)有限公司	兴诺客户关系系统管理软件 V1.0

续 表

序号	企业名称	产品名称
1450	上海迪目信息科技有限公司	迪目图片上传即时查重软件 V1.0
1451	上海爱数软件有限公司	爱数 AnyStorage 存储管理软件 V3.0
1452	上海畔慧信息技术有限公司	畔慧医疗随访手机电脑一体化软件 V1.0
1453	上海心源计算机技术有限公司	心源事业单位人力资源协同管理平台软件 V8.0
1454	上海仪电物理光学仪器有限公司	仪电物光光度仪操作分析软件 V1.0
1455	上海仪电物理光学仪器有限公司	仪电物光熔点仪操作分析软件 V1.0
1456	上海仪电物理光学仪器有限公司	仪电物光色度仪操作分析软件 V1.0
1457	上海仪电物理光学仪器有限公司	仪电物光折射仪操作分析软件 V1.0
1458	上海仪电物理光学仪器有限公司	仪电物光浊度计操作分析软件 V1.0
1459	上海仪电物理光学仪器有限公司	仪电物光自动旋光仪操作分析软件 V1.0
1460	上海亿付数字技术有限公司	亿付数字电视便民缴费软件 V1.0
1461	上海海控电子科技有限公司	海控数字化校园管理平台软件 V1.0
1462	中标软件有限公司	中标麒麟服务器操作系统软件(曙光 OEM)V6.0
1463	中标软件有限公司	中标麒麟服务器操作系统软件(浪潮 OEM)V6.0
1464	中标软件有限公司	中标麒麟服务器操作系统软件(联想 OEM)V6.0
1465	上海梁江通信技术有限公司	SigEngine 被叫 Imsi 号码处理软件 V1.0
1466	上海青峰信息技术有限公司	青峰多店通管理软件 V1.0
1467	上海禾苗通信技术有限公司	禾苗 X32 无线通讯天气综合展示软件[简称：X32 - W] V1.0
1468	延锋伟世通电子科技(上海)有限公司	延锋伟世通空调控制软件 V1.0
1469	上海禾苗通信技术有限公司	禾苗 Sprocomm 自定义联系人 Widget 软件[简称：Peop-leWidget]V1.0
1470	延锋伟世通电子科技(上海)有限公司	延锋伟世通 CD391 仪表控制软件 V1.0
1471	上海讯邮计算机网络科技有限公司	讯邮电子邮件软件 V1.0
1472	上海美琦浦悦通讯科技有限公司	美琦浦悦 IPTV 软终端软件 V1.0
1473	中标软件有限公司	中标麒麟安全云虚拟桌面套件软件 V6.0
1474	上海仰邦软件科技有限公司	仰邦 YQ - 12 媒体控制软件 V1.0
1475	中标软件有限公司	中标麒麟安全云管理平台软件 V6.0
1476	中标软件有限公司	中标麒麟安全云虚拟化服务器软件 V6.0
1477	上海梁江通信系统股份有限公司	SigEngine 七号信令消息传递部分协议软件 V1.0
1478	中标软件有限公司	中标麒麟安全云存储套件软件 V6.0
1479	上海三高计算机中心股份有限公司	三高供水服务热线软件 V6.0
1480	上海梁江通信系统股份有限公司	梁江信令控制选通软件 V3.0
1481	上海梁江通信系统股份有限公司	梁江信令数据处理软件 V3.0
1482	上海维睿信息技术有限公司	维睿制造执行系统管理软件 V1.0
1483	上海品奇数码科技有限公司	PQ Labs Flash SDK 软件 V2.3

续 表

序号	企业名称	产品名称
1484	上海品奇数码科技有限公司	PQ Labs 多点触摸屏 C/C++SDK 软件 V1.3
1485	上海友网科技有限公司	友网电子签批软件 V1.0
1486	上海以山电子科技有限公司	以山烟支优化控制软件 V1.0
1487	上海橡果好记星软件技术发展有限公司	好记星答疑王应用软件 V1.0
1488	上海以山电子科技有限公司	以山单胶辊涂胶系统控制软件 V1.0
1489	上海思伟软件有限公司	思伟管桩自动化张拉系统控制软件 V1.0
1490	上海金仕达卫宁软件股份有限公司	金仕达卫宁区域卫生信息平台软件 V4.5
1491	上海金仕达卫宁软件股份有限公司	金仕达卫宁区域卫生决策分析系统应用软件 V4.5
1492	上海金仕达卫宁软件股份有限公司	金仕达卫宁区域医疗协同系统应用软件 V4.5
1493	上海驰网工业科技有限公司	驰网智能纱线检测平台软件 V3.0
1494	上海金仕达卫宁软件股份有限公司	金仕达卫宁基于区域卫生信息平台的妇幼保健信息系统应用软件 V4.5
1495	上海集灵信息技术有限公司	集灵暖通空调控制软件 V1.0
1496	上海金仕达卫宁软件股份有限公司	金仕达卫宁区域卫生信息集成总线软件 V4.5
1497	上海因特奈信息有限公司	因特奈管理门户网站平台软件[简称：管理门户网站平台]V1.0
1498	上海左岸芯慧电子科技有限公司	左岸芯慧基于 SQL－SERVER 的无线传感网监控软件 V1.0
1499	上海伯俊软件科技有限公司	伯俊 FlexPLM 软件 V9.1
1500	上海贝尔软件有限公司	贝尔增强信息推送服务平台软件[简称：EMPS]V1.0
1501	宇博信诚(上海)信息技术有限公司	宇博金融多进程快速批处理平台软件 V2.0
1502	上海臻游网络科技有限公司	臻游寻龙游戏软件 V1.0
1503	上海臻游网络科技有限公司	臻游全球使命游戏软件 V1.0
1504	上海泰威技术发展股份有限公司	泰威瓷砖喷印机负压表软件 V1.0
1505	上海泰威技术发展股份有限公司	泰威 TiffTrasform 色彩通道转换工具软件 V1.0
1506	上海康泰软件有限公司	康泰物流通软件 V9.0
1507	上海泰威技术发展股份有限公司	泰威 RipEdit 拼图工具软件 V1.0
1508	上海半坡网络技术有限公司	半坡数字图书馆协同阅览软件 V1.0
1509	万达信息股份有限公司	万达卫生监督管理平台应用软件 V1.0
1510	上海中觅通信技术有限公司	中觅 WBS 无线宽带多媒体基站软件 V1.0
1511	上海摩普通讯技术有限公司	摩普通用定位跟踪软件[简称：GPTS]V1.0
1512	上海未达数码科技有限公司	未达触摸屏展示软件 V1.0
1513	上海中和软件有限公司	中和网站用户行为智能挖掘分析服务软件 V1.0
1514	上海创图网络科技发展有限公司	创图 SUN3D CITY 三维地理信息系统应用软件 V1.0
1515	上海思伟软件有限公司	思伟管桩自动化养护系统控制软件 V1.0
1516	新蛋软件(上海)有限公司	新蛋 EC Platform 软件 1

续 表

序号	企业名称	产品名称
1517	上海威润信息科技有限公司	威润 TC-C-3.0 广播和数字电视测量软件[简称：TC-C-3.0]V1.2
1518	上海普元信息技术股份有限公司	普元新一代 SOA 网点应用平台软件[简称：IBS]V6
1519	上海普元信息技术股份有限公司	普元统一测试框架软件[简称：UTF]V2.0
1520	上海普元信息技术股份有限公司	普元持续集成框架软件[简称：CIF]V2.0
1521	上海科箭软件科技有限公司	科箭 Power TMS 运输管理软件 V4.5
1522	上海华腾软件系统有限公司	TOP ICMS 综合信贷管理软件 V1.0
1523	上海华腾软件系统有限公司	TOP SCF 供应链金融业务平台软件 V2.0
1524	东方中安信息技术有限公司	东方中安特定目标无线便携审计软件 V1.0
1525	上海汉傲电信科技有限公司	汉傲呼叫中心软件 V1.0
1526	上海汉傲电信科技有限公司	汉傲呼叫精灵软件 V1.0
1527	上海宝信软件股份有限公司	宝信水资源综合信息管理软件 V1.0
1528	上海宝信软件股份有限公司	宝信水资源应急与预警信息服务软件 V1.0
1529	上海高清数字科技产业有限公司	高清多媒体信息互动框架展示软件[简称：框架展示软件]V1.0
1530	上海视野价值管理软件有限公司	视野运行平台软件 V3.0
1531	上海视野价值管理软件有限公司	视野全面预算管理软件 V3.0
1532	上海微趣网络科技有限公司	微趣 Weibook Solar 微博舆情热点监测平台软件[简称：Weibook Solar]V1.0
1533	上海宝信软件股份有限公司	宝信水资源管理指标体系软件 V1.0
1534	上海宝信软件股份有限公司	宝信水资源管理数据直报软件 V1.0
1535	上海安科瑞电气股份有限公司	安科瑞 ARCM300-J8 电气火灾监控探测器软件[简称：安科瑞 ARCM300-J8 软件]V1.0
1536	上海安科瑞电气股份有限公司	安科瑞 ADL600 三相能源表计测控软件[简称：安科瑞 ADL600 软件]V1.0
1537	上海安科瑞电气股份有限公司	安科瑞 PZ72(L)-E4 可编程智能电测仪表校表软件[简称：安科瑞 PZ72(L)-E4 校表软件]V1.00
1538	上海安科瑞电气股份有限公司	安科瑞 PZ72L-E4 多功能电测仪表软件 V1.0
1539	上海多为电子科技有限公司	多为超声波传感器软件 V1.0
1540	上海多为电子科技有限公司	多为预付费远程充值软件 V1.0
1541	艾菲诗软件(上海)有限公司	IFS 应用软件 V8.0
1542	上海雷傲普文化传播有限公司	虎扑鞋柜软件 V2.0
1543	上海雷傲普文化传播有限公司	虎扑 GoalHi 足球网软件 V2.0
1544	上海普灵讯科技发展有限公司	普灵讯 SV 视频监控及智能分析软件 V1.0
1545	上海天健源达信息科技有限公司	天健医院信息管理软件[简称：TS-HIS]V8.0
1546	上海天健源达信息科技有限公司	天健协同办公软件[简称：TS-OA]V8.0
1547	上海博木通信技术有限公司	博木老人宝手机软件 V1.0
1548	上海智臻网络科技有限公司	智臻智能在线服务机器人软件 V6.0

续　表

序号	企业名称	产品名称
1549	上海和骏信息科技有限公司	和骏灵智装箱优化软件 V1.0
1550	上海昂声信息科技有限公司	昂声利盾互联网舆情与情报信息监控软件 V4.3
1551	上海美达信息技术有限公司	美达水泥制造企业 ERP 管理软件[简称：MDC－ERP] V1.0
1552	上海三意电机驱动技术有限公司	三意屏蔽门门机驱动器嵌入式软件[简称：屏蔽门门机软件]V1.0
1553	上海杰雄信息科技有限公司	杰雄仓库任务操作软件 V4.0
1554	德科仕通信(上海)有限公司	德科仕 EyeNet 多重播放分析仪软件[简称：EMA] V1.0
1555	上海邦购信息科技有限公司	邦购门店管理系统应用软件 V1.0
1556	上海春宇数字科技有限公司	春宇数字客户关系管理软件[简称：客户关系管理系统]V1.0
1557	上海华东电脑系统工程有限公司	华东电脑 WORKFLOW 协同管理软件 V1.0
1558	上海华东电脑系统工程有限公司	华东电脑 LONCOMIP 数据中心管理软件 V2.0
1559	上海莫克易信息技术有限公司	莫克易微水密度监测软件[简称：EC2000]V1.0
1560	上海莫克易信息技术有限公司	莫克易局放监测软件[简称：PDM3000]V1.0
1561	上海华东电脑系统工程有限公司	华东电脑 LONCOMIP 数据中心人员定位系统管理软件[简称：LONCOMIP]V1.0
1562	上海晨冠信息技术有限公司	晨冠智能化调度软件 V1.0
1563	上海千谱软件有限公司	千谱与 LIMS 紧密连接的网络化色谱数据处理软件 V1.0
1564	星华锐信息技术(上海)有限公司	星华锐项目信息管理软件 V1.0
1565	上海警辉电子科技有限公司	警辉境外人员信息社会化采集软件[简称：境外人员信息社会化采集系统]V1.0
1566	上海华东电脑系统工程有限公司	华东电脑 LONCOMIP 数据中心资产 RFID 管理软件[简称：LONCOMIP]V1.0
1567	上海华东电脑系统工程有限公司	华东电脑龙控 LONCOMIP 数据中心 3D 管理软件[简称：龙控 LONCOMIP 3D]V1.0
1568	上海众恒信息产业股份有限公司	众恒社会管理综合治理信息化平台中间件软件 V1.0
1569	上海华东电脑系统工程有限公司	华东电脑数据中心容量管理软件 V1.0
1570	上海众恒信息产业股份有限公司	众恒面向煤炭行业安全生产监管物联网管理软件 V1.0
1571	上海智隆信息技术有限公司	智隆校园通应用管理软件[简称：智隆校园通]V1.0
1572	上海邦购信息科技有限公司	邦购店铺资源管理系统应用软件 V1.0
1573	上海景瑞信息工程有限公司	景瑞分布式视频网络巡监平台软件[简称：Genedu TeleScope]V1.0
1574	上海华东电脑系统工程有限公司	华东电脑运维管理软件[简称：运维管理软件]V1.0
1575	上海华东电脑系统工程有限公司	华东电脑门禁管理软件[简称：门禁管理软件]V1.0
1576	上海腾程医学科技信息有限公司	腾程医学实验室信息管理软件 V1.0
1577	上海研实电气科技有限公司	研实包馅机自动化控制软件 V1.0

续 表

序号	企业名称	产品名称
1578	上海市无线电管理局	"上海市无线电管理局"协同办公平台软件 V1.0
1579	上海神弋智能科技有限公司	神弋智能交通事件检测软件 V1.0
1580	上海数睿管理咨询有限公司	百胜 SUPERBI 商业智能决策软件 V3.0
1581	起于凡信息技术(上海)有限公司	起凡金戈铁马游戏软件 V1.0
1582	上海易可思复高数码科技有限公司	易可思复高医院管理信息软件[简称:XHIS]V1.0
1583	上海骐尘软件有限公司	骐尘计算机语音软件[简称:CherringSoftCom]V1.0
1584	上海冉青电子科技有限公司	冉青起重机管理软件[简称:冉青 CMS 软件]V3.0
1585	捷玛计算机信息技术(上海)有限公司	捷玛电子商务平台软件 V1.0
1586	捷玛计算机信息技术(上海)有限公司	捷玛 RFID 运输安全管理软件 V1.0
1587	捷玛计算机信息技术(上海)有限公司	捷玛物流企业信息管理软件 V1.0
1588	上海傲蓝信息科技有限公司	傲蓝金融资讯分析 FI4W 软件 V1.0
1589	上海摩软通讯技术有限公司	摩软 A100 屏幕锁手机软件 V1.0.8
1590	上海智远信息技术有限公司	智远手机物联网管理软件 V1.0
1591	上海帅江信息工程有限公司	帅江供应商在线对账管理平台软件[简称:帅江对账管理平台]V1.0
1592	上海道拓文化传播有限公司	道拓医院预约就诊服务系统应用软件 V1.0
1593	上海寰融信息技术有限公司	寰融债券资讯终端软件[简称:GFT]V1.0
1594	上海万物通物联网技术有限公司	万物通矿山采场智能监测监控软件 V1.0
1595	上海海勃物流软件有限公司	海勃集装箱码头智能决策管理软件 V1.0
1596	上海海勃物流软件有限公司	海勃 MILE TOPS 码头营运管理软件 V5.0
1597	上海海勃物流软件有限公司	海勃船舶动态实时信息管理与发布软件[简称:船舶动态信息管理软件]V1.0
1598	上海摩软通讯技术有限公司	摩软 L30 手机电量计算软件 V1.0.2
1599	上海摩软通讯技术有限公司	摩软 A52 手机界面显示软件 V0.7
1600	上海摩软通讯技术有限公司	摩软 A25 界面应用手机软件 V3.1.2
1601	上海华勤通讯技术有限公司	华勤 L133 手机软件 V1.0.0
1602	上海华勤通讯技术有限公司	华勤 TD21 手机应用软件 V1.0.0
1603	上海华勤通讯技术有限公司	华勤 TD20 手机号码归属地软件 V1.4.2
1604	上海卡鲁自动化科技有限公司	卡鲁大型风机实时仿真测试软件[简称:KST_WTSIM]V1.0
1605	上海鸿迪信息技术有限公司	鸿迪综合物流管理软件 V1.0
1606	上海心意答融讯电子有限公司	心意答实物展示教学软件 V1.0
1607	上海深邦电气有限公司	深邦电梯远程监控软件 V2.0
1608	上海深邦电气有限公司	深邦 SP-3000 电梯控制软件 V2.0
1609	上海秉誉信息科技有限公司	秉誉嵌入式数据采集分析控制软件 V4.0
1610	上海宝信软件股份有限公司	宝信企业高性能实时数据库软件 V2.0

续 表

序号	企业名称	产品名称
1611	上海凌极软件有限公司	凌极情景实训语言实验室软件[简称：VIVO VTL]V3.0
1612	上海远景数字信息技术有限公司	远景 IEC61850 SCL 建模工具软件 V1.0
1613	上海征途信息技术有限公司	征途游戏软件 V3.0
1614	上海淘科网络技术有限公司	淘科光伏监控 Android 软件 V1.0
1615	上海淘科网络技术有限公司	淘科光伏监控 IOS 软件 V1.0
1616	上海淘科网络技术有限公司	淘科光伏监控触摸屏软件 V1.0
1617	上海淘科网络技术有限公司	淘科光伏监控大屏幕客户端软件 V1.0
1618	上海金仕达卫宁软件股份有限公司	金仕达卫宁医技信息管理软件 V5.0
1619	上海淘科网络技术有限公司	淘科光伏本地监控软件 V1.0
1620	上海埃蒙特自动化系统有限公司	埃蒙特组件封装定位检测软件 V1.0
1621	上海埃蒙特自动化系统有限公司	埃蒙特组件封装机器人工作组任务分配软件 V1.0
1622	上海慧桥自动化科技有限公司	慧桥通用航空货站管理软件[简称：ACMS]V1.0
1623	上海语联信息技术有限公司	语联新一代智能云语音应用服务技术平台软件[简称：SCVP]V1.0
1624	上海铭创软件技术有限公司	铭创基金做市管理软件 V6.0
1625	永凯软件技术(上海)有限公司	永凯 PMC 软件[简称：YUKON PMC]V5
1626	上海格尔软件股份有限公司	格尔应用安全支撑平台管理软件 V1.0
1627	上海网擎信息系统有限公司	网擎音视频转码平台软件 V1.0
1628	上海优异科技有限公司	优异教学评估软件 V1.0
1629	上海格尔软件股份有限公司	格尔密邮安全电子邮件管理软件 V2.0
1630	上海睿动多媒体科技有限公司	睿动无框式雷达眼多点触控软件 V1.0
1631	上海未来伙伴机器人有限公司	龙卫士排爆机器人控制软件 V1.0
1632	上海亿贝网络信息服务有限公司	亿贝外贸门户软件 V5.0
1633	上海欣方智能系统有限公司	欣方业务接入网关软件 V1.1.0
1634	上海川瑞软件科技有限公司	川瑞电子商务平台软件 V1.0
1635	上海灵当信息科技有限公司	灵当销售通软件 V1.0
1636	上海灵当信息科技有限公司	灵当 CRM 企业版软件 V1.0
1637	上海莘越软件科技有限公司	几何王初中平面几何学习软件(U 盾学生版)V1.0
1638	腾讯科技(上海)有限公司	腾讯 QQ 旋风软件[简称：QQ 旋风]V4.0
1639	上海匡维信息技术有限公司	匡维供应链监控平台软件 V1.0
1640	上海同富信息科技有限公司	同富开放式基金登记过户软件 V1.0
1641	随身科技(上海)有限公司	随身快销通 Android 版软件[简称：ZeroWire Stahdard for Android]V2.0
1642	上海弘视智能科技有限公司	弘视智能交通云计算平台软件 V2.0
1643	上海金仕达卫宁软件股份有限公司	金仕达卫宁农村卫生信息系统应用软件 V4.5

续 表

序号	企业名称	产品名称
1644	上海华御信息技术有限公司	威盾内网安全综合管理软件 V8.0
1645	上海精鼎电力科技有限公司	精鼎电力变电站综合在线监测与状态分析软件 V1.0
1646	上海精鼎电力科技有限公司	精鼎电力 SF6 微水压力及密度在线监测软件 V1.0
1647	上海首擎信息科技有限公司	首擎易搜索网站建设管理软件 V1.0
1648	上海科霖智能电子设备有限公司	科霖智能变电站辅助系统综合监控平台软件 V1.0
1649	上海摩软通讯技术有限公司	摩软 V360 手机短信应用软件 V1.0.4
1650	上海摩软通讯技术有限公司	摩软 V186 手机音乐媒体管理软件 V8.0.0
1651	上海摩软通讯技术有限公司	摩软 M358 手机电话簿管理软件 V0.0.6
1652	上海摩软通讯技术有限公司	摩软 M26 人机接口手机软件 V1.0.0
1653	上海摩软通讯技术有限公司	摩软 A60 手机控制软件 V1.0
1654	上海华勤通讯技术有限公司	华勤 P860 手机界面控制软件 V1.0.4
1655	上海华勤通讯技术有限公司	华勤 A51UI 手机日程管理软件 V1.0.1
1656	上海汉均信息技术有限公司	汉均 CAXA 协同管理软件 V1.0
1657	上海伽玛星科技发展有限公司	伽玛星科技陀螺旋转式钴 60 立体定向放射治疗计划软件[简称：立体定向放射治疗计划软件]V2.79
1658	鹏昆科技(上海)有限公司	欧泰科 Euratex 智能全自动立体仓储系统控制及管理软件[简称：Euratex 仓储系统]V1.0
1659	上海网穗数码科技有限公司	网穗快速平面图像算法处理软件 V1.0
1660	上海飞田通信技术有限公司	飞田 GPS 出租车车辆监控指挥调度软件 V1.0
1661	上海庆科信息技术有限公司	MXCHIP 嵌入式 WLAN 软件 V2.0
1662	上海利思电气有限公司	利思分布式高频电力主控软件 V1.0
1663	上海新眼光医疗器械股份有限公司	新眼光重症监护信息管理软件 V1.0
1664	上海神洲数港科技有限公司	神洲网络优化支撑移动客户端软件[简称：网优移动客户端]V2.0
1665	上海新眼光医疗器械股份有限公司	新眼光手术麻醉信息管理软件 V1.0
1666	上海新眼光医疗器械股份有限公司	新眼光急救信息管理软件 V1.0
1667	上海金仕达卫宁软件股份有限公司	金仕达卫宁临床路径软件 V1.0
1668	上海金仕达卫宁软件股份有限公司	金仕达卫宁电子病历软件 V4.0
1669	上海金仕达卫宁软件股份有限公司	金仕达卫宁跨机构文档共享系统应用软件 V4.5
1670	上海金仕达卫宁软件股份有限公司	金仕达卫宁移动医生站软件 V5.0
1671	上海金仕达卫宁软件股份有限公司	金仕达卫宁 HL7 引擎系统应用软件 V1.0
1672	上海金仕达卫宁软件股份有限公司	金仕达卫宁抗菌药物管理系统应用软件 V1.0
1673	上海金仕达卫宁软件股份有限公司	金仕达卫宁实验室信息管理软件 V5.0
1674	上海金仕达卫宁软件股份有限公司	金仕达卫宁移动护理软件 V5.0
1675	上海金仕达卫宁软件股份有限公司	金仕达卫宁医学影像存档与通讯软件 V5.0
1676	上海金仕达卫宁软件股份有限公司	金仕达卫宁体检管理系统应用软件 V1.0

续 表

序号	企业名称	产品名称
1677	上海金仕达卫宁软件股份有限公司	金仕达卫宁放射信息管理软件 V5.0
1678	上海金仕达卫宁软件股份有限公司	金仕达卫宁社区卫生信息系统应用软件 V4.5
1679	上海山牲泽牲网络科技有限公司	山牲泽牲网络精细化运营分析管理软件 V1.0
1680	延锋伟世通电子科技(上海)有限公司	延锋伟世通 J32Q 自动空调控制软件 V1.0
1681	延锋伟世通电子科技(上海)有限公司	延锋伟世通 C346 MFD 控制软件 V1.0
1682	上海山牲泽牲网络科技有限公司	山牲泽牲综合业务加速管理软件 V1.0
1683	上海维豪信息安全技术有限公司	维豪业务信息前置服务器软件 V1.0
1684	上海维豪信息安全技术有限公司	维豪信息办理服务软件 V1.0
1685	延锋伟世通电子科技(上海)有限公司	延锋伟世通 B299 MCA MFD 控制软件 V1.0
1686	上海维豪信息安全技术有限公司	维豪交换策略服务器软件 V1.0
1687	上海维豪信息安全技术有限公司	维豪会议管理软件 V1.0
1688	上海维豪信息安全技术有限公司	维豪用户资源管理软件 V1.0
1689	上海维豪信息安全技术有限公司	维豪应用资源管理软件 V1.0
1690	上海维豪信息安全技术有限公司	维豪标识生成服务器软件 V1.0
1691	上海维豪信息安全技术有限公司	维豪交换路由服务器软件 V1.0
1692	上海砾阳软件有限公司	砾阳销易通移动管理软件 V1.0
1693	上海维豪信息安全技术有限公司	维豪交换监管服务器软件 V1.0
1694	上海维豪信息安全技术有限公司	维豪交换安全服务器软件 V1.0
1695	上海维豪信息安全技术有限公司	维豪电子文件档案在线移交服务器软件 V1.0
1696	上海维豪信息安全技术有限公司	维豪电子文件归档服务器软件 V1.0
1697	上海维豪信息安全技术有限公司	维豪电子文件档案管理服务器软件 V1.0
1698	上海维豪信息安全技术有限公司	维豪交换箱管理软件 V1.0
1699	上海维豪信息安全技术有限公司	维豪安全交换客户端软件 V1.0
1700	上海维豪信息安全技术有限公司	维豪电子文件制版服务器软件 V1.0
1701	上海维豪信息安全技术有限公司	维豪电子文件信息资源服务器软件 V1.0
1702	上海维豪信息安全技术有限公司	维豪电子文件资源共享服务器软件 V1.0
1703	上海芝远商务咨询有限公司	芝远计算机辅助工作研究软件[简称：CAWS]V1.0
1704	上海金仕达卫宁软件股份有限公司	金仕达卫宁中小医院信息管理软件 V1.0
1705	上海维豪信息安全技术有限公司	维豪档案业务资源管理软件 V1.0
1706	上海维豪信息安全技术有限公司	维豪机构资源管理软件 V1.0
1707	上海维豪信息安全技术有限公司	维豪资源策略管理软件 V1.0
1708	上海中软计算机系统工程有限公司	睿智知识产权实训软件 V1.0
1709	上海中软计算机系统工程有限公司	睿智专利统计数据政府管理软件 V1.0
1710	上海琥智数码科技有限公司	琥智一式达多人协作白板编辑软件[简称：IncStage Magicboard]V1.0

续 表

序号	企业名称	产品名称
1711	上海金仕达卫宁软件股份有限公司	金仕达卫宁内镜信息管理软件 V5.0
1712	上海金仕达卫宁软件股份有限公司	金仕达卫宁超声信息管理软件 V5.0
1713	上海金仕达卫宁软件股份有限公司	金仕达卫宁病理信息管理软件 V5.0
1714	上海金仕达卫宁软件股份有限公司	金仕达卫宁新型农村合作医疗信息系统应用软件 V4.5
1715	上海微兴信息技术有限公司	VisionLMS 学习管理软件 V1.0
1716	上海通量信息科技有限公司	通量配送中心管理软件 V3.0
1717	上海昭赫信息技术有限公司	昭赫综合通讯平台软件 V2.00
1718	上海金仕达卫宁软件股份有限公司	金仕达卫宁公共卫生信息管理软件 V5.0
1719	上海同豪土木工程咨询有限公司	同豪方案设计师软件 V2.1
1720	上海同译信息技术有限公司	同译云智能虚拟转接软件 V1.0
1721	上海利物盛网络科技有限公司	利物盛网络安全软件 V3.0
1722	上海卓越睿新数码科技有限公司	卓越教学中心软件 V1.0
1723	上海卓越睿新数码科技有限公司	卓越视频公开课应用软件 V1.0
1724	上海卓越睿新数码科技有限公司	卓越住院医师管理软件 V1.0
1725	上海卓越睿新数码科技有限公司	卓越教学管理评估软件 V1.0
1726	上海卓越睿新数码科技有限公司	卓越约束式学习计划软件 V1.0
1727	上海卓越睿新数码科技有限公司	卓越 PBL 教学支持软件 V1.0
1728	上海卓越睿新数码科技有限公司	卓越移动学习平台软件 V1.0
1729	上海卓越睿新数码科技有限公司	卓越多维图像识别软件 V1.0
1730	上海久娱网络科技有限公司	久娱科技劲舞团游戏软件 V1.0
1731	上海久娱网络科技有限公司	久娱科技星际宠物王网页游戏软件 V1.0
1732	上海久娱网络科技有限公司	久娱科技星际宠物王游戏软件 V1.0
1733	上海久娱网络科技有限公司	久娱科技疯狂飚车海外版游戏软件 V1.0
1734	上海久娱网络科技有限公司	久娱科技疯狂飚车 3D 游戏软件 V1.0
1735	发思特软件(上海)有限公司	FastSHAPES 计算机放样软件 V4.0
1736	上海约尔机电设备有限公司	约尔空调网控器软件 V1.0
1737	上海淘科网络技术有限公司	淘科绿色电力网光伏发电系统网络监控管理软件[简称：绿色电力网]V1.0
1738	上海远博信息技术有限公司	远博信息化评价与考核分析软件 V1.0
1739	上海都玩网络科技有限公司	都玩武尊游戏软件 V1.0
1740	上海威志信息科技有限公司	威志企业管理软件 V1.0
1741	荣莘电子科技(上海)有限公司	荣莘机动车驾驶员培训与考试电子系统应用软件 V1.0.0.240
1742	上海逸珍信息科技有限公司	逸珍企业人事综合信息管理软件 V1.0
1743	上海迈循信息科技有限公司	迈循移动销售管理软件(M-ETMS)V1.0
1744	上海上讯信息技术有限公司	上讯数据库审计软件 V3.1

续 表

序号	企业名称	产品名称
1745	上海阑筝软件科技有限公司	阑筝企业运维网络监控管理软件 V1.0
1746	上海韵阳信息技术有限公司	韵阳局域网文件共享管理软件 V1.0
1747	上海上讯信息技术有限公司	上讯信息系统监控软件[简称：IMP]V3.1
1748	上海艾达信息科技有限公司	艾达条码管理软件 V1.0
1749	上海万欣计算机信息科技有限公司	万欣计算机实验室综合管理软件[简称：万欣机房管理系统]V6.0
1750	上海金驰信息科技发展有限公司	金驰指纹卡身份认证软件 V1.0
1751	上海嘉佑财富旅游信息科技有限公司	嘉佑财富旅游地产新房交易软件 V1.0
1752	上海昊沧系统控制技术有限责任公司	昊沧 Prosee 污水处理工艺优化与高级控制软件[简称：ProSee]V2.0
1753	上海微创软件股份有限公司	微创分布式网络监控软件[简称：WDNMS]V1.0
1754	上海期货信息技术有限公司	Futures Ideal 新一代交易所交易软件 V1.0
1755	国神光电科技(上海)有限公司	国神智能化多平台设备用户操作软件 V1.4
1756	上海期货信息技术有限公司	Futures Ideal 期货行业投资者统一开户软件 V1.0
1757	上海幻维数码创意科技有限公司	幻维动画预览队列软件 V1.0
1758	上海文军信息技术有限公司	文军信息 SEOTcs 搜索引擎优化一站式管理监测软件 V1.0
1759	上海卓佑计算机技术有限公司	卓佑(Cowin)集中监控管理软件 V1.0
1760	上海众人网络安全技术有限公司	众人科技 iKEY 双因素动态密码身份认证软件 V2.0
1761	上海汉得信息技术股份有限公司	汉得融资租赁管理软件 V2.0
1762	上海伯俊软件科技有限公司	伯俊 iShop 终端管理软件 V1.0
1763	上海科马软件技术有限公司	COMAS 数据机房精细化管理集成平台软件 V1.0
1764	华平信息技术股份有限公司	AVCON 应急指挥图像综合管理平台软件[简称：AVCON 图像综合管理平台 V6.0
1765	上海龙田数码科技有限公司	龙田服务管理软件 V1.0
1766	沪东重机有限公司	HHM 船用柴油机产品设计指南软件 V1.0
1767	沪东重机有限公司	HHM 船用柴油机专利转化软件 V2.0
1768	沪东重机有限公司	HHM 船用柴油机专利技术文件管理软件 V2.0
1769	沪东重机有限公司	HHM 船用柴油机资料申请发放管理软件 V2.0
1770	沪东重机有限公司	HHM 船用柴油机取号管理软件 V1.0
1771	沪东重机有限公司	HHM 船用柴油机客户供应商信息管理软件 V1.0
1772	沪东重机有限公司	HHM 船用柴油机机械性能报告软件 V1.0
1773	沪东重机有限公司	HHM 船用柴油机数控辅助编程软件 V1.0
1774	异或数码科技(上海)有限公司	异或云视频管理软件 V1.0
1775	上海亚太神通计算机有限公司	亚太神通社会保障市民卡网点采集软件 V1.0
1776	上海亚太计算机信息系统有限公司	亚太医疗电子病案软件 V1.0
1777	上海亚太计算机信息系统有限公司	亚太医疗检验信息管理软件 V1.0

续 表

序号	企业名称	产品名称
1778	上海亚太计算机信息系统有限公司	亚太医生诊间信息管理软件 V1.0
1779	上海亚太计算机信息系统有限公司	亚太自助式税控燃油加油软件 V1.0
1780	上海广升信息技术有限公司	广升 FOTA 云升级软件 V1.0
1781	上海极道云计算科技有限公司	极道虚拟桌面管理软件 V1.0
1782	延锋伟世通电子科技(上海)有限公司	延锋伟世通 J53R 音响控制软件 V1.0
1783	延锋伟世通电子科技(上海)有限公司	延锋伟世通 MFD 控制软件 V1.0
1784	延锋伟世通电子科技(上海)有限公司	延锋伟世通新能源汽车仪表控制软件 V1.0
1785	延锋伟世通电子科技(上海)有限公司	延锋伟世通马可升级版控制软件 V1.0
1786	延锋伟世通电子科技(上海)有限公司	延锋伟世通 3X45 空调控制软件 V1.0
1787	上海灵汇通信设备有限公司	灵汇车载集中控制软件 V2.0
1788	上海宝景信息技术发展有限公司	宝景智能视频会议软件 V1.0
1789	上海宝景信息技术发展有限公司	宝景学校数字信息化教学管理软件 V1.0
1790	上海瀚正信息科技有限公司	瀚正智慧监狱应急指挥平台软件 V2.0
1791	上海市离心机械研究所有限公司	SCI 污泥脱水成套装置 PLC 电控系统应用软件 V2.0
1792	上海南康科技有限公司	南康阅神报表处理软件 V1.0
1793	上海万达信息系统有限公司	万达互联网违规外联事件处置系统应用软件 V1.0
1794	上海万达信息系统有限公司	万达情报采集和分析应用软件 V1.0
1795	上海万达信息系统有限公司	万达一键式海量跨库联查应用软件 V1.0
1796	上海三盾信息技术有限公司	三盾高校安全防范系统实战应用平台软件[简称：ST-CTAP]V2.0
1797	上海南康科技有限公司	南康测绘成果管理软件 V2.0
1798	上海岱嘉医学信息系统有限公司	岱嘉授权许可控制软件[简称：Control License Package]V1.0
1799	上海迈科迪信投资管理有限公司	迪信大宗商品交易采购管理软件[简称：采购管理软件]V1.0
1800	上海寅酷网络有限公司	寅酷霸者天下游戏软件 V1.67.23
1801	上海万物通物联网技术有限公司	万物通矿山井下人员定位软件[简称：矿山井下人员定位系统]V1.0
1802	上海万物通物联网技术有限公司	万物通矿山三维井下定位综合信息软件[简称：矿山三维井下定位综合信息系统]V1.0
1803	上海万物通物联网技术有限公司	万物通隧道施工人员定位软件[简称：隧道施工人员定位系统]V1.0
1804	上海大智慧投资咨询有限公司	大智慧百分百一号投资顾问软件[简称：百分百一号投资顾问]V2.0
1805	上海大智慧股份有限公司	大智慧金融交易终端股指期货专业版软件[简称：股指期货专业版]V7.07
1806	上海益盟软件技术股份有限公司	益盟操盘手智赢投资组合软件 V1.0
1807	上海奇电电气科技有限公司	奇电高性能无传感器矢量控制变频软件 V1.0

续 表

序号	企业名称	产品名称
1808	上海华立软件系统有限公司	华立 PowerSys3000 计量自动化软件 V2.0
1809	上海华立软件系统有限公司	华立 PowerSys6400 电厂 SCADA 监控软件 V1.0
1810	易贸资讯(上海)有限公司	易贸纸业网信息管理软件 V2.0
1811	易贸资讯(上海)有限公司	易贸能源网产品信息管理软件 V2.0
1812	易贸资讯(上海)有限公司	易贸化工网信息管理软件 V2.0
1813	易贸资讯(上海)有限公司	易贸息旺能源 IPAD 版终端软件 V1.0
1814	上海阿尔卡特网络支援系统有限公司	"上海阿尔卡特网络"WIFI 数据管理分析平台软件[简称:WIFI 数据管理分析平台]V1.0
1815	上海银联商务有限公司	银联商务自助支付接口软件 V1.0
1816	上海航天能源股份有限公司	航天能源仪表管理系统应用软件 V1.0
1817	上海银联商务有限公司	银联商务业务管理之终端应用更新管理软件 V1.0
1818	上海银联商务有限公司	银联商务业务管理之新增终端应用管理软件 V1.0
1819	上海银联商务有限公司	银联商务业务管理之换机管理软件 V1.0
1820	上海航天能源股份有限公司	航天能源无线远传压力处理仪软件 V1.0
1821	上海航天能源股份有限公司	航天能源手持数据采集器软件 V1.0
1822	徕卡测量系统(上海)有限公司	徕卡三维变形监测软件 V2.0
1823	上海安硕信息技术股份有限公司	安硕零售打分卡软件 V1.0
1824	徕卡测量系统(上海)有限公司	徕卡多测回测角软件 V1.0
1825	上海安硕信息技术股份有限公司	安硕供应链金融平台软件 V1.0
1826	徕卡测量系统(上海)有限公司	徕卡手机测量软件 V2.0
1827	上海安硕信息技术股份有限公司	安硕操作风险软件 V1.0
1828	上海神弋智能科技有限公司	神弋车牌识别软件 V1.0
1829	上海柯华软件有限公司	柯华科室之星投票软件 V1.0
1830	上海航天能源股份有限公司	航天能源管网监控系统通信管理软件 V1.0
1831	上海柯华软件有限公司	柯华在线培训中心软件 V1.0
1832	上海柯华软件有限公司	柯华 Code Review 代码评审系统管理软件[简称:Code Review]V1.0
1833	上海泰威技术发展股份有限公司	泰威 PrtTransform 图片转换工具软件 V1.0
1834	上海智隆信息技术有限公司	智隆数字化校园应用管理软件[简称:数字化校园软件]V1.0
1835	上海柏飞电子科技有限公司	柏飞安全计算机通讯软件 V1.0
1836	上海中信信息发展股份有限公司	光典档案信息资源管理软件(单机版)V2.0
1837	上海林创信息科技有限公司	林创科技场馆运营管理软件 V4.0
1838	上海华博信息服务有限公司	华博设备集中控制软件[简称:设备集中控制软件]V1.0
1839	上海东欣软件工程有限公司	东欣造船托盘集配管理软件 V3.0
1840	上海岱嘉医学信息系统有限公司	岱嘉医疗信息交互平台软件[简称:AT HiUP]V1.0

续 表

序号	企业名称	产品名称
1841	上海东欣软件工程有限公司	东欣船舶产品设计软件 V4.0
1842	上海江达软件系统有限公司	江达 iP2 集成产品开发与制造软件[简称：iP2]V1.0
1843	上海网化信息科技有限公司	网化科技业务及库存管理平台软件[简称：ECP]V1.0
1844	上海苑盛软件科技有限公司	苑盛矿用网络电话交换机软件 V1.0
1845	上海苑盛软件科技有限公司	苑盛矿用综合保护装置软件 V1.0
1846	上海苑盛软件科技有限公司	苑盛矿用数字调度机控制软件 V1.0
1847	上海苑盛软件科技有限公司	苑盛矿用扩播分站控制软件 V1.0
1848	上海苑盛软件科技有限公司	苑盛扩音通信广播系统调度软件 V1.0
1849	上海苑盛软件科技有限公司	苑盛矿用电力监控系统调度软件 V1.0
1850	上海苑盛软件科技有限公司	苑盛钢丝绳芯皮带探伤分析软件 V1.0
1851	上海苑盛软件科技有限公司	苑盛高开综合保护器软件 V1.0
1852	上海苑盛软件科技有限公司	苑盛级联纵差综合保护器软件 V1.0
1853	上海苑盛软件科技有限公司	苑盛矿用备用电源监控软件 V1.0
1854	上海苑盛软件科技有限公司	苑盛矿用电力监控分站软件 V1.0
1855	上海西重所重型机械成套有限公司	西重所机电一体化设备控制软件 V1.0
1856	上海西重所重型机械成套有限公司	西重所生产线工艺控制及管理软件 V1.0
1857	上海楚为网络科技有限公司	楚为龙剑游戏软件[简称：龙剑]V1.0
1858	上海延华智能科技(集团)股份有限公司	延华移动护理软件 V1.0
1859	上海同昆数码印刷有限公司	同昆数字印刷 ERP 软件 V1.0
1860	上海安融信息系统有限公司	安融终端数据安全管理软件 V1.0
1861	上海国尚软件开发有限公司	国尚 GTS 测试系统管理平台软件 V5.0
1862	上海国尚软件开发有限公司	国尚 GTS-Ⅱ控制软件 V5.0
1863	上海国尚软件开发有限公司	国尚时钟同步网网络管理软件 V1.2
1864	上海安硕信息技术股份有限公司	安硕村镇银行信贷管理软件 V1.0
1865	上海安硕信息技术股份有限公司	安硕村镇银行信贷数据平台软件 V1.0
1866	上海旭游网络技术有限公司	旭游青蛇网页游戏软件 V1.0
1867	上海安硕信息技术股份有限公司	安硕押品管理软件 V1.0
1868	上海国尚软件开发有限公司	国尚 SIMA 核心网优化分析软件 V3.6
1869	上海安硕信息技术股份有限公司	安硕组合管理软件 V1.0
1870	上海新朋程信息科技有限公司	新朋程 i 校园专业教学资源中心软件 V1.0
1871	上海仪电分析仪器有限公司	仪电分析仪器原子吸收应用软件[简称：原子吸收应用软件]V1.0
1872	上海仪电分析仪器有限公司	仪电分析仪器液相色谱应用软件[简称：液相色谱应用软件]V1.0
1873	上海聚川网络科技有限公司	聚川 iDNS 域名解析软件 V4.0

续 表

序号	企业名称	产品名称
1874	上海仪电分析仪器有限公司	仪电分析仪器紫外光谱应用软件[简称：紫外光谱应用软件]V1.0
1875	上海仪电分析仪器有限公司	仪电分析仪器气相色谱应用软件[简称：气相色谱应用软件]V1.0
1876	上海文广科技(集团)有限公司	文广易播硬盘播出系统应用管理和控制软件[简称：文广易播]V2.0
1877	上海文广科技(集团)有限公司	文广磁带库备份还原软件 V1.0
1878	上海文广科技(集团)有限公司	文广广告制作管理软件 V1.0
1879	上海仪电分析仪器有限公司	仪电分析仪器 UVWIN8 光谱应用软件[简称：UVWIN8]V1.0
1880	上海华源热疗技术有限公司	华源 WB-1S 微波深部热疗控制软件 V1.0
1881	上海乾隆高科技有限公司	钱龙证券服务平台软件 V1.0
1882	上海三意电机驱动技术有限公司	三意轨道交通站台安全门 PSC 控制柜嵌入式软件[简称：站台安全门 PSC 控制软件]V1.0
1883	上海三意电机驱动技术有限公司	三意轨道交通站台安全门控制器嵌入式软件[简称：站台安全门控制软件]V1.0
1884	上海三意电机驱动技术有限公司	三意安全门门机驱动器嵌入式软件[简称：安全门门机软件]V1.0
1885	上海网穗数码科技有限公司	网穗文档大师软件 V2.0
1886	霍尼韦尔综合科技(中国)有限公司	霍尼韦尔安全产品实验室软件 V1.0
1887	上海中交海德交通科技股份有限公司	海德公路桥梁信息服务软件 V1.0
1888	上海优斯福信息科技有限公司	优斯福企业能源管理软件[简称：企业能源管理系统]V1.0
1889	上海文广科技(集团)有限公司	文广广告运营管理软件 V1.0
1890	霍尼韦尔综合科技(中国)有限公司	霍尼韦尔航空运输财务报表自动化生成软件 V1.0
1891	霍尼韦尔综合科技(中国)有限公司	霍尼韦尔 ITSS PIDS 旅程信息显示系统增强软件 V1.0
1892	上海德米萨信息科技有限公司	德米萨企业通管理软件[简称：德米萨 E3 软件]V1.0
1893	霍尼韦尔综合科技(中国)有限公司	霍尼韦尔 HBS 呼叫中心系统管理软件 V2.8
1894	霍尼韦尔综合科技(中国)有限公司	霍尼韦尔 HTSC 交互式流程系统定制软件 V1.0
1895	霍尼韦尔综合科技(中国)有限公司	霍尼韦尔 HTSC PMR 项目授权审批软件 V1.0
1896	霍尼韦尔综合科技(中国)有限公司	霍尼韦尔 HBS 旅程信息显示系统声音播放增强软件 V1.0
1897	霍尼韦尔综合科技(中国)有限公司	霍尼韦尔 HBS ePSF 报表自动化生成软件 V1.0
1898	上海丰信环保科技有限公司	丰信阻垢剂服务软件 V2.0
1899	上海松川信息科技有限公司	松川无线自动抄表软件 V1.5
1900	上海松川信息科技有限公司	松川天然气管理信息软件 V1.0
1901	上海广电电子科技有限公司	广电电子科技机顶盒应用启动器软件 V1.0
1902	上海广电电子科技有限公司	广电电子科技机顶盒智能输入法软件 V1.0
1903	上海柯内卢软件有限公司	柯内卢峰格编研软件 V1.0

续 表

序号	企业名称	产品名称
1904	上海大汉三通网络通信有限公司	大汉三通 Lares 技术服务平台软件 V1.0
1905	上海柯内卢软件有限公司	柯内卢妇幼保健信息管理软件 V1.0
1906	上海物远物联网科技有限公司	物远物联网陆上运输管理软件[简称：陆运系统]V1.0
1907	上海古鳌电子科技股份有限公司	古鳌 JBYD-GA008(B)型点钞机软件 V1.0
1908	上海古鳌电子科技股份有限公司	古鳌 JBYD-GA808-B 点扎一体电子软件 V2.0
1909	上海海鼎信息工程股份有限公司	海鼎 B2C 电子商务物流管理软件[简称：海鼎 B2C 物流软件]V1
1910	上海古鳌电子科技股份有限公司	古鳌 GA-308 扎把机主控软件 V3.06
1911	上海阅维信息科技有限公司	阅维无线视音频实时传输软件 V1.0
1912	上海飞信信息科技有限公司	飞信殡葬行业数字化档案管理软件 V2.0
1913	上海大汉三通网络通信有限公司	三通运营平台软件 V1.0
1914	上海华博信息服务有限公司	华博设备监控软件[简称：设备监控软件]V1.0
1915	上海古鳌电子科技股份有限公司	古鳌 JBYD-GA012-A 点钞机电子部分软件 V1.0
1916	上海悠技信息技术有限公司	悠技 U-SEMS 海运出口管理软件 V1.0
1917	杰脉通信技术(上海)有限公司	杰脉 TD-SCDMA 移动通信专网业务支撑软件[简称：F3S]V1.0
1918	上海金蝶软件科技有限公司	金蝶 KIS 记账王 u 盘版软件 V9.1
1919	上海金蝶软件科技有限公司	金蝶 KIS 店铺标准版软件 V4.0
1920	上海远州信息科技有限公司	远州 FS8000 海量视频处理软件 V1.0
1921	上海德望信息科技有限公司	德望物流一体化核算软件[简称：CBS]V1.0
1922	异联信息技术(上海)有限公司	异联费用管理软件 V1.0
1923	上海电银信息技术有限公司	电银支付管理平台软件[简称：支付管理]V1.0
1924	普华基础软件股份有限公司	普华 i-VirtualCloud 云计算系统应用软件 V3.1
1925	上海波汇通信科技有限公司	波汇高压电缆护层电流监测软件[简称：HCS]V1.0
1926	上海波汇通信科技有限公司	波汇分布式组态监控平台软件[简称：MaxView]V1.2
1927	上海波汇通信科技有限公司	波汇分布式光纤温度传感器监控软件[简称：DTSCM]V2.3
1928	上海波汇通信科技有限公司	波汇电缆安全监控软件[简称：CSM]V2.1
1929	上海古鳌电子科技股份有限公司	古鳌字符叠加器 GA-ZDQ100 电子软件 V1.0
1930	上海博软机电设备有限公司	博软煤矿井下人员定位考勤管理软件[简称：KJ249 人员定位考勤软件]V3.1
1931	上海万路信息技术有限公司	万路 Discovery SOA 套件平台软件 V2.0
1932	上海乾隆网络科技有限公司	钱龙黄金眼全景版证券分析软件 V5.80
1933	上海领拓科技有限公司	领拓综合项目管理软件 V1.0
1934	上海网新新思软件技术有限公司	网新新思仓库管理平台软件 V1.1
1935	上海瑞彩信息科技有限公司	瑞彩双色球 306 定投软件 V1.0
1936	上海瑞彩信息科技有限公司	瑞彩电子彩票接入管理平台软件 V2.0

续 表

序号	企业名称	产品名称
1937	上海中叶远电子科技有限公司	中叶远企业一体化整合运营软件 V1.0
1938	上海普锐马电子有限公司	普锐马组合式干扰发生器控制软件 V1.0
1939	上海三思电子工程有限公司	三思 LED 隧道灯控制软件 V1.0
1940	律典(上海)信息技术有限公司	律典三维设计信息审阅软件 V1.0
1941	上海三思电子工程有限公司	三思 LED 单双色显示屏编辑播放软件 V1.0
1942	上海大智慧财汇数据科技有限公司	大智慧财汇投资预警数据库应用软件[简称：财汇投资预警数据库]V1.0
1943	上海大智慧财汇数据科技有限公司	大智慧财汇禁止投资数据库软件[简称：财汇禁投数据库]V1.0
1944	上海燧石软件信息科技有限公司	燧石国际贸易模拟实习教学软件[简称：TMT]V5.0
1945	上海三思电子工程有限公司	三思 LED 灯条编辑播放软件 V1.0
1946	上海益盟软件技术股份有限公司	益盟操盘手策略模方量化软件 V1.0
1947	上海大智慧财汇数据科技有限公司	大智慧财汇金融数据库应用软件[简称：财汇金融数据库]V4.0
1948	上海普元信息技术股份有限公司	普元应用开发平台软件[简称：EOS Platform]V7.0
1949	上海司南卫星导航技术有限公司	司南多模 GNSS OEM 板信号及数据处理软件[简称：MultiSignal]V1.0
1950	上海惠生通讯技术有限公司	惠生通讯增值业务运营支撑软件[简称：增值业务运营支撑平台]V1.0
1951	上海龙创自控系统有限公司	龙创综合能源管理平台软件 V2.0
1952	上海银联商务有限公司	银联商务多应用密钥分发软件 V1.0
1953	上海宏灿信息科技有限公司	宏灿 RAP 协同办公平台软件[简称：宏灿 RAP]V 2.0
1954	上海欣电信息技术有限公司	欣电电力设计一体化平台软件 V1.0
1955	上海溢辉软件技术有限公司	溢辉显示屏应用软件 V1.0
1956	绎奇软件(上海)有限公司	绎奇集团企业分公司问卷调查软件 V1.0
1957	上海竹稞交通智能科技有限公司	竹稞驾驶适性心理综合测试软件 V3.0
1958	富士通(中国)信息系统有限公司	富士通 GSC 百货运营管理软件 V1.0
1959	富士通(中国)信息系统有限公司	富士通 GSC 百货收银管理软件 V1.0
1960	富士通(中国)信息系统有限公司	富士通 GSC 百货客户管理软件 V1.0
1961	富士胶片(中国)投资有限公司	富士自助打印管理软件 V1.0
1962	上海华腾软件系统有限公司	TOP Collateral 集中押品管理软件[简称：TOP Collateral]V1.0
1963	上海华腾软件系统有限公司	TOP CLOP 个人贷款征信审批软件[简称：TOP CLOP]V1.0
1964	上海春雨信息科技有限公司	春雨 oTraining 在线培训软件[简称：oTraining]V1.1
1965	上海摩软通讯技术有限公司	摩软 V668 手机输入法软件 V0.0.6
1966	上海新虹伟信息科技股份有限公司	新虹伟治安现场核查管理软件 V1.0
1967	上海摩软通讯技术有限公司	摩软 A16 手机界面管理软件 V1.0.3

续 表

序号	企业名称	产品名称
1968	上海维豪信息安全技术有限公司	维豪业务资源授权服务软件 V1.0
1969	上海摩软通讯技术有限公司	摩软 A21 手机桌面应用软件 V3.0.7
1970	上海维豪信息安全技术有限公司	维豪信息服务框架服务软件 V1.0
1971	上海维豪信息安全技术有限公司	维豪消息提醒服务软件 V1.0
1972	上海科越信息技术有限公司	科越运输管理软件 V1.0
1973	上海科越信息技术有限公司	科越外贸管理软件 V1.0
1974	上海农业信息有限公司	上农信嘉定支农惠农补贴资金公示软件 V1.0
1975	上海农业信息有限公司	上农信嘉定检验检测软件 V1.0
1976	上海合胜信息安全技术有限公司	合胜安全审计网关软件[简称：SAG]V1.5
1977	上海东华广播电视网络有限公司	东华意漫社交网络平台软件[简称：意漫 SNS]V1.0
1978	上海东华广播电视网络有限公司	东华意漫 OpenSocial 应用平台软件[简称：意漫 OpenSocial]V1.0
1979	上海北辰软件有限公司	北辰注意力变量检测软件[简称：T.O.V.A]V3.01
1980	上海东华广播电视网络有限公司	东华 DutyHelper 网络流量监测软件 V1.0
1981	上海起凡数字技术有限公司	起凡直播系统服务软件 V1.0
1982	上海华勤通讯技术有限公司	华勤 L309 手机系统软件 V0.0.9
1983	上海金铖科技发展有限公司	金铖权限管理软件 V1.0
1984	上海华勤通讯技术有限公司	华勤 A220 音乐播放器软件 V1.0.1
1985	上海金铖科技发展有限公司	金铖 ETL 数据抽取工具软件 V2.0
1986	上海金铖科技发展有限公司	金铖旅馆业治安管理信息软件 V8.0
1987	上海华勤通讯技术有限公司	华勤 A120 手机即时通讯管理软件 V1.0.1
1988	上海复观网络科技有限公司	复观移动零售平台软件 V1.0
1989	上海城基中控技术有限公司	城基中控智慧交通信息服务软件 V1.0
1990	上海埃帕信息科技有限公司	埃帕 OneCab 多媒体信息平台软件 V2.1
1991	上海西信信息科技有限公司	西信电子采购软件 V1.0
1992	上海中经互联网络有限公司	中经工作平台管理软件 V1.0
1993	上海品志文化传播有限公司	品志小小忍者 iOS 客户端软件[简称：小小忍者]V1.0.1
1994	上海维豪信息安全技术有限公司	维豪网络信任传递服务软件 V1.0
1995	上海维豪信息安全技术有限公司	维豪领导阅批框架服务软件 V1.0
1996	上海宝信软件股份有限公司	宝信冶金企业产供销管理软件 V1.0
1997	上海城基中控技术有限公司	城基中控乘客信息软件 V1.0
1998	上海软盈信息技术有限公司	软盈 Web 框架中间件软件[简称：BWacs]V1.0
1999	上海维豪信息安全技术有限公司	维豪电子印章验章软件 V1.0
2000	上海维豪信息安全技术有限公司	维豪单点登录服务软件 V1.0
2001	上海匡维信息技术有限公司	匡维 Qeweb Mae 应用移动化引擎软件 V1.0

续 表

序号	企业名称	产品名称
2002	上海仁微电子科技有限公司	仁微有源 2.45 G 读写设备嵌入式软件 V1.0
2003	上海维豪信息安全技术有限公司	维豪待办事项框架服务软件 V1.0
2004	上海维豪信息安全技术有限公司	维豪安全服务框架服务软件 V1.0
2005	上海匡维信息技术有限公司	匡维移动维保软件 V1.0
2006	上海科梁信息工程有限公司	RTT 自动化测试管理软件 V1.0
2007	上海维豪信息安全技术有限公司	维豪资源订阅服务软件 V1.0
2008	上海维豪信息安全技术有限公司	维豪交换站管理软件 V1.0
2009	上海泛际科学仪器有限公司	泛际测流大师软件 V3.01
2010	上海熙菱信息技术有限公司	熙菱视频监控深度应用平台软件 V1.0
2011	上海维豪信息安全技术有限公司	维豪资源共享服务软件 V1.0
2012	上海维豪信息安全技术有限公司	维豪设备资源管理软件 V1.0
2013	上海维豪信息安全技术有限公司	维豪文件办理服务软件 V1.0
2014	上海维豪信息安全技术有限公司	维豪会务排座服务软件 V1.0
2015	上海维豪信息安全技术有限公司	维豪办公耗材管理软件 V1.0
2016	上海维豪信息安全技术有限公司	维豪标识验证服务器软件 V1.0
2017	上海维豪信息安全技术有限公司	维豪个人文件柜框架服务器软件 V1.0
2018	明衡信息科技(上海)有限公司	明衡全厂物流作业图型监控软件 V1.0.0
2019	上海维豪信息安全技术有限公司	维豪部门微博服务器软件 V1.0
2020	中微半导体设备(上海)有限公司	中微 AY Data Analysis Tool 数据分析软件[简称：AY] V1.9
2021	上海蓝蔚科技发展有限公司	蓝蔚粮食行业设备资产管理软件 V1.0
2022	上海船舶研究设计院	SDARI 散货船载货量曲线绘制软件 V1.0
2023	上海船舶研究设计院	SDARI 多用途船空船重量重心估算软件 V1.0
2024	上海船舶研究设计院	SDARI 快图工具(RapidDraw)软件[简称：RapidDraw] V2.0
2025	上海船舶研究设计院	SDARI 动力定位能力分析软件[简称：DPPLOT]V2.0
2026	上海手掌心信息技术有限公司	手掌心位置达人信息服务软件[简称：位置达人]V1.0
2027	上海科越信息技术有限公司	科越货代管理软件 V1.0
2028	上海中信信息发展股份有限公司	中信追索屠宰场信息追溯管理软件 V1.0
2029	上海中信信息发展股份有限公司	中信追索批发市场信息追溯管理软件 V1.0
2030	上海中信信息发展股份有限公司	中信追索标准化菜场信息追溯管理软件 V1.0
2031	上海展英通信息技术有限公司	展英通 YZ988 手机软件 V1.0
2032	上海展英通信息技术有限公司	展英通 YA818 手机软件 V1.0
2033	上海展英通信息技术有限公司	展英通 S802H 手机软件 V1.0
2034	上海摩拜信息技术有限公司	摩拜通道视频监控面纹识别拍照软件 V1.0
2035	上海泽阳智能科技有限公司	泽阳电子导医软件[简称：电子导医系统]V1.0

续 表

序号	企业名称	产品名称
2036	上海展欣通信技术有限公司	展欣 C9618 手机软件 V1.0
2037	上海华依信息技术有限公司	华依挖掘机整机测试软件 V1.0
2038	上海晨思电子科技有限公司	晨思基于 Mstar 2D 视频芯片的 3D 电视视频软件 V1.0
2039	上海晨思电子科技有限公司	晨思 LTE 下行链路解调模块接口软件 V1.0
2040	上海凌极软件有限公司	凌极口语考试系统应用软件[简称：VIVO EVA]V3.0
2041	上海悠技信息技术有限公司	悠技 U-SIMS 货代进口管理软件 V1.0
2042	上海悠悠理财信息科技有限公司	悠悠 UKEY 金融终端软件[简称：UKEY 金融终端]V1.0
2043	上海悠悠理财信息科技有限公司	UU 营销产品管理平台软件 V1.0
2044	上海飞旗网络技术有限公司	F7 Optimal QoS 下一代互联网智能流量系统控制软件 V3.5.10
2045	上海景界信息科技有限公司	景界科技数字教材及互动课程客户端管理软件 V1.0
2046	上海国臣信息技术有限公司	国臣协同物流服务平台软件[简称：Webspace Logistics]V3.0
2047	上海熙菱信息技术有限公司	熙菱卡口监控深度应用平台软件 V1.0
2048	上海熙菱信息技术有限公司	熙菱警用 GIS 深度应用平台软件 V1.0
2049	上海宝立自动化工程有限公司	宝立无板形仪可逆轧机板形控制应用软件 V1.0
2050	上海巴陆信息科技有限公司	巴陆企业管理软件[简称：EMS]V1.0
2051	上海海港通信技术有限公司	海港理财顾问软件 V1.0
2052	富士通(中国)信息系统有限公司	富士通制造执行可视化软件[简称：M.EVE]V1.0
2053	上海丹唯昙纽信息技术有限公司	丹唯昙纽文件数据保护软件[简称：数据保护软件]V2.0
2054	上海数聚信息技术有限公司	数聚智慧决策门户软件[简称：智慧决策门户]V1.0
2055	科博达技术有限公司	KEBODA 汽车前照灯自适应控制软件[简称：AFS 控制软件]V1.0
2056	上海卓岱电子科技有限公司	卓岱数码产品音频测试软件 V1.0
2057	上海互联网软件有限公司	必优必达 RFID 公交运营精细化监管软件[简称：RFID 公交运营精细化监管系统]V1.0
2058	上海三吉电子工程有限公司	三吉民防警报系统中心监控台软件 V1.0
2059	上海三吉电子工程有限公司	三吉 350 兆数字集群终端用户管理软件 V1.0
2060	上海三吉电子工程有限公司	三吉地铁公安无线通信系统监管软件 V1.0
2061	腾讯科技(上海)有限公司	腾讯 Q 游记游戏软件[简称：Q 游记]V1.0
2062	上海矽感信息科技有限公司	矽感离子迁移谱快速检测仪测试软件[简称：迁移谱测试软件]V1.0
2063	上海澳马信息技术服务有限公司	澳马早巡视事务管理系统应用软件 V1.0
2064	上海澳马信息技术服务有限公司	澳马巴士公交票务管理系统应用软件 V1.0
2065	胜科金仕达数据系统(中国)有限公司	金仕达风险监控系统管理软件[简称：新一代风险监控管理平台]V7.0
2066	上海同天能源科技有限公司	同天电能量管理主站软件 V1.0

续 表

序号	企业名称	产品名称
2067	上海创识天沪信息科技有限公司	创识软 POS 软件[简称：CHASE SOFTPOS]V1.0
2068	上海创识天沪信息科技有限公司	创识 BMP 商户收单软件[简称：CHASE BMP]V1.0
2069	上海同天能源科技有限公司	同天能源综合管理软件 V1.0
2070	上海有间信息科技有限公司	有间魔豆游戏 DIY 软件[简称：魔豆]V1.0
2071	上海嘉道信息技术有限公司	嘉道民情通互联网舆情监测软件 V1.0
2072	上海复旦光华信息科技股份有限公司	光华 FSP 防统方软件[简称：FSP]V1.0
2073	上海复旦光华信息科技股份有限公司	光华 DB_Audit 数据库安全审计软件[简称：DB_Audit]V2.2
2074	上海宝信软件股份有限公司	宝信煤化工储运管理软件 V1.0
2075	上海意学数字出版科技有限公司	意学 ALS 智能课堂软件[简称：ALS]V1.0
2076	上海软中信息技术有限公司	软中法人治理结构信息软件 V1.0
2077	上海硕格信息科技有限公司	硕格中间件云开发平台软件 V2.0
2078	上海汽车集团股份有限公司	上汽经营者计算机管理软件 V1.0
2079	上海国臣信息技术有限公司	国臣中医体质辨识软件[简称：中医体质辨识]V2.0
2080	上海童飞电子科技有限公司	童飞企业管理软件 V2009
2081	普尔盾电气(上海)有限公司	普尔盾 PES-5000 微机保护测控装置软件 V1.0
2082	普尔盾电气(上海)有限公司	普尔盾 PES-GZDW 直流电源监控软件[简称：PES-GZDW]V1.0
2083	上海智定科技发展有限公司	智定精密机械 ERP 软件 V1.0
2084	友十(上海)网络科技有限公司	友加手机交友社区软件[简称：友加]V1.0
2085	上海普华科技发展有限公司	普华项目管理信息平台软件[简称：PowerPiP]V4.5
2086	盘石软件(上海)有限公司	盘石可视化数据分析平台软件 V2.0
2087	上海普华科技发展有限公司	普华施工项目综合管理平台软件[简称：PowerStart]V1.2
2088	盘石软件(上海)有限公司	盘石电子鉴定实验室管理软件 V2.0
2089	盘石软件(上海)有限公司	盘石介质取证分析软件 V3.0
2090	盘石软件(上海)有限公司	盘石计算机现场取证软件 V3.0
2091	盘石软件(上海)有限公司	盘石手机取证分析软件 V3.0
2092	上海派拉软件有限公司	派拉云平台软件 V1.0
2093	上海连壁信息科技有限公司	连壁魔方建站软件[简称：魔方建站]V3.0
2094	上海万欣计算机信息科技有限公司	万欣大学生科技创新项目管理软件[简称：万欣项目管理系统]V2.5
2095	上海万欣计算机信息科技有限公司	万欣实验教学智能管理软件[简称：万欣实验教学管理系统]V2.5
2096	上海金原子软件科技有限公司	金原子公安特种行业治安管理信息软件 V2.0
2097	上海金原子软件科技有限公司	金原子娱乐场所治安管理信息软件 V2.0
2098	上海万欣计算机信息科技有限公司	万欣云部署维护管理软件[简称：万欣云终端]V5.0

续 表

序号	企业名称	产品名称
2099	上海万欣计算机信息科技有限公司	万欣大型仪器设备共享平台软件[简称：万欣大型仪器设备共享平台]V2.5
2100	上海普华科技发展有限公司	普华企业多项目管理基础业务平台软件[简称：PBP]V3.0.9
2101	上海普华科技发展有限公司	普华项目管理总承包版软件[简称：PowerOn EPC]V4.5
2102	上海华谊信息技术有限公司	华谊现场巡检管理软件 V1.0
2103	上海华谊信息技术有限公司	华谊焦化地磅管理软件 V1.0
2104	上海巨唐信息科技有限公司	巨唐基于三维动态生成技术的多媒体培训软件 V1.0
2105	恒源祥(集团)有限公司	恒源祥高档西装 EMTM 软件 V1.0
2106	上海玺睿网络科技有限公司	玺睿语音智能交互机器人软件 V1.0
2107	上海名图信息技术有限公司	CubicPlate LPR Software for Windows MobileV1.5
2108	上海圣熙信息技术有限公司	圣熙地理信息引擎软件 V1.0
2109	上海方库信息科技有限公司	Windmills 单机版移动网络智能优化分析软件 V1.0
2110	上海普华科技发展有限公司	普华工程项目管理集成软件手机版软件[简称：PowerOn Mobile]V1.2
2111	上海普华科技发展有限公司	普华工程项目管理集成软件[简称：PowerOn]V5.2
2112	上海普华科技发展有限公司	普华企业多项目管理信息门户软件[简称：PEP]V3.2
2113	上海汉墨自动化系统有限公司	汉墨智能自动化系统应用软件 V5.91
2114	上海志行合力软件技术有限公司	志行合力外呼管理软件 V1.0
2115	君岳信息科技(上海)有限公司	君岳 PS 域网管软件 V1.0
2116	上海达联电子科技有限公司	达联数据交换平台软件 V1.0
2117	上海欣诺通信技术有限公司	欣诺 OEO6500 管理软件 V1.0
2118	上海学舟信息技术有限公司	学舟新课标远程教育软件 V1.0
2119	博茂营销咨询(上海)有限公司	POPexecution 终端执行管理工具软件(Symbian 版)V2.73
2120	上海欣诺通信技术有限公司	欣诺光保护管理软件 V1.0
2121	上海奥同软件科技有限公司	奥同网页 3D 软件 V1.0
2122	上海实地信息技术有限公司	实地运维管理平台软件 V1.0
2123	上海永畅信息科技有限公司	永畅具有主动安全功能的行车记录软件 V2.0
2124	上海浩德科技股份有限公司	浩德 HiWorkflow 工作流管理软件 V1.0
2125	上海浩德科技股份有限公司	浩德 HiUser 用户权限管理软件 V1.0
2126	上海浩德科技股份有限公司	浩德 HiTeamCollab 团队协作软件 V1.0
2127	上海浩德科技股份有限公司	浩德 HiReport 报表管理软件 V1.0
2128	上海浩德科技股份有限公司	浩德 HiModeling 统一建模管理软件 V1.0
2129	上海浩德科技股份有限公司	浩德 HiMail 企业邮箱软件 V1.0
2130	上海浩德科技股份有限公司	浩德 HiDynaForm 动态表单管理软件 V1.0

续 表

序号	企业名称	产品名称
2131	上海浩德科技股份有限公司	浩德 HiDNS 管理监控软件 V1.0
2132	上海浩德科技股份有限公司	浩德 HiCase 服务跟踪管理软件 V1.0
2133	上海浩德科技股份有限公司	浩德 HiAMS 地铁专用通信集中告警软件 V1.0
2134	上海中电电子系统工程有限公司	中电电子远程抄表平台软件 V1.0
2135	上海中电电子系统工程有限公司	中电电子物维管理平台软件 V1.0
2136	上海中电电子系统工程有限公司	中电电子机房监控软件 V6.0
2137	上海中电电子系统工程有限公司	中电电子综合安防平台软件 V1.0
2138	上海中电电子系统工程有限公司	中电电子文档管理软件 V1.0
2139	上海中电电子系统工程有限公司	中电电子远程会议视频管理平台软件 V1.0
2140	上海中电电子系统工程有限公司	中电电子一卡通系统集成管理平台软件 V1.0
2141	上海中电电子系统工程有限公司	中电电子信息发布管理平台软件 V1.0
2142	上海中电电子系统工程有限公司	中电电子系统集成监控软件 V1.0
2143	上海中电电子系统工程有限公司	中电电子能源管控平台软件 V1.0
2144	上海鑫森电子科技发展有限公司	鑫森专业学科答疑平台软件 V1.0
2145	上海鑫森电子科技发展有限公司	鑫森教育互动平台客户端软件 V1.0
2146	上海鑫森电子科技发展有限公司	鑫森教育培训信息管理软件 V1.0
2147	上海鑫森电子科技发展有限公司	鑫森校园一卡通软件 V1.0
2148	上海鑫森电子科技发展有限公司	鑫森数字录播软件 V1.0
2149	上海鑫森电子科技发展有限公司	鑫森数字化校园管理软件 V1.0
2150	快钱支付清算信息有限公司	快钱快刷客户端软件 V1.0
2151	上海显晋自动化工程有限公司	显晋交通视频事件检测软件 V1.0
2152	上海新海信通信息技术有限公司	新海信通物资管理软件 V1.0
2153	上海恒为信息科技有限公司	恒为 OptiWayEXP 网络流量汇聚软件 V1.0
2154	上海恒为信息科技有限公司	恒为 ExCare 网络协议分析软件 V3.0
2155	上海紫南信息技术有限公司	紫南 ISU－8000 视讯终端软件 V1.0
2156	上海广野软件有限公司	广野智慧城镇招商资源管理软件 V1.0
2157	上海基石信息技术有限公司	基石采购流程管理软件[简称：GTPPM]V1.0
2158	上海瑞原信息技术有限公司	瑞原 IBS GB&IuPS 数据业务优化软件 V1.0
2159	上海龙软信息技术有限公司	龙软金融衍生品交易软件[简称：DTS]V3.0
2160	上海瑞原信息技术有限公司	瑞原 IBS 语言业务(MC 口)优化分析软件 V1.0
2161	上海龙软信息技术有限公司	龙软集成金融商品交易工具软件[简称：ATB]V2.0
2162	上海绿联软件有限公司	绿联直流变频电机控制软件 V1.0
2163	上海龙软信息技术有限公司	龙软股票投资风险控制软件[简称：PL Screen]V2.0
2164	上海龙软信息技术有限公司	龙软证券投资自营业务交易工具软件[简称：Dealing Pkg]V2.0

续 表

序号	企业名称	产品名称
2165	上海菱通软件技术有限公司	菱通仓库管理软件 V5.0
2166	上海络杰软件有限公司	络杰精益流程智能管理软件 V3.0
2167	上海岱嘉医学信息系统有限公司	岱嘉 Unireport 放射科及内科系信息管理软件[简称：岱嘉 Unireport]V1.1
2168	上海天好电子商务有限公司	天好资金监督监察软件 V5.8
2169	上海延华智能科技(集团)股份有限公司	延华卡申建筑数据监测软件 V1.0
2170	上海平安投资有限公司	平安投资开关系统自动切换软件 V5.2.0
2171	上海平安投资有限公司	平安投资衰减系统自动控制软件 V5.1.1
2172	上海平安投资有限公司	平安投资资产管理软件 V1.0
2173	上海延华智能科技(集团)股份有限公司	延华卡申建筑能耗监测平台软件 V1.3B
2174	上海延华智能科技(集团)股份有限公司	延华住院医生工作站软件 V1.0
2175	上海岱嘉医学信息系统有限公司	岱嘉 UniRISC 信息管理系统应用软件[简称：岱嘉 UniRISC]V1.0
2176	上海贝尔软件有限公司	贝尔移动通信核心网交换软件[简称：NSS12]V2.0
2177	上海延华智能科技(集团)股份有限公司	延华医疗商业智能软件 V1.0
2178	上海贝尔软件有限公司	贝尔 WCDMA 移动通信无线网络软件[简称：WCDMA UTRAN SW]V4.0
2179	上海五项管理企业管理有限公司	五项管理每天效率管理系统应用软件[简称：每天效率管理]V1.0
2180	上海贝尔软件有限公司	贝尔 LTE 移动通信无线网络软件[简称：LTE RAN SW]V5.0
2181	上海延华智能科技(集团)股份有限公司	延华电子病历软件 V1.0
2182	上海联信信息科技有限公司	联信财富 IPhone 版手机软件 V1.0
2183	上海联信信息科技有限公司	联信财富 Android 版手机软件 V1.0
2184	上海思普信息技术有限公司	思普产品全生命周期管理软件 V6.0
2185	上海溢辉软件技术有限公司	溢辉同步扫描控制软件 V1.0
2186	上海奇慧天晴信息科技有限公司	奇慧天晴学生安全意识测评与预警分析软件 V1.0
2187	上海思快电子科技有限公司	思快无线视频通讯软件 V1.0
2188	上海牙木通讯技术有限公司	牙木 WavePoint DNS 流量统计分析软件 V3.0
2189	上海申银万国证券研究所有限公司	申万云搜索平台软件 V2.0
2190	上海申银万国证券研究所有限公司	申银万国 CRM(客户关系管理)软件 V3.0
2191	上海申银万国证券研究所有限公司	申银万国报告模板软件 V4.0
2192	上海申银万国证券研究所有限公司	申万云智能聊天机器人软件 V1.0
2193	上海申银万国证券研究所有限公司	申万研究手机移动办公平台软件 V1.0
2194	上海申银万国证券研究所有限公司	申银万国晨会纪要管理软件 V2.0
2195	上海申银万国证券研究所有限公司	申银万国外部网站数据抓取软件 V2.0
2196	上海申银万国证券研究所有限公司	申银万国财务预测与估值模型软件 V3.1

续 表

序号	企业名称	产品名称
2197	上海海典软件有限公司	海典医药综合信息管理软件[简称：MIS]V1.600
2198	上海申银万国证券研究所有限公司	申银万国量化分析平台软件 V1.0
2199	上海申银万国证券研究所有限公司	申银万国数据展现工具软件 V2.0
2200	上海申银万国证券研究所有限公司	申银万国自由流通量管理软件 V1.0
2201	上海申银万国证券研究所有限公司	申银万国股价指数平台软件 V1.0
2202	上海克而瑞信息技术有限公司	CRIC 客户中心坐席作业软件 V1.0
2203	上海品杨商务咨询有限公司	品杨通讯服务软件 V1.0
2204	上海因贝信息技术有限公司	因贝企业信息门户软件 V1.0
2205	龙尚智联通信科技(上海)有限公司	龙尚智联 WM7287D 标准通讯模块软件 V1.0
2206	龙尚智联通信科技(上海)有限公司	龙尚智联 CM6583D 标准通讯模块软件 V1.0
2207	上海一达机械有限公司	一达压铸机控制软件 V3.1
2208	上海一达机械有限公司	一达压铸机控制软件 V3.0
2209	汇思软件(上海)有限公司	汇思学习管理软件 V5.1
2210	上海意时网络科技有限公司	意时网旅行险平台软件[简称：意时 b2b 系统]V1.0
2211	上海易谷网络科技有限公司	Egoolink 软电话系统应用软件 V1.0
2212	上海税友软件有限公司	税友网上办税通信平台软件 V1.0
2213	上海克而瑞信息技术有限公司	CRIC Callcenter 任务管理软件 V1.0
2214	龙尚科技(上海)有限公司	龙尚科技 WM7393D 标准通讯模块软件 V1.0
2215	上海埃帕信息科技有限公司	埃帕 Estate Manager 房产经纪人管理软件 V1.0
2216	上海闻泰电子科技有限公司	闻泰手机天气精灵软件 V1.0
2217	上海闻泰电子科技有限公司	闻泰手机股票王软件 V1.0
2218	上海闻泰电子科技有限公司	闻泰手机捕鱼猎人软件 V1.0
2219	上海埃帕信息科技有限公司	埃帕 EasyWFV 工作流业务视图监控软件 V1.0
2220	上海克而瑞信息技术有限公司	CRIC2012 房地产决策咨询软件 V4.0
2221	上海闻泰电子科技有限公司	闻泰手机齐天大圣软件 V1.0
2222	上海南广电子技术有限公司	南广节目购销管理软件 V1.0
2223	上海贝锐信息科技有限公司	花生壳远程控制 IOS 版主控端软件 V1.0
2224	上海闻泰电子科技有限公司	闻泰手机疯狂板球软件 V1.0
2225	上海贝锐信息科技有限公司	图度 Talk 企业即时通信软件 V2.2
2226	上海贝锐信息科技有限公司	花生壳局域网开机器协议及相关组件软件 V1.0
2227	上海闻泰电子科技有限公司	闻泰手机打地鼠软件 V1.0
2228	上海闻泰电子科技有限公司	闻泰手机百变天虫软件 V1.0
2229	上海美琦浦悦通讯科技有限公司	美琦浦悦 IPTV 综合监管平台软件 V1.0
2230	上海贝锐信息科技有限公司	花生壳远程控制 Windows 版主控端软件 V1.0
2231	上海贝锐信息科技有限公司	花生壳远程控制 Android 版主控端软件 V1.0

续 表

序号	企业名称	产品名称
2232	上海美琦浦悦通讯科技有限公司	美琦浦悦 IPTV 综合保障管理软件 V1.0
2233	上海齐家网信息科技股份有限公司	齐家商城公共服务平台软件 V1.0
2234	上海帕科软件科技有限公司	帕科运营中心系统管理软件 V1.0
2235	上海帕科软件科技有限公司	帕科内容管理软件 V1.0
2236	上海帕科软件科技有限公司	帕科快编系统管理软件 V1.0
2237	龙尚科技(上海)有限公司	龙尚科技 U7300 标准通讯模块软件 V1.0
2238	上海伊纬信息技术有限公司	伊纬反洗钱监测申报软件 V1.0
2239	上海东尚信息科技有限公司	东尚生产制造执行管理软件 V2.0
2240	上海维服信息技术有限公司	维服多点连锁售后管理软件 V1.0
2241	上海维服信息技术有限公司	维服厂家售后服务管理软件 V1.0
2242	上海市红会信息科技有限公司	红会医疗器械实时监管数据服务系统应用软件 V2.0
2243	上海市红会信息科技有限公司	红会高风险医疗器械不良事件分析管理软件 V1.0
2244	上海市红会信息科技有限公司	红会医疗器械实时监管医院系统应用软件 V3.0
2245	上海市红会信息科技有限公司	红会医疗器械实时监管医院系统应用软件 V2.0
2246	上海市红会信息科技有限公司	红会医院试剂管理软件 V1.0
2247	上海市红会信息科技有限公司	红会医院总务管理软件 V1.0
2248	上海护航企业管理咨询有限公司	护航网络离线检查软件[简称：网络检查软件]V1.4
2249	上海闻泰电子科技有限公司	闻泰手机时间同步软件 V1.0
2250	富统(上海)信息技术有限公司	富统 FREEIN 金属加工管理软件 V1.0
2251	上海枫佳软件科技有限公司	枫佳 HF-A11 WEB 管理软件 V3.29.0.1
2252	乐蛙科技(上海)有限公司	乐蛙移动终端触摸屏驱动软件 V1.0
2253	上海景游网络科技有限公司	景游魔力部落游戏软件 V1.0
2254	上海华钦软件技术有限公司	华钦市场营销助理系统平台软件 V1.0
2255	上海金电网安科技有限公司	金电网安网络单向导入软件 V2.0
2256	上海麦杰科技股份有限公司	麦杰 openPlant 实时数据库软件[简称：openPlant]V3.0
2257	上海麦杰科技股份有限公司	麦杰厂级监控信息系统管理软件[简称：SIS]V3.0
2258	上海轩奕数码科技有限公司	轩奕开心接龙游戏软件[简称：开心接龙]V1.0
2259	中发智能电网科技(上海)有限公司	中发 Zi3101L 数字式线路保护测控装置软件 V1.00
2260	上海复旦网络信息工程有限公司	复旦网络城市消防远程监控管理软件 V1.0
2261	上海复旦网络信息工程有限公司	复旦网络通讯服务器软件 V1.0
2262	上海复旦网络信息工程有限公司	复旦网络电表采集管理软件 V1.0
2263	上海胜研电气科技有限公司	胜研高压电气设备试验控制软件 V3.0
2264	基信康信息技术(上海)有限公司	基信康 5820 手机软件 V1.0
2265	上海通导科技发展有限公司	通导手持智能终端计费管理软件 V1.0

续 表

序号	企业名称	产品名称
2266	上海日浦信息技术有限公司	日浦施工 CAD 自动出图软件 V1.0
2267	上海闻泰电子科技有限公司	闻泰手机 WStore 客户端软件 V1.0
2268	上海睿则恩信息技术有限公司	睿则恩标准信息服务软件 V2.0
2269	上海诺诚电气有限公司	NCC 听觉多频稳态诱发电位仪软件 V1.0
2270	上海国兴农信息技术有限公司	国兴农现代农业移动电子商务软件 V3.0
2271	上海华腾数据信息科技有限公司	华腾数据一体化发卡平台软件 V1.0
2272	上海华腾数据信息科技有限公司	华腾数据反洗钱平台软件 V1.0
2273	上海欣方信息科技有限公司	欣方信息移动智能业务网关平台软件[简称：MISG] V1.0
2274	上海建坤信息技术有限责任公司	建坤大型园区应急指挥管理软件 V1.0
2275	上海建坤信息技术有限责任公司	建坤大型园区集成指挥管理平台软件 V1.0
2276	上海圣然信息科技有限公司	圣然摩尔庄园核心软件 V2.0
2277	上海圣然信息科技有限公司	圣然小花仙核心软件 V1.0
2278	上海圣然信息科技有限公司	圣然功夫派核心软件 V1.0
2279	上海圣然信息科技有限公司	圣然赛尔号Ⅱ核心软件 V2.0
2280	上海三埃弗电子有限公司	三埃弗 PMS8 系列监护仪软件 V3.0
2281	东软集团(上海)有限公司	东软 iPhone 亲情快递软件 V1.0
2282	上海优达软件技术有限公司	优达火灾报警联动总线控制软件 V1.0
2283	东软集团(上海)有限公司	东软短信平台软件 V1.0
2284	东软集团(上海)有限公司	东软 iPhone 熙康饮食软件 V1.0
2285	东软集团(上海)有限公司	东软打印软件 V1.0
2286	东软集团(上海)有限公司	东软人社通智能手机客户端软件 V1.0
2287	上海圣然信息科技有限公司	圣然摩尔庄园 2 核心软件 V2.0
2288	上海意派信息科技有限公司	意派自助多通道发布软件 V1.0
2289	上海创软信息科技有限公司	创软产品生命周期管理软件 V1.0
2290	上海派博软件有限公司	派博网吧管理软件 V4.1
2291	上海礁屹信息科技有限公司	礁屹英语游戏软件 V1.0
2292	上海礁屹信息科技有限公司	礁屹人员信息管理平台软件 V1.0
2293	上海信义通信息技术有限公司	信义通金融通客户管理软件[简称：金融通]V1.0
2294	上海信义通信息技术有限公司	信义通金如意软件[简称：金如意]V1.0
2295	民理达软件(上海)有限公司	民理达键盘管理软件 V1.0
2296	得理电子(上海)有限公司	得理简谱软件 V2.0
2297	上海达梦数据技术有限公司	达梦数据处理平台软件[简称：DMDP]V4.0
2298	上海诚壹网络科技有限公司	销售慧智家电行业市场管理平台之"带货安装"软件 V1.0
2299	杰同信息技术(上海)有限公司	杰同数据管理平台软件 V1.0

续 表

序号	企业名称	产品名称
2300	上海欣方软件有限公司	欣方综合业务支撑平台软件 V2.0.0
2301	上海欣方智能系统有限公司	欣方矿山业务支撑处理系统应用软件 V1.0
2302	上海宝信软件股份有限公司	宝信企业高性能实时数据库内核软件 V2.0
2303	上海宝信软件股份有限公司	宝信信息系统平台业务规则管理软件 V2.0
2304	上海华应信息科技发展有限公司	华应企业能源综合信息管理软件 V1.0
2305	上海欣方智能系统有限公司	欣方矿山移动安全掌上监控系统应用软件 V1.0
2306	上海欣方智能系统有限公司	欣方融合业务运行平台软件 V4.0.0
2307	上海协赢软件有限公司	协赢微博平台软件 V1.0
2308	上海协赢软件有限公司	协赢区域文化服务管理平台软件 V1.0
2309	上海移畅信息技术有限公司	移畅卫星接收机顶盒定位模块软件 V1.0
2310	慧国(上海)软件科技有限公司	慧国存储卡开卡工具软件 V1.0
2311	慧国(上海)软件科技有限公司	慧国 USB 显卡 Windows 驱动软件 V1.0
2312	上海协赢软件有限公司	协赢课内测评平台软件 V1.0
2313	上海宜游网络技术有限公司	宜游微博管家软件 V1.0
2314	上海协赢软件有限公司	协赢 24 点游戏应用软件 V1.0
2315	上海健生信息技术发展有限公司	健生准考证制作软件 V2.0
2316	上海健生信息技术发展有限公司	健生中小学电子防伪毕业证书软件 V3.0
2317	上海健生信息技术发展有限公司	健生中招考试报考证制作软件 V1.0
2318	上海万欣计算机信息科技有限公司	万欣实验教学物理多媒体辅助软件[简称：物理实验媒体教学辅助系统]V2.0
2319	上海奥鑫能源科技有限公司	奥鑫变电站电源监控管理软件 V1.0
2320	上海协赢软件有限公司	协赢选课平台软件 V1.0
2321	上海中智计算机技术服务有限公司	中智 HIS 信息系统管理软件 V3.0
2322	上海健生信息技术发展有限公司	健生学生学籍卡管理软件 V2.0
2323	上海世尧智能信息科技发展有限公司	世尧 OXE 统一通信智能工位软件[简称：OXE 统一通信软件]V1.0
2324	盈石企业管理(上海)有限公司	盈石购物中心会员管理软件[简称：INClub]V1.5
2325	上海武明重工科技有限公司	武明企业半成品仓储管理软件 V1.0
2326	上海武明重工科技有限公司	武明企业营销合同管理软件 V1.0
2327	上海武明重工科技有限公司	武明企业半成品仓储备库管理软件 V1.0
2328	上海昱磊软件工程有限公司	昱磊翼动协同移动办公软件 V3.0
2329	上海华东汽车信息技术有限公司	华东汽电 ETS 车辆控制器诊断软件[简称：ETS]V1.0
2330	上海华东汽车信息技术有限公司	华东汽电 ETS_CFG 车辆诊断配置软件[简称：ETS_CFG]V1.0
2331	上海国响信息技术有限公司	国响 NGB 业务自动开通软件 V1.0
2332	上海伍德保信息技术有限公司	伍德保营销管理软件 V1.0

续 表

序号	企业名称	产品名称
2333	上海华东汽车信息技术有限公司	华东汽电汽车总线协议测试软件 V1.0
2334	上海云辰信息科技有限公司	云探安全管理审计软件 V1.0
2335	上海科华实验系统有限公司	科华卓越系列全自动生化分析仪软件 V3.0
2336	上海友网科技有限公司	友网数字图像处理软件 V2.0
2337	上海友网科技有限公司	友网个人信息识别存储管理软件 V2.0
2338	上海友网科技有限公司	友网电话伴侣软件 V2.0
2339	上海友网科技有限公司	友网扫描识别软件 V2.0
2340	上海祥网瑞电子科技有限公司	祥网瑞基于图像处理技术的海量文档采集及检索软件 V1.0
2341	上海祥网瑞电子科技有限公司	祥网瑞评分采集管理软件 V2.0
2342	上海祥网瑞电子科技有限公司	祥网瑞电信客户身份证件信息管理软件 V2.0
2343	上海祥网瑞电子科技有限公司	祥网瑞执照采集识别软件 V2.0
2344	上海网穗数码科技有限公司	网穗数字化加工软件 V2.0
2345	上海网穗数码科技有限公司	网穗扫描辅助软件 V2.0
2346	上海网穗数码科技有限公司	网穗支票影像交换系统配套控件软件 V2.0
2347	上海网穗数码科技有限公司	网穗 DocManager 扫描管理软件 V2.0
2348	上海横越计算机科技有限公司	横越住房公积金催缴管理软件 V1.0
2349	上海摩鹰信息科技有限公司	摩鹰商学院移动应用软件 V1.0
2350	上海仪电分析仪器有限公司	仪电分析仪器可见光谱应用软件[简称：可见光谱应用软件]V1.0
2351	上海众恒信息产业股份有限公司	众恒规模租赁管理软件 V1.0
2352	上海国昌控制系统有限公司	国昌 Centra2000 动力系统管理软件 V1.0
2353	瑞庭网络技术(上海)有限公司	瑞庭营销服务软件 V1.0
2354	上海滕维信息科技有限公司	滕维 DMS 视频分割融合软件[简称：DMS]V2290
2355	上海易罗信息科技有限公司	任我游 PND 导航软件 V1.2
2356	上海易罗信息科技有限公司	易罗 eSurvey 专业级可扩展型多星主机控制软件 V1.0
2357	上海健农信息科技有限公司	健农医院信息软件[简称：JNHIS]V2.0
2358	上海易罗信息科技有限公司	易罗手持高精度 GIS 采集系统控制软件 V1.0
2359	上海东大金智信息系统有限公司	金智导游导览管理机软件 V1.0
2360	上海银世软件有限公司	PSYALL 心理测评管理软件(企业版)V1.0
2361	上海普锐马电子有限公司	普锐马周波跌落发生器控制软件 V1.0
2362	上海普锐马电子有限公司	普锐马群脉冲发生器控制软件 V1.0
2363	上海普锐马电子有限公司	普锐马汽车干扰模拟器控制软件 V1.0
2364	上海普锐马电子有限公司	普锐马雷击浪涌发生器控制软件 V1.0
2365	上海伊丰新能源科技有限公司	伊丰 CNG 加气机计量与控制软件 V2.0
2366	上海普锐马电子有限公司	普锐马静电放电发生器控制软件 V1.0

续 表

序号	企业名称	产品名称
2367	上海冉能自动化科技有限公司	冉能智能配电仪表控制软件(Rynon-CFW)V1.0
2368	上海寰创通信科技股份有限公司	寰创无线终端软件[简称：WRR]V2.0
2369	上海寰创通信科技股份有限公司	寰创 WLAN 11n AP 软件 V2.0
2370	上海寰创通信科技股份有限公司	寰创 WLAN OMC 软件[简称：OMC]V5.0
2371	上海穹跃信息技术有限公司	穹跃易折扣软件[简称：易折扣]V1.0
2372	上海盛域信息技术有限公司	大域集团财务管理软件 V1.0
2373	上海盛域信息技术有限公司	大域 BPM 软件 V1.0
2374	上海盛域信息技术有限公司	大域 WMS 软件 V1.0
2375	上海盛域信息技术有限公司	大域零售业管理软件 V2.0
2376	上海盛域信息技术有限公司	大域 CRM 软件 V1.0
2377	上海亚太计算机信息系统有限公司	亚太中医健康监测平台软件 V1.0
2378	上海巴玛克电气技术有限公司	巴玛克常规型感应加热电源控制软件 V2.7
2379	上海巴玛克电气技术有限公司	巴玛克多模块增强型感应加热电源控制软件 V3.3
2380	上海辉博自动化仪表有限公司	辉博 NAKe 无源核子料位计监控软件 V1.0
2381	上海辉博自动化仪表有限公司	辉博 NAKe-CTRL 遥控器软件 V2.0
2382	上海云深网络技术有限公司	云深网络电子商务平台软件[简称：aStore]V1.0
2383	上海恩德斯豪斯自动化设备有限公司	恩德斯豪斯储运管理软件 V3.0
2384	上海恩德斯豪斯自动化设备有限公司	恩德斯豪斯装车装船管理软件 V3.0
2385	上海柏芯电子科技有限公司	柏芯财政监督检查平台软件[简称：财政监督检查平台]V1.0
2386	上海大智慧股份有限公司	DTS-大智慧策略交易平台软件[简称：DTS]V1.0
2387	联芯科技有限公司	联芯科技 TD/GGE 射频一致性自动化测试软件[简称：ARVS]V1.0
2388	联芯科技有限公司	联芯科技 TD-SCDMA 终端驱动自动化测试软件[简称：DDS]V1.0
2389	联芯科技有限公司	联芯科技 GSM/GPRS/EDGE/TD-SCDMA/TD-LTE 终端基带嵌入式软件 V1.0
2390	联芯科技有限公司	联芯科技 TD-LTE/TD-SCDMA 终端 Android 智能平台软件[简称：NOVA]V1.0
2391	联芯科技有限公司	联芯科技 3G 无线路由器软件 V1.0
2392	联芯科技有限公司	联芯科技 TD-SCDMA 终端浏览器软件[简称：LARENA Browser]V1.0
2393	联芯科技有限公司	联芯科技物理层自动化测试工具软件[简称：POTS]V1.0
2394	联芯科技有限公司	联芯科技语音调试软件[简称：VCT]V1.0
2395	联芯科技有限公司	联芯科技 TD-SCDMA 无线上网卡嵌入式软件[简称：PhyFA]V2.4
2396	联芯科技有限公司	联芯科技射频研发工具软件[简称：RRTL]V1.0
2397	联芯科技有限公司	联芯科技终端功耗测试软件[简称：APTS]V1.0

续 表

序号	企业名称	产品名称
2398	盛趣信息技术(上海)有限公司	盛趣《知识关联系统》管理软件[简称：知识关联系统]V1.0
2399	盛趣信息技术(上海)有限公司	盛趣《游戏业务数据分析平台》软件[简称：BDAP]V1.0
2400	盛趣信息技术(上海)有限公司	盛趣《游戏私有云主机运营管理》软件[简称：云主机管理系统]V1.0
2401	盛趣信息技术(上海)有限公司	盛趣《游戏全平台登录》软件[简称：AP]V1.0
2402	盛趣信息技术(上海)有限公司	盛趣《游戏领奖码多渠道推广》软件[简称：游戏领奖码多渠道推广系统]V1.0
2403	盛趣信息技术(上海)有限公司	盛趣《市场营销平台》软件[简称：市场营销平台]V1.0
2404	盛趣信息技术(上海)有限公司	盛趣《分布式数据仓库智能调度》软件[简称：DDWISS]V1.0
2405	盛趣信息技术(上海)有限公司	盛趣《GEARS 网络游戏开发平台》软件[简称：GEARS]V1.0
2406	上海大团结文化科技股份有限公司	大团结大家通汉语学习软件[简称：大家通汉语学习软件]V1.0
2407	上海大团结文化科技股份有限公司	大团结多媒体儿童学习软件[简称：多媒体儿童学习软件]V1.0
2408	易保网络技术(上海)有限公司	易保寿险销售平台软件 V3.5
2409	易保网络技术(上海)有限公司	易保产险核心业务软件 V3.5
2410	上海白虹软件科技股份有限公司	白虹 BH－B210S 异步微型线路植入软件 V1.0
2411	上海白虹软件科技股份有限公司	白虹 BH－A122 Android 系统远程信息获取软件 V1.0
2412	上海白虹软件科技股份有限公司	白虹 BH－A120 苹果系统远程信息获取软件 V1.0
2413	上海白虹软件科技股份有限公司	白虹 BH－E504 移动智能终端取证分析软件 V1.0
2414	上海白虹软件科技股份有限公司	白虹 BH－B212S WIFI 无线局域网侦控软件 V1.0
2415	上海白虹软件科技股份有限公司	白虹 BH－A110 IOS 远程信息获取软件 V1.0
2416	上海民航华东凯亚系统集成有限公司	华东凯亚 ITrip 慧旅行差旅平台软件 V1.0
2417	上海民航华东凯亚系统集成有限公司	华东凯亚航空公司航班动态软件 V1.0
2418	上海民航华东凯亚系统集成有限公司	华东凯亚航空货运销售运价管理软件 V1.0
2419	上海民航华东凯亚系统集成有限公司	华东凯亚航空公司空保自动排班软件 V1.0
2420	上海民航华东凯亚系统集成有限公司	华东凯亚航空公司资金管理软件 V1.0
2421	上海民航华东凯亚系统集成有限公司	华东凯亚航空公司销售管理软件 V1.0
2422	爱德威软件开发(上海)有限公司	爱德威广告通工具软件 V1.0
2423	上海大智慧财汇数据科技有限公司	财汇双路数据校验软件[简称：双路数据校验软件]V2.0
2424	银联商务有限公司	银联商务大客户前置系统管理软件 V1.0
2425	银联商务有限公司	银联商务预付卡受理服务平台软件 V1.0
2426	银联商务有限公司	银联商务反洗钱监控软件 V1.0
2427	银联商务有限公司	银联商务 TPOS 平台软件 V1.0
2428	银联商务有限公司	银联商务惠农站点销售管理软件 V1.0

续 表

序号	企业名称	产品名称
2429	银联商务有限公司	银联商务海鲜价格监管平台软件 V1.0
2430	达宝软件(上海)有限公司	万达宝人力资源管理软件 V3.0
2431	银联商务有限公司	银联商务数据集中展现软件 V1.0
2432	银联商务有限公司	银联商务 UMS－RS 单店商超系统管理软件 V1.0
2433	上海银商资讯有限公司	银商资讯手机持卡人云服务软件[简称：手机持卡人云服务]V1.0
2434	上海银商资讯有限公司	银商资讯积分交易处理软件[简称：LMS]V1.0
2435	上海银商资讯有限公司	银商资讯短信平台软件[简称：短信平台]V2.0
2436	上海银商资讯有限公司	银商资讯长连接负载均衡软件[简称：长连接负载均衡系统]V1.0
2437	上海银商资讯有限公司	银商资讯 WEB－POS 云 MIS 平台软件[简称：WEB-POS]V1.0
2438	霍尼韦尔综合科技(中国)有限公司	霍尼韦尔 ComfortPoint Studio HVAC 编程配置软件 V2.0
2439	霍尼韦尔综合科技(中国)有限公司	霍尼韦尔涡轮增压器耐久试验台测试控制软件 V1.0
2440	霍尼韦尔综合科技(中国)有限公司	霍尼韦尔 PlantCruise 在线报价软件 V1.0
2441	霍尼韦尔综合科技(中国)有限公司	霍尼韦尔 HPSIM 热泵机组仿真软件[简称：HPSIM]V2.0
2442	霍尼韦尔综合科技(中国)有限公司	霍尼韦尔产品账务系统 PAS 管理软件 V1.0
2443	霍尼韦尔综合科技(中国)有限公司	霍尼韦尔真值表自动分析软件 V1.0
2444	霍尼韦尔综合科技(中国)有限公司	霍尼韦尔嵌入式图形 PC 仿真软件 V1.0
2445	霍尼韦尔综合科技(中国)有限公司	霍尼韦尔 EHV 测试操作模拟软件 V1.0
2446	霍尼韦尔综合科技(中国)有限公司	霍尼韦尔 GNSS 接收机软件 V1.0
2447	霍尼韦尔综合科技(中国)有限公司	霍尼韦尔 FMS－ESTIMATION 数据管理集成软件 V2.0
2448	霍尼韦尔综合科技(中国)有限公司	霍尼韦尔 EPIC 工作台数据加载软件 V1.0
2449	上海船舶研究设计院	SDARI 船舶电气辅助设计软件 V1.0
2450	上海全景数字技术有限公司	全景 PVR 车牌识别软件 V1.0.0
2451	上海全景数字技术有限公司	全景 DCD－6000 高清解码器软件 V1.0.1
2452	上海全景数字技术有限公司	全景数字酒店终端机顶盒软件 V1.0
2453	上海全景数字技术有限公司	全景 IPC－5203 快球高清网络摄像机软件 V0.2.4
2454	上海全景数字技术有限公司	全景 DCD－4000 高清解码器软件 V2.7.3
2455	上海全景数字技术有限公司	全景 DVS－5004 视频编码器软件 V0.3.6
2456	东方钢铁电子商务有限公司	东方钢铁一体化物流管理平台软件[简称：BSTEEL－IEC－WL]V1.0
2457	东方钢铁电子商务有限公司	东方钢铁一体化期货销售平台软件[简称：BSTEEL－IEC－QH]V1.0
2458	上海八和信息科技有限公司	八和生态园区综合信息平台软件[简称：BHPEDA]V1.0

续 表

序号	企业名称	产品名称
2459	东方钢铁电子商务有限公司	东方钢铁会员服务平台软件[简称：BSTEEL - BSP] V1.0
2460	上海天旦网络科技发展有限公司	CrossFlow 业务性能管理软件[简称：CrossFlow BPC] V1.5
2461	上海汉声信息技术有限公司	汉声“iPinYin”(在线版)学习软件 V1.0
2462	中国银联股份有限公司	中国银联基础加解密工具软件 V1.0
2463	中国银联股份有限公司	中国银联 N3 平台应用集成开发环境 IDE 软件[简称：N3 IDE]V1.0
2464	中国银联股份有限公司	中国银联电子邮件支付客户端软件 V1.0
2465	中国银联股份有限公司	中国银联电子账单服务软件[简称：电子账单服务] V1.0
2466	中国银联股份有限公司	中国银联移动云计算编程引擎软件[简称：移动云计算编程引擎]V1.0
2467	中国银联股份有限公司	中国银联云计算资源管理软件[简称：云计算资源管理]V1.0
2468	中国银联股份有限公司	中国银联爱心支付网关软件 V1.0
2469	中国银联股份有限公司	中国银联通行证软件 V1.0
2470	中国银联股份有限公司	中国银联电话支付平台软件 V2.0
2471	中国银联股份有限公司	中国银联转接自动安装部署平台软件 V1.0
2472	中国银联股份有限公司	中国银联 ODAS 运营数据分析软件 V1.0
2473	中国银联股份有限公司	中国银联一体化备份管理平台软件 V1.0
2474	中国银联股份有限公司	中国银联清算自动化测试平台软件 V1.0
2475	中国银联股份有限公司	中国银联 UTP 测试平台软件 V1.0
2476	中国银联股份有限公司	中国银联 UOSP 平台文件收发管理软件 V1.0
2477	中国银联股份有限公司	中国银联 UOSP 平台变更管理软件 V1.0
2478	中国银联股份有限公司	中国银联 IC 卡多应用服务平台软件 V1.0
2479	中国银联股份有限公司	中国银联创新产品综合管理平台软件 V1.0
2480	中国银联股份有限公司	中国银联 IC 卡互联网业务处理前置软件 V1.0
2481	中国银联股份有限公司	中国银联供应链综合服务平台软件 V1.0
2482	中国银联股份有限公司	中国银联商圈平台软件 V1.0
2483	中国银联股份有限公司	中国银联清算报表工具软件 V1.0
2484	中国银联股份有限公司	中国银联联合营销批量处理软件 V1.0
2485	中国银联股份有限公司	中国银联联合营销机构服务软件 V1.0
2486	中国银联股份有限公司	中国银联机构数据展示软件 V1.0
2487	中国银联股份有限公司	中国银联行业综合服务联机处理软件 V1.0
2488	中国银联股份有限公司	中国银联国际业务转接处理软件 V1.0
2489	中国银联股份有限公司	中国银联国际业务批处理软件 V1.0
2490	中国银联股份有限公司	中国银联国际业务管理平台软件 V1.0

续 表

序号	企业名称	产品名称
2491	中国银联股份有限公司	中国银联 POS 收单并行测试工具软件 V1.0
2492	中国银联股份有限公司	中国银联重点指标展示软件 V1.0
2493	中国银联股份有限公司	中国银联文件开发工具软件 V1.0
2494	中国银联股份有限公司	中国银联统一文件收发软件 V1.0
2495	中国银联股份有限公司	中国银联统一机构用户管理软件 V1.0
2496	腾讯科技(上海)有限公司	腾讯企业 QQ 办公版软件[简称：企业 QQ 办公版] V1.4
2497	腾讯科技(上海)有限公司	腾讯企业 QQ 在线 400/800 软件[简称：企业 QQ 在线 400/800]V2.9
2498	上海章旗柯维系统有限公司	章旗柯维 ZOMA－Discover 光学三维测量软件[简称：ZOMA－Discover]V1.0
2499	上海中商网络股份有限公司	中商数字化经销商 KPI 考核管理软件 V1.0
2500	上海中商网络股份有限公司	中商数字化窜货举报流程管理软件 V1.0
2501	上海中商网络股份有限公司	中商保健品行业生产全自动控制软件 V1.0
2502	上海数讯信息技术有限公司	数讯智能安全移动终端软件[简称：SDS ISMT]V1.0
2503	上海岱喆信息科技有限公司	岱喆森林火险监测仪软件[简称：森林火险监测软件] V1.0
2504	上海引跑信息科技有限公司	INTPLE SecCloud 云计算智能安防云平台软件 V3.0
2505	上海引跑信息科技有限公司	INTPLE InforOne 云计算智能信息平台软件 V6.0
2506	上海引跑信息科技有限公司	INTPLE FireBox 云内容管理平台软件 V3.0
2507	上海春讯网络技术有限公司	春讯网络信息精确系统推送软件[简称：信息推送系统]V1.0
2508	霍尼韦尔综合科技(中国)有限公司	霍尼韦尔 ISS－6500－G/S 数字可视对讲分机软件 V0.1.3
2509	霍尼韦尔综合科技(中国)有限公司	霍尼韦尔 IS－6500－G/S 可视对讲主机软件 V1.4.1
2510	霍尼韦尔综合科技(中国)有限公司	霍尼韦尔 238SUPER 控制主机软件 V1.1.0
2511	霍尼韦尔综合科技(中国)有限公司	霍尼韦尔 Tuxedo 图形键盘软件 V4.1.27
2512	霍尼韦尔综合科技(中国)有限公司	霍尼韦尔 SI800M VE 无线室内报警器自动测试软件 V1.3.4
2513	霍尼韦尔综合科技(中国)有限公司	霍尼韦尔 23×系列安防控制主机功能测试软件 V2.6
2514	霍尼韦尔综合科技(中国)有限公司	霍尼韦尔 Voyager 门禁驱动软件 V1.1.0
2515	霍尼韦尔综合科技(中国)有限公司	霍尼韦尔视频矩阵 MegaPIT 协议转换器软件 V5.1
2516	霍尼韦尔综合科技(中国)有限公司	霍尼韦尔 HD3HDIH 1080P 高清网络球形摄像机软件 V17.0.5
2517	霍尼韦尔综合科技(中国)有限公司	霍尼韦尔 HUSS－E4V 数字视频编码器软件 V1.0
2518	霍尼韦尔综合科技(中国)有限公司	霍尼韦尔 HD－16DVR－D 数字硬盘录像机软件 V2.2
2519	霍尼韦尔综合科技(中国)有限公司	霍尼韦尔 HVR－9000 高清网络视频服务器软件 V2.2
2520	霍尼韦尔综合科技(中国)有限公司	霍尼韦尔 HUS－D4 四通道解码器软件 V4.1
2521	霍尼韦尔综合科技(中国)有限公司	霍尼韦尔数字安防集成平台 HUS 软件 V4.1

续　表

序号	企业名称	产品名称
2522	霍尼韦尔综合科技(中国)有限公司	霍尼韦尔消防呼吸器扩音设备控制软件 V1.0
2523	霍尼韦尔综合科技(中国)有限公司	霍尼韦尔 HTSC eTraining 培训管理软件 V1.0
2524	上海全景数字技术有限公司	全景 NGB－H 国标中间件实现软件 V4.7.1
2525	上海艾文普信息技术有限公司	艾文普物联网的自适应物料输运管理软件 V1.0
2526	上海交海信息科技有限公司	交海外省市驻沪货物运输登记信息软件 V1.0
2527	上海全景数字技术有限公司	全景长宁区综合信息服务平台软件 V1.0
2528	上海全景数字技术有限公司	全景互动电视用户收视信息收集软件 V1.0
2529	上海大汉三通网络通信有限公司	大汉三通 3G 时代移动政务应用软件 V1.0
2530	花旗软件技术服务(中国)有限公司	花旗软件技术人力资源优化和绩效管理软件[简称：CIAT]V1.0
2531	花旗软件技术服务(中国)有限公司	花旗 Citiplanner 后台批处理架构更新与代码自动生成工具软件 V1.0
2532	花旗软件技术服务(中国)有限公司	花旗银行后台报表跨行记录提取并转存 EXCEL 文件工具软件[简称：报表记录提取工具软件]V1.0
2533	花旗软件技术服务(中国)有限公司	花旗资产投资组合收益互换软件[简称：PTRS]V5.0
2534	花旗软件技术服务(中国)有限公司	花旗投资银行数据图表分析软件[简称：图表分析]V2.0
2535	天霆云计算科技(上海)有限公司	天霆远程桌面呈现协议软件 V1.0
2536	天霆云计算科技(上海)有限公司	天霆云桌面客户端软件 V1.0
2537	天霆云计算科技(上海)有限公司	天霆云桌面管理平台软件 V1.0
2538	天霆云计算科技(上海)有限公司	天霆云桌面服务端软件 V1.0
2539	天霆云计算科技(上海)有限公司	天霆云系统平台软件 V1.0
2540	上海华讯网络系统有限公司	华讯网鹰-巡检管理软件 V3.0
2541	上海华讯网络系统有限公司	华讯网鹰-网络资产与配置管理软件 V3.0
2542	上海华讯网络系统有限公司	华讯网鹰-配置备份软件 V3.0
2543	上海华讯网络系统有限公司	华讯网鹰-故障管理软件 V3.0
2544	上海华讯网络系统有限公司	华讯网鹰-报表管理软件 V3.0
2545	上海浦马机电工程技术有限公司	浦马炼钢控制软件 V1.0
2546	上海浦马机电工程技术有限公司	浦马炼铁控制软件 V1.0
2547	上海浦马机电工程技术有限公司	浦马烧结控制软件 V1.0
2548	中钞格尔智能卡科技(上海)有限公司	中钞格尔 IC 卡安全平台软件 V1.0
2549	中钞格尔智能卡科技(上海)有限公司	中钞格尔 IC 卡业务处理软件 V1.0
2550	上海倍胜信息科技有限公司	倍胜 ITOS 操作系统嵌入式软件 V1.1
2551	上海罗盘信息科技有限公司	罗盘 OA 协同办公软件 V1.0
2552	上海罗盘信息科技有限公司	罗盘零售能源管理软件 V1.0
2553	上海罗盘信息科技有限公司	罗盘辅助决策软件 V1.0
2554	上海海基业高科技有限公司	海基业打印支付密码票据软件 V2.0

续 表

序号	企业名称	产品名称
2555	上海元方智库公共管理咨询有限公司	元方廉情监察管理软件 V1.0
2556	上海元方智库公共管理咨询有限公司	元方惩防体系考评软件 V1.0
2557	上海期货信息技术有限公司	Futures Ideal 上期所互联网安全改造软件 V1.0
2558	上海长城电子信息网络有限公司	长城 ideal 教育招生软件 V1.0
2559	上海长城电子信息网络有限公司	长城 ideal 教育行政管理软件 V1.0
2560	上海长城电子信息网络有限公司	长城 ideal 基于 GIS 技术的社区综合服务管理软件 V1.0
2561	上海长城电子信息网络有限公司	长城 ideal 党建管理平台软件 V1.0
2562	上海紫通信息科技有限公司	紫通 ZTDL2200 电力设备温度监测软件 V2.0
2563	中国航空无线电电子研究所	CARERI 通用网络协议监控与分析工具软件 V1.0
2564	笨马机电技术(上海)有限公司	笨马造型线系统控制软件 V2.0
2565	上海新致软件有限公司	NewtouchOne SiteSearch 搜索框软件 V1.0
2566	上海哥瑞利软件有限公司	哥瑞利产线控制软件 V1.0
2567	上海迪爱斯通信设备有限公司	DS 综合监控系统应用软件 V1.0
2568	上海申瑞继保电气有限公司	申瑞继保 Super2000 SCADA/EMS 软件 V10.0
2569	上海迪爱斯通信设备有限公司	DS 警用实战勤务指挥平台软件 V1.0
2570	上海迪爱斯通信设备有限公司	DS 警用一体化网上作战平台软件 V1.0
2571	上海迪爱斯通信设备有限公司	DS300K 交换控制平台软件 V2.0
2572	上海宇龙软件工程有限公司	宇龙柔性生产线仿真软件 V1.0
2573	上海迪爱斯通信设备有限公司	DS 数据挖掘分析及综合研判系统应用软件 V1.0
2574	上海宇龙软件工程有限公司	宇龙普通机床仿真软件 V1.0
2575	上海杰勤信息技术有限公司	杰勤 IPTV 质量监控软件 V1.0
2576	上海新力动力设备研究所	SSPI 信息化资产台账系统应用软件 V1.0
2577	上海新力动力设备研究所	SSPI 局域网考试系统应用软件 V1.0
2578	上海宇龙软件工程有限公司	宇龙机电一体化教学资源库管理软件 V1.0
2579	上海古朋答电子科技有限公司	古朋答标签打印机软件 V1.0
2580	上海天臣防伪技术股份有限公司	天臣互联网查询管理软件 V1.0
2581	上海天臣防伪技术股份有限公司	天臣 RFID 读写器软件 V1.0
2582	中国船舶重工集团公司第七一一研究所	SMDERI BRC 型电力侧推遥控系统控制软件 V1.0
2583	上海伍豪信息科技有限公司	伍豪气相色谱控制软件 V2.0
2584	上海光华永盛消防智能系统有限公司	光华永盛 AFM 自动末端试水系统实时监控检测及报警软件 V2.0
2585	上海光华永盛消防智能系统有限公司	光华永盛 AFM 自动末端试水系统节点初始化及登记、注册软件 V2.0
2586	上海光华电控设备有限公司	光华电控 EFM 电气火灾监控系统自检及节点编辑软件 V2.0

续 表

序号	企业名称	产品名称
2587	上海光华电控设备有限公司	光华电控 EFM 电气火灾监控系统实时监控报警软件 V2.0
2588	上海翰普交通设备技术有限公司	翰普路面平整度检测软件 V2.0
2589	上海宝景信息技术发展有限公司	宝景医疗卫生综合信息软件 V1.0
2590	上海宝景信息技术发展有限公司	宝景数据仓库及数据挖掘软件 V1.0
2591	上海宝景信息技术发展有限公司	宝景钢铁企业生产销售管控软件 V1.0
2592	万雍科技(上海)有限公司	万雍网管报警软件 V4.14
2593	万雍科技(上海)有限公司	万雍家庭财务安全分析软件 V1.0
2594	万雍科技(上海)有限公司	万雍 fSplitter 文件分割软件 V1.0
2595	上海城市地理信息系统发展有限公司	城地基于物联网的远程防汛实时监测信息系统应用软件 V1.0
2596	上海拓锦信息技术有限公司	拓锦 K2 视频服务器客户端软件 V1.0
2597	上海航隆电子科技有限公司	航隆雷达虚拟样机平台软件[简称：虚拟样机平台] V1.0
2598	上海乾隆网络科技有限公司	钱龙港股通智库版证券分析软件 V5.80
2599	上海岱嘉医学信息系统有限公司	岱嘉电子病历系统应用软件[简称：AT EMR]V1.0
2600	上海过河兵电子商务有限公司	Elite 知识库软件 V3.0
2601	上海盖奇信息科技有限公司	盖奇智能网络平台软件 V1.0
2602	上海勋立信息科技有限公司	勋立 XL－7003 特定目标手机反制软件 V1.0
2603	上海勋立信息科技有限公司	勋立 XL－7002 特定对象邮箱反制软件 V1.0
2604	上海勋立信息科技有限公司	勋立 XL－7001 特定目标手机短信反制软件 V1.0
2605	上海新跃联汇电子科技有限公司	新跃联汇税控装置开票管理软件 V1.0
2606	上海新跃联汇电子科技有限公司	新跃联汇税控收款机信息管理软件 V1.0
2607	上海新跃联汇电子科技有限公司	新跃联汇 DV－E5 传感器三工位综合性能测试软件 V1.0
2608	卡斯柯信号有限公司	卡斯柯监测回放软件 V1.0
2609	卡斯柯信号有限公司	卡斯柯监测自动更新服务器软件 V1.0
2610	卡斯柯信号有限公司	卡斯柯信号维护支持应用服务器采集接口软件 V1.0
2611	卡斯柯信号有限公司	卡斯柯监测终端软件 V1.0
2612	卡斯柯信号有限公司	卡斯柯监测智能分析终端软件 V1.0
2613	卡斯柯信号有限公司	卡斯柯监测网管服务器软件 V1.0
2614	上海新致软件有限公司	新致新托管业务管理平台软件 V1.0
2615	卡斯柯信号有限公司	卡斯柯监测通信前置机软件 V1.0
2616	卡斯柯信号有限公司	卡斯柯监测应用服务器软件 V1.0
2617	卡斯柯信号有限公司	卡斯柯监测智能分析车站软件 V1.0
2618	卡斯柯信号有限公司	卡斯柯监测双机集群控制器软件 V1.0
2619	卡斯柯信号有限公司	卡斯柯监测站机软件 V1.0

续 表

序号	企业名称	产品名称
2620	上海新致软件有限公司	新致保险产品交易业务平台软件 V1.0
2621	卡斯柯信号有限公司	卡斯柯监测 WEB 服务器软件 V1.0
2622	上海浦东软件平台有限公司	PDSTS ReaderUHF 900 MHz 超高频 RFID 读写器软件[简称：PDSTS ReaderUHF 读写器软件]V1.0
2623	上海浦东软件平台有限公司	PDSTS ReaderHF 13.56 MHz 高频 RFID 读写器软件[简称：PDSTS ReaderHF 读写器软件] V1.0
2624	上海浦东软件平台有限公司	PDSTS 面向产业园区中小企业技术开发与应用的公共服务平台软件 V1.0
2625	上海顺网信息技术有限公司	顺网合金联盟游戏软件[简称：合金联盟]V1.0
2626	上海过河兵软件科技有限公司	Elite 自动语音答录软件 V3.0
2627	精诚精诠信息科技有限公司	精诚精诠全球医疗理赔系统应用软件 V1.0
2628	上海凯哲信息科技有限公司	凯哲体育比赛记分软件 V1.0
2629	上海日正企业管理咨询有限公司	日正汽配管理软件[简称：SunriseERP]V10.0
2630	精诚精诠信息科技有限公司	精诚精诠虚拟资源管理软件 V1.0
2631	上海大智慧股份有限公司	大智慧国际终端软件[简称：国际金融终端]V1.0
2632	上海微创软件股份有限公司	微创电子公文交换平台软件 V3.0
2633	上海微创软件股份有限公司	微创内容管理软件 V3.0
2634	上海微创软件股份有限公司	微创公文处理软件 V3.0
2635	上海大通医药信息技术有限公司	大通临床用药决策支持软件[简称：临床用药决策] V1.0
2636	上海讯联数据服务有限公司	讯联数据多币种多功能预付卡发卡处理软件 V1.0
2637	上海讯联数据服务有限公司	讯联数据网上支付多渠道集成软件 V1.0
2638	中标软件有限公司	中标麒麟桌面操作系统软件(移动版)V6.0
2639	上海道欣信息技术有限公司	道欣供电公司客户档案管理软件 V1.0
2640	上海欣能信息科技发展有限公司	欣能智能分布式配电自动化工程配置与监控软件 V1.0
2641	上海汇纳网络信息科技有限公司	汇纳 IPVA 客流数据管理平台软件[简称：IPVA - DMS]V1.0
2642	上海欣能信息科技发展有限公司	欣能物资调配供应计划管理软件 V1.0
2643	上海睿涛信息科技有限公司	睿涛数控机床误差补偿监控和建模软件 V1.0
2644	上海汇纳网络信息科技有限公司	汇纳 IPVA 客流分析平台软件[简称：IPVA - DAS]V1.0
2645	上海欣能信息科技发展有限公司	欣能全透视智能数据监控分析软件 V1.0
2646	上海欣能信息科技发展有限公司	欣能基于 ArcGIS 平台的电力主网规划软件 V1.0
2647	上海欣能信息科技发展有限公司	欣能电力设备状态评估软件 V1.0
2648	上海万得信息技术股份有限公司	Wind 资讯金融终端软件[简称：WFT]V2012
2649	上海泉思电子科技有限公司	泉思无线高清车载监控软件 V1.0
2650	卡斯柯信号有限公司	卡斯柯联锁维护台 SDM 软件 V1.0
2651	卡斯柯信号有限公司	卡斯柯联锁控显机 MMI 软件 V1.0

续 表

序号	企业名称	产品名称
2652	上海贝尔软件有限公司	贝尔LTE移动通信无线网络软件[简称：LTE RAN SW]V7.0
2653	卡斯柯信号有限公司	卡斯柯联锁计算机IPS软件V1.0
2654	上海华依科技发展有限公司	华依高精度汽车发动机冷试平台软件V1.0
2655	上海泛微网络科技股份有限公司	泛微协同办公标准版软件V8.0
2656	卡斯柯信号有限公司	卡斯柯联锁值班员台GPC软件V1.0
2657	上海泛微网络科技股份有限公司	泛微协同商务软件V7.0
2658	上海思伟软件有限公司	思伟混凝土原材料管理软件V5.0
2659	上海强生科技有限公司	强生北斗-GPS双模车载终端控制软件V1.0
2660	上海强生科技有限公司	强生租赁车载终端控制软件V1.0
2661	上海强生科技有限公司	强生多模式无线通讯手持POS机控制软件V1.0
2662	展唐通讯科技(上海)有限公司	展唐TD WIFI自动切换Auto Offload软件V1.0
2663	展唐通讯科技(上海)有限公司	展唐EAP SIM WIFI自动鉴权软件V1.0
2664	展唐通讯科技(上海)有限公司	展唐TD便携式家庭网关软件V1.0
2665	展唐通讯科技(上海)有限公司	展唐LTE多模数据业务终端软件V1.0
2666	上海中兴软件有限责任公司	中兴TD网管软件V1.0
2667	上海中兴软件有限责任公司	中兴TD远端网络控制软件V1.0
2668	上海中兴软件有限责任公司	中兴P743FWCDMA移动通信软件V1.0
2669	上海中兴软件有限责任公司	中兴P735FWCDMA移动通信软件V1.0
2670	上海中兴软件有限责任公司	中兴P843TWCDMA移动通信软件V1.0
2671	上海中兴软件有限责任公司	中兴P855B10WCDMA通信软件V1.0
2672	上海中兴软件有限责任公司	中兴P727A30WCDMA通信软件V1.0
2673	上海中兴软件有限责任公司	中兴WP650+GSM移动通信软件V1.0
2674	上海中兴软件有限责任公司	中兴WP657GSM移动通信软件V1.0
2675	上海中兴软件有限责任公司	中兴K3806-ZMBB移动通信软件V1.0
2676	白藤信息科技(上海)有限公司	白藤道路检测数据解析软件V1.4.8
2677	上海新致软件有限公司	新致Work With Database File软件V1.0
2678	上海新致软件有限公司	新致新一代智能化电子病历软件V1.0
2679	上海新致软件有限公司	新致企业数字化管理软件V4.1
2680	上海新致软件有限公司	新致医院科教管理软件V1.0
2681	上海维音信息技术股份有限公司	维音企业客户关怀软件[简称：EnterpriseCare]V1.0.0
2682	上海维音信息技术股份有限公司	维音企业考试系统管理软件[简称：VisionTest]V1.0.0
2683	上海柏楚电子科技有限公司	柏楚BCS100调高器软件V1.0
2684	维音数码(上海)有限公司	维音数码知识库管理软件[简称：VisionKBM]V3.0.0
2685	上海维音信息技术股份有限公司	维音企业统一通信中心软件[简称：EnterpriseUCC]V1.0.0

续 表

序号	企业名称	产品名称
2686	神州运通控股有限公司	神州运通积分软件 V1.0
2687	维音数码(上海)有限公司	维音数码客户关怀服务应用软件[简称：VisionCCS] V3.0.0
2688	上海维音信息技术股份有限公司	维音企业排班管理软件[简称：EnterpriseSTF]V2.0.0
2689	上海证券通信有限责任公司	证通图形化网络布线管理软件[简称：GNCMS]V1.5
2690	上海维音信息技术股份有限公司	维音企业大屏监控软件[简称：VisionMonitor]V1.0.0
2691	延锋伟世通电子科技(上海)有限公司	延锋伟世通 LAM120 音响控制软件 V1.0
2692	环众软件(上海)有限公司	环众数字化教学资源平台软件 V2.0
2693	中标软件有限公司	中标麒麟安全办公室软件 V1.0
2694	上海亿云信息技术有限公司	亿云易享云软件 V1.0
2695	中标软件有限公司	中标麒麟安全桌面操作系统软件 V6.0
2696	上海克拉底网络科技有限公司	克拉底办公自动化软件 V1.0
2697	电信科学技术第一研究所	FRITT 移动多媒体终端软件(iPhone 版)V1.0
2698	电信科学技术第一研究所	FRITT 移动多媒体调度终端软件(iPad 版)V1.0
2699	上海冉青信息技术有限公司	冉青起重机仿真监控软件[简称：RAYS 仿真监控软件]V3.0
2700	中标软件有限公司	中标麒麟蒙古文桌面操作系统软件 V6.0
2701	中标软件有限公司	中标麒麟藏文桌面操作系统软件 V6.0
2702	电信科学技术第一研究所	FRITT 网速测试软件 V1.0
2703	电信科学技术第一研究所	FRITT 通信有效载荷测试软件 V1.0
2704	中标软件有限公司	中标麒麟桌面操作系统软件(申威版)V6.0
2705	电信科学技术第一研究所	FRITT 通信卫星地检绘图软件 V1.0
2706	中标软件有限公司	中标麒麟桌面操作系统软件(龙芯版)V6.0
2707	电信科学技术第一研究所	FRITT 多媒体会议控制软件 V1.0
2708	中国航空无线电电子研究所	CARERI AFDX 网络分析工具软件 V1.0
2709	中国航空无线电电子研究所	CARERI 实时动态目标环境仿真软件 V1.0
2710	中国航空无线电电子研究所	CARERI 软件测试质量保证工具软件 V1.0
2711	中国航空无线电电子研究所	CARERI 平台节点辅助管理软件 V1.2
2712	中国航空无线电电子研究所	CARERI 链路监控软件 V1.0
2713	中国航空无线电电子研究所	CARERI 基于形式化描述的测试程序自动生成器软件 V1.0
2714	中国航空无线电电子研究所	CARERI 基于矢量字库的机载飞行仪表画面生成软件 V1.0
2715	中国航空无线电电子研究所	CARERI 基于模糊音识别的机载中英文输入法软件 V1.0
2716	中国航空无线电电子研究所	CARERI 机载嵌入式应用开发平台软件 V1.0
2717	中国航空无线电电子研究所	CARERI 基于 MYSQL 的数据处理软件 V1.0

续 表

序号	企业名称	产品名称
2718	中国航空无线电电子研究所	CARERI 座舱显示系统的飞行数据调度仿真软件 V1.0
2719	中国航空无线电电子研究所	CARERI 综合通信系统管理软件 V1.0
2720	上海沃克软件有限公司	沃克业务流程自动化测试软件 V1.0
2721	中国航空无线电电子研究所	CARERI 语音数据加载软件 V1.0
2722	中国航空无线电电子研究所	CARERI 易邮群发工具软件 V1.0
2723	中标软件有限公司	中标麒麟维哈柯文桌面操作系统软件 V6.0
2724	中国航空无线电电子研究所	CARERI 显示控制管理处理机检测仪测试软件 V1.0
2725	中国航空无线电电子研究所	CARERI 无线测控系统机载端中央处理软件 V1.0
2726	中国航空无线电电子研究所	CARERI 通用型航空总线海量数据分析比对软件 V1.0
2727	中国航空无线电电子研究所	CARERI 基于 FPGA 音视频编码芯片驱动软件 V1.0
2728	中国航空无线电电子研究所	CARERI 航空电子通用测试管理软件 V1.0
2729	中国航空无线电电子研究所	CARERI 飞行链路监控软件 V1.0
2730	中国航空无线电电子研究所	CARERI 典型软件缺陷管理软件 V1.0
2731	中国航空无线电电子研究所	CARERI 测试管理表单生成器软件 V1.0
2732	中国航空无线电电子研究所	CARERI FC 网络应用测试软件 V1.0
2733	中国航空无线电电子研究所	CARERI FC 网络端系统仿真软件 V1.0
2734	中国航空无线电电子研究所	CARERI ARINC429 总线信号性能自动测试软件 V1.0
2735	中国航空无线电电子研究所	CARERI AFDX 交换机可靠性测试软件 V1.0
2736	中国航空无线电电子研究所	CARERI 1553B 数据传输软件 V1.0
2737	中国航空无线电电子研究所	CARERI 1090ES OTE 软件 V1.0
2738	中国航空无线电电子研究所	CARERI 基于北斗和三维数字城市的机载导航软件 V1.0
2739	中国航空无线电电子研究所	CARERI 基于北斗和三维数字城市的飞行任务计划软件 V1.0
2740	中标软件有限公司	中标麒麟桌面操作系统软件(众志版)V6.0
2741	绚视软件科技(上海)有限公司	绚视媒体播放器软件 V1.0
2742	上海康利实业有限公司	康利自动化配混输送系统控制软件 V2.0
2743	上海华迪机械有限公司	华迪喷气织机系统控制软件 V2.0
2744	上海延华智能科技(集团)股份有限公司	延华数字化医院信息系统管理软件 V1.0
2745	上海农业信息有限公司	上农信农业数据中心关键指标综合分析软件 V1.0
2746	上海农业信息有限公司	上农信农机综合管理系统支撑平台软件 V1.0
2747	上海延华智能科技(集团)股份有限公司	延华排队叫号软件 V1.0
2748	上海农业信息有限公司	上农信生猪屠宰及猪肉加工信息软件 V1.0
2749	龙尚科技(上海)有限公司	龙尚科技物联急救箱软件 V1.0
2750	龙尚科技(上海)有限公司	龙尚科技带二次拨号功能 TD 商话软件 V1.0
2751	上海卓繁信息技术有限公司	卓繁行政审批串口解析数据交换软件 V1.0

续 表

序号	企业名称	产品名称
2752	上海金陵时威科技发展股份有限公司	金陵时威企业服务平台软件 V1.00
2753	上海未来宽带技术股份有限公司	B-STAR 政务微博发布平台软件 V1.0
2754	上海未来宽带技术股份有限公司	B-STAR 政务信息公开业务后台管理软件 V1.0
2755	上海华虹计通智能系统股份有限公司	HHJT 门禁控制器嵌入式软件 V1.0
2756	上海未来宽带技术股份有限公司	B-STAR 面向电视终端的政务信息公开业务软件 V1.0
2757	上海华虹计通智能系统股份有限公司	HHJT 轨道交通自动售检票系统门式自动检票机软件 V1.0
2758	上海未来宽带技术股份有限公司	B-STAR 基于 SNMP 的 EoC 快捷运维软件 V1.0
2759	上海期货信息技术有限公司	Futures Ideal 异地灾备中心应用软件 V1.0
2760	上海未来宽带技术股份有限公司	B-STAR SNMP 网管性能功能测试模拟器软件 V1.0
2761	上海期货信息技术有限公司	Futures Ideal 非实时业务监控软件 V1.0
2762	上海华虹计通智能系统股份有限公司	HHJT 自动售检票 MRO 支撑系统工作流管理软件 V1.0
2763	上海未来宽带技术股份有限公司	B-STAR EoC 系统环路监控软件 V1.0
2764	上海梵丽信息技术有限公司	梵丽网店运营管理软件 V1.0
2765	上海华测导航技术有限公司	华测云图数据处理软件 V1.0
2766	上海全成通信技术有限公司	全成数据统一管理平台软件 V1.0
2767	上海全成通信技术有限公司	全成招聘服务平台软件 V1.0
2768	胜科金仕达数据系统(中国)有限公司	金仕达货币经纪综合管理软件[简称：货币经纪管理软件]V1.0
2769	上海华拓卫星导航技术有限公司	华拓卫星导航云图软件 V1.0
2770	上海全成通信技术有限公司	全成客服支撑管理平台软件 V1.0
2771	上海东富龙信息技术有限公司	东富龙多排出瓶装置控制软件 V1.0
2772	上海东富龙信息技术有限公司	东富龙磁导航进出料转运装置控制软件 V1.0
2773	上海东富龙信息技术有限公司	东富龙半自动进出料转运装置控制软件 V1.0
2774	上海盖世网络技术有限公司	盖世汽车零部件国内贸易平台软件 V1.0
2775	上海瑞沛信息技术有限公司	瑞沛城市印象系列 LED 灯光控制软件 V1.0
2776	上海瑞沛信息技术有限公司	瑞沛城市明珠系列 LED 灯光控制软件 V1.0
2777	上海瑞沛信息技术有限公司	瑞沛城市泛光系列 LED 灯光控制软件 V1.0
2778	上海泷得自动化技术有限公司	泷得污水处理控制软件 V2.0
2779	上海三荣电梯制造有限公司	三荣电梯远程维护辅助平台软件 V3.0
2780	上海三荣电梯制造有限公司	三荣 ET 系列货用电梯控制软件 V2.0
2781	上海三荣电梯制造有限公司	三荣 ET 系列电梯人机界面控制软件 V2.0
2782	上海巨曜智能科技有限公司	巨曜电源通用控制软件 V1.0
2783	上海德拓信息技术有限公司	德拓 INFINITY 集群云存储软件[简称：INFINITY]V2.0

续 表

序号	企业名称	产品名称
2784	上海房信信息技术有限公司	房信E金券管理平台软件[简称：E金券管理]V1.0
2785	上海宝立自动化工程有限公司	宝立酸洗工艺段控制软件[简称：酸洗控制软件]V1.0
2786	上海新浪乐居信息科技有限公司	乐居项目推广平台软件[简称：房产电商推广平台]V1.0
2787	上海宝立自动化工程有限公司	宝立冷连轧机自动换辊控制软件[简称：自动换辊控制软件]V1.0
2788	上海华虹计通智能系统股份有限公司	HHJT自动售检票MRO支撑系统采购和库存管理软件V1.0
2789	上海新浪乐居信息科技有限公司	乐居品牌专区物料软件[简称：物料审核系统]V1.0
2790	上海博辕信息技术服务有限公司	博辕BY-DRINS容灾导航智能管控平台软件[简称：容灾导航智能管控平台]V1.0
2791	上海宝康电子控制工程有限公司	宝康数据库BLOB流量监测软件V1.0
2792	上海宝康电子控制工程有限公司	宝康Ⅱ型高清电子警察卡口系统配置软件[简称：宝康电警配置软件]V1.0
2793	上海华拓卫星导航技术有限公司	华拓卫星导航数据采集服务器端软件V1.0
2794	上海新浪乐居信息科技有限公司	乐居贷款计算器手机客户端软件[简称：乐居计算器]V1.0
2795	上海米度测量技术有限公司	米度MTG-T盾构导向软件V3.0
2796	中海网络科技股份有限公司	中海高速公路联网收费费率管理软件V1.0
2797	网强信息技术(上海)有限公司	网强运维管理软件V2.0
2798	中海网络科技股份有限公司	中海高速公路联网收费电子转账软件V1.0
2799	中海网络科技股份有限公司	中海资产管理软件V2.0
2800	上海华拓卫星导航技术有限公司	华拓卫星导航数据采集客户端软件V1.0
2801	上海文华财经资讯有限公司	文华赢期下单软件V7.1
2802	上海文华财经资讯有限公司	文华随身行手机期货软件(android版)V3.4.1
2803	上海文华财经资讯有限公司	文华随身行手机期货软件(ios版)V3.3
2804	上海华拓卫星导航技术有限公司	华拓卫星导航数据转发软件V1.0
2805	上海华拓卫星导航技术有限公司	华拓卫星导航HCGPRS软件V1.0
2806	上海富智远见软件技术有限公司	富智港口航运业内控及智能决策支持平台软件V1.0
2807	上海顶竹通讯技术有限公司	顶竹IDSC综合接入业务平台软件V1.0
2808	上海华拓卫星导航技术有限公司	华拓卫星导航Htconfig软件V1.0
2809	上海携宁计算机科技有限公司	携宁新一代金融投资研究管理平台应用软件V1.0
2810	上海携宁计算机科技有限公司	携宁基金管家网上基金交易平台软件V1.0
2811	网强信息技术(上海)有限公司	网强网络管理软件V6.0
2812	上海网测通信技术有限公司	网测114查号系统平台软件[简称：114查号系统]V2.0
2813	上海网测通信技术有限公司	网测自动催费系统平台软件[简称：催费系统]V2.0
2814	上海强辰信息技术有限公司	强辰集装箱车队运输管理软件V1.0

续 表

序号	企业名称	产品名称
2815	上海驰云信息科技有限公司	驰云服务业发展规划信息管理软件[简称：服务业发展规划信息管理系统]V1.0
2816	上海新赛达信息技术有限公司	新赛达铁路局调度主机辅助监测软件 V1.0
2817	上海峰宁信息科技有限公司	峰宁视频控制 Apexview 1000 软件 V1.0
2818	国际商业机器(中国)有限公司	IBM 企业信息门户软件 V2.0
2819	上海中安电子信息科技有限公司	中安基于多视图交通流量的在线精确导航车联网服务软件 V1.0
2820	上海瑞美电脑有限公司	瑞美实验室网络软件 V6.0
2821	国际商业机器(中国)有限公司	IBM 存储拷贝管理工具软件 V3.0
2822	国际商业机器(中国)有限公司	IBM 身份账号与访问控制软件 V1.0
2823	国际商业机器(中国)有限公司	IBM 统一智能指挥平台软件 V2.0
2824	国际商业机器(中国)有限公司	IBM 综合监控系统定制代理软件 V1.0
2825	国际商业机器(中国)有限公司	IBM 综合监控报表软件 V1.0
2826	国际商业机器(中国)有限公司	IBM 来宾参观访问授权软件 V0.8
2827	国际商业机器(中国)有限公司	IBM 数据中心监控门户软件 V1.0
2828	国际商业机器(中国)有限公司	IBM 移动监控软件 V1.0
2829	国际商业机器(中国)有限公司	IBM 费用流程管理软件 V1.0
2830	上海网测通信技术有限公司	网测话费自助语音查询平台软件[简称：查费系统]V1.0
2831	国际商业机器(中国)有限公司	IBM HCM SAP 智能组织管理软件 V1.0
2832	上海旭派信息科技有限公司	旭派智能应急软件 V1.0
2833	国际商业机器(中国)有限公司	IBM HCM SAP 智能报表软件 V1.0
2834	上海爱信诺航天信息有限公司	爱信诺集中开票自动开票软件 V1.0.0
2835	上海旭派信息科技有限公司	旭派移动会员管理软件 V1.0
2836	上海网测通信技术有限公司	网测光链路测试设备软件[简称：光链路检测系统]V1.0
2837	上海爱信诺航天信息有限公司	爱信诺 LV 财税管理软件 V1.0.0
2838	上海旭派信息科技有限公司	旭派辅助营销软件 V1.0
2839	普华基础软件股份有限公司	普华 i-MagicBox 云存储应用软件[简称：魔法盒子Magicbox]V1.0
2840	上海力桥自动化技术有限公司	力桥点胶机控制软件 V2.0
2841	上海思伟软件有限公司	思伟混凝土生产调度管理软件 V3.0
2842	上海思伟软件有限公司	思伟混凝土企业营销管理软件 V3.0
2843	上海思伟软件有限公司	思伟集团混凝土企业生产过程及质量检测网络化管理平台软件 V3.0
2844	上海思伟软件有限公司	思伟建材检测试验室管理软件 V3.0
2845	上海思伟软件有限公司	思伟管桩自动化分料系统控制软件 V1.0
2846	上海思伟软件有限公司	思伟管桩自动化堆场系统控制软件 V1.0

续 表

序号	企业名称	产品名称
2847	上海思伟软件有限公司	思伟管桩自动化离心系统控制软件 V1.0
2848	国际商业机器(中国)有限公司	IBM 用户行为审计软件 V1.0
2849	国际商业机器(中国)有限公司	IBM 集中身份管理与统一认证服务平台软件 V2.0
2850	国际商业机器(中国)有限公司	IBM 内网存储统一管理软件 V1.0
2851	国际商业机器(中国)有限公司	IBM 集中监控平台软件 V1.0
2852	上海优浪信息科技股份有限公司	优浪 WhoIsIt 声纹识别软件 V9.0
2853	上海优浪信息科技股份有限公司	优浪 WhichLang 语种识别软件 V2.0
2854	胜科金仕达数据系统(中国)有限公司	金仕达融资融券软件[简称：融资融券系统]V2.0
2855	胜科金仕达数据系统(中国)有限公司	金仕达资券调度服务软件[简称：金仕达资券调度系统]V1.0
2856	国际商业机器(中国)有限公司	IBM 硬件集中监控平台软件 V3.65
2857	胜科金仕达数据系统(中国)有限公司	金仕达转融通业务软件[简称：金仕达转融通系统]V1.0
2858	上海优浪信息科技股份有限公司	优浪 WhatSay 语音搜索引擎软件 V3.0
2859	国际商业机器(中国)有限公司	IBM 数据中心系统运维服务工作计划平台软件 V1.0
2860	胜科金仕达数据系统(中国)有限公司	金仕达营销服务管理软件[简称：营销服务管理软件]V6.0
2861	国际商业机器(中国)有限公司	IBM 数据中心运维知识中心软件 V2.0
2862	胜科金仕达数据系统(中国)有限公司	金仕达证券新一代集中交易软件[简称：金仕达集中交易系统]V4.0
2863	上海懿磬信息科技发展有限公司	懿磬信息管理平台软件 V1.0
2864	国际商业机器(中国)有限公司	IBM 开放平台云自动部署平台软件 V1.0
2865	上海维音信息技术股份有限公司	维音销售管理软件[简称：EnterpriseISM]V2.0.0
2866	国际商业机器(中国)有限公司	IBM 开放平台云资源监控平台软件 V1.0
2867	上海华洵信息技术有限公司	华洵有奖促销管理平台软件 V1.0
2868	胜科金仕达数据系统(中国)有限公司	金仕达黄金交易管理系统客户端手机版软件[简称：黄金交易客户端手机版]V1.0
2869	国际商业机器(中国)有限公司	IBM 开放平台云灾备管理平台软件 V1.0
2870	上海爱信诺航天信息有限公司	爱信诺 G3 财税管理软件 V1.0.0
2871	上海普天邮通科技股份有限公司	P&T 网络接口联乘优惠检票机应用软件 V1.52
2872	上海爱信诺航天信息有限公司	爱信诺通用机打发票开票软件 V1.0.0
2873	国际商业机器(中国)有限公司	IBM 开放平台云配置管理平台软件 V1.0
2874	上海普天邮通科技股份有限公司	P&T 网络接口老人通道检票机应用软件 V1.48
2875	上海优刻得信息科技有限公司	优刻得云主机软件 V3.0
2876	上海普天邮通科技股份有限公司	普天基于 ReWorks 操作系统 CP AFC42 三杆出站检票机 CP AFC43 三杆进站检票机应用软件 V1.0
2877	上海亿通国际股份有限公司	亿通国际预付费软件[简称：亿通预付费]V1.0.0
2878	上海亿通国际股份有限公司	亿通国际新箱管软件[简称：新箱管软件]V1.0.0

续 表

序号	企业名称	产品名称
2879	上海亿通国际股份有限公司	亿通国际散杂货船代在线业务软件[简称：OnlSAgency]V1.0.0
2880	国际商业机器(中国)有限公司	IBM主机项目变更管理软件V1.0
2881	上海亿通国际股份有限公司	亿通国际海运装箱单预录站版客户端软件[简称：EDI-CLT]V1.0.0
2882	上海亿通国际股份有限公司	亿通国际短信平台软件[简称：EPSMG]V1.0.0
2883	上海花千树信息科技有限公司	花千树交友信息发布高效搜索软件V2.0
2884	胜科金仕达数据系统(中国)有限公司	金仕达黄金交易管理系统客户端专业版软件[简称：黄金交易客户端专业版]V1.0
2885	上海经意软件工程有限公司	经意考生身份验证软件[简称：KSYZ]V1.0
2886	上海花千树信息科技有限公司	花千树交友信息发布自动匹配软件V2.0
2887	上海花千树信息科技有限公司	花千树交友信息发布注册审核软件V2.0
2888	上海花千树信息科技有限公司	花千树交友信息发布在线管理软件V2.0
2889	上海花千树信息科技有限公司	花千树交友信息发布网站注册软件V2.0
2890	上海花千树信息科技有限公司	花千树交友信息发布通用内容软件V2.0
2891	上海花千树信息科技有限公司	花千树交友信息发布快捷通信软件V2.0
2892	上海花千树信息科技有限公司	花千树交友信息发布安全登录软件V2.0
2893	国际商业机器(中国)有限公司	IBM大型主机性能分析与展示软件V1.0
2894	上海电信科技发展有限公司	STTD移动一卡通管理软件V1.0
2895	上海电信科技发展有限公司	STTD通信外包服务资源管理软件V1.0
2896	上海电信科技发展有限公司	STTD融合通信客户端软件V1.0
2897	上海乐畅信息技术有限公司	乐畅无线应用商店客户端软件V2.0
2898	上海乐畅信息技术有限公司	乐畅无线应用商店管理平台软件V1.0
2899	上海德布森电气有限公司	德布森SPC362风电用电量变送器远程智能诊断软件[简称：SPC362远程智能诊断软件]V1.0
2900	上海德布森电气有限公司	德布森SPC300多功能表远程智能诊断软件[简称：SPC300远程智能诊断软件]V1.0
2901	上海德布森电气有限公司	德布森SPC100电动机保护器远程智能诊断软件[简称：SPC100远程智能诊断软件]V1.0
2902	上海金陵电子网络股份有限公司	金陵数字校园综合管理软件V1.0
2903	上海金陵电子网络股份有限公司	金陵无线传输装置控制软件V1.0
2904	上海金陵电子网络股份有限公司	金陵视频监控管理软件V1.0
2905	上海金陵电子网络股份有限公司	金陵节能减排管理软件V1.0
2906	上海格蒂电力科技股份有限公司	格蒂电力GIS空间信息服务平台软件V1.0
2907	上海金陵电子网络股份有限公司	金陵OTP3000光传输智能监控软件V1.0
2908	上海盛本通讯科技有限公司	盛本双模双待双通WCDMA+GSM软件V2.0
2909	上海睿锦信息科技有限公司	睿锦号码百事通人员定位软件V2.0
2910	上海盛本通讯科技有限公司	盛本双模双待双通CDMA+GSM软件V2.0

续 表

序号	企业名称	产品名称
2911	盛大计算机(上海)有限公司	盛大业务流程引擎软件[简称：BPE]V2.1.0.0
2912	英方软件(上海)有限公司	英方不间断数据保护与恢复软件 V1.0
2913	上海盛本通讯科技有限公司	盛本智能拨号软件 V1.0
2914	上海盛本通讯科技有限公司	盛本无线升级软件 V1.0
2915	上海盛本通讯科技有限公司	盛本警务智能移动终端软件 V1.0
2916	上海链接电子设备有限公司	链接电子无线鼠标控制软件 V1.0
2917	上海景域文化传播有限公司	驴妈妈注册登录软件 V1.0
2918	国龙信息技术(上海)有限公司	国龙信息 AW540A 手机软件 V1.0
2919	国龙信息技术(上海)有限公司	国龙信息 AW532A 手机软件 V1.0
2920	国龙信息技术(上海)有限公司	国龙信息 M110A 手机软件 V1.0
2921	上海景域文化传播有限公司	驴妈妈门票预订软件 V1.0
2922	上海景域文化传播有限公司	驴妈妈旅游卡软件 V1.0
2923	上海景域文化传播有限公司	驴妈妈会员卡软件 V1.0
2924	上海三旗通信科技股份有限公司	三旗通信 VOL_WM3118ZA_SAF 数据卡软件 V1.0
2925	上海景域文化传播有限公司	驴妈妈在线计调软件 V1.0
2926	龙旗科技(上海)有限公司	龙旗科技 X1100E 手机软件 V1.0
2927	龙旗科技(上海)有限公司	龙旗科技 X516E 手机软件 V1.0
2928	上海百胜软件有限公司	百胜 iPOS 商店管理软件 V2.0
2929	运软网络科技(上海)有限公司	运软网络管理软件 V1.3
2930	运软网络科技(上海)有限公司	运软在线资源管理软件 V1.0
2931	上海景域文化传播有限公司	驴妈妈销售产品信息管理软件 V1.0
2932	上海景域文化传播有限公司	驴妈妈用户折扣平台软件 V1.0
2933	上海景域文化传播有限公司	驴妈妈用户交互平台软件 V1.0
2934	上海景域文化传播有限公司	驴妈妈团购软件 V1.0
2935	上海景域文化传播有限公司	驴妈妈呼叫中心平台软件 V1.0
2936	上海大智慧财汇数据科技有限公司	财汇信用评估模型软件[简称：信用评估软件]V2.0
2937	上海微可锐信息科技有限公司	SysView 上网行为管理软件 V1.0
2938	上海慕和网络科技有限公司	慕和《三国英雄传》多人在线手机游戏软件[简称：三国英雄传]V1.0
2939	上海延华智能科技(集团)股份有限公司	延华卡申智能交通管理平台软件 V1.0
2940	上海延华智能科技(集团)股份有限公司	延华卡申出租企业监督平台软件 V1.0
2941	上海牙木通讯技术有限公司	牙木 YAMU OS 域名平台软件 V3.0
2942	上海牙木通讯技术有限公司	牙木 FlowExport 域名采集软件 V3.0
2943	上海延华智能科技(集团)股份有限公司	延华卡申公交企业运营平台软件 V1.0
2944	上海牙木通讯技术有限公司	牙木 DNS FlowMirror 流镜像软件 V3.0

续 表

序号	企业名称	产品名称
2945	上海牙木通讯技术有限公司	牙木 DMS 域名服务专业网管平台软件 V3.0
2946	上海延华智能科技(集团)股份有限公司	延华卡申 TrafficDriver 交通管理控制软件 V1.2
2947	上海延华智能科技(集团)股份有限公司	延华卡申 SkyumAX 楼宇管理控制软件 V1.2A
2948	上海软中信息技术有限公司	软中廉政风险防控平台软件 V1.0
2949	上海延华智能科技(集团)股份有限公司	延华卡申智能停车运营平台软件 V1.0
2950	联技信息科技(上海)有限公司	联技经销商企业 ERP 管理软件 V1.0
2951	上海太孛计算机科技有限公司	太孛录音软件 V2.0
2952	上海太孛计算机科技有限公司	太孛呼叫中心平台软件 V2.0
2953	上海巨岩信息科技有限公司	巨岩数据分析报表软件[简称：巨岩报表]V1.0
2954	上海泰信科技有限公司	泰信 APEX 网络管理软件 V5.6
2955	上海泰信科技有限公司	泰信 APEX IT 综合管理软件 V5.6
2956	中汇信息技术(上海)有限公司	中汇基准货币掉期曲线平台软件 V1.0.0
2957	胜科金仕达数据系统(中国)有限公司	金仕达期货全面结算会员软件[简称：全结系统]V7.3.0.1
2958	上海铄放电子科技有限公司	铄放 HMR1200 矿用胶带监测数据采集分析软件 V1.0
2959	上海龙创自控系统有限公司	龙创无线移动终端控制软件(For iOS)V1.0
2960	国际商业机器(中国)有限公司	IBM 批量作业路径分析软件 V1.1
2961	上海俊泽软件有限公司	俊泽手机视频采集终端应用软件 V1.0
2962	上海泽信软件有限公司	泽信临床电子病历系统应用软件[简称：电子病历系统]V1.0
2963	上海克而瑞信息技术有限公司	CRIC 客户中心客户管理软件 V1.0
2964	上海合康科技发展实业有限公司	合康个人贷款综合业务平台软件 V1.0
2965	上海延华智能科技(集团)股份有限公司	延华卡申小额贷款管理软件 V1.0
2966	上海延华智能科技(集团)股份有限公司	延华卡申区级大型公共建筑能耗数据计算统计软件 V1.0
2967	上海延华智能科技(集团)股份有限公司	延华卡申区级大型公共建筑能耗分析软件 V1.0
2968	上海艾特维通信科技有限公司	艾特维 TD 商话老人机软件 V1.0
2969	上海莫克电子技术有限公司	莫克 EC3000 变电站局放分析软件 V1.0
2970	上海延华智能科技(集团)股份有限公司	延华卡申区级大型公共建筑能耗采集软件 V1.0
2971	上海兴安得力软件有限公司	兴安得力项目投资控制管理软件 V1.0
2972	上海兴安得力软件有限公司	兴安得力无忧询价软件 V2.0
2973	上海龙智数码科技有限公司	龙智 Cobol 语言到 JAVA 语言的自动转换工具软件 V1.0
2974	上海维渊信息技术有限公司	维渊展会信息平台管理软件 V1.0
2975	上海安科瑞电气股份有限公司	安科瑞 AGP 风力发电测量保护模块软件[简称：安科瑞 AGP 软件]V1.0
2976	上海安科瑞电气股份有限公司	安科瑞 Acrel-5000 能耗监测管理软件 V1.0
2977	上海文思信息技术有限公司	文思面向钢材加工企业生产管理软件 V1.0

续 表

序号	企业名称	产品名称
2978	上海龙之谷数码科技有限公司	龙之谷 2D 游戏引擎软件 V1.0
2979	上海玉帛软件有限公司	玉帛运输管理软件[简称：TMS]V2.0
2980	上海超捷系统集成有限公司	超捷 E-Manager 软件 V2.0
2981	上海超捷系统集成有限公司	超捷 UDB 软件 V2.0
2982	上海超捷系统集成有限公司	超捷 OIDD 软件 V1.0
2983	上海逸景网络科技有限公司	逸景金融实训教学软件 V3.0
2984	上海逸景网络科技有限公司	逸景保险精算实训教学软件 V3.0
2985	上海文思信息技术有限公司	文思面向钢材加工企业仓库管理软件 V1.0
2986	上海艾特维通信科技有限公司	艾特维 TD 商话地暖控制软件 V1.0
2987	上海飞乐纽康信息系统有限公司	纽康 ERP 软件 V2.0
2988	上海同畅信息技术有限公司	同畅在线翻译软件 V1.0.0
2989	上海飞乐纽康信息系统有限公司	纽康大型停车场管理软件 V1.0.0
2990	上海北信源信息技术有限公司	北信源内网安全主机审计软件 V6.6
2991	上海天旦网络科技发展有限公司	CrossFlow 网络性能管理软件[简称：CrossFlow NPM] V1.5
2992	上海证券通信有限责任公司	证券通信服务管理软件 V3.0
2993	上海卫盾信息科技有限公司	卫盾数据综合分析软件 V3.2
2994	上海卫盾信息科技有限公司	卫盾数据库审计与防统方软件 V3.0
2995	上海乾隆高科技有限公司	钱龙证券投资分析软件(网络版)V4.76
2996	上海创识天沪信息科技有限公司	创识软 POS 软件[简称：CHASE softpos]V2.0
2997	霍尼韦尔综合科技(中国)有限公司	霍尼韦尔涡轮增压器 Catia 辅助设计软件 V2.0
2998	上海华琛电气有限公司	华琛防爆变频器驱动软件 V1.0
2999	上海三旗通信科技股份有限公司	三旗通信 WM7311 数据卡软件 V1.0
3000	上海默创信息科技有限公司	默创物流运作管理云服务平台软件 V1.0
3001	上海牙木通讯技术有限公司	牙木 CachePro 域名缓存软件 V3.0
3002	上海金蝶齐效电脑技术有限公司	金蝶齐效实验室信息管理软件[简称：金蝶齐效 LIS] V5.0
3003	龙旗科技(上海)有限公司	龙旗科技 LOTUS 手机软件 V1.0
3004	上证所信息网络有限公司	上证所信息网络有限公司 Level-2 增值行情信息发布软件 V1.0
3005	上证所信息网络有限公司	上证所信息网络有限公司固定收益行情发布软件 V1.0
3006	上证所信息网络有限公司	上证所信息网络有限公司融资融券数据报送及复核软件 V1.3.2
3007	上证所信息网络有限公司	上证所信息网络有限公司手机办公助手软件 V1.0
3008	上证所信息网络有限公司	上证所信息网络有限公司上市公司信息服务平台软件 V1.0
3009	上海新虹伟信息科技股份有限公司	新虹伟被盗抢车辆信息采集比对软件 V1.0

续 表

序号	企业名称	产品名称
3010	上海源天软件有限公司	源天维科平台软件[简称：Velcro]V7.0
3011	上海众恒信息产业股份有限公司	众恒网上办案平台软件 V1.0
3012	上海司南卫星导航技术有限公司	司南 GNSS 高精度形变监测软件[简称：CDMonitor] V1.0
3013	上海众恒信息产业股份有限公司	众恒国际赛事注册中心信息平台软件 V1.0
3014	上海华岭集成电路技术股份有限公司	华岭嵌入式微处理器信息安全芯片测试软件 V1.0
3015	上海北信源信息技术有限公司	北信源主机监控审计与补丁分发软件[简称：主机监控审计与补丁分发]V6.6.02.01
3016	康博嘉信息科技(上海)有限公司	康博嘉商业智能管理软件[简称：KTBI]V2.5
3017	康博嘉信息科技(上海)有限公司	康博嘉临床路径管理软件[简称：KTCP]V1.0
3018	上海诚明融鑫科技有限公司	融鑫三维实景工作平台软件[简称：实景工作平台] V2.0
3019	康博嘉信息科技(上海)有限公司	康博嘉电子病历软件[简称：KTEMR]V2.5
3020	上海三旗通信科技股份有限公司	三旗通信 QNL_W110F_A89 手机软件 V1.0
3021	上海三旗通信科技股份有限公司	三旗通信 MLW_WM7251YB_IDS 数据卡软件 V1.0
3022	腾讯科技(上海)有限公司	腾讯怪物大作战游戏软件[简称：怪物大作战]V1.0.0.0
3023	腾讯科技(上海)有限公司	腾讯怪物大作战游戏软件(安卓版)[简称：怪物大作战(安卓版)]V1.0.0.0
3024	上海白浪游网络科技有限公司	白浪游商户服务平台软件 V2.0
3025	上海神计信息系统工程有限公司	腾翌电脑开票单机版软件 V1.0
3026	上海诚明融鑫科技有限公司	融鑫刑事案件现场勘验信息管理软件[简称：现勘管理]V1.0
3027	上海延华智能科技(集团)股份有限公司	延华卡申大型公共建筑能耗数据接收服务软件 V1.0
3028	上海百洋医用数据处理技术有限公司	百洋医用通用多维报表分析软件 V1.4
3029	上海同畅信息技术有限公司	同畅畅游天下软件 V1.1.0
3030	上海三旗通信科技股份有限公司	三旗通信 WM8109 数据卡软件 V1.0
3031	上海新意新科技有限公司	新意数据库容灾备份一体化软件[简称：E-OBAR] V1.0
3032	上海光盛高科技有限公司	光盛 DBMIS7 电表管理软件(阿拉伯文版)V7.10
3033	上海光盛高科技有限公司	光盛多费率三相电卡表软件 V3.0
3034	上海三旗通信科技股份有限公司	三旗通信 AND72J 手机主界面软件 V1.0
3035	龙旗科技(上海)有限公司	龙旗科技 B810A 手机软件 V1.0
3036	龙旗科技(上海)有限公司	龙旗科技 Z600B 手机软件 V1.0
3037	上海望友信息科技有限公司	VayoPro-Gerber 软件[简称：vGerber 软件]V4
3038	中发智能电网科技(上海)有限公司	中发 Zi3101C 数字式电容器保护测控装置软件 V1.00
3039	上海骏聿数码科技有限公司	骏聿科技工地信息化系统管理软件[简称：骏聿科技工地信息化管理软件]V1.0.0
3040	上海友哲软件有限公司	友哲办公自动化管理软件 V3.0

续 表

序号	企业名称	产品名称
3041	律典(上海)信息技术有限公司	律典跨平台模型同步及会议软件 V1.0
3042	上海春宇数字科技有限公司	春宇数字现金平衡管理平台应用软件[简称：现金平衡管理平台]V1.0
3043	上海春宇数字科技有限公司	春宇数字全球船舶实时定位平台软件[简称：全球船舶定位跟踪平台软件]V1.0
3044	律典(上海)信息技术有限公司	律典三维设计信息审阅软件 V2.0
3045	上海春宇数字科技有限公司	春宇数字集装箱报价平台软件[简称：数字集装箱报价平台软件]V1.0
3046	上海欣诺通信技术有限公司	欣诺 ET1000 网络管理软件 V1.0
3047	文典软件信息(上海)有限公司	文典人力资源管理软件[简称：人力资源管理软件]V12.2
3048	上海仝佥信息技术有限公司	仝佥 MediHealth 重症监护临床信息系统应用软件[简称：MediHealth 重症监护临床信息系统]V3.0
3049	上海立信维一软件有限公司	立信内控审计软件 V1.2
3050	上海仝佥信息技术有限公司	仝佥 MediHealth 麻醉临床信息系统应用软件[简称：MediHealth 麻醉临床信息系统]V3.0
3051	上海国茂数字技术有限公司	GMT 音视频加密与用户系统管理软件 V2.2
3052	上海夏尔软件有限公司	夏尔计费影像捕获和索引软件 V1.0
3053	上海夏尔软件有限公司	夏尔录入培训软件 V1.0
3054	上海卓越睿新数码科技有限公司	卓越大学课堂教学视频管理软件[简称：教学视频]V1.0
3055	普联中瑞软件(上海)有限公司	普联中瑞人力资源管理软件 V9.0
3056	上海企望信息科技有限公司	企望制造 WEB 管理软件[简称：企望制造 WEB]V12.0
3057	博朗软件开发(上海)有限公司	博朗会议纪要软件[简称：Hydra Meeting Minutes]V1.0
3058	博朗软件开发(上海)有限公司	博朗电视会议管理软件[简称：HydraTV]V1.0
3059	上海安倍思信息技术有限公司	安倍思智能报销管理软件 V1.0
3060	上海企望信息科技有限公司	企望制造三级厂资源管理软件[简称：企望制造三级厂]V12.0
3061	上海孜永自动化设备有限公司	孜永制程大师制造信息管理软件[简称：孜永制程大师]V1.0
3062	上海企望信息科技有限公司	企望制造企业资源管理软件[简称：企望制造]V12.0
3063	龙旗科技(上海)有限公司	龙旗科技 TV1000E 手机软件 V1.0
3064	龙旗科技(上海)有限公司	龙旗科技 Q1800E 手机软件 V1.0
3065	龙旗科技(上海)有限公司	龙旗科技 N995E 手机软件 V1.0
3066	上海联彤网络通讯技术有限公司	联彤智能机顶盒软件 V0.1
3067	上海企望信息科技有限公司	企望电子商务平台软件[简称：企望电子商务]V3.0
3068	上海孩智信息技术有限公司	孩智蘑菇岛网络早教平台软件[简称：蘑菇岛]V1.0
3069	上海华谊信息技术有限公司	华谊橡胶半制品测试数据分析管理软件 V1.0
3070	上海掌上财富网络信息有限公司	掌上财富手机期货软件 V1.0

续 表

序号	企业名称	产品名称
3071	上海萌果信息科技有限公司	萌果幻想精灵游戏软件 V1.0
3072	上海佳码软件科技有限公司	佳码小海盗游戏软件 V1.0
3073	上海华岭集成电路技术股份有限公司	华岭加密移动存储控制 SOC 芯片测试软件 V1.0
3074	上海皓维电子有限公司	皓维二路 DVS 视频服务器软件 V1.0
3075	上海皓维电子有限公司	皓维高清网络数字视频解码软件 V1.0
3076	上海铭创软件技术有限公司	铭创期货投资管理软件 V6.0
3077	上海度云信息技术有限公司	度云互联网及云计算接入综合管理网关软件[简称：ExtraGate 管理网关]V2.0
3078	腾粲嘉诚(上海)信息科技股份有限公司	腾粲嘉诚企业资产管理软件[简称：TOPSUN 企业资产管理]V1.0
3079	上海牙木通讯技术有限公司	牙木 SecurePro 域名安全防护软件 V3.0
3080	上海卡尼信息科技有限公司	卡尼 PND 智能动态电子商务管理软件 V1.0
3081	上海晴朗信息科技有限公司	晴朗积分会员管理软件 V1.0
3082	龙旗科技(上海)有限公司	龙旗科技 R660B 手机软件 V1.0
3083	上海华腾软件系统有限公司	TOP CAFS 银行卡反欺诈侦测软件[简称：TOP CAFS]V1.0
3084	上海华腾软件系统有限公司	Top EBRM 电子银行风险监控软件[简称：Top EBRM] V1.0
3085	滴滴学堂(上海)教育软件有限公司	滴滴学堂云课堂教室互动软件 V1.0
3086	上海逸景网络科技有限公司	逸景劳动关系管理模拟教学软件 V2.0
3087	上海逸景网络科技有限公司	逸景人力资源管理综合实验教学软件 V3.1
3088	上海天云融创计算机科技有限公司	天云融创科技云平台网络监控管理软件 V1.0
3089	上海广亿信息技术有限公司	广亿生产管理信息软件[简称：生产管理软件]V1.0
3090	上海惠生通讯技术有限公司	惠生通讯数据业务关联分析软件 V1.0
3091	胜科金仕达数据系统(中国)有限公司	金仕达期货高速行情服务器软件[简称：高速行情] V1.0
3092	胜科金仕达数据系统(中国)有限公司	金仕达 V6T 期货交易软件[简称：V6T]V1.0
3093	上海旅游网旅行服务有限公司	旅游网 iTravels 溪口智能导游软件(iOS 版)V1.0
3094	上海辰锐信息科技公司	辰锐移动警务终端软件 V1.0
3095	上海辰锐信息科技公司	辰锐公安信息网安全 u 盘软件 V2.0
3096	上海辰锐信息科技公司	辰锐公安国保维稳信息综合应用软件 V1.0
3097	上海辰锐信息科技公司	辰锐鉴别评估管理软件 V3.2
3098	上海辰锐信息科技公司	辰锐身份认证软件 V6.3
3099	上海辰锐信息科技公司	辰锐移动警务数字证书驱动软件 V1.0
3100	上海博易大师软件有限公司	博易大师网上期货软件 V1.0
3101	上海绿度信息科技有限公司	绿度食品质量安全追溯及管理软件 V1.0
3102	上海旅游网旅行服务有限公司	旅游网 iTravels 象山智能导游软件 V1.0

续 表

序号	企业名称	产品名称
3103	上海朝讯网络科技发展有限公司	朝讯多媒体统一通信软件[简称：eUC]V1.0
3104	上海可鲁系统软件有限公司	可鲁 IIS Studio 配置管理工具软件 V1.0
3105	上海可鲁系统软件有限公司	可鲁 EM plus 节能计量采集软件 V1.0
3106	上海鼎睿信息技术有限公司	鼎睿 618618 财经平台软件 V1.0
3107	上海朝为电子科技有限公司	朝为通用电子标签嵌入式软件 V1.0
3108	上海鼎睿信息技术有限公司	鼎睿 020 生活电子商务综合平台软件 V1.0
3109	山宇自动化科技(上海)有限公司	山宇电磁感应加热器控制软件 V1.0
3110	山宇自动化科技(上海)有限公司	山宇变频器驱动控制软件 V1.0
3111	上海上讯信息技术有限公司	上讯网络准入控制管理软件[简称：InforCube NAC] V3.1
3112	上海安威士生物科技有限公司	安威士指纹算法识别软件 V1.0
3113	上海众达信息产业有限公司	众达 lims 仪器连接通用接口软件 V1.0
3114	上海众达信息产业有限公司	众达门禁控制软件 V1.0
3115	上海众达信息产业有限公司	众达生产监控软件 V3.0
3116	上海众达信息产业有限公司	众达 IC 卡提货管理软件 V2.0
3117	上海远景数字信息技术有限公司	远景同步时间监控软件 V1.0
3118	上海远景数字信息技术有限公司	远景变电站自动化监控软件 V1.0
3119	上海久科信息技术有限公司	久科微服务软件 V1.0
3120	上海华通实业有限公司	华通 IGS－W 无线远传燃气表控制软件[简称：无线远传燃气表软件]V1.0.0
3121	上海华通实业有限公司	华通 IGS－WI 无线 IC 卡燃气表控制软件[简称：无线 IC 卡燃气表软件]V1.0.0
3122	上海华通实业有限公司	华通 IG IC 卡膜式燃气表控制软件[简称：IC 卡燃气表控制软件]V1.0.0
3123	上海我度多媒体信息技术有限公司	我度锐视内嵌式影视发布软件[简称：锐视影视系统] V1.0
3124	博茂营销咨询(上海)有限公司	POPexecution 终端执行管理工具软件(Windows phone 版)V2.0
3125	博茂营销咨询(上海)有限公司	POPmonitor 报表工具软件 V6.0
3126	澎勃自动化科技(上海)有限公司	澎勃 iDMFS 智能数据控制管理平台软件 V1.00
3127	富士胶片(中国)投资有限公司	富士影像存储传输管理软件 V2.0.0
3128	上海烛龙信息科技有限公司	烛龙古剑奇谭怀旧思古游戏软件 V3.0
3129	龙旗科技(上海)有限公司	龙旗科技 Z700B 手机软件 V1.0
3130	上海数慧系统技术有限公司	数慧规划一张图管理软件[简称：规划一张图]V2.0
3131	上海睿则恩信息技术有限公司	睿则恩视频资源管理软件 V3.0
3132	上海国茂数字技术有限公司	GMT 数字音视频终端接收器产测软件 V1.0
3133	希姆通信息技术(上海)有限公司	希姆通 P3 双模手机软件 V1.0
3134	希姆通信息技术(上海)有限公司	希姆通 R100 手机软件 V1.0

续 表

序号	企业名称	产品名称
3135	上海锐道信息技术有限公司	锐道在线实时开发工具软件[简称：RAPIDO]V1.0
3136	上海华通实业有限公司	华通燃气表信息管理软件[简称：燃气表管理软件]V1.0.0
3137	上海杰狮信息技术有限公司	杰狮通信网络资源管理软件 V1.0
3138	上海沧盛信息科技有限公司	吉运通-电子商务供应链服务平台软件 V1.0
3139	上海可鲁系统软件有限公司	可鲁 EM plus 能源管理服务软件 V1.0
3140	腾讯科技(上海)有限公司	腾讯游戏中心软件(iOS 版)[简称：腾讯游戏中心(iOS 版)]V1.0
3141	腾讯科技(上海)有限公司	腾讯游戏中心软件(Android 版)[简称：腾讯游戏中心(Android 版)]V1.0
3142	银联数据服务有限公司	银联数据应用程序自动化生成工具软件 V1.0
3143	银联数据服务有限公司	银联数据循贷通小额贷款卡软件 V1.0
3144	上海旅游网旅行服务有限公司	旅游网 iTravels 上海智能导游软件 V1.0
3145	遨为(上海)数字技术有限公司	遨为常用电机技术选型软件[简称：MST]V1.0
3146	上海晨景实业有限公司	晨景图像拼接控制软件[简称：CJ－NPCS]V1.0
3147	上海晨景实业有限公司	晨景液晶屏控制软件[简称：Mix89M－b]V2.1
3148	上海晨景实业有限公司	晨景多媒体信息发布软件[简称：CJ－MIPS]V2.0
3149	上海陛沙门信息技术有限公司	陛沙门《梦幻天骄》网络游戏软件 V3.0
3150	上海金城达数码科技有限公司	金城达信息发布软件 V3.0
3151	上海华东汽车信息技术有限公司	上汽华东 VENES 汽车总线 CAN 网络管理软件[简称：NM]V1.0
3152	上海兴安得力软件有限公司	兴安得力平方建材平台软件 V1.0
3153	上海恺易集成系统技术有限公司	恺易农牧产品运营管理软件 V1.0
3154	上海恺易集成系统技术有限公司	恺易农牧产品安全追溯软件 V1.0
3155	花旗软件技术服务(中国)有限公司	花旗测试数据管理软件[简称：TDMS]V2.0
3156	花旗软件技术服务(中国)有限公司	花旗交易拒付审核软件[简称：DPS]V1.0
3157	花旗软件技术服务(中国)有限公司	花旗银行境外投资产品管理软件[简称：SMS]V1.0
3158	花旗软件技术服务(中国)有限公司	花旗办公自动化平台软件[简称：Workspace]V1.0
3159	花旗软件技术服务(中国)有限公司	花旗基于 Sernea Change Management 工具的 IBM 大型机软件版本控制的自动检查软件[简称：版本发布自动检查软件]V1.0
3160	花旗软件技术服务(中国)有限公司	花旗项目测试报告自动化软件[简称：TRAS]V3.1.0
3161	上海兴安得力软件有限公司	兴安得力工料算量软件 V1.0
3162	上海益盟软件技术股份有限公司	益盟操盘手智赢优股籍软件 V1.0
3163	上海汉胜通讯科技有限公司	汉胜 Howay2000 汇聚型无线接入点产品软件[简称：汇聚型无线接入点软件]V1.0
3164	上海网波软件有限公司	网波水利工程应急预案管理软件 V1.0
3165	上海文广科技(集团)有限公司	文广文件迁移软件 V1.0

续 表

序号	企业名称	产品名称
3166	上海先易计算机有限公司	先易 ERP 管理软件 V10.0
3167	上海同是工程科技有限公司	同是地层损失率计算工具软件 V1.0
3168	上海同是工程科技有限公司	同是地铁建设工程安全指数计算工具软件 V1.0
3169	上海普加软件有限公司	普加开发框架软件 V2.0
3170	上海维豪信息安全技术有限公司	维豪网络资源管理服务软件 V1.0
3171	上海维豪信息安全技术有限公司	维豪归档客户端软件 V1.0
3172	上海易罗信息科技有限公司	易罗自动化导航仪仿真测试软件 V2.2.2.2
3173	上海兴安得力软件有限公司	兴安得力工程质量安全监督运营软件 V1.0
3174	上海兴安得力软件有限公司	兴安得力 08 清单计价向导软件 V1.9
3175	上海泽汉无线技术有限公司	泽汉无线远程监控系统应用软件 V1.0
3176	上海物鼎传感技术有限公司	物鼎智能药物包装应用软件 3.5
3177	上海物鼎传感技术有限公司	物鼎智能药物包装应用系统嵌入式软件 1
3178	上海朝讯网络科技发展有限公司	朝讯 eSun IP 电话录音软件 V1.0
3179	上海亚太蓝星计算机信息技术有限公司	亚太蓝星基于 RFID 中间件技术的医疗信息交互软件 V1.0
3180	上海安秉信息技术有限公司	安秉网盾内网管理软件[简称：安秉网盾]V4.0
3181	博茂营销咨询(上海)有限公司	POPexecution 终端执行管理工具软件(Android 版) V1.0
3182	上海云多科技有限公司	云多 IP 录音软件 V1.01
3183	上海和辰信息技术有限公司	和辰睿云托管平台软件 V1.0
3184	上海华萱智能科技有限公司	SmartSense 嵌入式实时平台软件 V2.1
3185	上海讯联数据服务有限公司	讯联数据线下支付多渠道集成软件 V1.0
3186	上海金仕达多媒体有限公司	金仕达大学教学管理信息软件[简称：教学管理信息软件]V3.0
3187	上海金仕达多媒体有限公司	金仕达资产管理软件[简称：资产管理软件]V2.0
3188	上海金仕达多媒体有限公司	金仕达数学五年级第一学期多媒体学习软件[简称：多媒体学习软件]V1.0
3189	上海金仕达多媒体有限公司	金仕达语文五年级第二学期多媒体教学课件软件[简称：多媒体教学课件]V1.0
3190	上海易罗信息科技有限公司	易罗 iPhone 手机导航件 V1.0.1.0
3191	上海易罗信息科技有限公司	易罗 Android 手机导航软件 V1.1.12.0
3192	上海广电光显技术有限公司	广电光显高清晰光学引擎系统控制软件 V1.0
3193	上海太岚信息技术有限公司	太岚移动运营商工程建设动态监控软件 V1.0
3194	延锋伟世通电子科技(上海)有限公司	延锋伟世通 C60 组合仪表控制软件 V1.0
3195	上海大智慧股份有限公司	大智慧证券 Windows 8 版软件[简称：大智慧 Windows 8 版]V1.00
3196	上海大智慧股份有限公司	大智慧证券 iPad 版软件[简称：大智慧 for iPad]V2.20
3197	上海大智慧股份有限公司	大智慧证券 GPad 版软件[简称：大智慧 GPad]V2.20

续 表

序号	企业名称	产品名称
3198	上海大智慧股份有限公司	大智慧银行理财 iPhone 版软件[简称：大智慧理财 iPhone 版]V1.00
3199	上海大智慧股份有限公司	大智慧期货 iPhone 版软件[简称：大智慧期货 iPhone 版]V2.00
3200	上海大智慧股份有限公司	大智慧期货 iPad 版软件[简称：大智慧期货 iPad 版]V2.00
3201	上海大智慧股份有限公司	大智慧期货 Android 版软件[简称：大智慧期货 Android 版]V2.00
3202	上海银基信息科技股份有限公司	银基 IDC2.0 远程系统控制软件[简称：YJREMOTE]V1.0
3203	上海银基信息科技股份有限公司	银基 IDC3.0 系统监控管理软件[简称：YJNMS]V1.0
3204	上海大智慧软件开发有限公司	大智慧银行理财 Android 版软件[简称：大智慧理财 Android 版]V1.00
3205	云巅(上海)网络科技有限公司	云巅 iConn 虚拟桌面管理界面软件[简称：云巅 iConn UI]V1.0
3206	上海大潮电子技术有限公司	大潮 GPS 行驶记录仪数据分析软件 V3.0
3207	上海大智慧股份有限公司	大智慧期货 Android Pad 版软件[简称：大智慧期货 Android Pad 版]V2.00
3208	上海大智慧股份有限公司	大智慧超赢专业 iPhone 版软件[简称：大智慧 iPhone 版]V6.01
3209	上海银晨智能识别科技有限公司	银晨手持终端软件[简称：手持终端]V1.2.5
3210	上海银晨智能识别科技有限公司	银晨门禁出入控制管理软件[简称：门禁出入控制]V1.6.1.5
3211	上海复旦光华信息科技股份有限公司	光华 E 百高速网络数据处理软件[简称：E 百数据处理]V1.0
3212	上海复旦光华信息科技股份有限公司	光华安全综合监测软件[简称：安全综合监测]V1.0
3213	上海复旦光华信息科技股份有限公司	光华 S_Audit 网络安全审计软件[简称：S_Audit]V3.7
3214	上海一得自动化设备有限公司	一得高速编带一体机控制软件 V2.0
3215	上海嘉闵软件科技有限公司	嘉闵擦窗机控制软件 V2.0
3216	上海大智慧股份有限公司	大智慧超赢专业 Android 版软件[简称：大智慧 Android 版]V6.01
3217	上海大智慧股份有限公司	大智慧期货专业版软件[简称：大智慧期货专业版]V1.0
3218	上海大智慧股份有限公司	大智慧舆情数据终端 iPad 版软件[简称：舆情数据终端 iPad 版]V1.0
3219	上海银基信息科技股份有限公司	银基 IDC2.0 数据库配置管理软件[简称：OneCMDB]V1.0
3220	上海银基信息科技股份有限公司	银基 IDC2.0 监控管理软件 V1.0
3221	上海银基信息科技股份有限公司	银基 IDC2.0 报表管理软件[简称：JatReport]V1.0
3222	上海银基信息科技股份有限公司	银基 IDC2.0 工作流程设计软件[简称：YJWF]V1.0
3223	上海银基信息科技股份有限公司	银基 IDC3.0 用户管理软件 V1.0
3224	霍尼韦尔综合科技(中国)有限公司	霍尼韦尔新型 DCS 组态工具软件 V110

续 表

序号	企业名称	产品名称
3225	上海大智慧股份有限公司	大智慧超赢专业 Windows Phone 7 版软件[简称：大智慧 WP7 版]V1.70
3226	上海宝信软件股份有限公司	宝信绿色智慧道路照明集成平台软件 V1.0
3227	上海宝信软件股份有限公司	宝信信息系统平台内容管理软件 V2.0
3228	上海捷奥信息科技有限公司	捷奥银行印章管理软件[简称：捷奥印章管理软件]V1.0
3229	上海复旦光华信息科技股份有限公司	光华 TrustyLink 单点登录软件[简称：TrustyLink]V2.1
3230	上海宝信软件股份有限公司	宝信涡流超声一体化检测应用软件[简称：UET]V1.0
3231	上海大团结文化科技股份有限公司	大团结听书软件 V1.0
3232	上海泰好电子科技有限公司	泰好双向直接式轮胎压力温度监测软件[简称：TPMS]V1.0
3233	上海元禾信息技术有限公司	元禾人像采集软件[简称：人像采集软件]V2011
3234	上海爱韦讯信息技术有限公司	爱韦讯《机载软件集成研制环境》软件[简称：ASIDE]V2.0
3235	上海付费通信息服务有限公司	付费通手机客户端安卓版软件 V1.0
3236	上海付费通信息服务有限公司	付费通手机客户端 iphone 版软件 V1.0
3237	上海付费通信息服务有限公司	付费通手机客户端 ipad 版软件 V1.0
3238	上海宏赛自动化电气有限公司	宏赛节能型空压机高速交互控制设备软件 V3.0
3239	上海富洋科技发展有限公司	富洋物流自动化系统控制软件 V3.0
3240	上海远昌信息科技有限公司	远昌自动化测试前台管理软件 V1.0
3241	上海尚浩数码科技有限公司	尚浩 SE500 条形码检测软件 V1.0
3242	上海宝信软件股份有限公司	宝信信息系统平台 Html 界面基础框架软件 V2.0
3243	上海动联网络科技有限公司	动联动码令云平台软件 V1.0
3244	上海动联网络科技有限公司	动联安卓手机令牌软件 V3.0
3245	科加诺智能系统(上海)有限公司	科加诺 SpotView 商业分析套装软件 V4.0
3246	上海高晶检测科技股份有限公司	高晶金属探测仪软件 V3.0
3247	上海乾憬文化传播发展有限公司	乾憬 EPG 系统应用软件 V1.0
3248	上海动联信息技术有限公司	动联软件令牌软件 V2.0
3249	上海宝宏软件有限公司	宝宏路径规划软件 V1.0
3250	上海宝宏软件有限公司	宝宏文件备份软件 V1.0
3251	上海明镀信息工程有限公司	明镀生产信息管理软件 V2.0
3252	上海埃威航空电子有限公司	埃威电子海图浏览器软件 V1.0
3253	上海埃威航空电子有限公司	埃威电子海图信息与显示系统(ECDIS)软件 V1.0
3254	上海埃威航空电子有限公司	埃威中高频无线电装置控制软件 V1.0
3255	上海华通自动化设备有限公司	华通直流电源模块监控软件 V1.0
3256	上海华通自动化设备有限公司	华通 JSQ-1 数字式故障计数器控制软件 V1.0

续 表

序号	企业名称	产品名称
3257	上海华通自动化设备有限公司	华通电力负荷监测系统控制软件 V1.0
3258	上海华通自动化设备有限公司	华通直流漏电监测报警装置控制软件 V2.0
3259	上海华通自动化设备有限公司	华通负荷监测无线通讯装置控制软件 V1.0
3260	上海华通自动化设备有限公司	华通高低压开关柜测控系统控制软件 V1.0
3261	上海华通自动化设备有限公司	华通应急电源控制软件 V1.0
3262	上海华通自动化设备有限公司	华通通信电源设备控制软件 V1.0
3263	维音数码(上海)有限公司	维音数码电话销售应用软件[简称：VisionSE]V3.0.0
3264	维音数码(上海)有限公司	维音数码考试培训软件[简称：VisionQuiz]V3.0.0
3265	维音数码(上海)有限公司	维音数码市场调查软件[简称：VisionSurvey]V3.0.0
3266	维音数码(上海)有限公司	维音数码软电话软件[简称：VisionSoftPhone]V4.0.0
3267	维音数码(上海)有限公司	维音数码统一通信中心软件[简称：VisionUCC]V4.0.0
3268	维音数码(上海)有限公司	维音数码大屏监控软件[简称：VisionView]V4.0.0
3269	维音数码(上海)有限公司	维音数码交互式应答软件[简称：Vision IVR]V4.0.0
3270	上海金蝶软件科技有限公司	金蝶 EAS 电子商务仓储管理软件 V1.0
3271	上海高晶影像科技有限公司	高晶便携式 X 射线检查软件 V1.0
3272	上海高晶影像科技有限公司	高晶高能量 X 射线异物检测软件 V1.0
3273	上海高晶影像科技有限公司	高晶民用航空旅客行李 X 射线安全检查软件 V4.26
3274	上海高晶检测科技股份有限公司	高晶炸药探测仪控制软件 V1.0
3275	上海睿技土木工程咨询有限公司	睿技塔机安全监测远程管理平台软件 V1.0
3276	上海高晶检测科技股份有限公司	高晶炸药探测仪系统应用软件 V1.0
3277	维音数码(上海)有限公司	维音数码计算机电话集成软件[简称：Vision CTI]V4.0.0
3278	上海大众科技有限公司	大众服务企业投诉管理软件 V1.0
3279	上海大众科技有限公司	大众车载消防指挥调度软件 V1.0
3280	上海大众科技有限公司	大众小额贷款业务管理软件 V1.0
3281	上海大众科技有限公司	大众电子生产企业进销存业务管理软件 V1.0
3282	上海大众科技有限公司	大众"两客一危"车辆监控软件 V1.0
3283	上海新力动力设备研究所	SSPI 固体火箭发动机参数数据库软件 V1.0
3284	上海新力动力设备研究所	SSPI 固体火箭发动机可靠性评定软件 V1.0
3285	上海新力动力设备研究所	SSPI 固体火箭发动机流场、烧蚀及内弹道动态性能计算分析软件 V1.0
3286	上海新力动力设备研究所	SSPI 固体火箭发动机燃气发生器性能分析软件 V1.0
3287	上海新力动力设备研究所	SSPI 固体火箭发动机装药结构完整性分析软件 V1.0
3288	上海新力动力设备研究所	SSPI 固体火箭发动机状态控制软件 V1.0
3289	钜林信息技术(上海)有限公司	钜林营运管理软件 V1.0
3290	钜林信息技术(上海)有限公司	钜林库存管理软件 V5.0

续 表

序号	企业名称	产品名称
3291	钜林信息技术(上海)有限公司	钜林广告托播软件 V1.0
3292	上海银基信息科技股份有限公司	银基 IDC3.0 门户软件[简称：YJPORTAL]V1.0
3293	上海中远资讯科技有限公司	中远资讯通用集装箱航运管理软件[简称：SIMP - CONTAINER]V1.0
3294	上海中远资讯科技有限公司	中远资讯进口单证管理软件 V1.0
3295	上海中远资讯科技有限公司	中远资讯航运成本管理软件 V1.0
3296	上海中远资讯科技有限公司	中远资讯电子订舱管理软件 V1.0
3297	上海中远资讯科技有限公司	中远资讯出口单证管理软件 V1.0
3298	鼎亿数码科技(上海)有限公司	FlingPC 保龄球达人软件 V1.0
3299	上海中选网络科技有限公司	中选联网软件 V2.0
3300	上海中选网络科技有限公司	中选监控管理软件 V2.0
3301	上海会通信息有限公司	会通市场通用户发布软件 V1.0
3302	上海会通信息有限公司	会通移动装备站平台软件 V1.0
3303	上海会通信息有限公司	会通合作中转分流管理平台软件 V1.0
3304	上海会通信息有限公司	会通媒体产品平台软件 V1.0
3305	上海会通信息有限公司	会通运营商公告通知抓取软件 V1.0
3306	上海具特测控技术有限公司	具特低压电机管理软件 V3.0
3307	上海会通信息有限公司	会通网站管理后台软件 V1.0
3308	上海会通信息有限公司	会通网站内容管理软件 V1.0
3309	上海具特测控技术有限公司	具特微机保护测控软件 V3.03
3310	上海会通信息有限公司	会通客服营销库管理软件 V1.0
3311	上海金蝶软件科技有限公司	金蝶 KIS 商贸基础版软件 V5.0
3312	上海会通信息有限公司	会通商户全文检索软件 V1.0
3313	上海金蝶软件科技有限公司	金蝶 KIS 商贸高级版业务包软件 V5.0
3314	上海金蝶软件科技有限公司	金蝶 KIS 商贸高级版软件 V5.0
3315	上海金蝶软件科技有限公司	金蝶 KIS 商贸钢材版软件 V5.0
3316	上海金蝶软件科技有限公司	金蝶 KIS 商贸标准版业务包软件 V5.0
3317	上海会通信息有限公司	会通知识库软件 V1.0
3318	上海金蝶软件科技有限公司	金蝶 KIS 商贸标准版软件 V5.0
3319	上海金蝶软件科技有限公司	金蝶 KIS 国际高级版软件 V2.0
3320	上海金蝶软件科技有限公司	金蝶 KIS 国际标准版软件 V2.0
3321	上海具特测控技术有限公司	具特低压智能测控软件 V1.02
3322	上海金蝶软件科技有限公司	金蝶 K/3 工业废弃物处理跟踪信息管理软件[简称：K/3 WHF]V1.0
3323	上海致达信息产业股份有限公司	致达统一用户权限管理软件[简称：权限管理]V1.0
3324	上海宝信软件股份有限公司	宝信移动应用平台软件 V1.0

续 表

序号	企业名称	产品名称
3325	上海南谷计算机技术有限公司	南谷航空旅客服务信息软件 V1.0
3326	上海会通信息有限公司	会通彩信管理软件 V2.0
3327	上海致达信息产业股份有限公司	致达信息网站内容保障平台软件[简称：致达内容保障平台]V1.0
3328	上海会通信息有限公司	会通彩铃数据采集统计平台软件 V1.0
3329	上海会通信息有限公司	会通 WAP 内容管理软件 V1.0
3330	上海华腾软件系统有限公司	TOP WSMP SOA 服务监控平台软件[简称：TOP WSMP]V2.0
3331	上海华腾软件系统有限公司	TOP Rules 泛金融规则引擎软件[简称：TOP Rules]V3.0
3332	上海华腾软件系统有限公司	TOP NETBANK 新一代网银软件[简称：TOP NETBANK]V1.0
3333	上海华腾软件系统有限公司	TOP Mats 商户收单管理平台软件[简称：TOP Mats]V1.0
3334	上海宝信软件股份有限公司	宝信软件车辆信息服务平台软件 V1.0
3335	上海鸣志自动控制设备有限公司	“小神探”巡更仪嵌入式软件 V1.0
3336	上海鸣志自动控制设备有限公司	“小神探”无线数据采集仪嵌入式软件 V1.0
3337	上海鸣志自动控制设备有限公司	“小神探”多通道精密故障诊断软件 V1.0
3338	上海鸣志自动控制设备有限公司	“小神探”基于 SAP ERP 的设备状态管理软件 V1.0
3339	上海城市地理信息系统发展有限公司	城地人防应急指挥文电传输软件 V1.0
3340	上海簇联信息技术有限公司	簇联视频资源管理平台软件 V1.0
3341	升东网络科技发展(上海)有限公司	升东基于地区实时用户推荐服务软件 V1.0
3342	印孚瑟斯技术(中国)有限公司	印孚瑟斯投资管理软件 V1.0
3343	上海城市地理信息系统发展有限公司	城地重要经济目标综合信息库 GIS 管理软件 V1.0
3344	上海友游网络技术有限公司	多多驿站前台管理软件 V1.0
3345	上海动联网络科技有限公司	动联 KJava 手机令牌软件 V3.0
3346	上海动联网络科技有限公司	动联 iPhone 手机令牌软件 V3.0
3347	上海华腾软件系统有限公司	TOP IODS 保险 ODS 平台软件[简称：TOP IODS]V1.0
3348	上海华腾软件系统有限公司	TOP GM 国际业务报文管理平台软件[简称：TOP GM]V1.0
3349	上海华腾软件系统有限公司	TOP GLICBS 寿险团险核心业务软件[简称：TOP GLICBS]V2.0
3350	上海华腾软件系统有限公司	TOP FLMS 融资租赁管理软件[简称：TOP FLMS]V1.0
3351	上海华腾软件系统有限公司	TOP CBBS 综合积分业务软件[简称：TOP CBBS]V1.0
3352	上海华腾软件系统有限公司	TOP CAS 商业银行卡应用软件[简称：TOP CAS]V2.0
3353	上海华腾软件系统有限公司	TOP Card 信用卡核心软件[简称：TOP Card]V5.0

续 表

序号	企业名称	产品名称
3354	上海华腾软件系统有限公司	TOP Bridge 支付平台软件[简称：TOP Bridge]V2.0
3355	上海宝信软件股份有限公司	宝信企业安全运营中心软件 V1.0
3356	埃派克森微电子(上海)股份有限公司	埃派克森优簿电脑本操作系统软件[简称：优簿电脑本操作系统软件]V1.0
3357	上海智隆信息技术有限公司	智隆专题教育平台软件[简称：智隆专题教育平台]V1.0
3358	上海乾隆高科技有限公司	钱龙港股移动证券手机软件 V3.0
3359	上海文广互动电视有限公司	SiTV 音视频转码软件 V2.0
3360	上海文广互动电视有限公司	SiTV 用户行为分析软件 V2.0
3361	上海文广互动电视有限公司	SiTV 掌上互动 TV 软件(安卓版)V1.0
3362	上海文广互动电视有限公司	SiTV 掌上互动 TV 软件(IOS 版)V1.0
3363	上海乾隆高科技有限公司	钱龙港股交易软件 V1.0
3364	上海亦村仪器仪表有限公司	亦村固定式局部水基灭火软件[简称：YCFF]V1.0
3365	上海飞旗网络技术有限公司	F7 Optimal QoS 移动互联网系统流控软件[简称：F7 Optimal QoS 流控系统]V3.5.10
3366	安付宝商务有限公司	安付宝数据安全控制软件[简称：数据安全控制软件]V1.0
3367	上海宝信软件股份有限公司	宝信工业通信网关软件 V1.0
3368	仟游软件科技(上海)有限公司	仟游 NBA 2K13 iOS 游戏软件 V1.0.0
3369	上海三盾信息技术有限公司	三盾视频图像综合应用平台软件[简称：ST - VPAP]V2.0
3370	上海会通信息有限公司	会通用户权限管理平台软件 V2.0
3371	上海会通信息有限公司	会通市场通后台管理平台软件 V1.0
3372	上海捷奥信息科技有限公司	捷奥 GRS 通用影像平台软件[简称：捷奥 GRS 影像平台]V1.0
3373	上海思必诚信息科技发展有限公司	思必诚 3S 销售及存货管理软件 V1.0
3374	蝴蝶互动(上海)信息技术有限公司	蝴蝶互动抬杠移动互联网应用软件 V1.0
3375	上海蝶舞信息技术有限公司	蝶舞 HelloPix 移动互联网社交游戏软件 V1.0
3376	上海大汉三通网络通信有限公司	大汉三通企信通平台软件 V6.0
3377	上海成生科技有限公司	成生生活垃圾物流信息管理软件[简称：生活垃圾物流信息系统]V1.0
3378	上海长江新成计算机系统集成有限公司	长江新成机房环境监控管理平台软件 V1.0
3379	上海和美软件有限公司	和美城市与区域大气环境质量预测评估与决策支持平台软件[简称：大气环境质量预测评估与决策支持平台]V1.0
3380	上海复旦光华信息科技股份有限公司	光华图书馆电子资源使用统计分析软件[简称：光华 ERU]V1.0
3381	上海工业自动化仪表研究院	SIPAI CCTV 集控调度管理软件 V1.0
3382	上海西派埃自动化技术工程有限公司	西派埃水处理运行管控软件 V1.0

续 表

序号	企业名称	产品名称
3383	上海辰锐信息科技公司	辰锐集中监控与审计软件 V2.3
3384	上海可鲁系统软件有限公司	可鲁 DIASI 实时数据库软件 V1.0
3385	丹华水利环境技术(上海)有限公司	DHI FEFLOW 地下水模拟软件 V6.1
3386	丹华水利环境技术(上海)有限公司	DHI MIKE HYDRO 水资源模拟与分析软件 V2012
3387	丹华水利环境技术(上海)有限公司	DHI MIKE WEST 污水处理厂模拟软件 V2012
3388	丹华水利环境技术(上海)有限公司	DHI MIKE URBAN 城市管网模拟软件 V2012
3389	丹华水利环境技术(上海)有限公司	DHI MIKE SHE 地下水模拟软件 V2012
3390	丹华水利环境技术(上海)有限公司	DHI MIKE FLOOD 洪水模拟软件 V2012
3391	丹华水利环境技术(上海)有限公司	DHI MIKE BASIN 水资源规划模拟软件 V2012
3392	丹华水利环境技术(上海)有限公司	DHI MIKE 21 二维水模拟软件 V2012
3393	丹华水利环境技术(上海)有限公司	DHI MIKE 11 一维水模拟软件 V2012
3394	丹华水利环境技术(上海)有限公司	DHI MIKE 3 三维水模拟软件 V2012
3395	上海西派埃自动化技术工程有限公司	西派埃 HSE 智能监控管理软件 V1.0
3396	上海西派埃自动化技术工程有限公司	西派埃污水处理集约化运行监管软件 V1.0
3397	上海西派埃自动化技术工程有限公司	西派埃企业风险管控软件 V1.0
3398	丹华水利环境技术(上海)有限公司	DHI LITPACK 海岸线变迁模拟软件 V2012
3399	上海心动企业发展有限公司	心动脚印 Android 客户端软件 V1.0
3400	上海新华控制技术(集团)有限公司	新华核电站数字化仪控仿真系统应用软件[简称：XNPDS-800]V1.0
3401	上海拓璞软件技术有限公司	拓璞平面包络环面蜗杆设计加工软件 V1.0
3402	上海拓璞软件技术有限公司	拓璞通用五轴后置处理软件 V1.0
3403	上海拓璞软件技术有限公司	拓璞四轴数控加工控制软件 V1.0
3404	上海拓璞软件技术有限公司	拓璞开放式数控软件 V1.0
3405	上海拓璞软件技术有限公司	拓璞高精度球面磨床数控管理软件 V1.0
3406	上海拓璞软件技术有限公司	拓璞船模加工数控系统控制软件 V1.0
3407	上海实地信息技术有限公司	实地灵链企业智能管理平台软件 V1.0
3408	上海思必诚信息科技发展有限公司	思必诚 iTask 运维任务管理软件 V1.0
3409	上海宝信软件股份有限公司	宝信 BM2-Ⅰ铁区 MES 软件 V1.0
3410	上海互盈科技有限公司	互盈教与学互动平台软件 V1.0
3411	上海汉仪信息科技有限公司	汉仪社区物联网服务软件 V1.0
3412	富士通(中国)信息系统有限公司	富士通 EBISS 销售管理软件[简称：EBISS]V2.3
3413	唯智信息技术(上海)有限公司	唯智仓储管理软件[简称：WMS]V4.0
3414	上海旗葩通讯科技有限公司	旗葩商优汇手机客户端软件[简称：商优汇]V1.0
3415	唯智信息技术(上海)有限公司	唯智运输管理软件[简称：TMS]V4.0
3416	唯智信息技术(上海)有限公司	唯智物流行业通用开发平台软件[简称：configurator]V4.0

续 表

序号	企业名称	产品名称
3417	唯智信息技术(上海)有限公司	唯智买方集货管理软件[简称：BC Explorer]V4.0
3418	唯智信息技术(上海)有限公司	唯智零担运输管理软件[简称：LTL]V4.0
3419	唯智信息技术(上海)有限公司	唯智集成服务器软件[简称：EDI SERVER]V4.0
3420	科大智能科技股份有限公司	CSG KDGIS_3D 基于三维建模和影像地理信息系统的电力可视化展示软件 V3.0
3421	科大智能科技股份有限公司	CSG KDJC2100_DLCMS 载波机通讯管理软件 V3.0
3422	科大智能科技股份有限公司	CSG－TSM2100 通信综合监控系统管理软件 V2.0
3423	上海果凡科技有限公司	果凡森林火险监测仪软件[简称：森林火险监测软件]V1.0
3424	上海华电源信息技术有限公司	HDY－SMAD 空调负荷计算及分析软件[简称：HDY－SMAD]V4.0
3425	上海通路快建网络服务外包有限公司	通路快建搜索引擎营销管理系统应用软件 V1.0
3426	上海思群科技发展有限公司	思群银行特色业务软件 V1.0
3427	上海思群科技发展有限公司	思群 ODS 软件 V1.0
3428	上海思群科技发展有限公司	思群 JAVA 开发框架软件 V2.0
3429	科大智能科技股份有限公司	CSG－OFM2100 光缆自动监测系统管理软件 V2.0
3430	上海华立软件系统有限公司	华立智能台区监测软件 V1.0
3431	盛绩信息技术(上海)有限公司	盛绩《悍将传世》网络游戏软件[简称：悍将传世]V1.5
3432	上海远宽能源科技有限公司	远宽- StarSim 电力与电力电子系统仿真软件 V1.0
3433	上海伟博软件有限公司	伟博分销 DRP 软件 V4.0
3434	百联电子商务有限公司	百联公用事业费网上缴费软件[简称：公用事业费网上缴费系统]V3.0
3435	安付宝商务有限公司	安付宝 POS 交易终端软件[简称：POS 交易终端软件]V1.0
3436	上海云蟾数码科技有限公司	云蟾侠客无双网络游戏软件 V2.0
3437	上海普江自动化科技有限公司	普江 TC－Ⅲ控制系统软件 V1.0
3438	上海和为科技有限公司	和为信息管理交换中间件平台软件[简称：信息管理交换中间件]V3.0
3439	上海和为科技有限公司	和为应用协同中间件平台软件[简称：和为协同中间件]V3.0
3440	上海和为科技有限公司	和为应用中间件平台软件[简称：应用中间件]V3.0
3441	上海骏梦网络科技有限公司	骏梦萌三国 SNS 网页社区游戏软件[简称：萌三国]V1.0
3442	上海骏梦网络科技有限公司	骏梦小小阿狸 SNS 网页社区游戏软件[简称：小小阿狸]V1.0
3443	上海骏梦网络科技有限公司	骏梦仙境物语 ARPG 网页游戏软件[简称：仙境物语]V1.0
3444	上海同亮电子科技有限公司	同亮自助电子回单打印系统操控及管理软件[简称：同亮自助回单打印软件]V1.2
3445	上海同亮电子科技有限公司	同亮 A 类点验钞机操控与管理软件[简称：A 类点验钞机软件]V5.1

续 表

序号	企业名称	产品名称
3446	上海杰星船舶科技有限公司	杰星应急响应服务计算软件 V1.0
3447	上海宝信软件股份有限公司	宝信交易中间件软件 V2.0
3448	上海宝信软件股份有限公司	宝信数据交换平台软件 V3.0
3449	上海互联网软件有限公司	必优必达移动办公平台软件[简称：移动办公平台]V1.0
3450	银联数据服务有限公司	银联数据借贷通软件 V1.0
3451	银联数据服务有限公司	银联数据双币种电子现金卡软件 V1.0
3452	银联数据服务有限公司	银联数据联机服务集成平台软件 V1.0
3453	银联数据服务有限公司	银联数据基于 SOA 的联机服务管理框架软件 V1.0
3454	银联数据服务有限公司	银联数据基于 AJAX 的前台开发框架软件 V1.0
3455	上海和为科技有限公司	和为指挥中心指挥调度客户端软件[简称：指挥调度软件]V1.0
3456	上海和为科技有限公司	和为三维地理信息客户端软件[简称：三维仿真平台]V1.0
3457	上海和为科技有限公司	和为应急指挥服务器软件[简称：应急指挥服务器]V1.0
3458	上海和为科技有限公司	和为电子政务门户网站软件[简称：电子政务]V1.0
3459	上海文广科技(集团)有限公司	文广加密打包服务器软件 V1.01
3460	上海文广科技(集团)有限公司	文广 MPEG2 三维电影编码器软件 V1.01
3461	上海同是工程科技有限公司	同是手持设备风险巡检软件 V2.00
3462	上海华萱智能科技有限公司	华萱 GridSCADA 智能变电站监控软件 V6.0
3463	上海银基信息科技股份有限公司	银基多媒体中央控制软件 V1.0
3464	上海银基信息科技股份有限公司	银基 IT 项目管理软件 V1.0
3465	上海卓越睿新数码科技有限公司	卓越教学服务管理系统应用软件 V1.0
3466	上海卓越睿新数码科技有限公司	卓越 Ucan 服务中心课堂教学互动投票软件 V1.0
3467	上海柯斯软件有限公司	柯斯基于 2.45 G RFID－SIM 的移动一卡通项目软件 V1.0
3468	上海睿技土木工程咨询有限公司	睿技塔机安全监测软件 V1.0
3469	上海动联信息技术有限公司	动联 Radius 认证代理软件 V3.0
3470	上海万达信息系统有限公司	万达信息安全保密综合监管和应急处置平台软件 V1.0
3471	上海万达信息系统有限公司	万达智能检索软件 V1.0
3472	上海万达信息系统有限公司	万达数据资源中心应用软件 V1.0
3473	上海万达信息系统有限公司	万达数据碰撞和挖掘应用软件 V1.0
3474	上海万达信息系统有限公司	万达内容管理平台软件 V1.0
3475	上海万达信息系统有限公司	万达交互式图形化关联分析应用软件 V1.0
3476	上海威镜信息科技有限公司	威镜莱可秀凌空互动一体机软件 V1.0
3477	上海现代商友软件有限公司	现代商友 MBP 自动机器人软件 V1.0

续 表

序号	企业名称	产品名称
3478	上海梁江通信系统股份有限公司	梁江信令引擎业务处理软件 V3.0
3479	上海梁江通信系统股份有限公司	梁江信令消息采集软件 V2.0
3480	上海梁江通信系统股份有限公司	梁江骚扰电话控制软件 V2.0
3481	上海梁江通信系统股份有限公司	梁江号码携带业务软件 V2.0
3482	上海梁江通信系统股份有限公司	梁江个性化短信业务软件 V2.0
3483	上海科箭软件科技有限公司	科箭 Power LMS 物流管理软件 V4.5
3484	上海联信信息科技有限公司	联信财富金融终端软件 V1.0
3485	上海未来伙伴机器人有限公司	未来伙伴模块化机器人手臂控制软件 V2.0
3486	上海众盟计算机技术有限公司	众盟智新同步备份软件[简称：Z－Sync]V6.3
3487	上海凯创建筑科技有限公司	PKPM 建筑工程 CAD 系统应用软件[简称：PKPM] V7.0
3488	铭农(上海)信息科技有限公司	铭农动物卫生监督执法信息管理软件 V1.0
3489	上海复佐信息技术有限公司	复佐政府全面绩效管理平台软件[简称：FZ－CPM] V1.0
3490	上海度深电子商务咨询服务有限公司	度深标准自动更新管理软件 V3.1.0
3491	上海聚酷信息技术有限公司	聚酷开心视频软件(kjava 版)V1.0
3492	上海卡迪数据处理有限公司	卡迪贷记 IC 卡核心应用软件 V1.0
3493	上海哥瑞利软件有限公司	哥瑞利 PLCwell 软件 V1.0
3494	上海电力通信有限公司	“上海电力通信”电动汽车充换电运营管理平台软件 V1.0
3495	上海天奇网络信息技术有限公司	天奇电子邮件服务软件 X10.0
3496	上海数策软件有限公司	数策汽车行业质量分析软件 V1.0
3497	上海益同软件技术有限公司	益盟操盘手交易软件(iPad 版)V1.0
3498	上海理想信息产业(集团)有限公司	理想电子政务移动接入平台软件 V1.0
3499	上海理想信息产业(集团)有限公司	理想 NETCARE 软件 V3.0
3500	上海理想信息产业(集团)有限公司	理想知识库通用软件 V1.0
3501	上海理想信息产业(集团)有限公司	理想培训考试通用软件 V1.0
3502	上海万方数据有限公司	万方期刊编审平台软件 V1.0
3503	上海艺唯电子有限公司	艺唯跑步机仪表 A0801 软件 V1.0
3504	上海凯途智能科技有限公司	凯途可视卡会员管理软件 V8.5.0
3505	上海华浪计算机科技有限公司	华浪速盈期货网上交易软件 V1.0
3506	上海艾麒信息科技有限公司	艾玛语音助理软件 V1.0
3507	上海华浪计算机科技有限公司	华浪易享文档管理软件 V1.0
3508	上海艾麒信息科技有限公司	艾玛 CMS 内容服务器系统应用软件 V1.0
3509	上海华浪计算机科技有限公司	华浪易行销售行为管理软件 V1.0
3510	东方财富信息股份有限公司	东方财富业务平台软件 V1.0
3511	东方财富信息股份有限公司	东方财富分布式存储软件 V1.0

续 表

序号	企业名称	产品名称
3512	东方财富信息股份有限公司	东方财富内存同步监控软件 V1.0
3513	博康智能网络科技股份有限公司	博康 VIS 配置管理软件 V6.0
3514	上海曼恒数字技术有限公司	曼恒增强现实 AR 软件 V1.0
3515	博康智能网络科技股份有限公司	博康 VIS 操作台软件 V6.0
3516	博康智能网络科技股份有限公司	博康 NVR 配置管理软件 V1.0
3517	博康智能网络科技股份有限公司	博康 NVR 操作台软件 V1.0
3518	上海瑞饶信息科技有限公司	瑞饶数据调度中心软件[简称：数据调度中心]V1.0
3519	上海艺为网络科技有限公司	艺为用户账号安全中心软件 V1.0
3520	上海新浩艺软件有限公司	新浩艺短信中心软件 V1.0
3521	上海新浩艺软件有限公司	新浩艺信佑 2012 网吧经营管理软件 V3.0
3522	上海核星核电科技有限公司	核星轻水堆核电厂三维堆芯物理分析软件 V1.0
3523	上海商银资讯有限公司	商银资讯支付网关软件 V1.0
3524	上海卓越睿新数码科技有限公司	卓越基础教育课堂教学视频管理软件[简称：教学视频]V1.0
3525	博康智能网络科技股份有限公司	博康 VIS 服务器软件 V6.0
3526	上海理想信息产业(集团)有限公司	理想云服务管理软件 V1.0
3527	上海理想信息产业(集团)有限公司	理想大规模云数据中心资源管理软件 V1.0
3528	上海理想信息产业(集团)有限公司	理想固移融合基层医院信息应用软件 V1.0
3529	上海理想信息产业(集团)有限公司	理想 IVR 语音支付软件 V1.0
3530	上海理想信息产业(集团)有限公司	理想号码百事通业务软件 V2.0
3531	上海曼恒数字技术有限公司	曼恒 kinect 体感交互软件 V1.0
3532	上海南天电脑系统有限公司	南天 ATM 银联 IC 卡收单软件 V1.0
3533	博康智能网络科技股份有限公司	博康 NVR 服务器软件 V1.0
3534	上海南天电脑系统有限公司	南天银医自助服务软件 V1.0
3535	上海理想信息产业(集团)有限公司	理想建筑能耗智能管理软件 V1.0
3536	上海南天电脑系统有限公司	南天金融多媒体呼叫中心软件 V1.0
3537	上海南天电脑系统有限公司	南天基于手机定位的运维服务管理软件 V1.0
3538	上海南天电脑系统有限公司	南天自助通软件 V1.0
3539	上海凌强电工设备有限公司	凌强线圈数控包带机控制软件[简称：线圈数控包带机控制软件]V1.0
3540	上海南天电脑系统有限公司	南天自助发卡机软件 V2.0
3541	国龙信息技术(上海)有限公司	国龙信息 AW880A 手机软件 V1.0
3542	国龙信息技术(上海)有限公司	国龙信息 AT550A 手机软件 V1.0
3543	国龙信息技术(上海)有限公司	国龙信息 AW735 手机软件 V1.0
3544	国龙信息技术(上海)有限公司	国龙信息 AW553 手机软件 V1.0
3545	国龙信息技术(上海)有限公司	国龙信息 AW551 手机软件 V1.0

续 表

序号	企业名称	产品名称
3546	国龙信息技术(上海)有限公司	国龙信息 AW550 手机软件 V1.0
3547	国龙信息技术(上海)有限公司	国龙信息 AE780 手机软件 V1.0
3548	国龙信息技术(上海)有限公司	国龙信息 AE760 手机软件 V1.0
3549	上海美琦浦悦通讯科技有限公司	美琦浦悦单播业务监测与用户行为分析软件 V1.0
3550	上海金桥信息股份有限公司	金桥透明车间软件 V1.0
3551	上海金桥信息股份有限公司	金桥互动教学软件 V1.0
3552	上海品志文化传播有限公司	品志拇指三国 iOS 版游戏软件[简称：拇指三国]V1.0
3553	国龙信息技术(上海)有限公司	国龙信息电容式触摸屏模拟器控制软件 V1.0
3554	上海景灵检测技术有限公司	景灵检测智能金属异物检测机控制软件 V1.0
3555	上海金桥信息股份有限公司	金桥车牌识别软件 V1.0
3556	上海品志文化传播有限公司	品志塔塔塔防 TripleDefense iOS 版游戏软件[简称：塔塔塔防]V1.2
3557	上海柯力士信息科技发展有限公司	柯力士特权账号管理软件 V1.0
3558	上海复深蓝信息技术有限公司	复深蓝云资源管理平台软件 V1.0
3559	上海普坤信息科技有限公司	普坤科技网管平台软件[简称：PKINET]V2.1
3560	上海复深蓝信息技术有限公司	复深蓝移动办公平台软件 V1.0
3561	上海迈磁科技有限公司	迈磁数字式旋转柜机 X 射线线阵成像软件[简称：Xsafe FSW-L Image-pro]V1.0
3562	上海复深蓝信息技术有限公司	复深蓝测试数据管理平台软件 V1.0
3563	上海美琦浦悦通讯科技有限公司	美琦浦悦智慧社区平台软件 V1.0.0
3564	上海马俊信息科技有限公司	马俊小学数学学科资源软件 V1.0
3565	上海马俊信息科技有限公司	马俊小学语文学科资源软件 V1.0
3566	上海优云软件技术有限公司	优云 3G 声像接收软件 V2.0
3567	上海马俊信息科技有限公司	马俊初中数学学科资源软件 V1.0
3568	上海马俊信息科技有限公司	马俊初中语文学科资源软件 V1.0
3569	上海融为信息科技有限公司	融为预算费用软件 V1.0
3570	上海视云网络科技有限公司	视云语音签到软件[简称：语音签到]V1.1
3571	上海延展信息科技有限公司	延展 M3 按单制造 ERP 管理软件 V1.0
3572	中标软件有限公司	中标麒麟西班牙文桌面操作系统软件 V6.0
3573	中标软件有限公司	中标麒麟法文桌面操作系统软件 V6.0
3574	中标软件有限公司	中标麒麟英文桌面操作系统软件 V6.0
3575	中标软件有限公司	中标麒麟葡萄牙文桌面操作系统软件 V6.0
3576	中标软件有限公司	中标麒麟阿拉伯文桌面操作系统软件 V6.0
3577	上海竞思软件有限公司	竞思触摸屏嵌入式系统设计软件 V1.6.0
3578	上海竞思软件有限公司	竞思触摸屏控制台软件 V2.0.1
3579	中标软件有限公司	中标麒麟俄文桌面操作系统软件 V6.0

续 表

序号	企业名称	产品名称
3580	上海力必拓电子科技有限公司	力必拓智能停车场收费软件 V1.0
3581	上海真缘通讯设备有限公司	真缘数字化校园综合管理软件 V1.0
3582	上海管易软件科技有限公司	管易旺店 EC－Wshop 软件 V2.0
3583	上海管易软件科技有限公司	管易分销 EC－FX 平台管理软件 V2.0
3584	上海管易软件科技有限公司	管易电子商务绩效考核软件 V2.0
3585	上海真缘通讯设备有限公司	真缘 OA 标准办公管理软件 V1.0
3586	上海天缔塬数字科技有限公司	天缔塬多媒体智能沙盘控制软件 V1.0
3587	上海京颐信息科技有限公司	京颐网络管理软件 V1.5
3588	上海真缘通讯设备有限公司	真缘医院管理信息软件 V1.0
3589	上海管易软件科技有限公司	管易 EC－POS 门店收银管理软件 V2.0
3590	上海管易软件科技有限公司	管易 EC－ERP 电子商务管理软件 V2.0
3591	上海盛讯通信设备有限公司	盛讯数据库监管软件 V1.0
3592	上海众恒信息产业股份有限公司	众恒人像比对软件 V1.0
3593	上海管易软件科技有限公司	管易 EC－CRM 电子商务客户关系管理软件 V2.0
3594	上海并擎软件科技有限公司	并擎组织结构地址簿软件 V1.0
3595	商埃曲网络软件(上海)有限公司	商埃曲双向数字电视天气预报数据生成器软件 V1.0
3596	上海赫思缔亚信息科技有限公司	赫思缔亚(Hestia)云系列 POS 零售/餐饮管理软件 V1.1
3597	上海网波软件有限公司	网波实时数据监测助手软件 V1.0
3598	上海恺英网络科技有限公司	恺英"炎黄传奇"游戏软件[简称：炎黄传奇]V1.0
3599	欧泰信息科技(上海)有限公司	欧泰 ELCAD Professional 电气设计软件 V7.7
3600	上海孚盟软件有限公司	孚盟贸易一体化管理软件 V3.0
3601	欧泰信息科技(上海)有限公司	欧泰 Engineering Base 电气设计软件 V6.3
3602	上海新跃联汇电子科技有限公司	新跃联汇 DV－E5 传感器三工位气密性测试软件 V1.0
3603	上海新跃联汇电子科技有限公司	新跃联汇 QCG－Y 传感器综合性能测试软件 V1.0
3604	上海雷诺尔信息技术有限公司	雷诺尔 PC－DRIVE 软件 V1.0
3605	上海赋运信息技术有限公司	赋运生产优化管理软件 V1.0
3606	上海赋运信息技术有限公司	赋运移动通信网络预警管理软件 V1.0
3607	上海赋运信息技术有限公司	赋运 EAM 设备运营管理软件 V1.0
3608	上海教杰计算机科技有限公司	教杰智慧飞飞云服务学习与培训管理软件 V1.0
3609	上海华彩科技有限公司	华彩二维码防伪与追溯软件[简称：TMCAT]V1.0
3610	卡斯柯信号有限公司	卡斯柯 PowerPC 内核自检软件 V1.0
3611	卡斯柯信号有限公司	卡斯柯 iTS 培训模拟器软件 V1.0
3612	卡斯柯信号有限公司	卡斯柯 iTS 通信前置机软件 V1.0
3613	上海幻游信息科技有限公司	幻游群雄天下网络游戏软件[简称：群雄天下]V1.0

续 表

序号	企业名称	产品名称
3614	卡斯柯信号有限公司	卡斯柯 iTS 指挥中心专用网关软件 V1.0
3615	卡斯柯信号有限公司	卡斯柯 iTS 运行图显示工作站软件 V1.0
3616	新浪(上海)企业管理有限公司	新浪手机客户端 MINI 相册软件 V1.0
3617	卡斯柯信号有限公司	卡斯柯 iTS 大屏接口计算机软件 V1.0
3618	上海麦杰环境科技有限公司	麦杰环境污水工况在线监测与分析软件[简称：污水工况在线监测与分析系统]V1.0
3619	上海富友支付服务有限公司	富友业务管理平台技术设计软件 V1.0
3620	卡斯柯信号有限公司	卡斯柯 iTS 时刻表编辑工作站软件 V1.0
3621	卡斯柯信号有限公司	卡斯柯 iTS 中央联锁控制工作站软件 V1.0
3622	卡斯柯信号有限公司	卡斯柯 iTS 网关计算机软件 V1.0
3623	卡斯柯信号有限公司	卡斯柯 iTS 车站分机软件 V1.0
3624	卡斯柯信号有限公司	卡斯柯 iLC100 型线路控制器软件 V1.0
3625	卡斯柯信号有限公司	卡斯柯 iCC200 型车载 DLU 软件 V1.0
3626	新浪(上海)企业管理有限公司	新浪安卓版天气查询应用客户端软件 V1.0
3627	卡斯柯信号有限公司	卡斯柯 iCC200 型车载 ATP 软件 V1.0
3628	上海麦杰环境科技有限公司	麦杰企业工况在线监测及分析软件[简称：企业工况在线监测及分析系统]V1.0
3629	卡斯柯信号有限公司	卡斯柯 iCC200 型车载 CCNV 软件 V1.0
3630	上海金桥信息股份有限公司	金桥智能会议坐席管理软件 V1.0
3631	卡斯柯信号有限公司	卡斯柯 iCMTC 人机交互设备 DMI 软件 V1.0
3632	上海金桥信息股份有限公司	金桥智能会议文稿导读软件 V1.0
3633	卡斯柯信号有限公司	卡斯柯 iZC100 型区域控制器软件 V1.0
3634	上海复深蓝信息技术有限公司	复深蓝 IT 部门常规作业协同管理软件 V1.0
3635	上海金桥信息股份有限公司	金桥庭审助手辅助软件 V1.0
3636	上海红图信息技术有限公司	RedMap 地理信息软件 V1.0
3637	上海天正明日电力自动化有限公司	天正明日 STB321 数字式母线保护软件 V1.40
3638	上海华腾智能系统有限公司	华腾智能智能终端嵌入式平台软件 V1.0
3639	上海心意答电子科技有限公司	心意答教学助手软件 V3.01
3640	东方中安信息技术有限公司	东方中安人员车辆信息管理平台软件 V1.0
3641	上海申达自动防范系统工程有限公司	申达基于物联网功能的泄漏电缆入侵探测器控制软件 V1.0
3642	港中旅华贸(上海)信息科技有限公司	港中旅华贸国际货代信息管理软件 V1.0
3643	上海利封信息科技服务有限公司	利封电子线路板功能测试软件 V1.0
3644	上海新致软件有限公司	新致银行国际结算业务软件 V1.0
3645	上海新致软件有限公司	新致基金代销业务处理软件 V3.0
3646	上海穹跃信息技术有限公司	穹跃蒲公英社交营销平台软件[简称：蒲公英社交营销平台]V1.0

续 表

序号	企业名称	产品名称
3647	上海物鼎传感技术有限公司	物鼎综合服务系统移动终端平台软件[简称：综合服务终端]V2.0
3648	上海鸣动网络科技有限公司	鸣动盛世地图编辑器软件[简称：盛世地编]V1.0
3649	上海健友网络信息科技有限公司	健友信息报送管理软件 V1.0
3650	上海萌果信息科技有限公司	萌果幻想精灵安卓版游戏软件 V1.0
3651	上海海勃物流软件有限公司	海勃可视化散杂货码头营运管理软件 V1.0
3652	上海思伟软件有限公司	思伟混凝土企业查询分析软件 V3.0
3653	上海亨钧科技有限公司	亨钧光电半自动控制应用软件 V1.0
3654	上海思伟软件有限公司	思伟商品砼自动化生产管理软件 V6.0
3655	上海亨钧科技有限公司	亨钧监测 2006 软件[简称：HJ－MO2006]V1.0
3656	上海信擎信息技术有限公司	信擎消息分析预警软件 V1.0
3657	上海预言软件有限公司	预言 Carve It 游戏软件 V1.0
3658	上海预言软件有限公司	预言多地图智能寻路软件 V1.0
3659	上海预言软件有限公司	预言恋恋驱魔师游戏软件 V1.0
3660	上海预言软件有限公司	预言移动设备即时认证同步软件 V1.0
3661	上海信擎信息技术有限公司	信擎消息处理鉴权软件 V1.0
3662	上海创程车联网络科技有限公司	创程商用车油耗管理软件 V1.0
3663	上海龙盟信息科技有限公司	龙盟 SSO 单点登录软件[简称：SSO]V1.0
3664	上海百胜软件有限公司	百胜 CShop 电子商务网店软件 V1.0
3665	上海预言软件有限公司	预言资源智能调用软件 V1.0
3666	上海创程车联网络科技有限公司	创程商用车行为监控管理软件 V1.0
3667	上海百胜软件有限公司	百胜 BSPortal 企业协同管理平台软件 V1.0
3668	上海百胜软件有限公司	百胜 iWMS 智能仓库管理软件 V2.0
3669	上海百胜软件有限公司	胜券店长管理软件 V1.0
3670	上海百胜软件有限公司	胜券短信应用软件 V1.0
3671	上海百胜软件有限公司	胜券在握平台软件 V1.0
3672	赛瓦软件(上海)有限公司	TWaver.NET 网管界面开发工具软件 V1.0
3673	赛瓦软件(上海)有限公司	2BizBox 制造企业管理软件 V1.0
3674	上海源耀信息科技有限公司	源耀机箱系统智能管理软件 V1.0
3675	上海质尊溯源电子科技有限公司	质尊溯源防伪印章软件 V1.0
3676	上海创力普昱自动化工程有限公司	创力普昱大型设备电气控制远程故障诊断软件 V1.0
3677	上海创力普昱自动化工程有限公司	创力普昱 iCoal－MES 煤炭安全生产执行软件 V1.0
3678	上海创力普昱自动化工程有限公司	创力普昱 Coal－Laborate 煤矿协同办公管理软件 V1.0
3679	上海博康智能信息技术有限公司	博康智能人脸识别软件 V1.0
3680	鼎捷软件股份有限公司	鼎捷 E10 管理软件 V2.0

续 表

序号	企业名称	产品名称
3681	上海北斗卫星导航平台有限公司	北斗地面综合测试台测控软件 V1.0
3682	上海核星核电科技有限公司	核星轻水堆核燃料及围板反射层组件等效匀化参数计算软件 V1.0
3683	视辰信息科技(上海)有限公司	视辰名片增强现实 iOS 软件 V1.0
3684	上海瀚儒通信技术有限公司	瀚儒数字中射频模块软件 V1.0
3685	上海云数信息科技有限公司	云数并行云商业智能软件 V1.0
3686	上海伍德新建信息科技有限公司	伍德执行器 Modbus 调试软件 V1.0
3687	上海博康智能信息技术有限公司	博康智能视频检测识别软件 V5.0
3688	上海京路信息技术有限公司	京路工程档案信息化管理软件[简称：京路档案管理软件]V2.0
3689	上海华东电脑股份有限公司	华东电脑智能统一通信应用软件 V3.0
3690	上海傲融软件技术有限公司	傲融 ERP-企业通管理软件[简称：傲融 ERP-企业通]V4.0
3691	上海傲融软件技术有限公司	傲融 CRM-销售通管理软件[简称：傲融 CRM-销售通]V4.0
3692	上海傲融软件技术有限公司	傲融 CRM-客户通管理软件[简称：傲融 CRM-客户通]V4.0
3693	腾龙电子技术(上海)股份有限公司	腾龙餐厅搜索软件 V1.0
3694	腾龙电子技术(上海)股份有限公司	腾龙 DTV ISDB-T Full Seg 中间件软件 V1.0
3695	霍尼韦尔消防安防系统(上海)有限公司	NOTIFIER KM-FZM-1C 传统探测器模块控制软件[简称：KM-FZM-1C]V4.0
3696	霍尼韦尔消防安防系统(上海)有限公司	NOTIFIER JTY-GD-FSP-851C 智能光电感烟探测器控制软件[简称：JTY-GD-FSP-851C]V1.0
3697	上海火彩网络科技有限公司	火彩网络赏金猎人游戏软件 V1.0
3698	上海伯仲网络科技有限公司	伯仲网店进销存管理软件 V1.0
3699	霍尼韦尔消防安防系统(上海)有限公司	NOTIFIER JTW-BD-FST-851C 智能感温探测器控制软件[简称：JTW-BD-FST-851C]V1.0
3700	霍尼韦尔消防安防系统(上海)有限公司	NOTIFIER JSM-FMM-101C 迷你监视模块控制软件[简称：JSM-FMM-101C]V3.0
3701	霍尼韦尔消防安防系统(上海)有限公司	NOTIFIER JSM-FMM-1C 监视模块控制软件[简称：JSM-FMM-1C]V3.0
3702	上海华云实业公司	华云智能终端气象信息服务软件 V1.2
3703	上海东方申信科技发展有限公司	申信生产系统仿真管理软件 V1.0
3704	上海哈德电力工程技术有限公司	哈德变电站室内环境智能监测软件 V1.0
3705	霍尼韦尔消防安防系统(上海)有限公司	NOTIFIER JKM-FCM-1C 控制模块控制软件[简称：JKM-FCM-1C]V4.0
3706	上海普元信息技术股份有限公司	普元元数据管理软件[简称：MetaCube]V1
3707	上海允灏机电系统工程有限公司	允灏人口房屋综合管理软件 V1.0
3708	上海软众网络科技有限公司	软众 IT 资产管理软件 V1.0
3709	上海韵能建筑科技有限公司	韵能绿色建筑热计算与模拟软件 V1.0

续 表

序号	企业名称	产品名称
3710	曼恒蔚图(上海)软件技术有限公司	曼恒蔚图三维虚拟设计仿真软件 V1.0
3711	上海嵌润信息科技有限公司	嵌润 JY-FQEN1280 高清压缩软件[简称：JY-FQEN1280 高清压缩模块]V1.3
3712	上海嵌润信息科技有限公司	嵌润支持 LVDS 的 XGA 视频信号压缩的协处理器算法软件[简称：LVDS 视频压缩芯片]V1.0
3713	曼恒蔚图(上海)软件技术有限公司	曼恒蔚图分布式立体显示软件 V1.0
3714	上海市软件评测中心有限公司	爱测 iTesting 电商平台信息统计软件 V1.0
3715	上海市软件评测中心有限公司	爱测 iTesting 顾客满意度测评软件 V1.0
3716	上海市软件评测中心有限公司	爱测 iTesting 软件测试项目费预算软件 V1.0
3717	上海邮政科学研究院	邮科院平刷邮件半自动分拣管理软件 V1.0
3718	上海邮政科学研究院	邮科院以太网线阵相机图像采集软件 V1.0
3719	上海邮政科学研究院	邮科院转盘分拣机 RTCS 软件 V1.0
3720	上海市软件评测中心有限公司	爱测 iTesting 行业信息统计软件 V1.0
3721	上海索亿信息技术有限公司	索亿矿用智能通讯系统监控中心软件 V1.0
3722	上海富欣智能交通控制有限公司	JeRail 安全离散输入输出处理软件 V1.0
3723	上海富欣智能交通控制有限公司	JeRail 多功能输入输出处理软件 V1.0
3724	上海同磊土木工程技术有限公司	同磊 3D3S 空间钢结构系统 CAD 软件[简称：3D3S]V2013
3725	上海华东电脑股份有限公司	华东电脑云计算业务服务接入平台软件 V1.0
3726	上海索亿信息技术有限公司	索亿矿用智能通讯系统射频手机终端软件 V1.0
3727	上海华东电脑股份有限公司	华东电脑云计算食品外卖 SaaS 软件 V1.0
3728	上海祥虹信息技术有限公司	祥虹病员就诊服务管理软件 V2.0
3729	上海华东电脑股份有限公司	华东电脑云计算食品行业全业务服务管理平台软件 V1.0
3730	上海华东电脑股份有限公司	华东电脑云计算重大活动食品安全保障 SaaS 软件 V1.0
3731	上海华东电脑股份有限公司	华东电脑云计算业务系统集成平台软件 V1.0
3732	上海原动力通信科技有限公司	原动力电话管理软件[简称：PhoneManager]V1.0.1
3733	上海原动力通信科技有限公司	原动力温湿度监控软件[简称：THM]V1.0.0
3734	上海索亿信息技术有限公司	索亿矿用智能通讯系统控制中心基站软件 V1.0
3735	上海久娱网络科技有限公司	久娱科技超级劲舞团 ARCADE 游戏软件 V1.13
3736	上海联众网络信息有限公司	联众数字化病案制作应用软件 V5.0
3737	上海索亿信息技术有限公司	索亿矿用智能通讯系统基站软件 V1.0
3738	上海索亿信息技术有限公司	索亿矿用智能通讯系统适配器软件 V1.0
3739	上海银保信息科技有限公司	银保保险业防欺诈框架软件 V1.0
3740	上海索亿信息技术有限公司	索亿矿用智能通讯系统生命体征传感器软件 V1.0
3741	上海先锋商泰电子技术有限公司	先锋商泰 Cyber 系列导航仪的 HUD 软件 V1.0

续 表

序号	企业名称	产品名称
3742	上海呵护网络科技有限公司	呵护网《天天育儿》Android客户端软件[简称：天天育儿Android版]V1.0
3743	上海先锋商泰电子技术有限公司	先锋商泰车载导航器音视频播放WM单元软件V1.0
3744	上海雷士光艺实业有限公司	雷士光艺灯光管理软件V1.0
3745	上海雷士光艺实业有限公司	雷士光艺智能场景节目编辑软件V1.0
3746	上海雷士光艺实业有限公司	雷士光艺灯光控制系统后台控制软件V1.0
3747	上海天玑科技股份有限公司	天玑业务管理ERP+CRM软件V3.0
3748	上海天玑科技股份有限公司	天玑自动巡检工具软件V1.0
3749	聚胜万合信息技术(上海)有限公司	聚胜万合网站分析推广助手软件[简称：推广助手]V1.0
3750	上海天玑科技股份有限公司	天玑系统与网络监控软件V4.0
3751	聚胜万合信息技术(上海)有限公司	聚胜万合网站分析访客管家软件[简称：访客管家]V1.0
3752	上海天玑科技股份有限公司	天玑IT服务流程管理软件V1.0
3753	上海天玑科技股份有限公司	天玑IT服务管理移动应用软件V2.0
3754	上海富欣智能交通控制有限公司	JeRail安全处理器软件V1.0
3755	上海乐智房地产市场研究咨询有限公司	乐智房地产小区整体估价软件V1.0
3756	东方财富信息股份有限公司	东方财富手机金融终端Wap版软件V1.0
3757	东方财富信息股份有限公司	东方财富金融信息活版编排软件V1.0
3758	东方财富信息股份有限公司	东方财富通Windows Phone版软件V1.0
3759	东方财富信息股份有限公司	东方财富股吧Android版软件V1.0
3760	东方财富信息股份有限公司	东方财富股吧iPhone版软件V1.0
3761	上海凯旗智能科技有限公司	凯旗一卡通软件V1.0
3762	上海大梵数码科技有限公司	大梵企业在线培训软件V1.0
3763	上海高通半导体有限公司	高通电子货架标签软件V2.0
3764	柏域信息科技(上海)有限公司	柏域容灾网关软件[简称：DR-CDP]V3.70
3765	上海集通数码科技有限责任公司	集通支付终端软件V1.2
3766	上海先锋商泰电子技术有限公司	先锋商泰Steez手持音乐播放器软件V1.0
3767	上海先锋商泰电子技术有限公司	先锋商泰嵌入式浏览器软件V1.0
3768	商泰软件(上海)有限公司	商泰车载音响用户界面软件V1.0
3769	商泰软件(上海)有限公司	商泰DanceAudio音乐播放器软件V1.0
3770	东方财富信息股份有限公司	东方财富通PC版软件V7.0
3771	上海龙魂网络科技有限公司	龙魂宠物社区养成娱乐软件V1.0
3772	上海博天信息技术有限公司	博天网络开票软件V1.0
3773	上海天臣防伪技术股份有限公司	复旦天臣食品生产信息管理软件V1.0
3774	上海天臣防伪技术股份有限公司	复旦天臣食品生产线RFID信息采集控制软件V1.0

续 表

序号	企业名称	产品名称
3775	上海智邮网络科技有限公司	智邮企业级 Pushmail 应用系统软件 V1.0
3776	上海三零卫士信息安全有限公司	三零卫士 30SOC 网站安全监控软件 V1.0
3777	上海竞天科技股份有限公司	竞天全高清大容量网络视频存储软件[简称：GVR] V1.0
3778	上海竞天科技股份有限公司	竞天卡口信息识别软件[简称：TGRS]V1.0
3779	上海竞天科技股份有限公司	竞天声像督察监控软件[简称：GAVA]V1.0
3780	可多(上海)信息技术有限公司	可多电子配件目录软件 V2.0
3781	上海众辰电子科技有限公司	众辰矢量变频器控制软件 V2.0
3782	上海沃克软件有限公司	沃克测试模拟器软件[简称：Gemins]V1.0
3783	上海逸尚信息咨询有限公司	逸尚多级权限阅览资料软件 V1.0
3784	上海纵坤信息技术有限公司	纵坤全自动液体处理操作软件 V1.0
3785	上海纵坤信息技术有限公司	纵坤化学合成操作软件 V1.0
3786	上海阿法迪智能标签系统技术有限公司	RFID 书联网终端软件 V1.0.100.10
3787	上海阿法迪智能标签系统技术有限公司	RFID 中间件软件 V2.0.0.117
3788	非凡(上海)网络技术有限公司	非凡市政设施养护管理软件 V1.0.1
3789	上海英恒电子有限公司	英恒电子式油压传感器控制软件 V1.0
3790	上海引讯信息技术有限公司	引讯掌尚名品管理软件 V1.0
3791	上海高智软件系统有限公司	高智工单提取软件 V1.0
3792	上海妙博科技有限公司	妙博科技安卓省电大师软件 V1.0
3793	上海飞乐纽康信息系统有限公司	纽康 LIS 医疗检查软件 V1.0
3794	上海常讯信息技术有限公司	常讯蚂蚁乐园管理软件 V1.0
3795	上海万隆信息技术咨询有限公司	万隆中小事务所管理平台软件 V1.0
3796	上海环动电子科技有限公司	环动 UniMonitor 环境动力监控软件 V1.01
3797	携程计算机技术(上海)有限公司	携程通信平台软件 V1.0
3798	携程计算机技术(上海)有限公司	携程度假异地拼团软件 V1.0
3799	携程计算机技术(上海)有限公司	携程呼叫中心应用管理平台软件 V1.0
3800	携程计算机技术(上海)有限公司	携程数据库录入管理软件 V1.0
3801	携程旅游信息技术(上海)有限公司	携程酒店游票管理软件 V1.0
3802	携程旅游信息技术(上海)有限公司	携程英文酒店点评管理软件 V1.0
3803	携程旅游信息技术(上海)有限公司	携程酒店预付软件 V1.0
3804	携程旅游信息技术(上海)有限公司	携程酒店内部预订代码改造软件 V1.0
3805	携程旅游信息技术(上海)有限公司	携程酒店佣金自动收领款软件 V1.0
3806	携程旅游网络技术(上海)有限公司	携程国际航意险管理软件 V1.0
3807	携程旅游网络技术(上海)有限公司	携程 IBE 航班信息下载软件 V1.0
3808	携程旅游网络技术(上海)有限公司	携程保险平台(航空延误险)管理软件 V1.0

续 表

序号	企业名称	产品名称
3809	上海京颐信息科技有限公司	京颐婴儿安全管理软件 V1.5
3810	上海游果网络科技有限公司	游果炸金花软件 V1.0
3811	上海柯斯软件有限公司	柯斯支持 WIB1.3 应用的国际标准 Java 卡项目软件 V1.0
3812	上海京颐信息科技有限公司	京颐室内定位软件 V2.0
3813	上海柯斯软件有限公司	柯斯 PSAM 卡操作软件 V1.0
3814	上海柯斯软件有限公司	柯斯 CMMB 手机电视项目软件 V1.0
3815	上海柯斯软件有限公司	柯斯 13.56 M 双界面 Simtouch 卡项目软件 V2.0
3816	上海柯斯软件有限公司	柯斯基于 2.45 G RFID-SIM 的移动手机通用票项目软件 V1.0
3817	上海邮政科学研究院	邮科院景区无线 PDA 检票软件 V1.0
3818	上海商邦信息科技有限公司	商邦电子商务 ERP 平台软件 V1.0
3819	上海维程计算机信息技术有限公司	维程基于 web 服务与自然语言处理技术的智能在线 CRM 软件[简称：CRM]V1.0
3820	上海蒂姆联铂信息技术有限公司	蒂姆联铂移动设备管理大师 V2.5
3821	上海拓瀛通信科技有限公司	拓瀛综合信令监测软件[简称：综合信令监测软件] V1.0

特别鸣谢

《2013 上海信息化年鉴》组稿与撰稿单位

中共上海市委组织部
中共上海市委宣传部
上海市人民政府办公厅
上海市人民代表大会常务委员会办公室
上海市经济和信息化委员会
上海市城乡建设和交通委员会
上海市水务局上海市海洋局
上海市绿化和市容管理局
上海市交通运输和港口管理局
上海市国有资产监督管理委员会
上海市发展和改革委员会
上海市公安局
上海市监狱管理局
上海市国家保密局
上海市人民检察院
上海市高级人民法院
上海市司法局
上海市财政局
上海市统计局
上海市审计局
上海市工商行政管理局
上海市科学技术委员会
上海市通信管理局
上海市农业委员会
上海市环境保护局
上海市文化广播影视管理局
上海市知识产权局
上海市卫生局
上海市民政局
上海市体育局
上海市粮食局
上海市旅游局
上海市国家税务局
上海市地方税务局
上海市质量技术监督局
上海市无线电管理局
上海市新闻出版局
上海市人口和计划生育委员会
上海市民防办公室
上海市商务委员会
上海市安全生产监督管理局
上海市住房保障和房屋管理局
中国保险监督管理委员会上海监管局
中国证券监督管理委员会上海监管局
上海邮政公司
“中国上海”门户网站
中国人民银行上海分行
上海市社会保障卡服务中心
上海超级计算中心
上海互联网络交换中心
上海市社区服务中心
上海市计算机病毒防范服务中心
上海市网络与信息安全应急管理事务中心
上海市互联网经济咨询中心
上海市数字证书认证中心有限公司(上海 CA 中心)
上海市信息服务外包发展中心
上海市东方互联网络交换中心
上海集成电路研发中心
上海市社会保障卡服务中心
上海市文广影视集团
文汇新民联合报业集团
解放日报报业集团
上海博物馆
上海市图书馆上海科学技术情报研究所
复旦大学
上海交通大学
上海大学
上海师范大学

上海体育学院
上海应用技术学院
上海远程教育集团
浦东新区经济和信息化委员会
徐汇区科学技术委员会(信息化委员会)
长宁区科学技术委员会(信息化委员会)
普陀区科学技术委员会(信息化委员会)
闸北区科学技术委员会(信息化委员会)
虹口区科学技术委员会(信息化委员会)
杨浦区科学技术委员会(信息化委员会)
黄浦区科学技术委员会(信息化委员会)
静安区科学技术委员会(信息化委员会)
宝山区经济和信息化委员会
闵行区科学技术委员会(信息化委员会)
嘉定区科学技术委员会(信息化委员会)
松江区科学技术委员会(信息化委员会)
金山区科学技术委员会(信息化委员会)
奉贤区科学技术委员会(信息化委员会)
青浦区科学技术委员会(信息化委员会)
崇明县科学技术委员会(信息化委员会)
上海市集成电路行业协会
上海市信息服务业行业协会
上海市软件行业协会
上海市通信制造业行业协会
上海市信息家电行业协会
上海市光电子行业协会
上海市信息安全行业协会
上海市交通电子行业协会
上海市信息法律协会
上海信息化发展研究协会
上海市信息系统质量技术协会
上海市信用服务行业协会
上海市信息化培训协会
上海市计算机行业协会
上海市计算机用户协会
上海市电子商务行业协会
上海市信息管线有限公司
上海理想信息产业(集团)有限公司
上海信投股份有限公司
中国电信股份有限公司上海分公司
中国移动通信集团上海有限公司
中国联通(集团)有限公司上海市分公司
中国铁通集团有限公司上海分公司
宝钢集团有限公司
上海建通工程建设有限公司
上海纺织控股(集团)公司
中国石化上海石油化工股份有限公司
上海公共交通卡股份有限公司
上海启明软件有限公司
上海贝尔股份有限公司
上海大唐移动通信设备有限公司
上海全景数字技术公司
上海高清数字科技产业有限公司
上海文广互动有限公司
上海联合光盘有限公司
上海热线信息网络有限公司
上海颐东网络信息有限公司

上海交通大学信息安全工程学院培训中心及继续教育专项培训通用科目课程简介

上海交通大学信息安全工程学院培训中心（以下简称“培训中心”）直属于上海交通大学信息安全工程学院，依托信息内容分析技术国家工程实验室、网络信息安全管理与服务教育部工程研究中心、上海市信息安全综合管理技术研究重点实验室等教学和研究基地，承担着积极推进我国信息安全教育培训及服务的重要任务。作为“上海市信息安全培训服务中心”和“上海市信息安全技术与应用推广中心”，培训中心拥有雄厚的专家、师资力量，科学的课程知识体系，丰富的教学实践经验，以及国内一流的“信息安全工程实践综合服务平台”等培训和实践环境，立足上海，服务全国，积极为上海及全国的信息安全人才培养提供全方位、多层次、大规模的信息安全培训服务。

张江校区

随着我国信息化规模不断扩大，信息安全人才结构性矛盾日益突出，培训中心结合当前我国国家及区域信息安全保障体系建设的战略部署和巨大的社会需求，面向政府机关、企事业单位、社会重要行业以及个人，先后推出了一系列信息安全技术与管理继续教育实训和培训服务，旨在培养信息安全领域的高级复合型人才。目前已累计培训达 15.1 万人次，为政府、保密、安全、公安等国家重要职能部门及企业专业人员提高防护意识和能力水平提供了重要支撑。

闵行校区

培训中心的培训业务定位主要为：

- ✓ 信息安全专业培训高级研修班
- ✓ 定制化培训
- ✓ 职业认证培训
- ✓ 继续教育专项培训
- ✓ 工程硕士学历教育
- ✓ 操作实战与模拟演练
- ✓ 专家讲坛及主题研讨

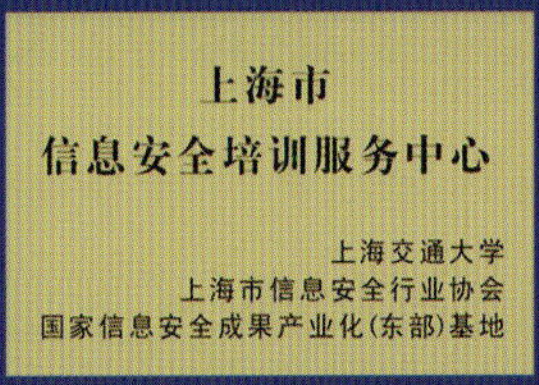

徐汇校区

同时，培训中心是本市工业和信息化人才继续教育培训机构之一。本市从 2012 年起组织开展了计算机与信息技术应用专业技术人员继续教育专项培训，目前，已通过市工信继续教育办公室评审认定的五门通用科目课程中，培训中心承担了信息安全和下一代互联网两门课程的开发。该项培训有利于提升计算机与信息技术应用专业技术人才的安全素质、专业技术水平和综合实践能力。本市计算机与信息技术应用专业技术人员参加通用科目课程培训考核情况，将作为业务考核、岗位聘用及职称评审的重要依据之一。

课程名称	课 程 介 绍	学时 / 学分
信息安全	围绕信息安全基本概念、体系结构、技术原理、攻击和安全防护手段等主要内容，并结合大量案例，使学员系统了解安全态势，学习基本的信息安全防护技术，并在此基础上掌握实用的安全管理方法和策略。同时，促进学员将信息安全的理论和技术应用到构建安全信息系统防护体系的实际工作中，培养学员具有信息安全工作者的思维方式及研究方法，提高其综合实践能力。	16 学时 /4 学分
下一代互联网	从现代计算机网络的基本概念、Internet 体系结构、应用特点与存在问题入手，系统讲解 MPLS 技术、IPv6 协议、下一代网络安全、软交换技术、下一代网络业务集成，以及移动 IP 技术和 IPQoS 等下一代互联网关键技术。通过学习本课程，有助于学员较全面、深入了解下一代互联网技术的发展方向，熟悉典型协议和业务模式，掌握关键技术的功能特点，并具备进一步研究和开发的能力。	16 学时 /4 学分

报告厅

培训教室

培训机房

张江校区：上海市张衡路 429 号　闵行校区：上海市东川路 800 号　徐汇校区：上海市华山路 1954 号

电话：50275191 34204639　联系人：朱老师 马老师　传真：50275235　网址：http://infosec.sjtu.edu.cn/infosec

上海交通大学信息安全工程学院培训中心

上海大学 Shanghai University

上海大学 “无限校园”

从2012年至今，上海大学在全校建设校园无线网络，为全校师生带来更加便捷、快速的网络体验。网络布线和AP都由学校自行建设、管理和维护。校园无线网络采用集中管理方案部署，AP只有无线接入的功能，所有的设置通过网络中心AP集中控制器直接管理，实现校园无线网络的统一管理，无线AP直接与无线用户通信，用户可以在不同的AP之间实现无缝漫游，享受自由灵活的学习和工作体验。

校园无线网络建设可以将网络世界带到课堂、操场和学校的每个角落，实现“无限校园”，在校师生可以在任何时候、任何地点利用无线网络进行交流和沟通，学生可以利用无线网络学习知识、查询成绩、寻找就业机会，随时随地获取自己需要的信息或服务。“无限校园”为上海大学师生提供了一个智慧型信息化校园的工作学习环境。

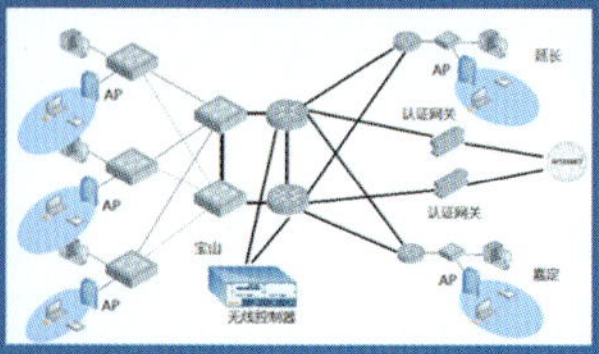

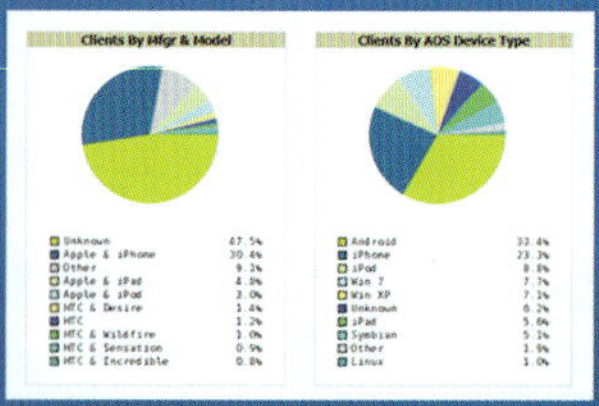

地址：上海市宝山区上大路9号　邮编：200444　电话：021—96928188

上海理工大学信息化建设

掌上校园

随着上海理工大学校园无线覆盖基本完成，移动智能终端接入不断增加，面向智能终端的移动信息门户也就应运而生。一期项目中包括通知公告、校园黄页、应急电话、一周安排、招生信息、学院动态、学术报告、校园风光、百年老校、校园新闻、新生报到服务、失物招领、空闲教室查询等功能。

课程学习平台主要通过智能终端展示教学视频公开课、电子教材以及课程课件等学习资源。利用校无线网络，为学生自主化、随时随地利用有效时间学习知识创造环境和条件。课程内容按照学校六大学科群进行归类（也可根据学院归类），并以电子教材超市方式呈现。师生根据喜好可对电子课程资料进行下载、收藏及观看等，并提供电子书签、最近观看等便捷服务。使课程学习的主要操作全部在手持设备的平台上完成，改善了学习体验，方便了学习过程。

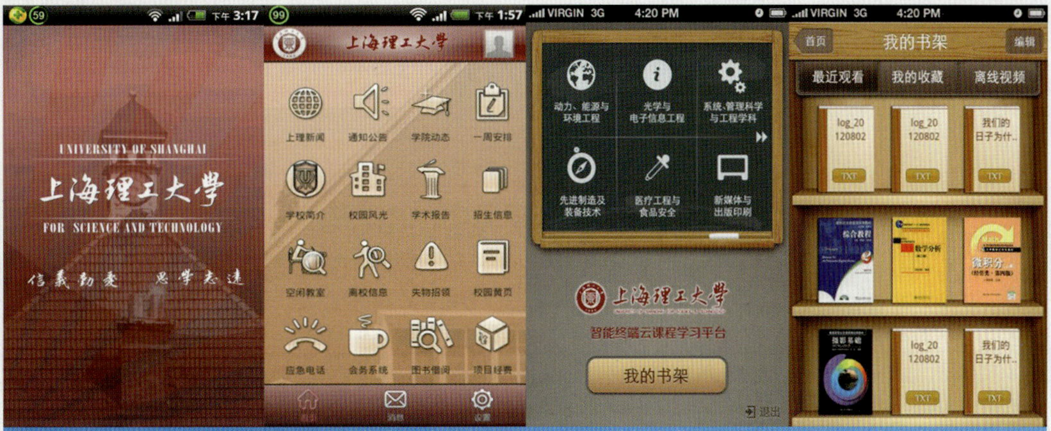

移动信息门户　移动信息门户功能　课程分类　个人书架

云桌面应用示范

传统电脑只能提供单一场地服务，笔记本电脑可以部分解决移动便捷性，但仍存在各电脑数据的不一致问题。虚拟化云桌面系统为您带来随时随地的信息资源访问途径，为您提供在不同场所使用同一台个人电脑的效果！既可以让用户在传统电脑上登录，也可从各类移动终端，如智能手机、PAD等设备上登录个人云桌面。

校园地理信息服务

地理信息系统（Geographic Information System）是以地理空间数据库为基础，在计算机软硬件的支持下，运用系统工程和信息科学理论，科学管理和综合分析具有空间内涵的地理数据，以提供管理、决策等所需信息的技术系统。

上海理工大学校园地理信息服务平台一期项目于2012年7月开始建设实施，9月初投入运行，该项服务直观展示了校园地理环境及与此相关的信息，包括校园三维仿真地图、各建筑物及各部门的准确定位、学习及生活设施的定位、实景展示、道路指引、交通导航、公共资源定位等丰富的功能。

校园地理信息服务系统

公共资源管理系统

公共资源管理平台

以目前校园所有的会议室和室外场地为数据基础，利用信息化技术对数据整理，如场地申请、会议审批、周会表的发布等事项都在系统中实现，方便了校内会议和活动的开展。

公共资源管理平台实现了场地信息维护、场所实时信息查询、场地资源的冲突检测、场地申请流程审批、会务相关服务、场所预约流程管理等功能。

易班 yiban.cn

上海易班发展中心

WWW.yiban.c

易班网

2012年是上海易班发展中心（以下简称“易班”）建设发展的第四年度。截至2012年年底，易班共有81万实名注册用户，覆盖学校68所，其中上海高校57所、中小学校9所、沪外高校2所（西华大学、厦门大学），帖文数超1200万，用户自发上传课件和学习资料逾202万个，上传照片近503万张，日均用户动态数1 800余万条，日均PV超500万次，日均独立IP 8万次。易班已成为创新高校网络文化建设的重要平台，并成为全国最具影响力的学生网络互动社区之一。

易班硬件建设

易班采用先进的虚拟化和云计算硬件集成方案进行数据中心建设，截至2012年年底，建立了上海联通和上海移动数据中心，接入联通1 000MB、电信100MB和移动300MB独立带宽，并通过1 000MB光纤互联两大机房，形成了完全基于虚拟化的“双中心”的硬件构架。该架构实现高度自动化、绿色节能、高度整合、无缝扩展、智能容灾恢复等功能，大大降低硬件管理成本和人员成本。

易班内容建设

2012年，易班推出新域名yiban.cn；大力建设“易系列”功能专栏，为大学生学习、生活、娱乐、交友等需求提供服务；及时发布就业政策、招聘岗位和勤工助学等资讯信息；与市教委有关网站以及同类社会网站开展合作，建设为大学生提供职业生涯规划服务专栏；邀请知名心理学家、心理指导教师对学生进行网络辅导，推进建设心理健康教育专栏；引进高雅艺术，建设大学生人文素养专栏；搭建健康向上的大学生实名交友平台等。在软件研发方面，易班在2012年推出新功能二百余项，改进或完善功能点二千余处，重点研发基于安卓和苹果的移动客户端，让用户体验不断得到提升。

易班文化活动

2012年，易班共举办线上线下活动近2 000场，成功承办“最美中国”全国大学生微电影大赛特训营、第五届全国高校百佳网站评选“百佳梦工厂”等全国性大学生活动，举办“2012年上海高校辅导员岗前培训”活动；承担“上海高校辅导员年度人物评选”、“全市高校优秀辅导员博客（微博）评选”、“上海学子最关心的‘十八大’政策调研”、“2012年上海高校师生思想政治状况调查”等校园文化活动。其中，“上海高校辅导员年度人物评选”活动得到二十多万用户关注，点击量超过300万次。

易班学校共建

易班坚持“与校共建”理念，依托易班开放平台，鼓励和支持高校实施自主建设，形成满足师生需求、体现学校特色的个性化易班。2012年，在上海高校中已形成上海交通大学信息化整合、上海海洋大学思政理论课进易班、上海师范大学易班校园文化、上海建桥学员心理易班等一批特色建设项目。

易班服务延伸

易班逐步探索功能拓展与研发，将服务对象延伸到中小学和高中、中职院校。2012年，与上海市青少年校外活动中心联合研发形式新颖、功能丰富、具备高度人机交互能力的网络互动平台——博雅网。博雅网开通以来，与42所场馆对接建设，其中包括31个博物馆及11所街道指导站，收集并处理场馆照片1 200余张，视频54部，用户注册近4 000人，产生评论及评分2 300余条。在上海信息技术学校、上海市晋元高级中学、上海市复旦中学等进行试点，并与长宁区7所中小学和市三女中学达成意向合作协议。

2012上海高校辅导员年度人物评选

最美中国全国大学生微电影大赛

“易班欢迎你”校园落地活动

2012年上海大学生网络精英夏

上海电力学院
——智能电网产学研合作开发中心

上海电力学院智能电网产学研合作开发中心(以下简称“中心”)成立于2012年4月，是上海市教委2011年启动的首批九个“知识服务平台”之一。中心立足电力行业，以新能源接入、分布式供能与微网、智能配用电为重点研究领域，对接国家与上海市战略新兴产业和“十二五”规划先导产业。

中心依托学校优势资源，吸引了包括国家“千人计划”人才在内的多名专家在中心工作。中心已组建了战略研究团队、风力发电技术团队、分布式供能与微网技术团队，围绕智能电网领域关键技术开展相关的科研、培训与技术转移、成果转化等工作。目前已获得“863”、国家自然基金及市重点科技攻关计划等多项国家级、省部级项目以及企业委托项目，与中国大唐集团新能源股份有限公司、国家电力监管委员会华东电监局、许继集团有限公司、上海市电力公司、国网电力科学研究院等多家研究院所和企业签订了战略合作协议，并开展了全方位的产学研合作。中心现拥有以下主要科研平台：

1. **现代城市电网仿真实验中心**

   国内首个针对城市电网的全过程动态模拟实验室，基于物理动态模拟和数字仿真模拟分别进行试验、研究与对比分析。

2. **分布式供能实验室**

   该实验室以冷热电联为主要研究对象，研究多种能源供给的综合运行优化技术。

3. **微电网实验室**

   该实验室是一个集风电、光伏、复合储能于一体的综合性试验平台，能承接分布式发电与微网的各项科研与产品测试等服务。

4. **智能微电网示范与研发中心**

   该平台集成了以风、光、储、燃为特征的分布式发电与微电网子系统、以双向互动为特征的智能用电子系统及电动汽车充放电子系统，形成一个国内高校领先的智能电网综合示范与研发平台。

上海电力学院智能电网产学研合作开发中心　　联系人：季沛

地　址：杨浦区长阳路2588号　　邮　编：200090

联系电话：021-35303843　　E-mail:jipei@shiep.edu.cn

现代城市电网仿真实验中心

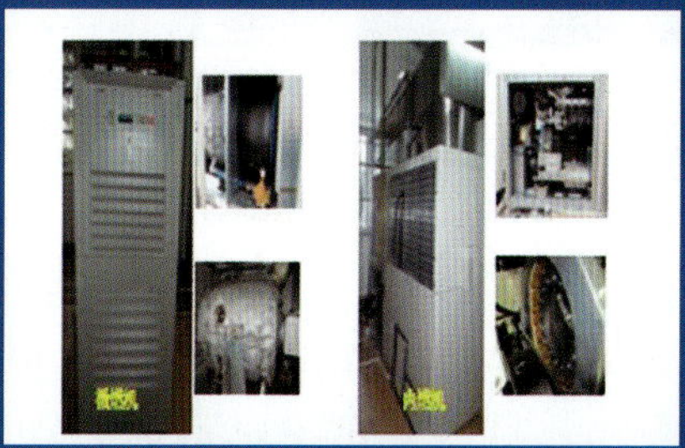

分布式供能实验室

微电网实验室

新一代的单光子探测技术

——超导纳米线单光子探测技术

超导纳米线单光子探测（SNSPD）技术是一种新型的单光子探测技术，具有量子效率高、计数率高、暗计数低、时间抖动小、宽谱响应等特点，性能优于传统的半导体单光子探测技术。适用于可见光至红外波段的单光子探测，可应用于量子通信、激光测距与成像、激光通信、生物荧光光谱等领域。

中国科学院上海超导中心开展超导纳米线单光子探测技术研究，已掌握超薄超导薄膜生长技术，自主研制 SNSPD 器件，开展 SNSPD 系统集成研究，系统性能已达到国际商用水平（1550nm 工作波长：QE>15% @R_{dc}=100Hz），自主研发 SNSPD 系统成功应用于百公里级城际量子通信网络。

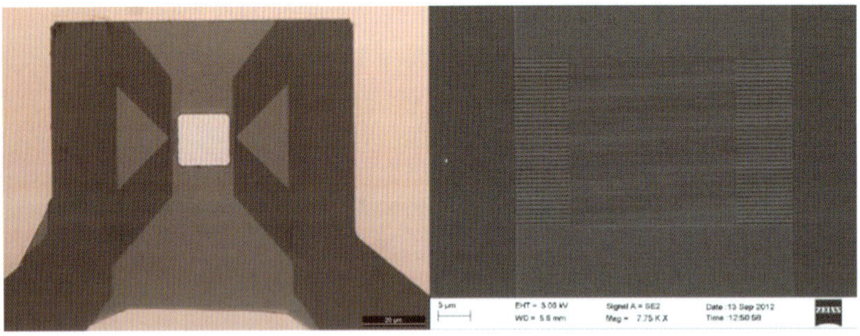

左图：带有谐振腔结构的 SNSPD 器件光学照片和纳米线扫描电镜照片。

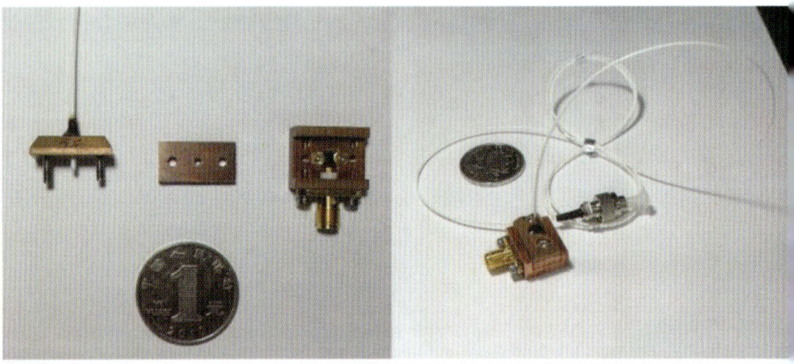

右图：SNSPD 器件光学封装模块分解图及封装好的 SNSPD 器件，光学接口为 FC/PC，电学接口为 SMA。

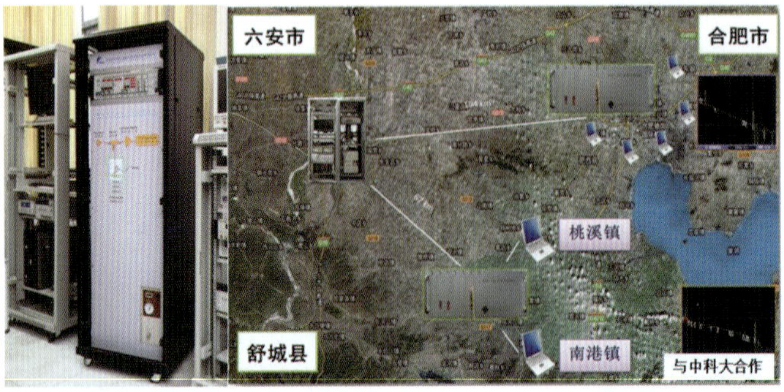

2012 年，上海微系统所研发的 4 通道 SNSPD 系统在我国首次成功应用于安徽城际量子通信网络实现百公里级量子密钥分发。

联系人：尤立星　　Email：lxyou@mail.sim.ac.cn

中国科学院上海超导中心为 2012 年中国科学院批准成立的非法人研究单元，隶属于中国科学院上海微系统与信息技术研究所信息功能材料国家重点实验室，是我国目前实力最强的超导研究中心之一，主要开展超导材料、电子学器件及其应用相关研究工作。

中国科学院上海微系统与信息技术研究所

中国科学院太赫兹固态技术重点实验室

Key Laboratory of Terahertz Solid-State Technology, Chinese Academy of Sciences

基本情况/Basic Information

中国科学院太赫兹固态技术重点实验室成立于2010年。实验室面向国家重大需求，根据太赫兹（THz，1 THz=10^{12} Hz）科学技术的发展趋势和依托单位的优势，围绕半导体固态THz辐射源、探测器及其在通信与成像方面的应用开展研究工作。实验室先后承担了“973”、“863”、国家重大科学仪器设备开发专项、国家杰出青年基金、国家自然科学基金重大项目、上海市基础研究重大与重点项目、中科院知识创新工程重大、重要方向性项目等科研项目五十余项。

The Key Laboratory of Terahertz Solid-State Technology, Chinese Academy of Sciences, was founded in 2010. The Key Laboratory aims at the development trends of the terahertz field and focuses on the research work of semiconductor solid-state THz sources, detectors, and their imaging and communications applications in order to meet the needs of the country. The Laboratory has undertaken more than 50 research projects supported by Ministry of Science and Technology, National Science Foundation of China, Chinese Academy of Sciences, and Shanghai Municipal Commission of Science and Technology.

THz器件材料/Materials for THz Devicesb

THz量子级联激光器
THz Quantum Cascade Laser

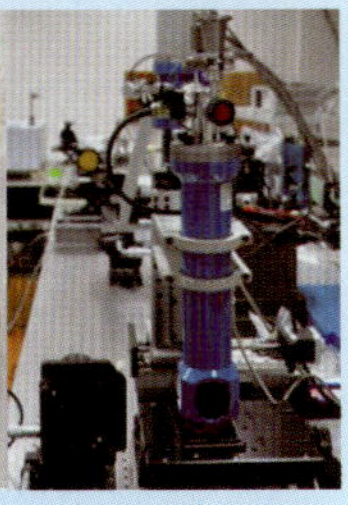

THz无线通信演示系统
Demo System of THz Communication

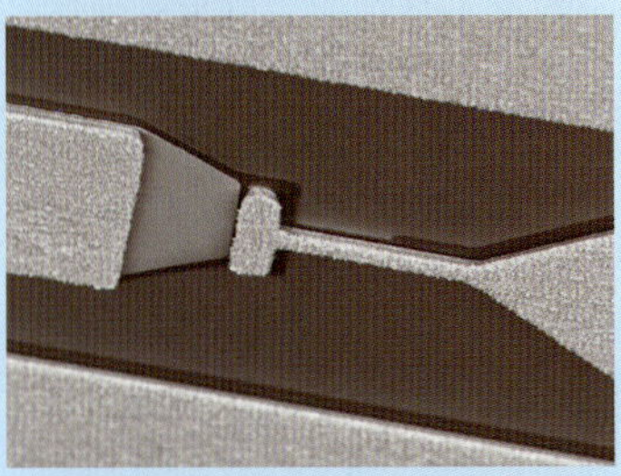

THz磷化铟肖特基二极管/THz InP Schottky Diode

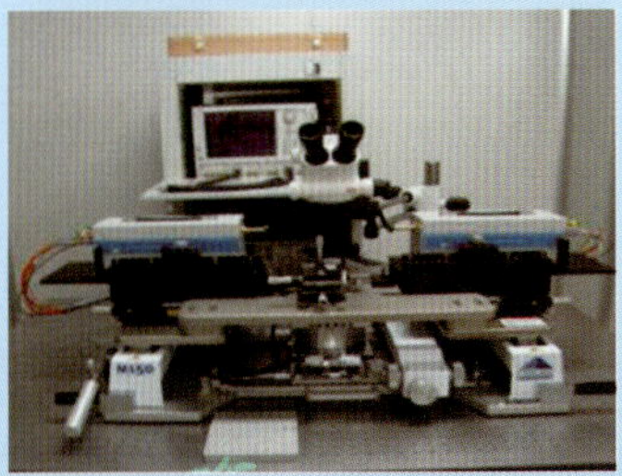

THz电子器件测试平台/THz Electronic Device Test Platform

研究内容/Research Topics

固态THz器件物理与工艺/ Solid-state THz device physics and technology

固态THz器件与模块/ Solid-state THz components and modules

THz检测与成像/ THz detection and imaging

THz信息传输/ THz transmission of information

科研成果/Research Results

研制了THz量子级联激光器、量子阱探测器、肖特基二极管等THz固态器件，开展了基于THz量子级联激光器的THz成像与通信应用研究。

We have developed THz solid-state devices, such as THz quantum cascade lasers, quantum well detector and InP Schottky diode, and conducted research on THz imaging and communications applications based on THz quantum cascade laser in the country.

科研条件/Research Conditions

实验室建立了先进的THz半导体器件测试系统，包括THz波段的傅立叶变换光谱仪、THz器件电学表征设备(包括锁相放大器，示波器、滤波器、精密LCR仪等)，以及低温测试设备等。

The Key Laboratory established a set of advanced THz semiconductor device test system, including the THz Fourier transform spectrometer, the electrical characterization equipment for THz devices (including lock-in amplifier, oscilloscope, filters, precision LCR meter, etc.)and low temperature test equipment.

地　址：上海市长宁路865号　　邮　编：200050
电　话：021-62511070　　传　真：021-52419935

国家工程软件产品质量监督检验中心

国家科学技术进步奖

证 书

为表彰国家科学技术进步奖获得者，特颁发此证书。

项目名称：一体化指挥平台

奖励等级：特等奖

获 奖 者：中国电子科技集团公司第三十二研究所

证书号：2010-J-24301-0-01-D28

国家科技进步奖

中心环境

国家工程软件产品质量监督检验中心（以下简称“检验中心”）是在信息产业华东工程软件测评中心基础上筹建的一个面向国民经济建设、军事信息化等重点领域和重大工程、提供工程软件产品质量监督检验的机构。其前身信息产业华东工程软件测评中心隶属于中国电子科技集团公司第三十二研究所的二级法人，于2001年6月经原信息产业部授权成立，是一个主要从事给军方和社会提供软件工程和软件测评服务的机构。具有国家计量、国家实验室认可、总装和国防测评实验室认可资格。十多年来，中心承接了300多个软件测试任务，累计发现软件缺陷12 000余个，积累了丰富、卓有成效的实践经验，形成了一系列以人工和软件工具相结合的软件测评技术和手段。

检验中心于2011年11月获批筹建，于2013年1月正式获得国家认监委授权。在人才队伍上，中心现有员工九十余人，其中资深软件测评专家二十余人，硕士以上学历人数过半。在环境设施上，中心现有两个综合集成测试平台（分布式应用系统软件综合集成测试平台、嵌入式应用系统软件集成测试平台）和三个基础平台（嵌入式软件测试基础平台、通用软件测试基础平台和软件工程化管理基础平台），能全面地对具有高安全可靠运行特性的领域（航空电子、轨道交通、汽车电子、金融、云计算、核高基、国防信息化等）工程软件产品进行质量监督检验服务。

地 址：上海市桂林路418号7号楼7层　电 话：021-64514258　邮 编：200233

上海数字农业工程技术研究中心

上海数字农业工程技术研究中心（以下简称“中心”）以上海市农业科学院为依托，上海交通大学、上海水产大学、上海大学、上海都市绿色工程有限公司、奉贤区农业信息中心等单位共同组建。中心根据国家和上海市经济建设和科技发展战略，围绕“数字上海”和上海“数字农业”的建设目标，集聚相关单位的人才、设备和技术优势，以数字化技术提升传统农业生产和管理水平，对三农信息化和数字化发展中的重大关键性、基础性、公益性和共性技术问题，进行系统化、配套化和工程化研究开发；稳定提供公益性农业信息技术服务，不断推出具有市场前景的农业信息技术系列新产品，为上海“三农”继而为我国“三农”信息化和数字化建设提供技术支撑。中心力争成为区域农业数字化技术和产品创新以及公益性农业信息服务的重要力量，国际国内先进技术及成果展示和转化的重要基地。

中心目前承担国家“863”计划、国家科技支撑计划、国家科技成果转化基金、国家自然科学基金青年基金、上海市科技创新行动计划、上海市经济和信息化委员会专项和上海市科技兴农重点攻关计划等课题多项，拥有高学历、复合型知识结构的人才队伍，从事数字农业技术研究的设备和基地，在设施种养殖数字化管理、精准农业技术、农产品安全数字化技术以及农业资源数字化技术等领域取得了较为丰硕的成果。中心开发并维护“上海数字农业网”、“上海植保在线”，为上海乃至国内同行以及领导和普通用户提供公益性、专业化的农业信息技术服务。

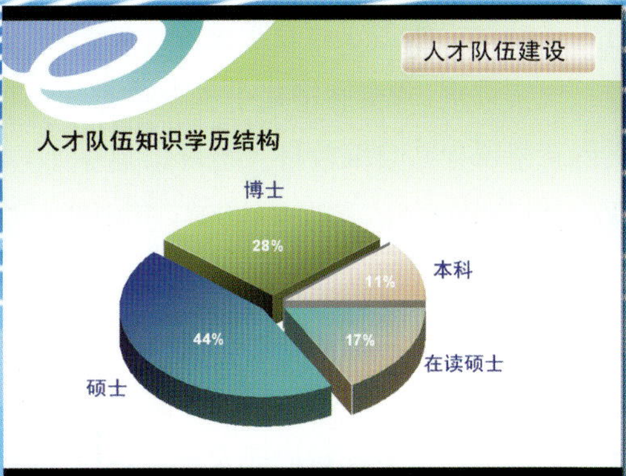

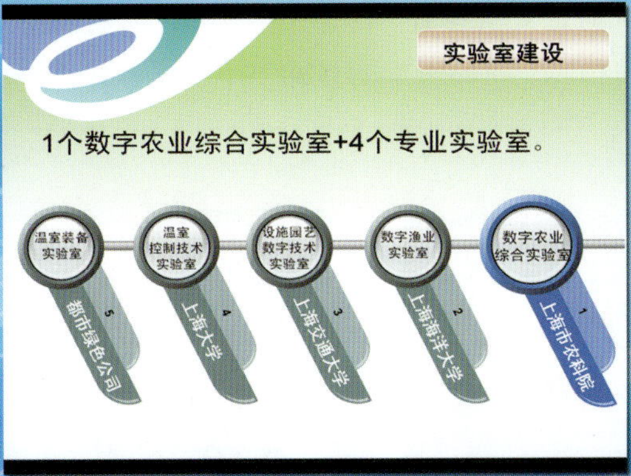

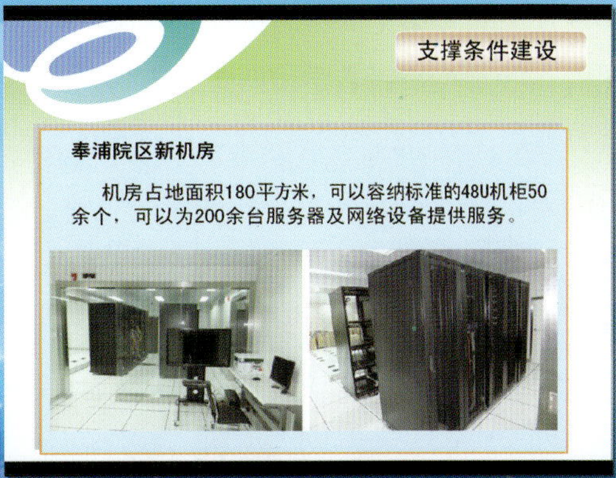

地址：上海市奉贤区金齐路1000号　　邮编：201403
网址：www.sh-ita.cn　　电话：021-62200281　　E-mail：web@saas.sh.cn

上海思博职业技术学院

信息化护理实训基地

2003年初，旅美海归学者沈小平来到筹建中的上海思博学院创办卫生技术与护理学院。各专业经市政府批准和教育部备案，已于2004年起纳入全国统一高考招生计划，颁发国家承认的大专文凭。目前学院设有护理、卫生信息管理、计算机应用技术（医疗电子信息技术）和软件技术（医院信息管理系统开发与维护）等4个专业，全职教师63名，全日制学生2 200余名 。学院还同27家三级甲等医院和40家二级医院建立了教学实习合作关系。2006年和2007年两次荣获上海市政府“上海市民办高校教学高地建设基金”共560万元，2011年又荣获中央财政资助基金项目，建成了一流的国家重点建设信息化护理实训基地。

经卫生部信息化教育项目办公室审核认定，基地挂牌成为上海市及长三角的“全国医疗卫生信息技术培训基地”。基地建筑面积达5 700平方米，分为基础医学实验中心、基础护理实训中心、临床护理实训中心、网络化护理示教中心、医院信息管理中心五大模块，全部配置高速局域网系统。所有教室拥有先进的网络化多媒体教学系统，并建有8套网络化课堂联播/远程Centra教学系统、2间HIS医院信息管理系统实训室、2套网络化手术直播系统、1套智能化语音实训室和信息发布系统等。学院在国内首次建立创新型课程并自编教材《护理信息学》，该书已于2012年3月由人民卫生出版社出版发行。连续6届毕业生共近3 000名，就业率达99%，其中55%以上签约于上海市三甲医院，高就业率和高就业质量受到社会各界和广大用人单位的欢迎和好评。

沈小平院长先后获得1999年国务院侨办“海外优秀华教工作者”称号，2008年上海市政府“上海市白玉兰纪念奖”，2009年首届“上海市华侨华人专业人士杰出创业奖”。研究课题《建设一流信息化护理实训基地，探索创新护理人才培养模式》荣获2009年“高等教育上海市级教学成果二等奖”，同年，课题还荣获“第十届全国护理高职高专教育研讨会优秀论文一等奖”。2010年以来，先后获得“第三届上海高等学校市级教学团队带头人”、“上海市归侨侨眷先进个人”奖章和“中国民办教育先进个人”等称号。

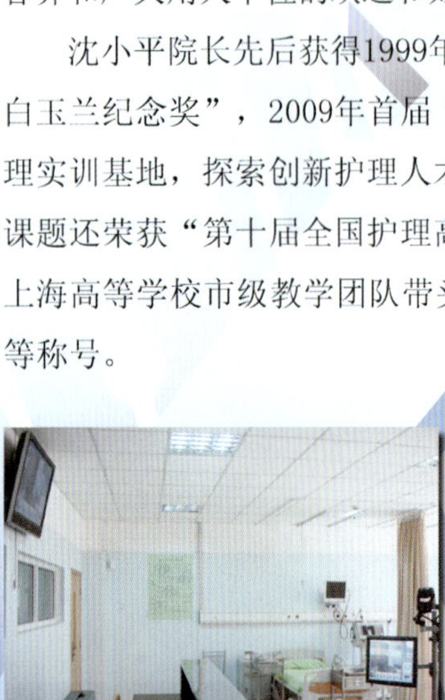

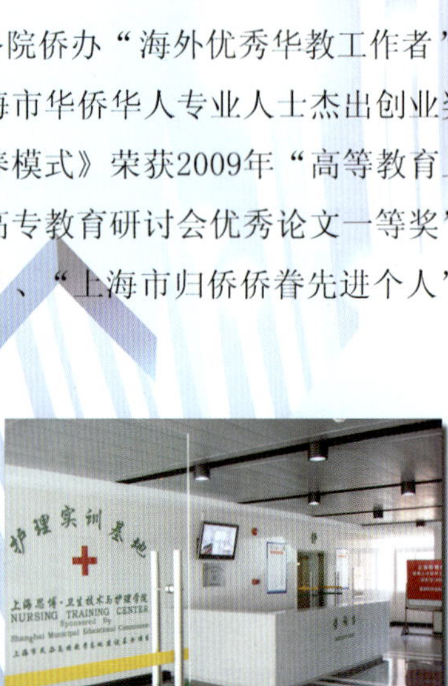

上海市闵行区华坪小学

上海市闵行区华坪小学，地处闵行区江川街道，是一所直属闵行区教育局的公办小学。建于1958年，原名浦江小学，1985年迁到现址，改名为华坪小学，2010年扩大为南北校园，共占地14 343平方米。学校南北校园典雅精致，别具一格，满眼苍翠，四季有花，移步换景，赏心悦目。学校还建立了“风力发电机组”、“太阳能发电站”、“雨水循环收集系统”，设立了科普探索教育基地，激励学生走近科学，探究创新。

学校目前开设30个教学班，学生1 130人，教职工86人，其中青年教师占80%以上。

在历任校长的领导下，学校全体教工勇于探索，勤于实践，坚持追求教育的本真，在“成事成人”核心价值观引领下，以“仁爱、正直、勤奋”为校训，积极投入“新基础教育”研究，在学校管理、学生成长、教师发展、校社联动上取得较好成效。

学校被评为“市文明单位”、“市科技教育特色示范学校”、“市优秀家长学校”等。

地处黄浦江畔的上海市闵行区华坪小学，是上海市第一所获得“全国绿色学校”称号的小学，也是联合国教科文组织“环境、人口与可持续发展”项目（ESD）实验学校。

学校秉承“天人合一”的中华哲学思想，素以“绿色教育”特色闻名社会，师生们坚持不懈的环保行动，得到了联合国科教文组织、国家教委和市科协的充分肯定与赞赏，英国领事馆官员亲自来校植树揭牌。21世纪，学校努力打造“绿色科技 和乐文化”的品牌，立足社区，集聚资源，面向未来，创新课程，把国际理解教育和可持续发展的理念渗透到各科教学，提升学生的国际视野、科学意识和跨文化交流能力，在“英特尔青少年创新与实践大赛”中屡获大奖。

如今，学校被命名为“国际理解教育”实验学校，承担了“国际合作数字化环境下科学课的教与学探索实验项目”，连续六届被评为“上海市文明单位”，多次接待加拿大、新加坡等国外教育代表团以及参加互访交流活动。

中国太平洋保险（集团）股份有限公司（以下简称“公司”）是中国领先的综合性保险集团公司之一。公司主要通过下属的太保寿险、太保产险为客户提供全面的人寿及财产保险产品和服务，通过下属的太保资产管理公司管理和运用保险资金。

公司秉承诚信经营的理念，经过十多年的发展，已经成为中国最知名的综合性保险服务商之一，取得了稳固领先的市场地位和强大的竞争优势，经营战略明确，具备高效的执行力和迅速适应市场变化的能力。公司拥有中国最大的保险分销网络之一，保险分销网络覆盖全国。

公司的目标是成为以保险业为主，具有国际竞争力的一流金融服务集团。公司将积极把握中国保险市场快速发展的契机，大力发展保险主业，聚焦转型创新，实现寿险、产险和资产管理核心业务规模和价值的均衡快速增长，建设信誉卓著、品牌杰出、财务稳健、效益优良，具有国际竞争力的一流金融服务集团。

【持续改进产险3G快速理赔系统，支持产险业务发展】

2012年，产险3G快速理赔系统完成了手机VIP自助查勘、查勘员GPS定位等新功能的开发和上线。该项目运用先进的视频语音实施传输技术，实现了车险理赔的远程定损，在行业内尚属首创。3G快速理赔系统实现了查勘、定损、报价、出单的一站式服务，大大简化了原有的理赔流程，第一时间建立“客户—前台查勘员—后台核损员”的沟通渠道，提升了案件的现核率，缩短了客户的等待时间，同时也有效规避了理赔道德风险。尤其手机VIP自主查勘功能，更是业内唯一可以真正实现“8分钟理赔”的保证，是对保监会解决“车险理赔难”要求的积极贯彻。3G快速理赔系统将新兴技术融入到传统的保险业务流程中，无论是在提升客户体验、优化理赔流程，还是在社会经济效益等方面，都取得了前所未有的突破性进展，转变了客户对保险服务的认识，赢得了大众的认可，为行业创造出新的社会价值。

【全面推广神行太保智能移动保险平台项目，支持寿险营销发展】

2012年，神行太保项目在全公司推广运用，覆盖了38家分公司所有三、四级机构，营销员用户接近20万人。“神行太保”智能移动保险平台是目前保险行业智能化程度最高的实时投保移动解决方案，可为客户提供7×24小时“随时随地”的咨询、投保、交费服务，营销员一般只需15分钟就能帮助客户完成全部投保与交费流程，同时客户在办理投保业务时可清晰直观地看到每个操作步骤，确认自己的每项权益。项目借助于系统强大的规则引擎对客户真实需求进行分析，量身定制，推荐客制化的产品保障方案，同时辅以完整的权利义务演示，从技术上最大程度地避免了销售误导，提升客户体验。在无线网络接入、远程管理、安全策略、终端程序、数据安全、“云服务”后台等方面，“神行太保”拥有显著优势，其大规模应用将大幅缩短传统保险行业的营运作业链条。同时，交通银行、快钱支付为平台提供了先进的支付手段，不仅资金安全得到了保障，更使即时收费成为可能。该平台有效推动了销售模式转型，显著提升了队伍销售能力，为公司业务转型和实现客户经营、服务营销提供了有力支撑。

【持续优化实施产寿融合的新商网，支持新渠道发展】

2012年，太保在线服务有限公司成立，整合了原有的产险电子商务平台和寿险电子商务平台。7月，在线服务公司推出了产寿融合的新版商网上线www.ecpic.com.cn，该项目实现了客户统一登录和产品统一展示，同时，统一了产寿网上销售、服务入口。10月上线了商网会员社区平台礼享e家。

通过新商网的上线和持续完善，有力的支持了太保在线销售、服务业务的快速增长，在提升在线服务能力的同时提升了用户体验。截至2012年年底，网销销售额同比提升5倍以上，注册会员突破80万。

中国太平洋保险（集团）股份有限公司
China Pacific Insurance (Group) Co.,Ltd.

太平洋保险
CPIC

上海市监狱总医院（以下简称“医院”）是一所服务于全市政法系统医疗需求的特殊医院。自2007年起开展医疗信息化建设以来，先后部署医院信息系统（HIS）、检验信息系统（LIS）、检查信息系统（RIS）、医学影像系统（PACS）和结构化电子病历（EMR）。医院信息系统有效整合了病人的所有临床信息，包括病人基本信息，检验数据、影像数据、医嘱信息、手术信息、电子病历等，并连接门诊系统的病人历次门诊就诊信息，真正实现以病人为中心，形成完整的病人临床诊疗信息流，为医生展示病人的全方位、客观、及时、准确的医疗信息，协助医生做出正确的决策方向提供科学的依据。

通过可定制的申请单界面，可为检查、检验的定制各种不同用途的检查、化验申请单。与检验系统的条形码相结合实现了从医生下达检验申请单、病人检验单采样、标本核收、采集检验结果、书写检验报告、临床科研整个流程自动化，极大地改善医院检验科室的工作现状；对于检查系统，则提供了病人的详细病历，诊断说明，检查部位等医疗信息，采用数字化的影像处理技术，快捷、低成本实现图文并茂的诊断报告，提高了医院医疗质量，为临床诊断水平提供了有力的保障。采用了电子申请单大大减少了检查、检验科室信息传递过程中人为因素导致的误差及各种单据传递过程中所耗费的大量时间，大幅度提高病人检验效率。实现了检查、检验信息从申请单到报告全过程的数字化、自动化管理，为临床诊断、科研及教学提供了大量的基础数据。

医院去年上线电子病历系统加强病历书写规范，通过方便的内容模板编辑工具，完成典型病历模板，即可以极大地提高病历书写效率；通过病历抽查、问题跟踪等质量监控模块，加强病历质量的环节控制，改善病历质量的终末管理。循序渐进，逐步实现，达到质控要求。

医院LIS系统将报告的签发（审核、打印、向全院发布）与报告的登记处理（报告输入、数据处理等）完全分开，做到分级管理，避免管理混乱，从而帮助实验室提高检验质量管理水平。同样PACS也与RIS、HIS、EMR、LIS等医院信息化产品实现全电子化、全自动流程整合。包括电子申请、自动分诊（叫号）、技师工作站、诊断任务自动分派、网络审核、影像报告后台自动发布、电子胶片、临床互动、自动科研/教学归类等全流程电子化、自动化的优化流程满足现代化医院管理需求，极大提高工作效率。

通过医疗信息化建设的不断完善，为总医院医疗质量的提高，规范执法行医，提高管理质量和工作效益发挥了具大的作用，也为监狱总医院服务于全市政法系统医疗需求提供了有效的技术保障。

解放军第四一一医院

中国人民解放军第四一一医院是人民海军的第一家医院，拥有近百年的历史，文化底蕴深厚，是一所集医疗、科研、学、康复为一体的综合性医院。医院展开床位近1 000张，实有各类人员千余名，下设一所分院，是第二军医大学、西中医学院和皖南医学院的教学医院，是江西中医学院、皖南医学院、华中科技大学和东华大学的联合硕士培养是海军医学研究所临床研究部。医院拥有大型医疗设备190余台，设备总值1.4亿元。医院现有全军口腔疾病诊中心1个，海军医学专科中心3个(脊柱外科、药学、计划生育和优生优育)，学科优势明显。医院心脑血管疾病诊泌尿系统结石微创手术、以立体定向放疗为主导的肿瘤综合治疗、性器官畸形再造和高压氧治疗等特色技术在地和周边地区具有较强的影响力。1993年医院被总后勤部评为军队首批“三级甲等医院”，1996年纳入上海市首批疗保险定点医院，曾多次被总部评为“白求恩杯”优质服务先进单位。医院在2008年汶川抗震救灾任务中，医院“以病人为中心”的服务宗旨，进一步发扬爱岗敬业的精神，确保对前来该院寻医的广大病员提供一流质量、一流技一流设备、一流环境和一流服务。

全军口腔疾病诊治中心

解放军第四一一医院口腔专科中心成立于1980年，现为全军口腔医学诊疗中心。中华口腔学会牙体牙髓病学专业员会委员单位，牙周病学专业委员会常务委员单位，全军口腔医学专业委员会委员、南京军区口腔医学专业委员主任委员会单位，专科心临床三级学科均育相应的高级职称人员作为专业学术带头人。专科中心集医疗、教学和研于一体，现在主系列人员20名，其中主任医师3名，副主任医师5名，博士4名、硕士4名。中心年门诊量达2万人收治300人次;中心先后获国际发明金奖和国家发明奖各1项，军队科技进步二等奖4项，近年发表科研论文200余中心先后作为军医大学、同济大学和皖南医学院等多家高校口腔专业临床学习基地，培养实习进修生达180人，合培养博士2名、硕士6名，现为皖南医学院口腔临床医学硕士研究生联合培养点。

中心装备高国内首家口腔临床酸性氧化电位水中心供应系统，医疗设备先进，就医环境温馨，近几年新开展了腔种植修复、隐形正畸、牙周骨缺损修复、牙周病高压氧治疗、精密附着体义齿修复、残根残冠的保存治疗与修等新技术、新业务，能为大患者提供全方位的口腔医疗保健。

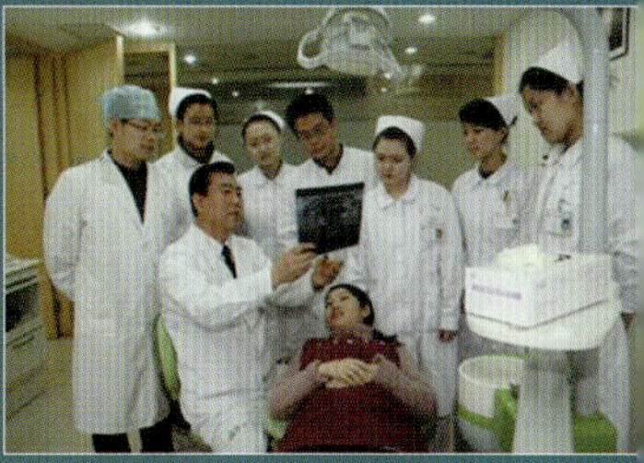

海军脊柱外科中心

脊柱外科中心是医院的重点科室之一。拥有床位90张，中高级技术职称人员15名，其中高级职称6名，博士3名，士5名。在治疗颈椎病、腰椎间盘突出、脊柱外伤不全瘫、四肢骨肿瘤的保肢手术以及关节疾病的治疗方面具有特现已成功地施行腰椎间盘突出症、腰椎滑脱手术4 800余例;手术治疗颈椎病、腰椎间盘突出1 700多例；行髋关置换术治疗股骨头无菌坏死和股骨颈骨折1 000多例；脊柱肿瘤手术190余例、四肢骨肿瘤的保肢手术200余例。近又开展人工颈椎间盘治疗颈椎病、膝关节镜技术治疗骨性关节炎，均取得了良好的治疗效果，在社会上享有较高声誉。获部级医疗科技成果奖22项，发表国家级期刊论文92篇，参加编写专著12部，是上海市虹口区脊柱诊疗中及龙冠椎间盘微创治疗培训基地。

海军药学专科中心

解放军第四一一医院药学科暨海军药学专科中心是医院药学职能部门，亦是医院重点学科，负责供应全院近700床位的药品供应，同时开展临床药学、制剂配制、药学科研、药学教学等工作。药学专科现有专业人员60余名。中主任药师2名，副主任药师2名，博士1名，硕士8名。设置药研室、调剂室、制剂室、药检室、临床药学室、药资料室等部门。中心实验室实验室场地总面积超过600m²，现有高效液相色谱仪、高速冷冻干燥机、薄层色谱扫仪、荧光检测仪、总有机碳检测仪等先进仪器。中心制剂室开展55种制剂的配制，建有软袋输液配制线、流化床等进的配制设备，仪器设备总价值超过800万元。中心资料室收藏各类医药学相关图书2 200多册，订阅药学相关杂志种。中心现为江西中医学院、东华大学硕士生培养点，第二军医大学本科生实习点，近年来每年带教本科实习生余名，已培养硕士毕业生6名。药学专科中心2000年被《中国药学年鉴》载入药学研究机构专栏。成立以来共获得队科技进步二等奖4项，三等奖26项，四等奖4项，国家发明专利5项，编著著作5部，在国内外发表论文200余篇，中SCI论文11篇。“十一五”以来承担了多项攻关研究课题。其中国家自然科学基金面上课题2项、国家科技部“药创制”重大项目之军队特需药品保密专项1项，全军重点课题2项，面上课题2项、军区立项课题4项、上海市科委题2项、上海市卫生局重点课题5项，虹口区课题5项，累计获得资助资金400余万元。海军药学专科中心主要研究方1.海洋药物研究；2.军队特需品研究；3.药物新剂型及新的医院制剂研究。

海军计划生育优生优育专科中心

妇产科是海军优生优育技术中心，是医院重点科研中心之一。中心斥巨资引进了一批国内外高、新、尖的妇科疗技术和医疗设备，并汇聚了多名妇科医学专家，致力于妇科临床科研与治疗，并及时掌握最前沿的妇科诊疗技中心的专家们从医几十年，临床经验丰富，技术精湛，熟练掌握妇科常见疾病、各类疑难杂症的理论知识和临治疗，并融会贯通，总结出数十套独具特色的治疗方法。中心在子宫肌瘤等妇科疑难杂症的治疗方面总结出一套善的诊疗方案，实现了许多肌瘤患者“不开刀消除肿瘤，保全子宫”的期望，目前已成功实施了5 000多例的子宫瘤微创消融手术。中心拥有的包括微创消融技术在内的多种临床技术获得过多项军队科技进步奖。

本着病人至上，服务大众的理念，诊疗中心以全程微笑服务，安全高效的医疗技术，为无数女性朋友排忧解难，得了社会的高度赞誉。

解放军第四一一医院

地　址：上海市虹口区东江湾路15号　　医院总机：021-56969799/65876866

上海地铁

Shanghai metro

www.shmetro.co

地铁电视直播信息

上海地铁对外信息发布体系

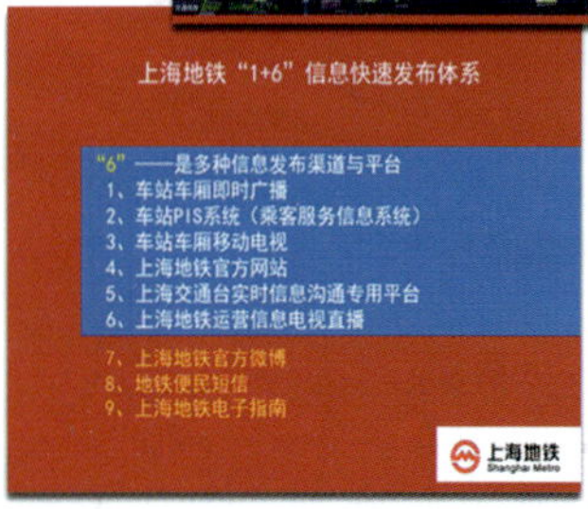

上海地铁微博互动

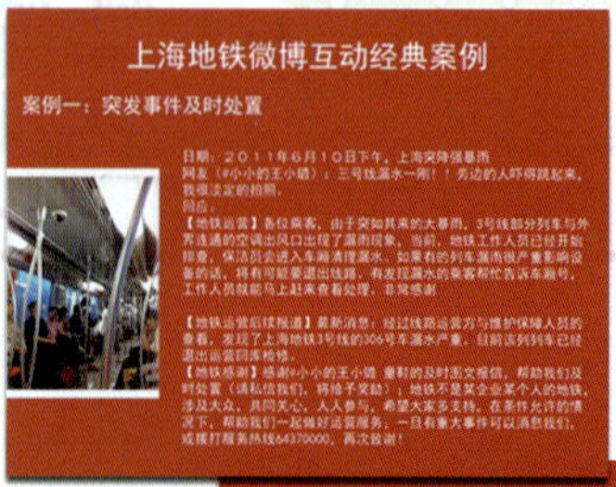

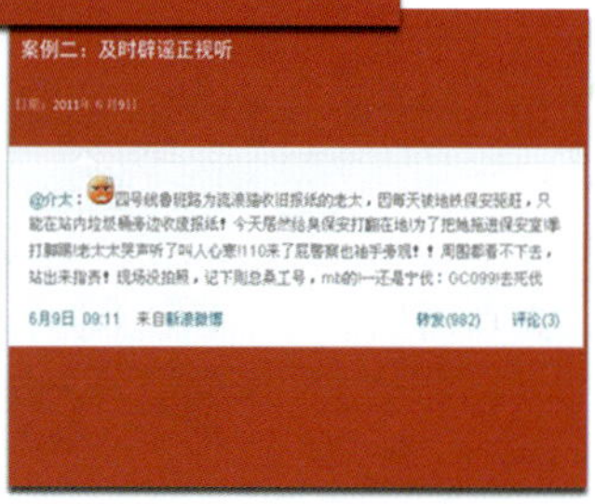

人事管家
智能服务

公司介绍

上海万达全程健康服务有限公司（简称“万达全程”）是万达信息股份有限公司（股票代码300168）的控股合资公司。依托万达信息在智慧城市、卫生信息化领域的项目基础，万达全程致力于运用现代物联网技术的居民健康管理信息化系统的研发、推广和建设，并完善运营服务体系。为政府、医疗机构、企业、个人提供第三方健康管理服务的信息化工具和辅助服务。

公司自主研发的“居民健康管理信息平台”融合了生命科学与信息技术，将“云技术、物联网、移动互联网”等新兴信息技术融入社区基本公共卫生管理体系和居民健康自我管理体系，搭建起一个居民与医疗服务机构之间信息沟通和服务的桥梁。实现了“居民预检、平台预警、临床参考、医生管理”的整体服务流程，并与市申康医联工程、区域卫生信息平台对接，完善居民健康档案。同时，使得社区公共卫生预防及管理体系前移，提升基本公共卫生服务质量和管理效率，创造积极的社会价值。

“居民预检、平台预警、临床参考、医生管理”整体服务流程示意图

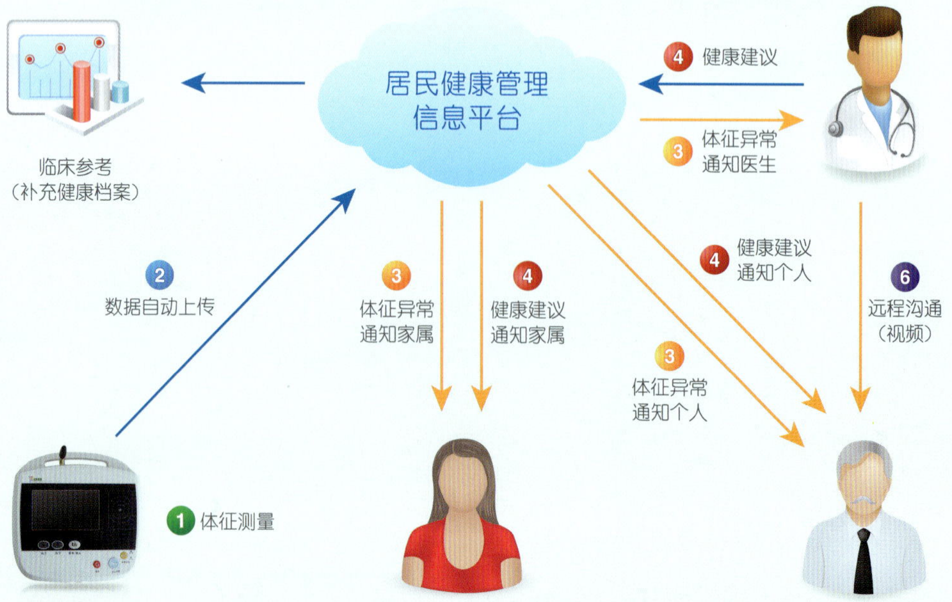

- 慢性病患者
- 亚健康人群
- 特殊人群
- 居家养老
- 术后康复人群
- 企业福利人群

中国华能集团公司华东分公司
华能国际电力股份有限公司上海分公司

中国华能集团公司华东分公司 / 华能国际电力股份公司上海分公司（以下简称为“分公司”）是中国华能集团公司、华能国际电力股份有限公司在华东地区和上海市的分支机构，实行“两块牌子，一套班子”，是华能集团在上海开发建设、生产经营活动的责任主体和利润实现中心，履行生产、经营、发展、监督和党群管理等职能，负责对华能在沪各电力企业实行实体化管理。

在上级公司的正确领导下，分公司秉承华能“三色”公司理念，以服务社会、注重科技、保护环境、不断创新的企业文化建设为依托，内强素质、外树形象，坚持以安全生产为基础、经济效益为中心、加快发展为重点、规范管理为手段，认真履行政治、安全、经济、环保等社会责任，组织协调华能在沪企业扎实开展各项工作，为上海经济和华能集团可持续发展做出积极贡献。

号百信息服务有限公司

号百信息服务有限公司（以下简称“号百公司”）成立于2007年8月，是中国电信股份有限公司的全资子公司，是中国电信综合信息服务的专业化经营单元，归口管理和经营中国电信全国范围内相关的信息内容和增值服务。

公司聚焦用户的“吃住行游乐购”信息服务需求，发挥立体渠道优势，打造了综合信息经营平台、电子商务平台、数字媒体平台三大业务平台，移动互联网应用平台、位置服务开放平台两大应用创新平台，建立支撑规模发展的保障体系。

公司是上海市电子商务协会、呼叫中心与无线寻呼协会的会长单位，是上海现代服务业联合会、上海互联网协会、邮电经济研究会的副会长（副理事长）单位。公司先后获得了上海市“高新技术企业”证书、上海市五一劳动奖状、全国五一劳动奖章等荣誉称号、2012互联网信息服务收入百强称号（工信部）。电信传媒品牌影响增强，成为全国最大的户外媒体供应商之一，荣获“2012年度金牌户外传媒公司”称号。

公司业务覆盖全国，主要包括四大类。

电子商务业务：秉承“诚信网络、精品商城”的品牌理念，汇聚“正品、优质、实惠”的名特优精选商品，为客户提供足不出户的一站式商品订购服务（翼购），“食、住、行、游、购、娱”一体化的品质优惠翼游旅游会务服务。

电信传媒业务：针对后向企业客户，整合户外、语音、平面、网络、移动五大类媒介形式，为客户提供精准直达的全媒体解决方案；围绕生活服务，提供面向中小企业信息服务的交易型媒体平台和移动营销时代的全媒体发布体系。

信息经营业务：融合语音、短信、互联网、移动互联网等渠道，提供生活信息搜索和服务，提供城市、农村、专业信息订制服务；打造位置服务开放平台，运营翼周边、天翼导航精品位置应用，聚合提供精品LBS服务。

融合通信业务：针对政企、家庭与个人客户提供的通信信息增值类业务。企业通信信息助理为政企客户提供便捷、高效、高性价比的通信及信息服务，助力企业提升形象、改善客服能力，提高内外部沟通效率，通过企业总机加载信息内容，为政企客户提供便捷的信息服务通道；个人通信信息助理为家庭与个人客户提供通信录查转、来电提醒等个人秘书服务以及差异化信息内容增值服务。

上海巴士公交（集团）有限公司

上海巴士公交（集团）有限公司（以下简称“巴士集团”）是一家国有独资的专业从事城市公交客运的大型骨干企业，注册资本23亿元，主要经营市内公交及与公交相关的广告、车辆物资采购、客车修理等领域，同时具备省际旅游、教育产业等经营资质。

目前，巴士集团拥有公交营运车辆9 700余辆，团体客车700余辆，经营线路574余条，线路总长度近12 000公里，年公交客运量16.3亿人次，员工总数41 000余名。

自2009年下半年起，巴士集团全面启动各项信息化建设，主要着重于车载设备、DVR监控设备、全球眼等设施设备的安装和更新。目前，车载GPS安装9 750台，覆盖577条公交线路，覆盖率达100%，车载DVR安装9 219台，覆盖率达94%，在155个公交站点安装了全球眼系统。初步建成了集团层面和下属11家运营企业基于GIS地图和GPS监控的营运监控指挥中心，使线路车辆运行始终处于有效的监控之下，实现了集团、营运公司、现场调度三个层面对车辆实时运行状态监控。同时，建立了84 000企业网站、企业门户OA系统、营运业务数据库、人事管理数据库等一系列企业生产管理的信息化系统。

目前，巴士集团正积极与中国移动和中国电信合作，利用公共通讯资源，实施“巴士通”系统的开发和应用，根本性解决原始数据采集准确性、稳定性和及时性。目前，该系统已实现了五大功能：实时数据采集、智能调度、报表生成应用、信息预报、巴士通手机查询。年内，“巴士通”系统将在集团所属580余条线路上全覆盖，并适时推出手机查询软件，在全市5 000余个站点通过二维码查询车辆实时信息，1 300余个站点能主动推送车辆的预到达信息，满足出行需求，方便市民出行，提升公共交通的吸引力。

上海百果信息科技有限公司（以下简称“百果”）成立于2005年6月，被评为软件企业及高新成果转化企业。公司主要技术人员30%以上有着10余年北美医疗信息行业的工作经验，技术能力完善多样，形成了强大的研发团队。凭借着出色的IT技术人才、经验丰富的行业专家、高水平的管理团队及一流的研发环境，百果科技已在上海市青浦区、浙江省嘉兴市等地区成功地实施了金康工程区域社区卫生服务系统、新型农村合作医疗保险系统及临床医疗信息系统。

2008年，百果《金康工程-社区卫生健康信息共享网络系统》被认定为高新成果转化项目。2009年，百果《金康工程-移动远程农村社区卫生信息系统Mobile-based Tele-Medicine Rural CHS of Golden-Health-Project》被国家科技部列为国家创新基金项目。2012年，百果在青浦成功实现的“农村社区卫生信息共享网络系统”获得2011年度上海市科技进步奖，成果类别:社会公益类；技术领域：信息技术；所属行业：社会服务业；创新性：国内首创。

荣誉资质

- 成功通过CMMI4（软件能力成熟度集成模型）国际评估
- 成功通过ISO9001:2008质量管理体系认证
- 获得国家双软企业认定
- 百果的金康工程被列为国家创新基金项目（2009年度）
- 百果的金康工程被认定为上海市高新成果转化项目
- 获得《金康工程软件系统》软件著作权与软件产品证书
- 获得《金康工程医卡通实时结算系统》软件著作权与软件产品证书
- 金康工程医卡通项目被列为上海市青浦区政府2009年重大实事工程
- 青浦区金康工程项目被推荐候选为全国政务网体系建设优秀应用项目
- 获得《百果EXPR电子病历系统》软件著作权与软件产品证书
- 获得《金康工程e社区卫生信息管理系统》软件著作权登记证书
- 获得《百果Excare软件重症监护信息软件》软件著作权登记证书
- 获得《百果诊所信息管理系统》软件著作权与软件产品证书
- 获得《百果BG-HIS医院信息系统软件》软件著作权登记证书
- 获得《百果电子双向转诊网络软件》软件著作权证书
- 百果的《跨系统病人主索引X-MPI技术》获国家应用技术专利
- 百果的《区域卫生信息共享网络系统》获国家实用新型专利
- 获得上海市科技进步奖三等奖(2011年度)

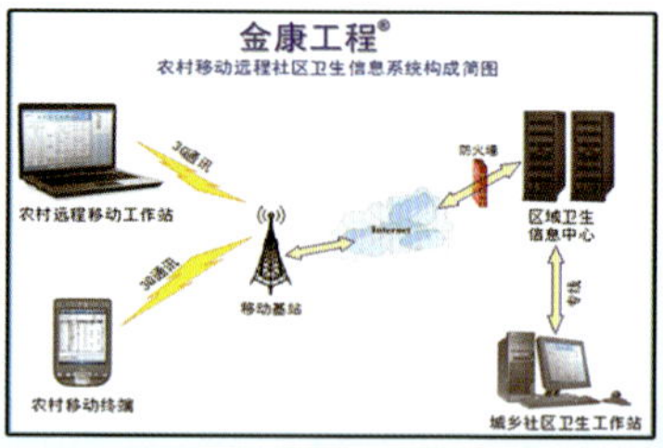

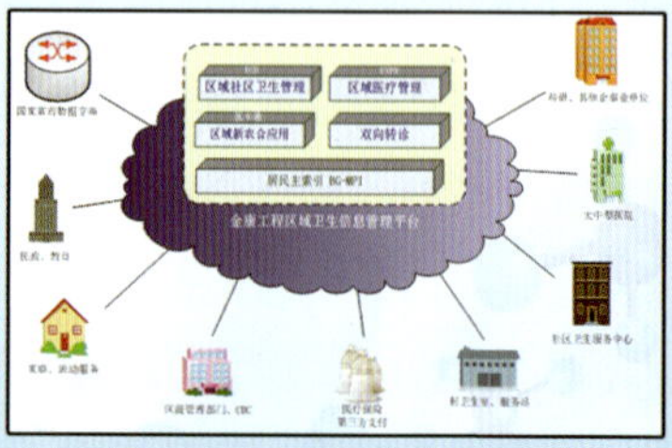

上海百果信息科技有限公司
地 址：上海怒江北路427号曹杨经贸大厦6楼B座
电话：+86-21-52650506,52650507，52650508
传真：+86-21-52650506,52650507，52650508 转8888

上海市绿化林业工程管理事务站

主要职责

上海市绿化林业工程管理事务站（上海市建设工程交易中心园林绿化分中心）主要负责：

1. 对本市范围内新建、改建、扩建的园林绿化、林业工程进行安全质量的监督和管理；
2. 受上海市绿化和市容管理局委托，承担对本市及外省市进沪园林绿化企业的诚信管理和资质动态管理；
3. 受市建管办委托，承担园林绿化、林业工程招投标管理，受理200万元以上园林绿化、林业工程的招投标管理，受理本市绿地委托养护项目的招投标管理；
4. 承担本市范围内园林绿化工程和绿地委托养护项目的综合受理服务。

联鼎软件

LANDER SOFTWARE

联鼎软件（Landersoft）是领先的核心业务及数据安全系统解决方案供应商，致力于通过保障用户关键应用及核心电子化数据，确保企业在全球信息化持续发展进程中具备无间断的竞争力及发展潜力。

联鼎拥有LanderVault、智能鼎等系列产品，LanderVault定位于保障企业级核心应用与数据安全，通过最大程度缩短企业核心业务停顿及全面保护企业重要数据安全，达到减小企业重要信息资产损失的目的；智能鼎(LIT)是一组软硬件高度集成的设备集合。作为一款国内领先的保障核心业务数据与应用安全的设备，它将备份、集群、容灾等功能与高性能的硬件设备集成于一体，突破了传统业务系统软硬件分离式部署的模式，大大减低了系统部署的难度和操作复杂度，极大地提高了系统整体可靠性，使用户真正体验到“数据安全、简单易用”的效果。

联鼎认为，未来十年，随着IT技术的加速发展，社会对IT环境及服务将高度依赖，保障企业内部核心IT系统永续的正常运作将成为企业生存与发展的基础及动力。联鼎不断创造新技术、产品和服务来满足与超越用户未来的需求并能为投资者和合作伙伴带来收益，创造价值。

中国建筑第八工程局有限公司

公司简介

地 址：世纪大道1568号　联系电话：61691999

中国建筑第八工程局有限公司（以下简称“中建八局”）是中国建筑股份有限公司的骨干企业，2012年新签合同额1 675亿元，主营业务收入893亿元。先后开发应用了二十多种软件和十多个集团级业务管理系统，参与了国家“863”课题“施工企业信息化应用”、“十五”课题“建筑施工企业信息化集成系统”，承接了上海市课题“施工企业暨中建八局企业集成系统”、浦东新区的“中建八局企业资源管理系统”、上海市经济和信息化委员会“离散型项目总部集中管控系统”等课题的研究。

应用的主要系统：

- ERP系统
- 项目信息系统
- 协同工作平台
- 专家系统
- 工程技术信息系统
- 档案系统
- 营销系统

所建代表性建筑

珠海歌剧院

三亚凤凰岛七星级酒店

昆明新机场航站楼

京沪高铁南京南站

深圳大运中心主体育场

中国酒泉卫星发射中心

河南新电视塔

上海世纪汇广场

正信方晟®

上海正信方晟教育培训中心

培训中心部分领导与师资团队

国资委企业信用管理培训现场

上海正信方晟教育培训中心（以下简称“培训中心”）是一家专注于培训信用管理专业人员的民办非学历教育培训机构。同时，培训中心也是上海市信用服务行业协会培训工作专业委员会的主任单位，专业致力于培养及发展正在从事和将要从事信用管理岗位的社会紧缺人才。

培训中心自2006年成立以来，相继开展各类信用管理岗位资质培训、信用管理企业内训、行业诚信风险管理专题培训、企业诚信风险管理专题培训等。凭借强大的师资阵容、创新的定制课件、优质的教学服务赢得了来自于政府、行业协会及组织、世界500强企业、大中型国有企业及跨国集团等中外客户的一致好评。

与此同时，培训中心还大力协助政府推进社会信用体系建设培养专业人才，并自主研发课程，其中信用概述已被纳入计算机与信息技术应用专业技术人员继续教育专项培训通用课程之一，作为业务考核、岗位聘用及职称评审的重要依据。长期以来，培训中心与时俱进，紧跟时代步伐，不仅研发出一系列新颖、实用的课程，并力邀知名信用研究机构、沪上一流高校、著名信用服务公司、会计师事务所、律师事务所、跨国公司的研究员、教师及资深从业人员，共同组建了一支高质量的讲师精英团队，为客户答疑解惑，提升企业信用价值。

为积极培育和践行“十八大”报告中提出的社会主义核心价值体系，全面实施“上海市社会信用体系发展‘十二五’规划”，培训中心将以权威的培训课程体系，在全市率先开展企业信用管理培训，造就一批素质高、能力强的企业信用管理人才，从而为中国最大经济中心城市的上海创新驱动、转型发展提供强大的信用支撑。

地 址：上海市长宁区愚园路1258号绿地商务大厦1601-1612室
邮 编：200050
电 话：62111858
传 真：62110901

图书在版编目(CIP)数据

2013上海信息化年鉴/《上海信息化年鉴》编纂委员会编. --上海：上海文化出版社，2013.7
ISBN 978-7-5535-0139-0

Ⅰ.①2… Ⅱ.①上… Ⅲ.①信息工作—上海市—2013—年鉴
Ⅳ.①G202-54
中国版本图书馆CIP数据核字(2013)第168088号

出版人
王 刚
责任编辑
熊雪芳
封面设计
吴 昊

书名
2013上海信息化年鉴
出版、发行
上海文化出版社
地址：上海绍兴路74号
网址：www.cshwh.com
印刷
上海文艺大一印刷有限公司
开本
787×1092 1/16
印张
34.75
插页
70面
字数
1 180千字
版次
2013年8月第1版 2013年8月第1次印刷
国际书号
ISBN 978-7-5535-0139-0/Z·002
定价
360.00元

告读者 本书如有质量问题请联系印刷厂质量科
T：021-64511411